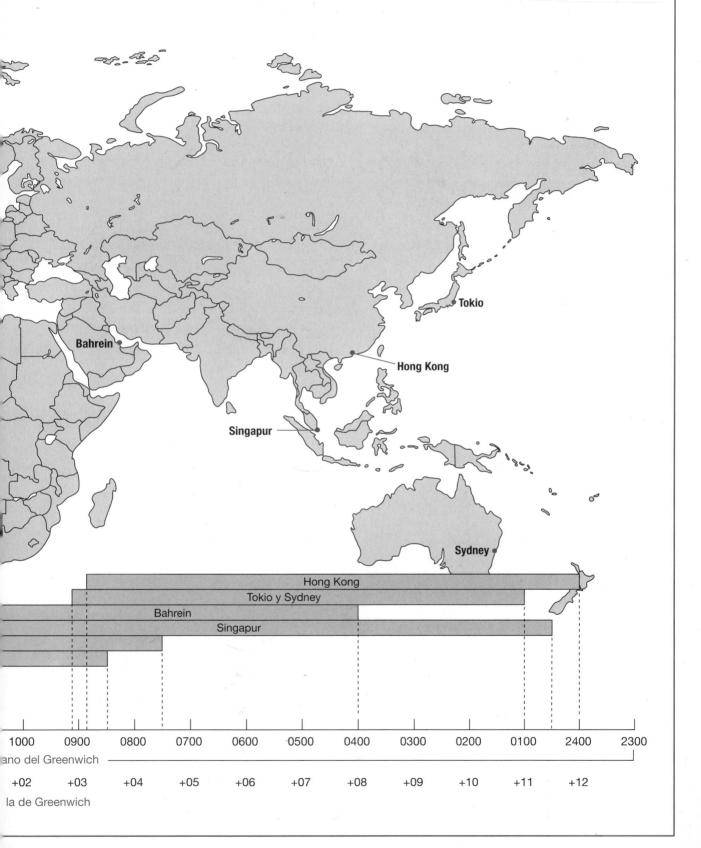

Tokio

Bahrein •

Hong Kong

Singapur

Sydney •

Hong Kong
Tokio y Sydney
Bahrein
Singapur

| 1000 | 0900 | 0800 | 0700 | 0600 | 0500 | 0400 | 0300 | 0200 | 0100 | 2400 | 2300 |

ano del Greenwich

+02   +03   +04   +05   +06   +07   +08   +09   +10   +11   +12

la de Greenwich

LAS FINANZAS EN LAS EMPRESAS MULTINACIONALES

DECIMOSEGUNDA EDICIÓN

LAS FINANZAS EN LAS EMPRESAS MULTINACIONALES

DECIMOSEGUNDA EDICIÓN

David K. EITEMAN
University of California,
Los Angeles

Arthur I. STONEHILL
Oregon State University
and The University
of Hawaii at Manoa

Michael H. MOFFETT
Thunderbird School
of Global Management

TRADUCCIÓN

María del Pilar Carril Villarreal
Traductora profesional
Especialista en temas de administración y finanzas

Jaime Gómez Mont Araiza
Traductor profesional
Especialista en temas de administración y finanzas

REVISIÓN TÉCNICA

Arturo Morales Castro
Universidad Nacional Autónoma de México

José Antonio Morales Castro
Universidad Nacional Autónoma de México

Prentice Hall

México • Argentina • Brasil • Colombia • Costa Rica • Chile • Ecuador
España • Guatemala • Panamá • Perú • Puerto Rico • Uruguay • Venezuela

Datos de catalogación bibliográfica

**EITEMAN, DAVID K., STONEHILL,
ARTHUR I. y MOFFETT, MICHAEL H.**

Las finanzas en las empresas multinacionales.
Decimosegunda edición

PEARSON EDUCACIÓN, México, 2011
ISBN: 978-607-32-0252-7
Área: Finanzas

Formato: 20 × 25.5 cm   Páginas: 656

Authorized translation from the English language edition, *Multinational Business Finance, 12th* edition, by *David K. Eiteman, Arthur Stonehill and Michael Moffett* published by Pearson Education, Inc., publishing as PRENTICE HALL. Copyright © 2010. All rights reserved.
ISBN 9780136096689

Traducción autorizada de la edición en idioma inglés, titulada*: Multinational Business Finance, 12th* edition *David K. Eiteman, Arthur Stonehill* y *Michael Moffett* publicada por Pearson Education, Inc., publicada como PRENTICE HALL Copyright © 2010. Todos los derechos reservados.

Esta edición en español es la única autorizada.

Edición en español

Editor: Guillermo Domínguez Chávez
                               e-mail: guillermo.dominguez@pearsoned.com
Editora de desarrollo: Claudia Celia Martínez Amigón
Supervisor de producción: Enrique Trejo Hernández

DECIMOSEGUNDA EDICIÓN, 2011

D.R. © 2011 por Pearson Educación de México, S.A. de C.V.
    Atlacomulco 500-5o. piso
    Col. Industrial Atoto
    53519, Naucalpan de Juárez, Estado de México

Cámara Nacional de la Industria Editorial Mexicana. Reg. núm. 1031.

Prentice Hall es una marca registrada de Pearson Educación de México, S.A. de C.V.

ISBN 978-607-32-0252-7
ISBN E-BOOK 978-607-32-0253-4
ISBN E-CHAPTER 978-607-32-0254-1

PRIMERA IMPRESIÓN
Impreso en México. *Printed in Mexico.*
1 2 3 4 5 6 7 8 9 0 - 14 13 12 11

Prentice Hall
es una marca de

MAR
LITOGRÁFICA INGRAMEX, S.A.
CENTENO No. 162-1
COL. GRANJAS ESMERALDA
09810 MÉXICO, D.F.
2011

www.pearsoneducacion.net   ISBN: 978-607-32-0252-7

Prefacio

Así como ha evolucionado el campo de las finanzas internacionales, también lo ha hecho el contenido de *Las finanzas en las empresas multinacionales*. Como en las ediciones anteriores, consideramos que la empresa multinacional (EMN) es una institución única que sirve como catalizador y facilitador del comercio internacional, además de ser una importante productora y distribuidora en los países anfitriones en los que se localizan sus subsidiarias. El éxito de una empresa multinacional continúa dependiendo de su capacidad de reconocer y beneficiarse de las imperfecciones en los mercados nacionales en cuanto a los productos, factores de producción y activos financieros.

También subsiste de ediciones anteriores el tema acerca de que la volatilidad de los tipos de cambio no sólo aumenta el riesgo, sino que también puede crear oportunidades para que tanto los inversionistas como las empresas obtengan beneficios, siempre y cuando entiendan cabalmente la administración del riesgo cambiario.

En esta decimosegunda edición se sigue reconociendo la importancia creciente de la integración global de los mercados de dinero y de capital, una tendencia que crea oportunidades más amplias tanto para los inversionistas como para las empresas que necesitan recaudar capital. Aunque la integración global de los mercados financieros elimina algunas de las fallas del mercado que impiden el flujo de capital a nivel internacional, sigue habiendo excelentes oportunidades para que los inversionistas aumenten sus rendimientos al tiempo que reducen el riesgo con la diversificación de portafolios internacionales, y para que las empresas reduzcan el costo de capital al adquirirlo internacionalmente.

En la decimosegunda edición se considera a la EMN como una organización que plantea demandas únicas a los líderes de los negocios del mañana. Esos líderes —posiblemente algunos de los lectores de este texto— enfrentarán una multitud de retos que no sólo pondrán a prueba su capacidad de *comprender* los mercados globales, sino que también, aún más importante, de *gobernar* a sus organizaciones en medio de corrientes y mareas de cambio global constante. El liderazgo competente puede ser, en efecto, la mercancía global más escasa.

Este libro trata de la administración multinacional, y en concreto, de los factores de la administración financiera que afectan la dirección de una empresa multinacional. Sin embargo, el posible éxito descansa en las manos del líder global verdaderamente competente. El éxito de toda EMN depende de la capacidad de su liderazgo de guiar y dirigir la organización global.

El objetivo de este libro es contribuir al desarrollo de los líderes de las EMN del mañana. Su capacidad de reconocer y beneficiarse de las oportunidades de negocios, como las fallas en los mercados nacionales, los costos desiguales y las eficiencias de los factores de producción, los manantiales de propiedad intelectual y las fuentes de financiamiento global para facilitar el crecimiento, agrega valor.

Los gerentes financieros de las EMN enfrentan numerosos riesgos cambiarios y políticos. Éstos pueden ser intimidadores, pero si se entienden como es debido, presentan oportunidades para crear valor. Los riesgos y las oportunidades se comprenden mejor dentro del contexto de los propios negocios globales y la capacidad de la gerencia de integrar los retos estratégicos y financieros que la empresa enfrenta.

Público

Las finanzas en las empresas multinacionales, decimosegunda edición, es una obra apropiada para los cursos universitarios de administración financiera internacional, finanzas para empresas internacionales, finanzas internacionales, y otros títulos parecidos. Se puede usar a nivel de licenciatura y posgrado, así como en cursos de capacitación para ejecutivos.

Lo ideal sería haber tomado un curso o tener experiencia en finanzas corporativas o administración financiera. Sin embargo, revisamos los conceptos financieros básicos antes de extenderlos al caso multinacional. También examinamos los conceptos básicos de economía internacional y administración de empresas internacionales.

Reconocemos que muchos de nuestros posibles adoptantes viven fuera de Estados Unidos y Canadá. Por lo tanto, presentamos un número considerable de ejemplos no estadounidenses, minicasos y apartados de *Finanzas globales en la práctica,* como se presentan en la prensa financiera y otros periódicos (anécdotas e ilustraciones).

Organización

Las finanzas en las empresas multinacionales, decimosegunda edición, está organizada en seis partes, unificadas por el hilo común del proceso de globalización mediante el cual una empresa pasa de una orientación nacional a otra multinacional.

- La parte 1 presenta una introducción al entorno financiero global.
- La parte 2 explica la teoría y los mercados cambiarios.
- La parte 3 analiza la exposición al riesgo cambiario.
- La parte 4 analiza el financiamiento de la empresa global.
- La parte 5 analiza las decisiones relativas a las inversiones internacionales.
- La parte 6 examina la administración de las operaciones multinacionales.

Novedades de la decimosegunda edición

- El capítulo 1, *Globalización y la empresa multinacional,* detalla el desarrollo lógico de las fuerzas de la globalización, la ventaja comparativa, la inversión extranjera directa realizada por empresas multinacionales y los principios de globalización financiera de la administración financiera multinacional.
- El capítulo 2, *Metas financieras y gobierno corporativo,* amplía el análisis de este último y ahora incluye la propiedad privada de las empresas (la forma de propiedad que aún predomina a escala global) y las diferentes perspectivas sobre el valor del buen gobierno global.
- El capítulo 5, *Retos financieros multinacionales contemporáneos: la crisis del crédito de 2007-2009,* es totalmente nuevo. Detalla los orígenes y propagación de los valores e instrumentos derivados, así como los acontecimientos del mercado que se hallan detrás de la actual crisis financiera global y las soluciones propuestas.
- El capítulo 18, *Teoría de la inversión extranjera directa y riesgo político,* incluye una sección nueva sobre las EMN en mercados emergentes.
- Hay 22 minicasos. Cuatro de ellos son nuevos y 18 se conservaron en respuesta a los comentarios de los lectores.
- Hay apartados adicionales de *Finanzas globales en la práctica* a lo largo del texto, que resaltan los acontecimientos actuales que se relacionan con el material del capítulo.
- Al final del libro, en una sección llamada *Respuestas a problemas seleccionados,* se proporcionan las respuestas completas a los problemas de fin de capítulo marcados con un asterisco (*).

En este libro, se utilizan cotizaciones de divisas que en ocasiones pueden diferir de los símbolos de cotización computarizados más recientes (símbolos de tres dígitos). Esto es consecuencia de los cambios constantes en el mercado y de que algunas veces preferimos usar los símbolos tradicionales (US$, ¥, £) en lugar de los códigos de tres dígitos, que consideramos más estériles. Reconocemos que esta decisión puede influir en que el material parezca pasado de moda. Aunque por otra parte, este libro trata de las dificultades y retos de administrar empresas en un entorno financiero que cambia con rapidez. También entendemos que muchos profesores han preparado materiales didácticos adicionales con base en nuestras cotizaciones existentes de divisas. Por lo tanto, seguimos utilizando una combinación de cotizaciones existentes seleccionadas (de ediciones anteriores) y los tipos de cambio y movimientos más recientes del mercado. En todo caso, las cotizaciones tienen la intención de ilustrar un problema concreto, y no de sustentar soluciones de última hora.

Materiales de apoyo (en inglés)

Un amplio paquete de materiales útiles para el profesor y el estudiante acompañan al texto para facilitar el aprendizaje y apoyar la preparación de clases y exámenes. Todos los recursos para el profesor pueden descargarse de la página de este libro: www.pearsoneducacion.net/eiteman.

- **Manual del profesor.** El Manual del profesor, preparado por los autores en formato electrónico, contiene respuestas a las preguntas presentadas al final de los capítulos y los minicasos. Ponemos a la disposición soluciones en Excel® para todos los problemas de fin de capítulo, así como presentaciones didácticas en PowerPoint para todos los minicasos. El Manual del profesor puede descargarse como archivos de Microsoft® Word o Adobe® PDF y las soluciones a los problemas están disponibles para descarga como archivos de Microsoft Excel® o con su representante de ventas local.

- **Banco de exámenes.** El Banco de exámenes, preparado por Curtis J. Bacon, de Southern Oregon University, contiene más de 700 preguntas de opción múltiple y para responder con verdadero o falso. Las preguntas de opción múltiple están clasificadas por tema y categoría: reconocimiento, conceptuales y analíticas.

- **Banco de exámenes computarizados.** El Banco de exámenes también se ofrece con el software TestGen de Pearson Educación para Windows® y Macintosh®. La interfaz gráfica de TestGen permite al profesor ver, editar y añadir preguntas; transferir preguntas a exámenes; e imprimir diferentes formas de exámenes. Las características para buscar y ordenar permiten al profesor localizar las preguntas con rapidez y organizarlas como prefiera.

- **Presentaciones PowerPoint.** La presentación de diapositivas PowerPoint, preparadas por Mark J. Bradt, proporciona esquemas cada tema y gráficos selectos del texto en cada capítulo.

Ediciones internacionales

Las finanzas en las empresas multinacionales se ha usado en todo el mundo para enseñar la materia de finanzas internacionales a los estudiantes. Se publica en varios idiomas, entre ellos, chino, francés, español, indonesio, portugués y ucraniano.

Agradecimientos

Los autores estamos muy agradecidos por las muchas revisiones detalladas y sugerencias de numerosos colegas. Estos comentarios, de más de 100 adoptantes y no adoptantes, incluyen revisiones detalladas capítulo por capítulo y respuestas a un cuestionario muy extenso. La presente edición de *Las finanzas en las empresas multinacionales* refleja la mayoría de las sugerencias aportadas por estos revisores. Los participantes en las encuestas son anónimos. Los revisores formales son los siguientes:

Gordon M. Bodnar, *John Hopkins University*

Imad A. Elhah, *University of Louisville*

Larry Fauver, *University of Tennessee*

John P. Lajaunie, *Nicholls State University*

Sheryl Winston Smith, *University of Minnesota*

Masahiro Watanabe, *Rice University*

Gwinyai Utete, *Auburn University*

Manifestamos nuestro agradecimiento especial a los revisores y participantes en las encuestas de las ediciones anteriores:

Otto Adleberger
Essen University, Germany

Alan Alford
Northeastern University

Stephen Archer
Williamette University

Bala Arshanapalli
Indiana University Northwest

Hossein G. Askari
George Washington University

Robert T. Aubey
University of Wisconsin at Madison

David Babbel
University of Pennsylvania

James Baker
Kent State University

Morten Balling
Arhus School of Business, Denmark

Arindam Bandopadhyaya
University of Massachusetts at Boston

Ari Beenhakker
University of South Florida

Carl Beidleman
Lehigh University

Robert Boatler
Texas Christian University

Nancy Bord
University of Hartford

Finbarr Bradley
University of Dublin, Ireland

Tom Brewer
Georgetown University

Michael Brooke
University of Manchester, England

Robert Carlson
Assumption University, Thailand

Kam C. Chan
University of Dayton

Chun Chang
University of Minnesota

Sam Chee
Boston University Metropolitan College

Kevin Cheng
New York University

It-Keong Chew
University of Kentucky

Frederick D. S. Choi
New York University

Jay Choi
Temple University

Nikolai Chuvakhin
Pepperdine University

Mark Ciechon
University of California, Los Angeles

J. Markham Collins
University of Tulsa

Alan N. Cook
Baylor University

Kerry Cooper
Texas A&M University

Robert Cornu
Cranfield School of Management, Reino Unido

Roy Crum
University of Florida

Steven Dawson
University of Hawaii en Manoa

David Distad
University of California, Berkeley

Gunter Dufey
University of Michigan, Ann Arbor

Mark Eaker
Duke University

Rodney Eldridge
George Washington University

Vihang Errunza
McGill University

Cheol S. Eun
Georgia Tech University

Mara Faccio
University of Notre Dame

Joseph Finnerty
University of Illinois at Urbana-Champaign

William R. Folks, Jr.
University of South Carolina

Lewis Freitas
University of Hawaii at Manoa

Anne Fremault
Boston University

Fariborg Ghadar
George Washington University

Ian Giddy
New York University

Martin Glaum
Justus-Lievig-Universitat Giessen, Germany

Manolete Gonzales
Oregon State University

Deborah Gregory
University of Georgia

Robert Grosse
Thunderbird

Christine Hekman
Georgia Tech University

Steven Heston
University of Maryland

James Hodder
University of Wisconsin, Madison

Alfred Hofflander
University of California, Los Angeles

Janice Jadlow
Oklahoma State University

Veikko Jaaskelainen
Helsinki School of Economics and Business Administration

Benjamas Jirasakuldech
University of the Pacific

Ronald A. Johnson
Northeastern University

John Kallianiotis
University of Scranton

Charles Kane
Boston College

Fred Kaen
University of New Hampshire

Robert Kemp
University of Virginia

W. Carl Kester
Harvard Business School

Seung Kim
St. Louis University

Yong Kim
University of Cincinnati

Gordon Klein
University of California, Los Angeles

Steven Kobrin
University of Pennsylvania

Paul Korsvold
Norwegian School of Management

Chris Korth
University of South Carolina

Chuck C. Y. Kwok
University of South Carolina

Sarah Lane
Boston University

Martin Laurence
William Patterson College

Eric Y. Lee
Fairleigh Dickinson University

Donald Lessard
Massachusetts Institute of Technology

Arvind Mahajan
Texas A&M University

Rita Maldonado-Baer
New York University

Anthony Matias
Palm Beach Atlantic College

Charles Maxwell
Murray State University

Sam McCord
Auburn University

Jeanette Medewitz
University of Nebraska at Omaha

Robert Mefford
University of San Francisco

Paritash Mehta
Temple University

Antonio Mello
University of Wisconsin at Madison

Eloy Mestre
American University

Kenneth Moon
Suffolk University

Gregory Noronha
Arizona State University

Edmund Outslay
Michigan State University

Lars Oxelheim
Lund University, Sweden

Jacob Park
Green Mountain College

Yoon Shik Park
George Washington University

Harvey Poniachek
New York University

Yash Puri
University of Massachusetts at Lowell

R. Ravichandrarn
University of Colorado at Boulder

Scheherazade Rehman
George Washington University

Jeff Rosenlog
Emory University

David Rubinstein
University of Houston

Alan Rugman
Oxford University, Reino Unido

R. J. Rummel
University of Hawaii at Manoa

Mehdi Salehizadeh
San Diego State University

Michael Salt
San Jose State University

Roland Schmidt
Erasmus University, Países bajos

Lemma Senbet
University of Maryland

Alan Shapiro
University of Southern California

Hany Shawky
State University of New York, Albany

Hamid Shomali
Golden Gate University

Vijay Singal
Virginia Tech University

Luc Soenen
California Polytechnic State University

Marjorie Stanley
Texas Christian University

Joseph Stokes
University of Massachusetts-Amherst

Jahangir Sultan
Bentley College

Lawrence Tai
Loyola Marymount University

Kishore Tandon
CUNY—Bernard Baruch College

Russell Taussig
University of Hawaii en Manoa

Lee Tavis
University of Notre Dame

Sean Toohey
University of Western Sydney, Australia

Norman Toy
Columbia University

Joseph Ueng
University of St. Thomas

Harald Vestergaard
Copenhagen Business School

K. G. Viswanathan
Hofstra University

Joseph D. Vu
University of Illinois, Chicago

Mahmoud Wahab
University of Hartford

Michael Williams
University of Texas en Austin

Brent Wilson
Brigham Young University

Bob Wood
Tennessee Technological University

Alexander Zamperion
Bentley College

Emilio Zarruk
Florida Atlantic University

Tom Zwirlein
University of Colorado, Colorado Springs

Industria (afiliación presente o pasada)

Paul Adaire
Philadelphia Stock Exchange

Barbara Block
Tektronix, Inc.

Holly Bowman
Bankers Trust

Payson Cha
HKR International, Hong Kong

John A. Deuchler
Private Export Funding Corporation

Kåre Dullum
Gudme Raaschou Investment Bank, Denmark

Steven Ford
Hewlett Packard

David Heenan
Campbell Estate, Hawaii

Sharyn H. Hess
Foreign Credit Insurance Association

Aage Jacobsen
Gudme Raaschou Investment Bank, Denmark

Ira G. Kawaller
Chicago Mercantile Exchange

Kenneth Knox
Tektronix, Inc.

Arthur J. Obesler
Eximbank

I. Barry Thompson
Continental Bank

Gerald T. West
Overseas Private Investment Corporation

Willem Winter
First Interstate Bank of Oregon

Entretejidas de forma ineludible en la estructura de este libro quedan las ideas recibidas de los catedráticos y los alumnos de las instituciones donde hemos enseñado en muchas partes del mundo. Estas instituciones incluyen nuestras *alma mater*: University of California, Los Angeles, Oregon State University; University of Hawaii y Thunderbird. Hemos llevado a cabo nuestros trabajos como visitantes en: Hong Kong University of Science and Technology; University of California, Berkeley; University of Michigan, Ann Arbor; Cranfield School of Management, Reino Unido; University of Hawaii en Manoa; el Northern European Management Institute, Noruega; Copenhagen Business School, Dinamarca; Aarhus School of Business, Dinamarca; Helsinki School of Economics and Business Administration, Finlandia; Indian School of Business, Hyderabad; Institute for the Development of Executives, Argentina; National University of Singapore; International Centre for Public Enterprises, Yugoslavia; Beijing Institute of Chemical Engineering and Management y Dalian University of Science & Technology, China. Otras ideas provinieron de trabajos de consultoría en Argentina, Bélgica, Canadá, Dinamarca, Finlandia, Guatemala, Hong Kong, Indonesia, Japón, Malasia, México, Holanda, Noruega, China, Perú, Suecia, Taiwán, Reino Unido y Venezuela.

También queremos agradecer a dos personas fundamentales de Pearson que trabajaron de manera diligente en esta decimosegunda edición: Donna Battista y Kerri McQueen.

Por último, queremos volver a dedicar este libro a nuestros padres, los finados Wilford y Silvia Eiteman, los finados Harold y Norma Stonehill y Bennie Ruth y la finada Hoy Moffett, quienes nos motivaron para ser académicos y autores. Agradecemos a nuestras respectivas esposas, Ken-Fong, Kari y Megan, por su paciencia durante todos los años que pasamos preparando esta edición.

Pacific Palisades, California   D.K.E.
Honolulu, Hawaii   A.I.S.
Glendale, Arizona   M.H.M.

Semblanza de los autores

Arthur I. Stonehill es profesor emérito de finanzas y negocios internacionales de la Oregon State University, donde impartió cátedra durante 24 años (1966-1990). De 1991 a 1997 dividió su trabajo docente entre la University of Hawaii en Manoa y la Copenhagen Business School. De 1997 a 2001 continuó trabajando como profesor invitado en la University of Hawaii en Manoa. También ha desempeñado puestos como catedrático o investigador en la University of California, Berkeley; la Cranfield School of Management (Reino Unido) y el Instituto de Administración de Europa del Norte (Noruega). Fue presidente de la Academy of International Business y director de la sección occidental de la Financial Management Association.

El profesor Stonehill obtuvo el título de licenciatura en historia por la Yale University (1953), el de maestría en administración de empresas por la Harvard Business School (1957) y el doctorado en administración de empresas por la University of California, Berkeley (1965). Se le otorgaron doctorados honorarios por la Aarhus School of Business (Dinamarca, 1989), la Copenhagen Business School (Dinamarca, 1992) y la Lund University (Suecia, 1998).

Es autor o coautor de nueve libros y otras 25 publicaciones. Sus artículos han aparecido en *Financial Management, Journal of International Business Studies, California Management Review, Journal of Financial and Quantitative Analysis, Journal of International Financial Mana-gement and Accounting, International Business Review, European Management Journal, The Investment Analyst* (Reino Unido), *Nationaløkonomisk Tidskrift* (Dinamarca), *Sosialøkonomen* (Noruega), *Journal of Financial Education,* y otras.

David K. Eiteman es profesor emérito de Finanzas de la John E. Anderson Graduate School of Management de UCLA. También ha sido profesor o investigador de la Hong Kong University of Science and Technology, la Showa Academy of Music (Japón), la National University of Singapore, la Dalian University (China), la Helsinki School of Economics and Business Administration (Finlandia), la University of Hawaii en Manoa, la University of Bradford (Reino Unido), la Cranfield School of Management (Reino Unido) e IDEA (Argentina). Fue presidente de la International Trade and Finance Association, la Society for Economics and Management de China y la Western Finance Association.

El profesor Eiteman obtuvo el grado de licenciatura en administración de empresas por la University of Michigan, Ann Arbor (1952), el de maestría en economía por la University of California, Berkeley (1956) y el doctorado en finanzas por la Northwestern University (1959).

Es autor o coautor de cuatro libros y otras 29 publicaciones. Sus artículos han aparecido en *The Journal of Finance, The International Trade Journal, Financial Analysts Journal, Journal of World Business, Management International, Business Horizons, MSU Business Topics, Public Utilities Fortnightly,* y otras publicaciones.

Michael H. Moffett es profesor de la cátedra Continental Grain de finanzas de la Thunderbird School of Global Management. Fue profesor adjunto de finanzas en Oregon State University (1985-1993). También ha sido profesor o investigador de la University of Michigan, Ann Arbor; Brookings Institution, Washington, D.C.; la University of Hawaii en Manoa, la Aarhus School of Business (Dinamarca), la Helsinki School of Economics and Business Administration (Finlandia), el International Centre for Public Enterprises (Yugoslavia) y la University of Colorado, Boulder.

El profesor Moffett obtuvo la licenciatura en economía por la University of Texas en Austin (1977), la maestría en economía de recursos por la Colorado State University (1979), la maestría en economía por la University of Colorado, Boulder (1983) y el doctorado en economía por la University of Colorado, Boulder (1985).

Es autor, coautor o ha colaborado en seis libros y otras 15 publicaciones. Sus artículos han aparecido en *Journal of Financial and Quantitative Analysis, Journal of Applied Corporate Finance, Journal of International Money and Finance, Journal of International Financial Management and Accounting, Contemporary Policy Issues, Brookings Discussion Papers in International Economics* y otras publicaciones. Ha colaborado en varios trabajos colectivos, como *Handbook of Modern Finance, International Accounting and Finance Handbook* y *Encyclopedia of International Business*. También es coautor con Michael Czinkota e Ilkka Ronkainen de dos libros sobre negocios multinacionales: *International Business* (7ª edición) y *Global Business*.

Contenido breve

PARTE I Entorno financiero global 1

Capítulo 1 Globalización y la empresa multinacional 2
Capítulo 2 Metas financieras y gobierno corporativo 22
Capítulo 3 El sistema monetario internacional 50
Capítulo 4 La balanza de pagos 78
Capítulo 5 Retos financieros multinacionales de la actualidad:
la crisis del crédito de 2007-2009 106

PARTE II Teoría y mercados cambiarios 137

Capítulo 6 El mercado cambiario 138
Capítulo 7 Condiciones de paridad internacional 164
Capítulo 8 Instrumentos derivados en moneda extranjera 197
Capítulo 9 Tasa de interés y *swaps* de divisas 234
Capítulo 10 Determinación y pronóstico del tipo de cambio de las divisas 256

PARTE III Exposición cambiaria 281

Capítulo 11 Exposición por transacción 282
Capítulo 12 Exposición operativa 320
Capítulo 13 Exposición por traslación 344

PARTE IV Financiamiento en la empresa global 365

Capítulo 14 El costo y la disponibilidad del capital a nivel global 366
Capítulo 15 Fuentes de instrumentos de capital contable a nivel global 391
Capítulo 16 Fuentes de financiamiento mediante deudas a nivel global 410

PARTE V Decisiones de inversión extranjera 431

Capítulo 17 Teoría de los portafolios internacionales y diversificación 432
Capítulo 18 Teoría de la inversión extranjera directa y riesgo político 452
Capítulo 19 Presupuesto de capital a nivel multinacional 487

PARTE VI Administración de operaciones multinacionales 513

Capítulo 20 Administración de impuestos a nivel global 514
Capítulo 21 Administración del capital de trabajo 535
Capítulo 22 Finanzas del comercio internacional 565

Respuestas a problemas seleccionados 590
Glosario 593
Índice 608
Créditos 630

Contenido

PARTE I Entorno financiero global   1

Capítulo 1   Globalización y la empresa multinacional   2
Globalización y creación de valor en la empresa multinacional   3
La teoría de la ventaja comparativa   4
¿Qué diferencias implica la administración financiera global?   7
Imperfecciones del mercado: los fundamentos de la existencia de la empresa multinacional   8
El proceso de globalización   9
Resumen   13
MINICASO: Porsche cambia de táctica   13
Preguntas ■ Problemas ■ Ejercicios de Internet   19

Capítulo 2   Metas financieras y gobierno corporativo   22
¿Quién es el dueño de la empresa?   22
¿Cuál es la meta de la administración?   24
Gobierno corporativo   28
Resumen   40
MINICASO: Fracaso de gobierno corporativo en Enron   41
Preguntas ■ Problemas ■ Ejercicios de Internet   45

Capítulo 3   El sistema monetario internacional   50
Historia del Sistema Monetario Internacional   50
Regímenes monetarios contemporáneos   56
Mercados emergentes y elecciones de régimen   62
Nacimiento de una moneda europea: el euro   64
Regímenes de tipo de cambio: ¿qué hay más adelante?   69
Resumen   70
MINICASO: La revaluación del yuan chino   71
Preguntas ■ Problemas ■ Ejercicios de Internet   74

Capítulo 4   La balanza de pagos   78
Transacciones típicas de la balanza de pagos   79
Principios de contabilidad de la balanza de pagos   80
Las cuentas de la balanza de pagos   81
Las cuentas de capital y financiera   83
La balanza de pagos en total   88
La interacción de la balanza de pagos con las variables macroeconómicas fundamentales   91
Balanzas comerciales y tipos de cambio   93
Movilidad de capital   96
Resumen   99
MINICASO: Kriz de Turquía (A): deterioro de la balanza de pagos   99
Preguntas ■ Problemas ■ Ejercicios de Internet   101

Capítulo 5   Retos financieros multinacionales de la actualidad: la crisis del crédito de 2007-2009   106
Las semillas de la crisis: la deuda subprime   106
El mecanismo de transmisión: bursatilización y derivados de deuda bursatilizada   109
La caída: la crisis de 2007 y 2008   120

El remedio: prescripciones para un organismo financiero global infectado   129
Resumen   131
MINICASO: El abandono de Lehman Brothers   132
Preguntas ■ Problemas ■ Ejercicios de Internet   134

PARTE II   Teoría y mercados cambiarios   137

Capítulo 6   El mercado cambiario   138
Extensión geográfica del mercado cambiario   138
Funciones del mercado cambiario   139
Participantes del mercado   140
Transacciones en el mercado interbancario   142
Tipos de cambio y cotizaciones de las divisas   148
Resumen   156
MINICASO: El mercado negro de bolívar venezolano   157
Preguntas ■ Problemas ■ Ejercicios de Internet   160

Capítulo 7   Condiciones de paridad internacional   164
Precios y tipos de cambio   164
Tasas de interés y tipos de cambio   172
Tipo a plazo como pronosticador insesgado del tipo *spot* a futuro   181
Precios, tasas de interés y tipos de cambio en equilibrio   183
Resumen   184
MINICASO: Transferencia de monedas en Porsche   185
Preguntas ■ Problemas ■ Ejercicios de Internet   186
Apéndice: Guía algebraica de las condiciones de paridad internacionales   193

Capítulo 8   Instrumentos derivados en moneda extranjera   197
Futuros de divisas   198
Opciones de moneda extranjera   201
Especulación con divisas   203
Fijación de precios y valuación de las opciones   210
Sensibilidad de los precios de las opciones de divisas   213
Prudencia en la práctica   221
Resumen   222
MINICASO: La relación amor-odio de Warren Buffett con los derivados   223
Preguntas ■ Problemas ■ Ejercicios de Internet   226
Apéndice: Teoría de fijación de precios de las opciones de divisas   230

Capítulo 9   Tasa de interés y *swaps* de divisas   234
Definición de riesgo de las tasas de interés   234
Administración del riesgo de las tasas de interés   237
Trident Corporation: cambio a tasas fijas   245
Swaps de divisas   246
Trident Corporation: cambio de dólares a tasa flotante por francos suizos a tasa fija   247
Riesgo de contraparte   249
Resumen   250
MINICASO: Exposición a la libra esterlina de McDonald's Corporation   251
Preguntas ■ Problemas ■ Ejercicios de Internet   252

Capítulo 10   Determinación y pronóstico del tipo de cambio de las divisas   256
Determinación de los tipos de cambio: el hilo teórico   257
El método del mercado de activos para elaborar pronósticos   260

Desequilibrio: tipos de cambio en los mercados emergentes   262
Caso ilustrativo: la crisis asiática   262
Caso ilustrativo: la crisis de Argentina de 2002   265
Pronósticos en la práctica   270
Resumen   274
MINICASO: Precisión de los pronósticos de JPMorgan Chase   274
Preguntas ■ Problemas ■ Ejercicios de Internet   276

PARTE III   Exposición cambiaria   281

Capítulo 11   Exposición por transacción   282
Tipos de exposición cambiaria   282
¿Por qué cubrir?   284
Medida de la exposición por transacción   287
Exposición por transacción de Trident   289
Administración de una cuenta por pagar   297
Administración de riesgos en la práctica   299
Resumen   300
MINICASO: Xian-Janssen Pharmaceutical (China) y el Euro   301
Preguntas ■ Problemas ■ Ejercicios de Internet   303
Apéndice: Opciones complejas   312

Capítulo 12   Exposición operativa   320
Atributos de la exposición operativa   320
Ilustración de la exposición operativa: Trident   322
Administración estratégica de la exposición operativa   326
Administración proactiva de la exposición cambiaria   329
Enfoques contractuales: forma de cubrir lo que no se puede cubrir   336
Resumen   337
MINICASO: Exposición operativa europea de Toyota   338
Preguntas ■ Problemas ■ Ejercicios de Internet   340

Capítulo 13   Exposición por traslación   344
Panorama general de la traslación   344
Método de conversión   347
Ejemplo de conversión: Trident Europe   350
Comparación de la exposición por traslación y de la exposición operativa   355
Administración de la exposición por traslación   355
Resumen   359
MINICASO: Servicios de ingeniería LaJolla   360
Preguntas ■ Problemas ■ Ejercicios de Internet   362

PARTE IV   Financiamiento en la empresa global   365

Capítulo 14   El costo y la disponibilidad del capital a nivel global   366
Promedio ponderado del costo de capital   368
La demanda de valores extranjeros: El papel de los inversionistas de portafolios internacionales   373
El costo de capital de las empresas multinacionales frente a las empresas nacionales   379
Resolución de un enigma: ¿es el promedio ponderado del costo de capital de las empresas
multinacionales realmente más alta que el de sus contrapartes nacionales?   380
Resumen   382
MINICASO: Novo Industri A/S (Novo)   383
Preguntas ■ Problemas ■ Ejercicios de Internet   387

Capítulo 15   Fuentes de instrumentos de capital contable a nivel global   391

Diseño de una estrategia para la obtención de capital contable a nivel global   392
Inscripción y emisión de valores de capital contable extranjeros   395
Efecto de las inscripciones cruzadas y de las emisiones de capital contable sobre el precio
  de las acciones   397
Barreras para las inscripciones cruzadas y para la venta de capital contable en el extranjero   399
Instrumentos alternativos para la obtención de capital contable en los mercados globales   400
Resumen   404
MINICASO: Petrobrás de Brasil y el costo de capital   404
Preguntas ■ Problemas ■ Ejercicios de Internet   408

Capítulo 16   Fuentes de financiamiento mediante deudas a nivel global   410

Estructura financiera óptima   410
La estructura financiera óptima y la empresa multinacional   411
Estructura financiera de las subsidiarias extranjeras   414
Mercados internacionales de deudas   418
Resumen   424
MINICASO: Tirstrup BioMechanics (Dinamarca): obtención de deudas en dólares   424
Preguntas ■ Problemas ■ Ejercicios de Internet   426

PARTE V   Decisiones de inversión extranjera   431

Capítulo 17   Teoría de los portafolios internacionales y diversificación   432

Diversificación internacional y riesgo   432
Internacionalización del portafolio nacional   435
Mercados nacionales y desempeño de los activos   441
Resumen   446
MINICASO: ¿Está pasada de moda la teoría moderna de los portafolios?   447
Preguntas ■ Problemas ■ Ejercicios de Internet   448

Capítulo 18   Teoría de la inversión extranjera directa y riesgo político   452

Sostenimiento y transferencia de la ventaja competitiva   452
El paradigma OLI y la internacionalización   455
La decisión de dónde invertir   457
Cómo invertir en el extranjero: modos de participación extranjera   458
Inversión extranjera directa originada en países en vías de desarrollo   462
Inversión extranjera directa y riesgo político   464
Evaluación del riesgo político   465
Riesgos específicos de la empresa   466
Riesgos específicos de país: riesgo de transferencia   469
Riesgos específicos para el país: riesgos culturales e institucionales   472
Riesgos globales específicos   476
Resumen   479
MINICASO: La crisis del abastecimiento chino de Mattel en 2007   480
Preguntas ■ Ejercicios de Internet   483

Capítulo 19   Presupuesto de capital a nivel multinacional   487

Complejidades en los presupuestos de un proyecto extranjero   488
Proyecto *versus* valoración de la empresa matriz   489
Caso ilustrativo: Cemex ingresa a Indonesia   490
Análisis de opciones reales   502
Financiamiento de proyectos   503
Resumen   505
MINICASO: El ingreso de Trident al mercado chino. Una aplicación del análisis de opciones reales   505
Preguntas ■ Problemas ■ Ejercicios de Internet   507

PARTE VI   Administración de operaciones multinacionales   513

Capítulo 20   Administración de impuestos a nivel global   514

Principios fiscales   514
Precios de transferencia   522
Administración de impuestos en Trident   524
Subsidiarias en paraísos fiscales y centros financieros internacionales en ultramar   525
Resumen   527
MINICASO: Stanley Works y Corporate Inversion   527
Preguntas ■ Problemas ■ Ejercicios de Internet   531

Capítulo 21   Administración del capital de trabajo   535

Ciclo operativo de Trident Brasil   535
Decisiones de reposicionamiento de Trident   537
Restricciones sobre el reposicionamiento de los fondos   539
Conductos para la movilización de fondos mediante su separación   539
Remesas de dividendos internacionales   540
Capital de trabajo neto   542
Administración internacional del efectivo   548
Financiamiento del capital de trabajo   552
Resumen   556
MINICASO: Honeywell y Pakistan International Airways   557
Preguntas ■ Problemas ■ Ejercicios de Internet   559

Capítulo 22   Finanzas del comercio internacional   565

La relación comercial   565
El dilema comercial   567
Beneficios del sistema   568
Carta de crédito (L/C)   570
Giro   572
Conocimiento de embarque (B/L)   573
Ejemplo: documentación de una transacción comercial típica   574
Programas del gobierno para ayudar a financiar las exportaciones   576
Alternativas de financiamiento comercial   578
Renuncia de derechos: financiamiento a mediano plazo y a largo plazo   580
Resumen   582
MINICASO: Pañales ultradelgados "Precious" de Crosswell International   583
Preguntas ■ Problemas ■ Ejercicios de Internet   587

Respuestas a problemas seleccionados   590

Glosario   593

Índice   608

Créditos   630

PARTE I

Entorno financiero global

CAPÍTULO 1
Globalización y la empresa multinacional

CAPÍTULO 2
Metas financieras y gobierno corporativo

CAPÍTULO 3
El sistema monetario internacional

CAPÍTULO 4
La balanza de pagos

CAPÍTULO 5
Retos financieros multinacionales de la actualidad:
la crisis del crédito de 2007-2009

Globalización y la empresa multinacional

Defino globalización como producir donde es más rentable, vender donde es más lucrativo y conseguir capital donde es más barato, sin preocuparse de las fronteras nacionales.

—Narayana Murthy, presidente y director general, Infosys.

Este libro trata acerca de la administración financiera internacional, con énfasis especial en la *empresa multinacional*. La empresa multinacional (EMN) se define como aquella que tiene subsidiarias, sucursales o filiales en operación localizadas en otros países. También incluye empresas en actividades de servicios, como consultoría, contabilidad, construcción, asesoría jurídica, publicidad, entretenimiento, banca, telecomunicaciones y hospedaje.

Las EMN tienen oficinas en todo el mundo. Muchas de ellas son propiedad de una combinación de accionistas nacionales y extranjeros. La propiedad de algunas empresas está tan dispersa a nivel internacional que se conocen como corporaciones transnacionales, que por lo general se administran desde una perspectiva global, más que desde la perspectiva de un solo país.

Aunque *Las finanzas en las empresas multinacionales* se centra justamente en las EMN, las empresas puramente nacionales a menudo tienen actividades internacionales de consideración. Éstas incluyen la importación y exportación de productos, componentes y servicios. Las empresas nacionales también pueden autorizar a empresas extranjeras para que se ocupen de sus negocios en el extranjero. Se exponen a la competencia extranjera en su mercado nacional. También tienen exposición indirecta a riesgos internacionales por sus relaciones con clientes y proveedores. Por lo tanto, los gerentes de empresas nacionales necesitan entender el riesgo financiero internacional, en especial el que se relaciona con los tipos de cambio de las divisas y los riesgos de crédito relacionados con los pagos comerciales.

Las finanzas en las empresas multinacionales se escribió originalmente en inglés y por lo general usa el dólar estadounidense como moneda de sus exposiciones. Sin embargo, hemos tratado de que resulte aplicable a todas las empresas multinacionales y para ello usamos numerosos ejemplos que no tienen su sede en Estados Unidos. Utilizaremos el término *empresa multinacional* (EMN) a lo largo de este texto por dos razones muy importantes. Primera, usamos el término *multinacional* en lugar de *internacional* porque nos centraremos en la tercera etapa del proceso de globalización en que las empresas operan negocios en muchos países. Segunda, empleamos el término *empresa* en lugar de *corporación* porque cuando estas entidades incursionan en muchos mercados emergentes, constituyen sociedades conjuntas, alianzas estratégicas o simplemente celebran contratos de operación con empresas que tal vez no cotizan en bolsa, o ni siquiera son de propiedad privada (y, en consecuencia, no son corporaciones), sino que en realidad son extensiones de gobierno.

Globalización y creación de valor en la empresa multinacional

La *administración global* se define como la ciencia social de dirigir a la gente para organizar, mantener y aumentar la productividad colectiva con el fin de lograr metas productivas, que típicamente son generar utilidades y valor para los propietarios y grupos de interés de la empresa. Para alcanzar esa meta (crear valor en la empresa), es preciso combinar tres elementos críticos: 1) un *mercado abierto*; 2) *administración estratégica* de alta calidad; y 3) *acceso al capital*. Como se muestra en la figura 1.1, toda EMN que trata de crear valor necesita combinar estos tres elementos cruciales que componen los lados de la pirámide de valor de la empresa.

Mercado abierto

La economía de mercado es una condición fundamental para la creación de valor. La EMN tiene poca oportunidad de prosperar y crecer si no funciona dentro de un mercado que permita el libre movimiento y competencia de mano de obra, capital, tecnología y el espíritu innovador y emprendedor. El rápido desarrollo económico de China, y las muchas empresas que están apareciendo en ese país en la actualidad, son ejemplos claros del poder de un mercado cada vez más abierto. Sin embargo, existen muchas complejidades para fomentar una economía sana de mercado en cualquier país, y a muchos todavía les falta hallar la fórmula mágica.

Administración estratégica

Aunque la capacidad de competir en un mercado es un requisito, para crear valor se necesita también la capacidad de ver las oportunidades de negocios y luego diseñar, desarrollar y ejecutar una estrategia corporativa en todos los niveles de liderazgo y administración. Pese a que los elementos básicos de innovación y espíritu emprendedor tal vez forman parte integral del ADN humano, la buena estrategia y administración no. Sin embargo, la estrategia perspicaz y el liderazgo experto son cruciales para crear valor. No se trata de nada que haya sido cuantificado o capturado; como

---

FIGURA 1.1   Creación de valor de la empresa en los mercados globales

El reto de crear valor de la empresa (valor para todos los grupos de interés, incluidos los accionistas, grupos de interés corporativos y comunidad social) radica en la expansión y desarrollo de los tres lados de la pirámide global: un *mercado abierto*; *acceso a capital barato*; y *administración estratégica de alta calidad*.

todo estudiante de administración sabe, si las computadoras pudieran definir estrategias y administrar, las compañías no contratarían gente (o estudiantes).

Acceso al capital

Los mercados abiertos y el liderazgo perspicaz no sirven de nada si la EMN no puede tener acceso inmediato a capital barato. Es el capital lo que permite la inversión necesaria para obtener la tecnología, ejecutar la estrategia y expandirse en los mercados globales. Es el "capital" del *capitalismo*; es la capacidad de la empresa de buscar y conseguir recursos por fuera para cumplir su visión y crear valor para todos los grupos de interés fundamentales de la empresa misma y, posteriormente, para la comunidad y la sociedad de la que es elemento integral.

El nivel de desarrollo de estos tres elementos combinados, los niveles I-III que se muestran en la figura 1.1, es representativo de los grados de profundidad, amplitud y complejidad a los que tiene acceso la EMN. Por ejemplo:

- Se puede considerar que General Electric (Estados Unidos) es residente del nivel III. Se trata de una EMN global con liderazgo estratégico y calidad de administración ampliamente reconocidos, acceso inmediato a capital barato y abundante, y competidor fundamental en los mercados más abiertos y competitivos del mundo.

- Cemex (México) es ejemplo de un residente del nivel II. Se trata de un competidor que crece a ritmo acelerado en su industria global, tiene su sede en México, que está apareciendo rápidamente como una economía de mercado con potencial casi ilimitado. Aun así, Cemex todavía tiene dificultades en ocasiones para acceder a capital inmediato y económico para apoyar sus metas de negocios.

- Haier Group (China) puede ser representante de una EMN residente en el nivel I de la pirámide de valor. Aunque es una EMN muy próspera y digna de tomarse en cuenta en un creciente número de mercados, Haier todavía lucha para superar barreras y limitaciones de los tres elementos críticos desde su sede en China.

Como se describe en *Finanzas globales en la práctica 1.1,* la evolución de la empresa nacional a multinacional y "sin nacionalidad" genera beneficios considerables para todos los grupos de interesados.

Estas tres empresas son residentes de la pirámide. Sus posiciones en ella son el resultado de la interacción compleja de los tres elementos fundamentales (los tres lados de la pirámide) con el nivel de desarrollo económico y apertura de los países donde realizan sus operaciones. El minicaso sobre Porsche que se presenta al final del capítulo plantea al lector el reto de determinar dónde podría clasificarse dentro de la arquitectura de la pirámide de valor.

Como veremos a lo largo de este libro, la economía global está pasando por un periodo de crecimiento sin precedentes de las EMN residentes en la pirámide de valor, y el tamaño y la forma de la pirámide en el futuro tal vez no tienen límites. A continuación presentaremos el principio subyacente que impulsa el crecimiento de la empresa global: la *ventaja comparativa*.

La teoría de la ventaja comparativa

La *teoría de la ventaja comparativa* proporciona la base para explicar y justificar el comercio internacional en un mundo modelo que supuestamente disfruta de libre comercio y competencia perfecta, donde no hay incertidumbre, la información no cuesta y no existe la interferencia gubernamental. Los orígenes de la teoría se remontan al trabajo de Adam Smith, y en particular su libro fundamental *La riqueza de las naciones,* publicado en 1776. Smith trató de explicar por qué la división del trabajo en las actividades productivas —y posteriormente el comercio internacional de esos bienes— mejoraba la calidad de vida de todos los ciudadanos. Smith basó su trabajo en el concepto de *ventaja absoluta,* según el cual todo país debe especializarse en la producción del bien que puede producir con mayor eficiencia, es decir, aquel bien del que puede producir más, con

FINANZAS GLOBALES EN LA PRÁCTICA 1.1

¿Nacional, multinacional o "sin nacionalidad"?

Cuando Isaac Merritt Singer estableció una sucursal de su fábrica de máquinas de coser en París en 1855, probablemente no pensó que estaba abriendo un nuevo camino que las compañías estadounidenses seguirían todavía más 150 años después. La expansión de Singer en Francia convirtió a la empresa con sede en Nueva York en la primera multinacional estadounidense y en pionera de un modelo de negocios que sería adoptado por otros iconos del capitalismo estadounidense, desde Ford hasta Standard Oil pasando por General Electric. Pero quizá el legado más importante de la audaz medida de Singer fue que funcionó: a menos de seis años de la inauguración de la fábrica francesa, las ventas en el extranjero habían rebasado los ingresos en Estados Unidos. Es una lección que no pasó inadvertida para los líderes corporativos de la actualidad.

En los últimos tres meses, empresas de primer orden, como General Electric —el conglomerado—, IBM —el gigante tecnológico— y UPS —el grupo de logística—, han aprovechado sus operaciones en la economía global para crecer más rápido que Estados Unidos. En contraste, las compañías que dependen de los consumidores nacionales, como Wal-Mart —el líder de los minoristas— y Home Depot —la cadena de tiendas de artículos para bricolaje—, han anunciado resultados decepcionantes y predicciones pesimistas.

Sin embargo, si las utilidades extranjeras han ayudado a las multinacionales estadounidenses a evitar una caída de la rentabilidad, la pregunta es si la actual dependencia del resto del mundo es sólo una etapa cíclica o el precursor de una transformación en las corporaciones de Estados Unidos. ¿Podrá la importancia de los mercados exteriores destruir —como Sam Palmisano, presidente ejecutivo de IBM, ha sostenido— el viejo modelo multinacional en el que las compañías descentralizaban las operaciones de fabricación y venta, pero conservaban las funciones fundamentales, como la dirección general, investigación y diseño de los productos en el "país de origen"? De ser así, ¿estarán algunas empresas estadounidenses preparadas para ser verdaderamente "transnacionales" y dispersar a sus más altos ejecutivos por todo el mundo?

A primera vista, hay fuerzas cíclicas considerables detrás del ascenso reciente de las multinacionales estadounidenses; fuerzas, en otras palabras, que podrían cambiar en el futuro próximo. Primero, el dólar ha perdido casi una tercera parte de su valor frente a los principales socios comerciales de Estados Unidos en los últimos siete años, lo que ha facilitado a los exportadores de ese país vender al mundo y aumentar el valor en dólares de las utilidades obtenidas en el exterior. Segundo, las multinacionales estadounidenses han prosperado con el crecimiento económico global, que en su mayor parte se debe al impulso de los mercados emergentes, hambrientos de infraestructura y bienes de consumo, dos de los puntos más fuertes de Estados Unidos.

Sin embargo, aunque los cambios económicos y las revoluciones en las compañías significaran, en palabras de Steve Mills, director de la línea de negocios de software global de IBM, que "las cosas no pueden volver a ser lo que eran", ¿cada vez más empresas abandonarán la lealtad nacional y se convertirán en verdaderas empresas "sin nacionalidad"? "Big Blue" —como se conoce a IBM— dice ser precisamente eso, en virtud de que tiene operaciones en más de 150 países y funciones fundamentales distribuidas por todo el mundo. El director de adquisiciones, por ejemplo, tiene su centro de operaciones en Shenzhen, China, a medio mundo de distancia de las oficinas centrales del señor Palmisano en Armonk, Nueva York. "El nuestro es un modo de pensar sin fronteras", asegura el señor Mills.

Sin embargo, muchos presidentes y altos ejecutivos estadounidenses consideran que dichas maniobras no sólo son imprácticas, sino abiertamente peligrosas. Sostienen que tener raíces en Estados Unidos no sólo es una póliza de seguro en caso de que la marea de la globalización cambie, sino también una forma de mantener el orden y centrarse en tareas cada vez más complejas y dispersas, como hacer saber a todos dónde reside la responsabilidad y quién manda. Jeffrey Immelt, director general de GE, una de las compañías más "globales" de Estados Unidos, manifestó hace poco esta opinión: "Somos una compañía estadounidense, pero para tener éxito tenemos que triunfar en todos los rincones del mundo". En otras palabras, las aspiraciones globales teñidas de orgullo nacional, que Singer habría comprendido, son igualmente reconocibles hoy en día entre los líderes de negocios estadounidenses.

Fuente: Extractado de "US Companies Choose: National, Multinational or 'A-National'?", Francesco Guerrera, *Financial Times*, 16 de agosto de 2007, p. 7,

menos. Por consiguiente, si cada país se especializara en los productos en los que tuviera ventaja absoluta, los países podrían producir más en total e intercambiar productos (comercio) por bienes que serían más baratos en precio que los que se produjeran en casa.

David Ricardo, en su obra *Principios de economía política y tributación*, publicada en 1817, trató de ampliar las ideas básicas propuestas por Adam Smith según los dictados de la lógica. David Ricardo observó que aun si un país poseía ventaja absoluta en la producción de dos productos, podría ser relativamente más eficiente que otro país en la fabricación de un producto que de otro; denominó a esto *ventaja comparativa*. Cada país tendría así ventaja comparativa en la producción de uno de los dos bienes, y los dos países se beneficiarían de especializarse por completo en un producto e intercambiarlo por el otro.

Aunque el comercio internacional podría haberse acercado al modelo de ventaja comparativa durante el siglo diecinueve, ciertamente no ocurre así hoy, por diversas razones. Los países no parecen especializarse únicamente en aquellos productos que podrían ser elaborados con mayor eficiencia por los factores de producción específicos del país. En cambio, los gobiernos manipulan la ventaja comparativa por una variedad de motivos económicos y políticos, por ejemplo, para alcanzar el pleno empleo, el desarrollo económico, la autosuficiencia nacional en las industrias relacionadas con la defensa y la protección del modo de vida del sector agrícola. Las intervenciones gubernamentales adoptan la forma de aranceles, cuotas y otras restricciones no arancelarias.

Cuando menos dos de los factores de producción, capital y tecnología, fluyen ahora directa y fácilmente entre los países, en lugar de hacerlo sólo de manera indirecta por medio de los bienes y servicios intercambiados. Este flujo directo ocurre entre las subsidiarias y filiales relacionadas con las empresas multinacionales, así como entre empresas no relacionadas por medio de préstamos, licencias y contratos de administración. Incluso la mano de obra fluye entre países, como las personas que emigran a Estados Unidos (legales e ilegales), los inmigrantes dentro de la Unión Europea y otras coaliciones.

Los factores de producción modernos son mucho más numerosos que en el modelo simple de David Ricardo. Los factores considerados en la localización de las instalaciones de producción en todo el mundo incluyen habilidades locales y administrativas, una estructura jurídica confiable para dirimir conflictos contractuales, competencia en investigación y desarrollo, niveles educativos de los trabajadores disponibles, recursos energéticos, demanda de los consumidores de bienes de marca, disponibilidad de minerales y materias primas, acceso al capital, diferenciales de impuestos, infraestructura de apoyo (caminos, puertos e instalaciones de comunicación) y posiblemente otros.

Aunque los términos del intercambio están determinados en última instancia por la oferta y la demanda, el proceso por el cual se establecen los términos es diferente al visualizado en la teoría de comercio tradicional. En parte se determinan por la fijación administrada de los precios en los mercados oligopólicos.

La ventaja comparativa cambia con el tiempo cuando los países menos desarrollados crecen y se dan cuenta de sus oportunidades latentes. Por ejemplo, en los últimos 150 años la ventaja comparativa en la producción de textiles de algodón ha pasado del Reino Unido a Estados Unidos, a Japón, a Hong Kong, a Taiwán y a China. El modelo clásico de la ventaja comparativa realmente nunca trató ciertos aspectos, como el efecto de la incertidumbre y los costos de información, el papel de los productos diferenciados dentro de los mercados competitivos imperfectos y las economías de escala.

Sin embargo, aunque el mundo está muy lejos de parecerse al modelo clásico de comercio, el principio general de la ventaja comparativa sigue siendo válido. Cuanto más se acerque el mundo a la verdadera especialización internacional, tanto más aumentará la producción y el consumo mundiales; siempre y cuando pueda resolverse el problema de la distribución equitativa de los beneficios a entera satisfacción de los consumidores, productores y líderes políticos. La especialización completa, sin embargo, sigue siendo un caso límite poco realista, de la misma manera que la competencia perfecta es un caso límite en la teoría microeconómica.

Outsourcing de la cadena de suministro: la ventaja comparativa en la actualidad

La ventaja comparativa sigue siendo una teoría pertinente para explicar por qué ciertos países son más adecuados que otros para las exportaciones de bienes y servicios que apoyan la cadena de suministro global tanto de las EMN como de las empresas nacionales. Sin embargo, la ventaja comparativa del siglo veintiuno se basa más en los servicios y la facilitación internacional que propician las telecomunicaciones e Internet. El origen de la ventaja comparativa de una nación, no obstante, sigue radicando en la combinación de las habilidades de la mano de obra propia, el acceso al capital y la tecnología.

En la actualidad existen muchos lugares para el *outsourcing* de la cadena de suministro. En la figura 1.2 se presenta el panorama geográfico de esta moderna reencarnación de la ventaja comparativa basada en el comercio. Para demostrar que estos países deberían especializarse en las

FIGURA 1.2	*Outsourcing* global de la ventaja comparativa

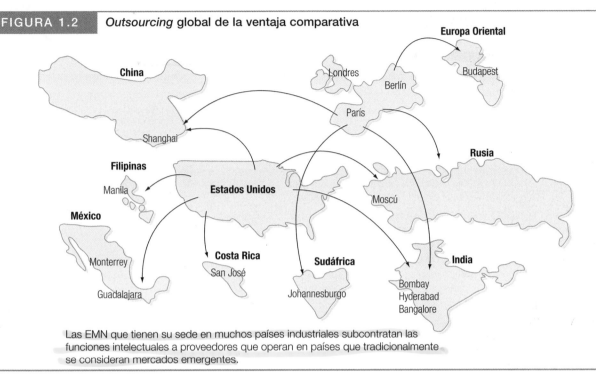

Las EMN que tienen su sede en muchos países industriales subcontratan las funciones intelectuales a proveedores que operan en países que tradicionalmente se consideran mercados emergentes.

actividades mostradas, se necesitaría conocer el costo de esas mismas actividades en los países que importan dichos servicios en comparación con sus otras industrias. Recuérdese que se necesita una *ventaja relativa* en costos —y no sólo una *ventaja absoluta*— para crear una *ventaja comparativa*.

Por ejemplo, India ha desarrollado una industria de software muy eficiente y de bajo costo. Dicha industria suministra no sólo la creación de software a la medida de las necesidades, sino también centros de atención telefónica para brindar asistencia a clientes y otros servicios de tecnología de la información. La industria india de software se compone de subsidiarias de EMN y compañías independientes. Si uno tiene una computadora Hewlett-Packard y llama al número del centro de asistencia a clientes para solicitar ayuda, es probable que se comunique con un centro de atención telefónica situado en la India. Un experto ingeniero o programador de software hindú responderá su llamada y lo guiará paso a paso para resolver el problema. La India cuenta con un gran número de expertos técnicos, bien educados, que hablan inglés y reciben como pago sólo una fracción del salario y las prestaciones que ganan sus homólogos estadounidenses. El exceso de capacidad y bajo costo de las redes de telecomunicaciones internacionales aumenta todavía más la ventaja comparativa de un emplazamiento en India.

El *outsourcing* global ya está llegando a todos los rincones del planeta. Desde las oficinas financieras administrativas en Manila hasta los ingenieros informáticos en Hungría, las telecomunicaciones modernas llevan hoy en día las actividades empresariales a donde están los trabajadores, en vez de llevar a la mano de obra al lugar de operación.

¿Qué diferencias implica la administración financiera global?

La figura 1.3 detalla algunas de las diferencias principales entre la administración financiera internacional y nacional. Dichas diferencias en los componentes incluyen a las instituciones, riesgos cambiarios y políticas y las modificaciones que se requieren en la teoría financiera y los instrumentos financieros.

La administración financiera internacional exige comprender las diferencias culturales, históricas e institucionales, como las que afectan al gobierno corporativo. Aunque tanto las empresas

FIGURA 1.3	¿Qué diferencias implica la administración financiera internacional?	
Concepto	**Internacional**	**Nacional**
Cultura, historia e instituciones	Cada país es único y la administración de la EMN no siempre lo entiende.	Cada país tiene un caso base conocido.
Gobierno corporativo	La normatividad y prácticas institucionales son diferentes y únicas en todos los países.	La normatividad y las instituciones se conocen bien.
Riesgo cambiario	Las EMN enfrentan riesgos cambiarios debido a sus subsidiarias, así como a las importaciones, exportaciones y competidores extranjeros.	Riesgos cambiarios de las importaciones y exportaciones y competencia extranjera (no hay subsidiarias).
Riesgo político	Las EMN enfrentan riesgos políticos por las subsidiarias que tienen en el exterior y su gran notoriedad.	Riesgos políticos menores.
Modificación de teorías financieras nacionales	Las EMN deben modificar teorías financieras, como las que se refieren a la preparación de presupuestos para proyectos de capital y el costo del capital, debido a las complejidades en el extranjero.	Aplica la teoría financiera tradicional.
Modificación de instrumentos financieros nacionales	Las EMN utilizan instrumentos financieros modificados, como opciones, futuros, swaps y cartas de crédito.	Uso limitado de instrumentos financieros y derivados debido al menor riesgo cambiario y político.

nacionales como las EMN están expuestas a los riesgos cambiarios, las EMN enfrentan ciertos riesgos únicos, como los políticos, que por lo general no amenazan a las operaciones nacionales.

Las EMN también enfrentan otros riesgos que pueden clasificarse como extensiones de la teoría financiera nacional. Por ejemplo, el método nacional normal para calcular el costo del capital, el abastecimiento de deuda y capital, la preparación de presupuestos de proyectos de capital, la administración del capital de trabajo, la tributación y el análisis de crédito deben modificarse para dar cabida a las complejidades extranjeras. Además, varios instrumentos financieros que se utilizan en la administración financiera nacional se han modificado para usarse en la administración financiera internacional. Por ejemplo, las opciones de divisas y futuros, los *swaps* de tasas de interés y divisas y las cartas de crédito.

El tema principal de este libro es analizar cómo evoluciona la administración financiera de la empresa multinacional conforme intenta aprovechar oportunidades estratégicas globales y aparecen nuevas restricciones. En este capítulo introductorio, examinaremos brevemente los retos y riesgos asociados con Trident Corporation, una compañía en evolución que ha dejado de tener alcance nacional para convertirse en una verdadera empresa multinacional. El análisis incluirá las restricciones que la empresa enfrentará en función de las metas de la gerencia y el gobierno corporativo a medida que tiene cada vez más operaciones multinacionales. Pero antes, es necesario aclarar la propuesta de valor y ventajas excepcionales que la EMN tiene como fin explotar.

Imperfecciones del mercado: los fundamentos de la existencia de la empresa multinacional

Las empresas multinacionales se esfuerzan por aprovechar las imperfecciones de los mercados nacionales en relación con los productos, factores de producción y activos financieros. Las imperfecciones en el mercado de los productos se traducen en oportunidades de mercado para las empresas multinacionales. Las empresas internacionales grandes pueden explotar mejor que sus competidores locales los factores competitivos, como las economías de escala, el conocimiento experto administrativo y tecnológico, la diferenciación de productos y la solidez financiera. De hecho, las EMN prosperan mejor en mercados caracterizados por la competencia oligopólica internacional, donde dichos factores son particularmente críticos. Además, una vez que las EMN han establecido presencia física en el extranjero, están en una mejor posición que las empresas puramente nacionales para identificar e implementar las oportunidades del mercado gracias a su propia red de información interna.

¿Por qué las empresas se vuelven multinacionales?

Existen motivos estratégicos que impulsan la decisión de invertir en el extranjero y volverse una EMN. Dichos motivos se resumen en las siguientes cinco categorías:

1. **Los buscadores de mercados** producen en mercados extranjeros para satisfacer la demanda local o para exportar a otros mercados, aparte de su país de origen. Las empresas de automóviles estadounidenses que fabrican en Europa para consumo local son un ejemplo de la motivación de búsqueda de mercados. Porsche, un fabricante europeo de automóviles que se presenta en el minicaso de este capítulo, ha optado por *no* seguir este camino.

2. **Los buscadores de materias primas** extraen materias primas dondequiera que éstas se encuentren, ya sea para exportación o para su posterior procesamiento y venta en el país en el que se encuentran, esto es, el país anfitrión. Las empresas que operan en la industria petrolera, la minería, las plantaciones y la industria forestal se clasifican en esta categoría.

3. **Los buscadores de eficiencia en la producción** producen en países donde uno o más de los factores de producción son baratos en relación con su productividad. La producción intensiva en mano de obra de componentes electrónicos en Taiwán, Malasia y México es un ejemplo de esta motivación.

4. **Los buscadores de conocimiento** operan en otros países para obtener acceso a tecnología o conocimiento administrativo experto. Por ejemplo, hay empresas alemanas, holandesas y japonesas que han comprado empresas electrónicas localizadas en Estados Unidos por su tecnología.

5. **Los buscadores de seguridad política** adquieren o establecen nuevas operaciones en países en los que se considera improbable que haya expropiaciones o que interfieran con la empresa privada. Por ejemplo, las empresas de Hong Kong invirtieron fuertemente en Estados Unidos, Reino Unido, Canadá y Australia anticipándose a las consecuencias de la toma de control por parte de China de la colonia británica en 1997.

Estos cinco tipos de consideraciones estratégicas no son mutuamente excluyentes. Las empresas de productos forestales que buscan fibra de madera en Brasil, por ejemplo, también pueden encontrar un gran mercado brasileño para una parte de su producción.

En industrias caracterizadas por competencia mundial oligopólica, cada uno de los motivos estratégicos mencionados con anterioridad debe dividirse en inversiones *proactivas* y *defensivas*. Las inversiones proactivas tienen el propósito de fortalecer el crecimiento y la rentabilidad de la propia empresa. Las inversiones defensivas se diseñan para impedir el crecimiento y la rentabilidad de los competidores de la empresa. Ejemplos de estas últimas son las inversiones que tratan de ocupar un mercado antes de que los competidores puedan establecerse en él, o captar fuentes de materias primas y negárselas a los competidores.

El proceso de globalización

Trident es una empresa hipotética con sede en Estados Unidos que se usará como ejemplo ilustrativo a lo largo del libro para demostrar el *proceso de globalización*, esto es, los cambios estructurales y administrativos y los retos que enfrenta una empresa para convertir sus operaciones nacionales en globales.

Transición global I: Trident pasa de la etapa nacional a la etapa de comercio internacional

Trident es una empresa joven que fabrica y distribuye una variedad de dispositivos de telecomunicaciones. Su estrategia inicial consiste en crear una ventaja competitiva sustentable en el mercado de Estados Unidos. Como muchas otras empresas jóvenes se ve limitada por su tamaño pequeño, los competidores y la falta de acceso a fuentes baratas y abundantes de capital. La mitad superior de la figura 1.4 muestra a Trident en su primera *etapa nacional*. Esta empresa vende sus

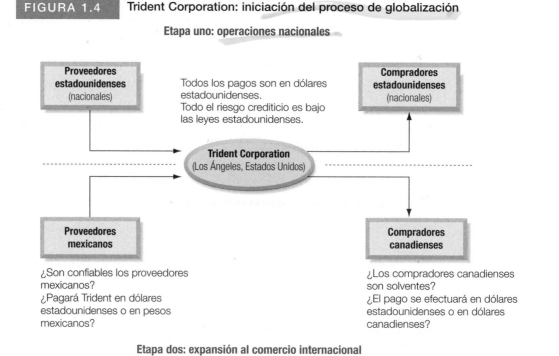

FIGURA 1.4   Trident Corporation: iniciación del proceso de globalización

Etapa uno: operaciones nacionales

Todos los pagos son en dólares estadounidenses.
Todo el riesgo crediticio es bajo las leyes estadounidenses.

Proveedores estadounidenses (nacionales)

Compradores estadounidenses (nacionales)

Trident Corporation (Los Ángeles, Estados Unidos)

Proveedores mexicanos

Compradores canadienses

¿Son confiables los proveedores mexicanos?
¿Pagará Trident en dólares estadounidenses o en pesos mexicanos?

¿Los compradores canadienses son solventes?
¿El pago se efectuará en dólares estadounidenses o en dólares canadienses?

Etapa dos: expansión al comercio internacional

productos en dólares a clientes estadounidenses y compra insumos de fabricación y servicio a proveedores de Estados Unidos, a quienes les paga en dólares. La solvencia de todos los proveedores y compradores se establece de acuerdo con las prácticas y procedimientos estadounidenses. Un posible problema para Trident en este momento es que aunque no tiene operaciones internacionales o globales, algunos de sus competidores, proveedores o compradores pueden serlo. Esto es a menudo el ímpetu que lleva a una empresa como Trident a emprender la primera transición del proceso de globalización: el comercio internacional.

Trident fue fundada por James y Edgar Winston en Los Ángeles en 1948 para fabricar equipo de telecomunicaciones. El negocio de propiedad familiar se expandió despacio, pero a ritmo constante en los siguientes 40 años. Sin embargo, las demandas de inversión tecnológica continua en la década de 1980 requirieron que la empresa recaudara capital social adicional para poder competir. Esta necesidad condujo a la oferta pública inicial (OPI) en 1988. Como compañía estadounidense cuyas acciones se negocian en la Bolsa de Valores en NASDAQ, la administración de Trident trató de *crear valor para sus accionistas.*

A medida que Trident adquirió notoriedad y se volvió un competidor viable en el mercado de Estados Unidos, empezaron a aparecer oportunidades estratégicas para expandir el alcance de mercado de la empresa mediante la exportación de productos y servicios a uno o más mercados extranjeros. El Tratado de Libre Comercio de América del Norte (TLCAN) hizo atractivo el comercio con México y Canadá. Esta segunda etapa del proceso de globalización se muestra en la mitad inferior de la figura 1.4. Trident respondió a estas fuerzas de la globalización con la importación de insumos de proveedores mexicanos y la venta de exportaciones a compradores canadienses. Esta etapa del proceso de globalización se define como la *etapa de comercio internacional.*

La exportación e importación de productos y servicios aumenta las exigencias de la administración financiera por encima de las condiciones tradicionales que debe cumplir la empresa exclusivamente nacional. En primer lugar, la empresa corre esta vez *riesgos cambiarios.* Es posible que Trident necesite ahora cotizar precios, aceptar pagos o pagar a los proveedores en monedas extranjeras. Como el valor de las divisas cambia de un minuto a otro en el mercado global, Trident enfrentará riesgos considerables por los valores cambiantes asociados con estos pagos e ingresos en moneda extranjera. Como se explica en el minicaso sobre Porsche de este capítulo, el riesgo cambiario puede producir tanto ganancias como pérdidas.

En segundo término, la evaluación de la calidad crediticia de los compradores y vendedores extranjeros es ahora más importante que nunca. Una de las principales tareas de administración financiera durante la etapa de comercio internacional es reducir la posibilidad de incumplimiento tanto en el pago de las exportaciones como en la entrega de las importaciones. Esta tarea de *administración del riesgo crediticio* es mucho más difícil en los negocios internacionales, ya que los compradores y proveedores son nuevos, están sujetos a diferentes prácticas mercantiles y sistemas jurídicos y, en general, es mucho más complicado evaluarlos.

Transición global II: de la etapa de comercio internacional a la etapa multinacional

Si Trident tiene éxito en sus actividades de comercio internacional, llegará el momento en que el proceso de globalización avanzará a la siguiente etapa. Muy pronto, Trident necesitará establecer filiales extranjeras de ventas y servicio. A menudo, este paso va seguido del establecimiento de operaciones manufactureras en el extranjero o del otorgamiento de licencias a empresas extranjeras para producir y dar servicio a los productos de Trident. La multitud de aspectos y actividades relacionados con esta segunda transición global más grande es el verdadero propósito de este libro.

La globalización continua de Trident requerirá que identifique las causas de su ventaja competitiva, y con dicho conocimiento, amplíe su capital intelectual y su presencia física a escala global. Trident dispone de una amplia variedad de alternativas estratégicas (la *secuencia de la inversión extranjera directa*) que se muestran en la figura 1.5. Estas alternativas incluyen la creación de oficinas de ventas en el exterior, el licenciamiento del nombre de la compañía y todo lo

FIGURA 1.5   Secuencia de la inversión extranjera directa de Trident

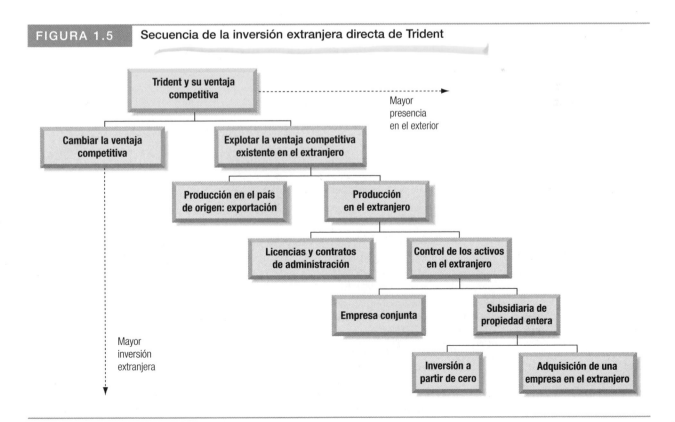

que se relaciona con éste y la fabricación y distribución de su producción a otras empresas en mercados extranjeros. A medida que Trident avanza hacia abajo y a la derecha en la figura 1.9, aumenta el grado de su presencia física en mercados extranjeros. Ahora puede tener instalaciones propias de distribución y producción y, finalmente, quizá desee adquirir otras compañías. Una vez que Trident tenga activos y empresas de su propiedad en otros países habrá entrado en la *etapa multinacional* de su globalización.

Los límites de la globalización financiera

Las teorías de negocios y finanzas internacionales que se presentan en este capítulo postulan desde hace mucho tiempo que con un mercado global cada vez más abierto y transparente en el que el capital pueda correr libremente, éste fluirá cada vez más y apoyará a países y compañías con base en la *teoría de la ventaja comparativa*. En efecto, desde mediados del siglo veinte esto es lo que ha estado ocurriendo, puesto que cada vez más países buscan mercados más abiertos y competitivos. Sin embargo, en la última década apareció un nuevo tipo de límite o impedimento para la *globalización financiera*: el crecimiento de la influencia y el enriquecimiento personal de los líderes de las organizaciones.[1]

Una posible representación de este proceso se puede observar en la figura 1.6. Si personas influyentes en las corporaciones y los estados soberanos continúan tratando de incrementar el valor de la empresa, habrá un crecimiento definitivo y continuo de la globalización financiera. Pero, si estas mismas personas influyentes y enteradas buscan satisfacer sus intereses personales, lo que puede aumentar su poder e influencia personal, o su riqueza personal, o las dos cosas, el capital no fluirá hacia estos estados soberanos y corporaciones. El resultado es el crecimiento de la ineficiencia financiera y la segmentación de resultados de la globalización, creando así ganado-

---

FIGURA 1.6   **Los límites potenciales de la globalización financiera**

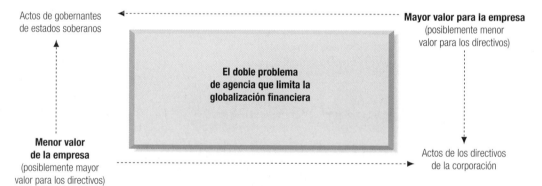

Hay un debate creciente sobre si muchos gobernantes y directivos de organizaciones con empresas globales están adoptando medidas tendientes a la creación de valor para la empresa o encaminadas a incrementar su propia fortuna y poder.

Actos de gobernantes de estados soberanos

Mayor valor para la empresa
(posiblemente menor valor para los directivos)

El doble problema de agencia que limita la globalización financiera

Menor valor de la empresa
(posiblemente mayor valor para los directivos)

Actos de los directivos de la corporación

Si todas estas personas influyentes se interesan más en crear riqueza personal que en fortalecer a la empresa, esto impedirá, sin duda, el flujo de capitales entre fronteras, monedas e instituciones para crear una comunidad financiera global más abierta e integrada.

Fuente: Construida por los autores con base en "The Limits of Financial Globalization", Rene M. Stulz, *Journal of Applied Corporate Finance*, volumen 19, número 1, invierno de 2007, pp. 8-15.

---

[1]Esta sección se basa en las motivantes ideas presentadas en "The Limits of Financial Globalization", Rene M. Stulz, *Journal of Applied Corporate Finance*, volumen 19, número 1, invierno de 2007, pp. 8-15.

res y perdedores. Como veremos a lo largo de este libro, esta barrera para las finanzas internacionales puede ser incluso cada vez más problemática.

Este dilema creciente es, además, una especie de compuesto de lo que trata este libro. Los tres elementos fundamentales (*teoría financiera, negocios globales* y *creencias y actos de la administración*) se combinan para presentar el problema o la solución al creciente debate sobre los beneficios de la globalización en los países y culturas de todo el mundo. El minicaso sobre Porsche prepara el terreno para nuestro debate y análisis. ¿Los miembros de la familia que controlan esta compañía están creando valor para ellos mismos o para sus accionistas?

RESUMEN

■ La creación de valor exige combinar tres elementos críticos: 1) un mercado abierto; 2) administración estratégica de alta calidad; y 3) acceso al capital.

■ La teoría básica de la ventaja comparativa y sus requisitos, deben tomarse en consideración para la explicación y justificación del comercio y los intercambios internacionales.

■ La teoría de la ventaja comparativa proporciona la base para explicar y justificar el comercio internacional en un mundo modelo que supuestamente disfruta de libre comercio, competencia perfecta, no hay incertidumbre, la información no tiene costo y no hay intervención del gobierno.

■ La administración financiera internacional exige comprender las diferencias culturales, históricas e institucionales, como las que afectan el gobierno corporativo.

■ Aunque tanto las empresas nacionales como las EMN están expuestas a los riesgos cambiarios, las EMN enfrentan ciertos riesgos únicos, como los políticos, que por lo general no amenazan las operaciones nacionales.

■ Las EMN se esfuerzan por aprovechar las imperfecciones de los mercados nacionales en relación con los productos, factores de producción y activos financieros.

■ Las empresas internacionales grandes pueden explotar mejor los factores competitivos, como las economías de escala, el conocimiento experto administrativo y tecnológico, la diferenciación de productos y la solidez financiera, que sus competidores locales.

■ La empresa puede realizar primero transacciones de comercio internacional; luego, celebrar acuerdos contractuales internacionales, como el establecimiento de oficinas de ventas y franquicias y, por último, adquirir subsidiarias extranjeras. En esta última etapa es cuando se convierte en una verdadera EMN.

■ La decisión de invertir o no en el extranjero se basa en motivos estratégicos, y puede requerir que la EMN celebre contratos globales de licencia o que emprenda empresas conjuntas, adquisiciones internacionales o inversiones a partir de cero.

■ Si las personas influyentes de las corporaciones y los estados soberanos tratan de satisfacer sus intereses personales y aumentar su poder, influencia o riqueza personal, el capital no fluirá hacia estos estados soberanos y corporaciones. A su vez, esto creará limitaciones para la globalización de las finanzas.

 **MINICASO**   ## Porsche cambia de táctica[1]

"Sí, desde luego que hemos oído hablar del valor para los accionistas. Pero eso no cambia el hecho de que los clientes son primero, luego siguen los trabajadores, socios de negocios, proveedores y distribuidores y después los accionistas".

— *Dr. Wendelin Wiedeking, CEO, Porsche,*
Die Zeit, 17 de abril de 2005.

Porsche siempre había sido diferente. Las declaraciones de los líderes de Porsche, como la que aquí se presenta, siempre ponían nerviosa a Veselina (Vesi) Dinova por la actitud de la compañía hacia la creación de valor para los accionistas. La empresa era una paradoja. Las actitudes y actividades de Porsche eran las de una empresa de propiedad familiar que, a pesar de ello, había logrado crear considerable valor para los accionistas durante más de una década. Al presidente ejecutivo de Porsche, el doctor Wendelin Wiedeking, se le atribuían cualidades como claridad de propósito y seguridad en la ejecución. Como un colega lo describió: "Creció siendo PIM: pobre, inteligente y motivado".

La administración de Porsche había creado confusión en el mercado respecto a la propuesta de valor que Porsche presentaba. ¿Continuaba Porsche desarrollando un enfoque organizacional en el *valor para los accionistas*, o estaba volviendo a sus raíces alemanas más tradicionales del *amiguismo alemán*? En palabras llanas, ¿el liderazgo de Porsche perseguía objetivos familiares a costa de los accionistas?

Porsche AG

Porsche AG es un fabricante alemán de automóviles, una empresa que cotiza en bolsa y se maneja bajo control estricto. El presidente y director general de Porsche, el doctor Wendelin Wiedeking había devuelto a la compañía tanto su prestigio como su rentabilidad desde que se hizo cargo de la empresa en 1993. Inmediatamente después de asumir la dirección, canceló las plataformas de los modelos 928 y 968 para reducir la complejidad y el costo, aunque en ese momento la medida dejó a la compañía con sólo una plataforma, el modelo 911. Wiedeking contrató entonces a un grupo de consultores japoneses de la industria manufacturera, en la tradición de Toyota, que dirigió la transformación total de los procesos manufactureros de la compañía.

Aunque las acciones de Porsche se negociaban en la Bolsa de Valores de Frankfurt (y otras bolsas alemanas relacionadas), el control de la compañía siguió firme en las manos de las familias fundadoras, las familias Porsche y Piëch. Porsche tenía dos clases de acciones, *ordinarias* y *preferentes*. Las dos familias tenían el total de los 8.75 millones de *acciones ordinarias*, las acciones que tenían todos los derechos de votación. La segunda clase de acciones, las *acciones preferentes*, participaban sólo en las utilidades. Los 8.75 millones de acciones preferentes se negociaban en su totalidad en el mercado bursátil. Aproximadamente 50% de todas las acciones preferentes eran propiedad de inversionistas institucionales grandes de Estados Unidos, Alemania y el Reino Unido; 14% estaba en manos de las familias Porsche y Piëch; y 36% era propiedad de pequeños inversionistas privados. Como señaló el director financiero, Holger Härter: "Mientras las dos familias sigan manteniendo su cartera de acciones, no habrá ninguna influencia externa en las decisiones relacionadas con la compañía. No tengo ninguna duda de que las familias seguirán aferrándose a sus acciones".

Porsche tenía cierta mala fama por su pensamiento independiente y obstinación ocasional cuando se trataba de dar a conocer información y cumplir las disposiciones legales de presentación de informes, los prerrequisitos para cotizar en la Bolsa. En 2002 la empresa había decidido no cotizar en la Bolsa de Valores de Nueva York después de la entrada en vigor de la Ley Sarbanes-Oxley. La compañía señaló que el requisito específico de dicha ley de que la alta dirección firmara personalmente los estados de resultados financieros de la compañía era inconsecuente con la ley alemana (lo cual era cierto en buena medida) y que era ilógico que la administra-

ción lo aceptara. Además, la administración había criticado desde hacía mucho tiempo la práctica de presentar informes trimestrales y, de hecho, había sido retirada del índice de acciones de la Bolsa de Valores de Frankfurt en septiembre de 2002 a causa de su negativa de informar los resultados financieros de forma trimestral.

Sin embargo, al final de cuentas, la compañía acababa de anunciar utilidades récord por décimo año consecutivo (véase la figura 1). Los rendimientos eran tan buenos y habían aumentado a un ritmo tan constante que la compañía pagó un dividendo especial de €14 por acción en 2002, además de aumentar la cuantía del dividendo normal. Existía la preocupación continua de que la administración antepusiera sus intereses a todo lo demás. En palabras de un analista: "…pensamos que existe el riesgo potencial de que la administración no tenga muy en cuenta los intereses de los accionistas". Los paquetes de remuneración del equipo de alta dirección de Porsche se centraban casi de manera exclusiva en la rentabilidad del año en curso (83% de la remuneración del consejo ejecutivo se relacionaba con el desempeño), y no había ningún incentivo u opción de compra de acciones para la administración que se relacionara con el precio de las acciones de la compañía.

El portafolio creciente de Porsche

Porsche tenía tres plataformas de vehículos principales: el automóvil deportivo de lujo más caro, el *911*; el automóvil deportivo descapotable *Boxster*, que se vendía a un precio competitivo; y el vehículo deportivo utilitario recién introducido en el mercado, el *Cayenne*. Porsche también había anunciado hacía poco tiempo que agregaría una cuarta plataforma, el modelo *Panamera*, que sería un automóvil sedán de lujo para competir con Jaguar, Mercedes y Bentley.

911. La serie 911 era aún el punto focal de la marca Porsche, pero muchos creían que estaba envejeciendo y que ya era hora de sustituirla. Al parecer, las ventas habían llegado a su pico máximo en 2001/2002, y luego habían caído más de 15% en 2002/2003. El 911 siempre había disfrutado de la propiedad casi exclusiva de su segmento de mercado. Los precios seguían siendo altos y los márgenes eran de los más grandes en la industria automotriz global para modelos de producción. El 911 era el único modelo de Porsche que se fabricaba y armaba en la propia empresa.

Boxster. El deportivo descapotable Boxster se había lanzado en 1996 para que Porsche compitiera en el mercado de automóviles deportivos de precios bajos. El Boxster también se consideró una medida anticíclica porque el 911 tradicional era muy caro. El precio más económico del Boxster lo hacía asequible y menos sensible al ciclo de negocios. Sin embargo, competía en un segmento de mercado cada vez más reñido. Los volúmenes de venta del Boxster llegaron a niveles máximos en 2000/2001.

Cayenne. La tercera innovación en las principales plataformas fue la entrada de Porsche al segmento de vehículos depor-

---

| FIGURA 1 | Crecimiento de Porsche en ventas, ingresos y márgenes |

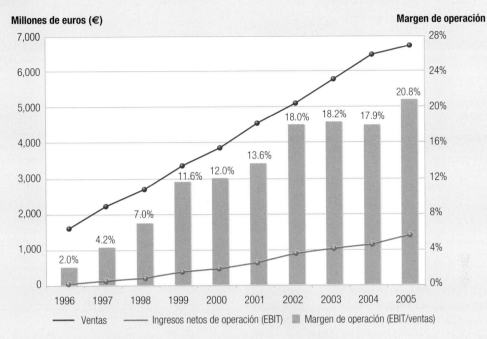

Millones de euros (€)   **Margen de operación**

Leyenda: — Ventas   — Ingresos netos de operación (EBIT)   ■ Margen de operación (EBIT/ventas)

Nota: EBIT: utilidades antes de intereses e impuestos.

---

tivos utilitarios (SUV, sports utility vehicle), el Cayenne. Claramente situado en el segmento de lujo del mercado (las ventas del Cayenne en 2002/2003 promediaron más de US$70,000 por unidad), el Cayenne había sido un éxito inmediato, en especial en el mercado estadounidense donde los SUV estaban de moda. Fue considerado el lanzamiento más exitoso de un producto nuevo en la historia automotriz. El éxito del Cayenne había sido aún más espectacular dadas las numerosas críticas previas al lanzamiento, acerca de que el mercado no soportaría un SUV tan caro, en particular uno que tenía fuertes lazos de parentesco con el Volkswagen (VW) Touareg. El Porsche Cayenne y el VW Touareg tenían en común el chasis y, de hecho, ambos se producían en la misma fábrica de Bratislava, Eslovaquia. Porsche enviaba el chasis del Cayenne a su planta de Leipzig, donde se combinaban el motor, la unidad motriz y los interiores en el ensamblaje final.

Panamera. El 27 de julio de 2005, Porsche anunció que procedería con el desarrollo y producción de un cuarto modelo: el *Panamera*. El nombre se derivó de la legendaria *Carrera Panamericana*, una carrera de larga distancia en carreteras que se celebró durante muchos años en México. El Panamera sería un cupé deportivo de cuatro puertas, cuatro plazas, de lujo, que competiría con los modelos sedán más exclusivos. Se esperaba que el precio comenzara en US$125,000 y se elevara hasta US$175,000. El inicio de la producción se programó para 2009 a una escala de 20,000 unidades por año.

La compañía automotriz más rentable del mundo

El desempeño y la salud financiera de Porsche, desde el punto de vista de la industria automotriz —europea o de cualquier otra parte del mundo— era excelente. Era, sin duda, el más pequeño de los principales fabricantes con sede en Europa, con ventas totales de 6,400 millones de euros en 2004. Pero, como se muestra en la figura 2, Porsche destacaba en todos los indicadores de rentabilidad y rendimiento sobre el capital invertido. Las medidas de utilidades antes de intereses, impuestos, depreciación y amortización (EBITDA, earnings before interest, taxes, depreciation and amortization), utilidades antes de intereses e impuestos (EBIT, earnings before interest and taxes) y los márgenes de ingresos netos se situaban entre las más altas de todos los fabricantes de automóviles europeos en 2004.

Tipo de cambio. Sin embargo, los resultados financieros de Porsche habían sido objeto de continuos debates en años recientes, ya que se pensaba que los aumentos de 40% de las utilidades de operación eran producto de coberturas de divisas. La base de costos de Porsche era en su totalidad el euro; la empresa producía sólo en dos países, Alemania y Finlandia, y ambos eran miembros de la eurozona. Porsche

| FIGURA 2 | Rendimiento sobre el capital invertido (ROIC) para fabricantes de automóviles europeos en 2004 |

Fabricante de automóviles europeo	Ventas (millones)	Margen de operación			Capital invertido			Rotación de capital	ROIC
		EBIT	Impuestos	EBIT después de impuestos	Deuda que devenga intereses	Capital de los accionistas	Capital invertido		
BMW	€44,335	€3,745	€1,332	€2,413	€1,555	€17,517	€19,072	2.32	12.65%
DaimlerChrysler	€142,059	€4,612	€1,177	€3,435	€9,455	€33,541	€42,996	3.30	7.99%
Fiat	€46,703	€22	−€29	€51	€24,813	€5,946	€30,759	1.52	0.17%
Peugeot	€56,797	€1,916	€676	€1,240	€6,445	€13,356	€19,801	2.87	6.26%
Porsche	€6,359	€1,141	€470	€671	€2,105	€2,323	€4,428	1.44	15.15%
Renault	€40,715	€2,148	€634	€1,514	€7,220	€16,444	€23,664	1.72	6.40%
Volkswagen	€88,963	€1,620	€383	€1,237	€14,971	€23,957	€38,928	2.29	3.18%

Fuente: "European Autos", Deutsche Bank, 20 de julio de 2005; "Porsche", Deutsche Bank, 26 de septiembre de 2005; Thomson Analytics; estimados de los autores. Capital invertido = total del capital de los accionistas + deuda bruta que devenga intereses. Rotación de capital = ventas / capital invertido. ROIC (rendimiento sobre el capital invertido) = EBIT − impuestos / capital invertido.

creía que la calidad de su ingeniería y manufactura era la parte medular de su marca y no estaba dispuesto a mudar la producción a otra parte fuera de Europa (BMW, Mercedes y VW fabricaban unidades desde hacía años en Estados Unidos y en México). Las ventas de Porsche por divisa en 2004 eran aproximadamente de 45% en euros, 40% en dólares estadounidenses, 10% en libras esterlinas y 5% en otras monedas (sobre todo el yen japonés y el franco suizo).

El liderazgo de Porsche empezó a seguir una estrategia de cobertura de divisas muy audaz a partir de 2001 cuando el euro alcanzó su nivel histórico más bajo frente al dólar estadounidense. En los años siguientes estas coberturas financieras (instrumentos derivados en divisas) resultaron ser sumamente redituables. Por ejemplo, se cree que casi 43% de las utilidades de operación en 2003 eran producto de las actividades de cobertura. Aunque rentables, muchos analistas sostenían que la empresa era cada vez más un banco de inversión que un fabricante de automóviles, y que corría muchos riesgos debido a las fluctuaciones impredecibles de las dos monedas más poderosas del mundo: el dólar y el euro.

ROIC. Sin embargo, fue el rendimiento sobre el capital invertido (ROIC, return on invested capital) de Porsche lo que había sido verdaderamente excepcional con el transcurso del tiempo. El ROIC de la compañía, siguiendo el análisis de Deutsche Bank presentado en la figura 2, fue de 15.15%. Esta cifra era claramente superior a las de todos los demás fabricantes de automóviles europeos.

Este ROIC reflejaba las dos vertientes de la estrategia financiera de Porsche: 1) márgenes superiores en el portafolio de productos limitado, pero selectivo, y 2) el apalancamiento del capital y las capacidades de los socios de manufactura en el desarrollo y producción de dos de sus tres productos. La compañía había logrado explotar con éxito las dos principales directrices de la fórmula del ROIC:

$$ROIC = \frac{\text{EBIT después de impuestos}}{\text{Ventas}} \times \frac{\text{Ventas}}{\text{Capital invertido}}$$

El primer componente, las utilidades de operación (EBIT, utilidades antes de intereses e impuestos) después de impuestos como un porcentaje de las ventas —el *margen de operación*— fue excepcional en Porsche debido al excelente valor de los precios derivado de su marca global de calidad y excelencia. Esto permitió a Porsche cobrar precios altos y lograr algunos de los márgenes más amplios en la industria automotriz. Como se ilustra en la figura 2, las utilidades de operación después de impuestos de Porsche de €671 millones produjeron un margen de operación después de impuestos de 10.55% (€671 dividido entre €6,359 en ventas), el más alto de la industria en 2004.

El segundo componente del ROIC, la *razón de rotación del capital* (ventas divididas entre capital invertido) —la *velocidad*—, aunque muy alta en comparación con otros fabricantes de automóviles en el pasado, fue una de las más bajas en 2004, como se observa en la figura 2. Sin embargo, en años recientes, el *capital invertido* había aumentado más rápido que las ventas. Pero Porsche no sumaba activos fijos a su base de capital invertido, sino efectivo. Estos saldos crecientes de efectivo eran el resultado de las utilidades retenidas (sin distribuir entre los accionistas) y nuevas emisiones de deuda (para recaudar más de €600 millones sólo en 2004). Como resultado, el ejercicio fiscal 2003-2004 resultó ser uno de los peores años de Porsche en cuanto se refiere al ROIC. Los niveles mínimos de capital invertido de Porsche eran resultado de algunas características bastante peculiares.

El *capital invertido* se define de varias maneras, pero Vesi utilizó la definición estandarizada de su empleador: efectivo más capital de trabajo neto más activos fijos netos. El capital

| FIGURA 3 | Velocidad, margen y ROIC de Porsche |

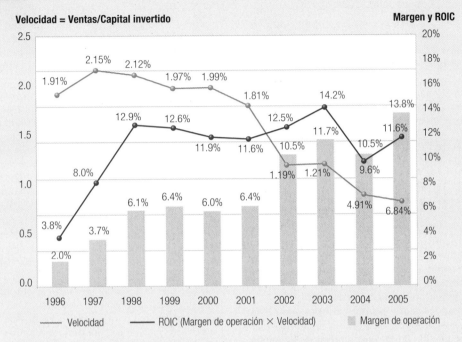

Velocidad = Ventas/Capital invertido   Margen y ROIC

Velocidad —— ROIC (Margen de operación × Velocidad) ▨ Margen de operación

Margen de operación = (EBIT – Impuestos)/(Ventas).
Capital invertido = Efectivo + Capital de trabajo neto + Activos fijos netos.

invertido de Porsche crecía sobre todo a causa de su acumulación de efectivo. A Vesi le preocupaba que el uso de esta medida de "capital invertido" produjera una visión distorsionada del desempeño real de la compañía. La base mínima de capital en activos fijos de Porsche era resultado de la estrategia explícita de la compañía había ejecutado en la última década.

Porsche cambia de táctica

En el verano y el otoño de 2005 Porsche realizó una serie de maniobras sorprendentes. Primero, anunció que la propia empresa financiaría la mayor parte de la inversión de 1,000 millones de euros para diseñar y fabricar el nuevo Panamera. Aunque la introducción del Panamera se había previsto desde hacía algún tiempo, al mercado le sorprendió que Porsche tuviera la intención de diseñar y fabricar el automóvil, y la planta de fabricación, casi por completo de manera interna. A diferencia de los anteriores lanzamientos de nuevos productos, el Boxster y el Cayenne, no participaría ningún socio de producción importante. Wendelin Wiedeking, director general de Porsche, destacó específicamente este punto en su comunicado de prensa: "No hay planes de formar una empresa conjunta con otro fabricante de automóviles. Sin embargo, para garantizar la rentabilidad de este nuevo modelo, coope-

raremos de manera más estrecha que hasta ahora con algunos proveedores seleccionados del sistema". La *parte alemana* del valor de Panamera sería de aproximadamente 70%. Como el 911, el Boxster y el Cayenne, el Panamera llevaría el sello de *Hecho en Alemania.* La segunda sorpresa ocurrió el 25 de septiembre de 2005, con el anuncio de la inversión de 3,000 millones de euros en VW.

Porsche AG, Stuttgart, se propone adquirir una parte de aproximadamente 20 por ciento del capital en acciones comunes de Volkswagen AG, Wolfsburg, con derecho a voto. Porsche ha tomado esta decisión porque Volkswagen es ahora no sólo un importante socio de desarrollo de Porsche, sino también un socio principal de aproximadamente 30 por ciento del volumen de ventas de Porsche. En palabras del presidente y director general de Porsche: "Con esta inversión tratamos de afianzar nuestras relaciones de negocios con Volkswagen y hacer una contribución significativa a nuestros propios planes futuros de manera duradera y a largo plazo". Porsche se encuentra en posición de financiar la adquisición de la parte planeada de las acciones de Volkswagen con su propia liquidez existente. Después de un cuidadoso examen de este caso de negocios, Porsche tiene la seguridad que la inversión será rentable para ambas partes.

…La adquisición planeada es para garantizar que… no habrá una toma de control hostil de Volkswagen por inversionistas no comprometidos con los intereses a largo plazo de Volkswagen. Como señala el presidente y director general de Porsche: "Nuestra inversión planeada es la respuesta estratégica a este riesgo. Deseamos asegurar así la independencia de Grupo Volkswagen, como conviene también a nuestros intereses. Esta 'solución alemana' que estamos buscando es un prerrequisito esencial para el desarrollo estable de Grupo Volkswagen y, en consecuencia, para la continuación de nuestra cooperación en el interés de las dos compañías".

—"Adquisición de acciones para asegurar
los negocios de Porsche", Porsche AG
(comunicado de prensa), 25 de septiembre de 2005.

Porsche gastaría alrededor de 3,000 millones de euros para asumir una posición de propiedad de 20% en VW. Esto convertiría a Porsche en el inversionista más grande de VW, un poco más importante que el gobierno de la Baja Sajonia.[2] Evidentemente, eliminaba cualquier posible adquisición hostil que pudiera surgir en el horizonte (se rumoreaba que DaimlerChrysler estaba interesado en adquirir VW). El anuncio fue recibido por oposición casi universal.

Los vínculos familiares entre las dos empresas eran bien conocidos. Ferdinand K. Piëch, uno de los miembros más prominentes de la familia Piëch, que junto con la familia Porsche controlaba Porsche, era ex director general (se retiró en 2002) y aún presidente de Volkswagen. Era nieto de Ferdinand Porsche, el fundador de Porsche. Las acusaciones de conflicto de intereses aparecieron de inmediato, como los llamados que pedían su renuncia y el rechazo a la solicitud de Porsche de ocupar un lugar en el consejo de administración de VW. Aunque oficialmente VW acogió de buen grado la noticia de la inversión de Porsche, Christian Wulff, miembro del consejo de administración de VW y representante del estado de Baja Sajonia donde VW tenía sus oficinas generales, se opuso públicamente a la inversión de Porsche. A los ojos de muchos, la medida de Porsche era un regreso al amiguismo corporativo alemán.

Durante años, "Deutschland AG" fue emblemática de la confortable red de tenencias accionarias cruzadas y puestos compartidos no ejecutivos en los consejos de administración que aislaron a Alemania del capitalismo internacional. El propio Wendelin Wiedeking, presidente y director general de Porsche, invocó el ángulo nacional al decir que esta "solución alemana" era esencial para asegurar a VW, el fabricante de automóviles más importante de Europa, contra una posible adquisición hostil por parte de inversionistas a corto plazo.

—"Shield for corporate Germany or a family affair?
VW and Porsche close ranks", *Financial Times*,
martes 27 de septiembre de 2005, p. 17.

Alemania, aunque famosa por sus complejas redes de tenencias accionarias cruzadas, había desintegrado, en efecto, la mayoría de ellas en la década de 1990. Esta maniobra de Porsche y VW era vista más como un asunto personal —Ferdinand Piëch— que como un asunto nacional de alianzas alemanas. Muchos inversionistas de Porsche estuvieron de acuerdo, argumentando que si hubieran querido invertir en VW lo habrían hecho por su cuenta. Aunque los argumentos para consolidar y asegurar la asociación entre Porsche y VW eran racionales, el costo no lo era. A 3,000 millones de euros, ésta era una inversión formidable en un activo no productivo. Los analistas concluyeron que los posibles rendimientos para los accionistas, aun en la forma de un dividendo especial, se habían pospuesto de manera indefinida.

El anuncio de la intención de Porsche de adquirir una participación de 20% en el capital de VW fue recibido con abierta oposición por parte de muchos accionistas tanto de VW como de Porsche. Los principales bancos de inversión de inmediato degradaron a Porsche de la categoría de *compra* a la de *venta*, argumentando que los rendimientos de la enorme inversión, unos 3,000 millones de euros, probablemente jamás llegarían a beneficiar a los accionistas. Aunque Porsche había explicado que su decisión de invertir aseguraría la estabilidad de su futura cooperación con VW, muchos críticos la vieron como una decisión para preservar las posiciones de las familias Porsche y Piëch a costa de los accionistas que no pertenecían a la familia.

"¿Por qué un fabricante pequeño y muy rentable de automóviles deportivos de pronto liga su fortuna a un productor masivo pesado y en apuros? Ésa fue la pregunta que algunos accionistas alarmados se hicieron esta semana cuando Porsche, el fabricante de automóviles más rentable del mundo, anunció sus planes de comprar 20% de participación en Volkswagen (VW), el fabricante de automóviles más grande de Europa. Para algunos críticos del trato, la maniobra de Porsche parece más un regreso al acogedor corporativismo alemán en sus peores momentos. Desde enero de 2002, cuando un cambio en las leyes indujo a las compañías alemanas a vender sus tenencias accionarias cruzadas exentas del impuesto sobre ganancias de capital, los nuevos accionistas extranjeros han sacudido a menudo a la administración alemana fosilizada. Un trato con los compatriotas amigables de Porsche podría rescatar a VW de este desagradable destino, en particular porque se rumora que los fondos de cobertura y los invasores corporativos extranjeros rondan a VW".

—"Business: Keeping It in the Family",
The Economist, 1 de octubre de 2005.

Preguntas del caso

1. ¿Qué decisiones estratégicas tomadas por Porsche en los últimos años han dado origen a su extremadamente alto rendimiento sobre el capital invertido?

---

[2]La estructura de propiedad resultante de Volkswagen en octubre de 2005 fue: 18.53% Porsche; 18.2% Estado de Baja Sajonia; 13.0% Volkswagen; 8.58% Brandes Investment Partners; 3.5% Capital Group; y 38.19% distribuido ampliamente.

2. Vesi se preguntó si por su posición en Porsche tendría que distinguir entre la *capacidad* de la compañía de generar resultados para los accionistas y la *disposición* a hacerlo. ¿Qué opina usted?

3. ¿Buscar los intereses de las familias que controlan a Porsche es distinto de maximizar los rendimientos para los propietarios de las acciones públicas?

PREGUNTAS

1. **Globalización y la EMN.** El término *globalización* se ha vuelto muy común en los últimos años. ¿Cómo lo definiría?

2. **Globalización y creación de valor.** ¿Qué necesita una EMN para crear valor por medio del proceso de globalización?

3. **Creación de valor y el concepto de capitalismo.** ¿Cómo aplica en realidad del concepto de *capitalismo* al proceso de globalización de una empresa que pasa por las etapas de desarrollo que van de elemental a multinacional?

4. **Teoría de la ventaja comparativa.** Defina y explique la teoría de la ventaja comparativa.

5. **Limitaciones de la ventaja comparativa.** La clave para comprender la mayoría de las teorías es lo que dicen y lo que no. ¿Cuáles son cuatro o cinco limitaciones fundamentales de la teoría de la ventaja comparativa?

6. **Globalización de Trident.** Después de leer la descripción del proceso de globalización de Trident que se presenta en este capítulo, ¿cómo explicaría usted las distinciones entre las compañías *internacionales, multinacionales* y *globales*?

7. **Trident, la EMN.** ¿En qué punto del proceso de globalización Trident se volvió una empresa multinacional (EMN)?

8. **Ventajas de Trident.** ¿Cuáles son las principales ventajas que Trident gana con el desarrollo de la presencia multinacional?

9. **Etapas de Trident.** ¿Cuáles son las principales etapas por las que ha pasado Trident en su evolución para transformarse en una verdadera empresa global? ¿Cuáles son las ventajas y desventajas de cada una?

10. **Globalización financiera.** ¿Cómo definen los límites de la globalización financiera las motivaciones de los individuos, ya sea dentro como fuera de la organización o empresa?

PROBLEMAS

Ventaja comparativa

Los problemas 1-5 ilustran un ejemplo de comercio inducido por la ventaja comparativa. Se supone que China y Francia tienen cada uno 1,000 unidades de producción. Con una unidad de producción (una mezcla de tierra, mano de obra, capital y tecnología), China puede producir ya sea 10 contenedores de juguetes o siete cajas de vino. Francia puede producir dos contenedores de juguetes o siete cajas de vino. Por consiguiente, una unidad de producción en China es cinco veces más eficiente en comparación con Francia cuando se trata de producir juguetes, pero igualmente eficiente para producir vino. Suponga que al principio no hay comercio. China asigna 800 unidades de producción a fabricar juguetes y 200 unidades para producir vino. Francia asigna 200 unidades de producción a la construcción de juguetes y 800 unidades a la producción de vino.

1. **Producción y consumo.** ¿Cuál es la producción y consumo de China y Francia sin comercio?

2. **Especialización.** Suponga que existe especialización total, donde China produce sólo juguetes y Francia produce sólo vino. ¿Cuál sería el efecto en la producción total?

3. **Comercio al precio interno de China.** El precio interno de China es: 10 contenedores de juguetes equivalen a siete cajas de vino. Suponga que China produce 10,000 contenedores de juguetes y exporta 2,000 contenedores a Francia. Suponga que Francia produce 7,000 cajas de vino y exporta 1,400 cajas a China. ¿Qué sucede con la producción y el consumo total?

4. **Comercio al precio interno de Francia.** El precio interno de Francia es: dos contenedores de juguetes equivalen a siete cajas de vino. Suponga que China produce 10,000 contenedores de juguetes y exporta 400 contenedores a Francia. Suponga que Francia, a su vez, produce 7,000 cajas de vino y exporta 1,400 cajas a China. ¿Qué sucede con la producción y el consumo total?

5. **Comercio al precio intermedio negociado.** El precio intermedio para el intercambio entre Francia y China puede calcularse como sigue:

	Juguetes		Vino
Precio interno de China	10	a	7
Precio interno de Francia	2	a	7
Precio intermedio negociado	6	a	7

¿Qué sucede con la producción y el consumo total?

Luzon Industries—2007

Los problemas 6 a 10 se basan en Luzon Industries. Luzon es una empresa manufacturera multinacional con sede en Estados Unidos y subsidiarias de propiedad entera en Brasil, Alemania y China, además de las operaciones nacionales en Estados Unidos. Las acciones de Luzon se negocian en NAS-DAQ. En la actualidad, Luzon tiene 650,000 acciones en circulación. Las características de operación básicas de las diversas unidades de negocios son las siguientes:

(miles de moneda local)	Estados Unidos (dólares, US$)	Brasil (reales, R$)	Alemania (euros, €)	China (yuan, Y)
Utilidades antes de impuestos (EBT)	US$4,500	R$6,250	€4,500	Y2,500
Tasa del impuesto sobre la renta de las empresas	35%	25%	40%	30%
Tipo de cambio promedio en el periodo	—	R$1.80/ US$	€0.7018/ US$	Y7.750/ US$

*6. Utilidades consolidadas de Luzon Corporation. Luzon debe pagar el impuesto sobre la renta de las empresas en cada país en el que actualmente tiene operaciones.

a. Después de deducir impuestos en cada país, ¿a cuánto ascienden las utilidades consolidadas y las utilidades por acción consolidadas de Luzon en dólares estadounidenses?

b. ¿Qué proporción de las utilidades consolidadas de Luzon se genera en cada país?

c. ¿Qué proporción de las utilidades consolidadas de Luzon se genera fuera de Estados Unidos?

7. La sensibilidad de las utilidades por acción (UPA) de Luzon a los tipos de cambio (A). Suponga que Brasil pasa por una crisis política de grandes proporciones que afecta en primer término el valor de los reales brasileños y, posteriormente, provoca una recesión económica en el país. ¿Cuál sería el impacto en las utilidades por acción consolidadas de Luzon si el valor del real brasileño se redujera a R$3.00/US$, si todas las demás utilidades y tipos de cambio permanecieran igual?

8. La sensibilidad de las utilidades por acción (UPA) de Luzon a los tipos de cambio (B). Suponga que Brasil pasa por una crisis política de grandes proporciones que afecta en primer término el valor de los reales brasileños y, posteriormente, provoca una recesión económica en el país. ¿Cuál sería el impacto en las utilidades por acción consolidadas de Luzon si, además de la caída en el valor del real a R$3.00/US$, las utilidades antes de impuestos en Brasil disminuyeran a consecuencia de la recesión a R$5,800,000?

*9. Utilidades de Luzon y la caída del dólar. El valor del dólar estadounidense ha sufrido fluctuaciones considerables frente a la mayoría de las monedas del mundo en los últimos años.

a. ¿Cuál sería el impacto en las utilidades por acción (UPA) consolidadas de Luzon si todas las monedas extranjeras se revaluaran 20% frente al dólar estadounidense?

b. ¿Cuál sería el impacto en las utilidades por acción consolidadas de Luzon si todas las monedas extranjeras se devaluaran 20% frente al dólar estadounidense?

Nota: Calcule los cambios porcentuales dividiendo el valor inicial de la moneda entre (1 + el cambio porcentual) para calcular el nuevo valor de la divisa.

10. Utilidades de Luzon y tributación global. Todas las EMN tratan de reducir al mínimo sus obligaciones fiscales globales. Vuelva al grupo original de supuestos básicos y responda las siguientes preguntas en relación con las obligaciones fiscales globales de Luzon.

a. ¿Qué cantidad total (en dólares estadounidenses) paga Luzon, tomando en cuenta todas sus empresas globales, por concepto de impuesto sobre la renta de las empresas?

b. ¿Cuál es la tasa tributaria efectiva de Luzon en términos globales (impuestos totales pagados como porcentaje de las utilidades antes de impuestos)?

c. ¿Cuál sería el impacto en la razón UPA de Luzon y la tasa del impuesto global efectiva si Alemania instituyera una reducción en el impuesto a las empresas a 28% y las utilidades antes de impuestos de Luzon en Alemania aumentaran a €5,000,000?

EJERCICIOS DE INTERNET

1. Flujos internacionales de capital: públicos y privados. Las principales organizaciones multinacionales (algunas de las cuales se mencionan a continuación) tratan de dar seguimiento a los movimientos y magnitudes relativos de la inversión global de capital. Usando las siguientes páginas Web y otras, prepare un informe ejecutivo de dos páginas sobre la pregunta si el capital generado en los países industrializados llega a los mercados menos desarrollados y emergentes. ¿Hay alguna distinción crítica entre "menos desarrollados" y "emergentes"?

El Banco Mundial	www.worldbank.org/
OCDE	www.oecd.org/
Banco Europeo de Reconstrucción	www.ebrd.org/

2. Consultorías internacionales de administración y estrategia. La industria de la consultoría de administración fue uno de los principales recursos utilizados por las EMN en todo mundo en la década de 1990 para diseñar y desarrollar estrategias corporativas. Las siguientes páginas Web ofrecen una visión reveladora de la industria, las oportunidades de trabajo disponibles para profesionales de la consultoría, así como algunas características interesantes, como el estudio de caso interactivo en línea del Boston Consulting Group:

A.T. Kearney	www.atkearney.com/
Bain and Company	www.rec.bain.com/
Booze, Allen & Hamilton	www.bah.com/
Boston Consulting Group	www.bcg.com/
McKinsey & Company	www.mckinsey.com/

3. **Deuda externa.** El Banco Mundial compila y analiza regularmente información sobre la deuda externa de todos los países a nivel global. Como parte de su publicación anual sobre los Indicadores de Desarrollo Mundiales (WDI, World Development Indicators), ofrece resúmenes en Internet de las obligaciones de deuda externa a corto y largo plazos de países seleccionados, como el de Polonia que se presenta aquí. Vaya al siguiente sitio Web y busque la composición de la deuda externa de Brasil, México y la Federación Rusa:

El Banco Mundial   www.worldbank.org/data

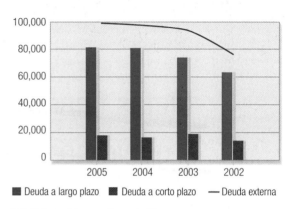

País: Polonia; datos en millones de dólares

CAPÍTULO 2

Metas financieras
y gobierno corporativo

Gerald L. Storch, director general de Toys 'R' Us, asegura que todos los directores generales comparten las mismas metas fundamentales: aumentar el valor para el cliente, maximizar el rendimiento para los accionistas y desarrollar una ventaja competitiva sustentable. "En buena medida, considero que las diferencias son más sutiles de lo que he leído en muchos artículos. Yo hago lo mismo a diario: llego a trabajar cada mañana y trato de mejorar la compañía."

—"Public Vs. Private", *Forbes*, 1 de septiembre de 2006.

Este capítulo examina cómo las diferencias culturales, legales, políticas e institucionales afectan la selección que hace la empresa de las metas financieras y el gobierno corporativo.

¿Quién es el dueño de la empresa?

Empezamos nuestro estudio de las metas financieras proponiendo una secuencia de dos preguntas elementales: 1) ¿quién es el dueño de la empresa? y 2) ¿los dueños de la empresa la manejan personalmente? La mayoría de las compañías son creadas por empresarios que son particulares o un pequeño grupo de socios. En cualquiera de los dos casos pueden ser miembros de una misma familia. (No hay que olvidar que hasta Microsoft comenzó su existencia como un proyecto original de dos socios, Bill Gates y Paul Allen.) Como se muestra en la figura 2.1, las compañías comienzan en el lado izquierdo como la versión de propiedad A, una empresa de propiedad 100% privada.

Sin embargo, con el transcurso del tiempo algunas empresas optan por colocar acciones al mercado por medio de una oferta pública inicial, u OPI. Típicamente, sólo un porcentaje relativamente pequeño de la compañía se vende inicialmente al público, lo que da por resultado una compañía que todavía puede ser controlada por muy pocos inversionistas privados, pero que también tienen acciones públicas en circulación que generan un precio de mercado de la acción diariamente. Ésta es la versión de propiedad B, como se ilustra en la figura 2.1.

Depende de cada caso específico si la estructura de propiedad pasa alguna vez de la versión B a la C o a la D. Algunas compañías pueden vender cada vez más acciones en el mercado al público en general, para convertirse posiblemente a la larga en una empresa totalmente pública. O el dueño o familia particular puede decidir conservar una parte importante de las acciones, pero sin tener control explícito. Posiblemente, como ha ocurrido en años recientes, una empresa

FIGURA 2.1	¿Quién es el dueño de la empresa?

El dueño de la empresa, sea ésta privada o cuyas acciones se negocian en bolsa, tiene efecto significativo en la relación entre propiedad y propiedad operativa.

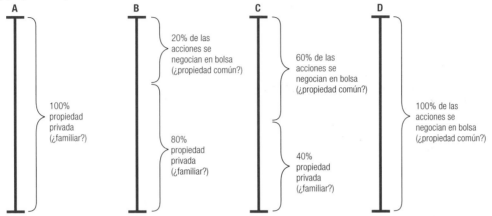

A — 100% propiedad privada (¿familiar?)

B — 20% de las acciones se negocian en bolsa (¿propiedad común?) / 80% propiedad privada (¿familiar?)

C — 60% de las acciones se negocian en bolsa (¿propiedad común?) / 40% propiedad privada (¿familiar?)

D — 100% de las acciones se negocian en bolsa (¿propiedad común?)

Aunque muchas empresas comienzan su existencia siendo 100% de propiedad privada —a menudo de una familia—, algunas empiezan a cotizar en bolsa poco a poco. Con frecuencia, las empresas venden al principio sólo 20% de sus acciones al público, aunque otras venden partes cada vez mayores de sus intereses participativos en los mercados bursátiles públicos y posiblemente el 100% de sus acciones de capital llegan a negociarse en público.

Sin embargo, recientemente muchas empresas de los mercados de Estados Unidos y el Reino Unido han empezado a invertir el proceso con fondos de capital privado que compran todas las acciones en circulación y la empresa vuelve a ser de nuevo de propiedad privada.

que ha llegado a las versiones de propiedad C y D puede volver a la estructura B o incluso a la A donde la compañía vuelve a ser propiedad exclusiva de un dueño privado. Por ejemplo, a finales de 2005, una empresa privada muy grande, Koch Industries (Estados Unidos) compró todas las acciones en circulación de Georgia-Pacific (Estados Unidos) una empresa muy grande de productos forestales que cotizaba en bolsa. Koch convirtió a Georgia-Pacific en una empresa privada.

Una consideración adicional es que aunque la propiedad de la empresa se negocie públicamente, ésta puede estar bajo el control de un solo inversionista o de un grupo pequeño de inversionistas, entre ellos, los principales inversionistas institucionales. Esto significa que el control de la compañía es muy parecido a la de la empresa privada y, por lo tanto, refleja los intereses y metas del inversionista individual. Además, como se muestra en el apartado *Finanzas globales en la práctica 2.1*, las empresas bajo control familiar de todo el mundo, incluso en Francia, pueden superar el desempeño de las empresas que cotizan en bolsa.

Como se explica en la sección "Gobierno corporativo" más adelante en este capítulo, hay otra cosa importante que resulta de la venta inicial de acciones al público: la empresa queda sujeta a muchas de las disposiciones legales, regulatorias y de declaración, cada vez más exigentes, que la mayoría de los países han establecido en relación con la venta y compra de valores. Por ejemplo, en Estados Unidos, una de las consecuencias de empezar a cotizar en bolsa es que la empresa debe divulgar información financiera y operativa muy detallada, publicar dicha información trimestralmente, cumplir con la normatividad de la Securities and Exchange Commission (SEC) y con todos los requisitos específicos de operación y declaración de la bolsa de valores específica en la que se negocian las acciones. Como es lógico, la medida de negociar públicamente las acciones tiene muchas repercusiones.

Distinción entre propiedad y administración

El cambio en la propiedad de la versión A a la B, C o D en la figura 2.1, conlleva otro cambio importante: la posibilidad de que la empresa sea dirigida por profesionales contratados y no por los dueños. Esto plantea la posibilidad de que la propiedad y la administración no se alineen a la perfección en cuanto sus objetivos de negocios y financieros, el así llamado *problema de agencia*.

FINANZAS GLOBALES EN LA PRÁCTICA 2.1

Las empresas controladas por familias en Francia superan el desempeño del sector público

Traducción: "¿Por qué las empresas familiares superan el desempeño de las empresas del índice CAC 40?"

Entre los principales países industrializados, Francia tiene el mayor número de empresas familiares (alrededor de 60% de las 40 empresas del índice CAC son de propiedad familiar, frente a sólo casi 24% en el Reino Unido). Éstas incluyen a Bouygues, Dassault, Michelin y Peugeot. En el periodo 1990-2006, las empresas familiares francesas generaron rendimientos de 639% para sus propietarios, mientras que el principal índice francés, el CAC 40, generó rendimientos de sólo 292%. Este predominio de las empresas de propiedad familiar se atribuye a tres factores: 1) se centran en el largo plazo; 2) se adhieren a su negocio central, y 3) debido a que los propietarios están más cerca de la administración, surgen menos conflictos entre ésta y los dueños (hay menos problemas de agencia en la terminología de finanzas).

Fuente: *Le Figaro*, junio de 2007.

Los mercados de valores de Estados Unidos y el Reino Unido se han caracterizado por la propiedad ampliamente extendida de las acciones. La administración tiene sólo una pequeña proporción de las acciones de la empresa. En contraste, en el resto del mundo la propiedad se caracteriza por lo general por inversionistas mayoritarios. Los inversionistas mayoritarios típicos son los siguientes:

■ Gobierno (por ejemplo, empresas privatizadas de servicios públicos)
■ Instituciones (como los bancos de Alemania)
■ Familias (como en Francia y Asia)
■ Consorcios (como los *keiretsus* de Japón y los *chaebols* de Corea del Sur)

El control se afianza con la propiedad de acciones que tienen dobles derechos de voto, consejos de administración entrelazados, elección escalonada de los miembros del consejo de administración, protecciones contra adquisiciones y otras técnicas que no se usan en los mercados angloamericanos. Sin embargo, la aparición reciente de enormes fondos de inversión en acciones y fondos de cobertura en Estados Unidos y el Reino Unido han provocado la privatización de algunas empresas muy prominentes que cotizaban en bolsa.

¿Cuál es la meta de la administración?

A medida que Trident se compromete más a fondo con las operaciones multinacionales, aparece una nueva restricción que surge de las opiniones y prácticas mundiales divergentes en cuanto a cuál debería ser la meta general de las empresas desde la perspectiva de la alta dirección, así como la función del gobierno corporativo.

¿Qué quieren los inversionistas? Primero, desde luego, los inversionistas quieren desempeño: utilidades sólidas previsibles y crecimiento sustentable. Segundo, quieren transparencia, rendición de cuentas, comunicaciones abiertas y gobierno corporativo eficaz. Las compañías que no aplican las normas internacionales en cada una de estas áreas no atraen ni retienen el capital internacional.

— "The Brave New World of Corporate Governance", *LatinFinance,* mayo de 2001.

Por lo general, los cursos introductorios de finanzas se imparten dentro del marco de maximización de la riqueza de los accionistas como *meta de la administración.* De hecho, todo estudiante de administración memoriza el concepto de *maximización del valor de los accionistas* en algún momento durante su educación universitaria. Sin embargo, este aprendizaje de memoria tiene por lo menos dos retos importantes: 1) no en todos los países se acepta necesariamente que la meta de la administración sea maximizar la riqueza de los accionistas; otros grupos de interés pueden tener importancia considerable, y 2) es una meta sumamente difícil de alcanzar. Como en el caso de muchas otras metas elevadas, es más fácil hablar de *crear valor* que lograrlo.

Aunque la idea de maximizar la riqueza de los accionistas podría ser realista tanto en la teoría como en la práctica en los mercados angloamericanos, no siempre es exclusiva en otras partes. Existen algunas diferencias fundamentales en las filosofías empresariales y de inversión entre los mercados angloamericanos y los del resto del mundo. Por lo tanto, uno debe entender que las llamadas *verdades universales* que se enseñan en los cursos básicos de finanzas son en realidad *normas determinadas por la cultura.*

Modelo de maximización de la riqueza de los accionistas

Los mercados angloamericanos tienen la filosofía que el objetivo de una empresa debe seguir el modelo de *maximización de la riqueza de los accionistas* (*SWM, shareholder wealth maximization*). En términos más específicos, la empresa debe esforzarse por maximizar el rendimiento de los accionistas, el cual se mide por la suma de las ganancias de capital y los dividendos para un nivel determinado de riesgo. Por otra parte, la empresa debe minimizar el riesgo de los accionistas por cada tasa de rendimiento.

El modelo SWM supone como verdad universal que el mercado de valores es *eficiente.* Esto significa que el precio de las acciones siempre es correcto porque capta todas las expectativas de rendimiento y riesgo que perciben los inversionistas. La información nueva se incorpora de inmediato a los precios de las acciones. Éstos, a su vez, se consideran los mejores distribuidores del capital en la macroeconomía.

El modelo SWM también trata la definición de riesgo como verdad universal. El riesgo se define como el riesgo agregado que las acciones de la empresa aportan a un portafolio diversificado. El riesgo total de operación de la empresa puede eliminarse por medio de la diversificación del portafolio de los inversionistas. Por lo tanto, este *riesgo no sistemático* (el riesgo de cada valor en lo individual) no debe ser motivo de gran preocupación para la administración, a menos que incremente las posibilidades de quiebra. El *riesgo sistemático*, es decir, el riesgo del mercado en general, no puede eliminarse. Esto refleja el riesgo de que el precio de la acción dependa del mercado de valores.

Teoría de agencia. El campo de la *teoría de agencia* es el estudio de cómo los accionistas pueden motivar a la administración para que acepte los postulados del modelo SWM.[1] Por ejemplo, el uso liberal de las opciones de compra de acciones debería alentar a los administradores a pensar como accionistas. Es objeto de debate si estos incentivos tienen éxito o no. Sin embargo, si la administración se desvía demasiado del objetivo del modelo SWM (o sea, trabajar para maximizar los rendimientos de los accionistas), el consejo de administración debe sustituirla. En aquellos casos donde el consejo de administración es demasiado débil o conservador para tomar esta medida, la disciplina de los mercados accionarios podría aplicarla por medio de una toma de control. Dicha disciplina es posible gracias a la regla de una acción, un voto que existe en la mayoría de los mercados angloamericanos.

[1] Michael Jensen y W. Meckling, "Theory of the Firm: Managerial Behavior, Agency Costs, and Ownership Structure", *Journal of Financial Economics*, número 3, 1976, y Michael C. Jensen, "Agency Cost of Free Cash Flow, Corporate Finance and Takeovers", *American Economic Review*, 76, 1986, pp. 323-329.

Maximización del valor a largo o a corto plazo. Durante la década de 1990, el auge económico y el alza de los precios de las acciones en Estados Unidos y en otros países pusieron al descubierto una falla en el modelo SWM, en especial en Estados Unidos. En lugar de buscar la maximización del valor a largo plazo, varias corporaciones estadounidenses grandes trataron de conseguir la maximización del valor a corto plazo (es decir, el continuo debate sobre el cumplimiento de las utilidades trimestrales esperadas en el mercado). Esta estrategia fue motivada en parte por el uso excesivamente generoso de las opciones de compra de acciones para motivar a la alta dirección. Para maximizar el crecimiento de las utilidades a corto plazo y cumplir las expectativas infladas de los inversionistas, empresas como Enron, Global Crossing, Health South, Adelphia, Tyco, Parmalat y WorldCom llevaron a cabo prácticas arriesgadas, ingeniosas y a veces deshonestas, para registrar las utilidades u ocultar los pasivos, que finalmente provocaron su caída y desaparición. También fueron causa de procesos judiciales muy notorios contra los directores generales, directores de finanzas, empresas de contabilidad, asesores jurídicos y otras partes relacionadas. Este enfoque destructor en el corto plazo tanto de la administración como de los inversionistas se ha llamado con justificada razón *capitalismo impaciente*. Este punto de debate se conoce también en ocasiones como *horizonte de inversión* de la empresa en referencia al tiempo que se necesita para que los actos, inversiones y operaciones de la empresa produzcan utilidades.

Lo contrario del capitalismo impaciente es el *capitalismo paciente*, que se centra en la maximización de la riqueza de los accionistas a largo plazo. El legendario inversionista Warren Buffett, por medio de su vehículo de inversión Berkshire Hathaway, representa uno de los mejores capitalistas pacientes. Buffett se volvió multimillonario porque centró su portafolio en las empresas tradicionales que crecen despacio, pero a ritmo constante con la economía, como Coca-Cola. No se dejó convencer de invertir en las empresas punto com de alto crecimiento —pero muy arriesgadas en 2000—, ni en el sector de "alta tecnología" que finalmente sufrió una implosión en 2001.

Modelo de capitalismo de los grupos de interés

En los mercados no angloamericanos, los accionistas mayoritarios también se esfuerzan por maximizar los rendimientos del capital a largo plazo. Sin embargo, están limitados por otros grupos de interés poderosos. En particular, los sindicatos son más poderosos que en los mercados angloamericanos. Los gobiernos intervienen más en el mercado para proteger a grupos de interés importantes, como las comunidades locales, el medio ambiente y el empleo. Los bancos y otras instituciones financieras son acreedores más importantes que los mercados de valores. Este modelo se ha denominado modelo de capitalismo de los grupos de interés (SCM, *stakeholder capitalism model*).

Eficiencia del mercado. El modelo SCM no supone que los mercados accionarios son eficientes o ineficientes. Eso no importa, debido a que las metas financieras de la empresa no están orientadas en exclusiva hacia los accionistas puesto que están restringidas por otros grupos de interés. En todo caso, el modelo SCM supone que los accionistas "leales" a largo plazo —que comúnmente son los accionistas mayoritarios— influirán en la estrategia corporativa y no el inversionista de portafolio temporal.

Riesgo. El modelo SCM supone que el *riesgo total*, es decir, el riesgo de operación y financiero, cuenta. Un objetivo específico de la corporación es generar utilidades y dividendos crecientes a largo plazo con la mayor certidumbre posible, dada la declaración de la misión y las metas de la empresa. El riesgo se mide más por la variabilidad del mercado del producto que por la variación a corto plazo en las utilidades y el precio de las acciones.

Meta única o metas múltiples. Aunque el modelo SCM típicamente evita una falla del modelo SWM (es decir, el capital impaciente que se orienta al corto plazo), tiene su propia falla. Tratar de satisfacer los deseos de varios grupos de interés deja a la administración sin una señal clara sobre los equilibrios. En cambio, la administración trata de influir en el equilibrio mediante declaraciones escritas y verbales y sistemas de remuneración complejos.

El cuadro de mando. En contraste con el modelo SCM, el modelo SWM requiere una sola meta de maximización de valor con un cuadro de mando bien definido. En palabras de Michael Jensen:

Maximizar el valor de mercado total de la empresa (es decir, la suma de los valores de mercado del capital, la deuda y otras obligaciones contingentes que tiene la empresa) es la función objetiva que guiará a los administradores para establecer los equilibrios óptimos entre múltiples comunidades de usuarios (o grupos de interés). Indica a la empresa que gaste un dólar adicional de recursos para satisfacer los deseos de cada grupo siempre que ese grupo valore el resultado en más de un dólar. En este caso, el beneficio que la empresa recibe de la inversión de recursos es por lo menos un dólar (en términos de valor de mercado).[2]

Aunque los dos modelos tienen sus fortalezas y sus debilidades, en los últimos años las dos tendencias han llevado a centrar mucho más la atención en la forma de la riqueza de los accionistas. En primer lugar, en vista de que los mercados no angloamericanos han privatizado cada vez más sus industrias, el enfoque en la riqueza de los accionistas se necesita en apariencia para atraer capital internacional de inversionistas externos, muchos de los cuales son de otros países. En segundo término, y aunque sigue siendo un tema muy polémico, muchos analistas creen que las empresas multinacionales que tienen accionistas dominan cada vez más sus segmentos industriales a nivel global. Nada atrae más seguidores que el éxito.

Metas de operación

Una cosa es hablar de *maximizar el valor* y otra muy distinta es lograrlo en realidad. El objetivo de la administración de maximizar las utilidades no es tan simple como parece, porque la medida de las utilidades que emplean los dueños o la administración difiere entre la empresa de propiedad privada y la empresa que cotiza en bolsa. En otras palabras, ¿la administración trata de maximizar el ingreso corriente, la apreciación del capital, o las dos cosas?

El rendimiento para un accionista en una empresa que cotiza en bolsa combina el ingreso corriente en la forma de dividendos y las ganancias de capital procedentes de la revaluación del precio de las acciones:

$$\text{Rendimiento de los accionistas} = \frac{\text{Dividendo}}{\text{Precio}_1} + \frac{\text{Precio}_2 - \text{Precio}_1}{\text{Precio}_1}$$

donde el precio inicial, P_1, es equivalente a la inversión inicial realizada por el accionista y P_2 es el precio de la acción al final del periodo. En teoría, el accionista recibe ingresos de los dos componentes. Por ejemplo, en los últimos 50 o 60 años en el mercado estadounidense, un inversionista diversificado puede haber recibido un rendimiento promedio anual de 14% en total, dividido aproximadamente entre dividendos, 2%, y ganancias de capital, 12%.

En general, la administración cree que tiene la influencia más directa sobre el primer componente: el *rendimiento de dividendos*. La administración toma decisiones estratégicas y de operación para hacer crecer las ventas y generar utilidades. Luego distribuye esas utilidades entre los dueños en la forma de dividendos. Las *ganancias de capital*, el cambio en el precio de las acciones según se compran y venden en los mercados accionarios, son mucho más complejas y reflejan muchas fuerzas que no están bajo el control directo de la administración. A pesar de la creciente participación de mercado, las utilidades, o cualquier otra medida tradicional del éxito empresarial, el mercado puede no premiar estas acciones directamente con la revaluación del precio de las acciones. Muchos altos ejecutivos creen que los mercados de valores se mueven de manera misteriosa y no siempre son congruentes con sus valuaciones.

Una empresa de propiedad privada tiene una función objetiva mucho más sencilla en lo que se refiere al rendimiento: maximizar el ingreso corriente y el ingreso sustentable. En la empresa de propiedad privada no hay un precio de las acciones (no tiene un valor, pero no se trata de un valor definitivo determinado por el mercado en el sentido en que creemos que funcionan los

---

[2]Michael C. Jensen, "Value Maximization, Stakeholder Theory, and the Corporate Objective Function", *Journal of Applied Corporate Finance*, otoño de 2001, volumen 14, núm. 3, pp. 8-21, p. 12.

mercados). Por lo tanto, simplemente se centra en generar ingreso corriente e ingreso de dividendos para producir los rendimientos para sus propietarios. Si los dueños de la empresa de propiedad privada son una familia, la familia también puede hacer gran hincapié en la capacidad de sostener esas utilidades en el tiempo y mantener, a la vez, un índice de crecimiento menor, lo cual puede administrar la propia familia. En consecuencia, es crucial que los propietarios y los intereses financieros exclusivos de los propietarios se entiendan desde el principio si queremos comprender las metas estratégicas y financieras y los objetivos de la administración.

Metas de operación de las EMN. Las EMN deben guiarse por metas de operación adecuadas para los diversos niveles de la empresa. Aunque la meta de la empresa sea maximizar el valor de los accionistas, la manera en que los inversionistas valoran a la empresa no siempre es evidente para la alta dirección de ésta. Por consiguiente, la mayoría de las empresas esperan recibir una respuesta favorable de los inversionistas al logro de las metas de operación, la cual pueden controlar por la forma en que se desempeña la empresa y luego confían, si es que se puede usar ese término, en que el mercado premiará sus resultados.

La EMN debe determinar el equilibrio correcto entre tres objetivos financieros comunes de operación:

1. Maximización del ingreso consolidado después de impuestos.
2. Minimización de la carga fiscal global efectiva de la empresa.
3. Posicionamiento correcto del ingreso, flujos de efectivo y fondos disponibles de la empresa en cada país y moneda.

Con frecuencia, estas metas son incompatibles porque la consecución de una puede producir un resultado menos deseable con respecto a otra. La administración debe tomar decisiones sobre los equilibrios adecuados entre las metas (razón por la que los administradores son personas y no computadoras).

Utilidades consolidadas. La meta de operación primaria de la EMN es *maximizar las utilidades consolidadas después de impuestos*. Las *utilidades consolidadas* son las de todas las unidades individuales de la empresa que se originan en diversas monedas, expresadas en la moneda de la empresa matriz. Esto no equivale a decir que la administración no se esfuerce por maximizar el valor presente de todos los flujos de efectivo futuros. Simplemente ocurre que la mayoría de las decisiones que se toman todos los días en la administración global se relacionan con las utilidades corrientes. Los líderes de la EMN, el equipo de administración que desarrolla e implementa la estrategia de la empresa, deben pensar mucho más allá de las utilidades corrientes.

Por ejemplo, las subsidiarias extranjeras tienen un conjunto propio de estados financieros tradicionales: 1) un estado de resultados que resume los ingresos y gastos de la empresa a lo largo del año; 2) un balance general que resume los activos empleados para generar los ingresos de la unidad y el financiamiento de esos activos; 3) un estado de flujos de efectivo que resume las actividades de la empresa que generan y luego utilizan los flujos de efectivo en el transcurso del año. Dichos estados financieros se expresan inicialmente en moneda local de la unidad para efectos de impuestos e informes al gobierno local, pero deben consolidarse con los estados financieros de la empresa matriz para presentar los informes correspondientes a los accionistas.

Gobierno corporativo

Aunque la estructura de gobierno de cualquier compañía, sea nacional, internacional o multinacional, es fundamental para su existencia, este mismo tema se ha vuelto el pararrayos del debate político y empresarial en los últimos años, en que las fallas de gobierno en una variedad de formas han llevado a fraudes y fracasos corporativos. Los abusos y fallas en el gobierno corporativo han dominado recientemente las noticias financieras globales. A partir del fraude contable y la ética cuestionable de la conducta profesional en Enron —que culminó con la quiebra de la corporación en el otoño de 2001—, los fracasos en el gobierno corporativo han hecho surgir dudas sobre la ética y la cultura de la conducción de los negocios.

La meta del gobierno corporativo

El principal objetivo del gobierno corporativo en los mercados angloamericanos es la optimización a través del tiempo de los rendimientos de los accionistas. Para lograr esto, las buenas prácticas de gobierno deben centrar la atención del consejo de administración de la corporación en este objetivo y desarrollar e implementar una estrategia para que ésta garantice su crecimiento y el mejoramiento del valor del capital accionario de la corporación. Al mismo tiempo, debe asegurar una relación eficaz con los grupos de interés.[3] Una de las declaraciones más ampliamente aceptadas de buenas prácticas de gobierno corporativo son las establecidas por la Organización para la Cooperación y el Desarrollo Económicos (OCDE):[4]

- **Los derechos de los accionistas:** el marco del gobierno corporativo debe proteger los derechos de los accionistas.

- **El trato equitativo de los accionistas:** el marco del gobierno corporativo debe garantizar el trato equitativo de todos los accionistas, incluidos los minoritarios y los extranjeros. Todos los accionistas deben tener la oportunidad de obtener una reparación eficaz por la violación de sus derechos.

- **La función de los grupos de interés en el gobierno corporativo:** el marco del gobierno corporativo debe reconocer los derechos de los grupos de interés, según lo establece la ley, y fomentar la cooperación activa entre corporaciones y grupos de interés para crear riqueza, empleos y la sustentabilidad de empresas financieramente sólidas.

- **Divulgación de información y transparencia:** el marco del gobierno corporativo debe garantizar la divulgación de información oportuna y fiel sobre todos los asuntos relevantes que atañen a la corporación, como situación financiera, desempeño, propiedad y gobierno de la compañía.

- **Las responsabilidades del consejo:** el marco del gobierno corporativo debe garantizar la orientación estratégica de la compañía, la supervisión eficaz de la administración por parte del consejo de administración y la rendición de cuentas del consejo de administración a la compañía y los accionistas.

Estos principios se centran, como es evidente, en varias áreas fundamentales: los derechos y funciones de los accionistas, la divulgación de información y transparencia, y las responsabilidades de los consejos de administración, mismos que analizaremos con mayor detalle.

La estructura del gobierno corporativo

Nuestro primer reto radica en tratar de captar lo que la gente quiere decir cuando usa la expresión "gobierno corporativo". La figura 2.2 presenta un resumen de las diferentes partes y sus responsabilidades relacionadas con el gobierno de la corporación moderna. Los actos y comportamiento de la corporación moderna están dirigidos y controlados tanto por *fuerzas internas* como por *fuerzas externas*.

Las *fuerzas internas*, los funcionarios de la corporación (como el presidente ejecutivo, director general o CEO) y el consejo de administración de la corporación (incluido el presidente del consejo), son directamente responsables de determinar tanto el rumbo estratégico como la ejecución del futuro de la compañía. Pero no actúan en aislamiento; están sujetos al constante escrutinio de las *fuerzas externas* del mercado que cuestionan la validez y acierto de sus decisiones y

---

[3]Esta definición del objetivo de la corporación se basa en la que respalda la International Corporate Governance Network (ICGN), una organización sin fines de lucro dedicada a mejorar las prácticas de gobierno corporativo en todo el mundo.

[4]"OCDE Principles of Corporate Governance", Organización para la Cooperación y el Desarrollo Económicos, 1999, revisados en 2004.

FIGURA 2.2   La estructura del gobierno corporativo

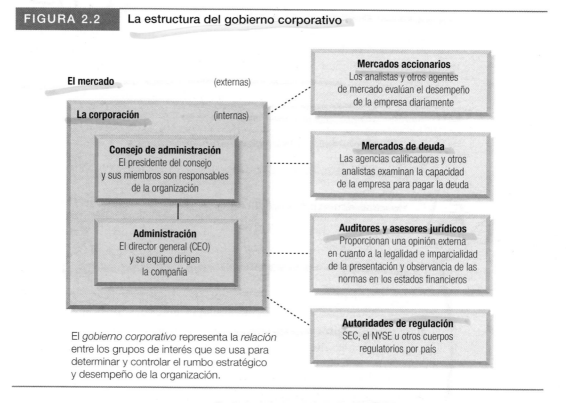

El *gobierno corporativo* representa la *relación* entre los grupos de interés que se usa para determinar y controlar el rumbo estratégico y desempeño de la organización.

---

desempeño. Éstas incluyen los mercados accionarios en los cuales se compran y venden las acciones, los analistas que critican sus perspectivas de inversión, los acreedores y agencias de crédito que les prestan dinero, los auditores y asesores jurídicos que certifican la imparcialidad y legalidad de sus informes y la multitud de autoridades reglamentarias que supervisan sus actos para proteger la inversión pública.

El consejo de administración. El órgano legal responsable del gobierno de la corporación es el consejo de administración, que está compuesto tanto por empleados de la organización (miembros internos) como por personas de alto nivel e influyentes, que no son empleados de la organización (miembros externos). Las áreas de debate en torno de los consejos de administración incluyen las siguientes: 1) el equilibrio adecuado entre miembros internos y externos; 2) el medio por el cual los miembros del consejo reciben remuneración por sus servicios, y 3) la capacidad real del consejo de administración de supervisar y dirigir adecuadamente una corporación cuando sus miembros dedican a veces menos de cinco días al año a las actividades del consejo. Los miembros externos —que a menudo son los directores generales en activo o retirados de otras compañías importantes— pueden aportar un sano sentido de distancia e imparcialidad, que aunque es refrescante, también puede dar por resultado una comprensión limitada de los verdaderos problemas y acontecimientos dentro de la compañía.

Funcionarios y administración. Los altos funcionarios de la corporación, el director general (CEO, *chief executive officer*), el director de finanzas (CFO, *chief financial officer*) y el director de operaciones (COO, *chief operating officer*) no son sólo los más conocedores del negocio, sino también los creadores y dirigentes del rumbo estratégico y operativo. La administración de la empresa, según la teoría, actúa como contratista, o *agente*, de los accionistas para buscar la creación de valor. La motivación de los administradores se basa en los sueldos, bonos y opciones de compra de acciones (positiva) o en el riesgo de perder el empleo (negativa). Sin embargo, pueden tener sesgos de autoenriquecimiento o agendas personales que el consejo de administración y otros grupos de interés corporativos tienen la responsabilidad de supervisar y vigilar. Resulta interesante que en más de 80% de las 500 compañías de *Fortune*, el director general es también el presidente del consejo de administración. En opinión de muchos, esto es un conflicto de intereses y no representa lo que más conviene a la compañía y a sus accionistas.

Mercados accionarios. La empresa que cotiza en bolsa, independientemente del país de residencia, es muy susceptible a la opinión cambiante del mercado. Los propios mercados accionarios, trátese de la bolsa de valores de Nueva York, Londres o México, deben reflejar la evaluación constante que se hace en el mercado de la promesa y desempeño de cada compañía en lo individual. Los analistas son expertos, como ellos mismos se denominan, que emplean muchos bancos de inversión que también negocian con acciones de compañías clientes. Se espera (a veces de manera ingenua) que evalúen las estrategias, planes de ejecución de las estrategias y desempeño financiero de las empresas en tiempo real. Los analistas dependen de los estados financieros y otras declaraciones públicas de la empresa para allegarse información.

Mercados de deuda. Aunque a los mercados de deuda (bancos y otras instituciones financieras que otorgan préstamos y diversas formas de deuda bursatilizada, como los bonos corporativos) no les interesa específicamente crear valor para los accionistas, sí se interesan en la salud financiera de las compañías. Su interés, en concreto, se centra en la capacidad que tienen para pagar su deuda de manera oportuna y eficiente. Estos mercados, como los mercados accionarios, tienen que depender de los estados financieros y otras declaraciones (públicas y privadas en este caso) de las compañías con las que trabajan.

Auditores y asesores jurídicos. Los auditores y asesores jurídicos son responsables de manifestar una opinión profesional externa sobre la imparcialidad, legalidad y precisión de los estados financieros corporativos. En este proceso, intentan determinar si los estados financieros y prácticas de la empresa siguen lo que en Estados Unidos se denomina *principios de contabilidad generalmente aceptados* (GAAP, *generally accepted accounting principles*) en relación con los procedimientos contables. Sin embargo, los auditores y asesores jurídicos son contratados por las mismas empresas que auditan, lo que conduce a una práctica muy peculiar de vigilancia de sus empleadores. La dificultad adicional que ha surgido en años recientes es que las principales empresas de contabilidad también se dedicaron a establecer despachos de consultoría grandes, lo que a menudo provoca conflictos de interés. Un auditor que no otorgue su visto bueno sin reservas a un cliente, no podría esperar obtener muchos contratos de consultoría lucrativos de la misma empresa en el futuro próximo.

Autoridades de regulación. Las empresas que cotizan en bolsa en Estados Unidos y en otros países están sujetas a la supervisión regulatoria tanto de organizaciones gubernamentales como no gubernamentales. En Estados Unidos, la Securities and Exchange Commission (SEC) es el guardián que vigila los mercados accionarios públicos, tanto en lo que se refiere al comportamiento de las propias compañías —cuyas acciones se negocian en esos mercados— como de los diferentes inversionistas que participan en dichos mercados. La SEC y otras autoridades equivalentes fuera de Estados Unidos exigen un proceso de publicación periódica y ordenada de informes sobre el desempeño corporativo, para que todos los inversionistas puedan evaluar el valor de inversión de la compañía con información suficiente, fidedigna y distribuida con imparcialidad. Esta supervisión regulatoria se centra a menudo en cuándo y qué información da a conocer la compañía y a quién.

Una empresa que cotiza en bolsa en Estados Unidos también está sujeta a la normatividad de la bolsa de valores donde se compran y venden sus acciones (las más grandes son New York Stock Exchange, American Stock Exchange y NASDAQ). Estas organizaciones, típicamente catalogadas como de carácter autorregulado, establecen e imponen normas de conducta tanto a las compañías asociadas como a ellas mismas para la realización de transacciones con acciones.

Gobierno corporativo comparativo[5]

La necesidad de un proceso de gobierno corporativo surge de la distinción entre propiedad y administración y de los diversos puntos de vista en la cultura, acerca de quiénes son los grupos de interés y qué importancia tienen. Esto asegura que las prácticas de gobierno corporativo sean diferentes entre países, economías y culturas. Sin embargo, como se describe en la figura 2.3, los diversos tipos de gobierno corporativo pueden clasificarse por régimen. Los regímenes, a su vez, reflejan la evolución de la propiedad y la dirección de las empresas dentro de los países a través del tiempo.

Los *regímenes basados en el mercado,* como el de Estados Unidos, Canadá y el Reino Unido, se caracterizan por mercados de capital relativamente eficientes en los que la propiedad de las empresas que cotizan en bolsa está muy dispersa. Los *sistemas basados en la familia,* como los que caracterizan a muchos de los mercados emergentes, asiáticos y latinoamericanos, no sólo comenzaron con fuertes concentraciones de propiedad familiar (a diferencia de sociedades o pequeños grupos de inversión que no se basan en la familia), sino que continúan siendo controlados en buena medida por familias, aun después de que sus acciones se negocian en bolsa. Los regímenes *basados en la banca* y *en el gobierno* son aquellos que reflejan mercados en los que la propiedad gubernamental de bienes e industrias ha sido la fuerza constante a través del tiempo, dando por resultado sólo "propiedad pública" marginal de la empresa e incluso entonces, sujeta a una gran cantidad de restricciones sobre las prácticas empresariales.

Estos regímenes son, por tanto, una función de por lo menos cuatro factores importantes en la evolución de los principios y prácticas de gobierno corporativo a escala global: 1) el desarrollo del mercado financiero; 2) el grado de separación entre la administración y la propiedad; 3) el concepto de divulgación de información y transparencia, y 4) el desarrollo histórico del sistema jurídico.

Desarrollo del mercado financiero. La cobertura de los mercados de capital es crucial para la evolución de las prácticas de gobierno corporativo. Los mercados nacionales que han tenido crecimiento relativamente lento (como en los mercados emergentes) o se han industrializado con rapidez utilizando los mercados de capital vecinos (como en el caso de Europa Occidental), pueden no formar sistemas de mercados accionarios públicos grandes. Sin un volumen considerable de transacciones de compraventa de acciones por parte del público, se preservan las grandes concentraciones de propiedad y se desarrollan pocos procesos disciplinados de gobierno corporativo.

Separación entre administración y propiedad. En los países y culturas en los que la propiedad de la empresa ha seguido siendo parte integral de la administración, los problemas y fallas de

---

FIGURA 2.3	Regímenes de gobierno corporativo comparativos	
Base del régimen	**Características**	**Ejemplos**
Basado en el mercado	Mercados accionarios eficientes; propiedad dispersa	Estados Unidos, Reino Unido, Canadá, Australia
Basado en la familia	La administración y la propiedad se combinan; familia/mayoría y accionistas minoritarios	Hong Kong, Indonesia, Malasia, Singapur, Taiwán, Francia
Basado en la banca	Influencia del gobierno en los préstamos bancarios; falta de transparencia; control familiar	Corea, Alemania
Afiliado al gobierno	Propiedad estatal de la empresa; falta de transparencia; sin influencia de minorías	China, Rusia

Fuente: Basado en "Corporate Governance in Emerging Markets: An Asian Perspective", por J. Tsui y T. Shieh, en *International Finance and Accounting Handbook*, tercera edición, Frederick D. S. Choi, editor, Wiley, 2004, pp. 24.4-24.6.

---

[5]Para un resumen de gobierno corporativo comparativo, véase R. La Porta, F. Lopez-de-Silanes y A. Schleifer, "Corporate Ownership Around The World", *Journal of Finance*, 54, 1999, pp. 471-517. Véase también A. Schleifer y R. Vishny, "A Survey of Corporate Governance", *Journal of Finance*, 52, 1997, pp. 737-783, y el número de invierno de 2007, volumen 19, número 1, del *Journal of Applied Corporate Finance*.

agencia han sido menos problemáticos. En países como Estados Unidos, en los que la propiedad se ha distanciado en gran medida de la administración (y está muy dispersa), la alineación de las metas de la administración y los propietarios es mucho más difícil.

Divulgación de información y transparencia. El grado de divulgación de información referente a las operaciones y los resultados financieros de una compañía varía drásticamente entre países. Las prácticas de divulgación de información reflejan una amplia gama de fuerzas culturales y sociales, entre ellas, el grado de propiedad en poder del público, el grado en que el gobierno siente la necesidad de proteger los derechos del inversionista frente a los derechos de propiedad, y el grado en que las empresas basadas en la familia y el gobierno siguen siendo centrales en la cultura. La transparencia, un concepto paralelo al de divulgación de información, refleja la visibilidad de los procesos de toma de decisiones dentro de la organización mercantil.

Desarrollo histórico del sistema jurídico. La protección del inversionista es típicamente mejor en los países donde el *derecho común inglés* es la base del sistema jurídico, en comparación con el *derecho civil codificado* que es típico en Francia y Alemania (el así llamado *código napoleónico*). El derecho común inglés es la base de los sistemas jurídicos del Reino Unido y las ex colonias del imperio británico, incluyendo Estados Unidos y Canadá. El código napoleónico es la base de los sistemas jurídicos de las ex colonias francesas y los países europeos que alguna vez gobernó Napoleón, como Bélgica, España e Italia. En países que ofrecen protección débil al inversionista, la propiedad en manos de accionistas mayoritarios suele ser sustituto de la falta de protección legal.

Obsérvese que no se ha usado la palabra *ética*. Todos los principios y prácticas descritas hasta el momento presuponen que los individuos en las funciones de responsabilidad y liderazgo las cumplen con honradez y justicia. Sin embargo, no siempre ha sucedido así.

Propiedad familiar y gobierno corporativo

Aunque buena parte del análisis del gobierno corporativo se concentra en los regímenes basados en el mercado (véase la figura 2.3), los regímenes basados en la familia son supuestamente más comunes y más importantes en el mundo, incluyendo a Estados Unidos y a Europa Occidental. Por ejemplo, en un estudio de 5,232 corporaciones en 13 países de Europa Occidental, las empresas controladas por familias representaron 44% de la muestra, en comparación con 37% de propiedad dispersa.[6]

Investigaciones recientes indican que, a diferencia de lo que se cree popularmente, las empresas de propiedad familiar en algunas economías muy desarrolladas generalmente superan en desempeño a las empresas que cotizan en bolsa. Esto es verdad no sólo en Europa Occidental, sino también en Estados Unidos. Un estudio reciente de empresas incluidas en el índice S&P500 concluyó que las familias están presentes en una tercera parte del índice S&P500 y representan 18% de las acciones en circulación. Además, a diferencia de la opinión popular, las empresas familiares se desempeñan mejor que las que no lo son. (Una reflexión adicional es que las empresas cuyo director general pertenece a la familia, también se desempeñan mejor que aquellas que tienen directores generales ajenos a ella.) Curiosamente, parece que a los accionistas minoritarios les va mejor en realidad —según este estudio— cuando forman parte de una empresa con influencia familiar.[7]

Otro estudio basado en 120 empresas noruegas, controladas unas por la familia fundadora y otras por una familia que no fue la fundadora, concluyó que el control de la familia fundadora se asociaba con un mayor valor de la empresa. Además, el impacto de los directores de la familia fundadora en el valor de la empresa no se ve afectado por las condiciones del gobierno corporativo, como la antigüedad de la empresa, la independencia del consejo de administración y número de clases de acciones. Los autores también concluyeron que la relación positiva entre la propiedad de la familia fundadora y el valor de la empresa es mayor entre empresas más antiguas, empresas

[6]Mara Faccio y Larry H. P. Lang, "The Ultimate Ownership of Western European Corporations", *Journal of Financial Economics*, 65, 2002, p. 365. Véase también: Torben Pedersen y Steen Thomsen, "European Patterns of Corporate Ownership", *Journal of International Business Studies*, volumen 28, número 4, cuarto trimestre, 1997, pp. 759-778.

[7]Ronald C. Anderson y David M. Reeb, "Founding Family Ownership and Firm Performance from the S&P500", *The Journal of Finance*, junio de 2003, p. 1301.

con consejos de administración grandes y, en particular, cuando estas empresas tienen varias clases de acciones.[8] Es común que las empresas noruegas y las que tienen su sede en varios otros países europeos tengan dos clases de acciones con derechos de voto diferentes.

Fracasos de gobierno corporativo

Las fallas de gobierno corporativo se han vuelto cada vez más notorias en los últimos años. El escándalo de Enron en Estados Unidos se describe en el minicaso al final de este capítulo. Además de Enron, otras empresas que han revelado fallas importantes de contabilidad y divulgación de información, así como ejecutivos que saquean la empresa, son WorldCom, Parmalat, Global Crossing, Tyco, Adelphia y HealthSouth.

En cada caso, despachos de auditoría prestigiosos, como Arthur Andersen, pasaron por alto las violaciones o las minimizaron posiblemente debido a relaciones de consultoría lucrativas u otros conflictos de interés. Además, los analistas de valores y los bancos instaron a los inversionistas a comprar las acciones y emisiones de deuda de estas y otras empresas a sabiendas de que eran muy riesgosas o que incluso estaban cerca de la quiebra. Lo más indignante y escandaloso fue que la mayoría de los altos ejecutivos que fueron responsables por la mala administración que destruyó a sus empresas, se escaparon (al principio) con enormes ganancias sobre las acciones vendidas antes de la caída y hasta se llevaron pagos de finiquito excesivamente generosos.

Al parecer, el día del ajuste de cuentas ha llegado. La primera en caer (a causa de su participación en el escándalo de Enron) fue Arthur Andersen, una de las ex "Cinco grandes" empresas de contabilidad estadounidenses. Sin embargo, se han entablado muchos más juicios contra los ex ejecutivos. Aunque los escándalos de corrupción se descubrieron primero en Estados Unidos, se han extendido a Canadá y a los países de la Unión Europea.

Buen gobierno y reputación corporativa

¿Importa el buen gobierno corporativo? Esta pregunta es en realidad muy difícil de responder y la respuesta realista ha dependido históricamente y en gran medida de los resultados. Por ejemplo, mientras el precio de las acciones de Enron aumentaba de manera espectacular en la década de 1990, ninguno de los grupos de interés de la corporación puso en tela de juicio la transparencia, honradez contable e incluso los hechos financieros de la empresa. Sin embargo, a la larga, el fraude, el engaño y el fracaso de una multitud de prácticas de gobierno corporativo provocaron su quiebra. Este hecho no sólo destruyó la riqueza de los inversionistas, sino las carreras, ingresos y ahorros de muchos de sus integrantes básicos: sus propios empleados. Finalmente, *sí*, el buen gobierno importa, y mucho.

El buen gobierno corporativo depende de una variedad de factores, uno de los cuales es la reputación general del gobierno del país de incorporación y registro. La figura 2.4 presenta una clasificación jerárquica reciente de países seleccionados, que Governance Metrics International (GMI) compiló al 23 de septiembre de 2008. Los estudios de muchas organizaciones y académicos, incluidos los de GMI, han seguido mostrando varias relaciones importantes entre el buen gobierno (tanto a nivel del país como corporativo) y el costo de capital (inferior), rendimientos para los accionistas (superiores) y la rentabilidad corporativa (superior). Una dimensión de interés adicional es la función del gobierno del país, ya que puede influir en la nación en la que los inversionistas internacionales eligen invertir. Los primeros estudios indican que el buen gobierno atrae, en efecto, el interés de los inversionistas internacionales.

Las figuras 2.5 y 2.6 presentan los resultados de otro estudio reciente de gobierno corporativo internacional, en el cual se compararon las primas que los accionistas en mercados seleccionados estaban dispuestos a pagar por lo que se percibía como buen gobierno. La figura 2.5 mide

[8]Chandra S. Mishra, Trond Randøy y Jan Inge Jenssen, "The Effect of Founding Family Influence on Firm Value and Corporate Governance", *Journal of International Financial Management and Accounting*, volumen 12, número 3, otoño de 2001, pp. 235-259.

FIGURA 2.4	Clasificación jerárquica de gobierno por país 2008

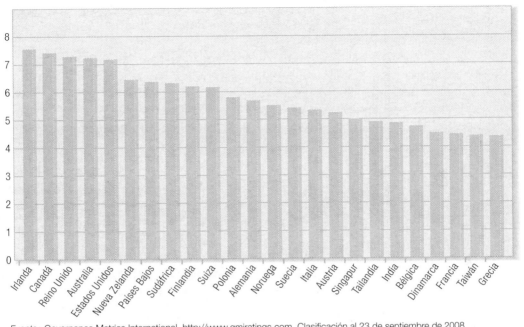

Fuente: Governance Metrics International, http://www.gmiratings.com. Clasificación al 23 de septiembre de 2008.

FIGURA 2.5	La prima que se paga por acciones con derecho a voto: principios de contabilidad

Cuanto más baja es la prima que se paga, tanto más alta es la calidad percibida del gobierno corporativo presente.

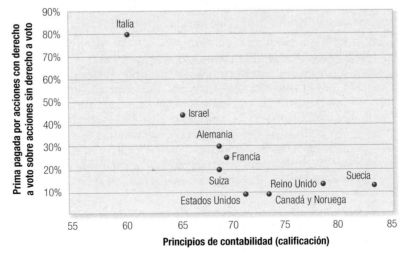

Fuente: "The Ownership Structure, Governance, and Performance of French Companies", Peter Harbula, *Journal of Applied Corporate Finance*, volumen 19, número 1, invierno de 2007, pp. 88-99.

FIGURA 2.6	La prima que se paga por acciones con derecho a voto: observancia de la ley

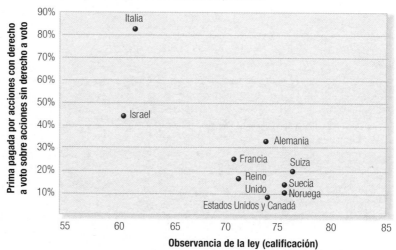

Cuanto más baja es la prima que se paga, tanto más alta es la calidad percibida del gobierno corporativo presente.

Fuente: "The Ownership Structure, Governance, and Performance of French Companies", Peter Harbula, *Journal of Applied Corporate Finance*, volumen 19, número 1, invierno de 2007, pp. 88-99.

el buen gobierno con base en los principios de contabilidad, en tanto que la figura 2.6 usa una medida de principios jurídicos percibidos en el país de incorporación. En ambos casos, la medida del valor utilizada es la prima, en su caso, que los inversionistas parecen estar dispuestos a pagar por las acciones con derecho a voto sobre las acciones sin derecho a voto. La idea es que si se percibe que el país tiene relativamente buen gobierno corporativo, el inversionista no necesita obtener derechos de voto para tratar de proteger su inversión.

Una tercera manera de indicar buen gobierno corporativo en empresas no angloamericanas es elegir uno o más miembros angloamericanos del consejo de administración. La validez de esta propuesta se demostró con un grupo selecto de empresas escandinavas. Un estudio realizado por Oxelheim and Randøy de una base de datos de empresas noruegas y suecas concluyó lo siguiente:[9]

> *Este estudio examina la influencia de los miembros extranjeros (angloamericanos) del consejo de administración en el desempeño corporativo medido en términos de valuación (Q de Tobin). Este estudio, basado en empresas que tienen sus oficinas centrales en Noruega y Suecia, indica un valor considerablemente mayor de las empresas que tienen miembros angloamericanos en su consejo de administración después de controlar por una variedad de factores específicos de la empresa y relacionados con el gobierno corporativo. Sostenemos que el desempeño superior refleja que estas compañías se han apartado con éxito de un mercado de capital doméstico parcialmente segmentado gracias a la "importación", a través del o los miembros externos angloamericanos del consejo de administración, de un sistema de gobierno corporativo angloamericano que ofrece mejores oportunidades de supervisión y mayor reconocimiento de los inversionistas.*

Un estudio de seguimiento de las mismas empresas concluyó que la remuneración del director general (CEO) aumentaba debido a la reducción percibida en la tolerancia al mal desempeño y la mayor supervisión requerida.[10]

[9]Lars Oxelheim y Trond Randøy, "The Impact of Foreign Board Membership on Firm Value", *Journal of Banking and Finance*, volumen 27, número 12, 2003, pp. 2369-2392.

[10]Lars Oxelheim y Trond Randøy, "The Anglo-American Financial Influence on CEO Compensation in Non-Anglo-American Firms", *Journal of International Business Studies*, volumen 36, número 4, julio de 2005, pp. 470-483.

Reforma del gobierno corporativo

Dentro de Estados Unidos y del Reino Unido, el problema principal de gobierno corporativo es el que se relaciona con la teoría de agencia: dada la propiedad dispersa de las acciones, ¿cómo puede alinear una empresa el interés de la administración con el de los accionistas? Puesto que los accionistas en lo individual no poseen los recursos ni el poder para supervisar a la administración, los mercados de Estados Unidos y del Reino Unido dependen de las autoridades de regulación para que colaboren en la tarea de supervisión de la teoría de agencia. Fuera de Estados Unidos y del Reino Unido, los grandes accionistas que tienen participaciones de control (incluso en Canadá) constituyen la mayoría. Ellos pueden supervisar a la administración en ciertos sentidos mejor que las autoridades. Sin embargo, los accionistas mayoritarios plantean otro problema de agencia. ¿Cómo pueden protegerse los accionistas minoritarios de los mayoritarios?

En años recientes, las reformas en Estados Unidos y Canadá han sido mayormente regulatorias. En otras partes del mundo, las reformas han consistido en buena medida en la adopción de principios más que de normas legales más estrictas. El método de los principios es más suave, menos costoso y existen menos probabilidades de que entre en conflicto con otras disposiciones reglamentarias existentes.

Ley Sarbanes-Oxley. El Congreso de Estados Unidos aprobó la Ley Sarbanes-Oxley (SOX) en julio de 2002. Denominada así en honor de sus dos principales promotores en el Congreso, la ley SOX estableció cuatro condiciones principales: 1) los directores generales y los directores de finanzas de las empresas que cotizan en bolsa deben responder por la veracidad de los estados financieros publicados de la empresa; 2) los consejos de administración corporativos deben tener comités de auditoría y remuneración integrados por consejeros independientes (externos); 3) se prohíbe que las compañías otorguen préstamos a funcionarios corporativos y miembros del consejo, y 4) las compañías deben probar sus controles financieros internos contra fraudes.

La primera disposición, la así llamada *cláusula de firma*, ya ha tenido un impacto significativo sobre la manera en que las compañías preparan sus estados financieros. La disposición tiene el propósito de infundir sentido de responsabilidad y rendición de cuentas en la alta dirección (y, por tanto, menos explicaciones de que "los auditores los aprobaron"). Las propias compañías han instituido el mismo procedimiento en todos los niveles de la organización, y a menudo exigen que los gerentes de unidades de negocios y directores de niveles inferiores firmen los estados financieros. Se han impuesto sanciones severas en caso de incumplimiento.

La ley SOX ha resultado mucho más cara de implementar de lo que se esperaba originalmente durante el debate en el Congreso. Además de los costos obvios de llenar más formularios, muchos críticos argumentan que se pierde demasiado tiempo en satisfacer las nuevas reglamentaciones, modificar los controles internos para combatir el fraude y replantear las utilidades pasadas, en vez de usar ese tiempo en dirigir las operaciones de las empresas. Este costo puede ser desproporcionadamente elevado para las pequeñas empresas que deben cumplir las mismas disposiciones reglamentarias que las grandes. En particular, los honorarios de auditoría y asesoría jurídica se han vuelto exorbitantes.

Todos temen seguir los pasos de Arthur Andersen que se derrumbó a consecuencia del escándalo de Enron. (¡Las "Cinco grandes" empresas de contabilidad pasaron a ser las "Cuatro grandes" de la noche a la mañana!) El resultado neto puede ser que empresas más pequeñas, pero en crecimiento, prefieran vender todo a empresas grandes en vez de seguir el camino de la oferta pública inicial (OPI). Otras empresas pueden simplemente decidir seguir siendo privadas, porque creen que los costos de las ofertas públicas superan con mucho los beneficios. Además, muchas empresas pueden mostrarse más reacias a correr riesgos. Los empleados de niveles bajos pueden trasladar todas las decisiones arriesgadas a un nivel más central de evaluación del riesgo. Dicho acto haría más lento el proceso de toma decisiones y, en potencia, frenaría el crecimiento.

La ley SOX ha sido muy polémica en el ámbito internacional. Su estilo de tratar a todos por igual entra en conflicto con varias de las prácticas de gobierno corporativo ya establecidas en mercados que consideran que tienen mejores historiales de gobierno que Estados Unidos. Una empresa extranjera que desea cotizar o que sus acciones se sigan negociando en una bolsa de valores de Estados Unidos debe cumplir con dicha ley. Algunas compañías, como Porsche, retiraron sus planes de participar en el mercado de valores de Estados Unidos específicamente porque se oponían a la ley SOX. Sin embargo, otras empresas, incluidas muchas de las compañías extranjeras más importantes que cotizan en bolsas estadounidenses, como Unilever, Siemens y ST

Microelectronics, han manifestado su disposición a someterse, si encuentran un equilibrio aceptable entre la ley estadounidense y los requerimientos y principios de gobierno de sus propios países. Un ejemplo es Alemania, donde los comités de auditoría y supervisión de los consejos de administración tienen que incluir representantes de los empleados. Pero según la ley estadounidense, los empleados no son independientes. Muchas de estas empresas que cotizan en bolsa han concluido que necesitan acceso al mercado de capital estadounidense y, por lo tanto, tienen que sujetarse a lo que estipulan las leyes de ese país.

Estructura y remuneración del consejo de administración. Muchos críticos han presentado argumentos a favor de que Estados Unidos implante reformas estructurales más acordes con las normas europeas (por ejemplo, prohibir que los directores generales sean también presidentes del consejo de administración). Aunque esto es cada vez más común, no hay disposiciones reglamentarias ni otro tipo de requisito legal que obligue a hacerlo. En segundo lugar, y una medida más radical, sería el cambio hacia la estructura de dos niveles que existe en países como Alemania, donde hay una junta de supervisión (formada en su mayoría por extraños y por lo común, es grande; Siemens tiene 18 miembros) y una junta de administración (formada predominantemente por funcionarios internos, y es pequeña; Siemens tiene ocho miembros). Como se muestra en la figura 2.7, no queda claro si la composición de los miembros del consejo de administración es verdaderamente el problema.

Aunque la ley SOX trata el problema de la transparencia en la teoría de agencia, no se ocupa del problema de alinear las metas de los consejos de administración y los administradores con los intereses de los accionistas. En el pasado, Estados Unidos se caracterizaba por tener planes de remuneración para premiar a los miembros del consejo y a la administración con una combinación de un estipendio o sueldo anual y una cantidad considerable de opciones de compra de acciones. Sin embargo, cuando las opciones de compra de acciones *se hunden* (pierden en esencia todo valor debido a que están muy fuera del dinero), el beneficiario no tiene ningún costo directo, sólo la pérdida de un posible beneficio en el futuro. En efecto, algunas empresas simplemente vuelven a suscribir las opciones para que tengan mayor valor de inmediato. Ahora parece que muchas empresas están cambiando sus planes de remuneración para sustituir las opciones con *acciones restringidas*, que no pueden venderse al público durante cierto periodo específico. Si el precio de las acciones de la empresa disminuye, el beneficiario pierde dinero en realidad y normalmente no se le compensa con la entrega de más acciones restringidas.

Transparencia, contabilidad y auditoría. El concepto de *transparencia* se ha planteado también en una variedad de diferentes mercados y contextos. Transparencia es un término muy común que se usa para describir el grado en que un inversionista (existente o potencial) puede discernir las verdaderas actividades y directrices de valor de una compañía de las declaraciones y los resultados financieros anunciados. Por ejemplo, Enron se consideraba a menudo una "caja negra" cuando se trataba de entender cuáles eran realmente sus resultados y sus riesgos operativos y financieros por la multitud de líneas de negocios que tenía. El consenso de los expertos en gobierno corporativo es que todas las empresas, a nivel mundial, deben trabajar para aumentar la transparencia del perfil de riesgo y rendimientos de la empresa.

FIGURA 2.7	Independencia de los miembros del consejo de administración en Estados Unidos

Shearman and Sterling LLP realizan una encuesta anual de prácticas seleccionadas de gobierno corporativo en las 100 principales compañías. A continuación se presentan algunas notas y puntos destacados de la encuesta de 2008.

■ Las reglas de cotización del NYSE y NASDAQ exigen que la mayoría de los miembros del consejo de administración de las compañías que cotizan en bolsa sean independientes.

■ De las 100 compañías más importantes en 2008, 52 adoptaron y anunciaron normas más estrictas sobre la cantidad mínima de consejeros independientes que las reglas de cotización pertinentes.

■ La mayoría de las 100 compañías principales no exigen explícitamente que 75% o más de los miembros del consejo de administración sean independientes. Sin embargo, en la práctica, las 100 compañías principales siguen superando sus propios requerimientos.

■ Los consejeros independientes constituyen 75% o más de los consejos de administración de 89 de las 100 compañías principales encuestadas este año. El CEO es el único consejero no independiente en 44 de estas empresas. Los directores de finanzas y operaciones eran miembros del consejo en siete y nueve de las 100 compañías principales, respectivamente.

Fuente: "2008 Trends in Corporate Governance of the Large US Public Companies", Shearman & Sterling LLP, pp. 14-15. Las "100 compañías principales" son las 100 empresas estadounidenses más grandes que cotizan en bolsa, según la clasificación de la lista *Fortune 500* de la revista *Fortune* por ingresos en el ejercicio fiscal que terminó más recientemente, y que tienen acciones y valores que se negocian en NYSE o NASDAQ.

El proceso mismo de contabilidad es ahora objeto de debate. El sistema estadounidense se caracteriza por estar basado estrictamente en reglas, más que en conceptos, como es común en Europa Occidental. Muchos críticos de las prácticas estadounidenses de gobierno corporativo creen que se trata de una falla fundamental que permite que contadores cada vez más astutos encuentren maneras de seguir las reglas sin cumplir el propósito subyacente para el que fueron creadas. Una extensión del debate sobre el proceso de contabilidad es la función y la remuneración asociadas con las auditorías. Una auditoría es el proceso de usar a terceros, pagados por la empresa, para que examinen las prácticas de elaboración de los estados financieros y las declaren apegadas a los principios de contabilidad generalmente aceptados. Como ilustró el derrumbe de Arthur Andersen después de la debacle de Enron, sigue habiendo serias dudas en cuanto a la validez de esta práctica en curso.

Derechos de los accionistas minoritarios. Por último, la cuestión de los derechos de los accionistas minoritarios sigue suscitando mucha polémica en la mayoría de los mercados más grandes del mundo. Muchos de los mercados emergentes se caracterizan aún por el régimen de gobierno corporativo familiar, donde la familia sigue en control de la empresa incluso después de que las acciones de ésta se han puesto a la venta en el mercado. Pero, ¿qué sucede con los intereses y voces de los otros accionistas? ¿Cómo se preservan sus intereses en organizaciones donde familias o inversionistas mayoritarios toman todas las decisiones importantes, incluidas las referentes a los consejos de administración? Como se señala en *Finanzas globales en la práctica 2.2*, los derechos de los accionistas minoritarios son un problema en todos los mercados de la actualidad, incluso en China.

FINANZAS GLOBALES EN LA PRÁCTICA 2.2

Reforma de gobierno corporativo en China

China ha reformado sus leyes mercantiles y de valores en los últimos tiempos y con ello ha logrado implantar muchas mejoras positivas en su estructura de gobierno corporativo. Los cambios más notables incluyen más requisitos de divulgación de información financiera, mayor protección de los derechos de los accionistas minoritarios y guías más claras sobre el papel que desempeñan las juntas de supervisión.

Se han hecho muchos avances en el mejoramiento del gobierno corporativo tanto en los mercados bancarios como en los accionarios. Los bancos extranjeros ya cuentan con autorización para invertir en bancos de la República Popular China e introducir sus conceptos de gobierno corporativo. El gobierno chino también ha emprendido un programa de reformas compartidas que obliga a que las acciones no negociables de empresas de propiedad estatal (EPE) se conviertan en acciones negociables. Además, también se han hecho esfuerzos para reducir el riesgo financiero en el sistema bancario de China mediante la disminución de una gran cantidad de préstamos morosos en manos de los bancos locales.

Aunque se han registrado mejoras considerables en la estructura de gobierno corporativo en China, todavía se observan rezagos respecto a muchos países desarrollados. ¿Cuáles son las deficiencias en el sistema de gobierno corporativo de China? Este país tiene una estructura de gobierno corporativo en dos niveles para las compañías, que es muy parecido al sistema alemán, con un consejo de administración y un consejo de supervisión. Por desgracia, en la realidad los consejos de supervisión de China sólo confirman las decisiones que toma el consejo de administración. Esta duplicación en el sistema no sirve de nada, salvo para crear redundancia y aumentar los costos administrativos para las compañías. Además, aunque se requiere que los consejeros independientes constituyan por lo menos una ter-

cera parte del consejo de administración de las empresas chinas, en la práctica estos consejeros tienen capacidad muy limitada de influir en cómo funcionan sus compañías.

Por otro lado, las disposiciones sobre la publicación de estados financieros de las compañías chinas que cotizan en bolsa son todavía débiles en comparación con las de muchas jurisdicciones en países desarrollados. La reforma continua e incierta de las estructuras compartidas de las EPE y la falta de buena información financiera hacen sumamente difícil que los mercados accionarios de China crezcan y funcionen adecuadamente.

El gobierno de la República Popular China ha instado a las empresas a mejorar su conciencia del buen gobierno corporativo. Un método adoptado por el gobierno ha sido estimular activamente a las empresas locales a cotizar en la bolsa de valores de Hong Kong, que tiene un sistema de gobierno corporativo más aceptado a nivel internacional para las compañías que cotizan ahí. Sin embargo, este plan podría ser contraproducente y obstaculizar el desarrollo de los mercados accionarios de China, ya que crea la percepción que las bolsas de valores locales de Shangai y Shenzhen, y las empresas que cotizan en ellas, son más débiles y se administran con menos profesionalismo.

Otro problema de gobierno corporativo para las grandes compañías de China (que casi todas son de propiedad estatal mayoritaria) es que el gobierno de esa nación trata de ejercer una fuerte influencia administrativa en ellas. Muchos de los altos funcionarios de estas empresas de propiedad estatal mayoritaria creen que su función es mantener contento al gobierno a toda costa. Como es evidente, todavía hay muchas cosas que mejorar en el sistema de gobierno corporativo de China.

Fuente: "Shortcomings in China's Corporate Governance Regime", Johnny KW Cheung, *China Law & Practice*, febrero de 2007, p. 1.

El mal desempeño de la administración requiere por lo general cambios en la administración, los dueños, o ambos. La figura 2.8 ilustra diversos caminos que los accionistas pueden seguir cuando no están satisfechos con el desempeño de la empresa. Dependiendo de la cultura y las prácticas aceptadas, no es extraño que muchos inversionistas descontentos toleren en silencio (por lo menos durante un periodo prolongado) el desempeño del precio de las acciones. Si responden de manera más activa, pueden vender sus acciones. En la tercera y cuarta respuestas, que son propias de los accionistas activistas, la administración oye la voz mucho más enérgica del accionista insatisfecho.

FIGURA 2.8   Posibles respuestas a la insatisfacción de los accionistas

Lo que cuenta es que la administración de una empresa que cotiza en bolsa y su consejo de administración sepan que la empresa puede ser objeto de una toma de control hostil si no mantienen un buen desempeño. El crecimiento de los fondos accionarios y de cobertura en Estados Unidos y en otras partes del mundo en los últimos años ha fortalecido esta amenaza ahora que las compras apalancadas son comunes de nuevo.

RESUMEN

■ Casi todas las compañías son creación de empresarios, trátese de un individuo o un pequeño grupo de socios o miembros de una familia.

■ Con el transcurso del tiempo, algunas empresas optan por poner en venta sus acciones en el mercado por medio de una oferta pública inicial, u OPI.

■ Los mercados de valores de Estados Unidos y el Reino Unido se caracterizan por tener propiedad dispersa de las acciones. En el resto del mundo, la propiedad suele caracterizarse por accionistas mayoritarios. Los accionistas mayoritarios típicos son gobiernos, instituciones, familias y consorcios.

■ Cuando se dispersa la propiedad de una empresa, típicamente la administración queda a cargo de profesionales contratados. Los intereses de los administradores profesionales pueden no alinearse a la perfección con los intereses de los dueños, creando así un *problema de agencia*.

■ Los mercados angloamericanos tienen la filosofía que el objetivo de la empresa debe seguir el modelo de *maximización de la riqueza de los accionistas (SWM, shareholder wealth maximization)*. En términos más específicos, la empresa debe esforzarse por maximizar el rendimiento para los accionistas, medido por la suma de ganancias de capital y dividendos para un nivel determinado de riesgo.

■ En los mercados no angloamericanos, los accionistas mayoritarios también se esfuerzan por maximizar los rendimientos a largo plazo sobre el capital. Sin embargo, están más limitados por otros grupos de interés poderosos. En particular, los sindicatos son más poderosos que en los mercados angloamericanos. Los gobiernos intervienen más en el mercado para proteger a grupos de interés importantes, como las comunidades locales, el ambiente y el empleo. Los bancos y otras instituciones financieras son acreedores más importantes que los mercados de valores. Este modelo se llama modelo de capitalismo de los grupos de interés (SCM, *stakeholder capitalism model*).

■ El rendimiento para un accionista de una empresa que cotiza en bolsa combina el ingreso corriente en la forma de dividendos y las ganancias de capital obtenidas de la revalorización del precio de las acciones.

- Una empresa de propiedad privada trata de maximizar el ingreso corriente y sustentable; como no tiene precio de las acciones, no invierte tiempo ni recursos en tratar de influir en la opinión del mercado sobre su negocio.

- La EMN debe determinar por sí misma el equilibrio adecuado entre tres objetivos de operación comunes: maximización del ingreso consolidado después de impuestos; minimización de la carga fiscal global efectiva para la empresa; y posicionamiento correcto del ingreso, flujos de efectivo y fondos disponibles de la empresa en cuanto a país y moneda.

- La relación entre los grupos de interés que se usa para determinar y controlar el rumbo estratégico y el desempeño de una organización se llama gobierno corporativo.

- Las dimensiones del gobierno corporativo incluyen la teoría de agencia; la composición y control del consejo de administración; y variables culturales, históricas e institucionales.

- A medida que las EMN se vuelven más dependientes de los mercados globales de capital para conseguir financiamiento, puede ser necesario que modifiquen sus políticas de gobierno corporativo.

- Existe una tendencia en las empresas que tienen su sede en mercados no angloamericanos a volverse más "amistosas con los accionistas". Al mismo tiempo las empresas de los mercados angloamericanos se están volviendo más "amistosas con los grupos de interés".

- Las fallas en el gobierno corporativo, en especial en Estados Unidos, han sido el foco de atención de las noticias en años recientes y se les ha atribuido la culpa de la reducción de valor en los mercados de valores estadounidenses.

- Los accionistas que no están satisfechos con el desempeño de su empresa tienen por lo general cuatro opciones: tolerar el descontento en silencio; vender sus acciones; cambiar de administración; o iniciar una toma de control.

- Los fracasos recientes del gobierno corporativo en Estados Unidos han generado una avalancha de iniciativas gubernamentales y privadas para impedir el mismo tipo de fallas en el futuro.

- Estados Unidos reaccionó ante los fracasos en el gobierno corporativo aprobando la Ley Sarbanes-Oxley de 2002.

- La Ley Sarbanes-Oxley (SOX) tiene cuatro disposiciones principales: 1) los directores generales y los directores de finanzas de las empresas que cotizan en bolsa deben responder de la veracidad de los estados financieros publicados de la empresa; 2) los consejos de administración corporativos deben tener comités de auditoría y remuneración compuestos por miembros independientes (externos); 3) se prohíbe que las compañías otorguen préstamos a los funcionarios corporativos y a los miembros del consejo de administración, y 4) las compañías deben probar sus controles financieros internos contra fraudes.

- Según la OCDE, las buenas prácticas de gobierno corporativo deben incluir una definición clara y detallada de los derechos y funciones de los accionistas, la revelación de información y la transparencia, y las responsabilidades del consejo de administración.

MINICASO   Fracaso de gobierno corporativo en Enron

"Las trágicas consecuencias de las transacciones de entidades relacionadas y los errores de contabilidad fueron el resultado de fallas en muchos niveles y de muchas personas: una idea defectuosa, enriquecimiento personal de los empleados, controles mal diseñados, implementación deficiente, supervisión descuidada, errores de contabilidad simples (y no tan simples) y predominantes en una cultura que parece haber alentado que se sobrepasaran los límites. Nuestra reseña indica que muchas de estas consecuencias podían y debían haberse evitado".

—Informe de investigación: Comité Especial de Investigación del Consejo de Administración de Enron Corporation, Consejo de Administración, Enron, 1 de febrero de 2002, pp. 27-28.

El 2 de diciembre de 2001, Enron Corporation se declaró en quiebra y se acogió a la protección del capítulo 11 de la ley de quiebras estadounidense. Enron fracasó como resultado de una compleja combinación de fallas financieras y de gobierno corporativo. Como se señala en la cita del informe que se reproduce aquí, las fallas se relacionaron con organizaciones y particulares tanto dentro como fuera de Enron. Sin embargo, fuera de los tribunales y la prensa sensacionalista, queda la interrogante de cómo permitió el sistema que esto sucediera. ¿Por qué las numerosas estructuras y salvaguardias dentro del sistema de gobierno corporativo estadounidense no detectaron, detuvieron o previnieron el fracaso de Enron?

El derrumbe de Enron

Según Jeffrey Skilling, ex director general de la corporación, Enron se vino abajo a causa del "asedio a un banco". De hecho, esta aseveración es quizá técnicamente correcta. Cuando las agencias calificadoras de crédito redujeron la calificación crediticia de Enron por debajo del grado de inversión en noviembre 2001, sus operaciones se detuvieron, porque una compañía que cotiza en bolsa necesita mantener una calificación de grado de inversión para que otras compañías comercien con ella. Sin grado, no hay comercio.

Sin embargo, esa respuesta lo obliga a uno a preguntarse: *¿por qué* se degradó a la compañía? Porque se determinó que la deuda total de Enron ascendía a US$38,000 millones en lugar de US$13,000 millones. ¿Y por qué la deuda aumentó de pronto a tal punto? Porque gran parte de la deuda que se había clasificado como *fuera del balance general* se reclasificó entonces como *dentro del balance general*. ¿Por qué la reclasificación? Porque se determinó que muchas de las *entidades de propósito especial* (SPE, *special purpose entities*) y las asociaciones fuera del balance general que registraron esta deuda estaban mal clasificadas para empezar, o se reconsolidaron con la compañía como resultado de que el valor de su capital se redujo (las acciones de Enron). Lo cual nos lleva de nuevo al punto de partida: ¿por qué el precio de las acciones de Enron se derrumbó en 2001? ¿Fue simplemente el resultado natural de una empresa en decadencia, o las utilidades declaradas y en perspectiva de Enron, en combinación con la salud financiera general de la empresa, no se habían declarado y evaluado honradamente?

Fracaso del gobierno corporativo en Enron

El equipo de alta dirección de Enron, sobre todo el director general Kenneth Lay y el director de operaciones Jeffrey Skilling (posteriormente director general), fue responsable de la formulación e implementación de la estrategia de la compañía, incluidos sus resultados financieros y de operación. Como casi todas las compañías de su tamaño, Enron tenía literalmente cientos de contadores y abogados en su personal permanente. En particular, fueron las inquietudes de un contador, Sherron Watkins, las que salieron a la luz pública en agosto y septiembre de 2001 y contribuyeron a la rápida escalada de exámenes de Enron y sus operaciones en el otoño de 2001.

En el caso de Enron, los órganos externos de gobierno corporativo fueron el centro de muchas críticas.

- **Auditor.** Arthur Andersen (uno de las "Cinco grandes") fue auditor de Enron. La labor de Andersen consistió en determinar y certificar anualmente que Enron seguía prácticas de contabilidad generalmente aceptadas en los estados de sus resultados financieros. Andersen, como todos los auditores, fue contratado y pagado por la propia Enron. Andersen también proporcionaba una gran variedad de servicios de consultoría a Enron, cuya suma total era una línea de negocios mucho más lucrativa que la práctica básica de auditoría.

- **Asesoría jurídica.** El asesor jurídico de Enron, sobre todo el bufete Vinson & Elkins de Houston, también contratado por la empresa, era responsable de ofrecer opiniones jurídicas sobre las numerosas estrategias, estructuras y legalidad general de buena parte de lo que Enron hacía. Como ocurrió con Arthur Andersen, cuando se le preguntó después por qué no se había opuesto a ciertas ideas o prácticas, la compañía explicó que no había sido informada cabalmente de todos los

detalles y complejidades de la administración y propiedad de las SPE.

- **Reguladores.** Enron cayó en realidad entre las grietas de la mayoría de los órganos de regulación industrial de Estados Unidos. Como operador de los mercados de energéticos, la Federal Energy Regulatory Commission (FERC) tenía algunas responsabilidades distantes de supervisión en relación con algunos de los mercados y operaciones en las que la compañía participaba, pero estas cuestiones estaban separadas en gran medida de las actividades generales de Enron.

- **Mercados accionarios.** Como compañía que cotizaba en bolsa, Enron estaba sujeta a las normas y reglamentaciones de la Securities and Exchange Commission (SEC). Sin embargo, la SEC realiza pocas investigaciones o confirmaciones directas de la diligencia en los informes financieros presentados y confía en cambio en los testimonios de otros órganos, como el auditor de la compañía.

  Como acción que se negociaba en el New York Stock Exchange (NYSE), Enron se regía por las normas y reglamentos de esa bolsa de valores. Sin embargo, en ese momento los requisitos de presentación de informes de NYSE diferían poco, si acaso, de los de la SEC. El NYSE no realizaba verificación directa e independiente del cumplimiento legal.

  Como acción observada por una multitud de bancos de inversión, los analistas de estas empresas eran responsables de seguir, analizar y evaluar los resultados de Enron constantemente. Las relaciones de Enron con sus banqueros de inversión requerirían frecuentes intercambios del tipo "ojo por ojo", en los que aquellas empresas que cooperaban con Enron y apoyaban sus historias de desempeño eran premiadas con nuevos negocios y nuevos mandatos para otras actividades de banca de inversión muy redituables para las empresas.

- **Mercados de deuda.** Enron, como todas las compañías que deseaban y necesitaban una calificación crediticia, pagaban a compañías como Standard & Poor's y Moody's para que le otorgaran una calificación. Estas calificaciones se necesitan para emitir valores de deuda de la compañía y venderlos en el mercado. Una vez más, uno de los problemas que las agencias calificadoras de crédito tenían con Enron era que sólo podían proporcionar análisis de lo que conocían de las actividades y resultados financieros y de operación de Enron. Además, en el caso de la deuda mantenida a sabiendas en entidades de propósitos especiales fuera del balance general, existe todavía un gran debate sobre si las agencias calificadoras de crédito tenían todos los detalles y deliberadamente optaron por pasarlos por alto en la deuda total de la compañía o no.

Por último, no olvidemos a los bancos y a los propios banqueros, que proporcionaron acceso al capital de deuda. La mayoría de estos bancos ganaron millones y millones de dólares en ingresos por intereses y comisiones como resultado de dirigir y administrar las emisiones de deuda de Enron.

Alimentando a la bestia

Una característica especialmente preocupante del incipiente modelo de negocios de Enron a finales de la década de 1990 fue que los ingresos crecían mucho más rápido que las utilidades. El costo de emprender grandes proyectos energéticos internacionales (como en la India), comerciar con energía eléctrica, e incluso realizar nuevas operaciones mercantiles, como el comercio de derechos de agua y banda ancha, fueron, en palabras de un ex ejecutivo, *abominables*. Los sueldos, bonos, costos de puesta en marcha y falta de control en general sobre los costos de operación devoraban todas utilidades que producían las nuevas empresas. Hasta las líneas de comercio más prósperas, entre ellas la electricidad, eran incapaces de generar los márgenes que el mercado había llegado a esperar de Enron y su anterior portafolio de negocios (sobre todo el comercio de gas natural). Como se muestra en la figura 1, el ingreso de operación real por línea de negocios (utilidades antes de intereses e impuestos) (IBIT, *income before interest and taxes*) no aumentaba de acuerdo con los ingresos.

El creciente déficit en los flujos de efectivo corporativos también provocó un problema de administración financiera fundamental para Enron: la necesidad creciente de capital externo, o como se describía internamente, la necesidad de "alimentar a la bestia". Las inversiones cada vez más cuantiosas en nuevos negocios, trátese de la adquisición de Portland General Electric (PGE) en 1997 o los proyectos energéticos a los que se dedicaba Rebecca Mark (la directora del grupo de desarrollo internacional de Enron) a escala global, absorbían más capital de lo que los negocios en curso podían autofinanciar. Los flujos de efectivo de Enron se rezagaron cada vez más en relación con las inversiones y ventas.

Enron necesitaba capital externo adicional: nueva deuda y nuevo capital. Sin embargo, Ken Lay y Jeff Skilling, se mostraban renuentes a emitir cantidades grandes de nuevas acciones porque esto diluiría las utilidades y tenencias de los accionistas existentes. La opción de endeudarse también era limitada, dados los ya de por sí elevados niveles de deuda que Enron tenía (y que había tenido desde sus comienzos) que la colocaban continuamente en la precaria posición de tener una calificación crediticia BBB, que apenas alcanzaba el *grado de inversión* según las normas de las agencias de crédito.

Aunque Jeff Skilling había empleado antes el concepto de establecer un fondo de capital para apoyar el desarrollo de los negocios dentro de Enron con la creación del *Fondo Cactus* en 1991, Andrew Fastow llevó el concepto a un nuevo nivel. La experiencia de Fastow en la banca, específicamente en el uso de las *entidades de propósito especial* (SPE), un instrumento común en los servicios financieros, fue su boleto para ascender en el escalafón corporativo de Enron. A la larga llegó a ocupar el puesto de director de finanzas.

Muchas de las transacciones requieren una estructura contable conocida como "entidad de propósito especial" o

---

| FIGURA 1 | Ingreso de operación real de Enron |

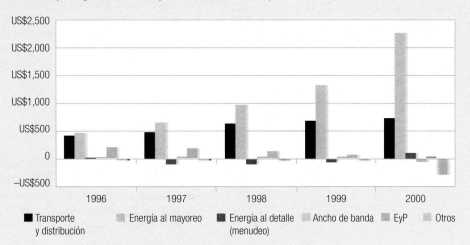

Utilidades por segmento de Enron (IBIT*, millones de dólares)

* IBIT es utilidades antes de intereses e impuestos

"vehículo de propósito especial" (denominada "SPE" en este Resumen y en el Informe). Una compañía que hace negocios con una SPE puede tratarla como si fuera una entidad externa independiente para efectos contables si se cumplen dos condiciones: (1) un propietario independiente de la compañía debe realizar una inversión sustancial de capital en por lo menos 3% de los activos de la SPE, y ese 3% debe permanecer en riesgo durante toda la transacción; y (2) el propietario independiente debe ejercer control sobre la SPE. En esas circunstancias, la compañía puede registrar las ganancias y pérdidas de las transacciones con la SPE, y los activos y pasivos de la SPE no se incluyen en el balance general de la compañía, a pesar de que la compañía y la SPE tengan una relación estrecha. Fue la falla técnica de algunas de las estructuras con las que Enron hizo negocios para satisfacer estos requisitos lo que causó el replanteamiento de los estados financieros de Enron.[1]

Las SPE creadas por Andy Fastow y su asistente Michael Kopper cumplieron dos propósitos muy importantes. Primero, con la venta de los activos problemáticos a las sociedades, Enron los sacó de su balance general; con ello, quitó presión por la deuda total de la empresa y, al mismo tiempo, ocultó las inversiones que rendían menos de lo esperado. Esto también liberó espacio en el balance general para financiar nuevas oportunidades de inversión. Segundo, la venta de las inversiones problemáticas a las asociaciones generó ingresos que Enron usó después para cumplir con sus compromisos de ganancias trimestrales en Wall Street.

El problema con esta solución fue que era sólo temporal. Las SPE se habían financiado en su mayoría de tres fuentes: 1) capital en la forma de acciones de Enron, aportado por Enron; 2) capital en la forma de un mínimo de 3% de activos aportado por un tercero independiente (en principio, aunque después se descubrió que no era cierto en varios casos), y 3) grandes cantidades de préstamos de los principales bancos. Esta base de capital conformaba el lado derecho del balance general de la SPE. Del lado izquierdo, el capital se usó para comprar una variedad de activos de Enron. Fastow vendió estas asociaciones a los bancos bajo la premisa que en vista de que él se hallaba en una posición única como director de finanzas de Enron y socio administrador de la SPE, en esencia podía elegir a su gusto los activos que compraría la SPE. En efecto, Fastow *eligió a su gusto*, pero eran manzanas podridas. La mayoría de los activos que compraban las SPE eran problemáticos o rendían menos de lo esperado.

Un último detalle de las SPE resultó devastador al final para el futuro financiero de Enron. Puesto que el capital primario de las SPE estaba formado por acciones de Enron, cuando el precio de éstas aumentó entre 1999 y 2000, las SPE podían ajustar periódicamente el valor de sus activos a valor de mercado, lo que daba por resultado la revalorización de las SPE y la contribución de ganancias considerables para Enron. Estas mismas acciones, una vez que su precio empezó a bajar en 2001, produjeron asociaciones que deberían haber devaluado sus activos en función de la baja en el mercado y registrar pérdidas considerables, pero no ocurrió así. Cuando el precio de las acciones de Enron cayó en picada a principios de otoño de 2001, el capital de las SPE ya no cumplía las normas de contabilidad para permanecer fuera del balance general. Las SPE se estaban convirtiendo en una especie de negocio sintético para Enron.

"El problema fue que, las aves de rapiña, al igual que el resto de las LJM2, se habían convertido en una especie de basurero donde se arrojaban y amontonaban las malas propiedades. Con el fin de obtener ganancias trimestrales (y, por supuesto, bonos anuales), los arquitectos de Enron se habían vuelto adictos a hacer tratos con Fastow en lugar de con entidades externas, que habrían hecho muchas preguntas, desacelerado el proceso y, en muchos casos, cancelado las operaciones. Una vez más, nada de esto importaba a casi nadie en Enron, con tal de que las acciones siguieran aumentando de valor".[2]

Las fallas de la gente

Resulta que buena parte de lo que Enron anunciaba como *utilidades* no lo era. La mayoría de la deuda contratada por la compañía a través de las asociaciones, que no se daba a conocer en los estados financieros corporativos, debía haberse hecho del conocimiento público. Además de registrar utilidades en exceso y de registrar menos deuda, estaba el problema de los enormes paquetes de remuneración y bonos que ganaban los funcionarios corporativos. ¿Cómo pudo suceder esto?

- Al parecer, los funcionarios ejecutivos de la empresa lograron manipular al consejo de administración para alcanzar sus propias metas. La administración había llevado a la compañía a incursionar en varios mercados nuevos en los que la empresa sufrió pérdidas considerables que produjeron intentos redoblados por generar de algún modo las utilidades necesarias para satisfacer la sed inagotable de crecimiento rentable de Wall Street.

- El consejo de administración falló en su deber de proteger los intereses de los accionistas debido a que no actuó con la debida diligencia y, muy probablemente, a que confiaba en la competencia e integridad de los altos funcionarios de la compañía. También es notable que los asesores jurídicos de Enron, algunos de los cuales trabajaban bajo las órdenes directas del consejo, no proporcionaran liderazgo en varios casos de irregularidades.

- Los auditores de Enron, del despacho Arthur Andersen, cometieron errores graves en sus juicios sobre el tratamiento contable de muchas de las actividades de Enron,

---

[1] "Report of Investigation: Special Investigative Committee of the Board of Directors of Enron Corporation", Consejo de Administración, Enron, 1 de febrero de 2002 (a menudo llamado *The Powers Report*), p. 5.

[2] *Power Failure*, por Sherron Watkins, p. 232. Las *aves de rapiña* y *LJM2* se refieren a las entidades de propósitos especiales.

incluidas las asociaciones que aquí se analizaron. Se dice que Andersen tenía serios conflictos de interés, ya que ganó US$5 millones en honorarios de auditoría de Enron en 2001, pero más de US$50 millones en honorarios de consultoría en el mismo año.

■ Los analistas de Enron se cegaron, en unos cuantos casos, ante la euforia de los éxitos de Enron de mediados a fines de la década de 1990, o trabajaban en bancos de inversión que cobraban honorarios muy jugosos por sus servicios en relación con las asociaciones complejas. Aunque algunos analistas no dejaron de señalar que las utilidades de la compañía parecían extrañamente grandes en relación con los flujos de efectivo decrecientes declarados, la administración de Enron logró, por lo común, refutar el argumento.

El ascenso y la caída de Enron son una historia que dista mucho de haber concluido. Sin embargo, al final, quizá la verdadera moraleja de la historia no sea el fracaso de ningún proceso específico establecido dentro del sistema estadounidense de gobierno corporativo, ni el enfoque equivocado en la contabilidad a valor justo o la falta de diligencia del comité de auditoría del consejo de administración, sino simplemente el hecho de que muchas personas que ocupaban una amplia variedad de puestos en numerosas organizaciones no actuaron de manera honorable y responsable.

Preguntas del caso

1. ¿En qué partes del sistema de gobierno corporativo, *internas* y *externas*, cree usted que Enron falló más?

2. ¿Cómo cree usted que cada uno de los grupos de interés y componentes del sistema de gobierno corporativo deberían haber prevenido los problemas de Enron o actuado para resolverlos antes de que alcanzaran proporciones de crisis?

3. Si todas las empresas que cotizan en bolsa en Estados Unidos funcionan en esencia dentro del mismo sistema de gobierno corporativo que Enron, ¿por qué algunas personas pensaron que se trataba de un incidente aislado y no un ejemplo de muchos fracasos por venir?

PREGUNTAS

1. **Propiedad de la empresa.** ¿Cómo modifica la propiedad las metas y gobierno de una empresa?

2. **Separación entre propiedad y administración.** ¿Por qué es esta separación tan crucial para entender cómo se estructuran y dirigen las empresas?

3. **Metas corporativas: maximización de la riqueza de los accionistas.** Explique los supuestos y objetivos del modelo de maximización de la riqueza de los accionistas.

4. **Metas corporativas: maximización de la riqueza de los grupos de interés.** Explique los supuestos y objetivos del modelo de maximización de la riqueza de los grupos de interés.

5. **Gobierno corporativo.** Defina los siguientes términos:
   a. Gobierno corporativo
   b. Mercado de control corporativo
   c. Teoría de agencia
   d. Amiguismo
   e. Capitalismo de los grupos de inversión

6. **Metas de operación.** ¿Cuál debe ser la meta primaria de operación de una EMN?

7. **Activos de conocimiento.** Los "activos de conocimiento" son los activos intangibles de una empresa, las fuentes y usos de su talento intelectual, su ventaja competitiva. ¿Cuáles son algunos de los "activos de conocimiento" más importantes que crean valor para los accionistas?

8. **Sindicatos.** En Alemania y Escandinavia, entre otros, los sindicatos tienen representación en los consejos de administración o los comités de supervisión. ¿Cómo podría verse dicha representación sindical según el modelo de maximización de la riqueza de los accionistas en comparación con el modelo de maximización de la riqueza corporativa?

9. **Directorados entrelazados.** En un directorado entrelazado, los miembros del consejo de administración de una empresa también forman parte de los consejos de administración de otras empresas. ¿Cómo consideraría los directorados entrelazados el modelo de maximización de la riqueza de los accionistas en comparación con el modelo de maximización de la riqueza de los grupos de interés?

10. **Compras apalancadas.** Una compra apalancada es una estrategia financiera en la cual un grupo de inversionistas obtienen el control de las acciones con derecho a voto de una empresa y luego liquidan sus activos para pagar los préstamos que usaron para comprar las acciones de la empresa. ¿Cómo consideraría las compras apalancadas el modelo de maximización de la riqueza de los accionistas en comparación con el modelo de maximización de la riqueza de los grupos de interés?

11. **Apalancamiento alto.** ¿Cómo consideraría un alto grado de apalancamiento (deuda/activos) el modelo de maximización de la riqueza de los accionistas en comparación con el modelo de maximización de la riqueza de los grupos de interés?

12. **Conglomerados.** Los conglomerados son empresas que se han diversificado en campos que no guardan relación entre sí. ¿Cómo consideraría una política de conglomeración el modelo de maximización de la riqueza de los accionistas en comparación con el modelo de maximización de la riqueza de los grupos de interés?

13. **Riesgo.** ¿Cómo se define el riesgo en el modelo de maximización de la riqueza de los accionistas en comparación con el modelo de maximización de la riqueza de los grupos de interés?

14. **Opciones de compra de acciones.** ¿Cómo consideraría las opciones de compra de acciones otorgadas a la administración y empleados de una empresa el modelo de maximización de la riqueza de los accionistas en comparación con el modelo de maximización de la riqueza de los grupos de interés?

15. **Insatisfacción de los accionistas.** Si los accionistas están descontentos con la compañía, ¿qué medidas pueden adoptar?

16. **Clases dobles de acciones comunes.** En muchos países es común que una empresa tenga dos o más clases de acciones comunes con diferentes derechos a voto. En Estados Unidos la norma es que una empresa tenga una clase de acciones comunes, regidas por el principio de una acción, un voto. ¿Cuáles son las ventajas y desventajas de cada sistema?

17. **Fallas de gobierno corporativo en los mercados emergentes.** Se dice que las fallas de gobierno corporativo han obstaculizado el crecimiento y la rentabilidad de algunas empresas prominentes localizadas en mercados emergentes. ¿Cuáles son algunas de las causas típicas de estas fallas de gobierno corporativo?

18. **Mejoras de gobierno corporativo en los mercados emergentes.** En años recientes, las EMN de mercados emergentes han mejorado sus políticas de gobierno corporativo y se han vuelto más amigables con los accionistas. ¿A qué cree usted que se deba este fenómeno?

19. **Fallas de gobierno corporativo en mercados desarrollados.** ¿Cuáles han sido las principales causas de las fallas recientes de gobierno corporativo en Estados Unidos y Europa?

20. **Propiedad familiar.** ¿Cuáles son las principales diferencias en las metas y motivaciones de la propiedad familiar de una empresa, en comparación con una empresa cuyas acciones están en manos de un público amplio?

21. **Valor del buen gobierno.** ¿Parece que los mercados están dispuestos a pagar por el buen gobierno corporativo?

22. **Reforma del gobierno corporativo.** ¿Cuáles son los principios fundamentales en los que se basa la reforma de gobierno corporativo en la actualidad? En su opinión, ¿son específicos de cada cultura?

PROBLEMAS

Use la siguiente fórmula para calcular los rendimientos de los accionistas para responder las preguntas 1 a 3, donde P_t es el precio de la acción en el tiempo t, *y D_t es el dividendo pagado en el tiempo* t.

$$\text{Rendimiento de los accionistas} = \frac{P_2 - P_1 + D_2}{P_1} = \frac{P_2 - P_1}{P_1} + \frac{D_2}{P_1}$$

*1. **Rendimientos de Suvari.** Si el precio de la acción de Suvari, una compañía de transporte con sede en Florida, aumenta de US$16 a US$18 en un periodo de un año, indique cuál es la tasa de rendimiento para los accionistas si:

 a. La compañía no pagó dividendos.

 b. La compañía pagó un dividendo de US$1 por acción.

 c. Suponiendo que la compañía pagó el dividendo, divida el rendimiento total para el accionista en rendimiento del dividendo y la ganancia de capital.

2. **Opciones de Fong.** Alexander Fong, un prominente inversionista, evalúa varias alternativas de inversión. Si cree que el precio de una acción aumentará de US$62 a US$74 en el próximo periodo de un año, y se espera que la acción pague un dividendo de US$2.25 por acción y él pretende obtener una tasa de rendimiento de por lo menos 12% sobre una inversión de este tipo, ¿debe invertir en esta acción en particular?

*3. **Rendimientos de Legrand (A).** Tony Varga es un inversionista de Nueva York. Ha estado dando seguimiento a su inversión en 100 acciones de Legrand, una empresa francesa que empezó a cotizar en bolsa en marzo de 2005. Cuando compró las 100 acciones, al precio de €19.75 por acción, el euro se cotizaba a US$1.2250/€. En la actualidad, la acción se vende a €25.28 por unidad y el dólar ha caído a US$1.4280/€.

 a. Si Tony vendiera sus acciones hoy, ¿qué cambio porcentual en el precio de las acciones recibiría?

 b. ¿Qué cambio porcentual ha habido en el valor del euro frente al dólar en el mismo periodo?

 c. ¿Cuál sería el rendimiento total que Tony ganaría sobre sus acciones si las vendiera a estas tasas?

4. **Rendimientos de Legrand (B).** Tony Varga decidió no vender sus acciones en el momento descrito en el problema anterior. Esperó, ya que creía que el precio de las acciones aumentaría aún más después del anuncio de las utilidades trimestrales. Sus expectativas resultaron correctas: el precio aumentó a €29.46 por acción después del anuncio. Ahora desea recalcular los rendimientos que obtendría en este momento. El tipo de cambio spot en vigor es de US$1.1840/€.

 a. Si Tony vendiera sus acciones hoy, ¿qué cambio porcentual en el precio de las acciones recibiría?

 b. ¿Qué cambio porcentual ha habido en el valor del euro frente al dólar en el mismo periodo?

 c. ¿Cuál sería el rendimiento total que Tony ganaría sobre sus acciones si las vendiera a estas tasas?

5. **Rendimientos de Legrand (C).** Usando los mismos precios y tipos de cambio del problema anterior, Legrand (B), ¿cuál sería el rendimiento total de las acciones de Legrand para Raid Gaule, un inversionista de París?

6. **Dividendo de Microsoft.** En enero de 2003 Microsoft anunció que empezaría a pagar un dividendo de US$0.16 por acción. Dados los siguientes precios de las acciones de Microsoft en el pasado reciente, ¿cómo habría cambiado el rendimiento de la compañía para sus accionistas durante este periodo si se hubiera pagado un dividendo constante de US$0.16 por acción al año?

Primer día de operaciones	Último día de operaciones	Primer día de operaciones	Último día de operaciones
1998 (2 de ene)	US$131.13	2001 (2 de ene)	US$43.38
1999 (4 de ene)	US$141.00	2002 (2 de ene)	US$67.04
2000 (3 de ene)	US$116.56	2003 (2 de ene)	US$53.72

7. **Powlitz Manufacturing (A).** Las clases dobles de acciones comunes son habituales en varios países. Suponga que Powlitz Manufacturing tiene la siguiente estructura de capital a valor en libros:

Powlitz Manufacturing	Moneda local (millones)
Deuda a largo plazo	200
Utilidades retenidas	300
Acciones comunes pagadas: 1 millón de acciones clase A	100
Acciones comunes pagadas: 4 millones de acciones clase B	400
Capital total a largo plazo	1,000

Las acciones clase A tienen 10 votos cada una; las acciones clase B tienen un voto por acción.

a. ¿Qué proporción del capital total a largo plazo se ha recaudado con las acciones A?

b. ¿Qué proporción de derechos de voto representan las acciones A?

c. ¿Qué proporción de los dividendos deben recibir las acciones A?

8. **Powlitz Manufacturing (B).** Suponiendo que todos los valores de deuda y capital de Powlitz Manufacturing son iguales a los del problema 7, con la única excepción que tanto las acciones A como las B tienen los mismos derechos de voto, un voto por acción:

a. ¿Qué proporción del capital total a largo plazo se ha recaudado con las acciones A?

b. ¿Qué proporción de derechos de voto representan las acciones A?

c. ¿Qué proporción de los dividendos deben recibir las acciones A?

9. **Adquisiciones farmacéuticas.** Durante la década de 1960, se crearon muchos conglomerados por empresas que disfrutaban de una razón alta precio/utilidades (P/U). Luego usaban sus acciones valuadas a precios altos para adquirir otras empresas que tenían razones P/U menores, por lo general en industrias nacionales no relacionadas. Estos conglomerados pasaron de moda en la década de 1980 cuando perdieron sus razones P/U altas, lo que dificultó encontrar otras empresas que tuvieran razones P/U inferiores para adquirirlas.

Durante la década de 1990, la misma estrategia de adquisición fue posible para empresas localizadas en países donde las razones P/U altas eran comunes en comparación con empresas de otros países donde las razones P/U bajas eran comunes. Considérense las empresas hipotéticas de la industria farmacéutica que se muestran en la tabla al final de esta página.

Pharm-USA quiere adquirir Pharm-Italia. Ofrece 5,500,000 acciones de Pharm-USA, con valor de mercado corriente de US$220,000,000 y una prima de 10% sobre las acciones de Pharm-Italia, por todas las acciones de Pharm-Italia.

a. ¿Cuántas acciones tendría en circulación Pharm-USA después de la adquisición de Pharm-Italia?

b. ¿A cuánto ascenderían los ingresos consolidados de la empresa combinada Pharm-USA y Pharm-Italia?

c. Suponiendo que el mercado continúe capitalizando las ganancias de Pharm-Usa a una razón P/U de 40, ¿cuál sería el nuevo valor de mercado de Pharm-USA?

d. ¿Cuál es la nueva razón de utilidades por acción de Pharm-USA?

e. ¿Cuál es el nuevo valor de mercado de una acción de Pharm-USA?

f. ¿Cuánto aumentó el precio de la acción de Pharm-USA?

g. Suponga que el mercado tiene una opinión negativa de la fusión y reduce la razón P/U de Pharm-USA a 30. ¿Cuál sería el nuevo precio de mercado por acción común? ¿Cuál sería la pérdida porcentual?

10. **Gobierno corporativo: utilidades sobrevaluadas.** Varias empresas, en especial en Estados Unidos, han tenido que reducir las utilidades que habían anunciado anteriormente debido a errores de contabilidad o fraudes. Suponga que Pharm-USA se vio obligada a reducir sus utilidades a US$5,000,000, con respecto a los US$10,000,000 anunciados previamente. ¿Cuál podría ser su nuevo valor de mercado antes de la adquisición? ¿Podría realizar la adquisición de todos modos?

	Razón P/U	Número de acciones	Valor de mercado por acción	Utilidades	UPA	Valor de mercado total
Pharm-Italia	20	10,000,000	US$20	US$10,000,000	US$1.00	US$200,000,000
Pharm-USA	40	10,000,000	US$40	10,000,000	US$1.00	US$400,000,000

11. **Pacific Precision (A): ventas europeas.** Pacific Precision es un exportador de herramientas mecánicas que tiene su sede en Hong Kong, y presenta todos sus estados financieros en dólares de Hong Kong (HK$). Jacque Mayal, director de ventas europeas de la compañía, ha sido objeto de fuertes críticas últimamente a causa de su desempeño. Él discrepa y sostiene que las ventas en Europa han crecido a ritmo constante en los últimos años. ¿Quién tiene razón?

	2002	2003	2004
Total de ventas netas, HK$	171,275	187,500	244,900
Porcentaje de ventas totales en Europa	48%	44%	39%
Total de ventas europeas, HK$	_____	_____	_____
Tipo de cambio promedio, HK$/€	7.4	8.5	9.4
Total de ventas europeas, €	_____	_____	_____
Tasa de crecimiento de las ventas europeas	_____	_____	_____

12. **Pacific Precision (B): deuda en yenes japoneses.** Pacific Precision de Hong Kong pidió un préstamo en yenes japoneses de conformidad con un contrato de crédito a largo plazo firmado hace varios años. Sin embargo, el nuevo director de finanzas de la compañía considera que lo que originalmente se pensó que era "deuda relativamente barata" ya no lo es. ¿Qué opina usted?

	2002	2003	2004
Pagos anuales en yenes sobre el contrato de deuda (¥)	12,000,000	12,000,000	12,000,000
Tipo de cambio promedio, ¥/HK$	15.9	14.7	13.7
Servicio anual de la deuda en yenes, HK$	_____	_____	_____

13. **Proveedores chinos y el yuan.** Harrison Equipment de Denver, Colorado, compra toda su tubería hidráulica a fabricantes de China continental. En junio de 2005, la compañía finalizó una iniciativa seis sigma/manufactura esbelta para toda la empresa. Los costos totales del sistema hidráulico para yacimientos petrolíferos se redujeron 4% en el transcurso de un año, de US$880,000 a US$844,800. A la compañía le preocupa ahora que todos los tubos hidráulicos que requieren estos sistemas (los cuales representan 20% de los costos totales) resulten afectados por la posible revaluación del yuan chino, si algunos en Washington se salen con la suya. ¿Cómo impactaría

una revaluación de 12% del yuan frente al dólar el costo total del sistema? Una revaluación de 12% del yuan se calcula como sigue:

$$\frac{\text{Yuan } 8.28/\text{US\$}}{1 + \text{cambio \%}} = \frac{\text{Yuan } 8.28/\text{US\$}}{1.012} = \text{Yuan } 7.39/\text{US\$}.$$

14. **Desempeño global de Mattel.** Como se ilustra en la tabla de la página siguiente, Mattel (Estados Unidos) registró un importante crecimiento de las ventas en sus principales regiones internacionales entre 2001 y 2004. En sus informes presentados a la Securities and Exchange Commission (SEC) de Estados Unidos, informó tanto la cantidad de ventas regionales como el cambio porcentual en las ventas regionales que se produjo como resultado de las variaciones del tipo de cambio.
    a. ¿Qué cambio porcentual registraron las ventas, en dólares estadounidenses, por región?
    b. ¿Qué cambio porcentual registraron las ventas por región, después de descontar el impacto de las variaciones en las divisas?
    c. ¿Qué impacto relativo tuvieron las variaciones en el tipo de cambio sobre el nivel y el crecimiento de las ventas consolidadas de Mattel para el periodo de 2001 a 2004?

EJERCICIOS DE INTERNET

1. **Empresas multinacionales y activos/ingresos globales.** Las diferencias entre EMN son sorprendentes. Usando una muestra de empresas, como las que se mencionan aquí, tome de las páginas Web de cada una las proporciones de los ingresos que ganaron fuera de su país de constitución.
    a. Walt Disney   disney.go.com/
    b. Nestlé S.A.   www.nestle.com/
    c. Intel   www.intel.com/
    d. Daimler-Benz   www.daimlerchrysler.de
    e. Mitsubishi Motors   www.mitsubishi.com/
    f. Nokia   www.nokia.com/
    g. Royal Dutch/Shell   www.shell.com/

    (Observe que Nestlé se denomina a sí misma "compañía transnacional".)

    Además, observe cómo se realizan negocios internacionales por Internet. Varias de las páginas internacionales anteriores permiten al usuario elegir el idioma de la presentación que va a ver.

2. **Gobierno corporativo.** No hay tema más candente en el mundo de los negocios de la actualidad que el gobierno corporativo. Use los siguientes sitios para ver estudios recientes, actualidades y noticias y más información referente a las relaciones entre la empresa y sus grupos de interés.

    Corporate Governance Net   www.corpgov.net/

Ventas globales de Mattel

(Miles de US$)	Ventas 2001 (US$)	Ventas 2002 (US$)	Ventas 2003 (US$)	Ventas 2004 (US$)
Europa	US$ 933,450	US$ 1,126,177	US$ 1,356,131	US$ 1,410,525
América Latina	471,301	466,349	462,167	524,481
Canadá	155,791	161,469	185,831	197,655
Asia Pacífico	119,749	136,944	171,580	203,575
Total internacional	US$ 1,680,291	US$ 1,890,939	US$ 2,175,709	US$ 2,336,236
Estados Unidos	3,392,284	3,422,405	3,203,814	3,209,862
Ajustes de ventas	(384,651)	(428,004)	(419,423)	(443,312)
Ventas netas totales	US$ 4,687,924	US$ 4,885,340	US$ 4,960,100	US$ 5,102,786

	Impacto de las variaciones de los tipos de cambio		
Región	2001-2002	2002-2003	2003-2004
Europa	7.0%	15.0%	8.0%
América Latina	−9.0%	−6.0%	−2.0%
Canadá	0.0%	11.0%	5.0%
Asia Pacífico	3.0%	13.0%	6.0%

Fuente: Mattel, Informe anual, 2002, 2003, 2004.

3. **Las 500 compañías globales de *Fortune*.** La revista *Fortune* es relativamente famosa por su lista de las 500 compañías de *Fortune* que operan en el mercado global. Use el sitio Web de *Fortune* para buscar la lista más reciente de las empresas (y su nacionalidad) que forman parte de este distinguido club.

Fortune   www.fortune.com/fortune/

4. **Financial Times.** El diario *Financial Times,* con sede en Londres, el centro mundial de las finanzas internacionales, tiene un sitio Web que ofrece abundante información. Después de ir a la página principal, vaya a la página Markets Data & Tools, y examine la actividad reciente de las bolsas de valores de todo el mundo. Observe la semejanza en movimientos diarios entre los principales mercados accionarios del mundo.

Financial Times   www.ft.com/

CAPÍTULO 3

El sistema monetario internacional

El precio de todas las cosas aumenta y disminuye de vez en vez y de un lugar a otro; y con cada uno de tales cambios, el poder adquisitivo del dinero cambia tanto como lo hace la cosa.

—Alfred Marshall.

Este capítulo comienza con una breve historia del sistema monetario internacional desde los días del patrón oro clásico hasta el momento presente. La historia incluye el desarrollo del mercado de eurodivisas y su tasa de interés de referencia conocida como Tasa de Interés Interbancaria de Londres (LIBOR, *London Interbank Offered Rate*). La siguiente sección describe los regímenes monetarios contemporáneos, tipos de cambio fijos frente a tipos de cambio flexibles, y los atributos de la moneda ideal. La siguiente sección analiza los mercados emergentes y las elecciones de régimen, incluidos los regímenes de caja de conversión y la dolarización. La siguiente sección describe el nacimiento del euro y la ruta hacia la unificación monetaria, incluida la expansión de la Unión Europea el 1 de mayo de 2004. La sección final analiza las ventajas y desventajas de los regímenes de tipo de cambio con base en las reglas, discrecionalidad, cooperación e independencia.

Historia del Sistema Monetario Internacional

A través del tiempo, las monedas se han definido en términos de oro y otros artículos de valor, y el sistema monetario internacional ha estado sujeto a varios acuerdos internacionales. Una revisión de dichos sistemas ofrece una perspectiva útil contra la cual comprender el sistema de hoy y evaluar la debilidad y los cambios propuestos en el sistema presente.

El patrón oro, 1876-1913

Desde los días de los faraones (alrededor de 3000 a.C.), el oro ha servido como medio de intercambio y almacén de valor. Los griegos y romanos usaban monedas de oro y heredaron esta tradición, a través de la era mercantil, al siglo diecinueve. El gran aumento de la actividad comercial durante el periodo de libre comercio de finales del siglo diecinueve llevó a la necesidad de crear un sistema más formalizado para asentar las balanzas comerciales internacionales. Un país tras otro estableció un valor a la par para su moneda en términos de oro y luego intentaron adherirse a las llamadas reglas del juego. Más tarde esto llegó a conocerse como el patrón oro clásico. El patrón oro como sistema monetario internacional ganó aceptación en Europa occidental en la década de 1870. Estados Unidos llegó un poco más tarde al sistema y no adoptó oficialmente el estándar sino hasta 1879.

Bajo el patrón oro, las "reglas del juego" eran claras y simples. Cada país establecía la tasa a la que su unidad monetaria (papel o moneda) podría convertirse a un peso de oro. Estados

50

Unidos, por ejemplo, declaró que el dólar era convertible a oro a un tipo de cambio de US$20.67 por onza (tipo que estuvo en vigor hasta el inicio de la Primera Guerra Mundial). La libra británica se fijó en £4.2474 por onza de oro. Mientras ambas monedas eran libremente convertibles en oro, el tipo de cambio dólar/libra era:

$$\frac{US\$20.67/\text{onza de oro}}{£4.2474/\text{onza de oro}} = US\$4.8665/£$$

Dado que el gobierno de cada país en el patrón oro acordó comprar o vender oro a pedido con cualquiera, a su propia tasa de paridad fija, el valor de cada moneda individual en términos de oro —y por tanto los tipos de cambio entre monedas—, eran fijos. Mantener reservas de oro adecuadas para respaldar el valor de su moneda era muy importante para un país bajo este sistema. El sistema también tenía el efecto de limitar de manera implícita la tasa a la que cualquier país individual podía expandir su suministro de moneda. Cualquier crecimiento en la cantidad de dinero se limitaba a la tasa a la que las autoridades oficiales podían adquirir oro adicional.

El patrón oro funcionó de manera adecuada hasta que el estallido de la Primera Guerra Mundial interrumpió los flujos comerciales y el libre movimiento de oro. Este evento provocó que las principales naciones comerciales suspendieran operaciones del patrón oro.

Los años entre guerras y la Segunda Guerra Mundial, 1914-1944

Durante la Primera Guerra Mundial y el comienzo de la década de 1920, se permitió la fluctuación de las monedas sobre rangos bastante amplios en términos de oro, y unas en relación con otras. Teóricamente, el suministro y la demanda de exportaciones e importaciones de un país generaron modificaciones moderadas en un tipo de cambio en torno a un valor de equilibrio central. Ésta fue la misma función que el oro desempeñó bajo el patrón oro anterior. Por desgracia, tales tipos de cambio flexibles no funcionaron en forma equilibrante. Por el contrario: especuladores internacionales vendieron en corto las monedas débiles, lo que provocó que cayeran aún más en valor que lo garantizado por factores económicos reales. *Vender en corto* es una técnica de especulación en la que un especulador vende un activo, como una moneda, a otra parte para su entrega en una fecha futura. Sin embargo, el especulador todavía no posee el activo, y espera que el precio del activo caiga hacia la fecha cuando el especulador debe comprar el activo en el mercado abierto para entregarlo.

Lo contrario sucede con las monedas fuertes. Las fluctuaciones en los valores de las monedas podrían no compensarse por la relativa falta de liquidez del mercado cambiario a plazo, excepto a un costo exorbitante. El resultado neto fue que el volumen del comercio mundial no creció en la década de 1920 en proporción con el producto interno bruto mundial, sino que declinó a un nivel muy bajo con la llegada de la gran depresión en la década de 1930.

Estados Unidos adoptó un patrón oro modificado en 1934, cuando el dólar estadounidense se devaluó a US$35 por onza de oro, desde los US$20.67 por precio de onza en efecto antes de la Primera Guerra Mundial. Contrario a la práctica anterior, el Tesoro estadounidense negoció oro sólo con bancos centrales extranjeros, no con ciudadanos privados. Desde 1934 hasta el final de la Segunda Guerra Mundial, los tipos de cambio fueron determinados teóricamente por el valor de cada moneda en términos de oro. Sin embargo, durante la Segunda Guerra Mundial y sus caóticas secuelas, muchas de las principales monedas comerciales perdieron su convertibilidad en otras monedas. El dólar fue la única moneda comercial importante que continuó siendo convertible.

Bretton Woods y el Fondo Monetario Internacional, 1944

Conforme la Segunda Guerra Mundial se acercaba a su fin en 1944, las potencias aliadas se reunieron en Bretton Woods, New Hampshire, para crear un nuevo sistema monetario internacional de posguerra. El Acuerdo de Bretton Woods estableció un sistema monetario internacional basado en el dólar estadounidense y posibilitó dos nuevas instituciones: el Fondo Monetario Internacional y el Banco Mundial. El Fondo Monetario Internacional (FMI) ayuda a los países con problemas en su balanza de pagos y tipos de cambio. El Banco Internacional de Reconstrucción y Fomento (Banco Mundial) ayudó a fondear la reconstrucción de posguerra y desde entonces apoya el desarrollo económico general. El recuadro *Finanzas globales en la práctica 3.1* ofrece cierta profundización en los debates de Bretton Woods.

El FMI fue la institución clave en el nuevo sistema monetario internacional y ha permanecido así hasta el presente. El FMI se estableció para brindar asistencia temporal a los países miembros que intentan defender sus monedas contra ocurrencias cíclicas, estacionales o aleatorias. También auxilia a los países que tienen problemas comerciales estructurales si prometen dar

FINANZAS GLOBALES EN LA PRÁCTICA 3.1

Negociaciones para el Acuerdo de Bretton Woods

Los gobiernos de las potencias aliadas sabían que los impactos devastadores de la Segunda Guerra Mundial requerirían políticas expeditas y decisivas. Por tanto, un año antes del final de la guerra, representantes de las 45 naciones aliadas se reunieron en el verano de 1944 (1-22 de julio) en Bretton Woods, New Hampshire, para la Conferencia Monetaria y Financiera de las Naciones Unidas. Su propósito fue planificar el sistema monetario internacional de posguerra. Fue un proceso difícil, y la síntesis final de los puntos de vista fue ensombrecida por el pragmatismo y grandes dudas.

Mount Washington Hotel, Bretton Woods, New Hampshire

Aunque a la conferencia asistieron 45 naciones, los principales creadores de políticas en Bretton Woods fueron los británicos y los estadounidenses. La delegación británica fue dirigida por lord John Maynard Keynes, conocido como el "peso pesado económico del Reino Unido". Los británicos defendieron un sistema de posguerra que sería decididamente más flexible que los varios patrones oro utilizados antes de la guerra. Keynes argumentó, como lo hizo después de la Primera Guerra Mundial, que los intentos por ligar los valores monetarios al oro crearían presiones para deflación (una caída general en el nivel de precios en un país) en muchas de las economías arrasadas por la guerra. Y dichas economías enfrentaban enormes necesidades de reindustrialización que probablemente causarían inflación, no deflación.

La delegación estadounidense fue dirigida por el director del departamento de investigación monetaria del Tesoro estadounidense, Harry D. White, y el Secretario del Tesoro, Henry Morgenthau, Jr. Los estadounidenses abogaban por la estabilidad (tipos de cambio fijos), pero no deseaban un regreso al patrón oro en sí. De hecho, aunque Estados Unidos en la época poseía la mayor parte del oro de las potencias aliadas, los delegados estadounidenses argumentaban que las monedas deberían fijarse en sus paridades, pero que la conversión del oro solamente debía ocurrir entre autoridades oficiales (bancos centrales de gobiernos).

En el lado más pragmático, todas las partes acordaron que un sistema de posguerra sería estable y sustentable sólo si había suficiente crédito disponible para que los países defendieran sus monedas en el evento de desequilibrio de pagos, lo que sabían era inevitable en la reconstrucción del orden mundial.

La conferencia se dividió en tres comisiones para semanas de negociación. Una comisión, dirigida por el Secretario del Tesoro estadounidense Morgenthau, tuvo a cargo la organización de un fondo de capital para usarse en la estabilización de los tipos de cambio. Una segunda comisión, presidida por lord Keynes, estuvo encargada de la organización de un segundo "banco" cuyo propósito sería la reconstrucción y el desarrollo a largo plazo. Una tercera comisión debía cincelar detalles como qué papel tendría la plata en cualquier nuevo sistema.

Después de semanas de reuniones los participantes llegaron a un resultado tripartito: el *Acuerdo de Bretton Woods*. El plan proponía: 1) tipos de cambio fijos, conocido como "fijo ajustable" por los miembros; 2) un fondo de oro y monedas constituyentes a disposición de los miembros para la estabilización de sus respectivas monedas, llamado *Fondo Monetario Internacional* (FMI), y 3) un banco para financiar proyectos de desarrollo a largo plazo (eventualmente conocido como *Banco Mundial*). Una propuesta que resultó de las reuniones, que no ratificó Estados Unidos, fue el establecimiento de una organización de comercio internacional para promover el libre comercio. Ésta llegaría muchos años y conferencias después.

pasos encaminados a corregir sus problemas. Sin embargo, si ocurren déficits persistentes, el FMI no puede salvar a un país de una devaluación eventual. En años recientes intentó ayudar a algunos países a enfrentar crisis financieras. Ofreció préstamos masivos así como asesoría a Rusia y a otras repúblicas ex soviéticas, a Brasil, a Indonesia y a Corea del Sur, por mencionar sólo algunas.

Bajo las provisiones originales del Acuerdo de Bretton Woods, todos los países fijaron el valor de sus monedas en términos de oro, pero no se les requirió cambiar sus monedas por oro. Sólo el dólar permaneció convertible en oro (a US$35 por onza). En consecuencia, cada país estableció su tipo de cambio con respecto al dólar, y luego calculaba el valor a la par en oro de su moneda para crear el tipo de cambio deseado con el dólar. Los países participantes acordaron tratar de mantener el valor de sus monedas dentro del 1% (más tarde se extendió al 2.25%) del valor a la par al comprar o vender divisas extranjeras u oro según requiriera. La devaluación no se usaría como política comercial de competencia, pero si una moneda se volvía muy débil para defenderse, se permitiría una devaluación de hasta 10% sin aprobación formal del FMI. Las devaluaciones más grandes requerían aprobación del FMI. Esto llegó a conocerse como *patrón cambio oro*.

Los *Derechos Especiales de Giro* (DEG, o SDR, *Special Drawing Right*) son un activo de reserva internacional creado por el FMI para complementar las reservas de divisas existentes. Funciona como una unidad de cuenta para el FMI y otras organizaciones internacionales y regionales, y también es la base contra la que algunos países fijan el tipo de cambio de sus monedas.

Inicialmente definido en términos de una cantidad fija de oro, el DEG se ha redefinido muchas veces. En la actualidad es el promedio ponderado de cuatro monedas principales: el dólar estadounidense, el euro, el yen japonés y la libra británica. El FMI actualiza los coeficientes de ponderación de cada una de estas monedas cada cinco años. Países individuales mantienen DEG en la forma de depósitos en el FMI. Dichas tenencias son parte de las reservas monetarias internacionales de cada país, junto con las tenencias oficiales de oro, divisas extranjeras, y su posición de reserva en el FMI. Los miembros pueden liquidar transacciones entre ellos mediante transferencias de derechos especiales de giro.

Eurodivisas

Las *eurodivisas* son monedas domésticas de un país en depósito en un segundo país. Los vencimientos de depósitos a plazos de eurodólares varían desde dinero a la vista y fondos a 24 horas, hasta periodos más largos. Los certificados de depósito por lo general son por tres meses o más y en incrementos de millón de dólares. Un depósito en eurodólares no es un depósito a la vista; no se crea en los libros del banco registrando préstamos contra reservas fraccionarias requeridas, y no se puede transferir mediante un cheque girado sobre el banco que tenga el depósito. Los depósitos en eurodólares se transfieren mediante transferencia electrónica o cablegráfica de un saldo subyacente mantenido en un banco correspondiente ubicado en Estados Unidos. Una analogía doméstica en la mayoría de los países sería la transferencia de depósitos mantenidos en asociaciones de ahorro no bancarias. Los depósitos se transfieren cuando la asociación gira un cheque propio sobre un banco comercial.

Cualquier moneda convertible puede existir en forma "euro-". (Note que este uso de la expresión "euro-" no debe confundirse con la nueva moneda europea común llamada *euro*.) El mercado de eurodivisas incluye euroesterlinas (libras británicas depositadas fuera del Reino Unido), euroeuros (euros en depósito fuera de la zona del euro) y euroyen (yen japonés depositado fuera de Japón), así como eurodólares. El tamaño exacto del mercado de eurodivisas es difícil de medir pues varía con decisiones diarias de los depositantes acerca de dónde mantener fondos líquidos fácilmente transferibles, y en particular acerca de si depositar dólares dentro o fuera de Estados Unidos.

Los mercados de eurodivisas cumplen dos propósitos valiosos: 1) los depósitos en eurodivisas son un eficiente y conveniente dispositivo de mercado de dinero para mantener liquidez corporativa en exceso; y 2) el mercado de eurodivisas es una gran fuente de préstamos bancarios a corto plazo para financiar necesidades corporativas de capital de trabajo, incluido el financiamiento de importaciones y exportaciones.

Los bancos donde se depositan las eurodivisas se llaman *eurobancos*. Un eurobanco es un intermediario financiero que simultáneamente puja en subastas de depósitos a plazos y realiza préstamos en una moneda distinta a la del país donde se ubica. Los eurobancos son grandes bancos mundiales que realizan negocios en eurodivisas además de todas las otras funciones bancarias. Por ende, la operación en eurodivisas que califica a un banco como "eurobanco" es de hecho un departamento de un gran banco comercial, y el nombre surge de la realización de esta función.

El moderno mercado de eurodivisas nació poco después de la Segunda Guerra Mundial. Los tenedores de dólares de Europa del este, incluidos los diferentes bancos comerciales estatales de la Unión Soviética, tenían miedo de depositar sus participaciones en dólares en Estados Unidos, porque dichos depósitos podrían ser embargados y entregados a residentes estadounidenses con reclamos contra los gobiernos comunistas. Por tanto, los tenedores de Europa del Este depositaron sus dólares en Europa occidental, particularmente en dos bancos soviéticos: el Moscow Narodny Bank en Londres y el Banque Commerciale pour l'Europe du Nord en París. Dichos bancos redepositaron los fondos en otros bancos occidentales, especialmente en Londres. Algunos depósitos adicionales en dólares fueron recibidos de varios bancos centrales de Europa occidental, que optaron por retener parte de sus reservas en dólares de esta forma para obtener un mayor rendimiento. Los bancos comerciales también colocaron sus saldos en dólares en el mercado por la misma razón y porque podían negociar vencimientos específicos en el mercado de eurodólares. Hubo dólares adicionales que llegaron al mercado de compañías aseguradoras europeas con un mayor volumen de negocios estadounidenses. A estas compañías les resultó financieramente ventajoso mantener sus reservas de dólares en el mercado de eurodólares de mayor rendimiento. Varios tenedores de fondos internacionales para refugiados también suministraron recursos.

Aunque las causas básicas del crecimiento del mercado de eurodivisas son de eficiencia económica, los siguientes eventos institucionales únicos durante las décadas de 1950 y 1960 contribuyeron a su crecimiento:

- En 1957, las autoridades monetarias británicas respondieron a un debilitamiento de la libra con la imposición de fuertes controles sobre bancos del país que prestaban en libras esterlinas a no residentes del Reino Unido. Alentados por el Banco de Inglaterra, los bancos del Reino Unido recurrieron a los préstamos en dólares como la única alternativa que les permitiría mantener su posición de liderazgo en las finanzas mundiales. Por ello necesitaban depósitos en dólares.

- Aunque Nueva York era la sede del dólar y tenía un gran mercado doméstico de dinero y capital, Londres se convirtió en el centro del comercio internacional en dólares debido a la experiencia de la ciudad en asuntos monetarios internacionales y a su proximidad en tiempo y distancia con los principales clientes.

- Apoyo adicional para el mercado de dólares con base europea provino de las dificultades en la balanza de pagos que experimentó Estados Unidos durante la década de 1960, que temporalmente separó el mercado de capital doméstico estadounidense del resto del mundo.

Sin embargo, a final de cuentas, el mercado de eurodivisas sigue prosperando porque es un gran mercado de dinero internacional relativamente libre de regulación e interferencia gubernamentales.

Tasas de interés de eurodivisas: LIBOR

En el mercado de eurodivisas, la tasa de interés de referencia es la *London Interbank Offered Rate* (tasa de interés interbancaria de Londres o LIBOR). En la actualidad la LIBOR es la tasa de interés de mayor aceptación que se utiliza en cotizaciones estandarizadas, contratos de préstamo y valuaciones de derivados financieros. La *British Bankers Association* (Asociación de Banqueros Británicos, o BBA) define oficialmente la tasa LIBOR. Por ejemplo, la LIBOR del dólar estadounidense es la media de 16 tasas interbancarias de bancos multinacionales que muestrea la BBA a las 11 a.m. tiempo de Londres. De igual modo, la BBA calcula la LIBOR del yen japonés, la

LIBOR del euro y otras tasas LIBOR de divisas a la misma hora en Londres a partir de los grupos muestra de bancos.

No obstante, la tasa de interés interbancaria no está confinada a Londres. La mayoría de los centros financieros domésticos construyen sus propias tasas de interés interbancarias para contratos de préstamo locales. Dichas tasas incluyen PIBOR (tasa de interés interbancaria de París), MIBOR (tasa de interés interbancaria de Madrid), SIBOR (tasa de interés interbancaria de Singapur) y FIBOR (tasa de interés interbancaria de Frankfurt), por mencionar sólo algunas.

El factor clave que atrae tanto a depositantes como a prestatarios al mercado de préstamos en eurodivisas es el estrecho margen de tasas de interés dentro de dicho mercado. La diferencia entre las tasas de depósito y préstamo con frecuencia es inferior a 1%. Los márgenes de los intereses en el mercado de eurodivisas son pequeños por varias razones. Existen bajas tasas de préstamos porque el mercado de eurodivisas es un *mercado mayorista*, donde depósitos y préstamos se realizan en importes de US$500,000 o más sobre una base no asegurada. Los prestatarios son por lo general grandes corporaciones o entidades gubernamentales que califican para tasas bajas debido a su posición crediticia y porque el tamaño de la transacción es grande. Además, el gasto general asignado a la operación en eurodivisa por bancos participantes es pequeño.

Las tasas de depósito son más altas en los mercados de eurodivisas que en la mayoría de los mercados de divisas domésticos, porque las instituciones financieras que ofrecen operaciones en eurodivisas no están sujetas a muchas de las regulaciones y requisitos de reserva impuestos sobre los bancos y actividades bancarias domésticas tradicionales. Con la eliminación de dichos costos, las tasas están sujetas a presiones más competitivas, las tasas de depósito son más altas y las tasas de préstamo son más bajas. Una segunda gran área de costo que se evita en los mercados de eurodivisas es el pago de tarifas de seguros por depósitos (como los gravámenes de la Federal Deposit Insurance Corporation (FDIC) que se pagan sobre los depósitos en Estados Unidos). La figura 3.1 ilustra cómo se comparan las tasas de depósito y préstamos en eurodólares, incluidas las tasas LIBOR dólar, con las tasas de interés domésticas tradicionales.

FIGURA 3.1   Tasas de interés denominadas en dólares estadounidenses, junio de 2005

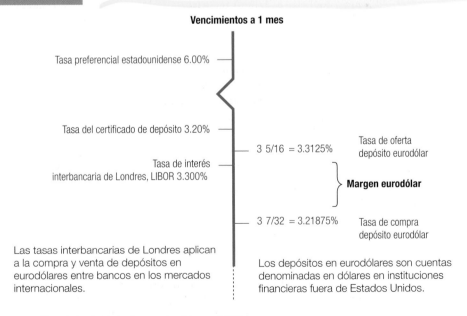

Vencimientos a 1 mes

Tasa preferencial estadounidense 6.00%

Tasa del certificado de depósito 3.20%

3 5/16 = 3.3125%   Tasa de oferta depósito eurodólar

Tasa de interés interbancaria de Londres, LIBOR 3.300%   **Margen eurodólar**

3 7/32 = 3.21875%   Tasa de compra depósito eurodólar

Las tasas interbancarias de Londres aplican a la compra y venta de depósitos en eurodólares entre bancos en los mercados internacionales.

Los depósitos en eurodólares son cuentas denominadas en dólares en instituciones financieras fuera de Estados Unidos.

Nota: Tasa de fondos federales estadounidenses 3.00%.

Fuente: The Financial Times, 22 de junio de 2005, p. 23.

Tipos de cambio fijos, 1945-1973

El acuerdo monetario negociado en Bretton Woods y monitorizado por el FMI funcionó bastante bien durante el periodo de reconstrucción y rápido crecimiento en el comercio mundial posterior a la Segunda Guerra Mundial. Sin embargo, con el tiempo, políticas monetarias y fiscales nacionales ampliamente divergentes, tasas de inflación diferenciales, y diversas conmociones externas inesperadas produjeron la desaparición del sistema. El dólar estadounidense era la principal moneda de reserva que mantenían los bancos centrales y fue la clave de la red de valores de tipos de cambio. Por desgracia, Estados Unidos tenía déficits persistentes y crecientes en su balanza de pagos. Se requería una fuerte salida de capitales en dólares para financiar dichos déficits y satisfacer la creciente demanda de dólares de inversionistas y empresas. Finalmente, el exceso de dólares en manos de extranjeros produjo una falta de confianza en la capacidad de Estados Unidos para cumplir su compromiso de convertir dólares a oro.

Esta falta de confianza obligó al presidente Richard Nixon a suspender las compras o ventas oficiales de oro por parte del Tesoro estadounidense el 15 de agosto de 1971, después de que Estados Unidos sufrió fugas de aproximadamente un tercio de sus reservas de oro oficiales en los primeros siete meses del año. Se permitió que los tipos de cambio de la mayoría de los principales países que realizaban transacciones cambiarias flotaran en relación con el dólar y por tanto indirectamente en relación con el oro. Hacia finales de 1971, casi todas las principales monedas comerciales se apreciaron frente al dólar. Este cambio fue, en efecto, una devaluación del dólar.

Año y medio después, el dólar estadounidense una vez más estuvo bajo ataque, lo que obligó a una segunda devaluación el 12 de febrero de 1973; esta vez de 10%, a US$42.22 por onza de oro. A finales de febrero de 1973, un sistema de tipo de cambio fijo ya no parecía factible dados los flujos especulativos de divisas. Los principales mercados de cambio de divisas cerraron durante varias semanas en marzo de 1973. Cuando volvieron a abrir, la mayoría de las divisas flotó a niveles determinados por las fuerzas del mercado. Los valores a la par quedaron sin cambios. El dólar flotó hacia abajo otro 10% en promedio en junio de 1973.

Un ecléctico acuerdo monetario, 1973-presente

Desde marzo de 1973, los tipos de cambio se han vuelto mucho más volátiles y menos predecibles de lo que fueron durante el periodo de tipo de cambio "fijo", cuando los cambios ocurrían rara vez. La figura 3.2 ilustra los pronunciados vaivenes que mostró el índice del tipo de cambio nominal del FMI para el dólar estadounidense desde 1957. Claramente, la volatilidad aumentó para esta medida de divisa desde 1973.

La figura 3.3 resume los acontecimientos fundamentales y conmociones externas que afectaron los valores de las divisas desde marzo de 1973. Las conmociones más importantes en años recientes han sido el Sistema Monetario Europeo (SME), que se reestructuró en 1992 y 1993; la crisis monetaria de los mercados emergentes, incluidas las de México en 1994, Tailandia (y algunas otras monedas asiáticas) en 1997, Rusia en 1998 y Brasil en 1999; la introducción del euro en 1999; la crisis económica en Turquía en 2001, y las crisis y cambios monetarios en Argentina y Venezuela en 2002.

Regímenes monetarios contemporáneos

En la actualidad, el sistema monetario internacional está compuesto de monedas nacionales, monedas artificiales (como los DEG) y una moneda completamente nueva (euro) que sustituyó las monedas nacionales de la Unión Europea el 1 de enero de 1999. Todas estas monedas están ligadas unas a otras mediante una "mezcla" de regímenes monetarios.

Clasificaciones de regímenes cambiarios del FMI

El FMI clasifica todos los regímenes cambiarios en ocho categorías específicas. Las ocho categorías abarcan el espectro de regímenes de tipo de cambio desde fijación rígida hasta flotación independiente.

    1. **Acuerdos de cambio sin moneda de curso legal separada.** La moneda de otro país circula como la única moneda de curso legal o el país miembro pertenece a una unión monetaria

FIGURA 3.2 Índice de tipo de cambio nominal del FMI del dólar estadounidense y eventos significativos, 1957-2008

Fuente: Fondo Monetario Internacional, *Estadísticas Financieras Internacionales*, www.imfstatistics.org.

o cambiaria en la que la misma moneda de curso legal se comparte entre los miembros de la unión.

2. **Acuerdos de régimen de caja de conversión.** Un régimen monetario basado en un compromiso legislativo implícito para cambiar moneda doméstica por una moneda extranjera específica a un tipo de cambio fijo, combinado con restricciones sobre la autoridad emisora para garantizar el cumplimiento de su obligación legal.

3. **Otros acuerdos de paridad fija convencional.** El país estabiliza su moneda (de manera formal o *de facto*) a una tasa fija con una moneda principal o una canasta de monedas (un *compuesto*), donde el tipo de cambio fluctúa dentro de un estrecho margen o cuando mucho a ±1% en torno a un tipo central.

4. **Tipos de cambio establecidos dentro de bandas horizontales.** El valor de la moneda se mantiene dentro de márgenes de fluctuación alrededor de una paridad fija formal o *de facto* que es más ancha que ±1% en torno a un tipo central.

5. **Paridades móviles.** La moneda se ajusta periódicamente en pequeñas cantidades a una tasa preanunciada fija o en respuesta a cambios en indicadores cuantitativos selectivos.

6. **Tipos de cambio dentro de paridades móviles.** La moneda se mantiene dentro de ciertos márgenes de fluctuación en torno a un tipo central que se ajusta periódicamente a una tasa preanunciada fija o en respuesta a cambios en indicadores cuantitativos selectivos.

7. **Flotación administrada sin trayectoria preanunciada para el tipo de cambio.** La autoridad monetaria influye en los movimientos del tipo de cambio mediante intervención activa en el mercado cambiario sin especificar, o comprometerse de antemano con una trayectoria preanunciada para el tipo de cambio.

FIGURA 3.3	Acontecimientos monetarios mundiales, 1971-2008

Fecha	Acontecimiento	Impacto
Agosto 1971	Flotación del dólar	Nixon cierra la ventana de oro estadounidense y suspende las compras o ventas de oro por parte del Tesoro; imposición temporal de 10% de sobretasa a importaciones
Diciembre 1971	Acuerdo smithsoniano	El Grupo de los Diez alcanza un compromiso mediante el cual el US$ (dólar estadounidense) se devalúa a US$38/onzas de oro; la mayoría de las otras monedas se aprecia frente al US$
Febrero 1973	Devaluación dólar estadounidense	Aumenta la presión de devaluación sobre el US$, lo que fuerza a mayor devaluación, a US$42.22/onzas de oro
Febrero-marzo 1973	Mercados monetarios en crisis	Los tipos de cambio fijos ya no se consideran defendibles; presiones especulativas fuerzan el cierre de los mercados de cambios de divisas internacionales durante casi dos semanas; los mercados reabren a tasas flotantes para las principales monedas industriales
Junio 1973	Depreciación dólar estadounidense	Tipos flotantes continúan presionando al US$, que ahora flota libremente, para que se deprecie alrededor de 10% en junio
Otoño 1973-1974	Embargo petrolero OPEP	La Organización de Países Exportadores de Petróleo (OPEP) impone embargo petrolero, lo que a la larga cuadruplica el precio mundial del petróleo; puesto que los precios petroleros mundiales se establecen en US$, el valor del US$ recupera cierta fortaleza anterior
Enero 1976	Acuerdo de Jamaica	La reunión del FMI en Jamaica resulta en la "legalización" del sistema de tipos de cambio flotantes ya en efecto; el oro se desmonetiza como activo de reserva
1977-1978	Aumenta tasa inflación estadounidense	La administración Carter reduce el desempleo a costa de aumento en la inflación; el aumento de la inflación estadounidense causa depreciación continua del US$
Marzo 1979	Creación SME	Se crea el Sistema Monetario Europeo (SME), y establece un sistema de tipo de cambio cooperativo para los miembros participantes de la Comunidad Económica Europea (CEE)
Verano 1979	OPEP eleva precios	Las naciones de la OPEP elevan nuevamente el precio del petróleo
Primavera 1980	Comienza a reapreciarse dólar estadounidense	La inflación mundial y los primeros signos de recesión, aunados a las ventajas reales de interés diferencial de los activos denominados en dólares, contribuyen a creciente demanda de dólares
Agosto 1982	Crisis de deuda latinoamericana	El viernes 13 de 1982, México informa al Tesoro estadounidense que no podrá realizar pagos por servicio de deuda; en cuestión de meses, Brasil y Argentina lo imitan
Febrero 1985	Pico dólar estadounidense	El dólar estadounidense alcanza picos frente a la mayoría de las principales monedas industriales, e impone récords máximos frente al marco alemán y otras monedas europeas
Septiembre 1985	Acuerdo Plaza	Los miembros del Grupo de los Diez se reúnen en el hotel Plaza en la ciudad de Nueva York para firmar un acuerdo de cooperación internacional para controlar la volatilidad de los mercados de monedas mundiales y establecer zonas objetivo
Febrero 1987	Acuerdos Louvre	Los miembros del Grupo de los Seis afirman que "intensificarán" la coordinación de políticas económicas para promover el crecimiento y reducir los desequilibrios externos
Diciembre 1991	Tratado de Maastricht	La Unión Europea concluye un tratado para sustituir todas las monedas individuales con una sola: el euro
Septiembre 1992	Crisis SME	Las altas tasas de interés alemanas inducen flujos masivos de capital hacia activos denominados en marcos alemanes, lo que genera el retiro de la lira italiana y la libra británica de la flotación común del SME
31 de julio 1993	Realineamiento SME	El SME ajusta la banda de desviación permisible a ±15% para todos los países miembros (excepto el guilder holandés); el dólar estadounidense sigue debilitándose; el yen japonés alcanza ¥100.25/US$
1994	Fundación IME	En Frankfurt, Alemania, se funda el Instituto Monetario Europeo (IME), el predecesor del Banco Central Europeo

FIGURA 3.3	Acontecimientos monetarios mundiales, 1971-2008 (*continuación*)

Fecha	Acontecimiento	Impacto
Diciembre 1994	Colapso del peso	El peso mexicano sufre una importante devaluación como resultado de la creciente presión sobre las políticas de devaluación administrada; el peso cae de Ps3.46/US$ a Ps5.50/US$ en días; el colapso del peso produce la caída de la mayoría de los principales tipos de cambio latinoamericanos en un proceso contagioso: el "efecto tequila"
Agosto 1995	Pico del yen	El yen japonés alcanza un alto histórico frente al dólar estadounidense de ¥79/US$; el yen lentamente se deprecia durante el siguiente periodo de dos años, y se eleva por arriba de ¥130/US$
Junio 1997	Crisis asiática	El baht tailandés se devalúa en julio, seguido poco después por la rupia indonesa, el won coreano, el ringgit malasio y el peso filipino; después de las devaluaciones iniciales del tipo de cambio, la economía asiática se desploma en la recesión
Agosto 1998	Crisis rusa	El lunes 17 de agosto, el Banco Central de Rusia devalúa el rublo en 34%; el rublo sigue deteriorándose en los días siguientes, lo que envía a la recesión a la ya débil economía rusa
1 de enero 1999	Lanzamiento del euro	Fecha de lanzamiento oficial del euro, la moneda europea única; 11 estados miembros de la Unión Europea eligen participar en el sistema, que irrevocablemente cierra entre ellos sus tasas monetarias individuales
Enero 1999	Crisis del real brasileño	El real, inicialmente devaluado 8.3% por el gobierno brasileño el 12 de enero, se deja flotar frente a las monedas mundiales
1 de enero 2002	Acuñación del euro	Monedas y billetes en euros se introducen en paralelo con las monedas domésticas; las monedas nacionales se retiran progresivamente durante el periodo de seis meses que comienza el 1 de enero
8 de enero 2002	Crisis del peso argentino	El peso argentino, cuyo valor fijo con el dólar estadounidense es de 1:1 desde 1991 a través de un régimen de caja de conversión, se devalúa a Ps1.4/US$, luego flota
13 de febrero 2002	Flotación del bolívar venezolano	El bolívar venezolano, fijo al dólar desde 1996, flota como resultado de la creciente crisis económica
14 de febrero 2004	Devaluación del bolívar venezolano	Venezuela devalúa el bolívar en 17% frente al dólar estadounidense, con la intención de lidiar con su creciente déficit fiscal
1 de mayo 2004	Ampliación de la UE	Diez países más se unen a la Unión Europea, que en consecuencia se amplía a 25 miembros; en el futuro, cuando califiquen, se espera que la mayoría de dichos países adopten el euro
21 de julio 2005	Reforma del yuan	El gobierno chino y el Banco Popular de China abandonan la paridad del yuan chino (renminbi) con el dólar estadounidense, y anuncian que de inmediato se revaluará de Yuan8.28/US$ a Yuan8.11/US$, y reforman el régimen de tipo de cambio a una flotación administrada en el futuro; Malasia anuncia un cambio similar a su régimen de tipo de cambio
Abril 2008	Pico del euro	El euro se fortalece y alcanza su más alto nivel histórico frente al dólar estadounidense en US$1.60/€. En los meses siguientes el euro cae sustancialmente, y alcanza US$1.25/€ hacia finales de octubre de 2008

8. **Flotación independiente.** El tipo de cambio está determinado por el mercado, y cualquier intervención cambiaria se dirige a moderar la tasa de cambio y evitar fluctuaciones indebidas en el tipo de cambio, en lugar de establecerle un nivel.

El ejemplo más prominente de un sistema de fijación rígida es la eurozona, en la que el euro es la única moneda de los países miembros. No obstante, el euro en sí es una moneda con flotación independiente frente a todas las otras monedas. Otros ejemplos de regímenes de cambio de fijación rígida incluyen Ecuador y Panamá, que usan el dólar estadounidense como moneda oficial; la zona del Franco Centroafricano (CFA), donde países como Mali, Níger, Senegal, Camerún y Chad, entre otros, usan una sola moneda común (el franco, ligado al euro) y la Unión Monetaria del Caribe Oriental (UMCO), cuyos miembros usan una sola moneda común (el dólar de Caribe oriental).

En el otro extremo están países con monedas que tienen flotación independiente. Entre ellos se cuentan muchos de los países más desarrollados, como Japón, Estados Unidos, Reino Unido, Canadá, Australia, Nueva Zelanda, Suecia y Suiza. Sin embargo, esta categoría también incluye algunos participantes involuntarios: países de mercados emergentes que intentaron mantener tipos de cambio fijos, pero que se vieron obligados por el mercado a dejarlos flotar. Entre ellos se encuentran Corea, Filipinas, Brasil, Indonesia, México y Tailandia.

Es importante señalar que sólo las últimas dos categorías, incluidos 80 de los 186 países cubiertos, "flotan" en algún grado real. Aunque el sistema monetario internacional contemporáneo por lo general se conoce como un "régimen flotante", es evidente que no es así en la mayoría de las naciones del mundo.

Tipos de cambio fijos frente a flexibles

La elección de una nación acerca de cuál régimen monetario seguir refleja las prioridades nacionales acerca de todas las facetas de la economía, incluidos inflación, desempleo, niveles de las tasas de interés, balanzas comerciales y crecimiento económico. La elección entre tasas fijas y flexibles puede cambiar con el tiempo conforme cambian las prioridades.

A riesgo de generalizar, los siguientes puntos explican parcialmente por qué los países siguen ciertos regímenes de tipo de cambio. Se basan en la premisa de que, si no intervienen otros factores, los países prefieren tipos de cambio fijos.

- Los tipos fijos brindan estabilidad en los precios internacionales para la realización del comercio. Los precios estables ayudan en el crecimiento del comercio internacional y reducen los riesgos para todos los negocios.

- Los tipos de cambio fijos son inherentemente antiinflacionarios, y requieren que el país siga políticas monetarias y fiscales restrictivas. Sin embargo, estas restricciones con frecuencia pueden ser una carga para un país que quiere buscar políticas que alivien los continuos problemas económicos internos, como el desempleo elevado o el lento crecimiento económico.

Los regímenes de tipo de cambio fijo necesitan que los bancos centrales mantengan grandes cantidades de reservas internacionales (monedas fuertes y oro) para usarlas en la defensa ocasional del tipo de cambio fijo. Conforme los mercados monetarios internacionales crecen rápidamente en tamaño y volumen, la creciente tenencia de reservas se ha convertido en una carga significativa para muchas naciones.

Los tipos fijos, una vez establecidos, pueden mantenerse a niveles que no concuerdan con los fundamentos económicos. Conforme cambia la estructura económica de una nación y evolucionan sus relaciones y balanzas comerciales, el tipo de cambio debe variar también. Los tipos de cambio flexibles permiten que esto suceda gradual y eficientemente, pero los tipos de cambio fijos deben cambiar de manera administrativa, por lo general muy tarde, con mucha publicidad y a un costo demasiado elevado al momento para la salud económica de la nación.

Atributos de la moneda "ideal"

Si la moneda ideal existiera en el mundo de hoy, poseería tres atributos (que se ilustran en la figura 3.4), con frecuencia conocidos como la "trinidad imposible":

1. **Estabilidad del tipo de cambio.** El valor de la moneda sería fijo en relación con otras monedas principales, de modo que comerciantes e inversionistas pudieran estar relativamente seguros del valor cambiario de cada moneda en el presente y en el futuro cercano.

2. **Integración financiera completa.** Se permitiría completa libertad de flujos monetarios, de modo que comerciantes e inversionistas pudieran voluntaria y fácilmente mover fondos de un país y moneda a otro en respuesta a las oportunidades o riesgos económicos percibidos.

3. **Independencia monetaria.** Las políticas monetaria y de tasa de interés domésticas se establecerían en cada país para perseguir las políticas económicas nacionales deseadas, en especial porque pueden relacionarse con limitar la inflación, combatir la recesión y mejorar la prosperidad y el pleno empleo.

Dichas cualidades se denominan "trinidad imposible" porque un país debe renunciar a una de las tres metas descritas en los lados del triángulo: independencia monetaria, estabilidad del tipo de cambio o integración financiera completa. Las fuerzas de la economía no permiten el logro simultáneo de las tres. Por ejemplo, un país con un régimen de tipo de cambio flotante puro puede tener independencia monetaria y un alto grado de integración financiera con los mercados de capital exteriores, pero el resultado debe ser una pérdida de estabilidad en el tipo de cambio (el caso de Estados Unidos). De igual modo, un país que mantenga controles muy rígidos sobre la afluencia y la salida de capitales conservará su independencia monetaria y un tipo de cambio estable, pero a costa de la pérdida de integración con los mercados financieros y de capital globales (el caso de Malasia en el periodo 1998-2002).

Como se muestra en la figura 3.4, el consenso de muchos expertos es que la fuerza de la creciente movilidad del capital ha empujado a más y más países hacia la integración financiera completa con la intención de estimular sus economías domésticas y alimentar los apetitos de capital de sus propias EMN. Como resultado, se "acorrala" a sus regímenes monetarios para que sean puramente flotantes (como Estados Unidos) o se integren con otros países en uniones monetarias (como la Unión Europea).

FIGURA 3.4   **La trinidad imposible**

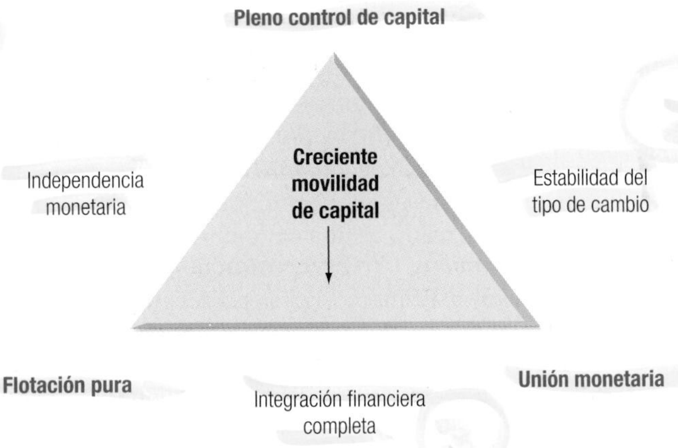

La teoría económica y financiera establece claramente que un país no puede estar en los tres lados del triángulo a la vez. Debe renunciar a uno de los tres "atributos" si quiere lograr uno de los estados descritos por las esquinas del triángulo.

Fuente: Adaptado de Lars Oxelheim, *International Financial Integration*, Springer-Verlag, 1990, p. 10.

Mercados emergentes y elecciones de régimen

En el periodo 1997-2005 se produjeron presiones crecientes sobre países con mercados emergentes para elegir entre tipos más extremos de regímenes cambiarios. Las crecientes presiones de movilidad de capital anotadas en la sección anterior condujeron a algunos países a elegir entre un tipo de cambio de flotación libre (como en Turquía en 2002) o el extremo opuesto, un régimen de tipo fijo, como una *caja de conversión* (como en Argentina a lo largo de la década de 1990 y que se detalla en la siguiente sección) o incluso la *dolarización* (como en Ecuador en 2000).

Regímenes de caja de conversión

Un *régimen de caja de conversión* existe cuando el banco central de un país se compromete a respaldar su base monetaria (la oferta de dinero) por completo con reservas extranjeras en todo momento. Este compromiso significa que una unidad de moneda doméstica no se puede introducir en la economía, sin primero obtener una unidad adicional de reservas de divisas extranjeras. Ocho países, incluidos el territorio de Hong Kong, utilizan cajas de conversión como una medida para estabilizar sus tipos de cambio.

Argentina. En 1991, Argentina modificó su anterior tipo de cambio administrado del peso argentino a una estructura de régimen de caja de conversión. La estructura de la caja de conversión fijó el valor del peso argentino al dólar estadounidense sobre una base de uno a uno. El gobierno argentino conservó el tipo de cambio fijo al requerir que cada peso emitido a través del sistema bancario argentino se respaldara con oro o con dólares estadounidenses mantenidos en cuentas en bancos en Argentina. Este sistema de 100% de reservas hizo que la política monetaria de Argentina dependiera de la habilidad del país para obtener dólares estadounidenses mediante comercio o inversión. Sólo después de que Argentina ganara dichos dólares mediante comercio, su oferta de dinero podría expandirse. Este requisito eliminó la posibilidad de que la oferta de dinero de la nación creciera muy rápidamente y causara inflación.

Una característica adicional del sistema de régimen de caja de conversión en Argentina fue la posibilidad de que todos los argentinos o extranjeros pudieran tener cuentas denominadas en dólares en bancos argentinos. Dichas cuentas en realidad eran *cuentas en eurodólares*: depósitos denominados en dólares en bancos no estadounidenses. Tales cuentas ofrecían a los ahorradores e inversionistas la posibilidad de elegir si el dinero se mantenía en pesos o no.

Sin embargo, desde el principio hubo duda sustancial en el mercado de que el gobierno argentino pudiera mantener el tipo de cambio fijo. Los bancos argentinos por lo regular pagaban tasas de interés ligeramente más altas en las cuentas denominadas en pesos que en las cuentas denominadas en dólares. Este diferencial de interés representaba la valoración del mercado del riesgo inherente al sistema financiero argentino. Se premiaba a los depositantes por aceptar el riesgo, es decir, por conservar su dinero en cuentas denominadas en pesos. Ésta fue una señal explícita del mercado de que había una posibilidad percibida de que lo que entonces era "fijo" no siempre lo sería.

Resultó que el mercado estaba en lo correcto. En enero de 2002, después de meses de turbulencia económica y política, y casi tres años de recesión económica, el régimen de caja de conversión argentino terminó. Primero el peso se devaluó de Peso1.00/US$ a Peso1.40/US$, luego flotó por completo. Su valor cayó dramáticamente en un lapso de días. El experimento argentino de una década, con un tipo de cambio rígidamente fijo, había terminado. A la devaluación siguieron meses de turbulencia, incluidos continuos feriados bancarios y disturbios en las calles de Buenos Aires. La crisis argentina se presenta con detalle en el capítulo 7.

Dolarización

Muchos países han sufrido devaluación de sus monedas durante muchos años, principalmente como resultado de la inflación, y han dado pasos hacia la dolarización. La dolarización es el uso del dólar estadounidense como la moneda oficial en el país. Panamá ha usado el dólar como moneda oficial desde 1907. Ecuador, después de sufrir una severa crisis bancaria e inflacionaria en 1998 y 1999, adoptó el dólar estadounidense como moneda oficial en enero de 2000. Uno de los principales atributos de la dolarización se resumió bastante bien en *BusinessWeek* el 11 de diciembre de 2000, en un artículo titulado "The Dollar Club":

> *Un atractivo de la dolarización es que las políticas monetarias y cambiarias atinadas ya no depen-den de la inteligencia y disciplina de los estrategas políticos nacionales. Su política monetaria, en esencia, es la que se sigue en Estados Unidos y el tipo de cambio se fija para siempre.*

Los argumentos en favor de la dolarización se desprenden lógicamente de la explicación anterior de la trinidad imposible. Un país que dolariza elimina la volatilidad monetaria (frente al dólar) y, en teoría, elimina también la posibilidad de futuras crisis monetarias. Los beneficios adicionales son la expectativa de mayor integración económica con Estados Unidos y otros merca-dos basados en el dólar, tanto de productos, como financieros. Este último punto condujo a muchos a argumentar en favor de la dolarización regional, en la que muchos países que tienen un alto grado de integración económica pueden beneficiarse de manera significativa de dolarizarse en conjunto.

Contra la dolarización existen tres argumentos principales. El primero es la pérdida de sobe-ranía sobre las políticas monetarias. Sin embargo, este es el punto de la dolarización. Segundo, el país pierde el poder de *señoreaje*, la capacidad de beneficiarse de imprimir su propia moneda. Tercero, el banco central del país, debido a que carece de la capacidad de crear dinero dentro de su sistema económico y financiero, ya no puede desempeñar el papel de prestamista de último recurso. Este papel conlleva la capacidad de ofrecer liquidez para salvar a las instituciones finan-cieras que pueden estar al borde del fracaso durante épocas de crisis financiera.

Ecuador. Ecuador oficialmente completó la sustitución del sucre ecuatoriano con el dólar esta-dounidense como moneda de curso legal el 9 de septiembre de 2000. Este paso hizo de Ecuador el más grande adoptante nacional del dólar estadounidense, y en muchas formas se estableció como un caso de prueba de la dolarización para que otros países en mercados emergentes lo observaran de cerca. Como se muestra en la figura 3.5, esta fue la última etapa de una deprecia-ción masiva del sucre en un breve periodo de dos años.

FIGURA 3.5   Tipo de cambio del sucre ecuatoriano, noviembre 1998-marzo 2000

Tipos de cambio diarios: sucre ecuatoriano por dólar estadounidense

Fuente: Pacific Currency Exchange, http://pacific.commerce.ubc.ca/xr ©2001 por Prof. Werner Antweiler, University of British Columbia, Vancouver, BC, Canadá.

Durante 1999, Ecuador sufrió un incremento en la tasa de inflación y una caída en el nivel de producción económica. En marzo de 1999, el sector bancario ecuatoriano sufrió una serie de devastadoras "estampidas bancarias", pánico financiero en el que todos los depositantes intentaron retirar todos sus fondos de manera simultánea. Aunque había severos problemas en el sistema bancario ecuatoriano, la verdad es que hasta la institución financiera más sana habría fracasado bajo la tensión de esta fuga financiera. El presidente de Ecuador en la época, Jamil Mahuad, inmediatamente congeló todos los depósitos (lo que se denominó feriado bancario en Estados Unidos en los 1930, cuando los bancos cierran sus puertas). El sucre ecuatoriano, que en enero de 1999 se comerciaba en alrededor de Sucre7,400/US$, se desplomó a principio de marzo a Sucre12,500/US$. Ecuador dejó de pagar más de US$13,600 millones en deuda externa sólo en 1999. El presidente Mahuad actuó con rapidez para proponer la dolarización y salvar la economía ecuatoriana en caída.

En enero de 2000, cuando el siguiente presidente tomó el cargo (después de un golpe militar más bien complicado y la posterior retirada), el sucre había caído en valor a Sucre25,000/US$. El nuevo presidente, Gustavo Naboa, continuó la iniciativa de dolarización. Aunque no tenía el apoyo del gobierno estadounidense y del FMI, Ecuador completó la sustitución de su propia moneda con el dólar en los siguientes nueve meses.

Los resultados de la dolarización en Ecuador todavía se desconocen. Los residentes ecuatorianos devolvieron inmediatamente más de US$600 millones al sistema bancario, dinero que habían retirado de los bancos por el temor de la quiebra bancaria. Esta infusión de capital adicional, junto con nuevos préstamos del FMI y reestructuraciones económicas, permitieron al país cerrar el año 2000 con una pequeña ganancia económica de 1%. No obstante, la inflación permaneció alta, y cerró el año por arriba de 91% (hasta 66% en 1999). Claramente, la dolarización por sí misma no eliminó las fuerzas inflacionarias. Ecuador sigue luchando por encontrar el equilibrio tanto económico como político con su nuevo régimen monetario.

No hay duda de que, para muchos mercados emergentes, los regímenes de caja de conversión, dolarización y de tipo de cambio de libre flotación son extremos. De hecho, muchos expertos creen que el mercado financiero global empujará cada vez a más países en mercados emergentes hacia uno de dichos extremos. Como se muestra en la figura 3.6, existe una falta distintiva de términos medios entre los extremos de fijación rígida y libre flotación. En apoyo anecdótico a este argumento, una muestra de la población general de México en 1999 indicó que 9 de cada 10 personas preferirían la dolarización a un peso de flotación libre. Es evidente que existen muchos en los mercados emergentes del mundo que tienen poca fe en que su liderazgo e instituciones sean capaces de implementar una política cambiaria eficaz.

Nacimiento de una moneda europea: el euro

Los 15 miembros originales de la Unión Europea (UE) también son miembros del Sistema Monetario Europeo (SME). Este grupo intentó formar una isla de tipos de cambio fijos, entre ellos mismos, en un mar de monedas flotantes fuertes. Los miembros del SME dependen en gran medida del comercio mutuo, de modo que perciben que los beneficios diarios de los tipos de cambio fijos entre ellos son grandes. No obstante, el SME ha experimentado algunos cambios importantes desde su formación en 1979, incluidas grandes crisis y reorganizaciones en 1992 y 1993, y la conversión de 11 miembros al euro el 1 de enero de 1999 (Grecia se unió en 2001).

El Tratado de Maastricht

En diciembre de 1991, los miembros de la UE se reunieron en Maastricht, Holanda, y concluyeron un tratado que cambió el futuro monetario de Europa.

Cronograma. El Tratado de Maastricht especificó un cronograma y un plan para sustituir todas las monedas que conformaban la unidad de cambio europea (ECU) con una sola moneda llamada euro. Se adoptaron otros pasos que conducirían a una completa Unión Económica y Monetaria Europea (UME).

| FIGURA 3.6 | Opciones de régimen monetario para mercados emergentes |

País de mercado emergente

La alta movilidad del capital obliga a las naciones de mercados emergentes a elegir entre dos extremos

Régimen de libre flotación

- El valor monetario es libre de flotar hacia arriba y hacia abajo con las fuerzas del mercado internacional
- Se permite política monetaria independiente y libre movimiento de capital, pero a costa de estabilidad
- La creciente volatilidad puede ser más que lo que un país pequeño con un mercado financiero pequeño puede soportar

Caja de conversión o dolarización

- La caja de conversión fija el valor de la moneda local a otra moneda o canasta; la *dolarización* sustituye la moneda con el dólar estadounidense
- Se pierde independencia para establecer la política monetaria; se elimina la influencia política sobre la política monetaria
- Se pierde *señoreaje*, los beneficios que obtiene un gobierno de la capacidad de imprimir su propio dinero

Criterios de convergencia. Para preparar la UME, el Tratado de Maastricht requirió la integración y coordinación de las políticas monetaria y fiscal de los países miembros. La UME se implementaría mediante un proceso llamado convergencia. Antes de convertirse en miembro pleno de la UME, originalmente se esperaba que cada país miembro satisficiera los siguientes criterios de convergencia:

■ La inflación nominal no debía superar en más de 1.5% el promedio de los tres miembros de UE con las tasas de inflación más bajas durante el año anterior.

■ Las tasas de interés a largo plazo no debían superar en más de 2% el promedio de los tres miembros con las tasas de interés más bajas.

■ El déficit fiscal no debía ser más de 3% del producto interno bruto.

■ La deuda gubernamental no debía representar más de 60% del producto interno bruto.

Los criterios de convergencia eran tan estrictos que pocos, si alguno, de los miembros podían satisfacerlos en ese momento, pero 11 países se las arreglaron para hacerlo justo antes de 1999. Grecia adoptó el euro el 1 de enero de 2001.

Banco central fuerte. Un banco central fuerte, llamado Banco Central Europeo (BCE), se estableció en Frankfurt, Alemania, en concordancia con el Tratado. El banco sigue el modelo del Sistema de Reserva Federal estadounidense. Este banco central independiente domina los bancos centrales de los países, que siguen regulando los bancos residentes dentro de sus fronteras; toda intervención en el mercado financiero y la emisión de euros sigue siendo responsabilidad exclusiva del BCE. El mandato individual más importante del BCE es promover la estabilidad de precios dentro de la Unión Europea.

Como parte de la formulación de la política monetaria transfronteriza, el BCE formó el Sistema automatizado transeuropeo de transferencias urgentes de liquidación de pagos brutos en tiempo real (TARGET, Transeuropean Automated Real-time Gross settlement Express Transfer system). TARGET es el mecanismo mediante el cual el BCE liquidará todos los pagos transfronterizos en la realización de negocios bancarios y regulación de la UE. Permitirá al BCE aplicar políticas monetarias y realizar otros movimientos de capital en el sistema interbancario rápidamente y sin costo.

¿Por qué la unificación monetaria?

De acuerdo con la UE, la UME es un área de una sola moneda dentro del mercado de la UE, ahora conocida informalmente como *eurozona*, donde se supone que personas, bienes, servicios y capital se mueven sin restricciones. Desde su inicio con el Tratado de Roma en 1957, y después con el Acta Única Europea de 1987, el Tratado de Maastricht de 1991-1992 y el Tratado de Ámsterdam de 1997, un grupo central de países europeos trabajó de manera constante para lograr la integración de sus países individuales en un solo mercado doméstico más grande y más eficiente. Sin embargo, incluso después del lanzamiento del programa Una Sola Europa de 1992, permanecían algunas barreras para una verdadera apertura. El uso de diferentes monedas requería que tanto consumidores como compañías trataran los mercados individuales por separado. El riesgo monetario del comercio transfronterizo persistía. La creación de una sola moneda tiene el propósito de ir más allá de los vestigios de mercados separados.

La abreviatura oficial del euro, EUR, se registró en la Organización Internacional de Normalización (se necesitan abreviaturas para las transacciones mundiales por computadoras). Esto es similar a los símbolos de computadora de tres letras utilizados por el dólar estadounidense, USD, y la libra esterlina británica, GBP. El símbolo oficial del euro es €. De acuerdo con la UE, el símbolo € se inspiró en la letra griega *epsilon* (ε), que al mismo tiempo se refiere al papel de la antigua Grecia como fuente de la civilización europea y recuerda a la primera letra de la palabra *Europa*.

El lanzamiento del euro

El 4 de enero de 1999, 11 estados miembros de la UE iniciaron la UME. Establecieron una sola moneda, el euro, que sustituyó a las monedas individuales de los estados miembros participantes. Los 11 países fueron Austria, Bélgica, Finlandia, Francia, Alemania, Irlanda, Italia, Luxemburgo, Holanda, Portugal y España. El Reino Unido, Suecia y Dinamarca optaron por conservar sus monedas individuales. Grecia no reunió los requisitos para ser admitido en la UME pero se unió al grupo Euro en 2001. El 31 de diciembre de 1998, se establecieron los tipos de cambio fijo finales entre las 11 monedas participantes y el euro. El euro se lanzó oficialmente el 4 de enero de 1999. Aunque fue el resultado de un programa a largo plazo y metódico para la alineación de todas las fuerzas políticas y económicas en la UE, el lanzamiento del euro sólo fue el primero de muchos pasos por dar. Los impactos del euro sobre el entorno económico y la sociedad en general dentro de los países participantes han sido y serán drásticos. Hasta ahora empieza a hacerse evidente cómo pueden ser algunos de los impactos.

El euro afecta los mercados en tres formas: 1) los países dentro de la eurozona gozan de costos de transacción más baratos; 2) se reducen los riesgos y costos monetarios relacionados con la incertidumbre de los tipos de cambio, y 3) todos los consumidores y empresas, tanto dentro como fuera de la eurozona, gozan de transparencia de precios y creciente competencia basada en el precio.

Logro de la unificación monetaria

Si el euro pretende ser un sustituto exitoso de las monedas de los estados participantes en la UE, debe tener un cimiento económico sólido. El principal impulsor del valor de una moneda es su capacidad de mantener su poder adquisitivo (el dinero vale lo que puede comprar). La amenaza individual más grande para mantener el poder adquisitivo es la inflación. De este modo, la tarea principal de la UE desde el principio ha sido construir un sistema económico que trabaje para evitar que las fuerzas inflacionarias minen al euro.

Política fiscal y política monetaria. La política monetaria para la UME la lleva a cabo el BCE, que tiene una responsabilidad: salvaguardar la estabilidad del euro. Con base en las estructuras básicas que se usaron en el establecimiento del Sistema de la Reserva Federal en Estados Unidos y el Bundesbank en Alemania, el BCE está libre de las presiones políticas que históricamente han hecho que las autoridades monetarias cedan ante las presiones de empleo inflando las economías. La independencia del BCE le permite enfocarse simplemente en la estabilidad de la moneda sin caer víctima de esta trampa histórica.

Fijación del valor del euro. El 31 de diciembre de 1998, la fijación de los tipos de cambio entre monedas nacionales y el euro se hizo permanente para dichas monedas. El Reino Unido se ha mostrado receloso de que la UE pudiera tener más poder para intervenir en su soberanía y optó por no participar. Suecia, que no ha recibido beneficios significativos de pertenecer a la UE (aunque es uno de los miembros más recientes), también es escéptico de la participación en la UME. Dinamarca, como el Reino Unido y Suecia, tiene un fuerte elemento político que es enormemente nacionalista, y hasta el momento ha optado por no participar. Noruega rechazó dos veces por votación su membresía en la UE y por tanto no participa en el sistema euro.

El 4 de enero de 1999, el euro comenzó a negociarse en los mercados monetarios mundiales. Su introducción fue paulatina. Sin embargo, el valor del euro se deslizó de manera sostenida después de su introducción, principalmente como resultado de la solidez de la economía y el dólar estadounidenses, y sectores económicos continuamente letárgicos en países de la UME. La figura 3.7 ilustra el valor del euro desde su introducción en enero de 1999. Después de devaluarse frente al dólar estadounidense en 1999 y 2000, el euro se negoció en una banda relativamente estrecha

---

FIGURA 3.7   Tipo de cambio spot dólar estadounidense/euro, 1999-2008 (promedio mensual)

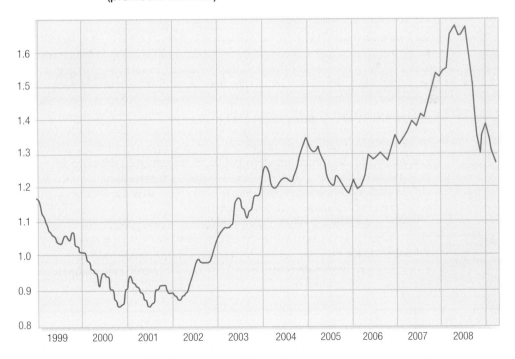

Fuente: ©2009 por Prof. Werner Antweiler, University of British Columbia, Vancouver BC, Canadá. Se otorga autorización para reproducir la imagen anterior siempre que se reconozca la fuente y el copyright.

Periodo que se muestra en el diagrama: 1 de enero de 1999-2 de marzo de 2009.

durante 2001. Sin embargo, a partir del inicio de 2002, el euro comenzó una fuerte y estable reva-luación frente al dólar, y alcanzó un pico de US$1.50/€ a finales de 2007.

Causas del declive del dólar. Desde la introducción del euro, Estados Unidos ha experimentado severos déficits en la cuenta corriente de la balanza de pagos (que se explica en el capítulo 4). El déficit bilateral más grande fue con China y Japón. No obstante, con la finalidad de proteger la competitividad de sus exportaciones, tanto China como Japón siguieron políticas macroeconó-micas que mantendrían tipos de cambio relativamente fijos entre sus monedas y el dólar esta-dounidense. Para lograr este resultado, China y Japón tuvieron que intervenir en el mercado de divisas extranjeras y comprar cantidades masivas de dólares estadounidenses mientras vendían cantidades correspondientes de sus propias monedas, el yuan chino y el yen japonés. Dichas com-pras se registraron como entradas de capital en Estados Unidos. Sin embargo, como dicho país sigue manteniendo tasas de interés históricamente bajas, tanto para estimular la economía domés-tica como para promover la liquidez en el sistema financiero después de los fracasos de las hipo-tecas *subprime* (de alto riesgo) en 2007, algunos críticos se preguntan si China y Japón conti-nuarán conservando esas cantidades tan grandes de dólares estadounidenses.

Más aún, muchos gobiernos asiáticos del Medio Oriente comenzaron a crear los llama-dos fondos soberanos de inversión para usar sus saldos acumulados de dólares estadounidenses. Los fondos soberanos de inversión son fondos de propiedad estatal fondeados por el gobierno que adquieren o invierten en una participación significativa del capital de compañías privadas y bancos extranjeros importantes en Estados Unidos y otros países occidentales. Son tema de cre-ciente preocupación, pues naciones extranjeras invierten dentro de otros países.

Expansión de la Unión Europea y el euro. En enero de 2007, dos países más se unieron a la cre-ciente membresía de la UE: Bulgaria y Rumania. Su ingreso tuvo lugar poco más de dos años des-pués de que la UE agregara 10 países más a sus filas. Como se muestra en *Finanzas globales en la práctica 3.2*, a la fecha sólo uno de estos 12 nuevos miembros ha adoptado el euro. Aunque se

---

FINANZAS GLOBALES EN LA PRÁCTICA 3.2

Nuevos miembros de la UE y adopción del euro

Estos nuevos miembros no adoptarán automáticamente el euro como moneda. Se les permitirá adoptarlo solamente después de haber satisfecho los criterios que todos los miembros del sistema del euro han tenido que satisfacer desde el principio: un alto grado de estabilidad de precios, finanzas gubernamentales sus-

tentables, tipo de cambio estable y convergencia en tasas de interés a largo plazo.

Los siguientes ocho países actualmente tienen proyectado unirse a la eurozona:

País	Moneda	Régimen de tipo de cambio actual	Adopción esperada del euro
Bulgaria	lev	Vinculado al euro	2010, aunque posiblemente hasta 2015
Rep. Checa	corona	Libre flotación; administrado frente al euro	2012
Estonia	corona	Vinculado al euro	2011
Hungría	florín	Libre flotación, pero con referencia al euro	2010-2012 (bajo debate)
Letonia	lat	Vinculado al euro	2012 (lo más pronto)
Lituania	litas	Vinculado al euro	2010
Polonia	sloty	Libre flotación, pero con referencia al euro	2012 (tentativo)
Rumania	leu	Libre flotación	2014

espera que con el tiempo todos los miembros sustituyan sus monedas con el euro, en años recientes se han visto crecientes debates y continuas posposiciones por parte de los nuevos miembros para avanzar hacia la adopción plena del euro.

Euro y crecimiento. Antes de la introducción del euro, los opositores creían que las condiciones políticas y económicas no eran favorables para una moneda común. La mayoría de los países que finalmente adoptaron el euro, como Alemania, Francia e Italia, carecían de mercados laborales flexibles que necesitarían para compensar la pérdida de control individual (a nivel país) sobre la política monetaria como herramienta para promover el crecimiento. Dado que los miembros individuales de la UE no pueden devaluar sus monedas, necesitarían apoyarse principalmente en políticas fiscales coordinadas para estimular el crecimiento. Probablemente es imposible aplicar una política monetaria centralizada que se ajuste a todos los países miembros, como se ilustra mediante la trinidad imposible que se estudió anteriormente. Algunos miembros crecen y algunos no. El desempleo ha sido muy alto en algunos países miembros, pero muy bajo en otros.

Regímenes de tipo de cambio: ¿qué hay más adelante?

Todos los regímenes de tipo de cambio deben establecer un equilibrio entre *reglas* y *discreción*, así como entre *cooperación* e *independencia*. La figura 3.8 ilustra las ventajas y desventajas de los regímenes de tipo de cambio con base en las reglas, discrecionalidad, cooperación e independencia.

- Verticalmente, diferentes acuerdos de tipo de cambio pueden dictar si el gobierno del país tiene requisitos estrictos para intervenir (*reglas*) o si puede elegir si, cuándo y en qué grado intervenir en los mercados cambiarios (*discreción*).

- Horizontalmente, la disyuntiva para los países participantes en un sistema específico está entre consultar y actuar al unísono con otros países (*cooperación*) u operar como miembro del sistema pero actuar por cuenta propia (*independencia*).

FIGURA 3.8   Ventajas y desventajas de regímenes de tipo de cambio

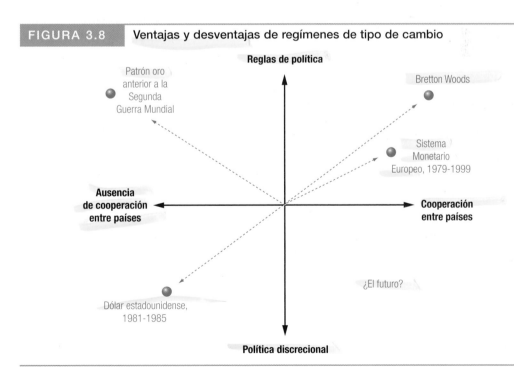

Las estructuras de regímenes como el patrón oro no requerían políticas de cooperación entre países, sino sólo la garantía de que todos acatarían las "reglas del juego". Bajo el patrón oro en vigor antes de la Segunda Guerra Mundial, esta garantía se tradujo en la disposición de los gobiernos a comprar o vender oro a tasas paritarias a petición. El Acuerdo de Bretton Woods, el sistema imperante entre 1944 y 1973, requirió más en lo que respecta a la cooperación, ya que el oro dejó de ser la "regla" y los países tenían que cooperar en mayor grado para mantener el sistema basado en el dólar. Los sistemas cambiarios como el sistema de bandas de tipos de cambio fijos del Sistema Monetario Europeo usado de 1979 a 1999, eran híbridos de estos regímenes de cooperación y reglas.

El presente sistema monetario internacional se caracteriza por la falta de reglas, con grados variables de cooperación. Aunque no hay una solución actual al continuo debate sobre la forma que debería adoptar el nuevo sistema monetario internacional, muchos creen que podría triunfar sólo si combinara la cooperación entre naciones con la discrecionalidad individual para realizar metas sociales, económicas y financieras domésticas.

RESUMEN

■ Bajo el patrón oro (1876-1913), las "reglas del juego" eran que cada país estableciera el tipo de cambio al que su unidad monetaria podría convertirse a un peso de oro.

■ Durante los años entre guerras (1914-1944), se permitió que las monedas fluctuaran sobre rangos bastante amplios en función de oro y entre ellas. Las fuerzas de oferta y demanda determinaron los valores del tipo de cambio.

■ El Acuerdo de Bretton Woods (1944) estableció un sistema monetario internacional basado en el dólar estadounidense. De conformidad con las estipulaciones originales del Acuerdo de Bretton Woods, todos los países fijaron el valor de sus monedas en función del oro, pero no se les requirió cambiar sus monedas por oro. Sólo el dólar siguió siendo convertible en oro (US$35 por onza).

■ Varias fuerzas económicas condujeron a la suspensión de la convertibilidad del dólar en oro en agosto de 1971. Entonces se permitió que los tipos de cambio de la mayoría de los países comerciales líderes flotaran en relación con el dólar y por tanto indirectamente en relación con el oro. Después de una serie de crisis continuas en 1972 y 1973, el valor del dólar estadounidense y las otras monedas líderes del mundo ha flotado desde esa época.

■ Las euromonedas son monedas domésticas de un país que se encuentran en depósito en un segundo país.

■ Aunque las causas básicas del crecimiento del mercado de eurodivisas son eficiencias económicas, algunos eventos institucionales únicos durante las décadas de 1950 y 1960 contribuyeron a su crecimiento. En 1957, las autoridades monetarias británicas respondieron al debilitamiento de la libra con la imposición de fuertes controles sobre los préstamos bancarios en libras esterlinas en el Reino Unido que se otorgaban a no residentes del Reino Unido. Alentados por el Banco de Inglaterra, los bancos del Reino Unido recurrieron a los préstamos en dólares como la única

alternativa que les permitiría mantener su posición líder en las finanzas mundiales. Para esto necesitaban depósitos en dólares. Aunque Nueva York era la "sede" del dólar y tenía un gran mercado doméstico de dinero y capital, el comercio internacional de dólares se centró en Londres, debido a la experiencia de dicha ciudad en asuntos monetarios internacionales y a su proximidad en tiempo y distancia con los principales clientes.

■ Apoyo adicional para el mercado de dólares con base en Europa provino de las dificultades en la balanza de pagos de Estados Unidos durante la década de 1960, que temporalmente separó el mercado de capital doméstico estadounidense del resto del mundo.

■ Si la moneda ideal existiera en el mundo de hoy, poseería tres atributos: valor fijo, convertibilidad y política monetaria independiente.

■ Los países en los mercados emergentes con frecuencia deben elegir entre dos regímenes de tipo de cambio extremos, o un régimen de libre flotación o un régimen extremadamente fijo como la *caja de conversión* o la *dolarización*.

■ Los 15 miembros de la Unión Europea también son miembros del Sistema Monetario Europeo (SME). Este grupo intentó formar una isla de tipos de cambio fijos entre ellos mismos en un mar de monedas flotantes fuertes. Los miembros del SME dependen en gran medida del comercio mutuo, de modo que se considera que los beneficios diarios de los tipos de cambio fijos entre ellos son grandes.

■ El 1 de mayo de 2004, la Unión Europea admitió 10 países adicionales, y llegó a un total de 25 países miembros. Se espera que los 10 nuevos miembros trabajen para adoptar el euro gradualmente a lo largo de los próximos seis o siete años.

■ El euro afecta a los mercados en tres formas: 1) países dentro de la eurozona disfrutan de costos de transacción más baratos; 2) se reducen los riesgos y costos monetarios relacionados con la incertidumbre del tipo de cambio, y

3) todos los consumidores y empresas tanto dentro como fuera de la eurozona gozan de transparencia de precios y aumento en la competencia basada en precio.

 **MINICASO**

La revaluación del yuan chino[1]

"Comenzaron a hablar acerca de algo que no era muy útil, luego recogieron los teléfonos celulares y BlackBerrys", relató un banquero que fue entrevistado más tarde. Entonces los chinos distribuyeron una declaración de cuatro puntos: Beijing había decidido desvincular al yuan del dólar estadounidense con efecto inmediato."

— "Behind Yuan Move, Open Debate and Closed Doors", *The Wall Street Journal*, 25 de julio de 2005, p. A1.

"Se trata de una medida precautoria", comentó Zhong Wei, experto en finanzas de la Beijing Normal University. "Esto se parece más a una postura política que a una reforma monetaria real."

— "China Ends Fixed-Rate Currency", Peter S. Goodman, *The Washington Post*, 22 de julio de 2005, p. A01.

El 21 de julio de 2005, el gobierno chino y el Banco Popular de China cambiaron oficialmente el valor del yuan chino (o renminbi, RMB). Por la mañana del 21 de julio, a algunos bancos extranjeros importantes en Beijing se les pidió enviar representantes al Banco Popular de China para una reunión con una agenda no anunciada. El Banco Popular anunció al grupo bancario reunido que abandonaría la paridad del yuan con el dólar, permitiría que el valor del yuan aumentara a Yuan8.11/US$ inmediatamente, y que el valor del yuan fluctuara 0.3% por día sobre el precio de cierre del día anterior de ahí en adelante (en el Apéndice del minicaso encontrará el texto completo del anuncio). El cambio en valor y régimen (la revaluación frente al dólar estadounidense y el movimiento hacia una paridad vinculada a una canasta de monedas desconocida), era tanto esperado como una sorpresa.

El debate sobre la revaluación

A lo largo de 2004 y 2005, el gobierno estadounidense presionó a China para que revaluara el yuan sobre la paridad que tenía hacia una década con el dólar estadounidense de

Yuan8.28/US$. Estados Unidos argumentó que el creciente superávit comercial chino con Estados Unidos indicaba que el yuan estaba significativamente subvaluado. Los altercados políticos alcanzaron niveles de amenazas veladas, pues los miembros del Tesoro estadounidense advirtieron a funcionarios chinos que sería necesaria una revaluación de al menos 10% para evitar que el Congreso promulgara leyes proteccionistas. Incluso, muchos dentro de China reconocían que mantener la paridad era costoso, pues el banco central de China seguía comprando los dólares estadounidenses que continuaban llegando por montones del comercio e inversiones. Hacia principios de 2005, las reservas de divisas extranjeras de China aumentaron a más de US$700,000 millones, incluidos US$190,000 millones en bonos del gobierno estadounidense.

Sin embargo, el gobierno chino y muchos expertos en comercio internacional no estaban de acuerdo en que el yuan estuviera subvaluado, y argumentaban que el superávit comercial bilateral con Estados Unidos era resultado de la competencia, el costo de producción y el cambio en las estructuras industriales globales. No obstante, la medida de revaluar el yuan se consideró un movimiento político para reducir las crecientes presiones entre los gobiernos, mientras que al mismo tiempo comenzaba el proceso para que la economía china ocupara un papel prominente en la economía global.

En mayo de 2004, el gobierno chino convocó un comité de expertos académicos en Dalian para debatir el futuro del yuan chino. El debate se redujo a la filosofía de "mantener el rumbo" defendida por Ronald McKinnon de la Stanford University y Robert Mundell de la Columbia University, en oposición a la postura "pro revaluación" de Jeffrey Frankel de Harvard University y Morris Goldstein del Institute for International Economics. De forma interesante, el riesgo en el que ambos campos coincidían era que si la revaluación era muy pequeña, los mercados de divisas (en especial los especuladores) demandarían más, lo que produciría inestabilidad adicional. Ese riesgo era una posibilidad clara en ese momento.

---

[1] Copyright ©2005 Thunderbird, The Garvin School of International Management. Todos los derechos reservados. Este caso fue preparado por el profesor Michael Moffett con el único propósito de analizarlo en clase, y no para indicar una administración eficaz o ineficaz.

La presión siguió acumulándose y los rumores circularon. Hasta el 15 de julio, los encabezados del *Financial Times* afirmaban "Estados Unidos espera revaluación de moneda china", y especulaban que ocurriría en algún momento en agosto. China actuó todavía más rápido. En la tarde del miércoles 20 de julio de 2005, el Tesoro estadounidense y las autoridades bancarias de Hong Kong fueron informados, sólo horas antes que el resto del mundo, que China estaba a punto de modificar su régimen cambiario de la paridad vinculada al dólar a una flotación administrada.

Nuevo régimen cambiario

El yuan chino había estado vinculado al dólar estadounidense al tipo de cambio de Yuan8.28/US$ desde principios de 1997. Esta paridad se sostuvo durante la crisis financiera asiática de 1997-1998 y proporcionó una base monetaria fija y estable para el rápido desarrollo y crecimiento de la economía china en el nuevo milenio. La economía china continuó creciendo a velocidad vertiginosa (más de 10% en términos del PIB real) y se esperaba que la tasa de crecimiento continuara a este ritmo cuando menos una década más. Cada vez más voces fuera de China pedían que el yuan chino transitara a un tipo de cambio flotante y se uniera al dólar estadounidense, el euro y el yen japonés al frente del sistema financiero global.

El nuevo régimen cambiario anunciado por el Banco Popular de China modificaría la forma en que se manejaba el valor de la moneda. Aunque sin decir exactamente cómo se determinaría el valor, era claro que los legisladores chinos tomarían en consideración los valores de otras monedas fuertes como el euro y el yen, además del dólar, para cambiar a una *flotación administrada*. Sin embargo, sin conocer el contenido de esta *canasta conceptual*, los extranjeros serían incapaces de predecir los movimientos específicos de los políticos relativos al valor de la moneda.

No obstante, el cambio inmediato fue una revaluación de aproximadamente 2.1%, mucho menor que el propuesto entre 10 y 20% por los críticos de China, como el gobierno estadounidense:

$$\frac{\text{Yuan8.28/US\$} - \text{Yuan8.11/US\$}}{\text{Yuan8.11/US\$}} \times 100 = 2096\% \approx 21\%$$

La implicación de la desviación de 0.3% aceptada fue potencialmente más significativa. Aunque esta desviación limitaría el movimiento diario del valor del yuan (en muchos sentidos para proteger a inversionistas y compañías por igual contra grandes cambios súbitos), permitiría al yuan comenzar una flotación mínima. Y no evitaría que, con el tiempo, el yuan, lenta y gradualmente, se *apreciara* frente a otras monedas como el dólar. Algunos expertos monetarios se apresuraron a señalar que el régimen anterior del yuan también permitía oficialmente ajustes graduales del tipo de cambio, y que el yuan en realidad se había revaluado de Yuan8.70/US$ a Yuan8.28/US$ entre 1994 y 1997.

Impactos regionales

La economía china se integró cada vez más con las economías de Asia; en específico, con las economías de Tailandia, Malasia, Corea y Taiwán. En años recientes, algunas grandes industrias emigraron de otros países del sureste asiático a China, de modo que la revaluación del yuan altera la dinámica competitiva en la región. Muchos países reaccionaron inmediatamente a la revaluación con el anuncio de que también harían modificaciones por su cuenta a los tipos de cambio. No obstante, Hong Kong mantuvo su paridad vinculada al dólar.

El gobierno de Malasia, en cuestión de horas, anunció la introducción de un régimen de tipo de cambio flotante administrado, similar al de China. Malasia había mantenido un tipo de cambio fijo desde la embestida de la crisis financiera asiática en 1997. Los nuevos regímenes en China y Malasia fueron notablemente similares al régimen de Singapur, el llamado "canasta, banda y paridad móvil" o BBC ("basket, band, and crawl"), que dicho país usó exitosamente desde la década de 1980.

Implicaciones competitivas

Una compañía estadounidense de renombre con una gran exposición a China es Mattel Inc., el fabricante de juguetes más grande del mundo, que produce alrededor de 70% de sus muñecas Barbie, carros Hot Wheels y otros juguetes en fábricas de China, incluidas las plantas de su propiedad en ese país. Una vocera de Mattel dijo que un yuan más fuerte podría significar costos más altos de materiales el siguiente año, cuando se renegociaran los contratos con las fábricas que no eran propiedad de la empresa. En sus propias plantas, el impacto "está principalmente relacionado con la mano de obra, en lugar de con las materias primas, y no es cuantioso", agregó.

—"Companies See Little Impact from Costlier Yuan— For Now", *The Wall Street Journal*, 22 de julio de 2005, p. B1.

La revaluación del yuan chino no ha sido algo que la mayoría de las empresas multinacionales buscaran. La mayoría de las compañías multinacionales que operan en China invirtieron con el propósito de usar a China como base de fabricación para abastecer el mercado global. En consecuencia, quieren que la moneda permanezca tanto estable como relativamente "barata". Una compañía multinacional extranjera como Mattel, uno de los fabricantes de juguetes más prominentes del mundo, fabrica más de 70% de sus juguetes en China. Cualquier revaluación del yuan significaría que, en términos de dólares o euros, el costo de los bienes vendidos se elevaría y los márgenes resultantes y la rentabilidad se reducirían cuando los mismos productos se vendieran en mercados de euros o dólares.

Para algunas compañías, como Boeing, la revaluación tendría un impacto marginalmente positivo, si acaso. Boeing compró pocos productos a proveedores chinos, pero ha realizado ventas cada vez más grandes a China. La revaluación del yuan aumentaría ligeramente el poder adquisitivo de los clientes chinos de Boeing, pues la empresa fija los precios en dólares estadounidenses para sus ventas de exportación, incluidas las de China. Otras compañías prevén impactos competitivos más complejos. Por ejemplo, General Motors recibió con agrado la noticia de la revaluación. Aunque GM compra cada vez más partes y subunidades en China, consideró que la revaluación de 2.1% representaba un pequeño aumento en costo. Simultáneamente, se esperaba que la revaluación del yuan diera al yen japonés un empuje sustancial en los mercados financieros internacionales, lo que aumentaría el valor del yen frente al dólar y el euro. Desde la perspectiva de GM, cualquier aumento en el valor del yen le beneficiaría porque sería perjudicial para su archicompetidor Toyota, que realiza aún una gran parte de su fabricación global en Japón.

Los impactos competitivos en las compañías chinas, específicamente las multinacionales chinas como Haier Group (fabricante de pequeños electrodomésticos, como los minirrefrigeradores de muchas residencias universitarias del mundo), eran potencialmente mayores a largo plazo. Aunque sufrirían de inmediato sólo un aumento de 2% en sus costos con respecto a los precios en los mercados del exterior, la nueva libertad del yuan para flotar poco a poco plantearía con el tiempo un nuevo y creciente riesgo operativo por los tipos de cambio.

Como es evidente, para todas las compañías que se apresuraron a mudarse a China para tener acceso a la fabricación o a los mercados, sólo el tiempo dirá si la recién descubierta libertad del yuan representará una oportunidad o una amenaza.

Preguntas del caso

1. Muchos críticos de la política china habían exhortado a China a revaluar el yuan en 20% o más. ¿Cuál sería el valor del yuan, en dólares estadounidenses, si de hecho se hubiese devaluado 20%?

2. ¿Cree usted que la revaluación del yuan chino tenía motivos políticos o económicos?

3. Si el yuan chino se revaluara al nivel máximo permitido cada día, 0.3% frente al dólar estadounidense, consistentemente durante un periodo de 30 o 60 días, ¿qué valores extremos podría alcanzar?

4. Las multinacionales chinas enfrentarían entonces los mismos riesgos relacionados con el tipo de cambio sostenido por las multinacionales estadounidenses, japonesas y europeas. ¿Qué impacto cree usted que tendrá este riesgo creciente sobre la estrategia y las operaciones de las compañías chinas en el futuro cercano?

APÉNDICE DEL MINICASO   Anuncio público del Banco Popular de China sobre la reforma del régimen cambiario del RMB

21 de julio de 2005. Con el propósito de establecer y mejorar el sistema económico de mercado socialista en China, permitir al mercado desempeñar cabalmente su papel en la distribución de recursos, así como establecer y fortalecer el régimen de tipo de cambio de flotación administrada basado en la oferta y la demanda del mercado, el Banco Popular de China, con autorización del Consejo de Estado, por este medio hace los siguientes anuncios para reformar el régimen cambiario del RMB:

1. A partir del 21 de julio de 2005, China reformará su régimen cambiario y adoptará un régimen de tipo de cambio de flotación administrada con base en la oferta y la demanda del mercado, con referencia a una canasta de monedas. El RMB ya no estará vinculado al dólar estadounidense y el régimen cambiario del RMB mejorará con mayor flexibilidad.

2. El Banco Popular de China anunciará el precio de cierre del RMB con respecto a alguna divisa extranjera, como el dólar estadounidense, en las transacciones realizadas en el mercado interbancario de cambios después del cierre del mercado cada día laboral, y ésta será la paridad central para las operaciones de cambio del RMB al siguiente día laboral.

3. El tipo de cambio del yuan frente al dólar estadounidense se ajustará a 8.11 yuanes por dólar estadounidense a las 19:00 horas del 21 de julio de 2005. A partir de ese momento, los bancos autorizados para realizar operaciones de cambio podrán ajustar las cotizaciones de divisas extranjeras para sus clientes.

4. Se permitirá que el precio diario de operación del RMB frente al dólar estadounidense en el mercado interbancario de cambios continúe flotando dentro de una banda de ±0.3 por ciento en torno a la paridad central anunciada por el Banco Popular de China, mientras que las cotizaciones del RMB frente a otras divisas, exceptuando el dólar estadounidense, podrán fluctuar dentro de cierta banda anunciada por el Banco Popular de China.

El Banco Popular de China ajustará la banda de fluctuación del tipo de cambio del RMB cuando sea necesario, de acuerdo con el desarrollo del mercado y la situación económica y financiera. El tipo de cambio del RMB será más flexible, con base en las condiciones del mercado, con referencia a una canasta de monedas. El Banco Popular de China es responsable de mantener el tipo de cambio del RMB básicamente estable en un nivel adaptativo y de equilibrio, para promover el equilibrio básico de la balanza de pagos y salva-

guardar la estabilidad macroeconómica y financiera (vea la figura 1 en la página siguiente).

Fuente: http://www.pbc.gov.cn/english/xinwen/.

FIGURA 1   **Tipos de cambio promedio mensuales: renminbi chino por dólar estadounidense**

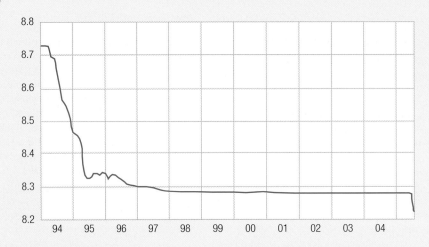

Fuente: ©2005 por Prof. Werner Antweiler, University of British Columbia, Vancouver, BC, Canadá.

PREGUNTAS

1. **El patrón oro y la oferta de dinero.** Bajo el patrón oro todos los gobiernos nacionales prometieron seguir las "reglas del juego". Esto significó defender un tipo de cambio fijo. ¿Qué implicó esta promesa para la oferta de dinero de un país?

2. **Causas de devaluación.** Si un país sigue un régimen de tipo de cambio fijo, ¿qué variables macroeconómicas podrían causar que el tipo de cambio fijo se devaluara?

3. **Tipos de cambio fijos frente a flexibles.** ¿Cuáles son las ventajas y desventajas de los tipos de cambio fijos?

4. **La trinidad imposible.** Explique qué se entiende por el término *trinidad imposible* y por qué es verdadero.

5. **Caja de conversión o dolarización.** Los regímenes de tipo de cambio fijo en ocasiones se implementan mediante una *caja de conversión* (Hong Kong) o *dolarización* (Ecuador). ¿Cuál es la diferencia entre los dos métodos?

6. **Regímenes cambiarios en los mercados emergentes.** La alta movilidad de capital obliga a las naciones de mercados emergentes a elegir entre regímenes de libre flotación y regímenes de cajas de conversión o dolarización.

   ¿Cuáles son los principales resultados de cada uno de estos regímenes desde la perspectiva de las naciones de mercados emergentes?

7. **Caja de conversión argentina.** ¿Cómo funcionó la caja de conversión argentina de 1991 a enero de 2002 y por qué colapsó?

8. **El euro.** El 4 de enero de 1999, 11 estados miembros de la Unión Europea iniciaron la Unión Monetaria Europea y establecieron una sola moneda, el *euro*, que sustituyó a las monedas individuales de los estados miembros participantes. Describa tres de las principales formas en que el euro afecta a los miembros de la UME.

9. **Independientes.** El Reino Unido, Dinamarca y Suecia decidieron no adoptar el *euro* sino mantener sus monedas individuales. ¿Cuáles son las motivaciones de cada uno de estos tres países que también son miembros de la Unión Europea?

10. **Fondo Monetario Internacional (FMI).** El FMI se estableció por el Acuerdo de Bretton Woods (1944). ¿Cuáles fueron sus objetivos originales?

11. **Derechos especiales de giro.** ¿Qué son los *derechos especiales de giro*?

12. **Clasificaciones de regímenes cambiarios.** El FMI clasifica todos los regímenes cambiarios en ocho categorías específicas que se resumen en este capítulo. ¿Bajo qué régimen cambiario clasificaría a los siguientes países?
   a. Francia
   b. Estados Unidos
   c. Japón
   d. Tailandia

13. **La moneda ideal.** ¿Cuáles son los atributos de la moneda ideal?

14. **Fracaso de Bretton Woods.** ¿Por qué el régimen de tipo de cambio fijo de 1945-1973 fracasó finalmente?

15. **La expansión de la Unión Europea y el euro.** Con tantos nuevos países uniéndose a la Unión Europea en 2004, ¿cuándo adoptarán oficialmente el euro, si acaso lo hacen?

PROBLEMAS

1. **Bruselas y Nueva York.** En Bruselas, uno puede comprar un dólar estadounidense por €0.8200. En Nueva York, uno puede comprar un euro por US$1.22. ¿Cuál es el tipo de cambio entre el dólar y el euro?

*2. **Cambios del peso mexicano.** En diciembre de 1994, el gobierno de México cambió oficialmente el valor del peso mexicano de 3.2 a 5.5 pesos por dólar. ¿Cuál fue el cambio porcentual en el valor del peso? ¿Fue esto una *devaluación, revaluación, depreciación* o *apreciación*? Explique.

3. **Patrón oro.** Antes de la Primera Guerra Mundial, se necesitaban US$20.67 para comprar una onza de oro. Si, al mismo tiempo, una onza de oro podía comprarse en Francia por FF310.00, ¿cuál era el tipo de cambio entre francos franceses y dólares estadounidenses?

4. **Bueno como el oro.** Bajo el patrón oro, el precio de una onza de oro en dólares estadounidenses era de US$20.67, mientras que el precio de la misma onza de oro en libras británicas era de £4.2474. ¿Cuál sería el tipo de cambio entre el dólar y la libra si el precio del dólar estadounidense hubiese sido de US$38 por onza?

5. **Tipo spot del peso mexicano.** El tipo spot del peso mexicano es Ps10.74/US$. Si su compañía compra Ps350,000 spot a su banco el lunes, ¿cuánto debe pagar su compañía y en qué fecha?

6. **El dólar de Hong Kong y el yuan chino.** El dólar de Hong Kong ha estado vinculado desde mucho tiempo al dólar estadounidense a HK$7.80/US$. Cuando el yuan chino se revaluó en julio de 2005 frente al dólar estadounidense de Yuan8.28/US$ a Yuan8.11/US$, ¿cómo cambió el valor del dólar de Hong Kong frente al yuan?

*7. **Paridad lunática.** Si el precio de *The Age of Turbulence*, las memorias de Alan Greenspan, ex presidente del consejo de administración de la Reserva Federal estadounidense, se indica en el forro como C$26.45, pero sólo cuesta US$20.99, ¿qué tipo de cambio implica esto entre las dos monedas?

8. **Precio del Porsche (A).** En 2009 Porsche planeaba introducir un nuevo automóvil de lujo, de cuatro puertas, llamado Panamera. Aunque el precio aún no se anunciaba, algunos analistas automotrices pensaban que el modelo de producción básica se vendería en Europa a un precio de €120,000. A este precio consideraron que la compañía podría ganar un margen de 20% sobre cada auto.
   a. Si la tasa spot en 2009 fue US$1.4400/€, ¿cuál sería el precio proyectado en Estados Unidos?
   b. Si el precio en el mercado estadounidense se estableció en US$158,000, y el tipo de cambio spot promedió US$1.4240/€, ¿cuál sería el margen sobre el Panamera?

9. **Precio del Porsche (B).** Con los mismos datos básicos del problema anterior, considere lo siguiente. Si el dólar siguió cayendo a lo largo del año, y la tasa spot en 2009 promedió US$1.6250/€, pero el precio del auto en dólares estadounidenses se mantuvo constante desde su introducción en enero de 2009 en US$158,000, ¿cuál sería el margen de utilidad sobre cada auto vendido en Estados Unidos?

10. **Toyota exporta al Reino Unido.** Toyota fabrica en Japón la mayoría de los vehículos que vende en el Reino Unido. La plataforma base para la línea de camiones Toyota Tundra es de ¥1,650,000. El tipo spot del yen japonés frente a la libra británica recientemente pasó de ¥197/£ a ¥190/£. ¿Cómo cambia esto el precio del Tundra en libras británicas para la subsidiaria británica de Toyota?

11. **Ranbaxy (India) en Brasil.** Ranbaxy, una empresa farmacéutica con sede en India, tiene problemas continuos en Brasil, uno de sus mercados de rápido crecimiento, con el precio de su producto para reducir el colesterol. Todo el producto se produce en India, con costos y precios inicialmente establecidos en rupias indias (Rps), pero convertidos a reales brasileños (R$) para distribución y venta en Brasil. En 2004, el precio del volumen unitario se estableció en Rps12,500, y el precio en reales brasileños fue de R$825. Pero en 2005 los reales se apreciaron en valor frente a la rupia, y promediaron Rps17.5/R$. Para mantener el precio en reales y el margen de utilidad del producto en rupias, ¿en cuánto se debe fijar el nuevo precio en rupias?

12. **Opciones para el Eurotúnel.** El Eurotúnel pasa por debajo del Canal de la Mancha entre Gran Bretaña y Francia, un puente terrestre entre el continente y las islas

británicas. Por tanto, por un lado hay una economía de libras británicas y, por el otro, de euros. Si el lector verificara las tarifas en Internet del pasaje de tren que va de un lado a otro del Eurotúnel, encontraría que se expresan en dólares estadounidenses. Por ejemplo, la tarifa en RailEurope de un viaje redondo en primera clase para un adulto, de Londres a París, vía el Eurotúnel, puede costar US$170. Sin embargo, esta neutralidad monetaria significa que los clientes en ambos lados del Eurotúnel pagan diferentes tipos de cambio en sus monedas domésticas día a día. ¿Cuáles son los precios denominados en libras británicas y en euros para la tarifa de viaje redondo de US$170, en moneda local, si el boleto se compra en las siguientes fechas a los tipos spot indicados que se tomaron del *Financial Times*?

Fecha	Tipo *spot* libra	Tipo *spot* euro
17 de julio de 2005	£0.5702/US$	€0.8304/US$
18 de julio de 2005	£0.5712/US$	€0.8293/US$
19 de julio de 2005	£0.5756/US$	€0.8340/US$

*13. Exportaciones al Medio Oriente. Un fabricante con sede en Europa envía una máquina herramienta a un comprador en Jordania. El precio de compra es de €375,000. Jordania impone un arancel de importación de 12% sobre todos los productos comprados en la Unión Europea. Luego el importador jordano reexporta el producto a un importador de Arabia Saudita, pero sólo después de imponer su propia tarifa de reventa de 22%. Dados los siguientes tipos de cambio spot al 25 de mayo de 2004, ¿cuál es el costo total para el importador de Arabia Saudita en riyales saudíes, y cuál es el equivalente en dólares estadounidense de dicho precio?

Tipo spot, dinar jordano (JD) por euro (€)	JD 0.8700/€
Tipo spot, dinar jordano (JD) por dólar estadounidense (US$)	JD 0.7080/US$
Tipo spot, riyal saudí (SRI) por dólar estadounidense (US$)	SRI 3.750/US$

14. Revaluación del yuan chino. Muchos expertos creen que la moneda china no sólo debe revaluarse frente al dólar estadounidense como lo hizo en julio de 2005, sino que la revaluación debe ser de entre 20 y 30%. ¿Cuál sería el nuevo valor del tipo de cambio si el yuan se revaluara un 20 o 30% adicional de su tipo posterior a la revaluación original de Yuan8.11/US$?

15. Coyote de café vietnamita. Muchas personas se sorprendieron cuando Vietnam se convirtió en el segundo país productor de café más grande del mundo en años recientes, sólo superado por Brasil. El dong vietnamita, VND o d, se administra frente al dólar estadounidense pero no se negocia ampliamente. Si el lector fuese un comprador viajero de café para el mercado mayorista (un *coyote* en la terminología industrial), ¿cuál de los siguientes tipos de cambio y comisiones de cambio le convendrían más si fuera a Vietnam en un viaje de compras?

Cambio de moneda	Tipo	Comisión
Tipo bancaria vietnamita	d14,000	1.50%
Tipo de cambio en aeropuerto de Saigón	d13,800	2.00%
Tipo de cambio en el hotel	d13,750	1.50%

EJERCICIOS DE INTERNET

1. Transferencias personales. Como quienquiera que haya viajado internacionalmente sabe, el tipo de cambio que se ofrece a los clientes minoristas privados no siempre es tan atractivo como el que se ofrece a las compañías. El sitio Web OzForex tiene una sección de "tipos al consumidor" que ilustra la diferencia. Use el sitio para calcular la diferencia porcentual entre los tipos de cambio spot del dólar australiano/dólar estadounidense para clientes minoristas frente a los tipos interbancarios.

OzForex   www.ozforex.com

2. Derechos especiales de giro del Fondo Monetario Internacional. El derecho especial de giro (DEG) es un índice compuesto de seis monedas participantes fundamentales. Use el sitio Web del FMI para encontrar las ponderaciones y valuación actuales del DEG.

Fondo Monetario Internacional   www.imf.org/external/np/tre/sdr/basket.htm

3. Historial reciente del tipo de cambio. Use la base de datos y función de gráficos de Pacific Exchange Rate para dar seguimiento al valor del dólar estadounidense, su caída, frente a las siguientes monedas globales principales durante la década pasada: el euro, el yen japonés, la libra británica, el franco suizo y el yuan chino.

Pacific Exchange Rate Service   fx.sauder.ubc.ca

4. Controles de capital. Uno de los "lados" clave de la trinidad imposible que se estudió en este capítulo es el grado de movilidad del capital que entra y sale de un país. Use la subsección International Finance (Finanzas Internacionales) de Yahoo! para determinar el estado actual de la libertad de movimiento del capital en los siguientes países: Chile, China, Malasia, Taiwán y Rusia.

Yahoo!   biz.yahoo.com/intl.html

5. **Cajas de conversión.** Use los siguientes sitios Web, y cualesquiera otros, para seguir el debate continuo sobre el éxito relativo de la dolarización y las cajas de conversión.

Fondo Monetario Internacional	www.imf.org/external/pubs
National Bureau of Economic Research	papers.nber.org/papers
Cato Institute	www.cato.org/pubs/pubs.html

6. **Controles monetarios malasios.** La institución de controles monetarios por el gobierno de Malasia en las secuelas de la crisis monetaria asiática es una respuesta clásica del gobierno ante condiciones monetarias inestables. Use el siguiente sitio Web para aumentar su conocimiento de cómo funcionan los controles monetarios.

EconEdLink	www.econedlink.org/lessons/index.cfm?lesson=EM25

CAPÍTULO 4

La balanza de pagos

El tipo de dependencia que resulta del intercambio, esto es, de las transac-
ciones comerciales, es una dependencia recíproca. No podemos depender de
un extraño sin que éste dependa de nosotros. Ahora, esto es lo que constituye
la esencia de la sociedad. Prescindir de las interrelaciones naturales no es
hacerse uno mismo independiente, sino aislarse por completo.

—Frederic Bastiat.

Las transacciones comerciales internacionales ocurren en muchas formas diferentes a lo largo de un año. La medición de todas las transacciones económicas internacionales entre los residentes de un país y los residentes extranjeros se llama *balanza de pagos* (BP). La terminología oficial que se usa a lo largo de este capítulo es la del FMI. Dado que el FMI es la principal fuente de estadísticas similares de balanza de pagos y desempeño económico por naciones a nivel mundial, su lenguaje es más general que otra terminología, como la que emplea el Departamento de Comercio estadounidense. Los estrategas políticos gubernamentales necesitan tales medidas de actividad económica para evaluar la competitividad general de la industria doméstica, establecer tipos de cambio, políticas o metas de tasas de interés, y para muchos otros propósitos. Las EMN usan varias medidas de la BP para evaluar el crecimiento y la salud de tipos específicos de comercio o transacciones financieras por país y regiones del mundo y compararlas con las del país de origen.

Los datos de la BP del país de origen y el país anfitrión son importantes para los gerentes, inversionistas, consumidores y funcionarios gubernamentales, porque los datos influyen y reciben influencia de otras variables macroeconómicas fundamentales como producto interno bruto, niveles de empleo, niveles de precio, tipos de cambio y tasas de interés. Las políticas monetaria y fiscal deben tomar en cuenta la BP a nivel nacional. Los gerentes e inversionistas necesitan datos de la BP para prever cambios en las políticas económicas del país anfitrión que podrían producirse como resultado de acontecimientos que afectan la BP. Los datos de la balanza de pagos también son importantes por las siguientes razones:

- La BP es un indicador importante de presión sobre el tipo de cambio de un país y, por tanto, del potencial para que una empresa que comercia o invierte en dicho país experimente pérdidas o ganancias por las fluctuaciones del tipo de cambio. Los cambios en la BP pueden predecir la imposición o eliminación de controles cambiarios.

- Los cambios en la BP de un país pueden señalar la imposición o eliminación de controles sobre el pago de dividendos e intereses, derechos por el uso de licencias, regalías u otros desembolsos en efectivo a empresas o inversionistas extranjeros.

■ La BP ayuda a pronosticar el potencial de mercado de un país, en especial a corto plazo. Un país que experimenta un serio déficit comercial no es probable que expanda sus importaciones como lo haría si tuviera un superávit. Sin embargo, puede aceptar de buen grado las inversiones que aumentan sus exportaciones.

Transacciones típicas de la balanza de pagos

Las transacciones internacionales toman muchas formas. Cada uno de los siguientes ejemplos es una transacción económica internacional que se contabiliza y captura en la balanza de pagos estadounidense:

■ Honda U.S. es el distribuidor estadounidense de automóviles fabricados en Japón por su compañía matriz, Honda de Japón.

■ Una empresa con sede en Estados Unidos, Fluor Corporation, administra la construcción de una importante planta de tratamiento de aguas en Bangkok, Tailandia.

■ La subsidiaria estadounidense de una empresa francesa, Saint Gobain, paga utilidades (dividendos) a su casa matriz en París.

■ Un turista estadounidense compra un pequeño collar lapón en Finlandia.

■ El gobierno estadounidense financia la compra de equipo militar para Noruega, su aliado militar en la OTAN (Organización del Tratado del Atlántico Norte).

■ Un abogado mexicano compra un bono corporativo estadounidense mediante un corredor en Cleveland.

Ésta es una pequeña muestra de los cientos de miles de transacciones internacionales que ocurren cada año. La balanza de pagos ofrece un método sistemático para clasificar dichas transacciones. Una regla empírica siempre ayuda a comprender la contabilidad de la BP: "siga el flujo de efectivo".

La BP se compone de algunas subcuentas que se observan muy de cerca por grupos tan diversos como banqueros de inversión, productores agrícolas, políticos y ejecutivos corporativos. Dichos grupos dan seguimiento y analizan las principales subcuentas, la *cuenta corriente*, la *cuenta de capital* y la *cuenta financiera*, de manera continua. La figura 4.1 ofrece un panorama de las subcuentas principales de la BP.

FIGURA 4.1   Balanza de pagos genérica

A. Cuenta corriente

1. Exportaciones/importaciones netas de bienes (balanza comercial)

2. Exportaciones/importaciones netas de servicios

3. Ingreso neto (ingresos devengados por inversiones, ya sean directas o en portafolio, más remuneración de empleados)

4. Transferencias netas (sumas enviadas a su país de origen por migrantes y trabajadores permanentes en el extranjero, regalos, donativos y pensiones)

A (1-4) = Saldo de la cuenta corriente

B. Cuenta de capital

Transferencias de capital relacionadas con la compra y venta de activos fijos como los bienes raíces

C. Cuenta financiera

1. Inversión extranjera directa neta

2. Inversión neta en portafolio

3. Otras partidas financieras

A + B + C = Balanza básica

D. Errores y omisiones netos

Datos perdidos; por ejemplo, transferencias ilegales

A + B + C + D = Balanza global

E. Reservas y partidas relacionadas

Cambios en las reservas monetarias oficiales, que incluyen oro, divisas extranjeras y posición en el FMI

Principios de contabilidad de la balanza de pagos

La BP debe equilibrarse. Si no ocurre así, algo no se ha contabilizado o se contabilizó de manera incorrecta. Por tanto, es incorrecto afirmar que la BP está en desequilibrio. No puede ser así. La oferta y la demanda de la moneda de un país pueden estar desequilibradas, pero oferta y demanda no son la misma cosa que BP. Una subcuenta de la BP, como la balanza comercial de mercancías, puede estar desequilibrada, pero toda la BP de un solo país siempre está en equilibrio.

Existen tres elementos principales del proceso real de medición de la actividad económica internacional: 1) identificar qué es y qué no es una transacción económica internacional; 2) comprender cómo el flujo de bienes, servicios, activos y dinero crea débitos y créditos en la BP global, y 3) comprender los procedimientos de manejo de libros para la contabilidad de la BP.

Definición de transacciones económicas internacionales

Identificar las transacciones internacionales por lo general no es difícil. La exportación de mercancías (bienes como camiones, maquinaria, computadoras, equipo de telecomunicaciones, etcétera) obviamente es una transacción internacional. Las importaciones como el vino francés, las cámaras japonesas y los automóviles alemanes también son claramente transacciones internacionales. Pero este comercio de mercancías sólo es una porción de las miles de transacciones internacionales diferentes que ocurren en Estados Unidos o en cualquier otro país cada año.

Muchas otras transacciones internacionales no son tan evidentes. La compra de una figurilla de cristal en Venecia, Italia, por un turista estadounidense se clasifica como una importación de mercancía a Estados Unidos. De hecho, todos los gastos hechos por turistas estadounidenses alrededor del mundo por servicios (por ejemplo, restaurantes y hoteles), pero no por bienes, se registran en la balanza de pagos de Estados Unidos como importaciones de servicios de viaje en la cuenta corriente. La compra de un bono del Tesoro estadounidense por un residente extranjero es una transacción financiera internacional y se registra debidamente en la cuenta financiera de la balanza de pagos estadounidense.

La BP como un estado de flujos

Con frecuencia la BP se malinterpreta porque muchas personas infieren por su nombre que se trata de un balance general, mientras que de hecho es un *estado de flujos de efectivo*. Al registrar todas las transacciones internacionales a lo largo de un periodo como un año, la BP detalla los flujos continuos de compras y pagos entre un país y todos los otros países. No se suma el valor de todos los activos y pasivos de un país en una fecha específica como se hace en el balance general de una empresa.

Dos tipos de transacciones comerciales dominan la balanza de pagos:

1. **Intercambio de activos reales.** El intercambio de bienes (por ejemplo, automóviles, computadoras, relojes y textiles) y servicios (por ejemplo, servicios bancarios, de consultoría y de viaje) por otros bienes y servicios (trueque) o por dinero.

2. **Intercambio de activos financieros.** El intercambio de títulos de crédito (acciones, bonos, préstamos y compras o ventas de compañías) por otros títulos de crédito o dinero.

Aunque los activos pueden identificarse como reales o financieros, con frecuencia es más fácil pensar que todos los activos son bienes que pueden comprarse y venderse. La compra de un tapete tejido a mano en una tienda en Bangkok por parte de un turista estadounidense no es tan diferente de un banquero en Wall Street que compra un bono del gobierno británico con propósitos de invertir.

Contabilidad de la BP

La medición de todas las transacciones internacionales de entrada y salida de un país durante un año es una tarea formidable. Ocurrirán equívocos, errores y discrepancias estadísticas. El problema principal es que, en teoría, pero no en la práctica, se emplea contabilidad por partida doble.

Cada transacción de compra y venta debe, en teoría, producir asientos contables correspondientes en la balanza de pagos. En realidad, los asientos se registran de manera independiente. Los asientos en la cuenta corriente, financiera y de capital se registran independientemente unos de otros, no en conjunto como prescribiría la contabilidad por partida doble. Por ende, habrá serias discrepancias (por usar un término agradable) entre débitos y créditos.

Las cuentas de la balanza de pagos

La balanza de pagos se compone de tres subcuentas principales: la cuenta corriente, la cuenta financiera y la cuenta de capital. Además, la *cuenta de reservas oficial* detalla las transacciones monetarias gubernamentales, y se produce una quinta subcuenta estadística, la *cuenta de errores y omisiones netos*, para preservar el equilibrio de la BP. Sin embargo, las relaciones económicas internacionales entre países siguen evolucionando, como indica el estudio, en las siguientes secciones, de la revisión reciente de las principales cuentas de la BP.

La cuenta corriente

La *cuenta corriente* incluye todas las transacciones económicas internacionales con flujos de ingreso o pago que ocurren dentro del año, el periodo *corriente*. La cuenta corriente consta de cuatro subcategorías:

1. **Comercio de bienes.** La exportación e importación de bienes. El comercio de mercancías es la forma más antigua y tradicional de actividad económica internacional. Aunque muchos países dependen de la importación de bienes (como deben, de acuerdo con la teoría de la ventaja comparativa), también trabajan por lo general para conservar el equilibrio en el comercio de bienes o incluso un superávit.

2. **Comercio de servicios.** La exportación e importación de servicios. Los servicios internacionales comunes son servicios financieros que ofrecen los bancos a importadores y exportadores extranjeros, servicios de viaje de aerolíneas, y servicios de construcción de empresas domésticas en otros países. Para los grandes países industriales, esta subcuenta registró el crecimiento más rápido en la década pasada.

3. **Ingreso.** De forma predominante, es el *ingreso corriente* asociado con inversiones que se realizaron en periodos anteriores. Si una empresa estadounidense creó una subsidiaria en Corea del Sur para producir partes metálicas en un año anterior, la proporción de ingreso neto que se paga de vuelta a la casa matriz en el año en curso (el dividendo) constituye el ingreso corriente devengado por inversiones. Además, en esta categoría también se incluyen sueldos y salarios pagados a trabajadores no residentes.

4. **Transferencias corrientes.** Las liquidaciones financieras relacionadas con el cambio de propiedad de recursos reales o partidas financieras. Cualquier transferencia entre países que sea de una vía (un regalo o donación) se denomina *transferencia corriente*. Por ejemplo, los fondos proporcionados por el gobierno estadounidense para ayudar en el desarrollo de una nación menos desarrollada sería una transferencia corriente. Las transferencias asociadas con la transferencia de activos fijos se incluyen en una cuenta separada, la *cuenta de capital*.

Todos los países poseen alguna cantidad de comercio, cuya mayoría está formada por mercancías. Muchos países pequeños y menos desarrollados tienen poco en cuanto se refiere a comercio de servicios, o ítems que se clasifican en las subcuentas de ingreso o transferencias.

La *cuenta corriente* por lo general está dominada por el primer componente descrito, la exportación e importación de mercancías. Por esta razón, la *balanza comercial* (BC) que se menciona tan a menudo en la prensa de negocios en la mayoría de los países se refiere solamente a la balanza de exportaciones e importaciones del comercio de bienes. Sin embargo, si el país es un país industrializado más grande, la BC es un poco engañosa, pues no incluye el comercio de servicios.

La figura 4.2 resume la cuenta corriente de Estados Unidos y sus componentes, correspondiente al periodo 1998-2005. Como se ilustra, la balanza de comercio de bienes estadounidense ha sido constantemente negativa, pero se ha compensado en parte por el continuo superávit en la balanza de comercio de servicios.

Comercio de bienes

La figura 4.3 pone en perspectiva a través del tiempo los valores de la cuenta corriente de la figura 4.2 y divide la cuenta corriente en sus dos componentes principales: 1) *comercio de bienes* y 2) *comercio de servicios e ingreso devengado de inversiones*. El primer mensaje, y el más sobresaliente, es la magnitud del déficit en el comercio de bienes en el periodo que se muestra (la continuación de una posición creada a principios de la década de 1980). La balanza de servicios e ingreso, aunque no grande en comparación con el comercio de bienes neto, ha registrado, con pocas excepciones, un superávit en las dos décadas pasadas.

Los déficits en la BC de la década pasada han sido un área de considerable preocupación en Estados Unidos, tanto en el sector público como en el privado. El comercio de mercancías es el centro original del comercio internacional. La fabricación de bienes fue la base de la revolución industrial y el punto focal de la teoría de la ventaja comparativa en el comercio internacional. Tradicionalmente, el sector manufacturero de la economía es el que emplea la mayoría de los trabajadores de un país. El déficit en el comercio de bienes de la década de 1980 vio el declive de las industrias pesadas tradicionales de Estados Unidos, mismas que a través de la historia dieron empleo a muchos trabajadores estadounidenses. El declive en la BC en áreas como la fabricación de acero, automóviles, partes automotrices, textiles y zapatos provocó enormes perturbaciones económicas y sociales.

Comprender el desempeño de la importación y exportación de mercancías es muy parecido a comprender el mercado de cualquier producto en lo individual. Los factores de demanda que impulsan a ambos son el ingreso, la tasa de crecimiento económico del comprador y el precio del producto a los ojos del consumidor después de pasar por un tipo de cambio. Por ejemplo, las importaciones estadounidenses de mercancías reflejan el nivel de ingreso de los consumidores

---

FIGURA 4.2   Cuenta corriente de Estados Unidos, 1998-2007 (miles de millones de dólares estadounidenses)

	1998	1999	2000	2001	2002	2003	2004	2005	2006	2007
Exportación de bienes	672	686	775	722	686	717	811	898	1027	1153
Importación de bienes	−917	−1030	−1227	−1148	−1167	−1264	−1477	−1682	−1861	−1968
Balanza comercial de bienes (BC)	−245	−344	−452	−426	−481	−548	−666	−783	−835	−815
Créditos comercio de servicios	261	280	296	283	289	301	350	385	430	493
Débitos comercio de servicios	−181	−199	−224	−222	−231	−250	−291	−314	−349	−378
Balanza comercial de servicios	80	80	72	61	58	51	58	72	81	115
Recibos de ingreso	262	294	351	291	281	320	414	535	685	818
Pagos de ingreso	−258	−280	−330	−259	−254	−275	−347	−463	−628	−736
Balanza de ingreso	4	14	21	32	27	45	67	72	57	82
Transferencias corrientes, créditos	10	9	11	9	12	15	20	19	25	22
Transferencias corrientes, débitos	−63	−59	−69	−60	−77	−87	−105	−109	−117	−135
Transferencias netas	−53	−50	−59	−51	−65	−72	−84	−90	−92	−113
Saldo de la cuenta corriente	**−213**	**−300**	**−417**	**−385**	**−461**	**−523**	**−625**	**−729**	**−788**	**−731**

Los totales pueden no coincidir debido al redondeo.

Fuente: Derivado de Fondo Monetario Internacional, *Anuario Estadístico de Balanza de Pagos 2008*, p. 1054.

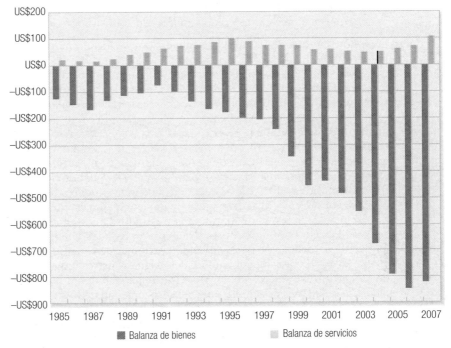

FIGURA 4.3   Balanzas comerciales estadounidenses de bienes y servicios, 1985-2007 (miles de millones de dólares estadounidenses)

■ Balanza de bienes   ■ Balanza de servicios

Fuente: Fondo Monetario Internacional, *Anuario Estadístico de Balanza de Pagos 2008.*

estadounidenses y el crecimiento de la industria. Conforme el ingreso aumenta, lo mismo sucede con la demanda de importaciones.

Las exportaciones siguen los mismos principios, pero en posición inversa. Las exportaciones estadounidenses de manufacturas dependen no de los ingresos de los residentes estadounidenses, sino de los ingresos de los compradores de productos estadounidenses en los demás países del mundo. Cuando dichas economías crecen, la demanda de productos estadounidenses también aumenta.

El componente de servicios de la cuenta corriente estadounidense es un misterio para muchos. Como se ilustra en las figuras 4.2 y 4.3, Estados Unidos ha logrado sistemáticamente un superávit en ingresos por el comercio de servicios. Las principales categorías de servicio incluyen servicios de viaje y tarifas de pasajes; servicios de transporte; gastos de los estudiantes estadounidenses en el extranjero y de los estudiantes extranjeros que realizan estudios en Estados Unidos; servicios de telecomunicaciones, y servicios financieros.

Las cuentas de capital y financiera

Las cuentas de capital y financiera de la balanza de pagos miden todas las transacciones económicas internacionales de los activos financieros.

■ **La cuenta de capital.** La cuenta de capital se integra por transferencias de activos financieros y la adquisición y venta de activos no producidos/no financieros. Esta cuenta se introdujo hace apenas muy poco tiempo como otro componente de la balanza de pagos del FMI. La magnitud de las transacciones de capital cubiertas es relativamente menor, y se le incluirá en principio en toda la discusión siguiente acerca de la cuenta financiera.

■ **La cuenta financiera.** La cuenta financiera consta de tres componentes: *inversión directa*, *inversión en portafolio* y *otras inversiones en activos*. Los activos financieros se pueden clasificar de varias formas, entre ellas, la duración del activo (su vencimiento) y la naturaleza de la propiedad (pública o privada). No obstante, la cuenta financiera usa un tercer método, el grado de control sobre activos u operaciones, como en la *inversión en portafolio*, donde el inversionista no tiene control, o la *inversión directa*, donde el inversionista ejerce cierto grado explícito de control sobre los activos.

Inversión directa. Esta medida de inversión es el saldo neto del capital disperso desde y hacia Estados Unidos con el propósito de ejercer control sobre los activos. Si una empresa estadounidense construye una fábrica de partes automotrices en otro país o compra una compañía en otro país, se considera una *inversión directa* en las cuentas de la balanza de pagos de Estados Unidos. Cuando el capital fluye fuera de este país, se asienta en la balanza de pagos como un flujo de efectivo negativo. Sin embargo, si una empresa extranjera compra una empresa en Estados Unidos, es una entrada de capital y se registra en la balanza de pagos de manera positiva. Siempre que 10% o más de las acciones con derecho a voto en una compañía estadounidense sea propiedad de inversionistas extranjeros, la compañía se clasifica como la filial estadounidense de una compañía extranjera, y como *inversión extranjera directa*. De igual modo, si inversionistas estadounidenses son propietarios de 10% o más del control de una compañía fuera de Estados Unidos, dicha compañía se considera la filial extranjera de una compañía estadounidense.

El auge de la inversión extranjera en Estados Unidos de la década de 1980, o las compras de activos realizadas por residentes extranjeros en Estados Unidos, fue sumamente controvertida. El motivo de preocupación por la inversión extranjera en cualquier país, incluido Estados Unidos, se centra en dos temas: control y utilidades. Algunos países imponen restricciones sobre lo que pueden tener los extranjeros en su país. Esta regla se basa en la premisa de que la tierra, activos e industria de un país deben ser, en general, propiedad de los residentes de ese país. Por otra parte, Estados Unidos tradicionalmente ha impuesto pocas restricciones sobre lo que los residentes o empresas extranjeros pueden ser dueños o controlar; la mayoría de las restricciones de hoy se relacionan con preocupaciones de seguridad nacional. A diferencia de los debates tradicionales acerca de si el comercio internacional debe ser libre, no hay consenso respecto a si la inversión internacional debe ser necesariamente libre o no. Esta cuestión todavía es en gran medida, primero, una preocupación de política doméstica y, segundo, un tema económico internacional.

La segunda fuente principal de preocupación por la inversión extranjera directa es quién recibe las utilidades de la empresa. Las compañías extranjeras que son propietarias de empresas en Estados Unidos a final de cuentas se beneficiarán de las actividades de las empresas o, dicho de otra forma, de los esfuerzos de los trabajadores estadounidenses. A pesar de las pruebas que indican que las empresas extranjeras en Estados Unidos reinvierten la mayoría de sus utilidades en sus negocios estadounidenses (de hecho, a una tasa más alta que las empresas domésticas), el debate sobre las posibles fugas de utilidades todavía continúa. Sin importar las decisiones que se tomen, los trabajadores de cualquier nación sienten que las ganancias de su trabajo deben permanecer en sus propias manos. Una vez más, esto es en muchos sentidos una preocupación política y emocional más que económica.

La elección de palabras usadas para describir la inversión extranjera también puede influir en la opinión pública. Si dichas entradas masivas de capital se describen como "inversiones de capital de todo el mundo que muestran su fe en el futuro de la industria estadounidense", el superávit de capital neto se representa como decididamente positivo. Sin embargo, si el superávit de capital neto se describe como resultado de que "Estados Unidos es la nación deudora más grande del mundo", la connotación negativa es obvia. En esencia, ambas giran en torno a los principios económicos en funcionamiento.

El capital, ya sea a corto o a largo plazo, fluye hacia donde el inversionista cree que puede ganar mayor rendimiento por el nivel de riesgo. Y aunque en un sentido contable esto es "deuda internacional", cuando la mayor parte de las entradas de capital se destina a inversión directa, un compromiso a largo plazo con la creación de empleos, producción, servicios, tecnología y otras inversiones competitivas aumenta el impacto sobre la competitividad de la industria ubicada dentro de Estados Unidos. Cuando la etiqueta de "deudor neto" se aplica a la inversión de capital accionario, es engañoso, pues suscita comparaciones con condiciones de grandes crisis deudoras sufridas por muchos países en el pasado.

Inversión en portafolio. Es el saldo neto de capital que fluye hacia y desde Estados Unidos pero que no alcanza el umbral de propiedad del 10% de la inversión directa. Si un residente estadounidense compra acciones en una empresa japonesa pero no llega al umbral de 10%, la compra se define como una *inversión en portafolio* (y en este caso, como una salida de capital). La compra o venta transnacional de títulos de deuda (como los bonos del Tesoro estadounidense) también se clasifica como inversión en portafolio, porque los títulos de deuda, por definición, no ofrecen al comprador propiedad o control.

La inversión en portafolio es el capital invertido en actividades que están meramente motivadas por la utilidad (rendimiento), en lugar de las realizadas para controlar o administrar la inversión. Las compras de títulos de deuda, bonos, cuentas bancarias que devengan intereses y similares sólo tienen la intención de ganar un rendimiento. No proporcionan derecho a voto ni control sobre la parte que emite el instrumento de deuda. Las compras de instrumentos de deuda emitidos por el gobierno estadounidense (bonos, pagarés y documentos del Tesoro estadounidense) por parte de inversionistas extranjeros constituyen *inversión neta en portafolio* en Estados Unidos. Vale la pena señalar que la mayoría de la deuda estadounidense comprada por extranjeros está denominada en dólares estadounidenses, es decir, se denomina en la moneda del país emisor. La mayor parte de la deuda externa emitida por países como Rusia, México, Brasil y los países del sureste asiático también está denominada en dólares estadounidenses: en este caso, la moneda de un país extranjero. El país extranjero debe ganar dólares para pagar su deuda en el extranjero. Estados Unidos no necesita ganar ninguna moneda extranjera para pagar su deuda externa.

Como se ilustra en la figura 4.4, la inversión en portafolio registró un comportamiento mucho más volátil que la inversión extranjera directa neta en la última década. Muchos títulos de deuda

---

FIGURA 4.4 **Cuenta financiera de Estados Unidos y sus componentes, 1998-2007 (miles de millones de dólares estadounidenses)**

	1998	1999	2000	2001	2002	2003	2004	2005	2006	2007
Inversión directa										
Inversión directa en el extranjero	−143	−225	−159	−142	−154	−150	−316	−36	−241	−333
Inversión directa en Estados Unidos	179	289	321	167	84	64	146	113	242	238
Inversión directa neta	36	65	162	25	−70	−86	−170	76	1	−96
Inversión en portafolio										
Activos, neto	−130	−122	−128	−91	−49	−123	−177	−258	−499	−295
Pasivos, neto	188	286	437	428	428	550	867	832	1127	1145
Inversión en portafolio neta	57	163	309	338	379	427	690	575	628	851
Derivados financieros										
Activos derivados									0	0
Pasivos derivados									30	7
									30	7
Otras inversiones										
Otros activos de inversión	−74	−166	−273	−145	−88	−54	−510	−267	−514	−662
Otros pasivos de inversión	57	165	280	187	283	244	520	303	692	675
Otras inversiones netas	−17	0	7	43	195	190	10	36	178	13
Saldo neto de la cuenta financiera	**77**	**227**	**478**	**405**	**504**	**532**	**530**	**687**	**837**	**774**

Los totales pueden no coincidir debido al redondeo.

Fuente: Derivado de Fondo Monetario Internacional, *Anuario Estadístico de Balanza de Pagos 2008*, p. 1054. Obsérvese que el rubro de "Derivados financieros" se agregó en 2006.

estadounidense, por ejemplo los títulos del Tesoro estadounidense y los bonos corporativos, tuvieron una enorme demanda a finales de la década de 1980, mientras que el repentino aumento en la demanda tanto de deuda como de acciones de capital en los mercados emergentes provocó una inversión de dirección en la década de 1990. Las fuerzas que motivan los flujos de inversión en portafolio siempre son las mismas: rendimiento y riesgo. Sin embargo, este hecho no hace a los flujos más predecibles.

Otros activos/pasivos de inversión. Esta categoría final consta de varios créditos comerciales a corto y largo plazo, préstamos transfronterizos de todo tipo de instituciones financieras, depósitos de divisas y depósitos bancarios, y otras cuentas por cobrar y por pagar relacionadas con el comercio transfronterizo.

La figura 4.5 muestra las principales subcategorías de la cuenta financiera de la balanza de pagos estadounidenses de 1985 a 2007: inversión directa, inversión en portafolio y otras inversiones de capital a largo y corto plazo.

Relaciones entre las cuentas corriente y financiera de la balanza de pagos

La figura 4.6 ilustra los saldos de las cuentas corriente y financiera de Estados Unidos en los años recientes. Lo que muestra la figura es una de las relaciones económicas y contables básicas de la balanza de pagos: *la relación inversa entre la cuenta corriente y la cuenta financiera*. Esta relación inversa no es accidental. La metodología de la balanza de pagos, contabilidad por partida doble en teoría, requiere que las cuentas corriente y financiera se compensen, a menos que el tipo de cambio del país esté muy manipulado o controlado por las autoridades gubernamentales. Los países que tienen grandes déficits en cuenta corriente "financian" dichas compras a través de superávits igualmente grandes en la cuenta financiera, y viceversa.

Errores y omisiones netos. Como se anotó anteriormente, puesto que los asientos de las cuentas corriente y financiera se reúnen y registran por separado, ocurren errores o discrepancias estadísticas. La *cuenta de errores y omisiones netos* garantiza que la BP realmente esté en equilibrio.

FIGURA 4.5	Cuenta financiera de Estados Unidos, 1985-2007 (miles de millones de dólares estadounidenses)

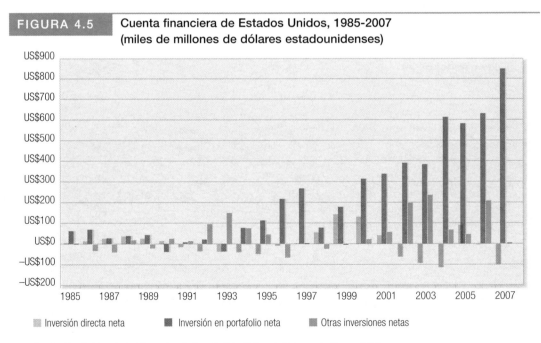

Fuente: Fondo Monetario Internacional, *Anuario Estadístico de Balanza de Pagos, 2008.*

| FIGURA 4.6 | Saldos de la cuenta corriente y las cuentas financiera y de capital combinadas de Estados Unidos, 1992-2007 (miles de millones de dólares estadounidenses) |

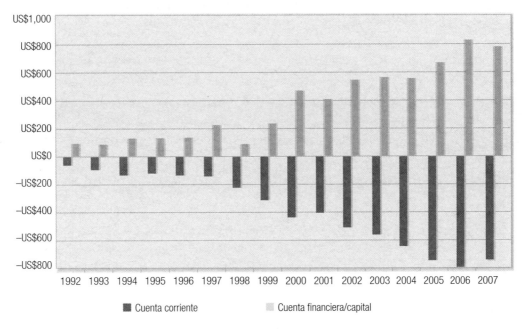

Fuente: Fondo Monetario Internacional, *Anuario Estadístico de Balanza de Pagos, 2008.*

Cuenta de reservas oficiales. La cuenta de reservas oficiales registra las reservas totales que mantienen las autoridades monetarias oficiales dentro del país. Dichas reservas por lo general están compuestas de las principales monedas utilizadas en el comercio internacional y las transacciones financieras (las llamadas "divisas fuertes", como el dólar estadounidense, el euro europeo y el yen japonés; oro, y los derechos especiales de giro, DGE).

El significado de reservas oficiales depende usualmente de si el país opera bajo un régimen de *tipo de cambio fijo* o un sistema de *tipo de cambio flotante*. Si la moneda de un país es fija, el gobierno del país declara oficialmente que la moneda es convertible en un importe fijo de la otra moneda. Por ejemplo, el yuan chino tuvo una paridad fija con el dólar estadounidense durante muchos años. Fue responsabilidad del gobierno chino mantener este tipo de cambio fijo, también llamado *tipo de paridad*. Si por alguna razón había un excedente en la oferta de yuanes chinos en el mercado de divisas, para evitar que el valor del yuan cayera, el gobierno chino tenía que apoyar el valor del yuan mediante la compra de yuanes en el mercado abierto (y gastar sus reservas de divisas fuertes, sus reservas oficiales) hasta que el excedente de oferta se eliminara. Bajo un sistema de tipo flotante, el gobierno chino no tiene tal responsabilidad y el papel de las reservas oficiales disminuye. Pero, como se analiza en *Finanzas Globales en la Práctica 4.1*, las reservas de divisas del gobierno chino son ahora las más grandes del mundo y, de ser necesario, es probable que cuente con suficientes reservas para administrar el valor del yuan durante años.

FINANZAS GLOBALES EN LA PRÁCTICA 4.1

Reservas oficiales de divisas: el ascenso de China

El ascenso de la economía china ha ido acompañado de un aumento en el superávit de su cuenta corriente y, en consecuencia, en la acumulación de reservas de divisas. Como se ilustra en la figura A, las reservas de divisas de China aumentaron por un factor de 10 de 2001 a 2008: de US$200,000 millones a casi US$2 billones. No hay precedente real de esta acumulación en reservas de divisas en la historia financiera mundial. Tales reser-

vas permiten al gobierno chino administrar el valor del *yuan* chino (también conocido como *renminbi*) y su impacto sobre la competitividad china en la economía mundial. La magnitud de dichas reservas permitirá al gobierno chino mantener un tipo fijo administrado, relativamente estable del yuan frente a otras monedas principales, como el dólar estadounidense, tanto como quiera.

FIGURA A	Reservas de divisas de China (miles de millones de dólares estadounidenses)

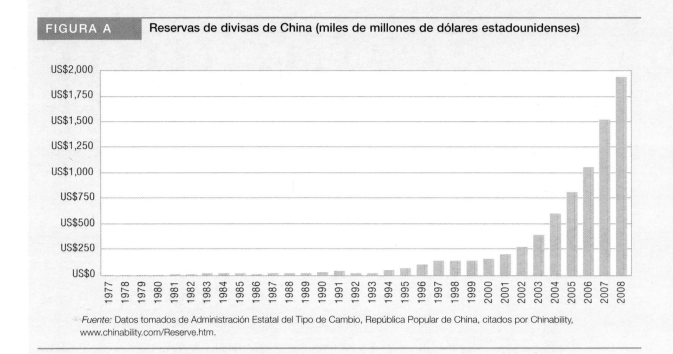

Fuente: Datos tomados de Administración Estatal del Tipo de Cambio, República Popular de China, citados por Chinability, www.chinability.com/Reserve.htm.

La balanza de pagos en total

La figura 4.7 presenta la balanza de pagos oficial de Estados Unidos, según el FMI, que recopila dichas estadísticas de más de 160 países de todo el mundo. Ahora que se estudiaron las cuentas individuales y las relaciones entre las cuentas, la figura 4.7 ofrece un panorama abarcador de cómo se combinan las cuentas individuales para crear algunas de las medidas de resumen más útiles para los gerentes de empresas multinacionales.

La cuenta corriente (línea A de la figura 4.7), la cuenta de capital (línea B) y la cuenta financiera (línea C), se combinan para formar la *balanza básica* (*Total, grupos A a C*). Esta balanza es una de las medidas de resumen más frecuentemente usadas de la BP. Describe la actividad económica internacional de la nación, que está determinada por las fuerzas del mercado, no por decisiones gubernamentales (como la intervención en el mercado de divisas). La *balanza básica* de Estados Unidos registró un superávit total de US$41,000 millones en 2007. Una segunda medida usada frecuentemente, la *balanza total*, también llamada *balanza de pagos oficiales* (*Total, grupos A a D* de la figura 4.7), muestra un pequeño superávit de US$130 millones en 2007.

En la figura B se ilustra la magnitud de las reservas oficiales de China (sin incluir oro) y se muestran los 20 países más grandes en términos de tenencia de reservas en 2008. Las reservas de China ahora son más del doble de las reservas del segundo país más grande, Japón. Note que sólo cinco países tienen reservas que superan los US$200,000 millones. Estados Unidos, con aproximadamente US$65,000 millones en reservas, palidece en comparación con las crecientes reservas de las prósperas economías asiáticas.

Se han propuesto varias hipótesis acerca de lo que podría hacer China con sus crecientes reservas. La mayoría de las propuestas (acumular reservas de petróleo u otros productos básicos, por ejemplo) sólo daría por resultado presiones en el precio de esos otros productos básicos cruciales y en realidad no detendría la acumulación de reservas oficiales. La única solución real a este "problema", si es un problema, es reducir el superávit de la cuenta corriente china o permitir que el yuan flote a un valor más fuerte. Sin embargo, ninguna de las dos soluciones concuerda con el plan político actual de China.

| FIGURA B | Crecimiento de reservas en Asia (miles de millones de dólares estadounidenses) |

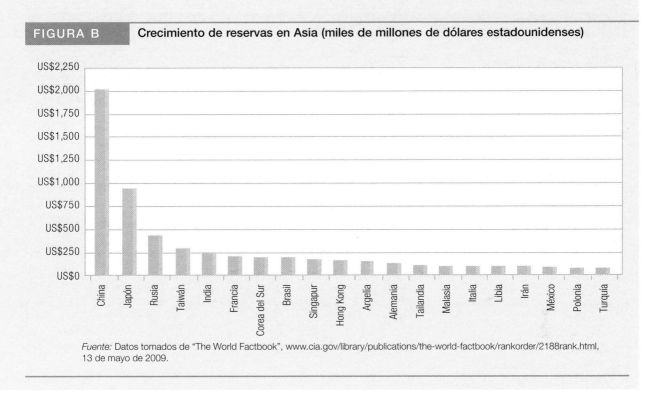

Fuente: Datos tomados de "The World Factbook", www.cia.gov/library/publications/the-world-factbook/rankorder/2188rank.html, 13 de mayo de 2009.

El significado de la BP ha cambiado en los últimos 30 años. Mientras que la mayoría de los principales países industriales operaba con tipos de cambio fijos, la interpretación de la BP fue relativamente sencilla:

- Un superávit en la BP implicaba que la demanda de la moneda del país superaba la oferta y que el gobierno debía permitir que el valor de la moneda aumentara, o intervenir y acumular reservas adicionales de divisas en la cuenta de reservas oficiales. Esta intervención ocurría cuando el gobierno vendía su propia moneda a cambio de otras monedas y, en consecuencia, acumulaba reservas de divisas fuertes.

- Un déficit en la BP implicaba un exceso de oferta de la moneda del país en los mercados mundiales, y el gobierno *devaluaba* entonces la moneda o gastaba sus reservas oficiales para apoyar su valor.

La transición a regímenes de tipo de cambio flotante en la década de 1970 (descritos en el capítulo 3) desplazó el foco de atención de la BP total a sus varias subcuentas, como las balanzas

| FIGURA 4.7 | Balanza de pagos de Estados Unidos, presentación analítica, 1998-2007 (miles de millones de dólares estadounidenses) |

	1998	1999	2000	2001	2002	2003	2004	2005	2006	2007
A. Cuenta corriente	**−213**	**−300**	**−417**	**−385**	**−461**	**−523**	**−625**	**−729**	**−788**	**−731**
Bienes: exportaciones fob	672	686	775	722	686	717	811	898	1027	1153
Bienes: importaciones fob	−917	−1030	−1227	−1148	−1167	−1264	−1477	−1682	−1861	−1968
Saldo de bienes	−245	−344	−452	−426	−481	−548	−666	−783	−835	−815
Servicios: crédito	261	280	296	283	289	301	350	385	430	493
Servicios: débito	−181	−199	−224	−222	−231	−250	−291	−314	−349	−378
Saldo de bienes y servicios	−165	−263	−380	−365	−424	−497	−608	−712	−753	−700
Ingreso: crédito	262	294	351	291	281	320	414	535	685	818
Ingreso: débito	−258	−280	−330	−259	−254	−275	−347	−463	−628	−736
Saldo de bienes, servicios e ingreso	−160	−249	−359	−333	−396	−452	−541	−639	−696	−619
Transferencias corrientes: crédito	10	9	11	9	12	15	20	19	25	22
Transferencias corrientes: débito	−63	−59	−69	−60	−77	−87	−105	−109	−117	−135
B. Cuenta capital	**−1**	**−5**	**−1**	**−1**	**−1**	**−3**	**−2**	**−4**	**−4**	**−2**
Cuenta de capital: crédito	1	1	1	1	1	1	1	1	1	2
Cuenta de capital: débito	−2	−6	−2	−2	−2	−4	−3	−5	−5	−4
Total, grupo A más B	**−214**	**−305**	**−418**	**−386**	**−463**	**−527**	**−627**	**−733**	**−792**	**−733**
C. Cuenta financiera	**77**	**227**	**478**	**405**	**504**	**532**	**530**	**687**	**837**	**774**
Inversión directa	36	65	162	25	−70	−86	−170	76	1	−96
Inversión directa en el extranjero	−143	−225	−159	−142	−154	−150	−316	−36	−241	−333
Inversión directa en Estados Unidos	179	289	321	167	84	64	146	113	242	238
Activos de inversión en portafolio	−130	−122	−128	−91	−49	−123	−177	−258	−499	−295
Acciones	−101	−114	−107	−109	−17	−118	−85	−187	−137	−118
Títulos de deuda	−29	−8	−21	18	−32	−5	−93	−71	−362	−177
Pasivos de inversión en portafolio	188	286	437	428	428	550	867	832	1127	1145
Acciones	42	112	194	121	54	34	62	89	146	198
Títulos de deuda	146	173	243	307	374	516	806	743	981	948
Derivados financieros	0	0	0	0	0	0	0	0	30	7
Activos derivados financieros										
Pasivos derivados financieros									30	7
Otros activos de inversión	−74	−166	−273	−145	−88	−54	−510	−267	−514	−662
Autoridades monetarias	0	0	0	0	0	0	0	0	0	0
Gobierno general	0	3	−1	0	0	1	2	6	5	−22
Bancos	−36	−71	−133	−136	−38	−26	−359	−151	−329	−516
Otros sectores	−38	−98	−139	−9	−50	−29	−153	−121	−190	−124
Otros pasivos de inversión	57	165	280	187	283	244	520	303	692	675
Autoridades monetarias	7	25	−11	35	70	11	13	8	2	−11
Gobierno general	−3	−1	−2	−2	0	−1	0	0	3	5
Bancos	30	67	123	88	118	136	347	232	343	477
Otros sectores	23	74	171	66	96	98	160	62	344	204
Total, grupos A a C	**−138**	**−77**	**60**	**19**	**41**	**5**	**−98**	**−46**	**45**	**41**
D. Errores y omisiones netos	**144**	**69**	**−59**	**−14**	**−38**	**−6**	**95**	**32**	**−47**	**−41**
Total, grupos A a D	**7**	**−9**	**0.31**	**4.88**	**3.71**	**−1.33**	**−2.80**	**−14.10**	**−2.40**	**0.13**
E. Reservas y partidas relacionadas	−7	9	0	−5	−4	2	3	14	2	0

Fuente: Fondo Monetario Internacional, *Anuario Estadístico de Balanza de Pagos 2008*, p. 1054.
Nota: Los totales pueden no coincidir con la fuente original debido al redondeo.

de las cuentas corriente y financiera. Dichas subcuentas son indicadores de las actividades económicas y las repercusiones monetarias por venir.

La interacción de la balanza de pagos con las variables macroeconómicas fundamentales

La balanza de pagos de una nación interactúa con casi todas sus variables macroeconómicas fundamentales. *Interactúa* significa que la balanza de pagos afecta y es afectada por factores macroeconómicos fundamentales como los siguientes:

- Producto interno bruto (PIB)
- Tipo de cambio
- Tasas de interés
- Tasas de inflación

La BP y el PIB

En un sentido estadístico (contable), el PIB de una nación se puede representar mediante la siguiente ecuación:

$$PIB = C + I + G + X - M$$

C = gasto de consumo
I = gasto de inversión de capital
G = gastos de gobierno
X = exportaciones de bienes y servicios
M = importaciones de bienes y servicios
$X - M$ = saldo en cuenta corriente (cuando incluye ingreso y transferencias corrientes)

Por tanto, un saldo positivo en la cuenta corriente (superávit) contribuye directamente a aumentar la medida de PIB, pero un saldo negativo en la cuenta corriente (déficit) reduce el PIB.

En un sentido dinámico (flujo de efectivo), un aumento o disminución en PIB contribuye al déficit o superávit en la cuenta corriente. Conforme el PIB crece, igual lo hacen el ingreso disponible y la inversión de capital. El ingreso disponible creciente conduce a más consumo, del cual una porción se suministra mediante más importaciones. El consumo creciente conduce a la larga a más inversión de capital.

El crecimiento en PIB también debe producir con el tiempo mayores tasas de empleo. Sin embargo, parte de este aumento teórico en el empleo puede entorpecerse por el abastecimiento en el extranjero (esto es, la compra de bienes y servicios de otras empresas ubicadas en otros países).

La *administración de la cadena de suministro* se ha centrado cada vez más en la reducción de costos mediante importaciones de lugares menos costosos en el extranjero (salarios más bajos). Dichas importaciones pueden ser de empresas de propiedad extranjera o de subsidiarias extranjeras de la casa matriz. En el último caso, las subsidiarias extranjeras tienden a comprar componentes y propiedad intelectual de sus empresas matrices, y así aumentan las exportaciones. Aunque la subcontratación (*outsourcing*) siempre ha sido un factor en la determinación de dónde localizar o adquirir bienes manufacturados y productos básicos, como se mencionó en el capítulo 1, en la última década una creciente cantidad de bienes y servicios de alta tecnología se compraron en el exterior. El abastecimiento externo de Estados Unidos y Europa Occidental ha sido en países como India (software y call centers), China, Europa Oriental, México y Filipinas. Este patrón ha causado la pérdida de algunos empleos administrativos en Estados Unidos y Europa Occidental, y un correspondiente aumento en otras partes.

La BP y los tipos de cambio

La BP de un país puede tener impacto significativo en el nivel de su tipo de cambio y viceversa, dependiendo del régimen cambiario de dicho país. La relación entre la BP y el tipo de cambio se puede ilustrar con el uso de una ecuación simplificada que resume los datos de BP:

Saldo en cuenta corriente		Saldo en cuenta de capital		Saldo en cuenta financiera		Saldo de reservas		Balanza de pagos
$(X - M)$	$+$	$(CI - CO)$	$+$	$(FI - FO)$	$+$	FXB	$=$	BP

$$X = \text{exportaciones de bienes y servicios}$$
$$M = \text{importaciones de bienes y servicios}$$
$$CI = \text{entradas de capital}$$
$$CO = \text{salidas de capital}$$
$$FI = \text{entradas financieras}$$
$$FO = \text{salidas financieras}$$
$$FXB = \text{reservas monetarias oficiales como divisas y oro}$$

El efecto de un desequilibrio en la BP de un país funciona de manera un tanto diferente dependiendo de si dicho país tiene tipo de cambio fijo, tipo de cambio flotante o un sistema de tipo de cambio administrado.

Países con tipo de cambio fijo. Bajo un sistema de tipo de cambio fijo, el gobierno tiene la responsabilidad de garantizar que la BP esté cerca de cero. Si la suma de las cuentas corriente y de capital no se aproxima a cero, se espera que el gobierno intervenga en el mercado de divisas mediante la compra o venta de reservas de divisas oficiales. Si la suma de las primeras dos cuentas es mayor que cero, en el mundo existe exceso de demanda de la moneda doméstica. Para conservar el tipo de cambio fijo, el gobierno debe intervenir entonces en el mercado de divisas y vender moneda nacional por divisas extranjeras u oro, de modo que la BP vuelva a situarse cerca de cero.

Si la suma de las cuentas corriente y de capital es negativa, en los mercados mundiales existe una oferta excesiva de la moneda doméstica. Entonces el gobierno debe intervenir mediante la compra de moneda nacional con sus reservas de divisas extranjeras y oro. Obviamente, es importante que un gobierno mantenga saldos considerables de reservas de divisas, que sean suficientes para permitirle intervenir de manera eficaz. Si el país agota sus reservas de divisas, no podrá comprar de nuevo su moneda y se verá forzado a devaluar.

Países con tipo de cambio flotante. Bajo un sistema de tipo de cambio flotante, el gobierno de un país no tiene responsabilidad de ajustar su tipo de cambio. El hecho de que los saldos de las cuentas corriente y de capital no sumen cero automáticamente (en teoría) modifica el tipo de cambio en la dirección necesaria para obtener una BP cercana a cero. Por ejemplo, un país que tiene un déficit considerable en cuenta corriente, con un saldo de cero en las cuentas de capital y financiera, tendrá un déficit neto en la BP. En los mercados aparecerá una oferta excesiva de la moneda doméstica. Como ocurre con los excedentes de oferta de todos los bienes, el mercado se librará del desequilibrio bajando el precio. En consecuencia, el valor de la moneda doméstica se reducirá y la BP se moverá de vuelta hacia cero. Los mercados cambiarios no siempre siguen esta teoría, en particular a corto y mediano plazo. Esta demora se conoce como *efecto de curva J* (vea también más adelante la sección "Balanzas comerciales y tipos de cambio"). El déficit empeora en el corto plazo, pero avanza el equilibrio a largo plazo.

Flotaciones administradas. Aunque todavía dependen de las condiciones del mercado para la determinación del tipo de cambio cotidiano, los países que operan con flotaciones administradas, con frecuencia tienen la necesidad de tomar medidas para mantener los valores deseados de sus tipos de cambio. Por tanto, tratan de modificar la valuación del mercado de un tipo de cambio específico e influyen en las motivaciones de la actividad del mercado, en lugar de hacerlo mediante intervención directa en los mercados de divisas.

La medida principal que adoptan estos gobiernos es cambiar las tasas de interés relativas y, así influyen en los fundamentos económicos de la determinación del tipo de cambio. En el contexto de la ecuación estudiada, un cambio en las tasas de interés domésticas es un intento de alterar el término $(CI - CO)$, en especial el componente portafolio a corto plazo de dichos flujos de capital, con la finalidad de restaurar el desequilibrio causado por el déficit en la cuenta corriente. El poder de los cambios en las tasas de interés en los movimientos de capital y tipo de cambio internacionales puede ser sustancial. Un país con una flotación administrada que desee defender su moneda puede decidir aumentar las tasas de interés domésticas para atraer capital adicional del exterior. Este paso altera las fuerzas del mercado y crea demanda adicional en el mercado para la moneda doméstica. En este proceso, el gobierno envía señales a los participantes en el mercado de cambios de su intención de tomar medidas para preservar el valor de la moneda dentro de ciertos rangos. Sin embargo, el proceso también incrementa el costo del crédito local para las empresas, de modo que la política rara vez escapa a las críticas nacionales.

La BP y las tasas de interés

Además del uso de las tasas de interés para intervenir en el mercado de divisas, el nivel general de las tasas de interés de un país, comparado con otros países, tiene impacto sobre la cuenta financiera de la balanza de pagos. Las tasas de interés real relativamente bajas usualmente estimulan la salida de capitales en busca de tasas de interés más altas en monedas de otro país. No obstante, en el caso de Estados Unidos, ocurrió el efecto opuesto. A pesar de las tasas de interés real relativamente bajas y los grandes déficits en la cuenta corriente de la BP, la cuenta financiera de la BP estadounidense experimentó entradas financieras compensatorias en vista de las perspectivas relativamente atractivas de la tasa de crecimiento de la economía estadounidense, los altos niveles de innovación productiva y la seguridad política percibida. Por tanto, las entradas de capital en la cuenta financiera han ayudado a Estados Unidos a mantener sus tasas de interés más bajas y financiar su déficit fiscal excepcionalmente grande.

Sin embargo, comienza a parecer que la entrada favorable en la cuenta financiera disminuye mientras empeora el saldo de la cuenta corriente estadounidense. *Finanzas globales en la práctica 4.2* muestra que Estados Unidos se está convirtiendo en la nación deudora más grande del mundo.

La BP y las tasas de inflación

Las importaciones tienen el potencial de reducir la tasa de inflación de un país. En particular, las importaciones de bienes y servicios con precios más bajos imponen un límite a lo que los competidores nacionales pueden cobrar por bienes y servicios comparables. Por tanto, la competencia extranjera sustituye la competencia doméstica para mantener una tasa de inflación más baja de lo que podría ser sin importaciones.

Por otra parte, en la medida en que las importaciones con precios más bajos sustituyen la producción y el empleo domésticos, el producto interno bruto se reducirá y el saldo de la cuenta corriente será más negativo.

Balanzas comerciales y tipos de cambio

Las variaciones de los tipos de cambio afectan la importación y exportación de bienes y servicios de un país. El mecanismo de transmisión es en principio muy simple: las variaciones de los tipos de cambio modifican los precios relativos de las importaciones y exportaciones, y los precios cambiantes producen a su vez cambios en las cantidades demandadas por la elasticidad precio de la demanda. Aunque la economía teórica parece sencilla, la realidad de los negocios globales es un poco más compleja.

FINANZAS GLOBALES EN LA PRÁCTICA 4.2

Estados Unidos como la nación deudora más grande del mundo

Estados Unidos se ha convertido en la nación deudora más grande del mundo, en lugar de ser el acreedor más grande del mundo, posición que tenía en años anteriores. Las compras netas de valores estadounidenses en el exterior han disminuido con respecto a su máximo histórico en 2001, mientras que el saldo de la cuenta corriente ha empeorado, como se muestra en el gráfico a la izquierda. El gráfico a la derecha muestra que la posición estadounidense en inversión internacional neta a valor de mercado, como porcentaje del PIB, también se está hundiendo: a −25%.

Fuente: Las figuras A y B son de *The Economist*, 18 de septiembre de 2003. ©2003 The Economist Newspaper Ltd. Todos los derechos reservados. Se reproduce con autorización. http://www.economist.com

Pérdida de lustre

Fuente: Deutsche Bank; U.S. Bureau of Economic Analysis

Hundido en deuda

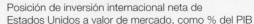
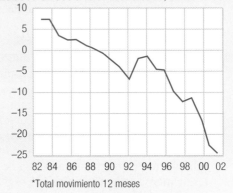

Fuente: U.S. Bureau of Economic Analysis

Comercio y devaluación

De vez en cuando los países devalúan sus monedas como resultado de déficits comerciales persistentes y considerables. Bastantes países en el pasado no tan distante devaluaron intencionalmente sus monedas en un esfuerzo por hacer sus exportaciones más competitivas en precio en los mercados mundiales. Muchos creen que la devaluación del nuevo dólar de Taiwán en 1997, durante la crisis financiera asiática, fue una de tales devaluaciones competitivas. Sin embargo, se considera que este tipo de devaluaciones con frecuencia son autodestructivas, pues también hacen que las importaciones sean relativamente más costosas. Así que, ¿cuál es la lógica y probables resultados de devaluar intencionalmente la moneda doméstica para mejorar la balanza comercial?

Trayectoria de ajuste de la curva J

El análisis económico internacional caracteriza tres etapas en el proceso de ajuste de la balanza comercial: 1) el *periodo de contratación de divisas*; 2) el *periodo de transferencia*, y 3) el *periodo de ajuste de cantidad*. Estas tres etapas y la trayectoria de ajuste temporal resultante de la balanza comercial en conjunto, se ilustran en la figura 4.8. Si se supone que la balanza comercial ya registra déficit antes de la devaluación, una devaluación en el tiempo t_1 produce inicialmente un mayor deterioro en la balanza comercial antes de una eventual mejoría: la trayectoria de ajuste toma la forma de una "j" aplanada.

En el primer periodo, el *periodo de contratación de divisas*, una súbita devaluación inesperada de la moneda doméstica tiene un impacto un tanto incierto, simplemente porque todos los contratos de exportaciones e importaciones ya entraron en vigor. A las empresas que operan bajo

FIGURA 4.8	Ajuste de la balanza comercial por variaciones en el tipo de cambio: la curva J

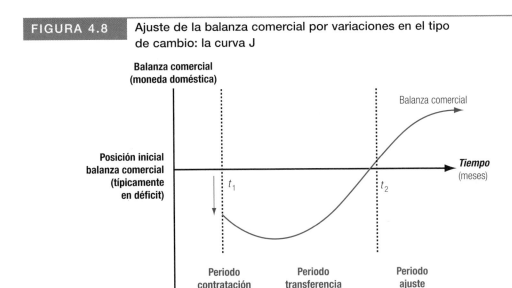

Si los productos exportados se cotizan y facturan predominantemente en moneda doméstica, y las importaciones se cotizan y facturan predominantemente en moneda extranjera, una súbita devaluación de la moneda doméstica posiblemente puede producir, al principio, un deterioro de la balanza comercial. Después de que las variaciones en los tipos de cambio se transfieren a los precios de los productos y los mercados tienen tiempo para responder a los cambios de precios mediante la modificación de la demanda en el mercado, la balanza comercial mejorará. El periodo de contratación de divisas puede durar de tres a seis meses, y la transferencia y el ajuste de cantidad entre otros tres y seis meses.

dichos acuerdos se les requiere cumplir sus obligaciones, sin importar si tienen utilidades o sufren pérdidas. Suponga que Estados Unidos experimenta una súbita caída en el valor del dólar estadounidense. La mayoría de las exportaciones se cotizaron en dólares estadounidenses pero casi todas las importaciones fueron contratos denominados en otras divisas. El resultado de una súbita depreciación sería un aumento en el tamaño del déficit comercial en el tiempo t_1, pues el costo para los importadores estadounidenses de pagar sus facturas de importaciones se elevaría conforme gastan más y más dólares para comprar la divisa extranjera que necesitan, mientras que los ingresos percibidos por los exportadores estadounidenses permanecerían sin cambios. Aunque este es el escenario que comúnmente se presenta en cuanto al ajuste de la balanza comercial, existe poca razón para creer que la mayoría de las importaciones estadounidenses se denominan en moneda extranjera y la mayoría de las exportaciones en dólares estadounidenses.

El segundo periodo del proceso de ajuste de la balanza comercial se denomina *periodo de transferencia*. Conforme varían los tipos de cambio, importadores y exportadores deben transferir en algún momento estas variaciones en el tipo de cambio a los precios de los productos. Por ejemplo, un productor extranjero que vende al mercado estadounidense después de una importante caída en el valor del dólar estadounidense tendrá que cubrir sus propios costos domésticos de producción. Esta necesidad requerirá que la empresa cobre precios en dólares más altos con la finalidad de ganar su propia moneda local en cantidades suficientemente grandes. La empresa debe aumentar sus precios en el mercado estadounidense. Los precios de las importaciones estadounidenses se incrementan considerablemente, y con el tiempo todas las variaciones en el tipo de cambio se transfieren a los precios. Los consumidores estadounidenses ven en los anaqueles precios más altos de los productos importados. De igual modo, los precios de las exportaciones estadounidenses ahora son más baratos en comparación con los de los competidores extranjeros, porque el dólar es más barato. Por desgracia para los exportadores estadounidenses, muchos de los insumos de sus productos finales pueden ser importados, lo que también provoca que sufran un aumento en los precios después de la caída del dólar.

El tercero y último periodo, el *periodo de ajuste de cantidad*, logra el ajuste de la balanza comercial que se espera de una devaluación o depreciación de la moneda doméstica. Conforme los precios de importación y exportación cambian como resultado del periodo de transferencia, los consumidores tanto en Estados Unidos como en los mercados de exportaciones estadounidenses ajustan su demanda a los nuevos precios. Las importaciones son relativamente más costosas; por tanto, la cantidad demandada disminuye. Las exportaciones son relativamente más baratas; y en consecuencia, la cantidad demandada aumenta. La balanza comercial (los gastos de las exportaciones menos los gastos de las importaciones) mejora.

Desafortunadamente, estos tres periodos de ajuste no ocurren de la noche a la mañana. Los países, como Estados Unidos, que experimentaron grandes variaciones en el tipo de cambio, también han visto que este ajuste tiene lugar durante un periodo prolongado. Estudios empíricos concluyeron que, para los países industrializados, el tiempo total transcurrido entre el tiempo t_1 y t_2 puede variar de 3 a 12 meses, en ocasiones más. Para complicar el proceso, con frecuencia ocurren nuevas variaciones en el tipo de cambio antes de que el ajuste esté completo. El ajuste comercial a las variaciones en el tipo de cambio no ocurre en un entorno estéril de laboratorio, sino en el confuso y complejo mundo del comercio internacional y los acontecimientos económicos.

Trayectoria de ajuste de la balanza comercial: las ecuaciones

La balanza comercial de un país es en esencia el neto de los ingresos por importaciones y exportaciones, donde cada uno es un múltiplo de los precios ($P_x^\$$ y P_M^{fc}): los precios de las exportaciones e importaciones, respectivamente. Se supone que los precios de las exportaciones se denominan en dólares estadounidenses y los precios de las importaciones, en moneda extranjera (fc). La cantidad de exportaciones y la cantidad de importaciones se denotan como Q_x y Q_M, respectivamente. Entonces, los gastos de importación se expresan en dólares estadounidenses al multiplicar los gastos denominados en moneda extranjera por el tipo de cambio spot, $S^{\$/fc}$. La balanza comercial estadounidense, expresada en dólares estadounidenses, se expresa entonces del modo siguiente:

$$\text{Balanza comercial estadounidense} = (P_X^\$ Q_x) - (S^{\$/fc} P_M^{fc} Q_M)$$

El impacto inmediato de una devaluación de la moneda doméstica es aumentar el valor del tipo de cambio spot S, lo que produce un deterioro inmediato de la balanza comercial (periodo de contratación de divisas). Sólo después de un periodo en el que los contratos en vigor llegan a su vencimiento y se instituyen los nuevos precios que reflejan la transferencia parcial o total, la mejoría en la balanza comercial se hace patente (periodo de transferencia). En la etapa final, en la que la elasticidad precio de la demanda tiene tiempo para surtir efecto (periodo de ajuste de cantidad), se espera que la balanza comercial (en teoría) se eleve por arriba de donde comenzó en la figura 4.8.

Movilidad de capital

El grado en el que el capital se mueve libremente a través de las fronteras es crucial para la balanza de pagos de un país. Ya se vio cómo Estados Unidos, aunque tuvo un déficit en el saldo de su cuenta corriente en los últimos 20 años, simultáneamente disfrutó de un superávit en la cuenta financiera. Este superávit en la cuenta financiera probablemente ha sido una de las principales razones por las que el dólar estadounidense pudo mantener su valor hasta fechas recientes. Sin embargo, otros países (por ejemplo, Brasil en 1998-1999 y Argentina en 2001-2002) experimentaron salidas masivas de la cuenta financiera, que fueron los principales componentes de sus crisis económica y financiera.

Patrones históricos de movilidad de capital

Antes de terminar la explicación de la balanza de pagos, es necesario comprender mejor la historia de la movilidad del capital y la contribución de la salida de flujos de capital, *fuga de capitales*, a las crisis en las balanzas de pagos. ¿El capital siempre ha tenido la posibilidad de moverse con libertad hacia y desde un país? Definitivamente no. La capacidad de los inversionistas extranjeros para adquirir bienes inmuebles, comprar empresas o comprar acciones y bonos en otros países ha sido controvertida. Obstfeld y Taylor (2001) estudiaron la globalización de los mercados de capital y concluyeron que el patrón que se ilustra en la figura 4.9 es una buena representación de la creencia generalmente aceptada sobre la apertura de los mercados globales de capital en la historia reciente. Desde 1860, el patrón oro en uso antes de la Primera Guerra Mundial y el periodo posterior hasta 1971 de tipos de cambio flotantes no se había experimentado una mayor movilidad internacional del capital. Note que Obstfeld y Taylor no usan medidas cuantitativas específicas de movilidad. El diagrama solamente usa una distinción estilizada entre "bajo" y "alto", y combina dos factores principales: los regímenes cambiarios y el estado de las relaciones políticas y económicas internacionales.

Los autores argumentan que la era posterior a 1860 se puede subdividir en cuatro periodos distintos:

1. El primero, 1860-1914, fue un periodo caracterizado por apertura al capital continuamente creciente, conforme más y más países adoptaban el patrón oro y ampliaban las relaciones comerciales internacionales.

2. El segundo, 1914-1945, fue un periodo de destrucción económica global. Las fuerzas destructivas combinadas de dos guerras mundiales y una depresión mundial llevaron a casi todos los países a establecer principios políticos y económicos muy nacionalistas y aislacionistas, lo que en efecto eliminó cualquier movimiento significativo de capital entre países.

3. En el tercero, 1945-1971, la era Bretton Woods, se produjo una gran expansión del comercio internacional en bienes y servicios. En esta época también tuvo lugar la lenta, pero constante recuperación de los mercados de capital. El régimen de tipo de cambio

---

FIGURA 4.9 Visión estilizada de la movilidad del capital en la historia moderna

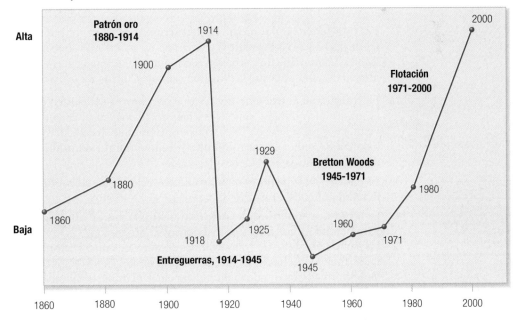

Fuente: "Globalization and Capital Markets", Maurice Obstfeld y Alan M. Taylor, NBER Conference paper, 4-5 de mayo de 2001, p. 6.

fijo de Bretton Woods puede haber fallado porque las fuerzas brutas del capital global ya no podían mantenerse bajo control.

4. El cuarto, 1971-2000 [2007], fue un periodo caracterizado por tipos de cambio flotantes y volatilidad económica, pero también por flujos de capital transfronterizos en rápida expansión. Los principales países industrializados ya no intentaron, necesitaron o pudieron controlar el movimiento del capital. Puesto que los mercados de divisas tienen libertad para reflejar los fundamentos económicos subyacentes y los sentimientos de los inversionistas acerca del futuro, los movimientos de capital aumentaron en respuesta a esta apertura.

Las crisis monetarias de la última mitad de la década de 1990 y principios del siglo veintiuno pueden precipitar la inversión de esta libertad de movimiento del capital transnacional; todavía es muy pronto para decirlo. Sin embargo, es claro que la capacidad del capital para moverse de manera instantánea y masiva de un país a otro ha sido uno de los principales factores de la gravedad de las crisis monetarias recientes.

Fuga de capitales

Un tema final es la *fuga de capitales*. Aunque no existe una definición generalmente aceptada de fuga de capital, la disertación de Ingo Walter ha sido una de las más útiles:

> *Los flujos internacionales de las inversiones directas y de portafolio en circunstancias ordinarias rara vez se asocian con el fenómeno de fuga de capitales. Más bien, el término "fuga" se vuelve de uso general cuando las transferencias de capital de los residentes entran en conflicto con los objetivos políticos.*[1]

Aunque no se limita a los países fuertemente endeudados, la transferencia rápida, y en ocasiones ilegal, de divisas convertibles fuera de un país plantea problemas económicos y políticos de consideración. Muchos países con deudas grandes han sufrido fugas de capital importantes, que agravaron sus problemas de servicio de deuda.

Existen cinco mecanismos primarios mediante los cuales el capital se puede mover de un país a otro:

1. Las transferencias por medio de los mecanismos de pagos internacionales usuales (transferencias bancarias regulares) son, desde luego, las más sencillas y de menor costo, y son legales. La mayoría de los países económicamente sanos permiten el libre intercambio de moneda y, por supuesto, la "fuga de capitales" no es un problema.

2. La transferencia física de divisas por portadores (el clásico contrabando de dinero en el fondo falso de una maleta) es más costosa y, en el caso de las transferencias fuera de muchos países, ilegal. Tales transferencias pueden considerarse ilegales por razones de balanza de pagos o para dificultar el movimiento de dinero proveniente del tráfico de drogas u otras actividades ilegales.

3. El efectivo se transfiere a objetos de colección o metales preciosos, que luego se transfieren de un país a otro.

4. El lavado de dinero es la compra transfronteriza de activos que luego se administran para ocultar el movimiento de dinero y su propiedad.

5. La facturación falsa de transacciones comerciales internacionales ocurre cuando el capital se mueve mediante la subfacturación de las exportaciones o la sobrefacturación de las importaciones, donde la diferencia entre el importe facturado y el pago real acordado se deposita en instituciones bancarias en un país elegido.

---

[1]Ingo Walter, "The Mechanisms of Capital Flight", en *Capital Flight and Third World Debt*, editado por Donald R. Lessard y John Williamson, Institute for International Economics, Washington, D.C., 1987, p. 104.

RESUMEN

■ La balanza de pagos es el estado resumido de todas las transacciones internacionales entre un país y todos los demás países.

■ La balanza de pagos es un estado de flujo, que resume todas las transacciones internacionales que ocurren a través de las fronteras geográficas de la nación durante un periodo, por lo general de un año.

■ Aunque la BP siempre debe estar equilibrada en teoría, en la práctica hay desequilibrios sustanciales como resultado de errores estadísticos e informes equivocados de flujos de la cuenta corriente y la cuenta financiera/de capital.

■ Las dos principales subcuentas de la balanza de pagos, la cuenta corriente y la cuenta financiera/de capital, resumen el comercio corriente y los flujos de capital internacionales del país, respectivamente.

■ La cuenta corriente y la cuenta financiera/de capital usualmente son inversas en saldo, una registra superávit mientras la otra experimenta déficit.

■ Aunque la mayoría de las naciones se esfuerzan por tener superávit en la cuenta corriente, no es claro que un saldo en la cuenta corriente o de capital, o un superávit en la cuenta corriente, sea sustentable o deseable.

■ Aunque el comercio de mercancías se observa más fácilmente (por ejemplo, bienes que fluyen a través de puertos de entrada), el crecimiento del comercio de servicios es más significativo hoy en la balanza de pagos de los países más industrializados del mundo.

■ El monitoreo de las varias subcuentas de la actividad de la balanza de pagos de un país es útil para quienes toman decisiones y establecen las políticas en todos los niveles de gobierno e industria para detectar las tendencias subyacentes y los movimientos de las fuerzas económicas fundamentales que impulsan la actividad económica internacional de un país.

■ Las variaciones en los tipos de cambio modifican los precios relativos de las importaciones y exportaciones, y el cambio de precios a su vez produce cambios en las cantidades demandadas por medio de la elasticidad precio de la demanda.

■ Una devaluación resulta inicialmente en un mayor deterioro de la balanza comercial antes de una eventual mejoría: la trayectoria de ajuste toma la forma de una "j" aplanada.

■ La capacidad del capital para moverse instantánea y masivamente a través de las fronteras ha sido uno de los principales factores en la gravedad de las crisis monetarias recientes. En algunos casos, como el de Malasia en 1997 y Argentina en 2001, los gobiernos nacionales concluyeron que no tenían más remedio que imponer restricciones drásticas sobre los flujos de capital.

■ Aunque no se limita a países fuertemente endeudados, la transferencia rápida, y en ocasiones ilegal, de divisas convertibles fuera de un país impone problemas económicos y políticos de consideración. Muchos países con deudas grandes han sufrido fugas de capital importantes, que agravan sus problemas de servicio de deuda.

MINICASO

Kriz de Turquía (A): deterioro de la balanza de pagos

Sólo hasta que los turcos optimistas comenzaron a no dejar pasar importaciones, los inversionistas comenzaron a dudar que la llegada de capital extranjero fuera suficiente para financiar tanto a los consumidores despilfarradores como al gobierno perennemente pobre.

— "On the Brink Again", *The Economist*,
24 de febrero de 2001.

En febrero de 2001, la rápida escalada de la *kriz*, o crisis, económica turca forzó la devaluación de la lira turca. El gobierno turco había librado con éxito la guerra contra las fuerzas inflacionarias arraigadas en la economía del país en 1999 y principios de 2000. Pero justo cuando la economía comenzaba a mejorar en la segunda mitad de 2000, se incrementaron las presiones sobre la balanza de pagos y la moneda del país. La pregunta planteada por muchos analistas en los

meses siguientes a la crisis fue si ésta habría sido previsible y qué signos tempranos de deterioro debería haber notado el mundo exterior.

Las cuentas

La figura 1 presenta la cuenta corriente y la cuenta financiera de la balanza de pagos turca entre 1993 y 2000 (termina menos de dos meses antes de la devaluación). De inmediato son evidentes muchos conflictos:

■ Primero, Turquía aparentemente sufrió de volatilidad significativa en los saldos de las cuentas internacionales fundamentales. La cuenta financiera osciló entre un superávit (1993) y un déficit (1994), y regresó al superávit de nuevo (1995-1997). Después de desplomarse en 1998, el superávit financiero regresó en 1999 y 2000.

| FIGURA 1 | Balanza de pagos de Turquía, 1993-2000 |

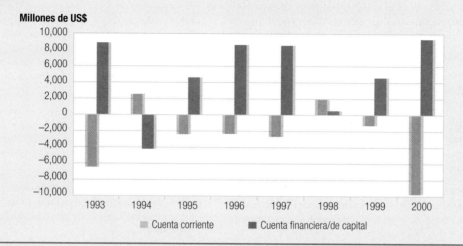

Cuenta corriente   Cuenta financiera/de capital

■ Segundo, como ocurre casi siempre, la cuenta corriente se comportó en una forma relativamente inversa con respecto a la cuenta financiera, y registró déficits en la mayoría de los años mostrados. Pero, significativamente, el déficit en la cuenta corriente creció de manera espectacular en 2000, a más de US$9,800 millones, desde un déficit en 1999 de sólo US$1,400 millones.

Muchos analistas se apresuran a puntualizar que el notable aumento en el déficit de la cuenta corriente debió verse como una peligrosa señal del colapso inminente. No obstante, otros apuntan muy atinadamente que la mayoría de las economías nacionales experimentan aumentos rápidos en los déficits comerciales y de la cuenta corriente durante periodos de crecimiento económico rápido. Y para agregar peso al argumento, el superávit neto de la cuenta financiera parecía indicar una creciente confianza en la economía turca desde la perspectiva de los inversionistas extranjeros.

Un examen de los subcomponentes de los saldos de estas cuentas importantes es útil. Como se ilustra en la figura 2, el rápido deterioro de la cuenta corriente en 2000 fue sobre todo el resultado de un rápido salto en bienes y mercancías importados. La factura de las importaciones de bienes aumentó de US$39,800 millones en 1999 a más de US$54,000 millones en 2000, un aumento de 36% en un año. Al mismo

| FIGURA 2 | Subcuentas de la cuenta corriente turca, 1998-2000 (millones de dólares estadounidenses) |

	1998	1999	2000
Bienes: exportaciones	31,220	29,325	31,664
Bienes: importaciones	−45,440	−39,768	−54,041
Saldo de bienes	−14,220	−10,443	−22,377
Servicios: crédito	23,321	16,398	19,484
Servicios: débito	−9,859	−8,953	−8,149
Saldo de servicios	13,462	7,445	11,335
Ingreso: crédito	2,481	2,350	2,836
Ingreso: débito	−5,466	−5,887	−6,838
Saldo de ingreso	−2,985	−3,537	−4,002
Transferencias corrientes: crédito	5,860	5,294	5,317
Transferencias corrientes: débito	−133	−119	−92
Saldo de transferencias	5,727	5,175	5,225
Saldo de la cuenta corriente	1,984	−1,360	−9,819

Fuente: Fondo Monetario Internacional, *Anuario Estadístico de Balanza de Pagos 2001*, p. 913.

tiempo, el comercio de servicios y las cuentas de ingreso corriente, en sus subcomponentes de créditos y débitos, mostraron poco cambio. Por desgracia, las estadísticas reportadas al FMI ofrecieron pocos detalles adicionales en cuanto a la composición de estas rápidas importaciones, su industria o naturaleza, y su financiamiento.

Una descomposición similar del superávit de la cuenta financiera también permitió identificar dónde, en las varias entradas y salidas de capital en Turquía, hubo un cambio significativo. La figura 3 muestra esta descomposición de la cuenta financiera. De acuerdo con la figura 3, la duplicación del superávit de la cuenta financiera turca en 2000 fue principalmente el resultado de un aumento masivo, de más de US$7,000 millones, en "otras inversiones netas".

Un determinante muy importante de los saldos de esta cuenta fue el sector de telecomunicaciones. A lo largo de 2000, TelSim, el proveedor nacional de telecomunicaciones en Turquía, importó miles de millones de dólares en equipo de

Nokia (Finlandia) y Motorola (Estados Unidos). El equipo se compró a crédito comercial, lo que significa que TelSim pagaría el equipo a Nokia y Motorola en una fecha futura, principalmente de las ganancias de activar el equipo para servicios de telecomunicaciones. Sin embargo, TelSim incumplió con sus pagos y Nokia y Motorola sufrieron pérdidas por miles de millones de dólares.

Preguntas del caso

1. ¿Dónde, en la cuenta corriente, se registraría el equipo de telecomunicaciones importado? ¿Este lugar correspondería al aumento en magnitud y oportunidad de la cuenta financiera?

2. ¿Por qué cree que la inversión directa neta se redujo de US$573 millones en 1998 a US$112 millones en 2000?

3. ¿Por qué cree que TelSim incumplió con los pagos de sus importaciones de equipo de Nokia y Motorola?

FIGURA 3	Subcuentas de la cuenta financiera turca, 1998-2000 (millones de dólares estadounidenses)		
	1998	**1999**	**2000**
Inversión directa neta	573	138	112
Inversión en portafolio neta	−6,711	3,429	1,022
Otra inversión neta	6,586	1,103	8,311
Saldo de la cuenta financiera	448	4,670	9,445

Fuente: Fondo Monetario Internacional, *Anuario Estadístico de Balanza de Pagos 2001*, p. 915.

PREGUNTAS

1. **Definición de balanza de pagos.** La medición de todas las transacciones económicas internacionales entre los residentes de un país y los residentes extranjeros se llama balanza de pagos (BP). ¿Qué institución proporciona la principal fuente de estadísticas similares para balanza de pagos y desempeño económico a nivel mundial?

2. **Importancia de la BP.** Los ejecutivos empresariales e inversionistas necesitan datos de la BP para prever cambios en las políticas económicas del país anfitrión que puedan originarse en acontecimientos en la BP. Desde la perspectiva de los ejecutivos e inversionistas, mencione tres señales específicas que puedan proporcionar datos de la BP de un país.

3. **Actividad económica.** ¿Cuáles son los dos tipos principales de actividad económica que mide la BP de un país?

4. **Equilibrio.** ¿Por qué la BP siempre está en "equilibrio"?

5. **Contabilidad de la BP.** Si la BP se viera como un estado contable, ¿sería balance general de la riqueza de un país, un estado de resultados de las ganancias de un país, o un estado de flujo de fondos del dinero que entra y sale del país?

6. **Cuenta corriente.** ¿Cuáles son las principales cuentas que componen la cuenta corriente? Proporcione un ejemplo de débito y uno de crédito de cada cuenta componente para Estados Unidos.

7. **Activos reales y financieros.** ¿Cuál es la diferencia entre un activo "real" y un activo "financiero"?

8. **Inversiones directas y de portafolio.** ¿Cuál es la diferencia entre una inversión extranjera directa y una inversión extranjera de portafolio? Proporcione un ejemplo de cada una. ¿Cuál tipo de inversión es más probable que realice una compañía industrial multinacional?

9. **Cuentas de capital y financiera.** ¿Cuáles son los principales componentes de las cuentas financieras? Proporcione un ejemplo de débito y uno de crédito de cada cuenta componente para Estados Unidos.

10. **Clasificación de transacciones.** Clasifique las siguientes como una transacción registrada en un subcomponente de la cuenta corriente o de las cuentas de capital y financiera de los dos países en cuestión:
    a. Una cadena de alimentos estadounidense importa vino de Chile.
    b. Un residente estadounidense compra un bono denominado en euros de una compañía alemana.
    c. Padres singapurenses pagan los estudios de su hija en una universidad estadounidense.
    d. Una universidad estadounidense otorga una beca a un estudiante de Singapur.
    e. Una compañía británica importa naranjas españolas, y paga con eurodólares en depósito en Londres.
    f. Un huerto español deposita la mitad del producto de sus ventas en un banco de Nueva York.
    g. Un huerto español deposita la mitad de sus ingresos en una cuenta en eurodólares en Londres.
    h. Una compañía aseguradora con sede en Londres compra bonos corporativos estadounidenses para su portafolio de inversiones.
    i. Una empresa multinacional estadounidenses compra seguros a una aseguradora en Londres.
    j. Una aseguradora londinense paga por pérdidas incurridas en Estados Unidos debido a un ataque terrorista internacional.
    k. Cathay Pacific Airlines compra combustible para avión en el aeropuerto internacional de Los Ángeles para poder volar el segmento de regreso de un vuelo hacia Hong Kong.
    l. Un fondo mutualista con sede en California compra acciones de capital en los mercados accionarios de Tokio y Londres.
    m. El ejército estadounidense compra alimentos para sus tropas en el Sur de Asia a proveedores en Tailandia.
    n. Un graduado de Yale consigue un empleo con el Comité Internacional de la Cruz Roja en Bosnia y se le paga en francos suizos.
    o. El gobierno ruso contrata una empresa de salvamento holandesa para poner a flote un submarino hundido.
    p. Un cartel de drogas colombiano contrabandea cocaína hacia Estados Unidos, recibe una maleta con dinero, y vuela de regreso a Colombia con dicho dinero.
    q. El gobierno estadounidense paga el salario de un funcionario del servicio exterior que trabaja en la embajada de Estados Unidos en Beirut.
    r. Una empresa naviera noruega paga en dólares estadounidenses al gobierno egipcio por pasar una embarcación a través del canal de Suez.
    s. Una empresa automotriz alemana paga el salario de su ejecutivo que trabaja en una subsidiaria en Detroit.
    t. Un turista estadounidense paga un hotel en París con su tarjeta American Express.
    u. Un turista francés de provincia paga un hotel en París con su tarjeta American Express.
    v. Un profesor estadounidense viaja al extranjero durante un año con una beca Fullbright.

11. **La balanza.** ¿Cuáles son los principales estados resumen de las cuentas de la balanza de pagos y qué miden?

12. **Drogas y terroristas.** ¿Dónde, en las cuentas de la balanza de pagos, fluyen los flujos del dinero "lavado" por los narcotraficantes y las organizaciones terroristas internacionales?

13. **Movilidad del capital en Estados Unidos.** El dólar estadounidense ha mantenido o aumentado su valor en los últimos 20 años a pesar de operar con un déficit en cuenta corriente gradualmente creciente. ¿Por qué ocurrió este fenómeno?

14. **Movilidad de capital en Brasil.** Brasil ha experimentado depreciaciones periódicas de su moneda en los últimos 20 años, a pesar de tener en ocasiones un superávit en cuenta corriente. ¿Por qué ocurrió este fenómeno?

15. **Transacciones de la BP.** Identifique la cuenta correcta de la BP para cada una de las siguientes transacciones:
    a. Un fondo de pensiones con sede en Alemania compra bonos del gobierno estadounidense a 30 años para su portafolio de inversiones.
    b. Scandinavian Airlines System (SAS) compra combustible para avión en el aeropuerto Newark para su vuelo a Copenhague.
    c. Algunos estudiantes de Hong Kong pagan matrícula a la University of California, Berkeley.
    d. Una compañía automotriz japonesa paga los salarios de sus ejecutivos que trabajan para sus subsidiarias estadounidenses.
    e. Un turista estadounidense paga la comida en un restaurante de Bangkok.
    f. Una corporación del Reino Unido compra un bono denominado en euros de una EMN italiana.

PROBLEMAS

Cuenta corriente de Australia

Use los siguientes datos del Fondo Monetario Internacional (todas las partidas corresponden a la cuenta corriente) para responder las preguntas 1 a 4.

*1. ¿Cuál es el saldo del comercio de bienes de Australia?

*2. ¿Cuál es el saldo de servicios de Australia?

*3. ¿Cuál es el saldo de bienes y servicios de Australia?

*4. ¿Cuál es el saldo de la cuenta corriente de Australia?

Cuenta corriente de Australia

Supuestos (millones US$)	1998	1999	2000	2001	2002	2003	2004	2005	2006
Bienes: exportaciones	55,884	56,096	64,052	63,676	65,099	70,577	87,207	106,969	124,913
Bienes: importaciones	−61,215	−65,857	−68,865	−61,890	−70,530	−85,946	−105,238	−120,372	−134,509
Servicios: crédito	16,181	17,399	18,677	16,689	17,906	21,205	26,362	28,442	33,088
Servicios: débito	−17,272	−18,330	−18,388	−16,948	−18,107	−21,638	−27,040	−29,360	−32,219
Ingresos: crédito	6,532	7,394	8,984	8,063	8,194	9,457	13,969	16,969	21,748
Ingresos: débito	−17,842	−18,968	−19,516	−18,332	−19,884	−24,245	−35,057	−43,746	−54,131
Transferencias corrientes: crédito	2,651	3,003	2,622	2,242	2,310	2,767	3,145	3,262	3,698
Transferencias corrientes: débito	−2,933	−3,032	−2,669	−2,221	−2,373	−2,851	−3,414	−3,625	−4,092

Balanza de pagos de China (continental)

Use los siguientes datos del FMI sobre la balanza de pagos de China para responder las preguntas 5 a 8.

5. ¿China experimenta una entrada o salida de capital neta?

6. ¿Cuál es el total de China para los Grupos A y B?

7. ¿Cuál es el total de China para los Grupos A a C?

8. ¿Cuál es el total de China para los Grupos A a D?

Balanza de pagos de la República Popular de China (continental)

Supuestos (millones US$)	1998	1999	2000	2001	2002	2003	2004	2005	2006
A. Saldo cuenta corriente	31,472	21,115	20,518	17,401	35,422	45,875	68,659	160,818	253,268
B. Saldo cuenta de capital	−47	−26	−35	−54	−50	−48	−69	4,102	4,020
C. Saldo cuenta financiera	−6,275	5,204	1,958	34,832	32,341	52,774	110,729	58,862	2,642
D. Errores y omisiones netos	−18,902	−17,641	−11,748	−4,732	7,504	17,985	26,834	−16,441	−13,075
E. Reservas y partidas relacionadas	−6,248	−8,652	−10,693	−47,447	−75,217	−116,586	−206,153	−207,342	−246,855

Cuenta corriente de India

Use los siguientes datos del FMI sobre la balanza de pagos de India (todas las partidas corresponden a la cuenta corriente) para responder las preguntas 9 a 13.

9. ¿Cuál es el saldo de bienes de India?

10. ¿Cuál es el saldo de servicios de India?

11. ¿Cuál es el saldo de bienes y servicios de India?

12. ¿Cuál es el saldo de bienes, servicios e ingresos de India?

13. ¿Cuál es el saldo de la cuenta corriente de India?

Cuenta corriente de India

Supuestos (millones de US$)	1998	1999	2000	2001	2002	2003	2004	2005	2006
Bienes: exportaciones	34,076	36,877	43,247	44,793	51,141	60,893	77,939	102,176	123,617
Bienes: importaciones	−44,828	−45,556	−53,887	−51,212	−54,702	−68,081	−95,539	−134,702	−166,695
Servicios: crédito	11,691	14,509	16,684	17,337	19,478	23,902	38,281	55,831	75,354
Servicios: débito	−14,540	−17,271	−19,187	−20,099	−21,039	−24,878	−35,641	−47,989	−63,537
Ingreso: crédito	1,806	1,919	2,521	3,524	3,188	3,491	4,690	5,082	7,795
Ingreso: débito	−5,443	−5,629	−7,414	−7,666	−7,097	−8,386	−8,742	−11,475	−12,059
Transferencias corrientes: crédito	10,402	11,958	13,548	15,140	16,789	22,401	20,615	24,120	27,449
Transferencias corrientes: débito	−67	−35	−114	−407	−698	−570	−822	−877	−1,340

Balanza de pagos de la eurozona

Use los siguientes datos del FMI sobre la balanza de pagos de la eurozona para responder las preguntas 14 a 17.

14. ¿La eurozona experimenta una entrada de capital neta?

15. ¿Cuál es el total de la eurozona para los Grupos A y B?

16. ¿Cuál es el total de la eurozona para los Grupos A a C?

17. ¿Cuál es el total de la eurozona para los Grupos A a D?

Balanza de pagos de la eurozona

Supuestos (miles de millones US$)	1998	1999	2000	2001	2002	2003	2004	2005	2006
A. Saldo de la cuenta corriente	31.3	−25.5	−81.8	−19.7	54.8	38.8	79.8	22.5	1.5
B. Saldo de la cuenta de capital	13.9	13.5	8.4	5.6	9.7	14.3	20.6	13.9	11.7
C. Saldo de la cuenta financiera	−86.1	2.6	50.9	−41.2	−16.9	−49.0	−39.0	−14.4	129.9
D. Errores y omisiones netos	31.2	−2.2	6.4	38.8	−44.6	−36.9	−76.9	−44.9	−140.6
E. Reservas y partidas relacionadas	9.6	11.6	16.2	16.4	−3.0	32.8	15.6	22.9	−2.6

Balanza de pagos de Argentina

Argentina usaba una caja de conversión para mantener su peso a la par con el dólar estadounidense. Sin embargo, en enero de 2002 el peso argentino colapsó. La BP de Argentina pudo haber señalado este acontecimiento. A continuación se presenta la BP de Argentina para el periodo 1998-2006. Use estos datos para responder las preguntas 18 a 24.

18. ¿Cuál es el saldo de servicios de Argentina?

19. ¿Cuál es el saldo de la cuenta corriente de Argentina?

20. ¿Cuál parece haber sido el principal impulsor de la cuenta corriente Argentina entre 1998 y 2000?

21. ¿Cuál es el saldo de la cuenta financiera de Argentina?

22. ¿Cuál es el total de Argentina para los Grupos A a C?

23. ¿Cuál es el total de Argentina para los Grupos A a D?

24. ¿Que indicios de crisis inminente observa en los años previos al colapso del peso en 2002?

Balanza de pagos de Argentina

Supuestos (millones US$)	1998	1999	2000	2001	2002	2003	2004	2005	2006
A. Cuenta corriente									
Bienes: exportaciones	26,434	23,309	26,341	26,543	25,651	29,939	34,576	40,387	46,546
Bienes: importaciones	−29,531	−24,103	−23,889	−19,158	−8,473	−13,134	−21,311	−27,300	−32,588
Servicios: crédito	4,854	4,719	4,936	4,627	3,495	4,500	5,288	6,635	7,987
Servicios: débito	−9,298	−8,830	−9,219	−8,490	−4,956	−5,693	−6,619	−7,620	−8,529
Ingreso: crédito	6,134	6,075	7,420	5,358	3,039	3,104	3,721	4,313	5,674
Ingreso: débito	−13,538	−13,566	−14,968	−13,085	−10,530	−11,080	−13,004	−11,617	−11,834
Transferencias corrientes: crédito	802	790	792	856	818	942	1,110	1,226	1,412
Transferencias corrientes: débito	−338	−337	−393	−431	−278	−438	−549	−742	−962
B. Cuenta de capital (Grupo B)	73	149	106	157	406	70	196	89	97
C. Cuenta financiera									
Inversión directa extranjera	−2,325	−1,730	−901	−161	627	−774	−676	−1,311	−2,438
Inversión directa en Argentina	7,291	23,988	10,418	2,166	2,149	1,652	4,125	5,265	5,537
Activos inversión en portafolio, neto	−1,906	−2,005	−1,252	212	477	−95	−77	1,368	−1
Pasivos inversión en portafolio, neto	10,693	−4,780	−1,331	−9,715	−5,117	−7,663	−9,339	−1,731	7,921
Saldo de otros activos y pasivos, neto	5,183	−1,024	919	−7,473	−18,821	−8,980	−4,982	−1,693	−6,132
D. Errores y omisiones netos	−437	−642	−154	−2,810	−1,890	−1,428	548	377	1,556
E. Reservas y partidas relacionadas	−4,090	−2,013	1,176	21,405	13,402	9,077	6,993	−7,644	−14,247

25. Déficit comercial y trayectoria de ajuste de la curva J. Suponga que Estados Unidos tiene los siguientes volúmenes y precios de importación/exportación. El país experimenta una gran "devaluación" del dólar, por decir del 18% en promedio, frente a todas las divisas de sus principales socios comerciales. ¿Cuál es la balanza comercial antes y después de la devaluación?

Tipo spot inicial (antes de la devaluación, US$/divisa extranjera)	2.00
Precio de exportaciones (US$)	20.00
Precio de importaciones (divisa extranjera, fc)	12.00
Cantidad de exportaciones, unidades	100.00
Cantidad de importaciones, unidades	120.00
Elasticidad precio de demanda, importaciones	−0.90

EJERCICIOS DE INTERNET

1. Organizaciones mundiales y la perspectiva económica. El FMI, el Banco Mundial y la Organización de las Naciones Unidas son sólo algunas de las principales organizaciones mundiales que dan seguimiento, informan y ayudan al desarrollo económico y financiero internacional. Con los siguientes sitios Web, y otros que puedan estar vinculados, resuma brevemente la perspectiva económica para las naciones desarrolladas y emergentes del mundo. Por ejemplo, el texto completo del capítulo 1 de *World Economic Outlook* que publica anualmente el Banco Mundial, está disponible en la página Web del FMI.

Fondo Monetario Internacional	www.imf.org/external/index.htm
Naciones Unidas	www.un.org/databases/index.html
Banco Mundial	www.worldbank.org
Página principal Europa (UE)	europa.eu/
Banco de Pagos Internacionales	www.bis.org/index.htm

2. Reserva Federal St. Louis. El Banco de la Reserva Federal de St. Louis ofrece en línea una gran cantidad de datos macroeconómicos recientes de economías abiertas. Use las siguientes direcciones para buscar datos recientes de la BP y el PIB de los principales países industrializados:

Datos económicos internacionales recientes	research.stlouisfed.org/publications/iet/
Estadísticas de balanza de pagos	research.stlouisfed.org/fred2/categories/125

3. U.S. Bureau of Economic Analysis. Use los siguientes sitios Web del Bureau of Economic Analysis (gobierno estadounidense) y el Ministerio de Hacienda (gobierno japonés) para encontrar las estadísticas más recientes de balanza de pagos de ambos países:

Bureau of Economic Analysis	www.bea.gov/International/Index.htm
Ministerio de Hacienda	www.mof.go.jp/english/index.htm

4. Organización Mundial de Comercio y propiedad intelectual. La Organización Mundial de Comercio (OMC) mantiene en la actualidad una ronda de negociaciones multianual sobre comercio internacional. La ronda actual tiene lugar en Doha, Qatar. Visite el sitio Web de la OMC, que incluye algunos segmentos de video en línea, y encuentre la información más reciente presentada por la OMC acerca del avance de las charlas sobre temas que incluyen comercio internacional en servicios y reconocimiento internacional de la propiedad intelectual.

Organización Mundial del Comercio	www.wto.org/

CAPÍTULO 5

Retos financieros multinacionales de la actualidad: la crisis del crédito de 2007-2009

La confianza en los mercados y las instituciones es muy parecida al oxígeno. Cuando lo tienes, ni siquiera piensas en él. Indispensable. Puedes pasar años sin pensar en él. Cuando desaparece cinco minutos, es lo único en lo que piensas. Los mercados e instituciones de crédito han perdido confianza.

—Warren Buffett, 1 de octubre de 2008.

A comienzos del verano de 2007, primero Estados Unidos, seguido por los mercados financieros europeos y asiáticos, entraron en crisis financiera. Este capítulo ofrece un panorama de los orígenes, diseminación y repercusiones de tales crisis de crédito en la realización de negocios globales. Los impactos sobre las empresas multinacionales han sido significativos y duraderos. Este capítulo es una nueva adición a este texto y representa, en opinión de los autores, la importancia de la materia. Todo estudiante de negocios multinacionales debe tener una comprensión clara de las causas y consecuencias de este mal funcionamiento en los mercados financieros mundiales.

Las semillas de la crisis: la deuda subprime

Los orígenes de la crisis actual se encuentran dentro de las cenizas de la burbuja accionaria y el posterior colapso de los mercados accionarios a finales de la década de 1990. Cuando la llamada *burbuja dot.com* estalló en 2000 y 2001, el capital empezó a fluir cada vez más hacia el sector inmobiliario en Estados Unidos. Algunos economistas argumentan que mucha de la riqueza acumulada de los mercados accionarios durante dicho periodo se utilizó para presionar a la alza, los precios de la vivienda y la demanda de bienes raíces en general. Aunque el crédito a las empresas era todavía relativamente lento, el sector bancario estadounidense descubrió que los préstamos hipotecarios eran un mercado muy rentable y en rápida expansión. En los siguientes años se produjo un aumento acelerado en inversión y especulación en el sector inmobiliario. Esto incluyó tanto la vivienda residencial como los bienes raíces comerciales. Conforme los precios se incrementaban y la especulación aumentaba, un creciente número de prestatarios tenía una calidad crediticia cada vez más baja. Los contratos hipotecarios asociados con estos prestatarios, la *deuda subprime* que se ha discutido tanto, implicaban obligaciones mayores por el servicio de la deuda y los deudores tenían cada vez menos capacidad de ingresos y flujo de efectivo. En términos de administración financiera tradicional, la *cobertura del servicio de la deuda* era cada vez más insuficiente.

Derogación de la Ley Glass-Steagall

El mercado también era más competitivo que nunca, pues algunos esfuerzos de desregulación en Estados Unidos durante 1999 y 2000 abrieron dichos mercados a más organizaciones e instituciones financieras que nunca. Una de las grandes aperturas fue la aprobación en el congreso estadounidense de la Gramm-Leach-Bliley Financial Services Modernization Act (Ley de modernización de servicios financieros) de 1999, que derogó los últimos vestigios de la Ley Glass-Steagall de 1933 y eliminó las últimas barreras entre la banca comercial y la de inversión. La ley permitió que los bancos comerciales incursionaran en más áreas de riesgo, incluidas las transacciones de seguros y de propiedad.[1] Un resultado fundamental fue que los bancos ahora competían de manera dinámica en el negocio de préstamos para clientes de todo tipo y ofrecían a los prestatarios formas hipotecarias cada vez más creativas, a tasas de interés cada vez más bajas, al menos las tasas de interés iniciales.

Otro resultado negativo de la desregulación bancaria fue la presión adicional que se ejerció sobre los reguladores existentes. La Federal Deposit Insurance Corporation (FDIC) se estableció para asegurar los depósitos de los clientes en los bancos comerciales. Las principales herramientas de la FDIC fueron requerir una base de capital adecuada para cada banco e inspecciones periódicas para garantizar la calidad del crédito de los préstamos bancarios. Esto funcionó muy bien durante el periodo 1933-1999. Hubo pocas fallas bancarias y casi ninguna falla importante.

Los bancos de inversión y las corredurías de bolsa estaban reguladas por la Securities and Exchange Commission (SEC, comisión de valores y bolsa). Dichos bancos y corredurías llevaban a cabo actividades mucho más riesgosas que los bancos comerciales. Tales actividades incluían garantizar la colocación de acciones y bonos, participación activa en los mercados de instrumentos derivados y seguros, e inversiones en deuda subprime y otras hipotecas, usando capital propio y capital de deuda, no los depósitos de los consumidores.

El sector de vivienda y los préstamos hipotecarios

Uno de los resultados más importantes de esta nueva apertura y competitividad del mercado fue que muchos prestatarios que anteriormente no reunían los requisitos para conseguir préstamos hipotecarios ahora podían ser sujetos de crédito. Muchos de tales préstamos fueron transparentes tanto en términos de riesgos como de rendimientos. Con frecuencia a los prestatarios se les otorgaban créditos a tasas flotantes, usualmente LIBOR más un pequeño margen de interés. Luego los préstamos se reestructuraban a tasas fijas mucho más altas en un plazo de dos a cinco años. Otras formas incluían contratos de préstamo en los que sólo se pagaban intereses en los primeros años y requerían un aumento posterior en los pagos con reducción del principal, o refinanciamiento completo en fechas subsiguientes. En algunos casos, las estructuras de pago de intereses solamente sobre el préstamo se establecían a tasas de interés iniciales que estaban muy por debajo de las tasas de mercado.

Calidad del crédito. Los préstamos hipotecarios en el mercado estadounidense por lo general se clasifican como hipotecas de primera calidad (*prime* o A-paper), *Alt-A* (alternative-A paper) y *subprime*, en orden creciente de riesgo.[2] Una hipoteca prime se clasifica como *conforme* (también conocida como *préstamo convencional*), lo que significa que satisface los requisitos de garantía para reventa a las empresas patrocinadas por el gobierno (*Government-Sponsored Enterprises*, GSE)

---

[1]La ley ahora permitía combinaciones corporativas como la que existe entre Citibank, un banco comercial, y Travelers Group, una compañía de seguros. La entidad combinada podría proporcionar servicios de banca, seguros y suscripción de emisiones de acciones bajo varias marcas diferentes. Esta combinación estaba estrictamente prohibida por la Ley Glass-Steagall y la Ley de Empresas Controladoras de Bancos.

[2]*Prime* es la tasa de interés fija a 30 años reportada por la Freddie Mac Primary Mortgage Market Survey. *Subprime* es la tasa de interés fija promedio a 30 años en el origen según se calcula mediante el conjunto de datos LoanPerformance. *Subprime premium* es la diferencia entre las tasas prime y subprime.

Fannie Mae y Freddie Mac. Sin embargo, las hipotecas alt-A todavía se consideran préstamos con riesgo relativamente bajo a un prestatario solvente, pero por alguna razón al principio no fueron conformes. (No obstante, aun podrían venderse a una GSE si se incluyeran ciertos mínimos, como 20% de anticipo.) Durante el auge de los mercados de vivienda y bienes raíces en 2003 y 2004, se otorgaron cada vez más créditos hipotecarios a prestatarios clasificados en la categoría alt-A, pues era el préstamo preferido para muchos inmuebles no ocupados por los propietarios. Los inversionistas que deseaban comprar viviendas con propósitos de reventa, el llamado *flipping*, por lo general reunían los requisitos para obtener una hipoteca alt-A, pero no una prime. Hacia finales de 2008 había más de US$1.3 billones en deuda alt-A pendiente de cobro.

La tercera categoría de préstamos hipotecarios, *subprime*, es difícil de definir. En principio, refleja a prestatarios que no satisfacen criterios de aseguramiento. Los prestatarios subprime tienen un riesgo percibido más alto de no pagar, casi siempre como resultado de ciertos elementos de su historial crediticio que pueden incluir quiebra, morosidad, incumplimiento de pago o simplemente experiencia limitada o historial de deuda. Son estructuras casi exclusivamente de tasa flotante, y llevan márgenes de tasa de interés significativamente más altos sobre las bases flotantes como LIBOR.

Los prestatarios subprime por lo general pagan una prima de 2% sobre la tasa prime: el *diferencial subprime*. Desde la perspectiva del prestamista tradicional, la medida clave para cualquier préstamo es el *perfil de terminación*, es decir, la probabilidad de que el prestatario prepague o incumpla con los pagos del préstamo. Históricamente, la tasa de interés real que cualquier prestatario específico pagaría se determina mediante un cúmulo de factores, entre ellos la calificación crediticia del prestatario, el coeficiente préstamo a valor (LTV, *loan-to-value*) de la hipoteca, y el tamaño del anticipo. De forma curiosa, la tasa de interés que se carga no cambia de manera significativa sino hasta que el anticipo cae por debajo de 10%.

El préstamo subprime fue resultado de la desregulación. Hasta 1980, la mayoría de los estados en Estados Unidos tenían límites rigurosos de las tasas de interés para prestamistas/prestatarios. Incluso si un prestamista quería extender una hipoteca a un prestatario subprime a una tasa de interés más alta, y el prestatario estaba dispuesto a pagar la tasa más alta, la ley estatal lo prohibía. Con la aprobación de la Depository Institutions Deregulation and Monetary Control Act (DIDMCA, ley de control monetario y desregulación de instituciones de depósito) de 1980, la ley federal ocupó el lugar de la ley estatal. Pero no fue sino hasta la aprobación de la Tax Reform Act (TRA, ley de reforma fiscal) de 1986 que la deuda subprime se convirtió en un mercado viable. La TRA de 1986 eliminó la deducibilidad fiscal de los préstamos al consumidor, pero permitió deducir de impuestos los cargos de interés asociados con los préstamos hipotecarios sobre residencias primarias y segundas hipotecas. Nació el préstamo subprime.

La creciente demanda de préstamos o hipotecas para dichos prestatarios condujo a que más originadores ofrecieran préstamos a tasas superiores a las del mercado desde finales de la década de 1990. Durante el periodo 2003-2005, dichos préstamos subprime fueron un creciente segmento del mercado.[3] Como se ilustra en la figura 5.1, el crecimiento de activos financieros de todo tipo (medidos aquí como porcentaje del producto interno bruto, PIB) aumentó a más del doble entre finales de las décadas de 1980 y 2008, en poco menos de 20 años

Valores de activos. Uno de los elementos financieros fundamentales de esta deuda creciente fue el valor de los activos que garantizaban las hipotecas: las casas e inmuebles. Conforme la demanda del mercado presionaba los precios, el valor de mercado de los activos de vivienda aumentó. Entonces, el creciente valor se usó como garantía en el refinanciamiento y, en algunos casos, para contratar deuda adicional en la forma de segunda hipoteca con base en el creciente valor líquido de la casa.

Por desgracia, un componente particularmente complejo de este proceso fue que, conforme las casas existentes aumentaban en valor, muchos propietarios se sintieron tentados y motivados a refinanciar las hipotecas existentes. Como resultado, muchos titulares de hipotecas que anteriormente

---

[3]Las hipotecas subprime tal vez nunca superaron 7 u 8% de todas las obligaciones hipotecarias pendientes de cobro en 2007, pero hacia finales de 2008 fueron la causa de más de 65% de las solicitudes de quiebra de propietarios de vivienda en Estados Unidos.

| FIGURA 5.1 | Activos financieros estadounidenses como porcentaje del PIB |

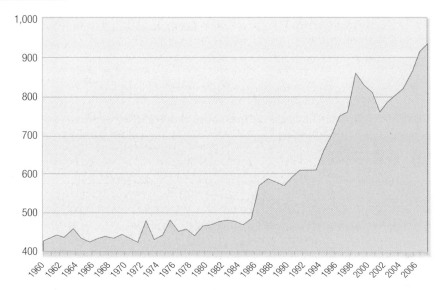

Fuente: Thomson Datastream y U.S. Federal Reserve, citado en "The Financial System
What Went Wrong", *The Economist*, 19 de marzo de 2008.

eran estables se endeudaron más y participaron en contratos de préstamo construidos de manera
más audaz. Los mismos corredores de hipotecas y originadores de préstamos echaron más leña al
fuego, pues los continuos proyectos de refinanciamiento generaban ingresos adicionales por honorarios, un elemento básico de los rendimientos de la industria. La misma industria proporcionaba la
materia prima para su propio crecimiento. Los estudiosos de la historia financiera reconocerán esto
como un relato común detrás de algunas de las burbujas financieras más famosas de la historia.

La deuda hipotecaria como porcentaje del ingreso familiar disponible continuó aumentando
rápidamente en el entorno de negocios de Estados Unidos posterior a 2000. Pero no fue un conflicto
exclusivamente estadounidense, pues las obligaciones de deuda se incrementaron en varios países,
entre ellos Gran Bretaña, Francia, Alemania y Australia. La figura 5.2 ilustra el crecimiento de los
crecientes niveles de deuda familiar para tres países seleccionados hasta mediados de 2008. Al final,
Gran Bretaña tenía una deuda hipotecaria considerablemente mayor que la de Estados Unidos.

La Reserva Federal estadounidense, al mismo tiempo, intencionalmente auxilió al mecanismo
de crecimiento de deuda porque continuó reduciendo las tasas de interés. Las medidas de política
monetaria de la Fed fueron predeciblemente bajar las tasas de interés para ayudar a la economía
estadounidense en su recuperación de la recesión de 2000-2001. Dichas tasas más bajas proporcionaron incentivos adicionales y ayudaron a los prestatarios de todo tipo a establecer nueva
deuda más barata que nunca.

El mecanismo de transmisión: bursatilización y derivados de deuda bursatilizada

Si la deuda subprime fuera la malaria, entonces la bursatilización sería el mosquito portador, el
mecanismo aéreo de transmisión del parásito protozoario. El vehículo de transporte para la creciente deuda de menor calidad fue una combinación de bursatilización y reestructuración ofrecidos por una serie de nuevos derivados financieros.

| FIGURA 5.2 | Deuda familiar como porcentaje del ingreso disponible, 1990-2008 |

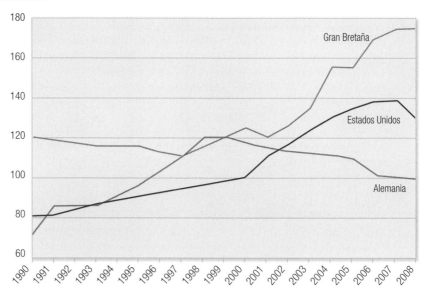

Fuente: Deutsche Bundesbank, UK Statistics Authority, U.S. Federal Reserve, *The Economist*.

Bursatilización

Desde hace mucho tiempo, la *bursatilización* ha sido una fuerza de cambio en los mercados financieros globales. La *bursatilización* es el proceso de convertir un activo ilíquido en un activo líquido fácil de vender. El elemento clave está en la interpretación de la palabra *líquido*. *Líquido*, en el campo de las finanzas, es la capacidad para intercambiar un activo por efectivo, de manera instantánea, a valor de mercado.[4] Aunque numerosos países han usado la bursatilización como método para crear mercados líquidos para deuda y financiamiento de capital desde la Segunda Guerra Mundial, Estados Unidos fue uno de los últimos grandes países industriales en usar la bursatilización en sus sistemas de ahorro y préstamo y banca comercial. Sin embargo, en la década de 1980 se introdujo la bursatilización en los mercados de deuda estadounidenses, y su crecimiento ha sido descontrolado desde entonces. En su forma más pura, la bursatilización elimina en esencia a los intermediarios financieros tradicionales, por lo general bancos, para ir directamente a los inversionistas en el mercado con la finalidad de recaudar fondos. Como resultado, con frecuencia puede reducir los costos del crédito tanto para prestamistas como para prestatarios y posiblemente aumentar los rendimientos para los inversionistas, puesto que se eliminan los intermediarios financieros.

El crecimiento en el otorgamiento de préstamos subprime y préstamos alt-A en los mercados de deuda estadounidenses posteriores a 2000 dependió de esta misma fuerza de bursatilización. Las instituciones financieras extendieron más y más préstamos de todo tipo: hipotecarios, corporativos, industriales y respaldados por activos, y luego sacaron dichos contratos de préstamos y bonos de sus balances generales para transferirlos a vehículos de propósito especial y, a final de cuentas, a los siempre crecientes mercados líquidos usando la bursatilización. Los activos bursatilizados tomaron dos formas principales: *obligaciones con garantía hipotecaria* (MBS, *mortgage-backed securities*) y *títulos respaldados por activos* (ABS, *asset-backed securities*). Los ABS incluían segundas hipotecas y préstamos sobre el valor líquido de la propiedad, basados en hipotecas, además de cuentas por cobrar de tarjeta de crédito, préstamos para la adquisición de automóviles y varios otros.

[4]Liquidez es un término que no se entiende ampliamente. Un ejemplo pertinente sería la capacidad de un propietario de vender su casa al contado el día de hoy. Aunque podría hacerlo, muy probablemente recibiría un pago en efectivo muy inferior al verdadero valor del activo, es decir, el valor justo de mercado.

El crecimiento fue rápido, como se ilustra en la figura 5.3, y las *obligaciones con garantía hipotecaria* (MBS) totalizaron más de US$27 billones hacia finales de 2007, cinco veces más que en 1990, y representaban 39% de todos los préstamos pendientes de cobro en el mercado estadounidense. De US$1.3 billones en deuda alt-A pendiente de cobro a finales de 2008, más de US$600,000 millones de la misma se bursatilizó, aproximadamente igual que las obligaciones subprime pendientes.

La crisis del crédito de 2007-2008 renovó una gran parte del debate acerca del uso de la bursatilización. Históricamente, ésta se ha visto como un dispositivo exitoso para crear mercados líquidos para muchos préstamos y otros instrumentos de deuda que no eran negociables y, por tanto, no podían sacarse de los balances generales de los bancos y otras organizaciones financieras que originan la deuda. Con la bursatilización de la deuda, la cartera de préstamos y otros instrumentos de deuda puede reestructurarse y revenderse en un mercado más líquido, lo que libera a las instituciones originadoras para otorgar más préstamos y aumentar el acceso al financiamiento de deuda para más buscadores de hipotecas o usuarios de préstamos comerciales.

No obstante, el problema es que la bursatilización puede degradar la calidad del crédito. Cuando el prestamista (el originador) tenía que "cargar" con el préstamo, se preocupaba de asegurar la calidad del préstamo y la capacidad del prestatario para pagar en forma oportuna. El prestamista tenía interés personal en la monitorización continua del comportamiento del prestatario durante la vida de la deuda.

Sin embargo, la bursatilización rompió ese lazo. Ahora el originador podría originar y vender el préstamo sin responsabilizarse de la capacidad última del prestatario para satisfacer la obligación del crédito. Los críticos argumentan que la bursatilización proporciona incentivos para la rápida y posiblemente descuidada valoración de calidad de crédito. Los originadores ahora pueden enfocarse en la generación de más y más comisiones a través de más préstamos (originación) y no preocuparse por el desempeño real del préstamo a través del tiempo. El modelo de originar para distribuir (OTD, *originate-to-distribute*) fragmentó los riesgos y rendimientos bancarios tradicionales. Bajo el marco del OTD, una vez otorgado y revendido el préstamo, la capacidad de cualquier institución que vendiera la cartera de préstamos para dar seguimiento y monitorizar el comportamiento del prestatario era insignificante.

| FIGURA 5.3 | Préstamos bursatilizados pendientes de pago (billones de US$) |

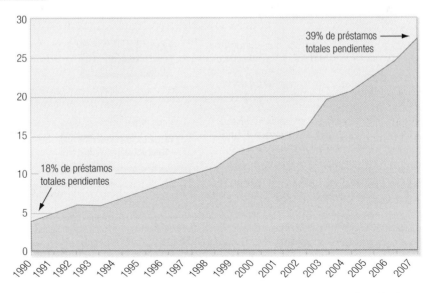

Fuente: Reserva Federal de Estados Unidos, NERA Economic Consulting, citado en "Securitization: Fear and Loathing and A Hint of Hope", *The Economist*, 14 de febrero de 2008.

Los partidarios de la bursatilización reconocen que ella permitió el otorgamiento de numerosas hipotecas y préstamos subprime. Pero esos mismos créditos permitieron a más compradores de casas y operadores comerciales gozar de financiamiento a bajo costo, lo que influyó para que la propiedad de vivienda y las actividades de las pequeñas empresas fueran más costeables y accesibles. Más aún, aunque claramente hubo un abuso en el otorgamiento de hipotecas subprime, muchos creen que el sistema estadounidense era particularmente vulnerable y no tenía establecidos suficientes requisitos o principios para los criterios fundamentales de evaluación de la calidad del crédito, como los historiales crediticios. Los defensores de la bursatilización argumentan que si estos errores se corrigen, la bursatilización tendría la capacidad de alcanzar realmente sus objetivos de crear mercados más líquidos y eficientes sin degradar la calidad de los instrumentos y obligaciones.

Desde luego, la bursatilización por sí sola no garantiza un mercado para las obligaciones; simplemente cambió su forma, pero todavía se necesita un mercado para las obligaciones no conformes.

Vehículos de inversión estructurada

La organización que ocupó este nicho de mercado, el comprador de mucha de la deuda no conforme bursatilizada, fue el vehículo de inversión estructurada. El *vehículo de inversión estructurada* (SIV, *structured investment vehicles*) fue el dispositivo de intermediación financiera por excelencia: recaudaba dinero emitiendo títulos de deuda a corto plazo e invertía esos fondos a largo plazo. El SIV fue una entidad fuera del balance general creada por Citigroup en 1998. Se diseñó para permitir al banco crear una entidad de inversión que invertiría en activos a largo plazo y de alto rendimiento, como bonos con grado especulativo, obligaciones con garantía hipotecaria (MBS) y obligaciones de deuda con colateral (CDO), mientras se financiaba con emisiones de papel comercial (PC). Desde hace mucho, el PC ha sido una de las fuentes de financiamiento de menor costo para cualquier empresa. El problema, desde luego, es que los compradores de emisiones de PC deben tener plena confianza en la calidad crediticia de la unidad de negocios. Y eso, al final, fue la causa de la desaparición del SIV.

La figura 5.4 ofrece un breve panorama de la estructura básica del SIV. El financiamiento del SIV típico era bastante simple: con un mínimo de capital propio, el SIV emitía deuda a muy corto plazo: papel comercial, préstamos interbancarios o pagarés a mediano plazo. Los bancos patroci-

---

FIGURA 5.4   Vehículos de inversión estructurada (SIV)

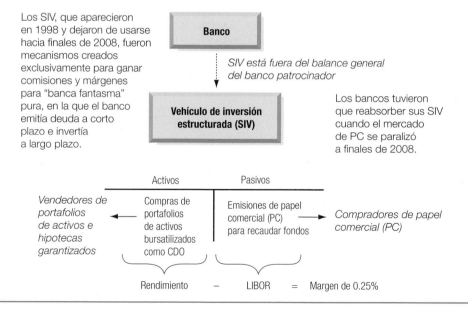

Los SIV, que aparecieron en 1998 y dejaron de usarse hacia finales de 2008, fueron mecanismos creados exclusivamente para ganar comisiones y márgenes para "banca fantasma" pura, en la que el banco emitía deuda a corto plazo e invertía a largo plazo.

Banco

SIV está fuera del balance general del banco patrocinador

Vehículo de inversión estructurada (SIV)

Los bancos tuvieron que reabsorber sus SIV cuando el mercado de PC se paralizó a finales de 2008.

Activos — Pasivos

Vendedores de portafolios de activos e hipotecas garantizados

Compras de portafolios de activos bursatilizados como CDO

Emisiones de papel comercial (PC) para recaudar fondos

Compradores de papel comercial (PC)

Rendimiento − LIBOR = Margen de 0.25%

nadores proporcionaban líneas de crédito de respaldo para garantizar las calificaciones crediticias más altas para las emisiones de PC. Entonces, el SIV usaba el dinero obtenido para comprar carteras de títulos con mayor rendimiento que tenían calificaciones crediticias con grado de inversión. El SIV generaba un margen de interés de aproximadamente 0.25% en promedio, y actuaba como intermediario en el proceso bancario fantasma.

La calidad del crédito de muchos activos comprados (por ejemplo, obligaciones de deuda con colateral (CDO), como se describe en la siguiente sección), ha sido el tema de gran debate después del hecho. Un portafolio de hipotecas subprime, que por definición no tiene calidad crediticia de grado de inversión, con frecuencia alcanzaba la calificación de grado de inversión debido a la creencia en la teoría de portafolio. La teoría sostenía que, aunque un solo gran prestatario subprime constituía un riesgo considerable, un portafolio bursatilizado de prestatarios subprime (hecho pedacitos, en cierto sentido), representaba un riesgo significativamente menor de incumplimiento de pago del crédito y por tanto podría obtener la calificación de grado de inversión.

Sin embargo, la teoría resultó ser falsa. Cuando el auge de la vivienda se vino abajo en 2007, las hipotecas subprime subyacentes a estas CDO fracasaron, lo que hizo que el valor del portafolio de activos del SIV instantáneamente redujera su valor (la contabilidad de ajuste al mercado requiere revaluación en tiempo real de los activos). Conforme caía el valor de los activos, los compradores de PC basado en SIV desaparecieron. Dado que por principio de cuentas los bancos patrocinadores de muchos SIV tenían que ofrecer líneas de crédito de respaldo a sus SIV para obtener calidad de crédito A1/P1, los bancos se vieron obligados a retroceder y financiar sus propios SIV. En la segunda mitad de 2007 y la primera mitad de 2008, la mayoría de los SIV fueron cerrados o reconsolidados con sus bancos patrocinadores. En octubre de 2008, los SIV eran cosa del pasado.

Al final, tanto la aparición como la desaparición de los SIV fueron un tanto simbólicos de tres fuerzas principales que muchos creen que estuvieron detrás de la crisis de crédito de 2007 y 2008: instrumentos financieros complejos, entidades contables fuera del balance general y creciente uso del apalancamiento.

> *"Los SIV sólo son una parte de la historia de los problemas de crédito de 2007 y 2008, pero son aleccionadores porque incluyen tres características que contribuyeron a los disturbios en todas partes. Primero, requerían el uso de títulos innovadores, que eran difíciles de valorar en la mejor de las circunstancias y que tenían poca historia para indicar cómo podrían comportarse en una grave depresión del mercado. Segundo, se subestimaron los riesgos: los SIV fueron una forma de especulación enormemente apalancada, que dependía de la suposición que los mercados siempre ofrecen liquidez. Finalmente, eran entidades fuera del balance general: pocos en el mercado (o acaso en los organismos de regulación) tenían una idea precisa del alcance o naturaleza de sus actividades hasta que se presentó el problema. El resultado de la interacción de dichos factores con una aguda depresión en el mercado de vivienda es el periodo de inestabilidad continua más largo en los mercados financieros estadounidenses desde la Gran Depresión."*

> —"Averting Financial Crisis", Informe del CRS al Congreso, por Mark Jickling, Congressional Research Service, 8 de octubre de 2008, p. CRS-5.

Conforme la crisis de 2008 se profundizaba y convertía en la recesión de 2009, muchos legisladores y reguladores de varios países y continentes debatieron la posible regulación de los derivados financieros que pudieron contribuir a la crisis. Los gobiernos de la Unión Europea y de Estados Unidos examinaron con mucho detenimiento dos derivados específicos, las *obligaciones de deuda con colateral* (CDO) y los *swaps de incumplimiento de pago* (CDS), para determinar qué papel desempeñaron en la crisis, y cómo podían ponerse bajo control.

Obligaciones de deuda con colateral (CDO)

Uno de los principales instrumentos en esta nueva bursatilización creciente fueron las *obligaciones de deuda con colateral*, o CDO, que se muestran en la figura 5.5. Los bancos que originaban

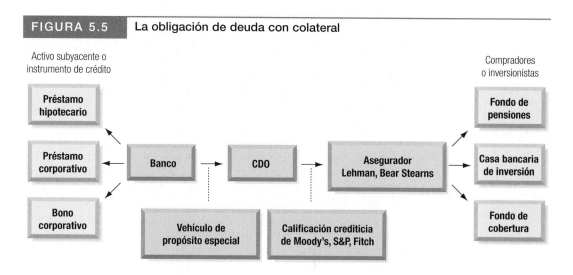

FIGURA 5.5 La obligación de deuda con colateral

La *obligación de deuda con colateral*, CDO, es un instrumento derivado que se crea a partir de hipotecas y préstamos bancarios, combinados en un portafolio con obligaciones de deuda similares, que luego se revende a varios inversionistas a través de aseguradores de bancos de inversión. La calificación crediticia de la CDO, con base en sus componentes constituyentes, es crucial para la facilidad de venta a los inversionistas.

préstamos hipotecarios, y préstamos y bonos corporativos, ahora podían crear un portafolio de dichos instrumentos de deuda y empacarlos como un título respaldado por activo. Una vez empacado, el banco transfería el título a un *vehículo de propósito especial* (SPV), con frecuencia ubicado en un centro financiero en el extranjero, como las Islas Caimán, por ventajas legales y fiscales.[5] Los SPV ofrecían algunas ventajas distintivas, como la capacidad de permanecer fuera del balance general si se financiaban y operaban de manera adecuada. A partir de ahí, la CDO se vendía en un creciente mercado mediante aseguradores. Esto liberaba los recursos financieros del banco para originar más préstamos y cobrar una amplia variedad de comisiones. Una comisión típica era de 1.1% por adelantado al asegurador de la emisión de CDO. El colateral en la CDO era el bien raíz, la aeronave, el equipo pesado u otra propiedad que se compró con el préstamo.

Estas CDO se vendieron al mercado en categorías que representaban la calidad del crédito de los prestatarios en las hipotecas: *tramos superiores* (calificados AAA), *tramos medios* o de *mezzanine* (AA hasta BB) y *tramos de capital* (por debajo de BB, con estatus de bono chatarra, muchos de los cuales no estaban calificados). El marketing y las ventas de las CDO estuvieron a cargo de las principales casas bancarias de inversión que ahora consideraban que el ingreso por comisiones era fácil de conseguir y rentable. Dichas casas, Lehman Brothers, Bear Stearns, AIG y otras, se arrepentirían más tarde del día en que arriesgaron su futuro por su nueva adicción a las CDO. La figura 5.5 detalla este flujo de CDO a comprador.

Aunque a primera vista esto parecía relativamente sencillo, en la práctica resultó ser bastante complicado. Una colección de bonos corporativos o hipotecas subprime se combinaban en un portafolio: la CDO; que se transfería entonces a una calificadora, empresas como Moody's, S&P y Fitch, para que otorgaran una calificación al título. A las empresas calificadoras se les pagaba por emitir una calificación, y con frecuencia estaban bajo enorme presión para realizar su análisis y calificar rápidamente la CDO. Como resultado, era práctica común usar la información proporcionada por el asegurador para decidir la calificación, en lugar de hacer un análisis crediticio propio. Un segundo conflicto, un tanto confuso, fue que también era posible que una colección de bonos, por

[5]Algunos lectores quizá recuerden el ignominioso pasado de los SPV por el extenso uso que les dio Enron para adquirir más y más deuda, fuera del balance general, para alimentar su modelo de negocios en caída continua a finales de la década de 1990.

decir bonos BB, calificaran por arriba de BB cuando se combinaban en una CDO. Al final, las calificaciones ofrecidas por las empresas calificadoras fueron cruciales para que el asegurador pudiera vender la CDO rápidamente y a un precio favorable. Muchas instituciones de inversión establecen políticas estrictas que requieren grado de inversión (BBB y superior) para comprar.

La CDO se convirtió en el activo preferido *du jour*, ya que las instituciones financieras de todo tipo, desde fondos de pensión hasta fondos de cobertura, compraron los activos y ganaron tasas de interés y rendimientos relativamente altos mientras la economía, el sector inmobiliario y el mercado de préstamos hipotecarios estuvieron en auge de 2001 a 2007. Dichos mercados, auxiliados sustancialmente por mercados accionarios con lento desempeño y tasas de interés relativamente bajas, se beneficiaron de los inversionistas que se apresuraron a incursionar en la inversión y especulación en bienes raíces. En 2007, el mercado de CDO alcanzó un nivel récord de más de US$600,000 millones.

Desde luego, el valor real de la CDO no era mejor o peor que sus dos impulsores de valor principales. El primero era el desempeño de la garantía de la deuda que tenía, los pagos continuos realizados por los prestatarios originales sobre sus hipotecas individuales. Si por alguna razón dichos prestatarios no podían realizar pagos oportunos del servicio de la deuda, por cambios en las tasas de interés o niveles de ingreso, los valores de la CDO caerían. El segundo motor, que pasó inadvertido hasta que ocurrió la crisis, fue la disposición de las muchas instituciones y operadores de CDO a seguir formando un mercado para el derivado. Este componente de liquidez más tarde resultaría desastroso.

Propiedad. Una de las preocupaciones acerca de las CDO desde el principio, anunciado por muchas personas, incluido Warren Buffett, el famoso inversionista estadounidense, fue que el originador de la CDO no tenía un vínculo continuo o responsabilidad con la hipoteca. Una vez que el préstamo hipotecario se otorgaba y la CDO se estructuraba y vendía, el prestamista de la hipoteca dejaba de tener responsabilidad por el desempeño del préstamo. Comúnmente, se pensó que esto era un fallo fatal. Ofrecía un incentivo considerable para que los originadores de hipotecas hicieran cada vez más préstamos de calidad crediticia cuestionable, ya que cobraban sus honorarios y transferían los títulos al mercado. Desde luego, los compradores en el mercado también eran responsables de asegurarse de la calidad de los activos que compraban. También descubrieron que era sencillo transferir las CDO a otros participantes del mercado, ya fueran instituciones como Freddie Mac en Estados Unidos, u organizaciones de banca comercial o de inversión en Londres, París, Hong Kong o Tokio.

Cuidado con el boquete. Una segunda característica de falla potencial fue cómo las CDO encajaban dentro de las estructuras organizacionales de las mismas instituciones financieras. Los préstamos hipotecarios originales eran un activo sumamente ilíquido y por lo general se registraban en lo que podría llamarse el "libro de préstamos" de una institución financiera. Una vez que las hipotecas se combinaban en un portafolio bursatilizado, la CDO, se negociaban en un mercado que era relativamente invisible, sin regulación real o informes de la actividad del mercado. Las CDO se traspasaron al "libro de mercado" de las instituciones financieras. En algunas organizaciones, estos libros diferentes significaban diferentes departamentos, personal y actividades de monitorización. La rendición de cuentas fallaba con frecuencia.

El mercado de CDO alcanzó lo que algunos banqueros de inversión caracterizaron como "hambre frenética" en el otoño de 2006, ya que el apetito de nuevas emisiones parecía insaciable. Nacieron las *CDO sintéticas*. Éstas eran estructuras en las que la CDO en realidad no contenía deuda, sino que se construían meramente con contratos derivados combinados para "imitar" los flujos de efectivo de muchas otras CDO. Una emisión, la *CDO Mantoloking*, ofrecida por Merrill Lynch en octubre de 2006, fue representativa de otro nuevo extremo. *Mantoloking* era una "CDO al cuadrado", una CDO que contenía otras CDO. Conforme se creaban cada vez más CDO, todos los componentes subprime que eran indeseables o inaceptables para los inversionistas potenciales se iban agrupando; Mantoloking fue, en efecto, un vertedero.[6] Los instrumentos CDO al

---

[6] "Frenzy", Jill Drew, *The Washington Post*, martes 16 de diciembre de 2008, p. A1.

cuadrado no sólo contenían préstamos y bonos con calidad cada vez menor, sino que también eran, por lo general, CDO enormemente subordinadas a los instrumentos originales que soportaban.

Sin importar la debilidad de las CDO, se convirtieron en un sostén principal de la actividad de la banca de inversión global hacia 2007. Para cuando los primeros descalabros reales aparecieron en el mercado en 2007, las CDO se habían extendido por todo lo ancho del mercado financiero global. Más tarde, muchos argumentarían que actuaron como un cáncer para el futuro de la salud del sistema. El comienzo del fin fue el colapso de dos fondos de cobertura de Bear Stearns en julio de 2007. Ambos fondos estaban casi completamente constituidos con CDO. En menos de un mes el mercado de CDO era completamente ilíquido. Quienquiera que intentara liquidar una CDO se encontraba con ofertas que se aproximaban a 0.08 por dólar. El mercado efectivamente colapsó, como se ilustra en la figura 5.6.

Swaps de incumplimiento de pago (CDS)

"A pesar de su nombre amenazador, el CDS es una idea simple: permite a un inversionista comprar seguro contra una compañía que deja de pagar su deuda. Cuando se inventó, el CDS era un concepto útil porque más personas se sentían cómodas de tener deuda corporativa si podían eliminar el riesgo de que el emisor quebrara. El apetito adicional de deuda ayudó a reducir el costo del capital".

— "Derivatives: Giving Credit Where It Is Due", *The Economist*, 6 de noviembre de 2008.

El segundo derivado de importancia creciente, o preocupación, fue el *swap de incumplimiento de pago* (CDS), que era un contrato, un derivado, cuyo valor dependía de la calidad del crédito y el desempeño de un activo específico. El CDS era nuevo, fue inventado por un equipo de JPMorgan en 1997, y se diseñó para trasladar el riesgo de incumplimiento de pago a una tercera parte. En resumen, era una forma de apostar a si una hipoteca o título específico dejaría de pagarse oportunamente o no se pagaría en absoluto. En algunos casos, como cobertura, ofrecía seguro contra la posibilidad de que un prestatario pudiera no pagar. En otros, era una forma en la que un especulador podía apostar contra los títulos cada vez más riesgosos (como la CDO), para sostener su

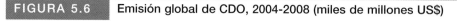

FIGURA 5.6   Emisión global de CDO, 2004-2008 (miles de millones US$)

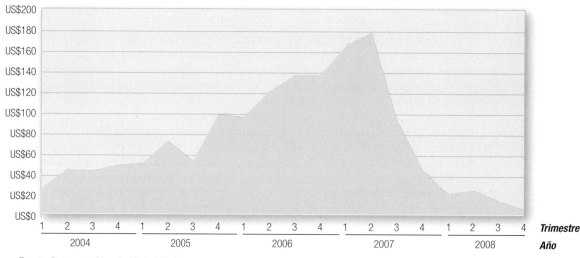

Fuente: Datos extraídos de "Global CDO Market Issuance Data", Securities Industry and Financial Markets Association (SIFMA), sigma.org.

valor. Y, como característica extraordinaria, uno podía hacer la apuesta sin jamás tener en su poder o estar directamente expuesto al instrumento de crédito.

Los CDS estaban completamente fuera de las fronteras reguladoras y obtuvieron protección excepcional como resultado de la Commodity Futures Modernization Act de 2000. El CDS era de hecho una posición o jugada que había estado prohibida por la ley durante más de un siglo; esto es, hasta que se adoptaron medidas importantes para desregular el mercado financiero en 1999 y 2000. Una *bucket shop* era una especie de casa de juego en la que uno podía especular acerca de si el precio de las acciones aumentaría o disminuiría sin ser propietario de la acción. Tenga en cuenta que esto no es lo mismo que una *posición corta*. Una *posición corta* es cuando un especulador apuesta a que el precio de un título bajará y se compromete a vender una acción real a una segunda parte en una fecha futura a un precio específico. El especulador espera que el precio de la acción baje para poder comprarlo en el mercado abierto a un precio menor. Entonces puede usar dicha acción para cumplir la obligación de venderla. Para suscribir o vender las posiciones sólo es necesario encontrar una contraparte que quiera tomar la posición opuesta (a diferencia de ser dueño de las acciones). Como resultado, el mercado de CDS, estimado en US$62 billones en su época de auge, creció a un tamaño que era muchas veces el de los instrumentos de crédito subyacentes para cuya protección se creó.

En la figura 5.7 se ilustran los flujos de efectivo y posiciones de CDS. La organización que desea adquirir seguro contra una potencial caída en la calidad de un crédito (el contratante de cobertura), o cualquier organización que piense que un acontecimiento crediticio negativo específico ocurrirá a corto plazo (un especulador), es el *comprador de protección*. El *vendedor de protección* es cualquier organización que desee tomar el lado opuesto de la transacción, sin importar si la institución tiene alguna tenencia o interés particular en el activo o instrumento de crédito en cuestión. Este aspecto de los CDS es el que ha sido motivo de preocupación: el hecho de que los participantes en el mercado no tengan ninguna propiedad o interés real en los instrumentos de crédito

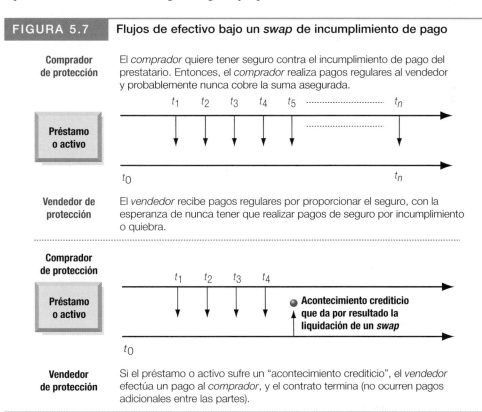

FIGURA 5.7   Flujos de efectivo bajo un *swap* de incumplimiento de pago

Comprador de protección

El *comprador* quiere tener seguro contra el incumplimiento de pago del prestatario. Entonces, el *comprador* realiza pagos regulares al vendedor y probablemente nunca cobre la suma asegurada.

Préstamo o activo

Vendedor de protección

El *vendedor* recibe pagos regulares por proporcionar el seguro, con la esperanza de nunca tener que realizar pagos de seguro por incumplimiento o quiebra.

Comprador de protección

Préstamo o activo

Acontecimiento crediticio que da por resultado la liquidación de un *swap*

Vendedor de protección

Si el préstamo o activo sufre un "acontecimiento crediticio", el *vendedor* efectúa un pago al *comprador*, y el contrato termina (no ocurren pagos adicionales entre las partes).

que son objeto de la protección. Simplemente deben tener un punto de vista. Es evidente que también necesitaban más dinero del que tenían para cumplir su promesa de protección. Otra preocupación creciente es que los CDS permiten a los bancos romper los vínculos con sus prestatarios, lo que reduce los incentivos para seleccionar y monitorizar la capacidad de pago de los prestatarios.

La parte superior de la figura 5.7 ilustra lo que en general se espera que suceda al pasar el tiempo con las posiciones y obligaciones del comprador y el vendedor de protección. El comprador realiza pagos regulares de primas nominales al vendedor durante la vigencia del contrato. Si no hay acontecimiento crediticio negativo significativo durante el plazo del contrato, el vendedor de protección gana sus primas con el tiempo y nunca tiene que pagar un reclamo significativo. En esencia, es seguro simple.

Sin embargo, la mitad inferior de la figura 5.7 cuenta una historia muy diferente. Éste es el caso en el que, por decir, en el periodo 4 del contrato del *swap*, el instrumento de crédito objeto del contrato sufre un acontecimiento crediticio (por ejemplo, quiebra). Entonces, el vendedor de protección tiene que cumplir su obligación de realizar el pago acordado al comprador de protección. Lo único que se necesita para el cumplimiento exitoso del contrato es que el vendedor de protección realmente tenga capital suficiente o seguro propio para cubrir sus obligaciones. Pero, citando a Shakespeare, "sí, y ved aquí el grande obstáculo".[7] Continúan las dudas sobre la suficiencia del capital. De acuerdo con *The Economist*, los vendedores de CDS en 2007 estaban dispersos a través de varias instituciones financieras. Luego, todos se apiñaron en el mercado: 44% bancos, 32% fondos de cobertura, 17% compañías aseguradoras, 4% fondos de pensión y 3% otros.[8]

Como resultado del crecimiento del mercado CDS en un segmento completamente desregulado, no hubo documentación o registro real de las emisiones, ni requisitos para que los colocadores o vendedores contaran con el capital suficiente para garantizar el cumplimiento contractual, ni mercado real para garantizar la liquidez, y sólo dependían de acuerdos uno a uno con las contrapartes. Como se ve en la figura 5.8, el mercado prosperó. Las nuevas propuestas de regulación del mercado se centraron en exigir ante todo a los participantes que tuvieran una exposición real a un instrumento u obligación de crédito. Esto eliminaba a los especuladores externos que simplemente querían tener una posición en el mercado. También se necesitaba la formación de cierto tipo de cámara de compensación para ofrecer la operación y valuación sistemática de todas las posiciones de CDS en todo momento.

Los críticos de la regulación argumentan que el mercado ha superado muchos retos, como las quiebras de Bear Stearns y Lehman Brothers (que en algún momento se estimó que era el vendedor de 10% de las obligaciones de CDS globales), la casi quiebra de AIG y el incumplimiento de pago de las asociaciones Freddie Mac y Fannie Mae. A pesar de estas dificultades, el mercado de CDS sigue funcionando y acaso aprendió sus lecciones. Los defensores argumentan que la transparencia creciente de la actividad puede ofrecer suficiente información para aumentar la fortaleza y liquidez del mercado..

> *"Todo lo cual deja una pregunta de US$55 billones. Si las compañías quiebran en masa, ¿qué sucederá con los derivados que aseguran contra el incumplimiento de pago, conocidos como swaps de incumplimiento de pago (CDS)? El colapso de Lehman Brothers, un banco de inversión, y otros desastres financieros, suscitan temores de que los vendedores de dichos productos, a saber bancos y compañías de seguros, no cumplan sus compromisos. Una cascada de suspensiones de pago podría multiplicarse muchas veces a través de los derivados, lo que abriría otro boquete en el sistema financiero. Hoy se cree que los CDS, alguna vez considerados una maravillosa herramienta de administración del riesgo, sólo agrandarán el riesgo en lugar de mitigarlo."*
>
> —"Dirty Words: Derivatives, Defaults, Disaster ...,"
> por Henry Tricks, *The World*, 19 de noviembre de 2008.

[7]Del famoso monólogo "ser o no ser" de Hamlet, de William Shakespeare, 1603.

[8]"Credit Derivatives: The Great Untangling", *The Economist*, 6 de noviembre de 2008.

| FIGURA 5.8 | Crecimiento del mercado de *swaps* de incumplimiento de pago |

Importe en circulación en billones de dólares estadounidenses

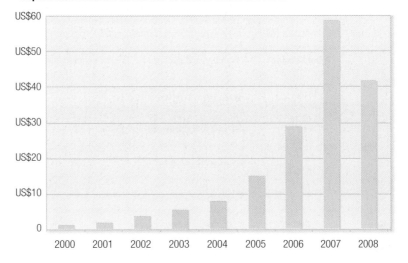

Fuente: Datos tomados de Table 19: Amounts Outstanding of Over-the-Counter-Derivatives, by Risk Category and Instrument, *BIS Quarterly Review*, junio de 2009, bis.org.

Mejoramiento del crédito

Un elemento final que trabaja de manera silenciosa en los mercados de crédito, y que comenzó a finales de la década de 1990, fue el proceso de *mejoramiento del crédito*. El *mejoramiento de crédito* es el método para hacer que las inversiones sean más atractivas para los compradores potenciales mediante la reducción de su riesgo percibido. A mediados de la década de 1990, los colocadores de varios títulos respaldados por activos (ABS) con frecuencia utilizaron agencias de seguros de bono para hacer sus productos "más seguros" tanto para ellos como para los compradores potenciales. Dichas agencias de seguros de bonos eran terceras partes, no una parte directa de la colocación y venta, sino garantes en el caso de incumplimiento de pago. La práctica se generalizó, en específico con la colocación de préstamos ABS sobre el valor líquido de la vivienda.

Sin embargo, a comienzo de 1998, se introdujo un enfoque más innovador del mejoramiento del crédito en la forma de *subordinación*. El proceso de *subordinación*, que se ilustra en la figura 5.9, combinaba diferentes grupos de activos (bonos corporativos, MBS, ABS, etcétera) de diversa calidad de crédito, en diferentes tramos por calidad de crédito. Los tramos superiores contenían préstamos de alta calidad, y los tramos intermedios e inferiores se integraban con préstamos de calidad relativamente inferior, como préstamos alt-A y jumbo. En muchos sentidos, eran préstamos no conformes técnicamente, pero todavía se consideraban de calidad relativamente alta y de bajo riesgo para el inversionista. Los tramos finales, esto es, los tramos subordinados, estaban compuestos de préstamos subprime que claramente eran considerados de alto riesgo, y como resultado, pagaban mayor interés. El interés más alto de los componentes subprime hacía que todo el paquete combinado ofreciera mayor rendimiento, ya que tenía un rendimiento por interés promedio ponderado más alto. Dichas estructuras subordinadas eran particularmente atractivas para los titulares de tramos superiores, pues ganaban un mayor rendimiento como resultado de los componentes intermedio e inferior, pero conservaban los derechos preferenciales a recibir pagos en el caso de insolvencia.

FIGURA 5.9   Construcción de CDO y mejoramiento del crédito

Los CDO se construyeron como portafolios de instrumentos bursatilizados que reunían activos de diferente riesgo con la finalidad de ofrecer mayor rendimiento a los inversionistas. Un CDO típico combinaba tramos basados tanto en la calificación de deuda (AAA, A, etcétera) como en el capital.

Con la inclusión de componentes de calidad crediticia menor, se esperaba que el rendimiento global del CDO mejorara mientras el riesgo global, como resultado del portafolio, era aceptable.

Subordinación	Tramo y calificación	Posible rendimiento de interés	Cascada de efectivo
Deuda mezzanine superior	AAA	LIBOR + 50 bp	
	A	LIBOR + 150 bp	
Deuda mezzanine inferior	BBB	LIBOR + 300 bp	
	BB	LIBOR + 800 bp	
Capital	Sin calificación	Residual	

En el caso de insolvencia y quiebra de los activos del portafolio, la *cascada de efectivo* fluía de arriba abajo, y las posiciones inferiores de mezzanine y capital/residual probablemente recibían poco del flujo de efectivo al momento de la amortización.

Un tercer método de mejoramiento del crédito en la era posterior a la burbuja de alta tecnología (posterior a 2000) fue el uso de los *swaps* de incumplimiento de crédito (CDS) descritos en la sección anterior. El comprador de un CDO que tuviera varios títulos respaldados por activos o hipotecas podía usar un *swap* de incumplimiento de crédito para obtener protección adicional contra el incumplimiento del CDO a lo que resultaron ser tasas relativamente baratas.

La caída: la crisis de 2007 y 2008

El mercado de vivienda comenzó a tambalearse a finales de 2005, con crecientes signos de colapso a lo largo de 2006. La burbuja finalmente se rompió en la primavera de 2007. Estados Unidos no estaba solo, pues los mercados de vivienda del Reino Unido y Australia siguieron rutas similares. Lo que siguió fue literalmente un efecto dominó de colapso de préstamos y títulos, seguido por los fondos e instituciones que eran sus titulares. En julio de 2007 dos fondos de cobertura en Bear Stearns, que controlaban varios CDO y otros activos basados en hipotecas, quebraron. Poco después, Northern Rock, una importante organización bancaria británica, fue rescatada al borde del colapso por el Banco de Inglaterra. A comienzo de septiembre de 2007, los mercados financieros globales casi entraron en pánico, pues una multitud de instituciones financieras en varios continentes sufrieron retiros masivos. Las tasas de interés se elevaron, los mercados de capital cayeron y las primeras etapas de la crisis recorrieron la economía global.

El año 2008 resultó incluso más volátil que 2007. Los precios del petróleo crudo, así como los precios de casi todas las demás materias primas, se elevaron a tasas astronómicas en la primera mitad del año. El crecimiento masivo en las economías china e india, y de hecho en muchos mercados emergentes en el mundo, continuó a ritmo constante. Y de pronto, se detuvo. El crudo alcanzó un máximo histórico de US$147/barril en julio y luego de desplomó, como sucedió con el precio de casi todas las otras materias primas, entre ellas el cobre, níquel, madera, concreto y acero.

Cuando los mercados hipotecarios se tambalearon, intervino la Reserva Federal estadounidense. El 10 de agosto de 2008, la Fed compró un récord de US$38,000 millones en títulos respaldados por hipotecas con la intención de inyectar liquidez a los mercados de crédito. El 7 de septiembre de 2008, el gobierno estadounidense anunció que colocaría a Fannie Mae (la Federal National Mortgage Association) y a Freddie Mac (la Federal Home Loan Mortgage Corporation) en custodia. En esencia, el gobierno tomaba el control de las instituciones como resultado de su casi insolvencia. Durante la siguiente semana, Lehman Brothers, uno de los bancos de inversión más antiguos en Wall Street, luchó por sobrevivir. Finalmente, el 14 de septiembre, Lehman se declaró en quiebra. Como se describe en el minicaso al final de este capítulo, ésta fue con mucho la quiebra individual más grande en la historia estadounidense.

El lunes 15 de septiembre los mercados reaccionaron. Los mercados accionarios se desplomaron. Mucho más importante en varios sentidos para la seguridad financiera de las empresas multinacionales, las tasas LIBOR del dólar estadounidense se dispararon por los cielos, como se ilustra en la figura 5.10, como resultado de la creciente percepción internacional del colapso financiero de las instituciones bancarias estadounidenses. Al día siguiente, American International Group (AIG), el conglomerado de seguros estadounidense, recibió una inyección de US$85,000 millones de la Reserva Federal estadounidense, a cambio de 80% de participación en el capital. AIG corría muchos riesgos por sus *swaps* de incumplimiento de crédito. Aunque los mercados de dólares parecían calmados, las siguientes semanas vieron periodos renovados de colapso y calma, conforme más y más instituciones financieras quebraban, se fusionaban o se escapaban del peligro mediante un confuso arreglo de paquetes de rescate e inyecciones de capital.

La crisis de crédito alcanzó entonces toda su fuerza. A principios de septiembre de 2008 y hasta la primavera de 2009, los mercados de crédito mundiales, con préstamos de todo tipo, casi se paralizaron. Los mercados de préstamos corporativos mostraban la siguiente combinación compleja de condiciones de crisis:

■ Al final, las actividades riesgosas de banca de inversión que se habían emprendido después de la desregulación, especialmente en el mercado hipotecario, arrasaron las

---

FIGURA 5.10   Tasas LIBOR USD y LIBOR JPY (septiembre-octubre de 2008)

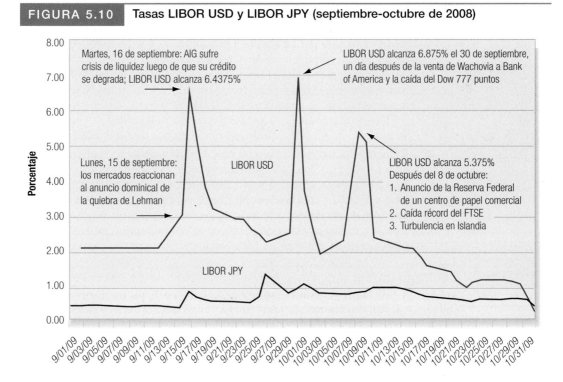

Fuente: British Bankers Association (BBA). Tasas de préstamo a 24 horas.

actividades de banca comercial de los bancos. Los préstamos tradicionales de la banca comercial para financiar capital de trabajo, préstamos para la adquisición de automóviles, préstamos estudiantiles y deuda de tarjeta de crédito se redujeron de manera muy considerable a causa de las enormes pérdidas de las actividades de banca de inversión. Así comenzó la restricción del crédito a nivel mundial, el declive de los precios de los activos, el desempleo creciente, la proliferación de procesos de ejecución de hipotecas y el malestar económico global general.

- El endeudamiento del sector corporativo se organizó por niveles; las empresas más grandes en realidad estaban extremadamente bien colocadas para soportar la crisis. Sin embargo, las compañías en los niveles medio e inferior por tamaño, dependían enormemente de la deuda, en particular de la deuda a corto plazo para financiar capital de trabajo. Muchas tenían problemas tanto para pagar el servicio de la deuda existente como para tener acceso a nueva deuda que les permitiera sortear las malas condiciones comerciales.

- Las compañías Fortune 500 tenían dos características en sus estados financieros que parecían haber predicho la crisis. Primero, el lado derecho de su balance general estaba extremadamente limpio. Mantenían niveles muy bajos de deuda, habían reducido su endeudamiento y liquidado deuda durante el periodo anterior de cinco años. Segundo, tenía niveles altos de efectivo y títulos negociables sin precedentes en el lado izquierdo del balance general. Esto significaba que podían disponer de efectivo al instante incluso si sus líneas bancarias se agotaban.

- Incluso en el nivel superior, el de las empresas menos endeudadas, se sintieron las repercusiones. Muchos tesoreros de las empresas de la lista Fortune 500 descubrieron que gran parte de su portafolio de títulos negociables, invertido de manera tan segura y cuidadosa en fondos mutualistas y bancos de alta calidad, en realidad se había invertido en varios títulos, derivados y fondos insolventes, a pesar de que supuestamente se habían observado todas las normas establecidas.

- Todos los prestatarios corporativos se enfrentaron de pronto a la restricción de acceso al crédito impuesta por los bancos. Las compañías que no tenían líneas de crédito preexistentes no podían conseguir acceso a fondos a ningún precio. Las compañías con líneas de crédito preexistentes recibían notificaciones de que sus líneas se habían reducido. (Esto fue particularmente difícil en Londres, pero también se vio en Nueva York.) Como resultado, muchas compañías, aunque no necesitadas de fondos, decidieron disponer de sus líneas de crédito existentes antes de que los bancos las redujeran. Es evidente que fue una respuesta de pánico y de hecho funcionó, porque redujo la disponibilidad de crédito para todos.

- El mercado de papel comercial casi dejó de operar en septiembre y octubre. Aunque el mercado de PC siempre ha sido un mercado de dinero a corto plazo, más de 90% de todas las emisiones en septiembre de 2008 fueron a 24 horas. Los mercados ya no confiaban en la calidad del crédito de contraparte alguna, ya fuesen fondos de cobertura, fondos del mercado de dinero, fondos mutualistas, bancos de inversión, bancos comerciales o corporaciones. La Reserva Federal estadounidense intervino rápidamente y anunció que compraría miles de millones de dólares en emisiones de PC para agregar liquidez al sistema.

Contagio global

Aunque es difícil atribuir causalidad, el rápido colapso de los mercados de títulos respaldados por hipotecas en Estados Unidos definitivamente se propagó a los mercados globales. El capital invertido en instrumentos de capital y deuda en los principales mercados financieros se fugó no sólo por efectivo, sino por efectivo en países y mercados tradicionalmente seguros. Los mercados accionarios cayeron a nivel mundial, mientras el capital salía de muchos de los mercados emergentes más prometedores del mundo. La figura 5.11 ilustra con claridad cómo cayeron los mercados en septiembre y octubre de 2008 y cómo permanecieron volátiles ("nerviosos", en el lenguaje de Wall Street) en los meses que siguieron.

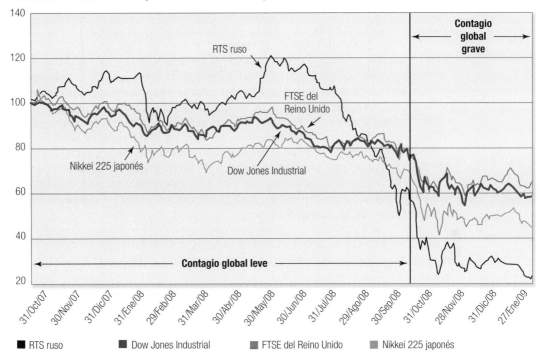

FIGURA 5.11   Mercados de valores seleccionados durante la crisis

Índices de mercado de valores (1 de octubre de 2007 = 100)

■ RTS ruso   ■ Dow Jones Industrial   ■ FTSE del Reino Unido   ■ Nikkei 225 japonés

Fuente: "The U.S. Financial Crisis: The Global Dimension with Implications for U.S. Policy", Dick K. Nanto, Congressional Research Service, Washington, D.C., 29 de enero de 2009, p. 11.

El impacto se sintió de inmediato en las divisas de muchos de los mercados emergentes más abiertos financieramente. Numerosas divisas cayeron frente a las tres divisas seguras tradicionales, el dólar, el euro y el yen: la corona islandesa, el florín húngaro, la rupia paquistaní, la rupia india, el won de Corea del Sur, el peso mexicano, el real brasileño, por mencionar algunas.

En la primavera de 2009 el mercado hipotecario continuó deteriorándose. Las hipotecas alt-A alcanzaron niveles de morosidad sin precedentes, más altos incluso que las hipotecas subprime. Se puso de manifiesto que muchas de las hipotecas que se introdujeron al sistema cerca del fin del auge de vivienda como alt-A o hipotecas "casi prime" de hecho eran subprime. Aunque tenía una tasa de morosidad promedio histórica de menos de 1%, la deuda hipotecaria alt-A originada en 2006 ahora era superior a 11%. Las calificaciones crediticias de los títulos en circulación estaban a niveles horrorosos. Moody's, por ejemplo, redujo la calificación de más de US$59,000 millones en títulos alt-A en un periodo de tres días sólo en enero de 2009, la mayoría de los cuales cayeron al instante a grado especulativo. Con el tiempo se esperaba que 25% de toda la deuda en títulos hipotecarios alt-A fuera incobrable.

Hacia enero de 2009, la crisis de crédito tenía impactos complejos adicionales sobre los mercados y las empresas globales. Conforme las instituciones financieras y los mercados se tambaleaban en muchos países industriales, aumentaron las presiones de todo tipo, empresariales, de mercado y políticas, para que se centraran en las necesidades "propias". Surgió una nueva forma de fuerza antiglobalización: la diferenciación entre lo doméstico y lo multinacional. Esta nueva forma de *mercantilismo financiero* se enfocó primero en el apoyo a las empresas financieras y no financieras del país y después a todos los demás. Las empresas multinacionales, incluso en los mercados emergentes, veían indicadores crecientes de que se les había valorado con riesgos crediticios más altos y calidades crediticias más bajas, aun cuando teóricamente tenían mayor diversidad comercial y los medios para soportar la embestida. La prensa financiera calificó la dinámica crediticia como un *flujo hacia el país de origen*. En Australia, Bélgica, Canadá, Francia, Alemania, Islandia, Irlanda, Italia, Luxemburgo, España, Suecia, el Reino Unido y Estados Unidos se pusieron en marcha condiciones crediticias y una variedad de nuevos planes de rescate gubernamentales.

La crisis de crédito, que comenzó en el verano de 2007, avanzó a una tercera etapa. La primera etapa fue el fracaso de títulos específicos respaldados por hipotecas. Esto provocó la caída de fondos e instrumentos específicos. En la segunda etapa la crisis se propagó a los cimientos mismos de las organizaciones en el centro del sistema financiero global, la banca comercial y de inversión, en todos los continentes. Esta tercera nueva etapa se temía desde el principio: una recesión global inducida por el crédito que tenía el potencial de convertirse en una profunda depresión. No sólo los préstamos se detuvieron, sino también, en muchos casos, cesó la inversión. Aunque las tasas de interés en los mercados de dólar estadounidense flotaban un poco arriba de cero, el precio no era el problema. Las perspectivas para los rendimientos de las inversiones de todo tipo eran deprimentes. El sector corporativo no veía oportunidades económicas ni rendimientos de las nuevas inversiones. Los presupuestos se recortaron, los despidos continuaron y las economías del mundo industrial se contrajeron.

¿La contabilidad de ajuste al mercado contribuyó a la crisis?

Uno de los continuos debates acerca de la crisis de crédito global es si el uso de la contabilidad de *ajuste al mercado* (MTM, *mark-to-market*) contribuyó de manera significativa al fracaso de las instituciones financieras. La contabilidad MTM es la metodología de revaluar los instrumentos y derivados financieros a sus valores de mercado diariamente. Se basa en el principio financiero básico que los valores de mercado, no los valores históricos en los libros, deben usarse para registrar los activos financieros.

Este método, que es una práctica que se usa hace mucho tiempo en los mercados de futuros, requiere que una institución financiera valúe diariamente todos los activos y derivados financieros, aun cuando no tenga intención de liquidar el activo en ese momento. La norma de contabilidad financiera (*Financial Accounting Standard,* FAS) número 157, "Mediciones a valor justo", que entró en vigor a partir del 15 de noviembre de 2007, amplió la adopción del método MTM por las compañías estadounidenses, financieras y no financieras por igual. A pesar de ser la última de una serie de nuevas normas de valuación de instrumentos y activos financieros, la FAS 157 destacó que el valor justo de los activos debía basarse en el *precio de salida*, es decir, el valor de venta del activo, no el precio de compra, y que la valuación debía basarse en el mercado.

El problema, desde luego, es que muchos instrumentos no se compran y venden en los mercados, o se negocian sólo en mercados muy pequeños. Si se revalúa un activo o derivado muy complejo que no se negocia, en realidad no hay un valor de mercado y la revaluación debe seguir un proceso teórico de valor simulado llamado *ajuste al modelo*. Durante una crisis financiera, como la ocurrida en septiembre de 2008, surge un problema adicional. Lo que el día anterior era un mercado líquido súbitamente puede volverse ilíquido; en efecto, no hay compradores que quieran pagar algo cercano a lo que se considera el valor justo de mercado.[9] Como resultado, si una institución financiera debe revaluar todos sus títulos, derivados y activos en mercados que en esencia están en caída libre inducida por el pánico, los valores del activo son muy bajos, y pueden producir destrucción significativa del capital de la organización, que caería en la insolvencia. Esto sucede a pesar del hecho de que la organización no tenga intención de liquidar el activo en ese momento.

---

[9]Éste es un punto enormemente polémico entre analistas de la industria, reguladores e inversionistas. Muchos, por ejemplo, Warren Buffett, argumentan que, sin importar lo que otros consideren "ilíquido", si el mercado dice que el precio es x, entonces el precio es x. Todo lo demás lo considera pura conjetura que abre una virtual caja de Pandora de abusos en la valuación del mercado.

¿Qué está mal con la LIBOR?

"La falta de confianza de hoy se basa en tres temas relacionados: la solvencia de los bancos, su capacidad para financiarse en mercados ilíquidos y la salud de la economía real."

—"The Credit Crunch: Saving the System", *The Economist*, 9 de octubre de 2008.

Los mercados financieros globales siempre han dependido de los bancos comerciales para desarrollar su actividad central de negocios. Los bancos, a su vez, siempre han dependido del mercado interbancario para tener un vínculo de liquidez con toda su actividad no bancaria, sus préstamos y el financiamiento de empresas multinacionales. Pero a lo largo de 2008 y comienzo de 2009, el mercado interbancario, en palabras de un analista, "se portó bastante mal". Claramente, la LIBOR era la culpable.

El mercado interbancario ha operado históricamente, en sus niveles más altos, como un mercado "sin nombre". Esto significaba que los bancos situados en el nivel superior de calidad de crédito internacional podían realizar transacciones interbancarias sin discriminar por nombre. Por tanto, realizaban transacciones entre ellos mismos sin pagar primas diferenciales por riesgo crediticio. Se decía que un banco situado en uno de los principales centros financieros del mundo que hacía transacciones en ese nivel *operaba a la tasa de interés preferencial.* Los bancos que se consideraban de calidad crediticia ligeramente menor, y que en ocasiones reflejaban más el riesgo país que el riesgo crediticio, pagaban un poco más por los préstamos del mercado interbancario. El mercado seguía prefiriendo no fijar precios de manera individual y con frecuencia clasificaba a muchos bancos por nivel.

Pero mucho de esto cambió en el verano de 2007 cuando muchas hipotecas subprime comenzaron a caer en mora. En su caída arrastraron a los derivados que se alimentaban de dichas hipotecas [las obligaciones de deuda con colateral (CDO)], y con ellos, algunos fondos de cobertura. Cuando las instituciones financieras y bancos comerciales y de inversión por igual comenzaron a sufrir cada vez más pérdidas relacionadas con préstamos y créditos incobrables, los bancos mismos se convirtieron en objeto de acalorados debates.

Papel de la LIBOR

La British Bankers Association (BBA), la organización encargada de la tabulación y publicación diaria de las tasas LIBOR, se preocupó en la primavera de 2008 por la validez de la tasa que la propia asociación publicaba. La creciente tensión en los mercados financieros había creado incentivos para que los bancos encuestados para el cálculo de la LIBOR reportaran tasas más bajas de las que realmente pagaban. Un banco que históricamente se había considerado que *operaba a tasa preferencial*, pero que ahora informaba de pronto que tenía que pagar tasas más altas en el mercado interbancario, despertaría preocupación respecto a que ya no tenía la misma solidez y calidad crediticia. La BBA recopila cotizaciones de 16 bancos de siete países todos los días, entre ellos Estados Unidos, Suiza y Alemania. Las cotizaciones de tasa se recopilan para 15 vencimientos diferentes, que varían entre un día y un año, en 10 monedas distintas.[10] Pero la BBA se preocupó de que incluso la redacción de su encuesta ("¿A qué tasa podría conseguir el banco un préstamo por una cantidad razonable?") conducía a algunas irregularidades en los reportes. Existían diferencias crecientes en la interpretación de "razonable".

Conforme la crisis se profundizaba en septiembre y octubre de 2008, muchos prestatarios corporativos comenzaron a argumentar públicamente que las tasas LIBOR publicadas subestimaban sus problemas. Muchos contratos de préstamos con bancos tenían cláusulas de *perturbación del mercado* que permitían a los bancos cobrar a los prestatarios corporativos el "costo real de los fondos", y no sólo la tasa LIBOR publicada. Cuando los mercados están bajo tensión y los bancos tienen que pagar más para financiarse, necesitan trasladar los costos más altos a sus clientes corporativos. Desde luego, esto sólo es para prestatarios corporativos con contratos de préstamo preexistentes con los bancos. A los prestatarios corporativos que intentaban celebrar nuevos contratos de préstamo se les cotizaban precios cada vez más altos, con márgenes considerables sobre la tasa LIBOR.

---

[10]Después de recolectar las 16 cotizaciones por vencimiento y divisa, la BBA elimina las cuatro más altas y las cuatro más bajas reportadas, y promedia las restantes para determinar las diversas tasas LIBOR publicadas.

La LIBOR, aunque es sólo una de las muchas tasas de interés importantes en el mercado global, ha sido el foco de mucha atención e inquietud últimamente. Además de su papel crucial en el mercado interbancario, se usa ampliamente como base de todos los instrumentos de deuda a tasa flotante de todo tipo. Esto incluye hipotecas, préstamos corporativos, préstamos de desarrollo industrial y una multitud de derivados financieros que se venden en el mercado global. Recientemente, la BBA estimó que la tasa LIBOR se usó en la fijación de precios de activos con valor superior a 360 billones de dólares a escala global. En la figura 5.12 se ilustra el papel central de la LIBOR en los mercados. Por tanto, cuando las tasas LIBOR se fueron literalmente a las nubes en septiembre de 2008, el hecho fue causa de gran preocupación.

En principio, los bancos centrales alrededor del mundo establecen el nivel de las tasas de interés en sus monedas y economías. Pero dichas tasas son para préstamos entre el banco central y los bancos del sistema bancario. El resultado es que, a pesar de que el banco central establece la tasa a la que presta, no dicta la tasa a la que los bancos se prestan entre ellos o a prestatarios no bancarios. Como se ilustra en la figura 5.13, en julio y agosto, antes de la crisis de septiembre, la LIBOR a tres meses promediaba poco menos de 80 puntos base más que el índice de *swaps* de tasa de interés a tres meses, y a la diferencia se le denominó *margen TED*. Sin embargo, en septiembre y octubre de 2008, el margen se elevó a más de 350 puntos base, 3.5%, ya que la crisis hacía que muchos bancos cuestionaran la calidad crediticia de otros bancos. Incluso este margen resultó ser engañoso. El hecho fue que muchos bancos quedaron completamente "fuera" del mercado interbancario. Sin importar cuánto quisieran pagar por los fondos, no podían conseguirlos.

Lo que también es evidente en la figura 5.13 es el impacto de las distintas medidas que adoptaron el Tesoro y la Reserva Federal estadounidense para "reflotar" el mercado. Cuando los bancos dejaron de prestar a mediados y finales de septiembre y muchos mercados interbancarios se volvieron ilíquidos, las autoridades financieras estadounidenses trabajaron febrilmente para inyectar fondos al mercado. El resultado fue la rápida reducción en el índice de *swaps* de tasa de interés a tres meses. El margen TED siguió siendo relativamente amplio sólo durante un breve

---

FIGURA 5.12   LIBOR y la crisis en préstamos

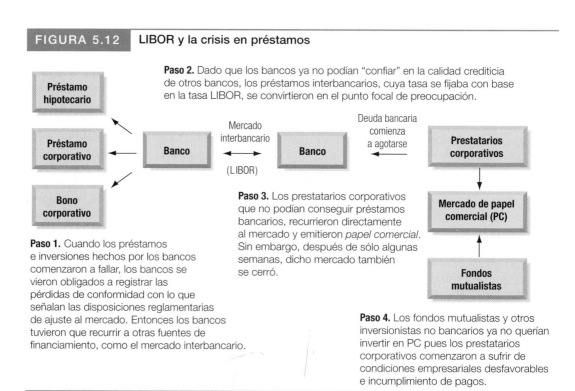

Paso 1. Cuando los préstamos e inversiones hechos por los bancos comenzaron a fallar, los bancos se vieron obligados a registrar las pérdidas de conformidad con lo que señalan las disposiciones reglamentarias de ajuste al mercado. Entonces los bancos tuvieron que recurrir a otras fuentes de financiamiento, como el mercado interbancario.

Paso 2. Dado que los bancos ya no podían "confiar" en la calidad crediticia de otros bancos, los préstamos interbancarios, cuya tasa se fijaba con base en la tasa LIBOR, se convirtieron en el punto focal de preocupación.

Paso 3. Los prestatarios corporativos que no podían conseguir préstamos bancarios, recurrieron directamente al mercado y emitieron *papel comercial*. Sin embargo, después de sólo algunas semanas, dicho mercado también se cerró.

Paso 4. Los fondos mutualistas y otros inversionistas no bancarios ya no querían invertir en PC pues los prestatarios corporativos comenzaron a sufrir de condiciones empresariales desfavorables e incumplimiento de pagos.

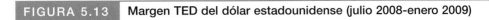

| FIGURA 5.13 | Margen TED del dólar estadounidense (julio 2008-enero 2009) |

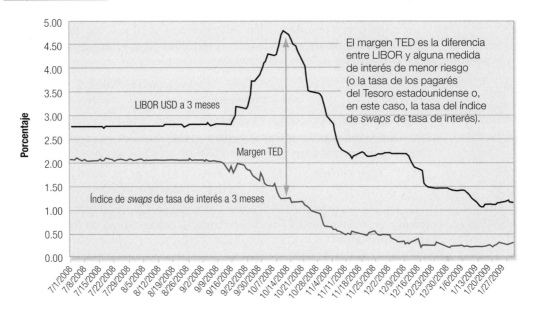

Fuente: British Bankers Association, Bloomberg.

periodo y la tasa LIBOR se redujo incluso a menos de 1.5% hacia el final de 2008. En enero de 2009, el margen TED regresó a un nivel más común de menos de 80 puntos base.[11]

Desde luego, las compañías más grandes y más solventes no tenían que pedir préstamos exclusivamente a los bancos, sino que podían emitir deuda directamente en el mercado en la forma de *papel comercial*. En septiembre de 2008, cuando muchos bancos comerciales ya no contestaban el teléfono, muchos prestatarios corporativos hicieron justamente eso. No obstante, el mercado de papel comercial también cayó rápidamente, pues muchos de los compradores tradicionales de papel comercial en el mercado (otros bancos comerciales, fondos de cobertura, fondos privados de acciones e incluso los SIV que se explicaron anteriormente) temían comprar el papel. Hacia mediados de octubre, las emisiones del mercado de papel comercial cayeron de un nivel de por sí bajo de US$1,750 millones semanales a poco más de US$1,400 millones. Incluso el PC vendido por General Electric, una empresa tradicionalmente segura, saltó 40 puntos base. A muchos de los compradores de PC les preocupaba que la economía en recesión diera origen a una tasa creciente de incumplimiento de pago por parte de los emisores de PC. Cuando el mercado de PC se cerró, se cerró también otra puerta de acceso al capital para el sector empresarial.

Elementos de la LIBOR

"La prima por riesgo contenida en las tasas de interés de los depósitos interbancarios a tres meses en bancos grandes que tienen actividades internacionales aumentó de manera muy marcada en

[11]El margen TED con frecuencia se calcula usando el equivalente del vencimiento de la tasa LIBOR en los pagarés del Tesoro estadounidense, en este caso, el rendimiento del pagaré a tres meses. De hecho, a finales de 2008, el rendimiento del pagaré del Tesoro estadounidense a tres meses giró en torno a cero.

agosto de 2007 y sigue en un nivel elevado desde entonces. Aunque hay indicios del papel que desempeñó el riesgo crediticio, al menos en las frecuencias más bajas, la ausencia de una relación cercana entre el riesgo de incumplimiento y las primas por riesgo en el mercado de dinero, así como la reacción de los mercados interbancarios ante las disposiciones de liquidez de los bancos centrales, señalan la importancia de los factores de liquidez en el comportamiento de las cotizaciones diarias de los bancos.”

—“What Drives Interbank Rates? Evidence from the LIBOR Panel”,
Bank for International Settlements Quarterly Review, marzo de 2008, pp. 47-58.

En medio de la restricción del crédito de 2007 y 2008, el Banco Internacional de Pagos en Basilea, Suiza, publicó un estudio acerca del comportamiento reciente del mercado LIBOR. El estudio describió la prima de riesgo que se sumaba a las cotizaciones interbancarias del modo siguiente:

$$Prima\ de\ riesgo = Prima\ por\ plazo + Prima\ al\ crédito + Liquidez\ del\ banco$$
$$+\ Liquidez\ del\ mercado + Micro$$

La *prima por plazo* es un cargo por vencimiento. La *prima al crédito* es un cargo por el riesgo percibido de incumplimiento del banco prestatario. La prima de *liquidez del banco* es el acceso del banco prestamista a fondos inmediatos. La prima de *liquidez del mercado* es una medida de la liquidez general del mercado y la prima *micro*, un cargo representativo de la microestructura del mercado de cómo los bancos realizan préstamos interbancarios.[12]

El BIP concluyó que, en Estados Unidos, la eurozona y el Reino Unido, aunque parecía haber ciertos indicios de un pequeño cargo por la prima al crédito, la mayor parte de la prima de riesgo total se explicaba por la liquidez del banco y del mercado. El estudio tuvo cuidado de señalar que esta información era un tanto compleja y en ocasiones inconsistente. No obstante, los resultados parecen indicar que mucho de lo que adolece el mercado LIBOR es más un resultado de la multitud de instrumentos y mercados que realizan transacciones esporádicas (liquidez reducida) que de la discriminación entre los propios bancos a causa de las percepciones divergentes de la calidad crediticia de cada uno de ellos. La figura 5.14 ilustra los resultados del estudio para el periodo enero 2007 a enero 2008.

Otra conclusión interesante del estudio del BIP fue que “en varias divisas, la diferencia entre las tasas cotizadas por los bancos internacionales y las tasas del mercado de dinero doméstico se había ampliado considerablemente”, en comparación con las diferencias entre las tasas cotizadas entre bancos domésticos.[13] Esto parecía indicar que las actividades transfronterizas de los bancos internacionales más grandes estaban produciendo percepciones de exposición y riesgo cada vez mayores.

Los resultados del estudio BIP también apoyan los programas de rescate de la crisis crediticia, relativamente más exitosos, asociados con la liquidez del mercado. En el caso del gobierno estadounidense, los programas de rescate centrados en la inyección de capital a bancos seleccionados no habían tenido éxito en su mayor parte. Esta conclusión se complica por la incongruencia del gobierno, que primero “salvó” a Bear Stearns y luego permitió la quiebra de Lehman. Muchos creen que la disposición del gobierno estadounidense a permitir la quiebra de Lehman fue uno de los más grandes errores cometidos durante la crisis crediticia. Los programas de inyección de liquidez en los mercados financieros, en particular la disposición de la Reserva Federal estadounidense a comprar directamente papel comercial, produjo liquidez creciente del mercado. Esto se ve en la recuperación del sistema LIBOR. Sin embargo, es claro que, sin importar las soluciones del gobierno o del mercado, una tasa LIBOR saludable y estable es la piedra angular para la salud del mercado interbancario internacional.

---

[12]El estudio del BIP usó un índice de *swaps de tasa de interés a 24 horas* (OIS) en lugar de tasas del Tesoro estadounidense para calcular el margen, en este caso, LIBOR-OIS. Los OIS son *swaps* de tasa de interés en los que el tramo flotante se liga a un índice publicado de tasas a 24 horas. Las dos partes se comprometen a realizar el intercambio al vencimiento, en un importe nominal acordado, la diferencia entre el interés acumulado a la tasa fija acordada y el interés acumulado mediante el promedio geométrico de la tasa índice flotante.

[13]*BIS Quarterly Review*, marzo de 2008, p. 48.

| FIGURA 5.14 | Mercado de dinero y márgenes de crédito a tres meses (Banco Internacional de Pagos) en puntos base |

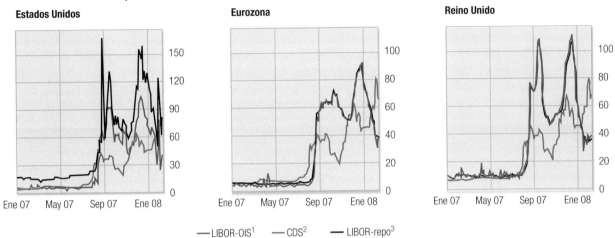

—LIBOR-OIS[1]   —CDS[2]   —LIBOR-repo[3]

[1]Tasas LIBOR a tres meses menos tasas OIS correspondientes (para el *swap* EONIA de la eurozona; *swap* SONIA del Reino Unido).

[2]Promedio de los márgenes de las emisiones más recientes de CDS a cinco años para los bancos del panel que reportan cotizaciones LIBOR en el panel de moneda doméstica.

[3]Tasas LIBOR a tres meses menos tasas repo colaterales generales (para Estados Unidos, repo colateral general gubernamental ICAP; para la eurozona, eurepo EBF; para el Reino Unido, repo BBA) en la misma moneda y vencimiento.

Fuentes: Bloomberg; cálculos del BIP.

El remedio: prescripciones para un organismo financiero global infectado

Hablando sin rodeos, las nuevas y brillantes finanzas son el sistema basado en mercado, muy apalancado y apenas regulado, de distribución del capital, dominado por Wall Street. Este sistema es el sucesor de dudosa reputación de la "banca tradicional", en la que los bancos comerciales regulados prestaban dinero a clientes confiables y registraban la deuda en sus libros. El nuevo sistema evolucionó en las pasadas tres décadas y experimentó un crecimiento explosivo en los últimos años gracias a tres acontecimientos simultáneos pero distintos: desregulación, innovación tecnológica y el crecimiento de la movilidad internacional del capital.

—"The World Economy: Taming the Beast", *The Economist*, 8 de octubre de 2008.

¿Qué pasará ahora con los mercados financieros globales? Descartando los extremos absolutos, un extremo donde el capitalismo fracasó y el otro donde la regulación es la única solución, ¿qué soluciones prácticas intermedias puede haber? ¿Y si volvemos a la secuencia de acontecimientos que condujeron a la más reciente crisis de crédito global?

Deuda. ¿El auge hipotecario fue el problema? El mercado prosperó en gran medida como resultado de la combinación de algunas inversiones rivales (los mercados accionarios habían caído) con el bajo costo y gran disponibilidad del capital. De mayor preocupación fue el comportamiento de originar para distribuir combinado con valoraciones y clasificaciones dudosas del crédito. Ya se están estableciendo nuevos lineamientos para regular la calidad del crédito y el acceso a los préstamos hipotecarios.

Como se ilustra en el recuadro *Finanzas globales en la práctica 5.1*, hubo algunas sorpresas adicionales, consecuencias inesperadas, del rescate financiero.

FINANZAS GLOBALES EN LA PRÁCTICA 5.1

Oportunidades de refinanciamiento y la crisis de crédito

Uno de los resultados más insólitos de la crisis de crédito en el otoño de 2008 fue la oportunidad de que muchas compañías compraran su propia deuda a precios equivalentes a una fracción de su valor nominal. La crisis había creado precios sumamente bajos de la deuda, en particular la deuda con grado especulativo, en los mercados secundarios. En algunos casos, la deuda en circulación se vendía a 30% de su valor nominal. Ahora, si la compañía emisora tenía efectivo disponible, o acceso a nuevas fuentes de deuda a menor costo, podía recomprar su deuda pendiente a precios de remate. La recompra real se realizaba en el mercado público, o a través de un subastador de deuda, que extendía una oferta directamente a todos los titulares de la deuda en circulación.

Numerosas compañías, entre ellas FreeScale, First Data, GenTek y Weyerhauser, aprovecharon la oportunidad de retirar deuda más costosa a precios de descuento. Muchas compañías que en la actualidad son propiedad de inversionistas de capital privado y tienen acceso a recursos financieros adicionales, actuaron con prontitud para concretar la recompra. Las empresas se centraron en particular en las emisiones de deuda con vencimiento a corto plazo, especialmente si temían dificultades de refinanciamiento.

No obstante, se presentaron algunas consecuencias inesperadas. Algunas de las instituciones que tenían problemas financieros usaron algunos de los fondos gubernamentales proporcionados por los préstamos de rescate para recomprar su propia deuda. Morgan Stanley anunció ganancias de más de US$2,100 millones en el cuarto trimestre de 2008 derivadas únicamente de la recompra de US$12,000 millones de su propia deuda. Aunque es verdad que esto mejora los balances generales, la intención principal del capital respaldado por el gobierno fue renovar los préstamos y el financiamiento que los bancos otorgan al sector financiero no bancario (empresas mercantiles), con la esperanza de reactivar la actividad empresarial en general, y no para generar utilidades bancarias derivadas del refinanciamiento de su propio portafolio.

Bursatilización. ¿El problema fue la técnica financiera de combinar activos en portafolios preparados para compraventa en el mercado, o la falta de transparencia y responsabilidad por los elementos individuales dentro del portafolio? Aunque la teoría de portafolios se ha usado para reducir el riesgo desde la década de 1960, siempre se aplicó a la construcción de activos con movimientos no correlacionados. Sin embargo, en el caso de los títulos respaldados por hipotecas, los componentes del portafolio eran tan similares que el único beneficio era que el tenedor "esperaba" que no todos los títulos cayeran en morosidad simultáneamente. Esta no es la premisa de la teoría de portafolios.

Derivados. Esta no es la primera vez que los derivados son la causa de fallas sustanciales del mercado y muy probablemente no será la última. Son el centro de la innovación tecnológica financiera. Pero los derivados sólo son dispositivos y herramientas que no son mejores ni peores que quienes las usan. La creación de estructuras complejas de activos y derivados respaldados por hipotecas, que a final de cuentas hicieron que los títulos fueran casi imposibles de valuar, en particular en mercados reducidos, fue en retrospectiva una muy mala decisión. La reforma de las disposiciones reglamentarias, más información y un mayor grado de transparencia en la fijación de precios y la valuación ayudarán a alejar a los derivados del borde del precipicio.

Desregulación. La regulación es suficientemente compleja en el mercado financiero de hoy que cambia a ritmo acelerado, y la desregulación propende a poner herramientas y juguetes muy peligrosos en las manos de los no iniciados. Es evidente que se han necesitado ciertas correcciones desde el principio. Por ejemplo, la falta de supervisión reguladora y la operación en bolsa de los *swaps* de incumplimiento de crédito ya se están revisando. En la actualidad, muchos argumentan que, en efecto, los mercados financieros necesitan ser regulados, pero, desde luego, el grado y tipo de regulación no quedan claros. Esta será un área de debate creciente en los años por venir.

Movilidad de capital. El capital es más móvil en la actualidad que nunca antes. Esta creciente movilidad del capital, cuando se combina con el crecimiento de los mercados de capital en general y la nueva apertura en muchas economías en particular, probablemente producirá cada vez más casos de crisis inducidas por las finanzas. Los dilemas de Islandia y Nueva Zelanda en años recientes son sólo el comienzo de este fenómeno.

Mercados ilíquidos. Finalmente, esto será lo más problemático. La mayor parte de los cálculos matemáticos y el comportamiento racional que fundamentan el diseño de los productos financieros complejos, derivados y vehículos de inversión modernos se basan en principios de mercados ordenados y líquidos. Cuando las transacciones con títulos convertidos en productos de consumo masivo o las posiciones tan claras como los préstamos interbancarios a 24 horas se vuelven la causa principal de inestabilidad en el sistema, es como si todo el conocimiento y los supuestos financieros tradicionales se hubieran tirado a la basura. El apartado *Finanzas globales en la práctica 5.2* explica por qué los modelos basados en la historia pueden conducir a conclusiones erróneas, al menos a los ojos de un inversionista famoso.

FINANZAS GLOBALES EN LA PRÁCTICA 5.2

Warren Buffett habla acerca de la crisis de crédito

El tipo de falacia que supone proyectar la experiencia de las pérdidas sufridas en un universo de bonos no asegurados a otro universo engañosamente parecido en el que muchos bonos tampoco están asegurados aparece en otras áreas de las finanzas. Muchos modelos que se prueban "en periodos pasados" son susceptibles de caer en este tipo de error. No obstante, con frecuencia se presentan en los mercados financieros como guías de lo que ocurrirá en el futuro. (Si el simple examen de los datos financieros del pasado revelara qué nos depara el futuro, el Forbes 400 estaría compuesto por bibliotecarios.)

De hecho, las asombrosas pérdidas en los títulos relacionados con hipotecas se debieron en gran medida a los modelos históricos fallidos que usaron vendedores, agencias calificadoras e inversionistas. Estas partes examinaron las experiencias de pérdida en periodos cuando los precios de la vivienda aumentaron sólo moderadamente y la especulación con las casas era mínima. Entonces convirtieron esta experiencia en la vara de medir para evaluar las pérdidas futuras. Pasaron por alto com-

pletamente el hecho de que los precios de la vivienda se habían disparado por las nubes en fechas recientes, que las prácticas de préstamo se habían deteriorado y que muchos compradores habían adquirido casas que no podían pagar. En resumen, el universo "pasado" y el universo "actual" tenían características muy diferentes. Pero los prestamistas, gobierno y medios de comunicación en general no reconocieron este hecho tan importante.

Los inversionistas deben ver con escepticismo los modelos históricos. Dichos modelos, construidos por altos sacerdotes que presumen de mucha tecnología y usan términos esotéricos como beta, gamma, sigma y otros parecidos, tienden a parecer impresionantes. Sin embargo, con mucha frecuencia, los inversionistas olvidan examinar los supuestos en los que se basan los símbolos. Nuestro consejo: tenga cuidado con las fórmulas elaboradas por bichos raros.

Fuente: Bershire Hathaway Annual Report, 2008, Letter to Shareholders, pp. 14-15.

RESUMEN

■ Los orígenes de la crisis actual se encuentran en las cenizas de la burbuja accionaria y el posterior colapso de los mercados accionarios a finales de la década de 1990.

■ Una gran parte de la actual crisis financiera global fue resultado de la rápida expansión de los préstamos hipotecarios en todos los niveles de crédito (prime, alt-A y subprime) en los años posteriores a la turbulencia económica de 2000-2001.

■ La deuda hipotecaria, como porcentaje del ingreso familiar disponible, alcanzó máximos históricos nunca vistos en Estados Unidos en el entorno económico posterior a 2000.

■ Si la deuda subprime fuese malaria, la bursatilización sería el mosquito portador, es decir, el mecanismo de transmisión aérea del parásito protozoario. El vehículo de transporte de la creciente deuda de baja calidad fue una combinación de bursatilización y reempacado vía títulos respaldados por hipotecas (MBS) proporcionados por una serie de nuevos derivados financieros.

■ El crecimiento de los préstamos subprime y alt-A en los mercados de deuda estadounidenses posteriores a 2000 dependió del uso de la bursatilización. Las instituciones financieras otorgaron cada vez más préstamos de todos tipos (hipotecarios, corporativos, industriales y respaldados por activos), y luego sacaron del balance general estos contratos de préstamos y bonos y los trasladaron a mercados cada vez más líquidos usando bursatilización.

■ Con la bursatilización de la deuda, los portafolios de préstamos y otros instrumentos de deuda pudieron empacarse y revenderse en un mercado más líquido, lo que liberaba recursos de las instituciones originadoras para otorgar más préstamos y aumentar el acceso al financiamiento de deuda a más buscadores de hipotecas o prestatarios de crédito comercial. No obstante, la bursatilización puede degradar la calidad del crédito.

- El vehículo de inversión estructurada (SIV) se diseñó para permitir a un banco la creación de una entidad de inversión que invertiría en activos a largo plazo y de mayor rendimiento, como los bonos con grado especulativo y las obligaciones de deuda con colateral (CDO), mientras se financia con emisiones de papel comercial (PC).

- Uno de los instrumentos más importantes que se utilizaron en la bursatilización de los títulos respaldados por hipotecas fue la *obligación de deuda con colateral*, o CDO. Los bancos que originaban los préstamos hipotecarios y los préstamos corporativos y bonos, ahora podían crear un portafolio de tales instrumentos de deuda y empacarlos como un título respaldado por activos.

- El segundo derivado de creciente preocupación fue el *swap de incumplimiento de crédito* (CDS). El *swap* de incumplimiento de crédito es un derivado que obtiene su valor de la calidad del crédito y del desempeño de algún activo específico. En algunos casos, ofrece seguro contra la posibilidad de que un prestatario no pague. En otros casos, fue una forma de especular contra títulos cada vez más riesgosos (como el CDO) para conservar su valor.

- El 7 de septiembre de 2008, el gobierno estadounidense anunció que ponía bajo custodia a Fannie Mae (la Federal National Mortgage Association) y a Freddie Mac (la Federal Home Loan Mortgage Corporation). El 14 de septiembre, Lehman Brothers, uno de los bancos de inversión más antiguos de Wall Street, se declaró en quiebra. Dos días después, la Reserva Federal inyectó US$85,000 millones a AIG.

- La tasa LIBOR se usa para fijas los precios de activos con valor de más de US$360 billones a nivel mundial. Por tanto, fue motivo de mucha preocupación cuando las tasas LIBOR literalmente se fueron a las nubes en septiembre de 2008. Cuando surgieron dudas sobre la calidad crediticia de muchos bancos internacionales, el mercado interbancario, vía la tasa LIBOR, se cerró literalmente.

- La liquidez del mercado será una de las preguntas duraderas acerca de la crisis financiera global. La mayoría de los cálculos matemáticos y el comportamiento racional que fundamentaron el diseño de los productos financieros complejos, derivados y vehículos de inversión modernos se basan en principios de mercados ordenados y líquidos. Cuando las transacciones con títulos convertidos en productos de consumo masivo o las posiciones tan claras como los préstamos interbancarios a 24 horas se vuelven la causa principal de inestabilidad en el sistema, se ponen en entredicho muchos supuestos financieros básicos.

 **MINICASO**   ## El abandono de Lehman Brothers[1]

Hay otras cosas que el Tesoro puede hacer cuando una de las empresas financieras más importantes, a la que se supone "muy grande para caer", llega a tocar la puerta a pedir dinero gratis. He aquí una: dejarla quebrar.

No de manera tan caótica como se dejó que Lehman Brothers quebrara. Si una empresa en quiebra se considera "muy grande" para tal honor, entonces se debe nacionalizar explícitamente, tanto para limitar su efecto sobre otras empresas como para proteger las entrañas del sistema. Hay que eliminar a los accionistas y cambiar la administración. Sus partes valiosas deben venderse como negocios funcionales a los mejores postores, acaso a algún banco que no haya sido arrasado por la burbuja crediticia. El resto debe liquidarse, en mercados tranquilos. Haga esto y es probable que el dolor disminuya para todos, excepto para las empresas que inventaron el revoltijo.

— *"How to Repair a Broken Financial World"*, por Michael Lewis y David Einhorn, *The New York Times*, 4 de enero de 2009.

¿Debió permitirse la quiebra de Lehman Brothers? Este es uno de los debates duraderos acerca de las acciones del gobierno estadounidense, o en este caso de la inacción, en sus intentos por reparar la quiebra del sistema financiero estadounidense a finales de 2008. Permitir que Lehman se viniera abajo (se declaró en quiebra el 15 de septiembre de 2008) fue, a los ojos de muchos en los mercados financieros globales, el suceso individual que causó la crisis de crédito global que siguió.

Lehman Brothers se fundó en 1850 en Alabama, por dos hermanos empresarios. Después de mudar la empresa a Nueva York, luego de la guerra civil estadounidense, la empresa fue considerada durante mucho tiempo una de las empresas pequeñas de banca de inversión de más alto rendimiento y mayor riesgo en Wall Street. Aunque vivió y casi muere por la espada muchas veces a través de los años, hacia 2008 la empresa tenía un enorme portafolio de títulos respaldados por hipoteca fallidos y el futuro no se veía prometedor.

La desaparición de Lehman no provocó una conmoción, sino una lenta y dolorosa espiral descendente. Después de que dos grandes fondos de cobertura de Bear Stearns colapsaron en julio de 2007, Lehman fue el foco constante de mucha especulación sobre la tenencia de muchos de los títulos en dificultades que provocaron la crisis de crédito: las obligaciones de deuda con colateral y los *swaps* de incumplimiento de crédito que inundaron el mercado como resultado del auge en los préstamos inmobiliarios e hipotecarios del periodo 2000 a 2007.

Muy grande para quebrar

La doctrina "muy grande para quebrar" ha sido desde hace mucho tiempo el soporte del sistema financiero estadounidense. La Reserva Federal estadounidense ha tenido desde hace años la responsabilidad de ser el *prestamista de último recurso*, la institución encargada de garantizar la estabilidad y viabilidad del sistema financiero local. Aunque rara vez ha ejercido su poder en la historia, la Fed, en conjunto con el Comptroller of the Currency y la Federal Deposit Insurance Corporation (FDIC), en algunas ocasiones ha tenido que determinar si el fracaso de un gran banco individual amenazaría la salud y el funcionamiento del sistema financiero. En esos casos, por ejemplo, el del Continental Illinois de Chicago en 1984, las tres organizaciones dieron pasos para nacionalizar en efecto la institución y coordinar su operación continua para evitar lo que se creyó que serían resultados desastrosos.

Sin embargo, la doctrina ha estado limitada sobre todo a los bancos comerciales, no a los bancos de inversión que ganaron dinero porque intencionalmente tomaron clases más riesgosas de títulos y posiciones a nombre de sus inversionistas, quienes esperaban mayores rendimientos. Es evidente que a Lehman le gustaba correr riesgos. Pero la distinción entre banca comercial y de inversión había desaparecido en la práctica, pues los constantes esfuerzos de desregulación lograron reducir las barreras entre aceptar depósitos y hacer préstamos de consumo y comerciales, con las actividades tradicionales de la banca de inversión de colocar deuda y emisiones de acciones más riesgosas con una responsabilidad fiduciaria menor.

Muchos críticos argumentaron que, por alguna razón, Lehman fue escogida para quebrar. Una semana antes de la quiebra de Lehman, la Reserva Federal y el Tesoro estadounidenses, bajo la dirección del secretario Hank Paulson, Jr., sacaron de apuros a Fannie Mae y a Freddie Mac, y pusieron a ambas sociedades bajo administración judicial del gobierno estadounidense. Dos días después del anuncio de quiebra de Lehman, la Reserva Federal extendió a AIG, un conglomerado de seguros, un paquete de préstamo por US$85,000 millones para evitar su quiebra. ¿Por qué no rescató a Lehman?

¿Por qué no a Lehman?

Lehman ya había sobrevivido a una quiebra inminente. Cuando Bear Stearns quebró en marzo de 2008 y el gobierno estadounidense arregló su venta, Lehman quedó claramente en la mira de los especuladores, en particular de los vendedores en corto. Su CEO de muchos años, Richard Fuld Jr., criticó con dureza a los vendedores en corto que seguían golpeando a Lehman en el verano de 2008. Pero los inversionistas, reguladores y críticos alentaron al CEO Fuld para que encontrara una salida a este embrollo después de que la empresa se salvó por un pelo en marzo. El secretario Paulson anunció oficialmente, después de los informes de resultados de Lehman publicados en junio (los que mostraban pérdidas enormes), que si Lehman no arreglaba una venta hacia fines del tercer trimestre, probablemente habría una crisis.

Pero los repetidos esfuerzos de Fuld por encontrar compradores de diferentes partes de la compañía fracasaron, desde Wall Street hasta el Medio Oriente y Asia. Desde entonces, Fuld ha argumentado que una de las razones por las que no pudo concretar la venta fue que el gobierno estadounidense no ofreció las mismas garantías atractivas que otorgó cuando concertó la venta de Bear Stearns.[2] La Fed arregló exitosamente la venta de Bear Stearns a JPMorgan Chase sólo después de que la Fed se comprometió a cubrir US$29,000 millones en pérdidas. De hecho, en agosto de 2008, sólo semanas antes de la quiebra, Lehman creyó que había encontrado dos aspirantes, Bank of America y Barclays, que actuarían con prontitud si la Reserva Federal garantizaba US$65,000 millones en préstamos incobrables en potencia que estaban registrados en los libros de Lehman. La Fed se negó.

Otra propuesta que parecía prometedora era el método de autoseguro propuesto en Wall Street. Lehman se dividiría en un "buen banco" y un "mal banco". El banco bueno estaría compuesto de los activos y títulos de mayor calidad, y lo compraría Bank of America o Barclays. El banco malo sería un vertedero de títulos fallidos respaldados por hipoteca que sería comprado por un consorcio de 12 a 15 instituciones financieras de Wall Street, que no requería financiamiento gubernamental alguno o dinero de los contribuyentes. A final de cuentas el plan fracasó cuando los posibles prestatarios del banco malo no pudieron enfrentar sus propias pérdidas y adquirir las pérdidas de Lehman, mientras que Bank of America o Barclays se llevaban los activos de alta calidad a precio de regalo. Al final, sólo un día después del colapso de Lehman, Barclays anunció que compraría la división de mercados de capital estadounidenses de Lehman en US$1,750 millones, un "robo" de acuerdo con un analista.

El secretario Paulson argumentó que tenía las manos atadas. La Reserva Federal tiene la obligación legal de prestar como límite máximo el importe del activo que cualquier institución

---

[2]La riqueza y remuneración de Fuld han sido tema de mucha crítica. Se estima que la remuneración total de Fuld en Lehman durante los cinco años anteriores ascendió a más de US$500 millones, y que su riqueza personal era de más de US$1,000 millones a principios de 2008 (antes de la caída del precio de las acciones de Lehman).

específica tenga que ofrecer como garantía de los préstamos de rescate. (De hecho, este es el principio definitorio en el que se basan las operaciones de ventana de descuento de la Fed.) Pero muchos críticos argumentan que no era posible determinar con precisión en ese momento el valor colateral de los títulos en posesión de Lehman o AIG o Fannie Mae y Freddie Mac debido a la crisis de crédito y la iliquidez de los mercados. Al secretario Paulson nunca se le oyó aducir tal razón antes de la quiebra.

También se hizo muy evidente que, después del rescate de AIG, las autoridades estadounidenses actuaron con rapidez para intentar crear una solución sistémica, en lugar de seguir dando tumbos de una crisis institucional individual a otra. El secretario Paulson se dio cuenta de que cada vez era más claro que se requería una solución mayor y que salvar a Lehman no habría detenido la crisis más grande. No obstante, otros notaron que Lehman era uno de los más grandes emisores de papel comercial del mundo. En los días posteriores al colapso de Lehman, el mercado de papel comercial literalmente se cerró. El embargo del mercado de papel comercial a su vez eliminó la fuente principal de fondos líquidos entre bancos mutualistas, fondos de cobertura y bancos de todo tipo. La crisis estaba en su máximo apogeo.

Los ejecutivos de Wall Street y los funcionarios de las capitales financieras europeas han criticado al señor Paulson y al señor Bernanke por permitir la quiebra de Lehman, acontecimiento que cimbró todo el sistema bancario, y convirtió un temblor financiero en un tsunami.

Recientemente, Christine Lagarde, ministra de finanzas de Francia, dijo: "para el equilibrio del sistema financiero mundial, éste fue un auténtico error". Frederic Oudea, director general de Société Générale, uno de los bancos más grandes de Francia, llamó a la quiebra de Lehman "un disparador" de los acontecimientos que produjeron el descalabro global. Willem Sels, estratega de crédito de Dresdner Kleinwort, dijo: "es claro que cuando Lehman se declaró en suspensión de pagos fue la fecha en que los mercados de dinero se descontrolaron. Es difícil no encontrar una relación causal".

—"The Reckoning: Struggling to Keep Up as the Crisis Raced On", por Joe Nocera y Edmund L. Andrews, *The New York Times*, 22 de octubre de 2008.

Preguntas del caso

1. ¿Cree que el gobierno estadounidense trató a algunas instituciones financieras de modo diferente durante la crisis? ¿Eso fue adecuado?

2. Muchos expertos argumentan que cuando el gobierno rescata una institución financiera privada crea un problema llamado "riesgo moral", lo que significa que si la institución sabe que la rescatarán, en realidad tiene un incentivo para correr más riesgos, no menos. ¿Qué opina al respecto?

3. ¿Cree que el gobierno estadounidense debió permitir la quiebra de Lehman Brothers?

PREGUNTAS

1. **Tres fuerzas.** ¿Cuáles fueron las tres fuerzas principales detrás de la crisis de crédito de 2007 y 2008?

2. **MBS.** ¿Qué es un título respaldado por hipoteca (MBS)?

3. **SIV.** ¿Qué es un vehículo de inversión estructurada (SIV)?

4. **CDO.** ¿Qué es una obligación de deuda con colateral (CDO)?

5. **CDS.** ¿Qué es un *swap* de incumplimiento de pago (CDS)?

6. **Papel de la LIBOR.** ¿Por qué la tasa LIBOR recibe tanta atención en los mercados financieros globales?

7. **Mercado interbancario.** ¿Por qué cree que es importante para muchos de los bancos comerciales y de inversión más grandes del mundo que se les considere de alta calidad para recibir tasas preferenciales en el mercado interbancario?

8. **Margen de la tasa LIBOR sobre la del Tesoro.** ¿Por qué las tasas LIBOR fueron mucho más altas que los rendimientos de los documentos del Tesoro estadounidense en 2007 y 2008? ¿Qué se necesita para llevar a las tasas LIBOR a los niveles más bajos y estables del pasado?

PROBLEMAS

*1. **Tasas de subasta de pagarés del Tesoro estadounidense, marzo de 2009.** El interés pagado por los títulos del Tesoro estadounidense a principios de 2009 cayó a niveles muy bajos como resultado de los acontecimientos combinados que rodearon la crisis financiera global. Calcule los rendimientos simples y anualizados de los pagarés del Tesoro a 3 y 6 meses, subastados el 9 de marzo de 2009, que se mencionan a continuación.

	Pagaré del Tesoro a 3 meses	Pagaré del Tesoro a 6 meses
Pagaré del Tesoro, valor nominal	US$10,000.00	US$10,000.00
Precio a la venta	US$9,993.93	US$9,976.74
Descuento	US$6.07	US$23.26

2. **La curva de rendimiento viviente.** La revista *SmartMoney* tiene un gráfico que se conoce como *Curva de rendimiento viviente* en su página de Internet. Este gráfico simula la curva de rendimiento de los pagarés del Tesoro denominados en dólares estadounidenses desde 1997 hasta la fecha. Use este gráfico que encontrará en

www.smartmoney.com (luego vaya a investing/bonds/living-yield-curve), y responda las siguientes preguntas:

a. Después de examinar el recuadro que dice "Average" (promedio), ¿cuál es la tasa promedio del pagaré del Tesoro a 90 días correspondiente al intervalo de 1997 a la fecha?

b. ¿En qué año la curva de rendimiento de los pagarés del Tesoro estadounidense parece haber alcanzado sus niveles más altos en el periodo 1977 a 2009 o 2010?

c. ¿En qué año la curva de rendimiento de los pagarés del Tesoro estadounidense parece haber alcanzado sus niveles más bajos en el periodo 1977 a 2009 o 2010?

3. **Crisis de crédito, 2008.** La crisis de crédito se volvió visible a nivel global en septiembre de 2007. Las tasas de interés, en particular las tasas de interés a plazo extremadamente corto, con frecuencia cambian rápidamente (por lo general al alza) como indicadores de que los mercados están bajo muchas presiones. Las tasas de interés que se muestran en la tabla siguiente son para fechas seleccionadas de septiembre y octubre de 2008. Diferentes publicaciones definen el *margen TED* de diferentes formas, pero una medida es el diferencial entre la tasa de interés LIBOR a 24 horas y la tasa del pagaré del Tesoro estadounidense a 3 meses.

a. Calcule el margen entre las dos tasas de mercado que se muestran aquí en septiembre y octubre de 2008.

b. ¿En qué fecha el margen es más estrecho? ¿El más ancho?

c. Cuando el margen se ensancha de manera notable, lo que presumiblemente demuestra es cierta forma de

inquietud financiera o crisis, ¿cuál de las tasas se mueve más y por qué?

4. **Tasas de subasta de pagarés del Tesoro estadounidense, mayo 2009.** Los intereses pagados sobre títulos del Tesoro estadounidense siguieron cayendo en la primavera de 2009. Calcule el descuento y luego los rendimientos simples y anualizados de los pagarés del Tesoro a 3 y 6 meses, subastados el 4 de mayo de 2009, que se mencionan a continuación.

	Pagaré del Tesoro a 3 meses	Pagaré del Tesoro a 6 meses
Pagaré del Tesoro, valor nominal	US$10,000.00	US$10,000.00
Precio a la venta	US$9,995.07	US$9,983.32

5. **Hipotecas bajo el agua.** Bernie Madeoff paga US$240,000 por una casa nueva de cuatro recámaras y 2,400 pies cuadrados, en las afueras de Tonopah, Nevada. Planea dar un anticipo del 20%, pero tiene problemas para decidir si quiere una hipoteca a tasa fija a 15 años (6.400%) o una tasa fija de 30 años (6.875%).

a. ¿Cuál es el pago mensual para las hipotecas a 15 y 30 años, si supone un préstamo que se amortizará en su totalidad con pagos iguales durante la vida de la hipoteca? Use una hoja de cálculo electrónica para los pagos.

b. Suponga que en lugar de dar un anticipo de 20%, da un anticipo de 10% y financia el resto a 7.125% de interés fijo a 15 años. ¿Cuál es su pago mensual?

c. Suponga que el valor total de la casa se reduce 25%. Si el propietario puede vender la casa ahora, pero al

Fecha	LIBOR USD 24 horas	Pagaré del Tesoro estadounidense a 3 meses	Margen TED	Fecha	LIBOR USD 24 horas	Pagaré del Tesoro estadounidense a 3 meses	Margen TED
9/8/2008	2.15%	1.70%	____	9/29/2008	2.57%	0.41%	____
9/9/2008	2.14%	1.65%	____	9/30/2008	6.88%	0.89%	____
9/10/2008	2.13%	1.65%	____	10/1/2008	3.79%	0.81%	____
9/11/2008	2.14%	1.60%	____	10/2/2008	2.68%	0.60%	____
9/12/2008	2.15%	1.49%	____	10/3/2008	2.00%	0.48%	____
9/15/2008	3.11%	0.83%	____	10/6/2008	2.37%	0.48%	____
9/16/2008	6.44%	0.79%	____	10/7/2008	3.94%	0.79%	____
9/17/2008	5.03%	0.04%	____	10/8/2008	5.38%	0.65%	____
9/18/2008	3.84%	0.07%	____	10/9/2008	5.09%	0.55%	____
9/19/2008	3.25%	0.97%	____	10/10/2008	2.47%	0.18%	____
9/22/2008	2.97%	0.85%	____	10/13/2008	2.47%	0.18%	____
9/23/2008	2.95%	0.81%	____	10/14/2008	2.18%	0.27%	____
9/24/2008	2.69%	0.45%	____	10/15/2008	2.14%	0.20%	____
9/25/2008	2.56%	0.72%	____	10/16/2008	1.94%	0.44%	____
9/26/2008	2.31%	0.85%	____	10/17/2008	1.67%	0.79%	____

nuevo valor de la casa, ¿cuál sería su ganancia o pérdida sobre la casa e hipoteca, suponiendo que queda todo el principal de la hipoteca? Use las mismas suposiciones que en la parte a.

6. **Margen TED, 2009.** Si usa la misma definición del margen TED anotada en el problema 3, el diferencial entre la tasa LIBOR a 24 horas y la tasa del pagaré del Tesoro estadounidense a 3 meses, puede ver cómo el mercado pudo calmarse en la primavera de 2009. Use los siguientes datos para responder las preguntas.

a. Calcule el margen TED para las fechas mostradas.
b. ¿En cuáles fechas el margen es más estrecho y en cuáles más ancho?
c. Si observa el margen y la serie de datos subyacentes, ¿cómo compararía dichos valores con las tasas y márgenes del problema 3?

Fecha	LIBOR USD 24 horas	Pagaré del Tesoro estadounidense 3 meses	Margen TED	Fecha	LIBOR USD 24 horas	Pagaré del Tesoro estadounidense 3 meses	Margen TED
3/12/2009	0.33%	0.19%	_____	3/27/2009	0.28%	0.13%	_____
3/13/2009	0.33%	0.18%	_____	3/30/2009	0.29%	0.12%	_____
3/16/2009	0.33%	0.22%	_____	3/31/2009	0.51%	0.20%	_____
3/17/2009	0.31%	0.23%	_____	4/1/2009	0.30%	0.21%	_____
3/18/2009	0.31%	0.21%	_____	4/2/2009	0.29%	0.20%	_____
3/19/2009	0.30%	0.19%	_____	4/3/2009	0.27%	0.20%	_____
3/20/2009	0.28%	0.20%	_____	4/6/2009	0.28%	0.19%	_____
3/23/2009	0.29%	0.19%	_____	4/7/2009	0.28%	0.19%	_____
3/24/2009	0.29%	0.21%	_____	4/8/2009	0.26%	0.18%	_____
3/25/2009	0.29%	0.18%	_____	4/9/2009	0.26%	0.18%	_____
3/26/2009	0.29%	0.14%	_____	4/14/2009	0.27%	0.17%	_____

EJERCICIOS DE INTERNET

1. **The New York Times & Times Topics.** La versión en línea de *The New York Times* tiene una sección especial titulada "Times Topics": temas de interés continuo cubiertos por la publicación. Aquí se cubre y actualiza regularmente la actual crisis financiera.

   The New York Times &   topics.nytimes.com/topics/
   Times Topics   reference/timestopics/subjects/
                                 c/credit_crisis/

2. **British Bankers Association y LIBOR.** La British Bankers Association (BBA), autora de la LIBOR, ofrece tanto datos actuales para LIBOR para vencimientos variados, como estudios oportunos del comportamiento y las prácticas del mercado interbancario.

   British Bankers
   Association y LIBOR   www.bbalibor.com

3. **Banco Internacional de Pagos.** El Banco Internacional de Pagos (BIP, o BIS, Bank for International Settlements) publica valoraciones regulares de la actividad bancaria internacional. Use el sitio Web del BIP para encontrar análisis actualizados de la reciente crisis de crédito.

   Bank for International Settlements   www.bis.org/

4. **Federal Reserve Bank of New York.** La Fed de Nueva York mantiene un mapa interactivo de cartera vencida hipotecaria y de tarjetas de crédito para Estados Unidos. Use el siguiente sitio Web para ver lo último en tasas de mora de acuerdo con la Fed.

   Federal Reserve Bank   data.newyorkfed.org/
   of New York   creditconditionsmap/

PARTE II

Teoría y mercados cambiarios

CAPÍTULO 6
El mercado cambiario

CAPÍTULO 7
Condiciones de paridad internacional

CAPÍTULO 8
Instrumentos derivados de divisas extranjeras

CAPÍTULO 9
Tasas de interés y *swaps* de divisas

CAPÍTULO 10
Determinación y pronóstico del tipo de cambio
de las divisas

El mercado cambiario

La mejor forma de destruir al sistema capitalista es pervertir la moneda. Mediante un proceso continuo de inflación, los gobiernos pueden confiscar, en secreto y sin que nadie lo advierta, una parte importante de la riqueza de sus ciudadanos.

—John Maynard Keynes.

El mercado cambiario ofrece la estructura física e institucional mediante la cual la moneda de un país se cambia por la de otro país, se determina el tipo de cambio entre divisas y las transacciones de divisas se realizan físicamente. *Divisa* significa la moneda de otro país; esto es: saldos bancarios, pagarés bancarios, cheques y letras de cambio denominados moneda extranjera. Una *transacción de divisas* es un acuerdo entre un comprador y un vendedor que indica que un importe fijo de una divisa se entregará por alguna otra divisa a un tipo de cambio específico.

Este capítulo describe las siguientes características del mercado cambiario:

- Su extensión geográfica
- Sus tres funciones principales
- Sus participantes
- Su inmenso volumen de transacciones diarias
- Tipos de transacciones, incluidas las transacciones al contado (*spot*), a plazo (*forward*) y *swaps*
- Métodos para establecer tipos de cambio, cotizaciones y variaciones en los tipos de cambio

Extensión geográfica del mercado cambiario

El mercado cambiario abarca todo el globo terrestre, con precios que se mueven y divisas que se compran y venden en alguna parte cada hora de cada día laboral. Las principales negociaciones mundiales comienzan cada mañana en Sidney y Tokio, se mueven hacia el oeste a Hong Kong y Singapur, pasan a Bahrein, cambian a los principales mercados europeos de Frankfurt, Zurich y Londres, saltan el Atlántico hacia Nueva York, van al oeste hacia Chicago y terminan en San Francisco y Los Ángeles. Muchos grandes bancos internacionales tienen casas de cambio en cada uno de los principales centros geográficos de operación, para atender cuentas comerciales importantes 24 horas al día. De hecho, el comercio global de divisas es un proceso ininterrumpido. Como se muestra en la figura 6.1, el volumen de transacciones de divisas fluctúa en el mundo conforme los principales centros de comercio de divisas en Londres, Nueva York y Tokio abren y cierran a lo largo del día.

En algunos países, una parte del comercio de divisas se realiza en un piso de remates oficial, mediante subasta abierta. Los precios de cierre se publican como el precio oficial, o "fijo", para el día y ciertas transacciones comerciales y de inversión se basan en este precio oficial. Las empresas comerciales en países con controles de cambio con frecuencia deben reportar diariamente al banco central las divisas ganadas por exportaciones al precio fijo del día.

Los bancos que participan en el mercado cambiario internacional se conectan mediante redes de telecomunicación muy complejas. Los operadores y corredores profesionales obtienen cotizaciones de tipo de cambio en las pantallas de sus computadoras de escritorio y se comunican por teléfono, computadora, fax y télex. Los departamentos de divisas de muchas empresas comerciales no bancarias también usan redes informáticas para mantenerse en contacto con el mercado y buscar las mejores cotizaciones. Reuters, Telerate y Bloomberg son los proveedores líderes de información sobre tipos de cambio y sistemas de transacciones cambiarias. Un acontecimiento reciente ha sido la introducción de sistemas de "equivalencia" automatizados en los sistemas de cotización computarizados. Muchos operadores creen que, en el futuro cercano, las transacciones ejecutadas por computadoras sustituirán a otros sistemas de compraventa más convencionales.

Funciones del mercado cambiario

El mercado cambiario es el mecanismo mediante el cual los participantes transfieren el poder adquisitivo entre países, obtienen o proporcionan crédito para transacciones comerciales internacionales y minimizan la exposición a los riesgos de variaciones en los tipos de cambio.

- La transferencia del poder adquisitivo es necesaria porque el comercio internacional y las transacciones de capital por lo general suponen la participación de partes que viven en países con diferentes monedas nacionales. Cada parte usualmente quiere realizar

FIGURA 6.1   Medición de la actividad del mercado cambiario. Conversiones electrónicas promedio por hora

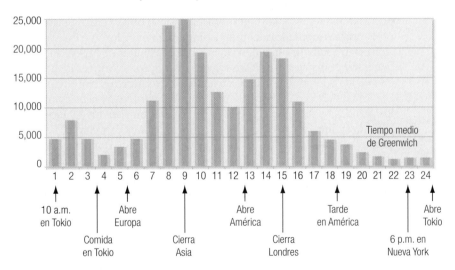

Fuente: Federal Reserve Bank of New York, "The Foreign Exchange Market in the United States", 2001, http://www.ny.frb.org.

transacciones en su propia moneda, pero el comercio o la transacción de capital se pueden facturar solamente en una divisa. Por tanto, una parte debe negociar en una moneda extranjera.

■ Puesto que el movimiento de bienes entre países toma tiempo, el inventario en tránsito se debe financiar. El mercado cambiario ofrece una fuente de crédito. Para financiar el comercio internacional, están disponibles instrumentos especializados, como las aceptaciones bancarias y las cartas de crédito. Dichos documentos se explicarán en el capítulo 20.

■ El mercado cambiario proporciona facilidades de "cobertura" para transferir el riesgo cambiario a alguien que esté más dispuesto a aceptar el riesgo. Tales facilidades se explican en el capítulo 9.

Participantes del mercado

El mercado cambiario tiene dos niveles: el mercado interbancario o mayorista, y el mercado cliente o minorista. Las transacciones individuales en el mercado interbancario por lo general son por grandes sumas en múltiplos de un millón de dólares estadounidenses o el valor equivalente en otras monedas. En contraste, los contratos entre un banco y sus clientes por lo general son por cantidades específicas.

Dentro de estos dos niveles funcionan cuatro categorías generales de participantes: operadores de cambio, bancarios y no bancarios; particulares y empresas que realizan transacciones comerciales o de inversión; especuladores y árbitros, y bancos centrales y tesorerías.

Operadores de cambio, bancarios y no bancarios

Los bancos, y algunos operadores de cambio no bancarios, operan tanto en el mercado interbancario como en el mercado minorista. Se benefician de comprar divisas a un precio de *compra* (*bid*) y las revenden a un precio de *venta* (*ask*, también llamado de *oferta*) ligeramente más alto. La competencia entre operadores a nivel mundial reduce el margen entre compra y venta y así contribuye a hacer eficiente el mercado cambiario en el mismo sentido que en los mercados de valores.

Los operadores de los departamentos de divisas de los grandes bancos internacionales con frecuencia funcionan como *creadores de mercado*. Dichos operadores están dispuestos en todo momento a comprar y vender aquellas monedas en las que se especializan y, por tanto, mantienen inventarios de dichas monedas. Realizan transacciones con otros bancos en sus propios centros monetarios y con otros centros alrededor del mundo, para mantener los inventarios dentro de los límites de negociación establecidos por la política bancaria. Los límites de negociación son importantes, pues los departamentos de divisas de muchos bancos operan como centros de utilidades y la remuneración de cada uno de los operadores se basa en los incentivos que reciben según las utilidades obtenidas.

El comercio de divisas es muy rentable para los bancos comerciales y de inversión. Muchos de los grandes bancos que comercian con divisas en Estados Unidos obtienen en promedio entre 10 y 20% de su ingreso neto anual de las transacciones cambiarias. Pero el comercio de divisas también es muy rentable para los operadores del banco, que por lo general ganan un bono con base en las utilidades que le reportan al banco las actividades cambiarias que cada uno realiza en lo individual.

Los bancos pequeños y medianos tienen probabilidad de participar en el mercado interbancario, pero no son creadores de mercado. En lugar de mantener posiciones de inventario significativas, compran y venden a bancos más grandes para compensar las transacciones minoristas con sus propios clientes. Desde luego, incluso los bancos que crean mercado no tienen mercados en todas las divisas. Comercian por cuenta propia las divisas de mayor interés para sus clientes y se vuelven participantes cuando satisfacen las necesidades de los clientes en divisas menos importantes. En *Finanzas globales en la práctica 6.1* se describe un día típico de un operador de divisas.

Particulares y empresas que realizan transacciones comerciales y de inversión

Importadores y exportadores, inversionistas en portafolios internacionales, EMN, turistas y otros usan el mercado cambiario para facilitar la ejecución de transacciones comerciales y de inversión.

FINANZAS GLOBALES EN LA PRÁCTICA 6.1

Un día de un operador de divisas

¿Cómo se preparan los operadores de divisas para su día laboral? En Europa el mercado cambiario abre oficialmente a las 8 de la mañana, pero el trabajo del operador comienza al menos una hora antes. Cada mañana, los jefes de los operadores proporcionan lineamientos a su personal para las transacciones. Reconsideran su estrategia de acuerdo con su estimación del mercado para los siguientes meses. También decidirán sus tácticas para el día con base en los siguientes factores:

■ **Transacciones en las últimas horas en Nueva York y el Lejano Oriente.** Debido a la diferencia de horario, los bancos de Nueva York tienen transacciones continuas varias horas más que los bancos en Europa, mientras que en el Lejano Oriente el día laboral cierra cuando comienza el día europeo.

■ **Nuevos acontecimientos económicos y políticos.** Siguiendo las fuerzas teóricas que determinan los tipos de cambio, las variaciones en las tasas de interés, los indicadores económicos y los agregados monetarios son los factores fundamentales que influyen en los tipos de cambio. Los sucesos políticos, como los conflictos militares, disturbios sociales, la caída de un gobierno, etcétera, también pueden influir y, en ocasiones, incluso dominar el mercado.

■ **La posición de divisas del banco.**

Temprano por la mañana, los creadores de mercado usan sistemas de información electrónicos para ponerse al día sobre los sucesos de la noche anterior que podrían impactar los tipos de cambio. Las tablas, presentaciones gráficas de los movimientos del mercado y tableros de calificación en pantalla permiten a los operadores estudiar los últimos acontecimientos en los tipos de cambio en Nueva York y el Lejano Oriente. Tan pronto terminan este trabajo preparatorio, los operadores están listos para realizar transacciones internacionales (entre 8 A.M. y 5 P.M.).

El día comienza con una serie de telefonemas entre los actores fundamentales del mercado; la intención es sondear cuáles son las intenciones. Hasta hace poco, los corredores de bolsa también actuaban como intermediarios en las operaciones del mercado cambiario y de dinero. Sin embargo, en la actualidad, el Electronic Brokering System (EBS, sistema de corretaje electrónico) ha sustituido en gran medida las actividades de los mismos corredores. Los corredores originales solían trabajar con importes mínimos, como US$5 millones, mientras que el EBS permite transacciones flexibles desde uno hasta US$999 millones. No obstante, el EBS no sólo realiza operaciones con dólares estadounidenses. También incluye transacciones con divisas como EUR/CHF, EUR/JPY y EUR/GBP. Esto significa que la continuidad de la determinación de los tipos de cambio es sustancialmente mejor, pues un mayor número de importes pequeños, que antes se negociaban en privado entre bancos, ahora intervienen en el establecimiento de tasas. Otra ventaja de este sistema es que las tasas siempre están disponibles en pantalla.

Fuente: Foreign Exchange and Money Market Transactions, UBS Investment Bank, primavera de 2004.

El uso que hacen del mercado cambiario es necesario pero, no obstante, incidental a su propósito comercial o de inversión subyacente. Algunos de estos participantes usan el mercado para "cubrir" el riesgo cambiario.

Especuladores y árbitros

Los especuladores y árbitros tratan de lucrar con las transacciones que realizan en el propio mercado. Operan en interés propio, sin necesidad ni obligación de atender a clientes o asegurar un mercado continuo. Donde los operadores tratan de beneficiarse del margen entre el precio de compra y el de venta, además de lo que puedan ganar por las variaciones en el tipo de cambio, los especuladores obtienen toda su utilidad de las variaciones en los tipos de cambio. Los árbitros intentan obtener utilidades de las diferencias simultáneas en el tipo de cambio en diferentes mercados.

Una gran proporción de especulación y arbitraje se realiza a nombre de grandes bancos por parte de operadores contratados por dichos bancos. En consecuencia, los bancos actúan como operadores cambiarios y como especuladores y árbitros. (Sin embargo, los bancos rara vez admiten que especulan; según ellos, sólo "adoptan una posición emprendedora".)

Bancos centrales y tesorerías

Los bancos centrales y tesorerías usan el mercado para adquirir o gastar las reservas de divisas de su país, así como para influir en el precio al que se negocia su propia moneda. Pueden actuar para apoyar el valor de su moneda debido a políticas adoptadas a nivel nacional o por compromisos contraídos mediante la participación en acuerdos de flotación conjunta, como los acuerdos del banco central del Sistema Monetario Europeo (SME) que precedió la introducción del euro. En consecuencia, el motivo no es ganar una utilidad como tal, sino influir en el valor cambiario de su moneda para beneficiar los intereses de los ciudadanos. En muchos casos hacen mejor su trabajo cuando voluntariamente aceptan pérdidas en sus transacciones cambiarias. Como aceptantes voluntarios de pérdidas, los bancos centrales y tesorerías difieren en motivo y comportamiento de todos los demás participantes del mercado.

Comunicaciones en el mercado interbancario

La rápida evolución de la tecnología de telecomunicaciones está cambiando las comunicaciones del mercado interbancario. Existen pocas transacciones que se realizan en persona (excepto en aquellos países que todavía usan pisos de remates). En la actualidad, la mayoría de las transacciones de divisas todavía se ejecutan por teléfono. Sin embargo, las transacciones electrónicas probablemente sustituirán pronto al teléfono.

Continuous Linked Settlement y fraude

En septiembre de 2002 se introdujo el sistema Continuous Linked Settlement (CLS). El CLS elimina las pérdidas si alguna de las partes de una transacción de divisas no puede liquidar su adeudo con la otra. El sistema CLS une los sistemas de liquidación bruta en tiempo real (Real-Time Gross Settlement, RTGS) en siete de las principales monedas. Se espera que a la larga ofrezca liquidación el mismo día en vez de los dos días que necesita en la actualidad.

El sistema CLS ayudará a contrarrestar fraudes en los mercados cambiarios. En Estados Unidos, la Commodity Futures Modernization Act de 2000 da la responsabilidad de regular el fraude en las transacciones cambiarias a la Commodity Futures Trading Commission (CFTC) estadounidense.

Transacciones en el mercado interbancario

Las transacciones en el mercado cambiario pueden ejecutarse bajo las modalidades *spot*, *forward* (a plazo) o *swap*. Una definición más amplia del mercado cambiario incluye las opciones de divisas y futuros (que se cubren en el capítulo 8). Una transacción *spot* requiere la entrega casi inmediata de la divisa. Una transacción *forward* (a plazo) requiere la entrega de la divisa en alguna fecha futura, ya sea de manera "directa" o mediante un contrato de "futuros". Una transacción *swap* es el intercambio simultáneo de una divisa por otra.

Transacciones *spot*

Una transacción *spot* en el mercado interbancario es la compra de divisas y la entrega y pago entre bancos ocurre, por lo general, el segundo día hábil siguiente. El dólar canadiense se liquida con el dólar estadounidense el primer día hábil siguiente.

La fecha de liquidación se conoce como *fecha de valor*. En la fecha de valor, la mayoría de las transacciones mundiales en dólares se liquidan mediante el sistema computarizado de pagos interbancarios por cámara de compensación (Clearing House Interbank Payments System, o CHIPS) en Nueva York, que proporciona el cálculo de los saldos netos adeudados por algún banco a otro y el pago a las 6 de la tarde de ese mismo día en fondos del Federal Reserve Bank de Nueva York.

Una transacción *spot* común en el mercado interbancario podría ser, por ejemplo, que un banco estadounidense contrate el lunes la transferencia de £10,000,000 a la cuenta de un banco londinense. Si el tipo de cambio *spot* fuese de US$1.8420/£, el banco estadounidense transferiría £10,000,000 al banco londinense el miércoles, y el banco londinense transferiría US$18,420,000 al banco estadounidense al mismo tiempo. Una transacción *spot* entre un banco y su cliente comercial no necesariamente implica una espera de dos días para liquidarse.

Transacciones directas a plazo

Una *transacción directa a plazo (forward)* (conocida comúnmente sólo como *forward*) requiere la entrega en una fecha de valor futura de un importe específico de una divisa por un importe específico de otra divisa. El tipo de cambio se establece en el momento de suscribir el contrato, pero el pago y la entrega no se requieren sino hasta el vencimiento. Los tipos de cambio *forward* por lo general se cotizan para fechas de valor de uno, dos, tres, seis y 12 meses. Los contratos se pueden establecer para otro número de meses o, en ocasiones, por periodos de más de un año. El pago se efectúa el segundo día hábil después de la fecha de aniversario de la transacción. Por tanto, una transacción *forward* a dos meses celebrada el 18 de marzo tendrá una fecha de valor del 20 de mayo, o el siguiente día hábil si el 20 de mayo cae en fin de semana o en día feriado.

Note que, como cuestión de terminología, se puede hablar de "compra a plazo" o "venta a plazo" para describir la misma transacción. Un contrato para entregar dólares por euros dentro de seis meses implica comprar euros a plazo por dólares y vender dólares a plazo por euros.

Transacciones *swap*

Una transacción *swap* en el mercado interbancario es la compra y venta simultánea de un importe dado de divisas para dos fechas de valor diferentes. Tanto la compra como la venta se realizan con la misma contraparte. Un tipo común de *swap* es la *transacción spot contra forward*. El operador compra una moneda en el mercado *spot* y simultáneamente vende el mismo importe al mismo banco en el mercado *forward*. En vista de que esto se ejecuta como una sola transacción con una contraparte, el operador no incurre en riesgo cambiario inesperado. Las transacciones *swap* y las *forward* directas combinadas constituyeron 57% de toda la actividad del mercado cambiario en abril de 2004.

Swaps forward-forward. Una transacción *swap* más compleja se llama *swap forward-forward*. Un operador vende £20,000,000 a plazo por dólares para entrega, por decir, en dos meses a US$1.8420/£ y simultáneamente compra £20,000,000 a plazo para entrega en tres meses a US$1.8400/£. La diferencia entre el precio de compra y el precio de venta es equivalente al diferencial de tasas de interés (esto es, la paridad de tasas de interés) entre las dos monedas. Por tanto, un *swap* se puede ver como una técnica para pedir dinero prestado en otra moneda de manera totalmente garantizada.

Contratos a plazo no entregables (NDF). Creados a principio de la década de 1990, los *contratos a plazo no entregables* (NDF, *non-deliverable forward contracts*), ahora son un instrumento derivado relativamente común que ofrecen los más grandes proveedores de derivados de divisas. Los NDF poseen las mismas características y requisitos de documentación que los contratos a plazo tradicionales, excepto que se liquidan sólo en dólares estadounidenses y la divisa que se vende o compra a plazo no se entrega. La característica de liquidación en dólares refleja el hecho de que los NDF se contratan en el extranjero (por ejemplo, en Nueva York por un inversionista mexicano) y por tanto, están más allá del alcance y el marco regulador del gobierno del país de origen (en este caso, México). Los NDF se comercian a nivel internacional siguiendo las normas establecidas por la International Swaps and Derivatives Association (ISDA, asociación internacional de *swaps* y derivados). Aunque originalmente se concibió como un método de cobertura cambiaria, ahora se estima que más de 70% de todas las transacciones con NDF es con propósitos de especulación.

Los NDF se usan sobre todo con monedas de mercados emergentes, divisas que por lo general no tienen comercio de divisas en un mercado *spot* abierto, mercados de dinero líquido o cotizaciones de tasas de interés de eurodivisas. A pesar de que la mayor parte de las transacciones con NDF se centraron en monedas latinoamericanas durante la década de 1990, muchas divisas asiáticas se han negociado ampliamente en la era posterior a la crisis asiática de 1997. En general, los mercados de NDF usualmente se desarrollan para países cuyas divisas tienen grandes movimientos transfronterizos de capital, pero todavía están sujetas a restricciones de convertibilidad. El comercio en años recientes ha estado dominado por el won coreano, el peso chileno, el dólar taiwanés, el real brasileño y el renminbi chino.

La fijación de precios de los NDF refleja diferenciales de interés básicos, como con los contratos a plazo regulares, más alguna prima adicional que cobra el banco por la liquidación en dólares. Sin embargo, si no existe mercado de dinero accesible o desarrollado para el establecimiento de tasas de interés, el precio del NDF toma un elemento mucho más especulativo. Sin verdaderas tasas de interés, los operadores con frecuencia cotizan con base en lo que consideran que podrían ser las tasas *spot* al momento de la liquidación. Por ejemplo, en el otoño de 2003, los NDF sobre el renminbi chino cayeron a niveles bajos sin precedentes (lo que significó un renminbi muy fuerte frente al dólar) porque la mayoría de los operadores de divisas y analistas esperaban que el gobierno chino revaluara el renminbi muy pronto.[1]

Los NDF se operan y liquidan fuera del país de la divisa negociable y, por tanto, están más allá del control del gobierno del país. Hace tiempo, esto creó una situación difícil en la que el mercado de NDF sirvió como una especie de mercado gris en el comercio de dicha divisa. Por ejemplo, a finales de 2001, Argentina estaba bajo creciente presión para que abandonara su régimen de tipo de cambio fijo de un peso por dólar estadounidense. El mercado de NDF comenzó a cotizar tasas de Ps1.05/US$ y Ps1.10/US$, lo que en efecto era un peso devaluado, para liquidación del NDF en el siguiente año. Esto produjo creciente presión especulativa contra el peso y la ira del gobierno argentino.

No obstante, los NDF han resultado ser un sustituto imperfecto de los contratos a plazo tradicionales. Los problemas con los NDF por lo general se relacionan con "fijar la tasa *spot* en la fecha de fijación". Ésta es la tasa *spot* al final del contrato usada para calcular la liquidación. En momentos de crisis financiera, por ejemplo la del bolívar venezolano en 2003, el gobierno de la divisa negociable puede suspender la compraventa de divisas en el mercado *spot* por un periodo extenso. Sin una tasa fija oficial, el NDF no puede liquidarse. En el caso de Venezuela, el problema se complicó cuando se anunció un nuevo "bolívar devaluado" oficial, pero que todavía no se negociaba. Como se describe en *Finanzas globales en la práctica 6.2*, los NDF son particularmente activos en el renminbi chino.

FINANZAS GLOBALES EN LA PRÁCTICA 6.2

¿Una cobertura contra la exposición cambiaria?

Cuando Beijing anunció la revaluación de 2.1 por ciento del renminbi la tarde del 21 de julio, los operadores del Deutsche Bank en Singapur tuvieron que cambiar sus planes para la noche. "Fue caótico, porque ya todos habían salido de la oficina", comenta Mirza Baig, estratega de divisas del Deutsche. "Los operadores tuvieron que precipitarse a sus escritorios para examinar su exposición, en particular en términos de posiciones cortas". Los operadores de divisas se centraron en el mercado de contratos a plazo no entregables del renminbi; derivados extranjeros que se negocian sobre todo en los grandes bancos internacionales de Singapur.

Los NDF se usan ampliamente en fondos de cobertura y apuestan sobre el valor de las monedas que no son completamente convertibles. Sin embargo, los estrategas políticos de Beijing no han expresado públicamente ningún interés en el valor informativo del mercado, a pesar de la escasez de otros indicadores verosímiles de la moneda china. El mercado de NDF tampoco recibe mucha atención en la prensa china, que se centra en las transacciones del mercado cambiario doméstico dominado por el banco central. Los contratos a plazo son acuerdos extra-bursátiles en los que los activos se negocian a precios corrientes para entrega después de un periodo específico que por lo general varía entre un mes y un año. Los contratos a plazo de renminbi son "no entregables", porque se liquidan en dólares estadounidenses.

Un funcionario del Banco Popular de China, el banco central del país, desestima las insinuaciones acerca de que los precios de los NDF pudieron haber influido en el nuevo régimen de establecimiento del tipo de cambio del renminbi, que formalmente se conoce como una flotación administrada que se basa en la "oferta y demanda del mercado con referencia a una canasta de divisas". "Los NDF no son una moneda; sólo son un tipo de contrato, por lo que no están incluidos en nuestra canasta", señala el funcionario. "No están en esta canasta, de modo que ciertamente no se tomarán en consideración [en el establecimiento del tipo de cambio]".

Sin embargo, con un volumen promedio de transacciones diarias de alrededor de US$500 millones, el mercado de NDF del renminbi es más que sólo un patio de juego para algunos fondos

[1] Para un excelente análisis a fondo del mercado de NDF, vea "An Overview of Non-Deliverable Foreign Forward Exchange Markets", por Laura Lipscomb, Federal Reserve Bank of New York, mayo de 2005.

de cobertura que los usan a la menor provocación. Por ejemplo, las grandes compañías internacionales con operaciones en China continental tienden a usar los NDF para cubrir su exposición cambiaria. El tesorero de un grupo internacional importante que trabaja en Hong Kong dice que las compañías estadounidenses ponen interés especial en evitar los efectos de la conversión cambiaria en sus balances generales. "Suelen tener políticas de contabilidad interna muy conservadoras", agrega. "Nos dicen: 'entendemos que el renminbi es una apuesta de una sola vía por el momento, pero no nos importa'".

Las compañías internacionales acaso también quieran usar los contratos NDF porque se abastecen con proveedores chinos y algunos de sus costos se denominan en renminbi. El señor Baig del Deutsche cree que algunas compañías tienen sumo

interés en "asegurar" las expectativas del mercado alcista. Los contratos NDF a un año indican que el renminbi aumentará alrededor de 5 por ciento con respecto a su nivel revaluado. "La cobertura les brinda certidumbre en sus pronósticos de utilidad para los próximos 12 meses", agrega.

Sin embargo, otros siguen escépticos. "Con frecuencia, las expectativas en el mercado de NDF son muy exageradas, en comparación con lo que piensan las compañías [en el terreno]", dice Stephen Green, economista ejecutivo en Standard Chartered Bank. "No tiene caso usar este mercado como cobertura si uno cree que está fuera de lo previsto".

Fuente: "A Hedge Against Forex Exposure", *Financial Times*, 2 de agosto de 2005.

Tamaño del mercado

El Banco Internacional de Pagos (BIP, o BIS, Bank for International Settlements), en conjunto con los bancos centrales del mundo, realiza una encuesta sobre la actividad del comercio de divisas cada tres años. La encuesta más reciente, realizada en abril de 2007, estimó que la facturación total neta global *diaria* por la actividad en el mercado cambiario fue de US$3.2 billones. Se trata de un aumento espectacular de casi 70% sobre el estimado de US$1.9 billones de la encuesta de 2004. En la figura 6.2 se muestran los datos BIP correspondientes a las encuestas de 1989 a 2007.

La facturación total global de divisas en la figura 6.2 se divide en tres categorías de instrumentos cambiarios: transacciones *spot*, transacciones *forward* y transacciones *swap*. Las tres

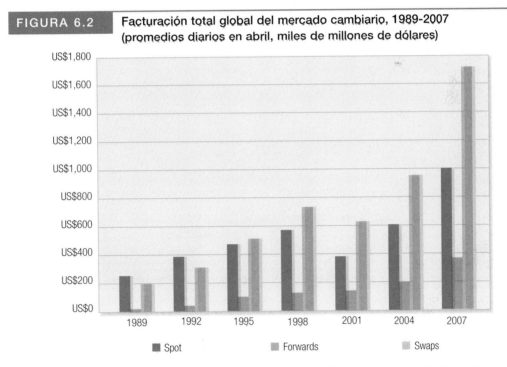

FIGURA 6.2 Facturación total global del mercado cambiario, 1989-2007 (promedios diarios en abril, miles de millones de dólares)

Fuente: Banco Internacional de Pagos, "Triennial Central Bank Survey of Foreign Exchange and Derivatives Market Activity in April 2007: Preliminary Global Results", octubre de 2007, www.bis.org.

categorías de transacciones de divisas se elevaron significativamente entre 2004 y 2007, un cambio distintivo en relación con lo que se vio en las encuestas de 2001 y 2004.

- Las transacciones *spot* crecieron de US$621,000 millones diarios en 2004 a US$1.005 billones en 2007, un aumento de 62%.

- Las transacciones directas a plazo crecieron de US$208,000 millones diarios en 2004 a US$363,000 millones en 2007, un aumento de 74%.

- Las transacciones *swap*, que registraron el mayor crecimiento, pasaron de US$944,000 millones diarios en 2004, a más de US$1.714 billones en 2007, un aumento de 82%.

¿Por qué el enorme incremento? El BIP cree que una combinación de tres fuerzas principales impulsó el crecimiento. Primero, una significativa expansión en la actividad de varios grupos de inversión especializados, incluidos los fondos de cobertura. Segundo, la tendencia de los inversionistas institucionales con un horizonte de inversión a largo plazo a diversificar sus portafolios a escala internacional, lo que a su vez requiere el cambio de divisas. Y tercero, un marcado aumento en los niveles de las transacciones técnicas basadas en computadoras, en especial las transacciones algorítmicas.

La figura 6.3 muestra la parte proporcional del volumen de transacciones de divisas para los mercados nacionales más importantes del mundo en 2007. Note que aunque los datos se recolectaron y reportaron a nivel nacional, las designaciones como "Estados Unidos" deben interpretarse sobre todo como "Nueva York", debido al hecho de que la gran mayoría del comercio de divisas tiene lugar en la ciudad principal de cada país. Esto es particularmente cierto para "Reino Unido" y "Londres".

FIGURA 6.3   Los 10 principales centros geográficos de transacciones del mercado cambiario, 1992-2007 (promedios diarios en abril, miles de millones de dólares estadounidenses)

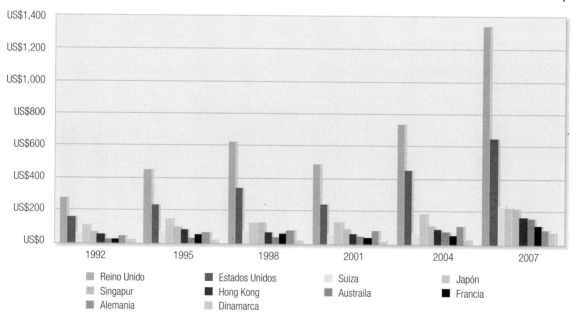

Fuente: Banco Internacional de Pagos, "Triennial Central Bank Survey of Foreign Exchange and Derivatives Market Activity in April 2007: Preliminary Global Results", septiembre de 2007, www.bis.org.

Claramente, el Reino Unido (Londres) sigue siendo el centro de la actividad cambiaria mundial, con US$1.359 billones de facturación total diaria en divisas, lo que representa una parte dominante (34.1%) de las transacciones mundiales diarias. Estados Unidos (Nueva York) sigue siendo el segundo más grande, con US$664,000 millones en actividad diaria, lo que constituye 16.6% del comercio global. Londres y Nueva York por sí solos constituyen el 50% de toda la actividad del mercado cambiario, una concentración no vista desde que el BIP estudia los mercados.

También ha habido un cambio significativo en los niveles de actividad de otras grandes naciones que comercian con divisas. Suiza avanzó notablemente en años recientes y ahora es el tercer centro cambiario más grande con 6.1% del volumen mundial de transacciones, seguido por Japón (6%), Singapur (5.8%), Hong Kong (4.4%), Australia (4.2%), Francia (3%), Alemania (2.5%) y en décimo lugar Dinamarca (2.2%). Hong Kong es otro centro de actividad cambiaria que ha crecido de manera notable en años recientes, principalmente en su papel de vínculo económico y financiero fundamental de la economía china en rápido crecimiento. Es interesante que Australia haya crecido considerablemente en años recientes, lo que refleja la demanda de comercio de divisas relacionada con lo que se denomina *carry trade*, en el que el capital fluye hacia el país en busca de altos rendimientos de tasas de interés. Este tema se cubre a detalle en el capítulo 7.

La composición cambiaria del volumen de transacciones, que se muestra en la figura 6.4, también muestra variaciones en años recientes. Dado que todas las divisas se negocian en referencia a alguna otra moneda, todos los porcentajes que se muestran en la figura 6.4 son para dicha divisa frente a otra divisa; en este caso, el dólar estadounidense. Las tendencias son relativamente claras: los tipos cruzados dólar estadounidense/euro y yen japonés/dólar estadounidense muestran tendencia a la baja, aunque muy lenta. Sin embargo, lo que es claro es que algunas otras divisas, como el dólar australiano, aumentaron en su volumen de actividad. La creciente participación del dólar de Hong Kong también fue notable, lo que probablemente refleja los vínculos económicos y financieros de Hong Kong con el crecimiento económico chino. Una nota adicional que no se refleja en la figura 6.4 es el crecimiento de las monedas de mercados emergentes. Por primera vez aumentó la participación de las divisas de mercados emergentes, lo que constituyó más de 20% de todas las transacciones en abril de 2007.

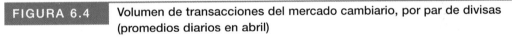

FIGURA 6.4 **Volumen de transacciones del mercado cambiario, por par de divisas (promedios diarios en abril)**

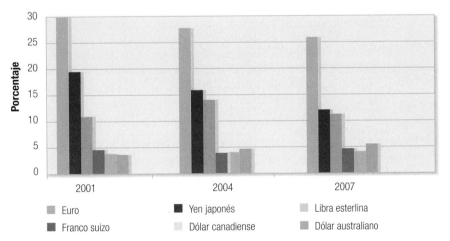

Nota: Todas las divisas están frente al dólar estadounidense.
Fuente: Banco Internacional de Pagos, "Triennial Central Bank Survey for Foreign Exchange and Derivatives Market Activity in April 2007: Preliminary Global Results", septiembre de 2007, www.bis.org.

Tipos de cambio y cotizaciones de las divisas

El *tipo* de cambio es el precio de una divisa expresada en términos de otra divisa. Una *cotización* de divisa (o *presupuesto*) es una declaración de la voluntad de comprar o vender a un tipo anunciado.

En el mercado minorista (incluidos los periódicos y casas de cambio en los aeropuertos), con mucha frecuencia las cotizaciones se proporcionan como el precio de la divisa en moneda doméstica, y también se ofrecen para muchos pares de divisas. Sin embargo, esta práctica no es uniforme a nivel mundial. Como se describe en la siguiente sección, el mercado interbancario profesional tiene su sistema de cotización estandarizado.

Cotizaciones interbancarias

Recuerde de la figura 6.4 que la mayoría de las transacciones de divisas son a través del dólar estadounidense. Los operadores y corredores profesionales pueden expresar las cotizaciones de divisas en una de dos formas: el precio en moneda extranjera de un dólar o el precio en dólares de una unidad de moneda extranjera. La mayoría de las divisas en el mundo se expresan en términos del número de unidades de moneda extranjera necesarias para comprar un dólar. Por ejemplo, el tipo de cambio entre el dólar estadounidense y el franco suizo por lo general se expresa del modo siguiente:

SF1.6000/US$, que se lee como "1.6000 francos suizos por dólar estadounidense"

Este método, llamado *términos europeos*, expresa el tipo de cambio como el precio en moneda extranjera de un dólar estadounidense. Otro método se llama *términos americanos*. El mismo tipo de cambio expresado en términos americanos es el siguiente:

US$0.6250/SF, que se lee como "0.6250 dólares estadounidenses por franco suizo"

Según los términos americanos, los tipos de cambio se expresan como el precio en dólar estadounidense de una unidad de moneda extranjera. Note que los términos europeos y los términos americanos son recíprocos:

$$\frac{1}{\text{SF1.6000/US\$}} = \text{US\$0.6250/SF}$$

Con muchas excepciones, incluidas dos importantes, la mayoría de las cotizaciones interbancarias del mundo se enuncian en términos europeos. Por tanto, en todo el mundo, la forma normal de expresar la relación entre el franco suizo y el dólar estadounidense es SF1.6000/US$; este método también puede llamarse "términos suizos". Una cotización de yen japonés de ¥118.32/US$ se llama "términos japoneses", aunque con frecuencia se usa la expresión "términos europeos" como el nombre genérico para precios del dólar en monedas asiáticas y europeas. Los términos europeos se adoptaron como la forma universal de expresar los tipos de cambio de la mayoría (pero no todas) de las divisas en 1978, para facilitar las transacciones mundiales que se realizan por telecomunicaciones.

Como se mencionó, existen varias excepciones para el uso de cotizaciones en términos europeos. Las dos más importantes son las cotizaciones del euro y la libra esterlina. El euro, que se negoció por primera vez en 1999, y la libra esterlina, por lo general se cotizan en términos americanos; esto es: el precio en dólares estadounidenses de un euro o una libra esterlina. Además, los dólares australianos y los dólares neozelandeses se expresan por lo general en términos americanos. Por razones históricas, la libra esterlina se cotiza como el precio en moneda extranjera de una libra. Durante siglos, la libra esterlina estuvo formada de 20 chelines, cada uno de los cuales tenía 12 peniques. La multiplicación y la división con la moneda no decimal eran difíciles. La costumbre evolucionó para los precios de las divisas en Londres, en aquel entonces la indiscutible capital financiera del mundo, para expresarse en unidades de moneda extranjera por libra. Esta práctica permaneció incluso después de que la libra esterlina cambió a decimales en 1971.

Los términos americanos se usan en la cotización de los tipos de la mayoría de las opciones de divisas y futuros, así como en los mercados minoristas que tratan con turistas y remesas personales. Los operadores de divisas usan sobrenombres para las principales divisas. *Cable* significa el tipo de cambio entre el dólar estadounidense y la libra esterlina, el nombre data de la época en la que las transacciones en dólares y libras se realizaban a través del cable telegráfico trasatlántico. Un dólar canadiense es un *loonie*, cuyo nombre se debe a las aves acuáticas grabadas en la moneda de un dólar de Canadá. *París* significa franco francés, *kiwi* representa al dólar neozelandés, *Aussie* para el dólar australiano, *Swissie* para los francos suizos, y *Sing dollar* para el dólar de Singapur.

Los importes de las monedas deben ser precisos en las conversiones de cambio de divisas para evitar grandes equívocos. Por desgracia, el significado de la palabra "billón" es distinto en inglés británico y en inglés estadounidense. Para los británicos, "un billón" es 1 seguido de 12 ceros: 1,000,000,000,000, o un millón de millones. En Estados Unidos y Francia, donde el sistema de numeración se basa en grupos de tres en lugar de cuatro, "un billón" es mil millones, o 1,000,000,000. Para los británicos, un "trillón" es un millón de billones, mientras que en Estados Unidos y Francia el significado de un "trillón" es mil billones, lo mismo que un billón británico.[2] Para evitar confusión, los operadores de divisas usan la palabra *yard* para describir un billón estadounidense.

Cotizaciones directas e indirectas

Las cotizaciones de divisas son *directas* o *indirectas*. En este par de definiciones es crucial el país de origen o sede de las monedas en cuestión.

Una *cotización directa* es el precio en moneda nacional de una unidad de moneda extranjera y una *cotización indirecta* es el precio en moneda extranjera de una unidad de moneda doméstica. La forma de la cotización depende de lo que el hablante considere nacional o doméstica.

La cotización del tipo de cambio SF1.600/US$ es una cotización directa en Suiza: es el precio en moneda nacional suiza (franco suizo) de una moneda extranjera (dólar estadounidense). Exactamente la misma cotización, SF1.6000/US$, es una cotización indirecta cuando se usa en Estados Unidos: ahora es el precio en moneda extranjera (franco suizo) de la moneda nacional (dólar estadounidense). El recíproco de esta cotización, US$0.6250/SF, es una cotización directa en Estados Unidos y una cotización indirecta en Suiza.

La cotización directa en dólares frente al franco suizo, US$0.6250/SF en el ejemplo anterior, también se conoce como el "valor externo del franco suizo"; esto es, el valor de un franco suizo fuera de Suiza. El valor interno del franco suizo es SF1.6000/US$: el número de francos suizos que pueden comprarse con un dólar.

Cotizaciones de compra y venta (*bid* y *ask*)

Las cotizaciones interbancarias se proporcionan como *bid* (compra) y *ask* (venta) (también conocido como precio de *oferta*). *Bid* es el precio (esto es, el tipo de cambio) en una divisa con la que un operador comprará otra divisa. *Ask* es el precio (esto es, el tipo de cambio) al que un operador venderá la otra divisa. Los operadores compran a un precio y venden a un precio ligeramente mayor; su utilidad es el margen entre los precios de compra y venta.

Las cotizaciones de compra y venta en los mercados de divisas se complican superficialmente por el hecho de que la puja por una divisa también es la oferta por la divisa opuesta. Un operador que trata de comprar dólares con francos suizos simultáneamente ofrece vender francos suizos por dólares. Suponga que un banco presenta las cotizaciones del yen japonés que se muestran en la mitad superior de la figura 6.5. Las cotizaciones *spot* en la primera línea indican que el operador de divisas del banco comprará dólares (esto es, vende yenes japoneses) al precio de compra de ¥118.27 por dólar. El operador venderá dólares (esto es, venderá yenes japoneses) al precio de venta de ¥118.37 por dólar.

Sin embargo, como se ilustra en la figura 6.5, la *cotización directa* completa (el precio completo con todos los lugares decimales) por lo general sólo se muestra para la tasa *spot* actual. No obstante, los operadores tienden a abreviar cuando hablan por teléfono o ponen las cotizaciones en una pantalla. El primer término, la compra, de una cotización *spot* se puede proporcionar en

[2]*The Shorter Oxford English Dictionary on Historical Principles*, tercera edición, volúmenes I y II, Oxford, Clarendon Press, 1973.

| FIGURA 6.5 | Cotizaciones *spot* y a plazo (*forward*) para el euro y el yen japonés |

	Plazo	Euro: *spot* y a plazo (US$/€)			Yen: *spot* y a plazo (¥/US$)		
		Tipos medios	**Compra**	**Venta**	**Tipos medios**	**Compra**	**Venta**
	Spot	1.0899	1.0897	1.0901	118.32	118.27	118.37
Tipos al contado	1 semana	1.0903	3	4	118.23	−10	−9
	1 mes	1.0917	17	19	117.82	−51	−50
	2 meses	1.0934	35	36	117.38	−95	−93
	3 meses	1.0953	53	54	116.91	−143	−140
	4 meses	1.0973	72	76	116.40	−195	−190
	5 meses	1.0992	90	95	115.94	−240	−237
	6 meses	1.1012	112	113	115.45	−288	−287
	9 meses	1.1075	175	177	114.00	−435	−429
	1 año	1.1143	242	245	112.50	−584	−581
Tipos *swap*	2 años	1.1401	481	522	106.93	−1150	−1129
	3 años	1.1679	750	810	101.09	−1748	−1698
	4 años	1.1899	960	1039	96.82	−2185	−2115
	5 años	1.2102	1129	1276	92.91	−2592	−2490

Nota: Los tipos medios son el promedio numérico de compra y venta.

su totalidad: esto es, "118.27". Sin embargo, el segundo término, la venta, probablemente se exprese sólo como los dígitos que difieren del precio de compra. Por tanto, en una pantalla los precios de compra y venta *spot* del yen probablemente se mostrarían como "118.27-37".

Expresión de cotizaciones a plazo (*forward*) en puntos

Las cotizaciones *spot* dadas en la línea superior para cada divisa en la figura 6.5 son *directas*: ¥118.27/US$ para la compra *spot* y ¥118.37/US$ para la venta *spot*. No obstante, los tipos de cambio a plazo casi siempre se expresan en *puntos*, también conocidos como *tipos de cambio al contado* y *tipos de cambio swap*, dependiendo del vencimiento. Un punto es el último dígito de una cotización; la convención dicta el número de dígitos a la derecha del punto decimal. Los precios de las divisas para el dólar estadounidense por lo general se expresan a cuatro puntos decimales. Por tanto, un punto es igual a 0.0001 de la mayoría de las divisas. Algunas divisas, como el yen japonés que se muestra en la figura 6.5, se cotizan sólo a dos puntos decimales. Una cotización a plazo expresada en puntos no es un tipo de cambio como tal. En cambio, es la diferencia entre el tipo de cambio a plazo y el tipo *spot*. En consecuencia, el tipo de cambio *spot* nunca puede darse en puntos.

Las cotizaciones en puntos a tres meses para el yen japonés de la figura 6.5 son −143 compra y −140 venta. El primer número (−143) se refiere a la diferencia en puntos con el precio de compra *spot*, y el segundo número (−140) a la diferencia en puntos con el precio de venta *spot*. Dadas las cotizaciones directas de 118.27 compra y 118.37 venta, los tipos directos a plazo a tres meses se calculan del modo siguiente:

	Compra	Venta
Spot directa:	¥118.27	¥118.37
más puntos (tres meses)	−1.43	−1.40
A plazo directa:	¥116.84	¥116.97

Las cotizaciones de compra y venta a plazo en la figura 6.5 para dos años o más se llaman *tipos de cambio swap*. Como se mencionó anteriormente, muchas transacciones de divisas a plazo en el mercado interbancario requieren la compra simultánea en una fecha y la venta (inversión de la transacción) en otra fecha. Este "swap" es una forma de pedir un préstamo en una moneda por tiempo limitado y, al mismo tiempo, renunciar al uso de otra moneda durante el mismo tiempo. En otras palabras, es una solicitud de préstamo a corto plazo de una cantidad en una moneda combinado con un otorgamiento de préstamo a corto plazo de un importe equivalente en otra moneda. Las dos partes podrían, si quisieran, cobrar interés mutuo a la tasa actual para cada una de las divisas. Sin embargo, es más fácil que la parte con la moneda con mayor interés simplemente pague el diferencial de interés neto a la otra. El tipo de cambio *swap* expresa este diferencial de interés *neto* en puntos en lugar de como una tasa de interés.

Cotizaciones a plazo (*forward*) en términos porcentuales

Las cotizaciones a plazo (*forward*) también se pueden expresar como la desviación porcentual anual con respecto al tipo de cambio *spot*. Este método de cotización facilita la comparación de primas o descuentos en el mercado a plazo con diferenciales de tasa de interés. Sin embargo, la prima o descuento porcentual depende de la moneda que sea la divisa de origen, o base. Suponga las siguientes cotizaciones, donde el dólar es la divisa de origen:

	Moneda extranjera/divisa base	Divisa base/moneda extranjera
Tipo de cambio *spot*	¥105.65/US$	US$0.009465215/¥
A plazo de tres meses	¥105.04/US$	US$0.009520183/¥

Cotizaciones expresadas en términos de moneda extranjera (cotizaciones indirectas). Cuando se usa el precio en moneda extranjera de la divisa base, la fórmula para la prima o descuento porcentual anual se convierte en

$$f^{¥} = \frac{Spot - Forward}{Forward} \times \frac{360}{n} \times 100$$

Al sustituir los tipos de cambio *spot* y a plazo ¥/US$, así como el número de días a plazo (90), se tiene

$$f^{¥} = \frac{105.65 - 105.04}{105.04} \times \frac{360}{90} \times 100 = +2.32\% \text{ anual}$$

El signo es positivo, lo que indica que el yen a plazo se vende a una prima anual de 2.32% sobre el dólar.

Cotizaciones expresadas en términos de la divisa base (cotizaciones directas). Cuando se usa el precio en la divisa base para una moneda extranjera, la fórmula para la prima o descuento porcentual ($f^{¥}$) es

$$f^{¥} = \frac{Forward - Spot}{Spot} \times \frac{360}{n} \times 100$$

donde *n* es el número de días en el contrato. (*n* también puede ser el número de meses, en cuyo caso el numerador es 12.) Al sustituir los tipos de cambio *spot* y a plazo US$/¥, así como el número de días a plazo (90), se tiene

$$f^{¥} = \frac{0.009520183 - 0.009465215}{0.009465215} \times \frac{360}{90} \times 100 = +2.32\% \text{ anual}$$

El signo es positivo, lo que indica que el yen a plazo se vende a una prima anual de 2.32% sobre el dólar.

Información del mercado cambiario

Es muy importante que todos los participantes en el mercado tengan acceso "en tiempo real" a precios y noticias. Los principales proveedores de información comercial son Moneyline Telerate, Reuters y Bloomberg. Dichos servicios comerciales ofrecen pantallas de servicio computarizadas en las oficinas de todos sus clientes.

Los tipos de cambio se cotizan en los periódicos mundiales más importantes. En la figura 6.6 se muestra la forma de cotización en *The Wall Street Journal* y el *Financial Times*, los dos principales periódicos financieros del mundo en idioma inglés. Aunque dichas cotizaciones para la libra son para el mismo día, no son idénticas debido a diferencias en los husos horarios y los bancos estudiados para las cotizaciones.

The Wall Street Journal ofrece cotizaciones en términos americanos bajo el encabezado "Equivalente US$" y cotizaciones en términos europeos bajo el encabezado "Divisa por US$". Las cotizaciones son para los dos últimos días de operación y se proporcionan de manera directa para los tipos de cambio *spot* y a plazo de uno, tres y seis meses. Los tipos de cambio cotizados son tipos medios, el promedio de compraventa. Las cotizaciones son para transacciones entre bancos en importes de US$1 millón o más, como se cotiza a las 4 p.m., hora oficial de la costa del Atlántico en Estados Unidos, por Reuters y otras fuentes. El *Journal* afirma que las transacciones minoristas proporcionan menos unidades de moneda extranjera por dólar.

El *Financial Times* también presenta los tipos de cambio medios al cierre para el último día, más el cambio absoluto en el tipo desde el cierre del día de operación anterior. Los tipos de cambio a plazo de un mes, tres meses y un año se cotizan en términos directos, dólares estadounidenses por libra. El tipo de cambio entre paréntesis junto a "Reino Unido" es el tipo de cambio *spot* actual en libras esterlinas por dólar estadounidense.

Tipos cruzados

Muchos pares de divisas sólo se negocian de manera inactiva, de modo que su tipo de cambio se determina con base en su relación con una tercera divisa de uso común en las transacciones cambiarias. Por ejemplo, un importador mexicano necesita yenes japoneses para pagar sus compras en

---

FIGURA 6.6   Cotizaciones del tipo de cambio del dólar estadounidense/libra esterlina en la prensa financiera

The Wall Street Journal

	Equivalente US$		Divisa por US$	
	Jue	Mie	Jue	Mie
Reino Unido (libra)	1.8410	1.8343	.5432	.5452
plazo un mes	1.8360	1.8289	.5447	.5468
plazo tres meses	1.8259	1.8187	.5477	.5498
plazo seis meses	1.8120	1.8048	.5519	.5541

Fuente: "Exchange Rates", *The Wall Street Journal*, viernes 4 de junio de 2004 (cotizaciones para el jueves 3 de junio de 2004), p. B5.

Financial Times

	Medio al cierre	Cambio del día
Reino Unido (0.5429) (£)	1.8418	−0.0015
un mes	1.8368	−0.0011
tres meses	1.8268	−0.0008
un año	1.7885	−0.0007

Fuente: "Currencies, Bonds & Interest Rates", *Financial Times*, 4 de junio de 2004 (cotizaciones para el 3 de junio de 2004), p. 25.

Tokio. Tanto el peso mexicano (Ps) como el yen japonés (¥) por lo general se cotizan frente al dólar estadounidense. Suponga las siguientes cotizaciones:

Yen japonés	¥110.73/US$
Peso mexicano	Ps11.4456/US$

El importador mexicano puede comprar un dólar estadounidense con 11.4456 pesos mexicanos, y con ese dólar comprar 110.73 yenes japoneses. El cálculo del tipo cruzado sería el siguiente:

$$\frac{\text{yen japonés / dólar estadounidense}}{\text{pesos mexicanos / dólar estadounidense}} = \frac{¥110.73 / US\$}{Ps\,11.4456 / US\$} = ¥9.6745 / Ps$$

El tipo cruzado también podría calcularse como el recíproco:

$$\frac{\text{peso mexicano/dólar estadounidense}}{\text{yen japonés/dólar estadounidense}} = \frac{Ps11.4456 / US\$}{¥110.73 / US\$} = Ps\,0.1034 / ¥$$

En las publicaciones financieras, los tipos cruzados con frecuencia aparecen en la forma de una matriz, como se muestra en la figura 6.7. Esta matriz muestra el importe de cada divisa (columnas) necesario para comprar una unidad de moneda del país en la línea (fila), según cotización de *The Wall Street Journal*.

Arbitraje entre mercados

Los tipos cruzados se pueden usar para verificar oportunidades de arbitraje entre mercados. Suponga que se cotizan los siguientes tipos de cambio:

Citibank cotiza dólares estadounidenses por euro:	$1.2223/€
Barclays Bank cotiza dólares estadounidenses por libra esterlina:	$1.8410/£
Dresdner Bank cotiza euros por libra esterlina:	€1.5100/£

El tipo cruzado entre Citibank y Barclays es

$$\frac{US\$1.8410/£}{US\$1.2223/€} = €1.5062/£$$

Este tipo cruzado no es el mismo que la cotización de Dresdner de €1.5100/£, así que existe una oportunidad de beneficiarse del arbitraje entre los tres mercados. La figura 6.8A muestra los pasos de lo que se llama arbitraje triangular.

FIGURA 6.7	Tipos cruzados de las principales divisas						
	Dólar	**Euro**	**Libra**	**Franco suizo**	**Peso**	**Yen**	**Dólar canadiense**
Canadá	1.3618	1.6646	2.5071	1.0889	.11898	.01230	—
Japón	110.73	135.34	203.85	88.539	9.674	—	81.309
México	11.4456	13.9899	21.071	9.1519	—	.10336	8.4045
Suiza	1.2506	1.5286	2.3024	—	.10927	.01129	.9183
Reino Unido	.54320	.6639	—	.4343	.04746	.00491	.39886
Euro	.81810	—	1.5062	.65418	.07148	.00739	.60075
Estados Unidos	—	1.2223	1.8410	.79960	.08737	.00903	.73430

Fuente: Reuters, citado en "Key Currency Cross Rates", *The Wall Street Journal*, viernes 4 de junio de 2004. Las cotizaciones son para última cotización de Nueva York, jueves 3 de junio de 2004.

FIGURA 6.8A   Arbitraje triangular

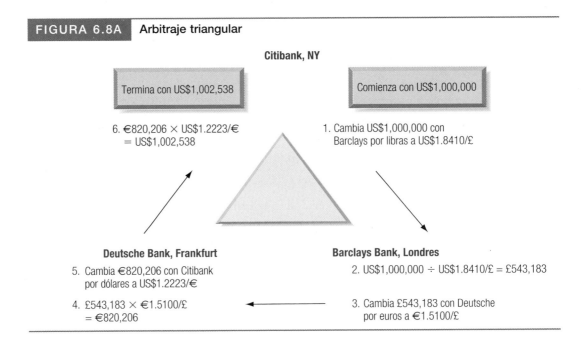

Citibank, NY

Termina con US$1,002,538

Comienza con US$1,000,000

6. €820,206 × US$1.2223/€
   = US$1,002,538

1. Cambia US$1,000,000 con
   Barclays por libras a US$1.8410/£

Deutsche Bank, Frankfurt

5. Cambia €820,206 con Citibank
   por dólares a US$1.2223/€

4. £543,183 × €1.5100/£
   = €820,206

Barclays Bank, Londres

2. US$1,000,000 ÷ US$1.8410/£ = £543,183

3. Cambia £543,183 con Deutsche
   por euros a €1.5100/£

Un operador del mercado con US$1,000,000 puede vender dicha suma *spot* a Barclays Bank por US$1,000,000 ÷ US$1.8410/£ = £543,183. Simultáneamente, dichas libras se pueden vender al Dresdner Bank por £543,183×€1.5100/£ = €820,206, y entonces el operador puede vender inmediatamente esos euros al Citibank por dólares: €820,206×US$1.2223/€ = US$1,002,538. La utilidad obtenida de una operación así es de US$2,538 libres de riesgo. Tal arbitraje triangular puede continuar hasta que se restablezca el equilibrio en el tipo de cambio; esto es, hasta que el tipo cruzado calculado sea igual a la cotización real, menos cualquier pequeño margen por costos de transacción.

La figura 6.8B muestra un análisis de sensibilidad y el tipo de cambio de equilibrio (ni ganancia ni pérdida) para el arbitraje triangular que se muestra en la figura 6.8A. Obsérvese que cuando la cotización del Dresdner es menor que la de Barclays/Citibank, tipo cruzado, la pérdida se puede invertir moviendo el dinero en dirección contraria a las manecillas del reloj en el flujo triangular que se muestra en la figura 6.8A. Por tanto, siempre es posible lucrar cuando la cotización intermedia y el tipo cruzado son diferentes.

La figura 6.8B muestra la primera vez que usamos una construcción en hoja de cálculo de una figura. Las hojas de cálculo se han convertido en una herramienta muy común en todas las áreas funcionales de la administración empresarial además de sus usos tradicionales en finanzas y contabilidad. Algunas figuras en este libro se presentan en formato de hoja de cálculo. El propósito es tanto presentar contenido importante como ayudarle a entender cómo se construyó o calculó el contenido. Se supone que el lector está familiarizado con las operaciones básicas en hoja de cálculo (los componentes del cálculo son secundarios al propósito de la figura).

Deben destacarse dos aspectos: 1) este arbitraje sólo es práctico si los participantes tienen acceso instantáneo a cotizaciones y ejecuciones. Por tanto, excepto en casos raros, sólo los operadores de cambio realizan este tipo de arbitraje. La participación del público es muy difícil. 2) Los operadores bancarios pueden realizar tal arbitraje sin una suma inicial de dinero, aparte de la posición crediticia del banco, porque las transacciones se ingresan y posteriormente se "lavan" (esto es, se compensan) por medios electrónicos antes de la liquidación normal dos días después.

FIGURA 6.8B Arbitraje triangular

	A	B	C	D	E	F	G
1				Figura 6.8B ARBITRAJE TRIANGULAR			
2	Banco		Cotización	Mueve	US$1,000,000	Análisis de sensibilidad	
3	Barclays	US$/£	1.4443	US$ a £	£692,377	Cotización	Ganancia o
4	Dresdner	US$/£	1.6200	£ a US$	US$1,121,651	Dresdner	pérdida US$
5	Citibank	US$/€	0.9045	€ a US$	US$1,014,533	1.5800	–US$10,517
6		Tipo cruzado		Ganancia US$	US$14,533	1.5900	–US$4,255
7	Barclays/Citibank	US$/£	1.5968			1.6000	US$2,008
8						1.6100	US$8,270
9						1.6200	US$14,533

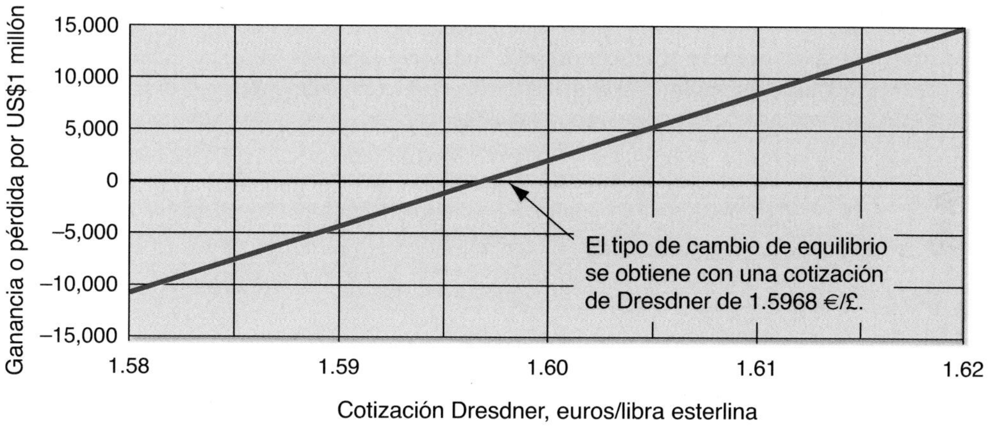

El tipo de cambio de equilibrio se obtiene con una cotización de Dresdner de 1.5968 €/£.

Ganancia o pérdida por US$1 millón — Cotización Dresdner, euros/libra esterlina

Entradas clave en celdas

E3:	=E2/C3
E4:	=E3*C4
E5:	=E4*C5
E6:	=E5-E2

Medición de una variación en los tipos de cambio spot

Suponga que el franco suizo, cotizado a SF1.6351/US$ (que es lo mismo que US$0.61158/SF), de pronto se fortalece a SF1.5000/US$ (que es lo mismo que US$0.66667/SF). ¿Cuál es el aumento porcentual en el valor en dólares del franco y, por tanto, en el valor de las cuentas por cobrar o por pagar denominadas en francos suizos en posesión de estadounidenses? Como ocurre con las cotizaciones a plazo (*forward*) en forma porcentual, la divisa base es crucial.

Cotizaciones expresadas en términos de la divisa base (cotizaciones directas). Cuando se usa el precio en divisa base para una moneda extranjera, la fórmula del cambio porcentual en la moneda extranjera es la siguiente:

$$\%\Delta = \frac{\text{Tipo final} - \text{Tipo inicial}}{\text{Tipo inicial}} \times 100 = \frac{\text{US\$0.66667/SF} - \text{US\$0.61158/SF}}{\text{US\$0.61158/SF}} \times 100 = +9.008\%$$

En este caso, el franco suizo es 9.008% más fuerte en el tipo final. Los propietarios de cuentas por cobrar en francos suizos recibirán 9.008% más dólares, pero quienes deban cantidades en francos suizos tendrán que pagar 9.008% más para comprarlos.

Cotizaciones expresadas en términos de la moneda extranjera (cotizaciones indirectas). Cuando se usa el precio en moneda extranjera de la divisa base, la fórmula del cambio porcentual en la moneda extranjera se convierte en

$$\%\Delta = \frac{\text{Tipo inicial} - \text{Tipo final}}{\text{Tipo final}} \times 100 = \frac{\text{SF1.6351/US\$} - \text{SF1.5000/US\$}}{\text{SF1.5000/US\$}} \times 100 = +9.008\%$$

Con ambos métodos de cálculo, el valor del franco suizo aumentó 9.008% en relación con el dólar.

Una aclaración final acerca de este cálculo. Muchos estudiantes realizan estos dos cálculos y obtienen dos valores muy cercanos, pero todavía diferentes. Si el segundo cálculo (o viceversa) se realiza del modo siguiente, usando las cotizaciones inversas precisas, el cambio porcentual resultante será precisamente el mismo, +9.008%.

$$\%\Delta = \frac{\text{Tipo inicial} - \text{Tipo final}}{\text{Tipo final}} \times 100 = \frac{\dfrac{1}{\text{US\$0.61158/SF}} - \dfrac{1}{\text{US\$0.66667/SF}}}{\dfrac{1}{\text{US\$0.66667/SF}}} \times 100 = +9.008\%$$

RESUMEN

- Las tres funciones del mercado cambiario son transferir poder adquisitivo, proporcionar crédito y reducir al mínimo el riesgo cambiario.

- El mercado cambiario está compuesto de dos niveles: el mercado interbancario y el mercado minorista. Los participantes en estos niveles incluyen operadores de divisas bancarios y no bancarios, particulares y empresas que realizan transacciones comerciales y de inversión, especuladores y árbitros, bancos centrales y tesorerías, y corredores de divisas.

- Geográficamente, el mercado cambiario abarca todo el mundo, con precios que se mueven y divisas que se compran y venden en alguna parte cada hora de cada día laboral.

- Un *tipo* de cambio es el precio de una moneda expresada en términos de otra. Una *cotización* del tipo de cambio es una manifestación de la voluntad de comprar o vender divisas a un precio anunciado.

- Las transacciones dentro del mercado cambiario se ejecutan sobre una base *spot*, que requiere la liquidación dos días después de la transacción, o sobre una base a plazo (*forward*) o *swap*, que requiere la liquidación en una fecha futura designada.

- Las cotizaciones en *términos europeos* son el precio en moneda extranjera de un dólar estadounidense. Las cotizaciones en *términos americanos* es el precio en dólares de una moneda extranjera.

- Las cotizaciones también pueden ser *directas* o *indirectas*. Una cotización directa es el precio en la divisa de origen (o base) de una unidad de moneda extranjera, mientras que una cotización indirecta es el precio en moneda extranjera de una unidad de la divisa de origen.

- Directa e indirecta *no* son sinónimos de términos americanos y europeos, porque la divisa de origen cambiará dependiendo de quién haga el cálculo, mientras que los términos europeos siempre son el precio en moneda extranjera de un dólar.

- Un tipo cruzado es un tipo de cambio entre dos monedas, calculado a partir de sus relaciones comunes con una tercera divisa. Cuando los tipos cruzados difieren de los tipos directos entre dos divisas, es posible el arbitraje entre mercados.

El mercado negro de bolívar venezolano[1]

Corre el rumor que durante el año y medio que el presidente venezolano Hugo Chávez pasó en prisión por su papel en un intento de golpe de Estado en 1992, fue un lector voraz. Qué lástima que su plan de estudios de la prisión haya sido tan escaso en economía y tan denso en Maquiavelo.

—"Money Fun in the Venezuela of Hugo Chávez",
The Economist, 13 de febrero de 2004.

En la tarde del 10 de marzo de 2004, Santiago abrió la ventana de su oficina en Caracas, Venezuela. De inmediato llegaron a sus oídos los ruidos que provenían de la plaza: bocinas de automóviles, manifestantes golpeando cazos y sartenes, vendedores callejeros voceando sus artículos. Desde la imposición de un nuevo conjunto de políticas económicas por el presidente Hugo Chávez en 2002, estas escenas y ruidos se han convertido en parte integral de la vida citadina en Caracas. Santiago suspiró recordando con nostalgia la simplicidad de la vida en la antigua Caracas.

La empresa de distribución de medicamentos, alguna vez próspera, que tenía Santiago pasaba por tiempos difíciles. Desde la implementación de los controles de capital en febrero de 2003, era difícil conseguir dólares. Santiago se había visto obligado a seguir varios métodos, que fueron más costosos y no siempre legales, para obtener dólares, lo que hizo que sus márgenes de ganancia se redujeran 50%. Para empeorar la tensión, la moneda venezolana, el bolívar (Bs), se había devaluado recientemente (de manera repetida). Esto de inmediato redujo sus márgenes, pues los costos se elevaron directamente con el tipo de cambio. No podía encontrar a nadie que le vendiera dólares. Sus clientes necesitaban suministros y los necesitaban pronto, pero, ¿cómo iba a conseguir US$30,000, la moneda fuerte, para pagar su más reciente pedido?

Caos político

El mandato de Hugo Chávez como presidente de Venezuela ha sido tumultuoso, en el mejor de los casos, desde su elección en 1998. Después de repetidas destituciones, renuncias, golpes de Estado y nuevos nombramientos, el torbellino político había causado estragos en la economía venezolana en general, y en su moneda en particular. El breve éxito del golpe de Estado contra Chávez en 2001, y su casi inmediato regreso al cargo, montó el escenario para un atrincheramiento de sus políticas económica y financiera aislacionistas.

El 21 de enero de 2003, el bolívar cerró a un nivel bajo histórico: Bs1891.50/US$. Al día siguiente, el presidente Chávez suspendió la venta de dólares durante dos semanas. Casi de inmediato, apareció un mercado no oficial o "mercado negro" para el cambio de bolívares venezolanos por monedas extranjeras (principalmente dólares estadounidenses). Conforme los inversionistas de todo tipo buscaban vías para salir del mercado venezolano, o simplemente para obtener la moneda fuerte necesaria para continuar realizando sus negocios (como fue el caso de Santiago), la escalada en la fuga de capitales hizo que el valor del bolívar en el mercado negro se desplomara en semanas a Bs2500/US$. Mientras los mercados colapsaban y el tipo de cambio caía, la tasa de inflación venezolana se elevó a más de 30% anual.

Controles de capital y CADIVI

Para combatir las presiones bajistas sobre el bolívar, el 5 de febrero de 2003 el gobierno venezolano anunció la aprobación del *Decreto de Regulaciones Cambiarias 2003*.

El decreto incluía las siguientes medidas:

1. Establecer el tipo de cambio oficial en Bs1596/US$ para compra (*bid*) y Bs1600/US$ para venta (*ask*).

2. Establecimiento de la Comisión de Administración de Divisas (CADIVI) para controlar la distribución de moneda extranjera.

3. Implementar estrictos controles de precios para bajar la inflación disparada por el bolívar débil y la contracción de importaciones inducida por el control de cambios.

La CADIVI fue tanto el medio oficial como el más barato mediante el cual los ciudadanos venezolanos podían obtener divisas. Para recibir una autorización de CADIVI para obtener dólares, el solicitante tenía que llenar una serie de formularios. Luego se requería que el solicitante comprobara que había pagado impuestos los tres años anteriores, ofreciera prueba de propiedad del negocio y los activos y presentara los contratos de arrendamiento de los inmuebles de la compañía, además de documentar los pagos actuales al Seguro Social.

Sin embargo, de manera no oficial, había un requisito adicional no manifestado de manera explícita para obtener permiso para comprar divisas: que las autorizaciones de la CADIVI se reservarían a los partidarios de Chávez. En agosto de 2003, una petición contra Chávez consiguió amplia circulación. Se reunió un millón de firmas. Aunque el gobierno declaró que la petición era inválida, usó la lista de firmantes para crear una base de datos de nombres y números del Seguro Social que CADIVI utilizó para verificar las identidades cuando decidía quién recibiría monedas fuertes. Se dice que el presidente Chávez dijo: "Ni un dólar más para los golpistas; los bolívares pertenecen al pueblo."[2]

Alternativas de Santiago

Santiago tuvo poca suerte para obtener dólares vía CADIVI para pagar sus importaciones. Puesto que había firmado la petición que solicitaba la remoción del presidente Chávez, fue incluido en la base de datos de CADIVI como antichavista, y ahora no podía obtener el permiso para cambiar bolívares por dólares.

La transacción en cuestión era una factura de US$30,000 en productos farmacéuticos de su proveedor de Estados Unidos. Santiago, a su vez, vendería a un importante cliente venezolano que distribuiría los productos. Sin embargo, esta transacción no constituía la primera vez que Santiago tenía que buscar otras fuentes para cumplir sus obligaciones en dólares estadounidenses. Desde la imposición de los controles de capital, la búsqueda de dólares se había vuelto una actividad semanal para Santiago. Además del proceso oficial, a través de CADIVI, también podía obtener dólares en el *mercado gris*, o el *mercado negro*.

El mercado gris: acciones de CANTV

En mayo de 2003, tres meses después de la implementación de los controles en el tipo de cambio, se abrió una ventana de oportunidad para los venezolanos, misma que permitía a los inversionistas en el mercado accionario de Caracas evitar las estrictas restricciones cambiarias. Esta laguna legal esquivaba las restricciones impuestas por el gobierno porque permitía a los inversionistas comprar acciones locales de la principal compañía de telecomunicaciones, CANTV, en la bolsa de Caracas, y luego convertirlas en American Depositary

Receipts (ADR) que se negocian en la bolsa de valores de Nueva York (NYSE).

El patrocinador de los ADR de CANTV en la NYSE era el Bank of New York, el líder en el patrocinio y administración de ADR en Estados Unidos. El Bank of New York había suspendido las transacciones con los ADR de CANTV en febrero, después de aprobarse el decreto de regulaciones cambiarias y quería determinar la legalidad de las transacciones de acuerdo con los nuevos controles cambiarios venezolanos. El 26 de mayo, luego de concluir que las transacciones eran legales, en efecto, según el decreto, el banco reanudó las operaciones con las acciones de CANTV. En la semana siguiente aumentó el precio de las acciones de CANTV y el volumen de transacciones.[3]

El precio de las acciones de CANTV se convirtió rápidamente en el método principal para calcular el tipo de cambio implícito en el mercado gris. Por ejemplo, las acciones de CANTV cerraron a Bs7945/acción en la bolsa de Caracas el 6 de febrero de 2004. Ese mismo día, los ADR de CANTV cerraron en Nueva York a US$18.84/ADR. Cada ADR de Nueva York era igual a siete acciones de CANTV en Caracas. Entonces se calculó el tipo de cambio implícito en el mercado gris como sigue:

$$\text{Tipo de cambio implícito mercado gris} = \frac{7 \times \text{Bs7945/acción}}{\text{US\$18.84/ADR}}$$

$$= \text{Bs2952/US\$}$$

El tipo de cambio oficial ese mismo día fue de Bs1598/US$. Esto significaba que el tipo de cambio del mercado gris cotizaba el bolívar aproximadamente 46% más débil frente al dólar de lo que el gobierno venezolano había declarado oficialmente que valía su moneda.

La figura 1 ilustra tanto el tipo de cambio oficial como el tipo de cambio del mercado gris (calculado usando acciones de CANTV) para el periodo enero 2002-marzo 2004. La divergencia entre los tipos de cambio oficial y del mercado gris comenzó a coincidir en febrero de 2003, con la imposición de los controles de capital.[4]

El mercado negro

Un tercer método que siguieron los venezolanos para obtener moneda fuerte fue a través del mercado negro en rápida expansión. Éste era, como es el caso con los mercados negros en todo el mundo, invisible e ilegal. Sin embargo, a la vez era muy complejo y avanzado y usaba los servicios de un corre-

---

[2]"Venezuela Girds for Exchange Controls", *The Wall Street Journal* (edición oriental), 5 de febrero de 2003, p. A14.

[3]De hecho, el precio de las acciones de CANTV siguió a la alza durante el periodo 2002-2004 como resultado de su uso como mecanismo de cambio. El uso de los ADR de CANTV como método para obtener dólares por parte de particulares y organizaciones venezolanos se describió en general como "no ilegal".

[4]El 26 de noviembre de 2003, Morgan Stanley Capital International (MSCI) anunció que modificaría su tipo de cambio *spot* estándar para el bolívar venezolano por el tipo nominal basado en la relación entre el precio de sus acciones CANTV Teléfonos de Venezuela D en el mercado local en bolívares y el precio de sus ADR en dólares estadounidenses.

FIGURA 1   Tipos de cambio venezolanos oficial y de mercado gris, bolívar venezolano/dólar estadounidense (enero 2002-marzo 2004)

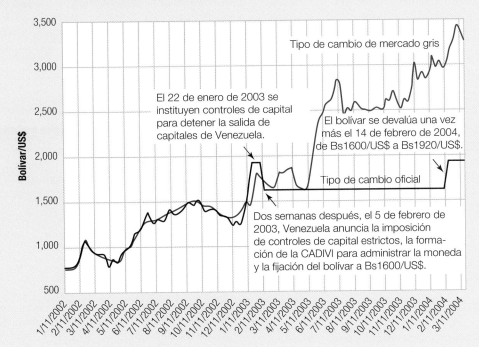

Nota: Todos los precios y tipos de cambio son valores al cierre del viernes.

dor de bolsa o banquero en Venezuela que simultáneamente tenía cuentas en dólares estadounidenses fuera del país. La elección de un corredor de mercado negro era crucial; en el caso de una falla para completar la transacción de manera adecuada, no había recurso legal.

Si Santiago quería comprar dólares en el mercado negro, depositaba bolívares en la cuenta de su corredor en Venezuela. El tipo de cambio acordado en el mercado negro se determinaba el día del depósito, y por lo general estaba dentro de una banda de 20% del tipo del mercado gris derivado del precio de las acciones de CANTV. Entonces, se daba acceso a Santiago a una cuenta bancaria denominada en dólares fuera de Venezuela por el importe acordado. La transacción tardaba, en promedio, dos días laborales. El tipo de cambio no oficial del mercado negro era de Bs3300/US$.

Primavera 2004

A principios de 2004, el presidente Chávez pidió al Banco Central de Venezuela que le diera "mil millones 'pequeñitos'", un *millardito*, de sus reservas de divisas que ascendían a US$21,000 millones. Chávez argumentó que el dinero en realidad pertenecía al pueblo y él quería invertir una parte en el sector agrícola. El Banco Central se opuso. Resuelto a que nadie obstaculizaría su búsqueda de fondos, el gobierno de

Chávez anunció otra devaluación el 9 de febrero de 2004. El bolívar se devaluó 17% y su valor oficial se redujo de Bs1600/US$ a Bs1920/US$ (vea la figura 1). Como todas las exportaciones venezolanas de petróleo se pagaban en dólares estadounidenses, la devaluación del bolívar significaba que los beneficios para el país de las exportaciones de petróleo crecerían en la misma proporción (17%) que la devaluación.

El gobierno de Chávez argumentó que la devaluación era necesaria porque el bolívar era "una variable que no se podía mantener congelada, porque perjudicaba las exportaciones y presionaba la balanza de pagos", de acuerdo con el ministro de Finanzas, Tobías Nobriega. Sin embargo, los analistas apuntaron que el gobierno venezolano tenía en realidad suficiente control sobre su balanza de pagos: el petróleo era la exportación principal, el gobierno tenía control sobre el acceso oficial a la moneda fuerte necesaria para pagar las importaciones y las reservas de divisas del Banco Central ahora estaban por arriba de US$21,000 millones.

No queda claro si el señor Chávez comprende el enorme golpe que recibieron los venezolanos cuando los ahorros e ingresos en términos de dólares se redujeron a la mitad en sólo tres años. Acaso el estudiante de ciencia política cree que los bolívares más devaluados hacen más ricos a todos. Pero una conclusión inevitable es que usó la devaluación como una forma de pagar sus "misiones" bolivarianas, proyectos del gobierno que podían restablecer su popularidad el tiempo suficiente para permitirle sobrevivir a la revocación de su mandato, o sobrevivir a una audaz decisión de aplastarlo.

— "Money Fun in the Venezuela of Hugo Chávez", *The Wall Street Journal* (edición oriental), 13 de febrero de 2004, p. A13.

El tiempo se agota

La tarde del 10 de marzo Santiago recibió confirmación de CADIVI de que su última solicitud de dólares había sido aprobada y que recibiría US$10,000 al tipo de cambio oficial de Bs1920/US$. Santiago atribuyó su 'buena suerte' al hecho de que pagó a un trabajador de CADIVI 500 bolívares adiciona-les por dólar para acelerar su petición. Santiago anotó con una sonrisa que "los chavistas también necesitan hacer dinero". El ruido de la calle parecía morir con el Sol. Era el momento para que Santiago tomara algunas decisiones. Ninguna de las alternativas era *bonita*, pero si quería conservar su empresa, tenía que obtener dólares... a cualquier precio.

Preguntas del caso

1. ¿Por qué un país como Venezuela impone controles de capital?
2. En el caso de Venezuela, ¿cuál es la diferencia entre el mercado gris y el mercado negro?
3. Cree un análisis financiero de las opciones de Santiago y úselas para recomendar una solución a su problema.

PREGUNTAS

1. **Definiciones.** Defina los siguientes términos:
   a. Mercado cambiario
   b. Transacción de divisas
   c. Divisas

2. **Funciones del mercado cambiario.** ¿Cuáles son las tres funciones principales del mercado cambiario?

3. **Participantes del mercado.** Para cada uno de los participantes en el mercado cambiario, identifique su motivo para comprar o vender divisas.

4. **Transacción.** Defina cada uno de los siguientes tipos de transacciones de divisas:
   a. *Spot*
   b. A plazo (*forward*) directa
   c. *Swaps forward-forward*

5. **Características del mercado cambiario.** Con referencia al volumen de operaciones con divisas en 2007:
   a. Clasifique el tamaño relativo del mercado *spot*, *forward* y *swaps* en 2007.
   b. Clasifique los cinco lugares geográficos más importantes para el volumen de operaciones de divisas.
   c. Clasifique las tres monedas de denominación más importantes.

6. **Cotizaciones de tipos de cambio.** Defina y proporcione un ejemplo de cada una de las siguientes cotizaciones:
   a. Cotización de compra
   b. Cotización de venta

7. **Recíprocos.** Convierta las siguientes cotizaciones indirectas a cotizaciones directas y cotizaciones directas a cotizaciones indirectas:
   a. Euro: €1.22/US$ (cotización indirecta)
   b. Rusia: Rub30/US$ (cotización indirecta)
   c. Canadá: US$0.72/C$ (cotización directa)
   d. Dinamarca: US$0.1644/DKr (cotización directa)

8. **Extensión geográfica del mercado cambiario.** Con referencia al mercado cambiario:
   a. ¿Qué es la localización geográfica?
   b. ¿Cuáles son los dos tipos principales de sistemas de transacciones?
   c. ¿Cómo se conectan los mercados de divisas para realizar transacciones?

9. **Términos americanos y europeos.** Con referencia a las cotizaciones interbancarias, ¿cuál es la diferencia entre términos americanos y términos europeos?

10. **Cotizaciones directas e indirectas.** Defina y proporcione un ejemplo de lo siguiente:
    a. Una cotización directa entre el dólar estadounidense y el peso mexicano, donde Estados Unidos se designa como el país de origen.
    b. Un ejemplo de una cotización indirecta entre el yen japonés y el renminbi (yuan) chino, donde China se designa como el país de origen.

PROBLEMAS

*1. **París a San Petersburgo.** En su viaje de celebración después de la graduación, va de París a San Petersburgo, Rusia. Sale de París con 10,000 euros en el bolsillo. Como quiere cambiar todo esto por rublos rusos, obtiene las siguientes cotizaciones:

Tasa *spot* sobre tipo cruzado dólar/euro	US$1.4260/€
Tasa *spot* sobre tipo cruzado rublo/dólar	Rbl 24.75/US$

a. ¿Cuál es el tipo cruzado rublo/euro?
b. ¿Cuántos rublos obtendrá por sus euros?

*2. **Transacciones en Basilea**. Usted recibe las siguientes cotizaciones de francos suizos frente al dólar para transacciones *spot* y a plazo de uno, tres y seis meses.

1.2575 a 1.2585, 10 a 15, 14 a 22, 20 a 30.

a. Calcule las cotizaciones directas para compra y venta, y el número de puntos margen entre cada una.
b. ¿Qué nota acerca del margen conforme las cotizaciones evolucionan de *spot* a seis meses?

3. **Crisis financiera asiática.** La crisis financiera asiática, que comenzó en julio de 1997, causó estragos en todos los mercados cambiarios del Oriente asiático. ¿Cuáles de las siguientes monedas sufrieron la mayor depreciación o devaluación durante el periodo de julio a noviembre? ¿Qué países sobrevivieron en apariencia a los primeros cinco meses de la crisis con el menor impacto en sus monedas?

País	Moneda	Julio 1997 (por US$)	Noviembre 1997 (por US$)
China	yuan	8.4	8.4
Hong Kong	dólar	7.75	7.73
Indonesia	rupia	2400	3600
Corea	won	900	1100
Malasia	ringgit	2.5	3.5
Filipinas	peso	27	34
Singapur	dólar	1.43	1.60
Taiwán	dólar	27.8	32.7
Tailandia	baht	25	40

4. **Primas a plazo sobre el yen japonés.** Use los siguientes tipos compra-venta *spot* y a plazo del tipo de cambio yen/dólar estadounidense (¥/US$) para responder las siguientes preguntas:
a. ¿Cuál es el tipo medio para cada vencimiento?
b. ¿Cuál es la prima a plazo anual para todos los vencimientos?
c. ¿Cuáles vencimientos tienen las primas a plazo más pequeñas y más grandes?

Periodo	¥/$ Tipo de compra	¥/$ Tipo de venta
spot	114.23	114.27
1 mes	113.82	113.87
2 meses	113.49	113.52
3 meses	113.05	113.11
6 meses	112.05	112.11
12 meses	110.20	110.27
24 meses	106.83	106.98

5. **Tipos cruzados de Bloomberg.** Use la tabla de tipos cruzados de Bloomberg que se muestra en la parte inferior de esta página para determinar los tipos siguientes. Si no está familiarizado con los códigos de tres letras para las divisas, consulte la tabla en los forros de este libro.
a. Yen japonés/dólar estadounidense
b. Dólares estadounidenses por yen japonés
c. Dólares estadounidenses por euro
d. Euros por dólar estadounidense
e. Yenes japonés por euro
f. Euros por yen japonés
g. Dólares canadienses por dólar estadounidense
h. Dólares estadounidenses por dólar canadiense
i. Dólares australianos por dólar estadounidense
j. Dólares estadounidenses por dólar australiano
k. Libras esterlinas por dólar estadounidense
l. Dólares estadounidenses por libra esterlina
m. Dólares estadounidenses por franco suizo
n. Francos suizos por dólar estadounidense

Moneda	USD	EUR	JPY	GBP	CHF	CAD	AUD	HKD
HKD	7.7508	11.1496	0.0679	15.9061	6.6564	8.052	7.1088	
AUD	1.0903	1.5684	0.0096	2.2375	0.9364	1.1327		0.1407
CAD	0.9626	1.3847	0.0084	1.9754	0.8267		0.8829	0.1242
CHF	1.1644	1.675	0.102	2.3896		1.2097	1.068	0.1502
GBP	0.4873	0.701	0.0043		0.4185	0.5062	0.4469	0.0629
JPY	114.156	164.2134		234.2687	98.0368	118.5913	104.7005	14.7282
EUR	0.6952		0.0061	1.4266	0.597	0.7222	0.6376	0.0897
USD		1.4385	0.0088	2.0522	0.8588	1.0389	0.9172	0.129

6. **Primas a plazo sobre dólar/euro.** Use los siguientes tipos compra-venta *spot* y a plazo del tipo de cambio dólar estadounidense/euro (US$/€) y responda las siguientes preguntas:

Periodo	US$/€ Tipo de compra	US$/€ Tipo de venta
spot	1.4389	1.4403
1 mes	1.4440	1.4410
2 meses	1.4400	1.4415
3 meses	1.4403	1.4418
6 meses	1.4407	1.4422
12 meses	1.4408	1.4424
24 meses	1.4417	1.4436

a. ¿Cuál es el tipo medio de cada vencimiento?
b. ¿Cuál es la prima a plazo anual para cada vencimiento?
c. ¿Cuáles vencimientos tienen las primas a plazo más pequeña y más grande?

7. **Utilidad sin riesgo sobre el franco suizo.** El lector puede conseguir los siguientes tipos de cambio. (Puede comprar o vender a los tipos presentados.)

Mt. Fuji Bank	¥120.00/US$
Mt. Rushmore Bank	SF1.6000/US$
Mt. Blanc Bank	¥80.00/SF

Suponga que inicialmente tiene SF10,000,000. ¿Puede obtener una utilidad vía arbitraje triangular? Si es así, muestre los pasos y calcule el importe de la utilidad en francos suizos.

8. **Primas a plazo sobre el dólar australiano.** Use las siguientes cotizaciones *spot* y a plazo sobre el dólar estadounidense/dólar australiano (US$/A$) del 26 de octubre de 2007, para responder las siguientes preguntas:

Periodo	US$/A$ Tipo compra	US$/A$ Tipo venta
Spot	0.91630	0.91700
1 mes	0.91477	0.91551
2 meses	0.91313	0.91388
3 meses	0.91156	0.91233
6 meses	0.90542	0.90621
12 meses	0.89155	0.89242
24 meses	0.86488	0.86602

a. ¿Cuáles son los tipos medios (promedio) de las cotizaciones compra-venta?
b. ¿Cuál es la prima a plazo para cada vencimiento, si usa los tipos medios calculados en la parte (a)?
c. ¿Cuáles vencimientos tienen las primas a plazo más pequeña y más grande?

9. **Arbitraje trasatlántico.** La tesorería de una empresa con operaciones en Nueva York simultáneamente llama a Citibank en Nueva York y Barclays en Londres, donde recibe las siguientes cotizaciones al mismo tiempo:

Citibank NYC	Barclays London
US$0.9650–70/€	US$0.9640–60/€

Con US$1 millón o su equivalente en euros, muestre cómo la tesorería corporativa podría obtener utilidad por arbitraje corporativo con las dos cotizaciones diferentes de tipo de cambio.

10. **Victoria Exports.** Un exportador canadiense, Victoria Exports, recibirá seis pagos de €10,000, que varían entre el día de hoy y hasta dentro de 12 meses. Dado que la compañía mantiene saldos de efectivo tanto en dólares canadienses como en dólares estadounidenses, puede elegir cuál divisa cambiar a euros al final de los diversos periodos. ¿Cuál divisa parece ofrecer las mejores tasas en el mercado de futuros?

Periodo	Días futuros	US$/euro Tipo compra	US$/euro Tipo venta
spot		1.38390	1.1914
1 mes	30	1.38439	1.1926
2 meses	60	1.38444	1.1941
3 meses	90	1.38590	1.1956
6 meses	180	1.38750	1.2013
12 meses	360	1.39189	1.2130

11. **Bolívar venezolano (A).** El gobierno venezolano oficialmente flotó el bolívar venezolano (Bs) en febrero de 2002. En semanas, su valor pasó de Bs778/US$, tipo fijo antes de la flotación, a Bs1025/US$.
a. ¿Se trata de una devaluación o una depreciación?
b. ¿En qué porcentaje cambió su valor?

12. **Bolívar venezolano (B).** La crisis política y económica en Venezuela se profundizó a finales de 2002 y principios de 2003. El 1 de enero de 2003, el bolívar se negociaba a Bs1400/US$. Al 1 de febrero, su valor había caído a Bs1950/US$. Muchos analistas de divisas y pronostica-

dores predijeron que el bolívar caería un 40% adicional con respecto a su valor del 1 de febrero a comienzos del verano de 2003.

   a. ¿En qué porcentaje cambió el valor del bolívar en enero de 2003?

   b. Si los pronosticadores de divisas tenían razón, ¿cuál sería el valor del bolívar contra el dólar en junio de 2003?

13. Cotización indirecta sobre el dólar. Calcule la prima a plazo sobre el dólar (el dólar es la divisa base) si el tipo *spot* es €1.0200/US$ y el tipo a plazo de tres meses es €1.0300/US$.

14. Cotización directa sobre el dólar. Calcule el descuento a plazo sobre el dólar (el dólar es la divisa base) si el tipo *spot* es US$1.5500/£ y el tipo a plazo de seis meses es US$1.5600/£.

15. Tipos cruzados peso mexicano-euro. Calcule el tipo cruzado entre el peso mexicano (Ps) y el euro (€) a partir de los dos siguientes tipos *spot*: Ps11.43/US$; €0.6944/US$.

16. Alrededor del cuerno. Suponiendo las siguientes cotizaciones, calcule cómo un operador de mercado de Citibank, con US$1,000,000, puede conseguir una utilidad del arbitraje entre mercados:

EJERCICIOS DE INTERNET

Citibank cotiza dólares estadounidenses por libra: US$1.5400/£	
National Westminster cotiza euro por libra:	€1.6000/£
Deutsche Bank cotiza dólares por euro:	US$0.9700/€

1. Banco Internacional de Pagos. El Banco Internacional de Pagos (BIP, o BIS, Bank for International Settlements), publica un cúmulo de índices de tipo de cambio efectivos. Use la base de datos y los análisis del Banco para determinar el grado en que el dólar, el euro y el yen (las "tres grandes divisas") están sobrevaluados o subvaluados en la actualidad.

Banco Internacional
de Pagos   bis.org/statistics/eer/index.htm

2. Bank of Canada Exchange Rate Index (CERI). El Bank of Canada publica de manera regular el CERI, un índice del valor del dólar canadiense. El CERI es un índice ponderado de transacciones multilaterales del valor del dólar canadiense frente a otras monedas importantes del mundo que guardan relación con el panorama económico y comercial canadiense. Use el CERI que publica el Bank of Canada en su sitio Web para evaluar la fortaleza relativa del *loonie* en años recientes.

Tipos de cambio   www.bankofcanada.ca/en/
del Bank of Canada   rates/ceri.html

3. Cotizaciones a plazo. OzForex Foreign Exchange Services ofrece en línea tipos de cambio representativos de varias monedas. Use el siguiente sitio Web para buscar cotizaciones de tipos de cambio a plazo de varias monedas. (Tenga en cuenta los horarios de Londres, Nueva York y Sidney en la pantalla de cotización.)

OzForex   www.ozforex.com.au

4. Divulgación de estadísticas de la Reserva Federal. La Reserva Federal de Estados Unidos ofrece en su sitio Web actualizaciones diarias del valor de las principales monedas que se negocian frente al dólar estadounidense. Use el sitio Web de la Fed para determinar los pesos relativos utilizados por la Fed para determinar el índice del valor del dólar.

Reserva Federal   www.federalreserve.gov/relea-
ses/h10/update/

5. Monedas exóticas. Aunque las principales monedas, como el dólar estadounidense y el yen japonés, dominan los encabezados, existen casi tantas monedas como países en el mundo. Muchas de estas monedas se negocian en mercados sumamente limitados y enormemente regulados, lo que hace sospechosa su convertibilidad. En ocasiones es difícil encontrar cotizaciones para estas monedas. Use las siguientes páginas Web y vea cuántas cotizaciones de monedas africanas puede encontrar:

Forex-Markets.com   www.forex-markets.com/
quotes_exotic.htm

Oanda.com   oanda.com

6. Comentarios diarios del mercado. Muchos servicios en línea de transacciones de divisas y consultoría ofrecen valoración diaria de la actividad del mercado cambiario global. Use el sitio Web de GCI para encontrar la valoración actual del mercado de cómo se cotiza el euro frente al dólar estadounidense y frente al dólar canadiense.

GCI Financial Ltd   www.gcitrading.com/fxnews/

7. Pacific Exchange Rate Service. El sitio Web de Pacific Exchange Rate Service, encabezado por el profesor Werner Antweiler de la University of British Columbia, posee un cúmulo de información actual acerca de tipos de cambio y estadísticas relacionadas. Use el servicio para trazar un gráfico del desempeño reciente de las monedas que recientemente sufrieron devaluaciones o depreciaciones significativas, como el peso argentino, el bolívar venezolano, la lira turca y la libra egipcia.

Pacific Exchange
Rate Service   fx.sauder.ubc.ca/plot.html

CAPÍTULO 7

Condiciones de paridad internacional

… si el capital fluyera libremente hacia los países donde pudiera ser empleado más lucrativamente, no podría existir diferencia alguna en la tasa de utilidades, ni tampoco en los precios reales o los precios del trabajo de los bienes, salvo por la cantidad adicional de mano de obra requerida para llevarlos a los diferentes mercados donde habrán de venderse.

—David Ricardo, *Principios de economía política y tributación*, 1817, capítulo 7.

¿Cuáles son los determinantes de los tipos de cambio? ¿Las variaciones en los tipos de cambio son predecibles? Estas son preguntas fundamentales que los gerentes de las EMN, inversionistas en portafolios internacionales, importadores y exportadores, y funcionarios gubernamentales deben plantearse todos los días. Este capítulo explica las teorías financieras centrales que rodean la determinación de los tipos de cambio. El capítulo 10 introducirá otras dos grandes escuelas teóricas de pensamiento concernientes a la valuación de divisas y combinará las tres teorías diferentes en una variedad de aplicaciones del mundo real.

Las teorías económicas que vinculan los tipos de cambio, niveles de precios y tasas de interés se llaman *condiciones de paridad internacional*. A los ojos de muchos, estas condiciones de paridad internacional constituyen la parte medular de la teoría financiera que se considera propia del campo de las finanzas internacionales. Dichas teorías no siempre consiguen ser "verdaderas" cuando se comparan con lo que los estudiantes y profesionales observan en el mundo real, pero son centrales para entender cómo se realizan y financian los negocios multinacionales en el mundo de hoy. Además, como ocurre con frecuencia, el error no siempre está en la teoría, sino en la forma como se interpreta o aplica en la práctica.

Precios y tipos de cambio

Si es posible vender productos o servicios idénticos en dos mercados diferentes y no existen restricciones sobre los costos de venta o transporte para llevar el producto de un mercado a otro, el precio del producto debería ser el mismo en los dos mercados. A esto se le llama *ley de un precio*.

Un principio fundamental de los mercados competitivos es que los precios deben ser iguales en todos los mercados si no existen fricciones o costos de trasladar los productos o servicios entre mercados. Si los dos mercados están en dos países diferentes, el precio del producto puede establecerse en otra moneda, pero el precio del producto seguirá siendo el mismo. La comparación de precios requeriría sólo la conversión de una moneda a la otra. Por ejemplo,

$$P^{US\$} \times S = P^{¥}$$

donde el precio del producto en dólares estadounidenses ($P^{US\$}$), multiplicado por el tipo de cambio *spot* (S, yen por dólar estadounidense), es igual al precio del producto en yenes japoneses ($P^{¥}$). Por el contrario, si los precios de los dos productos se expresaran en la moneda local y los mercados fuesen eficientes al competir con un precio más alto en un mercado en relación con el otro, el tipo de cambio podría deducirse de los precios relativos de los productos locales:

$$S = \frac{P^{¥}}{P^{US\$}}$$

Paridad del poder adquisitivo y ley de un precio

Si la ley de un precio fuese verdadera para todos los bienes y servicios, el tipo de cambio de *paridad del poder adquisitivo* (PPA) podría calcularse con un conjunto de precios cualquiera. Si uno comparara los precios de productos idénticos denominados en diferentes monedas, podría determinar el tipo de cambio "real" o PPA que debería existir si los mercados fueran eficientes. Ésta es la versión absoluta de la teoría de la paridad del poder adquisitivo. La PPA absoluta establece que el tipo de cambio *spot* se determina con base en los precios relativos de canastas de bienes similares.

El "Índice Big Mac", como lo bautizó *The Economist* (vea la figura 7.1) y que se calcula regularmente desde 1986, es un ejemplo destacado de la ley de un precio. Si suponemos que la Big Mac es idéntica en todos los países mencionados, sirve para comparar si las divisas se negocian en la actualidad a tipos de mercado que están cerca del tipo de cambio implicado por las Big Mac en las monedas locales.

Por ejemplo, si usa la figura 7.1, una Big Mac en China cuesta 12.5 yuanes (moneda local), mientras que la misma Big Mac en Estados Unidos cuesta US$3.57. El tipo de cambio *spot* real era Yuan 6.83/US$ en ese momento. El precio de una Big Mac en China en dólares estadounidenses era por tanto

$$\frac{\text{Precio de Big Mac en China en yuanes}}{\text{Yuan/US\$ tipo } spot} = \frac{\text{Yuan 12.5}}{\text{Yuan 6.83/US\$}} = \text{US\$1.83}$$

Este valor aparece en la segunda columna de la figura 7.1 para China. *The Economist* calcula entonces el *tipo de cambio implícito de la paridad del poder adquisitivo* usando el precio real de la hamburguesa Big Mac en China (12.5 yuanes) sobre el precio de la Big Mac en Estados Unidos en dólares estadounidenses (US$3.57):

$$\frac{\text{Precio de Big Mac en China en yuanes}}{\text{Precio de Big Mac en EUA en US\$}} = \frac{\text{Yuan 12.5}}{\text{US\$3.57}} \approx \text{Yuan 3.50/US\$}$$

Este valor aparece en la tercera columna de la figura 7.1 para China. En principio, esto es lo que indica el Índice Big Mac que debería ser el tipo de cambio entre el yuan y el dólar de acuerdo con la teoría.

Ahora, al comparar este tipo de cambio implícito de la PPA, Yuan 3.50/US$, con el tipo de cambio de mercado real en ese momento, Yuan 6.83/US$, el grado en que el yuan está *subvaluado* ($-\%$) o *sobrevaluado* ($+\%$) frente al dólar se calcula del modo siguiente:

$$\frac{\text{Tipo implícito-tipo real}}{\text{Tipo real}} = \frac{\text{Yuan 3.50/US\$} - \text{Yuan 6.83/US\$}}{\text{Yuan 6.83/US\$}} = -.4876 \approx -49\%$$

En este caso, el Índice Big Mac indica que el yuan chino está subvaluado 49% frente al dólar estadounidense, como se indica en la columna de la extrema derecha para China en la figura 7.1. *The Economist* también se apresura a señalar que aunque esto indica una subvaluación considerable del valor administrado del yuan chino frente al dólar, la teoría de la paridad del poder adquisitivo

| FIGURA 7.1 | El menú McMoneda, el estándar de la hamburguesa |

	Precios Big Mac		PPA[†] implícita del dólar	Tipo de cambio real	Sub (−)/sobre (+) valuación frente al dólar
	En moneda local	En dólares*			
Estados Unidos[‡]	US$3.57	3.57	–	–	
Argentina	Peso 11.0	3.64	3.08	3.02	+2
Australia	A$3.45	3.36	0.97	1.03	−6
Brasil	Real 7.50	4.73	2.10	1.58	+33
Gran Bretaña	£ 2.29	4.57	1.56§	2.00	+28
Canadá	C$4.09	4.08	1.15	1.00	+14
Chile	Peso 1,550	3.13	434	494	−12
China	Yuan 12.5	1.83	3.50	6.83	−49
República Checa	Corona 66.1	4.56	18.5	14.5	+28
Dinamarca	DK28.0	5.95	7.84	4.70	+67
Egipto	Libra 13.0	2.45	3.64	5.31	−31
Eurozona**	€ 3.37	5.34	1.06[††]	1.59	+50
Hong Kong	HK$13.3	1.71	3.73	7.80	−52
Hungría	Florín 670	4.64	187.7	144.3	+30
Indonesia	Rupia 18,700	2.04	5,238	9,152	−43
Japón	Yen 280	2.62	78.4	106.8	−27
Malasia	Ringgit 5.50	1.70	1.54	3.2	−52
México	Peso 32.0	3.15	8.96	10.2	−12
Nueva Zelanda	NZ$4.90	3.72	1.37	1.32	+4
Noruega	Kroner 40.0	7.88	11.2	5.08	+121
Polonia	Sloty 7.00	3.45	1.96	2.03	−3
Rusia	Rublo 59.0	2.54	16.5	23.2	−29
Arabia Saudita	Lira 10.0	2.67	2.80	3.75	−25
Singapur	S$3.95	2.92	1.11	1.35	−18
Sudáfrica	Rand 16.9	2.24	4.75	7.56	−37
Corea del Sur	Won 3,200	3.14	896	1,018	−12
Suecia	SKr38.0	6.37	10.6	5.96	+79
Suiza	SFr6.50	6.36	1.82	1.02	+78
Taiwán	NT$75.0	2.47	21.0	30.4	−31
Tailandia	Baht 62.0	1.86	17.4	33.4	−48
Turquía	Lire 5.15	4.32	1.44	1.19	+21
EAU	Dirhams 10.00	2.72	2.80	3.67	−24
Colombia	Peso 7000.00	3.89	1960.78	1798.65	9
Costa Rica	Colones 1800.00	3.27	504.20	551.02	−8
Estonia	Kroon 32.00	3.24	8.96	9.87	−9
Islandia	Kronur 469.00	5.97	131.37	78.57	67
Letonia	Lats 1.55	3.50	0.43	0.44	−2
Lituania	Litas 6.90	3.17	1.93	2.18	−11
Pakistán	Rupia 140.00	1.97	39.22	70.90	−45
Perú	Nuevo Sol 9.50	3.35	2.66	2.84	−6
Filipinas	Peso 87.00	1.96	24.37	44.49	−45
Eslovaquia	Corona 77.00	4.03	21.57	19.13	13
Sri Lanka	Rupia 210.00	1.95	58.82	107.55	−45
Ucrania	Hryvnia 11.00	2.39	3.08	4.60	−33
Uruguay	Peso 61.00	3.19	17.09	19.15	−11

*Tipos de cambio actuales; [†]Paridad del poder adquisitivo; precio local dividido por precio en Estados Unidos; [‡]Promedio de Nueva York, Chicago, Atlanta y San Francisco; §Dólares por libra; **Promedio ponderado de precios en la eurozona; [††]Dólares por euro

Fuente: "The Big Mac Index: Sandwiched", *The Economist*, 24 de julio de 2008.

debe ofrecer un indicio de cuál será el valor de las divisas a largo plazo y no necesariamente cuál es su valor hoy.

Es importante entender por qué la Big Mac puede ser un buen candidato para la aplicación de la ley de un precio y la medida de la sub o sobrevaluación. Primero, el producto es casi idéntico en todos y cada uno de los mercados. Esto es resultado de la consistencia del producto, excelencia del proceso, imagen de marca y orgullo de McDonald's. Segundo, e igualmente importante, es que el producto es resultado de materiales y costos de insumos predominantemente locales. Esto significa que el precio en cada país es representativo de los costos y precios domésticos y no de los importados, en los que influirían los tipos de cambio. Pero como apunta *The Economist*, el Índice Big Mac no es perfecto.

> *El índice nunca tuvo la intención de ser un pronosticador preciso de los movimientos cambiarios; es sólo una guía informal de si las monedas están en su nivel "correcto" a largo plazo. Sin embargo y curiosamente, la "hamburguesonomía" tiene un impresionante récord en la predicción de los tipos de cambio: las monedas que aparecen sobrevaluadas con frecuencia tienden a debilitarse en años posteriores. Pero siempre hay que recordar las limitaciones de la Big Mac. No es sensato comprar y vender hamburguesas entre fronteras y los precios se distorsionan por diferencias en impuestos y el costo de insumos no negociables, como las rentas.*
>
> —"Happy 20th Anniversary", *The Economist*, 25 de mayo de 2006.

Una forma menos extrema de este principio sería que en mercados relativamente eficientes el precio de una canasta de bienes fuera el mismo en cada mercado. Sustituir el precio de un solo producto con un índice de precios permite que el tipo de cambio PPA entre dos países se establezca como

$$S = \frac{PI^{¥}}{PI^{US\$}}$$

donde $PI^{¥}$ y $PI^{US\$}$ son índices de precios expresados en moneda local de Japón y Estados Unidos, respectivamente. Por ejemplo, si la canasta idéntica de bienes cuesta ¥1 000 en Japón y US$10 en Estados Unidos, el tipo de cambio PPA sería

$$\frac{¥1000}{US\$10} = ¥100/US\$.$$

Paridad relativa del poder adquisitivo

Si las suposiciones de la versión absoluta de la teoría de la PPA se flexibilizan un poco más, se observa lo que se denomina *paridad relativa del poder adquisitivo*. La PPA relativa sostiene que la PPA no es particularmente útil para determinar cuál es el tipo *spot* hoy, sino que el cambio relativo en precios entre dos países durante un periodo determina la variación en el tipo de cambio durante dicho periodo. Más específicamente, *si el tipo de cambio* spot *entre dos países comienza en equilibrio, cualquier cambio en la tasa de inflación diferencial entre ellos tiende a compensarse a largo plazo por un cambio igual pero en sentido opuesto en el tipo de cambio* spot.

La figura 7.2 muestra un caso general de PPA relativa. El eje vertical muestra el cambio porcentual en el tipo de cambio *spot* para la moneda extranjera, y el eje horizontal muestra la diferencia porcentual en las tasas de inflación esperadas (la extranjera en relación con la del país de origen). La línea de paridad diagonal muestra la posición de equilibrio entre una variación en el tipo de cambio y las tasas de inflación relativas. Por ejemplo, el punto P representa un punto de equilibrio donde la inflación en el otro país, Japón, es 4% menor que en el país de origen, Estados Unidos. Por tanto, la PPA relativa pronosticaría que el yen se apreciará 4% anual con respecto al dólar estadounidense.

| FIGURA 7.2 | Paridad relativa del poder adquisitivo (PPA) |

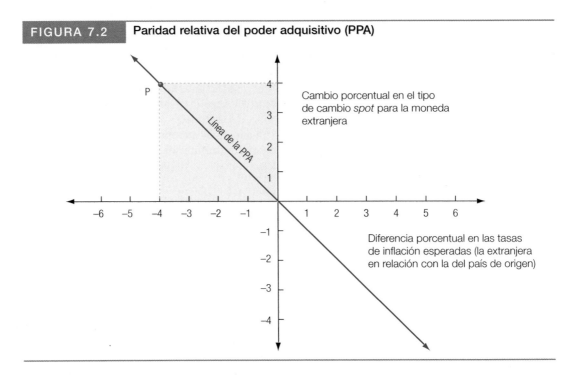

La principal justificación de la paridad del poder adquisitivo es que si un país experimenta tasas de inflación mayores que las de sus principales socios comerciales y su tipo de cambio no varía, sus exportaciones de bienes y servicios se vuelven menos competitivas con respecto a productos comparables producidos en cualquier otra parte. Las importaciones se vuelven más competitivas en precio con respecto a los productos domésticos más caros. Estos cambios en los precios conducen a un déficit en la cuenta corriente de la balanza de pagos, a menos que se compensen mediante flujos de capital y financieros.

Pruebas empíricas de la paridad del poder adquisitivo

Se han realizado muchas pruebas de las versiones absoluta y relativa de la paridad del poder adquisitivo y la ley de un precio.[1] Estas pruebas, en su mayor parte, no han demostrado que la PPA sea exacta para predecir los tipos de cambio futuros. Los bienes y servicios en realidad no se mueven a costo cero entre países y de hecho, muchos servicios no son "negociables"; por ejemplo, los cortes de cabello. Muchos bienes y servicios no son de la misma calidad en todos los países, lo que refleja diferencias en los gustos y recursos de los países de fabricación y consumo.

Es posible llegar a dos conclusiones generales con base en estas pruebas: 1) la PPA aplica bien en plazos muy largos, pero no es tan precisa con periodos más cortos y 2) la teoría se sostiene mejor en países con tasas de inflación relativamente altas y mercados de capital subdesarrollados.

Índices del tipo de cambio: real y nominal

Puesto que cualquier país tiene relaciones comerciales con muchos socios, es necesario observar y evaluar el valor de su moneda frente al valor de todas las demás monedas con la finalidad de

[1]Vea, por ejemplo, Kenneth Rogoff, "The Purchasing Power Parity Puzzle", *Journal of Economic Literature*, volumen 34, número 2, junio de 1996, pp. 647-668; y Barry K. Goodwin, Thomas Greenes y Michael K. Wohlgenant, "Testing the Law of One Price When Trade Takes Time", *Journal of International Money and Finance*, marzo de 1990, pp. 21-40.

determinar el poder adquisitivo relativo. El objetivo es descubrir si el tipo de cambio está "sobre-valuado" o "subvaluado" en términos de la PPA. Uno de los primeros métodos para resolver este problema es el cálculo de los *índices del tipo de cambio*. Dichos índices se forman mediante la ponderación de los tipos de cambio bilaterales entre el país base y sus socios comerciales.

El *índice del tipo de cambio efectivo* usa tipos de cambio reales para crear un índice, con promedios ponderados, del valor de la divisa negociable a través del tiempo. En realidad no indica nada acerca del "valor verdadero" de la moneda, ni nada relacionado con la PPA. El índice nominal simplemente calcula cómo el valor de la divisa se relaciona con algún periodo base elegido de manera arbitraria, pero se usa en la formación del índice del tipo de cambio efectivo real. El *índice del tipo de cambio efectivo real* indica cómo el promedio ponderado del poder adquisitivo de la moneda cambia en relación con algún periodo base seleccionado de manera arbitraria. La figura 7.3 presenta un gráfico de los índices del tipo de cambio efectivo real para Estados Unidos y Japón en los 22 años pasados.

El índice del tipo de cambio efectivo real para el dólar estadounidense, $E_R^{US\$}$ se obtiene multiplicando el índice del tipo de cambio efectivo nominal, $E_N^{US\$}$ por la razón de los costos en dólares estadounidenses, $C^{US\$}$, sobre los costos en moneda extranjera, C^{FC}, ambos en forma de índice:

$$E_R^{US\$} = E_N^{US\$} \times \frac{C^{US\$}}{C^{FC}}$$

Si las variaciones en los tipos de cambio apenas compensan las tasas de inflación diferencial (si se sostiene la paridad del poder adquisitivo), todos los índices del tipo de cambio efectivo real permanecerían en 100. Si un tipo de cambio se fortalece más de lo que justifica la inflación diferencial, su índice aumenta por arriba de 100. Si el índice del tipo de cambio efectivo real es superior a 100, la moneda se consideraría "sobrevaluada" desde una perspectiva competitiva. Un valor índice inferior a 100 indicaría una moneda "subvaluada".

La figura 7.3 muestra que el tipo de cambio efectivo real del dólar, yen y euro cambió en las tres décadas anteriores. El valor índice del dólar estuvo sustancialmente arriba de 100 en la

---

FIGURA 7.3   **Índices del tipo de cambio efectivo real del FMI para Estados Unidos, Japón y la Eurozona (2000 = 100)**

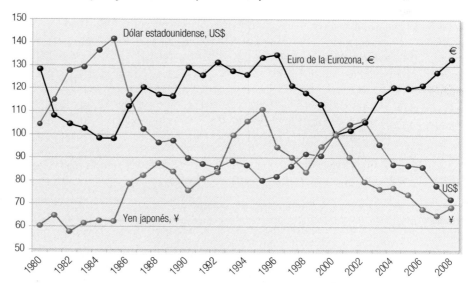

Fuente: Estadísticas Financieras Internacionales, Fondo Monetario Internacional, diciembre 2008, anual, serie REU. Los valores de 2008 corresponden al periodo enero-septiembre.

década de 1980 (sobrevaluado), pero ha permanecido abajo de 100 (subvaluado) desde finales de la década de 1980 (brevemente aumentó por arriba de 100 en 1995-1996 y de nuevo en 2001-2002). El tipo efectivo real del yen japonés ha permanecido arriba de 100 durante casi todo el periodo 1980 a 2006 (sobrevaluado). El euro, cuyo valor se recalculó para los años previos a su introducción en 1999, preponderantemente ha estado abajo de 100 y subvaluado en su vida real.

Además de las desviaciones medidas de la PPA, el tipo de cambio efectivo real de un país es una herramienta de administración cuando se pronostican presiones a la alza o a la baja sobre la balanza de pagos y el tipo de cambio del país y también es un indicador de la deseabilidad de producir para exportar desde dicho país. El apartado *Finanzas globales en la práctica 7.1* muestra desviaciones de la PPA en el siglo veinte.

FINANZAS GLOBALES EN LA PRÁCTICA 7.1

Desviaciones de la paridad del poder adquisitivo en el siglo veinte

El reciente trabajo fundamental de Dimson, Marsh y Staunton (2002) concluyó que en el periodo 1900-2000 por lo general se sostuvo la paridad relativa del poder adquisitivo. Sin embargo, también notaron que a corto plazo ocurrían desviaciones significativas de la PPA. "Cuando parecen presentarse desviaciones de la PPA, es probable que los tipos de cambio respondan no sólo a la inflación relativa, sino también a otros factores económicos y políticos. Los cambios en los diferenciales de productividad, como el crecimiento de la productividad japonesa después de la guerra en el sector de bienes, pueden producir efectos similares en la riqueza, con inflación doméstica que no pone en peligro el tipo de cambio del país".

"Aunque los tipos de cambio reales no parecen mostrar una tendencia ascendente o descendente a largo plazo, es evidente que son volátiles y de un año a otro, la PPA explica poco las fluc-tuaciones en los tipos de cambio. Algunos de los cambios extremos [en la tabla] reflejan tipos de cambio o índices de inflación que no son representativos, por lo general (como en Alemania) debido a controles en tiempo de guerra, y esto puede aumentar la volatilidad de las variaciones en el tipo de cambio real. Dado el error de medición potencial en los índices de inflación, y el hecho de que los tipos de cambio reales se relacionan con una razón de dos índices de precios diferentes, lo más notable es que, con excepción de Sudáfrica, todos los tipos de cambio reales se aprecian o deprecian anualmente por no más de una fracción de un punto porcentual".

Fuente: Elroy Dimson, Paul Marsh y Mike Staunton, *Triumph of the Optimists: 101 Years of Global Investment Returns*, Princeton University Press, 2002, pp. 97-98.

Variaciones del tipo de cambio real frente al dólar estadounidense, anual, 1900-2000

País	Media geométrica (%)	Media aritmética (%)	Desviación estándar (%)	Cambio mínimo (anual, %)	Cambio máximo (anual, %)
Australia	−0.6	−0.1	10.7	1931: −39.0	1933: 54.2
Bélgica	0.2	1.0	13.3	1919: −32.1	1933: 54.2
Canadá	−0.5	−0.4	4.6	1931: −18.1	1933: 12.9
Dinamarca	0.1	1.0	12.7	1946: −50.3	1933: 37.2
Francia	−0.4	2.5	24.0	1946: −78.3	1943: 141.5
Alemania	−0.1	15.1	134.8	1945: −75.0	1948: 1302.0
Irlanda	−0.1	0.5	11.2	1946: −37.0	1933: 56.6
Italia	−0.2	4.0	39.5	1946: −64.9	1944: 335.2
Japón	0.2	3.2	29.5	1945: −78.3	1946: 253.0
Países Bajos	−0.1	0.8	12.6	1946: −61.6	1933: 55.7
Sudáfrica	−1.3	−0.7	10.5	1946: −35.3	1986: 37.3
España	−0.4	1.1	18.8	1946: −56.4	1939: 128.7
Suecia	−0.4	0.2	10.7	1919: −38.0	1933: 43.5
Suiza	0.2	0.8	11.2	1936: −29.0	1933: 53.3
Reino Unido	−0.3	0.3	11.7	1946: −36.7	1933: 55.2

Transferencia del tipo de cambio

La *transferencia del tipo de cambio* incompleta es una razón por la que el índice del tipo de cambio efectivo real de un país puede desviarse durante largos periodos de su nivel de equilibrio PPA de 100. El grado en que los precios de los bienes importados y exportados cambian como resultado de las variaciones en el tipo de cambio se denomina *transferencia*. Aunque la PPA implica que todas las variaciones en el tipo de cambio se transfieren por variaciones equivalentes en los precios a los socios comerciales, la investigación empírica en 1980 cuestionó esta suposición largo tiempo sostenida. Por ejemplo, los considerables déficits en la cuenta corriente de Estados Unidos en las décadas de 1980 y 1990 no respondieron a cambios en el valor del dólar.

Para ilustrar la transferencia del tipo de cambio, suponga que BMW produce un automóvil en Alemania y paga todos los gastos de producción en euros. Cuando la empresa exporta el automóvil a Estados Unidos, el precio del BMW en el mercado estadounidense debe simplemente ser el valor en euros convertido a dólares al tipo de cambio *spot*:

$$P_{\text{BMW}}^{\text{US\$}} = P_{\text{BMW}}^{\text{€}} \times S$$

donde $P_{\text{BMW}}^{\text{US\$}}$ es el precio del BMW en dólares, $P_{\text{BMW}}^{\text{€}}$ es el precio del BMW en euros, y S es la cantidad de dólares por euro. Si el euro se aprecia 10% frente al dólar estadounidense, el nuevo tipo de cambio *spot* provocará que el precio del BMW en Estados Unidos aumente 10% en proporción. Si el precio en dólares aumenta en la misma medida porcentual que el tipo de cambio, la transferencia de variaciones en el tipo de cambio es completa (o 100%).

Sin embargo, si el precio en dólares se eleva menos que el cambio porcentual de los tipos de cambio (como ocurre con frecuencia en el comercio internacional), la transferencia es *parcial*, como se ilustra en la figura 7.4. El 71% de transferencia (los precios en dólares estadounidenses aumentaron sólo 14.29% cuando el euro se apreció 20%) implica que BMW absorbe una parte de la variación negativa en el tipo de cambio. Esta absorción podría producir menores márgenes de utilidades, reducciones de costos o ambos. Por ejemplo, los componentes y materias primas que se importan en Alemania cuestan menos en euros cuando el euro se aprecia. También es probable que deba pasar algún tiempo antes de que todas las variaciones en los tipos de cambio finalmente se reflejen en los precios de los bienes negociados, incluido el periodo en el que se entregan las mercancías de contratos firmados con anterioridad. Por supuesto, a BMW le conviene

---

FIGURA 7.4   Transferencia del tipo de cambio

La *transferencia* es la medida de respuesta de los precios de productos importados y exportados a las variaciones en el tipo de cambio. Suponga que el precio en dólares y euros de un automóvil BMW producido en Alemania y vendido en Estados Unidos al tipo de cambio *spot* es

$$P_{\text{BMW}}^{\text{US\$}} = P_{\text{BMW}}^{\text{€}} \times (\text{US\$}/\text{€}) = \text{€}35{,}000 \times \text{US\$1,000}/\text{€} = \text{US\$35,000}$$

Si el euro se apreciara 20% frente al dólar estadounidense, de US\$1.0000/€ a US\$1.2000/€, el precio del BMW en el mercado estadounidense debería ser en teoría de US\$42,000. Pero si el precio del BMW en Estados Unidos no aumenta 20% (por ejemplo, si se eleva sólo a US\$40,000), el grado de transferencia es parcial:

$$\frac{P_{\text{BMW.2}}^{\text{US\$}}}{P_{\text{BMW.1}}^{\text{US\$}}} - \frac{\text{US\$40,000}}{\text{US\$35,000}} = 1.1429, \text{ o un aumento de } 14.29\%$$

El grado de transferencia se mide por la proporción de la variación del tipo de cambio reflejada en los precios en dólares. En este ejemplo, el precio en dólares del BMW aumentó sólo 14.29%, mientras que el euro se aprecia 20% frente al dólar estadounidense. El grado de transferencia es parcial: 14.29% ÷ 20.00%, o aproximadamente 0.71. Sólo 71% de la variación en el tipo de cambio se transfirió al precio en dólares estadounidenses. El restante 29% de la variación en el tipo de cambio lo absorbió BMW.

evitar que la apreciación del euro aumente el precio de sus automóviles en los principales mercados de exportación.

El concepto de *elasticidad precio de la demanda* es útil cuando se determina el nivel deseado de transferencia. Recuerde que la elasticidad precio de la demanda de algún bien es el cambio porcentual en la cantidad demandada del bien como resultado del cambio porcentual en el precio del bien:

$$\text{Elasticidad precio de la demanda} = e_p = \frac{\%\Delta Q_d}{\%\Delta P}$$

donde Q_d es la cantidad demandada y P es el precio del producto. Si el valor absoluto de e_p es menor que 1.0, el bien es relativamente "inelástico", y si es mayor que 1.0 indica un bien relativamente "elástico".

Un producto alemán que es relativamente inelástico en precio, lo que significa que la cantidad demandada es relativamente insensible a las variaciones de precio, con frecuencia puede demostrar un alto grado de transferencia. Esto sucede porque un precio más alto en dólares en el mercado estadounidense tendría poco efecto apreciable sobre la cantidad del producto que demandan los consumidores. El ingreso en dólares aumentaría, pero el ingreso en euros permanecería igual. Sin embargo, los productos que son relativamente elásticos en precio responderían en la dirección contraria. Si una apreciación de 20% del euro produjera precios en dólares 20% más altos, los consumidores estadounidenses reducirían el número de BMW que compran. Si la elasticidad precio de la demanda de BMW en Estados Unidos fuese mayor que uno, los ingresos por las ventas totales en dólares de BMW disminuirían.

Tasas de interés y tipos de cambio

Ya se vio cómo los precios de los bienes en diferentes países se relacionan a través de los tipos de cambio. Ahora se considerará la interrelación de las tasas de interés con los tipos de cambio.

El efecto Fisher

El efecto Fisher, llamado así en honor del economista Irving Fisher, afirma que las tasas de interés nominales en cada país son iguales a la tasa de rendimiento real requerida más una compensación por la inflación esperada. De manera más formal, esto se deriva de $(1 + r)(1 + \pi) - 1$:

$$i = r + \pi + r\pi$$

donde i es la tasa de interés nominal, r la tasa de interés real, y π es la tasa de inflación esperada durante el periodo en el que se prestarán los fondos. El término compuesto final, $r\pi$, frecuentemente se elimina de la consideración, pues su valor es relativamente menor. Entonces, el efecto Fisher se reduce a (forma aproximada):

$$i = r + \pi$$

El efecto Fisher aplicado a Estados Unidos y Japón sería el siguiente:

$$i^{US\$} = r^{US\$} + \pi^{US\$}; i^{\yen} = r^{\yen} + \pi^{\yen}$$

donde los superíndices US\$ y ¥ pertenecen a los componentes nominal (i), real (r) e inflación esperada (π) de instrumentos financieros denominados en dólares y yenes, respectivamente. Es necesario pronosticar la tasa de inflación futura, y no cuál ha sido la inflación. Es difícil pronosticar el futuro.

Pruebas empíricas que usan tasas nacionales de inflación *ex post* han demostrado que el efecto Fisher existe por lo general en los títulos gubernamentales de vencimiento a corto plazo, como los pagarés y bonos del tesoro. Las comparaciones basadas en vencimientos más largos sufren del creciente riesgo financiero inherente a las fluctuaciones del valor de mercado de los bonos antes del vencimiento. La solvencia desigual de los emisores influye en las comparaciones de los títulos del sector privado. Las pruebas no son concluyentes porque las tasas de inflación del pasado reciente no son una medida correcta de la inflación esperada a futuro.

El efecto Fisher internacional

La relación entre el cambio porcentual en el tipo de cambio *spot* a través del tiempo y el diferencial entre las tasas de interés comparables en diferentes mercados nacionales de capital se conoce como *efecto Fisher internacional*. "Fisher abierto", como se le denomina frecuentemente, afirma que el tipo de cambio *spot* debe variar en una cantidad igual, pero en sentido opuesto a la diferencia en las tasas de interés entre dos países. De manera más formal,

$$\frac{S_1 - S_2}{S_2} = i^{US\$} - i^{¥}$$

donde $i^{US\$}$ e $i^{¥}$ son las tasas de interés nacionales respectivas, y S es el tipo de cambio *spot* que usa cotizaciones indirectas (una cotización indirecta sobre el dólar es, por ejemplo, ¥/US$) al inicio del periodo (S_1) y al final del periodo (S_2). Ésta es la forma de aproximación que se usa comúnmente en la industria. La formulación precisa es la siguiente:

$$\frac{S_1 - S_2}{S_2} = \frac{i^{US\$} - i^{¥}}{1 + i^{¥}}$$

La justificación del efecto Fisher internacional es que es preciso premiar o penalizar a los inversionistas para compensar el cambio esperado en los tipos de cambio. Por ejemplo, si un inversionista en dólares compra un bono en yenes a 10 años que gana 4% de interés, en lugar de un bono en dólares a 10 años que gana 6% de interés, el inversionista debe esperar que el yen se aprecie frente al dólar en al menos 2% anual durante los 10 años. Si no es así, sería mucho mejor para el inversionista en dólares que siguiera invirtiendo en dólares. Si el yen se aprecia 3% durante el periodo de 10 años, el inversionista en dólares ganaría un bono de rendimiento 1% mayor. Sin embargo, el efecto Fisher internacional pronostica que con flujos de capital sin restricción, debería ser indiferente para un inversionista si su bono está denominado en dólares o yenes, porque los inversionistas a nivel mundial tendrían la misma oportunidad y tratarían de competir.

Las pruebas empíricas dan cierto soporte a la relación postulada por el efecto Fisher internacional, aunque ocurren desviaciones considerables a corto plazo. Sin embargo, estudios recientes que indican la existencia de una prima de riesgo en el tipo de cambio de la mayoría de las monedas fuertes plantean una crítica más seria. Además, la especulación en arbitraje de interés descubierto (que se describirá dentro de poco) crea distorsiones en los mercados cambiarios. Por tanto, el cambio esperado en los tipos de cambio puede ser casi siempre algo más que la diferencia en las tasas de interés.

Tipo de cambio a plazo (*forward*)

Un *tipo de cambio a plazo* es un tipo de cambio cotizado hoy para liquidación en alguna fecha futura. Un contrato a plazo de tipos de cambio entre divisas establece el tipo de cambio al que una divisa se *comprará* o *venderá a plazo* en una fecha específica en el futuro (por lo general, después de 30, 60, 90, 180, 270 o 360 días).

El tipo de cambio a plazo se calcula para cualquier vencimiento específico ajustando el tipo de cambio *spot* actual por la razón de las tasas de interés de la eurodivisa del mismo vencimiento para las dos monedas objeto del contrato. Por ejemplo, para calcular el tipo de cambio a plazo de

90 días para el tipo de cambio franco suizo/dólar estadounidense ($F_{90}^{SF/US\$}$) se multiplica el tipo *spot* actual ($S^{SF/US\$}$) por la razón de la tasa de depósito de euro-francos suizos a 90 días (i^{SF}) sobre la tasa de depósito de eurodólares a 90 días ($i^{US\$}$):

$$F_{90}^{SF/US\$} = S^{SF/US\$} \times \frac{\left[1 + \left(i^{SF} \times \dfrac{90}{360}\right)\right]}{\left[1 + \left(i^{US\$} \times \dfrac{90}{360}\right)\right]}$$

Si se supone un tipo *spot* de SF1.4800/US\$, una tasa de depósito de euro-francos suizos a 90 días de 4.00% anual y una tasa de depósito de eurodólares a 90 días de 8.00% anual, el tipo a plazo de 90 días es SF1.4655/US\$:

$$F_{90}^{SF/US\$} = SF1.4800/US\$ \times \frac{\left[1 + \left(0.0400 \times \dfrac{90}{360}\right)\right]}{\left[1 + \left(0.0800 \times \dfrac{90}{360}\right)\right]} = SF1.4800/US\$ \times \frac{1.01}{1.02} = SF1.4655/US\$$$

La *prima* o *descuento a plazo* es la diferencia porcentual entre el tipo de cambio *spot* y a plazo, expresada en términos porcentuales anuales. Cuando se usa el precio en otra divisa de la moneda base, como en este caso de SF/US\$, la fórmula para la prima o descuento porcentual anual es:

$$f^{SF} = \frac{Spot - Forward}{Forward} \times \frac{360}{\text{días}} \, 3100$$

Al sustituir los tipos SF/US\$ *spot* y a plazo, así como el número de días a plazo (90),

$$f^{SF} = \frac{SF1.4800/US\$ - SF1.4655/US\$}{SF1.4655/US\$} \times \frac{360}{90} \times 100 = +3.96\% \text{ anual}$$

El signo es positivo, lo que indica que el franco suizo *se vende a plazo a una prima anual de 3.96%* sobre el dólar (se necesitan 3.96% más dólares para conseguir un franco al tipo de cambio a plazo a 90 días).

Como se ilustra en la figura 7.5, la prima a plazo sobre la serie de tipos de cambio a plazo del eurodólar se debe a la diferencia entre las tasas de interés del eurodólar y tasas de interés del franco suizo. Puesto que el tipo a plazo para cualquier vencimiento particular utiliza las tasas de interés específicas para dicho periodo, la prima o descuento a plazo sobre una moneda es obvia visualmente: la moneda con la tasa de interés más alta (en este caso el dólar estadounidense) se venderá a plazo con descuento, y la moneda con la tasa de interés más baja (en este caso el franco suizo) se venderá a plazo con prima.

El tipo a plazo se calcula con tres datos observables (el tipo *spot*, la tasa de depósito de la moneda extranjera y la tasa de depósito de la moneda de origen) y no es un pronóstico del tipo *spot* en el futuro. Sin embargo, frecuentemente la usan los administradores de las EMN como pronóstico, con resultados mixtos, como se describe en la siguiente sección.

Paridad de las tasas de interés (PTI)

La teoría de la *paridad de las tasas de interés* (PTI) constituye el vínculo entre los mercados cambiarios y los mercados de dinero internacionales. Según esta teoría, *la diferencia en las tasas de*

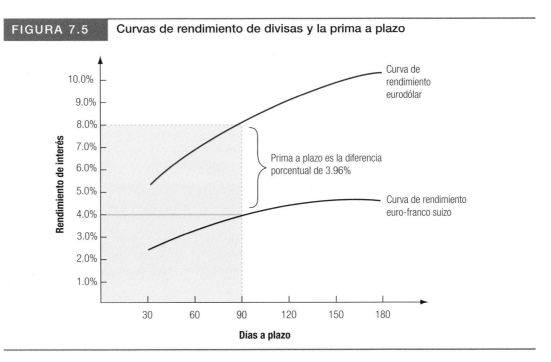

FIGURA 7.5   Curvas de rendimiento de divisas y la prima a plazo

interés nacionales de los títulos con riesgo y vencimiento similares debe ser igual, pero con signo contrario, al descuento o prima de la tasa a plazo de la divisa, excepto en los costos de transacción.

La figura 7.6 muestra cómo funciona la teoría de la paridad de tasas de interés. Suponga que el inversionista tiene US$1,000,000 y varias inversiones monetarias diferentes, pero comparables, en francos suizos (SF). Si el inversionista decide invertir en un instrumento del mercado de dinero en dólares, ganaría la tasa de interés en dólares. Esto da por resultado $(1 + i^{US\$})$ al final del periodo,

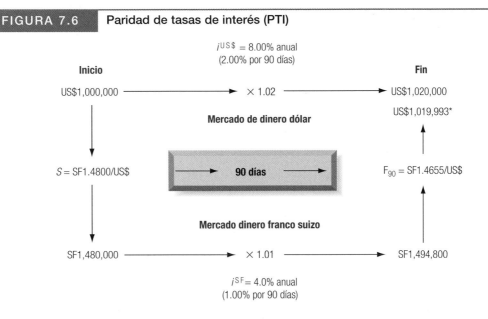

FIGURA 7.6   Paridad de tasas de interés (PTI)

*Note que la inversión en francos suizos produce US$1,019,993, US$7 menos sobre una inversión de US$1 millón.

donde $i^{US\$}$ es la tasa de interés en dólares en forma decimal. Sin embargo, el inversionista puede decidir invertir en un instrumento del mercado de dinero en francos suizos que ofrezca riesgo y vencimiento idénticos en el mismo periodo. Esta acción requiere que el inversionista cambie dólares por francos al tipo de cambio *spot*, invierta los francos en un instrumento de mercado de dinero, venda los francos a plazo (para evitar cualquier riesgo de que el tipo de cambio varíe) y al final del periodo convierta las ganancias resultantes de vuelta a dólares.

Un inversionista en dólares evaluaría los rendimientos relativos de empezar en la esquina superior izquierda e invertir en el mercado de dólares (en línea recta a lo ancho de la parte superior del recuadro) en comparación con invertir en el mercado de francos suizos (hacia abajo y luego alrededor del recuadro hasta la esquina superior derecha). La comparación de rendimientos sería la siguiente:

$$\left(1 + i^{US\$}\right) = S^{SF/US\$} \times \left(1 + i^{SF}\right) \times \frac{1}{F^{SF/US\$}}$$

donde S = tipo de cambio *spot* y F = tipo de cambio a plazo (*forward*). Sustituyendo el tipo *spot* (SF1.4800/US\$), el tipo a plazo (SF1.4655/US\$) y las tasas de interés respectivas ($i^{US\$} = 0.02$, $i^{SF} = 0.01$) de la figura 7.6, la condición de paridad de tasas de interés es la siguiente:

$$(1 + 0.02) = 1.4800 \times (1 + 0.01) \times \frac{1}{1.4655}$$

El lado izquierdo de la ecuación es el rendimiento bruto que el inversionista obtendría de su inversión en dólares. El lado derecho es el rendimiento bruto que el inversionista ganaría si cambia dólares por francos suizos al tipo *spot*, invierte los beneficios en francos en el mercado de dinero de francos suizos y, simultáneamente, vende a plazo el principal más interés en francos suizos para adquirir dólares al actual tipo a plazo a 90 días.

Sin tomar en cuenta los costos de transacción, si los rendimientos en dólares son iguales entre las dos alternativas de inversión en el mercado de dinero, se considera que los tipos *spot* y a plazo están a la PTI. La transacción está "cubierta", porque el tipo de cambio de vuelta a dólares está garantizado al final del periodo de 90 días. Por tanto, como en la figura 7.6, para que las dos alternativas sean iguales, cualquier diferencia en las tasas de interés debe compensarse con la diferencia entre los tipos de cambio *spot* y a plazo (en forma aproximada):

$$\frac{F}{S} = \frac{\left(1 + i^{SF}\right)}{\left(1 + i^{US\$}\right)} \text{ o } \frac{SF1.4655/US\$}{SF1.4800/US\$} = \frac{1.01}{1.02} = 0.9902 \approx 1\%$$

Arbitraje de interés cubierto (CIA)

Los mercados de divisas *spot* y a plazo no están constantemente en el estado de equilibrio descrito por la paridad de las tasas de interés. Cuando el mercado no está en equilibrio, existe el potencial de ganancia "sin riesgo" o de arbitraje. El árbitro que reconoce tal desequilibrio actúa para sacar ventaja del desequilibrio e invierte en cualquier moneda que ofrezca el mayor rendimiento sobre una base cubierta. A esto se le llama *arbitraje de interés cubierto* (CIA, *Covered interest arbitrage*).

La figura 7.7 describe los pasos que un comerciante de divisas, que muy probablemente trabaja para la división de arbitraje de un gran banco internacional, implementaría para realizar una transacción de CIA. El comerciante de divisas, Fye Hong, puede utilizar algunas de las principales eurodivisas que mantiene su banco para realizar inversiones de arbitraje. Las condiciones de la mañana indican a Fye Hong que una transacción de CIA en la que se cambia 1 millón de dólares estadounidenses por yenes japoneses, invertidos en una cuenta de euroyenes a seis meses y vendida a plazo de vuelta a dólares, producirá una ganancia de US\$4,638 (US\$1,044,638 – US\$1,040,000) por arriba de la que ofrece una inversión en eurodólares. Sin embargo, las condiciones en los mercados de cambio y los euromercados cambian rápidamente, de modo que si

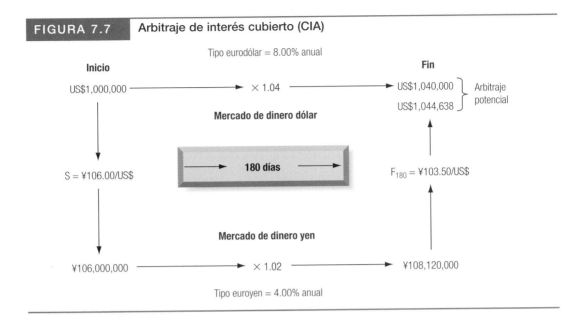

FIGURA 7.7   Arbitraje de interés cubierto (CIA)

Tipo eurodólar = 8.00% anual

Inicio   **Fin**

US$1,000,000 ————————→ × 1.04 ————————→ US$1,040,000 ⎤ Arbitraje
                                                                                US$1,044,638 ⎦ potencial

Mercado de dinero dólar

S = ¥106.00/US$ 180 días F_{180} = ¥103.50/US$

Mercado de dinero yen

¥106,000,000 ————————→ × 1.02 ————————→ ¥108,120,000

Tipo euroyen = 4.00% anual

Fye Hong espera aunque sea algunos minutos, la oportunidad de obtener dicha utilidad puede desaparecer. Fye Hong realiza la siguiente transacción:

Paso 1: Convierte US$1,000,000 al tipo *spot* de ¥106.00/US$ a ¥106,000,000 (vea "Inicio" en la figura 7.7).

Paso 2: Invierte el dinero, ¥106,000,000, en una cuenta en euroyenes a seis meses que paga 4.00% anual, o 2% a 180 días.

Paso 3: Simultáneamente vende a plazo la cantidad de yenes que recibirá a futuro (¥108,120,000) para comprar dólares al tipo a plazo (*forward*) de 180 días de ¥103.50/US$. Esta medida "asegura" los ingresos brutos en dólares de US$1,044,638 (vea "Fin" en la figura 7.7).

Paso 4: Calcula el costo (costo de oportunidad) de los fondos utilizados al tipo de eurodólar de 8.00% anual, o 4% a 180 días; el principal y los intereses ascienden entonces a US$1,040,000. La utilidad obtenida del CIA ("Fin") es de US$4,638 (US$1,044,638 – US$1,040,000).

Note que todas las utilidades se expresan en términos de la moneda en la que se inició la transacción, pero el operador puede realizar inversiones denominadas en dólares estadounidenses, yenes japoneses o cualquier otra moneda importante.

Regla general. Lo único que se requiere para obtener utilidad en el arbitraje de interés cubierto es que no se sostenga la paridad de tasas de interés. Dependiendo de las tasas de interés relativas y la prima a plazo, Fye Hong habría iniciado en yen japonés, invertido en dólares estadounidenses y vendido los dólares a plazo por yenes. Entonces, la utilidad se denominaría en yenes al final. Pero, ¿cómo podría decidir Fye Hong qué dirección seguir alrededor del recuadro en la figura 7.7?

La clave para determinar si debe iniciar en dólares o yenes es comparar las diferencias en las tasas de interés con la prima a plazo sobre el yen (el *costo de cobertura*). Por ejemplo, en la figura 7.7, la diferencia en las tasas de interés a 180 días es 2.00% (las tasas de interés en dólares son 2.00% más altas). La prima sobre el yen a plazo de 180 días es la siguiente:

$$f^{\yen} = \frac{Spot - Forward}{Forward} \times \frac{360}{180} \times 100 = \frac{\yen106.00/US\$ - \yen103.50/US\$}{\yen103.50/US\$} \times 200 = 4.8309\%$$

En otras palabras, al invertir en yenes y vender el producto en yenes a plazo al tipo a plazo, Fye Hong gana 4.83% anual, mientras que sólo ganaría 4% anual si continuara invirtiendo en dólares.

Regla general de arbitraje: Si la diferencia en las tasas de interés es mayor que la prima a plazo (o el cambio esperado en el tipo *spot*), invierta en la moneda que produzca mayor interés. Si la diferencia en las tasas de interés es menor que la prima a plazo (o el cambio esperado en el tipo *spot*), invierta en la moneda que tenga el menor rendimiento.

El uso de esta regla general debe permitir a Fye Hong elegir en qué dirección seguir en el recuadro en la figura 7.7. También garantiza que siempre tendrá una utilidad si va en la dirección correcta. Esta regla supone que la utilidad es mayor que cualquier costo de transacción en el que se incurra.

Este proceso de CIA impulsa los mercados de divisas internacionales y de dinero hacia el equilibrio descrito por la paridad de las tasas de interés. Las desviaciones ligeras del equilibrio brindan oportunidades para que los árbitros consigan ganancias pequeñas sin riesgo. Tales desviaciones proporcionan las fuerzas de oferta y demanda que llevarán al mercado de vuelta a la paridad (equilibrio).

Las oportunidades de arbitraje de interés cubierto continúan hasta que la paridad de las tasas de interés se restablece, porque los árbitros pueden obtener utilidades exentas de riesgo si repiten el ciclo tan frecuentemente como sea posible. Sin embargo, sus acciones empujan a los mercados de divisas y de dinero de vuelta al equilibrio por las siguientes razones:

1. La compra de yenes en el mercado *spot* y la venta de yenes en el mercado a plazo reducen la prima sobre el yen a plazo. Esto sucede porque el yen *spot* se fortalece con la demanda adicional y el yen a plazo se debilita por las ventas adicionales. Una prima más reducida sobre el yen a plazo reduce las ganancias del tipo de cambio captadas con anterioridad por invertir en yenes.

2. La demanda de títulos denominados en yenes hace que las tasas de interés del yen caigan, y el nivel más alto de endeudamiento en Estados Unidos provoca la elevación de las tasas de interés del dólar. El resultado neto es un diferencial de interés más amplio en favor de invertir en dólares.

Arbitraje de interés descubierto (UIA)

Una desviación del arbitraje de interés cubierto es el *arbitraje de interés descubierto* (UIA, *uncovered interest arbitrage*), en la que un inversionista pide prestado en países y monedas que tienen tasas de interés relativamente bajas y convierte el producto en monedas que ofrecen tasas de interés mucho más altas. La transacción es "descubierta" porque el inversionista no vende a plazo los ingresos en la moneda que produce más, elige permanecer descubierto y acepta el riesgo de cambiar la moneda con más alto rendimiento por la moneda de menor rendimiento al final del periodo. La figura 7.8 muestra los pasos que realiza un árbitro de interés descubierto cuando lleva a cabo lo que se denomina "*carry-trade* del yen".

El "*carry-trade* del yen" es una aplicación del UIA que data de hace mucho tiempo. Los inversionistas, tanto dentro como fuera de Japón, aprovechan las tasas de interés sumamente bajas en yen japonés (0.40% anual) para recaudar capital. Los inversionistas cambian el capital reunido por otras monedas, como dólares estadounidenses o euros. Luego reinvierten los montos en dólares o euros en los mercados de dinero en dólares o euros, donde los fondos ganan tasas de rendimiento sustancialmente más altas (5.00% anual en la figura 7.8). Al final del periodo (un año, en este caso) convierten las cantidades en dólares de vuelta a yenes japoneses en el mercado *spot*. El resultado es una buena utilidad sobre lo que cuesta pagar el préstamo inicial.

Sin embargo, el truco es que el tipo de cambio *spot* al final del año no debe cambiar significativamente de lo que era al principio del año. Si el yen se apreciara significativamente frente al dólar, como lo hizo a finales de 1999, que pasó de ¥120/US$ a ¥105/US$, los inversionistas "des-

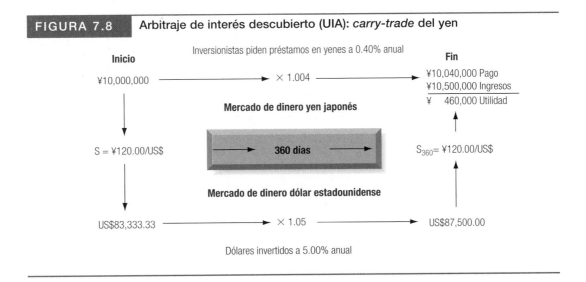

FIGURA 7.8   Arbitraje de interés descubierto (UIA): *carry-trade* del yen

Inversionistas piden préstamos en yenes a 0.40% anual

Inicio   **Fin**

¥10,000,000 ───────────► × 1.004 ───────────► ¥10,040,000 Pago
                                                ¥10,500,000 Ingresos
                                                ¥   460,000 Utilidad

Mercado de dinero yen japonés

S = ¥120.00/US$ [360 días] S_{360} = ¥120.00/US$

Mercado de dinero dólar estadounidense

US$83,333.33 ──────────► × 1.05 ──────────► US$87,500.00

Dólares invertidos a 5.00% anual

cubiertos" sufrirían pérdidas considerables cuando conviertan sus dólares a yenes para pagar los yenes que pidieron prestados. ¡El mayor rendimiento proviene de hecho del mayor riesgo! El apartado *Finanzas globales en la práctica 7.2* resalta la multitud de impactos que puede tener el *carry-trade*.

FINANZAS GLOBALES EN LA PRÁCTICA 7.2

Compra, cocina, limpia… juega el *carry-trade* del yen

Nakako Ishiyama se sienta tranquilamente en la sala de su departamento en el antiguo distrito Nihonbashi de Tokio, no lejos del famoso puente de piedra, el punto desde donde se medían todas las distancias en Japón en el periodo Edo. Me ha contado la historia de sus inversiones desde más o menos 2000, la época, no por coincidencia, cuando el Banco de Japón presionó a la baja por primera vez las tasas de interés hasta que casi llegaron a cero. Prácticamente sin conocimiento de su esposo, Ishiyama comenzó a invertir el dinero de la pareja, sobre todo en lotes de alrededor de US$50,000. Y no paró. Cada fondo al que confiaba su nido de retiro (o *toranoko*, "cachorro de tigre", en japonés) tenía un nombre más elaborado que el anterior. Conforme menciona cada uno, invariablemente agrega como sufijo las palabras *nantoka nantoka*: "como se llame" o "chunche". No es del todo tranquilizador.

"Ahora veamos, estaba el Fondo Chunche de Infraestructura Global", dice. "Y el Fondo Algo Así de Divisas Emergentes, y el Fondo Australiano Como se Llame a Plazo Fijo". Tímida y ansiosa (rechaza ser fotografiada), Ishiyama, de 66 años de edad, no parece ser alguien que desempeñó un papel, por modesto que fuera, en el drama que afectó a todo el sistema financiero global. Aunque ella y muchos de sus pares hicieron precisamente eso. Las esposas japonesas han actuado como las guardianas de los grandes ahorros domésticos acumulados desde su ascenso a la prosperidad después de la devastación de la guerra. En más de

¥1,500,000 mm (unos US$16.8 mm), dichos ahorros se consideran la más grande acumulación de riqueza para invertir. La mayor parte está guardada en cuentas bancarias japonesas ordinarias; una cantidad sorprendentemente grande se mantiene en casa en efectivo, en ahorros tansu, que son las tradicionales alacenas de madera donde la gente guarda sus posesiones. Pero, desde principio de la década de 2000, las esposas, con frecuencia conocidas colectivamente como "Sra. Watanabe", un apellido común en Japón, comenzaron a buscar mayores rendimientos.

Muchas estaban insatisfechas con las tasas de interés tan bajas que ofrecían los bancos. El rendimiento de 0.02 por ciento sobre un depósito típico a plazo fijo era tan irrisorio que el pago anual incluso sobre ahorros sustanciales de toda la vida podía llegar a unos cuantos cientos de yenes. "Si un neumático se pincha de camino al banco, se quedaría sin dinero", se burla Ishiyama. Ella, como cientos de miles de otras mujeres japonesas, descubrió rendimientos más atractivos en los bonos extranjeros y otras inversiones en el exterior. "Caminaba por la calle y vi un cartel que anunciaba una tasa de interés de 5 por ciento. Me quedé mareada con la idea", dice. "Vi anuncios en la televisión en los que todos sonreían y pensé: 'Supongo que debe estar bien'".

No pasó mucho tiempo antes de que los mercados comenzaran a notar que algo causaba bullicio. En la primera mitad de 2003, inversionistas japoneses particulares compraron

¥2,700 mm de bonos extranjeros, fácilmente un récord. Los corredores estaban encantados, en parte porque estaban haciendo su agosto con las comisiones. Pero también se oían charlas nerviosas: si las esposas japonesas abrían las compuertas e inundaban de dinero el exterior, podría haber un colapso en el enorme mercado japonés de bonos gubernamentales. Hasta ese momento, las grandes sumas de dinero atrapadas dentro del país en ahorros habían permitido al gobierno negociar tasas de interés notablemente bajas sobre la enorme deuda exterior del país.

Los operadores profesionales comenzaron a estudiar cada movimiento de la Sra. Watanabe. Ella los impresionaba cuando mantenía la calma siempre que el yen se fortalecía temporalmente y aprovechaba cada ocasión como una oportunidad para comprar más activos extranjeros a precios de regalo. Las filas de señoras Watanabe fuera de los bancos y casas de corretaje se convirtieron en un barómetro de lo que podría ocurrir al yen. Mientras los operadores de divisas con altos salarios temblaban, la Sra. Watanabe cobraba y comenzaba a adquirir la reputación de genio inversionista. Algunos profesionales comenzaron a hacer calladamente cualquier cosa que hacía la Sra. Watanabe.

Quienes lo hicieron ganaron dinero a manos llenas. Incluso en 2006, época en la que el Banco de Japón aumentó un poco las tasas a 24 horas a 0.25 por ciento, las tasas australianas estaban seis puntos porcentuales completos arriba. Muchos japoneses pasan sus vacaciones en Australia y algunos les pareció muy cómodo depositar una parte de sus ahorros en bancos australianos. Otros optaron por el rand sudafricano, donde el diferencial de tasas de interés en 2006 era de 8.25 por ciento, o incluso la lira turca, que ofrecía un milagroso 17.25 por ciento. Otros más buscaron bonos denominados en moneda extranjera (*uridashis*) o fondos mutualistas invertidos en el exterior que producían un dividendo anual de 6 por ciento o más.

Nakako Ishiyama fue una de esas personas que se dejaron seducir. Antes de darse cuenta, muchas de sus inversiones se desplomaron por el súbito colapso de los precios de las acciones y la montaña rusa del yen. Ishiyama no culpa a nadie más que a ella misma. "Todo es mi culpa. Asumo la responsabilidad. Mi abuela siempre me dijo que no metiera la nariz en cosas que no entiendo", dice, y cita un refrán ligeramente dudoso acerca de una mujer y un gallito jactancioso. Cuenta que leyó acerca de los préstamos subprime y los inseguros bancos estadounidenses, pero no podía imaginar que sucesos tan lejanos tuvieran algo que ver con ella o que ella tuviese algo que ver con ellos. Busca otra de las expresiones de su abuela, con la que resume su experiencia como inversionista: "como una persona ciega sin miedo a las serpientes, actué como una tonta".

Fuente: Resumido de "Shopping, Cooking, Cleaning... Playing The Yen Carry Trade; Stories-Inquiry; Why Japanese housewives added international finance to their list of daily chores", David Pilling, *Financial Times*, Londres (UK); 21 de febrero de 2009, p. 30.

Equilibrio entre tasas de interés y tipos de cambio

La figura 7.9 ilustra las condiciones necesarias para el equilibrio entre las tasas de interés y los tipos de cambio. El eje vertical muestra la diferencia en las tasas de interés en favor de las monedas extranjeras, y el eje horizontal muestra la prima o descuento a plazo sobre dicha moneda. La línea de paridad de las tasas de interés muestra el estado de equilibrio, pero los costos de transacción hacen que la línea sea una banda en vez de una línea delgada. Los costos de transacción surgen de los costos de corretaje de divisas e inversión sobre la compra y venta de títulos. Los costos de transacción típicos en años recientes han estado en el rango de 0.18 y 0.25% anual. En el caso de transacciones individuales, como la actividad de arbitraje de Fye Hong en el ejemplo anterior, no hay costo de transacción explícito por operación; más bien, los costos del banco en apoyo a las actividades de Fye Hong son los costos de transacción. El punto X muestra una posible posición de equilibrio, donde una tasa de interés 4% más baja sobre los títulos denominados en yenes se compensaría con una prima de 4% sobre el yen a plazo.

La situación de desequilibrio, que promovió el arbitraje de tasas de interés en el ejemplo anterior de CIA, se ilustra mediante el punto U, que se localiza fuera de la línea de paridad de las tasas de interés, porque el interés más bajo sobre el yen es −4% (anual), mientras que la prima sobre el yen a plazo está ligeramente arriba de 4.8% (anual). Con la fórmula para la prima a plazo que se presentó anteriormente, se encuentra que la prima sobre el yen es:

$$\frac{¥106.00/US\$ - 103.50/US\$}{¥103.50/US\$} \times \frac{360 \text{ días}}{180 \text{ días}} \times 100 = 4.83\%$$

La situación que representa el punto U es inestable, porque todos los inversionistas tienen un incentivo para ejecutar el mismo arbitraje de interés cubierto. Excepto para la quiebra de un banco, la ganancia del arbitraje prácticamente está libre de riesgos.

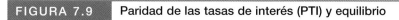

FIGURA 7.9 Paridad de las tasas de interés (PTI) y equilibrio

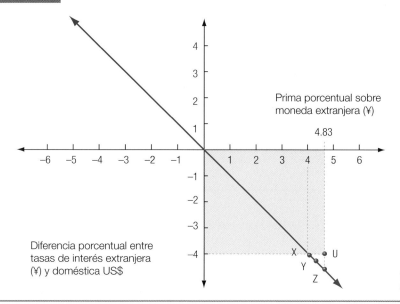

Algunos observadores señalan que existe riesgo político, porque uno de los gobiernos puede aplicar controles de capital que evitarían la ejecución del contrato a plazo. Este riesgo es bastante lejano para el arbitraje de interés cubierto entre los principales centros financieros del mundo, en especial porque una gran parte de los fondos usados para arbitraje de interés cubierto están en eurodólares. La preocupación puede ser válida con monedas de países que no se destacan por su estabilidad política y fiscal.

El resultado neto del desequilibrio es que los flujos de fondos reducen la brecha entre las tasas de interés o disminuyen la prima sobre el yen a plazo. En otras palabras, las presiones del mercado harán que el punto U en la figura 7.9 se mueva hacia la banda de paridad de las tasas de interés. El equilibrio se alcanza en el punto Y, o en cualquier otro lugar entre X y Z, dependiendo de si las primas de mercado a plazo se desplazan con mayor o menor facilidad que los diferenciales de tasas de interés.

Tipo a plazo como pronosticador insesgado del tipo *spot* a futuro

Algunos pronosticadores creen que los mercados cambiarios de las principales monedas flotantes son "eficientes" y que los tipos de cambio a plazo son *pronosticadores insesgados* de los tipos de cambio *spot* futuros.

La figura 7.10 muestra el significado de "pronóstico insesgado" en términos de cómo se desempeña el tipo a plazo en la estimación de los tipos de cambio *spot* a futuro. Si el tipo a plazo es un pronosticador insesgado del tipo *spot* a futuro, el valor esperado del tipo *spot* futuro en el tiempo 2 es igual al tipo a plazo presente para entrega en el tiempo 2, disponible ahora, $E_1(S_2) = F_{1,2}$.

Intuitivamente, esto significa que la distribución de los posibles tipos *spot* reales en el futuro se centra en el tipo a plazo. Sin embargo, el hecho de que sea un pronosticador insesgado no significa que el tipo *spot* futuro realmente será igual al que pronostica el tipo a plazo. El pronóstico insesgado simplemente significa que el tipo a plazo, en promedio, sobrestimará o subestimará el tipo *spot* futuro real en igual frecuencia y grado. El tipo a plazo puede, de hecho, nunca ser igual al tipo *spot* futuro.

FIGURA 7.10   Tipo a plazo como pronosticador insesgado del tipo *spot* futuro

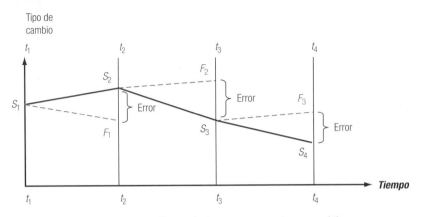

El tipo a plazo disponible hoy (F_t, $t + 1$), tiempo t, para entrega en el tiempo
futuro $t + 1$, se usa como "pronosticador" del tipo *spot* que existirá en dicho
día en el futuro. Por tanto, el tipo *spot* pronosticado para el tiempo S_{t2} es F_1;
el tipo *spot* real resulta ser S_2. La distancia vertical entre el pronóstico y el tipo
spot real es el error de pronóstico.
    Cuando el tipo a plazo se denomina como "pronosticador insesgado
del tipo *spot* a futuro", significa que el tipo a plazo sobre o subestima el tipo
spot futuro con frecuencia y cantidad relativamente iguales. Por tanto, "no
acierta" en forma regular y ordenada. La suma de los errores es igual a cero.

La razón de esta relación se basa en la hipótesis que el mercado de divisas es razonablemente
eficiente. La eficiencia del mercado supone que: 1) toda la información pertinente se refleja rápidamente tanto en los mercados *spot* como en los mercados de divisas; 2) los costos de transacción
son bajos, y 3) los instrumentos denominados en diferentes monedas son sustitutos perfectos unos
de otros.

Los estudios empíricos sobre la hipótesis del mercado de divisas eficiente producen resultados contradictorios. No obstante, empieza a surgir un consenso que rechaza la hipótesis del mercado eficiente. Parece que el tipo a plazo no es un pronosticador insesgado del tipo *spot* futuro y
que sí conviene usar recursos para intentar pronosticar los tipos de cambio.

Si la hipótesis del mercado eficiente es correcta, un ejecutivo financiero no puede esperar
lucrar de forma consistente con los pronósticos de los tipos de cambio futuros, porque las cotizaciones actuales en el mercado a plazo reflejan todo lo que en la actualidad se conoce acerca de los
probables tipos futuros. Aunque los tipos de cambio futuros bien pueden diferir de la expectativa
implícita en la cotización actual del mercado a plazo, no se puede saber hoy cómo diferirán las
cotizaciones futuras de los tipos a plazo actuales. El valor medio esperado de las desviaciones es
cero. En consecuencia, el tipo a plazo es un estimador "insesgado" del tipo *spot* futuro.

Las pruebas de la eficiencia del mercado de divisas, que usan periodos más largos para el análisis, concluyen que la eficiencia del mercado de divisas no es comprobable o, si es comprobable,
que el mercado no es eficiente. Más aún, la existencia y éxito de los servicios de pronósticos de los
tipos de cambio indican que los administradores están dispuestos a pagar un precio por la información de los pronósticos aun cuando pueden usar el tipo a plazo como pronosticador sin costo.
El "costo" de comprar esta información es, en muchas circunstancias, una "prima de seguro" para
los gerentes financieros que pueden ser despedidos por usar sus propios pronósticos, incluidos los
tipos a plazos, cuando dichos pronósticos resultan incorrectos. Si "compran" asesoría profesional
que al final resulta equivocada, ¡la falla no fue su pronóstico!

Si el mercado de divisas no es eficiente, sería sensato que una empresa gastara recursos para adquirir pronósticos de los tipos de cambio. Ésta es la conclusión contraria a la que dice que los mercados de divisas se consideran eficientes.

Precios, tasas de interés y tipos de cambio en equilibrio

La figura 7.11 ilustra simultáneamente todas las relaciones de paridad fundamentales, en equilibrio, usando dólares estadounidenses y yenes japoneses. Las tasas de inflación pronosticadas para Japón y Estados Unidos son 1 y 5%, respectivamente; un diferencial de 4%. La tasa de interés nominal en el mercado de dólares estadounidenses (título gubernamental a un año) es 8%, un diferencial de 4% sobre la tasa de interés nominal japonesa de 4%. El tipo *spot*, S_1, es ¥104/US$, y el tipo a plazo de un año es ¥100/US$.

- **Relación A: paridad del poder adquisitivo (PPA).** De acuerdo con la versión relativa de la paridad del poder adquisitivo, se espera que el tipo de cambio *spot* dentro de un año, S_2, sea ¥100/US$:

$$S_2 = S_1 \times \frac{1 + \pi^{¥}}{1 + \pi^{US\$}} = ¥104/US\$ \times \frac{1.01}{1.05} = ¥100/US\$$$

  Este cambio es de 4% e igual, pero con signo contrario, a la diferencia en las tasas de inflación esperadas (1% − 5% o 4%).

- **Relación B: el efecto Fisher.** La tasa de rendimiento real es la tasa de interés nominal menos la tasa de inflación esperada. Si se suponen mercados eficientes y abiertos, las tasas de rendimiento reales deben ser iguales en todas las monedas. Aquí, la tasa real es de 3% en los mercados de dólares ($r = i - \pi = 8\% - 5\%$) y en los mercados de yenes japoneses (4% − 1%). Note que la tasa de rendimiento real de 3% no aparece en la

---

FIGURA 7.11   Condiciones de paridad internacional en equilibrio (forma aproximada)

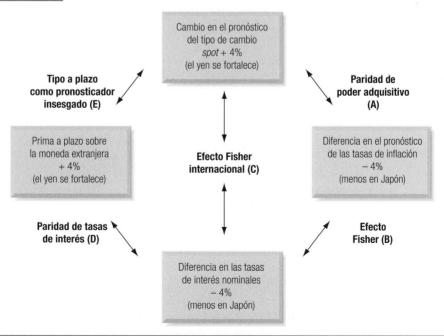

figura 7.11, sino en la relación del efecto Fisher: los diferenciales de las tasas de interés nominales son iguales a la diferencia en las tasas de inflación esperadas, −4%.

- **Relación C: efecto Fisher internacional.** El cambio pronosticado en el tipo de cambio *spot*, en este caso 4%, es igual, pero con signo contrario, al diferencial entre las tasas de interés nominales:

$$\frac{S_1 - S_2}{S_2} \times 100 = i^{¥} - i^{US\$} = 4\% - 8\% = -4\%$$

- **Relación D: paridad de las tasas de interés (PTI).** De acuerdo con la teoría de la paridad de las tasas de interés, la diferencia en las tasas de interés nominales es igual, pero con signo contrario, a la prima a plazo. Para este ejemplo numérico, la tasa de interés nominal del yen (4%) es 4% menos que la tasa de interés nominal del dólar (8%):

$$i^{¥} - i^{US\$} = 4\% - 8\% = -4\%$$

y la prima a plazo es 4% positivo:

$$f^{¥} = \frac{S_1 - F}{F} 3100 = \frac{¥104/US\$ - ¥100/US\$}{¥100/US\$} 3100 = 4\%$$

- **Relación E: tasa a plazo como pronosticador insesgado.** Finalmente, el tipo de cambio a plazo de un año del yen japonés, ¥100/US\$, si se supone que es un pronosticador insesgado del tipo *spot* futuro, también pronostica ¥100/US\$.

RESUMEN

- Los economistas han usado tradicionalmente las condiciones de paridad para explicar la tendencia a largo plazo de un tipo de cambio.

- En condiciones de tipos con flotación libre, la variación esperada en el tipo de cambio *spot*, las tasas diferenciales de inflación nacional e interés y el descuento o prima a plazo son todos directamente proporcionales entre sí y se determinan mutuamente. Un cambio en una de estas variables tiende a cambiar todas las demás con una realimentación sobre la variable que cambia primero.

- Si el producto o servicio idéntico puede venderse en dos mercados diferentes y no hay restricciones sobre sus costos de venta o los costos de transporte para trasladar el producto entre mercados, el precio del producto debe ser el mismo en ambos mercados. A esto se le llama ley de un precio.

- La versión absoluta de la teoría de la paridad del poder adquisitivo afirma que el tipo de cambio *spot* se determina con base en los precios relativos de canastas de bienes similares.

- La versión relativa de la teoría de la paridad del poder adquisitivo afirma que si el tipo de cambio *spot* entre dos países comienza en equilibrio, cualquier cambio en la tasa de inflación diferencial entre ellos tiende a compensarse a largo plazo por un cambio igual, pero en sentido opuesto, en el tipo de cambio *spot*.

- El efecto Fisher, llamado así en honor del economista Irving Fisher, afirma que las tasas de interés nominales de cada país son iguales a la tasa de rendimiento real requerida más una compensación por la inflación esperada.

- El efecto Fisher internacional, "Fisher abierto", como se le denomina frecuentemente, afirma que el tipo de cambio *spot* debe cambiar en una cantidad igual, pero en dirección opuesta, a la diferencia en las tasas de interés entre dos países.

- Algunos pronosticadores creen que, para las principales monedas flotantes, los mercados de divisas son "eficientes" y los tipos de cambio a plazo son pronosticadores insesgados de los tipos de cambio *spot* futuros.

- La teoría de la paridad de las tasas de interés (PTI) afirma que la diferencia en las tasas de interés nacionales para títulos de similar riesgo y vencimiento, debe ser igual, pero con signo contrario, a la tasa de descuento o prima a plazo para la moneda extranjera, excepto por los costos de transacción.

- Cuando los mercados de divisas *spot* y a plazo no están en equilibrio como presupone la paridad de las tasas de interés, existe el potencial de utilidad "sin riesgo" o de arbitraje. A esto se le llama arbitraje de interés cubierto (CIA).

MINICASO   Transferencia de monedas en Porsche

Con sede en Alemania y plantas de fabricación y ensamblado exclusivamente localizadas en Alemania, Eslovaquia y Finlandia, toda la base de costo de Porsche es el euro o la corona eslovaca (que el gobierno eslovaco administra para mantener estabilidad frente al euro). Esto significa que todos los costos directos de fabricación de sus automóviles se incurren (para propósitos prácticos) en operaciones denominadas en euros (costo, margen de ganancia y fijación de precios básicos). Los productos de Porsche se exportan a los principales mercados del mundo, que incluyen los de Estados Unidos, Reino Unido, China y Japón.

La figura 1 ilustra un posible escenario del costo europeo y la fijación de precios de mercado para el lanzamiento en Norteamérica del Porsche 911 4S Cabriolet en 2003 (un motor de 3.6 litros y seis cilindros que alcanza una velocidad máxima en carretera de 280 km/h; 0 a 100 km/h en 5.3 segundos). Suponga que Porsche primero estableció el precio del automóvil en euros y luego, en abril de 2003, estableció el precio en dólares estadounidenses al tipo de cambio de US$1.0862/€ que estaba vigente en ese momento: aproximadamente US$93,200.

Como se ilustra en la figura, en los meses posteriores al establecimiento de precio, el margen de la compañía se habría eliminado en su mayor parte como resultado de la continua apreciación del euro frente al dólar. El análisis resalta la restricción sufrida por un productor europeo que exporta a los mercados de dólar estadounidense. Independiente del método, grado o eficacia de la cobertura que haya contratado Porsche, la compañía enfrenta un continuo dilema de fijación de precios para todas sus ventas en Norteamérica.

Preguntas del caso

1. ¿Qué cree que sea más importante para sostener las ventas del nuevo modelo Carrera: mantener un margen de utilidad o mantener el precio en dólares estadounidenses?

2. Dado la variación en el tipo de cambio y la estrategia empleada por Porsche, ¿diría que el poder adquisitivo del cliente en dólares estadounidenses se fortaleció o se debilitó?

3. A largo plazo, ¿qué harán la mayoría de los fabricantes de automóviles para evitar estas grandes restricciones que provocan los tipos de cambio?

FIGURA 1	Análisis de transferencia para el automóvil 911 Carrera 4S Cabriolet, 2003

Suponga que Porsche estableció lo que consideraba el precio meta en abril de 2003, cuando el tipo de cambio era de US$1.0862/€. Esto permitió a Porsche fijar el precio con un margen de aproximadamente 15% sobre una base de costo completo, con un precio europeo de €85,900 y un precio norteamericano meta de US$93,200, que conservó el margen de 15%.

El lanzamiento norteamericano real del 4S Cabriolet no ocurrió sino hasta julio. Para entonces, el tipo de cambio *spot* había reducido efectivamente el margen ganado por Porsche sobre el nuevo modelo. En el transcurso de 2003, el margen siguió deteriorándose.

Componente de precio	Precio Abr	May	Jun	Lanzamiento NA Jul	Ago	Sept	Oct	Nov	Dic
Costo total	€74,696	€74,696	€74,696	€74,696	€74,696	€74,696	€74,696	€74,696	€74,696
Margen (@ 15%)	€11,204	€11,204	€11,204	€11,204	€11,204	€11,204	€11,204	€11,204	€11,204
Precio europeo	€85,900	€85,900	€85,900	€85,900	€85,900	€85,900	€85,900	€85,900	€85,900
Tipo *spot* (US$/€)	1.0862	1.1565	1.1676	1.1362	1.1286	1.1267	1.1714	1.1710	1.2298
Precio base en US$ si hay transferencia de 100%	$93,305	$99,343	$100,297	$97,600	$96,947	$96,784	$100,623	$100,589	$105,640
Margen efectivo sobre 4S Cabriolet con precio tope en US$									
Precio meta en US$	$93,200	$93,200	$93,200	$93,200	$93,200	$93,200	$93,200	$93,200	$93,200
Tipo *spot* (US$/€)	1.0862	1.1565	1.1676	1.1362	1.1286	1.1267	1.1714	1.1710	1.2298
Precio recibido en euros	€85,804	€80,588	€79,822	€82,028	€82,580	€82,719	€79,563	€79,590	€75,785
Menos costo total	(€74,696)	(€74,696)	(€74,696)	(€74,696)	(€74,696)	(€74,696)	(€74,696)	(€74,696)	(€74,696)
Margen residual	€11,108	€5,892	€5,126	€7,332	€7,885	€8,024	€4,867	€4,894	€1,089
Margen (%)	14.9%	7.9%	6.9%	9.8%	10.6%	10.7%	6.5%	6.6%	1.5%

PREGUNTAS

1. **Paridad del poder adquisitivo.** Defina los siguientes términos:
   a. Ley de un precio
   b. Paridad absoluta del poder adquisitivo
   c. Paridad relativa del poder adquisitivo

2. **Índice del tipo de cambio efectivo nominal.** Explique cómo se construye un índice del tipo de cambio efectivo nominal.

3. **Índice del tipo de cambio efectivo real.** ¿Qué fórmula se usa para convertir un índice del tipo de cambio efectivo nominal en un índice del tipo de cambio efectivo real?

4. **Tipos de cambio efectivos reales: Japón y Estados Unidos.** La figura 7.3 compara los tipos de cambio efectivos reales para Japón y Estados Unidos. Si el tipo de cambio efectivo real comparativo fuese el determinante principal, ¿quién tendría una ventaja competitiva para exportar: Japón o Estados Unidos? ¿Cuál de los tipos ofrece ventaja para importar? Explique por qué.

5. **Transferencia del tipo de cambio.** La *transferencia del tipo de cambio* incompleta es una de las razones por las que el tipo de cambio efectivo real de un país puede desviarse durante largos periodos de su nivel de equilibrio del poder adquisitivo de 100. ¿Qué se entiende por el término *transferencia del tipo de cambio*?

6. **El efecto Fisher.** Defina el *efecto Fisher*. ¿En qué medida las pruebas empíricas confirman que el *efecto Fisher* existe en la práctica?

7. **El efecto Fisher internacional.** Defina el *efecto Fisher internacional*. ¿En qué medida las pruebas empíricas confirman que el *efecto Fisher internacional* existe en la práctica?

8. **Paridad de las tasas de interés.** Defina *paridad de las tasas de interés*. ¿Cuál es la relación entre la *paridad de las tasas de interés* y los tipos a plazo?

9. **Arbitraje de interés cubierto.** Defina los términos *arbitraje de interés cubierto* y *arbitraje de interés descubierto*. ¿Cuál es la diferencia entre estas dos transacciones?

10. **Tipo a plazo como pronosticador insesgado del tipo *spot* futuro.** Algunos pronosticadores creen que los mercados cambiarios de las principales divisas flotantes son "eficientes" y los tipos de cambio a plazo son *pronosticadores insesgados* de los tipos de cambio *spot* futuros. ¿Qué se entiende por "pronosticador insesgado" en términos de cómo se desempeña el tipo a plazo en la estimación de los tipos de cambio *spot* futuros?

PROBLEMAS

1–5. El Índice Big Mac latinoamericano: comparación histórica. Este libro ha usado el Índice Big Mac de la revista *The Economist* durante muchos años. A continuación se presentan los precios de la hamburguesa Big Mac y los tipos de cambio reales de países latinoamericanos seleccionados como se publicaron en ediciones anteriores. Use los datos de la tabla para completar el cálculo del valor de la PPA implícita de la moneda frente al dólar estadounidense y el cálculo de si dicha moneda está subvaluada o sobrevaluada frente al dólar estadounidense.

Índice Big Mac: abril 1997	(1) Precios Big Mac en moneda local	(2) Tipo de cambio real (7 de abril de 1997)	(3) Precios Big Mac Precios en dólares	(4) PPA implícita del dólar	(5) Moneda local sub (–)/sobre (+) valuada
País					
Estados Unidos (dólar)	2.42	—	2.42	1.00	
Argentina (peso)	2.50	1.00	_____	_____	_____
Brasil (real)	2.97	1.06	_____	_____	_____
Chile (peso)	1,200.00	417.00	_____	_____	_____
México (peso)	14.90	7.90	_____	_____	_____

Índice Big Mac: marzo 1999	(1) Precios Big Mac en moneda local	(2) Tipo de cambio real (23 de marzo de 1999)	(3) Precios Big Mac Precios en dólares	(4) PPA implícita del dólar	(5) Moneda local sub (–)/sobre (+) valuada
País					
Estados Unidos (dólar)	2.43	—	2.43	1.00	
Argentina (peso)	2.50	1.00	_____	_____	_____
Brasil (real)	2.95	1.73	_____	_____	_____
Chile (peso)	1,250.00	484.00	_____	_____	_____
México (peso)	19.90	9.54	_____	_____	_____

Índice Big Mac: abril 2002	(1) Precios Big Mac en moneda local	(2) Tipo de cambio real (23 de abril de 2002)	(3) Precios Big Mac Precios en dólares	(4) PPA implícita del dólar	(5) Moneda local sub (–)/sobre (+)valuada
País					
Estados Unidos (dólar)	2.49	—	2.49	1.00	
Argentina (peso)	2.50	3.13	_____	_____	_____
Brasil (real)	3.60	2.34	_____	_____	_____
Chile (peso)	1,400.00	655.00	_____	_____	_____
México (peso)	21.90	9.28	_____	_____	_____

Índice Big Mac: abril 2005	(1) Precios Big Mac en moneda local	(2) Tipo de cambio real (abril de 1997)	(3) Precios Big Mac Precios en dólares	(4) PPA implícita del dólar	(5) Moneda local sub (–)/sobre (+) valuada
País					
Estados Unidos (dólar)	3.06	—	3.06	1.00	
Argentina (peso)	4.75	2.90	_____	_____	_____
Brasil (real)	5.90	2.47	_____	_____	_____
Chile (peso)	1,500	594.00	_____	_____	_____
México (peso)	28.00	10.84	_____	_____	_____

Notas: Columna 3 = columna 1/columna 2; columna 4 = columna 1/precio Big Mac US$; columna 5 = columna 4/columna 2.

*6. **Peso argentino y PPA.** El peso argentino se fijó por medio de un régimen de caja de conversión en Ps1.00/US$ durante la década de 1990. En enero de 2002, el peso argentino empezó a flotar. El 29 de enero de 2003, se negociaba en Ps3.20/US$. Durante ese periodo de un año, la tasa de inflación de Argentina fue de 20% anual. La inflación en Estados Unidos en ese mismo periodo fue de 2.2% anual.

   a. ¿Cuál hubiera sido el tipo de cambio en enero de 2003 si se sostuviera la paridad del poder adquisitivo?

   b. ¿En qué porcentaje anual estaba subvaluado el peso argentino?

   c. ¿Cuáles fueron las probables causas de la subvaluación?

7. **Akira Numata-CIA Japón.** Akira Numata, un operador de divisas de Credit Suisse (Tokio), explora posibilidades de arbitraje de interés cubierto. Quiere invertir US$5,000,000, o su equivalente en yenes, en un arbitraje de interés cubierto entre dólares estadounidenses y yenes japoneses. Le presentan las siguientes cotizaciones de tipos de cambio y tasas de interés:

Tipo de cambio *spot:*	¥118.60/US$	Tasa interés dólar 180 días: ¥117.80/US$
Tasa interés yen 180 días:	4.800% anual	
Tipo cambio a plazo 180 días:	3.400% anual	

El banco no calcula costos de transacción de ninguna transacción individual pues dichos costos son parte del presupuesto de operación global del departamento de arbitraje. Explique y diagrame los pasos específicos que debe dar Akira para obtener utilidades con un arbitraje de interés cubierto.

8. **Akira Numata-UIA Japón.** Akira Numata, de Credit Suisse (Tokio), observa que el tipo *spot* ¥/US$ se mantuvo estable y las tasas de interés en dólares y yenes permanecieron relativamente estables durante la semana pasada. Akira se pregunta si debe intentar una transacción de arbitraje de interés descubierto (UIA) y, por tanto, ahorrar el costo de la cobertura a plazo. Muchos de los socios de investigación de Akira, y sus modelos de computadora, pronostican que el tipo *spot* seguirá estando cerca de ¥118.00/US$ en los próximos 180 días. Con los mismos datos del problema anterior, analice el posible UIA.

   a. Calcule cuánta utilidad podría obtener Akira si sus expectativas resultan correctas.

   b. ¿Qué riesgo corre? ¿Y si el tipo *spot* en 180 días es de ¥106.00/US$?

9. **Joseph Yazzie y condiciones de paridad Japón/Estados Unidos.** Joseph Yazzie intenta determinar si las condiciones financieras Estados Unidos/Japón están en paridad. El tipo *spot* actual es de ¥120.00/US$ fijo, mientras que el tipo a plazo de 360 días es de ¥115.40/US$. La inflación pronosticada es 1.00% para Japón, 5.00% para Estados Unidos. La tasa de depósito euro-yen a 360 días es 4.000%, y la tasa de depósito euro-dólar a 360 días es 8.000%. Con estos datos, diagrame y calcule si las condiciones de paridad internacionales se mantienen entre Japón y Estados Unidos. ¿Cuál es la variación pronosticada en el tipo de cambio yen japonés/dólar estadounidense (¥/US$) dentro de un año?

*10. Exportaciones de XTerra y transferencia. Suponga que el precio de exportación de un Nissan XTerra desde Osaka, Japón, es de ¥3,250,000. El tipo de cambio es ¥115.20/US$. La tasa de inflación pronosticada en Estados Unidos es 2.2% anual y 0.0% anual en Japón.

   a. ¿Cuál es el precio de exportación del XTerra a principio de año, expresado en dólares estadounidenses?

   b. Si se supone que se sostiene la paridad del poder adquisitivo, ¿cuál sería el tipo de cambio al final del año?

   c. Si se supone transferencia al 100% de las variaciones en el tipo de cambio, ¿cuál sería el precio en dólares de un XTerra al final del año?

   d. Si se supone transferencia del 75%, ¿cuál sería el precio de un XTerra al final del año?

11. Copenhague CIA (A). John Duell, un operador de divisas de JPMorgan Chase, puede invertir US$5 millones, o el equivalente en moneda extranjera de los fondos a corto plazo del banco, en un arbitraje de interés cubierto con Dinamarca. Con las siguientes cotizaciones, ¿puede John Duell obtener utilidades de un arbitraje de interés cubierto (CIA)?

Tipo de cambio *spot*:	kr 6.1720/US$
Tipo a plazo tres meses:	kr 6.1980/US$
Interés dólar tres meses:	3.0% anual (0.75% por 90 días)
Interés corona tres meses:	5.0% anual (1.25% por 90 días)

12. Copenhague CIA (B). John Duell evalúa ahora la posible utilidad que obtendría con un arbitraje en el mismo mercado después de cambiar las tasas de interés.

   a. Suponga que las tasas de interés en Estados Unidos aumentan a 4% anual (1% a 90 días), pero todas las demás tasas permanecen iguales. ¿Puede John obtener una utilidad por arbitraje de interés cubierto a 90 días?

   b. Suponga que las tasas de interés de los instrumentos en coronas danesas aumentan a 6% anual (1.5% a 90 días), pero todas las demás tasas de interés permanecen iguales, incluida la tasa de interés estadounidense original de 3% anual. Calcule si John podría obtener utilidad por arbitraje de interés cubierto a 90 días.

13. Luis Pinzon-CIA Nueva York. Luis Pinzon es un operador de divisas de un banco en Nueva York. Tiene US$1,000,000 (o su equivalente en francos suizos) para invertir a corto plazo en el mercado de dinero y se pregunta si debe invertir en dólares estadounidenses a tres meses o realizar una inversión de arbitraje de interés cubierto en francos suizos. Examina las tasas que se muestran en la tabla:

   a. ¿Dónde recomienda invertir a Luis y por qué?

   b. ¿Cuál es la tasa de rendimiento anual de esta inversión de Luis?

Tipo cambio *spot*:	SFr.1.2810/US$
Tipo a plazo tres meses:	SFr.1.2740/US$
Tasa interés EUA tres meses:	4.800% anual (1.200% trimestral)
Tasa interés Suiza tres meses:	3.200% anual (0.800% trimestral)

14. Luis Pinzon-UIA. Luis Pinzon, con los mismos valores y supuestos de la pregunta anterior, decide buscar todo el rendimiento de 4.800% disponible en dólares estadounidenses; para ello, deja de cubrir sus ingresos en dólares a plazo: una transacción de arbitraje de interés descubierto (UIA). Valore esta decisión.

*15. Luis Pinzon-30 días después. Un mes después de los acontecimientos descritos en las preguntas anteriores, Luis Pinzon tiene de nuevo US$1,000,000 (o su equivalente en francos suizos) para invertir a tres meses. Ahora tiene las siguientes tasas. ¿Debe invertir de nuevo en un arbitraje de interés cubierto (CIA)?

Tipo de cambio *spot*:	SF1.3392/US$
Tipo a plazo tres meses:	SF1.3286/US$
Tasa interés EUA tres meses:	4.750% anual
Tasa suiza tres meses:	3.625% anual

16. Langkawi Island Resort. Usted planea unas vacaciones de 30 días en la isla Langkawi, Malasia, dentro de un año. El precio actual de una lujosa suite, más comidas, en ringgit (RM) malasios es de RM1050/día. El ringgit malasio en la actualidad se negocia a RM3.75/US$. Por tanto, el costo en dólares hoy para una estancia de 30 días sería de US$8,400. El hotel le informa que cualquier aumento en las tarifas de sus habitaciones se limitará a cualquier aumento que registre el costo de vida en Malasia. Se espera que la inflación malasia sea de 4% anual, mientras que la inflación en Estados Unidos se espera que sea solamente de 1%.

   a. ¿Cuántos dólares puede necesitar dentro de un año para pagar sus vacaciones de 30 días?

   b. ¿En qué porcentaje aumenta el costo en dólares? ¿Por qué?

17. Arbitraje de Statoil de Noruega. Statoil, la compañía petrolera nacional de Noruega, es un participante experto, importante y activo en los mercados de divisas y de productos petroquímicos. Aunque es una compañía noruega, debido a que opera dentro del mercado petrolero mundial, considera al dólar estadounidense como su moneda funcional, y no la corona noruega. Ari Karlsen es un operador de divisas de Statoil y tiene uso inmediato de US$4 millones o el equivalente en coronas noruegas. Al enfrentarse a los siguientes tipos de mercado, se pregunta si puede obtener ciertas utilidades por arbitraje en los próximos 90 días.

Tipo *spot*, corona noruega (kr) por dólar:	kr 6.5520/
Tipo a plazo tres meses:	kr 6.5264/
Tasa de interés del bono del Tesoro estadounidense:	5.625% anual
Tasa de interés del bono de Tesoro noruego a tres meses:	4.250% anual

18. **Londres y Nueva York.** Los mercados de dinero y de divisas en Londres y Nueva York son muy eficientes. Está disponible la siguiente información:

	Londres	Nueva York
Tipo de cambio *spot*	US$1.3860/€	US$1.3860/€
Bono del tesoro a un año	3.800%	4.20%
Tasa de inflación esperada	desconocida	2.00%

   a. ¿Qué indican los mercados financieros respecto a la inflación en Europa el próximo año?
   b. Estime el tipo de cambio a plazo de un año el día de hoy entre el dólar y el euro.

19. **Alquiler de un castillo en Chamonix.** El lector planea unas vacaciones para esquiar en Mt. Blanc, Chamonix, Francia, dentro de un año. Negocia el alquiler de un castillo. El propietario del castillo quiere proteger su ingreso real contra cualquier cambio en la inflación o el tipo de cambio y, por tanto, el alquiler semanal actual de €9,800 (temporada de Navidad) se ajustará hacia arriba o abajo si hay algún cambio en el costo de la vida en Francia entre ahora y entonces. El lector basa su presupuesto en la paridad del poder adquisitivo (PPA). Se espera que la inflación en Francia promedie 3.5% el año próximo, mientras que se espera que la inflación del dólar estadounidense sea de 2.5%. El tipo *spot* actual es US$1.3620/€. ¿Cuánto debe presupuestar como el costo en dólares estadounidenses de una semana de alquiler?

20. **East Asiatic Company-Tailandia.** La East Asiatic Company (EAC), una compañía danesa con sucursales en toda Asia, ha financiado su sucursal en Bangkok principalmente con deuda en dólares estadounidenses debido al costo y la disponibilidad de capital en dólares, a diferencia de los fondos en bahts (B) tailandeses. El tesorero de EAC Tailandia considera la posibilidad de contratar un préstamo bancario a un año por US$350,000. El tipo de cambio *spot* vigente es de B42.84/US$, y el interés basado en dólares es de 8.885% para el periodo de un año. Los préstamos a un año tienen una tasa de interés de 14% en bahts, pero sólo de 8.885% en dólares.

   a. Si supone que las tasas de inflación esperadas para el próximo año son de 4.50% y 2.20% en Tailandia y Estados Unidos, respectivamente, de acuerdo con la paridad del poder adquisitivo, ¿cuál será el costo efectivo de los fondos en términos de bahts tailandeses?
   b. Si los asesores cambiarios de EAC creen firmemente que el gobierno tailandés quiere presionar el valor del baht a la baja frente al dólar en 5% durante el año próximo (para promover la competitividad de sus exportaciones en los mercados en dólares), ¿cuál terminará siendo el costo efectivo de los fondos en términos de bahts?
   c. Si EAC pudiera pedir prestado en bahts tailandeses a 14% anual, ¿esto sería más barato que la parte (a) o la parte (b) anteriores?

21. **Halcón maltés: marzo 2003-2004.** El tristemente célebre halcón de oro puro, que inicialmente tenía la intención de ser un tributo de los caballeros de Malta al rey de España, en agradecimiento por su regalo de la isla de Malta a la orden en 1530, recientemente fue recuperado. El halcón mide 35 cm, es de oro sólido y pesa aproximadamente 22 kg. Los precios del oro a finales de 2002 y principios de 2003, sobre todo como resultado de las crecientes tensiones en la política internacional, se elevaron a US$440/onza.

En la actualidad, un inversionista privado conserva el halcón en Estambul y negocia activamente con el gobierno maltés para su compra y potencial retorno a su casa en la isla. La venta y pago tendrían lugar en marzo de 2004 y las partes negocian el precio y la moneda de pago. El inversionista decidió, como muestra de buena voluntad, basar el precio de venta sólo sobre el *valor en especie* del halcón, es decir, su valor de oro.

El actual tipo de cambio *spot* es 0.39 liras maltesas (ML) por dólar estadounidense. Se espera que la inflación en Malta sea de aproximadamente 8.5% el año próximo, mientras que la inflación estadounidense, inmediatamente después de una recesión muy profunda, se espera que llegue sólo a 1.5%. Si el inversionista basa su valor en el dólar estadounidense, ¿sería mejor si recibiera liras maltesas dentro de un año, suponiendo paridad del poder adquisitivo, o si recibiera un pago en dólares garantizado suponiendo un precio del oro de US$420 por onza?

22. **Fondo de dinero londinense.** Tim Hogan es el gerente de un fondo del mercado de dinero internacional administrado de Londres. A diferencia de muchos fondos de dinero que garantizan a sus inversionistas inversiones casi libres de riesgo con ganancias de interés variables, el fondo de Tim Hogan es un fondo muy audaz, que busca ganancias de interés relativamente altas en todo el mundo, pero con cierto riesgo. El fondo está denominado en libras.

Tim evalúa en la actualidad una oportunidad interesante en Malasia. El gobierno malasio impone periódicamente controles cambiarios estrictos y restricciones al capital desde la crisis asiática de 1997 para proteger y conservar el valor del ringgit malasio (RM). El actual tipo de cambio *spot* de RM3.750/US$ se ha mantenido con poca desviación desde finales de 1997. Los depósitos temporales de moneda local (ringgit malasio) con vencimientos a 180 días son de alrededor de 9.600% anual (US$500,000 depósito mínimo). El mercado de eurodivisas londinense, por libras, ofrece solamente 4.200% anual por los mismos vencimientos a 180 días. El actual tipo *spot* de la libra esterlina es de US$1.7640/£, y el tipo a plazo a 180 días es de US$1.7420/£. ¿Qué recomienda hacer a Tim Hogan acerca de la oportunidad en el mercado de dinero de Malasia, si supone que invierte £1 millón?

23. **El estándar de cerveza.** En 1999, la revista *The Economist* anunció la creación de un índice o estándar para la evaluación de los valores de las monedas de África. Se eligió la cerveza como producto de comparación porque McDonald's no había penetrado el continente africano más allá de Sudáfrica, y la cerveza tiene muchas de las mismas características de producto y mercado requeridos para la construcción de un índice de divisas adecuado.

Investec, un banco de inversión sudafricano, replicó el proceso de creación de una medida de la paridad del poder adquisitivo como el Índice Big Mac de The Economist, para África. El índice compara el costo de una botella de 375 mililitros de cerveza lager clara en el África subsahariana. Como medida de la paridad del poder adquisitivo,

la cerveza necesita tener calidad relativamente homogénea en todos los países y necesita poseer elementos sustanciales de manufactura, distribución y servicio locales, con la finalidad de ofrecer realmente una medida del poder adquisitivo relativo.

Primero se fija el precio de las cervezas en moneda local (compradas en tabernas del ciudadano medio local y no en los centros y servidores turísticos de altos precios), luego se convierten a rand sudafricano. Los precios de las cervezas en rand se comparan entonces para formar una medida de si las divisas locales están subvaluadas (−%) o sobrevaluadas (+%) frente al rand sudafricano.

Use los datos en la tabla en la parte inferior de esta página y complete el cálculo de si las divisas africanas mencionadas están sobrevaluadas o subvaluadas.

24. **Brynja Johannsdottir y el *carry-trade* islandés.** Brynja Johannsdottir es islandesa de nacimiento, pero trabaja para Magma Capital, un fondo de cobertura cambiaria operado en Nueva York. Las altas tasas del mercado de dinero que se ofrecen en Islandia han sostenido el *carry-trade*, ya que los inversionistas piden prestado en monedas más baratas (casi cualquier moneda en este punto) e invierten a corto plazo en coronas islandesas. Pero lo hacen en transacciones descubiertas. Brynja cree que al menos en el siguiente periodo de tres a seis meses, la corona seguirá siendo fuerte y seguirá en kr.70/US$. Su banco requiere que cualquier posición que tome produzca al menos 4.0% en el periodo en cuestión (16% anual). Con los supuestos de la tabla de la siguiente página, quiere evaluar un posible arbitraje de interés descubierto (UIA).

El estándar de cerveza

País	Cerveza	Precios de cerveza En moneda local	En rand	Tasa PPA implícita	Tipo *spot* 15/3/99	Sub o sobrevaluado a rand %
Sudáfrica	Castle	Rand 2.30	2.30	—	—	—
Botswana	Castle	Pula 2.20	2.94	0.96	0.75	_____
Ghana	Star	Cedi 1,200	3.17	521.74	379.10	_____
Kenia	Tusker	Shilling 41.25	4.02	17.93	10.27	_____
Malawi	Carlsberg	Kwacha 18.50	2.66	8.04	6.96	_____
Mauricio	Phoenix	Rupee 15.00	3.72	6.52	4.03	_____
Namibia	Windhoek	N$ 2.50	2.50	1.09	1.00	_____
Zambia	Castle	Kwacha 1,200	3.52	521.74	340.68	_____
Zimbabwe	Castle	Z$ 9.00	1.46	3.91	6.15	_____

Precio de cerveza en rand = precio en moneda local/tipo *spot*.
Tasa PPA implícita = precio en rand/2.30.
Sub/sobrevaluada a rand = tasa PPA implícita/tipo *spot*.
Fuente: The Economist, 8 de mayo de 1999, p. 78.

Fondos de arbitraje disponibles (US$)	US$2,000,000
Tipo de cambio *spot* (kr./US$)	71.6350
Tipo a plazo tres meses (kr./US$)	72.9127
Tipo *spot* esperado a 90 días (kr./US$)	70.0000
Tasa interés tres meses dólar estadounidense	4.800%
Tasa interés tres meses corona islandesa	12.020%

25. Desplome del *carry-trade* del yen. El yen japonés, mucho tiempo el hogar del *carry-trade* global como fuente de fondos con el costo más bajo de interés en cualquier mercado industrial importante, comenzó a fortalecerse en agosto de 2007. El yen había permanecido relativamente tranquilo y por arriba de ¥118/US$ durante varios meses. La mayoría de los analistas y árbitros creían que permanecería en 118, y quizá cayera a 120. Cuando la crisis de hipotecas subprime estadounidense golpeó en agosto de 2007, las tasas de interés en dólares estadounidenses comenzaron a elevarse, lo que inicialmente dio mayor ímpetu al *carry-trade*.

Pero entonces, el 14 de agosto, las crecientes preocupaciones acerca de la salud financiera de la economía estadounidense provocaron una caída del dólar, y el yen comenzó a apreciarse significativamente frente al dólar (se elevó rápidamente a ¥114/US$). Esto fue devastador para el *carry-trade*, pues el yen a la alza minaba los beneficios del arbitraje de interés descubierto. En cuestión de días, las cosas empeoraron. Con la intención de aumentar la liquidez del sector financiero estadounidense que temía el crecimiento de la cartera vencida de títulos respaldados por hipotecas, la Reserva Federal estadounidense redujo la tasa de descuento, lo que provocó una caída en las tasas de interés a corto plazo.

Tipos de cambio diarios: yen japonés por dólar estadounidense

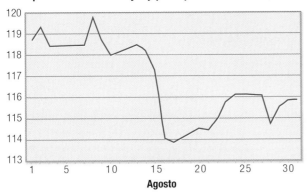

Agosto

Fuente: Pacific Exchange Rate Service

Con los siguientes datos y el gráfico anterior de tipos de cambio y usando un principal nominal de US$1,000,000 (o su equivalente en yenes japoneses), muestre cómo el *carry-trade* del yen japonés produjo un rendimiento negativo de las inversiones después del alza del yen y la caída de las tasas de interés del dólar estadounidense:

Fondos de arbitraje disponibles (US$)	US$1,000,000
Tipo de cambio *spot* (¥/US$)	118.00
Tipo a plazo tres meses (¥/US$)	117.33
Tipo *spot* esperado en 90 días (¥/US$)	118.00
Tasa interés tres meses dólar estadounidense	4.800%
Nueva tasa interés a tres meses dólar estadounidense (15 de agosto)	4.400%
Tasa interés a tres meses yen japonés	2.500%

EJERCICIOS DE INTERNET

1. **Actualización del índice Big Mac.** Use el sitio Web de *The Economist* para encontrar la más reciente edición del Índice Big Mac de sobrevaluación y subvaluación de divisas. (Necesitará hacer una búsqueda de "Big Mac Currencies"). Cree una hoja de cálculo para comparar cómo han cambiado la libra esterlina, el euro, el franco suizo y el dólar canadiense desde la versión que se presentó en este capítulo.

The Economist	www.economist.com/markets/ Bigmac/Index.cfm

2. **Estadísticas de paridad del poder adquisitivo.** La Organización para la Cooperación y el Desarrollo Económico (OCDE) publica mediciones detalladas de los precios y el poder adquisitivo de sus países miembros. Vaya al sitio Web de la OCDE y descargue la hoja de cálculo con los datos históricos del poder adquisitivo de los países miembros.

OECD Purchasing Power	www.oecd.org/department/ 0,3355,en_2649_34357_1_1_1_ 1_1,00.html

3. **Tasas de interés internacionales.** Algunos sitios Web publican tasas de interés actuales por moneda y vencimiento. Use el sitio Web del *Financial Times* para aislar las diferencias de tasa de interés entre el dólar estadounidense, la libra esterlina y el euro para todos los vencimientos hasta un año inclusive.

Datos de mercado
Financial Times   www.ft.com/markets

Datos mencionados por el *Financial Times*:

■ Tasas de dinero internacionales (tasas de interés bancario de un día para depósitos en las principales monedas).
■ Tasas de dinero (LIBOR, tasas de CD, etcétera).
■ Márgenes a 10 años (márgenes de cada país frente al euro y bonos del Tesoro estadounidense a 10 años) Nota: ¿Qué países tienen tasas de interés de los bonos gubernamentales a 10 años menores que Estados

Unidos y el euro? Probablemente Suiza y Japón. Verifique.

- Bonos gubernamentales benchmark (muestreo de emisiones gubernamentales representativas por principales países y movimientos recientes de precios). Note cuáles países muestran tasas benchmark a vencimiento más largos.
- Bonos de mercados emergentes (emisiones gubernamentales, bonos Brady, etcétera).
- Tasas de la Eurozona (tasas de bonos variadas para diversas compañías con sede en Europa; incluye calificaciones de deuda otorgadas por Moodys y S&P).

4. **Programa de comparación internacional del Banco Mundial.** El Banco Mundial tiene un programa de investigación continuo que se centra en el poder adquisitivo relativo de 107 economías a nivel global, específicamente en términos de consumo doméstico. Descargue las tablas de datos más recientes y subraye cuáles economías parecen mostrar el mayor crecimiento en años recientes en poder adquisitivo relativo.

Programa de comparación internacional del Banco Mundial

go.worldbank.org/ 7UQYBDJZAO

Guía algebraica de las condiciones de paridad internacionales

La siguiente es una presentación meramente algebraica de las condiciones de paridad que se explican en este capítulo. Se ofrece para proporcionar a quienes desean detalles y definiciones teóricas adicionales, fácil acceso a la derivación paso a paso de las diferentes condiciones.

La ley de un precio

La *ley de un precio* se refiere al estado en el que, en presencia de libre comercio, sustitución perfecta de bienes y transacciones sin costo, el tipo de cambio de equilibrio entre dos divisas se determina mediante la razón del precio de alguna materia prima i denominada en dos monedas distintas. Por ejemplo:

$$S_t = \frac{P_{i,t}^{US\$}}{P_{i,t}^{SF}}$$

donde $P_i^{US\$}$ y P_i^{SF} se refieren a los precios del mismo artículo i, en el tiempo t, denominado en dólares estadounidenses y francos suizos, respectivamente. El tipo de cambio *spot*, S_t, es simplemente la razón de los precios de las dos monedas.

Paridad del poder adquisitivo

La forma más general en la que se determina el tipo de cambio mediante la razón de dos índices de precios se denomina versión absoluta de la paridad del poder adquisitivo (PPA). Cada índice de precios refleja el costo monetario de una "canasta" idéntica de bienes entre países. El tipo de cambio que iguala al poder adquisitivo para el grupo de bienes idénticos se expresa así:

$$S_t = \frac{P_t^{US\$}}{P_t^{SF}}$$

donde $P_t^{US\$}$ y P_t^{SF} son los valores de los índices de precios en dólares estadounidenses y francos suizos en el tiempo t, respectivamente. Si π representa la tasa de inflación en cada país, el tipo de cambio *spot* en el tiempo $t + 1$ sería

$$S_{t+1} = \frac{P_t^{US\$}\left(1 + \pi^{US\$}\right)}{P_t^{SF}\left(1 + \pi^{SF}\right)} = S_t\left[\frac{\left(1 + \pi^{US\$}\right)}{\left(1 + \pi^{SF}\right)}\right]$$

El cambio del periodo t a $t + 1$ es entonces

$$\frac{S_{t+1}}{S_t} = \frac{\dfrac{P_t^{US\$}\left(1+\pi^{US\$}\right)}{P_t^{SF}\left(1+\pi^{SF}\right)}}{\dfrac{P_t^{US\$}}{P_t^{SF}}} = \frac{S_t\left[\dfrac{\left(1+\pi^{US\$}\right)}{\left(1+\pi^{SF}\right)}\right]}{S_t} = \frac{\left(1+\pi^{US\$}\right)}{\left(1+\pi^{SF}\right)}$$

Aislando el cambio porcentual en el tipo de cambio *spot* entre los periodos t y $t+1$ se obtiene:

$$\frac{S_{t+1}-S_t}{S_t} = \frac{S_t\left[\dfrac{\left(1+\pi^{US\$}\right)}{\left(1+\pi^{SF}\right)}\right]-S_t}{S_t} = \frac{\left(1+\pi^{US\$}\right)-\left(1+\pi^{SF}\right)}{\left(1+\pi^{SF}\right)}$$

Esta ecuación con frecuencia se aproxima eliminando el denominador del lado derecho si se considera que es relativamente pequeño. Entonces se plantea como

$$\frac{S_{t+1}-S_t}{S_t} = \left(1+\pi^{US\$}\right)-\left(1+\pi^{SF}\right) = \pi^{US\$}-\pi^{SF}$$

Tipos a plazo

El tipo de cambio a plazo es la tasa contractual que está disponible para agentes privados a través de instituciones bancarias y otros intermediarios financieros que operan con monedas extranjeras e instrumentos de deuda. La diferencia porcentual anualizada entre la tasa a plazo y la tasa *spot* se denomina prima a plazo:

$$f^{SF} = \left[\frac{F_{t,t+1}-S_t}{S_t}\right] \times \left[\frac{360}{n_{t,t+1}}\right]$$

donde f^{SF} es la prima a plazo del franco suizo, $F_{t,t+1}$ es la tasa a plazo contratada en el tiempo t para entrega en el tiempo $t+1$, S_t es el tipo *spot* actual y $n_{t,t+1}$ es el número de días entre la fecha de contrato (t) y la fecha de entrega ($t+1$).

Arbitraje de interés cubierto (CIA) y paridad de las tasas de interés (IRP)

El proceso de arbitraje de interés cubierto es cuando un inversionista cambia moneda doméstica por moneda extranjera en el mercado *spot*, invierte dicha moneda en un instrumento que genera interés y firma un contrato a futuro para "asegurar" un tipo de cambio futuro al cual convertir los ingresos en moneda extranjera (brutos) de vuelta a la moneda doméstica. El rendimiento neto de CIA es

$$\text{Rendimiento neto} = \left[\frac{\left(1+i^{SF}\right)F_{t,t+1}}{S_t}\right]-\left(1+i^{US\$}\right)$$

donde S_t y $F_{t,t+1}$ son los tipos *spot* y a plazo (US\$/SF), i^{SF} es la tasa de interés nominal (o rendimiento) sobre un instrumento monetario denominado en francos suizos, e $i^{US\$}$ es el rendimiento nominal sobre un instrumento similar denominado en dólares.

Si tienen tasas de rendimiento exactamente iguales (esto es, si el CIA produce cero utilidad libre de riesgo), se sostiene la paridad de las tasas de interés (IRP), y aparece como

$$\left(1+i^{\text{US\$}}\right) = \left[\frac{\left(1+i^{\text{SF}}\right)F_{t,t+1}}{S_t}\right]$$

o en otro caso,

$$\frac{\left(1+i^{\text{US\$}}\right)}{\left(1+i^{\text{SF}}\right)} = \frac{F_{t,t+1}}{S_t}$$

Si se encuentra la diferencia porcentual de ambos lados de esta ecuación (la diferencia porcentual entre los tipos *spot* y a plazo es la prima a plazo), entonces la relación entre los diferenciales de la prima a plazo y la tasa de interés relativa es

$$\frac{F_{t,t+1}-S_t}{S_t} = f^{\text{SF}} = \frac{i^{\text{US\$}}-i^{\text{SF}}}{i^{\text{US\$}}+i^{\text{SF}}}$$

Si dichos valores no son iguales (y por tanto, los mercados no están en equilibrio), existe un potencial de utilidad libre de riesgo. Entonces, los agentes que intentan explotar el potencial de arbitraje impulsarán al mercado para que vuelva al equilibrio mediante CIA, hasta que el CIA no produzca rendimiento positivo.

Efecto Fisher

El efecto Fisher afirma que todas las tasas de interés nominales se pueden descomponer en una tasa de interés real implícita (rendimiento) y una tasa de inflación esperada:

$$i^{\text{US\$}} = \left[\left(1+r^{\text{US\$}}\right)\left(1+\pi^{\text{US\$}}\right)\right]-1$$

donde $r^{\text{US\$}}$ es la tasa de rendimiento real y $\pi^{\text{US\$}}$ es la tasa de inflación esperada, para activos denominados en dólares. Entonces, los subcomponentes son identificables:

$$i^{\text{US\$}} = r^{\text{US\$}} + \pi^{\text{US\$}} + r^{\text{US\$}}\,\pi^{\text{US\$}}$$

Como con la PPA, existe una aproximación de esta función que ha adquirido amplia aceptación. El término producto cruzado de $r^{\text{US\$}}\pi^{\text{US\$}}$ con frecuencia es muy pequeño y por tanto, se elimina por completo:

$$i^{\text{US\$}} = r^{\text{US\$}} + \pi^{\text{US\$}}$$

Efecto Fisher internacional

El efecto Fisher internacional es la extensión de esta relación de la tasa de interés doméstica con los mercados cambiarios internacionales. Si el capital, por medio de arbitraje de interés cubierto (CIA), intenta encontrar tasas más altas de rendimiento internacionalmente que resultan de diferenciales de tasas de interés actuales, las tasas de rendimiento reales entre divisas se igualan (por ejemplo, $r^{\text{US\$}} = r^{\text{SF}}$):

$$\frac{S_{t+1}-S_t}{S_t} = \frac{\left(1+i^{\text{US\$}}\right)-\left(1+i^{\text{SF}}\right)}{\left(1+i^{\text{SF}}\right)} = \frac{i^{\text{US\$}}-i^{\text{SF}}}{\left(1+i^{\text{SF}}\right)}$$

Si las tasas de interés nominales se descomponen en sus respectivos componentes de inflación real y esperada, el cambio porcentual en el tipo de cambio *spot* es

$$\frac{S_{t+1} - S_t}{S_t} = \frac{\left(r^{US\$} + \pi^{US\$} + r^{US\$}\pi^{US\$}\right) - \left(r^{SF} + \pi^{SF} + r^{SF}\pi^{SF}\right)}{1 + r^{SF} + \pi^{SF} + r^{SF}\pi^{SF}}$$

El efecto Fisher internacional tiene algunas implicaciones adicionales, si se satisfacen los siguientes requisitos: 1) se puede entrar y salir libremente de los mercados de capital; 2) los mercados de capital ofrecen oportunidades de inversión que son sustitutos aceptables, y 3) los agentes del mercado tienen información completa e igual en cuanto a dichas posibilidades.

Dadas estas condiciones, los árbitros internacionales pueden explotar todas las oportunidades de utilidad sin riesgo hasta que se igualan las tasas reales de rendimiento entre mercados ($r^{US\$} = r^{SF}$). Por tanto, la tasa de cambio esperada en el tipo de cambio *spot* se reduce al diferencial en las tasas de inflación esperadas:

$$\frac{S_{t+1} - S_t}{S_t} = \frac{\pi^{US\$} + r^{US\$}\pi^{US\$} - \pi^{SF} - r^{SF}\pi^{SF}}{1 + r^{SF} + \pi^{SF} + r^{SF}\pi^{SF}}$$

Si las formas de aproximación se combinan (mediante la eliminación del denominador y la eliminación de los términos interactivos de r y π), el cambio en el tipo *spot* es simplemente

$$\frac{S_{t+1} - S_t}{S_t} = \pi^{US\$} - \pi^{SF}$$

Note la similitud (idéntica en la forma de la ecuación) de la forma aproximada del efecto Fisher internacional con la paridad del poder adquisitivo, estudiada anteriormente (la única posible diferencia es entre la inflación *ex post* y *ex ante*, o esperada).

CAPÍTULO 8

Instrumentos derivados de moneda extranjera

A menos que los contratos de derivados sean colateralizados o garantiza-
dos, su valor final también depende de la solvencia de las contrapartes. Sin
embargo, mientras tanto, antes de liquidar un contrato, las contrapartes
registran ganancias y pérdidas, con frecuencia en grandes cantidades, en sus
estados de resultados actuales sin que ni siquiera un centavo cambie de
manos. La gama de contratos de derivados está limitada solamente por la
imaginación del hombre (o en ocasiones, así parece, por lunáticos).

—Warren Buffett, *Berkshire Hathaway Annual Report, 2002.*

La administración financiera de las empresas multinacionales del siglo veintiuno necesitará considerar el uso de *derivados financieros*. Dichos derivados, así llamados porque sus valores se
derivan de un activo subyacente como una acción o una moneda, son herramientas poderosas
que se utilizan en los negocios de hoy para dos objetivos administrativos muy distintos: especulación y cobertura. El gerente financiero de una EMN puede comprar dichos derivados financieros para tomar posiciones con la esperanza de obtener utilidades (*especulación*), o usar dichos
instrumentos para reducir los riesgos asociados con la administración diaria del flujo de efectivo
corporativo (*cobertura*). Sin embargo, para que dichos instrumentos financieros puedan usarse
de manera eficaz, el gerente financiero debe comprender ciertos fundamentos acerca de su
estructura y fijación de precios. En este capítulo se cubrirán dos derivados financieros comunes
en moneda extranjera, los futuros de divisas y las opciones en moneda extranjera. Aquí se abor-
darán los fundamentos de su valuación y su uso con propósitos especulativos. En el capítulo 9 se
describirá la valuación y uso de *swaps* de tasa de interés, el derivado financiero de mayor uso por
las empresas de la actualidad. El capítulo 11 describirá cómo pueden usarse dichos derivados de
divisas para cubrir transacciones comerciales.

Antes de proceder, es importante hacer una advertencia. Los derivados financieros son una
herramienta poderosa en manos de gerentes financieros cuidadosos y competentes. También
pueden ser instrumentos muy destructivos cuando se usan de manera imprudente. La década de
1990 estuvo plagada de casos en los que los gerentes financieros perdieron el control de sus derivados, lo que produjo pérdidas significativas para sus compañías y, en ocasiones, el colapso
directo. No obstante, en las manos correctas y con controles adecuados, los derivados financieros pueden proporcionar a los administradores oportunidades para aumentar y proteger su
desempeño financiero corporativo. El capítulo comienza con el derivado de divisas relativamente más sencillo, los contratos de futuros de divisas.

Futuros de divisas

Un *contrato de futuros de divisas* es una alternativa a un contrato a plazo que requiere la entrega futura de un importe estándar de moneda extranjera en un tiempo, lugar y precio fijos. Es similar a los contratos de futuros que existen para las materias primas (cerdos, ganado vacuno, madera, etcétera), depósitos que producen intereses y oro.

La mayoría de los centros financieros mundiales tienen mercados de futuros de divisas establecidos. En Estados Unidos, el más importante es el International Monetary Market (IMM, Mercado Monetario Internacional) de Chicago, una división de la Bolsa Mercantil de Chicago.

Especificaciones del contrato

La bolsa donde se negocian los futuros establece las especificaciones del contrato. Por ejemplo, en el IMM de Chicago, las principales características que deben estandarizarse son las siguientes:

- **Tamaño del contrato.** Llamado *principal nominal*; la negociación en cada divisa debe realizarse en múltiplos pares de unidades de moneda.

- **Método para expresar los tipos de cambio.** Se usan los "términos americanos"; esto es, las cotizaciones son el costo en dólares estadounidenses de las unidades de moneda extranjera, también conocidas como cotizaciones directas.

- **Fecha de vencimiento.** Los contratos vencen el tercer miércoles de enero, marzo, abril, junio, julio, septiembre, octubre o diciembre.

- **Último día de negociación.** Los contratos pueden negociarse hasta el segundo día laboral previo al miércoles cuando vencen. Por tanto, a menos que interfieran feriados, el último día de negociación es el lunes anterior a la fecha de vencimiento.

- **Colateral y márgenes de mantenimiento.** El comprador debe depositar una suma como margen inicial o colateral. Este requisito es similar a requerir un bono de desempeño y puede satisfacerse mediante una carta de crédito de un banco, pagarés del Tesoro o efectivo. Además, se requiere un margen de mantenimiento. El valor del contrato se ajusta al mercado diariamente, y todos los cambios en valor se pagan en efectivo todos los días. *Ajustado a mercado* significa que el valor del contrato se revalúa usando el precio de cierre del día. El importe a pagar se llama *margen de variación*.

- **Liquidación.** Sólo alrededor de 5% de todos los contratos de futuros se liquidan con la entrega física de moneda extranjera entre comprador y vendedor. Con mucha frecuencia, compradores y vendedores compensan su posición original antes de la fecha de entrega mediante la toma de una posición contraria. Esto es, si una parte compra un contrato de futuros, dicha parte por lo general cierra su posición con la venta de un contrato de futuros para la misma fecha de entrega. La compra/venta o venta/compra completa se llama "operación de ida y vuelta".

- **Comisiones.** Los clientes pagan una comisión a su corredor por ejecutar una operación de ida y vuelta y se cotiza un solo precio. Esta práctica difiere de la del mercado interbancario, donde los operadores cotizan un precio de compra y uno de venta y no cobran comisión.

- **Uso de una cámara de compensación como contraparte.** Todos los contratos son acuerdos entre el cliente y la cámara de compensación, en lugar de entre los dos clientes. En consecuencia, los clientes no necesitan preocuparse de que una contraparte específica en el mercado no cumpla con sus obligaciones del acuerdo. La cámara de compensación es propiedad de todos los miembros de la bolsa y está garantizada por ellos.

Uso de futuros de divisas

Para ilustrar el uso de los futuros de divisas para especular con los movimientos de los tipos de cambio, se analizarán los futuros del peso mexicano que se negocian en la Bolsa Mercantil de

Chicago (CME, Chicago Mercantile Exchange). La figura 8.1 presenta cotizaciones típicas de futuros del peso mexicano (Ps) publicadas por *The Wall Street Journal*. Cada contrato es por 500,000 "nuevos pesos mexicanos", y se cotiza en dólares estadounidenses por peso mexicano.

Cualquier inversionista deseoso de especular con el movimiento del peso mexicano frente al dólar estadounidense podría seguir una de las siguientes estrategias. Tenga presente que el principio de un contrato de futuros es que si un especulador compra un contrato de futuros, asegura el precio al que deberá comprar dicha divisa en la fecha futura especificada, y si vende un contrato de futuros, asegura el precio al que venderá dicha divisa en esa fecha futura.

Posiciones cortas. Si Amber McClain, una especuladora que trabaja en International Currency Traders, cree que el valor del peso mexicano caerá frente al dólar estadounidense en marzo, podría vender un contrato de futuros a marzo y tomar una *posición corta*. Al vender un contrato a marzo, Amber se asegura el derecho a vender 500,000 pesos mexicanos a un precio establecido. Si el precio del peso cae en la fecha de vencimiento como espera, Amber tiene un contrato para vender pesos a un precio por arriba de su precio actual en el mercado *spot*. Por tanto, obtiene una ganancia.

Con las cotizaciones de los futuros del peso mexicano en la figura 8.1, Amber vende un contrato de futuros a marzo por 500,000 pesos al precio de cierre, denominado *precio de liquidación*, de US$.10958/Ps. El valor de su posición al vencimiento, a la caducidad del contrato de futuros en marzo, es entonces

$$\text{Valor al vencimiento (posición corta)} = -\text{Principal nominal} \times (spot - \text{futuros})$$

Note que la posición corta se ingresa en la valuación como un principal nominal negativo. Si el tipo de cambio *spot* al vencimiento es de US$.09500/Ps, el valor de su posición a la liquidación es

$$\text{Valor} = -\text{Ps}500,000 \times (\text{US\$.09500/Ps} - \text{US\$.10958/Ps}) = \text{US\$7,290}$$

La expectativa de Amber resultó correcta: el valor del peso mexicano cayó frente al dólar estadounidense. Podría decirse que "Amber termina por comprar a US$.09500 y vender a US$.10958 por peso".

Lo único que Amber realmente requería para especular con el valor del peso mexicano era formarse una opinión acerca del valor de cambio futuro del peso mexicano frente al dólar estadounidense. En este caso, ella opinó que caería en valor en la fecha de vencimiento en marzo del contrato de futuros.

Posiciones largas. Si Amber McClain esperara que el valor del peso aumentara frente al dólar en el futuro cercano, podría tomar una *posición larga* y comprar un futuro a marzo sobre el peso mexicano. Comprar un futuro a marzo significa que Amber asegura el precio al que deberá comprar pesos mexicanos en la fecha de vencimiento futura. El contrato de futuros de Amber al vencimiento tendría el siguiente valor:

$$\text{Valor al vencimiento (posición larga)} = \text{Principal nominal} \times (spot - \text{futuros})$$

FIGURA 8.1   Futuros del peso mexicano, US$/Ps (CME)

Vencimiento	Apertura	Alto	Bajo	Liquidación	Cambio	Alto	Bajo	Interés abierto
Mar	.10953	.10988	.10930	.10958	...	.11000	.09770	34,481
Junio	.10790	.10795	.10778	.10773	...	.10800	.09730	3,405
Sept	.10615	.10615	.10610	.10573	...	.10615	.09930	1,481

Todos los contratos son por 500,000 nuevos pesos mexicanos. "Apertura" significa el precio de apertura del día. "Alto" significa el precio más alto del día. "Bajo" indica el precio más bajo del día. "Liquidación" es el precio de cierre del día. "Cambio" indica el cambio en el precio de liquidación con respecto al cierre del día anterior. "Alto" y "Bajo" a la derecha de Cambio indican los precios más alto y más bajo que este contrato específico (definido por su vencimiento) experimenta durante su historial de negociación. "Interés abierto" indica el número de contratos en circulación.

De nuevo, con el precio de liquidación a marzo de los futuros del peso mexicano en la figura 8.1, US$.10958/Ps, si el tipo de cambio *spot* al vencimiento es de US$.1100/Ps, Amber acertó en su pronóstico. El valor de su posición a la liquidación es entonces

$$\text{Valor} = \text{Ps}500{,}000 \times (\text{US\$.}11000/\text{Ps} - \text{US\$.}10958/\text{Ps}) = \text{US\$}210$$

En este caso, Amber consigue en cuestión de meses una ganancia de US$210 sobre el contrato de futuros individual. Podría decirse que "Amber compra a US$.10958 y vende a US$.11000 por peso".

Pero, ¿qué ocurre si la expectativa de Amber acerca del valor futuro del peso mexicano resulta equivocada? Por ejemplo, si el gobierno mexicano anuncia que la tasa de inflación en México se disparó de pronto, y el peso cae a US$.08000/Ps en la fecha de vencimiento en marzo, el valor del contrato de futuros de Amber a la liquidación será:

$$\text{Valor} = \text{PS}500{,}000 \times (\text{US\$.}08000/\text{Ps} - \text{US\$.}10958/\text{Ps}) = (\text{US\$}14{,}790)$$

En este caso, Amber McClain sufre una fuerte pérdida especulativa. ¡Así es la vida del especulador de divisas!

Como es evidente, los contratos de futuros pueden usarse en combinaciones para formar una variedad de posiciones más complejas. Sin embargo, cuando se combinan contratos, la valuación es relativamente directa y de carácter aditivo.

Futuros de divisas frente a contratos a plazo

Los contratos de futuros de divisas difieren de los contratos a plazo en varias formas importantes, como se muestra en la figura 8.2. Los contratos de futuros son útiles para especulación para las personas que por lo general no tienen acceso a los contratos a plazo (*forward*). Para las empresas, los contratos de futuros con frecuencia se consideran ineficientes y onerosos porque las posiciones de futuros se ajustan al mercado diariamente durante la vida del contrato. Aunque esto no requiere que la empresa pague o reciba efectivo diariamente, sí origina solicitudes de margen de los proveedores de servicios financieros con mayor frecuencia de lo que la empresa usualmente quiere.

FIGURA 8.2	Comparación de contratos de futuros y a plazo de divisas	
Característica	**Futuros de divisas**	**Contratos a plazo**
Tamaño de contrato	Contratos estandarizados por divisa	Cualquier tamaño deseado
Vencimiento	Vencimientos fijos, los más largos usualmente a un año	Cualquier vencimiento hasta un año, en ocasiones más tiempo
Lugar	Las transacciones se realizan en un mercado organizado	Las transacciones se realizan entre particulares y bancos con otros bancos mediante enlaces de telecomunicaciones
Precio	Proceso abierto en voz alta en el piso de remates	Los precios se determinan con base en las cotizaciones de compra y venta
Margen/colateral	Margen inicial que se ajusta al mercado diariamente	Ningún colateral explícito, pero es necesaria relación bancaria estándar
Liquidación	Rara vez se entrega; la liquidación por lo general tiene lugar mediante la compra de una posición compensatoria	Contratos normalmente entregados, aunque es posible la toma de posiciones compensatorias
Comisiones	Una sola comisión cubre la compra y la venta (ida y vuelta)	Ninguna comisión explícita; los bancos ganan comisiones efectivas con los márgenes entre los precios de compra y venta
Horario de transacciones	Tradicionalmente, las transacciones se realizan en el horario de operación de la bolsa; algunas bolsas funcionan las 24 horas del día	Negociadas por teléfono o Internet, las 24 horas del día, mediante redes bancarias globales
Contrapartes	Mutuamente desconocidas debido a la estructura de mercado de subasta	Las partes están en contacto directo para establecer las especificaciones del contrato a plazo
Liquidez	Líquido pero relativamente pequeño en volumen de ventas totales y valor	Líquido y relativamente grande en volumen de ventas comparado con los contratos de futuros

Opciones de moneda extranjera

Una *opción de moneda extranjera* es un contrato que da al adquirente de la opción (el comprador) el derecho, pero no la obligación, de comprar o vender un importe dado de moneda extranjera a un precio fijo por unidad durante un periodo específico (hasta la fecha de vencimiento). La frase más importante en esta definición es "pero no la obligación"; esto significa que el propietario de una opción tiene la posibilidad valiosa de elegir.

En muchos sentidos comprar un opción es como comprar un boleto para un concierto de beneficencia. El comprador tiene el derecho de asistir al concierto, pero no tiene que hacerlo. El comprador del boleto del concierto arriesga nada más lo que pagó por el boleto. De igual modo, el comprador de una opción no puede perder nada más que lo que pagó por la opción. Si el comprador del boleto decide posteriormente no asistir al concierto, antes del día del concierto, puede vender el boleto a otra persona que quiera ir.

- Existen dos tipos básicos de opciones: *compra* (*call*) y *venta* (*put*). Una opción de compra es una opción para comprar moneda extranjera a plazo, y una opción de venta es una opción para vender moneda extranjera.

- El comprador de una opción es el *titular*, mientras que el vendedor de una opción se conoce como *suscriptor* u *otorgante*.

Cada opción tiene tres elementos de precio distintos: 1) el *precio fijado* o *precio de ejercicio*, que es el tipo de cambio al que se comprará (*call*) o venderá (*put*) la divisa; 2) la *prima*, que es el costo, precio o valor de la opción, y 3) el tipo de cambio *spot* subyacente o real en el mercado.

- Una *opción americana* da al comprador el derecho de ejercer la opción en cualquier momento entre la fecha de suscripción y la fecha de caducidad o vencimiento. Una *opción europea* sólo puede ejercerse en la fecha de vencimiento, no antes. No obstante, las opciones americana y europea se cotizan casi igual porque el titular de la opción por lo general la vende antes del vencimiento. En ese caso, la opción tiene cierto "valor temporal" por arriba de su "valor intrínseco" si se ejerce (se explica más adelante en este capítulo).

- La *prima* o precio de la opción es el costo de la opción, que por lo general el comprador paga por adelantado al vendedor. En el mercado extrabursátil (opciones ofrecidas por bancos), las primas se cotizan como porcentaje del importe de la transacción. Las primas sobre las opciones que se negocian en bolsa se cotizan como un importe en moneda doméstica por unidad de moneda extranjera.

- Una opción cuyo precio de ejercicio es el mismo que el precio *spot* de la moneda subyacente se dice que está *at-the-money* (ATM, o *en el precio*). Una opción que sería rentable, excluido el costo de la prima, si se ejerce de manera inmediata se dice que está *in-the-money* (ITM, *dentro del dinero*). Una opción que no sería rentable, de nuevo excluido el costo de la prima, si se ejerce de inmediato se conoce como *out-of-the-money* (OTM, *fuera del dinero*).

Mercados de opciones de moneda extranjera

En las tres décadas pasadas, el uso de las opciones de moneda extranjera como herramienta de cobertura y con propósitos de especulación dio origen a un extraordinario auge en la actividad cambiaria. Algunos bancos en Estados Unidos y otros mercados de capital ofrecen opciones flexibles de moneda extranjera en transacciones de US$1 millón o más. El mercado bancario, o *mercado extrabursátil* como se le llama, ofrece opciones a la medida sobre las principales divisas por cualquier periodo hasta un año y, en algunos casos, hasta dos o tres años.

En 1982 la Bolsa de Valores de Filadelfia introdujo las transacciones con contratos estandarizados de opciones de moneda extranjera en Estados Unidos. La Bolsa Mercantil de Chicago y otras bolsas en Estados Unidos y el extranjero siguieron sus pasos. Los contratos negociados en bolsa son particularmente atractivos para los especuladores e individuos que usualmente no tienen acceso al mercado extrabursátil. Los bancos también realizan transacciones en la bolsa porque es una de las muchas formas en que pueden compensar el riesgo de las opciones que negociaron con clientes u otros bancos.

El creciente uso de las opciones de moneda extranjera es reflejo del crecimiento explosivo en el uso de otros tipos de opciones y las mejorías resultantes en los modelos de fijación de precio de las opciones. El modelo original de fijación de precio de las opciones, desarrollado por Black y Scholes en 1973, se ha comercializado desde entonces por numerosas empresas que ofrecen programas de software e incluso rutinas incorporadas en calculadoras portátiles. Muchos programas comerciales están disponibles para uso de los suscriptores y operadores de opciones.

Opciones del mercado extrabursátil

Casi siempre, los bancos suscriben las opciones extrabursátiles (OTC, *over-the-counter*) en dólares estadounidenses frente a libras esterlinas británicas, francos suizos, yenes japoneses, dólares canadienses y euros.

La principal ventaja de las opciones extrabursátiles es que se ajustan a las necesidades específicas de la empresa. Las instituciones financieras están dispuestas a suscribir o comprar opciones que varían en importe (principal nominal), precio de ejercicio y vencimiento. Aunque los mercados extrabursátiles fueron relativamente ilíquidos en los primeros años, han crecido en tales proporciones que la liquidez es bastante buena en la actualidad. Por otra parte, el comprador debe valorar la capacidad del banco suscriptor para cumplir el contrato de opción. Denominado *riesgo de contraparte*, el riesgo financiero asociado con la contraparte es una preocupación creciente en los mercados internacionales como resultado del uso cada vez más generalizado de contratos financieros como las opciones y *swaps* por parte de la administración de las EMN. Las opciones negociadas en bolsa son más el territorio de particulares e instituciones financieras que de las empresas.

Si Maria Gonzalez, la directora de finanzas de Trident, quiere comprar una opción en el mercado extrabursátil, por lo general llamará a la oficina de opciones de divisas de un banco que opera en uno de los principales centros financieros, especificará las divisas, vencimiento, precio(s) de ejercicio y solicitará una *indicación*, esto es, una cotización de compraventa. Por lo general, el banco tarda de algunos minutos a unas horas en fijar el precio de la opción y devolver la llamada.

Opciones en bolsas organizadas

Las opciones sobre la divisa física (subyacente) se negocian en varias bolsas organizadas a nivel mundial, entre ellas la Bolsa de Valores de Filadelfia (PHLX, Philadelphia Stock Exchange) y la Bolsa Mercantil de Chicago.

Las opciones negociadas en bolsa se liquidan a través de una cámara de compensación, de modo que los compradores no tratan directamente con los vendedores. La cámara de compensación es la contraparte en cada contrato de opción y garantiza su cumplimiento. Las obligaciones de la cámara de compensación son, a su vez, responsabilidad de todos los miembros de la bolsa, que incluyen un gran número de bancos. En el caso de la Bolsa de Valores de Filadelfia, los servicios de cámara de compensación los proporciona la Options Clearing Corporation (OCC).

Cotizaciones y precios de opciones de moneda extranjera

En la figura 8.3 se muestran las cotizaciones típicas que publica *The Wall Street Journal* para opciones en francos suizos. Las cotizaciones del *Journal* se refieren a transacciones realizadas en la Bolsa de Valores de Filadelfia el día anterior. Por lo general, se dispone de cotizaciones para más combinaciones de precios de ejercicio y fechas de vencimiento de las que realmente se negociaron y por tanto, se publicaron en el periódico. Los precios de ejercicio y primas de las opciones en dólares estadounidenses casi siempre se presentan como cotizaciones directas en dólares estadounidenses y cotizaciones indirectas en la moneda extranjera (US$/SF, US$/¥, etcétera).

La figura 8.3 ilustra los tres diferentes precios que caracterizan cualquier opción de moneda extranjera. Los tres precios que caracterizan una "opción de compra agosto 58.5" (resaltada en la figura 8.3) son los siguientes:

FIGURA 8.3   Cotizaciones de opciones en francos suizos (centavos de US$/SF)

Opción y subyacente	Precio de ejercicio	Compras-última			Ventas-última		
		Ago	Sept	Dic	Ago	Sept	Dic
58.51	56	–	–	2.76	0.04	0.22	1.16
58.51	56.5	–	–	–	0.06	0.30	–
58.51	57	1.13	–	1.74	0.10	0.38	1.27
58.51	57.5	0.75	–	–	0.17	0.55	–
58.51	58	0.71	1.05	1.28	0.27	0.89	1.81
58.51	58.5	0.50	–	–	0.50	0.99	–
58.51	59	0.30	0.66	1.21	0.90	1.36	–
58.51	59.5	0.15	0.40	–	2.32	–	–
58.51	60	–	0.31	–	2.32	2.62	3.30

Cada opción = 62,500 francos suizos. Las listas de agosto, septiembre y diciembre son las fechas de vencimiento o caducidad de las opciones.

1. **Tipo *spot*.** En la figura 8.3, "Opción y subyacente" significa que 58.51 centavos, o US$0.5851, fue el precio *spot* en dólares de un franco suizo al cierre de las operaciones del día anterior.

2. **Precio de ejercicio.** El precio de ejercicio que se menciona en la figura 8.3 significa el precio por franco que debe pagarse si la opción se ejerce. La opción de compra a agosto en francos de 58.5 significa US$0.5850/SF. La figura 8.3 menciona nueve precios de ejercicio diferentes, que varían entre US$0.5600/SF y US$0.6000/SF, aunque en esa fecha había más precios disponibles de los que se mencionan aquí.

3. **Prima.** La prima es el costo o precio de la opción. El precio de la opción de compra agosto 58.5 en francos suizos fue de 0.50 centavos de dólar por franco, o US$0.0050/SF. Ese día no hubo transacciones con la opción de compra septiembre y diciembre 58.5. La prima es el valor de mercado de la opción y, por tanto, los términos prima, costo, precio y valor son todos intercambiables cuando se refieren a una opción.

La prima de opción de compra agosto 58.5 es de 0.50 centavos de dólar por franco y, en este caso, la prima de la opción de venta agosto 58.5 también es de 0.50 centavos de dólar por franco. Dado que un contrato de opción en la Bolsa de Valores de Filadelfia es por 62,500 francos, el costo total de un contrato de opción de compra (o venta en este caso) es de SF62,500 × US$0.0050/SF = US$312.50.

Especulación con divisas

La *especulación* es un intento por obtener ganancias haciendo transacciones basadas en las expectativas acerca de los precios en el futuro. En los mercados cambiarios, los especuladores toman una posición abierta (sin cobertura) en una moneda extranjera y luego cierran dicha posición después de que el tipo de cambio se mueve, como ellos esperan, en la dirección deseada. En la siguiente sección se analiza cómo se puede especular en los mercados *spot*, a plazo y de opciones. Es importante entender este fenómeno porque tiene un gran impacto sobre la incapacidad de pronosticar con precisión los tipos de cambio a futuro.

Especulación en el mercado *spot*

Hans Schmidt es un especulador de divisas en Zurich, Suiza. Está dispuesto a arriesgar dinero con base en su opinión acerca de los precios futuros de las divisas. Hans puede especular en los mercados *spot*, a plazo o de opciones. Para ilustrar, suponga que el franco suizo actualmente se cotiza del modo siguiente:

Tipo *spot*:	US$0.5851/SF
Tipo a plazo seis meses:	US$0.5760/SF

Hans tiene US$100,000 con los cuales especular, y cree que en seis meses el tipo *spot* del franco será de US$0.6000/SF. La especulación en el mercado *spot* requiere solamente que el especulador crea que la moneda extranjera se apreciará en valor. Hans debe dar los siguientes pasos:

1. Usar hoy los US$100,000 para comprar SF170,910.96 *spot* a US$0.5851/SF.

2. Conservar indefinidamente los SF170,910.96. Aunque se espera que el franco aumente al valor deseado en seis meses, Hans no está comprometido con dicho horizonte temporal.

3. Cuando se alcance el tipo de cambio deseado, vender SF170,910.96 al nuevo tipo *spot* de US$0.6000/SF, y recibir SF170,910.96 × US$0.6000/SF = US$102,546.57.

Esto produce una ganancia de US$2,546.57, o 2.5% sobre los US$100,000 comprometidos a seis meses (5.0% anual). Esto no toma en cuenta por el momento el ingreso por interés sobre los francos suizos y el costo de oportunidad sobre los dólares.

La ganancia máxima potencial es ilimitada, mientras que la pérdida máxima será de US$100,000 si el valor de los francos comprados en el paso 1 se reduce a cero. Aunque en un principio emprendió una especulación en el mercado *spot* por seis meses, Hans no está obligado a respetar esa fecha. Puede vender los francos antes o después si quiere.

Especulación en el mercado a plazo

La especulación en el mercado a plazo ocurre cuando el especulador cree que el precio *spot* en alguna fecha futura diferirá del precio a plazo de hoy para esa misma fecha. El éxito no depende de la dirección de movimiento del tipo *spot*, sino de la posición relativa del tipo *spot* futuro y el tipo a plazo actual. Dados los datos y expectativas anteriores, Hans Schmidt debe dar los siguientes pasos:

1. Comprar hoy SF173,611.11 a plazo de seis meses a la cotización a plazo de US$0.5760/SF. Note que este paso no requiere desembolso de efectivo.

2. En seis meses cumplir el contrato a plazo y recibir SF173,611.11 a US$0.5760/SF por un costo de US$100,000.

3. Simultáneamente, vender los SF173,611.11 en el mercado *spot* al tipo *spot* futuro esperado por Hans de US$0.6000/SF, y recibir SF173,611.11 × US$0.6000/SF = US$104,166.67.

Esto representa una ganancia de US$4,166.67 (US$104,166.67 − US$100,000.00).

La ganancia de US$4,166.67 no se puede relacionar con una base de inversión para calcular el rendimiento sobre la inversión porque los fondos en dólares nunca se necesitaron. Al cumplirse los seis meses, Hans simplemente cruza la obligación de pago de US$100,000 con ingresos de US$104,166.67 y acepta un neto de US$4,166.67. No obstante, algunas instituciones financieras pueden requerirle que deposite colateral como margen para garantizar su capacidad de completar la transacción.

En esta especulación a plazo particular, la pérdida máxima es de US$100,000, el importe necesario para comprar francos vía el contrato a plazo. Hans sólo incurriría en esta pérdida si el valor del franco *spot* en seis meses fuese cero. La ganancia máxima es ilimitada, pues los francos adquiridos en el mercado a plazo en teoría pueden aumentar a un valor infinito en dólares.

La especulación en el mercado a plazo no se puede extender más allá de la fecha de vencimiento del contrato a plazo. Sin embargo, si Hans quiere cerrar su operación antes del vencimiento, puede comprar un contrato compensatorio. En el ejemplo anterior, después de, por decir, cuatro meses, Hans podría vender SF173,611.11 a dos meses de plazo al precio a plazo vigente en ese momento. A los dos meses, cerraría el contrato vencido a seis meses para comprar francos contra el contrato vencido a dos meses para vender francos y embolsarse cualquier utilidad o pagar cualquier pérdida resultante. El importe de la ganancia o pérdida dependería del precio al que Hans vendiera a plazo de dos meses.

Este ejemplo sólo es uno de muchos tipos posibles de especulación a plazo y no toma en cuenta los intereses devengados. En una especulación *spot*, el especulador puede invertir el importe principal en el mercado de divisas para ganar intereses. En las diversas especulaciones a plazo, un especulador que dispone de efectivo para protegerse contra el riesgo de pérdida puede invertir dichos fondos en el mercado de dinero doméstico. Por tanto, la rentabilidad relativa estará influida por los diferenciales de interés.

Especulación en mercados de opciones

Las opciones difieren de todos los demás tipos de instrumentos financieros en los patrones de riesgo que producen. El propietario de la opción tiene la posibilidad de ejercer la opción o permitir que venza sin usarla. El propietario la ejercerá sólo cuando sea rentable, lo que significa sólo cuando la opción esté dentro del dinero. En el caso de una opción de compra, conforme aumenta el precio *spot* de la divisa subyacente, el titular tiene la posibilidad de obtener utilidades ilimitadas. Sin embargo, por el lado negativo, el titular puede abandonar la opción y alejarse con una pérdida nunca mayor que la prima pagada. Como se describe en *Finanzas globales en la práctica 8.1*, en el pasado algunas personas lograron grandes utilidades en especulación de opciones.

FINANZAS GLOBALES EN LA PRÁCTICA 8.1

El kiwi de Nueva Zelanda, Key y Krieger

Lo que desde hace mucho tiempo se ha considerado una de las operaciones cambiarias más dramáticas de la historia volvió a ser de nuevo el centro de atención. La población de Nueva Zelanda eligió a John Key como su nuevo primer ministro en noviembre de 2008. La carrera de Key ha sido larga y notoria, en buena medida porque se relaciona con la especulación en monedas extranjeras. Aunque parezca extraño, Key en alguna época trabajó con otro especulador de divisas, Andrew Krieger, de quien se cree que él solo causó la caída del dólar neozelandés, el kiwi, en 1987.

En 1987, Andrew Krieger era un operador de divisas de 31 años que trabajaba en Bankers Trust de Nueva York (BT). Después del derrumbe del mercado accionario estadounidense en octubre de 1987, los mercados de divisas del mundo se movieron rápidamente para salir del dólar. Muchas de las otras monedas del mundo (incluidas las pequeñas que estaban en mercados industriales estables y abiertos, como el de Nueva Zelanda) se volvieron objeto de interés. Conforme los operadores de divisas del mundo se deshacían de los dólares y compraban kiwis, el valor del kiwi aumentó rápidamente.

Krieger creyó que la reacción de los mercados era exagerada y sobrevaluaría al kiwi. Así que tomó una posición corta

sobre el kiwi, y apostó a su probable caída. Y lo hizo en grande, sin limitarse a adquirir simples posiciones en el mercado *spot* o a plazo, sino también en opciones de divisas. (Supuestamente, Krieger tenía autorización para tomar posiciones que ascendían a casi US$700 millones, cuando todos los demás operadores de BT estaban restringidos a US$50 millones.) Se dice que Krieger, en nombre del Bankers Trust, arriesgó en corto 200 millones de kiwis, más que toda la oferta de dinero de Nueva Zelanda en esa época. Su visión resultó atinada. El kiwi cayó y Krieger ganó millones en divisas para BT. Irónicamente, sólo meses después, Krieger renunció a BT cuando se anunciaron los bonos anuales y supuestamente sólo recibió US$3 millones de los más de US$300 millones que el banco ganó gracias a él.

Con el tiempo, el banco central de Nueva Zelanda presentó quejas al Bankers Trust y se cuenta que Charles S. Sanford Jr., CEO de BT en esa época, terminó de empeorar las cosas cuando comentó: "no tomamos una posición muy grande para Bankers Trust", refunfuñó: "pero tal vez tomamos una posición muy grande para ese mercado".

Comprador de una opción de compra

La posición de Hans como comprador de una opción de compra se ilustra en la figura 8.4. Suponga que Hans adquiere la opción de compra agosto en francos suizos descrita anteriormente, que tiene precio de ejercicio de 58.5 (US$0.5850/SF) y prima de US$0.005/SF. El eje vertical mide la utilidad o pérdida para el comprador de la opción en cada uno de los diversos precios *spot* para el franco hasta el momento del vencimiento.

En todos los tipos *spot* por abajo del precio de ejercicio de 58.5, Hans elegiría no ejercer su opción. Esto es obvio porque a un tipo *spot* de 58.0, por ejemplo, preferiría comprar un franco suizo a US$.580 en el mercado *spot* en lugar de ejercer la opción para comprar un franco a US$0.585. Si el tipo *spot* se mantiene por debajo de 58.0 hasta agosto, cuando la opción vence, Hans no ejercería la opción. Su pérdida total se limitaría solamente a lo que pagó por la opción, el precio de compra US$0.005/SF.

Por otra parte, en todos los tipos *spot* por arriba del precio de ejercicio de 58.5, Hans ejercería la opción y sólo pagaría el precio de ejercicio por cada franco suizo. Por ejemplo, si el tipo *spot* fuese 59.5 centavos de dólar por franco al vencimiento, ejercería su opción de compra y compraría francos suizos a US$0.585 cada uno en lugar de comprarlos en el mercado *spot* a US$0.595 cada uno. Podría vender los francos suizos inmediatamente en el mercado *spot* a US$0.595 cada uno y obtener una utilidad bruta de US$0.010/SF, o una utilidad neta de US$0.005/SF después de deducir el costo original de la opción de US$0.005/SF. La utilidad de Hans (si el tipo *spot* es mayor que el precio de ejercicio) con precio de ejercicio US$0.585, una prima de US$0.005 y un tipo *spot* de US$0.595, es

---

FIGURA 8.4   Compra de una opción de compra en francos suizos

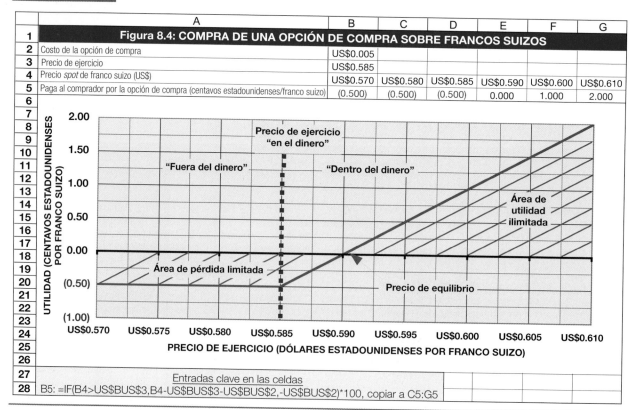

	A	B	C	D	E	F	G
1	**Figura 8.4: COMPRA DE UNA OPCIÓN DE COMPRA SOBRE FRANCOS SUIZOS**						
2	Costo de la opción de compra	US$0.005					
3	Precio de ejercicio	US$0.585					
4	Precio *spot* de franco suizo (US$)	US$0.570	US$0.580	US$0.585	US$0.590	US$0.600	US$0.610
5	Paga al comprador por la opción de compra (centavos estadounidenses/franco suizo)	(0.500)	(0.500)	(0.500)	0.000	1.000	2.000

27	Entradas clave en las celdas
28	B5: =IF(B4>USBUS3,B4-USBUS3-USBUS2,-USBUS2)*100, copiar a C5:G5

$$\text{Utilidad} = \text{tipo } spot - (\text{precio ejercicio} + \text{prima})$$
$$= \text{US\$0.595/SF} - (\text{US\$0.585/SF} + \text{US\$0.005/SF})$$
$$= \text{US\$0.005/SF}$$

Muy probablemente, Hans realizaría las ganancias con la ejecución de un contrato compensatorio sobre el intercambio de opciones en lugar de aceptar la entrega de la divisa. Puesto que el precio en dólares de un franco podría aumentar a un nivel infinito (lado superior derecho de la página en la figura 8.4), la utilidad máxima es ilimitada. Por tanto, el comprador de una opción de compra tiene una combinación atractiva de resultados: pérdida limitada y potencial de ganancia ilimitada.

Note que el *precio de equilibrio* de US\$0.590/SF es el precio al que Hans ni gana ni pierde al ejercer la opción. El costo de la prima de US\$0.005, combinado con el costo de ejercer la opción de US\$0.585, es exactamente igual a las ganancias de vender los francos en el mercado *spot* a US\$0.590. Tenga en cuenta que todavía ejercerá la opción de compra en el precio de equilibrio. Esto ocurre porque al ejercerla por lo menos recupera la prima pagada por la opción. A cualquier precio *spot* por arriba del precio de ejercicio, pero abajo del precio de equilibrio, la utilidad bruta ganada sobre el ejercicio de la opción y la venta de la divisa subyacente cubre parte (pero no todo) del costo de la prima.

Suscriptor de una opción de compra

La posición del suscriptor (vendedor) de la misma opción de compra se ilustra en la figura 8.5. Si la opción vence cuando el precio *spot* de la divisa subyacente está abajo del precio de ejercicio de 58.5, el titular de la opción no la ejerce. Lo que pierde el titular lo gana el suscriptor. La utilidad para el suscriptor es toda la prima pagada de US\$0.005/SF. Por arriba del precio de ejercicio de 58.5, el suscriptor de la opción de compra debe entregar la divisa subyacente por US\$0.585/SF en un momento cuando el valor del franco esté por arriba de US\$0.585. Si el suscriptor coloca la opción "al descubierto", esto es, sin tener la divisa, dicho suscriptor tendrá que comprar la divisa al tipo *spot* y aceptar la pérdida. El importe de tal pérdida es ilimitado y aumenta conforme el precio de la divisa subyacente se eleva. Una vez más, lo que gana el titular lo pierde el suscriptor y viceversa. Incluso si el suscriptor ya tiene la divisa, experimentará una pérdida de oportunidad porque tiene que entregar contra la opción la misma divisa que podría haber vendido por más en el mercado abierto.

Por ejemplo, la utilidad para el suscriptor de una opción de compra con precio de ejercicio de US\$0.585, prima de US\$0.005, tipo *spot* de US\$0.595/SF es

$$\text{Utilidad} = \text{prima} - (\text{tipo } spot - \text{precio de ejercicio})$$
$$= \text{US\$0.005/SF} - (\text{US\$0.595/SF} - \text{US\$0.585/SF})$$
$$= -\text{US\$0.005/SF}$$

pero sólo si el tipo *spot* es mayor o igual que el tipo de ejercicio. A tipos *spot* menores que el precio de ejercicio, la opción vencerá sin valor y el suscriptor de la opción de compra conservará la prima ganada. La utilidad máxima que el suscriptor de la opción de compra puede conseguir se limita a la prima. El suscriptor de una opción de compra tendría una combinación poco atractiva de posibles resultados (potencial de utilidad limitada y potencial de pérdida ilimitada) pero existen formas de limitar tales pérdidas con otras técnicas compensatorias.

Comprador de una opción de venta

La posición de Hans como comprador de una opción de venta se ilustra en la figura 8.6. Los términos básicos de esta opción de venta son similares a los que se acaban de usar para ilustrar la opción de compra. Sin embargo, el comprador de una opción de venta necesita vender la divisa subyacente al precio de ejercicio cuando cae el precio de mercado de dicha divisa (y no cuando

FIGURA 8.5	Venta de una opción de compra sobre francos suizos

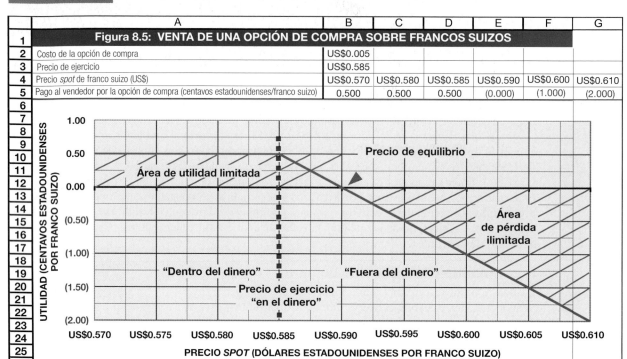

	A	B	C	D	E	F	G
1	Figura 8.5: **VENTA DE UNA OPCIÓN DE COMPRA SOBRE FRANCOS SUIZOS**						
2	Costo de la opción de compra	US$0.005					
3	Precio de ejercicio	US$0.585					
4	Precio *spot* de franco suizo (US$)	US$0.570	US$0.580	US$0.585	US$0.590	US$0.600	US$0.610
5	Pago al vendedor por la opción de compra (centavos estadounidenses/franco suizo)	0.500	0.500	0.500	(0.000)	(1.000)	(2.000)

Gráfica:

UTILIDAD (CENTAVOS ESTADOUNIDENSES POR FRANCO SUIZO): 1.00, 0.50, 0.00, (0.50), (1.00), (1.50), (2.00)

Precio de equilibrio

Área de utilidad limitada

Área de pérdida ilimitada

"Dentro del dinero"   "Fuera del dinero"

Precio de ejercicio "en el dinero"

PRECIO SPOT (DÓLARES ESTADOUNIDENSES POR FRANCO SUIZO): US$0.570, US$0.575, US$0.580, US$0.585, US$0.590, US$0.595, US$0.600, US$0.605, US$0.610

Entradas clave en las celdas
B5: =IF(B4<=USBUS3,USBUS2,-(B4-USBUS3-USBUS2))*100, copiar a C5:G5

aumenta como en el caso de una opción de compra). Si el precio *spot* de un franco cae, por ejemplo, a US$0.575/SF, Hans entregará francos al suscriptor y recibirá US$0.585/SF. Ahora puede comprar francos en el mercado *spot* a US$0.575 cada uno y el costo de la opción sería US$0.005/SF, de modo que Hans obtendría una ganancia neta de US$0.005/SF.

Explícitamente, la utilidad para el suscriptor de una opción de venta si el tipo *spot* es menor que el precio de ejercicio, con un precio de ejercicio de US$0.585/SF, prima de US$0.005/SF y tipo *spot* de US$0.575/SF, es

$$\text{Utilidad} = \text{precio de ejercicio} - (\text{tipo } spot + \text{prima})$$
$$= \text{US\$0.585/SF} - (\text{US\$0.575/SF} + \text{US\$0.005/SF})$$
$$= \text{US\$0.005/SF}$$

El precio de equilibrio para la opción de venta es el precio de ejercicio menos la prima, o US$0.580/SF en este caso. Conforme el tipo *spot* cae más y más por abajo del precio de ejercicio, el potencial de utilidad aumentaría de manera continua, y la utilidad de Hans podría ser ilimitada (hasta un máximo de US$0.580/SF, cuando el precio de un franco sería cero). A cualquier tipo de cambio por arriba del precio de ejercicio de 58.5, Hans no ejercería la opción y de este modo perdería solamente la prima de US$0.005/SF que pagó por la opción de venta. El comprador de una opción de venta tiene un potencial de utilidad casi ilimitada, con un potencial de pérdida limitada. Como el comprador de una opción de compra, el comprador de una opción de venta no puede perder más que la prima pagada por adelantado.

FIGURA 8.6	Compra de una opción de venta sobre francos suizos

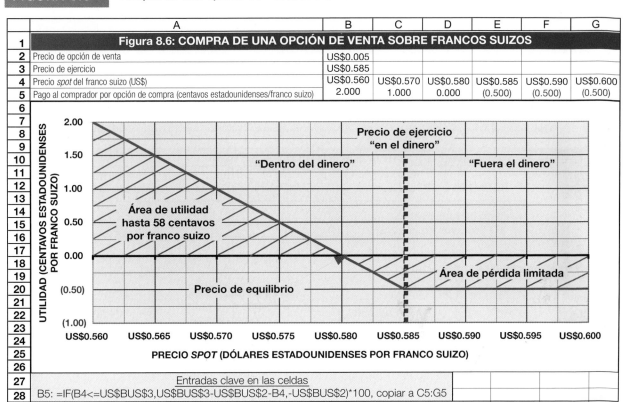

	A	B	C	D	E	F	G
1	Figura 8.6: COMPRA DE UNA OPCIÓN DE VENTA SOBRE FRANCOS SUIZOS						
2	Precio de opción de venta	US$0.005					
3	Precio de ejercicio	US$0.585					
4	Precio *spot* del franco suizo (US$)	US$0.560	US$0.570	US$0.580	US$0.585	US$0.590	US$0.600
5	Pago al comprador por opción de compra (centavos estadounidenses/franco suizo)	2.000	1.000	0.000	(0.500)	(0.500)	(0.500)

(Figura 8.6: Compra de una opción de venta sobre francos suizos)

Etiquetas del gráfico:
- UTILIDAD (CENTAVOS ESTADOUNIDENSES POR FRANCO SUIZO)
- Precio de ejercicio "en el dinero"
- "Dentro del dinero"
- "Fuera el dinero"
- Área de utilidad hasta 58 centavos por franco suizo
- Área de pérdida limitada
- Precio de equilibrio
- PRECIO *SPOT* (DÓLARES ESTADOUNIDENSES POR FRANCO SUIZO)

27	Entradas clave en las celdas
28	B5: =IF(B4<=USBUS3,USBUS3-USBUS2-B4,-USBUS2)*100, copiar a C5:G5

Suscriptor de una opción de venta

La posición del suscriptor que vende la opción de venta a Hans se muestra en la figura 8.7. Note la simetría de utilidad/pérdida, precio de ejercicio y precios de equilibrio entre el comprador y el suscriptor de la opción de venta. Si el precio *spot* de los francos cae por abajo de 58.5 centavos por franco, Hans ejercerá la opción. Por abajo de un precio de 58.5 centavos por franco, el suscriptor perderá más que la prima recibida por suscribir la opción (US$0.005/SF), y caerá por abajo del equilibrio. Entre US$0.580/SF y US$0.585/SF, el suscriptor perderá parte, pero no toda la prima recibida. Si el precio *spot* está por arriba de US$0.585/SF, Hans no ejercerá la opción, y el suscriptor de la opción se embolsará toda la prima de US$0.005/SF.

La utilidad (pérdida) del suscriptor de una opción de venta con precio de ejercicio de US$0.585, prima de US$0.005, a un tipo *spot* de US$0.575, es

$$\text{Utilidad (pérdida)} = \text{prima} - (\text{precio de ejercicio} - \text{tipo } spot)$$
$$= \text{US\$0.005/SF} - (\text{US\$0.585/SF} - \text{US\$0.575/SF})$$
$$= -\text{US\$0.005/SF}$$

pero sólo para tipos *spot* que son menores o iguales que el precio de ejercicio. A tipos *spot* mayores que el precio de ejercicio, la opción vence fuera del dinero y el suscriptor conserva la prima. El suscriptor de la opción de venta tiene la misma combinación básica de resultados disponibles para el suscriptor de una opción de compra: potencial de utilidad limitada y potencial de pérdida ilimitada.

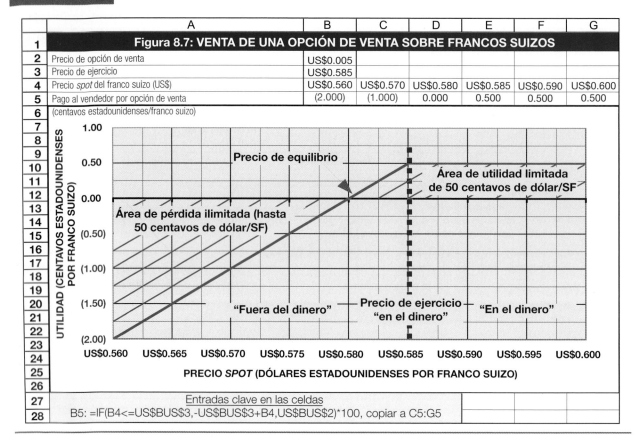

FIGURA 8.7   Venta de una opción de venta sobre francos suizos

	A	B	C	D	E	F	G
1	**Figura 8.7: VENTA DE UNA OPCIÓN DE VENTA SOBRE FRANCOS SUIZOS**						
2	Precio de opción de venta	US$0.005					
3	Precio de ejercicio	US$0.585					
4	Precio *spot* del franco suizo (US$)	US$0.560	US$0.570	US$0.580	US$0.585	US$0.590	US$0.600
5	Pago al vendedor por opción de venta	(2.000)	(1.000)	0.000	0.500	0.500	0.500
6	(centavos estadounidenses/franco suizo)						

(Gráfico: UTILIDAD (CENTAVOS ESTADOUNIDENSES POR FRANCO SUIZO) vs. PRECIO SPOT (DÓLARES ESTADOUNIDENSES POR FRANCO SUIZO), filas 7–26)

Precio de equilibrio

Área de utilidad limitada de 50 centavos de dólar/SF

Área de pérdida ilimitada (hasta 50 centavos de dólar/SF)

"Fuera del dinero"   Precio de ejercicio "en el dinero"   "En el dinero"

	Entradas clave en las celdas						
27							
28	B5: =IF(B4<=USBUS3,-USBUS3+B4,USBUS2)*100, copiar a C5:G5						

Fijación de precios y valuación de las opciones

La figura 8.8 ilustra el perfil utilidad/pérdida de una opción de compra estilo europeo sobre libras esterlinas. La opción de compra permite al titular comprar libras esterlinas a un precio de ejercicio de US$1.70/£. Tiene vencimiento a 90 días. El valor de esta opción de compra en realidad es la suma de dos componentes:

Valor total (prima) = valor intrínseco + valor temporal

La fijación del precio de cualquier opción de divisas combina seis elementos. Por ejemplo, esta opción de compra estilo europeo sobre libras esterlinas tiene una prima de US$0.033/£ (3.3 centavos de dólar por libra) a un tipo *spot* de US$1.70/£. Esta prima se calcula con base en los siguientes supuestos:

1. Tipo *spot* presente: US$1.70/£
2. Tiempo al vencimiento: 90 días
3. Tipo a plazo para vencimiento coincidente (90 días): US$1.70/£
4. Tasa interés dólar estadounidense: 8.00% anual
5. Tasa interés libra esterlina: 8.00% anual
6. Volatilidad, la desviación estándar del movimiento diario del precio *spot*: 10.00% anual

FIGURA 8.8	Análisis de opción de compra sobre libras esterlinas con precio de ejercicio = US$1.70/£

	A	B	C	D
1	\multicolumn{4}{c}{Figura 8.8: ANÁLISIS DE OPCIÓN DE COMPRA SOBRE LIBRAS ESTERLINAS}			
2	\multicolumn{4}{c}{Datos de entrada}			
3	Tipo *spot* presente, US$/£			US$1.70
4	Precio de ejercicio, US$/£			US$1.70
5	Tiempo al vencimiento, días			90
6	Tipo a plazo para vencimiento coincidente (90 días), US$/£			US$1.70
7	Tasa interés dólar estadounidense, por ciento/año			8.0%
8	Tasa interés libra esterlina, por ciento/año			8.0%
9	Desviación estándar de movimiento diario del precio *spot*, por ciento/año			10.0%
10	Efecto del tipo *spot* sobre valor intrínseco, temporal y total			
11		Valor intrínseco,	Valor temporal,	Valor total,
12	Tipo *spot*, US$/£	centavos US/£	centavos US/£	centavos US/£
13	1.65	0.00	1.37	1.37
14	1.66	0.00	1.67	1.67
15	1.67	0.00	2.01	2.01
16	1.68	0.00	2.39	2.39
17	1.69	0.00	2.82	2.82
18	1.70	0.00	3.30	3.30
19	1.71	1.00	2.82	2.82
20	1.72	2.00	2.39	4.39
21	1.73	3.00	2.01	5.01
22	1.74	4.00	1.67	5.67

42	\multicolumn{2}{c}{Entradas clave en las celdas}	
43	B12: =IF(A12<USDUS3,0,A12-USDUS3)*100, copiar a B13:B21	
44	C12: calculado con software de fijación de precios de las opciones	
45	D12: =B12+C12, copiar a D13:D21	

Valor intrínseco es la ganancia financiera si la opción se ejerce inmediatamente. Se muestra mediante el área sombreada de la figura 8.8, que es cero hasta que alcanza el precio de ejercicio, luego aumenta linealmente (un centavo por cada centavo de aumento en el tipo *spot*). El valor intrínseco será cero cuando la opción esté fuera del dinero (esto es, cuando el precio de ejercicio sea superior al precio de mercado), pues no se puede derivar ganancia de ejercer la opción. Cuando el tipo *spot* se eleva por arriba del precio de ejercicio, el valor intrínseco se vuelve positivo, porque la opción siempre vale al menos este valor si se ejerce. En la fecha de vencimiento, una opción tendrá un valor igual a su valor intrínseco (cero tiempo restante significa cero valor temporal).

- Cuando el tipo *spot* es US$1.74/£, la opción está dentro del dinero y tiene un valor intrínseco de US$1.74 − US$1.70/£, o 4 centavos por libra.

- Cuando el tipo *spot* es US$1.70/£, la opción está en el dinero y tiene un valor intrínseco de US$1.70 − US$1.70/£, o 0 centavos por libra.

- Cuando el tipo *spot* es US$1.66/£, la opción está fuera del dinero y no tiene valor intrínseco. Esto se muestra por la línea sombreada del valor intrínseco sobre el eje horizontal. Sólo un tonto ejercería esta opción de compra a este tipo *spot* en lugar de comprar libras más baratas en el mercado *spot*.

El *valor temporal* de una opción existe porque el precio de la divisa subyacente, el tipo *spot*, potencialmente puede moverse más y más hacia el dinero entre el tiempo presente y la fecha de vencimiento de la opción. El valor temporal se muestra en la figura 8.8 como el área entre el *valor total* de la opción y su valor intrínseco.

La figura 8.9 separa el valor total en valores intrínseco y temporal de la opción de compra que se muestra en la figura 8.8. Por ejemplo, a un tipo *spot* de US$1.72/£, el valor total de la opción está compuesto por 2 centavos por libra de valor intrínseco y 2.39 centavos por libra de valor temporal, para un valor total de 4.39 centavos por libra.

Note que el componente de valor temporal es el mismo en valor (simétrico), conforme se aparta en cualquier dirección del precio de ejercicio de US$1.70/£. Por ejemplo, el valor temporal es 2.39 centavos a los tipos *spot* de 1.68 (2 centavos por abajo de ejercicio) y 1.72 (2 centavos por arriba de ejercicio). Este resultado demuestra el principio subyacente que la fijación de precios de las opciones se basa en una distribución esperada de posibles resultados en torno al tipo a plazo, que en este caso es el mismo que el precio de ejercicio, US$1.70.

Un inversionista pagará algo hoy por una opción fuera del dinero (es decir, con valor intrínseco cero) si cree probable que el tipo *spot* varíe lo suficiente para que la opción se sitúe dentro del dinero. En consecuencia, el precio de una opción siempre es un poco mayor que su valor intrínseco, porque siempre existe alguna probabilidad de que el valor intrínseco aumente entre la fecha presente y el vencimiento.

FIGURA 8.9	Componentes de valor intrínseco, temporal y total de la opción de compra a 90 días sobre libras esterlinas a tipos de cambio *spot* variables

Precio de ejercicio: US$1.70/£								
Spot (US$/£)	1.66	1.67	1.68	1.69	1.70	1.71	1.72	1.73	1.74
Intrínseco	0.00	0.00	0.00	0.00	0.00	1.00	2.00	3.00	4.00
Temporal	1.67	2.01	2.39	2.82	3.30	2.82	2.39	2.01	1.67
Valor total	1.67	2.01	2.39	2.82	3.30	3.82	4.39	5.01	5.67

Sensibilidad de los precios de las opciones de divisas

Para usar con eficacia las opciones de divisas, ya sea con el propósito de especular o administrar el riesgo (tema que se explica en los capítulos venideros), el operador necesita saber cómo reaccionan los valores de las opciones (*primas*) a sus varios componentes. La siguiente sección analizará estas seis sensibilidades básicas:

1. El impacto de cambiar los tipos a plazo
2. El impacto de cambiar los tipos *spot*
3. El impacto del tiempo que falta para el vencimiento
4. El impacto de cambiar la volatilidad
5. El impacto de cambiar los diferenciales de interés
6. El impacto de alternativas de precios de ejercicio de la opción

Sensibilidad al tipo a plazo

Aunque rara vez se nota, el precio de las opciones estándares de divisas se fija alrededor del tipo a plazo, porque el tipo *spot* actual y las tasas de interés doméstica y extranjera (tasas en moneda nacional y extranjera) se incluyen en el cálculo de la prima de la opción.[1] Sin importar el tipo de cambio de ejercicio específico que se seleccione para fijar el precio, el tipo a plazo es central para la valuación. La fórmula de fijación de precios de las opciones calcula una distribución subjetiva de las probabilidades que se centra en el tipo a plazo. Este método no significa que el mercado espere que el tipo a plazo sea igual al tipo *spot* futuro. Simplemente es un resultado de la estructura de fijación por arbitraje de los precios de las opciones.

El enfoque en el tipo a plazo también ofrece información útil para el operador que administra una posición. Cuando el mercado fija el precio de una opción en moneda extranjera, lo hace sin sentimientos alcistas o bajistas en la dirección del valor de la moneda extranjera en relación con la moneda doméstica. Si el operador tiene expectativas específicas acerca de la dirección del tipo *spot* futuro, dichas expectativas pueden ponerse a trabajar. Un operador no apuesta de manera inherente contra el mercado. En una sección próxima también se describirá cómo un cambio en el diferencial de interés entre divisas, los cimientos teóricos de los tipos a plazo, también alteran el valor de la opción.

Sensibilidad al tipo *spot* (delta)

La opción de compra sobre libras esterlinas que se mostró en la figura 8.8 tiene una prima que supera el valor intrínseco de la opción sobre toda la gama de tipos *spot* que rodean el tipo de cambio de ejercicio. Siempre que falte tiempo para que la opción llegue a su vencimiento, tendrá este elemento de valor temporal. Esta característica es una de las principales razones por las que una opción estilo americano, que puede ejercerse cualquier día hasta su fecha de vencimiento, inclusive, rara vez se ejerce en realidad antes del vencimiento. Si el titular de la opción desea liquidarla por su valor, normalmente la vendería, no la ejercería, para captar también cualquier valor temporal restante. Si el tipo *spot* actual cae del lado del precio de ejercicio de la opción, lo que induciría al titular de la opción a ejercer la opción a su vencimiento, la opción también tendría valor intrínseco. La opción de compra que se ilustra en la figura 8.8 está dentro del dinero a tipos *spot* a la derecha del tipo de cambio de ejercicio de US$1.70/£, en el dinero a US$1.70/£ y fuera del dinero a tipos *spot* menores que US$1.70/£.

[1] Recuerde que el tipo a plazo se calcula a partir del tipo *spot* actual y las tasas de interés de las dos monedas en cuestión para el vencimiento deseado. Por ejemplo, el tipo a plazo de 90 días para la opción de compra sobre libras esterlinas descrita anteriormente se calcula del modo siguiente:

$$F_{90} = US\$1.70/£ \times \left[\frac{1 + 0.08\left(\dfrac{90}{360}\right)}{1 + 0.08\left(\dfrac{90}{360}\right)} \right] = US\$1.70/£$$

La distancia vertical entre el valor de mercado y el valor intrínseco de una opción de compra sobre libras es mayor a un tipo *spot* de US$1.70/£. A US$1.70/£, el tipo *spot* es igual al precio de ejercicio (en el dinero). Esta prima de 3.30 centavos por libra está formada por completo de valor temporal. De hecho, el valor de cualquier opción que actualmente esté fuera del dinero se constituye por completo de valor temporal. Cuanto más fuera del dinero esté el precio de ejercicio de la opción, menor será el valor o prima de la opción. Esto es cierto porque el mercado cree que la probabilidad de que esta opción se mueva en realidad hacia el rango de ejercicio antes del vencimiento es significativamente menor que una que ya está en el dinero. Si el tipo *spot* cayera a US$1.68/£, la prima de la opción disminuiría a 2.39 centavos/£; de nuevo, valor temporal en su totalidad. Si el tipo *spot* se elevara por arriba del tipo de cambio de ejercicio a US$1.72/£, la prima aumentaría a 4.39 centavos/£. En este caso, la prima representa un valor intrínseco de 2.00 centavos (US$1.72/£ − US$1.70/£) más un elemento de valor temporal de 2.39 centavos. Note la simetría de las primas de valor temporal (2.39 centavos) a la izquierda y a la derecha del tipo de cambio de ejercicio.

La simetría de la valuación de las opciones en torno al tipo de cambio de ejercicio se observa al descomponer las primas de las opciones en sus respectivos valores intrínseco y temporal. La figura 8.10 ilustra cómo una variación de ±US$0.05 en el tipo *spot* actual en torno al tipo de cambio de ejercicio de US$1.70/£ altera los valores intrínseco y temporal de cada opción.

La sensibilidad de la prima de la opción a un pequeño cambio en el tipo de cambio *spot* se llama *delta*. Por ejemplo, la delta de la opción de compra a US$1.70/£, cuando el tipo *spot* cambia de US$1.70/£ a US$1.71/£, es simplemente el cambio en la prima dividida por el cambio en el tipo *spot*:

$$delta = \frac{\Delta \text{Prima}}{\Delta \text{Tipo } spot} = \frac{\text{US\$}0.038/£ - \text{US\$}0.033/£}{\text{US\$}1.71/£ - \text{US\$}1.70/£} = 0.5$$

Si se conoce la delta de la opción específica, es fácil determinar cómo cambiará el valor de la opción conforme varía el tipo *spot*. Si el tipo *spot* cambia por 1 centavo (US$0.01/£), dada una delta de 0.5, la prima de opción cambiaría por 0.5 × US$0.01, o US$0.005. Si la prima inicial fuese US$0.033/£, y el tipo *spot* aumentara 1 centavo (de US$1.70/£ a US$1.71/£), la nueva prima de la opción sería de US$0.033 + US$0.005 = US$0.038/£. La delta varía entre +1 y 0 para una opción de compra, y −1 y 0 para una opción de venta.

Los operadores de opciones clasifican cada opción por su delta en lugar de dentro del dinero (ITM), en el dinero (ATM) o fuera del dinero (OTM). Conforme una opción se mueve más hacia la posición dentro del dinero, como la opción dentro del dinero de la figura 8.10, la delta se eleva hacia 1.0 (en este caso a 0.71). Conforme una opción se mueve más hacia fuera del dinero, la delta cae hacia cero. Note que la opción fuera del dinero en la figura 8.10 tiene una delta de sólo 0.28.[2]

Regla general: Cuanto más alta sea la delta (se consideran altas las deltas de 0.7 o 0.8 y superiores), tanto mayor es la probabilidad de que la opción venza dentro del dinero.

FIGURA 8.10	Descomposición de primas de opciones de compra: valor intrínseco y valor temporal					
Tipo de cambio de ejercicio (US$/£)	Tipo *spot* (US$/£)	Dinero	Prima de la opción de compra (centavos/£) =	Valor intrínseco (centavos/£) +	Valor temporal (centavos/£)	Delta (0 a 1)
1.70	1.75	ITM	6.37	5.00	1.37	0.71
1.70	1.70	ATM	3.30	0.00	3.30	0.50
1.70	1.65	OTM	1.37	0.00	1.37	0.28

[2]El cambio esperado en la delta de la opción que resulta de un pequeño cambio en el tipo *spot* se denomina *gamma*. Con frecuencia se usa como medida de la estabilidad de la delta de una opción específica. La gamma se utiliza en la construcción de estrategias de cobertura más complejas que se centran en las deltas (estrategias de delta neutra).

Tiempo al vencimiento: valor y deterioro (theta)

Los valores de las opciones aumentan con el tiempo que falta para el vencimiento. El cambio esperado en la prima de la opción que produce un pequeño cambio en el tiempo que falta para el vencimiento se denomina *theta*. Theta se calcula como el cambio en la prima de la opción sobre el cambio en el tiempo. Si la opción de compra de US$1.70/£ madurara un día desde su vencimiento inicial de 90 días, la theta de la opción de compra sería la diferencia entre las dos primas, 3.30 centavos/£ y 3.28 centavos/£ (si se supone un tipo *spot* de US$1.70/£):

$$theta = \frac{\Delta \text{ Prima}}{\Delta \text{ Tiempo}} = \frac{\text{centavos } 3.30/£ - \text{centavos } 3.28/£}{90 - 89} = 0.02$$

Theta se basa no en una relación lineal con el tiempo, sino más bien en la raíz cuadrada del tiempo. La figura 8.11 ilustra el deterioro en el valor temporal de la misma opción de compra de US$1.70/£ sobre libras. El tipo de cambio de ejercicio en el dinero es US$1.70/£, y los tipos *spot* fuera del dinero y dentro del dinero son US$1.75/£ y US$1.65/£, respectivamente. Las primas de las opciones se deterioran a una tasa creciente conforme se acerca el vencimiento. De hecho, la mayoría de las primas de las opciones, dependiendo de la opción individual, se pierden en los últimos 30 días antes del vencimiento.

Esta relación exponencial entre la prima de la opción y el tiempo se ve en la razón de los valores de la opción entre los vencimientos en el dinero a tres meses y un mes. La razón de la opción de compra en el dinero no es 3 a 1 (si todos los demás componentes se mantienen constantes), sino

$$\frac{\text{prima de tres meses}}{\text{prima de un mes}} = \frac{\sqrt{3}}{\sqrt{1}} = \frac{1.73}{1.00} = 1.73$$

El precio de la opción a tres meses sólo es 1.73 veces el de la opción a un mes, no 3 veces el precio.

FIGURA 8.11 Theta: deterioro del valor temporal de las primas de las opciones

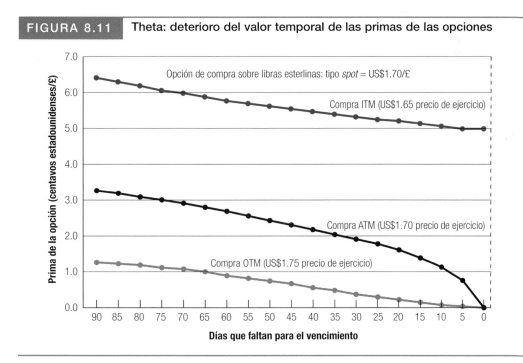

El rápido deterioro de los valores de la opción en los últimos días previos al vencimiento se observa al calcular una vez más la theta de la opción de compra de US$1.70/£, pero ahora conforme el tiempo que falta para el vencimiento pasa de 15 a 14 días:

$$theta = \frac{\Delta Prima}{\Delta Tiempo} = \frac{centavos\ 1.37/£ - centavos\ 1.32/£}{15 - 14} = 0.05$$

Una disminución de un día en el tiempo que falta para el vencimiento reduce la prima de la opción en 0.05 centavos/£, en lugar de sólo 0.02 centavos/£ como ocurría cuando el vencimiento era de 90 días.

La figura 8.11 también ilustra las relaciones básicas entre el tipo *spot* y la prima de la opción anotadas anteriormente. La prima de la opción de compra fuera del dinero lógicamente es menor que la opción en el dinero a lo largo de su vida, pero se deteriora a una tasa más lenta debido al nivel inicial menor a partir del cual comienza a caer. La opción dentro del dinero es de mayor valor a lo largo de su vida en relación con la de en el dinero, y cae hacia su valor intrínseco (5 centavos/£) al vencimiento. Sin embargo, la opción en el dinero cae particularmente rápido en los periodos finales previos al vencimiento. A medida que la opción específica madura y avanza continuamente hacia la fecha de vencimiento, el valor temporal disminuirá constantemente (si se supone que nada más cambia). Esta situación se ilustraría por la línea de valor total de la opción de compra inicialmente mostrada en la figura 8.8 que implota hacia el precio de ejercicio de US$1.70.

Las implicaciones del deterioro del valor temporal para los operadores del mercado son muy significativas. Un operador que compra una opción faltando sólo uno o dos meses para el vencimiento verá que el valor de la opción se deteriora rápidamente. Si el operador vendiera la opción, tendría un valor de mercado considerablemente menor en los periodos inmediatos posteriores a su compra.

No obstante, al mismo tiempo, un operador que compra opciones con vencimientos más largos pagará más, pero no proporcionalmente más, por la opción con vencimiento más largo. La prima de una opción a seis meses es aproximadamente 2.45 veces más costosa que la de una opción a un mes, aunque la opción a doce meses sólo sería 3.46 veces más costosa que la de un mes. Esta información implica que dos opciones a tres meses no son iguales a una opción a seis meses.

Regla general: Un operador obtiene por lo común mejores valores de las opciones que tienen vencimientos más largos, lo que da al operador la posibilidad de alterar la posición de una opción sin sufrir deterioro significativo en el valor temporal.

Sensibilidad a la volatilidad (lambda)

Existen pocas palabras en el campo financiero que se usen y de las cuales se abuse más que *volatilidad*. La volatilidad de la opción se define como la desviación estándar de los cambios porcentuales diarios en el tipo de cambio subyacente. La volatilidad es importante para el valor de la opción debido a la probabilidad percibida de que el tipo de cambio se mueva hacia dentro o hacia fuera del rango en el que la opción se ejercería. Si la volatilidad del tipo de cambio aumenta y, por tanto, el riesgo de que la opción que se va a ejercer es creciente, la prima de la opción aumentaría.

La volatilidad se expresa como porcentaje anual. Por ejemplo, se dice que una opción tiene una volatilidad anual de 12.6%. El cambio porcentual para un solo día se calcula como sigue:

$$\frac{12.6\%}{\sqrt{365}} = \frac{12.6\%}{19.105} = 0.66\% \quad \text{Volatilidad diaria}$$

Para la opción de compra de US$1.70/£, un aumento en la volatilidad anual de un punto porcentual (por ejemplo, de 10.0% a 11.0%), incrementa la prima de la opción de US$0.033/£ a

US$0.036/£. El cambio marginal en la prima de la opción es igual al cambio en la prima de la opción dividido por el cambio en la volatilidad, llamada *lambda*:

$$lambda = \frac{\Delta \text{ Prima}}{\Delta \text{ Volatilidad}} = \frac{\$0.036/£ - \$0.033/£}{0.11 - 0.10} = 0.30$$

El problema principal con la volatilidad es que no es observable; es la única entrada de la fórmula de fijación de precios de las opciones que determina de manera subjetiva el operador que fija el precio de la opción. No existe un solo método correcto para su cálculo. El problema es de pronóstico; la volatilidad histórica no necesariamente pronostica con exactitud la volatilidad futura del movimiento del tipo de cambio, aunque aparte de la historia, no se puede recurrir a casi nada más.

La volatilidad se considera de tres formas: *histórica*, donde la volatilidad se obtiene con base en un periodo reciente; *a futuro*, donde la volatilidad histórica se altera para reflejar las expectativas acerca del periodo futuro durante el cual existirá la opción, e *implícita*, donde la volatilidad se retira del precio de mercado de la opción.

- **Volatilidad histórica.** La volatilidad histórica por lo general se mide como el movimiento porcentual del tipo *spot* diario, a 6 o 12 horas, en los últimos 10, 30 o 90 días.

- **Volatilidad a futuro.** Por otra parte, un operador de opciones puede ajustar las volatilidades históricas recientes según los vaivenes o acontecimientos esperados en el mercado, ya sea hacia arriba o abajo.

- **Volatilidad implícita.** La volatilidad implícita es equivalente a tener las respuestas del examen; las volatilidades implícitas se calculan con base en los valores de las primas de las opciones negociadas en el mercado. Puesto que la volatilidad es el único elemento no observable del precio de la prima de una opción, después de tomar en cuenta todos los demás componentes, se usa el valor residual de la volatilidad implícita por el precio.

Si los operadores de opciones creen que el futuro inmediato será el mismo que el pasado reciente, la volatilidad histórica igualará la volatilidad a futuro. Sin embargo, si se espera que el periodo futuro experimente mayor o menor volatilidad, la medida histórica debe alterarse para fijar el precio de la opción.

En la figura 8.12 se presentan volatilidades implícitas seleccionadas para algunos pares de divisas al 30 de enero de 2008. Dichas volatilidades son *tipos medios*, es decir, el promedio de los tipos de cambio de compra y venta cotizados para contratos de opciones. La figura 8.12 ilustra con claridad que las volatilidades de las opciones varían considerablemente de una moneda a otra y que la relación entre volatilidad y madurez (tiempo al vencimiento) no se mueve sólo en una dirección. Por ejemplo, el primer tipo de cambio cotizado, el tipo cruzado US$/euro, cae de una volatilidad de 9.3% a una semana a 8.7% para el vencimiento a tres años antes de elevarse de nuevo a 9.3% a tres años. Sin embargo, el tipo cruzado US$/dólar canadiense se mueve en una dirección; de 8.9% para una semana a 7.9% para el vencimiento a tres años.

Puesto que las volatilidades son el único componente de juicio que aporta el suscriptor de la opción, desempeñan un papel crucial en la fijación del precio de las opciones. Todos los pares de divisas tienen series históricas que contribuyen a la formación de las expectativas de los suscriptores de opciones. Pero al final, los suscriptores de opciones verdaderamente talentosos son aquellos que tienen la intuición y la perspicacia para fijar los precios futuros de manera eficaz.

Como todos los mercados de futuros, las volatilidades de las opciones reaccionan de manera instantánea y negativa a los acontecimientos económicos y políticas preocupantes (o a los rumores). La duplicación de la volatilidad de una opción en el dinero es resultado de una duplicación equivalente del precio de la opción. La mayoría de los operadores de opciones de divisas centran sus actividades en pronosticar los movimientos de la volatilidad de las divisas a corto plazo, pues los movimientos a corto plazo son los que causan las mayores variaciones en los precios. Por ejemplo, las volatilidades de las opciones se elevaron significativamente en los meses anteriores a la

---

FIGURA 8.12 Volatilidad implícita de los tipos de cambio para opciones de divisas, 30 de enero de 2008

Tasa de volatilidad implícita

Las tasas de volatilidad implícita son tipos medios, es decir, promedios de los tipos de compra y venta en "cotizaciones en el dinero" sobre divisas seleccionadas a las 11:00 A.M. del último día laboral del mes.

Tasas de volatilidad implícitas para opciones de divisas*
31 de marzo de 2009

	1 SEM	1 MES	2 MESES	3 MESES	6 MESES	1 AÑO	2 AÑOS	3 AÑOS
EUR	20.2	18.2	18.1	17.9	17.7	17.5	16.5	15.1
JPY	20.4	18.4	17.3	16.5	15.4	14.2	12.3	11.6
CHF	17.5	16.0	15.9	15.7	15.6	15.2	14.2	12.9
GBP	19.8	18.2	18.0	17.8	17.7	17.5	17.1	17.0
CAD	16.7	16.6	16.5	16.5	16.5	16.5	16.5	16.4
AUD	23.8	22.3	21.8	21.3	20.5	19.7	18.4	17.5
GBPEUR	16.3	15.8	15.8	15.7	15.7	15.6	14.9	14.4
EURJPY	24.4	22.5	22.0	21.5	21.0	20.6	20.4	20.3

Esta publicación ofrece rangos de sondeo de los tipos medios de volatilidad implícita para las opciones de dinero a las 11:00 A.M. Las cotizaciones son para contratos de al menos US$10 millones con una contraparte prime.

Esta información se basa en datos recopilados por el Federal Reserve Bank of New York a partir de una muestra de participantes de mercado y sólo tiene la intención de informar.

Los datos se obtuvieron de fuentes que se consideran confiables, pero este banco no garantiza que sean exactos, completos o correctos.

---

guerra del Golfo Pérsico, en septiembre de 1992, cuando el Sistema Monetario Europeo estaba en crisis, en 1997 después del inicio de la crisis financiera asiática y en los días siguientes a los ataques terroristas en Estados Unidos en septiembre de 2001. En todos los casos, las volatilidades de las opciones para las principales combinaciones de divisas cruzadas, como SF/US$, aumentaron a casi 20% por periodos largos. Como resultado, los costos de las primas se elevaron en cantidades correspondientes.

> *Regla general:* Los operadores que creen que las volatilidades caerán significativamente en el futuro cercano venderán (suscribirán) opciones ahora, con la esperanza de recomprarlas con una ganancia inmediatamente después de que las volatilidades se reduzcan y hagan caer las primas de las opciones.

Sensibilidad a diferenciales de tasa de interés variables (rho y phi)

Al comienzo de esta sección, se apuntó que los precios y valores de las opciones de divisas se centran en el tipo a plazo. El tipo a plazo, a su vez, se basa en la teoría de la paridad de las tasas de interés, como se estudió en el capítulo 7. Los cambios en las tasas de interés en cualquiera de las dos monedas alteran el tipo a plazo, lo que a su vez altera la prima o valor de la opción. El cambio esperado en la prima de la opción producido por un pequeño cambio en la tasa de interés doméstica (moneda de origen) se denomina *rho*. El cambio esperado en la prima de la opción ocasionado por un pequeño cambio en la tasa de interés extranjera (moneda extranjera) se denomina *phi*.

Siguiendo con los ejemplos numéricos, un aumento en la tasa de interés del dólar estadounidense de 8.0 a 9.0% *aumenta* la prima de la opción de compra en el dinero sobre libras esterlinas de US$0.033/£ a US$0.035/£. Éste es un valor *rho* de 0.2 positivo:

$$rho = \frac{\Delta \text{ Prima}}{\Delta \text{ Tasa de interés dólar estadounidense}} = \frac{\$0.035/£ - \$0.033/£}{9.0\% - 8.0\%} = 0.2$$

Un aumento similar de 1% en la tasa de interés extranjera (libra esterlina, en este caso) *reduce* el valor (prima) de la opción de US\$0.033/£ a US\$0.031/£. La *phi* para esta prima de opción de compra por tanto es −0.2:

$$phi = \frac{\Delta \text{ Prima}}{\Delta \text{ Tasa de interés extranjera}} = \frac{\$0.031/£ - \$0.033/£}{9.0\% - 8.0\%} = -0.2$$

Por ejemplo, a lo largo de la década de 1990, las tasas de interés del dólar estadounidense (moneda de origen) fueron sustancialmente menores que las tasas de interés de la libra esterlina (moneda extranjera). Esto significa que la libra consistentemente se vendió a plazo con un descuento frente al dólar estadounidense. Si este diferencial de interés se ensanchara (ya sea porque las tasas de interés estadounidenses bajaron o las tasas de interés de la moneda extranjera aumentaron, o alguna combinación de las dos cosas), la libra se vendería a plazo con un descuento mayor. Un aumento en el descuento a plazo es lo mismo que una reducción en el tipo a plazo (en dólares estadounidenses por unidad de moneda extranjera). La condición de la prima de las opciones afirma que la prima debe aumentar conforme aumentan los diferenciales de las tasas de interés (si se supone que los tipos *spot* permanecen invariables).

La figura 8.13 muestra cómo las primas de las opciones de compra europeas sobre la libra esterlina cambian con los diferenciales de interés. Si se usan las mismas suposiciones que antes sobre el valor de la opción de compra, un aumento en las tasas de interés en libras esterlinas en relación con las tasas de interés en dólares estadounidenses, $i_{US\$} - i_{£}$, un movimiento de izquierda a derecha produce un declive en las primas de la opción de compra.

Para el operador de opciones, como es lógico, resulta muy útil contar con una expectativa del diferencial entre las tasas de interés para evaluar a dónde se dirige el valor de la opción. Por ejemplo, cuando las tasas de interés extranjeras son más altas que las tasas de interés domésticas, la moneda extranjera se vende a plazo con descuento. Esto produce primas de opción relativamente más bajas (y primas de opción de venta más altas).

Regla general: Un operador que desea adquirir una opción de compra sobre moneda extranjera debe hacerlo antes de que aumenten las tasas de interés domésticas. Si lo hace así, el operador podrá comprar la opción antes de que el precio aumente.

FIGURA 8.13   Diferenciales de interés y primas de opciones de compra

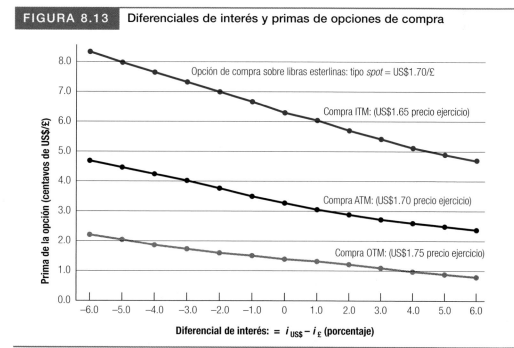

Alternativas de precios de ejercicio y primas de opciones

El sexto y último elemento que es importante en la valuación de las opciones (el cual, por fortuna, no tiene alias griego) es la selección del precio de ejercicio. Aunque todo el análisis de sensibilidad se ha realizado usando el precio de ejercicio de US$1.70/£ (un tipo de cambio a plazo en el dinero), una empresa que compra una opción en el mercado extrabursátil puede elegir su propio tipo de cambio de ejercicio. La cuestión radica en cómo elegir.

La figura 8.14 ilustra las primas de opciones de compra requeridas por una serie de distintos tipos de ejercicio superiores e inferiores al tipo de cambio de ejercicio en el dinero a plazo de US$1.70/£ usando el ejemplo de referencia. La prima de la opción de compra utilizada, US$1.70/£, es de 3.3 centavos de dólar/£. Las opciones de compra colocadas con precios de ejercicio menores que US$1.70/£, cuando el tipo *spot* presente es de US$1.70/£, ya son rentables o en el dinero. Por ejemplo, una opción de compra con un tipo de cambio de ejercicio de US$1.65/£ tendría un valor intrínseco de US$0.05/£ (US$1.70/£ − US$1.65/£), que debe cubrir la prima de la opción. La prima de la opción de compra para el tipo de cambio de ejercicio de US$1.65/£ es de 6.3 centavos de dólar/£, que es mayor que la referencia.

De igual modo, las opciones de compra sobre libras a tipo de cambio de ejercicio superior a US$1.70/£ se vuelven cada vez más baratas al tipo *spot* subyacente de US$1.70/£. En la actualidad, no tienen valor intrínseco. Por ejemplo, una opción de compra sobre libras con un tipo de cambio de ejercicio de US$1.75/£ tiene una prima de sólo 1.5 centavos de dólar/£ porque la opción en el presente está muy fuera del dinero. La opción no tiene valor intrínseco, sino sólo valor temporal; el valor intrínseco es cero.

La figura 8.15 resume brevemente los varios elementos "griegos" e impactos analizados en las secciones anteriores. La prima de las opciones es uno de los conceptos más complejos de la teoría financiera y la aplicación de la fijación de precios de las opciones a los tipos de cambio no lo hace más sencillo. Se requiere mucho tiempo y esfuerzo para desarrollar un "segundo sentido" en la administración de las posiciones de opciones de divisa.

FIGURA 8.14   Primas de opciones para diversos tipos de cambio de ejercicio

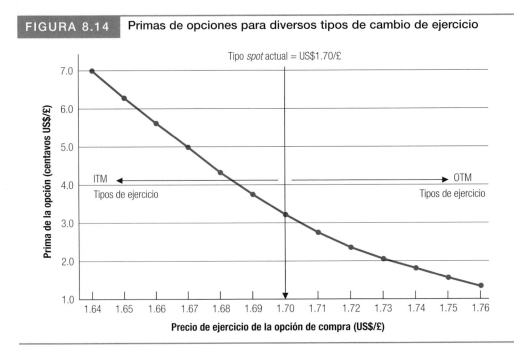

FIGURA 8.15	Resumen de los componentes de las primas de las opciones	
Griego	**Definición**	**Interpretación**
Delta Δ	Cambio esperado en la prima de opción debido a un pequeño cambio en el **tipo *spot***.	Cuanto más alta sea delta, habrá más probabilidades de que la opción se mueva dentro del dinero.
Theta θ	Cambio esperado en la prima de opción debido a un pequeño cambio en el **tiempo que falta para el vencimiento**.	Las primas son relativamente insensibles hasta los últimos 30 días más o menos.
Lambda λ	Cambio esperado en la prima de opción debido a un pequeño cambio en la **volatilidad**.	Las primas se incrementan con los aumentos en la volatilidad.
Rho ρ	Cambio esperado en la prima de opción debido a un pequeño cambio en la **tasa de interés doméstica**.	Los incrementos en las tasas de interés domésticas provocan aumentos en las primas de las opciones de compra.
Phi ϕ	Cambio esperado en la prima de opción debido a un pequeño cambio en la **tasa de interés extranjera**.	Los incrementos en las tasas de interés extranjeras provocan reducciones en las primas de las opciones de compra.

Prudencia en la práctica

Como se ilustra en *Finanzas globales en la práctica 8.2*, los grandes desastres financieros corporativos relacionados con derivados financieros siguen siendo un problema en los negocios globales. Como ocurre con tantos conflictos de la sociedad moderna, la tecnología no es la falla, sino el error humano en su uso. El análisis de los derivados financieros concluye con una nota de advertencia y humildad de un ensayo de Peter Bernstein publicado en *Harvard Business Review*:

Más que cualquier otro acontecimiento, la cuantificación del riesgo define la frontera entre los tiempos modernos y el resto de la historia. La rapidez, poder, movimiento y comunicación instantánea que caracterizan nuestra época habrían sido inconcebibles antes de que la ciencia sustituyera la superstición como bastión contra los riesgos de todo tipo.

Es arrogante creer que podemos asignar números confiables y estables al impacto del poder político, a la probabilidad de un auge en las adquisiciones como el que ocurrió en la década de 1980, al rendimiento del mercado accionario en los próximos 2, 20 o 50 años, o a factores subjetivos como utilidad y aversión al riesgo. Es igualmente absurdo limitar nuestras deliberaciones sólo a aquellas variables que se prestan a cuantificación y excluir lo incuantificable de toda consideración seria. Es irracional confundir probabilidad con oportunidad y suponer que porque un suceso tiene pocas probabilidades de ocurrir no sea inminente. Sin embargo, tal confusión no es de ningún modo extraña. Por supuesto, es ingenuo definir la discontinuidad como anomalía en lugar de como normalidad; sólo la forma y el momento de las perturbaciones están ocultos para nosotros, no su inevitabilidad.

Finalmente, la ciencia de la administración del riesgo es capaz de crear nuevos riesgos al mismo tiempo que controla los anteriores. Nuestra fe en la administración del riesgo nos alienta a correr riesgos que de otro modo no correríamos. En la mayoría de los casos, esto es beneficioso. Pero debemos ser cautelosos y no aumentar la cantidad total de riesgo en el sistema. La investigación muestra que la protección de los cinturones de seguridad alienta a los conductores a comportarse de manera más audaz, con el resultado de que el número de accidentes aumenta aunque la gravedad de las lesiones sufridas en un accidente automovilístico disminuya.

—Se reproduce con autorización de *Harvard Business Review*. Fragmentos tomados de "The New Religion of Risk Management", de Peter L. Bernstein, marzo-abril de 1996. Copyright 1996, Harvard Business School Publishing Corporation; todos los derechos reservados.

FINANZAS GLOBALES EN LA PRÁCTICA 8.2

Lista seleccionada de derivados y desastres administrativos

Fecha	Compañía	Descripción
1991	Allied-Lyons (Reino Unido)	Pérdidas de £165 millones relacionadas con especulación con opciones de divisas.
1993	Shell Showa Sekiyu (Japón)	Más de ¥1,500 millones en pérdidas producto del reconocimiento de pérdidas acumuladas sobre contratos a plazo continuamente refinanciados entre 1989 y 1993.
1993	Metallgesellschaft (Alemania)	Una fallida estrategia de cobertura de futuros petroleros provocó en esencia el colapso de la organización.
1994	Codelco (Chile)	Un operador de futuros de cobre en la compañía nacional de cobre de Chile, Codelco, pierde aproximadamente 0.5% del producto interno bruto de Chile correspondiente a 1994 por realizar transacciones especulativas con futuros.
1994	Kashima Oil (Japón)	Cientos de millones de yenes se pierden en una fallida especulación a plazo sobre el yen japonés.
1994	Procter & Gamble (Estados Unidos), Gibson Greeting Cards (Estados Unidos), Air Products (Estados Unidos), Dharmala (Indonesia)	Todos sufren pérdidas materiales en millones de dólares por apalancamiento de contratos de *swap* con Bankers Trust de Estados Unidos.
1995	Barings Brothers (Reino Unido)	El más antiguo banco de inversión de Londres quiebra como resultado de la pérdida en las transacciones con futuros sufrida por un operador en su oficina de Singapur, Nicholas Leeson.
2002	Allied Irish Bank (Estados Unidos/ Reino Unido)	A un inescrupuloso operador de divisas de las oficinas de Baltimore de Allied Irish Bank se le atribuye la pérdida de más de US$691 millones.

RESUMEN

■ Un contrato de futuros en moneda extranjera es un contrato negociado en bolsa que requiere la entrega a futuro de una cantidad estándar de moneda extranjera en un tiempo, lugar y precio fijos.

■ Los contratos de futuros en moneda extranjera son, en realidad, contratos a plazo estandarizados. Sin embargo, a diferencia de los contratos a plazo, las transacciones se realizan en el piso de remates de un mercado organizado en lugar de entre bancos y clientes. Los futuros también requieren colateral y por lo general se pagan mediante la compra de una posición compensatoria.

■ Como se resume en la figura 8.2, los futuros difieren de los contratos a plazo en el tamaño del contrato, vencimiento, lugar en el que se realizan las transacciones, fijación de precios, requisitos de colaterales/márgenes, método de pago, comisiones, horario para realizar las transacciones, contrapartes y liquidez.

■ Los gerentes financieros por lo general prefieren los contratos a plazo en moneda extranjera a los futuros, debido a la sencillez de uso y mantenimiento de posición de los contratos a plazo. Los especuladores financieros usualmente prefieren los futuros en moneda extranjera sobre los contratos a plazo debido a la liquidez de los mercados de futuros.

■ Las opciones de divisas son contratos financieros que dan al titular el derecho, pero no la obligación, de comprar (en el caso de las opciones de compra) o vender (en el caso de las opciones de venta) una cantidad específica de moneda extranjera a un precio predeterminado en o antes de una fecha de vencimiento especificada.

■ El uso de las opciones de divisas como mecanismo de especulación para el comprador de una opción se debe a que una opción gana valor conforme la divisa subyacente se eleva (para opciones de compra) o cae (para opciones de venta). El monto de la pérdida cuando la divisa subyacente se mueve en dirección opuesta a la deseada se limita a la prima de la opción.

■ El uso de las opciones de divisas como mecanismo de especulación para el suscriptor (vendedor) de una opción se debe a la prima de la opción. Si la opción, ya sea de venta o de compra, vence fuera del dinero (sin valor), el suscriptor de la opción gana y conserva toda la prima.

■ La especulación es un intento de obtener ganancias con transacciones basadas en expectativas acerca de los precios en el futuro. En el mercado de divisas, el especulador toma una posición en una moneda extranjera y cierra dicha posición después de que el tipo de cambio se mueve; sólo obtiene ganancias si el tipo de cambio se mueve en la dirección que espera el especulador.

■ El comprador de una opción de compra o venta tiene potencial de pérdida limitada y potencial de utilidad ilimitada; el comprador de una opción de compra o venta no puede perder más que la prima de la opción que pagó inicialmente.

■ El suscriptor (vendedor) de una opción de compra o venta tiene potencial de utilidad limitada (la prima de la opción ganada es el límite de la ganancia) y potencial de pérdida ilimitada de cubrir la opción vendida.

■ La valuación de las opciones de divisas, es decir, la determinación de la prima de las opciones, es una combinación compleja del tipo *spot* actual, el tipo de cambio de ejercicio específico, el tipo a plazo (que en sí mismo depende del tipo *spot* actual y los diferenciales de interés), la volatilidad de la divisa y el tiempo que falta para el vencimiento.

■ El valor total de una opción es la suma de su valor intrínseco y su valor temporal. El valor intrínseco depende de la relación entre el precio de ejercicio de la opción y el tipo *spot* actual en cualquier momento determinado, mientras que el valor temporal estima cómo puede cambiar este valor intrínseco actual, para mejorar, antes del vencimiento o caducidad de la opción.

MINICASO — La relación amor-odio de Warren Buffett con los derivados

Warren Buffett ha sido considerado desde hace mucho tiempo una de las verdaderas voces de la razón en el vasto páramo de las malas decisiones empresariales. Como presidente del consejo de Berkshire Hathaway, junto con su amigo y colega, el vicepresidente Charlie Munger, goza de una reputación excelente en el campo de las inversiones. También es famoso por su naturaleza extrovertida, forma de hablar sin rodeos y, en algunas ocasiones, su brusquedad. Uno de los blancos de sus críticas implacables ha sido *el derivado*. En el siguiente fragmento de una de sus famosas cartas a los accionistas, no se muerde la lengua para vilipendiar lo que considera una amenaza definitiva para el futuro tanto del sistema financiero como de los negocios en general.

Pero antes de proceder, una nota aclaratoria. En su carta a los accionistas de 2007 (publicada en marzo de 2008), el mismo Warren Buffett describió con detalle cómo la compañía tenía 94 contratos de derivados de dos tipos: *swaps* de incumplimiento de crédito y opciones de venta sobre índices accionarios. Buffett anotó que "…en todos los casos tenemos el dinero a la mano, lo que significa que no hay riesgo de contraparte". También ofreció una explicación muy interesante de cómo debería considerarse la contabilidad de ajuste al mercado de los derivados que tenía la empresa:

"Sin embargo, los cambios en el valor de un contrato de derivados deben aplicarse cada trimestre a las ganancias. Por tanto, nuestras posiciones de derivados en ocasiones provocarán grandes vaivenes en las ganancias reportadas, aun cuando Charlie y yo consideremos que el valor intrínseco de dichas posiciones cambió un poco. Él y yo no nos molestaremos por tales vaivenes, aun cuando pudieran fácilmente ascender a US$1,000 millones o más en un trimestre, y esperamos que ustedes tampoco. Recordarán que

en nuestro negocio de seguros de catástrofe, siempre estamos listos a cambiar la volatilidad creciente en las ganancias reportadas a corto plazo por mayores ganancias en el valor neto a largo plazo. Ésta también es nuestra filosofía en los derivados".

— Carta a los accionistas, Berkshire Hathaway, Informe Anual, 2007, p. 16.

Luego de estas reconfortantes consideraciones, lo siguiente describe el pensamiento de Buffett acerca de los derivados cinco años antes.

Informe Anual 2002 de Berkshire Hathaway: fragmento relativo a los derivados

Charlie y yo tenemos la misma opinión en cuanto se refiere a los derivados y las transacciones que conllevan: los vemos como bombas de tiempo, tanto para las partes que realizan las transacciones como para el sistema económico.

Después de manifestar nuestra postura, a la que volveré más adelante, permítanme explicar los derivados, aunque la explicación debe ser general porque la palabra cubre una variedad extraordinariamente amplia de contratos financieros. En esencia, dichos instrumentos requieren que el dinero cambie de manos en alguna fecha futura, aunque el importe quedará determinado por uno o más elementos de referencia, como las tasas de interés, los precios de las acciones o los valores de las divisas. Si, por ejemplo, uno tiene una posición larga o corta en un contrato de futuros del índice S&P 500, es parte de una transacción de derivados muy simple y la ganancia o pérdida se deriva de los movimientos del índice. Los contratos de derivados son de duración variable (que en ocasiones llega a 20 años o más) y con frecuencia su valor se relaciona con diferentes variables.

A menos que los contratos de derivados sean colateralizados o garantizados, su valor final también depende de la solvencia de las contrapartes. Sin embargo, mientras tanto, antes de liquidar un contrato, las contrapartes registran ganancias y pérdidas, con frecuencia en grandes cantidades, en sus estados de resultados actuales sin que ni siquiera un centavo cambie de manos.

La gama de contratos de derivados está limitada solamente por la imaginación del hombre (o en ocasiones, así parece, de lunáticos). En Enron, por ejemplo, los derivados de papel periódico y banda ancha, que debían liquidarse dentro de muchos años, se registraron en los libros. Esto equivale, por ejemplo, a que ustedes quieran suscribir un contrato para especular sobre el número de gemelos que nacerán en Nebraska en 2020. No hay problema: por un precio, fácilmente encontrarán una contraparte que lo acepte.

Cuando compramos Gen Re, vino con General Re Securities, un vendedor de derivados que Charlie y yo no queríamos, porque lo considerábamos peligroso. Sin embargo, no logramos vender la operación a pesar de nuestros repetidos intentos y ahora la estamos terminando. Pero cerrar un negocio de derivados es más fácil de decir que de hacer. Pasarán muchos años antes de que nos libremos por completo de esta operación (aunque reducimos nuestra exposición a diario). De hecho, los negocios de reaseguro y derivados son similares: como el infierno, se puede entrar con facilidad en ambos, pero es casi imposible salir. En cualquiera de estas dos industrias, una vez que se suscribe un contrato, que puede requerir un cuantioso pago décadas después, por lo general no queda más remedio que continuar con él. Cierto, existen métodos con los cuales es posible trasladar el riesgo a otros. Pero la mayoría de las estrategias de ese tipo lo dejan a uno con responsabilidad residual.

Otra cosa en común que tienen los reaseguros y los derivados es que ambos generan ganancias anunciadas que con frecuencia se exageran mucho. Esto ocurre porque las ganancias de hoy se basan de forma significativa en estimaciones cuya imprecisión quizá no se ponga de manifiesto en muchos años.

Los errores casi siempre son de buena fe, lo que refleja sólo la tendencia humana a adoptar una visión optimista de los compromisos personales. Pero las partes que intervienen en los contratos de derivados también tienen enormes incentivos para hacer trampa en la contabilidad. Quienes realizan transacciones con derivados usualmente reciben pagos (en todo o en parte) sobre las "ganancias" calculadas por la contabilidad ajustada al mercado. Pero con frecuencia no hay mercado real (piénsese en el ejemplo del contrato relacionado con gemelos) y se utiliza el "ajuste al modelo". Esta sustitución puede provocar calamidades a gran escala. Como regla general, los contratos en los que intervienen múltiples elementos de referencia y fechas de liquidación remotas aumentan las oportunidades para que las contrapartes usen supuestos fantasiosos. En la situación de los gemelos, por ejemplo, las dos partes que intervienen en el contrato bien [pue]den usar modelos diferentes que les permitan a ambas [registrar] ganancias sustanciales durante muchos años. En [casos extre]mos, el ajuste al modelo degenera en lo que yo lla[mo] [ajuste] al mito.

Desde luego, los auditores internos y externos revisan las cifras, pero no es una tarea sencilla. Por ejemplo, General Re Securities a final del año (después de diez meses de liquidar poco a poco sus operaciones) tenía 14,384 contratos en circulación, en los que intervenían 672 contrapartes de todo el mundo. Cada contrato tenía un valor mayor o menor derivado de uno o más elementos de referencia, incluidos algunos de complejidad asombrosa. Para valuar un portafolio como ése, los auditores expertos podrían fácil y honestamente tener opiniones diametralmente diferentes.

El problema de la valuación dista mucho de ser académico. En años recientes, las transacciones con derivados han facilitado algunos fraudes y cuasi fraudes a gran escala. En los sectores de energía y electricidad, por ejemplo, las compañías usaron derivados y actividades de transacción para anunciar grandes "ganancias", hasta que el techo se derrumbó cuando intentaron convertir en efectivo las cuentas por cobrar relacionadas con los derivados en sus balances generales. Entonces, el "ajuste al mercado" resultó ser verdaderamente un "ajuste al mito".

Puedo asegurarles que los notables errores en el negocio de derivados no han sido simétricos. Casi invariablemente han favorecido al operador que tiene la mira puesta en un bono multimillonario en dólares, o al CEO que quería reportar "ganancias" impresionantes (o las dos cosas). Los bonos se pagaron, y el CEO lucró con las opciones. Sólo mucho después los accionistas se enteraron de que las ganancias reportadas eran una farsa.

Otro problema relacionado con los derivados es que pueden exacerbar las dificultades que una corporación tiene por razones que no guardan relación alguna. Este efecto de acumulación ocurre porque muchos contratos de derivados requieren que una compañía que sufre de una reducción en su clasificación crediticia inmediatamente ofrezca una garantía a las contrapartes. Imagine, entonces, que la calificación de una compañía se degrada debido a la adversidad general y que sus derivados instantáneamente accionan sus requisitos y le imponen una inesperada y enorme exigencia de colateral en efectivo a la compañía. La necesidad de satisfacer esta exigencia puede entonces lanzar a la compañía a una crisis de liquidez que, en algunos casos, dispara calificaciones todavía más bajas. Todo se convierte en una espiral que puede conducir a la disolución de una corporación.

Los derivados también crean un riesgo en cadena que es similar al riesgo que asumen los aseguradores o reaseguradores que trasladan buena parte de sus negocios a otros. En ambos casos, las enormes cuentas por cobrar de muchas contrapartes tienden a acumularse con el tiempo. (En Gen Re Securities, todavía tenemos US$6,500 millones de cuentas por cobrar, aunque hemos estado en liquidación desde hace casi un año.) Un participante puede creer que ha sido prudente y que sus grandes exposiciones crediticias son diversificadas y, por tanto, no son peligrosas. No obstante, en ciertas circunstancias, un acontecimiento externo que ocasione que las cuentas por cobrar de la compañía A no puedan cobrarse también afecta las de las Compañías B a Z. La historia nos enseña que una crisis suele causar problemas que se relacionan entre sí de manera inimaginable en épocas más tranquilas.

En la banca, el reconocimiento de un problema "vinculado" fue una de las razones de la formación del Sistema de la Reserva Federal. Antes de establecer la Fed, la quiebra de bancos débiles en ocasiones imponía demandas súbitas e inesperadas de liquidez sobre los bancos anteriormente fuertes, lo que a su vez los llevaba a la quiebra. Ahora la Fed aísla a los fuertes de los problemas de los débiles. Sin embargo, no hay un banco central asignado a la tarea de evitar el efecto dominó en los seguros o derivados. En estas industrias, las empresas que fundamentalmente son sólidas pueden volverse problemáticas simplemente por las dificultades que padecen otras empresas de la cadena. Cuando existe la amenaza de una "reacción en cadena" dentro de una industria, es conveniente reducir al mínimo los vínculos de cualquier tipo. Así es como realizamos los negocios de reaseguro y es una razón por la que salimos de los derivados.

Muchas personas argumentan que los derivados reducen los problemas sistémicos, en el sentido de que los participantes que no pueden correr ciertos riesgos pueden transferirlos a manos más fuertes. Dichas personas creen que los derivados sirven para estabilizar la economía, facilitar el comercio y eliminar baches para los participantes individuales. A nivel micro, lo que dicen con frecuencia es cierto. De hecho, en Berkshire, en ocasiones se realizan transacciones con derivados a gran escala para facilitar ciertas estrategias de inversión.

Sin embargo, Charlie y yo creemos que la situación macro es peligrosa y empeora cada vez más. Grandes cantidades de riesgo, en particular riesgo crediticio, se han concentrado en las manos de relativamente pocos operadores de derivados, que además realizan muchas transacciones entre ellos. Los problemas de uno podrían infectar rápidamente a los demás. Para colmo, a estos operadores les deben enormes cantidades contrapartes que no operan en el mercado. Algunas de ellas, como he mencionado, se relacionan entre sí de forma que podrían causarles un problema simultáneo debido a un solo acontecimiento (como la implosión de la industria de telecomunicaciones o el declive precipitado en el valor de los proyectos de poder mercantil). La vinculación, cuando aflora de pronto, puede disparar problemas sistémicos graves.

De hecho, en 1998, el fuerte apalancamiento y las numerosas actividades con derivados de un solo fondo de cobertura, conocido como Long-Term Capital Management, causaron una angustia tan grande en la Reserva Federal que se apresuró a orquestar una campaña de rescate. En un testimonio posterior ante el Congreso, funcionarios de la Fed reconocieron que, de no haber intervenido, las transacciones pendientes de LTCM, una empresa desconocida para el público en general que empleaba sólo a algunos cientos de personas, bien podían haber planteado una seria amenaza para la estabilidad de los mercados estadounidenses. En otras palabras, la Fed actuó porque sus líderes tenían miedo de lo que podría ocurrir a otras instituciones financieras en caso de que LTCM desencadenara un efecto dominó. Además, este asunto, que paralizó durante semanas muchas partes del mercado de renta fija, distaba mucho de ser el peor de los casos.

Uno de los instrumentos derivados que LTCM usó fueron los *swaps* de rendimiento total, es decir, contratos que facilitan 100% de apalancamiento en varios mercados, incluidos los de acciones. Por ejemplo, la parte A de un contrato, por lo general un banco, destina todo el dinero a la compra de una acción, mientras que la parte B, sin aportar capital alguno, está de acuerdo en que en una fecha futura recibirá alguna ganancia o pagará alguna pérdida que el banco realice.

Los *swaps* de rendimiento total de este tipo se burlan de los requisitos de margen. Además de eso, otros tipos de derivados reducen de manera importante la posibilidad de los reguladores de restringir el apalancamiento y por lo general los orientan hacia los perfiles de riesgo de los bancos, aseguradoras y otras instituciones financieras. De igual modo, incluso los inversionistas y analistas experimentados se topan con grandes problemas para analizar la situación financiera de las empresas que tienen muchos contratos de derivados. Cuando Charlie y yo terminamos de leer las largas notas a pie de página que detallan las actividades con derivados de los grandes bancos, lo único que nos queda claro es que no entendemos cuánto riesgo corre la institución.

El genio de los derivados salió hace mucho de la botella, y estos instrumentos casi de seguro se multiplicarán en variedad y número hasta que algún acontecimiento ponga de manifiesto su toxicidad. El conocimiento de lo peligrosos que son ya se ha difundido en las empresas de electricidad y gas, donde la aparición de grandes problemas hizo que el uso de derivados disminuyera de manera radical. Sin embargo, en otras partes, el negocio de los derivados continúa expandiéndose sin ningún control. Los bancos centrales y gobiernos no han encontrado hasta el momento una forma eficaz para controlar, o incluso monitorizar, los riesgos que presentan estos contratos.

Charlie y yo creemos que Berkshire debe ser una fortaleza de solidez financiera, por el bien de nuestros propietarios, acreedores, asegurados y empleados. Intentamos estar alerta ante cualquier tipo de riesgo de megacatástrofe y esa postura puede volvernos excesivamente aprehensivos por las cantidades crecientes de contratos de derivados a largo plazo y la enorme cantidad de cuentas por cobrar sin colateral que crecen junto a ellos. No obstante, en nuestra opinión, los derivados son armas financieras de destrucción masiva, que plantean peligros que, aunque ahora son latentes, son potencialmente letales.

Preguntas del caso

1. En su carta a los accionistas de 2002, ¿qué parece temer más Warren Buffett respecto a los derivados financieros?

2. En su carta a los accionistas de 2007, ¿qué admite Warren Buffett que hicieron él y Charlie?

3. ¿Cree usted que hay una consistencia subyacente en su punto de vista acerca del uso adecuado de los derivados?

PREGUNTAS

1. Opciones frente a futuros. Explique la diferencia entre *opciones* y *futuros* de divisas y cuándo puede usarse cada uno de manera más adecuada.

2. Lugar para realizar las transacciones con futuros. Revise *The Wall Street Journal* para encontrar dónde se negocian en Estados Unidos los contratos de futuros de divisas.

3. Terminología de futuros. Explique el significado y probable interpretación para las empresas internacionales de las siguientes especificaciones de contratos:
a. Contrato de tamaño específico
b. Método estándar para expresar los tipos de cambio
c. Fecha de vencimiento estándar
d. Colateral y márgenes de mantenimiento
e. Contraparte

4. Una transacción de futuros. Un periódico muestra los siguientes precios para las transacciones del día anterior de futuros de divisas dólar estadounidense-euro:

Mes:	Diciembre
Apertura:	0.9124
Liquidación:	0.9136
Cambio:	+0.0027
Alto:	0.9147
Bajo:	0.9098
Volumen estimado:	29,763
Interés abierto:	111,360
Tamaño contrato:	€125,000

¿Qué indican los términos anteriores?

5. Opciones de venta y compra. ¿Cuál es la diferencia básica entre una opción de *venta* sobre libras esterlinas y una opción de *compra* sobre libras esterlinas?

6. Elementos del contrato de opción de compra. Usted lee que las opciones de compra americanas sobre libras esterlinas que se negocian en bolsa tienen un precio de ejercicio de 1.460 y un vencimiento al próximo marzo que se cotiza en 3.67. ¿Qué significa esto si usted es un posible comprador?

7. Costo de la opción. ¿Qué ocurre con la prima que pagó por la opción en la pregunta 6 en caso de que decida dejar que la opción venza sin ejercer? ¿Qué ocurre con este importe en caso de que decida ejercer la opción?

8. ...ra de una opción europea. Usted tiene la misma ...ón que en la pregunta 6, excepto que el precio ... opción europea. ¿Qué es diferente?

9. Suscripción de opciones. ¿Por qué alguien suscribiría una opción, si sabe que la ganancia de recibir la prima de la opción es fija, pero la pérdida si el precio subyacente va en la dirección equivocada puede ser sumamente grande?

10. Valoración de opciones. El valor de una opción se establece como la suma de su *valor intrínseco* y su *valor temporal*. Explique qué entiende por estos términos.

PROBLEMAS

*1. Peregrine Funds, Jakarta. Samuel Samosir realiza transacciones con divisas para Peregrine Funds de Jakarta, Indonesia. Él centra casi todo su tiempo y atención en el tipo cruzado dólar estadounidense/dólar de Singapur (US$/S$). El tipo *spot* actual es de US$0.6000/S$. Después de un considerable estudio esta semana, concluye que el dólar de Singapur se apreciará frente al dólar estadounidense en los próximos 90 días, probablemente en alrededor de US$0.7000/S$. Samosir tiene las siguientes opciones de entre las cuales elegir sobre el dólar de Singapur:

Opción	Precio de ejercicio	Prima
Venta en Sing $	US$0.6500/S$	US$0.00003/S$
Compra en Sing $	US$0.6500/S$	US$0.00046/S$

a. ¿Samuel debe comprar una opción de venta en dólares de Singapur o una opción de compra en dólares de Singapur?
b. Con su respuesta a la parte (a), ¿cuál es el precio de equilibrio de Samuel?
c. Con la respuesta a la parte (a), ¿cuál es la utilidad bruta y la utilidad neta (incluida la prima) de Samuel, si el tipo *spot* al final de los 90 días es, en efecto, de US$0.7000/S$?
d. Con la respuesta a la parte (a), ¿cuál es la utilidad bruta y la utilidad neta (incluida la prima) de Samuel, si el tipo *spot* al final de los 90 días es, en efecto, de US$0.8000/S$?

2. Ventas de Paulo. Paulo suscribe una opción de venta sobre yenes japoneses con un precio de ejercicio de US$0.008000/¥ (¥125.00/US$) a una prima de 0.0080 centavos de dólar por yen, con fecha de vencimiento dentro de seis meses. La opción es por ¥12,500,000. ¿Cuál es la utilidad o pérdida de Paulo al vencimiento si los tipos *spot* finales son ¥110/US$, ¥115/US$, ¥120/US$, ¥125/US$, ¥130/US$, ¥135/US$ y ¥140/US$?

3. Amber McClain. Amber McClain, la especuladora de divisas que presentamos anteriormente en este capítulo, vende ocho contratos de futuros a junio por 500,000 pesos al precio de cierre que se indica en la figura 8.1.

a. ¿Cuál es el valor de su posición al vencimiento si el tipo *spot* final es de US$0.12000/Ps?

b. ¿Cuál es el valor de su posición al vencimiento si el tipo *spot* final es de US$0.09800/Ps?

c. ¿Cuál es el valor de su posición al vencimiento si el tipo *spot* final es de US$0.11000/Ps?

4. **Black River Investments.** Jennifer Magnussen, una operadora de divisas de Black River Investments, con sede en Chicago, usa las cotizaciones de futuros (que se muestran al final de esta página) sobre la libra esterlina para especular con su valor:

a. Si Jennifer compra futuros sobre la libra al 5 de junio, y el tipo *spot* al vencimiento es de US$1.3980/libra, ¿cuál es el valor de su posición?

b. Si Jennifer vende futuros sobre la libra al 12 de marzo, y el tipo *spot* al vencimiento es de US$1.4560/libra, ¿cuál es el valor de su posición?

c. Si Jennifer compra futuros sobre la libra al 3 de marzo, y el tipo *spot* al vencimiento es de US$1.4560/libra, ¿cuál es el valor de su posición?

d. Si Jennifer vende futuros sobre la libra al 12 de junio, y el tipo *spot* al vencimiento es de US$1.3980/libra, ¿cuál es el valor de su posición?

5. **Madera Capital.** Katya Berezovsky es especuladora de divisas que trabaja en Madera Capital en Los Ángeles. Su más reciente posición especulativa le redituará ganancias con base en su expectativa que el dólar estadounidense aumentará significativamente su valor frente al yen japonés. El tipo *spot* actual es de ¥120.00/US$. Debe elegir entre las siguientes opciones a 90 días sobre el yen japonés:

Opción	Precio de ejercicio	Prima
Opción de venta sobre yenes	¥125/US$	US$0.00003/¥
Opción de compra sobre yenes	¥125/US$	US$0.00046/¥

a. ¿Katya debe comprar una opción de venta o una opción de compra sobre yenes?

b. Con su respuesta a la parte (a), ¿cuál es el precio de equilibrio de Katya?

c. Con su respuesta a la parte (b), ¿cuál es la utilidad bruta y la utilidad neta (incluida la prima) si el tipo *spot* al final de los 90 días es de ¥140/US$?

6. **Gnome Capital (A).** Stefan Weir compra y vende divisas para Gnome Capital en Ginebra. Stefan tiene US$10 millones para comenzar y debe declarar todas las utilidades al final de cualquier especulación en dólares estadounidenses. El tipo *spot* sobre el euro es de US$1.3558/€, mientras que el tipo a plazo a 30 días es de US$1.3550/€.

a. Si Stefan cree que el valor del euro seguirá aumentando frente al dólar estadounidense, por lo que espera que el tipo *spot* será de US$1.3600/€ al final de los 30 días, ¿qué debe hacer?

b. Si Stefan cree que el valor del euro se depreciará frente al dólar estadounidense, por lo que espera que el tipo *spot* sea de US$1.2800/€ al final de los 30 días, ¿qué debe hacer?

7. **Gnome Capital (B).** Stefan Weir cree que el franco suizo se apreciará frente al dólar estadounidense en los próximos tres meses. Tiene US$100,000 para invertir. El tipo *spot* actual es de US$0.5820/SF, el tipo a plazo a tres meses es de US$0.5640/SF, y espera que el tipo *spot* alcance US$0.6250/SF en seis meses.

a. Calcule la utilidad esperada de Stefan suponiendo una estrategia de especulación pura en el mercado *spot*.

b. Calcule la utilidad esperada de Stefan suponiendo que compra o vende SF a plazo de tres meses.

8. **Utilidades de una opción de compra.** Suponga que una opción de compra en euros se suscribe con un precio de ejercicio de US$1.25/€ a una prima de 3.80 centavos por euro (US$0.0380/€) con fecha de vencimiento dentro de tres meses. La opción es por €100,000. Calcule su utilidad o pérdida en caso de ejercer la opción antes del vencimiento en un momento cuando el euro se negocia *spot* a

a. US$1.10/€

b. US$1.15/€

c. US$1.20/€

d. US$1.25/€

e. US$1.30/€

f. US$1.35/€

g. US$1.40/€

Futuros de la libra esterlina, US$/libra (CME)

Contrato = 62,500 libras

Vencimiento	Apertura	Alto	Bajo	Liquidación	Cambio	Alto	Bajo	Interés abierto
Marzo	1.4246	1.4268	1.4214	1.4228	.0032	1.4700	1.3810	25,605
Junio	1.4164	1.4188	1.4146	1.4162	.0030	1.4550	1.3910	809

9. **Giri, el contreras.** Giri Patel trabaja para CIBC Currency Funds en Toronto. A Giri le gusta llevar la contraria, ya que a diferencia de casi todos los pronósticos, cree que el dólar canadiense (C$) se apreciará frente al dólar estadounidense durante los próximos 90 días. El tipo *spot* actual es de US$0.6750/C$. Giri puede elegir entre las siguientes opciones sobre el dólar canadiense:

Opción	Precio de ejercicio	Prima
Venta sobre C$	US$0.7000	US$0.0003/C$
Compra sobre C$	US$0.7000	US$0.0249/C$

a. ¿Giri debe comprar una opción de venta sobre dólares canadienses o una opción de compra sobre dólares canadienses?
b. Con su respuesta a la parte (a), ¿cuál es el precio de equilibrio de Giri?
c. Con su respuestas a la parte (a), ¿cuál es la utilidad bruta y la utilidad neta (incluida la prima) de Giri, si el tipo *spot* al final de los 90 días es de US$0.7600/C$?
d. Con su respuesta a la parte (a), ¿cuál es la utilidad bruta y la utilidad neta (incluida la prima) de Giri, si el tipo *spot* al final de los 90 días es de US$0.8250/C$?

10. **Downing Street.** Sydney Reeks es un operador de divisas de Downing Street, una casa de inversión privada en Londres. Los clientes de Downing Street son un grupo de inversionistas privados acaudalados que, con una participación mínima de £250,000 cada uno, quieren especular con el movimiento de las divisas. Los inversionistas esperan rendimientos anuales superiores a 25%. Aunque viven en Londres, todas las cuentas y expectativas se basan en dólares estadounidenses.

Sydney está convencido de que la libra esterlina se deslizará de manera significativa, posiblemente a US$1.3200/£, en los próximos 30 a 60 días. El tipo *spot* actual es de US$1.4260/£. Andy quiere comprar una opción de venta sobre libras que producirá el rendimiento de 25% esperado por los inversionistas. ¿Cuál de las opciones de venta que se muestran a continuación le recomendaría comprar? Pruebe que su elección es la combinación preferible de precio de ejercicio, vencimiento y gastos de prima adelantados.

Fijación de precios de sus propias opciones

Puede descargar un libro de trabajo de Excel titulado FX Option Pricing *del sitio Web del libro. El libro de trabajo tiene cuatro hojas de cálculo construidas para fijar el precio de las opciones de divisas para los siguientes cinco pares de divisas (que se muestran en la parte superior de la siguiente página): dólar estadounidense/euro, dólar estadounidense/yen japonés, euro/yen japonés, dólar estadounidense/libra esterlina, y euro/libra esterlina. Use la hoja de cálculo que corresponda del libro de trabajo para responder las siguientes preguntas.*

11. **Dólar estadounidense/euro.** La figura en la parte superior de la página siguiente indica que una opción de compra a un año sobre euros a un precio de ejercicio de US$1.25/€ costará al comprador US$0.0366/€, o 4.56%. Pero ello supone una volatilidad de 10.5% cuando el tipo *spot* era de US$1.2674/€. ¿Cuánto costaría esa misma opción de compra si la volatilidad fuese 12% y el tipo *spot* US$1.2480/€?

12. **Dólar estadounidense/yen japonés.** ¿Cuál sería el gasto de la prima, en moneda de origen, para que Nagakama de Japón compre una opción para vender 750,000 dólares estadounidenses, suponiendo los valores iniciales indicados en el libro de trabajo *FX Option Pricing*?

13. **Euro/yen japonés.** Legrand (Francia) espera recibir ¥10.4 millones en 90 días como resultado de una venta de exportación a una empresa japonesa de semiconductores. ¿Cuál será el costo, en total, de comprar una opción para vender yenes a €0.0072/¥?

14. **Dólar estadounidense/libra esterlina.** Si supone los mismos valores iniciales para el tipo cruzado dólar/libra que se indican en el libro de trabajo *FX Option Pricing*, ¿cuánto más costaría una opción de compra sobre libras, si el vencimiento se duplicara de 90 a 180 días? ¿Qué aumento porcentual representa esto para el doble de duración del vencimiento?

15. **Euro/libra esterlina.** ¿Cómo cambiaría la prima de la opción de compra a la derecha, para comprar libras con euros, si la tasa de interés del euro cambia a 4.000% de los valores iniciales mencionados en el libro de trabajo *FX Option Pricing*?

Precio de ejercicio	Vencimiento	Prima
US$1.36/£	30 días	US$0.00081/£
US$1.34/£	30 días	US$0.00021/£
$1.32/£	30 días	US$0.00004/£
36/£	60 días	US$0.00333/£
	60 días	US$0.00150/£
	60 días	US$0.00060/£

Fijación de precios de opciones de divisas sobre el euro	Una empresa con sede en Estados Unidos quiere comprar o vender euros (la moneda extranjera)		Una empresa europea quiere comprar o vender dólares (la moneda extranjera)	
	Variable	Valor	Variable	Valor
Tipo *spot* (doméstica/extrajera)	S_0	US$1.248	S_0	€ 0.8013
Tipo de ejercicio (doméstica/ extranjera)	X	US$1.2500	X	€ 0.8000
Tasa de interés doméstica (% anual)	r_d	1.453%	r_d	2.187%
Tasa de interés extranjera (% anual)	r_f	2.187%	r_f	1.453%
Tiempo (años, 365 días)	T	1.000	T	1.000
Equivalente en días		365.00		365.00
Volatilidad (% anual)	**s**	**10.500%**	**s**	**10.500%**
Prima de la opción de compra (por unidad de moneda extranjera)	c	US$0.0461	c	€ 0.0366
Prima de la opción de venta (por unidad de moneda extranjera) (Precio europeo)	p	US$0.0570	p	€ 0.0295
Prima de la opción de compra (%)	c	3.69%	c	4.56%
Prima de la opción de venta (%)	p	4.57%	p	3.68%

EJERCICIOS DE INTERNET

1. **Derivados financieros y la ISDA.** La ISDA, International Swaps and Derivatives Association, publica un cúmulo de información acerca de los derivados financieros, su valuación y su uso, además de ofrecer documentos maestros para uso contractual entre las partes. Use el siguiente sitio Web de ISDA para encontrar las definiciones de 31 preguntas y términos básicos de derivados financieros.

    ISDA   www.isda.org/educat/faqs.html

2. **Administración de riesgos y derivados financieros.** Si cree que este libro es extenso, eche un vistazo al manual de administración de riegos del U.S. Comptroller of the Currency, que puede descargarse gratis, relacionado con el cuidado y uso de los derivados financieros.

    Comptroller of
    the Currency   www.occ.treas.gov/handbook/deriv.pdf

3. **Fijación de precios de las opciones.** OxForex Foreign Exchange Services es una empresa privada con un sitio Web enormemente poderoso habilitado para derivados de divisas. Use el siguiente sitio Web para evaluar las diversas variables "griegas" relacionadas con la fijación de precios de las opciones de divisas:

    OzForex   www.ozforex.com.au/reference/fxoptions/

4. **Formulación de opciones de Garman-Kohlhagen.** Para los valientes y adictos a lo cuantitativo, vaya a este sitio de Internet y vea la siguiente presentación detallada de la formulación de opciones de Garman-Kohlhagen que

se usa ampliamente en los negocios y finanzas de la actualidad.

   Riskglossary.com   www.riskglossary.com/link/ garman_kohlhagen_1983.htm

5. **Bolsa Mercantil de Chicago.** En la Bolsa Mercantil de Chicago se negocian futuros y opciones sobre varias divisas, incluidos los reales brasileños. Use el siguiente sitio Web para evaluar los usos de dichos derivados de divisas.

    Bolsa Mercantile   www.cme.com/trading/dta/del/
    de Chicago   product_list.html?ProductType=cur

6. **Volatilidad implícita de las divisas.** La única variable no observable en la fijación de precios de las opciones de divisas es la volatilidad, puesto que los datos de volatilidad son la desviación estándar esperada del tipo *spot* diario durante el próximo periodo de vencimiento de la opción. Use el sitio Web de la Reserva Federal de Nueva York para obtener las volatilidades implícitas actuales de los principales tipos cruzados de las divisas que más se negocian.

    Federal Reserve   www.ny.frb.org/markets/
    Bank of New York   impliedvolatility.html

7. **Bolsa de Montreal.** Es una bolsa canadiense dedicada al apoyo de derivados financieros en Canadá. Visite el sitio Web para ver lo más reciente acerca de la volatilidad MV, que es la volatilidad del propio Índice de la Bolsa de Montreal, en los horarios y días de operación más recientes.

    Bolsa de Montreal   www.m-x.ca/marc_options_en.php

Teoría de fijación de precios de las opciones de divisas

El modelo de fijación de precios de las opciones de moneda extranjera que se presenta aquí, las opciones estilo europeo, es el resultado del trabajo de Black y Scholes (1972); Cox y Ross (1976); Cox, Ross y Rubinstein (1979); Garman y Kohlhagen (1983), y Bodurtha y Courtadon (1987). Aunque aquí no se explica la derivación teórica del siguiente modelo de fijación de precios de las opciones, el modelo original derivado por Black y Scholes se basa en la formación de un portafolio de cobertura sin riesgo, compuesto de una posición larga en el título, activo o divisa, y una opción de compra europea. La solución al rendimiento esperado de este modelo produce la *prima* de la opción.

El modelo teórico básico para la fijación de precios de una opción de compra europea es:

$$C = e^{-r_f T}\, SN(d_1) - E_e^{-r_d T}\, N(d_2)$$

donde

- C = prima de una opción de compra europea
- e = descuento continuo en el tiempo
- S = tipo de cambio *spot* (US$/moneda extranjera)
- E = precio de ejercicio o tipo de cambio de ejercicio
- T = tiempo que falta para el vencimiento
- N = función de distribución normal acumulada
- r_f = tasa de interés extranjera
- r_d = tasa de interés doméstica
- σ = desviación estándar de precio del activo (volatilidad)
- ln = logaritmo natural

Las dos funciones de densidad, d_1 y d_2, se definen como

$$d_1 = \frac{\ln\left(\dfrac{S}{E}\right) + \left(r_d - r_f + \dfrac{\sigma^2}{2}\right)T}{\sigma\sqrt{T}}$$

y

$$d_2 = d_1 - \sigma\sqrt{T}$$

Esta expresión se puede reordenar para que la prima de una opción de compra europea se escriba en términos del tipo a plazo:

$$C = e^{-r_f T}\, FN(d_1) - e^{-r_d T}\, EN(d_2)$$

donde el tipo *spot* y la tasa de interés extranjera se sustituyeron con el tipo a plazo, F, y tanto el primero como el segundo términos se descuentan sobre el tiempo continuo, e. Si ahora se simplifica un poco, se encuentra que la prima de la opción es el valor presente de la diferencia entre dos funciones de densidad normal acumulada:

$$C = \left[FN\left(d_1\right) - EN\left(d_2\right)\right]e^{-r_dT}$$

Ahora las dos funciones de densidad se definen como

$$d_1 = \frac{\ln\left(\dfrac{F}{E}\right) + \left(\dfrac{\sigma^2}{2}\right)T}{\sigma\sqrt{T}}$$

y

$$d_2 = d_1 - \sigma\sqrt{T}$$

La resolución de cada una de estas ecuaciones para d_1 y d_2 permite la determinación de la prima de la opción de compra europea. La prima de una opción de venta europea, P, se deriva de forma similar como

$$P = \left[F\left(N\left(d_1\right) - 1\right) - E\left(N\left(d_2\right) - 1\right)\right]e^{-r_dT}$$

La opción de compra europea: ejemplo numérico

El cálculo real de la prima de la opción no es tan complejo como parece por la serie de ecuaciones anteriores. Si supone los siguientes valores básicos de tipo de cambio y tasa de interés, el cálculo de la prima de la opción es relativamente sencillo.

Tipo *spot*	= US$1.7000/£
A plazo 90 días	= US$1.7000/£
Tipo de cambio de ejercicio	= US$1.700/£
Tasa de interés dólar estadounidense	= 8.00% (anual)
Tasa de interés libra esterlina	= 8.00% (anual)
Tiempo (días)	= 90
Desviación estándar (volatilidad)	= 10.00%
e (descuento infinito)	= 2.71828

Primero se deriva el valor de las dos funciones de densidad es:

$$d_1 = \frac{\ln\left(\dfrac{F}{E}\right) + \left(\dfrac{\sigma^2}{2}\right)T}{\sigma\sqrt{T}} = \frac{\ln\left(\dfrac{1.7000}{1.7000}\right) + \left(\dfrac{0.1000^2}{2}\right)\dfrac{90}{365}}{0.1000\sqrt{\dfrac{90}{365}}} = 0.025$$

y

$$d_2 = 0.025 - 0.1000\sqrt{\frac{90}{365}} = -0.025$$

Los valores de d_1 y d_2 se encuentran entonces en la tabla de probabilidad normal acumulada:

$$N(d_1) = N(0.025) = 0.51; \qquad N(d_2) = N(-0.025) = 0.49$$

La prima de la opción de compra europea con tipo de cambio de ejercicio "a plazo en el dinero" es:

$$C = [(1.7000)(0.51)] - (1.7000)(0.49)]2.71828^{-0.08(90/365)} = US\$0.033/£$$

Ésta es la prima, precio, valor o costo de la opción de compra.

Tabla de probabilidad normal acumulada

La probabilidad de que un número elegido al azar de una distribución normal unitaria produzca un valor menor que la constante d es

$$\text{Prob}(z < d) = \int_{-\infty}^{d} \frac{1}{\sqrt{2\pi}} \, e^{-z^2/2} dz = N(d)$$

FIGURA 8A.1

Rango de d: $-2.49 \leq d \leq 0.00$

D	−0.00	−0.01	−0.02	−0.03	−0.04	−0.05	−0.06	−0.07	−0.08	−0.09
−2.40	0.00820	0.00798	0.00776	0.00755	0.00734	0.00714	0.00695	0.00676	0.00657	0.00639
−2.30	0.01072	0.01044	0.01017	0.00990	0.00964	0.00939	0.00914	0.00889	0.00866	0.00842
−2.20	0.01390	0.01355	0.01321	0.01287	0.01255	0.01222	0.01191	0.01160	0.01130	0.01101
−2.10	0.01786	0.01743	0.01700	0.01659	0.01618	0.01578	0.01539	0.01500	0.01463	0.01426
−2.00	0.02275	0.02222	0.02169	0.02118	0.02068	0.02018	0.01970	0.01923	0.01876	0.01831
−1.90	0.02872	0.02807	0.02743	0.02680	0.02619	0.02559	0.02500	0.02442	0.02385	0.02330
−1.80	0.03593	0.03515	0.03438	0.03362	0.03288	0.03216	0.03144	0.03074	0.03005	0.02938
−1.70	0.04457	0.04363	0.04272	0.04182	0.04093	0.04006	0.03920	0.03836	0.03754	0.03673
−1.60	0.05480	0.05370	0.05262	0.05155	0.05050	0.04947	0.04846	0.04746	0.04648	0.04551
−1.50	0.06681	0.06552	0.06426	0.06301	0.06178	0.06057	0.05938	0.05821	0.05705	0.05592
−1.40	0.08076	0.07927	0.07780	0.07636	0.07493	0.07353	0.07215	0.07078	0.06944	0.06811
−1.30	0.09680	0.09510	0.09342	0.09176	0.09012	0.08851	0.08691	0.08534	0.08379	0.08226
−1.20	0.11507	0.11314	0.11123	0.10935	0.10749	0.10565	0.10383	0.10204	0.10027	0.09853
−1.10	0.13567	0.13350	0.13136	0.12924	0.12714	0.12507	0.12302	0.12100	0.11900	0.11702
−1.00	0.15866	0.15625	0.15386	0.15150	0.14917	0.14686	0.14457	0.14231	0.14007	0.13786
−0.90	0.18406	0.18141	0.17879	0.17619	0.17361	0.17106	0.16853	0.16602	0.16354	0.16109
−0.80	0.21186	0.20897	0.20611	0.20327	0.20045	0.19766	0.19489	0.19215	0.18943	0.18673
−0.70	0.24196	0.23885	0.23576	0.23270	0.22965	0.22663	0.22363	0.22065	0.21770	0.21476
−0.60	0.27425	0.27093	0.26763	0.26435	0.26109	0.25785	0.25463	0.25143	0.24825	0.24510
−0.50	0.30854	0.30503	0.30153	0.29806	0.29460	0.29116	0.28774	0.28434	0.28096	0.27760
−0.40	0.34458	0.34090	0.33724	0.33360	0.32997	0.32636	0.32276	0.31918	0.31561	0.31207
−0.30	0.38209	0.37828	0.37448	0.37070	0.36693	0.36317	0.35942	0.35569	0.35197	0.34827
−0.20	0.42074	0.41683	0.41294	0.40905	0.40517	0.40129	0.39743	0.39358	0.38974	0.38591
−0.10	0.46017	0.45620	0.45224	0.44828	0.44433	0.44038	0.43644	0.43251	0.42858	0.42465

(continúa)

Rango de *d*: −2.49 ≤ *d* ≤ 0.00

D	−0.00	−0.01	−0.02	−0.03	−0.04	−0.05	−0.06	−0.07	−0.08	−0.09
0.00	0.50000	0.49601	0.49202	0.48803	0.48405	0.48006	0.47608	0.47210	0.46812	0.46414
0.00	0.50000	0.50399	0.50798	0.51197	0.51595	0.51994	0.52392	0.52790	0.53188	0.53586
0.01	0.53983	0.54380	0.54776	0.55172	0.55567	0.55962	0.56356	0.56749	0.57142	0.57535
0.20	0.57926	0.58317	0.58706	0.59095	0.59483	0.59871	0.60257	0.60642	0.61026	0.61409
0.30	0.61791	0.62172	0.62552	0.62930	0.63307	0.63683	0.64058	0.64431	0.64803	0.65173
0.40	0.65542	0.65910	0.66276	0.66640	0.67003	0.67364	0.67724	0.68082	0.68439	0.68793
0.50	0.69146	0.69497	0.69847	0.70194	0.70540	0.70884	0.71226	0.71566	0.71904	0.72240
0.60	0.72575	0.72907	0.73237	0.73565	0.73891	0.74215	0.74537	0.74857	0.75175	0.75490
0.70	0.75804	0.76115	0.76424	0.76730	0.77035	0.77337	0.77637	0.77935	0.78230	0.78524
0.80	0.78814	0.79103	0.79389	0.79673	0.79955	0.80234	0.80511	0.80785	0.81057	0.81327
0.90	0.81594	0.81859	0.82121	0.82381	0.82639	0.82894	0.83147	0.83398	0.83646	0.83891
1.00	0.84134	0.84375	0.84614	0.84850	0.85083	0.85314	0.85543	0.85769	0.85993	0.86214
1.10	0.86433	0.86650	0.86864	0.87076	0.87286	0.87493	0.87698	0.87900	0.88100	0.88298
1.20	0.88493	0.88686	0.88877	0.89065	0.89251	0.89435	0.89617	0.89796	0.89973	0.90147
1.30	0.90320	0.90490	0.90658	0.90824	0.90988	0.91149	0.91309	0.91466	0.91621	0.91774
1.40	0.91924	0.92073	0.92220	0.92364	0.92507	0.92647	0.92785	0.92922	0.93056	0.93189
1.50	0.93319	0.93448	0.93574	0.93699	0.93822	0.93943	0.94062	0.94179	0.94295	0.94408
1.60	0.94520	0.94630	0.94738	0.94845	0.94950	0.95053	0.95154	0.95254	0.95352	0.95449
1.70	0.95543	0.95637	0.95728	0.95818	0.95907	0.95994	0.96080	0.96164	0.96246	0.96327
1.80	0.96407	0.96485	0.96562	0.96637	0.96712	0.96784	0.96856	0.96926	0.96995	0.97062
1.90	0.97128	0.97193	0.97257	0.97320	0.97381	0.97441	0.97500	0.97558	0.97615	0.97670
2.00	0.97725	0.97778	0.97831	0.97882	0.97932	0.97982	0.98030	0.98077	0.98124	0.98169
2.10	0.98214	0.98257	0.98300	0.98341	0.98382	0.98422	0.98461	0.98500	0.98537	0.98574
2.20	0.98610	0.98645	0.98679	0.98713	0.98745	0.98778	0.98809	0.98840	0.98870	0.98899
2.30	0.98928	0.98956	0.98983	0.99010	0.99036	0.99061	0.99086	0.99111	0.99134	0.99158
2.40	0.99180	0.99202	0.99224	0.99245	0.99266	0.99286	0.99305	0.99324	0.99343	0.99361

Fuente: Hans R. Stoll y Robert E. Whaley, *Futures and Options*, Southwestern Publishing, 1993, pp. 242-243. Se reproduce con autorización.

CAPÍTULO 9

Tasas de interés y *swaps* de divisas

*Los objetivos de un financiero son, entonces, asegurar un ingreso amplio;
imponerlo con juicio e igualdad; emplearlo económicamente y, cuando la
necesidad lo obligue a usar crédito, asegurar sus bases en dicha instancia, y
para siempre, por la claridad y sinceridad de sus procedimientos, la exactitud de sus cálculos y la solidez de sus fondos.*

—Edmund Burke (1729-1797).

Este capítulo analiza las diversas estrategias para administrar los riesgos de las tasas de interés
y las divisas que se relacionan con la estructura de capital de una EMN. Las principales herramientas son las tasas de interés y los *swaps* de divisas. Además, muchas de las mismas herramientas que se observaron antes en la administración del riesgo cambiario tienen paralelos en la
administración del riesgo monetario y de las tasas de interés.

La administración de riesgos financieros (tipos de cambio, tasas de interés y precios de materias
primas) es un área de rápida expansión en la administración de las finanzas multinacionales.
Todos estos precios financieros introducen riesgo en los flujos de efectivo de la empresa. La identificación, medición y administración del riesgo de las tasas de interés ahora recibe aproximadamente el mismo nivel de atención y esfuerzo que tenía el riesgo cambiario hace algunos años.

Definición de riesgo de las tasas de interés

Todas las empresas, domésticas o multinacionales, pequeñas o grandes, apalancadas o no apalancadas, son susceptibles a los movimientos de las tasas de interés en una forma u otra. Aunque
en teoría y en la industria existen varios riesgos de las tasas de interés, este libro se centra en la
administración financiera de la empresa no financiera. Por tanto, el análisis se limita a los riesgos de las tasas de interés que atañen a la empresa multinacional. Los riesgos de las tasas de
interés para las empresas financieras, como los bancos, no se tratan aquí.

El riesgo más grande de las tasas de interés para la empresa no financiera es el servicio
de la deuda. La estructura de deuda de la EMN está compuesta por diferentes vencimientos de
deuda, diferentes estructuras de tasas de interés (como tipo fijo o flotante) y diferentes monedas de denominación. Las tasas de interés son específicas de la moneda. Cada moneda tiene su
propia curva de rendimiento de las tasa de interés y márgenes de crédito para los prestatarios.
Por tanto, la dimensión del riesgo de las tasas de interés de varias monedas para la EMN es
motivo de grave preocupación. Como se ilustra en la figura 9.1, incluso los cálculos de las tasas
de interés varían en ocasiones de una moneda a otra y de un país a otro.

La segunda fuente más importante de riesgo de las tasas de interés para la EMN es su
tenencia de títulos sensibles al interés. A diferencia de la deuda, que se registra en el lado
derecho del balance general de la empresa, el portafolio de títulos negociables de la empresa

FIGURA 9.1	Cálculo de tasas de interés internacionales

Los cálculos de las tasas de interés internacionales difieren por el número de días usados en el cálculo del periodo y la definición de cuántos días hay en un año (para propósitos financieros). El siguiente ejemplo resalta cómo los diferentes métodos dan por resultado diferentes pagos de interés a un mes sobre un préstamo de US$10 millones, 5.500% de interés anual, para un periodo exacto de 28 días.

Práctica	Días del periodo	Días/año	Días usados	US$10 millones al 5.500% anual Pago de interés
Internacional	Número exacto de días	360	28	US$42,777.78
Británica	Número exacto de días	365	28	US$42,191.78
Suiza (eurobono)	Su suponen 30 días/mes	360	30	US$45,833.33

Fuente: Adaptado de "Hedging Instruments for Foreign Exchange, Monday Market, and Precious Metals", Union Bank of Switzerland, pp. 41-42.

aparece en el lado izquierdo. Los títulos negociables representan las posibles ganancias o entradas de interés que recibe la empresa. Las siempre crecientes presiones competitivas han presionado a los gerentes financieros para que fortalezcan la administración de las partidas del lado izquierdo y derecho del balance general de la empresa.

Ya sea en el lado izquierdo o derecho, la *tasa de referencia* del cálculo de interés merece atención especial. Una *tasa de referencia* (por ejemplo, la LIBOR para el dólar estadounidense) es la tasa de interés que se usa en una cotización estandarizada, contrato de préstamo o valuación de un derivado financiero. La LIBOR, London Interbank Offered Rate (tasa de interés interbancaria de Londres), es con mucho la de mayor uso y cotización, como se describe en el capítulo 3. Oficialmente la define la British Bankers Association (BBA). La LIBOR del dólar estadounidense es la media de las tasas interbancarias ofrecidas por 16 bancos multinacionales, según la muestra que toma la BBA aproximadamente a las 11 de la mañana, tiempo de Londres, en Londres. De igual modo, la BBA calcula la LIBOR del yen japonés, la LIBOR del euro y otras tasas LIBOR de divisas al mismo tiempo en Londres, a partir de muestras de bancos.

Sin embargo, el mercado de tasas de interés interbancarias no está confinado a Londres. La mayoría de los centros financieros domésticos construyen sus propias tasas de interés interbancarias para los contratos de préstamo locales. Dichas tasas incluyen PIBOR (tasa interbancaria de París), MIBOR (tasa interbancaria de Madrid), SIBOR (tasa interbancaria de Singapur) y FIBOR (tasa interbancaria de Frankfurt), por mencionar sólo algunas. La figura 9.2 ilustra la cercana relación entre la LIBOR y las tasas de interés a corto plazo y las tasas de depósito.

Riesgo crediticio y riesgo de reajuste de precios

Antes de describir la administración de los riesgos de reajuste de precios de las tasas de interés más comunes, es importante distinguir entre riesgo crediticio y riesgo de reajuste de precio. El *riesgo crediticio*, en ocasiones llamado *riesgo de refinanciamiento*, es la posibilidad de que el prestamista reclasifique la solvencia de un prestatario en el momento de renovar un crédito. Esto puede provocar cambios en las comisiones y tasas de interés, alteración de los acuerdos sobre líneas de crédito o incluso rechazo. El *riesgo de reajuste de precios* es riesgosa posibilidad de que se registren cambios en las tasas de interés cobradas (ganadas) en el momento de replantear la tasa de un contrato financiero.

Considere las siguientes tres estrategias de deuda que está pensando en adoptar un prestatario corporativo. Cada una tiene la intención de proporcionar financiamiento de US$1 millón durante un periodo de tres años.

- *Estrategia 1*: Tomar un préstamo de US$1 millón a tres años a tasa de interés fija.
- *Estrategia 2*: Tomar un préstamo de US$1 millón a tres años a tasa flotante, LIBOR + 2%, con renovación anual.
- *Estrategia 3*: Tomar un préstamo de US$1 millón a un año a tasa fija, luego renovar el crédito anualmente.

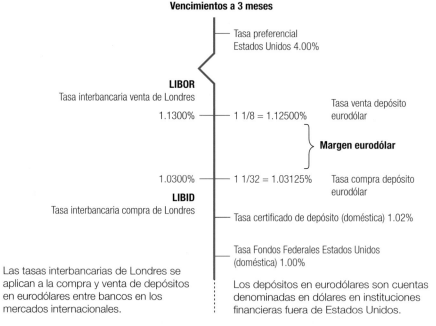

FIGURA 9.2   Tasas de interés denominadas en dólares estadounidenses (febrero 2004)

Fuente: Financial Times, 10 de febrero de 2004, p. 27. ©2004 *Financial Times*. Se reproduce con autorización.

Aunque el costo más bajo de los fondos siempre es un criterio de selección importante, no es el único. Si la empresa elige la estrategia 1, se asegura el financiamiento para los tres años a una tasa de interés conocida. Maximiza la posibilidad de pronosticar los flujos de efectivo para satisfacer la obligación de la deuda. Lo que sacrifica, en cierta medida, es la capacidad de disfrutar de una tasa de interés más baja en el caso de que las tasas de interés bajen durante el periodo. Desde luego, también elimina el riesgo de que las tasas de interés aumenten durante el periodo, lo que incrementaría los costos por servicio de la deuda.

La estrategia 2 ofrece lo que no otorga la estrategia 1: flexibilidad (riesgo de reajuste de precios). También asegura el financiamiento completo de la empresa durante el periodo de tres años. Esto elimina el riesgo crediticio. Sin embargo, el riesgo de reajuste de precios está presente en la estrategia 2. Si la LIBOR cambia de manera radical en el segundo o el tercer año, el cambio en la tasa LIBOR se transfiere por completo al prestatario. No obstante, el margen permanece fijo (lo que refleja la situación de crédito que se aseguró para los tres años). La flexibilidad viene con un costo, en este caso, el riesgo de que las tasas de interés aumenten o disminuyan.

La estrategia 3 ofrece más flexibilidad y más riesgo. Primero, a la empresa se le presta en el extremo más corto de la curva de rendimiento. Si ésta tiene pendiente positiva, como ocurre comúnmente en los grandes mercados industriales, la tasa de interés base debe ser menor. Pero el extremo corto de la curva de rendimiento también es el más volátil. Responde a acontecimientos a corto plazo en una forma mucho más pronunciada que las tasas a largo plazo. La estrategia también expone a la empresa a la posibilidad de que su calificación crediticia cambie de manera drástica cuando el crédito se renueva, ya sea para mejorar o para empeorar. Al notar que las calificaciones crediticias en general se establecen sobre la premisa que una empresa puede cumplir con sus obligaciones de servicio de la deuda en las peores condiciones económicas, las empresas que son muy solventes (calificaciones con grado de inversión) pueden ver la estrategia 3 como una alternativa más viable que las empresas de menor calidad (grados especulativos). Esta estrategia no es para las empresas financieramente débiles.

Aunque el ejemplo anterior sólo ofrece una imagen parcial de la complejidad de las decisiones de financiamiento dentro de la empresa, demuestra que muchos riesgos crediticios y riesgos de reajuste de precios están inextricablemente entrelazados. La expresión *exposición a las tasas de interés* es un concepto complejo, y la medición adecuada de la exposición antes de su administración es crucial. A continuación se describirá el riesgo de las tasas de interés de la forma más común de deuda corporativa: los préstamos a tasa flotante.

Administración del riesgo de las tasas de interés

El dilema administrativo

Para administrar el riesgo de las tasas de interés, los tesoreros y gerentes financieros de todo tipo deben resolver un dilema administrativo básico: el equilibrio entre riesgo y rendimiento. Las tesorerías tradicionalmente se han considerado centros de servicios (centro de costos) y, por tanto, no se espera que tomen posiciones que incurran en riesgo con la esperanza de obtener utilidades. Las actividades de tesorería rara vez se administran o evalúan como centros de utilidades. En consecuencia, las prácticas administrativas de tesorería son predominantemente conservadoras, aunque no pasan por alto las oportunidades para reducir los costos o conseguir utilidades. Sin embargo, la historia está plagada de ejemplos en los que los gerentes financieros se desvían de sus responsabilidades financieras con la expectativa de ganancias. Por desgracia, la mayor parte del tiempo sólo consiguen pérdidas. En el capítulo 8 se habló de las pérdidas que han sufrido compañías específicas con los derivados financieros. Los numerosos desastres con derivados, combinados con el uso generalizado de los derivados financieros, han ayudado cada vez a más empresas a darse cuenta del valor de las declaraciones de política bien formuladas, como las que se mencionan en la figura 9.3.

La administración del riesgo tanto cambiario como de las tasas de interés debe centrarse en administrar las exposiciones de los flujos de efectivo existentes o previstos de la empresa. En cuanto a la administración de la exposición cambiaria, la empresa no puede aplicar administración informada o estrategias de cobertura sin formarse expectativas, una *visión direccional* o *de volatilidad*, de los movimientos de las tasas de interés. Por fortuna, los movimientos de las tasas de interés históricamente han mostrado más estabilidad y menos volatilidad que los tipos de cambio. Para la administración financiera con frecuencia ha sido valioso equivocarse en el lado conservador, lo que se agrega a la previsibilidad de los compromisos y flujos de efectivo. Este conservadurismo, a su vez, mejora la capacidad de toma de decisiones estratégicas de la empresa. Finalmente, tal como ocurre con los riesgos cambiarios, persiste la pregunta acerca de si los accionistas quieren que la administración cubra el riesgo de las tasas de interés o prefieren que diversifique el riesgo mediante la propiedad de otros títulos.

Una vez que la administración se forma expectativas acerca de los futuros niveles y movimientos de las tasas de interés, debe elegir la implementación adecuada, una ruta que incluye el

---

FIGURA 9.3   Declaraciones de política de tesorería

Los principales desastres de derivados de la década de 1990 resaltan la necesidad de la adecuada formulación e implementación de las políticas de administración financiera corporativa. Sin embargo, las políticas frecuentemente se malinterpretan por quienes las redactan y aplican. Pueden ser pertinentes algunos fundamentos útiles.

■ **Una política es una regla, no una meta.** Una política tiene la intención de limitar o restringir las acciones administrativas, no de establecer prioridades o metas. Por ejemplo, "No suscribirás opciones sin cubrir" es una política. "La administración buscará el costo más bajo de capital en todo momento" es una meta.

■ **Una política tiene la intención de restringir la toma de decisiones subjetivas.** Aunque a primera vista este aspecto parece indicar que no debe confiarse en la administración, en realidad tiene la intención de hacer que la toma de decisiones de la administración sea más sencilla en situaciones potencialmente nocivas.

■ **Una política tiene la intención de establecer lineamientos operativos independientemente del personal.** Aunque muchas políticas pueden parecer excesivamente restrictivas dados los talentos específicos del personal financiero, la responsabilidad fiduciaria de la empresa necesita mantenerse independientemente del personal específico a bordo. Los cambios en personal a menudo colocan a los nuevos administradores en entornos incómodos y poco familiares. Pueden cometer errores de juicio. La formulación adecuada de las políticas ofrece una base constructora y protectora para la curva de aprendizaje de la administración.

uso selectivo de varias técnicas e instrumentos. Por fortuna, la administración del riesgo de las tasas de interés se facilita por la disponibilidad de varios instrumentos derivados de tasas de interés, como los contratos de tasas a plazo, los *swaps* y las opciones. Su uso se ilustra mediante el ejemplo de un préstamo a tasa flotante de Trident. El crecimiento en el uso de dichos instrumentos en general se presenta en el apartado *Finanzas globales en la práctica 9.1*.

Préstamos a tasa flotante de Trident

Los préstamos a tasa flotante son una fuente de deuda de uso común para las empresas a nivel mundial, como se ilustra en el apartado *Finanzas globales en la práctica 9.2*. También es la fuente de exposición corporativa a las tasas de interés más importante y que se observa con más frecuencia.

La figura 9.4 muestra los costos y flujos de efectivo de un préstamo a tasa flotante a tres años tomado por Trident Corporation. El préstamo de US$10 millones se liquidará mediante pagos de interés anuales y reembolso de principal total al final del periodo de tres años.

- El *precio* del préstamo se fija en LIBOR para el dólar estadounidense + 1.500% (note que el costo del dinero, esto es, el interés, a menudo se conoce como *precio*). La base LIBOR se renovará cada año en una fecha previamente acordada (por decir, dos días antes del pago). Mientras que el componente LIBOR es verdaderamente flotante, el margen de 1.500% es un componente fijo del pago de interés, que se conoce con certeza durante la vida del préstamo.

- Cuando se dispone inicialmente del préstamo, en el año cero, el prestamista cobra una comisión adelantada de 1.500%. Esta comisión produce una reducción en el importe neto del préstamo de US$150,000. Aunque el contrato de préstamo establece el importe de US$10,000,000 y Trident tiene la obligación de pagarlos por completo, la cantidad neta que la empresa recibe es de sólo US$9,850,000.

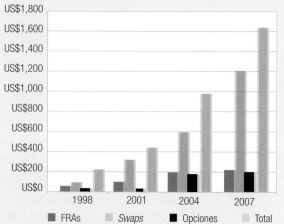

FINANZAS GLOBALES EN LA PRÁCTICA 9.2

¿Un mundo de tasa fija o de tasa flotante?

La publicación *BIS Quarterly Review* de marzo de 2009 presenta un desglose estadístico detallado de los tipos de documentos y bonos internacionales recientemente emitidos y en circulación, por emisor, por tipo de instrumento y por divisa de denominación. Los datos ofrecen algunos indicios interesantes acerca del mercado de títulos internacionales.

■ Al final del año 2008 había US$22.7 billones en circulación en pagarés y bonos internacionales emitidos por todo tipo de instituciones.

■ El mercado continúa dominado por las emisiones de instituciones financieras. Los emisores por valor en dólares fueron: instituciones financieras, US$17.9 billones o 79%; gobiernos, US$1.8 billones u 8%; organizaciones internacionales, US$0.6 billones o 3%, y emisores corporativos, US$2.4 billones o 10% del total en circulación.

■ Los instrumentos todavía son emisiones principalmente a tasa fija: 64% de todas las emisiones en circulación son a tasa fija, 34% a tasa flotante y aproximadamente 2% relacionada con capital.

■ El euro sigue dominando las emisiones de pagarés y bonos internacionales, y constituye más del 48% del total. El euro va seguido por el dólar, 36%; la libra esterlina, 8%; el yen japonés, 3%, y el franco suizo, apenas por debajo de 2%.

Los datos siguen sustentando dos propiedades fundamentales de los mercados de deuda internacionales. Primera, que el dominio del euro refleja el uso a largo plazo de los mercados de títulos internacionales por parte de las instituciones en los países que constituyen el euro: Europa Occidental. Segunda, que las emisiones a tasa fija todavía son el cimiento del mercado. Aunque las emisiones a tasa flotante aumentaron marginalmente en el periodo 2003-2006, la crisis de crédito internacional de 2007-2008 y la respuesta de los bancos centrales de bajar las tasas de interés creó nuevas oportunidades para la colocación de emisiones de tasa fija a largo plazo por emisores de todo tipo.

Fuente: Datos extraídos de la Tabla 13B, *BIS Quarterly Review*, marzo de 2009, p. 91, www.bis.org/statistics/secstats.htm

---

FIGURA 9.4   Costos y flujos de efectivo de Trident Corporation para pagar un préstamo a tasa flotante

Tasas de interés y flujos de efectivo esperados asociados con un préstamo a tasa flotante de US$10,000,000. Trident paga una comisión inicial de 1.500% sobre el principal por adelantado (lo que reduce el importe neto).

Tasas interés préstamo	Año 0	Año 1	Año 2	Año 3
LIBOR (flotante)	5.000%	5.000%	5.000%	5.000%
Margen (fijo)		1.500%	1.500%	1.500%
Total interés pagadero		6.500%	6.500%	6.500%

Flujos efectivo interés sobre préstamo				
LIBOR (flotante)		(US$500,000)	(US$500,000)	(US$500,000)
Margen (fijo)		(150,000)	(150,000)	(150,000)
Interés total		(US$650,000)	(US$650,000)	(US$650,000)
Importe del préstamo (reembolso)	US$9,850,000			(US$10,000,000)
Total flujos efectivo préstamo	US$9,850,000	(US$650,000)	(US$650,000)	(US$10,650,000)
TIR de total flujos efectivo	7.072%		Costo todo incluido (AIC)	

Sensibilidades a LIBOR	LIBOR (año 0)	LIBOR (año 1)	LIBOR (año 2)	LIBOR (año 3)	AIC
Base indicada arriba	5.000%	5.000%	5.000%	5.000%	7.072%
LIBOR aumenta 25 puntos base/año		5.250%	5.500%	5.750%	7.565%
LIBOR disminuye 25 puntos base/año		4.750%	4.500%	4.250%	6.578%

Nota: Para calcular el costo efectivo de los fondos (antes de impuestos) para Trident, costo todo incluido (AIC), se determina la tasa interna de rendimiento (TIR) de los flujos de efectivo totales asociados con el préstamo. El AIC del contrato de préstamo original, sin comisiones, es de 6.500%.

■ Trident no conocerá el costo de interés real del préstamo hasta que éste se haya pagado por completo. Maria Gonzalez, gerente financiero de Trident, puede pronosticar cuál será la tasa LIBOR durante la vida del préstamo, pero no lo sabrá con certeza hasta que se hayan efectuado todos los pagos. Esta incertidumbre no sólo es un riesgo de las tasas de interés, sino también un riesgo del flujo de efectivo real asociado con el pago de interés. (Un préstamo a tasa de interés fija tiene *riesgo de tasa de interés*, en este caso el costo de oportunidad, que no pone en riesgo los flujos de efectivo.)

La figura 9.4 ilustra el *costo todo incluido* (AIC) del préstamo bajo diferentes sensibilidades. Para obtener el AIC se calcula la tasa interna de rendimiento (TIR) de los flujos de efectivo totales para el pago del préstamo. El análisis de la línea base supone que la LIBOR permanece a 5.000% durante la vida del préstamo. Si se incluyen las comisiones adelantadas, el AIC para Trident es de 7.072% (o 6.500% fijo sin comisiones). Sin embargo, si la LIBOR aumentara de manera constante 25 puntos base (0.25%) por año durante el periodo de tres años, el AIC del préstamo se incrementaría a 7.565%. Si la LIBOR disminuyera los mismos 25 puntos base al año, el AIC caería a 6.578%. Sin embargo, debe recordarse que sólo el componente LIBOR del precio de préstamo crea riesgo por flujo de efectivo.

Si Trident Corporation decidiera, después de tomar el préstamo, que quiere administrar el riesgo de las tasas de interés asociado con el contrato de préstamo, tendría algunas alternativas de administración:

■ **Refinanciamiento.** Trident podría regresar con su prestamista y reestructurar y refinanciar todo el contrato. Esto no siempre es posible y con frecuencia es costoso.

■ **Contratos de tasa a plazo (FRA).** Trident podría asegurar los pagos de interés futuros con FRA, en forma muy parecida a como los tipos de cambio se aseguran con los contratos a plazo.

■ **Futuros de tasa de interés.** Aunque las compañías rara vez usan futuros de divisas para administrar el riesgo cambiario, los futuros de tasas de interés ganaron sustancialmente más aceptación. Trident podría asegurar los pagos de interés futuros tomando una posición de futuros de tasas de interés.

■ *Swaps* **de tasas de interés.** Trident podría suscribir un contrato adicional con un banco u operador de *swaps* en el que intercambiara flujos de efectivo en tal forma que los pagos de interés sobre el préstamo a tasa flotante se volverían fijos.

Contratos de tasa a plazo

Un *contrato de tasa a plazo* (FRA, *forward rate agreement*) es un contrato de negociación interbancaria para comprar o vender pagos de tasas de interés sobre un principal nominal. Dichos contratos se liquidan en efectivo. El comprador de un FRA obtiene el derecho de asegurar una tasa de interés durante un plazo deseado que comienza en una fecha futura. El contrato especifica que el vendedor del FRA pagará al comprador el gasto adicional por intereses sobre una suma nominal de dinero (el principal nominal) si las tasas de interés aumentan por arriba de la tasa acordada, pero el comprador pagará al vendedor el gasto diferencial por intereses si las tasas de interés caen por debajo de la tasa acordada. Los vencimientos disponibles por lo general son a 1, 3, 6, 9 y 12 meses, en forma muy parecida a los contratos a plazo tradicionales para divisas.

Por ejemplo, Trident puede decidir que quiere asegurar el primer pago de intereses (que debe efectuar al final del año 1), por lo que compra un FRA que asegura un pago total de intereses de 6.500%. Si la LIBOR aumenta por arriba de 5.000% hacia el final del año 1, Trident recibiría un pago en efectivo del vendedor del FRA que reduciría la tasa de interés a 5.000%. De igual modo, si la LIBOR cayera durante el año 1 por debajo de 5.000% (no lo que espera Maria Gonzalez), Trident realizaría un pago en efectivo al vendedor del FRA, lo que efectivamente aumentaría su pago LIBOR a 5.000% y el interés total del préstamo a 6.500%.

Como los contratos a plazo de divisas, los FRA son útiles en exposiciones individuales. Son compromisos contractuales de la empresa que permiten poca flexibilidad para aprovechar los movimientos favorables, como cuando la LIBOR cae como acaba de describirse. Las empresas también usan FRA si planean invertir en títulos a fechas futuras, pero temen que las tasas de interés bajen antes de la fecha de inversión. Sin embargo, debido a los limitados vencimientos y monedas disponibles, los FRA no se usan mucho fuera de las más grandes economías y divisas industriales.

Futuros de tasas de interés

A diferencia de los futuros de divisas, los *futuros de tasas de interés* son de uso relativamente extenso por parte de gerentes financieros y tesoreros de compañías no financieras. Su popularidad se debe a la liquidez relativamente elevada de los mercados de futuros de tasas de interés, su simplicidad de uso y las exposiciones bastante estandarizadas a las tasas de interés que tienen la mayoría de las empresas. Los dos contratos de futuros de uso más extenso son los futuros de eurodólares que se negocian en la Bolsa Mercantil de Chicago (CME) y los futuros de bonos del tesoro estadounidense del Chicago Board of Trade (CBOT). De modo interesante, el tercer volumen más grande de un contrato de futuros negociado a finales de la década de 1990 fue el contrato de futuros de divisas dólar estadounidense/real brasileño negociado en la Bolsa de Mercaderías y Futuros de Brasil.

Para ilustrar el uso de los futuros para administrar los riesgos de tasa de interés, el texto se centrará en los contratos de futuros del eurodólar a tres meses. La figura 9.5 presenta futuros del eurodólar para dos años (en realidad se negocian a 10 años).

El rendimiento de un contrato de futuros se calcula a partir del *precio de liquidación*, que es el precio de cierre para dicho día de operaciones. Por ejemplo, un gerente financiero que examina las cotizaciones del eurodólar que se presentan en la figura 9.5 para un contrato a marzo de 2003 vería que el *precio de liquidación* del día anterior era de 94.76, un rendimiento anual de 5.24%:

$$\text{Rendimiento} = (100.00 - 94.76) = 5.24\%$$

Dado que cada contrato es por un periodo de tres meses (trimestre) y un principal nominal de US$1 millón, cada punto base en realidad vale US$2,500 (0.01 × $1,000,000 × 90/360).

Si Maria Gonzalez estuviera interesada en cubrir un pago de interés de tasa flotante pagadero en marzo de 2003, necesitaría *vender un futuro*, para tomar una *posición corta*. Esta estrategia se conoce como posición corta porque Maria vende algo que no tiene (como cuando se venden acciones comunes en corto). Si las tasas de interés aumentan en marzo, como Maria teme, el precio de los futuros caerá y ella podrá cerrar la posición con una ganancia. Esta ganancia compensará aproximadamente las pérdidas asociadas con el aumento en los pagos de interés sobre su

FIGURA 9.5   Precios de futuros del eurodólar

Vencimiento	Abierto	Alto	Bajo	Liquidación	Rendimiento	Interés abierto
Junio 02	94.99	95.01	94.98	95.01	4.99	455,763
Sept	94.87	94.97	94.87	94.96	5.04	535,932
Dic	94.60	94.70	94.60	94.68	5.32	367,036
Mar 03	94.67	94.77	94.66	94.76	5.24	299,993
Junio	94.55	94.68	94.54	94.63	5.37	208,949
Sept	94.43	94.54	94.43	94.53	5.47	168,961
Dic	94.27	94.38	94.27	94.36	5.64	130,824

Nota: Presentación típica de *The Wall Street Journal*. Sólo se muestran vencimientos trimestrales regulares. Todos los contratos son por US$1 millón; puntos de 100%. El interés abierto es el número de contratos en circulación.

deuda. Sin embargo, si está equivocada y las tasas de interés bajan en la fecha de vencimiento, lo que haría que el precio de los futuros se elevara, María sufrirá una pérdida que eliminará los "ahorros" derivados de realizar un pago de interés de tasa flotante menor al esperado. De modo que, al vender el contrato de futuros a marzo de 2003, asegura una tasa de interés de 5.24%.

Obviamente, las posiciones de futuros de tasas de interés podrían comprarse, y por lo regular así se hace, exclusivamente para propósitos especulativos. Aunque éste no es el punto focal del contexto administrativo, el ejemplo muestra cómo cualquier especulador con una visión direccional sobre las tasas de interés podría tomar posiciones con expectativas de ganancia.

Como se mencionó anteriormente, la exposición más común de tasas de interés de la empresa no financiera es el interés pagadero sobre su deuda. Sin embargo, tal exposición no es el único riesgo de tasa de interés. Como cada vez más empresas administran activamente todo su balance, los ingresos por interés del lado izquierdo están bajo creciente escrutinio. Si se espera que los gerentes financieros ganen intereses más altos sobre los títulos que pagan rendimientos, bien pueden descubrir un segundo uso del mercado de futuros de tasas de interés: asegurar los ingresos por intereses en el futuro. La figura 9.6 ofrece un panorama de estas dos exposiciones básicas de tasas de interés y las estrategias necesarias para administrar los futuros de tasas de interés.

Swaps de tasas de interés

Los *swaps* son acuerdos contractuales para intercambiar o *swap* una serie de flujos de efectivo. Dichos flujos de efectivo son más comúnmente los pagos de interés asociados con el servicio de la deuda, como el préstamo a tasa flotante descrito líneas arriba.

- Si el acuerdo es para que una parte cambie su pago de interés fijo por los pagos de tasa de interés flotante de otro, se denomina *swap de tasa de interés*.

- Si el acuerdo es para cambiar divisas de la obligación del servicio de la deuda (por ejemplo, pagos de intereses en francos suizos a cambio de pagos de intereses en dólares estadounidenses), se denomina *swap de divisas*.

- Un solo *swap* puede combinar elementos tanto de los *swaps* de tasa de interés como de los *swaps* de divisas.

No obstante, en cualquier caso, el *swap* sirve para alterar las obligaciones de flujo de efectivo de la empresa, como cuando se cambian los pagos de tasa flotante por pagos de tasa fija asociados con una obligación de deuda existente. El *swap* no es una fuente de capital, sino más bien una alteración de los flujos de efectivo asociados con el pago. Lo que con frecuencia se denomina *swap vainilla sencillo* es un acuerdo entre dos partes para intercambiar obligaciones financieras de tasa fija por tasa flotante. Este tipo de *swap* forma el mercado de derivados financieros más grande del mundo.

FIGURA 9.6   Estrategias de futuros de tasa de interés para exposiciones comunes

Exposición	Acción de futuros	Tasas de interés	Resultado posición
Pago de interés en fecha futura	Venta de futuro (posición corta)	Si las tasas suben	Precio futuros cae; posición corta obtiene utilidad
		Si las tasas bajan	Precio futuros sube; posición corta genera pérdida
Ingreso de interés en fecha futura	Compra de futuro (posición larga)	Si las tasas suben	Precio futuros cae; posición larga genera pérdida
		Si las tasas bajan	Precio futuros sube; posición larga obtiene utilidad

Las dos partes pueden tener varias motivaciones para suscribir el acuerdo. Por ejemplo, una posición muy común es la siguiente. Un prestatario corporativo con buena posición crediticia tiene pagos de servicio de deuda en tasa flotante. El prestatario, después de revisar las condiciones de mercado actuales y formarse expectativas acerca del futuro, puede concluir que las tasas de interés están a punto de subir. Con la finalidad de proteger a la empresa contra pagos crecientes de servicio de deuda, el tesorero de la compañía puede suscribir un acuerdo de *swap* para *pagar fijo/recibir flotante*. Esto significa que la empresa realizará pagos de interés a tasa fija y recibirá de la contraparte del *swap* pagos de interés a tasa flotante. Los pagos a tasa flotante que la empresa recibe se usan para cubrir la obligación de deuda de la empresa, de modo que la empresa, en términos netos, ahora realiza pagos de interés a tasa fija. El uso de derivados cambió sintéticamente la deuda a tasa flotante en deuda a tasa fija. Lo hace sin pasar por los costos y complejidades de refinanciar las obligaciones de deuda existentes.

De igual modo, una empresa con deuda a tasa fija que espera la caída de las tasas de interés puede cambiar deuda a tasa fija por deuda a tasa flotante. En este caso, la empresa suscribiría un contrato de *swap* de tasa de interés *pagar flotante/recibir fijo*. La figura 9.7 presenta una tabla resumen de las estrategias de *swap* de tasa de interés recomendadas para empresas que tienen deuda a tasa fija o deuda a tasa flotante.

Los flujos de efectivo de un *swap* de tasa de interés son las tasas de interés aplicadas a un importe de capital establecido (*principal nominal*). Por esta razón, también se conocen como *swaps de cupones*. Las empresas que suscriben contratos de *swaps* de tasa de interés establecen el principal nominal para que los flujos de efectivo resultantes del *swap* de tasa de interés cubran sus necesidades de administración de las tasas de interés.

Los *swaps* de tasa de interés son compromisos contractuales entre una empresa y un operador de *swaps* y son completamente independientes de la exposición a la tasa de interés de la empresa. Esto es, la empresa puede adquirir un *swap* por cualquier razón que considere conveniente y luego cambiar (*swap*) un principal nominal que sea menor o igual, o incluso mayor que la posición total administrada. Por ejemplo, una empresa con una variedad de préstamos a tasa flotante en sus libros puede adquirir *swaps* de tasa de interés por sólo 70% del principal existente, si lo desea.

La razón para contratar un *swap*, y la posición de *swap* que adquiere la empresa, depende exclusivamente del criterio de la administración. También debe señalarse que el mercado de *swaps* de tasa de interés llena una laguna en la eficiencia del mercado. Si todas las empresas tuvieran acceso libre e igual a los mercados de capital, sin importar la estructura de las tasas de interés o la divisa de denominación, el mercado de *swaps* muy probablemente no existiría. El hecho de que el mercado de *swaps* no sólo exista, sino que también prospere y proporcione beneficios a todas las partes, es en cierto sentido el proverbial "almuerzo gratuito", debido a la ventaja comparativa.

Ventaja comparativa

Los mercados de capital tratan de diferente manera a las compañías según su calidad crediticia. Por ejemplo, Unilever (Reino Unido) y Xerox (Estados Unidos) buscan en el mercado US$30 millones de deuda por un periodo de cinco años. Unilever tiene una calificación crediticia AAA (la más alta) y, por tanto, tiene acceso a deuda a tasas atractivas, tanto fijas como flotantes. Unilever prefiere pedir un préstamo a tasa flotante, pues ya tiene fondos a tasa fija y quiere

FIGURA 9.7	Estrategias de *swaps* de tasa de interés

Posición	Expectativa	Estrategia *swaps* de tasa de interés
Deuda tasa fija	Tasas suben	Hacer nada
	Tasas bajan	Pagar flotante/recibir fijo
Deuda tasa flotante	Tasas suben	Pagar fijo/recibir flotante
	Tasas bajan	Hacer nada

aumentar la proporción de su portafolio de deuda flotante. Xerox tiene una calificación de crédito BBB (la más baja de las principales categorías de calificación de deuda con grado de inversión) y prefiere aumentar la deuda a tasa de interés fija. Aunque Xerox tiene acceso a fondos tanto a tasa fija como a tasa flotante, la deuda a tasa fija se considera cara. Las empresas, a través de Citibank, en realidad podrían pedir prestado en sus mercados relativamente ventajosos y luego cambiar sus pagos de servicio de la deuda. Esto se ilustra en la figura 9.8.

Implementación del *swap* de tasas de interés

Cada compañía primero pide prestado en el mercado donde tiene ventaja comparativa relativa. Como se ilustra en la figura 9.8, Unilever puede pedir fondos prestados a tasa fija 1.000% más baratos que Xerox (7.000% en oposición a 8.000%) y fondos a tasa flotante 0.5% más baratos (0.25% en relación con los 0.75% de Xerox). Esto significa que la *ventaja comparativa relativa* de Unilever radica en pedir prestados fondos a tasa fija y, por tanto, Xerox debe pedir prestados fondos a tasa flotante.

1. Unilever pide prestado a la tasa fija de 7.000% anual, y luego suscribe un contrato de *swap* de tasas de interés para *recibir fijo pagar flotante* con Citibank. Entonces el banco se compromete a hacer los pagos del servicio de la deuda a 7.000% a nombre de Unilever durante la vida del contrato de *swap* (cinco años).

2. Unilever, a su vez, se compromete a pagar a Citibank una tasa de interés flotante, LIBOR a un año, lo que le permite realizar pagos por servicio de la deuda sobre una base de tasa flotante, que es la que prefiere. La tasa de interés que negocia con Citibank es menor que la tasa que podría adquirir por su cuenta.

3. Xerox pide prestado a la tasa flotante de LIBOR + 0.75%, y luego cambia los pagos con Citibank. Citibank se compromete a efectuar los pagos de deuda a tasa flotante a nombre de Xerox.

4. Xerox, a su vez, se compromete a pagar a Citibank una tasa de interés fija, 7.875%, lo que permite a Xerox realizar pagos de servicio de deuda a tasa fija, lo cual prefiere, pero a un costo menor de fondos de lo que podría adquirir por su cuenta.

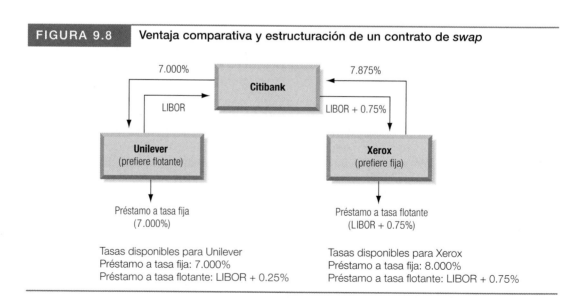

FIGURA 9.8   Ventaja comparativa y estructuración de un contrato de *swap*

7.000%	**Citibank**	7.875%
LIBOR		LIBOR + 0.75%
Unilever (prefiere flotante)		**Xerox** (prefiere fija)
Préstamo a tasa fija (7.000%)		Préstamo a tasa flotante (LIBOR + 0.75%)

Tasas disponibles para Unilever
Préstamo a tasa fija: 7.000%
Préstamo a tasa flotante: LIBOR + 0.25%

Tasas disponibles para Xerox
Préstamo a tasa fija: 8.000%
Préstamo a tasa flotante: LIBOR + 0.75%

Beneficios de los *swaps* de tasa de interés

Unilever pidió fondos prestados a tasa fija de 7.000%. Ahora celebró un acuerdo de *swap* en el que pagará tasa flotante, LIBOR + 0%, a cambio de que Citibank realice sus pagos de 7.000% de interés sobre su deuda. Entonces Unilever tiene los siguientes pagos de interés combinados:

Unilever pide prestado a tasas fijas:	(7.000%)	
Cambia tasas *fijas por flotantes*:	+ 7.000%	Recibe fijo
	(LIBOR)	Paga flotante
Interés neto (deuda + *swap*)	(LIBOR)	

Xerox pidió fondos prestados a LIBOR + 0.75%, una tasa de interés flotante. Después suscribe un acuerdo de *swap* para cambiar *flotante por fija*, lo que significa que recibirá una tasa flotante de LIBOR + 0.25% y pagará una tasa de interés fija, 7.875%.

Xerox pide prestado a tasas flotantes:	(LIBOR + 0.75%)	
Cambia tasas *flotantes por fijas*:	+ LIBOR + 0.75%	Recibe flotante
	(7.875%)	Paga fijo
Interés neto (deuda + *swap*)	(7.875%)	

Cada uno de los prestatarios se beneficia del cambio de tasa de interés, ya que puede pedir préstamos de capital en la estructura de tasas de interés que prefiere y a menor tasa que la que podría conseguir por cuenta propia.

	Unilever (Reino Unido)	Xerox (Estados Unidos)
Si pide prestado directamente	LIBOR + 0.25%	8.000%
Si pide prestado a través de *swap*	LIBOR + 0%	7.875%
Ahorros	+ 0.25%	+ 0.125%

¿Cómo es esto posible? Cada uno se beneficia como resultado de la especialización de cada prestatario que adquiere fondos en su mercado de acceso preferido y luego intercambia la serie de pagos de intereses, lo que redistribuye los beneficios de la especialización.

Trident Corporation: cambio a tasas fijas

El préstamo a tasa flotante de Trident Corporation ahora es motivo de cierta preocupación para Maria Gonzalez. Algunos acontecimientos recientes la han llevado a creer que las tasas de interés, en especial la LIBOR, pueden elevarse en los próximos tres años. Puesto que el contrato de préstamo es relativamente nuevo (Trident todavía está en el primer año del préstamo y aún tiene que hacer un pago de interés), en este punto se considera muy costoso refinanciar. Maria cree que un *swap* de tasas de interés *pagar fijo/recibir flotante* puede ser la mejor alternativa para corregir las tasas de interés futuras. Después de comunicarse con varios de sus principales bancos, Trident recibe una cotización de una tasa fija de 5.750% frente a LIBOR. Si Trident suscribe un acuerdo *swap*, durante los siguientes tres años recibirá LIBOR y pagará 5.750% sobre un principal nominal de US$10 millones. En la figura 9.9 se presenta un análisis rápido del préstamo existente combinado y el *swap* pagar fijo/recibir flotante que contratará el grupo de tesorería de Trident.

El acuerdo *swap* no sustituye al contrato de préstamo existente; lo complementa. Trident sigue siendo responsable de realizar todos los pagos sobre el préstamo a tasa flotante. Note que el acuerdo *swap* se aplica sólo a los pagos de interés sobre el préstamo y no incluye el pago del

FIGURA 9.9	*Swap* de tasas de interés de Trident Corporation para pagar fijo/recibir flotante			
Tasas interés préstamo	**Variabilidad**	**Año 1**	**Año 2**	**Año 3**
LIBOR (flotante)	Podría subir o bajar	−5.000%	−5.000%	−5.000%
Margen (fijo)	Fijo	−1.500%	−1.500%	−1.500%
Total interés a pagar		−6.500%	−6.500%	−6.500%
Tasas interés *swap*				
Pago fijo	Fijo	−5.750%	−5.750%	−5.750%
Recibe flotante LIBOR	Podría subir o bajar	+5.000%	+5.000%	+5.000%
Préstamo y posición *swap* combinados				
LIBOR sobre préstamo	Pagar	−5.000%	−5.000%	−5.000%
Margen (fijo)	Pagar	−1.500%	−1.500%	−1.500%
Pago fijo sobre *swap*	Pagar	−5.750%	−5.750%	−5.750%
Recibe flotante LIBOR sobre *swap*	Recibir	+5.000%	+5.000%	+5.000%
Interés neto devengado después *swap*	Pago neto	−7.250%	−7.250%	−7.250%

Nota: En la fecha cuando se realiza el acuerdo de cambio de tasa de interés, se desconocen las tasas LIBOR reales para todos los años (1, 2 y 3). Sin embargo, con base en las expectativas de los operadores de *swaps*, el valor presente de los flujos de efectivo a tasa flotante y los flujos de efectivo a tasa fija son iguales en la fecha del acuerdo.

principal. La parte del pago del servicio de la deuda que preocupa a Trident, la tasa base LIBOR, ahora se compensa con el recibo de un flujo de efectivo de LIBOR de parte del banco de intercambio. Este acuerdo deja a Trident como responsable del pago del margen fijo de 1.500% sobre el préstamo más el pago fijo al 5.750% al banco de intercambio. Dichos pagos se combinan para crear un pago a tasa de interés fija total de 7.250% sobre la deuda de US$10 millones, como se ilustra en la figura 9.9.

La pregunta que aún tiene que responder Maria Gonzalez es si éste es un buen trato. Ahora Trident tiene una deuda a tasa fija de US$10 millones por tres años. Si las tasas de mercado actuales cotizadas a Trident por sus prestamistas son tasas fijas por arriba de 7.250%, la respuesta es *sí*. Sería muy conveniente que Trident asegurara ahora el acuerdo de intercambio, suponiendo que su meta sea asegurar tasas de interés fijas en los próximos tres años.

Swaps de divisas

Dado que todas las tasas *swap* se derivan de la curva de rendimiento en cada divisa principal, el *swap* de tasas de interés de tasa fija a flotante existente en cada moneda permite a las empresas intercambiar monedas. La figura 9.10 presenta una lista de tasas *swap* típicas para el euro, el dólar estadounidense, el yen japonés y el franco suizo. Dichas tasas *swap* se basan en los rendimientos de los títulos gubernamentales en cada uno de los mercados de divisas, más un margen de crédito aplicable a los prestatarios con grado de inversión en los respectivos mercados.

Note que las tasas *swap* de la figura 9.10 no se clasifican o categorizan mediante calificaciones de crédito. Esto se debe a que el mercado *swap* no conlleva riesgos crediticios asociados con cada prestatario en lo individual. En el ejemplo anterior de *swap* de tasas de interés se vio que cuando Trident, que pidió por su cuenta un préstamo a LIBOR más un margen de 1.500% (el margen representa el margen de crédito específico del prestatario), sólo cambió el componente LIBOR. La empresa seguía siendo responsable de pagar el margen fijo, que es una prima de riesgo crediticio.

| FIGURA 9.10 | Cotizaciones de *swaps* de tasas de interés y divisa |

Años	Euro-€		Franco suizo		Dólar estadounidense		Yen japonés	
	Compra	Venta	Compra	Venta	Compra	Venta	Compra	Venta
1	2.99	3.02	1.43	1.47	5.24	5.26	0.23	0.26
2	3.08	3.12	1.68	1.76	5.43	5.46	0.36	0.39
3	3.24	3.28	1.93	2.01	5.56	5.59	0.56	0.59
4	3.44	3.48	2.15	2.23	5.65	5.68	0.82	0.85
5	3.63	3.67	2.35	2.43	5.73	5.76	1.09	1.12
6	3.83	3.87	2.54	2.62	5.80	5.83	1.33	1.36
7	4.01	4.05	2.73	2.81	5.86	5.89	1.55	1.58
8	4.18	4.22	2.91	2.99	5.92	5.95	1.75	1.78
9	4.32	4.36	3.08	3.16	5.96	5.99	1.90	1.93
10	**4.42**	**4.46**	**3.22**	**3.30**	**6.01**	**6.04**	**2.04**	**2.07**
12	4.58	4.62	3.45	3.55	6.10	6.13	2.28	2.32
15	4.78	4.82	3.71	3.81	6.20	6.23	2.51	2.56
20	5.00	5.04	3.96	4.06	6.29	6.32	2.71	2.76
25	5.13	5.17	4.07	4.17	6.29	6.32	2.77	2.82
30	5.19	5.23	4.16	4.26	6.28	6.31	2.82	2.88
LIBOR	3.0313	3.0938	1.3125	1.4375	4.9375	5.0625	0.1250	0.2188

Nota: Presentación típica del *Financial Times*. Los márgenes de compra y venta corresponden al cierre de operaciones en Londres. US$ cotizados frente a LIBOR a tres meses; yen japonés frente a LIBOR a seis meses; euro y franco suizo frente a LIBOR a seis meses.

Por ejemplo, las empresas que tienen calificación baja puede pagar márgenes de 3 o 4% sobre LIBOR, mientras que algunas de las EMN más grandes y financieramente más fuertes del mundo pueden recaudar capital a tasas de LIBOR: 0.40%. El mercado de *swaps* no diferencia la tasa por participante; todos cambian a tasas fijas frente a LIBOR en la moneda respectiva.

El motivo más común para adquirir un *swap* de divisas es sustituir los flujos de efectivo programados en una divisa no deseada con flujos en una divisa deseada. La divisa deseada probablemente es la moneda en la que se generarán los ingresos de operación futuros de la empresa (entradas). Con frecuencia, las empresas recaudan capital en divisas en las que no reciben ingresos significativos u otros flujos de efectivo naturales. La razón por la que lo hacen es el costo; empresas específicas pueden encontrar costos de capital en monedas específicas con precios atractivos en condiciones especiales. Sin embargo, después de recaudar el capital, la empresa tal vez necesite cambiar los pagos a una moneda en la que tendrán ingresos de operación futuros.

La utilidad del mercado de *swaps* de divisas para las EMN e instituciones gubernamentales es significativa. Una EMN que desee cambiar una serie de flujos de efectivo en dólares estadounidenses a tasa fija de 6.04% a 10 años, podría cambiar a 4.46% fijo en euros, 3.30% fijo en francos suizos o 2.07% fijo en yenes japoneses. Podría cambiar de dólares fijos no sólo a tasas fijas, sino también a tasas LIBOR flotantes en las varias divisas. Todo es posible a las tasas cotizadas en la figura 9.10.

Trident Corporation: cambio de dólares a tasa flotante por francos suizos a tasa fija

Se usará de nuevo a Trident Corporation para demostrar cómo usar un *swap* de divisas. Después de recaudar US$10 millones en financiamiento a tasa flotante y cambiarlo posteriormente por pagos a tasa fija, Trident decide que prefiere realizar los pagos del servicio de su deuda en francos suizos. Recientemente, Trident firmó un contrato de venta con un comprador suizo que pagará francos a Trident durante los próximos tres años. Ésta sería una entrada de capital natural en francos suizos en los siguientes tres años y Trident puede decidir que quiere igualar la moneda de denominación de los flujos de efectivo mediante un *swap* de divisas.

Trident Corporation adquiere un *swap* de divisas a tres años para *pagar francos suizos y recibir dólares estadounidenses*. Ambas tasas de interés son fijas. Trident pagará una tasa de interés fija de 2.01% (tasa de venta) en francos suizos y recibirá una tasa de interés fija de 5.56% (tasa de compra) en dólares estadounidenses.

Como se ilustra en la figura 9.11, el *swap* de divisas a tres años que adquirió Trident difiere en dos sentidos importantes del *swap* de tasas de interés vainilla sencillo que se describió anteriormente:

1. El tipo de cambio *spot* en vigor la fecha del contrato establece cuál es el principal nominal en la moneda de destino, que es la divisa a la que cambiará Trident, en este caso, el franco suizo. El principal nominal de US$10,000,000 se convierte en un principal nominal de Sfr15,000,000. Éste es el principal utilizado para establecer los flujos de efectivo reales que Trident se compromete a cubrir (2.01% × Sfr15,000,000 = Sfr301,500).

2. El principal nominal es parte del acuerdo *swap*. En los *swaps* de tasas de interés descritos con anterioridad, ambos flujos de efectivo por pago de interés se basaban en el mismo principal nominal en dólares estadounidenses. Por tanto, no había necesidad de incluir el principal en el acuerdo. Sin embargo, en un *swap* de divisas, puesto que los principales nominales se denominan en dos monedas diferentes, y el tipo de cambio entre estas dos divisas puede cambiar durante la vida del *swap*, los principales nominales son parte del acuerdo *swap*.

En la fecha de inicio del *swap*, ambas posiciones tienen el mismo valor presente neto. El *swap* de Trident lo compromete a tres pagos de efectivo futuros en francos suizos. A su vez, recibirá tres pagos en dólares estadounidenses. Los pagos se establecen. Las prácticas de contabilidad financiera requerirán que Trident detalle y valore su posición de manera regular, es decir, que *ajuste al mercado* el *swap* con base en los tipos de cambio y tasas de interés actuales. Si después de iniciar el *swap* el franco suizo se aprecia frente al dólar estadounidense y Trident paga francos, Trident registrará una pérdida en el *swap* para efectos contables. (De igual modo, el operador de la transacción del *swap* registrará una ganancia.) Al mismo tiempo, si las tasas de interés en los mercados del franco suizo se elevan y el *swap* de Trident lo compromete a una tasa fija de 2.01%,

---

FIGURA 9.11   *Swap* de divisas de Trident Corporation: paga francos suizos y recibe dólares estadounidenses

Componente del *swap*	Año 0	Año 1	Año 2	Año 3
Trident recibirá US$ fijo a esta tasa		5.56%	5.56%	5.56%
Sobre un principal nominal de	US$10,000,000			
Flujos de efectivo que Trident recibirá		US$556,000	US$556,000	US$10,556,000
Tipo de cambio	Sfr.1.5000/US$			
Trident pagará Sfr fijo a tasa		2.01%	2.01%	2.01%
Sobre un principal nominal de	Sfr15,000,000			
Flujo de efectivo que Trident pagará		Sfr301,500	Sfr301,500	Sfr15,301,500

El pago a tasa US$ fija de 5.56% es la tasa de venta a tres años en la figura 9.10. La tasa fija en francos suizos de 2.01% es la tasa de venta a tres años de la figura 9.10. Una vez que Trident Corporation determina el principal nominal de US$10,000,000, el tipo *spot* actual se usa para determinar el principal nominal en francos suizos del *swap* (o viceversa, dependiendo de las metas de Trident). El valor presente de cada lado del *swap* al inicio es de US$10,000,000 (Sfr15,000,000).

entonces resultará una ganancia del componente de interés del valor del *swap*. En resumen, las ganancias y pérdidas sobre el *swap*, al menos para efectos contables, persistirán a lo largo de la vida del *swap*.

Los *swaps* de divisas aquí descritos son *swaps* no amortizables. Un *swap no amortizable* reembolsa todo el principal al vencimiento, en lugar de hacerlo durante la vida del acuerdo *swap*. Desde luego, los operadores de *swaps* estarán encantados de ofrecer a la empresa la forma que prefiera. A lo largo de este capítulo, por simplicidad de presentación, se usarán ejemplos de *swaps* no amortizables.

Trident Corporation: cierre de *swaps*

Como ocurre con todos los contratos de préstamo originales, puede suceder que en alguna fecha futura los socios de un *swap* quieran terminar el acuerdo antes de su vencimiento. Si, por ejemplo, después de un año termina el contrato de venta suizo de Trident Corporation, Trident ya no necesitará el *swap* como parte de su programa de cobertura. Trident podría finalizar o *cerrar* el *swap* con el operador de *swaps*.

El cierre de un *swap* de divisas requiere descontar los flujos de efectivo restantes bajo el acuerdo *swap* a tasas de interés actuales, luego convertir la divisa de destino (aquí, francos suizos) de vuelta a la divisa base de la empresa (dólares estadounidenses para Trident). Si Trident tiene dos pagos pendientes en el acuerdo *swap* de Sfr301,500 y Sfr15,301,500 (un pago sólo de interés y un pago de principal e interés), y la tasa de interés fija a dos años de los francos es de 2.000%, el valor presente o compromiso de Trident en francos suizos es el siguiente:

$$VP(Sfr) = \frac{Sfr301,500}{(1.020)^1} + \frac{Sfr15,301,500}{(1.020)^2} = Sfr15,002,912$$

Al mismo tiempo, el valor presente de los flujos de efectivo restantes por el lado de los dólares del *swap* se determina usando la tasa fija de interés actual para dólares a dos años, que ahora es de 5.500%:

$$VP(US\$) = \frac{US\$556,000}{(1.055)^1} + \frac{US\$10,556,000}{(1.055)^2} = US\$10,011,078$$

El *swap* de divisas de Trident, si se cierra en este momento, produciría un valor presente de entradas netas de US\$10,011,078 (lo que recibe bajo el *swap*) y un valor presente de salidas de Sfr15,002,912 (lo que paga bajo el *swap*). Si ahora el tipo de cambio *spot* es de Sfr1.4650/US\$, la liquidación neta de este *swap* de divisas será la siguiente:

$$\text{Liquidación} = US\$10,011,078 - \frac{Sfr15,002,912}{Sfr1.4650/US\$} = (US\$229,818)$$

Trident realiza un pago en efectivo al operador de *swaps* de US\$229 818 para terminar el *swap*. Trident pierde en el *swap*, principalmente como resultado de la apreciación del franco suizo (las tasas de interés apenas cambiaron). Dado que Trident se comprometió a pagar en la divisa que ahora es más fuerte en valor, el franco, cerrar el *swap* es costoso. Sin embargo, el *swap* se tomó como una cobertura más que como una inversión financiera.

Riesgo de contraparte

Riesgo de contraparte es la exposición potencial que tiene cualquier empresa de que la otra parte en cualquier contrato financiero no pueda cumplir con sus obligaciones, que se especifican en el contrato. En los mercados de tasas de interés y *swaps* de divisas ha aumentado la preocupación por el riesgo de contraparte como resultado de algunos incumplimientos de *swaps* importantes que recibieron mucha publicidad. El rápido crecimiento de los mercados de derivados financieros de divisas y tasas de interés ha estado acompañado por una tasa de incumplimiento sorprendentemente baja a la fecha, en particular en un mercado global que, en principio, no está regulado.

El riesgo de contraparte desde hace mucho tiempo ha sido uno de los principales factores que favorecen el uso de derivados negociados en bolsas en lugar de derivados extrabursátiles. La mayoría de las bolsas, como la Bolsa de Valores de Filadelfia para las opciones de divisas o la Bolsa Mercantil de Chicago para futuros de eurodólar, son la contraparte de todas las transacciones. Esto permite a todas las empresas un alto grado de confianza en que pueden comprar o vender con prontitud productos negociados en bolsa y con poca preocupación acerca de la calidad del crédito de la bolsa. Por lo general, las bolsas financieras requieren una pequeña comisión a todos los operadores de bolsa, para financiar los fondos de seguros creados expresamente con el propósito de proteger a todas las partes. Sin embargo, los productos extrabursátiles son exposiciones crediticias directas para la empresa, porque el contrato por lo general es entre la empresa compradora y la institución financiera vendedora. Sólo las instituciones financieras más grandes y solventes venden o actúan como corredores de la mayoría de los derivados financieros en los centros financieros mundiales de hoy. No obstante, esta estructura no significa que las empresas puedan suscribir contratos continuos con dichas instituciones sin cierto grado de verdadero riesgo financiero y preocupación.

Una empresa que suscribe un acuerdo *swap* de divisas o de tasas de interés tiene la responsabilidad final del cumplimiento oportuno de sus propias obligaciones de deuda. Aunque un acuerdo *swap* puede constituir un contrato para cambiar pagos en dólares estadounidenses por pagos en euros, la empresa que realmente tiene la deuda en dólares sigue siendo legalmente responsable del pago. La deuda original permanece en los libros del prestatario. En caso de que la contraparte de un *swap* no realice el pago según lo acordado, la empresa que legalmente conserva la deuda sigue siendo responsable del servicio de esta última. En caso de que ocurra tal incumplimiento, los pagos en euros se detendrían, por el derecho de *compensación*, y las pérdidas asociadas con el incumplimiento del *swap* se mitigarían.

La exposición real de un *swap* de tasas de interés o divisas no es el principal nominal total, sino los valores ajustados al mercado de los diferenciales en las tasas de interés o en los pagos de intereses en cada moneda (costo de sustitución) desde el inicio del acuerdo *swap*. Este diferencial es similar al cambio en el valor del *swap* que se descubre cuando se cierra un *swap*. Por lo común, esta cantidad sólo es de 2 a 3% del principal nominal.

RESUMEN

- El riesgo más grande de las tasas de interés para la empresa no financiera es el servicio de la deuda. La estructura de deuda de la EMN tiene diferentes vencimientos de deuda, diferentes estructuras de tasas de interés (como tasa fija frente a flotante) y diferentes monedas de denominación.

- La creciente volatilidad de las tasas de interés mundiales, combinada con el uso creciente de deuda a corto plazo y tasas variables por empresas mundiales, indujo a muchas empresas a administrar de manera activa sus *riesgos de tasas de interés*.

- Las principales fuentes de riesgo de tasas de interés para una empresa multinacional no financiera son los préstamos e inversiones a corto plazo, así como las fuentes de deuda a largo plazo.

- Las técnicas e instrumentos usados en la administración del riesgo de las tasas de interés recuerdan en muchos sentidos a los utilizados en la administración del riesgo cambiario: los métodos comprobados de otorgamiento y solicitud de préstamos.

- Los principales instrumentos y técnicas usados para la administración del riesgo de las tasas de interés incluyen los contratos de tasa a plazo (FRA), los futuros de tasa de interés y los *swaps* de tasa de interés.

- Los mercados de *swaps* de tasas de interés y divisas permiten a las empresas tener acceso limitado a monedas y estructuras de tasas de interés específicas para ganar acceso a costos relativamente bajos. Esto a su vez permite a dichas empresas administrar de manera más eficaz los riesgos cambiarios y de tasas de interés.

- Un *swap* de tasa de interés cruzada permite a una empresa alterar tanto la divisa de denominación de los flujos de efectivo para el servicio de la deuda, como la estructura de las tasas de interés de fija a flotante o de flotante a fija.

Exposición a la libra esterlina de McDonald's Corporation

McDonald's Corporation tiene inversiones en más de 100 países. Considera que su inversión de capital en subsidiarias extranjeras está en riesgo, sujeto a cobertura, dependiendo del país, moneda y mercado individuales.

Subsidiaria británica como una exposición

La compañía matriz de McDonald's tiene tres diferentes exposiciones denominadas en libras que surgen de la propiedad y operación de su subsidiaria británica.

- Primera, la subsidiaria británica tiene capital contable, que es un activo denominado en libras de la compañía matriz.

- Segunda, además del capital contable invertido en la subsidiaria británica, la casa matriz proporciona deuda intracompañía en la forma de un préstamo a cuatro años de £125 millones. El préstamo está denominado en libras esterlinas y tiene un pago de interés fijo anual de 5.30%.

- Tercera, la subsidiaria británica paga un porcentaje fijo de las ventas brutas en regalías a la casa matriz. Esto también se denomina en libras. Las tres diferentes exposiciones constituyen un significativo problema de exposición para McDonald's.

- Un detalle técnico adicional complica aún más la situación. Cuando la casa matriz realiza un préstamo intracompañía a la subsidiaria británica, debe designar, de acuerdo con las prácticas contables y fiscales estadounidenses, si el préstamo se considera como *permanentemente invertido* en dicho país. (Aunque en la superficie parece ilógico considerar que cuatro años son algo "permanente", la casa matriz podría renovar continuamente el préstamo y en realidad nunca pagarlo.) Si no se considera permanente, las ganancias y pérdidas de divisas relacionadas con el préstamo fluyen directamente al estado de pérdidas y ganancias de la casa matriz, de acuerdo con la FAS#52.[1] Sin embargo, si el préstamo se designa como permanente, las ganancias y pérdidas de divisas relacionadas con el préstamo intracompañía fluyen solamente a la cuenta de ajuste acumulado por traslación (AAT) en el balance general consolidado. A la fecha, McDonald's ha decidido designar el préstamo como *permanente*. La divisa funcional de la subsidiaria británica para propósitos de consolidación es la divisa local, la libra esterlina.

Anka Gopi es gerente de Mercados Financieros y Tesorería y accionista de McDonald's. En la actualidad revisa la estrategia de cobertura existente que utiliza McDonald's contra la exposición a la libra. La compañía cubrió la exposición a la libra mediante la suscripción de un *swap* cruzado dólar estadounidense/libra esterlina. El *swap* actual es a siete años para recibir dólares y pagar libras. Como todos los *swaps* cruzados, el acuerdo requiere que McDonald's-Estados Unidos realice pagos de interés regulares denominados en libras y el pago total del principal en una sola exhibición (principal nominal) al final del contrato *swap*. McDonald's considera que el pago cuantioso del principal nominal es una cobertura contra la inversión de capital en su subsidiaria británica.

De acuerdo con la FAS#52, una compañía puede optar por tomar el interés asociado con un préstamo denominado en moneda extranjera y trasladarlo directamente al estado de pérdidas y ganancias de la casa matriz. Esto se hizo en el pasado, y McDonald's se benefició de la inclusión de este pago de interés.

La FAS#133, *Contabilidad para instrumentos derivados y actividades de cobertura*, publicada en junio de 1998, originalmente tenía la intención de ser efectiva para todos los trimestres fiscales dentro de los ejercicios fiscales que comenzaran después del 15 de junio de 1999 (para la mayoría de las empresas, esto significaba el 1 de enero de 2000). Sin embargo, la nueva norma era tan compleja y tenía, en potencia, una influencia tan decisiva en las EMN con sede en Estados Unidos que docenas de empresas importantes se acercaron al Financial Accounting Standards Board para solicitarle la posposición de la implementación obligatoria. La complejidad de la norma, combinada con las cargas de trabajo asociadas con los controles de riesgo de Y2K (año 2000), persuadieron al Financial Accounting Standards Board de demorar de manera indefinida la fecha de implementación obligatoria de la FAS#133.

Anka Gopi quiere considerar el impacto potencial de la FAS#133 sobre la estrategia de cobertura que emplean en la actualidad. De conformidad con lo que señala la FAS#133, la empresa tendrá que ajustar al mercado toda la posición del *swap* cruzado, incluido el principal, y llevar esto a *otros ingresos integrales* (OCI, *other comprehensive income*). No obstante, los OCI son en realidad una forma de ingreso requerido por los principios de contabilidad generalmente aceptados de Estados Unidos que se reportan en las notas a pie de página de los estados financieros, pero no la medida del ingreso usada para reportar las utilidades por acción. Aunque McDonald's

---

[1] FAS#52 es la norma de contabilidad que establece la mayoría de las prácticas de presentación de información financiera por parte de empresas, que se relaciona con los tipos de cambio y las variaciones en el tipo de cambio.

ha trasladado los pagos de interés sobre el *swap* a ingreso, anteriormente no tenía que trasladar el valor presente del principal del *swap* a OCI. En opinión de Anka, esto plantea un riesgo material considerable para los OCI.

Anka Gopi también quiere reconsiderar la estrategia actual. Para empezar, prepara una lista de los pros y los contras de la estrategia actual, los compara con los de otras alternativas y luego decide si en este momento debe hacer algo al respecto.

Preguntas del caso

1. ¿Cómo el *swap* cruzado cubre efectivamente las tres principales exposiciones que tiene McDonald's en relación con su subsidiaria británica?

2. ¿Cómo el *swap* cruzado cubre la exposición de capital a largo plazo en la subsidiaria extranjera?

3. ¿Anka y McDonald's deben preocuparse por los OCI?

PREGUNTAS

1. **Triunvirato de riesgos.** Defina y explique los tres principales riesgos financieros que enfrenta una empresa multinacional.

2. **Tasas de referencia.** ¿Qué es una "tasa de interés de referencia" y cómo se utiliza para establecer las tasas para cada prestatario?

3. **Riesgo y rendimiento.** Algunos departamentos de tesorería corporativos están organizados como centros de servicios (centros de costo), mientras que otros se establecen como centros de utilidades. ¿Cuál es la diferencia y cuáles son las implicaciones para la empresa?

4. **Tipos de pronósticos.** ¿Cuál es la diferencia entre un pronóstico específico y un pronóstico direccional?

5. **Declaración de políticas.** Explique la diferencia entre la declaración de una meta y la declaración de una política.

6. **Riesgo crediticio y reajuste de precios.** Desde el punto de vista de una corporación prestataria, ¿cuáles son los riesgos crediticios y de reajuste de precios? Explique los pasos que puede dar una compañía para minimizar ambos.

7. **Contrato de tasa a plazo.** ¿Cómo puede una empresa comercial, que pidió prestado a tasa flotante, usar un contrato de tasa a plazo para reducir el riesgo de las tasas de interés?

8. **Futuros de eurodólar.** El periódico informa que cierto futuro de eurodólar a junio se liquidó a 93.55. ¿Cuál fue el rendimiento anual?

9. **Incumplimiento sobre un *swap* de tasa de interés.** Smith Company y Jones Company suscriben un *swap* de tasas de interés, y Smith paga interés fijo a Jones y Jones paga interés flotante a Smith. Ahora Smith se declara en quiebra y, por tanto, incumple con sus pagos de interés restantes. ¿Cuál es el daño financiero para Jones Company?

10. *Swaps* **de divisas.** ¿Por qué una compañía, con pagos de interés en libras esterlinas, querría cambiar dichos pagos por pagos de interés en dólares estadounidenses?

11. **Riesgo de contraparte.** ¿Cómo la negociación de *swaps* en bolsas organizadas elimina el riesgo de que la contraparte en un contrato *swap* no cumpla con el acuerdo?

PROBLEMAS

*1. **Chávez S.A.** Chávez S.A., una compañía venezolana, quiere pedir un préstamo de US$8,000,000 por ocho semanas. Los prestamistas potenciales en Nueva York, Gran Bretaña y Suiza cotizan una tasa anual de 6.250%, y usan, respectivamente, definiciones de interés (convenciones de cuenta de días) internacional, británica y de eurobono suizo. ¿A cuál fuente debe pedir Chávez el préstamo?

2. **Botany Bay Corporation.** Botany Bay Corporation de Australia desea conseguir un préstamo de US$14,000,000 en el mercado de eurodólares. Necesita el financiamiento dos años. La investigación conduce a tres posibilidades:

Opción 1: Pedir un préstamo de US$14,000,000 por dos años a una tasa de interés fija de 5.375%.

Opción 2: Pedir un préstamo de US$14,000,000 a LIBOR + 1.5%. La LIBOR en la actualidad es 3.885%, y la tasa se restablecería cada seis meses.

Opción 3: Pedir un préstamo de US$14,000,000 sólo por un año a 4.625%; al final del primer año la compañía tendría que negociar un nuevo préstamo a un año.

Compare las alternativas y haga una recomendación.

3. **Raid Gauloises.** Raid Gauloises es un fabricante francés de rápido crecimiento en el área de artículos deportivos y ropa para carreras de aventura. La compañía decide pedir €20,000,000 por medio de un préstamo a tasa flotante euro-euro por cuatro años. Raid debe decidir entre dos ofertas de préstamos competidores de dos de sus bancos.

Banque de Paris ofreció la deuda a cuatro años a euro-LIBOR + 2.00% con una comisión inicial por adelantado de 1.8%. Sin embargo, Banque de Sorbonne, ofreció euro-LIBOR + 2.5%, un margen mayor, pero sin comisiones iniciales por adelantado, por el mismo plazo y principal. Ambos bancos restablecen la tasa de interés al final de cada año.

Euro-LIBOR actualmente es 4.00%. Los economistas de Raid pronostican que la LIBOR se elevará 0.5 puntos porcentuales cada año. Sin embargo, Banque de Sorbonne, pronostica oficialmente que euro-LIBOR comenzará a tender a la alza a la tasa de 0.25 puntos porcentuales por año. El costo de capital de Raid Gauloises es de 11%. ¿Cuál propuesta de préstamo recomienda para Raid Gauloises?

*4. **Agnelli Motors.** Agnelli Motors de Italia recientemente tomó un préstamo de €5 millones por cuatro años a una tasa flotante. No obstante, ahora está preocupada por la elevación de los costos de los intereses. A pesar de que inicialmente creyó que las tasas de interés en la Eurozona tenderían a la baja cuando tomara el préstamo, indicadores económicos recientes muestran presiones inflacionarias crecientes. Los analistas pronostican que el Banco Central Europeo frenará el crecimiento monetario que impulsa las tasas de interés hacia arriba.

Ahora Agnelli considera si debe buscar alguna protección contra un aumento en la euro-LIBOR y piensa en un contrato de tasa a plazo (FRA) con una compañía de seguros. De acuerdo con el contrato, Agnelli pagaría a la compañía aseguradora al final de cada año la diferencia entre el costo de interés inicial a LIBOR + 2.50% (6.50%) y cualquier caída en el costo de interés debida a una caída en la LIBOR. Recíprocamente, la compañía aseguradora pagaría a Agnelli 70% de la diferencia entre el costo de interés inicial de Agnelli y cualquier aumento en los costos de interés causados por un aumento en la LIBOR.

La compra del contrato a tasa flotante costará €100,000, pagaderos al momento del préstamo inicial. ¿Cuáles son los costos de financiamiento anuales de Agnelli ahora, si la LIBOR sube y si la LIBOR cae? Agnelli usa 12% como su costo promedio ponderado de capital. ¿Recomienda que Agnelli compre el FRA?

5. **Chrysler LLC.** Chrysler LLC, la compañía que hoy es de propiedad privada después de que DaimlerChrysler la vendiera, debe pagar tasa de interés flotante a tres meses a partir de ahora. Quiere asegurar estos pagos de interés mediante la compra de un contrato de futuros de tasas de interés. Los futuros de tasas de interés para dentro de tres meses se liquidan a 93.07, para un rendimiento de 6.93% anual.

   a. Si la tasa de interés flotante para dentro de tres meses es de 6.00%, ¿qué gana o pierde Chrysler?

   b. Si la tasa de interés flotante es 8.00% dentro de tres meses, ¿qué gana o pierde Chrysler?

6. **Cañon Chemicals.** Amanda Suvari, la tesorera de Cañon Chemical Company, cree que las tasas de interés subirán, de modo que quiere cambiar sus pagos futuros de tasa de interés flotante por tasas fijas. Actualmente ella paga LIBOR + 2% anual sobre US$5,000,000 de deuda por los siguientes dos años, con pagos que deben efectuarse cada semestre. En la actualidad la LIBOR es de 4.00% anual. Suvari acaba de hacer hoy un pago de interés, de modo que el siguiente pago vence dentro de seis meses a partir de hoy.

Suvari descubre que puede cambiar sus actuales pagos a tasa flotante por pagos fijos de 7.00% anual. (El costo promedio ponderado del capital de Cañon Chemical es de 12%, que Suvari calcula será de 6% por periodo de seis meses, compuesto semestralmente.)

   a. Si la LIBOR se eleva a la tasa de 50 puntos base por periodo de seis meses, a partir de mañana, ¿cuánto ahorra o le cuesta a Suvari que su compañía haga este cambio?

   b. Si la LIBOR cae a la tasa de 25 puntos base por periodo de seis meses, a partir de mañana, ¿cuánto ahorra o le cuesta a Suvari que su compañía haga este cambio?

7. **Xavier y Zulu.** Xavier Manufacturing y Zulu Products buscan financiamiento al menor costo posible. Xavier preferiría la flexibilidad de un préstamo a tasa flotante, mientras que Zulu quiere la seguridad del préstamo a tasa fija. Xavier es la compañía más solvente. Enfrentan la siguiente estructura de tasas. Xavier, con la mejor calificación de crédito, tiene menores costos de endeudamiento en ambos tipos de préstamo:

	Xavier	Zulu
Calificación crediticia	AAA	BBB
Costo tasa fija del préstamo	8%	12%
Costo tasa flotante del préstamo	LIBOR + 1%	LIBOR + 2%

Xavier quiere deuda a tasa flotante, de modo que podría pedir prestado a LIBOR + 1%. Sin embargo, podría pedir prestado a tasa fija de 8% y cambiar por deuda a tasa flotante. Zulu quiere tasa fija, de modo que podría pedir prestado a tasa fija de 12%. No obstante, podría pedir prestado a tasa flotante de LIBOR + 2% y cambiar por deuda a tasa fija. ¿Qué deben hacer?

8. ***Swap* cruzado de Trident: Sfr por US$.** En el capítulo, Trident suscribió un *swap* de tasas de interés de divisa cruzada a tres años, para recibir dólares estadounidenses y pagar francos suizos. Sin embargo, Trident decidió cerrar el *swap* después de un año, por lo que todavía le quedan dos años para liquidar los costos de cerrar el *swap* después de un año. Repita los cálculos para el cierre, pero suponga que ahora aplican las siguientes tasas:

Tasa interés franco suizo dos años	5.20% anual
Tasas interés dólar estadounidense dos años	2.20% anual
Tipo cambio *spot*	SF1.5560/US$

9. **Swap cruzado de Trident: yen por euros.** Con la misma tabla de tasas *swap* (figura 9.8), suponga que Trident suscribe un contrato *swap* para *recibir euros y pagar yenes japoneses*, sobre un principal nominal de €5,000,000. El tipo de cambio *spot* en el momento del *swap* es de ¥104/€.
   a. Calcule todos los pagos de principal e interés, en euros y francos suizos, durante la vida del contrato *swap*. (Use la figura 9.9 como guía.)
   b. Suponga que a un año del contrato *swap*, Trident decide que quiere cerrar el *swap* y liquidarlo en euros. Suponiendo que al día de hoy la tasa de interés fija a dos años sobre el yen japonés es de 0.80%, la tasa de interés fija a dos años sobre el euro es de 3.60% y el tipo de cambio *spot* es de ¥114/€, ¿cuál es el valor presente neto del contrato *swap*? ¿Quién paga a quién qué?

10. **Delphi.** Delphi es el proveedor de autopartes con base en Estados Unidos que se escindió de General Motors en 2000. Con ventas anuales de más de US$26,000 millones, la compañía expandió sus mercados mucho más allá del tradicional fabricante de automóviles en busca de una base de ventas más diversificada. Como parte del esfuerzo general de diversificación, la compañía también quiere diversificar la divisa de denominación de su portafolio de deuda. Suponga que Delphi suscribe un *swap* de tasa de interés cruzado de US$50 millones a siete años para hacer justo eso: pagar euros y recibir dólares. Con los datos de la figura 9.10,
    a. Calcule todos los pagos de principal e intereses en ambas divisas durante la vida del *swap*.
    b. Suponga que tres años después Delphi decide cerrar el contrato *swap*. Si las tasas de interés fijas en euros a cuatro años se elevaron a 5.35%, la tasa fija en dólares a cuatro años cayó a 4.40%, y el tipo de cambio *spot* actual es de US$1.02/€, ¿cuál es el valor presente neto del contrato *swap*? ¿Quién paga a quién qué?

EJERCICIOS DE INTERNET

1. **Curva de rendimiento viviente.** El sitio Web de SmartMoney permite al usuario ver una exposición gráfica detallada de la curva de rendimiento de la Tesorería de Estados Unidos en movimiento desde 1977 hasta el presente. Use el gráfico para ver cómo, con el tiempo, las tasas de interés han caído en general en Estados Unidos

y cómo se coloca la curva de rendimiento actual en relación con lo que era a través del periodo histórico.

SmartMoney	www.smartmoney.com/investing/bonds/the-living-yield-curve-7923/

2. **Tasas de interés internacionales.** Algunos sitios Web publican las tasas de interés actuales por divisa y vencimiento. Use el siguiente sitio Web del *Financial Times* para aislar los diferenciales de tasas de interés entre el dólar estadounidense, la libra esterlina y el euro para todos los vencimientos hasta un año inclusive.

Datos de mercado del *Financial Times*	www.ft.com/markets

Datos mencionados por el *Financial Times*:

- *Tasas de dinero internacionales (tasas de compra bancaria para principales depósitos en divisas)*
- *Tasas de dinero (LIBOR, tasas CD, etcétera)*
- *Márgenes a diez años (márgenes por país individual frente al euro y títulos estadounidenses a 10 años). ¿Cuáles países realmente tienen tasas de bonos gubernamentales a 10 años menores que Estados Unidos y el euro? Probablemente Suiza y Japón. Verifíquelo*
- *Bonos gubernamentales de referencia (muestreo de emisiones gubernamentales representativas por principales países y recientes movimientos de precios). ¿Cuáles países muestran las tasas de referencia con vencimiento más largo?*
- *Bonos de mercados emergentes (emisiones gubernamentales, bonos Brady, etcétera).*
- *Tasas eurozona (tasas de bonos varios para compañías diversas basadas en Europa; incluye calificaciones de deuda por Moodys and S&P).*

3. **Curva de rendimiento del euro.** Eurstat, la unidad estadística de la Unión Europea (UE), publica un gráfico actualizado de la curva de rendimiento para la deuda en circulación del Banco Central Europeo denominada en euros. Use el sitio para tener una visión detallada de lo siguiente: estructuras de a) rendimientos, b) volatilidad y c) curva de rendimiento histórica.

Eurostat europar	www.ecb.int/stats/acc/html/index.en.html

4. **Tasas de interés y curvas de rendimiento actuales.** Use la página Web del New York Federal Reserve Bank para tasas de interés recientes sobre todos los vencimientos de emisiones de deuda denominadas en dólares estadounidenses. También están disponibles datos históricos, de modo que es relativamente sencillo graficar cómo han cambiado los rendimientos de Vencimiento Constante de la Tesorería de semana a semana y de mes a mes para vencimientos que varían entre 3 meses y 10 años.

Federal Reserve Bank of New York	www.ny.frb.org/

5. **International Swaps and Derivatives Association (ISDA).** La ISDA es la principal organización global que intenta tanto estandarizar el uso de los *swaps* de tasas de interés y de divisas, como estudiar el tamaño del mercado. Use el sitio Web de la ISDA par determinar cuál tipo de derivado de tasa de interés crece con mayor rapidez.

International Swaps &
Derivatives Association   www.isda.org

6. **Tasas de interés de libras esterlinas y dólares estadouni-denses.** El sitio Web yieldcurve.com ofrece cotizaciones en tiempo real de los principales vencimientos tanto en títulos de renta fija denominados en dólares estadouni-denses como de bonos denominados en libras esterlinas (bunds). Use la información del sitio para comparar la diferencia en estructuras de tasas de interés en el momento actual.

Yieldcurve.com   www.yieldcurve.com/
marketyieldcurve.asp

CAPÍTULO 10

Determinación y pronóstico
del tipo de cambio de las divisas

Aquel que vive de la bola de cristal pronto aprende a comer vidrio molido.
El instinto gregario entre los pronosticadores hace ver a las ovejas como
pensadores independientes.

—Edgar R. Fiedler.

La determinación del tipo de cambio de las divisas es compleja. En el capítulo 4 se explicó cómo la balanza de pagos de un país puede tener impacto significativo en el nivel de su tipo de cambio y viceversa, dependiendo del régimen cambiario del país. En el capítulo 7 se analizaron las condiciones de paridad internacionales que integran los tipos de cambio con la inflación y las tasas de interés, y se presentó un marco teórico para los mercados financieros globales y la administración de las actividades financieras internacionales. Este capítulo amplía el estudio de la determinación de los tipos de cambio a otra escuela de pensamiento importante sobre la determinación de los tipos de cambio: el *método del mercado de activos*.

La figura 10.1 presenta un panorama general de los numerosos determinantes de los tipos de cambio. Esta guía se organiza en primer término por las tres principales escuelas de pensamiento (condiciones de paridad, método de la balanza de pagos y método del mercado de activos), y en segundo lugar, por las directrices individuales dentro de estos métodos. A primera vista, la idea de que existan tres conjuntos de teorías puede parecer desalentadora, pero es importante recordar que no se trata de *teorías competidoras*, sino más bien de *teorías complementarias*. Sin la profundidad y amplitud de los diversos métodos combinados, nuestra capacidad de captar la complejidad del mercado global de divisas se perdería.

Además de comprender las teorías básicas, es igualmente importante adquirir conocimiento funcional de cómo las complejidades de la economía política internacional, la infraestructura social y económica y los sucesos fortuitos de carácter político, económico o social afectan los mercados cambiarios. He aquí algunos ejemplos:

- Las *debilidades de infraestructura* figuraron entre las principales causas del colapso de los tipos de cambio en los mercados emergentes a finales de la década de 1990. Por otro lado, las fortalezas de infraestructura ayudan a explicar por qué el popular estadounidense siguió siendo fuerte, por lo menos hasta el 11 de septiembre de 2001, fecha del ataque terrorista contra Estados Unidos, a pesar del déficit sin precedentes en la cuenta corriente de la balanza de pagos.

- La *especulación* contribuyó en gran medida a generar las crisis de los mercados emergentes que se describen más adelante en este capítulo. Algunas características de la

---

FIGURA 10.1   Los determinantes de los tipos de cambio

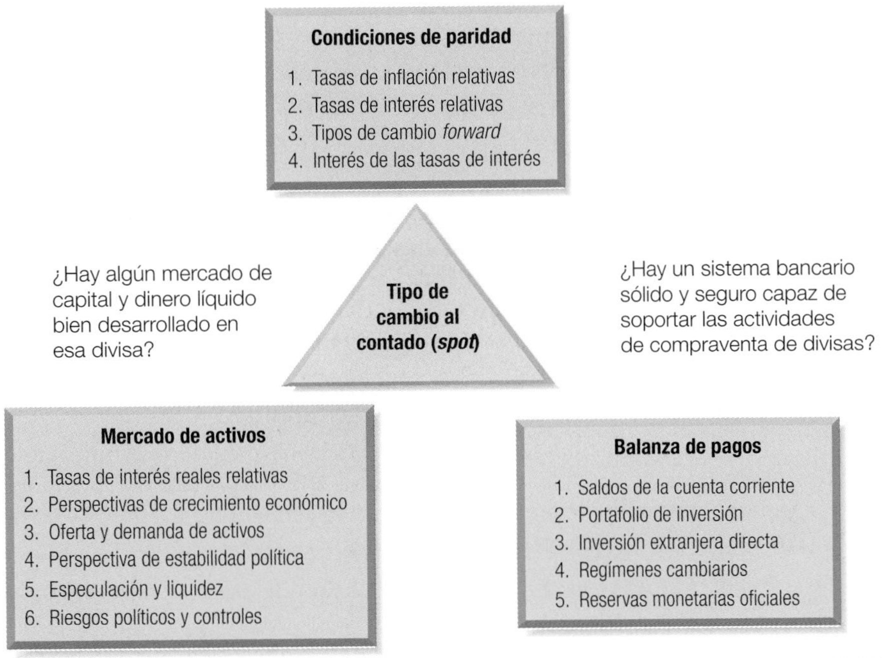

Condiciones de paridad

1. Tasas de inflación relativas
2. Tasas de interés relativas
3. Tipos de cambio *forward*
4. Interés de las tasas de interés

¿Hay algún mercado de capital y dinero líquido bien desarrollado en esa divisa?

Tipo de cambio al contado (*spot*)

¿Hay un sistema bancario sólido y seguro capaz de soportar las actividades de compraventa de divisas?

Mercado de activos

1. Tasas de interés reales relativas
2. Perspectivas de crecimiento económico
3. Oferta y demanda de activos
4. Perspectiva de estabilidad política
5. Especulación y liquidez
6. Riesgos políticos y controles

Balanza de pagos

1. Saldos de la cuenta corriente
2. Portafolio de inversión
3. Inversión extranjera directa
4. Regímenes cambiarios
5. Reservas monetarias oficiales

---

especulación son capitales especulativos que fluyen hacia y de las divisas, valores, bienes inmobiliarios y mercancías. El arbitraje de tasas de interés descubierto, que causaron las tasas de interés excepcionalmente bajas de los préstamos en Japón, aunadas a las altas tasas de interés reales en Estados Unidos fue un problema durante buena parte de la década de 1990. Eran muy populares los préstamos en yenes para invertir en valores sin riesgo del gobierno estadounidense, con la esperanza de que el tipo de cambio no variara.

■ La *inversión extranjera directa transfronteriza y la inversión en portafolios internacionales* en los mercados emergentes se agotó durante las crisis.

■ Los *riesgos políticos extranjeros* se han reducido mucho en los últimos años a medida que los mercados de capital se han vuelto menos segmentados entre sí y más líquidos. Cada vez más países adoptaron formas democráticas de gobierno. Sin embargo, los recientes actos de terrorismo pueden estar cambiando las percepciones del riesgo político.

Por último, obsérvese que la mayoría de los determinantes del tipo de cambio al contado (*spot*) también resultan afectados a su vez por las fluctuaciones del tipo *spot*. En otras palabras, no sólo están relacionados, sino que también se determinan mutuamente.

Determinación de los tipos de cambio: el hilo teórico[1]

Bajo la piel de un economista internacional se encuentra arraigada una firme creencia en alguna variante de la teoría de la PPA del tipo de cambio.

—Paul Krugman, 1976.

---

[1] Esta sección se basa en una variedad de fuentes, entre ellas *Currency Forecasting: A Guide to Fundamental and Technical Models of Exchange Rate Determination*, Michael R. Rosenberg, Chicago, Irwin Professional Publishing, 1996.

En esencia existen tres puntos de vista del tipo de cambio. El primero toma el tipo de cambio como el precio relativo de las monedas (el método monetario); el segundo, como el precio relativo de los bienes (el método de la paridad del poder adquisitivo), y el tercero, el precio relativo de los bonos.

—Rudiger Dornbusch, "Exchange Rate Economics: Where Do We Stand?"
Brookings Papers on Economic Activity 1, 1980, pp. 143–194.

La categorización tripartita de la teoría del tipo de cambio del profesor Dornbusch es un buen punto de partida, pero en cierta forma no es suficientemente robusta, en nuestra humilde opinión, para captar la multitud de teorías y métodos. Por ello, en el espíritu tanto de la tradición como de la integridad, hemos modificado las tres categorías de Dornbusch con varias corrientes adicionales de pensamiento en el siguiente análisis. La siguiente sección proporcionará un breve resumen de las numerosas teorías diferentes, pero relacionadas, de determinación del tipo de cambio y su relativa utilidad en la elaboración de pronósticos para efectos de negocios.

Métodos de paridad del poder adquisitivo

La más ampliamente aceptada de todas las teorías de determinación del tipo de cambio, es la teoría de la *paridad del poder adquisitivo* (PPA), que postula que el tipo de cambio de equilibrio a largo plazo queda determinado por la relación entre los precios internos y los precios extranjeros, como se explicó en el capítulo 6.

- La PPA es tanto la teoría del tipo de cambio más antigua como la más ampliamente aceptada.
- La mayor parte de las teorías de determinación del tipo de cambio tienen elementos de la PPA incorporados dentro de sus marcos.
- Sin embargo, los cálculos y pronósticos de la PPA pueden verse afectados por las diferencias estructurales entre países y dificultades considerables de datos en la estimación.

Métodos de la balanza de pagos (flujos)

Después de la paridad del poder adquisitivo, el método teórico que se usa con mayor frecuencia para la determinación del tipo de cambio es probablemente el *método de la balanza de pagos*, que se refiere a la oferta y demanda de monedas en el mercado cambiario. Estos *flujos* de divisas reflejan transacciones en la cuenta corriente y la cuenta financiera que se registran en la balanza de pagos de un país, como se describe en el capítulo 4.

- El *método de la balanza de pagos* básico sostiene que el tipo de cambio de equilibrio se encuentra cuando la entrada (salida) neta de divisas que generan las actividades de la cuenta corriente coincide con la salida (entrada) neta de divisas que generan las actividades de la cuenta financiera.
- El método de la balanza de pagos continúa disfrutando de un amplio grado de atractivo, ya que las transacciones de la balanza de pagos son una de las actividades económicas internacionales que con mayor frecuencia se captan e informan.
- Las críticas al método de la balanza de pagos surgen del hincapié que hace la teoría en los flujos de divisas y capital, más que en las existencias de dinero o activos financieros.
- Las existencias relativas de dinero o activos financieros no desempeñan ninguna función en la determinación del tipo de cambio en esta teoría, debilidad que se explora a continuación en el método monetario y del mercado de activos.
- Curiosamente, la comunidad académica de la actualidad descarta, en su mayoría, el método de la balanza de pagos, en tanto que el público profesional (participantes del mercado, incluidos los propios operadores de divisas) sigue dependiendo de diferentes variaciones de la teoría para su toma de decisiones.

Métodos monetarios

El *método monetario* en su forma más simple indica que el tipo de cambio queda determinado por la oferta y la demanda de existencias monetarias nacionales, así como los niveles futuros esperados y los índices de crecimiento de las existencias monetarias. Otros activos financieros, como los bonos (que se explican más adelante), no se consideran pertinentes en la determinación del tipo de cambio, ya que los bonos nacionales y extranjeros se consideran sustitutos perfectos. Todo se trata de la oferta monetaria.

■ Los cambios en la oferta y la demanda de dinero son los determinantes primarios de la inflación. Los cambios en las tasas de inflación relativas, a su vez, modifican los tipos de cambio por medio de una supuesta afectación de la paridad del poder adquisitivo.

■ El método monetario también supone que los precios son flexibles tanto a corto como a largo plazo, por lo que el impacto del mecanismo de transmisión es inmediato.

■ En los modelos monetarios de determinación del tipo de cambio, la actividad económica real queda relegada a una función en la cual influye sólo en los tipos de cambio a través de las variaciones en la demanda de dinero.

■ El método monetario omite varios factores que los expertos en la materia generalmente coinciden en que son importantes para la determinación del tipo de cambio, entre ellos destacan: 1) la incapacidad de la PPA de mantenerse del corto al mediano plazo; 2) la demanda de dinero parece ser relativamente inestable con el paso del tiempo; y 3) el nivel de actividad económica y la oferta monetaria parecen ser interdependientes, no independientes. En consecuencia, no estudiaremos el método monetario más a fondo.

Método del mercado de activos (precio relativo de los bonos)

El *método del mercado de activos*, a veces llamado *método del precio relativo de los bonos* o *equilibrio del portafolio*, argumenta que los tipos de cambio están determinados por la oferta y la demanda de una amplia variedad de activos financieros.

■ Los cambios en la oferta y la demanda de activos financieros modifican los tipos de cambio.

■ Los cambios en la política monetaria y fiscal alteran los rendimientos esperados y los riesgos relativos percibidos de los activos financieros, los cuales, a su vez, modifican los tipos de cambio.

■ Muchos de los acontecimientos macroeconómicos teóricos en la década de 1980 se centraron en cómo los cambios en la política monetaria y fiscal modificaban las percepciones relativas de rendimiento y riesgo de la oferta de los activos financieros que impulsaban las variaciones en el tipo de cambio. Las obras frecuentemente citadas de Mundell-Fleming pertenecen a este género.

■ Las teorías de *sustitución de monedas*, la capacidad de los inversionistas particulares y comerciales de modificar la composición de la tenencia monetaria en sus portafolios, siguen las mismas premisas básicas del marco de equilibrio y reequilibrio del portafolio.

Por desgracia, a pesar de todo el buen trabajo y las investigaciones de los últimos 50 años, la capacidad de pronosticar los valores de los tipos de cambio en el corto y largo plazo es, en palabras de la siguiente cita, *lamentable*. Aunque los académicos y profesionales coinciden por igual en que, a largo plazo, los principios fundamentales, como el poder adquisitivo y los equilibrios externos impulsan el valor de las monedas, ninguna de las teorías fundamentales ha resultado ser útil en el corto y mediano plazo.

> *[...] El caso de los determinantes macroeconómicos de los tipos de cambio se encuentra en un estado lamentable... [Los] resultados indican que ningún modelo basado en los fundamentos habituales, como la oferta de dinero, el ingreso real, las tasas de interés, las tasas de inflación y los saldos de la cuenta corriente, logrará jamás explicar o pronosticar un alto porcentaje de la variación en el tipo de cambio, por lo menos a frecuencias de corto y mediano.*

—Jeffrey A. Frankel y Andrew K. Rose, "A Survey of Empirical Research on Nominal Exchange Rates", *NBER Working Paper* número 4865, 1994.

Análisis técnico

La falta de competencia para los pronósticos de las teorías fundamentales ha dado origen al crecimiento y la popularidad del *análisis técnico*, esto es, la creencia que el estudio del comportamiento pasado de los precios ayuda a comprender mejor los movimientos futuros de los precios.

- La característica principal del análisis técnico es el supuesto que los tipos de cambio, o para el caso, cualquier precio determinado por el mercado, sigue tendencias. Y esas tendencias pueden ser analizadas y proyectadas para comprender los movimientos futuros de los precios a corto y a mediano plazo.
- La mayoría de las teorías del análisis técnico distinguen entre el valor justo y el valor de mercado. El valor justo es el verdadero valor a largo plazo que el precio recuperará a la larga. El valor de mercado está sujeto a una multitud de cambios y comportamientos originados en las percepciones y creencias generalizadas de los participantes del mercado.

El método del mercado de activos para elaborar pronósticos

El *método del mercado de activos* supone que el hecho de que los extranjeros estén dispuestos a mantener derechos en forma monetaria depende de un extenso conjunto de consideraciones o directrices de inversión. Estas directrices, como se muestra en la figura 10.1, incluyen las siguientes:

- Las tasas de interés relativas reales son una importante consideración para los inversionistas en bonos extranjeros e instrumentos del mercado de dinero a corto plazo.
- Las perspectivas de crecimiento económico y rentabilidad son un determinante importante de la inversión en acciones extranjeras, tanto en valores como en inversión extranjera directa.
- La liquidez del mercado de capital es particularmente importante para los inversionistas institucionales extranjeros. Los inversionistas internacionales no sólo están interesados en la facilidad de comprar activos, sino también en venderlos con rapidez a un valor justo de mercado.
- La infraestructura económica y social de un país es un importante indicador de la capacidad de dicho país de sobrevivir a crisis externas inesperadas y de prosperar en un entorno económico mundial que cambia a ritmo acelerado.
- La seguridad política es excepcionalmente importante tanto para el portafolio extranjero, como para los inversionistas directos. La perspectiva de seguridad política se refleja por lo general en las primas de riesgo político de los valores de un país y para efectos de evaluar la inversión extranjera directa en dicho país.
- La credibilidad de las prácticas de gobierno corporativo es importante para los inversionistas que tienen portafolios internacionales. Las malas prácticas de gobierno corporativo de una empresa pueden reducir la influencia de los inversionistas extranjeros y causar que el foco de atención de la empresa se desvíe de los objetivos de riqueza de los accionistas.
- El *contagio* se define como la propagación de la crisis de un país a sus países vecinos y otros países que tienen características similares, por lo menos a los ojos de los inversionistas internacionales. El contagio puede causar que un país "inocente" experimente fugas de capital y la consecuente devaluación de su moneda.
- La especulación puede causar una crisis cambiaria o empeorar una crisis existente. Observaremos este efecto por medio de dos casos ilustrativos que se presentan más adelante en este capítulo.

El método del mercado de activos en países muy desarrollados

Los inversionistas extranjeros están dispuestos a tener valores y realizar inversión extranjera directa en los países muy desarrollados sobre todo por las tasas de interés relativas reales y la perspectiva de crecimiento económico y rentabilidad. Se supone que todas las demás directrices descritas en la figura 10.1 y detalladas anteriormente han quedado satisfechas.

Por ejemplo, durante el periodo 1981-1985, el dólar estadounidense se fortaleció a pesar del creciente déficit de su cuenta corriente. Esta fortaleza se debió en parte a las tasas de interés reales relativamente altas en Estados Unidos. Sin embargo, otro factor fue la fuerte entrada de capital extranjero en el mercado de valores e inmobiliario de ese país, motivada por las buenas perspectivas de crecimiento y rentabilidad a largo plazo en Estados Unidos.

El mismo ciclo se repitió en la Unión Americana entre 1990 y 2000. A pesar de los saldos cada vez peores de la cuenta corriente, el dólar estadounidense se fortaleció tanto en términos reales como nominales debido a la entrada de capital extranjero motivada por los precios crecientes de las acciones y los bienes inmobiliarios, una tasa de inflación baja, altos rendimientos reales de intereses y una aparente e interminable "euforia irracional" sobre las futuras perspectivas económicas.

Esta vez la burbuja se reventó después del 11 de septiembre de 2001, fecha del ataque terrorista contra Estados Unidos. El ataque y sus consecuencias causaron una revaluación negativa de las perspectivas de crecimiento y rentabilidad a largo plazo en dicho país, así como un nivel recién formado de riesgo político. Esta perspectiva negativa se reforzó con una caída muy marcada en los mercados de valores estadounidenses provocada por las bajas expectativas de utilidades. La economía sufrió más daños a causa de una serie de revelaciones sobre los fracasos en el gobierno corporativo de varias empresas grandes. Estos fracasos incluyeron la sobreestimación contable de las utilidades, venta de información privilegiada y préstamos de las empresas a sus propios ejecutivos que sólo atendían a intereses personales, como se describe en el capítulo 2.

La pérdida de confianza en la economía estadounidense provocó un retiro masivo de capital extranjero de los mercados de valores estadounidenses. Como se pronosticaría tanto por el método de la balanza de pagos como por el método del mercado de activos, el dólar estadounidense se devaluó. En efecto, su tipo nominal se depreció 18% entre mediados de enero y mediados de julio de 2002 con respecto al euro solamente. Una depreciación posterior ocurrió debido a la guerra en Irak y al terrorismo y la inestabilidad que siguieron.

La experiencia de Estados Unidos, así como de otros países altamente industrializados, ilustra por qué algunos pronosticadores creen que las perspectivas económicas tienen una influencia más profunda en los tipos de cambio que la cuenta corriente. Un académico resume esta creencia usando una anécdota interesante:

> *Muchos economistas rechazan el punto de vista que el comportamiento a corto plazo de los tipos de cambio se determina en los mercados de flujos. Los tipos de cambio son precios de activos que se compran y venden en un mercado financiero eficiente. En efecto, un tipo de cambio es el precio relativo de dos monedas y, por tanto, se determina por la disposición a tener cada moneda. Tal como ocurre con otros precios de activos, las expectaciones sobre el futuro determinan los tipos de cambio y no los flujos de las transacciones actuales.*
>
> *Un paralelo con otros precios de activos puede ilustrar este enfoque. Consideremos el precio de las acciones de una bodega de vinos que se compran y venden en el mercado de valores de Burdeos. Una helada a finales de la primavera provoca una mala cosecha en términos de cantidad y calidad. Después de la cosecha el vino se vende finalmente y el ingreso es muy inferior al del año anterior. El día de la venta final no hay razón para que este flujo influya en el precio de las acciones. En primer lugar, los malos ingresos ya se descontaron desde hace varios meses en el precio de las acciones de la bodega. Segundo, las perspectivas futuras, además de las actuales, afectan el precio de las acciones. El precio de las acciones se basa en las expectativas de utilidades futuras, y la causa principal de un cambio en el precio de las acciones es una revisión de estas expectativas.*
>
> *Un razonamiento similar aplica a los tipos de cambio: los flujos internacionales contemporáneos deben tener poco efecto en los tipos de cambio en la medida en que ya se esperaban. Sólo las noticias sobre las perspectivas económicas futuras afectarán los tipos de cambio. Puesto que las expectativas económicas son potencialmente volátiles y muchas variables influyen en ellas, en especial las de índole política, el comportamiento a corto plazo de los tipos de cambio es volátil.[2]*

[2]Bruno H. Solnik, *International Investments,* 3a. edición, Reading, MA, Addison Wesley, 1996, p. 58. Se reproduce con autorización de Pearson Education, Inc.

El método del mercado de activos para la elaboración de pronósticos es también aplicable a los mercados emergentes. En este caso, sin embargo, existe una serie de variables adicionales que contribuye a la determinación del tipo de cambio. Dichas variables, como se describió anteriormente, son los mercados de capital sin liquidez, infraestructura económica y social débil, inestabilidad política, gobierno corporativo, efectos de contagio y especulación. Estas variables se ilustrarán en las secciones sobre crisis que siguen.

Desequilibrio: tipos de cambio en los mercados emergentes

Aunque las tres escuelas de pensamiento sobre determinación de los tipos de cambio (condiciones de paridad, método de la balanza de pagos, y método de activos) intentan influir para que la comprensión de los tipos de cambio parezca sencilla, esto rara vez sucede. Los mercados grandes y líquidos de capital y divisas siguen muchos de los principios explicados hasta el momento relativamente bien en el mediano y el largo plazo. Sin embargo, cuanto más pequeños y menos líquidos sean los mercados, con frecuencia demuestran comportamientos que aparentemente contradicen la teoría. El problema radica no en la teoría, sino en la pertinencia de los supuestos en los que se basa. Un análisis de las crisis en mercados emergentes ilustra varias de estas contradicciones aparentes.

Después de varios años de relativa tranquilidad económica global, en la segunda mitad de la década de 1990 se produjo una serie de crisis cambiarias que sacudieron a todos los mercados emergentes. La devaluación del peso mexicano en diciembre de 1994 fue un mal augurio. La crisis asiática de julio de 1997 y la caída del peso argentino en 2002 ofrecen un espectro de fracasos económicos en los mercados emergentes, cada uno con sus propias causas complejas y perspectivas desconocidas. Estas crisis también ilustraron el creciente problema de la fuga de capitales y la especulación internacional a corto plazo en los mercados de divisas y valores. Usaremos cada una de las crisis para centrarnos en una dimensión específica de las causas y consecuencias:

1. **La crisis asiática.** Aunque no fue el colapso de ninguna moneda, economía o sistema, las estructuras complejas que combinaban gobierno, sociedad y empresa en todo el Lejano Oriente ofrecen el telón de fondo para comprender el tenue vínculo entre empresa, gobierno y sociedad.
2. **La crisis argentina.** En 1991, Argentina adoptó una estructura de caja de conversión. El peso argentino se fijó al dólar estadounidense al tipo de cambio de uno a uno. El programa de austeridad resultante provocado por la necesidad de defender el tipo de cambio fijo causó que Argentina se hundiera en una depresión económica. A partir de 1998 y durante los siguientes cuatro años, el programa de austeridad y recesión causó creciente agitación política, fuga de capitales y, a la larga, la desaparición del propio régimen de caja de conversión.

Caso ilustrativo: la crisis asiática

Las raíces de la crisis de las divisas asiáticas se extendieron de un cambio fundamental en la economía de la región: la transición de muchas naciones asiáticas que pasaron de ser exportadores netos a importadores netos. A partir de 1990 en Tailandia, las economías en rápida expansión del Lejano Oriente empezaron a importar más de lo que exportaban, por lo que requerían entradas importantes de capital neto para respaldar sus monedas. Mientras el capital continuara fluyendo (capital para plantas manufactureras, proyectos de construcción de presas, desarrollo de infraestructura e incluso especulación con bienes raíces), los tipos de cambio fijos de la región podían mantenerse. Sin embargo, cuando los flujos de capital de inversión dejaron de llegar, la crisis fue inevitable.

Las raíces más notorias de la crisis estuvieron en los excesos de entradas de capital en Tailandia en 1996 y principios de 1997. Con el rápido crecimiento económico y las crecientes utilidades formando el telón de fondo, las empresas, bancos e instituciones financieras tailandesas tenían acceso inmediato al capital en los mercados internacionales y descubrieron que la deuda denominada en dólares estadounidenses en el extranjero era muy barata. Los bancos tailandeses continuaron recaudando capital a nivel internacional y extendiendo crédito para una variedad de inversiones y empresas nacionales más allá de lo que la economía tailandesa podía soportar. Cuando los flujos de capital que entraron en el mercado tailandés alcanzaron niveles récord, hubo una derrama de flujos financieros para inversiones de todo tipo, como plantas manufactureras, inmuebles e incluso crédito del margen depositado en garantía en el mercado accionario. A medida que la burbuja de inversión se expandía, algunos participantes plantearon dudas sobre la capacidad de la economía de pagar la creciente deuda. El baht tailandés fue atacado.

Colapso de la moneda

El gobierno tailandés y el banco central intervinieron en los mercados cambiarios directamente (consumiendo las preciosas reservas de divisas fuertes) e indirectamente (aumentando las tasas de interés para tratar de detener la salida continua de capitales). Los mercados de inversión tailandeses se paralizaron, lo que causó enormes pérdidas monetarias y quiebras bancarias. El 2 de julio de 1997, el banco central de Tailandia finalmente permitió que el baht flotara (o se hundiera en este caso). El baht cayó 17% frente al dólar estadounidense y más de 12% frente al yen japonés en cuestión de horas. En noviembre, el baht había caído de Baht25/US$ a Baht40/US$, lo que significó una caída de casi 38%. Poco después, el especulador y filántropo internacional George Soros fue objeto de muchas críticas, sobre todo del primer ministro de Malasia, el doctor Mahathir Mohamad, por ser la causa de la crisis debido a la especulación a gran escala de su fondo de cobertura y otros fondos similares. Sin embargo, es probable que Soros haya sido sólo el mensajero.

A los pocos días, en la versión asiática de lo que se denominó el *efecto tequila*, varias naciones asiáticas vecinas, algunas con y otras sin características similares a las de Tailandia, cayeron bajo el ataque especulativo de los operadores de divisas y los mercados de capital. ("Efecto tequila" es el término empleado para describir cómo la crisis del peso mexicano de diciembre de 1994 se propagó con rapidez a otras monedas y mercados accionarios de América Latina, una forma de pánico financiero llamada *contagio*.) El peso filipino, el ringgit de Malasia y la rupia de Indonesia se desplomaron en los meses posteriores a la devaluación del baht en julio (véanse las figuras 10.2 y 10.3).

A finales de octubre de 1997, Taiwán tomó desprevenidos a los mercados con una sorprendente devaluación competitiva de 15%. La devaluación en Taiwán sólo renovó el ímpetu de la

---

FIGURA 10.2   **Las economías y monedas de Asia, julio-noviembre de 1997**

	Cuenta corriente 1996 (miles de millones de dólares estadounidenses)	Pasivos con bancos extranjeros (miles de millones de dólares estadounidenses)	Tipo de cambio		% de cambio
			Julio (por dólar estadounidense)	Noviembre (por dólar estadounidense)	
Economías débiles					
Indonesia (rupia)	−9.0	29.7	2,400	3,600	−33.3%
Corea (won)	−23.1	36.5	900	1,100	−18.2%
Malasia (ringgit)	−8.0	27.0	2.5	3.5	−28.6%
Filipinas (peso)	−3.0	2.8	27	34	−20.6%
Tailandia (baht)	−14.7	48.0	25	40	−37.5%
Economías fuertes					
China (yuan)	47.2	56.0	8.4	8.4	+0.0%
Hong Kong (dólar)	0.0	28.8	7.75	7.73	+0.0%
Singapur (dólar)	14.3	55.3	1.43	1.60	−10.6%
Taiwán (dólar)	11.0	17.6	27.8	32.7	−15.0%

Fuente: Fondo Monetario Internacional, *International Financial Statistics*, octubre-noviembre de 1997.

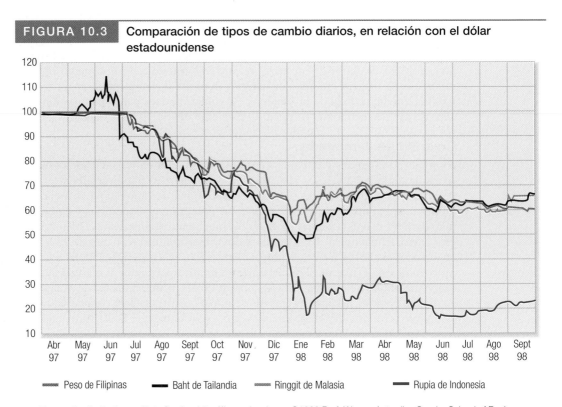

FIGURA 10.3 Comparación de tipos de cambio diarios, en relación con el dólar estadounidense

●●●● Peso de Filipinas   ▬ Baht de Tailandia   ●●●● Ringgit de Malasia   ▬ Rupia de Indonesia

Fuente: Pacific Exchange Rate Service, http://fx.sauder.ubc.ca ©1999 Prof. Werner Antweiler, Sauder School of Business, University of British Columbia, Vancouver, BC, Canadá. Periodo mostrado en el diagrama: 1 de abril de 1997 – 30 de septiembre de 1998.

crisis. Aunque el dólar de Hong Kong sobrevivió (al enorme costo de las reservas de divisas del banco central), el won coreano no corrió con tanta suerte. En noviembre de 1997, el won de Corea, que históricamente había sido estable, cayó de Won900/US$ a más de Won1100/US$. La única moneda que mantuvo su valor aparte del dólar de Hong Kong fue el yuan chino, que no podía convertirse libremente. Aunque el yuan no se devaluó, había especulaciones crecientes en el sentido de que el gobierno chino lo devaluaría muy pronto por razones competitivas (no fue así).

Complejidades causales

La crisis económica asiática (ya que fue más que sólo un desplome de las monedas) tuvo muchas raíces, además de las dificultades tradicionales con la balanza de pagos. Las causas fueron diferentes en cada país; sin embargo, existen semejanzas subyacentes específicas que permiten hacer comparaciones: el socialismo y el gobierno corporativos y la estabilidad y administración de los bancos.

Socialismo corporativo. Aunque hace mucho tiempo que en los mercados occidentales se conoce la volatilidad del libre mercado, los países de Asia en la posguerra sólo han conocido, en su mayor parte, la estabilidad. Debido a la influencia del gobierno y la política en el ámbito de los negocios, incluso en caso de fracaso, se creía que el gobierno no permitiría que las empresas quebraran, que los trabajadores perdieran sus empleos, o que los bancos cerraran. Así sucedió hasta que los problemas alcanzaron la dimensión vista en 1997 y los pasivos empresariales superaron la capacidad de los gobiernos para rescatar a las empresas. Las prácticas que habían persistido durante décadas sin nada que las pusiera en entredicho, como el empleo vitalicio, ya no eran sostenibles. El resultado fue una lección dolorosa en la cruda realidad del mercado.

Gobierno corporativo. Existen pocas dudas respecto a que muchas de las empresas locales que operaban dentro del entorno de negocios del Lejano Oriente estaban controladas ya sea por familias o por grupos relacionados con el partido en el poder o por los órganos de gobierno del país. Esta tendencia se ha denominado *amiguismo*, que significa que los intereses de los grupos minoritarios y acreedores a menudo son secundarios, en el mejor de los casos, a las motivaciones primarias de la administración corporativa. Cuando la administración no se centró en "el rubro de las utilidades", los resultados financieros se deterioraron.

Liquidez y administración de los bancos. El sector bancario cayó en desgracia hace dos décadas. Las estructuras reglamentadas de los bancos y los mercados se han desregulado casi sin excepción en todo el mundo. Sin embargo, la función central que desempeñaban los bancos en la conducción de los negocios ha sido ignorada y subestimada en su mayor parte. Conforme las empresas de Asia se derrumbaban, las arcas del gobierno se vaciaron y las inversiones especulativas realizadas por los propios bancos fallaron. Sin los bancos, la "tubería" de la conducción de los negocios se cerró. Las empresas no podían obtener el financiamiento necesario para contar con capital de trabajo para fabricar y vender sus productos o prestar sus servicios. Este papel decisivo de la liquidez bancaria fue el centro de atención de los esfuerzos de rescate del FMI.

La crisis económica asiática tuvo efectos globales. Lo que empezó como una crisis monetaria rápidamente se convirtió en una recesión que afectó a toda la región. La magnitud de la devastación económica en Asia todavía no se comprende del todo en Occidente. En una conferencia de 1998, patrocinada por el Milken Institute, un orador señaló que la preocupación mundial por los problemas económicos de Indonesia era incomprensible porque "el producto interno bruto total de Indonesia era aproximadamente del tamaño de Carolina del Norte". El siguiente orador observó, sin embargo, que la última vez que se había fijado, "Carolina del Norte no tenía una población de 220 millones de personas". Las economías desaceleradas de la región no tardaron en provocar importantes reducciones en la demanda mundial de muchos productos, en especial de los productos básicos. Los mercados mundiales de petróleo, metales y productos agrícolas registraron todos ellos graves caídas en los precios conforme la demanda disminuía. Estas caídas en los precios se observaron de inmediato en las perspectivas de utilidades y crecimiento a la baja de otras economías emergentes.

Caso ilustrativo: la crisis de Argentina de 2002

Ahora, la mayoría de los argentinos culpan de todos sus males a los políticos corruptos y a los demonios extranjeros. Pero pocos hacen un análisis introspectivo y revisan los conceptos fundamentales de la sociedad, como viveza criolla, un giro cultural argentino que aplaude a cualquiera que posea la astucia suficiente para aprovecharse de todo con una mala pasada. Es una de las razones de la evasión de impuestos generalizada que priva aquí: uno de cada tres argentinos evade al fisco y a muchos les gusta presumir de ello.

—Anthony Faiola, "Once-Haughty Nation's Swagger Loses Its Currency",
The Washington Post, 13 de marzo de 2002.

Los altibajos económicos de Argentina se han relacionado históricamente con la salud del peso argentino. El país más austral de América del Sur, que a menudo se considera más europeo que latinoamericano, fue devastado por la hiperinflación, el endeudamiento internacional y el colapso económico en la década de 1980. A principios de 1991, el pueblo argentino estaba harto. La reforma económica de principios de la década de 1990 fue una meta común de los argentinos. No les interesaban los remedios rápidos, sino el cambio duradero y un futuro estable. Casi lo lograron.

La caja de conversión

En 1991, el peso argentino se vinculó al dólar a un tipo de cambio de uno a uno. La política representó una desviación radical de los métodos tradicionales para fijar el tipo de cambio del valor de una moneda. Argentina adoptó un régimen de *caja de conversión*, una estructura (más que simplemente un compromiso) para limitar el crecimiento de la oferta de dinero en la economía. Bajo un régimen de caja de conversión, el banco central del país puede incrementar la oferta de dinero en el sistema bancario sólo con aumentos en la tenencia de reservas de monedas fuertes. Las reservas en este caso eran dólares estadounidenses. Al eliminar la capacidad del gobierno para expandir la tasa de crecimiento de la oferta monetaria, Argentina creyó que eliminaba la causa de la inflación que había destruido su nivel de vida.

La idea era elegantemente sencilla y en muchos sentidos simplista: limitar la tasa de crecimiento de la oferta monetaria del país a la tasa a la cual el país recibía entradas netas de dólares estadounidenses como resultado del crecimiento del comercio y el superávit general. Fue una receta de administración financiera conservadora y prudente y una decisión buena y mala, de eliminar el poder de los políticos, elegidos y no elegidos, para decidir. También fue una regla automática e inflexible. Y desde el principio, demostró los costos y beneficios de su rigor.

La figura 10.4 ilustra las tres medidas tradicionales del desempeño macroeconómico de un país: el crecimiento real del producto interno bruto (PIB), la inflación y el desempleo. Pero la figura 10.4 también ilustra la dimensión de austeridad de la estructura de caja de conversión. Aunque la hiperinflación había sido, en efecto, el problema, la cura fue una política monetaria restrictiva que desaceleró el crecimiento económico de los años venideros. El primer costo, y el más importante, de la desaceleración del crecimiento económico fue el desempleo. A partir de una tasa de desempleo que era la más baja en una década de 6.3% en 1991, el desempleo aumentó a niveles de dos dígitos en 1994 y ahí se estacionó. El índice de crecimiento real del PIB, que empezó la década con niveles prósperos de más de 10%, se hundió en la recesión a finales de 1998. El crecimiento del PIB se desplomó en 1999 (−3.5%) y en 2000 (−0.4%). Las estimaciones preliminares para 2001 indicaron aún más deterioro del PIB: −3% para ese año.

Como parte del continuo compromiso gubernamental con el régimen de caja de conversión y el tipo de cambio fijo del peso, los bancos argentinos permitieron a los depositantes mantener su dinero ya fuera en pesos o en dólares. Este método tenía la intención de infundir una disciplina basada en el mercado a los sistemas bancario y político y demostrar el compromiso inquebrantable del gobierno de mantener la paridad del valor del peso con el dólar. Aunque muchos consideraban que se trataba de una excelente política para crear confianza, al final resultó catastrófica para el sistema bancario argentino.

Crisis económica, 2001

La recesión de 1998 resultó interminable. Tres años y medio después Argentina seguía en recesión. En 2001, las condiciones de crisis habían puesto al descubierto tres problemas subyacentes muy importantes de la economía de Argentina: 1) el peso argentino estaba sobrevaluado; 2) el régimen de caja de conversión había eliminado las alternativas de política monetaria dentro de la política macroeconómica, y 3) el déficit presupuestario del gobierno argentino, y el gasto deficitario, estaban fuera de control.

El peso argentino. En realidad, el peso se había estabilizado, pero la inflación no se había eliminado y los demás factores que son importantes en la evaluación de una moneda en el mercado global (crecimiento económico, rentabilidad corporativa, etcétera) no habían sido siempre positivos. La incapacidad del valor del peso para cambiar con las fuerzas del mercado llevó a muchos a

FIGURA 10.4	Desempeño económico de Argentina, 1991-2000									
	1991	**1992**	**1993**	**1994**	**1995**	**1996**	**1997**	**1998**	**1999**	**2000**
Índice de crecimiento real del PIB (%)	10.5	9.6	5.8	5.8	−2.8	5.5	8.2	3.9	−3.5	−0.4
Tasa de desempleo (%)	6.3	7.2	9.1	11.7	15.9	16.3	14.2	14.1	15.5	15.0
Tasa de inflación (%)	172.0	24.6	10.6	4.3	3.3	0.2	0.5	0.9	−1.2	−0.9

Fuente: Fondo Monetario Internacional, Political Risk Services, Agencia para el Desarrollo Económico de Argentina.

creer cada vez más que el peso estaba sobrevaluado y que la sobrevaluación aumentaba conforme transcurría el tiempo.

El gigante vecino al norte de Argentina, Brasil, también había sufrido muchos de los males económicos de la hiperinflación y el endeudamiento internacional en la década de 1980 y principios de la década de 1990. La respuesta de Brasil, el *Plan Real*, se introdujo en julio de 1994.[3] El Plan Real funcionó durante un tiempo, pero a la larga se vino abajo en enero de 1999, como resultado de la creciente diferencia entre el valor oficial del real y la evaluación del mercado de su verdadero valor.

Brasil era con mucho el socio comercial más importante de Argentina. Sin embargo, con la caída del real brasileño, los consumidores brasileños ya no podían pagar las exportaciones de productos argentinos. Simplemente se necesitaban demasiados reales para comprar un peso. De hecho, las exportaciones argentinas eran casi las más caras en toda América del Sur, ya que en otros países, las monedas también se devaluaron marginalmente frente al dólar a lo largo de la década. No así el peso argentino.

La caja de conversión y la política monetaria. El crecimiento económico cada vez más lento de Argentina justificaba la aplicación de políticas económicas más amplias, sostenían muchos estrategas políticos dentro y fuera del país. Sin embargo, la premisa básica de la caja de conversión era que la oferta monetaria al sistema financiero no podía ampliarse más o con mayor rapidez que la capacidad de la economía de captar reservas en dólares. Esta regla eliminó la política monetaria como una posibilidad de formulación de política macroeconómica, dejando sólo la política fiscal para estimular la economía.

Déficit del presupuesto gubernamental. El gasto del gobierno no disminuía a pesar de todo. A medida que la tasa de desempleo crecía y la pobreza y el descontento social aumentaban, el gobierno en el centro civil de Argentina, Buenos Aires, y en las provincias, enfrentaba aumentos cada vez más fuertes en el gasto y necesitaba cerrar las brechas económicas y sociales. El gasto gubernamental continuó aumentando, pero los ingresos fiscales no. Los menores ingresos produjeron menos recaudación del impuesto sobre la renta.

Entonces, Argentina acudió a los mercados internacionales para pedir ayuda con el financiamiento del gasto deficitario de su gobierno. Como se ilustra en la figura 10.5, la deuda externa total del país empezó a aumentar de manera espectacular en 1997 y 1998. Sólo una serie de inyecciones de capital del FMI en 2000 y 2001 impidió que la deuda externa total del país se disparara por las nubes. Sin embargo, cuando la década terminó, la deuda externa total se había duplicado efectivamente y el poder adquisitivo de la economía no.

También se observa en la figura 10.5 el fracaso de Argentina en sanear la cuenta corriente y llevarla a un superávit. Aunque esta falla no es sorprendente, dada la moneda sobrevaluada en relación con sus principales vecinos sudamericanos, sólo si Argentina registraba un superávit comercial podría obtener la reservas adicionales en dólares que necesitaba y permitir la flexibilización de las limitaciones de su política monetaria.

FIGURA 10.5	Deuda de Argentina y saldos fundamentales, 1991-2000									
	1991	**1992**	**1993**	**1994**	**1995**	**1996**	**1997**	**1998**	**1999**	**2000**
Deuda externa (miles de millones US$)	65.4	71.9	60.3	69.6	68.2	105.2	123.2	139.0	149.0	123.7
Cuenta corriente (miles de millones US$)	−0.65	−5.49	−8.03	−11.22	−5.30	−6.94	−12.43	−14.55	−11.95	−8.90
Saldo presupuestario (miles de millones US$)	−1.01	−0.07	−1.58	−1.88	−1.42	−5.24	−4.35	−4.15	−8.13	−6.86

Fuente: Fondo Monetario Internacional, Political Risk Services, Agencia para el Desarrollo Económico de Argentina.

[3]Brasil introdujo una nueva moneda en esa época, el *real*. Sin embargo, el valor del real no se fijó al dólar estadounidense, sino que se vinculó con una tasa previsible y prometida de devaluación diaria. Esto permitió que el real se debilitara en forma proporcional con la aún alta tasa de inflación de Brasil y bajo índice de crecimiento, pero la variación de su valor se podía controlar a través del tiempo.

Al final, el déficit presupuestario gubernamental siguió aumentando. La recesión continua requería inversiones fiscales cuantiosas de los gobiernos federal y locales. El gasto gubernamental se financiaba cada vez más con capital internacional. Los inversionistas internacionales empezaban a dudar de la capacidad de pago de Argentina.

Repercusiones sociales

A medida que las condiciones económicas continuaban deteriorándose, los bancos sufrían fugas crecientes. Los depositantes, temerosos de una devaluación del peso, se formaban en largas filas para retirar su dinero, tanto los saldos en pesos argentinos como en dólares estadounidenses. Los precios se convertían a dólares, lo que una vez más era como echar más leña al fuego del colapso monetario. El gobierno, temiendo que la creciente sangría financiera a los bancos causara su quiebra, los cerró el 1 de diciembre de 2001, en un esfuerzo por detener la fuga de dinero y capitales de Argentina. Los consumidores, que no podían retirar más de 250 dólares a la semana, recibieron instrucciones de usar tarjetas de débito y crédito para efectuar sus compras y realizar sus transacciones diarias.

En diciembre de 2001, los disturbios en las calles de Buenos Aires intensificaron la necesidad de un cambio rápido. Cuando llegó el año 2002, el segundo presidente en dos semanas, Fernando de la Rúa, fue expulsado de su cargo. Lo sucedió un peronista, el presidente Adolfo Rodríguez Saa, que duró una semana completa como presidente antes de ser también expulsado del cargo. Sin embargo, el presidente Rodríguez dejó su legado. En una semana como presidente de Argentina, se declaró la más grande suspensión de pagos de deuda soberana en la historia. Argentina anunció que no podría efectuar los pagos de intereses sobre US$155,000 millones en deuda soberana (gubernamental).

Rodríguez Saa fue sucedido por Eduardo Duhalde, el quinto presidente de Argentina en poco más de dos semanas. Candidato a la presidencia en 1999 y senador de la provincia de Buenos Aires, Duhalde enfrentó una tarea formidable. De inmediato se le otorgaron poderes extraordinarios para tratar de salvar lo que quedaba del sistema económico argentino.

Devaluación

El domingo 6 de enero de 2002, en su primer acto como presidente, Duhalde devaluó el peso de Ps1.00/US$ a Ps.1.40/US$. Se esperaba que tras la devaluación, el país podría calmar en nerviosismo de la gente.

Sin embargo, el sufrimiento económico continuó. Dos semanas después, los bancos seguían cerrados. La mayoría de los gobiernos estatales fuera de Buenos Aires, básicamente en quiebra y sin acceso a recursos financieros, empezaron a imprimir su propio dinero escritural (papel moneda distinto de la moneda general de curso legal) en la forma de pagarés de los gobiernos provinciales. A estos últimos no les quedaba más remedio: la economía de Argentina estaba cerca del colapso total y la gente y las empresas no podían obtener dinero para realizar las transacciones comerciales de la vida diaria.

Pero los pagarés eran sólo una respuesta parcial. Debido a que los documentos eran pagarés de los gobiernos provinciales y no del gobierno federal, los particulares y empresas no aceptaban pagarés de otras provincias. Los anaqueles de las tiendas estaban vacíos, porque aunque los consumidores podían comprar lo que ya estaba en la tienda, ésta no podía efectuar pagos aceptables a proveedores regionales, nacionales o internacionales. La población se quedó atrapada en su propia provincia, porque nadie aceptaba su dinero en el mundo exterior a cambio de bienes, servicios, viajes o ninguna otra cosa.

El 3 de febrero de 2002, el gobierno argentino anunció que el peso se pondría en flotación. El gobierno ya no quería tratar de fijar o controlar su valor en ningún nivel específico y permitiría que el mercado encontrara o estableciera el tipo de cambio. El valor del peso inició entonces una depreciación gradual.[4]

---

[4]Cuando el valor de una moneda que está sujeta a un régimen de tipo de cambio fijo se reduce oficialmente frente a alguna otra moneda de referencia, se llama *devaluación*. Cuando el valor de una moneda que flota libremente en los mercados cambiarios se reduce, se llama *depreciación*.

A medida que el año transcurría, el país tuvo que hacer frente a un problema tras otro en medio del colapso social, político y económico. Los bancos y los banqueros eran cada vez más el blanco de la ira de la población. Cuando los bancos quebraron, las empresas se vinieron abajo con ellos. En febrero y marzo, una creciente serie de investigaciones de comercio ilegal de información y fraudes financieros ocuparon los titulares de los diarios de Buenos Aires. En febrero y marzo de 2002 continuaron las negociaciones entre el FMI y Argentina, aunque con sobresaltos y trompicones, ya que el FMI exigía una reforma fiscal integral para corregir el creciente déficit presupuestario gubernamental y la mala administración de los bancos. El propio FMI se convirtió en el blanco del descontento de la población argentina.

El 24 y 25 de marzo, el peso fue atacado una vez más por ventas masivas. En un país largamente considerado como el más rico y más sofisticado de toda América del Sur, los pobladores se oponían cada vez más a todos los políticos, a todos los bancos y proveedores de servicios financieros y, en muchos casos, peleaban entre sí. La trayectoria del colapso del peso se presenta en la figura 10.6. En la primavera de 2002, Argentina era un país con muchos problemas.

Martin Feldstein, profesor de Harvard y miembro del Consejo de Asesores Económicos del Presidente de Estados Unidos, resumió las duras lecciones de la historia de Argentina:

En realidad, los argentinos entendían el riesgo que corrían por lo menos tan bien como el personal del FMI. El suyo fue un riesgo calculado que podría haber producido buenos resultados. Sin embargo, es verdad que el personal del FMI alentó a Argentina a continuar con el tipo de cambio fijo y el régimen de caja de conversión. Aunque el FMI y prácticamente todos los economistas externos creen que un tipo de cambio flotante es preferible a un sistema "fijo pero ajustable", en el cual el gobierno reconoce que tendrá que devaluar de vez en cuando, el FMI (así como algunos economistas externos) llegaron a creer que el sistema de caja de conversión de un tipo de cambio firmemente fijo (una "paridad fuerte" en la jerga de las finanzas internacionales) es una política viable a largo plazo en una economía. La experiencia de Argentina ha demostrado que esa teoría es equivocada.[5]

FIGURA 10.6   Tipos de cambio diarios: pesos argentinos por dólar estadounidense

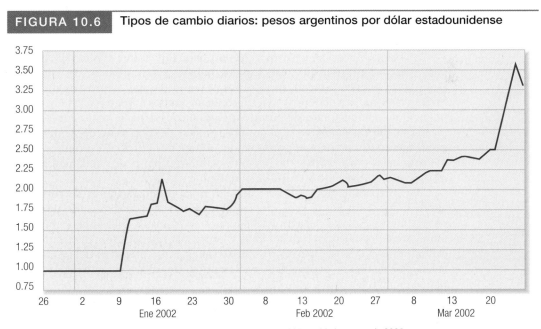

Nota: Periodo mostrado en el diagrama: 26 de diciembre de 2001 – 26 de marzo de 2002.
Fuente: © 2002, Prof. Werner Antweiler, University of British Columbia, Vancouver, BC, Canadá.

[5]Martin Feldstein, "Argentina's Fall", *Foreign Affairs* (marzo-abril de 2002), volumen 81, número 2, pp. 8-14.

Pronósticos en la práctica

Además de los tres métodos para elaborar pronósticos que se presentan en la figura 10.1, los profesionales de los pronósticos usan el *análisis técnico*.

Análisis técnico

Los analistas técnicos, tradicionalmente conocidos como *chartistas*, se centran en datos de precios y volumen para determinar las tendencias pasadas que se espera que continúen en el futuro. El elemento más importante del análisis técnico es que los tipos de cambio futuros se basan en el tipo de cambio actual. Los movimientos de los tipos de cambio, parecidos a los movimientos de los precios de las acciones, pueden dividirse en tres periodos: 1) movimiento diario, que aparentemente es aleatorio; 2) movimientos a corto plazo, que abarcan desde varios días hasta varios meses, y 3) movimientos a largo plazo, caracterizados por las tendencias a la alza y a la baja en el largo plazo. El análisis técnico a largo plazo ha adquirido popularidad como resultado de investigaciones recientes sobre la posibilidad de que las "oleadas" a largo plazo en los movimientos de las monedas existen bajo los tipos de cambio flotante.

Cuanto más largo sea el tiempo en el horizonte del pronóstico, es más probable que éste sea menos preciso. Mientras que el pronóstico a largo plazo debe depender de los fundamentos económicos de la determinación de los tipos de cambio, muchas de las necesidades de pronósticos en la empresa son de corto a mediano plazo en su horizonte de tiempo y pueden abordarse con métodos menos teóricos. Las técnicas de series de tiempo no infieren ninguna teoría o causalidad, sino que simplemente predicen los valores futuros a partir del pasado reciente. Los pronosticadores mezclan libremente el análisis fundamental y el técnico, supuestamente porque los pronósticos son como las herraduras: ¡acercarse cuenta!

Servicios de preparación de pronósticos

Existen numerosos servicios de pronósticos de tipos de cambio, muchos de los cuales son proporcionados por bancos y consultores independientes. Además, algunas empresas multinacionales tienen sus propias funciones internas de preparación de pronósticos. Las predicciones pueden basarse en modelos econométricos elaborados, análisis técnico de gráficos y tendencias, intuición y una cierta medida de descaro.

Si cualquiera de los servicios de pronósticos vale lo que cuesta depende en parte del motivo para preparar el pronóstico, así como de la precisión requerida. Por ejemplo, los pronósticos a largo plazo pueden estar motivados por el deseo de una empresa multinacional de iniciar una inversión extranjera en Japón, o quizá recaudar fondos a largo plazo denominados en yenes japoneses. O un administrador de portafolio podría considerar la posibilidad de diversificarse a largo plazo con valores japoneses. Cuanto más largo sea el horizonte de tiempo, más impreciso será el pronóstico, pero también es probable que sea menos crítico. El pronosticador usará típicamente datos anuales para mostrar las tendencias a largo plazo de fundamentos económicos como la inflación, el crecimiento y el BDP de Japón.

Por lo general, el motivo que impulsa a los pronosticadores de corto plazo es el deseo de cubrir una cuenta por cobrar, una cuenta por pagar o un dividendo durante un periodo quizá de tres meses. En este caso, los fundamentos económicos a largo plazo pueden no ser tan importantes como los factores técnicos en el mercado, la intervención gubernamental, las noticias y los caprichos pasajeros de operadores e inversionistas. La precisión del pronóstico es crucial, ya que la mayoría de las variaciones del tipo de cambio son relativamente pequeñas, aun cuando la volatilidad de un día a otro puede ser alta.

Por lo común, los servicios de pronósticos realizan el análisis económico fundamental para el largo plazo, y algunos basan sus pronósticos de corto plazo en el mismo modelo básico. Otros basan sus pronósticos de corto plazo en un análisis técnico parecido al que se realiza en el análisis de valores. Intentan correlacionar las variaciones del tipo de cambio con otras variables, independientemente de si existe o no alguna razón económica que justifique la correlación. La probabilidad de que estos pronósticos sean sistemáticamente útiles o rentables depende de si uno cree que el mercado cambiario es eficiente o no. Cuanto más eficiente sea el mercado cambiario, más probable será que los tipos de cambio sigan "trayectorias aleatorias", en las que el comportamiento pasado de los precios no ofrece ninguna pista para el futuro. Cuanto menos eficiente sea el mercado cambiario, habrá mejores probabilidades de que los pronosticadores corran con suerte y encuentren una relación clave que se sostenga, por lo menos en el corto plazo. Sin embargo, si la relación es realmente consistente, otros no tardarán en descubrirla y el mercado se volverá eficiente de nuevo con respecto a esa información.

La figura 10.7 resume los diferentes periodos de pronóstico, regímenes y las opiniones de los autores sobre las metodologías preferidas. Sin embargo, ¡las opiniones están sujetas a cambio sin previo aviso! (Y recuerde, si los autores pudieran pronosticar el movimiento de los tipos de cambio con regularidad, seguramente no estarían escribiendo libros.)

Consistencia del tipo de cambio cruzado en los pronósticos

Los administradores financieros internacionales a menudo deben pronosticar el tipo de cambio de su moneda nacional en el grupo de países en los que opera la empresa, no sólo para decidir si cubrir o hacer una inversión, sino también como parte integral de la preparación de los presupuestos de operación de los distintos países en la moneda del país de origen. Éstos son los presupuestos de operación contra los cuales se juzgará el desempeño de los administradores de las subsidiarias extranjeras. Verificar la racionalidad de los tipos de cambio cruzados implícitos en cada pronóstico actúa como una comprobación de los pronósticos originales.

Para ilustrar, suponga que la oficina de la empresa matriz estadounidense pronostica que el tipo de cambio yen-dólar dentro de un año será de ¥105/US$ y el tipo de cambio de la libra esterlina del Reino Unido será de US$1.85/£. Esto crea un tipo de cambio *spot* implícito dentro de un año de ¥194.25/£. Sin embargo, tanto los administradores financieros japoneses como los británicos, con buena razón, han pronosticado que el tipo de cambio *spot* de aquí a un año será de ¥190.00/£.

FIGURA 10.7   Pronósticos de tipos de cambio en la práctica

Periodo del pronóstico	Régimen	Métodos recomendados para elaborar los pronósticos
Corto plazo	Tipo fijo	1. Suponer que el tipo fijo se mantiene. 2. Indicaciones de presión sobre el tipo fijo. 3. Controles de capital; tipos en el mercado negro. 4. Indicadores del gobierno. 5. Cambios en las reservas de divisas oficiales.

	Tipo flotante	1. Métodos técnicos que captan la tendencia.
		2. Tipos *forward* como pronósticos
		   a. <30 días; suponer una trayectoria aleatoria.
		   b. 30-90 días; tipos *forward*.
		3. 90-360 días; combinar la tendencia con análisis fundamental.
		4. Análisis fundamental de las preocupaciones inflacionarias.
		5. Declaraciones y acuerdos gubernamentales relativos a las metas del tipo de cambio.
		6. Acuerdos de cooperación con otros países.

Largo plazo	Tipo fijo	1. Análisis fundamental. 2. Administración de BDP. 3. Capacidad de controlar la inflación doméstica. 4. Capacidad de generar reservas de divisas fuertes para usarlas en intervenciones. 5. Capacidad de mantener superávit comercial.
	Tipo flotante	1. Centrar la atención en los fundamentos inflacionarios y el PPA. 2. Indicadores de la salud económica general, como el crecimiento económico y la estabilidad. 3. Análisis técnico de las tendencias a largo plazo; las nuevas investigaciones indican la posibilidad de "oleadas" técnicas a largo plazo.

Como es evidente, los dos administradores de las subsidiarias extranjeras (pronóstico ¥190.00/£) y la oficina matriz (con un pronóstico implícito de ¥194.25/£) no pueden estar todos en lo correcto. El momento para conciliar estos pronósticos contradictorios es el presente y no dentro de un año cuando los administradores en Japón o el Reino Unido aleguen que su desempeño en comparación con el presupuesto es mejor de lo que midió la empresa matriz estadounidense. Además, la comprobación de la racionalidad de los tipos cruzados implícitos es un ejercicio para mejorar la precisión del proceso de elaboración de los pronósticos.

Pronósticos: ¿qué pensar?

A todas luces, con la variedad de teorías y prácticas, el pronóstico de los tipos de cambio futuros es una tarea formidable. La siguiente es una síntesis de nuestras ideas y experiencia:

- Al parecer, con base en décadas de estudios teóricos y empíricos, los tipos de cambio se adhieren a los principios y teorías fundamentales que se describieron en las secciones anteriores. Los fundamentos sí aplican al largo plazo. Por tanto, existe una especie de *trayectoria de equilibrio fundamental* del valor de una moneda.

- También parece que en el corto plazo, una variedad de sucesos aleatorios, fricciones institucionales y factores técnicos pueden provocar que los valores de las monedas se desvíen de manera considerable de su trayectoria fundamental a largo plazo. Este comportamiento se conoce en ocasiones como *ruido*. Desde luego y, por lo tanto, podríamos esperar no sólo que se presenten desviaciones de la trayectoria a largo plazo, sino que se presenten con cierta regularidad y relativa longevidad.

La figura 10.8 ilustra esta síntesis de pensamiento para los pronósticos. La trayectoria de equilibrio a largo plazo de la moneda, aunque relativamente bien definida en retrospectiva, no siempre es evidente en el corto plazo. El propio tipo de cambio se puede desviar en una especie de ciclo u oleada alrededor de la trayectoria a largo plazo.

Si los participantes del mercado están de acuerdo en la trayectoria general a largo plazo y tienen *expectativas de estabilización,* el valor de la moneda volverá periódicamente a la trayectoria a largo plazo. Sin embargo, es crucial que cuando el valor de la moneda aumente por encima de la trayectoria a largo plazo, la mayoría de los participantes del mercado consideren que está

FIGURA 10.8   **Distinción entre ruido a corto plazo y tendencias a largo plazo**

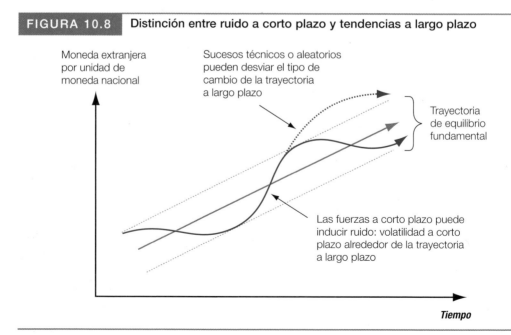

Moneda extranjera por unidad de moneda nacional

Sucesos técnicos o aleatorios pueden desviar el tipo de cambio de la trayectoria a largo plazo

Trayectoria de equilibrio fundamental

Las fuerzas a corto plazo puede inducir ruido: volatilidad a corto plazo alrededor de la trayectoria a largo plazo

Tiempo

sobrevaluada y respondan vendiendo la moneda, lo que provocará que su valor disminuya. Asimismo, cuando el valor de la moneda cae por debajo de la trayectoria a largo plazo, los participantes del mercado responden comprando la moneda, lo que provoca que su valor aumente. Esto es lo que se entiende por *expectativas de estabilización*: los participantes del mercado deben responder continuamente a las desviaciones de la trayectoria a largo plazo comprando o vendiendo la moneda para situarla de nuevo en la trayectoria a largo plazo.

Si por alguna razón el mercado se vuelve inestable, como lo ilustra la línea punteada de desviación en la figura 10.8, el tipo de cambio puede apartarse significativamente de la trayectoria a largo plazo durante periodos más largos. Las causas de estos movimientos de desestabilización, como una infraestructura débil (por ejemplo, el sistema bancario) y los sucesos políticos o sociales que determinan los comportamientos económicos, a menudo son el resultado de los actos de especuladores y los mercados ineficientes.

Dinámica del tipo de cambio: cómo entender los movimientos del mercado

Aunque las diversas teorías sobre la determinación de los tipos de cambio son claras y sólidas, parece que en el devenir diario los mercados de divisas no prestan demasiada atención a las teorías, ¡no leen los libros! La dificultad radica en entender qué fundamentos impulsan los mercados en qué momentos.

Un ejemplo de esta confusión relativa en la dinámica del tipo de cambio es el fenómeno conocido como *desbordamiento*. Suponga que el tipo *spot* vigente entre el dólar y el euro, como ilustra la figura 10.9, es de S_0. La Reserva Federal estadounidense anuncia una política monetaria expansionista que reduce las tasas de interés de instrumentos denominados en dólares. Si las tasas de interés de instrumentos denominados en euros no se modifican, el nuevo tipo de cambio *spot* esperado por los mercados cambiarios con base en los diferenciales de interés es de S_1. Esta variación inmediata en el tipo de cambio es típica de cómo reaccionan los mercados ante las *noticias*: sucesos económicos y políticos claros que son observables. El cambio inmediato en el valor del dólar frente al euro se basa, por tanto, en los diferenciales de interés.

FIGURA 10.9   Dinámica del tipo de cambio: desbordamiento

Si la Reserva Federal de Estados Unidos anunciara un cambio en la política monetaria, una expansión en el crecimiento de la oferta de dinero, podría provocar una variación del tipo de cambio conocida como "desbordamiento".

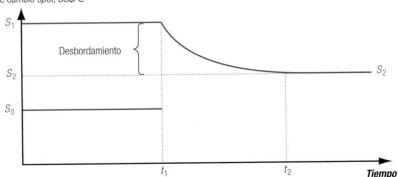

La Reserva Federal anuncia una expansión monetaria en el tiempo t_1. Este anuncio provoca de inmediato una reducción en las tasas de interés en dólares. Los mercados cambiarios responden de inmediato a las bajas tasas de interés en dólares, reduciendo el valor del dólar de S_0 a S_1. Este nuevo tipo de cambio se basa en los diferenciales de interés. Sin embargo, en los próximos días y semanas, conforme los efectos fundamentales de las medidas de política monetaria en los precios se van asentando en la economía, la paridad del poder adquisitivo se afianza y el mercado avanza hacia una valuación a largo plazo del dólar (en el tiempo t_2) de S_2, un dólar más débil que S_0, pero no tanto como inicialmente se estableció en S_1.

Sin embargo, conforme transcurre el tiempo, los impactos del cambio de política monetaria en los precios empiezan a asentarse en la economía. A medida que ocurren cambios en los precios a mediano y largo plazo, las fuerzas de la paridad del poder adquisitivo impulsan la dinámica del mercado y el tipo *spot* pasa de S_1 a S_2. Aunque tanto S_1 como S_2 son tipos de cambio determinados por el mercado, reflejan el predominio de los diferentes principios teóricos. Como resultado, el valor inicial bajo del dólar S_1 se explica a menudo como un *desbordamiento* del valor de equilibrio a largo plazo S_2.

Por supuesto, ésta es sólo una serie posible de sucesos y reacciones del mercado. Los mercados de divisas están sujetos a *nuevas* noticias cada hora, todos los días, lo que vuelve muy difícil pronosticar los movimientos del tipo de cambio en periodos cortos. A largo plazo, como se muestra aquí, los mercados habitualmente vuelven a los fundamentos de la determinación del tipo de cambio.

RESUMEN

- El método de activos para elaborar pronósticos indica que el hecho de que los extranjeros estén dispuestos a mantener derechos en forma monetaria depende en parte de las tasas de interés reales relativas y en parte de las perspectivas de crecimiento económico y rentabilidad de un país.

- Los pronósticos a largo plazo (más de un año) requieren regresar al análisis básico de los fundamentos del tipo de cambio, como la BDP, las tasas de inflación relativas, las tasas de interés relativas y las propiedades de la paridad del poder adquisitivo a largo plazo.

- Los analistas técnicos (*chartistas*) se centran en datos de precios y volumen para determinar las tendencias pasadas que se espera que continúen en el futuro.

- Los pronósticos del tipo de cambio en la práctica son una combinación de formas fundamentales y técnicas del análisis del tipo de cambio.

- La crisis monetaria asiática fue sobre todo una crisis de la balanza de pagos en sus orígenes y de los impactos en la determinación de los tipos de cambio. Una infraestructura económica y financiera débil, problemas de gobierno corporativo y especulación fueron factores que también influyeron en la crisis.

- La crisis argentina de 2002 fue probablemente una combinación del desequilibrio en las condiciones de paridad internacionales (diferenciales en las tasas de inflación) y el desequilibrio en la balanza de pagos (déficit de la cuenta corriente combinado con salidas de capital de la cuenta financiera).

MINICASO   Precisión de los pronósticos de JPMorgan Chase[1]

El director de Teknekron (Estados Unidos) pidió a Veselina (Vesi) Dinova que verificara la precisión de los pronósticos de los tipos de cambio preparados por el principal proveedor de servicios financieros de la compañía, JPMorgan Chase (JPMC). Vesi se centró en las tres monedas principales en las que la empresa realizaba operaciones: el dólar, el euro y el yen. Desde hacía años, Teknekron dependía de los servicios de asesoría en divisas de JPMC para atender la mayoría de sus necesidades y los pronósticos proporcionados por JPMC se usaban regularmente en las decisiones de ventas, abastecimiento y fijación de precios. Sin embargo, la apreciación del euro frente al dólar en los últimos años había aumentado el interés en la precisión de estos pronósticos. La tarea de Vesi consistía ahora en evaluar dicha precisión.

Vesi se centró primero en el tipo de cambio *spot* del dólar estadounidense frente al euro y preparó un gráfico para comparar los pronósticos proporcionados por JPMC y el tipo de cambo *spot* real correspondiente al periodo 2002-2005, en in-

crementos de 90 días. Como ilustra la figura 1, los resultados no fueron alentadores. Aunque JPMC acertó en el tipo de cambio real tanto en mayo como en noviembre de 2002, la magnitud de los errores de pronóstico y la dirección del movimiento daban la impresión de aumentar con el tiempo.

Lo que le parecía más preocupante a Vesi era que en buena parte de 2004, JPMC se había equivocado de dirección. En febrero de 2004 pronosticó que el tipo *spot* se movería del tipo vigente de US$1.27/€ a US$1.32/€, pero de hecho, el dólar se apreció de manera espectacular en el siguiente periodo de tres meses para cerrar en US$1.19/€. Esta diferencia era en verdad enorme. Aunque Teknekron usaba un promedio móvil ponderado del tipo de cambio *spot* real y pronosticado para fijar sus precios en moneda extranjera (en este caso, en euros), el error de dirección había causado que el promedio de la empresa se basara en un dólar mucho más débil de lo que había ocurrido en realidad. El comprador se había molestado.

---

[1]Este estudio de caso usa datos de tipos de cambio, tanto reales como pronosticados, según se publicó en la edición impresa de *The Economist*, que aparece trimestralmente. La fuente de los pronósticos de los tipos de cambio, como se señala en *The Economist*, es JPMorgan Chase.

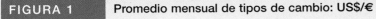

FIGURA 1   Promedio mensual de tipos de cambio: US$/€

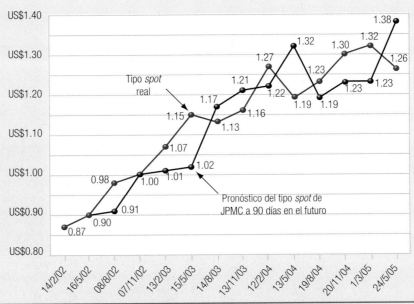

Aunque Teknekron realizaba la mayor parte de sus ventas en América del Norte y Europa (de ahí la fijación de precios basada en euros), limitaba sus compras de productos a Estados Unidos y Japón. Los proveedores japoneses de Teknekron ofrecían descuentos de 3% en la facturación denominada en yenes japoneses, trato que Teknekron había aceptado tradicionalmente con mucho gusto (esto es, aprovechaba el descuento y pagaba en yenes). Sin embargo, este método requería que la compañía de Vesi administrara y controlara el costo de los bienes vendidos, el cual incluía los costos denominados en yenes.

A continuación, Vesi se dedicó a examinar la precisión de los pronósticos de JPMC sobre el yen. La figura 2 presenta un panorama general de dicho análisis. Una vez más, aunque el

FIGURA 2   Promedio mensual de tipos de cambio: yen japonés por dólar estadounidense

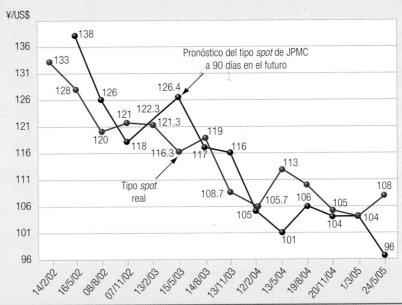

dólar se depreció continuamente frente al yen, la precisión de los pronósticos, por lo menos al mirar el gráfico por encima, no era alentadora. El último trimestre había cerrado en ¥108/US$, aunque el pronóstico había sido seguir la tendencia hacia ¥96/US$.

Preguntas del caso

1. ¿Cómo calcularía usted la precisión estadística de estos pronósticos? ¿Hubiera sido mejor que Vesi usara el tipo *spot* vigente como pronóstico del tipo *spot* futuro a 90 días?

2. Pronosticar el futuro es a todas luces un reto formidable. Considerando todas las circunstancias, ¿cómo cree usted que se desempeñó JPMC?

3. Si estuviera en el lugar de Vesi, ¿qué concluiría sobre la precisión relativa de los pronósticos del tipo de cambio *spot* de JPMC?

PREGUNTAS

1. **Plazo de los pronósticos.** ¿Cuáles son las principales diferencias entre los pronósticos a corto y largo plazo para lo siguiente?
   a. Tipo de cambio fijo.
   b. Tipo de cambio flotante.

2. **Dinámica del tipo de cambio.** ¿Qué se entiende por el término "desbordamiento"? ¿Qué lo causa y cómo se corrige?

3. **Equilibrio fundamental.** ¿Qué se entiende por el término "trayectoria de equilibrio fundamental" del valor de una moneda? ¿Qué es "ruido"?

4. **Método del mercado de activos para elaborar pronósticos.** Explique cómo puede usarse el método del mercado de activos para pronosticar los tipos de cambio futuros. ¿En qué difiere el método del mercado de activos del método de la BDP para elaborar pronósticos?

5. **Análisis técnico.** Explique cómo puede usarse el análisis técnico para pronosticar los tipos de cambio futuros. ¿En qué difiere el análisis técnico de los métodos de la BDP y del mercado de activos para elaborar pronósticos?

6. **Servicios de pronósticos.** Existen numerosos servicios de pronósticos de los tipos de cambios. La directora de finanzas de Trident, Maria Gonzalez, está pensando en suscribirse a uno de estos servicios a un costo de US$20,000 anuales. El precio incluye acceso en línea al modelo computarizado de predicción econométrica de los tipos de cambio. ¿Qué factores debe tomar en consideración Maria para decidir si debe suscribirse o no?

7. **Consistencia del tipo cruzado en los pronósticos.** Explique el significado de "consistencia del tipo cruzado" como lo emplean las EMN. ¿Cómo usan las EMN la verificación de la consistencia del tipo cruzado en la práctica?

8. **Debilidad de infraestructura.** La *debilidad de infraestructura* fue una de las causas de la crisis de los mercados emergentes en Tailandia en 1997. Defina "debilidad de infraestructura" y explique cómo podría afectar el tipo de cambio de un país.

9. **Fortaleza de infraestructura.** Explique por qué las fortalezas de infraestructura han ayudado a compensar el déficit de la BDP en la cuenta corriente de Estados Unidos.

10. **Especulación.** Las crisis de los mercados emergentes de 1997-2002 empeoraron a causa de la especulación desenfrenada. ¿Los especuladores causan estas crisis o simplemente responden a las señales de debilidad del mercado? ¿Cómo puede un gobierno controlar la especulación con divisas?

11. **Inversión extranjera directa.** Las variaciones de los flujos de inversión extranjera directa que entran y salen de los mercados emergentes contribuyen a la volatilidad del tipo de cambio. Describa un ejemplo histórico concreto de este fenómeno en los últimos 10 años.

12. **La crisis de Tailandia de 1997.** ¿Cuáles fueron las principales causas de la crisis de Tailandia en 1997? ¿Qué lecciones se aprendieron y qué medidas se tomaron a la larga para normalizar la economía de Tailandia?

13. **Crisis de Argentina de 2001-2002.** ¿Cuáles fueron las principales causas de la crisis de Argentina en 2001-2002? ¿Qué lecciones se aprendieron y qué medidas se tomaron a la larga para normalizar la economía de Argentina?

PROBLEMAS

1. **Dólar canadiense.** El valor del dólar canadiense frente al dólar estadounidense ha sufrido varios cambios significativos en la historia reciente. Use el siguiente gráfico (esquina superior izquierda de la siguiente página) del tipo de cambio C$/US$ correspondiente al periodo de 27 años comprendidos entre 1980 y el fin de año de 2007 para calcular el cambio porcentual en el valor del dólar canadiense (conocido afectuosamente como "loonie") frente al dólar estadounidense en los siguientes periodos:
   a. Enero de 1980–diciembre de 1985
   b. Enero de 1986–diciembre de 1991
   c. Enero de 1992–diciembre de 2001
   d. Enero de 2002–diciembre de 2007

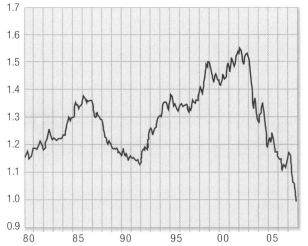

Promedio mensual de tipos de cambio:
dólares canadienses por dólar estadounidense

Fuente: Pacific Exchange Rate Service, ©2007, Prof. Werner
Antweiler, University of British Columbia, Vancouver, BC, Canadá.

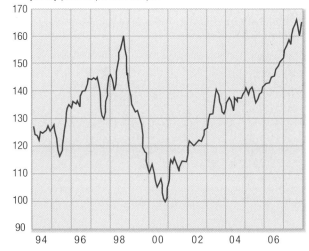

Promedio mensual de tipos de cambio:
yenes japoneses por euro europeo

Fuente: Pacific Exchange Rate Service, ©2007, Prof. Werner
Antweiler, University of British Columbia, Vancouver, BC, Canadá.

*2. **Reales brasileños.** El valor del real brasileño (R$) era R$1.21/US$ el lunes 11 de enero de 1999. Su valor cayó a R$1.43/US$ el viernes 15 de enero de 1999. ¿Cuál fue el cambio porcentual en su valor?

3. **Lira turca.** El gobierno turco devaluó oficialmente la lira turca (TL) en febrero de 2001 durante una grave crisis política y económica. El gobierno turco anunció el 21 de febrero que la lira se devaluaría 20%. El tipo de cambio *spot* el 20 de febrero era de TL68,000/US$.

   a. ¿Cuál fue el tipo de cambio después de la devaluación de 20%?

   b. En menos de tres días, la lira se desplomó a más de TL100,000/US$. ¿Qué cambio porcentual representó esto con respecto al tipo de cambio anterior a la devaluación?

4. **Euros y yenes.** El tipo de cambio cruzado yen-euro es uno de los valores más significativos en el mercado de divisas para el comercio mundial. El siguiente gráfico (parte superior de la siguiente columna) muestra este tipo cruzado calculado en retrospectiva de principios de 1994 al final del año de 2007. (Recuerde que el euro empezó a circular hasta enero de 1999, pero este valor puede calcularse en retrospectiva con base en las monedas componentes.) Estime el cambio en el valor del yen en los siguientes tres periodos:

   a. Enero de 1994–agosto de 1998

   b. Septiembre de 1998–octubre de 2000

   c. Noviembre de 2000–diciembre de 2007

*5. **Seis años.** México fue famoso (o mejor dicho, tristemente famoso) durante muchos años por tener dos cosas cada seis años (sexenio): una elección presidencial y una devaluación de su moneda. Así ocurrió en 1976, 1982, 1988 y 1994. En la última devaluación del 20 de diciembre de 1994, el valor del peso mexicano (Ps) cambió oficialmente de Ps3.30/US$ a Ps5.50/US$. ¿Cuál fue el porcentaje de devaluación?

6. **Rublo ruso.** El rublo ruso (R) se negociaba a R6.25/US$ el 7 de agosto de 1998. El 10 de septiembre de 1998, su valor se había reducido a R20.00/US$. ¿Cuál fue el cambio porcentual en valor?

7. **Baht tailandés.** El gobierno de Tailandia devaluó el baht tailandés (Bt) de Bt25/US$ a Bt29/US$ el 2 de julio de 1997. ¿Cuál fue el porcentaje de devaluación del baht?

8. **Sucre ecuatoriano.** El sucre de Ecuador (S) sufrió los embates de las fuerzas hiperinflacionarias a lo largo de 1999. Su valor pasó de S5,000/US$ a S25,000/US$. ¿Cuál fue el cambio porcentual en valor?

9. **Pronósticos del peso argentino.** Como se ilustra en el gráfico de la siguiente página, el peso argentino pasó del tipo de cambio fijo de Ps1.00/US$ a más de Ps2.00/US$ en cuestión de días a principios de enero de 2002. Luego de un breve periodo de alta volatilidad, el valor del peso se estableció aparentemente en la banda entre 2.0 y 2.5 pesos por dólar.

Si tuviera que ofrecer un pronóstico de la evolución del peso argentino en el futuro, ¿cómo usaría la información del gráfico (el valor del peso flotando libremente en las semanas posteriores a la devaluación) para pronosticar su valor futuro?

Tipo de cambio diario: pesos argentinos por dólar estadounidense

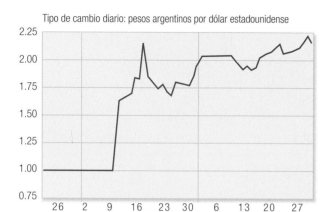

Fuente: ©2007, Prof. Werner Antweiler, University of British Columbia, Vancouver, BC, Canadá.

Pronóstico de la pirámide Pan-Pacífico

Use la tabla que se presenta en la parte superior de la siguiente página y que contiene indicadores económicos, financieros y de negocios tomados del número correspondiente al 20 de octubre de 2007 de The Economist *(edición impresa) para responder los problemas 10 a 15.*

10. **Tipos de cambio *spot* vigentes.** ¿Cuáles son los tipos de cambio *spot* vigentes de los siguientes tipos cruzados?
    a. Yen japonés/dólar estadounidense
    b. Yen japonés/dólar australiano
    c. Dólar australiano/dólar estadounidense

11. **Pronósticos de la paridad del poder adquisitivo.** Usando la teoría de la paridad del poder adquisitivo y suponiendo que los cambios pronosticados en los precios al consumidor son las mejores medidas de la inflación esperada, pronostique los siguientes tipos de cambio *spot* a un año en el futuro:
    a. Yen japonés/dólar estadounidense
    b. Yen japonés/dólar australiano
    c. Dólar australiano/dólar estadounidense

12. **Pronósticos del efecto Fisher internacional.** Usando el efecto Fisher internacional, y tomando en cuenta que las tasas de los bonos gubernamentales más recientes son las tasas de interés más apropiadas para aplicar el efecto Fisher internacional, pronostique los siguientes tipos de cambio *spot* a un año en el futuro:
    a. Yen japonés/dólar estadounidense
    b. Yen japonés/dólar australiano
    c. Dólar australiano/dólar estadounidense

13. **Tasas de interés reales implícitas.** Use las tasas más recientes de los bonos gubernamentales y los cambios pronosticados en los precios al consumidor para pronosticar las tasas de interés reales de lo siguiente:
    a. Dólar australiano
    b. Yen japonés
    c. Dólar estadounidense

14. **Tipos *forward.*** Usando los tipos *spot* y las tasas de interés del mercado a 90 días que se indican en la tabla, calcule los tipos *forward* a 90 días de los siguientes tipos de cambio:
    a. Yen japonés/dólar estadounidense
    b. Yen japonés/dólar australiano
    c. Dólar australiano/dólar estadounidense

15. **Actividad económica real y miseria.** Una de las medidas generales más comunes de la salud económica nacional se conoce en ocasiones como el "índice de miseria", la suma de la tasa de inflación y la tasa de desempleo del país. Usando los tipos *forward* calculados antes (problema 14), calcule el índice de miseria del país y úselo como medida relativa para pronosticar (de la misma manera que se usan los diferenciales de inflación o interés para pronosticar) a un año en el futuro.
    a. Yen japonés/dólar estadounidense
    b. Yen japonés/dólar australiano
    c. Dólar australiano/dólar estadounidense

EJERCICIOS DE INTERNET

1. **Pronósticos de tipos de cambio y tasas de interés a seis meses.** Use la siguiente fuente independiente de pronósticos de todos los datos internacionales fundamentales para ver la perspectiva de los tipos de cambio US$/€, ¥/US$ y US$/£.

   Financial Forecast   www.forecasts.org/
   Center   exchange-rate/index.htm

2. **Estadísticas del tipo de cambio del Banco de Canadá.** Uno de los sitios más completos y de acceso gratis en Internet para consultar estadísticas y análisis del tipo de cambio es el que mantiene el Banco de Canadá. Use el sitio Web del Banco para los indicadores más recientes de cómo los cambios relativos en las tasas de interés afectan el muy importante tipo de cambio de los dólares canadienses frente al dólar estadounidense y el euro.

   Tipos de cambio del   www.bankofcanada.ca/en/
   Banco de Canadá   rates/exchange.html

3. **Actualización de pronósticos de tipos de cambio de Mellon.** Uno de los boletines informativos más interesantes y completos sobre cuestiones económicas y tipos de cambio es el de Mellon Financial. Use el sitio Web de Mellon para descargar la versión más reciente de sus pronósticos de tipos de cambio. A menudo incluyen análisis significativos de las perspectivas de las tasas reales

Pronósticos de la pirámide Pan-Pacífico

Australia, Japón y Estados Unidos

| País | Producto interno bruto | | | | Producción industrial | Tasa de desempleo |
	Último trim	Trim*	Pronóstico fin 2007	Pronóstico fin 2008	Trim reciente	Última
Australia	4.3%	3.8%	4.1%	3.5%	4.6%	4.2%
Japón	1.6%	−1.2%	2.0%	1.9%	4.3%	3.8%
Estados Unidos	1.9%	3.8%	2.0%	2.2%	1.9%	4.7%

| País | Precios al consumidor | | | Tasas de interés | |
	Hace un año	Último	Pronóstico fin 2007	3 meses, última	1 año, bonos gub, última
Australia	4.0%	2.1%	2.4%	6.90%	6.23%
Japón	0.9%	−0.2%	0.0%	0.73%	1.65%
Estados Unidos	2.1%	2.8%	2.8%	4.72%	4.54%

| País | Balanza comercial | Cuenta corriente | | Unidades actuales (por US$) | |
	Últimos 12 meses (mmd)*	Últimos 12 meses (mmd)	Pronóstico 2007 (% del PIB)	17 de octubre	Hace un año
Australia	−13.0	−$47.0	−5.7%	1.12	1.33
Japón	98.1	$197.5	4.6%	117	119
Estados Unidos	−810.7	−$793.2	−5.6%	1.00	1.00

Fuente: Datos tomados de *The Economist*, 20 de octubre de 2007, edición impresa.

Nota: A menos que se indique otra cosa, los porcentajes representan cambios porcentuales a lo largo de un año. Trim rec = trimestre reciente.

Los valores para fin de 2007 son estimados o pronósticos.

(mmd) = miles de millones de dólares.

---

de rendimiento en Estados Unidos, Europa, Japón, Canadá, el Reino Unido, Australia y Nueva Zelanda.

Mellon Foreign Exchange — www.mellon.com/assetservicing/ productservices/foreignexchange.html

4. **Datos económicos y financieros recientes.** Use los siguientes sitios Web para obtener datos económicos y financieros recientes que se emplean en todos los métodos de preparación de pronósticos presentados en este capítulo.

Economist.com — www.economist.com
FT.com — www.ft.com
EconEdLink — www.econedlink.org/datalinks/index.cfm

5. **Comentario semanal de OzForex.** El sitio Web de OzForex Foreign Exchange Services proporciona un comentario semanal sobre los principales factores y sucesos políticos y económicos que influyen en los mercados actuales. Usando este sitio Web, vea qué esperan que ocurra en la próxima semana con las tres principales monedas del mundo: el dólar, el yen y el euro.

OzForex — www.ozforex.com.au/marketwatch.htm

6. **Tipos de cambio, tasas de interés y mercados globales en Bloomberg.** La magnitud de los datos del mercado puede ser abrumadora de vez en cuando. Use la siguiente página de mercados de Bloomberg para organizar sus ideas y datos globales.

Bloomberg Financial News — www.bloomberg.com/markets

PARTE III

Exposición cambiaria

CAPÍTULO 11
Exposición por transacción

CAPÍTULO 12
Exposición operativa

CAPÍTULO 13
Exposición por traslación

CAPÍTULO 11

Exposición por transacción

Hay dos ocasiones en la vida de un hombre en que no debe especular: cuando no puede darse el lujo de hacerlo y cuando puede.

— "Siguiendo el ecuador", *El nuevo calendario de Pudd'nhead Wilson*, Mark Twain.

La *exposición cambiaria* es una medida del potencial de cambio de la *rentabilidad, flujo neto de efectivo* y *valor de mercado* de una empresa a causa de una variación en los tipos de cambio. Una tarea importante del gerente financiero es medir la exposición cambiaria y administrarla para maximizar la rentabilidad, el flujo neto de efectivo neto y el valor de mercado de la empresa. Estos tres componentes (utilidades, flujos de efectivo y valor de mercado) son los elementos financieros fundamentales de cómo se considera el éxito o fracaso relativo de una empresa. Los primeros dos (utilidades y flujos de efectivo) dan origen en su mayor parte al tercero, el valor de mercado. Y aunque la teoría financiera nos enseña que los flujos de efectivo importan y la contabilidad no, toda persona de negocios que se precie de serlo sabe que las ganancias y pérdidas relacionadas con las divisas pueden tener impactos destructivos en las utilidades anunciadas. Las utilidades anunciadas de toda empresa que cotiza en bolsa son fundamentales para la opinión del mercado sobre esa compañía.

Tipos de exposición cambiaria

¿Qué sucede con una empresa cuando varían los tipos de cambio de las divisas? El efecto puede medirse de varias maneras. En la figura 11.1 se examinan los tres principales tipos de exposición cambiaria: *por transacción, operativa* y *por traslación*.

Exposición por transacción

La *exposición por transacción* mide los cambios en el valor de las obligaciones financieras por pagar contraídas antes de una variación en los tipos de cambio, pero cuya fecha de liquidación es hasta después de que los tipos de cambio varían. Por consiguiente, se trata de las variaciones en los flujos de efectivo que son resultado de las obligaciones contractuales existentes. El propósito de este capítulo es analizar cómo se mide y administra la exposición por transacción.

Exposición operativa

La *exposición operativa*, también llamada *exposición económica, exposición competitiva* o *exposición estratégica*, mide el cambio en el valor presente de la empresa que produce cualquier variación en los flujos de efectivo de operación que se esperan a futuro, ocasionada por una variación *inesperada* en los tipos de cambio. El cambio en el valor depende del efecto de la variación del tipo de cambio en el volumen de ventas, precios y costos futuros. En el capítulo 12 se analiza la exposición operativa.

| FIGURA 11.1 | Comparación conceptual de la exposición cambiaria por transacción, operativa y por traslación |

**Momento en que varía
el tipo de cambio**

Exposición por traslación

Cambios en el capital de los propietarios
registrado en los estados financieros
consolidados, provocados por una
variación en los tipos de cambio

Exposición operativa

Cambio en los flujos de efectivo
esperados a futuro, que tienen su
origen en una variación inesperada
en los tipos de cambio

Exposición por transacción

Impacto de liquidar obligaciones pendientes contraídas antes de la
variación en los tipos de cambio, pero que deben liquidarse después
de que los tipos de cambio varían

Tiempo ⟶

Tanto la exposición por transacción como la exposición operativa existen debido a variaciones inesperadas en los flujos de efectivo futuros. La diferencia entre las dos es que la exposición por transacción se refiere a los flujos de efectivo futuros que ya se habían contratado, en tanto que la exposición operativa se centra en los flujos de efectivo futuros esperados (aún no contratados) que podrían cambiar debido a que una variación en los tipos de cambio alteró la competitividad internacional.

Exposición por traslación

La *exposición por traslación*, también llamada *exposición contable*, es el potencial para que ocurran cambios derivados de la contabilidad en las acciones de capital de los propietarios a causa de la necesidad de "traducir" o "trasladar" los estados financieros expresados en moneda extranjera de las filiales del exterior a una sola moneda de informe con el fin de preparar estados financieros consolidados a nivel mundial. El capítulo 13 examina la exposición por traslación.

Exposición fiscal

La consecuencia fiscal de la exposición cambiaria varía por país. Como regla general, sin embargo, sólo las pérdidas cambiarias *realizadas* son deducibles para efectos de cálculo del impuesto sobre la renta. Asimismo, sólo las ganancias *realizadas* crean ingreso gravable. *Realizadas* significa que la pérdida o ganancia comprende flujos de efectivo.

Las pérdidas por la exposición por transacción suelen reducir el ingreso gravable en el año en el que fueron realizadas. Las pérdidas por la exposición operativa reducen el ingreso gravable a través de una serie de ejercicios futuros. Como se explicará en el capítulo 13, las pérdidas por la exposición por traslación no son pérdidas de efectivo y, por tanto, no son deducibles. Algunas medidas tomadas para minimizar uno u otro tipo de exposición, como celebrar un contrato de divisas a plazo (*forward*), crea ingresos gravables o pérdidas. Otras acciones tomadas para lograr la misma protección no tienen repercusiones en el impuesto sobre la renta. Debido a que la exposición fiscal la determina el país donde cada filial tiene su domicilio, la empresa multinacional necesita planear sus políticas de administración de divisas para reducir al mínimo las consecuencias mundiales después de impuestos de las pérdidas cambiarias y maximizar las ganancias después de impuestos. Sin embargo, como muchas EMN administran centralmente las exposiciones cambiarias, las pérdidas o ganancias a menudo no se ajustan con el país de origen.

Las exposiciones no siempre producen pérdidas para la empresa. De hecho, de vez en cuando pueden producir ganancias, mismas que no son resultado de las verdaderas operaciones o competencias centrales de la empresa, sino de la suerte y el momento asociados con las variaciones del tipo de cambio y los movimientos de las divisas. Como se ilustra en *Finanzas globales en la práctica 11.1,* hay numerosos debates continuos sobre la administración de la exposición cambiaria.

¿Por qué cubrir?

Las empresas multinacionales tienen una multitud de flujos de efectivo que son sensibles a las variaciones en el tipo de cambio, las tasas de interés y los precios de las materias primas. Estos tres riesgos financieros relacionados con los precios son el tema del creciente campo de la *administración de riesgos financieros.* En este capítulo nos centraremos en la sensibilidad de los flujos de efectivo futuros de la empresa individual sólo a los tipos de cambio.

Definición de cobertura

Muchas empresas tratan de controlar sus exposiciones cambiarias contratando coberturas. Una *cobertura* es tomar una posición, ya sea adquiriendo un flujo de efectivo, un activo o un contrato (incluido un contrato a plazo *forward*), que aumentará (o disminuirá) en valor y compensará una caída (o un incremento) en el valor de una posición existente. Por tanto, una cobertura protege contra pérdidas al dueño del activo existente. Sin embargo, también elimina cualquier ganancia producida por un aumento en el valor del activo que cubre. Pero la pregunta sigue abierta: ¿Qué gana la empresa si se cubre?

El valor de la empresa de acuerdo con la teoría financiera es el valor presente neto de todos los flujos de efectivo futuros esperados. Cuando se dice que estos flujos de efectivo son *esperados*

FINANZAS GLOBALES EN LA PRÁCTICA 11.1

Administración del riesgo cambiario: una rosa con cualquier otro nombre

En la actualidad existen muchas opiniones diferentes tanto en la industria como en la academia sobre el enfoque, los objetivos e incluso la categorización de la administración del riesgo cambiario.

Enfoque de la administración del riesgo cambiario

Las opciones de enfoque se resumen por lo común en *flujo de efectivo* o *utilidades*. La academia destaca a menudo el objetivo teórico financiero puro de centrarse en los sucesos basados en los flujos de efectivo y gastar "dinero de verdad" administrando los resultados contables. Sin embargo, muchos en la industria creen que si los mercados, en particular los mercados accionarios públicos, hacen muchos juicios de valor sobre las utilidades anunciadas, es responsabilidad de la administración de la empresa proteger las utilidades anunciadas contra el riesgo cambiario.

Objetivo de la administración del riesgo cambiario

El objetivo de la administración del riesgo cambiario puede ser incluso más polémico. Aunque la mayoría de las empresas reconocen que eliminar el riesgo cambiario es casi imposible, en particular en horizontes de tiempo más allá del corto plazo inmediato (por ejemplo, 90 días), como es evidente, existen diferencias de opinión. Muchas empresas señalan expresamente que su objetivo es *maximizar el valor en moneda nacional de todas las exposiciones, pero con frecuencia indican que se minimiza la desviación del valor en moneda nacional realizada para presupuestar, lo mismo que se minimiza el costo de la cobertura.*

Categorización de la exposición cambiaria

Este libro usa un método tradicional de categorización de la exposición cambiaria, que la divide en tres categorías: *exposición operativa, exposición por transacción y exposición por traslación.* No obstante, dista mucho de ser el estándar y muchas compañías usan sistemas muy diferentes de clasificación y administración en el ámbito internacional. Una metodología común es clasificar las exposiciones según las cifras *contables* (balance general, conversión de utilidades, etcétera) y *no contables* (transacciones previstas y exposiciones contingentes). Incluso cuando se usa esta simple distinción, muchas exposiciones que no aparecen en el balance general —como las *exposiciones previstas* en las compras entre dependencias de la empresa— pronto lo harán. Algunas exposiciones, como la inversión que la empresa matriz tiene en una subsidiaria extranjera, son particularmente complejas dependiendo de la política de dividendos entre entidades de la misma compañía y la moneda funcional de la subsidiaria extranjera.

es para hacer hincapié en que nada en el futuro es seguro. Si el valor informado de la moneda de muchos de estos flujos de efectivo se altera como resultado de variaciones en los tipos de cambio, una empresa que cubre sus exposiciones monetarias reduce algo de la varianza en el valor de sus flujos de efectivo esperados a futuro. Por tanto, el *riesgo monetario* puede definirse más o menos como la varianza en los flujos de efectivo esperados que ocasionan las variaciones inesperadas en los tipos de cambio.

La figura 11.2 ilustra la distribución de los flujos netos de efectivo esperados de la empresa individual. La cobertura de estos flujos de efectivo limita la distribución de los flujos de efectivo alrededor de la media de la distribución. La cobertura monetaria reduce el riesgo. Sin embargo, reducir el riesgo no es lo mismo que agregar valor o rendimiento. El valor de la empresa ejemplificada en la figura 11.2 aumentará sólo si la cobertura desplazara la media de la distribución hacia la derecha. De hecho, si la cobertura no es "gratis", lo que implica que la empresa debe gastar recursos para emprender una actividad de cobertura, ésta sólo agregará valor si el desplazamiento hacia la derecha es suficientemente grande para compensar el costo de la cobertura.

Razones para no contratar coberturas

De lo anterior se deduce la pregunta fundamental: ¿es entonces la reducción en la variabilidad de los flujos de efectivo una razón suficiente para la administración del riesgo monetario? Esta pregunta es objeto de un debate continuo en la administración financiera multinacional. Los que se oponen a la cobertura monetaria por lo común argumentan lo siguiente:

1. Los accionistas son mucho más capaces de diversificar el riesgo monetario que los administradores de la empresa. Si los accionistas no desean aceptar el riesgo monetario de cualquier empresa específica, pueden diversificar su portafolio para administrarlo de manera que satisfaga sus preferencias y tolerancia al riesgo en lo individual.

2. Como se anotó arriba, la administración del riesgo monetario no incrementa los flujos de efectivo esperados de la empresa. Normalmente, la administración del riesgo monetario

---

FIGURA 11.2   Impacto de la cobertura en los flujos de efectivo esperados de la empresa

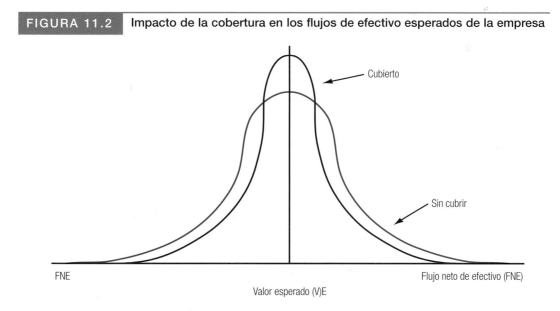

FNE   Flujo neto de efectivo (FNE)

Valor esperado (V)E

La cobertura reduce la variabilidad de los flujos de efectivo esperados alrededor de la media de la distribución. Esta reducción de la varianza de distribución es una reducción del riesgo.

consume recursos valiosos de la empresa y, por tanto, reduce el flujo de efectivo. El impacto en el valor es una combinación de la reducción del flujo de efectivo (que por sí mismo reduce el valor) y la reducción en la varianza (que por sí mismo incrementa el valor).

3. Con frecuencia, la administración realiza actividades de cobertura que la benefician a costa de los accionistas. El campo de las finanzas llamado *teoría de agencia* a menudo sostiene que la administración en general tiene mayor aversión al riesgo que los accionistas. Si la meta de la empresa es maximizar la riqueza de éstos, contratar coberturas quizá no sea lo que más convenga a los accionistas.

4. Los administradores no pueden adelantarse al mercado. Siempre y cuando los mercados estén en equilibrio con respecto a las condiciones de paridad, el valor presente neto esperado de la cobertura será cero.

5. La motivación de la administración para reducir la variabilidad se relaciona a veces con razones contables. La administración puede pensar que será criticada más duramente por incurrir en pérdidas cambiarias en sus estados financieros que por incurrir en costos similares o aun mayores de efectivo para evitar dichas pérdidas. Las pérdidas cambiarias aparecen en el estado de resultados como una partida por separado muy notoria o como nota a pie de página, pero los costos altos de la protección se ocultan entre los gastos operativos o de intereses.

6. Los teóricos de los mercados eficientes creen que los inversionistas pueden ver a través del "velo contable" y, por consiguiente, ya han tomado en cuenta el efecto cambiario en la valuación de mercado de la empresa.

Razones para contratar coberturas

Los partidarios de la cobertura mencionan los siguientes motivos para apoyarla:

■ La reducción del riesgo en los flujos de efectivo futuros mejora la capacidad de planeación de la empresa. Si una compañía puede predecir con mayor exactitud los flujos de efectivo futuros, podrá efectuar inversiones específicas o realizar actividades que de otra forma podría no tomar en consideración.

■ La reducción del riesgo en los flujos de efectivo futuros reduce la probabilidad de que los flujos de efectivo de la empresa caigan por debajo de un mínimo necesario. La empresa debe generar suficientes flujos de efectivo para realizar los pagos del servicio de la deuda y continuar funcionando. Este punto de flujo de efectivo mínimo, conocido con frecuencia como el punto de *apuro financiero,* está situado a la izquierda del centro de distribución de los flujos de efectivo esperados. La cobertura reduce la probabilidad de que los flujos de efectivo de la empresa caigan a este nivel.

■ La administración tiene una ventaja comparativa sobre el accionista individual, ya que conoce el verdadero riesgo monetario de la empresa. Sin importar el nivel de la información proporcionada por la empresa al público, la administración siempre tiene una ventaja en cuanto a la amplitud y profundidad del conocimiento referente a los riesgos y rendimientos reales inherentes al negocio de la empresa.

■ Los mercados suelen estar en desequilibrio debido a imperfecciones estructurales e institucionales, así como por sacudidas externas inesperadas (como una crisis petrolera o un ataque terrorista). La administración se encuentra en una mejor posición que los accionistas para reconocer las condiciones de desequilibrio y aprovechar oportunidades únicas de aumentar el valor de la empresa por medio de *coberturas selectivas.* Por "cobertura selectiva" se entiende la cobertura de exposiciones grandes, singulares y excepcionales, o el uso ocasional de coberturas cuando la administración tiene una expectativa definitiva sobre la dirección que tomarán los tipos de cambio.

Medida de la exposición por transacción

La exposición por transacción mide las ganancias o pérdidas que surgen de la liquidación de obligaciones financieras existentes cuyos términos se han establecido en moneda extranjera y es producto de lo siguiente:

■ Comprar o vender a crédito bienes o servicios cuyos precios se denominan en monedas extranjeras.

■ Pedir en préstamo o prestar fondos cuando el pago debe hacerse en moneda extranjera.

■ Ser parte de un contrato de tipos de cambio *forward* que no se ha ejecutado.

■ Adquirir activos o incurrir en obligaciones denominadas en monedas extranjeras.

El ejemplo más común de exposición por transacción se presenta cuando una empresa tiene cuentas por cobrar o por pagar denominadas en moneda extranjera. Como se ilustra en la figura 11.3, la exposición total por transacción consta de *exposiciones por cotización, reserva y facturación*. En realidad, una exposición por transacción se crea en el momento en que el vendedor cotiza un precio en moneda extranjera a un comprador potencial (t_1). La cotización puede ser verbal, como una cotización telefónica, o escrita, como un documento de oferta o una lista de precios impresa. La colocación del pedido (t_2) convierte la exposición potencial creada en el momento de la cotización (t_1) en una exposición real, llamada exposición por reserva, porque el producto todavía no se ha enviado o facturado. La exposición por reserva dura hasta que los bienes se envían y facturan (t_3) y en ese momento se convierte en exposición por facturación, la cual dura hasta que el vendedor recibe el pago (t_4).

Compra o venta en cuenta abierta

Suponga que Trident Corporation vende mercancía en cuenta abierta a un comprador belga por €1,800,000, a pagar en 60 días. El tipo de cambio corriente es de US$1.2000/€, y Trident espera cambiar los euros recibidos por €1,800,000 × US$1.2000/€ = US$2,160,000 cuando reciba el pago.

FIGURA 11.3   Vida de la exposición por transacción

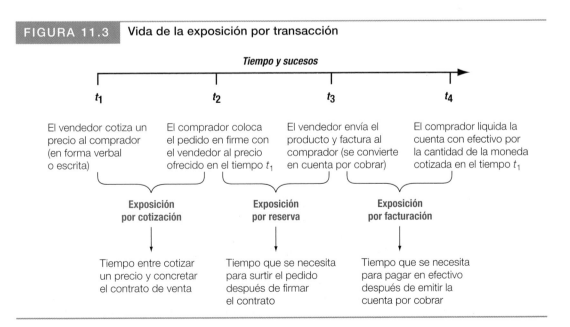

La exposición por transacción surge debido al riesgo que Trident reciba una cantidad diferente de los US$2,160,000 esperados. Por ejemplo, si el euro se debilitara a US$1.1000/€ cuando se efectuara el pago, Trident recibiría sólo €1,800,000 × US$1.1000/€ = US$1.980,000, o alrededor de US$180,000 menos de lo esperado. Sin embargo, si el euro se fortaleciera a US$1.3000/€, Trident recibiría €1,800,000 × US$1.3000/€ = US$2,340,000, un incremento de $180,000 sobre la cantidad esperada. Así, la exposición es la oportunidad de perder o ganar.

Trident podría haber evitado la exposición por transacción facturando al comprador belga en dólares. Por supuesto, si Trident tratara de vender sólo en dólares, podría no haber obtenido la venta en primer lugar. ¡Evitar la exposición por transacción no vendiendo es contraproducente para el bienestar de la empresa! Aun cuando el comprador belga acceda a pagar en dólares, la exposición por transacción no se elimina. En cambio, se transfiere al comprador belga, cuya cuenta por pagar en dólares tendrá un costo desconocido en euros dentro de 60 días.

Pedir prestado y prestar

Un segundo ejemplo de la exposición por transacción se presenta cuando se piden préstamos o se prestan fondos y la cantidad en cuestión está denominada en moneda extranjera. Por ejemplo, la embotelladora más grande de PepsiCo fuera de Estados Unidos en 1994 era Grupo Embotellador de México (Gemex). A mediados de diciembre de 1994, Gemex tenía una deuda de US$264 millones. En ese momento, el nuevo peso (Ps) de México se cotizaba en Ps3.45/US$, un tipo de cambio vinculado que se había mantenido con variaciones menores desde el 1 de enero de 1993, cuando se creó la nueva unidad monetaria. El 22 de diciembre de 1994, las autoridades monetarias decidieron dejar flotar el nuevo peso debido a acontecimientos económicos y políticos en México, y en un solo día se hundió a Ps4.65/US$. Durante la mayor parte del mes de enero siguiente, el peso se cotizó en alrededor de Ps5.50/US$.

Para Gemex, el incremento en el monto en pesos de deuda denominada en dólares fue el siguiente:

Deuda en dólares a mediados de diciembre de 1994: US$264,000,000 × Ps3.45/US$ =	Ps910,800,000
Deuda en dólares a mediados de enero de 1995: US$264,000,000 × Ps5.50/US$ =	Ps1,452,000,000
Incremento de la deuda en dólares medido en nuevos pesos mexicanos	Ps541,200,000

¡La cantidad en pesos necesaria para pagar la deuda en dólares aumentó 59%! En términos de dólares estadounidenses, la caída en el valor del peso ocasionó que Gemex necesitara el equivalente en pesos de otros US$98,400,000 para pagar la deuda. Este incremento de la deuda fue resultado de la exposición por transacción.

Otras causas de la exposición por transacción

Cuando una empresa compra un contrato cambiario *forward* (a plazo), crea deliberadamente una exposición por transacción. Por lo general se incurre en este riesgo para cubrir una exposición por transacción existente. Por ejemplo, una empresa estadounidense podría querer compensar la obligación existente de comprar ¥100 millones para pagar una importación de Japón dentro de 90 días. Una forma de compensar este pago es comprar ¥100 millones en el mercado a plazo hoy para entrega en 90 días. De esta forma, la empresa neutraliza cualquier variación en el valor del yen japonés en relación con el dólar. Si el yen aumenta de valor, una cuenta por pagar sin cubrir costaría más dólares (una pérdida por transacción). Sin embargo, el contrato *forward* ya ha fijado la cantidad de dólares necesaria para comprar ¥100 millones. Por tanto, la pérdida (o ganancia) potencial en la transacción de la cuenta por pagar se compensa por la ganancia (o pérdida) del contrato *forward*.

Observe que los saldos de efectivo en moneda extranjera no ocasionan exposición por transacción, aunque su valor en la moneda de origen se transforme inmediatamente con una variación en el tipo de cambio. No existe ninguna obligación legal de mover efectivo o moneda de un país a otro. Si existiera esta obligación, aparecería en los libros como cuenta por pagar (por ejemplo, dividendos declarados y por pagar) o cuenta por cobrar, y entonces se consideraría parte de la exposición por transacción. Sin embargo, el valor cambiario de los saldos de efectivo sí se modifica cuando varían los tipos de cambio. Esta modificación se refleja en el estado consolidado de flujos de efectivo y el balance general consolidado, como se explicará en el capítulo 12.

Coberturas contractuales

La exposición cambiaria por transacción puede administrarse con *coberturas contractuales, operativas* y *financieras*. Las principales coberturas contractuales usan los mercados *forward*, de dinero, futuros y opciones. Las coberturas operativas y financieras emplean contratos para compartir riesgos, términos para anticipar o retrasar los pagos, *swaps* y otras estrategias que se analizarán en capítulos posteriores.

El término *cobertura natural* se refiere a un flujo de efectivo operativo compensatorio: una cuenta por pagar que es producto de la realización de un negocio. Una *cobertura financiera* se refiere ya sea a una obligación de deuda compensatoria (como un préstamo) o algún tipo de instrumento derivado financiero, como un *swap* de tasas de interés. Es importante distinguir las coberturas de la misma forma como en finanzas se distinguen los flujos de efectivo, esto es, los *operativos* de los *financieros*.

El siguiente caso ilustra cómo las técnicas de contratación de cobertura pueden proteger contra la exposición por transacción.

Exposición por transacción de Trident

Maria Gonzalez es la directora de finanzas de Trident. Acaba de concluir las negociaciones para la venta de equipo de telecomunicaciones a Regency, una empresa británica, por £1,000,000. Esta venta por sí sola es muy grande en relación con el nivel de negocios actual de Trident. La venta se realiza en marzo y el pago debe efectuarse tres meses después, en junio. Maria ha recolectado la siguiente información financiera y de mercado para analizar el problema de exposición monetaria:

- Tipo de cambio *spot*: US$1.7640/£
- Tipo de cambio *forward* a tres meses: US$1.7540/£ (un descuento de 2.2676% al año para la libra)
- Costo de capital para Trident: 12.0%
- Tasa de interés de los préstamos a tres meses en el R.U.: 10.0% (o 2.5%/trimestre)
- Tasa de interés de las inversiones a tres meses en el R.U.: 8.0% (o 2.0%/trimestre)
- Tasa de interés de los préstamos a tres meses en Estados Unidos: 8.0% (o 2.0%/trimestre)
- Tasa de interés de las inversiones a tres meses en Estados Unidos: 6.0% (o 1.5%/trimestre)
- Opción de venta para junio en el mercado extrabursátil (bancario) por £1,000,000; precio de ejercicio US$1.75 (casi en el dinero); prima de 1.5%
- El servicio de asesores en divisas de Trident pronostica que el tipo de cambio *spot* a tres meses será de US$1.76/£

Como muchas empresas manufactureras, Trident opera con márgenes de ganancia relativamente estrechos. Aunque Maria y Trident se alegrarían de que la libra se revaluara frente al dólar, su preocupación se centra en la posibilidad de que la libra se deprecie. Cuando Maria presupuestó este contrato en específico, determinó que el margen mínimo aceptable era al precio de venta de US$1,700,000. Por tanto, el *tipo presupuestado* (el tipo de cambio más bajo aceptable del dólar por una libra) se estableció en US$1.70/£. Cualquier tipo de cambio por debajo de este tipo presupuestado tendría como resultado que Trident perdiera dinero en la transacción.

Hay cuatro alternativas para que Trident administre la exposición:

1. Seguir sin cobertura.
2. Contratar cobertura en el mercado *forward*.
3. Contratar cobertura en el mercado de dinero.
4. Contratar cobertura en el mercado de opciones.

Posición sin cubrir

Maria puede decidir aceptar el riesgo por la transacción. Si le cree al asesor en divisas, espera recibir £1,000,000 × US$1.76 = US$1,760,000 dentro de tres meses. Sin embargo, esa cantidad está en riesgo. Si, por ejemplo, la libra cayera a US$1.65/£, sólo recibiría US$1,650,000. No obstante, el riesgo cambiario no es unilateral; si la transacción se deja descubierta y la libra se fortalece aún más de lo pronosticado por el asesor, Trident recibiría considerablemente más que US$1,760,000.

La esencia del método sin cobertura es como sigue:

(Hoy)

No hacer nada

(Dentro de tres meses)

Recibir £1,000,000.
Vender £1,000,000 y recibir dólares
al tipo de cambio *spot* vigente en
el momento.

Cobertura en el mercado *forward*

Una "cobertura a plazo" comprende un contrato *forward* (o de futuros) y una fuente de fondos para cumplir ese contrato. El contrato *forward* se celebra cuando se crea la exposición por transacción. En el caso de Trident, la fecha sería en marzo, cuando la venta a Regency se registró como cuenta por cobrar.

Cuando se realiza una venta denominada en moneda extranjera como ésta, se registra al tipo de cambio *spot* vigente en la fecha de registro. En el caso de Trident, el tipo de cambio *spot* del día en que la venta se registró como cuenta por cobrar es de US$1.7640/£, por lo que la venta se registra en los libros de Trident con valor de US$1,764,000. Los fondos para cumplir el contrato estarán disponibles en junio, cuando Regency pague £1,000,000 a Trident. Si se tienen a la mano los fondos para cumplir el contrato *forward*, o están asegurados por una operación de negocios, la cobertura se considera *cubierta, perfecta* o *cuadrada*, ya que no hay riesgo cambiario residual. Los fondos que se tienen a la mano o que se recibirán son iguales a los fondos que se pagarán.

En algunas situaciones, los fondos para cumplir el contrato de cambio a plazo no están disponibles o serán recibidos posteriormente, pero deben comprarse en el mercado *spot* en alguna fecha futura. Una cobertura de este tipo está *abierta* o *al descubierto*. Implica riesgo considerable debido a que quien contrata la cobertura debe correr el riesgo de comprar divisas a un tipo de cambio *spot* futuro desconocido para cumplir con el contrato *forward*. La compra de los fondos en una fecha posterior se conoce como "cubrir".

Si Trident quisiera cubrir su exposición por transacción en el mercado a plazo, tendría que vender £1,000,000 a plazo hoy a la cotización *forward* a tres meses de US$1.7540 por libra. En esta transacción cubierta, la empresa ya no corre ningún riesgo cambiario. Dentro de tres meses la empresa recibirá £1,000,000 del comprador británico, entregará esa suma al banco contra la venta a plazo, y recibirá US$1,754,000. Esta suma asegurada es US$6,000 menor que la esperada e incierta de US$1,760,000 de la posición sin cubrir, porque la cotización del mercado *forward* difiere del pronóstico a tres meses de la empresa. Este monto se registraría en los libros de Trident como pérdida cambiaria de US$10,000 (US$1,764,000 registrados; US$1,754,000 liquidados).

La esencia de una cobertura a plazo es como sigue:

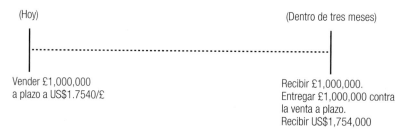

(Hoy)

Vender £1,000,000
a plazo a US$1.7540/£

(Dentro de tres meses)

Recibir £1,000,000.
Entregar £1,000,000 contra
la venta a plazo.
Recibir US$1,754,000

Si el pronóstico de Maria fuera idéntico al implícito en la cotización a plazo (es decir, US$1.7540), los ingresos esperados serían iguales sin importar si la empresa se cubre o no. Sin embargo, los ingresos realizados en la alternativa de no cubrir podrían variar considerablemente de los ingresos asegurados cuando la transacción se cubre. Creer que el tipo de cambio *forward* es una estimación no sesgada del tipo de cambio *spot* futuro no nos impide usar la cobertura a plazo para eliminar el riesgo de un cambio inesperado en el tipo de cambio *spot* futuro.

Cobertura en el mercado de dinero

Como ocurre con una cobertura en el mercado *forward*, una cobertura en el mercado de dinero también incluye un contrato y una fuente de fondos para cumplir ese contrato. En este caso, el contrato es un acuerdo de préstamo. La empresa que trata de conseguir cobertura en el mercado de dinero pide un préstamo en una moneda y cambia los fondos obtenidos a otra moneda. Los fondos para cumplir con el contrato (es decir, para pagar el préstamo) pueden generarse con las operaciones de negocios, en cuyo caso la cobertura en el mercado de dinero está cubierta. Por otra parte, los fondos para pagar el préstamo pueden comprarse en el mercado de divisas *spot* al vencimiento del préstamo. En este caso, la cobertura en el mercado de dinero está descubierta o abierta.

Una cobertura en el mercado de dinero puede cubrir una sola transacción, como la cuenta por cobrar de £1,000,000 de Trident, o transacciones repetidas. Cubrir transacciones repetidas se llama *igualación* (*matching*). Requiere que la empresa iguale los flujos de efectivo entrantes y salientes esperados en divisas por moneda y vencimiento. Por ejemplo, si Trident tuviera numerosas ventas a clientes británicos durante un periodo largo denominadas en libras, tendría flujos de efectivo entrantes en libras esterlinas más o menos previsibles. La técnica adecuada para cubrirse en el mercado de dinero consistiría en pedir préstamos en libras esterlinas por una cantidad que iguale el tamaño y vencimiento típicos de las entradas de libras esperadas. Así, si la libra se deprecia o aprecia, el efecto cambiario sobre las entradas de efectivo en libras quedaría más o menos compensado por el efecto de las salidas de efectivo en libras que ocasionan los pagos del préstamo en libras más los intereses.

La estructura de una cobertura en el mercado de dinero se asemeja a la cobertura a plazo. La diferencia es que el costo de la cobertura del mercado de dinero está determinada por los diferenciales en las tasas de interés, mientras que el costo de la cobertura a plazo está en función de la cotización del tipo de cambio *forward*. En mercados eficientes, la paridad de las tasas de interés debería asegurar que estos costos fueran casi iguales, pero no todos los mercados son eficientes todo el tiempo. Además, la diferencia en las tasas de interés a las que se enfrenta una empresa privada que se endeuda en dos mercados nacionales diferentes podría no ser igual a la diferencia en las tasas de los bonos gubernamentales sin riesgo o las tasas de interés de las eurodivisas en estos mismos mercados. El último diferencial es importante para la paridad de las tasas de interés.

Para cubrirse en el mercado de dinero, Maria pedirá un préstamo en libras en Londres, las convertirá de inmediato en dólares y pagará el préstamo en libras en tres meses con el producto de la venta. ¿Cuánto debe pedir prestado? Necesitará pedir sólo lo suficiente para pagar el principal y los intereses con el producto de la venta. La tasa de interés del préstamo será de 10% anual, o 2.5% por tres meses. Por consiguiente, la cantidad que debe solicitar en préstamo para pagar a tres meses es:

$$\frac{£1,000,000}{1+.025} = £975,610$$

Maria debe pedir un préstamo de £975,610 ahora, y en tres meses pagará esa cantidad más £24,390 de intereses con el producto de la venta de la cuenta por cobrar. Trident cambiaría las £975,610 recibidas en préstamo por dólares al tipo de cambio *spot* vigente de US$1.7640/£, y recibiría hoy US$1,720,976.

La cobertura en el mercado de dinero, si Trident la elige, crea un pasivo denominado en libras (el préstamo bancario en libras) para cubrir el activo denominado en la misma moneda, esto es, la cuenta por cobrar. La cobertura en el mercado de dinero funciona como protección porque iguala los activos y pasivos de acuerdo con su moneda de denominación. Con ayuda de una simple cuenta T para ejemplificar el balance general de Trident, se observa que el préstamo en libras esterlinas (principal e interés por pagar) compensa la cuenta por cobrar denominada en libras:

Activo		Pasivo y capital	
Cuenta por cobrar	£1,000,000	Préstamo bancario (principal)	£975,610
		Intereses por pagar	24,390
	£1,000,000		£1,000,000

El préstamo actúa como *cobertura en el balance general* (una cobertura en el mercado de dinero en este caso) contra la cuenta por cobrar denominada en libras.

Para comparar la cobertura a plazo con la cobertura en el mercado de dinero, es necesario analizar cómo utilizará Trident el dinero del préstamo en los siguientes tres meses. Recuerde que los ingresos del préstamo se reciben hoy, pero las ganancias del contrato *forward* se reciben dentro de tres meses. Para efectos de comparación, hace falta calcular ya sea el valor futuro del préstamo en tres meses o el valor presente del contrato a plazo. (Se usará el valor futuro por motivos pedagógicos, pero el uso correcto del valor presente da los mismos resultados comparativos.)

Como tanto los ingresos por el contrato a plazo como los del préstamo son relativamente ciertos, es posible elegir entre las dos opciones la que produzca mayores entradas en dólares. A su vez, este resultado depende de la tasa de inversión supuesta para el dinero del préstamo.

Cuando menos hay tres opciones lógicas de una tasa supuesta de inversión para el dinero del préstamo durante los próximos tres meses. Primera, si Trident dispone de mucho efectivo, puede invertir el préstamo en instrumentos del mercado de dinero denominados en dólares estadounidenses, que supuestamente producen 6% anual. Segundo, Maria podría sencillamente utilizar el préstamo en libras en lugar de un préstamo equivalente en dólares que Trident tendría que contratar a una tasa supuesta de 8% anual. Tercero, Maria podría invertir el préstamo en las operaciones generales de la empresa, en cuyo caso el costo del capital de 12% anual sería la tasa adecuada. El valor futuro del préstamo al final de los tres meses en cada uno de estos tres supuestos de inversión sería como sigue:

Recibido hoy	Invertido en	Tasa	Valor futuro a tres meses
US$1,720,976	Pagaré del Tesoro	6% anual o 1.5%/trimestre	US$1,746,791
US$1,720,976	Costo de la deuda	8% anual o 2.0%/trimestre	US$1,755,396
US$1,720,976	Costo del capital	12% anual o 3.0%/trimestre	US$1,772,605

Como e1 monto de la cobertura a plazo de tres meses sería de US$1,754,000, la cobertura en el mercado de dinero sería superior a la cobertura a plazo si Maria empleara el préstamo para reemplazar un préstamo en dólares (8%) o para realizar operaciones generales de negocios (12%). La cobertura a plazo será preferible si Trident invirtiera el dinero del préstamo en libras en instrumentos del mercado de dinero denominados en dólares a una tasa de interés de 6% anual.

Puede calcularse una tasa de inversión de equilibrio que haría que a Trident le resultara indiferente la elección entre la cobertura a plazo y la cobertura en el mercado de dinero. Suponga que r es la tasa de inversión desconocida a tres meses, expresada como decimal, que igualaría los ingresos de las coberturas a plazo y del mercado de dinero. Tenemos que:

$$(\text{Ingresos del préstamo}) (1 + \text{tasa}) = (\text{ingresos a plazos})$$
$$US\$1,720,976(1 + r) = US\$1,754,000$$
$$r = 0.0192$$

Podemos convertir esta tasa de inversión a tres meses (90 días) en un porcentaje anual equivalente, suponiendo un año financiero de 360 días, como sigue:

$$0.0192 \times \frac{360}{90} \times 100 = 7.68\%$$

En otras palabras, si Maria puede invertir el dinero del préstamo a una tasa superior a 7.68% anual, preferirá la cobertura del mercado de dinero. Si puede invertir únicamente a una tasa inferior a 7.68%, preferirá la cobertura a plazo.

La esencia de la cobertura en el mercado de dinero es la siguiente:

(Hoy)

(Dentro de tres meses)

Pedir un préstamo de £975,610.
Cambiar £975,610 por dólares
a US$1.7640/£.
Recibir US$1,720,976 en efectivo.

Recibir £1,000,000.
Pagar préstamo de £975,610
más intereses de £24,390,
para un total de £1,000,000.

La cobertura del mercado de dinero produce efectivo recibido por adelantado (al principio del periodo), que luego puede trasladarse en el tiempo para efectos de comparación con las otras alternativas de cobertura.

La figura 11.4 muestra el valor de la cuenta por cobrar de £1,000,000 de Trident en una banda de posibles tipos de cambio *spot* finales. El valor de la cuenta por cobrar se muestra sin cubrir, cubierta con un contrato de cobertura a plazo y cubierta con una cobertura del mercado de dinero. La figura 11.4 deja en claro que el punto de vista de la empresa sobre las posibles variaciones del tipo de cambio ayuda a elegir el tipo de cobertura. Si la empresa espera que el tipo de cambio fluctúe en contra de Trident (a la izquierda de US$1.76/£), la cobertura del mercado de dinero es a todas luces la alternativa preferida. A un valor garantizado de US$1,772,605, la cobertura del mercado de dinero es con mucho la opción más rentable. Si Trident espera que el tipo de cambio

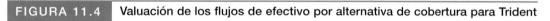

FIGURA 11.4 Valuación de los flujos de efectivo por alternativa de cobertura para Trident

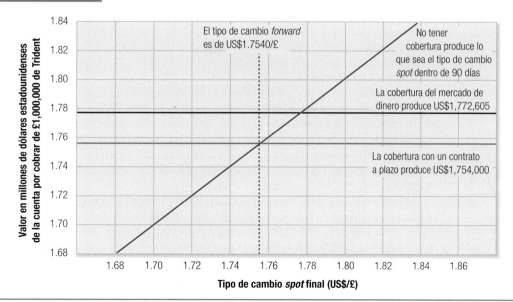

fluctúe a su favor, a la derecha de US$1.76/£, la elección de la cobertura es más compleja. Considérense los siguientes puntos:

- Si se espera que el tipo de cambio *spot* se mueva a la derecha de US$1.77/£, la alternativa sin cobertura siempre produce el valor en dólares más alto de la cuenta por cobrar.

- Si a Maria le preocupa que sus expectativas sean incorrectas, la decisión de quedarse sin cobertura no asegura que Trident alcance el tipo de cambio presupuestado de US$1.70/£. Es un resultado que la empresa no puede darse el lujo de aceptar. Siempre existe la posibilidad de que un acontecimiento político o económico importante trastorne los mercados monetarios internaciones de manera inesperada.

- Si se espera que el tipo de cambio *spot* se mueva a la derecha de US$1.77/£, no mucho (por ejemplo, a US$1.78/£), es probable que los riesgos de quedarse sin cobertura sean mayores que los beneficios esperados de quedarse sin cobertura. Por tanto, la cobertura del mercado de dinero sigue siendo la opción preferente.

La figura 11.4 también ayuda a Maria a centrarse con precisión en lo que desea lograr: una posición que le ofrezca protección cuando el tipo se mueve a la baja (a la izquierda de US$1.76/£), pero que también le permita beneficiarse de los movimientos a la alza (a la derecha de US$1.76/£). Ésta es la ventaja básica de una cobertura con opciones.

Cobertura en mercado de opciones

Maria también podría cubrir su exposición de £1,000,000 comprando una opción de venta. Esta técnica le permite especular con el potencial alcista de una revaluación de la libra, al tiempo que limita el riesgo bajista de una cantidad conocida.

Dadas las cotizaciones anteriores, Maria podría comprar en su banco una opción de venta a tres meses sobre £1,000,000 al precio de ejercicio en el dinero (ATM, *at-the-money*) de US$1.75/£ y costo de la prima de 1.50%. El costo de esta opción con un precio de ejercicio de US$1.75, que se considera cercano al tipo de cambio a plazo en el dinero, es:

$$(\text{Tamaño de opción}) \times (\text{prima}) \times (\text{tipo de cambio } spot) = \text{costo de la operación}$$
$$£1,000,000 \times 0.015 \times \text{US}\$1,7640 = \text{US}\$26,460$$

Debido a que estamos usando el valor futuro para comparar las diferentes opciones de cobertura, es necesario proyectar el costo de la prima de la opción a tres meses de plazo. Una vez más, podrían justificarse varias tasas de inversión. Usaremos el costo de capital de 12% anual o 3% trimestral. Por consiguiente, el costo de la prima de la opción de venta para junio será US$26,460(1.03) = US$27,254.

Cuando se reciba la cantidad de £1,000,000 en junio, el valor en dólares dependerá del tipo de cambio *spot* que esté vigente en ese momento. El potencial alcista es ilimitado, igual que en la alternativa sin cobertura. Con cualquier tipo de cambio superior a US$1.75/£, Trident permitiría que su opción venza sin ejercerla y cambiaría las libras por dólares al tipo de cambio *spot*. Si se concreta el tipo de cambio esperado de US$1.76/£, por ejemplo, Trident cambiaría £1,000,000 en el mercado *spot* por US$1,760,000. Los beneficios netos serían de US$1,760,000 menos el costo de la opción de US$27,254, o US$1,732,746.

A diferencia de la alternativa sin cobertura, el riesgo a la baja está limitado por la opción. Si la libra se deprecia por debajo de US$1.75/£, Maria ejercería su opción de vender £1,000,000 a US$1.75/£ y recibiría US$1,750,000 brutos, pero US$1,722,746 netos después de descontar el costo de la opción de US$27,254. Aunque el resultado bajista es peor que el de las coberturas de los mercados *forward* o de dinero, el potencial alcista no está limitado como ocurre con las otras coberturas. Por tanto, el hecho de que la estrategia de la opción sea superior a las coberturas a plazo o del mercado de dinero dependerá del grado hasta el cual la administración desee evitar el riesgo.

La esencia de la cobertura en el mercado de opciones en el dinero (ATM) es como sigue:

(Hoy)

Comprar la opción de venta
para vender libras a US$1.75/£.
Pagar US$26,460 por la opción de venta.

(Dentro de tres meses)

Recibir £1,000,000.
Entregar £1,000,000 contra la opción de venta
y recibir US$1,750,000; o bien, vender £1,000,000
spot si el tipo de cambio spot corriente es >US$1.75/£.

Podemos calcular un rango de operación para la libra que defina los puntos de equilibrio para la opción en comparación con las otras estrategias. El límite superior del rango se determina por comparación con el tipo de cambio *forward*. La libra debe apreciarse de forma suficiente por encima del tipo de cambio *forward* US$1.7540/£ para cubrir el costo de la opción de US$0.0273/£. En consecuencia, el precio *spot* de la libra que representa el punto de equilibrio en el alza debe ser US$1.7540 + US$0.0273 = US$1.7813. Si la libra *spot* se aprecia por encima de US$1.7813/£, los ingresos de la estrategia de la opción serán mayores que con la cobertura a plazo. Si la libra *spot* termina por debajo de US$1.7813/£, la cobertura a plazo será superior en retrospectiva.

El límite inferior del rango se determina por comparación con la estrategia sin cobertura. Si el precio *spot* cae por debajo de US$1.75/£, Maria ejercerá su opción de venta y venderá el producto en US$1.75/£. Los beneficios netos por libra serán US$1.75/£ menos US$0.0273 del costo de la opción, o US$1.7221/£. Si el tipo de cambio *spot* cae por debajo de US$1.7221/£, los beneficios netos de ejercer la opción serán mayores que los beneficios netos de vender las libras sin cubrir en el mercado *spot*. En cualquier tipo de cambio *spot* por encima de US$1.7221/£, los beneficios al contado de la alternativa sin cubrir serán mayores. Estos tipos de cambio y valores se resumen como sigue:

Precio de ejercicio de la opción de venta	Opción ATM US$1.75/£
Costo de la opción (valor futuro)	US$27,254
Beneficios si se ejerce	US$1,750,000
Beneficios netos mínimos	US$1,722,746
Beneficios netos máximos	Ilimitados
Tipo de cambio *spot* de equilibrio (alza)	US$1.7813/£
Tipo de cambio *spot* de equilibrio (baja)	US$1.7221/£

Comparación de las alternativas

Las cuatro alternativas que tienen a su disposición Maria Gonzalez y Trident se muestran en la figura 11.5. La cobertura a plazo da un total asegurado de US$1,745,000 en tres meses. La cobertura en el mercado de dinero, si los ingresos del préstamo se invierten al 12% que es el costo del capital, produce US$1,772,605, preferible a la cobertura en el mercado *forward*.

Si Maria no contrata cobertura, puede esperar US$1,760,000 en tres meses (calculado al tipo *spot* esperado de US$1.76/£). Sin embargo, esta suma está en riesgo y podría ser mayor o menor. En las condiciones en las que se acepta que el tipo de cambio *forward* es el tipo de cambio *spot* más probable en el futuro, los resultados esperados de una posición sin cobertura son idénticos a los resultados ciertos de la cobertura a plazo. En estas circunstancias, la ventaja de cubrirse frente a no tener cobertura es la reducción de la incertidumbre.

La opción de venta ofrece una alternativa única. Si el tipo de cambio se mueve a favor de Trident, la opción tiene casi el mismo potencial a la alza que la alternativa sin cubrir, con excepción de los costos iniciales. Sin embargo, si el tipo de cambio se mueve en contra de Trident, la opción de venta limita el riesgo a la baja a recibir el monto neto de US$1,722,746.

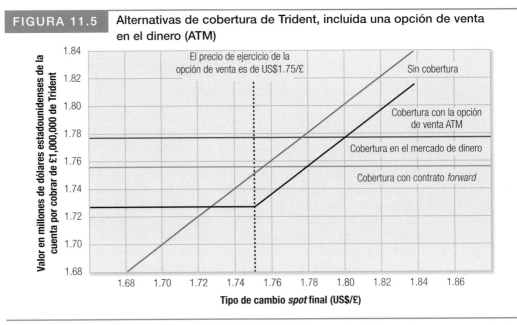

FIGURA 11.5 Alternativas de cobertura de Trident, incluida una opción de venta en el dinero (ATM)

Las opciones de divisas tienen muchos usos de cobertura además del que se ilustró aquí. Una opción de venta es útil para las empresas constructoras u otros exportadores cuando deben ajustarse a una licitación a precio fijo en moneda extranjera sin saber sino hasta una fecha posterior si su oferta será aceptada o no. Se puede usar una opción de venta para cubrir el riesgo cambiario, ya sea para el periodo de licitación únicamente, o para el periodo completo de exposición potencial si se gana la licitación. Si se rechaza la oferta, la pérdida se limita al costo de la opción. En contraste, si el riesgo se cubre con un contrato a plazo y se rechaza la oferta, deberá darse marcha atrás al contrato o cumplirlo finalmente con una pérdida o ganancia potencial desconocida. Lo que tiene el licitante resulta ser un contrato a plazo descubierto.

Elección y resultados de la estrategia

La sección anterior comparó las alternativas de cobertura disponibles para Trident. Ésta, como todas las empresas que tratan de cubrir la exposición por transacción, debe elegir una estrategia antes de que ocurran variaciones en el tipo de cambio. ¿Cómo elegirá Maria Gonzalez de Trident entre las diferentes estrategias de cobertura? Debe seleccionar con base en dos criterios de decisión: 1) la *tolerancia al riesgo* de Trident, según se expresa en sus políticas declaradas; y 2) el *punto de vista* o la expectativa de Maria Gonzalez sobre la dirección (y distancia) en que se moverá el tipo de cambio en el periodo subsiguiente de 90 días.

La tolerancia al riesgo de Trident es una combinación de la filosofía de la administración en cuanto a la exposición por transacción y las metas específicas de las actividades de tesorería. Muchas empresas creen que el riesgo monetario es simplemente parte de hacer negocios internacionales y, en consecuencia, inician su análisis desde una base sin cobertura. Sin embargo, otras empresas consideran que el riesgo cambiario es inaceptable, e inician su análisis a partir de un contrato a plazo completamente cubierto, o sencillamente ordenan que todas las exposiciones por transacción queden cubiertas por contratos a plazo sin importar el valor de otras alternativas de cobertura. La tesorería de estas empresas opera como un centro de costos o de servicios para la compañía. Por otra parte, si la tesorería de una empresa operara como centro de utilidades, toleraría mayores riesgos.

La elección final entre las coberturas, si Maria Gonzalez espera que la libra se aprecie, combina la tolerancia al riesgo de la empresa, el punto de vista de Maria y la confianza que ella tiene en su punto de vista. La administración de la exposición por transacción con contratos de cobertura exige criterio por parte de la gerencia.

Administración de una cuenta por pagar

El caso de Trident que hemos analizado hasta el momento supone una cuenta por cobrar denominada en moneda extranjera. La administración de una cuenta por pagar, en la que se requiere que la empresa efectúe un pago en moneda extranjera en una fecha futura, es similar, pero no idéntica en forma.

Si Trident tuviera una cuenta por pagar a 90 días por £1,000,000, las alternativas de cobertura serían las siguientes:

1. **Permanecer sin cobertura.** Trident podría esperar 90 días, cambiar los dólares por libras en ese momento y efectuar su pago. Si Trident espera que el tipo de cambio *spot* dentro de 90 días sea US$1.76/£, el pago probable costará US$1,760,000. Pero esta cantidad es incierta; el tipo de cambio *spot* a 90 días podría ser muy diferente al esperado.

2. **Usar cobertura en el mercado a plazo.** Trident podría comprar £1,000,000 a plazo, asegurando un tipo de cambio de US$1.7540/£ y un costo total en dólares de US$1,754,000. Esta cantidad es US$6,000 menor que el costo esperado de permanecer sin cobertura y la situación es menos arriesgada. Por tanto, se consideraría preferible.

3. **Usar cobertura en el mercado de dinero.** La cobertura en el mercado de dinero es claramente distinta para las cuentas por pagar que para las cuentas por cobrar. Para implementar una cobertura en el mercado de dinero en este caso, Trident cambiaría dólares estadounidenses al tipo de cambio *spot* y los invertiría a 90 días en una cuenta que generara intereses denominada en libras. Luego usaría el principal y los intereses en libras esterlinas al final del periodo de 90 días para pagar la cuenta de £1,000,000.

   Con el fin de asegurar que el principal y los intereses sean iguales exactamente a £1,000,000 a pagar en 90 días, Trident descontaría de £1,000,000 la cantidad generada por la tasa de interés para inversiones en libras de 8% anual a 90 días (2%) para determinar las libras necesarias hoy:

$$\frac{£1,000,000}{\left[1+\left(.08 \times \dfrac{90}{360}\right)\right]} = £980,392.16$$

   Las £980,392.16 necesarias hoy requerirán US$1,729,411.77 al tipo de cambio *spot* vigente de US$1.7640/£:

$$£980,392.16 \times US\$1,7640/£ = US\$1,729,411.77$$

   Por último, para comparar el resultado de la cobertura en el mercado de dinero con las otras alternativas de cobertura, el costo de hoy de US$1,729,411.77 debe trasladarse 90 días a la misma fecha futura que para las demás opciones de cobertura. Si el costo corriente en dólares se calcula con el costo promedio ponderado de capital (WACC, *weighted average cost of capital*) de Trident, que es de 12%, el valor futuro del costo total de cobertura en el mercado de dinero es

$$US\$1,792,411.77 \times \left[1+\left(.12 \times \dfrac{90}{360}\right)\right] = US\$1,781,294.12$$

   Este costo es más alto que el de la cobertura a plazo y, por lo mismo, no es atractivo.

4. **Usar cobertura con opción.** Trident podría cubrir la cuenta por pagar de £1,000,000 adquiriendo una opción de compra por la misma cantidad. Una opción de compra para junio en libras esterlinas con precio de ejercicio casi en el dinero de US$1.75/£ costaría 1.5% (prima), o

$$£1,000,000 \times 0.015 \times US\$1,7640/£ = £26,460$$

Esta prima, independientemente de si se ejerce o no la opción de compra, se paga por adelantado. Su valor trasladado a 90 días al WACC de 12%, como ocurrió en el ejemplo de la cuenta por cobrar, aumenta el costo al final del periodo a US$27,254.

Si el tipo de cambio *spot* a 90 días es menor que US$1.75/£, se dejará que la opción expire y el £1,000,000 para la cuenta por pagar se comprará en el mercado *spot*. El costo total de la cobertura con la opción de compra si ésta no se ejerce es teóricamente menor que cualquier otra alternativa (con la excepción de permanecer sin cobertura), debido a que la prima de la opción se paga y se pierde.

Si el tipo de cambio *spot* a 90 días sobrepasa US$1.75/£, se ejerce la opción de compra. El costo total de la cobertura con la opción de compra, si se ejerce, es como sigue:

Ejercicio de la opción de compra (£1,000,000 × $1.75/£)	US$1,750,000
Prima de la opción de compra (trasladada a 90 días)	27,254
Gasto total máximo de la cobertura con la opción de compra	US$1,777,254

Los cuatro métodos de cobertura para administrar una cuenta por pagar de £1,000,000 que Trident puede seguir se resumen en la figura 11.6. Los costos de usar la cobertura con la opción de compra se calcula como un máximo, y el costo de no contar con cobertura es muy incierto.

Al igual que con la cuenta por cobrar de Trident, la elección final de la cobertura depende de la confianza de Maria en sus expectativas sobre el tipo de cambio y su disposición a tolerar el riesgo. La cobertura a plazo genera el costo más bajo de efectuar el pago de la cuenta por pagar con certidumbre. Si el dólar se fortalece frente a la libra y termina con un tipo de cambio *spot* de menos de US$1.75/£, la opción de compra sería potencialmente la cobertura con el menor costo. Sin embargo, dado un tipo de cambio *spot* esperado de US$1.76/£, la cobertura a plazo parece ser la alternativa preferible.

FIGURA 11.6 **Valuación de las alternativas de cobertura para una cuenta por pagar**

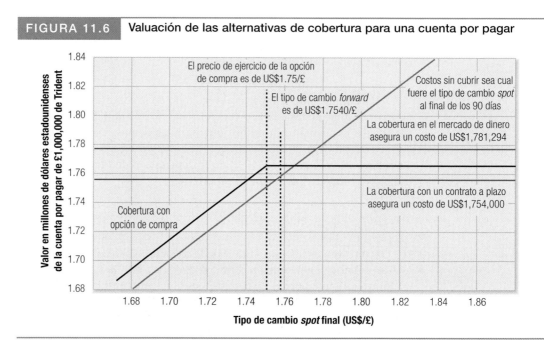

Administración de riesgos en la práctica

Existen tantos métodos para administrar la exposición como empresas. Una variedad de encuestas sobre las prácticas corporativas de administración de riesgos en los últimos años en Estados Unidos, el Reino Unido, Finlandia, Australia y Alemania indican que no existe verdadero consenso sobre el mejor método. El siguiente es nuestro intento por asimilar los resultados básicos de estas encuestas y combinarlos con nuestra experiencia personal en la industria.

¿Qué metas?

La función de tesorería de la mayoría de las empresas, el grupo funcional que por lo general es responsable de la administración de la exposición por transacción, se considera casi siempre un centro de costos. No se espera que agregue utilidades al rubro de resultados de la empresa (que no es lo mismo que decir que no se espera que agregue valor a la empresa). Se espera que los administradores del riesgo cambiario se equivoquen del lado conservador cuando administran el dinero de la empresa.

¿Qué exposiciones?

Las exposiciones por transacción existen antes de que se registren en realidad como cuentas por cobrar y por pagar denominadas en moneda extranjera. Sin embargo, muchas empresas no permiten la cobertura de la exposición por cotización o la exposición por reserva como cuestión de política. El razonamiento es simple: hasta que exista la transacción en los libros de contabilidad de la empresa, la probabilidad de que la exposición ocurra realmente se considera menor que 100%. Las políticas conservadoras de cobertura prescriben que sólo se deben contratar coberturas para las exposiciones existentes.

Sin embargo, un número creciente de empresas no sólo cubren activamente las exposiciones por reserva, sino que también cubren selectivamente las exposiciones por cotización y previstas. Las exposiciones previstas son transacciones para las cuales no hay, en el presente, ningún contrato o acuerdo entre las partes, pero se prevé que dichos contratos se celebrarán con base en las tendencias históricas y relaciones de negocios continuas. Aunque a simple vista las coberturas de las exposiciones previstas parecerían deberse a un comportamiento excesivamente especulativo por parte de estas empresas, bien puede ser que cubrir las cuentas por pagar y por cobrar en moneda extranjera esperadas para periodos futuros sea el método más conservador de proteger los futuros ingresos de operación de la empresa contra las fluctuaciones inesperadas del tipo de cambio.

¿Qué coberturas contractuales?

Como podría esperarse, los programas de administración de la exposición por transacción en general se dividen en dos tipos: los que usan las opciones y los que no. Las empresas que no usan opciones de divisas dependen casi en exclusiva de los contratos a plazo y de las coberturas en el mercado de dinero. Algunas empresas que tienen exposiciones por transacción muy considerables no contratan ninguna cobertura. Además, como se describe en *Finanzas globales en la práctica 11.2,* las opciones pueden ser caras.

Coberturas proporcionales. Muchas EMN han establecido políticas muy rígidas de administración del riesgo de exposición por transacción, que disponen el uso de coberturas proporcionales. En general, estas políticas requieren el uso de coberturas con contratos a plazo sobre un porcentaje de las exposiciones por transacción existentes (por ejemplo, 50, 60 o 70%). Conforme se alarga el vencimiento de las exposiciones, el porcentaje de la cobertura a plazo requerida disminuye. La parte restante de la exposición se cubre luego selectivamente con base en la tolerancia al riesgo de la empresa, el punto de vista sobre los movimientos del tipo de cambio y el nivel de confianza.

Aunque las empresas rara vez lo reconocen, el uso continuo de programas de cobertura selectiva es, en esencia, especulación contra los mercados de divisas. Siguen abiertas varias dudas teóricas significativas acerca de si la empresa o el gerente financiero pueden pronosticar sistemáti-

FINANZAS GLOBALES EN LA PRÁCTICA 11.2

La crisis del crédito y las volatilidades de las opciones en 2009

La crisis global del crédito tuvo varios efectos duraderos en las prácticas corporativas de cobertura cambiaria a finales de 2008 y principios de 2009. La volatilidad de las monedas se elevó a los niveles más altos vistos en años, y ahí se estacionó. Esto provocó que las primas de las opciones aumentaran tan drásticamente que muchas empresas se volvieron mucho más selectivas en el uso de las opciones de divisas en sus programas de administración de riesgos.

La volatilidad del tipo de cambio dólar-euro fue uno de los ejemplos más notables. Apenas en julio de 2007, la volatilidad implícita de los tipos de cambio cruzados de las monedas que más se compran y venden se situaba por debajo de 7% para vencimientos de una semana a tres años. El 31 de octubre de

2008, la volatilidad implícita a un mes había llegado a 29%. Aunque esta cifra era en apariencia el punto más alto, las volatilidades implícitas a un mes seguían siendo superiores a 20% el 30 de enero de 2009.

Esto hace que las opciones sean muy costosas. Por ejemplo, la prima de una opción de compra a un mes sobre el euro con tipo de ejercicio *forward* en el dinero a finales de enero de 2009 aumentó de US$0.0096/€ a US$0.0286/€ cuando la volatilidad era de 20% y no de 7%. Para un monto principal hipotético de €1 millón, se trata de un incremento en precio de US$9,580 a US$28,640. Eso abriría un agujero en el presupuesto de cualquier departamento de tesorería.

camente la dirección futura de los movimientos del tipo de cambio. Gunter Dufey (de la University of Michigan) alguna vez apuntó: "es posible que de vez en cuando encuentre dinero tirado en la calle, pero no podría esperar vivir de eso".

RESUMEN

- Las empresas multinacionales se enfrentan a tres tipos de exposición monetaria: 1) exposición por transacción; 2) exposición operativa, y 3) exposición por traslación.

- La *exposición por transacción* mide las ganancias o las pérdidas ocasionadas por la liquidación de obligaciones financieras cuyos términos se establecen en moneda extranjera.

- La *exposición operativa,* también llamada *exposición económica,* mide el cambio en el valor presente de la empresa que resulta de cualquier cambio en los flujos de efectivo futuros de operación de la empresa, provocado por una variación inesperada en los tipos de cambio.

- La *exposición por traslación* es la posibilidad de que ocurran cambios derivados de la contabilidad en el capital de los propietarios debido a la necesidad de "traducir" o "trasladar" los estados financieros en moneda extranjera de las subsidiarias del exterior a una sola moneda de informe que permita preparar estados financieros consolidados a nivel mundial.

- La exposición por transacción surge de: 1) comprar o vender a crédito bienes o servicios cuyos precios se establecen en monedas extranjeras; 2) pedir préstamos o prestar fondos cuando el pago tenga que hacerse en moneda extranjera; 3) ser parte de un contrato de divisas a plazo sin ejecutar, y 4) adquirir activos o incurrir en pasivos denominados en monedas extranjeras.

- Hay un considerable debate teórico sobre si las empresas deben cubrir el riesgo cambiario o no. En teoría, la cobertura reduce la variabilidad de los flujos de efectivo de la empresa. No aumenta los flujos netos de efectivo en la

empresa. De hecho, los costos de la cobertura podrían reducirlos en potencia.

- La exposición por transacción puede administrarse mediante técnicas contractuales que incluyen coberturas a plazo, futuros, mercado de dinero y opciones.

- La elección del contrato de cobertura que se usará depende de la tolerancia al riesgo cambiario de la empresa y sus expectativas sobre el movimiento probable de los tipos de cambio durante el periodo de la exposición por transacción.

- En general, si se espera que el tipo de cambio se mueva a favor de la empresa, las coberturas contractuales preferentes serán probablemente aquellas que le permitan aprovechar algún potencial a la alza (permanecer sin cobertura o usar una opción de divisas), pero que también la protejan contra movimientos adversos importantes en el tipo de cambio.

- En general, si se espera que el tipo de cambio se mueva en contra de la empresa, la cobertura contractual preferente será aquella que asegure un tipo de cambio, como la cobertura con un contrato a plazo o en el mercado de dinero.

- La administración de riesgos en la práctica requiere que el departamento de tesorería de la empresa identifique sus metas. ¿La tesorería es un centro de costos o un centro de utilidades?

- La tesorería también debe elegir las coberturas contractuales que usará y la proporción en que desea cubrir el riesgo cambiario. Además, la tesorería debe determinar si la empresa debe comprar o vender opciones de divisas, que es una estrategia históricamente arriesgada para algunas empresas y bancos.

Xian-Janssen Pharmaceutical (China) y el Euro

Era diciembre de 2003 y Paul Young, contralor financiero de Xian-Janssen Pharmaceutical Ltd (XJP), se preparaba para asistir a una reunión con el presidente ejecutivo de la compañía, Christian Velmer, con el fin de analizar el plan de negocios de 2004. XJP era la empresa conjunta que Johnson & Johnson (J&J) formó para participar en el mercado chino y una de las empresas más grandes del grupo de J&J, que se esperaba que cerrara el año 2003 con 1,006 millones de renminbi (121.6 millones de dólares). El presidente ejecutivo de XJP ya había comunicado los objetivos de utilidades que las oficinas corporativas tenían para 2004: Rmb1,205 millones, un incremento ligeramente inferior a 20%. Aunque XJP se había desempeñado bien en los años recientes y había registrado un crecimiento promedio de 20% anual en las utilidades a pesar de muchos retos, entre ellos la epidemia de SARS de 2003, le sería muy difícil cumplir los objetivos de la corporación esta vez. Muchos de los gastos directos e indirectos de XJP habían aumentado e incluían pérdidas cambiarias.

Christian Velmer era presidente ejecutivo de XJP desde hacía sólo seis meses, y Paul Young sabía que era probable que Velmer aceptara la directiva corporativa sobre las utilidades. En realidad, no le quedaba más remedio. Las utilidades de XJP eran muy importantes para J&J, y como varios de sus mercados tradicionales se estaban desacelerando, la necesidad de crecimiento recaería cada vez más en las unidades de negocios como XJP. El equipo de dirección también sabía que si la unidad no lograba cumplir sus objetivos de utilidades, además de las revisiones del desempeño del equipo directivo y la seguridad en el empleo, el puesto de desarrollo de nuevos productos de la unidad podría verse amenazado. Sin nuevos productos, XJP podría perder su sitio número uno en el mercado chino.

XJP de China

XJP producía y comercializaba medicamentos de venta libre y con receta. La empresa era la compañía farmacéutica extranjera número uno en China y realizaba acciones comerciales en ese país desde 1985. Las operaciones de la empresa se dividían más o menos por igual entre el negocio ético y el de medicamentos de venta libre. El año 2003 había resultado muy dinámico, en el que la compañía logró salir avante de dos recortes de precios, tres introducciones de nuevos productos éticos, por no mencionar que cerró el año con una tasa de éxito de 98% sobre más de 1,200 *ventas por concurso*.[1]

El mercado de fármacos de China se basaba en su mayor parte en los hospitales y más de 80% de todos los medica-

mentos vendidos llegaban a los consumidores a través de los hospitales a cargo del gobierno. El 20% restante del mercado se dividía a su vez entre farmacias, clínicas pequeñas colectivas o de unidades de trabajo, y unos cuantos hospitales privados en crecimiento. El mercado farmacéutico chino había registrado en promedio un crecimiento anual de 12.5% en la última década y se esperaba que continuara cerrando con ese índice de crecimiento en el futuro inmediato. Los aumentos en el ingreso y el poder adquisitivo de grandes segmentos de la población urbana, en combinación con una multitud de reformas en los seguros médicos y la asistencia sanitaria, habían abierto la puerta a los fármacos occidentales para muchos chinos. El problema residía en que estas mismas reformas estaban canalizando los reembolsos de los seguros hacia los medicamentos genéricos, lo cual ejercía cada vez más presión sobre los precios. Los hospitales realizaban regularmente sus compras en el mercado de concurso, en el que XJP ganaba a menudo márgenes cada vez más pequeños.

Presiones de costos y divisas

La línea de productos de XJP abarcaba una amplia gama de productos farmacéuticos, la mayoría de los cuales habían sido descubiertos o desarrollados por su empresa matriz. En los últimos años, la compañía también había conseguido licencias de varios medicamentos de terceros a través de J&J Europa. Históricamente, XJP había importado 100% de sus materias primas y productos terminados de J&J Europa. En 2003, la compañía empezó a realizar ciertas compras en China, pero esto aún no constituía más de 5% del inventario comprado. Tanto la fijación de precios como la facturación del negocio central de XJP seguían originándose en Europa, lo cual significaba tener precios y facturas en euros. Paul también había determinado en los últimos meses que los precios de transferencia impuestos a XJP eran relativamente altos en comparación con otros compradores entre empresas del mismo grupo a escala global.

XJP compraba sus materias primas y productos al centro de tesorería belga de J&J Europa. Todos los pagos se efectuaban en euros, aunque XJP incurriera en riesgos cambiarios y gastos internos. La política corporativa exigía a XJP cubrir un mínimo de 80% de su exposición cambiaria prevista, pero las coberturas no debían ser superiores a 100%. Las alternativas de cobertura cambiaria eran pocas. Después de descontar los pagos que la ley le permitía por trimestre, XJP compraba contratos *forward* (compra de euros, venta de Rmb) a su banco de divisas en Shangai. Las leyes chinas restringían la

---

[1] Las *ventas por concurso* eran subastas periódicas en las que muchos hospitales chinos compraban líneas de productos genéricos. Las ventas se realizaban como subastas holandesas, en las que el comprador presenta las ofertas en orden de importancia comenzando con el precio más bajo y acumula volumen hasta llegar a la necesidad de compra. El precio de la última oferta por incrementos graduales establecía el precio para toda la subasta.

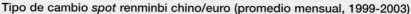

FIGURA 1   Tipo de cambio *spot* renminbi chino/euro (promedio mensual, 1999-2003)

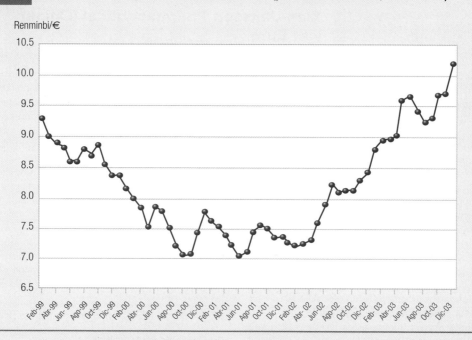

compra de contratos *forward* exclusivamente para cubrir transacciones comerciales (es decir, no se podían comprar contratos *forward* con propósitos de inversión).

El renminbi chino (Rmb) estaba vinculado al dólar estadounidense (US$) al tipo de cambio de Rmb8.27/US$. Por consiguiente, el aumento espectacular del euro frente al dólar en 2003 se había traducido de forma directa en un Rmb igualmente débil frente al euro. Los asesores bancarios de Paul Young habían pronosticado hacía poco que el euro seguiría fuerte, por no decir que se fortalecería cada vez más, en 2004. El pronóstico consensual para la primera mitad de 2004 era de US$1.30/€, o un tipo cruzado de Rmb10.75/€, lo que Paul Young consideró "fuera del gráfico" cuando examinó la figura 1.

Los resultados financieros de XJP en 2003 se habían visto muy afectados por el costo de la cobertura. XJP había presupuestado para 2003 (en diciembre de 2002) un tipo de cambio *spot* promedio esperado de Rmb8.60/€. Sin embargo, el aumento sustancial del euro había dado por resultado un tipo promedio a plazo de 90 días para todo el año 2003 de Rmb9.22/€, lo que culminó en pérdidas cambiarias totales (las diferencias entre los tipos *spot* y *forward* presupuestados) de Rmb75 millones (véase la figura 2). Del total de Rmb75 millones, Rmb60 millones se cargarían contra los resultados de XJP en 2003, y Rmb15 millones serían absorbidos en el inventario que se trasladaría al ejercicio de 2004. Por fortuna, como ilustran las hojas de trabajo financieras de Paul Young en la figura 2, la unidad china había ganado Rmb70 millones en ganancias únicas (extraordinarias) por un ajuste al fondo de vivienda y una inversión de la valuación del inventario. Estas ganancias, como es lógico, habían mitigado el impacto nega-

tivo de las pérdidas en divisas, pero lo más probable era que 2004 no fuera un año tan afortunado.

Con el cierre del dólar en 1.30/€ en diciembre (Rmb10.75/€), el tipo a plazo de 90 días también registró movimientos a la alza. Paul Young sabía que tendría que usar un tipo de cambio en el presupuesto de 2004 (el pronóstico del tipo de campo *spot* promedio para el año) que se situara entre Rmb9.8/€ y Rmb10.0/€. Pero en virtud de la prima a plazo tan costosa que se vio obligado a pagar en 2003, el tipo de cambio efectivo después de la cobertura podría aumentar a Rmb10.50/€ en 2004. Paul estudió con atención las cifras, en especial su estimación de las utilidades para 2004, y se preguntó cómo se las ingeniaría para cumplir los objetivos de utilidades de Rmb1,205 millones establecidos en las oficinas corporativas.

Preguntas del caso

1. ¿De qué magnitud es el impacto que las ganancias y pérdidas en el tipo de cambio tienen sobre el desempeño corporativo de XJP? ¿Qué opina de cómo estructuran y administran sus exposiciones cambiarias?

2. Johnson & Johnson tiene aproximadamente 200 subsidiarias extranjeras en todo el mundo. Siempre ha tenido una estructura organizacional muy descentralizada en la que cada unidad es responsable de buena parte de su propio desempeño desde el primero hasta el último rubro del estado de resultados. ¿Cómo se refleja esto en la situación en que se encuentra XJP?

FIGURA 2	Xian-Janssen Pharmaceutical (China)

Crecimiento supuesto en ventas y costos: 20%

Renminbi chino (Rmb)	2003 real	2004 presupuestado
Ventas totales	3,353,600,000	4,024,320,000
Costo bruto de los productos vendidos	(1,040,600,000)	(1,422,960,000)
Margen bruto	2,313,000,000	2,601,360,000
Gastos de venta, marketing y administración	(1,263,000,000)	(1,515,600,000)
Utilidades netas de operación	1,050,000,000	1,085,760,000
Ganancias (pérdidas) extraordinarias	70,000,000	—
Ganancias (pérdidas) en los tipos de cambio	(60,000,000)	(75,020,000)
Utilidades netas	1,060,000,000	1,010,740,000
Hoja de trabajo de compras de importación		
Compras de importación esperadas (euros)	€121,000,000	€145,200,000
Tipo de cambio spot presupuestado (euro/Rmb)	8.60	9.80
Compras de importación esperadas (Rmb)	1,040,600,000	1,422,960,000
Tipo forward promedio real (euro/Rmb)	9.22	10.50
Costo real de la cobertura de las importaciones (Rmb)	1,115,620,000	1,524,600,000
Costo de la cobertura (Rmb)	(75,020,000)	(101,640,000)
Costo de la cobertura, en el ejercicio actual (Rmb)	(60,000,000)	(80,000,000)
Costo de la cobertura, inventario (Rmb)	(15,020,000)	(21,640,000)

Nota: Los valores financieros son ficticios para preservar la confidencialidad. El presupuesto de 2004 supone el mismo índice de crecimiento en los ingresos y las ventas. Las ganancias (pérdidas) en el tipo de cambio suponen 80% de ganancias (pérdidas) incurridas en el año en curso, además de los costos de inventario del año anterior.

3. ¿Qué relación hay entre el tipo de cambio *spot* real, el tipo de cambio *spot* presupuestado, el tipo de cambio *forward* (a plazo) y las expectativas que la empresa matriz estadounidense tiene respecto a los resultados financieros de la subsidiaria china?

4. Si usted fuera Paul Young, ¿qué haría?

PREGUNTAS

1. **Exposición cambiaria.** Dé una definición general de "exposición cambiaria" respecto a cómo se relaciona con las operaciones de una empresa multinacional.

2. **Tipos de exposición.** Explique las diferencias entre exposición por transacción, operativa y por traslación.

3. **Exposición por traslación frente a exposición por transacción.** ¿Cómo modifican los flujos de efectivo corporativos las exposiciones por traslación y por transacción?

4. **Exposición fiscal.** ¿Qué es exposición fiscal y cómo se relaciona con el triunvirato de exposiciones por transacción, operativa y por traslación?

5. **Cobertura.** ¿Qué es una cobertura?

6. **Variabilidad del flujo de efectivo.** La figura 11.2 muestra dos distribuciones normales alrededor de una media llamada valor esperado.
   a. ¿Cuál es la implicación de las áreas hacia el centro de las distribuciones donde la línea cubierta es superior a la línea sin cubrir?
   b. ¿Cuál es la implicación de las áreas hacia los bordes alejados del centro de las distribuciones donde la línea sin cubrir es superior a la línea cubierta?
   c. ¿Puede argumentarse que la media de la distribución cubierta debe estar a la izquierda o a la derecha de la media de la distribución sin cubrir, pero no ser igual a ésta? Explique.

7. **Expectativas del inversionista.** Los partidarios de la hipótesis del mercado eficiente sostienen que una EMN no debe cubrirse porque los inversionistas pueden hacerlo

por sí mismos si no les agradan los riesgos cambiarios que plantea la empresa. Evalúe este argumento.

8. **Creación de la exposición por transacción.** Identifique y cree un ejemplo hipotético de cada una de las cuatro causas de exposición por transacción.

9. **Saldos de efectivo.** ¿Por qué la tenencia de saldos en efectivo denominados en divisas no produce exposición por transacción?

10. **Cobertura natural o contractual.** Explique la diferencia entre una cobertura natural y una cobertura contractual. Ofrezca un ejemplo hipotético de cada una.

11. **Tolerancia al riesgo.** ¿Qué es la tolerancia al riesgo? ¿Puede medirse?

Tipo de cambio spot, yen/dólar:	¥120.60/US$	Tasa de inversión en rupias a 180 días:	8.000%
Tipo de cambio spot, rupias/dólar:	Rs47.75/US$	Tasa de inversión en yenes a 180 días:	1.500%
Tipo de cambio a plazo de 180 días, yen/rupia:	¥2.4000/Rs	Costo del capital para Hindustan:	12.00%
Tipo de cambio spot esperado en 180 días:	¥2.6000/Rs		

PROBLEMAS

1. **Siam Cement.** Siam Cement, fabricante de cementos con sede Bangkok, sufrió pérdidas enormes con la llegada de la crisis asiática en 1997. La empresa había seguido una estrategia de crecimiento muy enérgica a mediados de la década de 1990 y había contratado cantidades colosales de deuda denominada en moneda extranjera (sobre todo en dólares estadounidenses). Cuando el baht tailandés (B) se devaluó de su tipo de cambio fijo de B25.0/US$ en julio de 1997, sólo los pagos de intereses que Siam tenía que efectuar ascendían a más de US$900 millones sobre su deuda en dólares sin pagar (con una tasa de interés promedio de 8.40% sobre su deuda en dólares estadounidenses en ese momento). Suponiendo que Siam Cement hubiera tomado US$50 millones en deuda en junio de 1997 a 8.40% de interés, y tuviera que pagarlos en un año, cuando el tipo de cambio spot se hubiera estabilizado en B42.0/US$, ¿a cuánto habría ascendido la pérdida cambiaria en que incurrió por la transacción?

2. **Hindustan Lever.** La filial de Unilever en India, Hindustan Lever, compra una gran parte de su línea de productos de tocador a una compañía japonesa. Debido a la escasez de capital de trabajo en India, las condiciones de pago de los importadores indios son típicamente de 180 días o más. Hindustan Lever desea cubrir una cuenta por pagar de 8.5 millones de yenes japoneses. Aunque no hay opciones disponibles en rupias indias (Rs), se ofrecen tipos de cambio a plazo frente al yen. Además, una práctica común en India es que las compañías como Hindustan Lever trabajen con un agente cambiario que, en este caso, asegura el tipo de cambio spot corriente a cambio de una comisión de 4.85%. Use los siguientes datos de tipos de cambio y tasas de interés y recomiende una estrategia de cobertura.

*3. **Seattle Scientific, Inc.** Josh Miller es el director financiero de una empresa mediana que fabrica aparatos médicos y tiene su sede en Seattle. Las ventas anuales de la compañía ascienden a US$40 millones y han crecido con rapidez, pero el financiamiento del capital de trabajo

es una fuente constante de preocupación. Uno de los principales clientes japoneses de la empresa, Yokasa, se comunicó con Miller para presentarle una nueva propuesta de pago. Por lo general, Yokasa ordena ¥12,500,000 en productos un mes sí y otro no y paga en yenes japoneses. Los términos de pago actuales que ofrece Seattle son 30 días, sin descuento por pronto pago o por pago en efectivo. Yokasa ha propuesto que estaría dispuesta a pagar en efectivo, en yenes japoneses, si le otorgaran un descuento de 4.5% sobre el precio de compra. Josh Miller obtuvo las siguientes cotizaciones de su banco sobre los tipos de cambio spot y forward, y estimó el costo del capital de Yokasa.

Tipo de cambio			
Tipo de cambio spot:	¥111.40/US$	Costo promedio ponderado de capital para Yokasa:	8.850%
Tipo de cambio a plazo de 30 días:	¥111.00/US$	Costo promedio ponderado de capital para Seattle Scientific:	9.200%
Tipo de cambio a plazo de 90 días:	¥110.40/US$		
Tipo de cambio a plazo de 180 días:	¥109.20/US$		

¿Cuánto recibirá Seattle Scientific en dólares estadounidenses 1) con el descuento y 2) sin descuento, pero totalmente cubierto con un contrato forward?

4. **Warner Indonesia.** Warner, la compañía farmacéutica multinacional con sede en Estados Unidos, evalúa una venta de exportación de su medicamento para reducir el colesterol con un posible distribuidor de Indonesia. La compra sería por 1,650 millones de rupias indonesias (Rp), que al tipo de cambio spot vigente de Rp9,450/US$ se traduce en casi US$175,000. Aunque no se trata de una

gran venta de acuerdo con los niveles que maneja la compañía, la política empresarial estipula que las ventas deben pactarse por lo menos con un margen bruto mínimo, en este caso, una liquidación en efectivo de US$168,000 sobre la venta. El tipo corriente a plazo de 90 días es de Rp9,950/US$. Aunque este tipo de cambio parece poco atractivo, Warner tuvo que comunicarse con varios bancos importantes para conseguir una cotización a plazo de la rupia. Sin embargo, el consenso entre los pronosticadores de tipos de cambios de las divisas en este momento es que la rupia se mantendrá relativamente estable y posiblemente caerá a Rp9,400 en los próximos 90 a 120 días. Analice la venta en perspectiva y haga una recomendación de cobertura.

5. **Embraer de Brasil.** Embraer de Brasil es uno de los dos principales fabricantes globales de jets regionales (Bombardier de Canadá es el otro). Los jets regionales son más pequeños que los aviones tradicionales de la aviación civil que producen Airbus y Boeing y tienen cupo para 50 a 100 pasajeros en promedio.

Embraer ha cerrado un contrato con una línea aérea regional estadounidense para producir y entregar cuatro aviones dentro de un año por US$80 millones. Aunque el pago de Embraer será en dólares, también tiene exposición cambiaria por los insumos que compra: debe pagar a los proveedores extranjeros US$20 millones en insumos dentro de un año (pero los subcomponentes se entregarán a lo largo del año). El tipo de cambio *spot* actual sobre los reales brasileños (R$) es de R$1.8240/US$, pero se ha estado apreciando a ritmo constante frente al dólar estadounidense en los últimos tres años. Los contratos *forward* son difíciles de adquirir y se consideran costosos. Citibank Brasil no ha proporcionado explícitamente a Embraer una cotización del tipo de cambio *forward*, pero ha manifestado que quizá fije el precio del tipo *forward* con base en la tasa actual de 4.00% que pagan los instrumentos en dólares en el mercados de eurodivisas y la tasa de 10.50% que pagan los bonos del gobierno brasileño. Asesore a Embraer sobre su exposición cambiaria.

6. **Caterpillar.** Caterpillar (Estados Unidos) acaba de comprar una empresa coreana que produce tornillos y tuercas de plástico para equipo industrial. El precio de compra fue de Won7,030 millones. Ya se pagaron Won1,000 millones y los restantes Won6,030 millones deben pagarse dentro de seis meses. El tipo *spot* actual es de Won1,200/US$, y el tipo a plazo de seis meses es de Won 1,260/US$. A continuación se presentan otros datos:

Tasa de interés coreana a seis meses:	16.00% anual
Tasa de interés estadounidense a seis meses:	4.00% anual
Opción de compra a seis meses sobre el won coreano a W1,200/US$:	3.0% de prima
Opción de venta a seis meses sobre el won coreano a W1,200/US$:	2.4% de prima

Caterpillar puede invertir a las tasas que se indican en la tabla anterior, o pedir un préstamo a una tasa de interés anual de 2% por arriba de estas tasas. El costo promedio ponderado del capital de Caterpillar es de 10%. Compare las alternativas que tiene a su disposición Caterpillar para hacer frente a la exposición cambiaria. ¿Qué recomendaría usted y por qué?

7. **Mattel Toys.** Mattel es una empresa estadounidense cuyas ventas son aproximadamente dos terceras partes en dólares (Asia y las Américas) y una tercera parte en euros (Europa). En septiembre, esta empresa entrega un embarque grande de juguetes (sobre todo muñecas Barbie y carritos Hot Wheels) a un importante distribuidor en Amberes. La cuenta por cobrar, €30 millones, se vence en 90 días, con las condiciones normales para la industria europea de juguetes. El equipo de tesorería de Mattel ha reunido las siguientes cotizaciones de divisas y del mercado. Los asesores cambiarios de la compañía creen que el euro se cotizará en alrededor de US$1.4200/€ dentro de 90 días. La dirección de Mattel no usa opciones de divisas en sus actividades de administración del riesgo cambiario. Aconseje a Mattel qué alternativa de cobertura es probablemente la mejor.

Tipo de cambio spot:	US$1.4158/€	Tasa de interés a 90 días en eurodólares:	4.000%
Cotización de Credit Suisse del tipo de cambio a plazo de 90 días:	US$1.4172/€	Tasa de interés a 90 días en euros:	3.885%
Cotización de Barclays del tipo de cambio a plazo de 90 días:	US$1.4195/€	Tasa de interés de un préstamo en dólares a 90 días:	5.000%
Capital de Mattel:	9.600%	Tasa de interés de un préstamo en euros a 90 días:	5.000%

8. **South Face.** South Face, Ltd., un fabricante canadiense de impermeables, no cubre selectivamente su exposición por transacción. En cambio, si conoce con certeza la fecha de la transacción, todos los flujos de efectivo denominados en moneda extranjera deben utilizar la siguiente fórmula obligatoria de cobertura con contratos *forward*:

South Face:	Cobertura de exposición requerida según el vencimiento		
	0-90 días	91-180 días	>180 días
"paga los puntos *forward*"	75%	60%	50%
"recibe los puntos *forward*"	100%	90%	50%

South Face espera recibir varios pagos en coronas danesas durante el próximo año. Un pago de DKr3,000,000 se vence dentro de 90 días; otro de DKr2,000,000 se vence dentro de 180 días, y otro más, de DKr1,000,000, se vence dentro de un año. Usando los siguientes tipos de cambio *spot* y *forward*, ¿cuál sería el importe de una cobertura *forward* requerida por la política empresarial por periodo?

Tipo de cambio *spot*:	DKr 4.70/C$
Tipo de cambio a plazo de tres meses:	DKr 4.71/C$
Tipo de cambio a plazo de seis meses:	DKr 4.72/C$
Tipo de cambio a plazo de un año:	DKr 4.74/C$

9. **Translucent/H2O.** Translucent/H2O es una empresa con sede en Estados Unidos que fabrica, vende e instala equipo de purificación de agua. El 20 de abril, la compañía vendió un sistema a la ciudad de Nagasaki, Japón, que será instalado en los famosos Jardines Glover de Nagasaki (donde Madame Butterfly, de Puccini, esperó el regreso del teniente Pinkerton). El precio de venta se fijó en ¥20,000,000, y el pago debe efectuarse en tres meses. El día de la venta, el *Financial Times* publicó los siguientes tipos medios del yen:

Tipo de cambio *spot*:	¥118.255/US$ (tipo medio al cierre)
Tipo de cambio a plazo de un mes:	¥117.60/US$, prima de 5.04% anual
Plazo de tres meses:	¥116.830/US$, prima de 4.88% anual
Plazo de un año:	¥112.450/US$, prima de 5.16% anual

Tasas de dinero (% anual)	Estados Unidos	Japón	Diferencial
Un mes:	4.8750%	0.09375%	4.78125%
Tres meses:	4.9375 %	0.09375%	4.84375%
Doce meses:	5.1875%	0.31250%	4.87500%

Nota: Los diferenciales de las tasas de interés varían ligeramente con respecto a los descuentos a plazo sobre el yen debido a las diferencias temporales en las cotizaciones. Por ejemplo, el tipo *spot* ¥118.255/US$, es un rango medio. El 20 de abril, el yen *spot* se negoció en Londres entre ¥118.30/US$ y ¥117.550/US$.

Información adicional: En la actualidad, los competidores japoneses de Translucent/H2O contratan préstamos en yenes de bancos japoneses con un margen de dos puntos porcentuales por arriba de la tasa de dinero japonesa. El costo promedio ponderado del capital de Translucent/H2O es de 16%, y la compañía desea proteger el valor en dólares de esta cuenta por cobrar.

Opciones a tres meses de Kyushu Bank:

■ Opción de compra sobre ¥20,000,000 al precio de ejercicio de ¥118.00/US$: una prima de 1%.

■ Opción de venta sobre ¥20,000,000 al precio de ejercicio de ¥118.00/US$: una prima de 3%.

a. ¿Cuáles son los costos y beneficios de las alternativas de cobertura? ¿Cuál recomendaría usted y por qué?

b. ¿Cuál es la tasa de equilibrio de reinversión cuando se comparan las alternativas del mercado a plazo y el mercado de dinero?

10. **Farah Jeans.** Farah Jeans de San Antonio, Texas, está terminando una nueva planta de ensamblaje cerca de la ciudad de Guatemala. Deberá efectuar un último pago de construcción de Q8,400,000 ("Q" es el símbolo de los *quetzales* guatemaltecos). Farah usa 20% anual como costo promedio ponderado de capital. Las cotizaciones del tipo de cambio y las tasas de intereses al día de hoy son las siguientes:

Tipo de cambio *spot* presente:	Q7.0000/US$
Tipo de cambio a plazo de seis meses:	Q7.1000/US$
Tasa de interés a seis meses en Guatemala:	14.00% anual
Tasa de interés a seis meses en Estados Unidos:	6.00% anual

El gerente de tesorería de Farah, preocupado por la economía guatemalteca, se pregunta si no sería mejor que Farah cubriera su riesgo cambiario. El pronóstico del gerente es el siguiente:

Tipo esperado más alto:	Q8.0000/US$, que refleja una devaluación considerable
Tipo esperado:	Q7.3000/US$
Tipo esperado más bajo:	Q6.4000/US$, que refleja el fortalecimiento del quetzal

¿Qué alternativas realistas tiene a su disposición Farah para efectuar el pago? ¿Qué método elegiría usted y por qué?

*11. **PanAmerican Travel.** PanAmerican Travel, una agencia de viajes con sede en Honolulu, Hawai, 100% de propiedad privada, ha firmado un contrato para adquirir una participación de 50% de propiedad de Taipei Travel, una agencia de viajes de propiedad privada, con sede en Taiwán, que se especializa en dar servicio a los clientes que llegan de Estados Unidos y Canadá. El precio de adquisición es de 7 millones de dólares taiwaneses (T$7,000,000) pagaderos en efectivo dentro de tres meses.

Susan Takaga, la dueña de PanAmerican, cree que el dólar de Taiwán se mantendrá estable o bajará un poco en los próximos tres meses. Al tipo de cambio *spot* vigente de T$35/US$, el monto de efectivo requerido es de sólo US$200,000, pero Susan Takaga tiene que pedir un préstamo personal para conseguir esta cantidad relativamente modesta. Los depósitos con intereses en Taiwán para los no residentes están regulados por el gobierno y en la actualidad pagan 1.5% al año. Susan tiene una línea de crédito del Banco de Hawai por US$200,000 con una tasa de interés de 8% anual sobre el préstamo. No cree poder calcular un costo promedio ponderado de capital que resulte creíble, ya que no tiene acciones en circulación y sus competidores también son de propiedad privada y no publican sus resultados financieros. Como la adquisición consumirá todo su crédito disponible, se pregunta si debería cubrir esta exposición por transacción. Tiene las cotizaciones del Banco de Hawai que se presentan en la siguiente tabla:

Tipo de cambio *spot*:	T$33.40/US$
Tipo de cambio a plazo de tres meses:	T$32.40/US$
Tasa de un préstamo en dólares a tres meses:	6.50% anual
Tasa de depósito en T$ a tres meses:	1.50% anual
Opciones de compra a tres meses:	no disponibles

Analice los costos y los riesgos de cada alternativa y después haga una recomendación sobre la alternativa que Susan Takaga debe elegir.

12. **Chronos Time Pieces.** Chronos Time Pieces de Boston exporta relojes a muchos países y vende en la moneda local a tiendas y distribuidores. Chronos se enorgullece de ser conservador en el aspecto financiero. Por lo menos 70% de cada exposición por transacción se cubre, por lo general en el mercado a plazo, pero de vez en cuando con opciones. La política cambiaria de Chronos es tal que la cobertura de 70% puede incrementarse hasta 120% si una devaluación o depreciación parece inminente.

Chronos acaba de hacer un embarque a su principal distribuidor en América del Norte. Expidió una factura a 90 días a su comprador por €1,560,000. El tipo *spot* vigente es de US$1.2224/€, el tipo a plazo de 90 días es de US$1.2270/€. El tesorero de Chronos, Manny Hernandez, tiene un muy buen historial en los pronósticos de los movimientos de los tipos de cambio. En la actualidad cree que el euro se debilitará frente al dólar en los próximos 90 a 120 días y que posiblemente llegará a alrededor de US$1.16/€.

a. Evalúe las alternativas de cobertura para Chronos si Manny tiene razón (caso #1: US$1.16/€) y si Manny está equivocado (caso #2: US$1.26/€). ¿Qué recomendaría usted?

b. ¿Qué significa cubrir 120% de una exposición por transacción?

c. ¿Cuál se consideraría la política de administración de la exposición por transacción más conservadora de una empresa? ¿Cómo se compara Chronos?

13. **Micca Metals, Inc.** Micca Metals, Inc. es una empresa de materiales y metales de especialidad, que se localiza en Detroit, Michigan. La compañía se especializa en metales preciosos y materiales específicos que se usan en una variedad de aplicaciones de pigmentos en muchas otras industrias, entre ellas la de cosméticos, electrodomésticos y diversas máquinas de metalurgia para fabricar alambre

de oropel. Micca acaba de comprar un embarque de fosfatos de Marruecos por 6,000,000 dirhams, pagaderos a seis meses. El costo del capital de Micca es de 8.600%. Las siguientes cotizaciones se consiguieron en el mercado.

	Estados Unidos	Marruecos
Tasa de interés de un préstamo a seis meses:	6.00% anual	8.00% anual
Tasa de interés de una inversión a seis meses:	5.00% anual	7.00% anual
Tipo de cambio *spot*:	US$1.00 = 10.00 dirhams	
Tipo de cambio a plazo de seis meses:	US$1.00 = 10.40 dirhams	

Se pueden conseguir opciones de compra a seis meses sobre 6,000,000 dirhams a precio de ejercicio de 10.00 dirhams por dólar en el Banco Al-Maghrub, con una prima de 2%. Las opciones de venta a seis meses sobre 6,000,000 dirhams a precio de ejercicio de 10.00 dirhams por dólar están disponibles con una prima de 3%. Compare y contraste las alternativas que Micca puede elegir para cubrir su exposición por transacción de divisas. ¿Cuál es su recomendación?

14. **Medidas financieras de Pixel.** Leo Srivastava es el director de finanzas de Pixel Manufacturing, un fabricante estadounidense de computadoras de mano para el manejo de inventarios. El sistema de Pixel combina un código de barras activo de bajo costo que se emplea en el inventario (las etiquetas del código de barras emiten una señal de radiofrecuencia sumamente baja) con hardware diseñado a la medida de las necesidades y software que da seguimiento a las señales de radio bajas para efectos de control de inventarios. Pixel acaba de cerrar la venta de un sistema de código de barras a una empresa británica, la Grand Metropolitan (R.U.), por un pago total de £1,000,000. Los siguientes tipos de cambio estuvieron a disposición de Pixel en las fechas correspondientes a los sucesos de esta venta de exportación. Suponga que cada mes tiene 30 días.

Fecha	Tipo de cambio *spot* (US$/£)	Tipo de cambio a plazo (US$/£)	Descripción
1 de feb	1.7850	F_{210} = 1.7771	Cotización de precio de Pixel (Estados Unidos) a Grand Met (Reino Unido)
1 de mar	1.7465	F_{180} = 1.7381	Firma del contrato de venta por un total de £1,000,000
1 de jun	1.7689	F_{90} = 1.7602	Producto enviado a Grand Met
1 de ago	1.7840	F_{30} = 1.7811	Producto recibido por Grand Met
1 de sept	1.7290	_____	Grand Met efectúa el pago de £1,000,000

a. El estado de resultados de Pixel reflejará la venta tanto como una venta registrada y como una ganancia (pérdida) potencial cambiaria. Suponga que Leo decide no cubrir esta exposición por transacción. ¿Cuál es el valor de la venta registrada? ¿Cuál es la ganancia o pérdida cambiaria en la venta?

b. Suponga que Leo decide que debe cubrir la exposición con un contrato a plazo. Los estados financieros reflejarán un conjunto diferente de valores con la cobertura. ¿Cuál es el valor de la venta registrada? ¿Cuál es la ganancia o pérdida cambiaria en la venta si se cubre con un contrato a plazo?

15. **Maria Gonzalez y Trident (A).** Trident (la misma compañía estadounidense de la que se ha hablado en este capítulo) ha cerrado una segunda venta importante de equipo de telecomunicaciones a Regency (R.U.) El pago total de £3,000,000 deberá efectuarse en 90 días. Maria Gonzalez también se ha enterado de que Trident sólo podrá pedir prestado en el Reino Unido a 14% anual (debido a preocupaciones crediticias de los banqueros británicos). Dados los siguientes tipos de cambio y tasas de interés, ¿qué cobertura para la exposición por transacción es la que más conviene a Trident?

Tipo de cambio *spot*:	US$1.7620/£
Tipo de cambio *spot* esperado en 90 días:	US$1.7850/£
Tipo de cambio a plazo de 90 días:	US$1.7550/£
Tasa de depósito en dólares a 90 días:	6.0% anual
Tasa de un préstamo en dólares a 90 días:	8.0% anual
Tasa de depósito en libras a 90 días: 12.0% anual	8.0% anual
Tasa de un préstamo en libras a 90 días:	14.0% anual
Costo del capital de Trident:	12.0% anual

Maria también ha reunido datos sobre dos opciones específicas:

	Precio de ejercicio	Prima
Opción de venta a 90 días en £	US$1.75/£	1.5%
Opción de venta a 90 días en £	US$1.71/£	1.0%

16. **Maria Gonzalez y Trident (B).** Un año después, Maria Gonzalez sigue trabajando para Trident. Los negocios en Trident siguen creciendo y las ventas se han ampliado ahora para incluir exportaciones a Alemania y Japón, además de seguir vendiendo en el Reino Unido. Todas las ventas de exportación se facturan en la moneda local del comprador. Maria Gonzalez registrará las siguientes ventas en este periodo:

Ventas nacionales:	US$7,300,000 (crédito a 45 días)
Ventas de exportación:	€2,340,000; £1,780,000; ¥125,000,000 (crédito a 90 días para todas las exportaciones)

Otras partidas del estado de resultados son como sigue:

Costo de los bienes vendidos	65% de las ventas
Gastos generales y administrativos	9% de las ventas
Depreciación	US$248,750 por periodo
Impuesto corporativo estadounidense	40% de utilidades antes de impuestos
Acciones en circulación	1,000,000

Maria Gonzalez ha recopilado los siguientes tipos de cambio *spot* (las ventas se registrarán en estos tipos), los tipos de cambio a plazo a 90 días y los pronósticos a 90 días del asesor en divisas de Trident para las tres monedas:

Spot	A plazo a 90 días	Pronóstico del asesor en divisas
US$1.5900/£	US$1.5875/£	US$1.5600/£
US$1.0560/€	US$1.0250/€	US$1.0660/€
¥122.43/US$	¥120.85/US$	¥126.00/US$

Cree un estado de resultados *pro forma* para Trident y responda las siguientes preguntas:

a. Si Maria Gonzalez deja todas las posiciones descubiertas y los tipos de cambio *spot* finales al vencimiento son exactamente los que el asesor en divisas había pronosticado, ¿cuáles son las ganancias (pérdidas) cambiarias para el periodo y cuáles son las cifras del ingreso neto final y las utilidades por acción (UPA)?

b. Si Maria Gonzalez cubre todas las posiciones con cobertura a plazo completa, y los tipos de cambio *spot* finales al vencimiento son exactamente los que el asesor financiero pronosticó, ¿cuáles son las ganancias (pérdidas) cambiarias para el periodo y cuáles son las cifras del ingreso neto final y las utilidades por acción (UPA)?

c. Si Maria Gonzalez usa una práctica común en la industria de cubrir todas las posiciones a 100% con protección a plazo si el tipo de cambio a plazo le da los puntos, aunque sólo cubra la mitad de las posiciones por las que está pagando los puntos a plazo, ¿cuáles son las ganancias (pérdidas) cambiarias para el periodo y las cifras del ingreso neto final y las utilidades por acción (UPA), suponiendo los siguientes tipos de cambio *spot* finales al vencimiento: US$1.0480/€, US$1.6000/£, ¥122.50/US$?

17. **Solar Turbines.** El 1 de marzo, Solar Turbines, una subsidiaria de propiedad entera de Caterpillar (Estados Unidos), vendió una turbina de compresión de 12 megavatios a Vollendam Dike Company de Holanda por €4,000,000, pagaderos €2,000,000 el 1 de junio y €2,000,000 el 1 de septiembre. Solar calculó la cotización del precio de €4,000,000 el 1 de febrero, dividiendo su precio de venta normal en dólares estadounidenses de US$4,320,000 entre el entonces tipo de cambio *spot* vigente de US$1.0800/€.

Cuando el pedido se recibió y registró el 1 de marzo, el euro se había fortalecido a US$1.1000/€, por lo que la venta valía en realidad €4,000,000 × US$1.1000/€ = US$4,400,000. Solar ya había ganado US$80,000 extra gracias a los movimientos favorables del tipo de cambio. No obstante, el director de finanzas de Solar se preguntó si la empresa debería cubrirse contra una posible inversión de la tendencia reciente del euro. Cuatro métodos eran posibles:

1. Cubrirse en el mercado a plazo. La cotización del tipo de cambio a plazo de tres meses era de US$1.1060/€ y la del tipo de cambio a seis meses era de US$1.1130/€.
2. Cubrirse en el mercado de dinero. Solar podía pedir un préstamo en euros en la sucursal de Frankfurt de su banco estadounidense a una tasa de 8.00% anual.
3. Cubrirse con opciones en divisas. Las opciones de venta a junio se ofrecían con un precio de ejercicio de US$1.1000/€ con una prima de 2.0% por contrato, y las opciones de venta a septiembre se ofrecían a US$1.1000/€ con una prima de 1.2%. Las opciones de compra a junio a US$1.1000/€ se podían comprar con una prima de 3.0% y las opciones de compra a septiembre a US$1.1000/€ se ofrecían con una prima de 2.6%.
4. No hacer nada. Solar podía esperar hasta que se recibieran los ingresos de la venta en junio y septiembre, confiar en que el reciente fortalecimiento del euro continuara y vender los euros recibidos por dólares en el mercado *spot*.

Solar calcula que su costo de capital es de 12% anual. Como es una pequeña empresa, Solar Turbines no puede recaudar fondos con deuda a largo plazo. Los pagarés del Tesoro de Estados Unidos pagan 3.6% anual. ¿Qué debe hacer Solar?

Tektronix

Los siguientes cinco problemas se basan en exposiciones hipotéticas, pero típicas, por transacciones con divisas que podría enfrentar Tektronix, Inc. (TEK), una EMN real con sede en Beaverton, Oregon. Las ventas de TEK en el ejercicio fiscal que terminó el 31 de mayo de 2004 fueron de casi 1,000 millones de dólares. Sus principales productos son instrumentos de medición científicos, como análisis de protocolo y simuladores, sistemas de monitorización de redes, productos de prueba de transmisión y cables y una amplia gama de osciloscopios. Parte de las ventas extranjeras fueron exportaciones directas de la planta de fabricación e investigación de TEK en Beaverton. La segunda parte de las ventas correspondió a las ventas realizadas en el extranjero por TEK y sus subsidiarias de ensamblaje. La tercera parte de las ventas se realizó por medio de empresas conjuntas, como en Japón (Sony) y China. TEK también importó componentes y otros materiales que emplea en las operaciones de fabricación de Beaverton. Los principales competidores de TEK son Agilent (antes la empresa de instrumentos de medición de Hewlett Packard) y Siemens (un enorme conglomerado alemán).

18. **TEK: cuenta por cobrar italiana (hoja de cálculo en el sitio Web).** TEK desea cubrir una cuenta por cobrar de €4,000,000 por una venta que cerró con Olivetti (Italia). El pago debe efectuarse en tres meses. La unidad italiana de TEK no tiene acceso inmediato a crédito en moneda local, lo que elimina la alternativa de cobertura en el mercado de dinero. Citibank ha ofrecido a TEK las siguientes cotizaciones:

Tipo *spot*:	US$1.2000/€
Tipo a plazo de tres meses:	US$1.2180/€
Tasa de interés en euros a tres meses:	4.200% anual
Opción de venta a tres meses en euros al precio de ejercicio de US$1.0800/€:	3.40%
Costo promedio ponderado del capital de TEK:	9.80%

a. ¿Qué costos tiene cada alternativa?
b. ¿Qué riesgos presenta cada alternativa?
c. ¿Qué alternativa debe elegir TEK si prefiere "ir a lo seguro"?
d. ¿Qué alternativa debe elegir TEK si está dispuesta a correr un riesgo razonable y cree que el euro puede apreciarse frente al dólar en los próximos tres meses?

19. **TEK: cuenta por pagar japonesa.** TEK ha importado componentes de su empresa conjunta en Japón, Sony-TEK, y debe efectuar un pago de ¥8,000,000 en seis meses. Citibank ha ofrecido a TEK las siguientes cotizaciones:

Tipo *spot*:	¥108.20/US$
Tipo a plazo de seis meses:	¥106.20/US$
Tasa de depósito en yenes a seis meses:	1.250% anual
Tasa de interés en dólares a seis meses:	4.000% anual
Opción de compra a seis meses en yenes al precio de ejercicio de ¥108/US$:	2.5%
Costo promedio ponderado del capital de TEK:	9.80%

a. ¿Qué costos tiene cada alternativa?
b. ¿Qué riesgos presenta cada alternativa?
c. ¿Qué alternativa debe elegir TEK si está dispuesta a correr un riesgo razonable y cree que el yen puede depreciarse frente al dólar en los próximos seis meses?

20. **TEK: licitación de British Telecom.** TEK ha presentado una oferta de £1,500,000 para suministrar e instalar un sistema de monitorización de redes para British Telecom en Manchester, R.U. El proceso de licitación durará 30 días, al cabo de los cuales se anunciará el ganador. Se espera que otros concursantes sean Agilent, Siemens y por lo menos dos empresas británicas. Si TEK gana la licitación dispondrá de 60 días para construir e instalar el

sistema. Durante este periodo de 90 días, las £1,500,000 se contabilizarán como un pedido pendiente. British Telecom efectuará el pago total 30 días después de la entrega y prueba del sistema. En este mes, TEK contabilizará la cantidad de £1,500,000 como una cuenta por cobrar. Barclay's Bank (R.U.) ha ofrecido a TEK las siguientes cotizaciones:

Tipo *spot*:	US$1.8418/£
Tipo a plazo de un mes:	1.8368/£
Tipo a plazo de cuatro meses:	1.8268/£
Tasa de inversión en £ a un mes:	4.000% anual
Tasa de un préstamo en £ a un mes:	6.500% anual
Tasa de inversión en £ a cuatro meses:	4.125% anual
Tasa de un préstamo en £ a cuatro meses:	6.500% anual
Opción de venta a un mes en libras (precio de ejercicio US$1.85/£) con prima de US$0.006/£	
Opción de venta a cuatro meses en libras (precio de ejercicio US$1.85/£) con prima de US$0.012/£	
Costo promedio ponderado del capital de TEK:	9.80%

¿Qué debe hacer TEK para cubrir esta oferta?

21. **TEK: lista de precios suecos.** TEK ofrece osciloscopios y otros productos comerciales con base en sus listas de precios denominados en moneda extranjera. Los precios son válidos sólo por tres meses. Un ejemplo es una lista de precios expresados en coronas suecas. En efecto, se ofrece a los clientes una opción de compra sin costo sobre los productos con un tipo de cambio fijo dólar/corona. En un periodo típico de tres meses, TEK podría esperar vender productos con valor de SKr5,000,000-SKr10,000,000 con base en la lista de precios. Puesto que es probable que el tipo de cambio SKr/US$ cambie en cualquier periodo de tres meses, TEK desea cubrir esta exposición por transacción. (La unidad de negocios de TEK en Suecia cree que la corona se fortalecerá frente al dólar en los próximos meses.) Nordea Bank (Suecia) ha ofrecido a TEK las siguientes cotizaciones:

Tipo *spot*:	SKr7.4793/US$
Tipo a plazo de tres meses:	SKr7.4937/US$
Tasa de interés en coronas a tres meses:	4.780% anual
Tasa de un préstamo en coronas a tres meses:	6.50% anual
Tasa de interés en dólares a tres meses:	4.00% anual
Opción de venta a tres meses en coronas al precio de ejercicio de SKr7.50/US$:	2.5%
Costo promedio ponderado del capital de TEK:	9.80%

a. ¿Qué costos tiene cada alternativa por cubrir SKr5,000,000?
b. ¿Qué riesgos tiene cada alternativa? ¿Cuántas coronas debe cubrir TEK si desea "ir a lo seguro"?
c. ¿Qué alternativa debe elegir TEK si está dispuesta a correr un riesgo razonable y cree que la corona sueca puede apreciarse frente al dólar estadounidense en los próximos tres meses?

22. **TEK: cuenta por pagar de dividendos en Suiza.** Las subsidiarias europeas de TEK son, formalmente, propiedad de una compañía controladora, TEK-Suiza. Por consiguiente, las subsidiarias pagan dividendos a la compañía controladora suiza, que a su vez paga dividendos a TEK-Beaverton. TEK ha declarado un dividendo de 5 millones de francos suizos pagaderos en tres meses de Suiza a TEK-Beaverton. Si TEK-Beaverton desea cubrir esta exposición por transacción puede utilizar las siguientes cotizaciones de Swiss Bank Corporation:

Tipo *spot*:	SFr1.2462/US$
Tipo *spot* esperado en tres meses:	SFr1.2200/US$
Tipo a plazo de tres meses:	SFr1.2429/US$
Tasa de interés en francos suizos a tres meses:	3.75% anual
Tasa de interés en dólares a tres meses:	4.00% anual
Opción de venta a tres meses en francos suizos al precio de ejercicio de SFr1.25/US$:	US$0.0150/SFr prima de
Costo promedio ponderado del capital de TEK:	9.80%

¿Qué costos tiene cada alternativa para cubrir el dividendo por pagar? ¿Qué riesgos presenta cada alternativa? ¿Qué alternativa debe elegir TEK? Explique su suposición sobre la motivación de TEK para elegir la alternativa sugerida por usted.

EJERCICIOS DE INTERNET

1. **Volatilidad de las divisas.** Usted desea valuar sus opciones, pero necesita la volatilidad actual del euro, la libra esterlina y el yen japonés. Use los siguientes sitios Web, recopile los tipos de cambio *spot* y las volatilidades para valuar las opciones de venta a plazo en el dinero para el análisis de precios de las opciones:

   Rates FX   www.ratesfx.com/summaries/volatility.html

2. **Objetivos de cobertura.** Todas las empresas multinacionales declaran las metas y objetivos de sus actividades de administración del riesgo cambiario en sus informes anuales. Comenzando con las siguientes empresas, reúna

muestras de análisis corporativos de "¿por qué cubrir?" para una deliberación de contraste y comparación.

Nestlé   www.nestle.com

Disney   www.disney.com

Nokia   www.nokia.com

BP   www.bp.com

3. **Política gubernamental de Nueva Zelanda.** El gobierno de Nueva Zelanda tiene políticas y normativas específicas para la administración de la exposición por transacción. Visite el siguiente sitio Web para seguir el análisis detallado de sus recomendaciones:

Tesoro de Nueva Zelanda   www.treasury.govt.nz/ publicsector/fxexposure/5.asp

Opciones complejas

Dayton Manufacturing, una empresa estadounidense, tiene una exposición de £1,000,000 (una cuenta por cobrar) que se liquidará en 90 días. La figura 11A.1 resume los supuestos, exposición y alternativas de opciones tradicionales que se usarán en este apéndice. La empresa cree que el tipo de cambio se moverá a su favor en el periodo de 90 días (la libra esterlina se apreciará frente al dólar estadounidense). A pesar de tener este *punto de vista direccional* o *expectativa cambiaria*, la empresa desea protección a la baja en caso de que la libra se deprecie.

Las zonas de administración de la exposición que son de mayor interés para la empresa son los *triángulos* opuestos formados por el perfil sin cobertura y el perfil del tipo de cambio a plazo. A la empresa le gustaría retener toda el área potencial en el triángulo superior derecho, pero reducir al mínimo su exposición potencial en el triángulo inferior izquierdo. El "perfil rizado" de la opción de venta es compatible con lo que la empresa desea si cree que la libra se apreciará.

FIGURA 11A.1 Problema de Dayton Manufacturing y cobertura con opciones de venta

		Opción de venta	Precios de ejercicio	Prima
Tipo *spot*	US$1.4790/£			
Tipo a plazo de 90 días	US$1.4700/£			
Tasa de interés euro-US$ a 90 días	3.250%	Opción de venta a plazo ATM	US$1.4700/£	US$0.0318/£
Tasa de interés euro-£ a 90 días	5.720%	Opción de venta OTM	US$1.4400/£	US$0.0188/£
Volatilidad US$/£ a 90 días	11.000%			

Valor en dólares estadounidenses de la cuenta por cobrar de £1,000,000 a 90 días

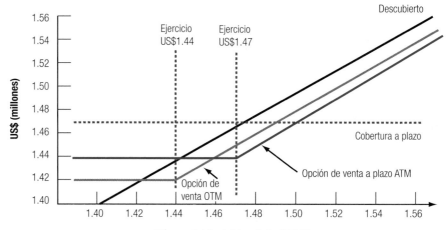

La empresa podría considerar cualquier cantidad de precios de ejercicio diferentes de una opción de compra, dependiendo del valor mínimo asegurado (grado de autoseguro) que la empresa esté dispuesta a aceptar. La figura 11A.1 ilustra dos alternativas distintas de opciones de venta: una opción de venta a plazo ATM con precio de ejercicio de US$1.4700/£, y una opción de venta a plazo OTM con precio de ejercicio de US$1.4400/£. Debido a que las opciones de divisas se valúan alrededor del tipo de cambio a plazo (*forward*) (véase el capítulo 8) y no el tipo de cambio *spot*, la especificación correcta de si una opción, de venta o de compra, está ITM (*in the money*), ATM (*at the money*) u OTM (*out of the money*), depende del tipo de cambio a plazo con el mismo vencimiento. La opción de venta a plazo OTM ofrece cobertura a un menor costo, pero también a un nivel inferior de protección.

El contrato a plazo sintético

A un tipo de cambio *forward* de US$1.4700/£, el producto del contrato a plazo de 90 días ascenderá a US$1,470,000. Una segunda alternativa para la empresa sería construir un *contrato a plazo sintético* usando las opciones. El contrato a plazo sintético requiere que la empresa combine tres elementos diferentes:

1. Posición larga en £ (cuenta por cobrar de £1,000,000).
2. Comprar una opción de venta en £ con un precio de ejercicio de US$1.4700/£, pagando una prima de US$0.0318/£.
3. Vender una opción de compra en £ con un precio de ejercicio de US$1.4700/£, ganando una prima de US$0.0318/£.

La compra de la opción de venta exige el pago de una prima, y la venta de la opción de compra gana para la empresa el pago de la prima. Si ambas opciones se ejercen al tipo de cambio *forward* (a plazo ATM), las primas deben ser idénticas y el pago neto de la prima tendrá un valor de cero.

La figura 11A.2 ilustra la posición descubierta, la cobertura básica con el tipo de cambio a plazo y los perfiles individuales de las opciones de venta y compra para la posible construcción de

---

FIGURA 11A.2   Construcción de un contrato a plazo sintético para una posición cambiaria larga

Instrumentos	Precios de ejercicio	Prima	Principal hipotético
Comprar una opción de venta	US$1.4700/£	US$0.0318/£	£1,000,000
Vender una opción de compra	US$1.4700/£	US$0.0318/£	£1,000,000

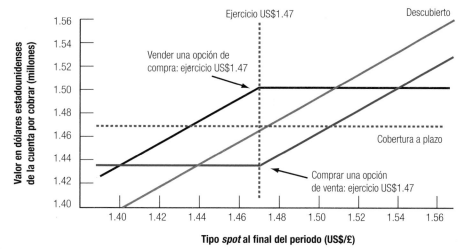

un contrato a plazo sintético. Es muy fácil confirmar el resultado de la posición combinada con sólo dar seguimiento a lo que sucedería con todos los tipos de cambio a la izquierda de US$1.4700/£ y lo que ocurriría a la derecha de US$1.4700/£.

A todos los tipos de cambio a la izquierda de US$1.4700/£:

1. La empresa recibiría £1,000,000 en 90 días.
2. La opción de compra en libras vendida por la empresa vencería fuera del dinero.
3. La empresa ejercería la opción de venta en libras para vender las libras recibidas a US$1.4700/£.

A todos los tipos de cambio inferiores a US$1.4700/£, la empresa estadounidense ganaría US$1,470,000 de la cuenta por cobrar. A todos los tipos de cambio a la derecha de US$1.4700/£:

1. La empresa recibiría £1,000,000 en 90 días.
2. La opción de venta en libras comprada por la empresa vencería fuera del dinero.
3. La empresa entregaría el £1,000,000 recibido al comprador de la opción de compra, que ahora ejerce la opción de compra contra la empresa. La empresa recibe US$1.4700/£ del comprador de la opción de compra.

Por consiguiente, a todos los tipos de cambio superiores o inferiores a US$1.4700/£, la empresa estadounidense recibe la cantidad neta de US$1,470,000 en moneda de su país. La posición combinada *spot*-opción se comporta igual que un contrato a plazo. Una empresa con una posición exactamente al revés, esto es, una cuenta por pagar de £1,000,000 a 90 días, podría asimismo construir un contrato a plazo sintético usando opciones.[1]

Pero, ¿por qué iba una empresa a asumir esta posición relativamente compleja para crear simplemente un contrato a plazo? La respuesta se encuentra cuando se examinan las primas de las opciones ganadas y pagadas. Partimos del supuesto de que los precios de ejercicio de las opciones eran precisamente los tipos de cambio *forward* ATM, y que las primas resultantes de las opciones pagadas y ganadas eran exactamente iguales. Sin embargo, no necesariamente ocurre así. Si los precios de ejercicio de las opciones (recuerde que tienen que ser idénticos en las dos opciones, tanto la que se compra como la que se vende) no son precisamente el tipo *forward* ATM, las dos primas pueden diferir por una cantidad menor. La posición neta de la prima puede terminar como una ganancia neta o un pago neto. Si el resultado es positivo, esta cantidad se sumaría a los ingresos de la cuenta por cobrar para producir un valor total recibido en dólares más alto.[2]

Productos de segunda generación para la administración del riesgo cambiario

Los productos de *segunda generación* para la administración del riesgo se construyen a partir de los dos instrumentos derivados básicos que se usan a lo largo de este libro: el contrato a plazo (*forward*) y la opción. Los subdividiremos en dos grupos: 1) los *productos de opciones con prima cero,* que se centran en fijar precios en y alrededor del tipo *forward* y 2) los *productos de opciones exóticas* (a falta de un nombre mejor), que se centran en objetivos de precios diferentes. Aunque todos los instrumentos derivados siguientes se venden como productos financieros por las empresas de administración de riesgo, presentaremos cada uno como la construcción de la posición a partir de elementos fundamentales comunes, o LEGO^R_S, como se les denomina, que se usan en la

---

[1]Una empresa residente en Estados Unidos que tiene que realizar en el futuro un pago denominado en moneda extranjera de £1,000,000 podría construir un contrato a plazo sintético de la siguiente manera: 1) la empresa pagaría £1,000,000 en 90 días; 2) compraría una opción de compra en libras al precio de ejercicio de US$1.4700/£, y 3) vendería una opción de venta en libras al precio de ejercicio de US$1.4700/£.

[2]Otra posibilidad es que la empresa descubra, en el momento en que asume la posición, que la prima ganada de la opción de compra puede superar por poco a la prima pagada por la opción de venta. Este resultado significa que el mercado de opciones está temporalmente fuera de equilibrio (paridad). Esta situación es muy factible, dado el criterio requerido para valuar las opciones (los diferentes bancos que ponen precio a las opciones no necesariamente usan volatilidades idénticas en todo momento) y la estructura descentralizada inherente a los mercados de divisas y de opciones en divisas.

administración tradicional del riesgo cambiario, es decir, los contratos a plazo y las opciones. Como grupo, se llaman colectivamente *opciones complejas*.

Productos de opciones con prima cero

El "problema" principal con el uso de opciones para la administración de riesgos a los ojos de las empresas es el pago de la prima por adelantado. Aunque el pago de la prima es sólo una porción del perfil de pago total de la cobertura, muchas empresas consideran que la inversión de una cantidad sustancial de fondos en la *compra* de un instrumento derivado financiero es tan costosa que resulta prohibitiva. En comparación, el contrato a plazo que elimina el riesgo cambiario no requiere ningún desembolso por parte de la empresa (y tampoco requiere ninguna especificación real de las expectativas relativas a los movimientos del tipo de cambio).

Los productos de opciones con prima cero (o combinaciones de instrumentos derivados creadas por ingeniería financiera) se diseñan para no exigir el desembolso del pago de la prima al inicio de la cobertura. Este grupo de productos incluye los que con mucha frecuencia se denominan *contratos* forward *con intervalo de precios* y *contratos* forward *participativos*. Ambos productos 1) se valúan con base en el tipo de cambio *forward*; 2) se construyen para dar por resultado un pago de prima cero por adelantado, y 3) permiten al contratante de la cobertura aprovechar las expectativas sobre la dirección que tomarán los movimientos de los tipos de cambio. En el problema que nos ocupa, esto significa que todos los productos siguientes son aplicables a la expectativa que el dólar estadounidense se depreciará frente a la libra. Si el contratante de la cobertura no tiene este *punto de vista*, debe dar marcha atrás ahora (y comprar un contrato *forward*, o nada en absoluto).

Márgenes de relación

Antes de describir los productos de opciones de segunda generación más comúnmente aceptados, es útil demostrar uno de los métodos tradicionales para obtener una combinación de opciones con prima cero: una alternativa que deja al contratante de la cobertura con una exposición descubierta considerable.

La empresa estadounidense del problema presentado en el capítulo decide que desea establecer un límite mínimo de protección y compra una opción de venta a US$1.4700/£ (tipo *forward* ATM) a un costo de US$0.0318/£ (costo total de US$31,800). Esto representa un fuerte desembolso de capital por adelantado para pagar la prima de la opción y la división de administración de riesgos de la empresa no tiene fondos presupuestados para gastos de semejante magnitud. La empresa, que está firmemente convencida de que el dólar se depreciará frente a la libra, decide "financiar" la compra de la opción de venta con la venta de una opción de compra fuera del dinero (OTM). La empresa examina las condiciones del mercado y considera varios precios de ejercicio de la opción de compra que están significativamente fuera del dinero, con precios de ejercicio de US$1.5200/£, US$1.5400/£ o aún más altos.

Se decide que la opción de compra a US$1.5400/£, con una prima de US$0.0089/£, es la que deben contratar y vender para ganar la prima y financiar la compra de la opción de venta. Sin embargo, debido a que la prima de la opción de compra OTM es mucho menor que la prima de la opción de venta a plazo ATM, el monto de opción de compra adquirida debe ser mayor. Para determinar el monto de la opción de compra la empresa resuelve este sencillo problema de equivalencia de primas como sigue:

Costo de la prima de la opción de venta = Ganancias de la prima de la opción de compra

Si se sustituyen las primas de las opciones de venta y compra se obtiene

US$0.0318/£ × £1,000,000 = US$0.0089/£ × opción de compra £

Para establecer el monto de la opción de compra, se resuelve la ecuación anterior como sigue:

$$\frac{US\$31,800}{US\$0.0089/£} = £3,573,034$$

El motivo por el que esta estrategia se llama *margen de relación* es que la posición final, la relación entre el tamaño de la opción de compra y el tamaño de la opción de venta, es una razón mayor que 1 (£3,573,034 ÷ £1,000,000, o una razón de aproximadamente 3.57).

Otra forma del margen de relación es el *margen de calendario,* que combinaría la opción de venta a 90 días con la venta de una opción de compra OTM con un plazo de vencimiento mayor; por ejemplo, a 120 o 180 días. El plazo de vencimiento más largo de la opción de compra emitida le reporta a la empresa mayores ganancias de la prima que requieren una "relación" menor. Sin embargo, como varias empresas que siguieron esta estrategia han aprendido a la mala, si las expectativas del contratante de la cobertura resultan erróneas y el tipo de cambio *spot* deja atrás el precio de ejercicio de la opción de compra suscrita, la empresa deberá entregar moneda extranjera que no tiene. En este ejemplo, si el tipo de cambio *spot* se moviera por encima de US$1.5400/£, la empresa tendría que cubrir una posición de £2,573,034.

Contrato *forward* con intervalo de precios

El *contrato* forward *con intervalo de precios* básico se ha comercializado con una variedad de otros nombres, como *opción collar,* forward *flexible, opción cilindro, barrera de opción* o simplemente *barrera, mini-max* o *túnel de costo cero.* El contrato *forward* con intervalo de precios se construye en dos pasos:

1. Comprar una opción de venta con precio de ejercicio *inferior* al tipo *forward,* por la cantidad total de la exposición cambiaria larga (100% de cobertura).
2. Vender una opción de compra con precio de ejercicio *superior* al tipo *forward,* por la cantidad total de la exposición cambiaria larga (100% de cobertura).

El contratante de la cobertura elige un lado del "intervalo" o margen, normalmente a la baja (tipo de ejercicio de la opción de venta), el cual determina a su vez el tipo de ejercicio al que se venderá la opción de compra. Ésta debe seleccionarse a una distancia igual del tipo *forward* que el precio de ejercicio de la opción de venta. Si el contratante de la cobertura cree que existe una posibilidad significativa de que la moneda se mueva a favor de la empresa, y en un grado considerable, el nivel mínimo de la opción de venta (suelo de rentabilidad) puede establecerse relativamente bajo para que el límite máximo (techo) pueda situarse más alto o más lejos del tipo *forward* y seguir disfrutando de una prima neta de cero. Es muy difícil para la empresa determinar el nivel mínimo de protección a la baja. A menudo el tesorero de la empresa determinará a qué tipo de cambio en el nivel bajo podrá recuperar la empresa el margen mínimo necesario sobre el negocio subyacente de la exposición del flujo de efectivo, en ocasiones llamado *tipo presupuestado.*

La figura 11A.3 ilustra el resultado final de un contrato *forward* con intervalo de precios construido mediante la compra de una opción de venta con precio de ejercicio de US$1.4500/£, pagando una prima de US$0.0226/£, y vendiendo una opción de compra con precio de ejercicio de US$1.4900/£, ganando una prima de US$0.0231/£. El contratante de la cobertura ha limitado el intervalo en el que el valor de la cuenta por cobrar de la empresa se mueve como una posición descubierta, con un piso de la opción de venta y un techo de la opción de compra vendida.

Existe una serie de variaciones del contrato *forward* básico con intervalo de precios. Si ambos precios de ejercicio son iguales se trata de un *contrato* forward *sintético.* Si los precios de ejercicio elegidos son iguales al tipo *forward* real, el sintético equivale a un contrato *forward* propiamente dicho. Este contrato *forward* sintético tendrá una prima neta de casi cero. Aunque las primas de las opciones de venta y compra en este caso no son idénticas, están suficientemente cerca para dar por resultado una prima neta de casi cero.

$$\text{Prima neta} = (\text{US\$0.0226/£} - \text{US\$0.0231/£}) \times \text{£1,000,000} = -\text{US\$500}$$

Los beneficios de la posición combinada se pueden apreciar de inmediato, dado que la prima de la opción de venta por sí sola asciende a US$22,600. Si los tipos de ejercicio de las opciones se seleccionan independientemente del deseo de una prima neta exacta de cero por adelantado (aún dentro de la banda del tipo *forward*), se llama *opción collar* u *opción cilindro.*

El contrato *forward* participativo

El *contrato* forward *participativo,* también conocido como *opción de relación de costo cero* y *contrato de participación* forward, es una combinación de opciones que permite al contratante de la

FIGURA 11A.3 Contrato *forward* con intervalo de precios: cobertura de una posición larga de £1,000,000

Instrumentos	Precios de ejercicio	Prima	Principal hipotético
Comprar una opción de venta	US$1.4500/£	US$0.0226/£	£1,000,000
Vender una opción de compra	US$1.4900/£	US$0.0231/£	£1,000,000

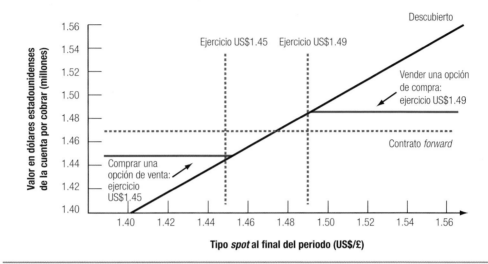

cobertura participar en los posibles movimientos a la alza, sin dejar de ofrecer protección a la baja basada en la opción, todo con una prima neta de cero. El *forward* participativo se construye con dos pasos:

1. Comprar una opción de venta con un precio de ejercicio *inferior* al tipo *forward*, por el monto total de la exposición cambiaria larga (100% de cobertura).

2. Vender una opción de compra con un precio de ejercicio *que sea igual al de la opción de venta*, pero sólo para una *parte* de la exposición cambiaria total (cobertura de menos de 100%).

De manera similar al contrato *forward* con intervalo de precios, el comprador de un *forward* participativo elegirá primero el precio de ejercicio de la opción de venta. Como el precio de ejercicio de la opción de compra es el mismo que el de la opción de venta, lo único que falta es determinar la *tasa de participación,* es decir, la proporción de la exposición vendida como una opción de compra.

La figura 11A.4 ilustra la construcción de un *forward* participativo para el problema del capítulo. La empresa elige primero el nivel de protección de la opción de venta, en este caso US$1.4500/£, con una prima de US$0.0226/£. Una opción de compra vendida con el mismo precio de ejercicio de US$1.4500/£ le reportaría ganancias a la empresa de US$0.0425/£. La prima de la opción de compra es considerablemente mayor que la prima de la opción de venta porque la opción de compra ya está dentro del dinero (ITM, *in the money*). El objetivo de la empresa es vender una opción de compra sólo sobre la cantidad de libras necesarias para financiar la compra de la opción de venta. La prima total de la opción de venta es:

Prima total de la opción de venta = US$0.0226/£ × £1,000,000 = US$22,600

Esta cantidad se usa entonces para determinar el tamaño de la opción de compra que se necesita para compensar exactamente la adquisición de la opción de venta:

US$22,600 = US$0.0425/£ × principal de la opción de compra

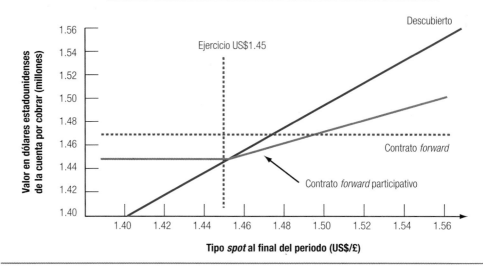

FIGURA 11A.4 Contrato *forward* participativo: cobertura de una posición larga de £1,000,000

Instrumentos	Precios de ejercicio	Prima	Principal hipotético
Comprar una opción de venta	US$1.4500/£	US$0.0226/£	£1,000,000
Vender una opción de compra	US$1.4500/£	US$0.0425/£	£531,765

Resolviendo para obtener el principal de la opción de compra:

$$\text{Principal de la opción de compra} = \frac{US\$22,600}{US\$0.0425/£} = £531,765$$

Por tanto, la empresa debe vender una opción de compra sobre £531,765 con un precio de ejercicio de US$1.4500/£ para cubrir la compra de la opción de venta. Esta discrepancia entre los principales de las opciones es lo que da al contrato *forward* participativo su forma única.[3] La relación entre las primas de las opciones, así como la relación entre los principales de las opciones, se conoce como *cobertura porcentual*:

$$\text{Cobertura porcentual} = \frac{US\$0.026/£}{US\$0.0425/£} = \frac{£531,765}{£1,000,000} = 0.5318 \approx 53.18\%$$

La *tasa de participación* es el porcentaje residual de la exposición que no queda cubierto por la venta de la acción de compra. Por ejemplo, si la cobertura porcentual es de 53.18%, la tasa de participación sería 1 – la cobertura porcentual, o 46.82%. Esto significa que para todos los movimientos favorables del tipo de cambio (por arriba de US$1.4500/£), el contratante de la cobertura "participaría" o disfrutaría de 46.8% del diferencial. Sin embargo, como todas las coberturas basadas en opciones, la exposición a la baja está limitada por el precio de ejercicio de la opción de venta.

Las expectativas del comprador son semejantes a las del contrato *forward* con intervalo de precios; sólo el grado de la tendencia alcista de la moneda es mayor. Para que el *forward* partici-

---

[3]Obsérvese que si las dos opciones tuvieran el mismo precio de ejercicio y el mismo principal, el resultado sería un contrato *forward* sintético con prima positiva. La prima positiva sería resultado del precio de ejercicio que coloca a la opción de compra dentro del dinero y a la opción de venta fuera del dinero. Un verdadero contrato *forward* sintético con prima neta de cero usaría un precio de ejercicio que fuera igual que el tipo *forward*.

pativo supere los resultados del *forward* con intervalo de precios, es necesario que el tipo de cambio se mueva más lejos en la dirección favorable que el *forward* con intervalo de precios.

La opción del tipo promedio

Normalmente, estas opciones se clasifican como opciones de divisas "dependientes de la trayectoria" porque sus valores dependen de los promedios de los tipos de cambio *spot* en un periodo previamente especificado. Aquí describimos dos ejemplos de opciones dependientes de la trayectoria, la *opción del tipo de cambio promedio* y la *opción del precio de ejercicio promedio*.

1. La *opción de tipo de cambio promedio (ARO, average rate option)*, también conocida como *opción asiática*, establece el precio de ejercicio de la opción por adelantado y se ejerce al vencimiento si el tipo de cambio promedio durante el periodo (según se observa con un muestreo programado) es menor que el precio de ejercicio preestablecido de la opción.

2. La *opción de precio de ejercicio promedio (ASO, average strike option)* establece el precio de ejercicio de la opción como el promedio del tipo de cambio experimentado a lo largo de la vida de la opción y se ejerce si el precio de ejercicio es mayor que el tipo de cambio *spot* al final de periodo.

Al igual que la opción *knock-out*, la opción del tipo promedio es difícil de representar porque su valor no depende del tipo *spot* final, sino más bien de la trayectoria que el tipo *spot* sigue a lo largo de la vigencia especificada. Por ejemplo, una opción de tipo promedio con precio de ejercicio de US$1.4700/£ tendría una prima de sólo US$0.0186/£. El tipo promedio se calcularía con base en observaciones semanales del tipo de cambio *spot* (12 semanas completas y la primera observación ocurriría a los 13 días después de la compra). Como es lógico, existen numerosos promedios o trayectorias diferentes de los movimientos del tipo de cambio *spot*. Algunos escenarios diferentes ayudan a entender cómo difiere la valuación de una ARO.

1. El tipo de cambio *spot* se mueve muy poco en los primeros 70 u 80 días del periodo, pero se produce un movimiento repentino del tipo de cambio por debajo de US$1.4700/£ en los días previos al vencimiento. Aunque el tipo de cambio *spot* final es inferior a US$1.4700/£, el promedio del periodo es superior a US$1.4700, por lo que la opción no puede ejercerse. La cuenta por cobrar se cambia al tipo *spot* (inferior a US$1.4700/£) y de todos modos se incurre en el costo de la prima de la opción.

2. El dólar se deprecia poco a poco y a ritmo constante frente a la libra y el tipo de cambio aumenta de US$1.4790/£ a US$1.48, US$1.49 y así sucesivamente al alza. Al final del periodo de 90 días la opción vence fuera del dinero, la cuenta por cobrar se cambia al tipo *spot* favorable y la empresa disfrutó de la protección de una opción de tipo promedio a un costo de la prima considerablemente menor.

Una variación del tipo promedio es la *opción lookback, con y sin precio de ejercicio*. Una *opción lookback con precio de ejercicio* es una opción estilo europeo con precio de ejercicio predeterminado que al vencimiento se valora frente al tipo de cambio *spot* más alto o más bajo que se haya alcanzado durante la vida de la opción. Una *opción lookback sin precio de ejercicio* es típicamente una opción europea que establece el precio de ejercicio al vencimiento como el tipo de cambio más bajo que se haya alcanzado en el periodo para una opción de compra, o el tipo de cambio más alto que se haya registrado en el periodo para una opción de venta y se ejerce con base en este precio de ejercicio frente al tipo de cambio *spot* final.

Las instituciones financieras venden una variedad de productos de opciones de divisas de tipo promedio y cada uno tiene una estructura de pago claramente distinguible. Debido a la complejidad del valor de las opciones dependientes de la trayectoria, debe tenerse cuidado con el uso de estos instrumentos. Como ocurre en todos los mercados, que el comprador se cuide.

CAPÍTULO 12

Exposición operativa

La esencia de la administración del riesgo radica en la maximización de las áreas donde se tiene algún control sobre el resultado final y en la minimización de las áreas donde no se tiene absolutamente ningún control sobre dicho resultado y donde el enlace entre el efecto y la causa permanece oculto.

—Peter Bernstein, *Against the Gods*, 1996.

Este capítulo amplía el concepto de la *exposición por transacciones*, que se describió en el capítulo 11, llevándolo aún más lejos en el tiempo y a través de los innumerables flujos futuros de efectivo que crean el valor de cualquier empresa multinacional. La *exposición operativa*, también denominada *exposición económica*, *exposición competitiva* e incluso *exposición estratégica*, en ocasiones mide cualquier cambio en el valor presente de una empresa que resulte de las variaciones en los flujos futuros de efectivo en operación ocasionados por una modificación inesperada en los tipos de cambio. El *análisis de la exposición operativa* evalúa el impacto resultante de modificar los tipos de cambio sobre las propias operaciones de una empresa a lo largo de los meses y los años siguientes y sobre su posición competitiva frente a otras empresas. La meta es identificar los movimientos estratégicos o las técnicas operativas que la empresa podría estar dispuesta a adoptar para mejorar su valor a la luz de variaciones inesperadas en los tipos de cambio.

La exposición operativa y la exposición por transacciones están relacionadas entre sí en tanto que ambas tratan con flujos futuros de efectivo. Difieren en términos de cuáles habrán de ser los flujos de efectivo que considerará la administración y en la razón por la cual dichos flujos de efectivo varían cuando se modifican los tipos de cambio.

Atributos de la exposición operativa

La medición de la exposición operativa de una empresa requiere del pronóstico y del análisis de todas las exposiciones por transacciones futuras individuales junto con las exposiciones futuras de todos los competidores de la empresa y de los competidores potenciales en todo el mundo. Un sencillo ejemplo servirá para aclarar este argumento.

Una empresa multinacional como Eastman Kodak (Estados Unidos) tiene un determinado número de exposiciones por transacciones en cualquier momento. Kodak tiene ventas en Estados Unidos, Japón y Europa y por lo tanto registra una serie continua de cuentas por cobrar (y cuentas por pagar) en moneda extranjera. Las ventas y los gastos que ya se han contratado representan *exposiciones tradicionales por transacciones*. Las ventas que son altamente probables con base en la línea histórica de negocios de Kodak y en su participación de mercado pero que todavía no tienen una base legal representan *exposiciones anticipadas por transacciones*. (Este término se usa de una manera del todo específica al contabilizar las ganancias y las pérdidas por tipos de cambio extranjeros.)

¿Qué sucedería si el análisis de la exposición de la empresa a las variaciones en el tipo de cambio se extendiera más lejos hacia el futuro? ¿Cuáles son las exposiciones de Kodak a un plazo más largo en términos de las variaciones en los tipos de cambio? Las variaciones futuras en los tipos de cambio no solamente alterarán el valor en moneda nacional (dólares estadounidenses en este caso) de los flujos de efectivo en moneda extranjera de la empresa, sino que también cambiarán la cantidad de flujos de efectivo en moneda extranjera generados. Cualquier modificación en los flujos de efectivo de Kodak en el futuro dependerá de qué tan competitiva sea la empresa en diversos mercados. A la vez, la competitividad internacional de Kodak se verá afectada por las exposiciones operativas de sus principales competidores como Fuji (Japón) y Agfa (Alemania). El análisis a este plazo más largo —donde las variaciones en los tipos de cambio son impredecibles y por lo tanto inesperadas— es la meta del análisis de la exposición operativa.

Flujos de efectivo financieros y operativos

Los flujos de efectivo de la empresa multinacional se pueden dividir en *flujos de efectivo operativos* (o *en operación*) y *flujos de efectivo financieros* (o *de financiamiento*). Los flujos de efectivo operativos surgen de las cuentas por cobrar y las cuentas por pagar intercompañías (entre compañías no relacionadas) e intracompañía (entre unidades de la misma compañía), la renta y los pagos de arrendamiento por el uso de las instalaciones y equipos, las regalías y los honorarios por licencias derivados del uso de la tecnología y de la propiedad intelectual, y diversos honorarios administrativos por servicios proporcionados.

Los flujos de efectivo financieros se refieren a los pagos por el uso de préstamos intercompañías e intracompañía (principal e intereses) y del capital contable de los accionistas (nuevas inversiones en capital contable y dividendos). Cada uno de estos flujos de efectivo puede ocurrir en diferentes intervalos de tiempo, en distintas cantidades y en diferentes monedas y denominaciones, y cada uno de ellos tiene una probabilidad de ocurrencia distinta. En la figura 12.1 se resumen las posibilidades de flujos de efectivo para una empresa multinacional que da apoyo a su subsidiaria extranjera.

Cambios esperados *versus* cambios no esperados en el flujo de efectivo

La *exposición operativa* es mucho más importante para la salud a largo plazo de una empresa que los cambios ocasionados por la exposición por transacciones o la exposición por translación. Sin embargo, la exposición operativa es inevitablemente subjetiva porque depende de las estimaciones de las variaciones en los flujos futuros de efectivo a lo largo de un horizonte de tiempo arbitrario. Por tanto, no surge del proceso contable sino más bien del análisis operativo. La planeación

---

FIGURA 12.1   **Flujos de efectivo financieros y operativos entre la empresa matriz y la subsidiaria**

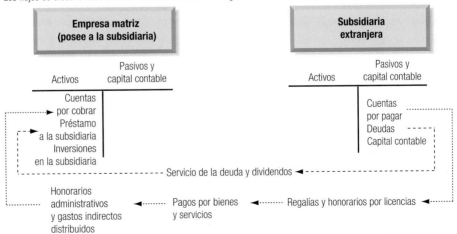

Los flujos de efectivo relacionados con el financiamiento de la subsidiaria son los *flujos de efectivo financieros*
Los flujos de efectivo relacionados con las actividades de negocios de la subsidiaria son los *flujos de efectivo operativos*

de la exposición operativa es una responsabilidad total de la administración porque depende de la interacción de estrategias en finanzas, mercadotecnia, compras y producción.

No se ha incluido una variación esperada en los tipos de cambio extranjeros en la definición de exposición operativa, porque tanto la administración como los inversionistas deben haber tomado en cuenta esta información en su evaluación de los resultados en operación anticipados y del valor de mercado. En una perspectiva administrativa, los estados financieros presupuestados ya reflejan la información acerca del efecto de una variación esperada en los tipos de cambio. Por ejemplo, bajo condiciones de equilibrio se podría usar la tasa a plazo como un instrumento de predicción libre de sesgos de la tasa futura al contado (tasa *spot*). En tal caso, la administración usaría la tasa a plazo cuando preparara los presupuestos operativos, en lugar de suponer que la tasa al contado permanecería sin cambio alguno.

Otro ejemplo es que el flujo de efectivo esperado para amortizar la deuda ya debe reflejar el efecto Fisher internacional. El nivel de intereses esperado y el reembolso del principal deben ser una función de los tipos de cambio esperados en lugar de las tasas al contado existentes.

Desde la perspectiva del inversionista, si el mercado de divisas es eficiente, la información acerca de las variaciones esperadas en los tipos de cambio debe ser ampliamente conocida y por ende estar reflejada en el valor de mercado de una empresa. Tan sólo las variaciones inesperadas en los tipos de cambio, o un mercado de divisas ineficiente, deben causar que el valor de mercado cambie.

Desde la perspectiva de un corredor, la exposición operativa no es solamente la sensibilidad de los flujos futuros de una empresa a las variaciones inesperadas en las tasas de las divisas, sino también su sensibilidad a otras variables macroeconómicas. Este factor se ha tipificado como *incertidumbre macroeconómica*. El capítulo 7 describió las relaciones de paridad entre los tipos de cambio, las tasas de interés y las tasas de inflación. Sin embargo, estas variables están con frecuencia en desequilibrio entre sí. Por tanto, las variaciones inesperadas en las tasas de interés y en las tasas de inflación también podrían tener un impacto simultáneo pero diferencial sobre los flujos futuros de efectivo.

Ilustración de la exposición operativa: Trident

Para ilustrar las consecuencias de la exposición operativa usaremos a la subsidiaria europea de Trident, Trident Europe. La figura 12.2 presenta el dilema al que se enfrenta Trident Corporation como resultado de una variación inesperada en el valor del euro, que es la divisa que tiene consecuencias económicas para la subsidiaría alemana. Trident Corporation (Estados Unidos) deriva gran parte de sus utilidades reportadas (utilidades y utilidades por acción —EPS— como se informan a Wall Street) de su subsidiaria europea. Si el euro cae repentinamente de valor, ¿cómo cambiarán los ingresos de Trident Europe (los precios, en términos de euros, y los volúmenes)? ¿Cómo cambiarán sus costos (principalmente los costos de los insumos, en términos de euros)? ¿Cómo responderán los competidores? En la siguiente sección explicamos la secuencia de los eventos probables en el corto y en el largo plazos.

Caso básico

Trident Europe realiza la manufactura en Alemania haciendo uso de material y mano de obra de origen europeo. La mitad de la producción se vende dentro de Europa en euros y la otra mitad se exporta a países no europeos. Todas las ventas se facturan en euros, y las cuentas por cobrar son iguales a una cuarta parte de las ventas anuales. En otras palabras, el periodo promedio de cobranza es de 90 días. El inventario es igual al 25% de los costos directos anuales. Trident Europe puede ampliar o contraer el volumen de producción sin ningún cambio significativo en los costos directos por unidad o en los gastos generales y administrativos. La depreciación sobre la planta y el equipo es de €600,000 por año, y el impuesto sobre ingresos corporativos de Alemania es de 34%.

En la figura 12.3 se muestra el balance general al 31 de diciembre de 2010 y los escenarios alternativos. Suponemos que el 1 de enero de 2011, antes de que empiece cualquier actividad comercial, el euro disminuye inesperadamente su valor en 16.67%, desde US$1.2000/€ hasta US$1.0000/€. Si no ha ocurrido ninguna devaluación, se esperaba que Trident Europe tuviera un desempeño en 2001 como se describió en el caso básico de la figura 12.3, generando un flujo de efectivo en dólares proveniente de las operaciones de US$2,074,320.

FIGURA 12.2	Trident Corporation y su subsidiaria europea: exposición operativa de la empresa matriz y de su subsidiaria

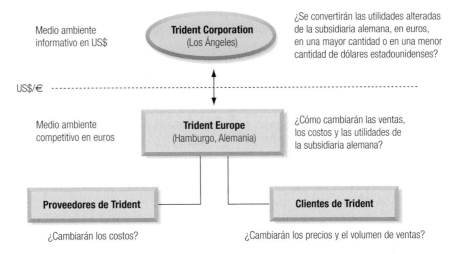

Una devaluación inesperada en el valor del euro altera tanto a la competitividad de la subsidiaria como a los resultados financieros, los cuales se consolidan con la empresa matriz.

La exposición operativa depende del hecho de que una variación inesperada en los tipos de cambio ocasione variaciones no anticipadas en el volumen de ventas, en los precios de venta o en los costos operativos. Después de una devaluación del euro, Trident Europe podría optar por mantener sus precios nacionales de ventas constantes en términos de euros, o podría tratar de aumentar sus precios nacionales porque las importaciones de la competencia tuvieran ahora un precio más alto en Europa. La empresa podría optar por mantener constantes los precios de las exportaciones en términos de monedas extranjeras, en términos de euros, o algún punto intermedio (un punto de transición parcial). La estrategia emprendida depende en gran parte de la opinión de la administración acerca de la elasticidad de precio de la demanda. Por otra parte, Trident Europe podría aumentar los precios debido a la existencia de materias primas o componentes importados costosos, o tal vez porque todos los precios nacionales de Alemania hayan aumentado y la mano de obra esté ahora exigiendo sueldos más altos para compensar la inflación nacional.

Las ventas y los costos nacionales de Trident Europe también podrían estar parcialmente determinados por el efecto de la devaluación del euro sobre la demanda. En la medida en la que la devaluación (al hacer los precios de los bienes alemanes inicialmente más competitivos) estimule las compras de bienes europeos en los sectores competitivos de importación de la compañía así como las exportaciones de bienes alemanes, el ingreso nacional de Alemania debería aumentar. Esto supone que el efecto favorable de una devaluación del euro sobre precios comparativos no es compensado de inmediato por una inflación nacional más alta. De este modo, Trident Europe podría ser capaz de vender más bienes, a nivel nacional, debido a los efectos en los precios y en los ingresos, y nivel internacional, debido a los efectos de precio.

Para ilustrar el efecto de varios escenarios posteriores a la devaluación sobre la exposición operativa de Trident Europe, considere tres casos sencillos:

Caso 1: Devaluación; sin cambio en ninguna variable
Caso 2: Incremento en el volumen de ventas, las demás variables permanecen constantes
Caso 3: Incremento en el precio de venta, las demás variables permanecen constantes

Para calcular el cambio neto en el valor presente bajo cada uno de los escenarios, usaremos un horizonte de cinco años para cualquier variación en el flujo de efectivo inducida por un desliz en el tipo cambiario dólares/euros.

Caso 1: Devaluación; sin cambio en ninguna variable

Suponga que en cinco años a futuro no ocurren cambios en el volumen de ventas, en el precio de venta o en los costos operativos. Las utilidades para el año siguiente en euros serán como se espera, y el flujo de efectivo proveniente de las operaciones será de €1,728,600, como se muestra en la figura 12.3. Con un nuevo tipo de cambio de US$1.0000/€, este flujo de efectivo medido en dólares durante 2011 será de €1,728,600 × US$1.0000/€ = US$1,728,600. La figura 12.3 muestra que el cambio en los flujos de efectivo a fin de año provenientes del caso básico es de US$345,720 para cada uno de los cinco años siguientes (2011-2015).

La figura 12.3 muestra que el valor presente descontado de esta serie de flujos de efectivo con un valor en dólares disminuido es de US$1,033,914.

Caso 2: Incremento en el volumen de ventas, las demás variables permanecen constantes

Suponga que las ventas dentro de Europa se duplican después de la devaluación porque los componentes de telecomunicaciones hechos en Alemania son ahora más competitivos con las importaciones. Además, el volumen de las exportaciones se duplica porque los componentes hechos en Alemania son ahora más económicos en los países cuyas monedas no se han debilitado. El precio de venta se mantiene constante en términos de euros porque la administración de Trident Europe no ha observado ningún cambio en los costos operativos locales alemanes y porque ve una oportunidad para incrementar la participación de mercado.

La figura 12.3 muestra que el flujo de efectivo esperado para el primer año (2011) sería de US$3,840,600. Sin embargo, esta cantidad no está disponible porque una duplicación del volumen de ventas requerirá de una inversión adicional en cuentas por cobrar y en inventarios. Aunque una porción de esta inversión adicional podría ser financiada mediante el incremento de las cuentas por pagar, suponemos que el capital de trabajo adicional es financiado a través del flujo de efectivo proveniente de las operaciones.

A finales de 2011, las cuentas por cobrar serán iguales a una cuarta parte de las ventas anuales, o €6,400,000. Esta cantidad es el doble de las cuentas por cobrar de €3,200,000 a finales de 2010, y el aumento adicional de €3,200,000 debe ser financiado con el efectivo disponible. El inventario a fin de año sería igual a una cuarta parte de los costos anuales directos, o €4,800,000, un incremento de €2,400,000 sobre el nivel al inicio del año. Las cuentas por cobrar y el inventario aumentan conjuntamente en €5,600,000. Al final de cinco años (2015), estos flujos de efectivo adicionales serán recapturados porque cualquier inversión en activos circulantes finalmente vuelve a convertirse en efectivo.

Suponiendo que no hay cambios adicionales en el volumen, en el precio o en los costos, los flujos de entrada de efectivo para los cinco años serían como se describe en la figura 12.3. En este caso, la devaluación causa un descenso muy importante en el flujo de efectivo del primer año, desde los US$2,074,320 que se anticiparon en 2011 sin devaluación hasta un flujo de efectivo negativo de US$1,759,400. Sin embargo, el flujo de efectivo de los cuatro años restantes mejora sustancialmente por los efectos operativos de la devaluación. Con el tiempo, Triden Europe genera una cantidad significativa de efectivo adicional para sus propietarios. La devaluación produce una ganancia operativa a través del tiempo, en lugar de una pérdida operativa.

La razón por la cual Trident Corporation se encuentra en una mejor posición en el Caso 2 después de la devaluación, es que el volumen de ventas se duplicó mientras que el precio de venta por unidad equivalente en dólares disminuyó tan sólo en 16.67% —la cantidad de la devaluación como porcentaje—. En otras palabras, el producto se enfrentó a una elasticidad de precio de la demanda mayor de uno.

Caso 3: Incremento en el precio de venta, las demás variables permanecen constantes

Suponga que el precio de venta en euros aumenta de €12.80 a €15.36 por unidad para mantener el mismo precio equivalente en dólares estadounidenses (el cambio compensa la devaluación del euro). Suponga además que el volumen permanece constante aun a pesar de este aumento de precio; es decir, los clientes esperan pagar el mismo precio equivalente en dólares, y los costos locales no cambian.

FIGURA 12.3   Trident Europe

	A	B	C	D	E	F
1	**Figura 12.3: TRIDENT EUROPE**					
2	**Información del balance general. Fin del año fiscal 2010**					
3	**Activos**		**Pasivos y capital contable**			
4	Efectivo	€ 1,600,00	Cuentas por pagar		€ 800,000	
5	Cuentas por cobrar	3,200,000	Préstamo bancario a corto plazo		1,600,000	
6	Inventario	2,400,000	Deuda a largo plazo		1,600,000	
7	Planta y equipo, neto	4,800,000	Capital común		1,800,000	
8			Utilidades retenidas		6,200,00	
9	Suma	€ 12,000,000	**Suma**		€ 12,000,000	
10			**Razones importantes que deben mantenerse y otros datos**			
11			Cuentas por cobrar, como porcentaje de las ventas		25.00%	
12			Inventario, como porcentaje de los costos directos anuales		25.00%	
13			Costo de capital (tasa de descuento anual)		20.00%	
14			Tasa de impuestos sobre ingresos		34.00%	
15			**Caso básico**	**Caso 1**	**Caso 2**	**Caso 3**
16			**Supuestos**			
17	Tipo de cambio US$/€		1.2000	1.0000	1.0000	1.0000
18	Volumen de ventas (unidades)		1,000,000	1,000,000	2,000,000	1,000,000
19	Precio de venta por unidad		€12.80	€12.80	€12.80	€15.36
20	Costo directo por unidad		€9.60	€9.60	€9.60	€9.60
21			**Flujos de efectivo anuales antes de ajustes**			
22	Ingresos por ventas		€ 12,800,000	€ 12,800,000	€ 26,600,000	€ 15360,000
23	Costo directo de los bienes vendidos		9,600,000	9,600,000	19,200,000	9,600,000
24	Gastos operativos en efectivo (fijos)		890,000	890,000	890,000	890,000
25	Depreciación		600,000	600,000	600,000	600,000
26	Utilidad antes de impuestos		€ 1,710,000	€ 1,710,000	€ 4,910,000	€ 4,270,000
27	Gastos de impuestos sobre ingresos		581,400	581,400	1,669,400	1,451,800
28	Utilidad después de impuestos		€ 4,270,600	€ 1,128,600	€ 3,240,600	€ 2,218,200
29	Readición de la depreciación		600,000	600,000	600,000	600,000
30	Flujo de efectivo proveniente de de las operaciones, en euros		€ 1,728,600	€ 1,728,600	€ 3,840,600	€ 3,418,200
31	Flujo de efectivo proveniente de de las operaciones, en dólares		US$ 2,074,320	US$ 1,728,600	US$ 3,840,600	US$ 3,418,200
32		**Ajustes al capital de trabajo para 2011 y 2015 causados por cambios en las condiciones**				
33	Cuentas por cobrar		€ 3,200,000	€ 3,200,000	€ 6,400,000	€ 3,840,000
34	Inventarios		2,400,000	2,400,000	4,800,000	2,400,000
35	Suma		€ 5,600,000	€ 5,600,000	€ 11,200,000	€ 6,240,000
36	Cambio con respecto a las condiciones básicas en 2011		€ —	€ —	€ 5,600,000	€ 640,000
37		**Año**	**Flujos de efectivo de fin de año**			
38		1 (2011)	US$ 2,074,320	US$ 1,728,600	US$ (1,759,400)	US$ 2,778,200
39		2 (2012)	US$ 2,074,320	US$ 1,728,600	US$ 3,840,600	US$ 3,418,200
40		3 (2013)	US$ 2,074,320	US$ 1,728,600	US$ 3,840,600	US$ 3,418,200
41		4 (2014)	US$ 2,074,320	US$ 1,728,600	US$ 3,840,600	US$ 3,418,200
42		5 (2015)	US$ 2,074,320	US$ 1,728,600	US$ 9,440,600	US$ 4,058,200
43		**Año**	**Cambio en los flujos de efectivo de fin de año con respecto a las condiciones básicas**			
44		1 (2011)	na	US$ (345,720)	US$ (3,833,720)	US$ 703,880
45		2 (2012)	na	US$ (345,720)	US$ 1,766,280	US$ 1,343,880
46		3 (2013)	na	US$ (345,720)	US$ 1,766,280	US$ 1,343,880
47		4 (2014)	na	US$ (345,720)	US$ 1,766,280	US$ 1,343,880
48		5 (2015)	na	US$ (345,720)	US$ 7,366,280	US$ 1,983,880
49			**Valor presente de los flujos de efectivo adicionales de fin de año**			
50			na	US$ (1,033,914)	US$ 2,866,106	US$ 3,742,892
51			**Caso básico**	**Caso 1**	**Caso 2**	**Caso 3**
52	**Registros de celdas clave**					

53	C22: =CUS$18*C19, copie a D22:F23	C33: =US$E11*C22, copie a 033:F34
54	C24: Ingrese como valor de dato, copie a D24:F24	C35: =SUM(C33:C34), copie a D35:F35
55	C25: Ingrese como valor de dato, copie a D25:F25	C36: =C35-C35, copie a D36:F36
56	C26: =C22-SUM(C23:C25), copie a D26:F26	C38: =C31-C36, copie a D38:F38
57	C27: =USEUS14*C26, copie a D27:F27	C39: =C$31, copie a C38:F41
58	C28: =C26-C27, copie a D28:F28	C42: =C31+C36, copie a D42:F42
59	C29: =C25, copie a D29:F29	D44: =D38-C38, copie a D44:F48
60	C30: =C28+C29, copie a D30:F30	D50: =NPV(EUS13,D44:D48), copie a E44:F48
61	C31: =C30*C17, copie a D31:F31	

Trident Europe se encuentra ahora en una mejor posición después de la devaluación a comparación de cómo estaba antes de ella porque el precio de venta (el cual está vinculado con el nivel internacional de precios) aumentó. Sin embargo, el volumen no disminuyó. El nuevo nivel de cuentas por cobrar sería igual a la cuarta parte del nuevo nivel de ventas de €15,360,000, o €3,840,000, un incremento de €640,000 por arriba del caso básico. La inversión en inventarios es de US$2,400,000, que es lo mismo que en el caso básico porque los costos directos anuales no cambiaron.

El flujo de efectivo esperado en dólares en cada año excede al flujo de efectivo de US$2,074,320 que se había anticipado sin devaluación. El incremento en el capital de trabajo ocasiona que el flujo neto de efectivo sea únicamente de US$2,778,200 en 2011, pero después de esa fecha el flujo de efectivo es de US$3,418,200 por año, con un capital de trabajo adicional de US$640,000 que se recuperó en el quinto año.

La clave para este mejoramiento es el apalancamiento operativo. Si los costos se incurren en euros y si no aumentan después de una devaluación, un incremento en el precio de venta en una proporción igual a la devaluación conducirá a utilidades espectacularmente más altas.

Otras posibilidades

Si cualquier porción de los ingresos por ventas incurriera en otras divisas, la situación sería diferente. Trident Europe podría dejar sin cambio alguno el precio de venta al extranjero, aumentando en efecto el precio equivalente en euros. De manera alternativa, podría dejar el precio equivalente en euros sin ningún cambio, disminuyendo de este modo el precio de venta al extranjero en un intento por aumentar el volumen. Desde luego, también se podría posicionar a sí misma entre estos dos extremos. Dependiendo de las elasticidades y de la proporción de las ventas extranjeras a ventas nacionales, el ingreso total por ventas podría aumentar o disminuir.

Si algunos, o la totalidad de los componentes y las materias primas se importaran y se pagaran en divisas fuertes, los costos operativos en euros aumentarían después de la devaluación del euro. Otra posibilidad es que los costos locales en euros (no importados) aumentaran después de una devaluación.

Medición de las pérdidas

La figura 12.3 resume el cambio en los flujos de efectivo esperados a fin de año para los tres casos y los compara con el flujo de efectivo esperado en caso de que no ocurriera una devaluación (caso básico). Estos cambios se descuentan entonces por el promedio ponderado del costo de capital supuesto para Trident Corporation de 20% para obtener el valor presente de la ganancia (pérdida) por exposición operativa.

En el caso 1, en el cual no cambia nada después de que se devalúa el euro, Trident Corporation incurre en una pérdida en operación con un valor presente de US$1,033,914. En el caso 2, en el cual el volumen se duplicó sin ningún cambio de precio después de la devaluación, Trident Corporation experimentó una ganancia operativa con un valor presente de US$2,866,106. En el caso 3, en el que el precio de venta en euros aumentó y el volumen no cambió, el valor presente de la ganancia operativa proveniente de la devaluación fue de US$3,742,892. Un número casi infinito de combinaciones de volumen, de precio y de costo podrían seguir después de cualquier devaluación y cualquiera de ellas o todas podrían tener efecto inmediatamente después de una devaluación o únicamente después del paso del tiempo.

Administración estratégica de la exposición operativa

El objetivo de la administración de la exposición tanto operativa como por transacciones es anticipar y ejercer una influencia en el efecto de las variaciones inesperadas en los tipos de cambio sobre los flujos futuros de efectivo de una empresa, en lugar de meramente esperar lo mejor. Para satisfacer este objetivo, la administración puede *diversificar la base operativa y la base de financiamiento de la empresa*. La administración también *puede cambiar las políticas operativas y financieras de la compañía*.

La clave para la administración de la exposición operativa a nivel estratégico es que la administración reconozca un desequilibrio en las condiciones de paridad cuando éste ocurre y que esté preposicionada para reaccionar de la manera más apropiada posible. Esta tarea se puede lograr mejor si una empresa diversifica a nivel internacional tanto sus bases operativas como sus bases de financiamiento. La diversificación de las operaciones significa diversificar las ventas, la ubicación de las instalaciones de producción y las fuentes de abastecimiento de la materia prima. La diversificación de la base de financiamiento significa obtener fondos en más de un solo mercado de capitales y en más de una moneda.

Una estrategia de diversificación permite a una empresa reaccionar de manera activa o pasiva, dependiendo de las preferencias de riesgo de la administración a las oportunidades que se presentan como resultado de condiciones de desequilibrio en los mercados de divisas, de capitales y de productos. Tal estrategia no requiere que la administración prediga el desequilibrio sino que tan sólo lo *reconozca* cuando ocurre. Ciertamente requiere que la administración considere la manera en la que los competidores están preposicionados con respecto a sus propias exposiciones operativas. Este conocimiento debe revelar qué empresas se verían competitivamente favorecidas o perjudicadas por los escenarios alternativos de desequilibrio.

Diversificación de operaciones

Si las operaciones de una empresa se diversifican a nivel internacional, la administración está preposicionada tanto a reconocer el desequilibrio cuando ocurre como a reaccionar de una manera competitiva. Considere el caso en el que la paridad del poder adquisitivo está en desequilibrio en forma temporal. Aunque dicho desequilibrio puede haber sido impredecible, con frecuencia la administración es capaz de reconocer sus síntomas tan pronto como ocurre. Por ejemplo, la administración podría notar un cambio en los costos comparativos de las propias plantas de la empresa localizadas en diferentes países. También podría observar variaciones en los márgenes de utilidad o en los volúmenes de ventas en un área comparada con otra, dependiendo de las elasticidades de la demanda de los precios y del ingreso y de las reacciones de los competidores.

El reconocimiento de un cambio temporal en las condiciones competitivas mundiales le permite a la administración hacer cambios en las estrategias operativas. La administración podría hacer cambios marginales en el abastecimiento de la materia prima, de los componentes o de los productos terminados. Si existe un exceso de capacidad, las corridas de producción se pueden agrandar en un país y reducir en otro. El esfuerzo de mercadotecnia se puede reforzar en los mercados de exportaciones donde los productos de la compañía se han vuelto más competitivos en el precio debido a la condición de desequilibrio.

Aún si la administración no distorsiona de manera activa las operaciones normales cuando los tipos de cambio varían, la empresa debe experimentar algunos efectos de portafolio (o cartera) beneficiosos. La variabilidad de sus flujos de efectivo probablemente se reduzca por la diversificación internacional de su producción, de sus fuentes de abastecimiento y de sus ventas porque las variaciones en el tipo de cambio bajo condiciones de desequilibrio probablemente aumentarán la competitividad de la empresa en algunos mercados a la vez que la reducirán en otros. En ese caso, la exposición operativa quedaría neutralizada. El apartado *Finanzas globales en la práctica 12.1* muestra la respuesta de Goodyear a la devaluación del peso mexicano a través de un cambio oportuno en la estrategia operativa.

En contraste con una EMN internacionalmente diversificada, una empresa exclusivamente nacional podría estar sujeta al impacto total de la exposición operativa cambiaria aun cuando no

FINANZAS GLOBALES EN LA PRÁCTICA 12.1

Respuesta de Goodyear a la devaluación del peso mexicano

El 20 de diciembre de 1994, cuando el gerente de Goodyear de México escuchó en la radio de su automóvil que el peso se había ido a pique, se reunió con su equipo de inmediato para evaluar el daño. Después de algunos días, dedujo que la demanda nacional de neumáticos de Goodyear se desplomaría más de 20%, o 3,000 por día. Sus opciones eran: despedir trabajadores o encontrar nuevos mercados de exportación de inmediato, antes de que su almacén se viera desbordado.

Los miembros de su equipo, asistidos por las oficinas centrales de la compañía Goodyear Tire and Rubber en Akron, Ohio, no solamente encontraron suficientes compradores de exporta-

ciones para suplir lo que resultaría ser una caída de 3,500 neumáticos en ventas nacionales, sino que también encontraron sitios para vender 1,600 neumáticos más, lo cual marcaría un récord de producción en la planta, la cual se encuentra a 15 millas al norte de la ciudad de México. Una fábrica que había importado suministros pero que no había exportado un solo neumático en 1992 ahora embarcaba la mitad de su producción, principalmente a Estados Unidos y también a América del Sur y Europa. De ser un importador neto, la compañía se desplazó con rapidez hasta convertirse en un exportador neto.

tenga flujos de efectivo en monedas extranjeras. Por ejemplo, podría experimentar una intensa competencia de importaciones en su mercado nacional a partir de empresas competidoras que produzcan en países con monedas subvaluadas. El apartado *Finanzas globales en la práctica 12.2* proporciona un ejemplo de tal competencia.

Una empresa puramente nacional no tiene la opción de reaccionar a una condición de un desequilibrio internacional de la misma manera que una multinacional. De hecho, una empresa puramente nacional no estará posicionada para reconocer que existe un desequilibrio porque carece de

FINANZAS GLOBALES EN LA PRÁCTICA 12.2

Detroit sueña con un yen creciente en el otoño de 2007

Los dioses financieros trabajan de maneras misteriosas. Mientras que muchos desventurados están siendo castigados por la vorágine del combustible subprime, la industria estadounidense de automóviles podría recibir un estímulo que necesita mucho si el yen continúa aumentando. Como corolario de sus numerosos fracasos a nivel nacional, Detroit se ha visto afectada por el éxito que han tenido las compañías japonesas al ganar una mayor participación en el mercado. Aunque los factores como la calidad de la construcción y una moda en boga por automóviles más pequeños han desempeñado un papel relevante, no hay duda que las marcas de Toyota y Honda han fijado precios muy agresivos. En verdad, los japoneses son más eficaces como productores, pero un yen debilitado durante los últimos años ha ayudado a su causa.

Históricamente, existe una fuerte correlación entre el volumen de exportaciones de automóviles de Japón a Estados Unidos y el tipo de cambio yen/dólar. Durante los 15 últimos años han existido dos periodos de fuerza prolongada del yen contra el dólar. El más marcado está constituido por los dos años previos a 1995, cuando el dólar disminuyó a ¥80. A lo largo de ese tiempo el número de automóviles desembarcados en los puertos de Estados Unidos casi se redujo a la mitad hasta aproximadamente 80,000 vehículos por mes. Las importaciones provenientes de Japón también decayeron entre 2002 y 2004, el periodo anterior a la fuerza del yen.

Desde luego, el mercado estadounidense se ha movilizado desde la década de 1990. Las compañías como Toyota tienen ahora una presencia considerable de manufactura en el territorio estadounidense. También tienen una participación de mercado mucho más grande que deben proteger y podría decirse que Detroit se encuentra incluso en peores condiciones. Pero las compañías japonesas de automóviles permanecen muy sensibles al dólar: las utilidades por acción de Honda, por ejemplo, disminuirían en aproximadamente una tercera parte en caso de que el dólar disminuyera de ¥120 a ¥100. Y con un alcance global, puede cambiar rápidamente su énfasis de Estados Unidos a, por ejemplo, Europa.

Los "Tres Grandes" productores de automóviles de Estados Unidos tendrían que levantar su juego para capitalizar cualquier deslizamiento en el tipo de cambio. Con suerte Chrysler, en nuevas manos, también sacudiría a Ford y a General Motors. Pero Detroit tendrá que ser muy rápida, ya que es probable que también haya un impacto económico derivado de la crisis del combustible subprime. Sin embargo, si los productores de Estados Unidos pueden volver a capturar alguna participación de mercado indistintamente de una recesión, también podrán, en términos relativos, emerger con mayor fuerza.

Fuente: "Detroit Winners", *Financial Times*, miércoles 5 de septiembre de 2007.

La ciudad de los motores sueña con un yen fuerte

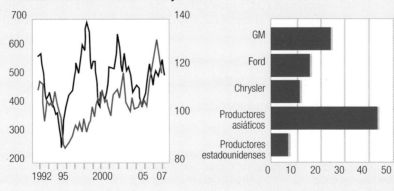

— Exportaciones de automóviles japoneses a Estados Unidos ('000)
— Tipo de cambio (¥ por US$)
Participación de mercado de los automóviles estadounidenses, julio de 2007 (%)

Fuente: Datastream; Ward's AutoInfoBank: Citigroup

datos comparativos a partir de sus propias fuentes internas. En el momento en el que se disponga de datos externos a partir de fuentes publicadas, con frecuencia será demasiado tarde para reaccionar. Incluso si una empresa nacional reconoce el desequilibrio, no puede cambiar con rapidez la producción y las ventas hacia los mercados extranjeros en los cuales no ha tenido una presencia previa.

Diversificación del financiamiento

Si una empresa diversifica sus fuentes de financiamiento, estará preposicionada para tomar ventaja de las desviaciones temporales provenientes del efecto Fisher internacional. Si los diferenciales de las tasas de interés no son iguales a las variaciones esperadas en los tipos de cambio, existirán oportunidades para disminuir el costo de capital de una empresa. Sin embargo, para poder cambiar de fuentes de financiamiento, una empresa debe ser ya bien conocida en la comunidad internacional de inversiones, y contar con contactos bancarios firmemente establecidos. Una vez más, esta no es una opción para una empresa nacional que haya limitado su financiamiento a un mercado de capitales.

Aunque recomendamos la diversificación como una estrategia para la administración de los riesgos cambiarios, tal estrategia tiene un impacto potencialmente favorable sobre otros riesgos también. En particular, podría reducir la variabilidad de los flujos futuros de efectivo debido a los ciclos nacionales de los negocios, siempre y cuando que éstos no estén perfectamente correlacionados con los ciclos internacionales. Podría aumentar la disponibilidad del capital, y reducir su costo, al diversificar riesgos como las políticas restrictivas de los mercados de capitales o la competencia de solicitudes de préstamos del gobierno en los mercados de capital, los fondos bloqueados o los cambios desfavorables en las leyes que reduzcan o eliminen la rentabilidad. Esta lista de ventajas de la diversificación internacional puede incluso ampliarse a áreas como la diseminación del riesgo de obsolescencia tecnológica y la reducción del riesgo del portafolio en el contexto del modelo de fijación de precios de los activos de capital. Ahora estamos rayando en el tema de la estrategia de diversificación que aparece a través de toda la parte restante de este libro.

Existen algunas restricciones que pueden limitar la factibilidad de una estrategia de diversificación para la administración de los riesgos cambiarios o alguno de los demás riesgos que se acaban de mencionar. Por ejemplo, la tecnología de una industria en particular puede requerir de economías de escala tan grandes que no sea económicamente posible diversificar las instalaciones de producción. Sin embargo, las empresas de esta industria podrían aún diversificar las ventas y las fuentes de financiamiento. Por otra parte, una empresa puede ser demasiado pequeña o demasiado desconocida para atraer a los inversionistas o a los prestamistas internacionales de instrumentos de capital contable. Sin embargo, podría por lo menos diversificar sus ventas a nivel internacional. Por tanto, se puede implantar una estrategia de diversificación tan sólo hasta donde ello sea posible.

Administración proactiva de la exposición cambiaria

La exposición operativa y la exposición por transacciones se pueden administrar *de manera parcial* mediante la adopción de políticas operativas o financieras que compensen las exposiciones cambiarias anticipadas. Seis de las políticas proactivas que se emplean con más frecuencia son las siguientes:

1. El acoplamiento de los flujos de efectivo monetarios
2. Los acuerdos de compartimiento de riesgos
3. Préstamos paralelos o de apoyo mutuo
4. *Swaps* monetarios
5. Pagos anticipados y pagos retrasados
6. Centros de refacturación

Acoplamiento de los flujos de efectivo monetarios

Una forma de compensar una exposición cambiaria anticipada larga y continua a una moneda en particular es adquiriendo una deuda denominada en esa moneda. La figura 12.4 muestra la exposición cambiaria de una empresa estadounidense que hace ventas de exportación continuas a Canadá. Con la finalidad de competir con eficacia en los mercados canadienses, la empresa factura todas las ventas de exportación en dólares de ese país. Esta política da como resultado una

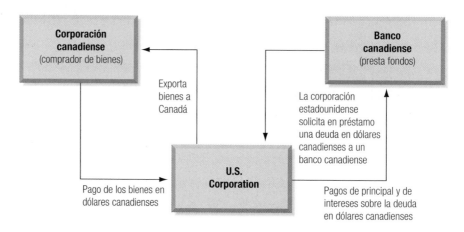

FIGURA 12.4   Acoplamiento: el financiamiento con deudas como una cobertura financiera

Exposición: La venta de bienes a Canadá crea una exposición cambiaria
proveniente de los flujos de entrada en dólares canadienses.

Cobertura: Los pagos de deudas en dólares canadienses actúan como una cobertura financiera
al requerir el servicio de la deuda, un flujo de salida en dólares canadienses.

recepción continua de dicha moneda mes tras mes. Si las ventas de exportación son parte de una relación continua como proveedor, la posición larga en dólares canadienses es relativamente predecible y constante. Esta serie interminable de exposiciones cambiarias por transacciones podría desde luego cubrirse en forma continua con contratos a plazo (*forward*) o con alguna otra cobertura contractual, como se expuso en el capítulo 11.

Pero, ¿qué sucedería si la empresa buscara un uso continuo, un flujo de salida, para su flujo de entrada continuo en dólares canadienses? Si la empresa estadounidense adquiriera una parte de su capital en deuda en los mercados de dólares canadienses, podría usar los relativamente predecibles flujos de entrada de efectivo en dólares canadienses provenientes de las ventas de exportación para servir los pagos de principal y de intereses sobre la deuda en dólares canadienses y quedar así con un *flujo de efectivo acoplado* o *correspondido*. La empresa con base en Estados Unidos ha cubierto un flujo de entrada de efectivo operacional mediante la creación de un flujo de salida de efectivo financiero, y por tanto no tiene que administrar en forma activa la exposición cambiaria con instrumentos financieros contractuales como los contratos a plazo. Esta forma de cobertura cambiaria, algunas veces denominada como *acoplamiento* o *correspondencia*, es eficaz para eliminar la exposición monetaria cuando el flujo de efectivo sujeto a exposición es relativamente constante y predecible a lo largo del tiempo.

La lista de alternativas potenciales de acoplamiento es casi interminable. Una segunda alternativa sería que la empresa estadounidense buscara proveedores potenciales de materias primas o componentes en Canadá como un sustituto para empresas estadounidenses o para otras empresas extranjeras. La empresa tendría entonces no solamente un flujo de entrada de efectivo operacional en dólares canadienses, la cuenta por cobrar, sino también un flujo de salida de efectivo operacional en dólares canadienses, una cuenta por pagar. Si los flujos de efectivo fueran aproximadamente los mismos en magnitud y en tiempo, la estrategia sería una *cobertura natural*. El término *natural* se refiere a las actividades de la empresa basadas en operaciones.

Una tercera alternativa, con frecuencia denominada como *intercambio monetario*, sería pagarle a los proveedores extranjeros con dólares canadienses. Por ejemplo, si la empresa estadounidense importara componentes de México, las empresas mexicanas en sí mismas podrían recibir con gusto el pago en dólares canadienses porque tendrían pocos dólares canadienses en su red multinacional de flujo de efectivo.

Cláusulas monetarias: compartimiento de riesgos

Un acuerdo alternativo para la administración de una exposición a largo plazo de un flujo de efectivo entre empresas que tienen una relación continua de comprador-proveedor es el *compartimiento de riesgos*. El compartimiento de riesgos es un acuerdo contractual en el cual el comprador y el vendedor convienen en "compartir" o dividir los impactos de los movimientos monetarios sobre los pagos entre ellos. Si las dos empresas están interesadas en una relación a largo plazo basada en la calidad del producto y en la confiabilidad del proveedor y no en los caprichos de los mercados monetarios, un acuerdo cooperativo para compartir la carga de la administración de los riesgos monetarios puede ser lo indicado.

Si las operaciones norteamericanas de Ford importan partes automotrices de Mazda (Japón) cada mes, año tras año, las variaciones mayores en los tipos de cambio pueden beneficiar a una parte a expensas de la otra. Ford es un tenedor de acciones mayor de Mazda, pero no ejerce control sobre sus operaciones. Por tanto, un acuerdo de compartimiento de riesgos es particularmente apropiado; las transacciones entre los dos son tanto intercompañías como intracompañía. Un acuerdo de compartimiento de riesgos solidifica la asociación. Una solución potencial sería que Ford y Mazda estuvieran de acuerdo en que todas las compras hechas por Ford se hicieran en yenes japoneses al tipo de cambio actual, en tanto como la tasa al contado (*spot*) en la fecha de factura se sitúe entre, digamos, ¥115/US$ y ¥125/US$. Si el tipo de cambio se encuentra entre estos valores en las fechas de pago, Ford está de acuerdo en aceptar cualquier exposición por transacciones que exista (porque está haciendo su pago en una moneda extranjera). Sin embargo, si el tipo de cambio cae fuera de este ámbito de variación en la fecha de pago, Ford y Mazda *compartirán* la diferencia en forma equitativa.

Por ejemplo, Ford tiene una cuenta por pagar de ¥25,000,000 para el mes de marzo. Si la tasa al contado en la fecha de factura es de ¥110/US$, el yen japonés se habría revaluado contra el dólar, esto ocasionaría que los costos de adquisición de las partes automotrices de Ford aumentasen. Ya que esta tasa cae fuera del ámbito contractual, Mazda estaría de acuerdo en aceptar un pago total en yenes japoneses el cual resultaría de una diferencia de ¥5/US$(¥115 − ¥110). El pago de Ford sería como sigue:

$$\left[\frac{¥25,000,000}{¥115.00/\text{US\$} - \dfrac{¥5.00/\text{US\$}}{2}}\right] = \frac{¥25,000,000}{¥112.50/\text{US\$}} = \text{US\$}222,222.22$$

El pago total de Ford en yenes japoneses se calcularía usando la tasa al contado de ¥112.50/US$, y le ahorra a Ford US$5,050.51. A una tasa al contado de ¥110/US$, los costos de Ford para marzo serían de US$227,272.73. El acuerdo de compartimiento de riesgos entre Ford y Mazda le permite a Ford pagar US$222,222.22, un ahorro de US$5,050.51 sobre el costo sin compartimiento de riesgos (estos "ahorros" son una reducción de un incremento en costos, y no una reducción verdadera de costos). Por tanto, ambas partes incurren en costos y beneficios a partir de los movimientos en el tipo de cambio fuera de la banda especificada. Observe que el movimiento podría haber sucedido justo con la misma facilidad a favor de Mazda si la tasa al contado se hubiera desplazado a ¥130/US$.

El acuerdo de compartimiento de riesgos tiene como finalidad suavizar el impacto sobre ambas partes, que resulta de movimientos inestables e impredecibles en el tipo de cambio. Desde luego, una revaluación sostenida en una moneda *versus* la otra requeriría de la negociación de un nuevo acuerdo de compartimiento, pero la meta final del convenio es mitigar las presiones cambiarias sobre una relación de negocios continua. Los acuerdos de compartimiento de riesgos como éstos han estado en uso durante cerca de 50 años en los mercados mundiales. Se volvieron un tanto raros durante la década de 1960 cuando los tipos de cambio eran relativamente estables bajo el Acuerdo de Bretton Woods. Pero con el regreso a los tipos de cambio flotantes en la década de 1970, las empresas con relaciones cliente-proveedor a largo plazo a través de las fronteras han regresado a algunas de las formas antiguas de mantener un comercio a largo plazo mutuamente beneficioso.

Préstamos de apoyo mutuo

Un *préstamo de apoyo mutuo*, también denominado como *préstamo paralelo* u *operación de intercambio de crédito* (*credit swap*), ocurre cuando dos empresas de negocios en países separados convienen en solicitar en préstamo sus respectivas monedas por un periodo especificado. Posteriormente regresan las monedas solicitadas en préstamo en una fecha terminal convenida. La operación se conduce fuera de los mercados cambiarios, aunque las cotizaciones al contado se pueden usar como punto de referencia para determinar el monto de fondos a intercambiarse. Tal operación de intercambio crea una protección cambiaria cubierta contra una pérdida cambiaria, ya que cada compañía, en sus propios libros, solicita en préstamo la misma moneda que reembolsa. Los préstamos de apoyo mutuo también se usan en una época de limitaciones legales reales o anticipadas sobre la transferencia de los fondos de inversión hacia o desde cualquier país.

La estructura de un préstamo típico de apoyo mutuo se ilustra en la figura 12.5. Una empresa matriz británica que desee invertir fondos en su subsidiaria holandesa localiza a una empresa matriz holandesa que desea invertir fondos en el Reino Unido. Evitando por completo los mercados cambiarios, la empresa matriz británica le presta libras a la subsidiaria holandesa en el Reino Unido, mientras que la empresa matriz holandesa le presta euros a la subsidiaria británica en los Países Bajos. Los dos préstamos serían por valores iguales a la tasa actual al contado y por un vencimiento especificado. Al vencimiento los dos préstamos separados serían reembolsados al prestamista original, una vez más sin ninguna necesidad de usar los mercados de divisas. Ninguno de los préstamos implica riesgos cambiarios, y de ordinario ninguno de ellos necesita la aprobación de ningún cuerpo gubernamental que regule la disponibilidad de monedas extranjeras para propósitos de inversiones.

En los préstamos de apoyo mutuo no se requieren garantías de la empresa matriz porque cada préstamo conlleva el derecho de compensación en caso de incumplimiento del otro préstamo. Un acuerdo adicional puede prever el mantenimiento de la paridad del principal en caso de variaciones en la tasa al contado entre los dos países. Por ejemplo, si la libra disminuyera en más de digamos, 6% por un periodo de 30 días, la empresa matriz británica quizá tendría que proporcionar libras adicionales a la subsidiaria holandesa para volver a poner nuevamente a la paridad el valor del principal de los dos préstamos. Una disposición similar protegería a la empresa británica si el euro llegara a debilitarse. Aunque esta previsión de la paridad podría conducir a cambios en la cantidad de moneda nacional que cada parte deberá prestar durante el periodo del acuerdo, no produce un aumento en el riesgo cambiario, porque al vencimiento todos los préstamos se reembolsan en la misma moneda en la que se concedió el préstamo original.

FIGURA 12.5   Uso de un préstamo de apoyo mutuo para coberturas cambiarias

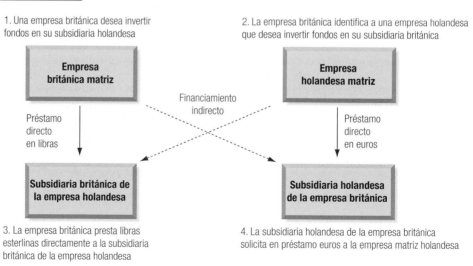

1. Una empresa británica desea invertir fondos en su subsidiaria holandesa

2. La empresa británica identifica a una empresa holandesa que desea invertir fondos en su subsidiaria británica

Empresa británica matriz

Empresa holandesa matriz

Financiamiento indirecto

Préstamo directo en libras

Préstamo directo en euros

Subsidiaria británica de la empresa holandesa

Subsidiaria holandesa de la empresa británica

3. La empresa británica presta libras esterlinas directamente a la subsidiaria británica de la empresa holandesa

4. La subsidiaria holandesa de la empresa británica solicita en préstamo euros a la empresa matriz holandesa

El préstamo de apoyo mutuo proporciona un método para el financiamiento entre la empresa matriz y la subsidiaria a través de las fronteras sin incurrir en una exposición cambiaria directa.

Existen dos impedimentos fundamentales para un uso amplio de los préstamos de apoyo mutuo. Primero, es difícil que una empresa encuentre un socio —el cual se denomina como *contraparte*— para una moneda, un monto y un periodo deseado. Segundo, existe un riesgo de que una de las partes deje de devolver los fondos solicitados en préstamo al vencimiento designado —aunque este riesgo se minimiza porque cada parte del préstamo tiene, en efecto, un colateral al 100%, aunque en una moneda diferente—. Estas desventajas han conducido al rápido desarrollo y al uso amplio de los *swaps* (intercambios) monetarios.

Swaps monetarios

Un *swap monetario* se asemeja a un préstamo de apoyo mutuo excepto porque no aparece en el balance general de una empresa. Como lo hicimos notar brevemente en el capítulo 6, el término *swap* se usa ampliamente para describir un acuerdo de monedas extranjeras entre dos partes encaminado a intercambiar una cantidad específica de una moneda por otra y, después de un periodo determinado, devolver los montos originales que se intercambiaron. Se debe tener cuidado de aclarar cuál es el tipo de *swap* al que se está haciendo referencia.

En un *swap* monetario, una empresa y un negociante o banco de este tipo de instrumentos financieros convienen en intercambiar una cantidad equivalente de dos diferentes monedas por un periodo especificado. Los *swaps* monetarios se pueden negociar con base en una amplia variedad de vencimientos de hasta por lo menos 10 años. Si los fondos son más costosos en un país que en otro, se puede requerir un honorario para compensar el diferencial de intereses. El negociante o banco de *swaps* actúa como intermediario en el establecimiento del contrato de intercambio.

Un *swap* monetario típico requiere primero que dos empresas soliciten fondos en préstamo en los mercados y monedas en los cuales son mejores conocidas. Por ejemplo, una empresa japonesa de ordinario solicita en préstamo yenes sobre una base regular en su mercado nacional. Sin embargo, si la empresa japonesa estuviera exportando a Estados Unidos y ganando dólares estadounidenses, podría desear construir una *cobertura correspondida en su flujo de efectivo*, lo cual le permitiría usar los dólares ganados para hacer los pagos regulares del servicio de la deuda sobre el crédito contraído en dicha moneda. Sin embargo, si la empresa japonesa no es bien conocida en los mercados financieros de Estados Unidos, podría no tener un acceso fácil a deudas denominadas en dólares estadounidenses.

Una forma en la cual podría, en efecto, solicitar dólares en préstamo, es participando en un *swap de monedas cruzadas* (ver figura 12.6). La empresa japonesa podría intercambiar los pagos del servicio de la deuda denominada en yenes con otra empresa que tuviera pagos de servicio de una deuda denominada en dólares estadounidenses. Este intercambio haría que la empresa japonesa "pagara dólares" y "recibiera yenes". La empresa japonesa tendría un servicio de la deuda en dólares sin pedir realmente en préstamo dólares estadounidenses. De manera simultánea, una corporación estadounidense podría en realidad celebrar un intercambio de monedas cruzadas en la dirección opuesta: "pagando yenes" y "recibiendo dólares".

El negociante de *swaps* es un intermediario que arregla la mayoría de este tipo de instrumentos sobre una base ciega, lo cual significa que la empresa que inicia el intercambio no sabe quién está del otro lado del acuerdo —la contraparte—. La empresa visualiza al negociante o al banco como su contraparte. Ya que los mercados de *swaps* están dominados por los principales centros de dinero bancarios de todo el mundo, la contraparte es aceptable en cuanto a riesgo. Ya que la actividad empresarial de un negociante de *swaps* consiste en arreglar este tipo de instrumentos financieros, por lo general el negociante puede hacer arreglos en cuanto a la moneda, el monto y el periodo del *swap* deseado.

Los contadores de Estados Unidos tratan al *swap* monetario como una transacción en moneda extranjera en lugar de tratarlo como una deuda y tratan a la obligación de revertir el *swap* en alguna fecha futura como un contrato cambiario a plazo. Estos últimos se pueden acoplar contra ciertos activos, pero se registran en las notas de pie de una empresa en lugar de registrarse como partidas del balance general. El resultado de esto es que se evita tanto la exposición por traslación como la exposición operativa, y no se crea una cuenta por cobrar a largo plazo ni una deuda a largo plazo en el balance general. El riesgo de variaciones en los tipos cambiarios de las monedas para el colateral implícito en un *swap* monetario a largo plazo se puede tratar con una cláusula similar a la del mantenimiento del principal en un préstamo de apoyo mutuo. Si los tipos de cambio varían en una cantidad mayor a cierta cantidad especificada, por ejemplo 10%, se podría tener que entregar una cantidad adicional de la moneda más débil.

FIGURA 12.6   Uso de un *swap* de monedas cruzadas para la cobertura de la exposición monetaria

Tanto la corporación japonesa como la corporación estadounidense están interesadas en celebrar un *swap* de monedas cruzadas que les permita usar los flujos de entrada de efectivo en moneda extranjera para el servicio de sus respectivas deudas.

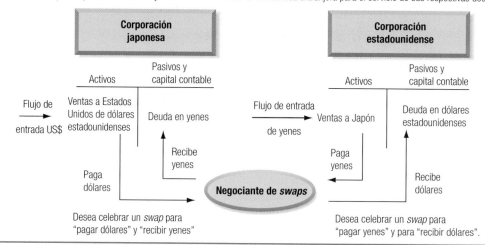

Después de haberse introducido en una escala global a principios de la década de 1980, los *swaps* monetarios han crecido hasta convertirse en uno de los mercados financieros de instrumentos derivativos más grandes del mundo. El capítulo 9 proporciona una explicación detallada de la teoría y la aplicación de los *swaps* monetarios en el contexto de la administración de los riesgos de las tasas de interés.

Pagos anticipados y pagos retrasados: reprogramación de la transferencia de fondos

Las empresas pueden reducir tanto la exposición operativa como la exposición por transacciones mediante la aceleración o desaceleración de la periodicidad de los pagos que deban hacerse o recibirse en moneda extranjera. Un *pago anticipado* consiste en pagar antes de la fecha convenida. Una empresa que mantenga una moneda suave o que tenga deudas denominadas en una moneda dura pagará anticipadamente mediante el uso de la moneda suave para liquidar las deudas en moneda dura tan pronto como sea posible. El objetivo es pagar las deudas monetarias antes de que la moneda suave disminuya de valor. Un *pago retrasado* consiste en pagar después de la fecha convenida. Una empresa que mantenga una moneda dura y que tenga deudas denominadas en una moneda suave retrasará el pago mediante la liquidación de esas deudas en una fecha tardía, con la esperanza de que se necesite una menor cantidad de la moneda dura. En caso de ser posible, las empresas también adelantarán o retrasarán el cobro de sus cuentas por cobrar, cobrando anticipadamente las denominadas en moneda extranjera suave y cobrando en una fecha tardía las denominadas en moneda extranjera dura.

La práctica de los pagos anticipados o de los pagos retrasados se puede aplicar entre empresas relacionadas (intracompañía) o con empresas independientes (intercompañías). Suponiendo que los pagos se harán finalmente, los pagos anticipados o retrasados siempre darán como resultado una variación en la posición de efectivo y de las cuentas por pagar de una empresa, y se observará el efecto opuesto en la otra compañía.

Pagos anticipados y pagos retrasados a nivel intracompañía. Los pagos anticipados y retrasados entre empresas relacionadas, son más factibles porque de manera presumible aglutinan un conjunto común de metas para un grupo consolidado. Además, los muchos pagos periódicos que ocurren entre las unidades de una transnacional proporcionan oportunidades para muchos tipos de pagos anticipados y atrasados. Ya que las oportunidades para los pagos anticipados o retrasados dependen de los requisitos para los pagos de esta naturaleza, el mecanismo es más fácil de adaptar a una compañía que opere sobre una base mundial integrada. Si cada unidad funciona como una entidad separada e independiente, la motivación para los pagos anticipados y retrasados disminuye. En el caso de flujos de efectivo de financiamientos con subsidiarias extranjeras, existe una motivación adicional para los pagos anticipados o retrasados a efecto de posicionar los fondos por razones de liquidez. Por ejemplo, una subsidiaria a la cual se le permita retrasar los pagos a la empresa matriz en realidad está solicitando fondos en préstamo a la empresa matriz.

Ya que el uso de pagos adelantados y retrasados es una técnica obvia para minimizar la exposición cambiaria y para variar la carga del financiamiento, muchos gobiernos han impuesto límites sobre el alcance permitido. Los términos permitidos por los gobiernos con frecuencia están sujetos a negociaciones cuando se puede presentar un buen argumento. Por tanto, algunos límites están sujetos a excepciones. Por ejemplo, hace tiempo Italia no había puesto límites sobre los retrasos en las exportaciones e importaciones relacionadas con pagos comerciales con otros países de la Organización para la Cooperación y el Desarrollo Económico (OCDE). Sin embargo, se aplicó un límite de 180 días sobre los retrasos de las exportaciones y un límite de cinco años sobre los retrasos de las importaciones al comercio con países que no pertenecen a la OCDE.

Pagos anticipados y pagos retrasados a nivel intercompañías. La práctica de pagos anticipados y retrasados entre empresas independientes requiere que la preferencia de tiempo de una empresa se imponga en detrimento de otra. Por ejemplo, Trident Europe puede desear anticipar el cobro de sus cuentas por cobrar brasileñas que estén denominadas en reales porque espera que el real disminuya de valor a comparación del euro. Pero, ¿por qué razón deberían los clientes brasileños realizar por adelantado sus cuentas por pagar? Para empezar, el crédito en reales fue parte de la motivación para que ellos le hicieran compras a Trident Europe. La única manera en la que los brasileños estarían dispuestos a pagar sus cuentas en forma anticipada sería que el acreedor alemán ofreciera un descuento aproximadamente igual al descuento a plazo sobre los reales o, en condiciones de equilibrio, la diferencia entre las tasas de interés de Brasil y de Alemania para el periodo del pago anticipado. En condiciones de equilibrio, este "descuento" eliminaría el beneficio de Trident Europe resultante del cobro anticipado de la moneda "suave".

Centros de refacturación

Un *centro de refacturación* es una subsidiaria corporativa separada que sirve como un tipo de intermediario entre la empresa matriz o la unidad relacionada en una localidad y todas las subsidiarias extranjeras dentro de una región geográfica. Las subsidiarias dedicadas a la manufactura le venden bienes a las subsidiarias dedicadas a la distribución de la misma empresa tan sólo a través de la realización de ventas a un centro de refacturación, pero el movimiento físico de los bienes es directo desde la planta de manufactura, en este caso Trident Estados Unidos, hasta la subsidiaria extranjera, Trident Brasil. De este modo, el centro de refacturación maneja un cierto papeleo pero no tiene inventario.

Como se muestra en la figura 12.7, la unidad de manufactura estadounidense de Trident Corporation le factura al centro de refacturación de la empresa (que se localiza en de las instalaciones de las oficinas centrales corporativas en Los Ángeles) en dólares estadounidenses. Sin embargo, los bienes físicos reales son embarcados directamente a Trident Brasil. A su vez, el centro de refacturación le revende a Trident Brasil en reales brasileños. En consecuencia, todas las unidades operativas tratan únicamente con su propia moneda, y la totalidad de la exposición por transacciones recae en el centro de refacturación.

Para evitar acusaciones de transferencias de utilidades a través de precios de transferencia, la mayoría de los centros de refacturación revenden al costo más una pequeña comisión por sus servicios. El precio de reventa es con frecuencia el precio de la empresa de manufactura multiplicado por el tipo de cambio a plazo para la fecha en la cual se espera el pago proveniente del comprador, aunque también es posible que existan otras combinaciones. La comisión cubre el costo del centro de refacturación, pero no transfiere las utilidades de las subsidiarias operativas.

Existen tres beneficios básicos que surgen de la creación de un centro de refacturación:

1. **Manejo de la exposición cambiaria.** La formación del centro permite que la administración de la totalidad de la exposición cambiaria por transacciones para las ventas intracompañía se localice en un lugar. El personal del centro de refacturación puede desarrollar un gran talento para elegir qué técnica de cobertura cambiaria es mejor en cualquier momento, y es probable que obtenga cotizaciones cambiarias más competitivas a partir de los bancos ya que están tratando con transacciones más cuantiosas.

FIGURA 12.7   Uso de un centro de refacturación

Trident Estados Unidos
(manufactura interruptores no terminados)

Bienes físicos →

Trident Brasil
(hace el acabado para las ventas locales)

Los bienes son vendidos por Trident Estados Unidos al centro de refacturación en dólares estadounidenses.

Centro de refacturación

Los bienes son revendidos por el centro de refacturación a la subsidiaria brasileña de ventas en reales brasileños (R$).

1. Trident Estados Unidos embarca los bienes directamente a la subsidiaria brasileña.
2. La factura emitida por Trident Estados Unidos, la cual se encuentra denominada en dólares estadounidenses, es enviada al centro de refacturación.
3. El centro de refacturación adquiere el título de propiedad de los bienes.
4. El centro de refacturación le factura a Trident Brasil en reales brasileños, reposicionando la exposición monetaria proveniente tanto de las unidades operativas como del centro de refacturación.

2. **Forma de garantizar el tipo de cambio para las órdenes futuras.** Al garantizar el tipo de cambio para las órdenes futuras, el centro de refacturación puede fijar costos monetarios locales firmes en forma anticipada. Esto capacita a las subsidiarias a cargo de la distribución para que hagan ofertas firmes a clientes finales no relacionados, y para protegerse contra la exposición creada por un cúmulo de órdenes atrasadas. La exposición resultante de los cúmulos de órdenes atrasadas no aparece en los libros corporativos porque las ventas aún no se han registrado. Las subsidiarias a cargo de las ventas se pueden concentrar en sus actividades de mercadotecnia y su desempeño se puede juzgar sin distorsión debido a las variaciones en los tipos de cambio.

3. **Manejo de flujos de efectivo intrasubsidiaria.** El centro puede administrar los flujos de efectivo a nivel de intrasubsidiaria, incluyendo tanto adelantos como retrasos en los pagos. Con un centro de refacturación, todas las subsidiarias liquidan cuentas intracompañía en sus monedas locales. El centro de refacturación tan sólo necesita cubrir la exposición cambiaria residual.

La desventaja principal es la de ciertos costos en relación con los beneficios definidos. Se debe crear una unidad corporativa adicional, y se debe llevar un conjunto separado de libros. El costo inicial de instalación puede ser alto porque se deben reprogramar los procedimientos existentes para el procesamiento de las órdenes. El centro tendrá un impacto sobre el estatus fiscal y los derechos aduanales de todas las subsidiarias, así como sobre el monto de las operaciones de negocios en moneda extranjera dirigidas a los bancos locales de cada país. Es posible que el establecimiento de un centro de refacturación dé lugar a escrutinios adicionales por parte de las autoridades fiscales para asegurarse de que dicho centro no pretenda funcionar como un paraíso fiscal. En consecuencia, se incurrirá en una variedad de costos profesionales por concepto de asesorías fiscales y legales, además de los costos del personal que opere el propio centro.

Enfoques contractuales: forma de cubrir lo que no se puede cubrir

Algunas multinacionales tratan de cubrir su exposición operativa con estrategias contractuales. Las empresas como Eastman Kodak y Merck (ambas estadounidenses) han emprendido coberturas monetarias sobre posiciones de opciones a largo plazo, diseñadas para compensar las utilidades perdidas provenientes de variaciones adversas en el tipo de cambio. Esta cobertura, a la cual muchas de estas empresas se refieren como *exposición estratégica* o *exposición competitiva*, parece estar arremetiendo contra la teoría tradicional.

La capacidad de las empresas para cubrir lo que "no se puede cubrir" depende de la *capacidad de predicción*: 1) la capacidad para predecir los flujos futuros de efectivo de la empresa y

2) la capacidad para predecir las respuestas de los competidores de la empresa a las variaciones en el tipo de cambio. Aunque la administración de muchas empresas puede considerar que es capaz de predecir sus propios flujos futuros de efectivo, en la práctica pocos se sienten capaces de predecir con exactitud la respuesta de los competidores.

Merck es un ejemplo de una empresa cuya administración se siente capaz de ambas cosas. La compañía posee corrientes de ingresos a largo plazo relativamente predecibles debido a la naturaleza del nicho de productos de la industria farmacéutica. Como un exportador basado en Estados Unidos y encaminado a mercados extranjeros —mercados en los cuales los niveles de ventas por producto son relativamente predecibles y los precios están con frecuencia regulados por el gobierno—, Merck puede predecir con exactitud los flujos netos de efectivo a largo plazo en monedas extranjeras dentro de un horizonte de cinco a 10 años a futuro. Merck tiene una estructura operativa relativamente no diversificada. Está altamente centralizada en términos de los puntos en los cuales se localizan los costos de investigación, de desarrollo y de producción. Los administradores de Merck consideran que la empresa no tiene alternativas reales más allá de una cobertura contractual si ha de sobrellevar las variaciones inesperadas a largo plazo en los tipos de cambio. Merck ha comprado en el mercado de ventas sobre el mostrador (OTC, *over-the-counter*) opciones de venta a largo plazo sobre monedas extranjeras *versus* el dólar estadounidense como un seguro contra utilidades potencialmente perdidas como resultado de las variaciones en el tipo de cambio. En el caso de Merck, la posibilidad de predecir la respuesta de un competidor a las variaciones en el tipo de cambio es menos pertinente dada la naturaleza del nicho de mercado de los productos farmacéuticos.

Eastman Kodak es otra empresa multinacional que en el pasado emprendió una cobertura contractual de su exposición operativa. La administración de Kodak considera que sus mercados son impulsados principalmente por el precio y está consciente de que su mayor competidor, Fuji, tiene una base de costos japoneses. Si el dólar estadounidense se reforzara en un plazo entre mediano y largo, la participación de mercado de Kodak en Estados Unidos y en los mercados extranjeros declinaría. Los líderes de Kodak también creen que con cualquier venta que Kodak pierda, sus competidores ganarán. Por tanto, Kodak también ha comprado opciones de venta a largo plazo sobre monedas extranjeras, lo cual reemplazaría a las utilidades a largo plazo si el valor del dólar estadounidense aumentara de manera inesperada.

La magnitud de la posición de las opciones depende de la naturaleza del reemplazo deseado. Por ejemplo, si Kodak deseara asegurar tan sólo las utilidades netas perdidas provenientes de las pérdidas inducidas por el tipo de cambio, la posición de opciones sería considerablemente más pequeña que una posición que tratara de reemplazar los ingresos brutos por ventas. Dados los altos gastos asociados con las posiciones de opciones de venta a largo plazo de este tipo, el reemplazo de las utilidades es preferible al reemplazo de las ventas.

Aún queda por contestar una pregunta en cuanto a la verdadera eficacia de la cobertura de la exposición operativa haciendo uso de coberturas contractuales. Aún prevalece el hecho de que incluso después de que han ocurrido los movimientos temidos en el tipo de cambio y los pagos finales en las posiciones de opciones de ventas, la empresa se encuentra competitivamente en desventaja. El desembolso de capital requerido para la compra de posiciones de opciones de venta de tal magnitud es un capital no usado para la diversificación potencial de las operaciones, lo cual en el largo plazo podría haber mantenido con más eficacia la participación global de mercado de la empresa y la competitividad internacional.

RESUMEN

- La *exposición cambiaria* es una medida del potencial en el que la rentabilidad de la empresa podría variar, el flujo neto de efectivo y el valor de mercado con motivo de una variación en los tipos de cambio. Los tres principales tipos de riesgos cambiarios son la *exposición operativa*, la *exposición por transacciones* y la *exposición de traslación*.

- La *exposición operativa* mide el cambio en el valor de la empresa que resulta de variaciones en los flujos futuros de efectivo en operación con motivo de una variación inesperada en los tipos de cambio.

- Las estrategias para la administración de la exposición operativa hacen hincapié en la estructuración de las operaciones de la empresa con miras a la creación de flujos de efectivo acopladas por moneda. Esto se denomina *cobertura natural*.

- El objetivo de la administración de la exposición operativa es anticipar e influir en el efecto de variaciones inesperadas en los tipos de cambio sobre el flujo futuro de efectivo de una empresa, en lugar de verse forzado a asumir una reacción pasiva ante tales cambios. Esta tarea se puede lograr mejor si una empresa diversifica tanto sus operaciones como su base de financiamiento a nivel internacional.

■ Las políticas proactivas incluyen el acoplamiento de las monedas de los flujos de efectivo, las cláusulas de compartimiento de los riesgos monetarios, las estructuras de

los préstamos de apoyo mutuo y los contratos de instrumentos de intercambio (*swaps*) con monedas cruzadas.

■ Los enfoques contractuales (es decir, las opciones y los instrumentos a plazo) se han usado de manera ocasional para cubrir la exposición operativa pero son costosos y posiblemente ineficaces.

MINICASO   ## Exposición operativa europea de Toyota

Era el mes de enero de 2002, y Toyota Motor Europe Manufacturing (TMEM) estaba en problemas. De una manera más específica, el señor Toyoda Shuhei, el nuevo presidente de TMEM, tenía un problema. Estaba de camino hacia las oficinas corporativas de Toyota Motor Company (Japón) en las afueras de Tokio para explicar las pérdidas continuas de las operaciones europeas de manufactura y de venta. El director ejecutivo de Toyota Motor Company, el señor Hiroshi Okuda, estaba esperando una propuesta del señor Shuhei para reducir y finalmente eliminar estas pérdidas. La situación era intensa dado que TMEM era la única subsidiaria mayor de Toyota que estaba perdiendo dinero.

Toyota y Auto Manufacturing

Toyota Motor Company era el productor número uno de automóviles en Japón, el tercer productor más grande en el mundo en ventas en unidades (5.5 millones de unidades o un automóvil cada seis segundos), pero el número ocho en ventas en Europa continental. La industria global de manufac-

tura de automóviles, al igual que muchas industrias, había estado experimentando una consolidación continua en años recientes a medida que los márgenes se estrangulaban, se buscaban economías de escala y de alcance y las ventas globales disminuían.

Toyota no era un caso diferente. Continuaba racionalizando su manufactura a lo largo de las líneas regionales y aumentando el volumen de manufacturas locales en Norteamérica. En 2001, más de 60% de las ventas norteamericanas de Toyota eran manufacturadas en forma local, pero las ventas en Europa aún estaban muy lejos de acercarse a esto. La mayor parte de la manufactura de automóviles y de camiones de Toyota para Europa aún se hacía en Japón. En 2001, tan sólo 26% de los automóviles vendidos en Europa se manufacturaban allí mismo (incluído el Reino Unido), y la parte restante se importaba de Japón (ver figura 1).

Toyota Motor Europe vendió 634,000 automóviles en 2000. Europa era el segundo mercado extranjero más grande para Toyota y el segundo únicamente para Norteamérica.

FIGURA 1   Estructura monetaria operativa de Toyota Motor en Europa

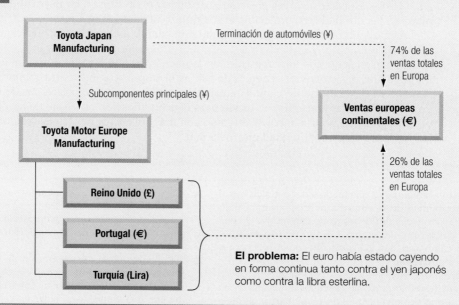

TMEM esperaba un crecimiento significativo en las ventas europeas y planeaba ampliar la manufactura y las ventas europeas a 800,000 unidades en 2005. Pero para el año fiscal 2001 la unidad reportó pérdidas operativas de ¥9,897 millones (US$82.5 millones a ¥120/US$). TMEM tenía tres plantas ensambladoras en el Reino Unido, una planta en Turquía y una en Portugal. En noviembre de 2000, Toyota Motor Europe anunció públicamente que no generaría utilidades durante los dos años siguientes debido a la debilidad del euro.

En fechas recientes Toyota introdujo un nuevo modelo al mercado europeo, el Yaris, que demostró ser muy exitoso. El Yaris es un vehículo superpequeño con un motor de 1,000cc, había vendido más de 180,000 unidades en 2000. Aunque había sido especialmente diseñado para el mercado europeo, anticipadamente se tomó la decisión de manufacturarlo en Japón.

Exposición monetaria

Una fuente de las continuas pérdidas operativas sufridas por TMEM fue el valor en descenso del euro. A lo largo de 1999 y durante la primera mitad de 2000 el yen se reforzó contra el euro (ver cuadro 2). Aunque el euro recuperó algo de terreno a finales de 2000, permaneció relativamente débil.

Como se muestra en la figura 1, la base del costo para la mayoría de los automóviles vendidos en el mercado europeo continental fue el yen japonés. A medida que el yen aumentaba contra el euro, los costos aumentaban de manera significativa cuando se medían en términos de euros. Si Toyota deseaba preservar su competitividad de precio en el mercado europeo, tenía que absorber la mayor parte de las variaciones

en el tipo de cambio, sufriendo márgenes reducidos o negativos tanto en los automóviles terminados como en los subcomponentes clave embarcados a sus centros de manufactura europea. La decisión de manufacturar el Yaris en Japón tan sólo sirvió para exacerbar el problema.

Respuesta de la administración

La administración de Toyota no permaneció cruzada de brazos. En 2001, comenzaron algunas operaciones de ensamblado en Valenciennes, Francia. Aunque Valenciennes aún constituía un porcentaje relativamente pequeño de las ventas totales europeas en enero de 2002, Toyota planeó continuar ampliando su capacidad y sus instalaciones para abastecer cerca de 25% de las ventas europeas en 2004. Se programó que el ensamblado del Yaris se desplazaría a Valenciennes en 2002. Sin embargo, el problema continuo era que ésta no era una planta de ensamblado, lo cual significaba que gran parte del costoso contenido con valor añadido de los automóviles que se estaban ensamblando, aún se basaba ya sea en Japón o en el Reino Unido.

El señor Shuhei, con la aprobación del señor Okuda, también había iniciado un programa local de abastecimiento y de adquisiciones para las operaciones de manufactura del Reino Unido. TMEM deseaba disminuir el número de componentes clave importados de Toyota Japan para reducir la exposición monetaria de la unidad del Reino Unido. Pero de nuevo, el continuo problema de la debilidad del euro contra la libra esterlina (como se muestra en la figura 3), redujo la eficacia incluso de esta solución.

FIGURA 2   Tipos de cambio diarios: yenes japoneses por euro

FIGURA 3   Tipos de cambio diarios: libras esterlinas por euro

Preguntas del caso

1. ¿Por qué piensa usted que Toyota esperó tanto tiempo para desplazar a Europa gran parte de sus actividades de manufactura para las ventas en dicho continente?

2. Si Gran Bretaña se uniera a la Unión Monetaria Europea, ¿se resolvería el problema? ¿Qué tan probable sería la unión de Gran Bretaña?

3. Si usted fuera el señor Shuhei, ¿cómo clasificaría sus problemas y sus soluciones? ¿Cuál fue el problema a corto plazo y cuál fue el problema a largo plazo?

4. ¿Qué medidas recomendaría que tomara Toyota Europe para resolver las pérdidas operativas continuas?

PREGUNTAS

1. **Cualquier otro nombre.** La exposición operativa tiene otros nombres. ¿Cuáles son, y qué indican las palabras en estos nombres acerca de la naturaleza de la exposición operativa?

2. **Comparación de tipos de exposición.** Desde una perspectiva de medición de los flujos de efectivo, ¿cuál es la diferencia principal entre las pérdidas provenientes de una exposición por transacciones y de una exposición operativa?

3. **Flujos de efectivo intracompañía.** ¿Cuáles son las diferencias entre los flujos de efectivo operativos y los flujos de efectivo financieros que fluyen de la empresa matriz a la subsidiaria o viceversa? Liste varios flujos de efectivo en ambas categorías e indique por qué ocurre tal flujo.

4. **Variaciones esperadas en el tipo de cambio.** ¿Por qué las variaciones inesperadas en el tipo de cambio contribuyen a la exposición operativa, pero no así las variaciones esperadas en el tipo de cambio?

5. **Incertidumbre macroeconómica.** ¿Qué es la *incertidumbre macroeconómica* y cómo se relaciona con la medición de la exposición operativa?

6. **¿Quién posee a quién?** *The Economist* (1-7 de diciembre, 2001, p. 4 de la inserción "Encuesta") informó acerca de una compañía francesa que tenía una subsidiaria en la India. A su vez, la subsidiaria de la India tenía su propia subsidiaria en Francia. ¿Cómo conjetura usted la exposición operativa para la firma francesa individual resultante de una devaluación inesperada de la rupia indú en relación con el euro?

7. **Respuestas estratégicas.** ¿Qué respuestas estratégicas puede dar una empresa multinacional para evitar pérdidas como resultado de su exposición operativa?

8. **Políticas proactivas para compensar una exposición cambiaria.** Existe una línea muy delgada entre las variaciones en el tipo de cambio totalmente anticipadas y las variaciones en el tipo de cambio posibles pero no anticipadas. Si la administración considera que una variación en el tipo de cambio podría ocurrir pero no puede estimar la época o el monto de tal variación, ¿qué podría hacer para remediar las posibles consecuencias de esa devaluación incierta?

9. **¿Una paradoja?** La posibilidad de que una ganancia o una pérdida sobre una exposición operativa quede compensada por una pérdida o una ganancia opuesta sobre una exposición por transacciones puede parecer contradictoria. Explique por qué cuando la moneda en la cual opera una subsidiaria extranjera disminuye de valor, la empresa matriz puede experimentar tanto una ganancia operativa como una pérdida por transacciones.

10. **Solicitudes de préstamo de la subsidiaria a la empresa matriz.** Las subsidiarias extranjeras recientemente establecidas con frecuencia son financiadas con deudas proporcionadas por la empresa matriz, tal vez porque una subsidiaria no tiene un récord de créditos financieros o una reputación crediticia propia, o quizá porque la empresa matriz pueda adquirir capital de una manera más económica. Sin embargo, tan pronto como la subsidiaria es operacional, las empresas matriz de ordinario motivan o requieren que sus subsidiarias arreglen su propio financiamiento local mediante deudas. ¿Cómo serviría este enfoque como una cobertura natural para la mayoría de las subsidiarias?

PROBLEMAS

1. **Kona Macadamia Nuts.** Kona Macadamia Nuts, basada en Hilo, Hawai, exporta nueces de Macadamia a todo el mundo. El japonés es su mercado de exportaciones más grande, con ventas anuales promedio facturadas en yenes a clientes japoneses de ¥1,200,000,000. Al tipo de cambio actual de ¥125/US$, esto es equivalente a US$9,600,000. En forma relativa, las ventas están igualmente distribuidas durante el año. Aparecen como una cuenta por cobrar de ¥250,000,000 en el balance general de Kona Macadamia Nuts. Los términos de crédito para cada cliente permiten 60 días antes del vencimiento del pago. Las cobranzas mensuales en efectivo son de ordinario de ¥100,000,000.

    A Kona le gustaría cubrir sus ingresos en yenes, pero tiene demasiados clientes y transacciones para hacer práctica la venta a plazo de cada cuenta por cobrar. No quiere usar opciones porque considera que son demasiado costosas para este propósito en particular. Por

tanto, han decidido usar una cobertura "acoplada" mediante la solicitud de yenes en préstamo.
a. ¿Qué cantidad de yenes debería solicitar Kona en préstamo?
b. ¿Cuáles deberían ser las condiciones de pago sobre el préstamo en yenes?

*2. **Newport Lifts (A).** Newport Lifts (Estados Unidos) exporta equipos de grúas pesadas a varias instalaciones de muelles chinos. Las ventas son actualmente de 10,000 unidades por año al equivalente en yuanes de US$24,000 por unidad. El yuan chino (renminbi) se ha estado negociando a Yuan8.20/US$, pero el servicio de asesoría de Hong Kong ha pronosticado que el renminbi disminuirá de valor la siguiente semana a Yuan9.20/US$, después de lo cual permanecerá sin cambio durante por lo menos una década. Al aceptar este pronóstico como dado, Newport Lifts se enfrenta a una decisión de valuación a la luz de una devaluación inminente. Podría 1) mantener el mismo precio en yuanes y en efecto, vender por un menor número de dólares, en cuyo caso el volumen chino no cambiará o 2) mantener el mismo precio en dólares, aumentar el precio en yuanes en China para compensar la devaluación, y experimentar una disminución de 10% en el volumen en unidades. Los costos directos son de 75% del precio de venta estadounidense.
a. ¿Cuál sería el impacto a corto plazo (un año) de cada estrategia de valuación?
b. ¿Cuál de ellas recomienda usted?

3. **Newport Lifts (B).** Suponga los mismos hechos que en el problema 2. Adicionalmente, la administración considera que si mantiene el mismo precio de venta en yuanes, el volumen aumentará a 12% por año durante ocho años. Los costos en dólares no cambiarán. Al final de 10 años, expira la patente de Newport Lift y ya no hará exportaciones a China. Después de que el yuan se haya devaluado a Yuan9.20/US$, no se esperan más devaluaciones. Si Newport Lifts aumenta el precio en yuanes a efecto de mantener su precio en dólares, el volumen aumentará tan sólo al 1% por año durante ocho años, empezando desde la base inicial más baja de 9,000 unidades. Una vez más los costos en dólares no cambiarán y al final de ocho años, Newport dejará de hacer exportaciones a China. El promedio ponderado del costo de capital de Newport es de 10%. Dadas estas consideraciones, ¿cuál debería ser la política de fijación de precios de Newport?

4. **Compartimiento de riesgos de Pucini.** Pucini Fashionwear, con sede en la ciudad de Nueva York, importa abrigos de piel de Boselli Leather Goods, un proveedor confiable y de mucho tiempo, con base en Buenos Aires. El pago se hace en pesos argentinos. Cuando el peso perdió su paridad con el dólar estadounidense en enero de 2002, su valor se derrumbó a Ps4.0/US$ en octubre de 2002. Había proyecciones de una mayor disminución en el valor del peso. Ya que tanto Pucini Fashionwear como Boselli

Leather Goods querían continuar su relación, la cual databa de mucho tiempo, estuvieron de acuerdo en un contrato de compartimiento de riesgos. Pucini Fashionwear pagará con base en la tasa al contado siempre y cuando la tasa al contado en la fecha de una factura se encuentre entre Ps3.5/US$ y Ps4.5/US$. Si el tipo de cambio cae fuera de este ámbito de variación, ellos compartirán la diferencia por igual con Boselli Leather Goods. Este contrato de compartimiento de riesgos durará seis meses, en cuyo momento los límites del tipo de cambio serán revaluados. Pucini Fashionwear realiza un contrato para importar abrigos de piel de Boselli Leather Goods por Ps8,000,000 o US$2,000,000 a la tasa actual al contado de Ps4.0/US$ durante los seis meses siguientes.

a. Si el tipo de cambio varía de inmediato a Ps6.00/US$, ¿cuál será el costo en dólares de los seis meses de importaciones para Pucini Fashionwear?

b. A una tasa de Ps6.0/US$ ¿cuáles serán las ventas de exportaciones en pesos de Boselli Leather Goods a Pucini Fashionwear?

5. **Morris Garage, Ltd.** Morris Garage, Ltd., de Coventry, Inglaterra, manufactura automóviles deportivos de estilo británico, algunos de los cuales se exportan a Nueva Zelanda para pagarse en libras esterlinas. El distribuidor los vende en Nueva Zelanda en dólares neozelandeses. El distribuidor de Nueva Zelanda no puede soportar la totalidad del riesgo cambiario, y no le vendería modelos a Morris hasta que éste pudiera compartir alguna parte del riesgo cambiario. Morris Garage ha estado de acuerdo en que las ventas para un modelo de un año específico se valuarán inicialmente a una tasa al contado "base" entre el dólar neozelandés y la libra esterlina que se fijará como la tasa media al contado al inicio del año de ese modelo. Siempre y cuando el tipo de cambio real se encuentre en un rango de ±5% de esa tasa base, el pago se hará en libras esterlinas. Es decir, el distribuidor de Nueva Zelanda asume la totalidad del riesgo cambiario. Sin embargo, si la tasa al contado en el momento del embarque cae fuera de este ámbito de ±5%, Morris Garage compartirá por igual (es decir, 50/50) la diferencia entre la tasa real al contado y la tasa base. Para el modelo del año actual la tasa base es de NZ$1.6400/£.

a. ¿Cuáles son los ámbitos externos de variación dentro de los cuales el importador neozelandés debe hacer su pago a la tasa al contado vigente entonces?

b. Si Morris embarca 10 automóviles deportivos al distribuidor de Nueva Zelanda en un momento en el que la tasa de cambio al contado es de NZ$1.7000/£, y si cada automóvil tiene un costo de factura de £12,000, ¿cuál será el costo para el distribuidor en dólares neozelandeses? ¿Qué cantidad de libras recibirá Morris, y cómo se compara esto con los ingresos esperados por ventas de Morris de £12,000 por automóvil?

c. Si Morris Garage embarca los mismos 10 automóviles deportivos a Nueva Zelanda en un momento en el que el tipo de cambio al contado es de NZ$1.6500/£, ¿qué cantidad de dólares neozelandeses pagará el distribuidor? ¿Qué cantidad de libras recibirá Morris Garage?

d. ¿Transfiere un acuerdo de compartimiento de riesgos como éste la exposición monetaria de una parte de la transacción a la otra?

e. ¿Por qué es beneficioso para Morris un acuerdo de compartimiento de riesgos de esta naturaleza? ¿Y para el distribuidor de Nueva Zelanda?

6. **Trident Europe: Caso 4.** Trident Europe (ver cuadro 12.3) ha decidido no modificar su precio nacional de €12.80 por unidad dentro de Europa, sino más bien aumentar su precio de exportación (en euros) de €12.80 por unidad a €15.36, preservando de esta manera su precio original equivalente en dólares de US$15.36 por unidad. El volumen de ambos mercados sigue siendo el mismo porque ningún comprador percibe que el precio ha cambiado.

a. ¿Cuál es el impacto sobre el flujo de efectivo?

b. ¿Cuál es el impacto sobre el capital de trabajo necesario?

c. ¿Cuál es el impacto sobre el enfoque del valor presente para la medición de la exposición operativa?

7. **Trident Europe: Caso 5.** Trident Europe (ver figura 12.3) encuentra que los costos nacionales aumentan en proporción a la disminución de valor del euro debido a la inflación local y a un aumento en el costo de las materias primas y componentes importados. Este aumento en los costos (+20%) se aplica a todos los costos en efectivo, con inclusión de los costos directos y los costos operativos fijos en efectivo. Sin embargo, no se aplica a la depreciación. Debido al incremento en sus costos Trident Europe aumenta su precio de venta en euros de €12.80 por unidad a €15.36 por unidad.

a. ¿Cuál es el impacto sobre el flujo de efectivo?

b. ¿Cuál es el impacto sobre el capital de trabajo necesario?

c. ¿Cuál es el impacto sobre el enfoque del valor presente para la medición de la exposición en operación?

8. **Dzell Printers, Inc. (A).** Dzell Printers, Inc. (DP) de Estados Unidos exporta impresoras para computadora a Brasil, cuya moneda, el real (R$) se ha estado negociando a R$3.40/US$. Las exportaciones a Brasil son actualmente de 50,000 impresoras por año a un equivalente en reales de US$200 por unidad. Hay un fuerte rumor de que el real se devaluará a R$4.00/US$ dentro de dos semanas como decisión del gobierno brasileño. En caso de que ocurra la devaluación, se esperará que el real permanezca sin cambio alguno durante otra década.

Al aceptar este pronóstico, DP se enfrenta a una decisión de fijación de precio que debe tomarse antes de cualquier devaluación real: DP puede 1) mantener el mismo precio en reales y vender por una cantidad menor de dólares, en cuyo caso el volumen brasileño no cambiará o 2) mantener el mismo precio en dólares, aumentar el precio en reales en Brasil para compensar la devaluación, y experimentar una disminución de 20% en el volumen. En Estados Unidos los costos directos son de 60% del precio de venta.

¿Cuál sería la implicación a corto plazo (a un año) para cada estrategia de fijación de precio? ¿Cuál de ellas recomendaría usted?

9. **Dzell Printers, Inc. (B).** Suponga los mismos hechos que en el problema 8. DP también considera que si mantiene el mismo precio en reales brasileños como una política permanente, el volumen aumentará al 10% por año durante seis años. Los costos en dólares no cambiarán. Al final de seis años expira la patente de DP y ya no hará exportaciones a Brasil. Después de que el real se devalúe a R\$4.00/US\$ ya no se esperará una mayor devaluación.

Si DP aumenta el precio en reales para mantener su precio en dólares, el volumen aumentará a tan sólo 4% por año durante seis años, empezando desde la base inicial más baja de 40,000 unidades por año. Una vez más, los costos en dólares no cambiarán, y al final de seis años DP dejará de hacer exportaciones a Brasil. El promedio ponderado del costo de capital de DP es de 12%. Dadas estas consideraciones, ¿qué recomienda usted para la política de fijación de precio de DP? Justifique su recomendación.

10. **Compartimiento de riesgos en Harley Davidson.** En teoría, Harley-Davidson (Estados Unidos) usa contratos de compartimiento de riesgos con sus propias subsidiarias extranjeras y con distribuidores extranjeros independientes. Ya que estas unidades extranjeras de ordinario le hacen ventas a sus mercados locales y obtienen moneda local, a Harley le gustaría remediar sus problemas individuales de exposición monetaria permitiéndoles que pagaran la mercancía (Estados Unidos) en su moneda funcional local.

La tasa al contado entre el dólar estadounidense y el dólar australiano al 1 de enero es de A\$1.2823/US\$. Suponga que Harley usa esta tasa como la base para fijar su *tasa central* o la tasa básica de intercambio para el año a A\$1.2800/US\$. Harley está de acuerdo en valuar todos los contratos a los distribuidores australianos a este tipo de cambio exacto siempre y cuando la tasa actual al contado en la fecha de la orden esté dentro de ±2.5% de

esta tasa. Si la tasa al contado cae fuera de este ámbito de variación, pero aún se encuentra dentro de ±5% de la tasa central, Harley "compartirá" por igual (es decir, 50/50) la diferencia entre la nueva tasa al contado y el límite neutral con el distribuidor.

a. ¿Cuáles son los tipos de cambio específicos en los límites de la zona neutral y de la zona de compartimiento de riesgos?
b. Si Harley (Estados Unidos) embarca una motocicleta, modelo "hog", con una factura de US\$8,500 a Australia, y el tipo de cambio en la fecha de la orden es de A\$1.3442/US\$, ¿cuál será el precio en dólares australianos?
c. Si Harley (Estados Unidos) embarca el mismo modelo "hog" a Australia, y si el tipo de cambio en la fecha de la orden es de A\$1.2442/US\$, ¿cuál será el precio en dólares australianos para el distribuidor externo?

EJERCICIOS DE INTERNET

1. **Exposición operativa: Ejemplos recientes.** Usando los siguientes diarios de circulación mayor como puntos de partida, encuentre un ejemplo actual de una empresa con un problema sustancial de exposición operativa. Para ayudarlo en su investigación, usted podría concentrarse en negocios que tuvieran operaciones mayores en países con crisis monetarias recientes, ya sea a través de una depreciación o de una revaluación mayor de la moneda nacional.

Financial Times	www.ft.com/
The Economist	www.economist.com/
The Wall Street Journal	www.wsj.com/

2. **SEC Edgar Files.** Para analizar con más cuidado la exposición operativa de una empresa individual, es necesario tener disponible más información detallada que la que se presenta en el reporte anual normal. Escoja una empresa específica con operaciones internacionales sustanciales, por ejemplo, Coca-Cola o PepsiCo, y busque los Archivos Edgar (Edgar Files) en the Security and Exchange Commission para obtener reportes financieros más minuciosos en relación con sus operaciones internacionales.

Busque SEC EDGAR Archivos	www.sec.gov/cgi-bin/srch-edgar

CAPÍTULO 13

Exposición por traslación

*La pluma es más poderosa que la palabra, y en ello los contadores no tie-
nen rival.*

—Jonathan Glancey.

La *exposición por traslación*, también denominada *exposición contable*, surge porque los estados financieros de las subsidiarias extranjeras —los cuales se encuentran expresados en moneda extranjera— deben reexpresarse en términos de la moneda informativa de la empresa matriz para que la empresa prepare los estados financieros consolidados. Por ejemplo, las subsidiarias extranjeras de las compañías estadounidenses deben reexpresar en dólares estadounidenses estados financieros que estaban originalmente en euros, en libras esterlinas, en yenes y así sucesivamente de modo que los valores extranjeros se puedan añadir al balance general y al estado de resultados de la empresa matriz denominado en dólares. Este proceso contable se denomina "traslación o conversión". La exposición por traslación representa un potencial para un incremento o decremento en el capital contable neto de la empresa matriz y en la utilidad neta reportada debido a una variación en los tipos de cambio desde la última conversión.

Aunque el propósito principal de la traslación es preparar estados financieros consolidados, la administración también usa los estados financieros convertidos para evaluar el desempeño de las subsidiarias extranjeras. Aunque tal evaluación podría ejecutarse a partir de los estados monetarios locales, la reexpresión de todos los estados financieros de las subsidiarias con base en un solo "común denominador" de una moneda facilita la comparación para la administración.

Panorama general de la traslación

En principio, la traslación o conversión es del todo sencilla. Los estados financieros en moneda extranjera se deben reexpresar en la moneda informativa de la empresa matriz para propósitos de consolidación. Si se usara el mismo tipo de cambio para volver a medir todas y cada una de las partidas de un estado financiero individual (estado de resultados y balance general), no habría desequilibrios como resultado de esta remedición. Pero si se usara un tipo de cambio distinto para diferentes partidas en un estado financiero individual, se produciría un desequilibrio.

¿Por qué razón usaríamos un tipo de cambio distinto al volver a medir distintas partidas? Ello se debe a que los principios de conversión de estados financieros de muchos países con frecuencia son un compromiso complejo entre el valor histórico y el valor actual de mercado. Se pueden usar tipos de cambio históricos para ciertas cuentas de capital, activos fijos e inventarios, mientras que se pueden usar tipos de cambio actuales para los activos circulantes, los pasivos circulantes, los ingresos y los gastos. La pregunta, entonces, es: ¿qué debería hacerse —si verdaderamente debería hacerse algo— con el desequilibrio? Debe llevarse ya sea a las cuentas de ingresos actuales o a las reservas de capital contable.

Los métodos de conversión monetaria difieren por país a lo largo de dos dimensiones generales, así como por cuenta individual. Una dimensión es una diferencia en la forma en la que una subsidiaria extranjera está caracterizada con base en su grado de independencia de la empresa matriz. La segunda dimensión es la definición de qué moneda es más importante para las operaciones de las subsidiaria extranjera.

Caracterización de la subsidiaria

En la actualidad, la mayoría de los países especifican el método de conversión monetaria que usa una subsidiaria extranjera con base en las operaciones de negocios de la subsidiaria. Por ejemplo, el negocio de una subsidiaria extranjera puede ser clasificado ya sea como una *entidad extranjera integrada* o como una *entidad extranjera autosostenible*. Una entidad extranjera integrada es aquella que opera como una extensión de la empresa matriz, con flujos de efectivo y líneas generales de negocios que están altamente interrelacionadas con las de la empresa matriz. Una entidad extranjera autosostenible es aquella que opera en el medio ambiente económico local en forma independiente de la empresa matriz. La diferenciación es importante para la lógica de la conversión monetaria. Una subsidiaria extranjera debe valuarse principalmente en términos de la moneda que sea la base de su viabilidad económica.

No es inusual encontrar dos subsidiarias extranjeras diferentes de una sola compañía que tengan distintos caracteres. Por ejemplo, un productor con base en Estados Unidos que produzca subensambles en Estados Unidos y que sean posteriormente embarcados a una subsidiaria española para el acabado, el ensamblado y la reventa en la Unión Europea, probablemente caracterizaría a la subsidiaria española como una *entidad extranjera integrada*. La moneda dominante de la operación económica probablemente será el dólar estadounidense. Sin embargo, la misma empresa matriz estadounidense también posee un negocio de mercadotecnia agrícola en Venezuela, el cual tiene pocos flujos de efectivo u operaciones relacionadas con la empresa matriz estadounidense (o dólar estadounidense). La subsidiaria venezolana puede comprar casi todos los materiales y registrar todos los costos de las operaciones en bolívares venezolanos, y hacer sus ventas exclusivamente en Venezuela. Ya que las operaciones de la subsidiaria venezolana son independientes de su empresa matriz, si su moneda funcional es el bolívar venezolano, se clasificaría como una *entidad extranjera autosostenible*.

Moneda funcional

La *moneda funcional* de una subsidiaria extranjera es la divisa del medio ambiente económico primario en el cual opera la subsidiaria y genera flujos de efectivo. En otras palabras, es la moneda dominante que usa esa subsidiaria extranjera en sus operaciones cotidianas. Es importante notar que la ubicación geográfica de una subsidiaria extranjera y su moneda funcional pueden ser distintas. Una subsidiaria en Singapur de una empresa de Estados Unidos puede encontrar que su moneda funcional es el dólar estadounidense (la subsidiaria integrada), el dólar de Singapur (la subsidiaria autosostenible) y una tercera moneda como la libra esterlina (también una subsidiaria autosostenible).

Estados Unidos, en lugar de distinguir a una subsidiaria extranjera ya sea como integrada o autosostenible, sigue un enfoque paralelo que requiere que la moneda funcional de la subsidiaria sea determinada. Las prácticas actuales de traslación en Estados Unidos han sido delineadas en la *Declaración de principios contables financieros número 52*, a la cual se hace por lo general referencia como FAS#52. Fue emitida por el Financial Accounting Standards Board (FASB) en diciembre de 1981, reemplazando al FAS#8, el cual había estado en vigor desde 1975. El FASB define las prácticas contables aprobadas para las empresas de Estados Unidos.

La administración debe evaluar la naturaleza y el propósito de cada una de sus subsidiarias extranjeras para determinar la moneda funcional apropiada para cada una de ellas. La figura 13.1 enumera los indicadores que usa el FASB al determinar la moneda funcional de una subsidiaria extranjera. Si se determina que una subsidiaria extranjera de una compañía con base en Estados Unidos tiene al dólar estadounidense como su moneda funcional, es en esencia una extensión de

---

FIGURA 13.1   Indicadores económicos para la determinación de la moneda funcional

De acuerdo con el Financial Accounting Standards Board (FASB), se deben usar los siguientes indicadores económicos para determinar la moneda funcional de cualquier subsidiaria extranjera:

A. Indicadores de flujos de efectivo

1. Moneda extranjera–Los flujos de efectivo relacionados con los activos y pasivos individuales de la entidad extranjera, se encuentran principalmente en la moneda extranjera correspondiente y no tienen un impacto sobre los flujos de efectivo de la empresa matriz.

2. Moneda de la empresa matriz–Los flujos de efectivo relacionados con los activos y pasivos individuales de la entidad extranjera tienen un impacto directo sobre los flujos de efectivo de la empresa matriz sobre una base corriente y están disponibles de inmediato para ser remitidos a la empresa matriz.

B. Indicadores de precios de venta

1. Moneda extranjera–Los precios de venta de los productos de la entidad extranjera no son en principio receptivos sobre una base a corto plazo a las variaciones en los tipos de cambio, sino que están más determinados por la competencia y por las regulaciones del gobierno locales.

2. Moneda de la empresa matriz–Los precios de venta de los productos de la entidad extranjera son en principio receptivos sobre una base a corto plazo a las variaciones en los tipos de cambio; por ejemplo, los precios de venta están más determinados por la competencia mundial o por los precios internacionales.

C. Indicadores del mercado de ventas

1. Moneda extranjera–Existe un activo mercado local de ventas para los productos de la entidad extranjera, aunque también podría haber cantidades significativas de exportaciones.

2. Moneda de la empresa matriz–El mercado de ventas se encuentra principalmente en el país de la empresa matriz o los contratos de ventas están denominados en la moneda de la empresa matriz.

D. Indicadores de gastos

1. Moneda extranjera–La mano de obra, los materiales y otros costos de los productos o servicios de la entidad extranjera son principalmente costos locales, aun cuando también podría haber importaciones provenientes de otros países.

2. Moneda de la empresa matriz–La mano de obra, los materiales y otros costos para los productos o servicios de la entidad extranjera, sobre una base continua, son principalmente costos para los componentes que se obtienen del país en el cual se localiza la empresa matriz.

E. Indicadores de financiamiento

1. Moneda extranjera–El financiamiento está principalmente denominado en moneda extranjera, y los fondos que generan las operaciones de la entidad extranjera son suficientes para servir las obligaciones de endeudamiento existentes y que comúnmente se esperan.

2. Moneda de la empresa matriz–El financiamiento proviene principalmente de la empresa matriz o de otras obligaciones denominadas en dólares, o los fondos generados por las operaciones de la entidad extranjera no son suficientes para servir las obligaciones de endeudamiento existentes y que comúnmente se esperan sin la infusión de fondos adicionales provenientes de la empresa matriz. La infusión de fondos adicionales provenientes de la empresa matriz para expansión no es un factor, siempre y cuando que se espere que los fondos generados por las operaciones ampliadas de la entidad extranjera sirvan ese financiamiento adicional.

F. Transacciones intercompañías e indicadores de acuerdos

1. Moneda extranjera–Existe un bajo volumen de transacciones intercompañías y no existe una amplia interrelación entre las operaciones de la entidad extranjera y la empresa matriz. Sin embargo, las operaciones de la entidad extranjera se pueden basar en las ventajas competitivas de las subsidiarias de la empresa matriz, tales como patentes y marcas registradas.

2. Moneda de la empresa matriz–Existe un alto volumen de transacciones intercompañías y existe una amplia interrelación entre la entidad extranjera y la empresa matriz. Además, la moneda de la empresa matriz por lo general sería la moneda funcional si la entidad extranjera es un mecanismo o una corporación fantasma para mantener inversiones, obligaciones, activos intangibles y similares que pudieran incluirse fácilmente en los libros de la empresa matriz o en los libros de la afiliada.

Reimpreso con permiso del FASB.

---

la empresa matriz (equivalente a la designación de entidad extranjera integrada que usan la mayoría de los países). Sin embargo, si se determina que la moneda funcional de la subsidiaria extranjera es diferente del dólar estadounidense, la subsidiaria se considera una entidad separada de la empresa matriz (equivalente a la designación de entidad autosostenible).

Método de conversión

En todo el mundo se emplean dos métodos básicos para la traslación (o conversión monetaria) de los estados financieros de una subsidiaria extranjera, el *método de la tasa actual* y el *método temporal*. Indistintamente de cuál sea el método que se emplee, un método de conversión no solamente debe designar a qué tipo de cambio se vuelven a medir las partidas individuales del balance general y del estado de resultados, sino que también debe designar dónde se ha de registrar cualquier desequilibrio (de ordinario ya sea en el ingreso corriente o en la cuenta de reserva de capital en el balance general). El significado de esta decisión es que los desequilibrios que se transfieren a través del estado de resultados afectan al ingreso de la empresa reportado en el periodo en curso, mientras que ello no sucede con los desequilibrios que se transfieren directamente al balance general.

Método de la tasa actual

El método de la tasa actual es el que prevalece en el mundo actual. Bajo este método, todas las partidas de un estado financiero se convierten al tipo de cambio "actual" con pocas excepciones. Estas partidas incluyen lo siguiente:

- **Activos y pasivos.** Todos los activos y pasivos se convierten al tipo de cambio actual; es decir al tipo de cambio en vigor en la fecha del balance general.
- **Partidas del estado de resultados.** Todas las partidas, con inclusión de la depreciación y del costo de los bienes vendidos, se convierten ya sea al tipo de cambio real en las fechas en las que se incurrieron los diversos ingresos, gastos, ganancias y pérdidas o con base en un promedio ponderado apropiado para el tipo de cambio correspondiente al periodo.
- **Distribuciones.** Los dividendos pagados se convierten al tipo de cambio en vigor en la fecha de pago.
- **Partidas del capital contable.** El capital común y las cuentas de capital pagado se convierten a las tasas históricas. Las utilidades retenidas a fin de año consiste en las utilidades retenidas originales a principio del año más o menos cualquier ingreso o pérdida durante el año.

Las ganancias o pérdidas ocasionadas por ajustes de conversión *no* se incluyen en el cálculo de la utilidad neta consolidada. En lugar de ello, las ganancias o pérdidas por conversión se reportan en forma separada y se acumulan en una cuenta separada de reserva de capital (en el balance general consolidado) con un título tal como *ajuste por conversión acumulativa* (CTA). Se usa una gran cantidad de nombres diferentes para este ajuste de la cuenta de reserva. En España, por ejemplo, el CTA se denomina como *diferencias de conversión*. Si en una fecha posterior una subsidiaria extranjera se vende o se liquida, las ganancias o pérdidas por conversión de años pasados acumuladas en la cuenta CTA se reportan como un componente de la ganancia o pérdida total sobre la venta o la liquidación. La ganancia o la pérdida total se reporta como una parte de la utilidad o pérdida neta para el periodo en el cual ocurre la venta o liquidación. Éste es el tema del minicaso del capítulo.

La ventaja más grande del método de la tasa actual es que la ganancia o la pérdida sobre la conversión no pasa a través del estado de resultados si no que va directamente a una cuenta de reserva. Esto elimina la variabilidad de las utilidades reportadas debido a las ganancias o pérdidas por conversión de monedas extranjeras. Una segunda ventaja del método de la tasa actual es que las proporciones relativas de las cuentas individuales del balance general siguen siendo las mismas. Por lo tanto, el proceso de conversión no distorsiona las razones del balance general tales como la razón circulante o la razón de deudas a capital contable. La principal desventaja del método de la tasa actual es que viola el principio contable que regula el registro de las cuentas del balance general al costo histórico. Por ejemplo, los activos extranjeros comprados con dólares y posteriormente registrados en los estados financieros de una subsidiaria a su costo histórico en moneda extranjera se convierten a dólares a una tasa diferente. Por lo tanto, se reportan en los estados consolidados en dólares a un valor distinto de su costo histórico en dólares.

Método temporal

Bajo el método temporal, los activos y pasivos específicos se convierten a tipos de cambio consistentes con el momento de la creación de la partida. El *método temporal* supone que un número de partidas individuales de los activos como el inventario y la planta y el equipo neto se reexpresan con regularidad para reflejar el valor de mercado. Si estas partidas no se reexpresaran sino que en lugar de ello se llevaran al costo histórico, el método temporal se volvería el *método monetario/no monetario* de conversión, una forma de conversión que aún es usada por un cierto número de países en la actualidad. Las partidas incluyen lo siguiente:

- **Activos monetarios (principalmente efectivo, valores negociables, cuentas por cobrar y cuentas por cobrar a largo plazo).** Se convierten a los tipos de cambio actuales.
- **Pasivos monetarios (principalmente pasivos circulantes y deudas a largo plazo).** Se convierten a los tipos de cambio actuales.
- **Activos y pasivos no monetarios (principalmente inventarios y activos fijos).** Se convierten a las tasas históricas.
- **Partidas del estado de resultados.** Se convierten al tipo de cambio promedio para el periodo, excepto en el caso de partidas tales como la depreciación y el costo de los bienes vendidos los cuales se asocian directamente con activos y pasivos no monetarios. Estas cuentas se convierten a su tasa histórica.
- **Distribuciones.** Los dividendos pagados se convierten al tipo de cambio en vigor en la fecha de pago.
- **Partidas de capital contable.** Las cuentas de capital común y de capital pagado se convierten a las tasas históricas. Las utilidades retenidas de fin de año consisten en las utilidades retenidas originales al principio del año más o menos cualquier utilidad o pérdida para el año, más o menos cualquier desequilibrio por traslación monetaria, como se explica a continuación.

Bajo el método temporal, las ganancias o pérdidas resultantes de una remedición se llevan directamente al ingreso consolidado actual y no a las reservas de capital contable. Por lo tanto, las ganancias y las pérdidas cambiarias resultantes del proceso de conversión no introducen inestabilidad en las ganancias consolidadas.

La ventaja básica del método temporal es que los activos no monetarios extranjeros se llevan a su costo original en el estado financiero consolidado de la empresa matriz. En la mayoría de los países, este enfoque es consistente con el tratamiento del costo original de los activos nacionales de la empresa matriz. Sin embargo, en la práctica, si algunas cuentas extranjeras se convierten a un tipo de cambio mientras que otras que se convierten a tasas diferentes, el balance general convertido que resultará de esto no cuadrará. Por lo tanto, hay necesidad de crear una "cuenta temporal" para eliminar lo que se ha denominado un "cargo o abono transitorio". La verdadera naturaleza de la ganancia o de la pérdida creada por el uso de tal cuenta temporal está abierta a preguntas. Las ganancias o pérdidas cambiarias no realizadas se incluyen en las *utilidades por acción* (EPS, *earnings per share*) primarias trimestrales, incrementando de esta manera la variabilidad de las utilidades reportadas.

Procedimientos de conversión de Estados Unidos

Como se mencionó anteriormente, Estados Unidos diferencia a las subsidiarias extranjeras sobre la base de la moneda funcional, y no sobre la base de la caracterización de la subsidiaria. Sin embargo, el resultado es equivalente. La figura 13.2 ilustra los procedimientos de conversión que usan las compañías con base en Estados Unidos bajo los actuales principios de contabilidad generalmente aceptados de Estados Unidos (GAAP). Como se muestra en la figura 13.2:

- Si los estados financieros de una subsidiaria extranjera de una compañía estadounidense se mantienen en dólares estadounidenses, la conversión no se requiere.

FIGURA 13.2 Procedimiento de diagrama de flujo para las prácticas de conversión

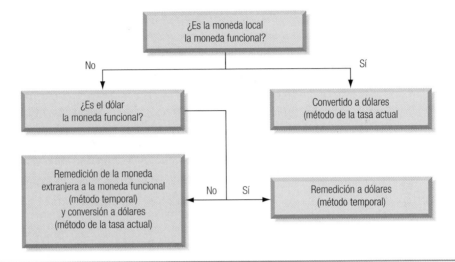

Propósito: Los estados financieros en moneda extranjera se deben convertir a dólares estadounidenses.

Si los estados financieros de la subsidiara extranjera se expresan en una
moneda extranjera, se deben hacer las siguientes determinaciones.

¿Es la moneda local
la moneda funcional?

No   Sí

¿Es el dólar
la moneda funcional?   Convertido a dólares
                                        (método de la tasa actual

Remedición de la moneda
extranjera a la moneda funcional
(método temporal)   No   Sí   Remedición a dólares
y conversión a dólares   (método temporal)
(método de la tasa actual)

- Si los estados financieros de la subsidiaria extranjera se mantienen en la moneda local y la moneda local es la moneda funcional, se convierten a través del *método de la tasa actual*.
- Si los estados financieros de la subsidiaria extranjera se mantienen en la moneda local y el dólar estadounidense es la moneda funcional, se vuelven a medir a través del *método temporal*. (La terminología puede ser engañosa; bajo las prácticas de contabilidad y de traslación de Estados Unidos, el uso del método de la tasa actual se denomina *traslación* o *conversión* mientras que el uso del método temporal se denomina *remedición*).
- Si los estados financieros de las subsidiarias extranjeras de compañías estadounidenses se mantienen en la moneda local y ni la moneda local ni el dólar es la moneda funcional, entonces los estados financieros deben primeramente volverse a medir en la moneda funcional por el método temporal, y entonces convertirse a dólares a través del método de la tasa actual.

Países con hiperinflación

El FAS#52 tiene una cláusula especial para convertir estados financieros de subsidiarias extranjeras de compañías estadounidenses que operan en países donde la inflación acumulada ha sido de cerca de 100% o más a lo largo de un periodo de tres años. Los estados financieros de estas subsidiarias se deben convertir a la moneda informativa utilizando el método temporal.

El fundamento es corregir el problema del "activo que desaparece". Si se usara la tasa actual, la depreciación quedaría subestimada en relación con los costos de reemplazo, las utilidades se exagerarían en términos reales y el valor en libros de la planta y del equipo finalmente casi desaparecería del balance general a medida que su valor disminuyera en términos de la moneda informativa. La conversión cambiaria de la planta, el equipo y los gastos de depreciación al tipo de cambio histórico produce un valor de los activos más alto en la moneda informativa a comparación del uso del tipo de cambio actual (valor depreciado). Esto conduce a un estado de resultados y a un balance general menos distorsionados. En efecto, el FAS#52 declara que la moneda funcional de las subsidiarias en países con hiperinflación es la moneda informativa (dólares estadounidenses para las empresas estadounidenses).

La norma de la hiperinflación tiene precedencia en la práctica de negocios.

Cuando un país se encuentra aquejado por hiperinflación, con frecuencia usa el dólar estadounidense o alguna otra moneda dura como su moneda funcional de facto para las transacciones reales indistintamente de las normas contables. Por ejemplo, en 1982, la mayoría de los minoristas israelitas valuaban su mercancía en dólares estadounidenses, y no en shekels. A la luz de una inflación de dígitos triples, ellos no pueden cambiar sus precios un día sí y otro día no. El dólar estadounidense se vuelve la unidad para las cuentas. Además, cuando un israelita mantiene dólares estadounidenses y el shekel se devalúa, sus tenencias en dólares siguen siendo las mismas, mientras que si mantiene monedas en shekels y si el shekel se devalúa, sus tenencias monetarias disminuyen su poder adquisitivo. El dólar estadounidense se convierte en el almacén de valor. De manera consistente con la práctica mercantil de los hombres de negocios en economías altamente inflacionarias, el FASB ha promulgado el principio contable de que la moneda del país de origen se convierte en la moneda funcional cuando la inflación es galopante; de otro modo, la moneda local es la moneda funcional. El establecimiento de las normas contables se redacta simplemente tomando como modelo las prácticas de negocios aceptadas.

—Russell A. Taussig, "Impact of SFAS 52 on the Translation of Foreign
Financial Statements of Companies in Highly-Inflationary Economies",
Journal of Accounting, Auditing, and Finance, invierno de 1983, pp. 145-176.

En resumen, las prácticas de conversión estadounidenses requieren que la empresa matriz determine primero la moneda funcional de la subsidiaria extranjera, lo cual dicta entonces si los estados financieros de la subsidiaria serán convertidos a través del método de la tasa actual o si se volverán a medir a través del método temporal. Un punto final de énfasis: la selección de la moneda funcional está determinada por las realidades económicas de las operaciones de la subsidiaria y no es una decisión administrativa discrecional sobre los procedimientos preferidos o sobre resultados optativos. Ya que muchas empresas multinacionales con base en Estados Unidos tienen numerosas subsidiarias extranjeras, algunas de ellas con el dólar estadounidense como moneda funcional y otras con alguna moneda extranjera como moneda funcional, las ganancias y las pérdidas cambiarias pueden pasar a través del estado consolidado corriente y/o acumularse en reservas de capital.

Prácticas internacionales de conversión

Como se ilustra en la figura 13.3, muchos de los países industriales más grandes del mundo —así como el recientemente formado International Accounting Standards Committee (IASC)— siguen el mismo procedimiento básico de conversión:

- Una subsidiaria extranjera es una *entidad extranjera integrada* o una *entidad extranjera autosostenible*.

- Las entidades extranjeras integradas se vuelven a medir por lo general utilizando el *método temporal* (o alguna ligera variación del mismo).

- Las entidades extranjeras autosostenibles se convierten al *método de la tasa actual*, también denominado como *método de la tasa de cierre*.

Ejemplo de conversión: Trident Europe

Continuaremos con el ejemplo de Trident del capítulo 12, concentrándonos ahora en su subsidiaria europea. También ilustraremos la conversión por el método temporal para mostrar la misma naturaleza arbitraria de una ganancia o pérdida por conversión. La selección del método contable es el principal factor al determinar la magnitud de una ganancia o pérdida. El ejemplo que se

FIGURA 13.3 Comparación de los métodos de conversión que se emplean en países selectos

País	Entidad extranjera integrada	Entidad extranjera autosostenible
Estados Unidos	Los estados financieros se vuelven a medir usando el método temporal con la inclusión de ajustes en la utilidad neta actual.	Método de la tasa actual. Los ajustes por conversión se reportan como un componente separado del capital contable de los accionistas.
Internacional	Método temporal. Los ajustes de conversión se incluyen en la utilidad neta actual, excepto que los ajustes por conversión sobre las partidas monetarias a largo plazo se pueden diferir y amortizar a lo largo de la vida de la partida.	Método de la tasa actual. Los ajustes por conversión se reportan como un componente separado del capital contable de los accionistas.
Australia	Método temporal. Los ajustes por conversión se incluyen en la utilidad neta actual.	Método de la tasa actual. Los ajustes por conversión se reportan como un componente separado del capital contable de los accionistas.
Canadá	Método temporal. Los ajustes por conversión se incluyen en la utilidad neta actual.	Método de la tasa actual. Los ajustes por conversión se reportan como un componente separado del capital contable de los accionistas.
Francia	Método temporal. Los ajustes por conversión se incluyen en la utilidad neta actual.	Método de la tasa actual. Los ajustes por conversión se reportan como un componente separado del capital contable de los accionistas.
Alemania	El método temporal o el método de la tasa actual son aceptables. Los ajustes por conversión se incluyen en la utilidad neta actual si se usa el método temporal y como un componente separado si se usa el método de la tasa actual.	Lo mismo que en el caso de una entidad extranjera integrada.
Japón	Método temporal. Los ajustes relacionados con las subsidiarias extranjeras se reportan en forma separada como un activo o un pasivo; los ajustes relacionados con las divisiones o las sucursales se incluyen en la utilidad neta actual.	Lo mismo que en el caso de una entidad extranjera integrada.
Países Bajos	Método temporal. Los ajustes por conversión se incluyen en la utilidad neta actual. Se usa el método de la tasa actual si la entidad utiliza una contabilidad a valores actuales.	Método de la tasa actual. Los ajustes por conversión se reportan como un componente separado del capital contable de los accionistas.
Reino Unido	Método temporal. Los ajustes por conversión se incluyen en la utilidad neta actual.	Método de la tasa actual. Los ajustes por conversión se reportan como un componente separado del capital contable de los accionistas.

Fuente: Survey of International Accounting Practices, Arthur Andersen & Co., Coopers & Lybrand, Deloitte & Touche, Ernst & Young, KPMG Peat Marwick, and Price Waterhouse, 1991.

presenta a continuación trata únicamente con la conversión del balance general. Los procedimientos un tanto más complejos para convertir los estados de resultados se describen en los textos de contabilidad internacional.

La moneda funcional de Trident Europe es el euro, y la moneda informativa de su empresa matriz, Trident Corporation, es el dólar estadounidense. Suponga lo siguiente:

- Se adquirió planta y equipo y deudas a largo plazo y Trident Europe emitió acciones comunes en algún momento del pasado cuando el tipo de cambio era de US$1.2760/€. Aunque el euro nunca se negoció a esta tasa contra el dólar, la tasa histórica del marco alemán en vigor en el momento en el que se realizó la inversión inicial se debe convertir a una "tasa histórica de euros" la cual, en efecto, antedata a las tasas del euro contra el marco alemán.

- Se compró o se manufacturó el inventario actualmente disponible durante el trimestre inmediatamente anterior cuando el tipo de cambio promedio era de US$1.2180/€. Al cierre del día de negocios del lunes 31 de diciembre de 2010, el tipo de cambio al contado actual era de US$1.2000/€.

■ Cuando los negocios reabrieron el 2 de enero de 2011, después de las fiestas de año nuevo, el euro había disminuido 16.67% de valor *versus* el dólar quedando a US$1.0000/€.

El ejemplo también contemplará las consecuencias que se hubieran producido si el euro se hubiera reforzado en 10% de la noche a la mañana a US$1.3200/€.

Método de la tasa actual

La mitad superior de la figura 13.4 ilustra la pérdida por conversión usando el método de la tasa actual. Los activos y los pasivos en el balance general previo a la depreciación se convierten al tipo

| FIGURA 13.4 | Trident Europe: pérdida por conversión justamente después de la depreciación del euro | | | | |

		31 de diciembre de 2010		2 de enero de 2011	
	En euros		Justo antes de la depreciación		Justo después de la depreciación
Método de la tasa actual					
Efectivo	€1,600,000	1.2000	US$1,920,000	1.0000	US$1,600,000
Cuentas por cobrar	3,200,000	1.2000	3,840,000	1.0000	3,200,000
Inventarios	2,400,000	1.2000	2,880,000	1.0000	2,400,000
Planta y equipo, neto	4,800,000	1.2000	5,760,000	1.0000	4,800,000
	€12,000,000		US$14,400,000		US$12,000,000
Cuentas por pagar	€800,000	1.2000	US$960,000	1.0000	US$800,000
Préstamo bancario a corto plazo	1,600,000	1.2000	1,920,000	1.0000	1,600,000
Deuda a largo plazo	1,600,000	1.2000	1,920,000	1.0000	1,600,000
Capital común	1,800,000	1.2760	2,296,800	1.2000	2,296,800
Utilidades retenidas	6,200,000	(a)	7,440,000	1.2000(b)	7,440,000
Ajuste por conversión (CTA)	—	—	(136,800)	—	(1,736,800)
	€12,000,000		US$14,400,000		US$12,000,000
Método temporal					
Efectivo	€1,600,000	1.2000	US$1,920,000	1.0000	US$1,600,000
Cuentas por cobrar	3,200,000	1.2000	3,840,000	1.0000	3,200,000
Inventarios	2,400,000	1.2180	2,923,200	1.2180	2,923,200
Planta y equipo, neto	4,800,000	1.2760	6,124,800	1.2760	6,124,800
	€12,000,000		US$14,808,000		US$13,848,000
Cuentas por pagar	€800,000	1.2000	US$960,000	1.0000	US$800,000
Préstamo bancario a corto plazo	1,600,000	1.2000	1,920,000	1.0000	1,600,000
Deuda a largo plazo	1,600,000	1.2000	1,920,000	1.0000	1,600,000
Capital común	1,800,000	1.2760	2,296,800	1.2760	2,296,800
Utilidades retenidas	6,200,000	(a)	7,711,200	(b)	7,711,200
Ganancia (pérdida) por conversión	—	—	—	(c)	(160,000)
	€12,000,000		US$14,808,000		US$13,848,000

(a) Los dólares de las utilidades retenidas antes de la depreciación son la suma acumulada de las adiciones a las utilidades retenidas de todos los años anteriores, convertidas a los tipos de cambio de cada año. Vea el texto para los supuestos que se han usado en este ejemplo.

(b) Convertido en dólares a la misma tasa que antes de la depreciación del euro.

(c) Bajo el método temporal, la pérdida por conversión de US$160,000 se cerraría contra las utilidades retenidas por vía del estado de resultados en lugar de que se quedara como una partida separada como se muestra aquí. Por tanto, bajo el método temporal, las utilidades retenidas finales serían en realidad de US$7,711,200 − US$160,000 = US$7,551,200.

de cambio actual de US$1.1600/€. El capital social se convierte a la tasa histórica de US$1.2760/€, y las utilidades retenidas se convierten a la tasa compuesta que es equivalente a hacer que la adición a las utilidades retenidas de cada año pasado se conviertan al tipo de cambio en vigor en ese año.

La suma de las utilidades retenidas y de la cuenta del ajuste de conversión acumulativa (CTA) deben "hacer que cuadren" los pasivos y la sección del capital contable neto del balance general con el lado de los activos. Para este ejemplo hipotético del texto, hemos supuesto las dos cantidades que se usaron para el balance general al 31 de diciembre de 2010. El supuesto no afecta a la medida final del incremento en la cuenta CTA porque la cuenta de utilidades retenidas es traspasada a cualquier cantidad arbitraria que se haya asignado a este ejemplo.

Como se muestra en la mitad superior de la figura 13.4, la conversión en dólares "justo antes de la depreciación" reporta una pérdida acumulada por conversión proveniente de periodos anteriores de US$136,800. El saldo es la ganancia o la pérdida acumulada que resulta de convertir estados financieros en euros en dólares en años anteriores, y se ha llevado por separado en la cuenta CTA. Los estados financieros de 1998 y de fechas anteriores originalmente hubieran sido estados financieros en marcos alemanes, convertidos en euros después del 1 de enero de 1999, cuando se introdujo el euro.

Después de la depreciación de 16.67%, Trident Corporation convierte los activos y los pasivos al nuevo tipo de cambio de US$1.0000/€. Las cuentas de capital contable, incluyendo las utilidades retenidas, se convierten justamente como estaban antes de la depreciación, y como resultado de ello la pérdida por conversión acumulada aumenta a US$1,736,800. El incremento de US$1,600,000 en esta cuenta (de una pérdida acumulada de US$136,800 a una nueva pérdida acumulada de US$1,736,800) es la pérdida por conversión medida por el método de la tasa actual.

Esta pérdida por conversión es un decremento en el capital contable, medido en la moneda informativa de la empresa matriz, de los activos netos expuestos. Un *activo expuesto* es aquel cuyo valor disminuye con la depreciación de la moneda funcional y aumenta con una revaluación de esa moneda. Los activos *netos* expuestos en este contexto se refieren a los activos expuestos menos los pasivos expuestos. Los activos *netos* expuestos son positivos ("posición larga") si los activos expuestos exceden a los pasivos expuestos. Son negativos ("posición corta") si los activos expuestos son más pequeños que los pasivos expuestos.

La exposición se puede medir mediante la creación de un balance general antes y después de la conversión, como se muestra en la figura 13.4. Un método simplificado consiste en multiplicar los activos netos expuestos por el monto porcentual de la depreciación. Hicimos este cálculo por el método de la tasa actual como se muestra en la columna izquierda de la figura 13.5, donde se ilustra que una depreciación de 16.67% del euro significa que los activos netos expuestos de US$9,600,000 pierden 16.67% de su valor, una pérdida por conversión de US$1,600,000.

Suponga ahora que el euro se hubiera revaluado. Si, al final del año, el euro se hubiera revaluado de US$1.2000/€ a US$1.3200/€, la revaluación sería de 10%. El efecto de esto se presenta en el panel B de la figura 13.5, el cual empieza con los mismos activos netos expuestos que se calcularon en el panel A. Bajo el método de la tasa actual, la empresa matriz de Estados Unidos tendría una ganancia por conversión de US$960,000.

Método temporal

La conversión de las mismas cuentas bajo el método temporal muestra la naturaleza arbitraria de cualquier ganancia o pérdida proveniente de la conversión. Esto se ilustra en la mitad inferior de la figura 13.4. Los activos monetarios y los pasivos monetarios en el balance general en euros antes de la depreciación se convierten al tipo de cambio actual, pero los demás activos y las cuentas de capital contable se convierten a sus tasas históricas. En el caso de Trident Europe, la tasa histórica del inventario difiere de la tasa de la planta y equipo netos porque el inventario se adquirió en una fecha más reciente.

Bajo el método temporal, las pérdidas por conversión no se acumulan en una cuenta de capital contable separada sino que se pasan directamente a través del estado de resultados de cada trimestre. De este modo, en el balance general en dólares convertido antes de la depreciación, las utilidades retenidas fueron el resultado acumulado de las utilidades provenientes de todos los

FIGURA 13.5	Trident Europe: pérdida o ganancia por conversión: comparación de la tasa actual y de los métodos temporales

Panel A: Depreciación del euro, de US$1.2000/€ a US$1.0000/€ (−16.67%)

	Método de la tasa actual	Método temporal
Activos expuestos		
Efectivo	US$1,920,000	US$1,920,000
Cuentas por cobrar	3,840,000	3,840,000
Inventario	2,880,000	no expuesto
Planta y equipo, neto	5,760,000	no expuesto
Activos totales expuestos ("A")	US$14,400,000	US$5,760,000
Pasivos expuestos		
Cuentas por pagar	US$960,000	US$960,000
Préstamo bancario a corto plazo	1,920,000	1,920,000
Deuda a largo plazo	1,920,000	1,920,000
Pasivos totales expuestos ("L")	US$4,800,000	US$4,800,000
Ganancia (pérdida) si el euro se deprecia		
Activos netos expuestos ("A" − "L")	US$9,600,000	US$960,000
Multiplicado por el monto de la depreciación	× (0.1667)	× (0.1667)
Ganancia (pérdida) por conversión	(US$1,600,000)	(US$160,000)

Panel B: Revaluación del euro, de US$1.2000/€ a US$1.3200/€ (+10.00%)

	Método de la tasa actual	Método temporal
Ganancia (pérdida) si el euro se revalúa		
Activos netos expuestos ("A" − "L")	US$9,600,000	US$960,000
Multiplicado por el monto de la depreciación	× 0.1000	× 0.1000
Ganancia (pérdida) por conversión	US$960,000	US$96,000

años anteriores convertidas a las tasa históricas en vigor cada año, más las ganancias o pérdidas por conversión provenientes de todos los años anteriores. En la figura 13.4, no aparece ninguna pérdida por conversión en el balance general en dólares antes de la depreciación porque cualesquiera pérdidas se hubieran cerrado contra las utilidades retenidas.

El efecto de la depreciación de 16.67% es crear una pérdida inmediata por conversión de US$160,000. Este monto se muestra como una partida separada en la figura 13.4 para centrar la atención en ella en este ejemplo del libro de texto. Bajo el método temporal, esta pérdida por conversión de US$160,000 pasaría a través del estado de resultados, reduciendo la utilidad neta reportada y reduciendo las utilidades retenidas. Las utilidades retenidas finales serían de hecho de US$7,711,200 menos US$160,000, o US$7,551,200. Otros países que usan el método temporal no necesariamente requieren que las ganancias y las pérdidas pasen a través del estado de resultados.

Cuando una pérdida por conversión se visualiza en términos de los cambios en el valor de las cuentas expuestas, como se muestra en la columna derecha de la figura 13.5, la pérdida bajo el método temporal es de 16.67% de los activos netos expuestos de US$960,000, o US$160,000. Si el euro se llegara a revaluar 10%, la ganancia por conversión para la empresa matriz estadounidense sería de US$96,000, como se muestra en la parte inferior de la columna derecha la figura 13.5.

Implicaciones administrativas

En la figura 13.4 y en la figura 13.5, la pérdida o ganancia por conversión es más grande bajo el método de la tasa actual porque el inventario y la planta y el equipo netos, así como todos los activos monetarios, se consideran expuestos. Cuando los activos netos expuestos son más grandes, las ganancias o las pérdidas por conversión también lo son.

Las implicaciones administrativas de este hecho son muy importantes. Si la administración espera que una moneda extranjera se deprecie, podría minimizar la exposición por traslación al reducir los activos netos expuestos. Si la administración anticipa una revaluación de la moneda extranjera, debería aumentar los activos netos expuestos para beneficiarse de una ganancia.

Dependiendo del método contable del momento, la administración podría seleccionar diferentes activos y pasivos con propósitos de reducirlos o de aumentarlos. Por tanto, las decisiones "reales" acerca de las inversiones y financiamientos podrían estar dictadas por la técnica contable que se requiera, cuando de hecho, el método de información debería ser neutral en cuanto a su influencia sobre las decisiones operativas y de financiamiento.

Comparación de la exposición por traslación y de la exposición operativa

En la figura 13.6 las ganancias o las pérdidas por conversión dada la devaluación de una moneda se comparan con las ganancias o pérdidas operativas de la figura 12.3 del capítulo 12. Obviamente, las ganancias o las pérdidas por conversión pueden ser del todo diferentes de las ganancias o pérdidas operativas, no solamente en magnitud sino también en signo (una ganancia o una pérdida). Un administrador que se concentre únicamente en las pérdidas por conversión, en una situación como la de Trident Europe, podría evitar la realización de operaciones de negocios en Alemania debido a la probabilidad de tal pérdida. El administrador podría sentir temor de perder un bono vinculado con las utilidades reportadas, o posiblemente de perder un trabajo si se hiciera la inversión en Alemania y el estado de resultados reportara pérdidas severas por conversión a la oficina matriz.

La exposición operativa presenta una perspectiva totalmente diferente de la misma situación. Como se resume en la figura 13.6, Alemania y Europa se volvieron localidades más (o menos) deseables para inversión debido a las consecuencias *operativas* que siguieron a la depreciación en dos de los tres casos que se muestran aquí. Esto ilustra la importancia de concentrar las decisiones principalmente en las consecuencias operativas de las variaciones en los tipos de cambio y tan sólo en forma secundaria en las mediciones del desempeño con bases contables.

Administración de la exposición por traslación

La técnica principal para minimizar la exposición por traslación se denomina *cobertura del balance general*. Algunas empresas han tratado de cubrir la exposición por traslación en el mercado a plazo. Tal acción equivale a especular en el mercado a plazo con la esperanza de que se realice una utilidad en efectivo para compensar la pérdida (que no es en efectivo) proveniente de la conversión. El éxito depende de una predicción precisa de los tipos de cambio futuros, dado que tal cobertura no funcionará a lo largo de un ámbito de los posibles tipos de cambio futuros. Además, tal cobertura aumentará la carga fiscal, ya que la utilidad proveniente de la cobertura a plazo (especulación) es gravable, pero la pérdida por conversión no reduce el ingreso gravable.

FIGURA 13.6 Comparación de la exposición por traslación con exposición operativa, devaluación del euro de US$1.200/€ a US$1.0000/€ para Trident Europe

Exposición	Monto	Ganancia o pérdida
Exposición por conversión (figuras 13.4 y 13.5)		
Método de la tasa actual	(US$1,600,000)	**Pérdida** por conversión
Método temporal	(US$160,000)	**Pérdida** por conversión
Exposición operativa (en términos de valor presente, figura 12.3)		
Caso 1: Depreciación del euro	(US$1,033,914)	**Pérdida** por las operaciones
Caso 2: El volumen se duplica	US$2,866,106	**Ganancia** por las operaciones
Caso 3: El precio de venta aumenta	US$3,742,892	**Ganancia** por las operaciones

Como se ilustra en el caso *Finanzas globales en la práctica 13.1*, la cobertura de las conversiones es todavía en general, del todo controversial.

Definición de la cobertura del balance general

Una cobertura de balance general requiere que haya una cantidad igual de activos y pasivos *expuestos* en moneda extranjera en el balance general consolidado de una empresa. Si esto no se puede lograr para cada moneda extranjera, la exposición neta por conversión será de cero. Una variación en los tipos de cambio modificará el valor de los pasivos expuestos en una cantidad igual pero en la dirección opuesta al cambio de valor de los activos expuestos. Si una empresa hace la conversión por el método temporal, una posición neta expuesta de cero se denomina *saldo monetario*. No se puede lograr un equilibrio monetario completo bajo el método de la tasa actual porque los activos totales tendrían que ser ajustados en una cantidad igual de deudas, pero la sección del capital contable del balance general aún debe convertirse a los tipos de cambio históricos.

El costo de una cobertura del balance general depende de los costos relativos de los préstamos. Si los costos de los préstamos en moneda extranjera, después de hacer ajustes por el riesgo cambiario son más altos que los costos de los préstamos en la moneda de la empresa matriz, la cobertura del balance general es costosa, y viceversa. Sin embargo, las operaciones normales requieren ya de decisiones acerca de la magnitud y la denominación monetaria de cuentas específicas del balance general. De este modo, las coberturas del balance general son un arreglo en el cual la denominación de las cuentas del balance general se altera, tal vez a un costo en términos de los gastos de intereses o de la eficiencia operativa, para lograr algún grado de protección cambiaria.

Ilustración de una cobertura de balance general

Para ilustrar la cobertura de un balance general, regresemos a la exposición por traslación que se identificó en forma anterior para Trident Europe y su empresa matriz, Trident Corporation. Los datos anteriores la figura 13.4 se reexpresan en un formato diferente en la figura 13.7.

FINANZAS GLOBALES EN LA PRÁCTICA 13.1

Gyrus (Reino Unido): ¿Exposición por traslación o exposición por transacciones?

Las acciones de Gyrus disminuyeron después de que el productor del equipo quirúrgico afirmó que seguía expuesto al débil dólar estadounidense después de descubrir que la primera mitad de las utilidades estaban en línea con las expectativas. Gyrus, la cual tiene 80% de sus ingresos denominados en dólares, dijo que las ventas de los seis meses hasta el 30 de junio aumentaron 2% hasta £109m (£107m) a comparación de un aumento de 11% sobre una base monetaria constante.

"Contemplamos ahora la segunda mitad del año y aún más lejos de esas fechas con confianza… pero algo empaña nuestro entusiasmo como resultado de la continua debilidad del dólar", dijo Gyrus. La compañía reportó un fuerte crecimiento de sus divisiones de urología/ginecología y de sus divisiones quirúrgicas en Estados Unidos donde los ingresos aumentaron 22 y 11%, respectivamente. La división general de cirugía observó que las ventas aumentaron 136% llegando a US$6.6m (£3.3m).

Simon Shaw, director financiero, afirmó que el impacto monetario era debido a la conversión monetaria y no a las transacciones. "No es económicamente viable cubrir la exposición por traslación, sino que ello es terriblemente costoso".

Andy Smith, administrador de inversiones en International Biotechnology Trust, quien mantiene cerca de 3% de su portafolios en Gyrus, afirmó lo siguiente: "Éste es el segundo año consecutivo que esto ha sacudido al precio de sus acciones. Ellos cubren ciertamente una proporción pero es obvio que la cobertura necesita ser mayor. "Hay varias formas de salir de esto —cubrir más la exposición en dólares, volverse a inscribir en Nasdaq o ser adquirido por una compañía estadounidense—. Gyrus es una gran compañía y debe tratar estos problemas."

El señor Shaw dijo que la opción de volverse a inscribir en Nasdaq ha sido discutida, pero los "riesgos que se presentan con Sarbanes Oxley y el costo del cumplimiento sobrepasan al incremento potencial en la valuación", añadió él. El señor Smith dijo que Gyrus era un blanco de adquisición de primera calidad. Las partes interesadas podrían incluir a los rivales Smith & Nephew, Johnson & Johnson y Tyco. Las utilidades antes de impuestos, antes de los costos de reestructuración, aumentaron a £10.3m (£5.5m). Las utilidades por acción fueron de 3.5p (2.5p). Las acciones de Gyrus disminuyeron 35p hasta alcanzar un nivel cercano a 398p.

Fuente: "Gyrus Hurt by Dollar Weakness", *Financial Times*, 18 de septiembre de 2007.

FIGURA 13.7	Trident Europe, exposición del balance general

	Cuentas de balance general	Exposición al tipo de cambio	Exposición temporal
Activos			
Efectivo	€1,600,000	€1,600,000	€1,600,000
Cuentas por cobrar	3,200,000	3,200,000	3,200,000
Inventarios	2,400,000	2,400,000	
Planta y equipo neto	4,800,000	4,800,000	
Activos totales	€12,000,000		
Activos expuestos		€12,000,000	€4,800,000
Pasivos y capital			
Cuentas por pagar	€800,000	€800,000	€800,000
Deuda bancaria a corto plazo	1,600,000	1,600,000	1,600,000
Deuda a largo plazo	1,600,000	1,600,000	1,600,000
Capital social	1,800,000		
Utilidades retenidas	6,200,000		
Total pasivos y capital contable	€12,000,000		
Pasivos expuestos		€4,000,000	€4,000,000
Activos netos en euros sujetos a exposición		€8,000,000	€800,000
Multiplicado por el tipo de cambio (US$/€)		× 1.2000	× 1.2000
Activos netos en dólares sujetos a exposición		US$9,600,000	US$960,000
Multiplicado por el monto de la devaluación		× 0.1667	× 0.1667
Ganancias (pérdida) por conversión esperada		US$(1,600,000)	US$(160,000)

Trident Europe espera que el euro disminuya 16.67% de valor con respecto a su valor al principio del año a un nuevo tipo de cambio de US$1.0000/€. Bajo el método de la tasa actual, la pérdida esperada es de 16.67% de la exposición de US$9,600,000, o US$1,600,000. Bajo el método temporal, la pérdida esperada es de 16.67% de la exposición de US$960,000, o US$160,000.

Para lograr una cobertura del balance general, Trident Corporation debe ya sea: 1) reducir los activos en euros sujetos a exposición sin reducir en forma simultánea los pasivos en euros o 2) aumentar los pasivos en euros sin incrementar de manera simultánea los activos en euros. Una forma de hacer esto es intercambiar el efectivo actual en euros por dólares. Si Trident Europe no tiene fuertes saldos de efectivo en euros, puede solicitar euros en préstamo e intercambiar los euros tomados en préstamo por dólares. Otra subsidiaria podría solicitar euros en préstamo e intercambiarlos por dólares. Es decir, la esencia de la cobertura es que la empresa matriz o cualquiera de sus subsidiarias cree deudas en Europa e intercambie los fondos obtenidos por dólares.

Método de la tasa actual. Bajo el método de la tasa actual, Trident Europe debería solicitar en préstamo tanto como €8,000,000. El efecto inicial de este primer paso es incrementar tanto el activo expuesto (efectivo) como el pasivo expuesto (documentos por pagar) en el balance general de Trident Europe, sin ningún efecto inmediato sobre los activos netos expuestos. El paso de seguimiento que se requiere puede tomar dos formas: 1) Trident Europe puede intercambiar los euros adquiridos por dólares estadounidenses y mantener esos dólares para sí misma o 2) puede transferir los euros tomados en préstamo a Trident Corporation, tal vez como un dividendo en euros o como un reembolso de una deuda intracompañía. Trident Corporation podría entonces intercambiar los euros por dólares. Desde luego, en algunos países, las autoridades monetarias locales no permitirán que su moneda se intercambie con tanta libertad.

Otra posibilidad sería que Trident Corporation o una subsidiaria hermana solicitara en préstamo los euros, manteniendo así la deuda en euros totalmente fuera de los libros de Trident Europe. Sin embargo, el segundo paso es todavía esencial para eliminar la exposición en euros; la entidad que solicite el préstamo debe intercambiar los euros por dólares o cualquier otro activo no sujeto a exposición. Cualquiera de tales préstamos debe estar coordinado con todos los demás préstamos en euros para evitar la posibilidad de que una subsidiaria esté solicitando euros en préstamo para reducir la exposición por traslación al mismo tiempo que otra subsidiaria esté reembolsando una deuda en euros. (Observe que los euros pueden ser "solicitados en préstamo" simplemente demorando el reembolso de la deuda existente en euros; la meta es incrementar la deuda en euros, y no solicitar fondos en préstamo en sentido literal.)

Método temporal. Si la conversión monetaria se hace a través del método temporal, tan sólo es necesario solicitar en préstamo una cantidad mucho más pequeña: €800,000. Como antes, Trident Europe podría usar los fondos del préstamo para adquirir dólares estadounidenses. Sin embargo, Trident Europe podría también usar los fondos para adquirir inventarios o activos fijos en Europa. Bajo el método temporal estos activos no se consideran como expuestos y su valor en dólares no disminuye cuando el euro se deprecia.

¿Cuándo está justificada una cobertura de balance general?

Si la subsidiaria de una empresa está usando la moneda local como la moneda funcional, las siguientes circunstancias podrían justificar cuál es el momento indicado para usar una cobertura del balance general:

- La subsidiaria extranjera está a punto de ser liquidada, de tal modo que se realice el valor de su CTA.
- La empresa tiene convenios de deudas o contratos bancarios que afirman que las razones de deudas a capital contable de la empresa deberán mantenerse dentro de límites específicos.
- La administración es evaluada sobre la base de ciertas medidas del estado de resultados y del balance general que se ven afectadas por las pérdidas y las ganancias por conversión.
- La subsidiaria extranjera está operando en un medio ambiente hiperinflacionario.

Si una empresa está usando la moneda local de la empresa matriz como la moneda funcional de la subsidiaria extranjera, todas las ganancias y pérdidas por transacciones se pasan a través del estado de resultados. La cobertura de este ingreso consolidado para reducir su variabilidad puede ser importante para los inversionistas y para las agencias de evaluación de bonos. La sección *Finanzas globales en la práctica 13.2* describe una cobertura alternativa de los resultados contables, esto es, el ingreso denominado en moneda extranjera.

Elección entre la minimización de la exposición por transacciones y la exposición por traslación

La administración encontrará casi imposible compensar tanto la exposición por traslación y la exposición por transacciones al mismo tiempo. La reducción de una exposición de ordinario cambia la cantidad de la otra exposición. Por ejemplo, la forma más sencilla de compensar la exposición por traslación es requerir que la empresa matriz y todas las subsidiarias denominen todos los activos y pasivos expuestos en la moneda informativa de la empresa matriz. Para las empresas estadounidenses y sus subsidiarias, todos los activos y pasivos se mantendrían en dólares. Tales empresas no tendrían una exposición por traslación pero cada subsidiaria tendría su propia exposición por transacciones.

Como ilustración, suponga que una empresa matriz estadounidense le indica a su subsidiara japonesa que facture y exporte a la empresa matriz en dólares. La cuenta por cobrar en los libros de la subsidiaria japonesa se muestra como el equivalente en yenes del monto en dólares, y la utilidad en yenes se registra en el momento de la venta. Si, antes de que la empresa matriz pague dólares a su subsidiaria japonesa, el yen se revalúa 5%, la empresa matriz todavía paga tan sólo el monto en dólares contratado. La subsidiaria japonesa recibe 5% menos de yenes a comparación de lo que esperaba y que había registrado como utilidades. Por tanto, la subsidiaria japonesa experimentará una pérdida cambiaria de 5% sobre sus cuentas por cobrar denominadas en dólares. La más baja utilidad en yenes finalmente se traducirá en una utilidad en dólares más baja cuando el estado de resultados de la subsidiaria se consolide con el de la empresa matriz. En

FINANZAS GLOBALES EN LA PRÁCTICA 13.2

Alejamiento del euro como instrumento de cobertura cambiaria

En 2000, un número de multinacionales estadounidenses grandes se mostraron crecientemente preocupadas por el desliz en el valor del euro. Dada la significativa contribución de las utilidades continentales que se obtuvieron en euros, el valor declinante del euro *versus* el dólar representaba una continua degradación de las utilidades potenciales reportadas. Algunas empresas, como Coca-Cola, cubrieron el valor en dólares de sus utilidades proyectadas en euros. Las coberturas protegían el valor en dólares de sus utilidades en euros, y como resultado de ello, las compañías no sufrieron decrementos sustanciales en las utilidades consolidadas.

Otras, sin embargo, como Goodyear y Caterpillar, sufrieron reducciones porcentuales de dos dígitos en las utilidades consolidadas como consecuencia del declive no protegido del euro.

Aunque algunas compañías reconocen que han sido capaces de impedir que sus utilidades consolidadas fueran perjudicadas por monedas extranjeras decadentes —durante un trimestre o una serie de trimestres, por lo menos— todavía es altamente controversial que una empresa gaste recursos y adquiera posiciones de cobertura con instrumentos a plazo y con instrumentos de intercambio (*swaps*) para cubrir sus resultados contables.

El impacto del valor decadente del euro sobre multinacionales selectas con base en Estados Unidos

Compañía	Ingreso en operación del tercer trimestre	Reducción debido al euro
Goodyear	US$68	30%
Caterpillar	US$294	12%
McDonald's	US$910	5%
Kimberly-Clark	US$667	2.5%

Fuente: "Business Won't Hedge the Euro Away", *Business Week*, 4 de diciembre de 2000.

última instancia, ¡la multinacional consolidada con base en Estados Unidos mostrará una pérdida cambiaria en dólares!

Un razonamiento similar mostrará que si una empresa opta por eliminar la exposición por transacciones, la exposición por traslación incluso podría aumentar. La forma más sencilla de liberarse de la exposición por transacciones es requerir que la empresa matriz y todas las subsidiarias denominen todas las cuentas sujetas a una exposición por transacciones en su moneda local. De este modo, toda subsidiaria evitaría las ganancias o pérdidas por transacciones. Sin embargo, cada subsidiaria estaría creando una exposición neta por traslación al asumir una posición larga o corta en términos de los activos o pasivos locales sujetos a una exposición monetaria. El estado financiero consolidado de la empresa matriz mostraría una exposición por traslación en cada moneda local.

Como regla general, las empresas que tratan de reducir ambos tipos de exposición de ordinario reducen primero la exposición por transacciones. Posteriormente vuelven a calcular la exposición por traslación (la cual puede haber cambiado), y deciden si cualquier exposición por traslación residual se puede reducir sin crear una mayor exposición por transacciones. Los impuestos complican la decisión de buscar protección contra una exposición por transacciones o una exposición por traslación. Las pérdidas por transacciones de ordinario se consideran pérdidas "realizadas" y por tanto son deducibles del ingreso antes de impuestos. Sin embargo, las pérdidas por traslación tan sólo son pérdidas en "papel", no involucran saldos de efectivo y no son deducibles del ingreso antes de impuestos. Es altamente discutible si verdaderamente se debe incurrir en las técnicas de protección que necesitan de pagos de efectivo, y que por tanto reducen el flujo neto de efectivo, para evitar pérdidas que no son en efectivo.

RESUMEN

■ La exposición por conversión o por traslación resulta de la conversión de estados financieros denominados en moneda extranjera de subsidiarias en la moneda informativa de la empresa matriz, de modo que esta última pueda preparar estados financieros consolidados. La exposición por traslación es el potencial para las pérdidas o ganancias que resultan de este proceso de conversión.

■ La moneda funcional de una subsidiaria extranjera es la moneda del medio ambiente económico primario en el cual opera la subsidiaria y en el cual genera flujos de efectivo. En otras palabras, es la moneda dominante que usa esa subsidiaria extranjera en sus operaciones cotidianas.

- En la mayoría de los países los dos procedimientos básicos que se usan en la actualidad para la conversión son el método de la tasa actual y el método temporal.
- Los aspectos técnicos de la conversión incluyen preguntas acerca de cuándo reconocer las ganancias o las pérdidas en el estado de resultados, la distinción entre la moneda funcional y la moneda informativa y el tratamiento de las subsidiarias en los países con hiperinflación.
- Las ganancias y pérdidas por conversión pueden ser del todo distintas de las ganancias y las pérdidas operativas, no solamente en cuanto a magnitud sino también en cuanto a signo. La administración puede necesitar determinar cuál de ellas es de mayor significado antes de decidir qué exposición debería manejarse primero.

- La técnica principal para la administración de la exposición por traslación es una cobertura del balance general. Esto implica tener una cantidad igual de activos y pasivos circulantes en moneda extranjera sujetos a exposición cambiaria.
- Incluso si la administración opta por seguir una política activa de cobertura de la exposición por traslación, es casi imposible compensar la exposición por transacciones y la exposición por traslación en forma simultánea. Cuando están obligados a elegir, la mayoría de los administradores se protegerán contra las pérdidas por transacciones porque éstas son pérdidas en efectivo realizadas, en lugar de optar por protegerse contra las pérdidas por traslación.

MINICASO   **Servicios de ingeniería LaJolla**

En la División de Equipos de Ingeniería, Meaghan O'Connor heredó mucho más problemas de los que había imaginado.[1] Después de tomar el cargo de director financiero de la división en marzo de 2004, Meaghan descubrió que las subsidiarias latinoamericanas de la División de Equipos de Ingeniería de LaJolla eran la fuente de pérdidas recientes y de amenazas crecientes sobre los ingresos. La parte más bien inusual de este problema creciente era que tanto las pérdidas como las amenazas provenían de las conversiones monetarias.

Subsidiarias latinoamericanas

LaJolla era una compañía multinacional de servicios de ingeniería con una reputación establecida en el diseño y construcción de sistemas de energía eléctrica. Aunque la mayor parte del negocio de LaJolla de ordinario se describía como "servicios", y por tanto usaba o poseía pocos activos reales, ese no era el caso con la División de Equipos de Ingeniería. Esta unidad específica de negocios estaba encargada de poseer y operar los muy costosos y especializados equipos pesados que intervenían en ciertas construcciones de sistemas de transmisión y de distribución de energía eléctrica. En la terminología de Meaghan, ella estaba a cargo del "Gran Hierro" en una compañía de consultores.

Las actividades recientes de LaJolla se habían concentrado en cuatro países —Argentina, Jamaica, Venezuela y México—. Desafortunadamente, los últimos años no habían sido propios para el valor de estas monedas, en particular contra el dólar estadounidense. Cada una de las subsidiarias de LaJolla en estos países tenía como moneda funcional su moneda local. Cada subsidiaria generaba la mayor parte de sus ingresos a partir de contratos de servicio locales, y muchos de los gastos operativos también eran locales. Pero cada una de las unidades había invertido en alguno de los equipos especializados —a los cuales llamaban como el "Gran Hierro"— lo cual conducía a activos netos sujetos a exposición cuando LaJolla terminaba la consolidación de las actividades extranjeras cada año con propósitos de información financiera. Las ganancias y pérdidas por conversión (principalmente pérdidas en años recientes en tanto que el peso argentino, el dólar jamaiquino, el bolívar venezolano y el peso mexicano se habían debilitado contra el dólar estadounidense), se acumularon en la partida de ajustes acumulativos por conversión en los libros consolidados de la compañía. Pero el problema se había vuelto más real en fechas recientes.

De ordinario, estas pérdidas por transacciones no hubieran sido un gran problema administrativo para LaJolla y Meaghan, excepto por un error menor en la presentación de un documento en Argentina en el otoño de 2003. LaJolla, al igual que muchas compañías multinacionales que operaban en Argentina en años recientes, simplemente había abandonado la conducción de cualquier negocio prometedor en la severamente deprimida poscrisis de Argentina. Esencialmente, había cerrado los negocios ahí en el verano de 2003. Pero su asesor legal en Buenos Aires cometió un error. En lugar de cesar las operaciones actuales y de archivar los activos existentes de LaJolla Engineering Argentina, el consejo local presentó documentos que afirmaban que LaJolla estaba liquidando el negocio. Aunque parecía una distinción menor, de acuerdo con los principios de contabilidad de Estados Unidos y el FAS52, LaJolla tenía que realizar ahora en las utilidades actuales las pérdidas acumuladas por conversión que habían crecido a lo largo de los años y que provenían del negocio de Argentina. Y éstas eran sustanciales: US$7 millones en pérdidas en el cuarto trimestre de 2003. La administración de LaJolla no estaba contenta.

[1]Este caso se refiere a una compañía real. Los nombres y los países se han cambiado para preservar la confidencialidad.

LaJolla 2004

Como resultado de esta experiencia reciente, LaJolla estaba mirando de cerca todas las ganancias y pérdidas por conversión de sus diversas unidades de negocios en todo el mundo. Una vez más, las operaciones latinoamericanas de la compañía eran el punto focal, ya que en forma colectiva muchas de las monedas latinas se habían debilitado recientemente contra el dólar, aunque en sí mismo el dólar era del todo débil contra el euro. Jamaica, Venezuela y México representaban en forma individual sus problemas y desafíos propios, pero todos ellos implicaban amenazas de ajustes por conversión para LaJolla.

Jamaica. En la compañía existía una gran preocupación por los negocios de Jamaica y sus contratos desde el principio.[2] La compañía había estado inicialmente de acuerdo en tomar todos los ingresos en dólares jamaiquinos (estableciendo con ello la designación monetaria de la moneda local como funcional), pero después de la caída del dólar jamaiquino a principios de 2003 (vea figura 1), renegoció un contrato de compartimiento de riesgos. Dicho contrato reestructuraba la relación a un convenio en el que, aunque LaJolla seguiría recibiendo pagos en moneda local, las dos compañías compartirían cualquier variación en el tipo de cambio a partir del cuarto trimestre de 2003 cuando establecieran los cargos como facturados. Indistintamente de ello, la continua disminución del dólar jamaiquino creó pérdidas sustanciales por conversión para LaJolla en Jamaica.

FIGURA 1 Tipos de cambio promedio mensuales: dólares jamaiquinos por dólar estadounidense

México. Aunque el peso mexicano permaneció muy estable durante un determinado número de años, claramente empezó a deslizarse contra el dólar en 2002 y 2003 (vea figura 2).

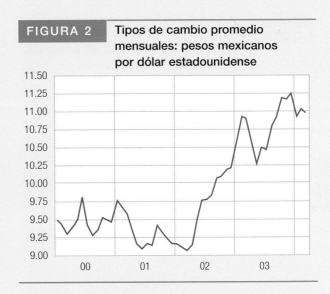

FIGURA 2 Tipos de cambio promedio mensuales: pesos mexicanos por dólar estadounidense

Cuanto más contemplaba la situación mexicana, Meaghan se mostraba particularmente más frustrada con ella. LaJolla inició las operaciones de la subsidiaria en México a principios de 2000, sin embargo las pérdidas por conversión reportadas desde México habían aumentado mucho más rápido de lo que ella hubiera esperado. También le causó gran agitación darse cuenta de que los reportes financieros que provenían de las oficinas mexicanas aparentemente estaban "transcribiendo" las pérdidas por conversión cada trimestre. Cuando hacía preguntas, primero por teléfono y después en persona, su contralor financiero local simplemente dejaba de hablar (trabajaba con un intérprete), alegando que no entendía sus preguntas. Meaghan no era un principiante en finanzas internacionales, y sabía que los estados financieros mexicanos indexaban con regularidad las cuentas denominadas en moneda extranjera de acuerdo con los índices publicados por el gobierno referente a los valores de los activos en relación con las monedas. Se preguntaba si la indexación podría ser la fuente del rápido crecimiento en las pérdidas por conversiones cambiarias.

Venezuela. La continua crisis política de Venezuela en torno a la presidencia de Hugo Chávez había cobrado sus efectos sobre el bolívar venezolano (vea figura 3). LaJolla no solamente estaba sufriendo de fondos declinantes en dólares estadounidenses a partir de sus operaciones venezolanas, sino que también continuaba haciendo frente a pagos severamente atrasados de las diversas agencias del gobierno a las cuales la compañía proporcionaba servicios en forma exclusiva. La factura promedio se pagaba ahora a más de 180 días, y el descenso del bolívar contribuía a las pérdidas. Las pérdidas

[2] Todos los diagramas de los tipos de cambio son cortesía de Pacific Exchange Rate Service (http://fx.sauder.ubc.ca), un servicio de investigaciones académicas y enseñanza; @2004, Prof. Werner Antweiler, University of British Columbia, Vancouver, BC, Canada. El periodo que se muestra en cada diagrama es l/Ene/2000-9/Mar/2004.

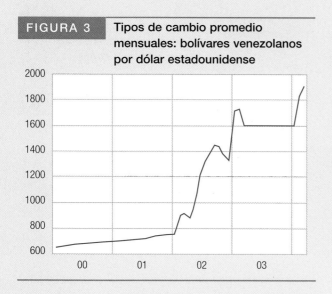

FIGURA 3 | Tipos de cambio promedio mensuales: bolívares venezolanos por dólar estadounidense

en Venezuela a dólares estadounidenses, así como una sugerencia de que consideraran la posibilidad de desplazar la subsidiaria al exterior (fuera de Venezuela) para propósitos de contabilidad y de consolidación, ya fuera las Islas Caimán o las Antillas Holandesas justamente al lado de la costa.

En términos generales, Meaghan estaba empezando a pensar que cometió un gran error cuando aceptó la promoción del director financiero de esta división. Dio una nueva mirada al Pacífico para pensar qué alternativas podría tener para administrar estas exposiciones cambiarias, y qué cosas —si es que había alguna— debería hacer de inmediato.

Preguntas del caso

1. ¿Considera usted que Meaghan debería invertir tiempo y recursos tratando de administrar las pérdidas por conversión, lo que muchos consideran puramente como un fenómeno contable?

2. ¿Cómo caracterizaría o estructuraría usted su análisis acerca de cada una de las amenazas individuales para LaJolla provenientes de cada país? ¿Qué características específicas de sus problemas individuales parecen estar entrelazadas con los problemas de la conversión?

3. ¿Qué recomendaría usted que hiciera Meaghan?

por conversión se acumulaban nuevamente a partir de una subsidiaria cuya moneda funcional era la moneda local. El contralor de LaJolla en Venezuela envió por fax una propuesta que implicaba el cambio de la moneda usada para los libros

PREGUNTAS

1. **Cualquier otro nombre.** ¿Qué significa la palabra *traslación*? ¿Por qué se llama algunas veces a la exposición por traslación como *exposición contable*?

2. **Conversión de activos financieros.** En el contexto de la preparación de estados financieros consolidados, ¿Son lo mismo las palabras *trasladar* y *convertir*?

3. **El problema central.** ¿Cuál es el problema central que se presenta al consolidar los estados financieros de una subsidiaria extranjera?

4. **Subsidiarias autosostenibles.** ¿Cuál es la diferencia entre una *subsidiaria extranjera autosostenible* y una *subsidiaria extranjera integrada*?

5. **Moneda funcional.** ¿Qué es una *moneda funcional*? ¿Qué es una *moneda no funcional*?

6. **Conversión de activos.** ¿Cuáles son las principales diferencias entre el método de la tasa actual y el método temporal al convertir activos?

7. **Conversión de pasivos.** ¿Cuáles son las principales diferencias entre el método de la tasa actual y el método temporal al convertir pasivos?

8. **Hiperinflación.** ¿Qué es la *hiperinflación* y cuáles son sus consecuencias al convertir estados financieros extranjeros?

9. **Pérdidas cambiarias con cualquier otro nombre.** ¿Cuáles son las principales diferencias entre las pérdidas provenientes de la exposición por transacciones, la exposición operativa y la exposición por traslación?

10. **Reacción a las pérdidas potenciales.** ¿Cómo deberían reaccionar los administradores financieros a cualquier diferencia entre las pérdidas potenciales provenientes de la exposición operativa y la exposición por traslación?

11. **Trident y un dólar fuerte.** Durante el próximo año se espera que el dólar estadounidense se revalúe frente al euro. ¿Cómo podría afectar esto a las utilidades consolidadas reportadas por Trident y a su subsidiaria en operación en Alemania?

12. **Trident y un dólar débil.** Durante el año próximo se espera que el dólar estadounidense se debilite frente al euro. ¿Cómo podría afectar esto a las utilidades consolidadas reportadas por Trident y a su subsidiaria en operación en Alemania?

PROBLEMAS

1. **Trident Europe (A).** Usando los hechos del capítulo para Trident Europe, suponga que el tipo de cambio al 2 de enero de 2011, en la figura 13.4, *disminuyera de valor* de US$1.2000/€ a US$0.9000/€ en lugar de disminuir a US$1.0000/€. Recalcule el balance general convertido de Trident Europe al 2 de enero de 2011, con el nuevo tipo de cambio y usando el *método de la tasa actual.*
   a. ¿Cuál es el monto de la ganancia o pérdida por conversión?
   b. ¿Dónde debería aparecer en los estados financieros?

2. **Trident Europe (B).** Usando los hechos del capítulo para Trident Europe, suponga como en la pregunta 1 que el tipo de cambio al 2 de enero de 2011, en la figura 13.4, disminuyera de valor de US$1.2000/€ a US$0.9000/€ en lugar de disminuir a US$1.0000/€. Recalcule el balance general convertido de Trident Europe al 2 de enero de 2011, con el nuevo tipo de cambio y usando el *método temporal.*
   a. ¿Cuál es el monto de la ganancia o pérdida por conversión?
   b. ¿Dónde debería aparecer en los estados financieros?
   c. ¿Por qué difiere la ganancia o pérdida por conversión bajo el método temporal de la ganancia o pérdida bajo el método de la tasa actual?

3. **Trident Europe (C).** Usando los hechos del capítulo para Trident Europe, suponga que el tipo de cambio al 2 de enero de 2011, en la figura 13.4, *se revaluara* de US$1.2000/€ a US$1.500/€. Calcule el balance general convertido de Trident Europe al 2 de enero de 2011, con el nuevo tipo de cambio y usando el *método de la tasa actual.*
   a. ¿Cuál es el monto de la ganancia o pérdida por conversión?
   b. ¿Dónde debería aparecer en los estados financieros?

4. **Trident Europe (D).** Usando los hechos del capítulo para Trident Europe, suponga como en la pregunta 3 que el tipo de cambio al 2 de enero de 2011, en la figura 13.4, *se revaluara* de US$1.2000/€ a US$1.5000/€. Calcule el balance general convertido de Trident Europe al 2 de enero de 2011, con el nuevo tipo de cambio y usando el método temporal.
   a. ¿Cuál es el monto de la ganancia o pérdida por conversión?
   b. ¿Dónde debería aparecer en los estados financieros?

*5. **Productos Montevideo, S.A. (A).** Montevideo Products, S.A., es la subsidiaria uruguaya de una compañía manufacturera estadounidense. Su balance general al 1 de enero se presenta a continuación. El tipo de cambio al 1 de enero entre el dólar estadounidense y el *peso uruguayo* ($U) es de $U20/US$.

Montevideo Products, S.A.
Balance general, 1 de enero, miles de *pesos uruguayos.*

Activos		Pasivos y capital contable	
Efectivo	$U 60,000	Pasivos circulantes	$U30,000
Cuentas por cobrar	120,000	Deuda a largo plazo	90,000
Inventarios	120,000	Capital social	300,000
Planta y equipo neto	240,000	Utilidades retenidas	120,000
	$U540,000		$U540,000

   a. Determine la contribución de Montevideo a la exposición por traslación de su empresa matriz al 1 de enero, usando el método de la tasa actual.
   b. Calcule la contribución de Montevideo a la pérdida por conversión de su empresa matriz si el tipo de cambio al 31 de diciembre es de $U20/US$. Suponga que todas las cuentas de pesos uruguayos permanecen como estaban al principio del año.

6. **Productos Montevideo, S.A. (B).** Calcule la contribución de Montevideo a la pérdida por conversión de su empresa matriz si el tipo de cambio al 31 de diciembre es de $U22/US$. Suponga que todas las cuentas permanecen como estaban al principio del año.

7. **Productos Montevideo, S.A. (C).** Calcule la contribución de Montevideo a la ganancia o pérdida por conversión de su empresa matriz usando el método de la tasa actual si el tipo de cambio al 31 de diciembre es de $U12/US$. Suponga que todas las cuentas en pesos permanecen como estaban al principio del año.

8. **Bangkok Instruments, Ltd. (A).** Bangkok Instruments, Ltd., subsidiaria tailandesa de una corporación estadounidense, es un productor de instrumentos sísmicos. Bangkok Instruments manufactura los instrumentos principalmente para la industria del petróleo y del gas en forma global, aunque con los recientes aumentos en los precios de los satisfactores de todo tipo —incluyendo el cobre— su negocio ha empezado a crecer con gran rapidez. Las ventas se hacen principalmente a compañías multinacionales con base en Estados Unidos y en Europa. El balance general de Bangkok Instruments en miles de baths tailandeses (B) al 31 de marzo se muestra en la figura de la siguiente página.

Bangkok Instruments, Ltd.

Balance general, 1 de marzo, miles de bahts tailandeses

Activos		Pasivos y capital contable	
Efectivo	B24,000	Cuentas por pagar	B18,000
Cuentas por cobrar	36,000	Préstamos bancarios	60,000
Inventarios	48,000	Capital común	18,000
Planta y equipo neto	60,000	Utilidades retenidas	72,000
	B168,000		B168,000

Los tipos de cambio para la conversión del balance general de Bangkok a dólares estadounidenses son como sigue:

B40.00/US$	Tipo de cambio al 1 de abril después de una devaluación de 25%.
B30.00/US$	Tipo de cambio al 31 de marzo, antes de una devaluación de 25%. Todo el inventario se adquirió a esta tasa.
B20.00/US$	Tipo de cambio histórico al cual se adquirió la planta y el equipo.

El baht tailandés disminuyó de valor de B30/US$ a B40/US$ entre el 31 de marzo y el 1 de abril. Suponiendo que no hubiera ningún cambio en las cuentas del balance general entre estos dos días, calcule la ganancia o la pérdida por conversión tanto por el método de la tasa actual como por el método temporal. Explique la ganancia o pérdida por conversión en términos de los cambios en el valor de las cuentas expuestas.

9. **Bangkok Instruments, Ltd. (B).** Usando los datos originales que se proporcionaron para Bangkok Instruments, suponga que el baht se *revaluara* de B30/US$ a B25/US$ entre el 31 de marzo y el 1 de abril. Suponiendo que no hubiera ningún cambio en las cuentas de balance general entre esos dos días, calcule la ganancia o la pérdida por conversión tanto por el método de la tasa actual como por el método de la tasa temporal. Explique la ganancia o la pérdida por conversión en términos de los cambios en el valor de las cuentas expuestas.

10. **Cairo Ingot, Ltd.** Cairo Ingot, Ltd. Es la subsidiaria egipcia de Trans-Mediterranean Aluminum, una multinacional británica que se dedica a la confección de bloques de aluminio para motores. La moneda informativa de origen de Trans-Mediterranean es la libra británica. El balance general de Cairo Ingot al 31 de diciembre se presenta a continuación. A la fecha de este balance el tipo

Activos		Pasivos y capital contable	
Efectivo	£E16,500,000	Cuentas por pagar	£E24,750,000
Cuentas por cobrar	33,000,000	Deuda a largo plazo	49,500,000
Inventarios	49,500,000	Capital invertido	90,750,000
Planta y equipo neto	66,000,000		
	£E165,000,000		£E165,000,000

de cambio entre las libras egipcias (£E) y las libras británicas (UK£) era de £E5.50/UK£.

¿Cuál será la contribución de Cairo Ingot a la exposición por traslación de Trans-Mediterranean al 31 de diciembre, usando el método de la tasa actual? Calcule la pérdida por exposición cambiaria para Trans-Mediterranean si el tipo de cambio al final del siguiente trimestre fuera de £E6.00/UK£. Suponga que las partidas del balance general permanecieran sin cambio alguno.

EJERCICIOS DE INTERNET

1. **Prácticas de conversión: FASB.** El Financial Accounting Standards Board promulga prácticas estándar para la información de los resultados financieros de las compañías ubicadas en Estados Unidos. Sin embargo, con frecuencia es el líder en el desarrollo de nuevas prácticas y puntos de disputa en surgimiento en todo el mundo. Use la página de visita del FASB para darle un seguimiento a las normas de contabilidad actuales propuestas y a los problemas del momento.

   Página de visita del FASB   www.fasb.org/

2. **Asociaciones profesionales de tesorería (Professional Treasury Associations).** La tesorería corporativa, que es la unidad que se encarga de administrar los saldos de efectivo y las posiciones en moneda extranjera en una multinacional típica, es un área de servicios especializados. Existe un número de organizaciones mayores —dos de ellas se enumeran aquí— que proporcionan una educación continua y que suministra actualizaciones en temas de regulaciones, de tecnología y de aspectos de actualidad.

   Association for Financial Professionals   www.afponline.org/

   Treasury and Risk   www.treasuryandrisk.com/

3. **Estados financieros de Nestlé y tipos de cambio.** Usando la página de visita de Nestlé, verifique los boletines de prensa actuales para obtener resultados más recientes, incluyendo lo que reporta la compañía como las monedas primarias y el promedio de los tipos de cambio usados para las conversiones durante el periodo más reciente.

   Nestlé: The World Food Company   www.nestle.com/MediaCenter/ PressReleases/PressReleases.htm

PARTE IV

Financiamiento en la empresa global

CAPÍTULO 14
El costo y la disponibilidad del capital a nivel global

CAPÍTULO 15
Fuentes de instrumentos de capital contable a nivel global

CAPÍTULO 16
Fuentes de financiamiento mediante deudas a nivel global

El costo y la disponibilidad del capital a nivel global

Sin embargo, las ideas y el liderazgo no son suficientes. Necesitan apoyarse con dinero. Las compañías que no pueden contar con acceso constante a los mercados de capitales no prosperarán… ¿Qué es lo que quieren los inversionistas? Primero, desde luego, quieren un buen desempeño: fuertes ganancias predecibles y crecimiento sostenible. Segundo, quieren transparencia, responsabilidad, comunicaciones abiertas y un gobierno corporativo eficaz. Las compañías que no logren movilizarse hacia las normas internacionales en cada una de estas áreas no podrán atraer y retener a los capitales internacionales.

—"The Brave New World of Corporate Governance", *LatinFinance*, mayo de 2001.

¿Cómo pueden las empresas aprovechar los mercados de capitales con el propósito de minimizar su costo de capital y maximizar la disponibilidad de capital? ¿Por qué deberían hacerlo así?

La integración global de los mercados de capitales le ha proporcionado a muchas empresas un acceso a fuentes de fondos nuevas y más económicas más allá de las que están disponibles en los mercados nacionales. Estas empresas pueden entonces aceptar más proyectos a largo plazo e invertir más en mejoramientos y expansiones de capital. Si una empresa se localiza en un país con mercados de capitales ilíquidos y/o segmentados, puede lograr este costo global más bajo y una mayor disponibilidad del capital a través de una estrategia adecuadamente diseñada e implementada. Las dimensiones del costo y de la disponibilidad del capital se presentan en la figura 14.1. El impacto de las características específicas a la empresa, de la liquidez de mercado para los valores de la empresa y de la definición y el efecto de la segmentación de mercado sobre los precios del capital de una empresa son el "foco de atención de la mayor parte de este capítulo".

Una empresa que debe obtener sus deudas a largo plazo y sus instrumentos de capital contable en un *mercado de valores nacionales altamente ilíquido* probablemente tendrá un costo de capital relativamente alto y se enfrentará a una disponibilidad limitada de tal capital, lo cual a la vez reducirá su competitividad tanto a nivel internacional como frente a las empresas extranjeras que ingresen a su mercado nacional. Esta categoría de empresas incluye tanto a las empresas residentes en los países en vías de desarrollo, donde los mercados de capitales permanecen sin desarrollarse, y las empresas que son demasiado pequeñas para obtener acceso a sus propios mercados nacionales de valores. Muchas empresas poseídas por familias se encuentran en esta categoría porque optan por no utilizar los mercados de valores para satisfacer sus necesidades de capital a largo plazo.

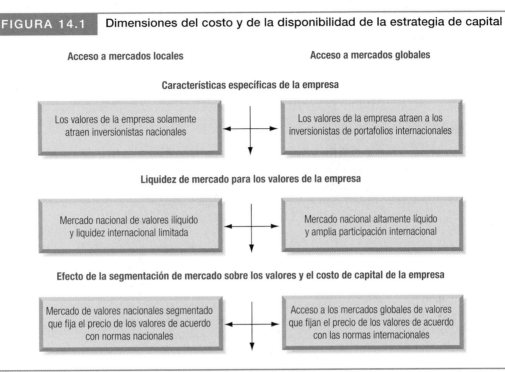

| FIGURA 14.1 | Dimensiones del costo y de la disponibilidad de la estrategia de capital |

Acceso a mercados locales   Acceso a mercados globales

Características específicas de la empresa

Los valores de la empresa solamente atraen inversionistas nacionales ←→ Los valores de la empresa atraen a los inversionistas de portafolios internacionales

Liquidez de mercado para los valores de la empresa

Mercado nacional de valores ilíquido y liquidez internacional limitada ←→ Mercado nacional altamente líquido y amplia participación internacional

Efecto de la segmentación de mercado sobre los valores y el costo de capital de la empresa

Mercado de valores nacionales segmentado que fija el precio de los valores de acuerdo con normas nacionales ←→ Acceso a los mercados globales de valores que fijan el precio de los valores de acuerdo con las normas internacionales

Las empresas que residen en países industriales con *mercados de capitales pequeños* con frecuencia obtienen sus deudas a largo plazo y sus instrumentos de capital contable en estos mercados nacionales de valores parcialmente líquidos. El costo y la disponibilidad de capital de la empresa es mejor que los de las empresas que se encuentran en países con mercados de capitales ilíquidos. Sin embargo, si estas empresas pueden aprovechar los mercados globales altamente líquidos, también pueden reforzar su ventaja competitiva en la obtención de capital.

Las empresas que residen en países con *mercados de capitales segmentados* deben diseñar una estrategia para escapar de la dependencia sobre ese mercado en relación con sus necesidades de deudas a largo plazo y de capital contable. Un mercado nacional de capitales se considera segmentado si la tasa requerida de rendimiento sobre los valores de ese mercado difiere de la tasa requerida de rendimiento sobre valores con riesgos y rendimientos esperados comparables que se negocien en otros mercados de valores. Los mercados de capitales se vuelven segmentados debido a factores como un control regulador excesivo, la percepción de un riesgo político, la anticipación de un riesgo cambiario, la falta de transparencia, una disponibilidad asimétrica de información, el amiguismo, el uso indebido de la información interna y muchas otras imperfecciones de mercado.

Las empresas que están restringidas por cualquiera de estas condiciones deben desarrollar una estrategia para escaparse de sus propios mercados de capitales limitados y obtener una parte de su capital a largo plazo en el extranjero. Primero, este capítulo revisará la manera en la que una empresa calcula el promedio ponderado de su costo de capital cuando los inversionistas internacionales de portafolios son capaces de invertir en sus valores de capital contable o de endeudamiento. Trident será nuestro ejemplo.

Posteriormente, el capítulo analiza la manera en la que una empresa puede atraer a los inversionistas internacionales de portafolios hacia sus valores. Esta capacidad depende de las características específicas de la empresa, de un ambiente regulador que permita flujos de inversiones sin restricciones a través de las fronteras y de una estrategia financiera que cree liquidez de mercado y valuaciones globales para los valores de la empresa, indistintamente de que su mercado nacional esté segmentado o no a partir de otros mercados de capitales.

A continuación, el foco de atención es sobre el vínculo entre el costo y la disponibilidad del capital. El logro de este vínculo requiere de un mejoramiento de la liquidez de mercado para los valores de la empresa y del hecho de escaparse de un mercado nacional segmentado. Si la empresa tiene éxito en la implantación de estas estrategias, reducirá el promedio ponderado de su costo de capital y aumentará su disponibilidad.

Finalmente, analizamos si las empresas multinacionales han reducido su costo de capital por debajo del costo de sus competidores nacionales comparables..

Promedio ponderado del costo de capital

De ordinario, una empresa obtiene el *promedio ponderado del costo de capital* (WACC, *weighted average cost of capital*) mediante la combinación del costo del capital contable con el costo de las deudas en proporción con el peso relativo de cada uno de ellos en la estructura financiera óptima de la empresa a largo plazo. De manera más específica:

$$k_{WACC} = k_e \frac{E}{V} + k_d (1-t) \frac{D}{V}$$

donde

k_{WACC} = promedio ponderado del costo de capital después de impuestos
k_e = costo del capital contable ajustado por el riesgo
k_d = costo de las deudas antes de impuestos
t = tasa fiscal marginal
E = valor de mercado del capital contable de la empresa
D = valor de mercado de la deuda de la empresa
V = valor total de mercado de los valores de la empresa $(D + E)$

Costo del capital contable

El enfoque del *modelo de fijación de precio de los activos de capital* (CAPM, *capital asset pricing model*) consiste en definir el costo de capital contable de una empresa a través de la siguiente fórmula:

$$k_e = k_{rf} + \beta_j (k_m - k_{rf})$$

donde

k_e = tasa de rendimiento esperada (requerida) sobre el capital contable
k_{rf} = tasa de interés sobre los bonos libres de riesgo (bonos de la tesorería, por ejemplo)
β_j = coeficiente del *riesgo sistemático* para la empresa
k_m = tasa de rendimiento esperada (requerida) sobre el portafolios de mercado de acciones

El *riesgo sistemático* es una función de la variabilidad total de los rendimientos esperados de las acciones de la empresa en relación con el índice de mercado (k_m) y el grado en el cual la variabilidad de los rendimientos esperados de la empresa esté correlacionada con los rendimientos esperados sobre el índice de mercado. De una manera más formal:

$$\beta_j = \frac{\rho_{jm} \sigma_j}{\sigma_m}$$

donde

β_j (beta)   = medida del riesgo sistemático para el valor j
ρ (rho)   = correlación entre el valor j y el mercado
σ_j (sigma) = desviación estándar del rendimiento sobre la empresa j
σ_m (sigma) = desviación estándar del rendimiento del mercado

Beta tendrá un valor inferior a 1.0 si los rendimientos de la empresa son menos inestables que el mercado, igual a 1.0 si son iguales a los del mercado, o superior a 1.0 si son más inestables —o riesgosos— que el mercado. El análisis del CAPM supone que el rendimiento requerido estimado es una indicación de qué más es necesario para mantener el capital de un inversionista invertido en el capital contable considerado. Si el rendimiento del capital contable no alcanza al rendimiento esperado, el CAPM supone que los inversionistas individuales liquidarán sus tenencias.

Costo de la deuda

El procedimiento normal para medir el costo de la deuda requiere de un pronóstico de las tasas de interés para los siguientes años, de las proporciones de las diversas clases de deudas que la empresa espera usar y de la tasa de impuestos sobre ingresos corporativos. Los costos de los intereses de los diversos componentes de las deudas se promedian entonces de acuerdo con su proporción en la estructura de deudas. Este promedio antes de impuestos, k_d, se ajusta entonces por los impuestos sobre ingresos corporativos multiplicándolos por la expresión $(1 - \text{tasa fiscal})$, para obtener $k_d (1 - t)$, el promedio ponderado del costo de la deuda después de impuestos.

El promedio ponderado del costo de capital se usa de ordinario como la tasa de descuento ajustada por el riesgo siempre que los nuevos proyectos de una empresa estén en la misma clase general de riesgo que sus proyectos existentes. Por otra parte, la tasa requerida de rendimiento de un proyecto específico debe usarse como la tasa de descuento si un nuevo proyecto difiere de los proyectos existentes en cuanto a su riesgo de negocios o su riesgo financiero.

Promedio ponderado del costo de capital de Trident

Maria Gonzalez, directora financiera de Trident, calcula el promedio ponderado del costo de capital como 12.28%, como se muestra en la figura 14.2.

FIGURA 14.2   Cálculo del promedio ponderado del costo de capital de Trident

Insumos del costo del capital contable (k_e)

$k_{rf} = 5.000\%$	k_{rf} es la tasa de interés libre de riesgo estimada mediante el uso de la tasa de los bonos de la Tesorería del gobierno de Estados Unidos.
$k_m = 15.000\%$	k_m es la tasa de rendimiento esperada sobre el portafolios de mercado mantenido por un inversionista global bien diversificado. Más del 40% de las acciones de Trident son mantenidas por inversionistas de portafolios extranjeros, como parte de sus portafolios globalmente diversificados. Los inversionistas de Estados Unidos de Trident también mantienen de ordinario portafolios globalmente diversificados.
$\beta = 1.2$	β es la estimación de Trident de su propio riesgo sistemático usando la correlación de los rendimientos de Trident con los del mercado (ρ), la desviación estándar de Trident (σ_c) y la desviación estándar del mercado (σ_m).
El costo del capital contable es entonces	$k_e = k_{rf} + \beta (k_m - k_{rf}) = 5.000\% + 1.2 (15.000\% - 5.000\%) = 17.000\%$

Insumos del costo de la deuda (k_d)

$k_d = 8.000\%$	k_d es el costo de la deuda antes de impuestos el cual se estima observando el rendimiento actual sobre los bonos en circulación de Trident combinados con deudas bancarias.
$t = 35\%$	t es la tasa de impuestos sobre ingresos corporativos de Estados Unidos.
El costo de la deuda después de impuestos es entonces	$k_d (1 - t) = 8.000 (1 - 0.35) = 8.000 (0.65) = 5.200\%$

Etructura financiera

$E/V = 60\%$	E/V es la razón de capital contable; el porcentaje de los valores de Trident ($E + D$) que son capital contable.
$D/V = 40\%$	D/V es la razón de endeudamiento; el porcentaje de los valores de Trident ($E + D$) que son deudas (bonos y préstamos bancarios).
$V = 100\%$	V es el valor de mercado de los valores de Trident ($E + D$).
El promedio ponderado del costo de capital (k_{WACC}) es entonces	$k_{WACC} = k_e \dfrac{E}{V} + k_d (1-t) \dfrac{D}{V} = 17.00\% (0.60) + 5.20\% (0.40) = 12.28\%$

Ella considera que el costo de capital de Trident ya se encuentra a nivel global. Es del todo competitivo con los principales rivales de Trident en el segmento de la industria de equipos de cómputo para telecomunicaciones a nivel mundial, los cuales tienen principalmente sus oficinas centrales en Estados Unidos, Reino Unido, Canadá, Finlandia, Suecia, Alemania, Japón y los Países Bajos. Sus acciones están inscritas en las bolsas de valores prominentes y los inversionistas de portafolios internacionales pueden negociar libremente sus acciones. Trident en sí misma está inscrita en la muy líquida NASDAQ. La clave para el costo y la disponibilidad global favorable de capital de Trident es su capacidad para atraer y para mantener a los inversionistas de los portafolios internacionales que poseen sus acciones.

Nestlé: una aplicación del CAPM internacional

En teoría, la distinción fundamental en la estimación del costo del capital contable para una empresa individual que use una versión internacionalizada del CAPM es la definición del mercado y un recálculo de la beta de la empresa para ese mercado. El caso de Nestlé (Suiza) proporciona una ilustración del posible impacto de esta globalización de portafolios.

Nestlé, una empresa multinacional con base en Suiza que produce y distribuye una variedad de productos de confitería, sirve como un excelente ejemplo de la manera en la que un inversionista internacional puede visualizar el costo de capital global de una manera distinta a un inversionista nacional.[1]

Al estimar el rendimiento requerido sobre Nestlé, un inversionista suizo en prospecto podría suponer un rendimiento libre de riesgo de 3.3% (índice de las emisiones de bonos del gobierno suizo, en francos suizos), un rendimiento promedio sobre una cartera de valores suizos de renta variable de 10.2% (*Financial Times Swiss Index,* en francos suizos) y una $\beta_{Nestlé}$ de 0.885. Un inversionista esperaría entonces que Nestlé redituara 9.4065% en el año siguiente:

$$k_e^{Nestlé} = k_{rf} + \left(k_m - k_{rf}\right)\beta_{Nestlé} = 3.3 + \left(10.2 - 3.3\right)0.885 = 9.4065\%$$

Un problema con este enfoque tradicional del CAPM es que supone que los inversionistas del mercado suizo, y potencialmente los de Nestlé, mantienen portafolios limitados únicamente a las acciones disponibles en el mercado suizo —un portafolios exclusivamente nacional—. Si los inversionistas suizos mantuvieran portafolios internacionalmente diversificados, tanto el rendimiento esperado del mercado (k_m) como la estimación de beta para Nestlé ($\beta_{Nestlé}$) se definirían y se determinarían de una manera distinta.

Un inversionista suizo puede mantener un portafolios global, en lugar de un portafolios nacional. Dadas las tendencias hacia la desregulación y la integración de los mercados de capital internacionales, las expectativas del portafolios del inversionista suizo quedarían representadas con más exactitud por medio de un índice global del portafolios que por un índice exclusivamente nacional.

Seguimos la preferencia de Stulz (1995) aquí para describir el portafolios internacionalmente diversificado como global en lugar de mundial. La distinción es importante. El portafolios mundial es un índice de todos los valores del mundo. Sin embargo, aun con la tendencia creciente de la desregulación y la integración financiera, un número de mercados de valores aún permanecen segmentados o restringidos en cuanto a su acceso. Aquellos valores que están realmente disponibles para un inversionista constituyen el *portafolios global.*

En el caso de Nestlé, para el mismo periodo que antes, un índice de un portafolios global como el índice del *Financial Times* en francos suizos (FTA-suizo) mostraría un rendimiento de mercado de 13.7% (en oposición al rendimiento de 10.2% del índice suizo nacional). Además, una beta para Nestlé estimada sobre los rendimientos de Nestlé *versus* el índice del portafolios global sería mucho más pequeña: 0.585 (en oposición al 0.885 que se encontró anteriormente). Un inversionista suizo internacionalmente diversificado esperaría un rendimiento sobre Nestlé de

$$k_e^{Nestlé} = k_{rf} + \left(k_m - k_{rf}\right)\beta_{Nestlé} = 3.3 + \left(13.7 - 3.3\right)0.585 = 9.384\%$$

[1]René Stulz, "The Cost of Capital in Internationally Integrated Markets: The Case of Nestlé", *European Financial Management*, volumen 1, número 1, marzo de 1995, pp. 11-22.

Hay que reconocer que al final no hay grandes diferencias. La figura 14.3 resume los valores y los resultados de la comparación. Sin embargo, dada la magnitud de los cambios tanto en los valores del promedio del rendimiento de mercado y la beta de la empresa, es obvio que el resultado final podría haber variado fácilmente en varios cientos de puntos porcentuales. La adecuada construcción del portafolios del inversionista y la adecuada representación de las percepciones del inversionista en cuanto al riesgo y al costo de oportunidad son claramente importantes para identificar el costo global del capital contable de una compañía.

Cálculo de las primas de riesgo del capital contable en la práctica

En la práctica, el cálculo de la prima de riesgo del capital contable de una empresa es algo más controversial. Aunque el modelo de fijación de precio de los activos de capital (CAPM) se ha vuelto ahora ampliamente aceptado en los negocios globales como el método preferido para el cálculo del costo del capital contable de una empresa, existe un creciente debate sobre qué valores numéricos se deben usar en su aplicación, especialmente en cuanto a la prima de riesgo del capital contable. La *prima de riesgo del capital contable* es el rendimiento anual promedio del mercado esperado por los inversionistas por arriba de las deudas sin riesgo, el término $(k_m - k_{rf})$.

Historia de la prima de riesgo del capital contable. El campo de las finanzas está ciertamente de acuerdo en que un cálculo del costo del capital contable debe mirar hacia adelante, lo cual significa que los insumos de la ecuación deben representar lo que se espera que suceda a lo largo del horizonte de tiempo futuro relevante. Sin embargo, como es de ordinario el caso, los practicantes usan la evidencia histórica como base para sus proyecciones de amplias miras. El debate actual empieza con un debate sobre lo que ha sucedido en el pasado.

La figura 14.4 presenta los resultados de un copioso estudio originalmente completado en 2001 y actualizado en 2003. El estudio calcula la prima de riesgo del capital contable en 16 distintos países desarrollados para el periodo de 1900 a 2002. Existen claramente diferencias significativas en los rendimientos del capital contable a través del tiempo por país. Al comparar los rendimientos aritméticos, Italia fue la más alta (10.3%) con Alemania (9.4%) y Japón (9.3%) enseguida. Dinamarca, con un promedio aritmético de rendimiento de tan sólo 3.8%, tuvo la prima más baja. Estados Unidos tuvo un promedio aritmético de rendimiento de 7.2%, mientras que el Reino Unido tuvo uno de 5.9%. El rendimiento promedio para los 16 países enumerados fue de 6.9%. El mundo, como se definió por los autores del estudio, tuvo un rendimiento aritmético de 5.7%.

Existe un menor debate en relación con el uso de los rendimientos aritméticos respecto de los rendimientos geométricos. La media del rendimiento aritmético es simplemente el promedio de los cambios porcentuales anuales en la revaluación de capital más las distribuciones de dividendos. Este es un cálculo de una tasa de rendimiento con el cual todo estudiante de negocios está familiarizado. Sin embargo, el rendimiento medio geométrico es un cálculo más especializado que toma en cuenta tan sólo los valores iniciales y finales a lo largo de un periodo extendido. Después

---

FIGURA 14.3   **Estimación del costo global del capital contable para Nestlé (Suiza)**

Portafolios nacional para el inversionista suizo

k_{rf} = 3.3% (rendimiento del índice de bonos suizos)

k_m = 10.2% (portafolios de mercado suizo en SF)

$\beta_{Nestlé}$ = 0.885 (Nestlé *versus* portafolios de mercado suizo)

Portafolios global para el inversionista suizo

k_{rf} = 3.3% (rendimiento del índice de bonos suizos)

k_m = 13.7% (*Financial Times*, índice global en SF)

$\beta_{Nestlé}$ = 0.585 (Nestlé *versus* índice suizo FTA)

$$k_{Nestlé} = k_{rf} + (k_m - k_{rf})\, \beta_{Nestlé}$$

Rendimiento requerido sobre Nestlé:

$k_e^{Nestlé}$ = 9.4065%

Rendimiento requerido sobre Nestlé:

$k_e^{Nestlé}$ = 9.3840%

Fuente: Todos los valores han sido tomados de René Stulz. "The Cost of Capital in Internationally Integrated Markets: The Case of Nestlé", *European Financial Management*, marzo de 1995, volumen 1, número 1. pp. 11-22.

FIGURA 14.4	Primas de riesgo del capital contable alrededor del mundo, 1900-2000

	En relación con los certificados			En relación con los bonos		
	Media geométrica	Media aritmética	SD	Media geométrica	Media aritmética	SD
Australia	6.8	8.3	17.2	6.0	7.6	19.0
Bélgica	2.2	4.4	23.1	2.1	3.9	20.2
Canadá	4.2	5.5	16.8	4.0	5.5	18.2
Dinamarca	2.2	3.8	19.6	1.5	2.7	16.0
Francia	6.4	8.9	24.0	3.6	5.8	22.1
Alemania	3.9	9.4	35.5	5.7	9.0	28.8
Irlanda	3.6	5.5	20.4	3.2	4.8	18.5
Italia	6.3	10.3	32.5	4.1	7.6	30.2
Japón	6.1	9.3	28.0	5.4	9.5	33.3
Países Bajos	4.3	6.4	22.6	3.8	5.9	21.9
Sudáfrica	5.9	7.9	22.2	5.2	6.8	19.4
España	2.8	4.9	21.5	1.9	3.8	20.3
Suecia	5.2	7.5	22.2	4.8	7.2	2.5
Suiza	3.2	4.8	18.8	1.4	2.9	17.5
Reino Unido	4.2	5.9	20.1	3.8	5.1	17.0
Estados Unidos	5.3	7.2	19.8	4.4	6.4	20.3
Promedio	4.5	6.9	22.8	3.8	5.9	21.6
Mundo	4.4	5.7	16.5	3.8	4.9	15.0

Fuente: Elroy Dimson, Paul Marsh y Mike Staunton, "Global Evidence on the Equity Risk Premium", *Journal of Applied Corporate Finance*, 2003, volumen 15, número 4, p. 31. La prima de riesgo del capital contable se mide como 1 + tasa de rendimiento sobre el capital contable dividida entre 1 + rendimiento libre de riesgo, menos 1. Las estadísticas que se reportan en esta figura se basan en 103 observaciones anuales para cada país, excepto Alemania, la cual excluye 1922-1923, cuando los tenedores de los certificados y de los bonos experimentaron rendimientos de −100% debido a una hiperinflación. La hilera denominada "Promedio" es un promedio simple no ponderado de las estadísticas para los 16 países individuales. La hilera marcada como "Mundo" es para el índice mundial. SD significa desviación estándar.

calcule la tasa anual promedio de crecimiento compuesto desde el inicio hasta el final, sin prestar atención a la ruta específica tomada en el periodo intermedio. La figura 14.5 proporciona un ejemplo sencillo de la manera en la que diferirían estos dos métodos para una serie histórica muy corta de precios de las acciones.

Los rendimientos aritméticos capturan la inestabilidad que se da año con año en los mercados; pero ello no sucede con los rendimientos geométricos. Por esta razón, la mayoría de los practicantes prefieren la medición aritmética, ya que incorpora una mayor parte de la inestabilidad tan frecuentemente característica de los mercados de capital contable a nivel global. Observe que el

FIGURA 14.5	Rendimiento aritmético *versus* geométrico: un cálculo de muestra

Año	1	2	3	4	5	Media
Precio de las acciones	10	12	10	12	14	
Cambio aritmético		+20.00%	‴16.67%	+20.00%	+16.67%	+10.00%
Cambio geométrico		+8.78%	+8.78%	+8.78%	+8.78%	+ 8.78%

El cambio aritmético se calcula año por año como $[P_2/P_1 − 1]$. El promedio simple de la serie es la media. El cambio geométrico se calcula usando tan sólo los valores iniciales y finales, 19 y 14, y entonces se obtiene la raíz geométrica de $[(14/10)^{1/4} − 1]$ (cuatro periodos de cambio). El cambio geométrico supone una capitalización reinvertida, mientras que la media aritmética tan sólo supone una inversión de punto a punto.

cambio geométrico, en todas las circunstancias con raras excepciones, producirá un rendimiento medio más pequeño.

Estados Unidos mira hacia el futuro. El debate en relación con qué prima de riesgo del capital contable se debe usar en la práctica fue destacado en este mismo estudio observando qué primas de riesgo de capital contable se está recomendando para Estados Unidos mediante una variedad de fuentes. Como se ilustra en la figura 14.6, una empresa hipotética con una beta de 1.0 (riesgo de mercado estimado igual al del mercado) podría tener un costo de capital contable tan bajo como 9.000% y tan alto como 12.800% usando este conjunto de valores alternativos. Observe que aquí los autores usaron rendimientos geométricos, y no rendimientos aritméticos.

¿Qué tan importante es para una compañía predecir con exactitud el costo de su capital contable? La corporación debe determinar anualmente qué inversiones potenciales aceptará y rechazará debido a sus recursos de capital limitados. Si la compañía no está estimando en forma exacta su costo del capital contable —y por tanto su costo general de capital— no estará estimando con exactitud el valor presente neto de las inversiones potenciales si usa su propio costo de capital como la base para descontar los flujos de efectivo esperados.

La demanda de valores extranjeros: el papel de los inversionistas de portafolios internacionales

La desregulación gradual de los mercados de instrumentos de capital contable durante las tres décadas pasadas no solamente provocó un incremento en la competencia proveniente de los jugadores nacionales sino que también abrió por completo los mercados ante los competidores extranjeros. Las inversiones en portafolios internacionales y las inscripciones cruzadas de acciones de capital contable dentro de los mercados extranjeros se han vuelto comunes.

¿Qué es lo que motiva que los inversionistas de los portafolios compren y mantengan valores extranjeros en sus portafolios? La respuesta está en una comprensión de la teoría de los portafolios "nacionales" y de cómo se ha ampliado dicha teoría para manejar la posibilidad de los portafolios globales. De manera más específica, requiere de una comprensión de los principios de la reducción de riesgo en los portafolios, de la tasa de rendimiento de un portafolios y del riesgo cambiario. Estos principios se explican con detalle en el capítulo 17.

Tanto los administradores de portafolios nacionales como los de portafolios internacionales son personas que hacen asignaciones de activos. Su objetivo es maximizar la tasa de rendimiento de un portafolios para un nivel dado de riesgo, o minimizar el riesgo para una tasa de rendimiento dada. Los administradores de los portafolios internacionales pueden elegir entre un conjunto de activos más grande que los administradores de portafolios limitados a asignaciones de activos únicamente nacionales. Como resultado de ello, los portafolios internacionalmente diversificados con frecuencia tienen tasas de rendimiento esperadas más altas, y casi siempre tienen niveles más bajos de riesgos de portafolio, porque los mercados de valores nacionales están imperfectamente correlacionados entre sí.

La asignación de los activos de un portafolios de inversiones se puede lograr a lo largo de muchas dimensiones, dependiendo del objetivo de inversión del administrador del portafolio. Por ejemplo, los portafolios se pueden diversificar de acuerdo con el tipo de valores. Pueden estar formados sólo de acciones o sólo de bonos o de una combinación de ambos. También pueden estar

---

FIGURA 14.6   Estimaciones alternativas del costo del capital contable para una empresa estadounidense hipotética $\beta = 1$ y $k_{rf} = 4\%$

Fuente	Prima de riesgo del capital contable	Costo del capital contable	Diferencial
Ibbotson	8.800%	12.800%	3.800%
Libros de texto de finanzas	8.500%	12.500%	3.500%
Encuestas del inversionista	7.100%	11.100%	2.100%
Dimson *et al.*	5.000%	9.000%	Línea de base

Fuente: Cotizaciones de las primas de riesgo de "Stockmarket Valuations: Great Expectations", *The Economist*, 31 de enero de 2002.

diversificados por industria o por la magnitud de la capitalización (portafolios de acciones de baja capitalización, de mediana capitalización y de alta capitalización).

Para nuestros propósitos, las dimensiones más relevantes son la diversificación por país, por región geográfica, por etapa de desarrollo o una combinación de estas (globales). Un ejemplo de diversificación por país es el Korea Fund. En un tiempo fue el único vehículo para que los inversionistas extranjeros mantuvieran valores de Corea del Sur, pero las restricciones sobre la propiedad extranjera han sido liberalizadas en fechas más recientes. Una diversificación regional típica sería una representativa de los muchos fondos asiáticos. Éstos se desempeñaron excepcionalmente bien hasta la explosión de la "burbuja" en Japón y el Sureste de Asia durante la segunda mitad de la década de 1990. Los portafolios compuestos de los valores de los mercados emergentes son ejemplos de diversificación por etapa de desarrollo. Ellos incluyen valores provenientes de diferentes países, regiones geográficas y etapas de desarrollo.

El vínculo entre el costo y la disponibilidad del capital

El promedio ponderado del costo de capital de Trident se calculó suponiendo que el capital contable y el capital en deuda siempre estarían disponibles a la misma tasa de rendimiento requerida si el presupuesto de capital de Trident se ampliara. Éste es un supuesto razonable, considerando el excelente acceso de Trident a través de NASDAQ hasta los inversionistas de portafolios internacionales en los mercados de capital globales. Sin embargo, es un mal supuesto para las empresas que residen en mercados de capitales ilíquidos o segmentados, para las empresas nacionales pequeñas y para las empresas poseídas por familias que residen en cualquier mercado de capitales. Examinaremos ahora la manera en la que la liquidez de mercado y la segmentación de mercado pueden afectar al costo de capital de una empresa. Esto va seguido por un caso ilustrativo que muestra la manera en la que NOVO Industri A/S, una empresa danesa, fue capaz de superar las desventajas de residir en un mercado ilíquido y segmentado.

Mejoramiento de la liquidez de mercado

Aunque no existe ningún consenso acerca de la definición de la *liquidez de mercado*, podemos observar la liquidez de mercado haciendo notar el grado en el cual una empresa puede emitir un nuevo valor sin deprimir el precio de mercado existente, así como el grado en el cual un cambio en el precio de sus valores provoca un flujo de orden sustancial.

En el caso nacional, un supuesto fundamental es que la disponibilidad total de capital para una empresa en cualquier momento se determina por la oferta y la demanda en los mercados nacionales de capitales. Una empresa debe expandir siempre su presupuesto de capital obteniendo fondos en la misma proporción que su estructura financiera óptima. Sin embargo, a medida que se expanda su presupuesto en términos absolutos, su costo marginal de capital finalmente aumentará. En otras palabras, una empresa puede aprovechar el mercado de capitales tan sólo hasta alguna cantidad limitada en el corto plazo antes de que los proveedores de capital obstaculicen el suministro de fondos adicionales, aún si se preserva la misma estructura financiera óptima. En el largo plazo, este arreglo puede no ser una limitación, dependiendo de la liquidez de mercado.

En el caso multinacional, una empresa es capaz de mejorar la liquidez de mercado mediante la obtención de fondos en los euromercados (dinero, bonos y capital contable), mediante la venta de emisiones de valores en el extranjero y aprovechando los mercados de capital locales a través de subsidiarias extranjeras. Tal actividad debe expandir lógicamente la capacidad de una multinacional para obtener fondos en el corto plazo en relación con lo que podría haber obtenido si la empresa estuviera limitada a su mercado nacional de capitales. Esta situación supone que la empresa preserva su estructura financiera óptima.

Segmentación de mercado

Si todos los mercados de capitales están totalmente integrados, los valores con un riesgo y un rendimiento esperado comparables deben tener la misma tasa requerida de rendimiento en cada mercado nacional después de ajustar el riesgo del tipo de cambio y el riesgo político. Esta definición se aplica tanto al capital contable como a las deudas, aunque con frecuencia sucede que uno u otro pueden estar más integrados que su contraparte.

Como se expuso con anterioridad, la segmentación del mercado de capitales es una imperfección financiera del mercado ocasionada principalmente por las restricciones del gobierno, por las prácticas institucionales y por las percepciones del inversionista. A continuación se presentan las imperfecciones más importantes:

- Información asimétrica ante los inversionistas nacionales y los que tienen base en el extranjero
- Falta de transparencia
- Altos costos por transacciones con valores
- Riesgos cambiarios
- Riesgos políticos
- Diferencias en el gobierno corporativo
- Barreras reguladoras

Las imperfecciones de mercado no necesariamente implican que los mercados nacionales de valores sean ineficientes. Un mercado de valores nacionales puede ser eficiente en un contexto nacional, pero puede ser segmentado en un contexto internacional. De acuerdo con la teoría de las finanzas, un mercado es *eficiente* si los precios de los valores en ese mercado reflejan toda la información relevante disponible y se ajustan con rapidez a cualquier información relevante nueva. Por tanto, el precio de un valor individual refleja su "valor intrínseco" y cualquier fluctuación de precio será "variación aleatoria" alrededor de este valor. La eficiencia de mercado supone que los costos de las transacciones son bajos, que hay muchos participantes en el mercado y que éstos tienen una fuerza financiera suficiente para causar movimientos en los precios de los valores. Las pruebas empíricas de la eficiencia de mercado muestran que una gran parte de los mercados nacionales mayores son razonablemente eficientes.

Un mercado nacional de valores eficiente bien podría valuar correctamente todos los valores que se negocian en ese mercado sobre la base de la información disponible para los inversionistas que participen en ese mercado. Sin embargo, si ese mercado fuera segmentado, los inversionistas extranjeros no participarían. Por tanto, los valores del mercado segmentado se valuarían sobre la base de las normas nacionales en lugar de las internacionales.

En la parte restante de este capítulo y en el siguiente, usaremos el término *empresa multinacional* (EMN) para describir a todas las empresas que tengan acceso a un costo y a una disponibilidad de capitales a nivel global. Esto incluye una calificación de las multinacionales, ya sea que se localicen en un mercado altamente desarrollado o en mercados en vías de desarrollo. También incluye a las empresas grandes que no son multinacionales pero que tienen acceso a los mercados de capitales globales. Éstas también podrían localizarse en mercados de capitales altamente desarrollados o en vías de desarrollo. Usaremos el término *empresa nacional* (EN) para todas las empresas que no tienen acceso a un costo y a una disponibilidad de capitales a nivel global, indistintamente de dónde se localicen.

La disponibilidad del capital depende de si una empresa pueda obtener liquidez para sus instrumentos de endeudamiento y de capital contable y un precio por aquellos valores que están basados en normas internacionales en lugar de nacionales. En la práctica, esto significa que la empresa debe definir una estrategia para atraer a inversionistas internacionales de portafolios y escapar de esa manera a las restricciones de su propio mercado nacional ilíquido o segmentado.

El efecto de la liquidez y la segmentación del mercado

El grado en el cual los mercados de capitales sean ilíquidos o segmentados tiene una influencia importante sobre el costo marginal de capital de una empresa y por tanto sobre el promedio ponderado de su costo de capital. El costo marginal de capital es el promedio ponderado del costo de la siguiente unidad monetaria que se obtenga. Esto se ilustra en la figura 14.7, que muestra la transición de un costo de capital marginal de capital nacional a un costo marginal de capital global.

La figura 14.7 muestra que una empresa multinacional tiene un rendimiento marginal dado sobre el capital a diferentes niveles presupuestales, los cuales se representan en la línea MRR. Esta demanda se determina clasificando los proyectos potenciales de acuerdo con el valor presente neto o la tasa interna de rendimiento. La tasa porcentual de rendimiento tanto para los usuarios como para los proveedores de capital se muestra en la escala vertical. Si la empresa está limitada a

FIGURA 14.7   Liquidez de mercado, segmentación y el costo marginal de capital

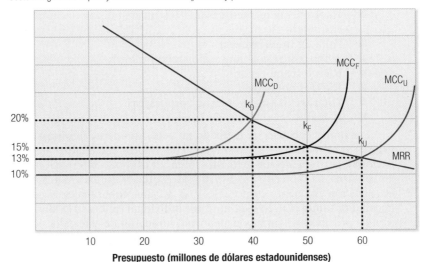

obtener fondos en su mercado nacional, la línea MCC_D muestra el costo marginal de capital nacional (eje vertical) a varios niveles presupuestales (eje horizontal). Recuerde que la empresa continúa manteniendo la misma razón de endeudamiento a medida que expande su presupuesto, de modo que el riesgo financiero no cambie. El presupuesto óptimo en el caso nacional es de US$40 millones, donde el rendimiento marginal sobre el capital (MRR) es justamente igual al costo marginal de capital (MCC_D). A este presupuesto, el costo marginal de capital a nivel nacional, k_D sería igual a 20%.

Si una empresa multinacional tiene acceso a las fuentes adicionales de capital fuera de un mercado de capitales nacional ilíquido, el costo marginal de capital debe cambiar a la derecha (la línea MCC_F). En otras palabras, los mercados extranjeros se pueden aprovechar para la obtención de fondos a largo plazo en los momentos en los que los mercados nacionales están saturados debido a un intenso uso de otros prestatarios o emisores de instrumentos de capital contable, o cuando es incapaz de absorber otra emisión de la empresa multinacional en el corto plazo. La figura 14.7 muestra que mediante un aprovechamiento de los mercados de capitales extranjeros, la empresa ha reducido su costo marginal de capital a nivel internacional, k_F, a 15%, aun cuando obtiene US$10 millones adicionales. Esta declaración supone que cerca de US$20 millones se obtienen en el extranjero, ya que tan sólo se pudieron obtener aproximadamente US$30 millones a nivel nacional a un costo marginal de capital de 15%.

Si una empresa multinacional se encuentra localizada en un mercado de capitales que es tanto ilíquido como segmentado, la línea MCC_U representa el decremento en el costo marginal de capital si obtiene acceso a otros mercados de instrumentos de capital contable. Como resultado de los efectos combinados de una mayor disponibilidad del capital y de una valuación internacional de los valores de la empresa, el costo marginal de capital, k_U, disminuye a 13% y el presupuesto de capital óptimo asciende a US$60 millones.

La mayoría de las pruebas de la segmentación de mercado presentan el problema común de todos los modelos —es decir, la necesidad de abstraerse de la realidad para tener un modelo susceptible de ser probado—. En nuestra opinión, una prueba realista sería observar qué es lo que sucede al precio de un solo valor cuando se ha negociado tan sólo en un mercado nacional, cuando es "descubierto" por los inversionistas extranjeros, y posteriormente se negocia en un mercado extranjero. El arbitraje debe mantener el precio de mercado igual en ambos mercados. Sin embargo, si durante la transacción observamos un cambio significativo en el precio del valor no correlacionado con los movimientos de precio en cualquiera de los mercados de valores de apoyo, podemos inferir que el mercado nacional ha sido segmentado.

En los círculos académicos, las pruebas que se basan en los estudios de casos específicos se consideran con frecuencia como un "empirismo causal", porque no existe una teoría o modelo que explique qué es lo que se está observando. Sin embargo, se puede aprender algo a partir de tales casos, del mismo modo que los científicos aprenden al observar la naturaleza en un medio ambiente no controlado. Además, los estudios de casos específicos que preservan las complicaciones del mundo real pueden ilustrar tipos también específicos de barreras para la integración de mercado y formas en la que éstas podrían superarse.

Desafortunadamente, se han documentado pocos estudios de casos en los cuales una empresa se haya "escapado" de un mercado de capitales segmentado. En la práctica, tal escape significa por lo general el hecho de estar inscrito en un mercado de valores extranjero como Nueva York o Londres, y/o la venta de valores en los mercados de capitales extranjeros. Ilustraremos algo más específico mediante el uso del ejemplo de Novo Industri A/S, una empresa danesa.[2]

Globalización de los mercados de valores

Durante la década de 1980, una gran cantidad de otras empresas nórdicas y otras empresas europeas siguieron el ejemplo de Novo. Siguieron una inscripción cruzada en las principales bolsas extranjeras como la de Londres y Nueva York. Ellos colocaron las emisiones de instrumentos de capital contable y de deudas en los mercados de valores mayores. En casi todos los casos, tuvieron éxito al disminuir su WACC y al incrementar su disponibilidad.

Durante las décadas de 1980 y 1990, las restricciones nacionales sobre inversiones en portafolios a través de las fronteras fueron gradualmente liberadas por presiones de la OCDE (Organización para la Cooperación y el Desarrollo Económico), un consorcio que aglutina a la mayoría de los países más industrializados del mundo. La liberalización de los mercados de valores europeos se vio acelerada, debido a los esfuerzos de la Unión Europea por desarrollar un solo mercado europeo sin barreras. Los mercados de las naciones en vías de desarrollo siguieron su ejemplo, como lo hicieron los anteriores países del bloque oriental después de la desintegración de la Unión Soviética. Los mercados nacionales en vías de desarrollo han sido motivados con frecuencia por la necesidad de obtener capital extranjero para financiar una privatización a gran escala.

Actualmente, la segmentación de mercado ha sido significadamente reducida, aunque la liquidez de los mercados individuales nacionales ha permanecido limitada. La mayoría de los observadores consideran que para bien o para mal, hemos logrado un mercado global para los valores. La buena noticia es que muchas empresas han sido ayudadas para convertirse en empresas multinacionales porque ahora tienen acceso a un costo y a una disponibilidad global de capital. Las malas noticias son que la correlación entre los mercados de valores ha aumentado, reduciendo con ello pero no eliminando los beneficios de la diversificación de portafolios internacionales. La globalización de los mercados de valores también ha conducido a una mayor inestabilidad y a un comportamiento especulativo, como lo muestra la crisis de mercado emergente del periodo 1995-2001, y la crisis de crédito global de 2008.

El gobierno corporativo y el costo de capital. ¿Estarían dispuestos los inversionistas globales a pagar una prima por una acción en una compañía con un buen gobierno corporativo? Un estudio reciente de empresas noruegas y suecas midió el impacto de la membresía a juntas extranjeras (angloamericanas) sobre el valor de la empresa. Ellos resumieron sus hallazgos como sigue:

> *Con el uso de una muestra de empresas con oficinas centrales en Noruega o en Suecia, el estudio indica un valor significativamente más alto para las empresas que tienen miembros angloamericanos externos en sus juntas directivas, después de que una variedad de factores específicos de la empresa y de gobierno corporativo relacionados han sido controlados. Argumentamos que este desempeño superior refleja el hecho de que estas compañías se han alejado con éxito de un*

[2] El material del caso de Novo, el cual se presenta al final de este capítulo, es una versión condensada de Arthur Stonehill y Kare B. Dullum, *Internationalizing the Cost of Capital in Theory and Practice: The Novo Experience and National Policy Implications* (Copenhague: Nyt Nordisk Forlag Arnold Busck, 1982; y Nueva York: Wiley, 1982). Reimpreso con permiso.

mercado nacional de capitales parcialmente segmentado mediante la "importación" de un sistema de gobierno corporativo angloamericano. Tal "importación" señala una disposición por parte de la empresa para exponerse a sí misma a un gobierno corporativo mejorado y mejora su reputación en el mercado financiero.[3]

Alianzas estratégicas

Las alianzas estratégicas se forman de ordinario por aquellas empresas que esperan obtener sinergias de uno o más de los siguientes esfuerzos conjuntos. Podrían compartir el costo de las tecnologías en desarrollo, o perseguir actividades de comercialización complementarias. Podrían obtener economías de escala o de alcance o una variedad de otras ventajas comerciales. Sin embargo, una sinergia que en algunas ocasiones se puede pasar por alto es la posibilidad de que una empresa financieramente fuerte ayude a una financieramente débil a disminuir su costo de capital mediante el suministro de instrumentos de capital contable o instrumentos de financiamiento con deudas atractivamente valuados. Esto se ilustra en la sección *Finanzas globales en la práctica 14.1* acerca de la alianza estratégica entre Bang & Olufsen y Philips N.V.

FINANZAS GLOBALES EN LA PRÁCTICA 14.1

Bang & Olufsen y Philips N.V.

Un ejemplo excelente de una sinergia financiera que disminuyó el costo de capital de una empresa es el que proporciona la alianza estratégica a través de las fronteras de Philips N.V. de los Países Bajos y Bang & Olufsen (B&O) de Dinamarca en 1990. Philips N.V. es una de las empresas multinacionales más grandes del mundo y una empresa líder en productos electrónicos de consumo popular en Europa. B&O es un pequeño competidor europeo pero con un nicho atractivo en el sector de alta calidad del mercado audiovisual.

Philips era un proveedor mayor de componentes para B&O, una situación que deseaba continuar. También deseaba unir sus fuerzas con B&O en el mercado de productos electrónicos de consumo popular de alta calidad, donde Philips no tenía la imagen de calidad de la cual disfrutaba B&O. Philips estaba preocupada de que las presiones financieras pudieran obligar a B&O a elegir un competidor japonés como socio, lo cual sería desafortunado. B&O siempre había apoyado los esfuerzos políticos de Philips para obtener apoyo de la Unión Europea para hacer a las pocas empresas de productos electrónicos de consumo popular europeas más competitivas que sus competidores japoneses fuertes.

Motivación B&O

B&O estaba interesada en una alianza con Philips para obtener un acceso más rápido a su nueva tecnología y para recibir asistencia encaminada a la conversión de esa tecnología en aplicaciones de productos de B&O. B&O quería tener la seguridad de una entrega oportuna de componentes sujetos a descuentos por volumen de Philips misma, así como un acceso a su gran red de proveedores y bajo los mismos términos. Lo que es de igual importancia, B&O quería obtener una infusión de capital contable de Philips para reforzar su tambaleante posición financiera. A pesar de su gran maestría comercial, en años recientes B&O había sido tan sólo marginalmente rentable, y sus acciones negociadas a nivel público se consideraron demasiado riesgosas para justificar una nueva emisión de capital contable público ya sea en Dinamarca o en el extranjero. No tenía un exceso de capacidad para la solicitud de fondos en préstamo.

La alianza estratégica

Se convino una alianza estratégica que le daría a cada socio lo que deseaba desde el punto de vista comercial. Philips estuvo de acuerdo en invertir DkK342 millones (cerca de US$50 millones) para incrementar el capital contable de la principal subsidiaria operativa de B&O. A cambio de ello, recibió una propiedad del 25% de la subsidiaria expandida.

Cuando se anunció al público la alianza estratégica de B&O el 3 de mayo de 1990, el precio de las acciones de B&O Holding, una compañía inscrita en la Bolsa de Valores de Copenhague, ascendió 35% en dos días. Permaneció a ese nivel hasta que la crisis de la Guerra del Golfo deprimió en forma temporal el precio de las acciones de B&O. Dicho precio se ha recuperado desde entonces y las sinergias esperadas se materializaron en última instancia. B&O finalmente volvió a comprar sus acciones de Philips a un precio que había sido predeterminado al inicio.

Al evaluar lo que sucedió, reconocemos que un comprador industrial podría estar dispuesto a pagar un precio más alto por una empresa que le proporcionará algunas sinergias a comparación de la postura de un inversionista de un portafolios que no las recibe. Los inversionistas de un portafolios tan sólo están valuando las acciones de las empresas con base en las intercompensaciones entre el riesgo normal *versus* el rendimiento. De ordinario no pueden anticipar el valor de las sinergias que podrían acumularse para la empresa a partir de un socio de una alianza estratégica inesperada. Se debe mantener la misma conclusión para una alianza estratégica exclusivamente nacional, pero este ejemplo es una alianza a través de las fronteras.

[3]Lars Oxelheim y Trond Randoy, "The impact of foreign board membership on firm value", *Journal of Banking and Finance*, volumen 27, número 12, 2003, p. 2,569.

En el capítulo 15, describimos las experiencias de las empresas que han sabido aprovechar con éxito los mercados de valores globales y las estrategias e instrumentos financieros que han usado.

El costo de capital de las empresas multinacionales frente a las empresas nacionales

¿Es el promedio ponderado del costo de capital de las empresas multinacionales más alto o más bajo que el de sus contrapartes nacionales? La respuesta es una función del costo marginal de capital, del costo relativo de la deuda después de impuestos, de la razón óptima de endeudamiento y del costo relativo del capital contable.

Disponibilidad de capital

Anteriormente en este capítulo expusimos que la disponibilidad internacional de capital para las empresas multinacionales o para oras empresas grandes que pueden atraer a inversionistas de portafolios internacionales, puede permitirles disminuir el costo de su capital contable y el de sus deudas a comparación con las empresas nacionales. Además, la disponibilidad internacional le permite a una empresa multinacional mantener la razón de endeudamiento deseada, aun cuando se deban obtener cantidades significativas de fondos nuevos. En otras palabras, el costo marginal de capital de una empresa multinacional es constante dentro de límites considerables de su presupuesto de capital. Esta afirmación no es verdadera en el caso de la mayoría de las empresas nacionales. Deben basarse en fondos internamente generados o solicitar fondos en préstamo a los bancos comerciales a un plazo corto o mediano.

Estructura financiera, riesgo sistemático y costo de capital para empresas multinacionales

En teoría, las empresas multinacionales deben estar en una mejor posición que sus contrapartes nacionales para hacer frente a razones de endeudamiento más altas, ya que sus flujos de efectivo están internacionalmente diversificados. La probabilidad de que una empresa cubra sus cargos fijos bajo condiciones variantes en los mercados de productos, en los mercados financieros y en los mercados cambiarios debe mejorar si la variabilidad de sus flujos de efectivo se minimiza. Al diversificar los flujos de efectivo a nivel internacional, la empresa multinacional podría ser capaz de lograr el mismo tipo de reducción en la variabilidad del flujo de efectivo que el que reciben los inversionistas del portafolios por la diversificación de sus tenencias de valores a nivel internacional. El mismo argumento se aplica —es decir, que los rendimientos no están correlacionados en forma perfecta entre los países.

A pesar de la elegancia teórica de esta hipótesis, los estudios empíricos han llegado a la conclusión opuesta.[4] No obstante el efecto favorable de la diversificación internacional de los flujos de efectivo, los riesgos de quiebra eran más o menos los mismos para las empresas multinacionales que para las empresas nacionales. Sin embargo, las EMN se enfrentaban a un nivel más alto de costos de la representación de los intereses de los accionistas por parte de los administradores (sus agentes), de riesgos políticos, de riesgos cambiarios y de información asimétrica. Éstos se han identificado como los factores que conducen a razones de endeudamiento más bajas e incluso a un costo más alto de deudas a largo plazo para las multinacionales. Las empresas nacionales hacen un uso mucho más intenso de deudas a corto plazo y a plazo intermedio, las cuales se encuentran en el extremo final del costo bajo de la curva de rendimientos.

Algo que es incluso más sorprendente es un estudio que encontró que las empresas multinacionales tienen un nivel más alto de riesgo sistemático que sus contrapartes nacionales.[5] Los mismos factores que causaron este fenómeno también provocaron las más bajas razones de endeudamiento para las multinacionales. El estudio concluyó que el incremento en la desviación estándar de los flujos de efectivo como resultado de la internacionalización compensa con demasía la más baja correlación proveniente de la diversificación.

Como lo afirmamos anteriormente en este capítulo, el término del riesgo sistemático, β_j, se define como sigue:

$$\beta_j = \frac{\rho_{jm}\sigma_j}{\sigma_m}$$

[4]Kwang Chul Lee y Chuck C.Y. Kwok, "Multinational Corporations vs. Domestic Corporations: International Environmental Factors and Determinants of Capital Structure", *Journal of International Business Studies*, verano de 1988, pp. 195-217.

[5]David M. Reeb, Chuck C. Y. Kwok y H. Young Baek, "Systematic Risk of the Multinational Corporation", *Journal of International Business Studies*, segundo trimestre de 1998, pp. 263-279.

donde ρ_{jm} es el coeficiente de correlación entre el valor j y el mercado; σ_j es la desviación estándar del rendimiento sobre la empresa j, y σ_m es la desviación estándar del rendimiento de mercado. El riesgo sistemático de la multinacional podría aumentar si el decremento en el coeficiente de correlación, ρ_{jm}, debido a la diversificación internacional, se ve compensado en exceso por un incremento en σ_j, la desviación estándar de la multinacional ocasionada por los factores de riesgo antes mencionados. Esta conclusión es consistente con la observación de que muchas empresas multinacionales usan una tasa de barrera más alta para descontar los flujos de efectivo esperados del proyecto extranjero. En esencia, están aceptando proyectos que consideran que son más riesgosos que los proyectos nacionales, sesgando potencialmente de esta manera hacia arriba el riesgo sistemático que han percibido. Como mínimo, las empresas multinacionales necesitan ganar una tasa de rendimiento más alta que sus equivalentes nacionales para mantener su valor de mercado.

Un estudio más reciente encontró que la internacionalización realmente le permitía a las multinacionales que emergían en el mercado sostener un nivel más alto de deudas y una reducción en su riesgo sistemático.[6] Esto ocurría porque las multinacionales que emergían en el mercado estaban invirtiendo en economías más estables en el extranjero, una estrategia que reduce sus riesgos operativos, financieros, cambiarios y políticos. La reducción en el riesgo compensa en demasía el incremento en sus costos de representación de los accionistas por parte de los administradores, y le permite a las multinacionales que emergen en el mercado disfrutar de un apalancamiento más alto y disminuir el riesgo sistemático a comparación de sus contrapartes, es decir, las multinacionales con base en Estados Unidos.

Resolución de un enigma: ¿es el promedio ponderado del costo de capital de las empresas multinacionales realmente más alto que el de sus contrapartes nacionales?

El enigma es que se supone que una empresa multinacional tiene un costo marginal de capital (MCC, *marginal cost of capital*) más bajo que el de una empresa nacional, debido al acceso de la multinacional a un costo y disponibilidad de capital a nivel global. Por otra parte, los estudios empíricos que mencionamos muestran que el promedio ponderado del costo de capital (WACC, *weighted average cost of capital*) de una empresa multinacional en realidad es más alto que el de una empresa nacional comparable debido a los costos de representación de los accionistas por parte de los administradores, al riesgo cambiario, al riesgo político, a la información asimétrica y a otras complejidades de las operaciones extranjeras.

La respuesta a este enigma se encuentra en el vínculo entre el costo de capital, su disponibilidad y el conjunto de oportunidad de los proyectos. A medida que aumenta el conjunto de oportunidad de proyectos, finalmente la empresa necesita aumentar su presupuesto de capital para señalar dónde está aumentando su costo marginal de capital. El presupuesto de capital óptimo todavía estaría en el punto en el que el costo marginal de capital creciente sea igual a la tasa de rendimiento declinante sobre el conjunto de oportunidad de los proyectos. Sin embargo, esto sería a un promedio ponderado del costo de capital más alto que el que hubiera ocurrido para un nivel más bajo del presupuesto de capital óptimo.

Para ilustrar este vínculo, la figura 14.8 muestra el costo marginal de capital a la luz de diferentes presupuestos de capital óptimos. Suponga que se tienen dos distintos programas de demanda con base en el conjunto de oportunidad de proyectos tanto para la empresa multinacional (EMN) como para la contraparte nacional (CN).

La línea MRR_{DC} muestra un conjunto modesto de proyectos potenciales. Intercepta a la línea MCC_{EMN} al 15% y a un nivel de presupuesto de US$100 millones. A estos bajos niveles de presupuesto el MCC_{EMN} tiene un MCC y probablemente un promedio ponderado del costo de capital más altos que su contraparte nacional (MCC_{DC}), como se descubrió en los estudios empíricos recientes.

[6]Chuck C.Y. Kwok y David M. Reeb, "Internationalization and Firm Risk: An Upstream-Downstream Hypothesis", *Journal of International Business Studies*, volumen 31, emisión 4, 2000, pp. 611-630.

FIGURA 14.8   Comparación del costo de capital para una empresa multinacional y para su contraparte nacional

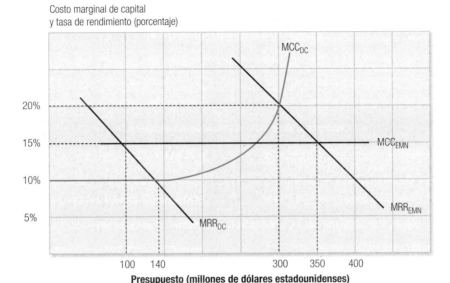

La línea MRR_{EMN} representa un conjunto más ambicioso de proyectos tanto para la empresa multinacional como para su contraparte nacional. Intercepta a la línea MCC_{EMN} todavía al 15% y a un presupuesto de US$350 millones. Sin embargo, intercepta al MCC_{DC} al 20% y a un nivel de presupuesto de US$300 millones. A estos niveles presupuestales más altos, la MCC_{EMN} tiene un MCC y probablemente un WACC más bajo que su contraparte nacional, como se predijo anteriormente en este capítulo.

Con la finalidad de ampliar esta conclusión al caso general, necesitaríamos saber bajo qué condiciones una empresa nacional estaría dispuesta a emprender el presupuesto de capital óptimo aun a pesar del costo marginal de capital creciente de la empresa. En algún punto, la empresa multinacional también podría tener un presupuesto de capital óptimo en el punto en el que su MCC esté aumentado.

Los estudios empíricos muestran que ni las empresas nacionales maduras ni las empresas multinacionales están de ordinario dispuestas a asumir los más altos costos de la representación de los intereses de los accionistas por parte de los administradores o los riesgos de quiebra asociados con niveles más altos de MCC y de presupuestos de capital. De hecho, la mayoría de las empresas maduras muestran algún grado de comportamiento asociado con la maximización de la riqueza de los participantes empresariales. Tienen cierta aversión por el riesgo y tienden a evitar el hecho de tener que regresar al mercado para obtener capital contable fresco. Prefieren limitar sus presupuestos de capital a lo que puede ser financiado con flujos de efectivo libres de costo. En realidad, tienen un así llamado "orden jerárquico" que determina la prioridad en cuanto a cuáles serán las fuentes de financiamiento que se aprovecharán y en qué orden. Este comportamiento motiva a los accionistas para que vigilen a la administración más de cerca. Vinculan la compensación de la administración con el desempeño de las acciones (opciones). También pueden requerir otros tipos de acuerdos contractuales que sean en forma colectiva parte de los costos de la representación de los intereses de los accionistas por parte de los administradores.

En conclusión, si tanto las empresas multinacionales como las empresas nacionales realmente limitan sus presupuestos de capital a lo que se pueda financiar sin aumentar su MCC, entonces se mantienen los descubrimientos empíricos de que las empresas multinacionales tienen un WACC más alto. Si una empresa nacional tiene oportunidades de crecimiento tan buenas que optara por emprender el crecimiento aun a pesar de un costo marginal de capital creciente, entonces la empresa multinacional tendría un WACC más bajo. La figura 14.9 resume estas conclusiones.

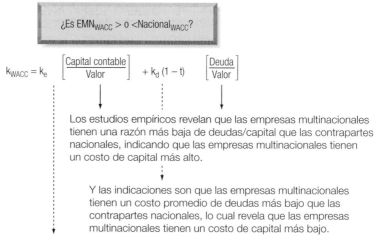

FIGURA 14.9 ¿Tienen las empresas multinacionales un WACC más alto o más bajo que sus contrapartes nacionales?

¿Es EMN$_{WACC}$ > o <Nacional$_{WACC}$?

$$k_{WACC} = k_e \left[\frac{\text{Capital contable}}{\text{Valor}} \right] + k_d (1-t) \left[\frac{\text{Deuda}}{\text{Valor}} \right]$$

Los estudios empíricos revelan que las empresas multinacionales tienen una razón más baja de deudas/capital que las contrapartes nacionales, indicando que las empresas multinacionales tienen un costo de capital más alto.

Y las indicaciones son que las empresas multinacionales tienen un costo promedio de deudas más bajo que las contrapartes nacionales, lo cual revela que las empresas multinacionales tienen un costo de capital más bajo.

El costo del capital contable requerido por los inversionistas es más alto para las empresas multinacionales que para las empresas nacionales. Las posibles explicaciones son la presencia de niveles más altos de riesgo político, de riesgos cambiarios y de costos de representación de los accionistas por parte de los administradores como resultado de conducir operaciones de negocios en un medio ambiente administrativo multinacional. Sin embargo, a niveles relativamente altos de un presupuesto de capital óptimo, la empresa multinacional tendría un costo de capital más bajo.

RESUMEN

■ El hecho de lograr acceso a los mercados globales de capitales debe permitir a una empresa reducir su costo de capital.

■ Esto se puede lograr aumentando la liquidez de mercado de sus acciones y escapando de la segmentación de su mercado nacional de capitales.

■ El costo y la disponibilidad de capital están directamente relacionados con el grado de liquidez del mercado y de segmentación. Las empresas que tienen acceso a mercados con una alta liquidez y un bajo nivel de segmentación deben tener un costo de capital más bajo y una mayor capacidad para obtener capital nuevo.

■ Una empresa puede incrementar su liquidez de mercado mediante la obtención de deudas en el euromercado, mediante la venta de emisiones de valores en los mercados individuales de capital a nivel nacional y mediante la venta de eurovalores, y aprovechando los mercados locales de capital a través de las subsidiarias extranjeras. El aumento en la liquidez de mercado ocasiona que la línea del costo marginal de capital se "achate hacia la derecha". Esto da como resultado que la empresa tenga la capacidad de obtener más capital al mismo nivel bajo del costo marginal de capital, y que con ello justifique las inversiones en más proyectos de capital. La clave es atraer a los inversionistas de los portafolios internacionales.

■ Un mercado nacional de capitales está segmentado si la tasa requerida de rendimiento sobre los valores de ese mercado difiere de la tasa requerida de rendimiento sobre valores de rendimiento y de riesgo esperados comparables que sean negociados en otros mercados nacionales de valores. La segmentación de los mercados de capitales es una imperfección de un mercado financiero ocasionada por restricciones del gobierno y por las percepciones de los inversionistas. Las imperfecciones más importantes son: 1) información asimétrica; 2) costos de las transacciones; 3) riesgos cambiarios; 4) diferencias de gobierno corporativo; 5) riesgos políticos, y 6) barreras reguladoras.

■ La segmentación da como resultado un costo de capital más alto y menos disponibilidad de capital.

■ Si una empresa reside en un mercado de capitales segmentado, aún puede escapar de este mercado obteniendo en el extranjero sus deudas y sus instrumentos de capital contable. El resultado debe ser un costo marginal de capital más bajo, un mejoramiento en la liquidez de sus acciones y un presupuesto de capital más amplio. La experiencia de Novo ha sido sugerida como un posible modelo para las empresas que residen en mercados pequeños o en mercados emergentes que están parcialmente segmentados y son ilíquidos.

■ El que las empresas multinacionales tengan o no un costo de capital más bajo que sus contrapartes nacionales depende de sus estructuras financieras óptimas, del riesgo sistemático, de la disponibilidad del capital y del nivel del presupuesto de capital óptimo.

Novo Industri A/S (Novo)

Novo es una empresa multinacional danesa que produce enzimas industriales y productos farmacéuticos (principalmente insulina). En 1977, la administración de Novo decidió "internacionalizar" su estructura de capital y sus fuentes de fondos. Esta decisión se basó en la observación de que el mercado de valores danés era tanto ilíquido como segmentado con respecto a otros mercados de capitales. En particular, la falta de disponibilidad y el alto costo del capital contable en Dinamarca ocasionó que Novo tuviera un costo de capital más alto que sus principales competidores multinacionales, como Eli Lilly (Estados Unidos), Miles Laboratories (Estados Unidos, una subsidiaria de Bayer, Alemania) y Gist Brocades (Países Bajos).

Aparte del costo de capital, las oportunidades de crecimiento proyectadas para Novo señalaron la eventual necesidad final de obtener nuevo capital a largo plazo más allá de lo que podría obtenerse en el ilíquido mercado danés. Ya que Novo es un líder tecnológico en sus especialidades, las inversiones de capital planeadas en planta, equipo e investigación no podrían posponerse hasta que el financiamiento interno proveniente de los flujos de efectivo estuviera disponible. Los competidores de Novo se adelantarían y se apoderarían de cualquier mercado no atendido por Novo.

Aun si una emisión de capital contable de la magnitud requerida pudiera haberse obtenido en Dinamarca, la tasa de rendimiento requerida hubiera sido inaceptablemente alta. Por ejemplo, la razón precio/utilidades de Novo era de ordinario de alrededor de 5; y la de sus competidores extranjeros era de más de 10. Sin embargo, el riesgo de negocios y el riesgo financiero de Novo parecían ser aproximadamente iguales a los de sus competidores. Una razón de precio/ganancias de 5 parecía ser apropiada para Novo tan sólo dentro de un contexto nacional danés, cuando Novo era comparada con otras empresas nacionales con un riesgo de negocios y un riesgo financiero comparables.

Si los mercados de valores de Dinamarca estuvieran integrados con los mercados mundiales, se esperaría que los inversionistas extranjeros se precipitaran y compraran valores daneses "subvaluados". En ese caso, las empresas como Novo disfrutarían de un costo de capital internacional comparable al de sus competidores extranjeros. De una manera muy extraña, no existía ninguna restricción gubernamental danesa que evitara que los inversionistas extranjeros mantuvieran valores daneses. Por tanto, en ese momento se debía buscar la percepción del inversionista como la principal causa de la segmentación de mercado en Dinamarca.

Por lo menos seis características del mercado danés de capital contable eran responsables por la segmentación del mercado: 1) una base de información asimétrica de los inversionistas daneses y de los inversionistas extranjeros, 2) los gravámenes fiscales, 3) los conjuntos alternativos de carteras factibles, 4) el riesgo financiero, 5) el riesgo cambiario y 6) el riesgo político.

Información asimétrica

Hubo ciertas características institucionales de Dinamarca que ocasionaron que los inversionistas daneses y los extranjeros estuvieran mal informados acerca de los valores de capital contable de unos y de otros. La barrera de información más importante era una regulación danesa que prohibía que los inversionistas de ese país mantuvieran valores extranjeros del sector privado. Por tanto, los inversionistas daneses no tenían incentivos para seguir los desarrollos en los mercados de valores extranjeros o para tomar en consideración tal información en su evaluación de los valores daneses. Como resultado de ello, los valores daneses podrían haber sido valuados correctamente entre ellos mismos, en el sentido de mercados eficientes, considerando la base de información danesa, pero podrían haber sido valuados incorrectamente considerando la base de información danesa y extranjera en forma combinada. Otro efecto dañino de esta regulación era que las empresas con valores extranjeros no tenían oficinas o personal en Dinamarca, ya que no tenían un producto para venderlo. La falta de una presencia física en Dinamarca redujo la capacidad de los analistas de valores extranjeros para darle seguimiento a los valores daneses.

Una segunda barrera de información era la falta de una cantidad suficiente de analistas de valores daneses que le dieran seguimiento a los valores de ese país. Tan sólo se publicaba una edición profesional de análisis de valores daneses (Børsinformation), pero sus descubrimientos no se hallaban disponibles para el público. Casi ningún analista de valores extranjeros le daba seguimiento a los valores daneses, porque no tenía ningún producto que vender y el mercado danés era demasiado pequeño (el sesgo del país pequeño).

Otras barreras de información incluían el lenguaje y los principios contables. Como es normal, la información financiera era publicada de ordinario en lengua danesa y utilizando por principios de contabilidad daneses. Pocas empresas, como Novo, publicaban versiones en idioma inglés, pero casi nadie usaba los principios de contabilidad británicos o estadounidenses o trataba de mostrar una reconciliación entre tales principios.

Gravámenes fiscales

La política fiscal danesa había hecho muchas cosas excepto eliminar las inversiones en capital común por parte de los individuos. Hasta que sobrevino un cambio en la legislación fiscal en julio de 1981, las ganancias de capital sobre acciones que se mantenían durante más de dos años se gravaban a la tasa de 50%. Las acciones que se mantenían menos de dos años, o para propósitos "especulativos", se gravaban a las tasas fiscales sobre ingresos personales, y la tasa marginal más alta era de 75%. En contraste, las ganancias de capital sobre los bonos estaban libres de impuestos. Esta situación dio como resultado que los bonos que se emitieran con un descuento profundo porque la redención a la par al vencimiento se consideraba como una ganancia de capital. De este modo, la mayoría de los inversionistas individuales mantenían bonos en lugar de acciones. Este factor redujo la liquidez del mercado de acciones y aumentó la tasa requerida de rendimiento sobre las acciones si habían de competir con los bonos.

Conjunto factible de portafolios

Debido a la prohibición sobre la propiedad de valores extranjeros, los inversionistas daneses tenían un conjunto muy limitado de valores a partir del cual pudieran seleccionar un portafolios. En la práctica, los portafolios institucionales daneses estaban formados de acciones danesas, de bonos del gobierno y de bonos hipotecarios. Debido a que los movimientos de los precios de las acciones danesas están estrechamente relacionados entre sí, los portafolios daneses poseían más bien un alto nivel de riesgo sistemático. Además, la política del gobierno había sido proporcionar una tasa real de rendimiento relativamente alta sobre los bonos del gobierno después de hacer ajustes por la inflación. El resultado neto de las políticas fiscales sobre los individuos, aunado a la existencia de atractivos rendimientos reales sobre los bonos del gobierno, fue que las tasas requeridas de rendimiento sobre las acciones eran relativamente altas en conformidad con las normas internacionales.

Desde la perspectiva de un portafolios, las acciones danesas proporcionaban la oportunidad de que los inversionistas extranjeros se diversificaran a nivel internacional. Si los movimientos de precio de las acciones danesas no estaban estrechamente correlacionados con los movimientos de precio de las acciones a nivel mundial, la inclusión de acciones danesas en portafolios extranjeros debería reducir el riesgo sistemático de éstos. Además, los inversionistas extranjeros no estaban sujetos a las altas tasas fiscales danesas sobre ingresos, porque de ordinario estaban protegidos por tratados fiscales que por lo general limitaban su impuesto a 15% sobre los dividendos y las ganancias de capital. Como resultado del potencial de diversificación internacional, los inversionistas extranjeros podrían haber requerido una tasa de rendimiento más baja sobre las acciones danesas que los inversionistas daneses, manteniéndose igual todo lo demás. Sin embargo, las demás cosas no eran similares, porque los inversionistas extranjeros percibían que las acciones danesas llevaban más riesgos financieros, cambiarios y políticos que sus propios valores nacionales.

Riesgos financieros, cambiarios y políticos

El apalancamiento financiero que utilizaban las empresas danesas era relativamente alto de acuerdo a las normas de Estados Unidos y del Reino Unido, pero no era anormal para Escandinavia, Alemania, Italia o Japón. Además, la mayor parte de la deuda era a corto plazo con tasas de interés variables. La manera exacta en la que los inversionistas extranjeros visualizaban el riesgo financiero en las empresas danesas dependía de las normas que ellos siguieran en sus países de origen. A partir de la experiencia de Novo al apro-

vechar el mercado de eurobonos en 1978, sabemos que Morgan Grenfell, su banquero de inversiones británico, aconsejó a Novo que mantuviera una razón de endeudamiento (deudas a capitalización total) más cercana a 50% que la norma tradicional danesa de 65% a 70%.

Los inversionistas extranjeros en valores daneses están sujetos a riesgos cambiarios, si esto es un factor ventajoso o desventajoso depende de la moneda del país de origen del inversionista, de su percepción acerca de la fuerza futura de la corona danesa y de su impacto sobre la exposición financiera de una empresa. Como resultado de contactos personales con inversionistas y banqueros extranjeros, la administración de Novo no creía que el riesgo cambiario fuera un factor en el precio de las acciones de Novo, porque sus operaciones se percibían como bien diversificadas a nivel internacional. Más de 90% de sus ventas eran a clientes que se localizaban fuera de Dinamarca.

Con respecto a los riesgos políticos, Dinamarca se percibía como una democracia occidental estable, pero con el potencial de causar problemas periódicos a los inversionistas extranjeros. En particular, la deuda nacional de Dinamarca se consideraba como demasiado alta por precaución, aunque este juicio aún no se había manifestado bajo la forma de primas de riesgo sobre los préstamos sindicados en la Euro-moneda de Dinamarca.

La ruta hacia la globalización

Aunque en 1977 la administración de Novo deseaba escapar de las ataduras del segmentado e ilíquido mercado de capitales de Dinamarca, se tuvieron que superar muchas barreras. Vale la pena describir algunos de estos obstáculos, porque tipifican las barreras a las que tuvieron que enfrentarse otras empresas a partir de mercados segmentados y que deseaban internacionalizar sus fuentes de capital.

Cierre de la brecha de información. Desde su fundación en la década de 1920, Novo pertenecía a una misma familia: los hermanos Pedersen, y así fue hasta 1974, cuando se convirtió en una empresa pública e inscribió sus acciones "B" en la Bolsa de Valores de Copenhague. Las acciones "A" eran mantenidas por the Novo Foundation y eran suficientes para mantener el control de la votación. Sin embargo, Novo era en esencia desconocida en los círculos de inversiones fuera de Dinamarca. Para superar esta disparidad en la base de información, Novo aumentó el nivel de su revelación financiera y técnica tanto en la versión danesa como en al inglesa.

La brecha de información se vio aún más reducida cuando Morgan Grenfell organizó con éxito un sindicato para asegurar y vender una emisión de US$20 millones de Eurobonos convertibles para Novo en 1978. En conexión con esta oferta, Novo registró sus acciones en la Bolsa de Valores de Londres para facilitar la conversión y para obtener más visibilidad. Estas acciones gemelas fueron la clave para disolver la barrera de información; desde luego, también obtuvieron una gran cantidad de capital a largo plazo sobre términos favorables, la cual no hubiera sido posible en Dinamarca.

A pesar del impacto favorable de la emisión de eurobonos sobre la disponibilidad del capital, el costo de capital de Novo realmente aumentó cuando los inversionistas daneses reaccionaron de manera negativa al efecto de la dilución potencial proveniente del derecho de conversión. Durante 1979, el precio de las acciones de Novo en coronas danesas (Dkr$) declinó desde aproximadamente Dkr$300 por acción hasta cerca de Dkr$220 por acción.

El auge de la biotecnología. Durante 1979, ocurrió un evento fortuito. La biotecnología empezó a atraer el interés de la comunidad de inversiones de Estados Unidos, con varias emisiones de acciones sensacionalmente sobresuscritas por empresas de nueva creación como Genentech y Cetus. Gracias a la brecha de información nacional que se mencionó anteriormente, los inversionistas daneses no estuvieron enterados de este evento y continuaron valuando a Novo a una baja razón de precio/ganancias de 5, a comparación de 10 para sus competidores establecidos y de 30 o más para estos nuevos competidores potenciales.

Con la finalidad de hacer una reseña de sí misma como una empresa de biotecnología con un récord probado, Novo organizó un seminario en la ciudad de Nueva York el 30 de abril de 1980. Poco tiempo después, un pequeño número de inversionistas sofisticados de Estados Unidos empezaron a comprar las acciones y los valores convertibles de Novo a través de la Bolsa de Valores de Londres. Los inversionistas daneses estaban verdaderamente muy complacidos de abastecer esta demanda extranjera. Por tanto, aun a pesar de una

demanda relativamente fuerte de parte de inversionistas estadounidenses y británicos, el precio de las acciones de Novo aumentó tan sólo en forma gradual, volviendo a ascender al nivel de Dkr$300 en la parte media del verano. Sin embargo, durante los meses siguientes, el interés extranjero empezó a hacerse más grande, y a finales de 1980, el precio de las acciones de Novo había alcanzado el nivel de Dkr$600. Además, los inversionistas extranjeros habían aumentado su proporción de propiedad de acciones desde virtualmente nada hasta cerca de 30%. La razón de precio/ganancias de Novo había aumentado hasta cerca de 16, lo cual estaba ahora en línea con la de los competidores internacionales pero no con el mercado danés. En este punto, se debe concluir que Novo había tenido éxito en la internacionalización de su costo de capital. Otros valores daneses permanecieron atrapados en un mercado de capitales segmentado. La figura 1 muestra que el movimiento en el mercado de acciones danés en general no mantuvo un paralelo con el aumento en el precio de las acciones de Novo, ni tampoco pudo ser explicado por el movimiento en los mercados de acciones estadounidenses o británicos como un todo.

Emisiones de acciones dirigidas en Estados Unidos. Durante la primera mitad de 1981, bajo la orientación profesional de Goldman Sachs y con la asistencia de Morgan Grenfell y del Copenhagen Handelsbank, Novo preparó un prospecto para registrar ante la SEC una oferta de acciones de Estados Unidos y su eventual inscripción en la Bolsa de Valores de Nueva York. Las principales barreras que se

---

FIGURA 1   Precios de las acciones B de Novo comparados con los índices del mercado de acciones

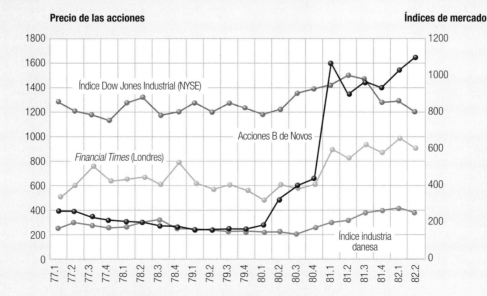

Fuente: Arthur I. Stonehill y Kare B. Dullum, *Internationalizing the Cost of Capital: The Novo Experience and National Policy Implications*, Londres: John Wiley, 1982, p. 73. Reimpreso con permiso.

encontraron en este esfuerzo, las cuales tendrían aplicabilidad general, estaban conectadas con la preparación de estados financieros que pudieran reconciliarse con los principios de contabilidad de Estados Unidos y el más alto nivel de revelación requerido por la SEC. En particular, la preparación de reportes a nivel de segmento industrial era un problema tanto a partir de una perspectiva de revelación como de una perspectiva contable porque los datos contables no estaban internamente disponibles en ese formato. Finalmente, las barreras de las inversiones en Estados Unidos fueron relativamente manejables, aunque su superación era costosa y requería de mucho tiempo.

Las barreras más serias fueron ocasionadas por una variedad de regulaciones institucionales y gubernamentales en Dinamarca. Estas últimas nunca fueron diseñadas de modo que las empresas pudieran emitir acciones al valor de mercado, porque las empresas danesas de ordinario emitían acciones al valor a la par con derechos preferentes. Sin embargo, en esta época, el precio de las acciones de Novo, impulsado por compras continuas del extranjero, llegó a ser tan alto que virtualmente nadie en Dinamarca pensaba que valían lo que los extranjeros estaban dispuestos a pagar. De hecho, antes del momento de la emisión de acciones en julio de 1981, el precio de las acciones de Novo había aumentado a más de Dkr$1,500, antes de establecerse a un nivel de aproximadamente Dkr$1,400. La propiedad extranjera había aumentado a más de 50% de las acciones en circulación de Novo.

Reacciones del mercado de acciones. Un elemento final de evidencia en cuanto a la segmentación de mercado se puede obtener a partir de la manera en la que los inversionistas daneses y extranjeros reaccionaron al anuncio de la propuesta de emisión de acciones estadounidenses por US$61 millones el 29 de mayo de 1981. El precio de las acciones de Novo disminuyó 156 puntos el siguiente día comercial en Copenhague, lo cual es igual a cerca de 10% de su valor de mercado. Tan pronto como empezaron las negociaciones en Nueva York, el precio de las acciones recuperó de inmediato toda su pérdida. La reacción de Copenhague fue típica de un mercado ilíquido. Los inversionistas se preocuparon por el efecto de la dilución de la nueva emisión de acciones porque ello incrementaría el número de acciones en circulación en cerca de 8%. No creyeron que Novo podría invertir los nuevos fondos a una tasa de rendimiento que no diluyera las utilidades futuras por acción. Ellos también temieron que las acciones de Estados Unidos finalmente regresaran a Copenhague si la biotecnología perdía su prestigio.

La reacción de Estados Unidos al anuncio de la nueva emisión de acciones fue consistente con lo que uno esperaría en un mercado líquido e integrado. Los inversionistas estadounidenses visualizaron la nueva emisión como una que crearía una demanda adicional por las acciones, ya que Novo se había vuelto más visible debido a los esfuerzos de venta de un sindicato grande y agresivo. Además, el esfuerzo de mercadotecnia estaba dirigido a inversionistas institucionales que anteriormente habían estado poco representados entre los inversionistas estadounidenses de Novo. Estuvieron representados de modo insuficiente porque los inversionistas institucionales de Estados Unidos querían estar seguros de un mercado líquido en una acción para poder abandonar el mercado, si así lo deseaban, sin deprimir el precio de la acción. La amplia distribución que sobrevino a causa de la nueva emisión, más el registro ante la SEC y la inscripción en la Bolsa de Valores de Nueva York, fueron factores que contribuyeron a una mayor liquidez y a un costo global de capital.

Efecto sobre el promedio ponderado del costo de capital de Novo. Durante la mayor parte de 1981 y los años que siguieron, el precio de las acciones de Novo fue impulsado por los inversionistas de portafolios internacionales que realizaban transacciones en las Bolsa de Valores de Nueva York, Londres y Copenhague. Esta situación redujo el promedio ponderado del costo de capital de Novo y disminuyó su costo marginal de capital. El riesgo sistemático de Novo se redujo en relación con su nivel anterior, el cual había estado determinado por inversionistas institucionales daneses no diversificados (a nivel internacional) y por la Fundación Novo. Sin embargo, su nivel apropiado de razón de endeudamiento también se redujo para igualar las normas esperadas por los inversionistas de portafolios internacionales que realizaban transacciones en Estados Unidos, el Reino Unido y otros mercados importantes. En esencia, el dólar estadounidense se convirtió en la moneda funcional de Novo cuando la empresa era evaluada por inversionistas internacionales. En teoría, el promedio ponderado de su costo de capital revisado debería haberse convertido en una nueva referencia de la tasa de barrera al evaluar las nuevas inversiones de capital en Dinamarca o en el extranjero.

Otras empresas que siguen la estrategia de Novo también tienen probabilidades de que el promedio ponderado de su costo de capital se convierta en una función de los requisitos de los inversionistas de portafolios internacionales. Las empresas que residen en alguno de los países con mercados emergentes ya han experimentado una "dolarización" del comercio y del financiamiento para el capital de trabajo. Este fenómeno podría ampliarse al financiamiento a largo plazo y al promedio ponderado del costo de capital.

Se ha presentado la experiencia de Novo con la esperanza de que pueda ser un modelo para otras empresas que desean escapar de los mercados de capital contable segmentados e ilíquidos de sus países de origen. En particular, las empresas multinacionales basadas en mercados emergentes con frecuencia se enfrentan a barreras y a una falta de visibilidad similar a la que se enfrentó Novo. Dichas empresas podrían beneficiarse al seguir la estrategia proactiva que empleó Novo para atraer a los inversionistas de portafolios internacionales. Sin embargo, vale la pena destacar una nota de precaución. Novo tenía un excelente récord operativo y un nicho de mercado muy fuerte en todo el mundo en dos importantes sectores industriales: la insulina y las enzimas industriales. Este récord continúa atrayendo a inversionistas de Dinamarca y del extranjero. Otras compañías también necesitarían tener un récord igualmente favorable para atraer a inversionistas extranjeros.

PREGUNTAS

1. **Dimensiones del costo y de la disponibilidad del capital.** La integración global le ha dado a muchas empresas acceso a fuentes nuevas y más económicas de fondos más allá de las que están disponibles en sus mercados nacionales. ¿Cuáles son las dimensiones de una estrategia para capturar este costo más bajo y una mayor disponibilidad de capital?

2. **Beneficios.** ¿Cuáles son los beneficios de lograr un costo más bajo y una mayor disponibilidad del capital?

3. **Definiciones.** Defina los siguientes términos:
   a. Riesgo sistemático
   b. Riesgo no sistemático
   c. Beta (en el modelo de fijación de precio de los activos de capital)

4. **Primas de riesgo de capital contable**
   a. ¿Qué es una prima de riesgo de capital contable?
   b. ¿Cuál es la diferencia entre el cálculo de una prima de riesgo de capital contable usando rendimientos aritméticos y usando rendimientos geométricos?
   c. En la figura 14.4, ¿por qué es siempre la media aritmética de las primas de riesgo más alta que la media geométrica de las primas de riesgo?

5. **Inversionistas de portafolios.** Tanto los administradores nacionales como los internacionales de portafolios son personas que hacen *asignaciones de activos*.
   a. ¿Cuál es el objetivo de su administración del portafolios?
   b. ¿Cuál es la principal ventaja que los administradores de portafolios internacionales han comparado con los administradores de portafolios limitados a asignaciones de activos únicamente nacionales?

6. **Dimensiones de las asignaciones de activos.** La asignación de los activos de un portafolios se puede lograr a lo largo de muchas dimensiones dependiendo del objetivo de inversión del administrador del portafolios. Identifique dichas dimensiones.

7. **Liquidez de mercado**
   a. Defina qué significa el término *liquidez de mercado*.
   b. ¿Cuáles son las principales desventajas para una empresa que se localiza en un mercado ilíquido?
   c. Si una empresa está limitada a obtener fondos en su mercado nacional de capitales, ¿qué le sucede a su costo marginal de capital a medida que se expande?
   d. Si una empresa puede obtener fondos en el extranjero, ¿qué le sucede a su costo marginal de capital a medida que se expande?

8. **Segmentación de mercado**
   a. Defina la segmentación de mercado
   b. ¿Cuáles son las seis principales causas de la segmentación de mercado?
   c. ¿Cuáles son las principales desventajas de que una empresa se localice en un mercado segmentado?

9. **Liquidez de mercado y efecto de segmentación.** ¿Cuál es el efecto de la liquidez y la segmentación de mercado sobre el costo de capital de una empresa?

10. **Novo Industri (A).** ¿Por qué consideró Novo que su costo de capital era demasiado alto a comparación del de sus competidores? ¿Por qué el costo de capital relativamente alto de Novo crea una desventaja competitiva?

11. **Novo Industri (B).** Novo consideraba que el mercado de capitales danés estaba segmentado con respecto a los mercados de capitales mundiales. Explique las seis características del mercado danés de capital contable que fueron responsables de esta segmentación.

12. **Novo Industri (C)**
   a. ¿Cuál fue la estrategia de Novo para internacionalizar su costo de capital?
   b. ¿Cuál es la evidencia de que la estrategia de Novo tuvo éxito?

13. **Mercados emergentes.** Se ha indicado que las empresas que se localizan en mercados ilíquidos y segmentados en surgimiento podrían seguir la estrategia proactiva de Novo para internacionalizar su propio costo de capital. ¿Cuáles son las condiciones previas que serían necesarias para tener éxito en tal estrategia proactiva?

14. **Costo de capital en empresas multinacionales comparado con empresas nacionales.** En teoría, las empresas multinacionales deberían estar en una mejor posición que sus contrapartes nacionales para poder apoyar razones más altas de endeudamiento, ya que sus flujos de efectivo están diversificados en forma internacional. Sin embargo, algunos estudios empíricos recientes han llegado a la conclusión opuesta. Estos estudios también concluyeron que las empresas multinacionales tienen betas mayores que sus contrapartes nacionales.
   a. De acuerdo con estos estudios empíricos, ¿por qué tienen las empresas multinacionales razones de endeudamiento más bajas que sus contrapartes nacionales?
   b. De acuerdo con estos estudios empíricos, ¿por qué tienen las empresas multinacionales betas mayores que sus contrapartes nacionales?

15. **El "enigma".** El enigma es un intento para explicar bajo qué condiciones una empresa multinacional tendría una razón de endeudamiento y una beta más alta o más baja que su contraparte nacional. Explique estas condiciones y elabore un diagrama al respecto.

16. **Empresas multinacionales en mercados emergentes.** Además de mejorar la liquidez y de escapar de un mercado nacional segmentado, ¿por qué podrían las empresas multinacionales en mercados en surgimiento disminuir aún más su costo de capital al inscribirse y al vender instrumentos de capital contable en el extranjero?

PROBLEMAS

*1. Costo de capital de Trident. La figura 14.2 mostró el cálculo del promedio ponderado del costo de capital de Trident. Suponiendo que las condiciones financieras han empeorado, y usando los siguientes datos actuales, vuelva a calcular lo siguiente:

$k_{rf} = 4.000\%$	$k_m = 9.000\%$	$\beta = 1.3$
$k_d = 7.000\%$	$T = 30\%$	$E/V = 50\%$
$D/V = 50\%$	$V = 100\%$	

    a. El costo del capital contable de Trident
    b. El costo de las deudas de Trident
    c. El promedio ponderado del costo de capital de Trident

2. Curacao Pharmaceuticals. El costo de las deudas de Curacao Pharmaceuticals es de 7%. La tasa de interés libre de riesgo es de 3%. El rendimiento esperado sobre el portafolios de mercado es de 8%. De acuerdo con los impuestos en vigor la tasa fiscal efectiva de Curacao es de 25%. Su estructura óptima de capital es de 60% de deudas y 40% de capital contable.

    a. Si la beta de Curacao se estima en 1.1, ¿cuál es el promedio ponderado del costo de capital?
    b. Si la beta de Curacao se estima en 0.8, lo cual es significativamente más bajo debido a los continuos prospectos de utilidades en el sector de energía global, ¿cuál es el promedio ponderado de su costo de capital?

3. Deming Pipelines, Inc. Deming Pipelines, Inc. es una compañía estadounidense grande de conductos de gas natural que desea obtener US$120 millones para financiar su expansión. Deming desea una estructura de capital que sea de 50% de deudas y 50% de capital contable. Su tasa fiscal corporativa federal y estatal combinada sobre ingresos es de 40%.

Deming ha encontrado que puede financiarse en el mercado nacional estadounidense de capitales a las siguientes tasas. Tanto las deudas como los instrumentos de capital contable tendrían que venderse en múltiplos de US$20 millones, y estas cifras de costos muestran los costos componentes, en forma separada, tanto de las deudas como del capital contable si se adquieren a razón de la mitad con instrumentos de capital contable y la otra mitad con instrumentos de endeudamiento.

	Costo del capital contable nacional	Costo de las deudas nacionales
Hasta US$40 millones de capital nuevo	12%	8%
De US$41 millones a US$80 millones de capital nuevo	18%	12%
Por arriba de US$80 millones	22%	16%

Un banco londinense le ha hecho ver a Deming que podría obtener dólares estadounidenses en Europa a los siguientes costos, también en múltiplos de US$20 millones y manteniendo a la vez la estructura de capital de 50/50.

	Costo del capital contable europeo	Costo de las deudas europeas
Hasta US$40 millones de capital nuevo	14%	6%
De US$41 millones a US$80 millones de capital nuevo	16%	10%
Por arriba de US$80 millones	24%	18%

Cada incremento de costo estaría influido por el monto total de capital obtenido. Es decir, si en principio Deming solicitara préstamos por US$20 millones en el mercado europeo al 6% y si complementara esto con US$20 millones adicionales de capital contable, las deudas adicionales más allá de esta cantidad tendrían un costo de 12% en Estados Unidos y 10% en Europa. Se mantiene la misma relación para el financiamiento con capital contable.

    a. Calcule el promedio más bajo del costo de capital para cada incremento de US$40 millones de capital nuevo, donde Deming obtiene US$20 millones en el mercado de instrumentos de capital contable y una cantidad adicional de US$20 millones en el mercado de deudas al mismo tiempo.
    b. Si Deming planea una expansión de tan sólo US$60 millones, ¿cómo debería financiarse esa expansión? ¿Cuál será el promedio ponderado del costo de capital para la expansión?

*4. Costo de capital de Tata. En la India, Tata es la compañía de productos de especialidad más grande y exitosa. Todavía no ha ingresado al ámbito de mercado norteamericano, pero está considerando el establecimiento de instalaciones tanto de manufactura como de distribución en Estados Unidos a través de una subsidiaria totalmente poseída. Se ha puesto en contacto con dos diferentes consejeros de banca de inversión, Goldman Sachs y Bank of New York, para obtener estimaciones de cuáles serían sus costos de capital varios años a futuro cuando planeara inscribir a su subsidiaria americana en una bolsa de valores de Estados Unidos. Usando los supuestos hechos por los dos distintos consejeros (los cuales se muestran en la figura que aparece en la parte superior de la página siguiente), calcule los costos prospectivos de las deudas, del capital contable y del promedio ponderado de costo de capital para Tata.

5. Primas de riesgo de capital contable a nivel nacional. Usando el siglo de datos de mercado de capital contable que se presentan en la figura 14.3, responda las siguientes preguntas:

    a. ¿Qué país tuvo el diferencial más grande entre la media aritmética y la mediación métrica?
    b. Si una empresa suiza estuviera tratando de calcular el costo de su capital contable usando estos datos, suponiendo una tasa libre de riesgo de 2% y una beta de 1.4

Componentes del costo de capital	Símbolo	Goldman Sachs	Bank of New York
Tasa de interés libre de riesgo	k_{rf}	3.0%	3.0%
Rendimiento promedio de mercado del capital contable	k_m	9.0%	12.0%
Costo estimado de la deuda, clase A	k_d	7.5%	7.8%
Correlación estimada entre Tata y el mercado	ρ_{jm}	0.90	0.85
Desviación estándar estimada de los rendimientos de Tata	σ_j	24.0%	30.0%
Desviación estándar estimada de los rendimientos de mercado	σ_m	18.0%	22.0%
Deudas recomendadas para la estructura de capitales	D/V	35%	40%
Capital contable recomendado para la estructura de capital	E/V	65%	60%
Tasa fiscal efectiva estimada para Estados Unidos	t	35%	35%

para los valores, ¿cuál sería su costo de capital contable estimado usando tanto la media aritmética como la mediación geométrica para la prima de riesgo del capital contable?

6. **The Tombs.** Suponga que usted se ha reunido con sus amigos en el bar local, The Tombs, para sus debates semanales sobre las finanzas internacionales. El tópico de esta semana es si el costo de capital contable puede ser alguna vez más barato que el costo de las deudas. El grupo ha elegido a Brasil en la parte media de la década de 1990 como el tema del debate. Uno de los miembros del grupo ha extraído de un sitio de Internet los siguientes datos históricos los cuales describen a Brasil.

Desempeño económico de Brasil

	1995	1996	1997	1998	1999
Tasa de inflación (IPC)	23.2%	10.0%	4.8%	−1.0%	10.5%
Tasa de préstamos bancarios (CDI)	53.1%	27.1%	24.7%	29.2%	30.7%
Tipo de cambio (reales/US$)	0.972	1.039	1.117	1.207	1.700
Indicio del mercado de valores (Bovespa)	16.0%	28.0%	30.2%	−33.5%	151.9%

Larry argumenta que "todo se trata de las cosas que se *espera* en comparación con las cosas que se *recibe*. Uno puede hablar acerca de lo que esperan los inversionistas del capital contable, pero con frecuencia ellos encuentran que lo que reciben cada año durante un periodo es tan pequeño —algunas veces incluso negativo— que en realidad el costo del capital contable es más barato que el costo de las deudas".

Mohammed —a quien llaman Mo— interrumpe: "Pero no estás entendiendo. El costo de capital es lo que *requiere* el inversionista como compensación por el riesgo asumido al *realizar* la inversión. Si al final no lo obtiene —y eso es la que está sucediendo aquí—, entonces retira su capital y se va.

Curly es el teórico del grupo. "Damas, esto no es acerca de resultados empíricos; es acerca del concepto fundamental de los rendimientos ajustados por el riesgo. Un inversionista de valores de renta variable sabe que obtendrá rendimientos tan sólo después de que se hayan hecho todas las compensaciones a los proveedores de las deudas. Por tanto, siempre está sujeto a un nivel de riesgo más alto para su rendimiento que los instrumentos de deudas, y como lo afirma el *modelo de fijación de precios de los activos de capital*, los inversionistas de capital contable establecen sus rendimientos esperados como un factor ajustado por el riesgo muy por arriba de los rendimientos para los instrumentos libres de riesgo".

En este momento, tanto Larry como Mo miraron a Curly, hicieron una pausa y ordenaron otra cerveza. Con el uso de los datos brasileños presentados, comente acerca del debate de esta semana en el bar The Tombs.

7. **Costo de capital de Cargill.** En general se ha considerado que Cargill es una de las tres compañías privadas más grandes en el mundo. Con sus oficinas centrales en Minneapolis, Minnesota, la compañía ha tenido un promedio de ventas de más de US$50,000 millones por año durante los cinco últimos años. Aunque la compañía no tiene acciones que se negocien en forma pública, es extremadamente importante para ella calcular el promedio ponderado de su costo de capital en forma adecuada con el fin de tomar decisiones racionales sobre las nuevas propuestas de inversiones.

	Compañía A	Compañía B	Cargill
Ventas de la compañía	US$4,500 millones	US$26,000 millones	US$50,000 millones
Beta de la compañía	0.86	0.78	??
Evaluación de crédito	AA	A	AA
Promedio ponderado del costo de las deudas	6.885%	7.125%	6.820%
Deudas a capital total	34%	41%	28%
Ventas internacionales/ventas	12%	26%	45%

Suponiendo una tasa libre de riesgo de 2.50%, una tasa fiscal efectiva de 40% y una prima de riesgo de mercado de 5.50%, estime el promedio ponderado del costo de capital primero para las compañías A y B, y posteriormente trate de estimar lo que usted considere que sea un WACC comparable para Cargill.

Stevenson-Kwo y el enigma.

Use la información que se presenta en la siguiente figura para responder las preguntas 8 a 10. Stevenson-Kwo es un conglomerado americano que está debatiendo en forma activa los impactos de la diversificación internacional de sus operaciones sobre su estructura de capital y sobre su costo de capital. La empresa está planeando reducir la deuda consolidada después de la diversificación.

	Símbolo	Antes de la diversificación	Después de la diversificación
Razón de deudas a capital	D/V	38%	32%
Razón de capital contable a capital	E/V	62%	68%
Tasa fiscal corporativa	t	35%	35%
Correlación de los rendimientos de S-C con el mercado	ρ_{jm}	0.88	0.76
Desviación estándar de los rendimientos de S-C	σ_j	28.0%	26.0%
Desviación estándar de los rendimientos de mercado	σ_m	18.0%	18.0%
Prima de riesgo de mercado	$k_m - k_{rf}$	5.50%	5.50%
Costo de la deuda corporativa	k_d	7.20%	7.00%
Tasa de interés libre de riesgo	k_{rf}	3.00%	3.00%

8. **Costo del capital contable de Stevenson-Kwo.** La administración senior de Stevenson-Kwo está debatiendo activamente las implicaciones de la diversificación sobre el costo de su capital contable. Aunque ambas partes están de acuerdo en que los rendimientos de la compañía estarán menos correlacionados con el rendimiento del mercado de referencia en el futuro, los asesores financieros consideran que el mercado calculará una prima de riesgo adicional de 3% por "la conversión en empresa internacional" sobre el CAPM básico del costo del capital contable. Calcule el costo del capital contable de Stevenson-Kwo antes y después de la diversificación internacional de sus operaciones, con y sin la prima de riesgo adicional hipotética y comente su discusión.

9. **WACC de Stevenson-Kwo.** Calcule el promedio ponderado del costo de capital de Stevenson-Kwo antes y después de la diversificación internacional.

    a. ¿Aminoró la reducción en los costos de la deuda el promedio ponderado del costo de capital de la empresa? ¿Cómo describiría usted el impacto de la diversificación internacional sobre su costo de capital?

b. Si se añade la prima de riesgo hipotética al costo del capital contable que se introdujo en la pregunta 8 (una adición de 3.0% al costo del capital contable debido a la diversificación internacional), ¿cuál será el WACC de la empresa?

10. **EACC de Stevenson-Kwo y tasa fiscal efectiva.** Muchas empresas multinacionales tienen una mayor habilidad para controlar y reducir sus tasas fiscales efectivas cuando se expanden hacia operaciones internacionales. Si Stevenson-Kwo fuera capaz de reducir su tasa fiscal efectiva consolidada de 35 a 32%, ¿cuál sería el impacto sobre su WACC?

EJERCICIOS DE INTERNET

1. **Calculadora del promedio ponderado del costo de capital.** El *Financial Times* tiene una forma sencilla en línea que permite usar una calculadora para el promedio ponderado del costo de capital. Use el vínculo que se presenta más abajo para explorar los impactos de las estructuras de capital cambiantes sobre el costo de capital de la empresa. De acuerdo con esto, ¿se beneficiaría del apalancamiento una empresa que se financiara en forma total con capital contable?

    Financial Times   www.ft.com/personal-finance/tools
    Cost of Capital

2. **La página de datos.** Aswath Damodaran, un profesor distinguido en NYU Stern School of Business, mantiene una detallada página de datos financieros sobre una variedad de tópicos —uno de los cuales es el costo de capital—. Visite el siguiente sitio Web para obtener estimaciones en relación con los cálculos más recientes sobre el costo de capital entre industrias:

    Aswath Damodaran   pages.stern.nyu.edu/
    ~adamodar/

3. **Novo Industri.** Novo Industri A/S se fusionó con Nordisk Gentofte en 1989. Nordisk Gentofte era el principal competidor europeo de Novo. La compañía combinada, la cual se denomina ahora Novo Nordisk, se ha convertido en el productor líder de insulina en todo el mundo. Su principal competidor es todavía Eli Lilly de Estados Unidos. Usando información estándar del inversionista, y el sitio Web para Novo Nordisk y Eli Lilly, determine si durante los cinco años más recientes Novo Nordisk ha mantenido un costo de capital competitivo con Eli Lilly. En particular, examine las razones P/E, los precios de las acciones, las razones de endeudamiento y las betas. Trate de calcular el costo de capital real de cada empresa.

    Novo Nordisk   www.novonordisk.com
    Eli Lilly and Company   www.lilly.com
    BigCharts.com   bigcharts.com

CAPÍTULO 15

Fuentes de instrumentos de capital contable a nivel global

Indistintamente de lo que se haga, el capital está en riesgo... Todo lo que se puede pedir a un fiduciario al momento de invertir, es que se conduzca a sí mismo con fidelidad y que ejerza una discreción sólida. Él habrá de observar la manera en la que los hombres de prudencia, de discreción y de inteligencia manejan sus propios asuntos, no en relación con la especulación, sino con respecto a la disposición permanente de sus fondos, considerando el ingreso probable, así como la seguridad probable del capital a ser invertido.

—*Regla del hombre prudente*, Justice Samuel Putnam, 1830.

En el capítulo 14 se analizó la razón por la cual obtener acceso a los mercados de capitales debe reducir el costo marginal de capital de una empresa y aumentar su disponibilidad mediante el mejoramiento de la liquidez de mercado de sus acciones y mediante la superación de la segmentación de mercado. Para implantar una meta tan majestuosa es necesario empezar mediante el diseño de una estrategia que en última instancia atraiga a los inversionistas internacionales. Esto implica la identificación y la elección entre varias rutas alternativas que permiten acceso a los mercados globales. También requiere de ordinario alguna reestructuración de la empresa, al mejorar la calidad y el nivel de su revelación, y haciendo a sus normas de contabilidad y de preparación de reportes más transparentes para los inversionistas potenciales. El minicaso de Novo del capítulo 14 es un buen ejemplo de los pasos que necesitan tomarse y de las barreras que podrían presentarse.

Uno de los focos de atención de este capítulo es sobre las empresas que residen en mercados menos líquidos o segmentados. Estas son las empresas que necesitan aprovechar los mercados líquidos y no segmentados para lograr un costo y una disponibilidad de capital a nivel global. Estas empresas de ordinario residen en países con mercados emergentes y en muchos de los mercados industriales más pequeños a nivel nacional. Las empresas que residen en Estados Unidos y en el Reino Unido tienen ya un acceso total a sus propios mercados nacionales líquidos y no segmentados. Aunque también obtienen instrumentos de capital contable y de deudas en el extranjero, es improbable que ello tenga un impacto tan favorable sobre el costo y la disponibilidad de capital. De hecho, la obtención de fondos en el extranjero con frecuencia está motivada únicamente por la necesidad de financiar adquisiciones extranjeras grandes en lugar de las operaciones nacionales o extranjeras actuales.

Este capítulo inicia con el diseño de una estrategia para obtener tanto instrumentos de capital contable como de deudas a nivel global. Posteriormente describe los certificados de las recepciones de depositarios. Estos son los instrumentos más importantes que facilitan las negociaciones con valores a través de las fronteras. El capítulo continúa con los aspectos específicos de las inscripciones cruzadas y la venta de emisiones de capital contable en el extranjero. (La venta de emisiones de deudas en el extranjero se presenta hasta el capítulo 16.) Concluye con un análisis de los instrumentos alternativos para la obtención de capital contable en el extranjero.

391

Diseño de una estrategia para la obtención de capital contable a nivel global

El diseño de una estrategia de abastecimiento de capital requiere que la administración esté de acuerdo en un objetivo financierito a largo plazo y que posteriormente elija entre las diversas rutas alternativas para lograr ese propósito. La figura 15.5 es una presentación visual de las rutas alternativas para el objetivo final de lograr una disponibilidad y un costo de capital a nivel global.

De ordinario, la elección de las rutas y su implantación se ve apoyada por el nombramiento anticipado de un banco de inversión como consejero oficial para la empresa. Los banqueros de inversiones están en contacto con los inversionistas extranjeros potenciales y con lo que requieren en el momento actual. También pueden ayudar a manejar los diversos requisitos y barreras institucionales que deben satisfacerse. Sus servicios incluyen el hecho de aconsejar si, cuándo y dónde se debe iniciar una inscripción cruzada. Por lo común preparan el prospecto requerido de acciones si se desea una emisión de capital contable, ayudan a fijar el precio de la emisión y mantienen un mercado posterior para prevenir que el precio de las acciones disminuya por debajo de su precio inicial.

Rutas alternativas

La mayoría de las empresas obtienen su capital inicial en su propio mercado nacional (vea figura 15.1). A continuación, se ven tentadas a saltarse todos los pasos intermedios y proceder al objetivo final, una emisión de eurovalores de capital contable en los mercados globales. Éste es el momento en el que un buen consejero de banca de inversión ofrecerá una "verificación de la realidad". La mayoría de las empresas que tan sólo han obtenido capital en su mercado nacional no son lo suficientemente conocidas para atraer a inversionistas extranjeros. Recuerde el capítulo 14 en el que sus propios banqueros de inversiones le aconsejaron a Novo que empezara con una emisión de eurobonos convertibles y que de manera simultánea realizara una inscripción cruzada de sus acciones (y sus bonos) en Londres. Esto aún a pesar del hecho de que Novo tenía un récord sobre-

---

FIGURA 15.1   Rutas alternativas para la globalización del costo y de la disponibilidad del capital

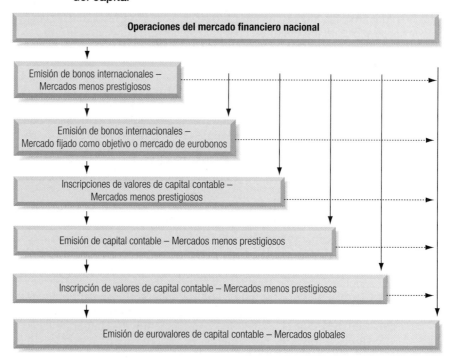

Fuente: Oxelhiem, Stonehill, Randoy, Vikkula, Dullum, and Modén, *Corporate Strategies in Internationalizing the Cost of Capital*, Copenhagen: Copenhagen Business School Press, 1998, p. 119.

saliente con respecto al crecimiento, la rentabilidad y la dominación de dos nichos de mercado mundiales (insulina y enzimas industriales).

La figura 15.1 muestra que la mayoría de las empresas deben empezar obteniendo fondos en el extranjero con una emisión internacional de bonos que podría ser colocada en un mercado extranjero menos prestigioso. A esto quizá seguiría una emisión internacional de bonos en un mercado fijado como objetivo o en el mercado de eurobonos. El siguiente paso podría ser una inscripción cruzada y emitir valores de capital contable en uno de los mercados menos prestigiosos para atraer la atención de los inversionistas internacionales. Lo siguiente quizá sería hacer una inscripción cruzada de acciones en una bolsa de valores extranjera altamente líquida y prestigiada como la Bolsa de Londres (LSE), NYSE (NYSE-Euronext) o NASDAQ. El último paso sería colocar una emisión dirigida de capital contable en un mercado prestigioso fijado como objetivo o una emisión de eurovalores de capital contable en los mercados globales.

Recibos de depositario

Los *recibos de depositario* (acciones de depositario) son certificados negociables que son emitidos por un banco para representar las acciones de capital de base, las cuales se mantienen en fideicomiso en un banco extranjero que actúa como custodio. Los Global Depositary Receipts (GDR) se refieren a los certificados que se negocian fuera de Estados Unidos. Los American Depositary Receipts (ADR) se refieren a los certificados que se negocian en Estados Unidos y que están denominados en dólares estadounidenses. Los ADR se venden, se registran y se transfieren en Estados Unidos del mismo modo que cualquier acción de capital y cada ADR representa algún múltiplo de la acción extranjera de base. Este múltiplo hace posible que los ADR posean un precio por acción apropiado para el mercado estadounidense (de ordinario entre US$20 y US$50 por acción) incluso si el precio de la acción extranjera es inapropiado cuando se convierte directamente a dólares estadounidenses. La figura 15.2 ilustra la estructura fundamental de la emisión de un ADR.

Los ADR se pueden intercambiar por las acciones extranjeras de base, o viceversa, de modo que el arbitraje mantenga al mismo nivel los precios extranjeros y de Estados Unidos de cualquier acción determinada después de ajustar los costos de la transferencia. Por ejemplo, la demanda del inversionista en un mercado ocasionará que un precio aumente en ese mercado, lo cual causará un incremento en el arbitraje en el otro mercado aún cuando los inversionistas de ese otro mercado no sean tan optimistas sobre la acción.

Los ADR implican ciertas ventajas técnicas para los accionistas de Estados Unidos. Los dividendos que paga una empresa extranjera se transfieren a su banco custodio y posteriormente al banco que emitió el ADR. El banco emisor intercambia los dividendos en moneda extranjera por

---

FIGURA 15.2   Mecánica de los recibos de American Depositary Receipts (ADR)

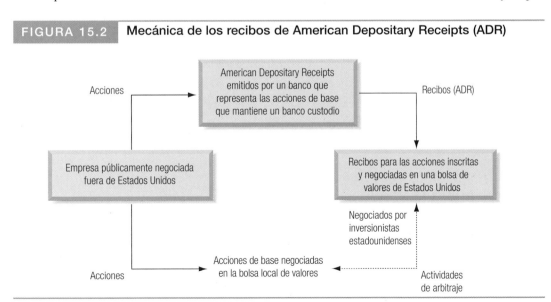

dólares estadounidenses y envía el dividendo en dólares a los tenedores del ADR. Los ADR se suscriben en forma registrada, en lugar de realizarse al portador. La transferencia de la propiedad se ve facilitada porque se realiza en Estados Unidos de acuerdo con las leyes y procedimientos de la Unión Americana. En caso de muerte de un accionista, el estado no tiene que recurrir la autenticación del testamento ante el sistema de tribunales extranjeros. De ordinario, los costos de las transacciones son más bajos que cuando se compran o se venden las acciones de base en su mercado nacional. La liquidación es por lo normal más rápida en Estados Unidos. La retención de impuestos es más sencilla porque es manejada por el banco depositario.

Los ADR pueden ser *con patrocinio* o *sin patrocinio*. Los primeros se crean por la petición de una empresa extranjera que desee que sus acciones se negocien en Estados Unidos. La empresa se dirige a la Security and Exchange Commission (SEC) y a un banco estadounidense para el registro y la emisión de los ADR. También paga todos los costos que resulten de la creación de tales ADR con patrocinios. Si una empresa extranjera no pretende que sus acciones se negocien en Estados Unidos pero los inversionistas de ese país están interesados, una empresa estadounidense de valores puede iniciar la creación de los ADR. Tal ADR sería de tipo sin patrocinio, pero la SEC todavía requiere que todos los programas nuevos tengan la aprobación de la empresa misma aun si no se trata de un ADR con patrocinio.

La figura 15.3 resume las características de los ADR en Estados Unidos. Muestra tres niveles de compromiso, los cuales se distinguen por los principios de contabilidad necesarios, el requisito del registro ante la SEC, el tiempo para la terminación y los costos. El nivel I ("sobre el mostrador" u hojas rosas) es el más fácil de satisfacer. Facilita las transacciones con valores extranjeros que han sido adquiridos por inversionistas estadounidenses aun cuando los valores no estén registrados ante la SEC. Es el enfoque más costoso pero podría tener un impacto mínimo sobre la liquidez.

El nivel II se aplica a las empresas que quieren registrar sus acciones existentes ya sea en la NYSE, en la ASE, o en los mercados de NASDAQ. Deben cumplir la totalidad de los requisitos de registro ante la SEC. Esto significa la reconciliación de sus cuentas financieras con las que se usan bajo los principios de contabilidad de Estados Unidos (GAAP). Esto aumenta el costo de una manera considerable. El nivel III se aplica a la venta de un nuevo capital contable emitido en Estados Unidos. También requiere de un registro completo ante la SEC y de un prospecto de acciones elaborado. Ésta es la alternativa más costosa pero es la que tiene más probabilidades de mejorar la liquidez de las acciones y de escapar de la segmentación de los mercados nacionales. Los así llamados programas 144A se describirán posteriormente en este capítulo.

| FIGURA 15.3 | Características de los programas de recibos de depositarios |

Tipo	Grado de revelación	Alternativas de inversión	Capacidad para la obtención de capital	Principios de contabilidad	Plazo de implantación
Programa ADR sobre el mostrador (nivel I)	Ninguno; se aplican las normas del país de origen	Sobre el mostrador (OTC)/OTCQX	Debe actualizar la característica DR	GAAP de Estados Unidos/IFRS	6 semanas
Programa GDR de la Regla 144A/Regulaciones S (GDR nivel I)	Ninguno	No inscrito	Sí, disponible para los QIB	GAAP de Estados Unidos/IFRS	3 semanas
Programa ADR registrado en Estados Unidos (nivel II)	Sarbanes Oxley en forma detallada	NYSE, NASDAQ, NYSE Alternext U.S.	Debe actualizar la característica DR	GAAP de Estados Unidos/IFRS	13 semanas
Programa ADR registrado en Estados Unidos (nivel III)	Sarbanes Oxley en forma rigurosa	NYSE, NASDAQ, NYSE Alternext Estados Unidos	Sí, oferta pública	GAAP de Estados Unidos/IFRS	14 semanas
Programa GDR de la Regla 144A/Regulación S (GDR nivel II)	Ninguno	DIFX	Ninguna	GAAP de Estados Unidos/IFRS	2 semanas
Programa GDR de la Regla 144A/Regulación S (GDR nivel III)	Prospecto de la Unión Europea Directiva y/o Regla estadounidense 144A	Londres, Luxemburgo DIFX, Estados Unidos, PORTAL	Sí, disponible para los QIB	GAAP de Estados Unidos/IFRS	8 semanas

Fuente: The Bank of New York Mellon, 2 de junio de 2009.

Inscripción y emisión de valores de capital contable extranjeros

De acuerdo con las rutas alternativas que se presentaron en la figura 15.1, una empresa necesita elegir uno o más mercados de acciones sobre los cuales pueda inscribir en forma cruzada sus acciones y vender capital contable nuevo. Exactamente a dónde tenga que acudir dependerá principalmente de los motivos específicos de la empresa y de la disposición del mercado de acciones anfitrión para aceptar a la empresa. Al inscribir en forma cruzada y al vender sus acciones en una bolsa de valores extranjera, una empresa de ordinario trata de lograr uno o más de los siguientes objetivos:

- Mejorar la liquidez de sus acciones existentes y apoyar a un mercado secundario líquido para las nuevas emisiones de capital contable en mercados extranjeros.
- Aumentar el precio de sus acciones superando una valuación inadecuada en un mercado nacional de capitales segmentado e ilíquido.
- Aumentar la visibilidad de la empresa y la aceptación política para sus clientes, sus proveedores, sus acreedores y los gobiernos anfitriones.
- Establecer un mercado secundario de las acciones usadas para adquirir a otras empresas en el mercado anfitrión.
- Crear un mercado secundario para acciones que se puedan usar para compensar a la administración y a los empelados locales en subsidiarias extranjeras.

Mejoramiento de la liquidez

Con mucha frecuencia los inversionistas extranjeros han adquirido las acciones de una empresa a través de los canales normales de corretaje, aun cuando las acciones no estén inscritas en el mercado de origen del inversionista, o cuando tal vez no se negocien en la moneda preferida de éste. Las inscripciones cruzadas son una forma de motivar a tales inversionistas para que continúen manteniendo y negociando estas acciones, mejorando así marginalmente la liquidez del mercado secundario. Esto se hace de ordinario a través de los ADR.

Las empresas domiciliadas en países con pequeños mercados de capitales ilíquidos, con frecuencia superan a dichos mercados y se ven obligadas a obtener capital contable nuevo en el extranjero. Inscribirse en una bolsa de valores en el mercado en el cual estos fondos han de obtenerse, es una condición que de ordinario requieren los aseguradores para asegurar la liquidez posterior a la emisión de las acciones.

La sección introductoria de este capítulo indicó que las empresas empiezan haciendo una inscripción cruzada en un mercado menos prestigioso seguida de una emisión de capital contable en ese mercado (vea figura 15.1). Sin embargo, para maximizar la liquidez, lo ideal es hacer una inscripción cruzada y emitir capital contable en un mercado prestigioso y finalmente ser capaz de ofrecer una emisión de capital contable de tipo global.

Acciones globales registradas (GRS)

De manera similar a las acciones ordinarias, las GRS tienen el beneficio adicional de poder negociarse en la bolsa de capital contable alrededor del mundo en una variedad de monedas. Sin embargo, los ADR se cotizan únicamente en dólares estadounidenses y se negocian tan sólo en Estados Unidos. En teoría, los GRS se pueden negociar al salir el Sol, siguiendo a los mercados a medida que abren y cierran alrededor del mundo durante las 24 horas. Las acciones se negocian en forma electrónica, eliminando con ello las formas especializadas y los depositarios que requieren las formas de acciones como los ADR.

Los GRS en realidad no son una innovación reciente. De hecho, son casi idénticos a la estructura que se ha usado durante décadas para las negociaciones a través de las fronteras de valores de compañías canadienses en Estados Unidos. Más de 70 empresas canadienses están inscritas en la NYSE y todas se negocian como acciones ordinarias tanto en su mercado nacional en Canadá como en el mercado estadounidense.

De acuerdo con la NYSE, los honorarios por negociaciones que se imponen sobre los ADR les cuestan a los inversionistas entre 3 y 5 centavos por acción por transacción. En comparación, los GRS llevan un costo fijo de US$5 por transacción, indistintamente de la cantidad de acciones que se negocien. En el caso de las corporaciones extranjeras que esperan o que tienen la expectativa de convertirse en valores ampliamente negociados entre inversionistas institucionales de gran tamaño, la tasa fija por transacción para los GRS puede aumentar su eficiencia en costos. Un vínculo electrónico de dos direcciones entre la Depositary Trust Company (Compañía del Fideicomiso del Depositario) en Estados Unidos y la Deutsche Borse Clearing Company en Alemania facilita la eficacia en las cotizaciones, en las negociaciones y en la liquidación de acciones en las monedas respectivas.

En octubre de 2001, el Deutsche Bank (DB) de Alemania optó por inscribirse en la Bolsa de Valores de Nueva York a través de la vía denominada Acciones Globales Registradas (GRS). Muchos críticos argumentaron que al inscribirse a través de GRS, el Deutsche Bank experimentaría negociaciones más bajas en sus acciones. Esta expectativa de negociaciones más bajas se basó en las experiencias de Daimler-Chrysler con GRS en 1998.

Tamaño y liquidez del mercado

Con la finalidad de maximizar la liquidez, es deseable inscribir en forma cruzada y/o vender instrumentos de capital contable en la mayoría de los mercados líquidos. Sin embargo, los mercados de acciones han estado sujetos a dos fuerzas mayores en años recientes, las cuales están cambiando su mismo comportamiento y liquidez: la *desmutualización* y la *diversificación*.

La *desmutualización* es un proceso continuo a través del cual los propietarios de los "asientos pequeños" de control de un número de bolsas de valores han abandonado sus poderes exclusivos. Como resultado de ello, la propiedad real de las bolsas de valores se ha vuelto crecientemente pública. La *diversificación* representa la diversidad creciente de ambos productos (derivados, monedas, etc.) y en las compañías/acciones extranjeras que se están inscribiendo. Esto ha aumentado las actividades y la rentabilidad de muchas bolsas de valores ofreciendo a la vez una mezcla más global con un costo reducido y un servicio acrecentado.

Bolsas de valores

Con respecto a las bolsas de valores, Nueva York y Londres son claramente las más líquidas. La reciente fusión de la Bolsa de Valores de Nueva York (NYSE) y Euronext, la cual fue en sí misma una fusión de las bolsas de valores de Ámsterdam, Bruselas y París, ha ampliado el alcance de la NYSE sobre NASDAQ (Nueva York) y la Bolsa de Valores de Londres (LSE). Tokio ha experimentado tiempos difíciles en años recientes en términos del valor de negociación, ya que muchas empresas extranjeras han optado por anular su inscripción de la Bolsa de Valores de Tokio en años recientes. Pocas empresas extranjeras permanecen aún con una inscripción cruzada ahora en Tokio. Deutsche Borse (Alemania) tiene un mercado bastante líquido para las acciones nacionales pero un nivel mucho más bajo de liquidez para las negociaciones con acciones extranjeras. Por otra parte, es un mercado que se ha fijado como blanco apropiado para las empresas que residen en la Unión Europea, especialmente aquellas que han adoptado el euro. También se usa como una localidad complementaria de inscripciones cruzadas para empresas que ya cuentan con una inscripción cruzada en LSE, NYSE o NASDAQ.

¿Por qué son tan dominantes Nueva York y Londres? De acuerdo con una encuesta reciente realizada por *The Economist*, ofrecen lo que buscan las empresas financieras globales.[1] Una gran cantidad de personas capacitadas, un acceso rápido a los capitales, una buena infraestructura, un ambiente regulador y fiscal atractivo y bajos niveles de corrupción. La localidad y el uso del idioma inglés, crecientemente reconocido como la lengua de las finanzas globales, también son factores importantes.

De acuerdo con *The Economist*, "Los partidarios londinenses afirman que rebasa a Nueva York en finanzas estructuradas y en nuevas inscripciones en bolsa. Es especialmente fuerte en el lado del mayoreo, dando cuenta de 24% de las exportaciones mundiales de servicios financieros (contra 39% para todos los estadounidenses), de acuerdo con The City of London Corporation. También tiene una participación de las dos terceras partes de las negociaciones totales de monedas extranjeras e instrumentos derivados de la Unión Europea, y 42% de las negociaciones con acciones de la Unión Europea. La LSE también tiene la mayor parte de inscripciones por parte de compañías internacionales. A mediados de julio de 2007 tenía cerca de 320 compañías internacionales inscritas en su principal mercado y 480 en el Mercado de Inversiones Alternativas (AIM) el cual está vinculado con empresas más pequeñas.

Instrumentos derivados globales

Con respecto a los instrumentos derivados globales, Chicago continúa siendo la localidad dominante en la creación y las negociaciones con instrumentos derivados. Esta iniciativa fue reforzada en fechas recientes con la fusión realizada entre The Chicago Mercantile Exchange (CME) con The Chicago Board of Trade (CBOT). Otras bolsas de instrumentos derivados están considerando de manera activa las fusiones para obtener más competitividad y liquidez.

[1]"Magnets for Money", *The Economist*, 15 de septiembre de 2007.

La perspectiva

La mayoría de las bolsas de valores se han desplazado intensamente hacia las negociaciones electrónicas en años recientes. Por ejemplo, el papel del especialista de la NYSE se ha aminorado grandemente con una reducción correspondiente en el empleo por parte de las firmas de especialistas. Ya no son responsables por asegurar un movimiento ordenado para sus acciones, pero todavía son importantes en cuanto a la consecución de mercados más líquidos para las acciones menos negociadas.

La LSE también está siendo crecientemente dominada por negociaciones electrónicas en lugar de basarse únicamente en los negociantes que edifican a los mercados. La Ley Sarbanes-Oxley de Estados Unidos ha motivado a las empresas que podrían haberse inscrito en la NYSE para que, en su lugar, se inscriban en Londres.

En el momento actual se están realizando o cuando menos contemplando un número determinado de fusiones. Por ejemplo, la LSE ha adquirido el control de la Bolsa de Valores de Milán. En proceso, es un cambio potencial en la propiedad en la LSE, con sujeción a varias aprobaciones del gobierno.

Börse Dubai y el rival Qatar Investment Authority pueden terminar con una participación de 48% en la LSE. Dubai se está volviendo con rapidez un centro regional financiero y de negociaciones. Börse Dubai y NASDAQ se han asociado para comprar una participación grande en OMX, una empresa controlada por Suecia que invierte en las bolsas de valores nórdicas, pero también tiene una gran capacidad de negociaciones electrónicas. Börse Dubai también poseería una participación de 20% en NASDAQ.

Efecto de las inscripciones cruzadas y de las emisiones de capital contable sobre el precio de las acciones

Aunque las inscripciones cruzadas y la emisión de capital contable pueden ocurrir en forma conjunta, sus impactos son separables y significativos en y por sí mismos.

Inscripciones cruzadas

¿Tiene el solo hecho de realizar una inscripción cruzada un impacto favorable sobre los precios de las acciones? Ello dependerá del grado en el cual los mercados estén segmentados.

Si el mercado de capitales del país de origen de la empresa está segmentado, ésta se podría beneficiar en teoría a través de una inscripción cruzada en un mercado extranjero si ese mercado valora a la empresa o a su industria más que el mercado del país de origen. Esto fue con certeza la situación que experimentó Novo cuando se inscribió en la Bolsa de Valores de Nueva York en 1981 (vea el capítulo 14). Sin embargo, la mayoría de los mercados de capitales se están integrando cada vez más con los mercados globales. Incluso los mercados emergentes están menos segmentados de lo que lo estuvieron hace tan sólo algunos años.

En una fecha tan reciente como el periodo comprendido entre 1969 y 1982, cuando los mercados estaban más segmentados que en la actualidad, un estudio de investigación encontró un efecto positivo en el precio de las acciones para empresas extranjeras que estaban inscritas en la NYSE, AMEX, o NASDAQ.[2] Otro estudio posterior encontró que los precios de las acciones aumentaron para las empresas extranjeras que inscribieron en forma cruzada sus acciones bajo la forma de ADR en la NYSE y AMEX durante el periodo de 1982 a 1992.[3] Los autores concluyeron que las inscripciones cruzadas en Estados Unidos mejoraban el valor de las acciones mediante la reducción del efecto general de la segmentación entre diferentes mercados nacionales de valores.

Un estudio más reciente y más amplio incluyó a 181 empresas de 35 países que instituyeron su primer programa de ADR en Estados Unidos durante el periodo de 1985 a 1995.[4] El autor midió el impacto en el precio de las acciones resultante del anuncio de una inscripción cruzada en Estados Unidos y encontró rendimientos anormales positivos de magnitud considerable en torno de la fecha del anuncio. Éstos se sos-

[2]Gordon J. Alexander, Cheol S. Eun y S. Janakiramanan, "International Listings and Stock Returns: Some Empirical Evidence", *Journal of Financial and Quantitative Analysis*, Volumen 23, número 2, junio de 1988, pp. 135-151.

[3]Sundaram, Anant K. y Dennis E. Logue, "Valuation Effects of Foreign Company Listings on U.S. Exchanges", *Journal of International Business Studies*, Volumen 27, número 1, Primer trimestre de 1996, pp. 67-88.

[4]Darius P. Miller, "The Market Reaction to International Cross-Listings: Evidence from Depository Receipts", *Journal of Financial Economics*, Volumen 51, 1999, pp. 102-123.

tuvieron en el periodo inmediato siguiente. Como se esperaba, el estudio mostró que los rendimientos anormales eran mayores para las empresas que residían en mercados emergentes con un bajo nivel de barreras legales para los flujos de capital, y no para las empresas que residían en mercados desarrollados. Las empresas que residían en mercados emergentes con fuertes restricciones sobre los flujos de capital recibieron algunos rendimientos anormales, pero no tan altos como los de las empresas que residían en los otros mercados. Esto se debió a la percepción de una liquidez limitada de las empresas que residían en mercados con demasiadas restricciones sobre los flujos de capitales.

Finalmente, un estudio más reciente concluyó lo siguiente:[5]

A finales de 1997, las compañías extranjeras con acciones inscritas en forma cruzada en Estados Unidos tenían razones q de Tobin que eran 16.5% más altas que las razones q de empresas no inscritas en forma cruzada y provenientes del mismo país. La diferencia en la valuación es estadísticamente significativa y llega a 37% para aquellas compañías que se inscriben en las bolsas de valores más grandes de Estados Unidos, incluso después de controlar un cierto número de características de la empresa y del país. Sugerimos que una inscripción en Estados Unidos reduce la medida en la cual los accionistas controladores pueden sujetarse a una expropiación y de ese modo incrementar la capacidad de la empresa para tomar ventaja de las oportunidades de crecimiento. Mostramos que las oportunidades de crecimiento son mejor valuadas para las empresas que eligen una inscripción cruzada en Estados Unidos, en particular aquéllas que provienen de países con derechos más deficientes para el inversionista.

La q de Tobin en este estudio se define como sigue: "Para el numerador tomamos el valor en libros de los activos totales, sustraemos el valor en libros del capital contable y añadimos el valor de mercado del capital contable. Para el denominador usamos el valor en libros de los activos totales".[6]

Emisión de instrumentos de capital contable

Es bien sabido que el impacto combinado de una nueva emisión de capital contable emprendida en forma simultánea con una inscripción cruzada tiene un impacto más favorable sobre el precio de las acciones que una inscripción cruzada en forma aislada. Esto ocurre porque la nueva emisión crea una base de accionistas instantáneamente agrandada. Los esfuerzos de mercadotecnia por parte de los aseguradores antes de la emisión engendran altos niveles de visibilidad. Los esfuerzos posteriores a la emisión por parte de los aseguradores para apoyar por lo menos el precio inicial de oferta también reducen el riesgo del inversionista.

El estudio de 181 empresas que habían realizado inscripciones cruzadas en Estados Unidos contenía 30 empresas que iniciaron nuevas emisiones de capital contable (ADR del nivel III). El autor encontró un rendimiento anormal estadísticamente significativo para estas empresas, incluso más alto que para las empresas que acababan de realizar inscripciones cruzadas (niveles I y II). Además, el rendimiento anormal más alto fue para las empresas chilenas (8.23%). El mercado chileno tiene uno de los niveles más altos de restricciones que afectan a los inversionistas extranjeros. Ya que es bien sabido que los precios de las acciones reaccionan de manera negativa a las nuevas emisiones nacionales de valores en Estados Unidos, debe estar sucediendo algo verdaderamente significativo cuando los ADR extranjeros se venden en dicho país.

Incluso las empresas estadounidenses se pueden beneficiar al emitir capital contable en el extranjero. Un estudio reciente de este tipo de empresas estadounidenses concluyó que un incremento en el reconocimiento del nombre y en la accesibilidad proveniente de las emisiones globales de capital contable conduce a un aumento en el reconocimiento y en la participación del inversionista tanto en el mercado primario como en el mercado secundario.[7] Además, la capacidad para emitir acciones globales puede validar la calidad de la empresa mediante la reducción de la asimetría de la información entre el personal interno y los inversionistas. Otra conclusión fue que las empresas de Estados Unidos pueden aprovechar un caudal de oportunidades al hacer un cambio hacia las ofertas globales cuando la demanda nacional de sus acciones es débil. Finalmente, el estudio encontró que las empresas estadounidenses que anuncian ofertas globales de capital contable tienen reacciones de mercado significativamente menos negativas en aproximadamente un punto porcentual que el que se hubiera podido esperar si hubieran limitado sus emisiones al mercado nacional.

[5]Craig Doidge, G. Andrew Karolyi y René M. Stulz, "Why are foreign firms listed in the U.S. worth more?", *Journal of Financial Economics*, 71, 2004, p. 205.

[6]*Ibid.*, p. 216.

[7]Congsheng Wu y Chuck C.Y. Kwok, "Why Do U.S. Firms Choose Global Equity Offerings?", *Financial Management*, verano de 2002, pp. 47-65.

Incremento de la visibilidad y de la aceptación política

Las empresas multinacionales se inscriben en mercados donde realizan operaciones físicas sustanciales. Los objetivos comerciales son mejorar la imagen corporativa, anunciar marcas registradas y productos, obtener una mejor cobertura de la prensa local y familiarizarse más con la comunidad financiera local para obtener capital de trabajo a nivel local.

Los objetivos políticos podrían incluir la necesidad de satisfacer los requisitos locales de propiedad para un negocio conjunto extranjero de una empresa multinacional. La propiedad local de las acciones de la empresa matriz podría proporcionar un foro para publicar las actividades de la empresa y la manera en la que dan apoyo al país anfitrión. Este objetivo es el más importante para las empresas japonesas. El mercado japonés nacional tiene, tanto un costo de capital más bajo, como una alta disponibilidad. Por tanto, las empresas japonesas no están tratando de aumentar el precio de las acciones, la liquidez de sus acciones o la disponibilidad del capital.

Incremento del potencial para realizar *swaps* (intercambios) de acciones con adquisiciones

Las empresas que siguen una estrategia de crecimiento por medio de adquisiciones siempre están buscando formas creativas de financiar estas adquisiciones en lugar de pagar efectivo. La oferta de sus acciones como un pago parcial es considerablemente más atractiva si esas acciones tienen un mercado secundario líquido. En ese caso, los accionistas fijados como blanco tienen una forma sencilla de convertir sus acciones adquiridas en efectivo si no prefieren un intercambio de acciones. Sin embargo, un certificado de intercambio de acciones es con frecuencia tan atractivo como una operación libre de impuestos.

Compensación de la administración y de los empleados

Si una empresa multinacional desea usar opciones sobre acciones y planes de compensación de compras de acciones para la administración y los empleados locales, una inscripción local mejoraría el valor percibido de tales planes. Lo que significa que debería reducir los costos de las transacciones y los costos cambiarios para los beneficiarios locales.

Barreras para las inscripciones cruzadas y para la venta de capital contable en el extranjero

Aunque una empresa puede decidir una inscripción cruzada y/o una venta de capital contable en el extranjero, existen ciertas barreras. Las más serias son el compromiso futuro para proporcionar una revelación total y transparente de los resultados en operación y de los balances generales así como un programa continuo de relaciones con los inversionistas.

El compromiso hacia la revelación y las relaciones con el inversionista

La decisión de hacer una inscripción cruzada debe equilibrarse contra el compromiso implícito adicional de una revelación plena y de un programa continuo de relaciones con el inversionista. Para las empresas residentes en mercados estadounidenses, una inscripción en el extranjero podría no parecer ser una gran barrera. Por ejemplo, las reglas de relevación de la SEC para hacer una inscripción en Estados Unidos son tan rigurosas y costosas que cualquier otra regla de mercado es meramente un juego de niños. Sin embargo, invirtiendo la lógica del asunto, las empresas no estadounidenses realmente deben pensar dos veces antes de realizar una inscripción cruzada en Estados Unidos. Los requisitos de revelación no solamente son impresionantes, sino que los reguladores e inversionistas de Estados Unidos solicitan información trimestral continua y oportuna. Como resultado de ello, la empresa extranjera debe proporcionar un costoso programa de relaciones continuas con el inversionista para sus accionistas estadounidenses, incluyendo frecuentes "presentaciones en público" y la minuciosa participación personal de la alta administración.

La revelación es una espada de dos filos

Una escuela de pensamiento de Estados Unidos indica que la tendencia mundial hacia el hecho de requerir una revelación financiera más completa, más transparente y más estandarizada de los resultados en operación y de las posiciones financieras puede tener el efecto deseable de reducir el costo del capital contable. Como lo observamos en 2002, la falta de una revelación plena y exacta, y una transparencia deficiente empeoraron el declive del mercado de acciones estadounidenses a medida que los inversionistas huyeron hacia valores más seguros como los bonos del gobierno de Estados Unidos. Esta acción aumentó el costo del capital contable para todas las empresas. La otra escuela de pensamiento es que el nivel de revelación requerida en Estados Unidos es una carga onerosa y costosa. Aleja a muchos aspirantes potenciales, reduciendo con ello la gama elección de valores disponibles para los inversionistas estadounidenses a costos de transacciones razonables.

Un estudio acerca de 203 acciones que se negociaban internacionalmente concluyó que existe una relación estadísticamente significativa entre el nivel de revelación financiera requerida y los mercados en los cuales las empresas decidieron inscribir sus acciones.[8] Cuanto más alto sea el nivel de revelación requerida, menos probable será que una empresa se inscriba en ese mercado. Sin embargo, en el caso de aquellas empresas que realmente se inscriban aun a pesar de las barreras de costos y de revelaciones, el beneficio podría ser por ejemplo el acceso necesario a un financiamiento adicional de capital contable de una gran fábrica o una adquisición determinada en Estados Unidos. Daimler Benz siguió el doloroso paso de realizar una inscripción cruzada en la NYSE antes de obtener el capital contable necesario en Estados Unidos para financiar una nueva planta de automóviles y, como resultó ser más tarde, para fusionarse con Chrysler Corporation.

Instrumentos alternativos para la obtención de capital contable en los mercados globales

Los instrumentos alternativos para la obtención de capital contable en los mercados globales incluyen lo siguiente:

■ La venta de una *emisión de acciones públicas dirigida* para inversionistas de un mercado fijado como blanco de ataque.
■ La venta de una *emisión pública de eurocapital contable* a inversionistas en más de un mercado, incluyendo tanto a los mercados extranjeros como a los nacionales.
■ Las colocaciones privadas bajo la Regla 144A de la SEC.
■ La venta de acciones a fondos *privados de capital contable.*
■ La venta de acciones a una empresa extranjera como parte de una *alianza estratégica.*

Emisiones de acciones públicas dirigidas

Una *emisión de acciones públicas dirigida* se define como aquella que está enfocada a inversionistas que se encuentran en un solo país y que es asegurada en forma total o parcial por las instituciones de inversión en dicho país. La emisión podría o no estar denominada en la moneda del mercado fijado como objetivo. Las acciones podrían o no estar inscritas en forma cruzada en una bolsa de valores en el mercado fijado como objetivo.

La emisión de acciones de US$61 millones realizada por Novo en 1981 (capítulo 14) fue un buen ejemplo de una exitosa emisión de acciones dirigida que mejoró la liquidez de las acciones de Novo y disminuyó su costo de capital. Novo repitió este éxito en 1983 con una emisión de acciones de US$100 millones a US$53 por acción (ADR), en comparación con US$36 por acción dos años antes.

Una emisión de acciones dirigida podría ser motivada por la necesidad de financiar ciertas adquisiciones o inversiones mayores de capital en un mercado extranjero fijado como meta. Esta es una fuente de capital contable especialmente importante para las empresas que residen en mercados de capitales más pequeños y que han llegado a ser más grandes que ese mercado. Una emisión de acciones extranjeras, más una inscripción cruzada, puede proporcionarle una liquidez mejorada para sus acciones y los medios de usar esas acciones para pagar las adquisiciones.

Nycomed, una empresa farmacéutica noruega muy respetada, fue un ejemplo de este tipo de motivación para una emisión de acciones dirigida, combinada con una inscripción cruzada. Su estrategia comercial para el crecimiento fue apalancar su sofisticado conocimiento de ciertos nichos y tecnologías del mercado dentro del campo farmacéutico mediante la adquisición de otras empresas prometedoras que poseían tec-

---

[8]Saudagaran, Shahrokh M. y Gary C. Biddle, "Foreign Listing Location: A Study of MNEs and Stock Exchanges in Eight Countries", *Journal of International Business Studies*, Volumen 26, número 2, Segundo trimestre de 1995, pp. 319-341.

nologías, personal o nichos de mercado relevantes. Europa y Estados Unidos han proporcionado campos fértiles de cacería. Las adquisiciones fueron pagadas parcialmente en efectivo y parcialmente con acciones. Noruega es un mercado de capitales demasiado pequeño para financiar estas adquisiciones en efectivo o para proporcionar un mercado lo suficientemente líquido para minimizar el costo marginal de capital de Nycomed.

Nycomed respondió al desafío mediante la venta de dos exitosas emisiones de acciones dirigidas en el extranjero. En junio de 1989, realizó una inscripción cruzada en la LSE (cotizadas en SEAQ International) y ahí obtuvo el equivalente de cerca de US$100 millones de capital contable de inversionistas extranjeros. Más tarde, en junio de 1992, realizó una inscripción cruzada en la NYSE y obtuvo cerca de US$75 millones con una emisión de acciones dirigida a los inversionistas de Estados Unidos. Finalmente Nycomed se fusionó con Amersham, una empresa británica, y trasladó sus oficinas centrales al Reino Unido.

Emisiones públicas de eurocapital contable

La integración gradual de los mercados de capitales del mundo y el incremento en las inversiones de portafolios internacionales ha generado el surgimiento de un mercado de eurocapital contable muy viable. Una empresa puede ahora emitir capital contable asegurado y distribuido en mercados múltiples de capital contable extranjero, en ocasiones de manera simultánea con la distribución en el mercado nacional. Las mismas instituciones financieras que había creado anteriormente una infraestructura para los mercados de europagarés y eurobonos (los cuales se describen con detalle en el capítulo 16) fueron responsables del mercado de eurocapital contable. El término "euro" no implica que los emisores o los inversionistas se localicen en Europa, ni tampoco implica que las acciones se vendan en la moneda "euro". Es un término genérico para las emisiones internacionales de valores que se están originando y se están vendiendo en cualquier parte del mundo.

Las emisiones más grandes y más espectaculares se han realizado en conjunción con una ola de privatizaciones de empresas propiedad del gobierno. El gobierno de Margaret Thatcher en el Reino Unido creó el modelo cuando privatizó a British Telecom en diciembre de 1984. La emisión era tan grande que fue necesario y deseable vender algunas *porciones* a los inversionistas extranjeros además de la venta a inversionistas nacionales. Una *porción* significa una asignación de acciones, de ordinario a aseguradores que se espera que les vendan a los inversionistas en sus mercados geográficos designados. El objetivo es a la vez obtener los fondos y asegurar la liquidez mundial posterior a la emisión. Desafortunadamente, en el caso de British Telecom, la emisión fue, en retrospectiva, subvaluada. La mayoría de las acciones extranjeras, especialmente aquéllas que se han colocado en Estados Unidos, regresaron a Londres, dejando una atractiva utilidad para los aseguradores y los inversionistas estadounidenses. Sin embargo, otras emisiones británicas grandes de privatización siguieron a British Telecom, más comúnmente conocida como British Steel en 1988.

Las emisiones de privatización de eurocapital contable han sido en particular populares entre los inversionistas de portafolios internacionales porque la mayoría de las empresas son muy grandes, con excelentes evaluaciones de crédito y con rentables monopolios casi gubernamentales en el momento de la privatización. El modelo de la privatización británica ha sido tan exitoso que muchos otros lo han seguido. Una de las emisiones más grandes de eurocapital contable fue la que realizó Deutsche Telecom A.G. Fue privatizada por medio de una oferta pública inicial de US$13,300 millones en noviembre de 1996.

Incluso las empresas que poseía el gobierno en mercados de capitales emergentes han implantado la privatización con la ayuda de porciones extranjeras.

- Teléfonos de México, la gigantesca compañía telefónica mexicana, completó una emisión de eurocapital contable de US$2,000 millones en 1991. La empresa Southwestern Bell con base en Estados Unidos se convirtió en un accionista al 10%, como lo hicieron muchos otros inversionistas institucionales e individuales del extranjero. Teléfonos de México tiene un registro muy líquido en la NYSE.

- Una de las ofertas más granes de eurocapital contable realizadas por una empresa residente en un mercado ilíquido fue la venta de acciones de US$3,040 millones en 1993 por parte de YPF Sociedad Anónima, una compañía petrolera de Argentina propiedad del estado, con 46% tan sólo en Estados Unidos. Su sindicato asegurador representó una situación virtual de saber quién es quién entre los principales bancos de inversión del mundo.

Parece ser que muchas de las empresas privatizadas han tenido un buen desempeño después de dicha transición. Un estudio de privatización concluyó que las empresas privatizadas habían mostrado fuertes mejoramientos del desempeño sin reducir la seguridad en el empleo. Las empresas del estudio fueron total o parcialmente privatizadas por medio de emisiones públicas de capital contable durante el periodo de 1961 a 1990. Después de la privatización, las empresas aumentaron las ventas reales y los niveles de inversión de capital, mejoraron la eficacia, su rentabilidad mejoró, los niveles de endeudamiento se redujeron y los pagos de dividendos aumentaron.[9]

Colocaciones privadas bajo la Regla 144A de la SEC

Un tipo de emisión dirigida con una larga historia como una fuente tanto de capital contable como de deudas es el mercado de colocaciones privadas. Una *colocación privada* es la venta de un valor a un pequeño conjunto de compradores institucionales calificados. Los inversionistas son en forma tradicional compañías de seguros y compañías de inversiones. Ya que los valores no se registran para la venta al público, los inversionistas han seguido por lo general una política de "compre y mantenga". En el caso de las deudas, los términos se diseñan con frecuencia en forma personalizada y sobre una base negociada. Los mercados de colocaciones privadas actualmente existen en la mayoría de los países.

Como se hizo notar en la figura 15.3, en abril de 1990, la SEC aprobó la Regla 144A. Les permite a los compradores institucionales calificados (QIB) negociar valores colocados en forma privada sin las restricciones del periodo de tenencia anterior y sin requerir el registro ante la SEC.

Un *comprador institucional calificado* (QIB) es una entidad (excepto un banco o una institución de ahorros y préstamos) que posee e invierte sobre una base discrecional US$100 millones en valores de empresas no afiliadas. Los bancos y las instituciones de ahorros y préstamos deben satisfacer esta prueba pero también deben tener un capital contable mínimo de US$25 millones. La SEC ha estimado que existen cerca de 4,000 QIB, principalmente consejeros de inversiones, compañías de inversiones, compañías de seguros, fondos de pensiones e instituciones caritativas.

De manera simultánea, la SEC modificó su Regulación S para permitirle a los emisores extranjeros aprovechar el mercado de colocaciones privadas estadounidenses a través de la emisión de la Regla 144A de la SEC, también sin registro ante la SEC. The National Association of Securities Dealers (NASD) estableció un sistema de negociaciones automatizado y basado en pantalla para dar apoyo a la distribución de emisiones primarias y para crear un mercado secundario líquido para estas colocaciones privadas no registradas.

Ya que el registro ante la SEC ha sido identificado como la principal barrera para las empresas extranjeras que desean obtener fondos en Estados Unidos, las colocaciones bajo la Regla 144A de la SEC están resultando ser atractivas para los emisores extranjeros de valores tanto de capital contable como de deudas. Atlas Copco, una firma multinacional sueca de ingeniería, fue la primera empresa extranjera que tomó ventaja de la Regla 144A de la SEC. Obtuvo US$49 millones en Estados Unidos a través de una colocación privada de ADR de capital contable como parte de una emisión más grande de eurovalores de capital contable de US$214 millones en 1990. Desde entonces, los emisores extranjeros han obtenido varios miles de millones de dólares con colocaciones privadas de capital contable en Estados Unidos. Sin embargo, no parece ser que tales colocaciones tengan un efecto favorable ya sea sobre la liquidez o sobre el precio de las acciones.[10]

Fondos privados de capital contable

Los fondos privados de capital contable son de ordinario asociaciones limitadas de inversionistas institucionales y acaudalados, como los fondos de donaciones universitarias, los cuales obtienen capital en el más líquido de los mercados de capitales. Son mejor conocidos por la adquisición del control de empresas de propiedad pública, para convertirlas en empresas privadas, para mejorar su administración y para revenderlas después de uno a tres años. Se revenden en una variedad de formas incluyendo la venta a otras

[9]William L. Megginson, Robert C. Nash y Mathias Ian Randenborgh, "The Financial and Operating Performance of Newly Privatized Firms: An International Empirical Analysis", *Journal of Finance*, junio de 1994, pp. 403-452.
[10]Boubakri, Narjess y Jean Claude Cosset, "The Financial and Operating Performance of Newly Privatized Firms: Evidence from Developing Countries", *The Journal of Finance*, volumen 53, número 3, junio de 1998, pp. 1081-1110. Esta misma conclusión se alcanzó en el estudio ligeramente más reciente realizado por Miller 1999, *óp. cit.*

empresas, la venta a otros fondos privados de capital contable o volviendo a convertirlas en empresas públicas. Con frecuencia los fondos privados de capital contable son muy grandes, pero también pueden utilizar una gran cantidad de deudas para financiar sus adquisiciones. Estas "alternativas", como se les llama algunas veces, requieren honorarios del 2% de los activos más 20% de utilidades. Además, en Estados Unidos sus ganancias están gravadas a la tasa de ganancias sobre capital de 15% sobre el "interés causado" en lugar de la tasa usual de 35% sobre el ingreso ordinario. Los fondos de capital contable han tenido algún éxito visible. La sección *Finanzas globales en la práctica 15.1* describe algunos de los fondos más importantes de capital contable y sus activos.

Es poco probable que muchas empresas maduras en posesión de familias que residen en mercados emergentes califiquen para un costo y una disponibilidad de capital a nivel global aun si siguen la estrategia que se ha sugerido en este capítulo. Aunque podrían ser consistentemente rentables y tener un crecimiento continuo, todavía son muy pequeñas, demasiado invisibles para los inversionistas extranjeros, con una falta de profundidad administrativa e incapaces de financiar los costos iniciales de una estrategia de globalización. Para estas empresas, los *fondos privados de capital contable* pueden ser una solución, ya que difieren de los fondos tradicionales de capital de negocios.

Estos últimos en general operan principalmente en países altamente desarrollados. De ordinario, invierten en empresas de nueva creación con la meta de darle salida a la inversión con una oferta pública inicial (IPO) colocada en esos mismos mercados altamente líquidos. Se dispone de muy poco capital de negocios en los mercados emergentes, parcialmente porque en un mercado ilíquido sería difícil darle salida a una inversión con una IPO. Los fondos privados de capital contable se enfrentan al mismo problema para darle salida a la inversión, pero parecen tener un horizonte de tiempo más largo. Invierten en compañías que ya son maduras y rentables. Están satisfechos con compañías que han logrado su crecimiento a través de una mejor administración y de fusiones con otras empresas.

The Exxel Group es un ejemplo de un fondo privado de capital contable. Su fundador y director ejecutivo, Juan Navarro, ha sido denominado como el "rey de las adquisiciones en Argentina". Desde 1991 hasta 2002, la empresa invirtió US$4,800 millones en 74 compañías de Argentina. De acuerdo con su misión, la compañía ha continuado en busca de un control operacional total sobre todas las adquisiciones para implantar conocimientos administrativos, industriales y de mercadotecnia superiores, para crear así un valor para los accionistas.

FINANZAS GLOBALES EN LA PRÁCTICA 15.1

Empresas de capital contable y sus activos (miles de millones de dólares)

Activos	Algunas de sus inversiones
US$88	**Blackstone** (Nueva York): Los activos incluyen una participación en Nielson Media, la compañía operadora de parques Universal Orlando y Allied Waste, una compañía para el manejo de los desperdicios
US$59	**The Carlyle Group** (Washington, D.C.): Tiene inversiones en la cadena de teatros AMC Entertainment y Dunkin' Brands (Dunkin' Donuts y Baskin-Robbins)
US$53	**Kohlberg Kravis Roberts** (Nueva York): Es propietaria del minorista Dollar General, Toys 'R' Compañía de medios y tiendas de Estados Unidos Primedia (editor del *Surfer, Hot Rod* y *AutoGuide*)
US$50	**Bain Capital** (Boston): Invirtió en las compañías de Internet ecredit.com y iwon.com; Ameritrade, una compañía de servicios financieros, y el productor de equipajes Samsonite
US$30	**Permira** (Londres): Recientemente adquirió al gigante de alimentos congelados Iglo Birds Eye, y a the Automobile Association (el servicio de emergencia en carreteras más grande de Gran Bretaña)
US$29	**CVC Capital Partners** (Londres): Tiene una participación con el famoso productor Formica, carreras automovilísticas Fórmula 1 y Tower Records Japan
US$22	**Cerberus Capital Management** (Nueva York): Posee una parte de la empresa matriz de Air Canada. Es propietaria de GMAC Financial Services y Alamo Rent A Car. Adquirió un interés mayoritario en Chrysler

Datos tomados de *Newsweek*, 23 de julio de 2007, p. 40.

Alianzas estratégicas

Las alianzas estratégicas se forman generalmente por empresas que esperan obtener sinergias de uno o más de los siguientes esfuerzos conjuntos que podrían compartir el costo de una tecnología en desarrollo, o perseguir actividades complementarias de mercadeo. También podrían obtener economías de escala o de alcance o una variedad de otras ventajas comerciales. Sin embargo, una sinergia que algunas veces se puede pasar por alto es la posibilidad de que una firma financieramente fuerte ayude a otra financieramente débil a disminuir su costo de capital mediante el suministro de un financiamiento por medio de capital contable o de deudas con un precio atractivo.

RESUMEN

- El diseño de una estrategia para la obtención de capital requiere que la administración esté de acuerdo sobre un objetivo financiero a largo plazo.
- La empresa debe entonces elegir entre las diversas rutas alternativas para llegar a ello, incluyendo la consideración de dónde realizar una inscripción cruzada de sus acciones, y dónde emitir nuevo capital contable y en qué forma.
- Una empresa realiza una inscripción cruzada de sus acciones en las bolsas de valores extranjeras por una o más de las siguientes razones:
  - Mejorar la liquidez de sus acciones existentes mediante el uso de recibos de depositario.
  - Aumentar el precio de sus acciones superando una valoración adecuada proveniente de un mercado de capitales nacionales segmentado e ilíquido.
  - Dar apoyo a una nueva emisión de capital contable vendida en un mercado extranjero.
  - Establecer un mercado secundario para las acciones utilizadas en las adquisiciones.
  - Aumentar la visibilidad y la aceptación política de la empresa ante sus clientes, proveedores, acreedores y gobiernos anfitriones.
  - Crear un mercado secundario para aquellas acciones que se habrán de usar para compensar a la administración y a los empleados locales de afiliadas extranjeras.
  - Si ha de dar apoyo a una nueva emisión de capital contable o si ha de establecer un mercado para realizar intercambios de acciones, el mercado fijado como meta también debería ser el mercado donde se haga la inscripción de valores.

- Si ha de aumentar la visibilidad comercial y política o si ha de compensar a la administración y a los empleados locales, estos deberán ser los mercados en los cuales la empresa tenga operaciones significativas.
- Los principales mercados líquidos de valores son NASDAQ, NYSE, Londres, Euronext, Tokio y Deutsche Börse.
- La elección entre estos seis mercados depende de su tamaño y de la sofisticación de sus actividades en cuanto a la edificación del mercado, incluyendo costos competitivos de transacciones y una administración competente de las crisis.
- Un aumento en el compromiso en cuanto a una revelación suficiente y total.
- Un programa continuo de relaciones con los inversionistas.
- Una empresa puede disminuir su costo de capital o aumentar su liquidez mediante la venta de sus acciones a inversionistas extranjeros en una variedad de formas.
- La venta de una emisión de acciones dirigida a inversionistas en un mercado particular de capital contable extranjero.
- La venta de una emisión de acciones de eurocapital contable a inversionistas extranjeros simultáneamente en más de un mercado, incluyendo tanto a mercados extranjeros como nacionales.
- Una colocación privada bajo la Regla 144A de la SEC.
- La venta de acciones a fondos privados de capital contable.
- La venta de acciones a una empresa extranjera como parte de una alianza estratégica.

MINICASO   **Petrobrás de Brasil y el costo de capital**

Petrobrás es una empresa sobresaliente en términos de la tecnología de aguas profundas... pero actualmente está muy atrasada en el área del costo de capital. Consideramos que en el largo plazo, si Petrobrás ha de convertirse en un jugador competitivo en lo que parece ser el futuro en la exploración de combustibles de aguas profundas, estará avanzando en la dirección correcta al expandirse a nivel internacional, asegurando su presencia en el Triángulo de Oro y reduciendo su costo de capital.

La reducción del WACC podría ser inmediata. Si Petrobrás fuera a adquirir una de las independientes norteamericanas —las cuales estimamos que en promedio tienen un WACC del orden de 6 a 8%— podría emitir deudas en la compañía adquirida y subsecuentemente disminuir su WACC en el corto plazo. Petrobrás podría incluso cancelar algunas de sus propias deudas y/o emitir nuevas deudas a través de la entidad de reciente adquisición. Hemos visto hacer esto con éxito a otras compañías latinoamericanas con senti-

do común (por ejemplo, Cemex a través de su subsidiaria española Valenciana).

—"Foreign Expansion Makes Sense at the Right Price", Morgan Stanley Equity Research, 18 de enero de 2002, p. 4.

Petróleo Brasileiro S.A. (Petrobrás) es una compañía integrada que se dedica a la producción de petróleo y de gas, que fue fundada en 1954 por el gobierno brasileño como la compañía petrolera nacional de Brasil. En 1997, el gobierno brasileño inició un número de esfuerzos mayores de privatización, incluyendo a Petrobrás. La compañía estaba inscrita en Sao Paulo en 1997, y en la Bolsa de Valores de Nueva York (NYSE: PBR) en 2000. Aún a pesar de las inscripciones de capital contable, el gobierno brasileño continuó siendo el accionista controlador, con 33% del capital total y 55% de las acciones con voto. Como la compañía nacional petrolera de Brasil, el propósito singular de la empresa era la reducción de la dependencia de dicho país sobre el petróleo importado. Sin embargo, un enfoque lateral de este aspecto ha sido una falta de diversificación internacional. Muchos de los críticos de la compañía argumentaban que el ser una compañía brasileña y el no estar diversificada a nivel internacional daba como resultado un costo de capital no competitivo.

Necesidad de diversificación

En 2002, Petrobrás era la compañía más grande de Brasil, y la compañía petrolera más grande públicamente negociada en América del Sur. Sin embargo, no era internacional en sus operaciones. Esta falta inherente de diversificación internacional era claramente aparente para los inversionistas institucionales, quienes le habían asignado a la compañía los mismos

factores de riesgo y primas nacionales que a otras compañías brasileñas. Como se muestra en la figura 1, el resultado fue un costo de capital que en 2002 era 6% más alto que todos los demás. Los estrategas del capital contable y los mercados consideraron que esto era una desventaja competitiva clara y distinta.

Petrobrás inició una estrategia de globalización, con varias transacciones mayores que encabezarían al proceso. En diciembre de 2001, Repsol-YPF de Argentina y Petrobrás concluyeron un intercambio de activos operativos valuados en US$500 millones. En el intercambio, Petrobrás recibió una participación de 99% en la cadena de estación de servicio de Eg3 S.A., mientras que Repsol-YPF obtuvo una participación de 30% en una refinería, una participación de 10% en un campo petrolero extranjero y un derecho a la reventa de combustible para 230 estaciones de servicio en Brasil. El contrato incluía una garantía de ocho años contra riesgos monetarios.

En octubre de 2002, Petrobrás compró a la empresa Perez Companc (Pecom) de Argentina. Pecom había reinstalado con rapidez sus actividades después de la crisis financiera de Argentina en enero de 2002. Aunque Pecom tenía una cantidad significativa de reservas internacionales y de capacidad de producción, las fuerzas combinadas de un peso argentino devaluado, una cartera de deudas principalmente denominada en dólares estadounidenses, y una multitud de regulaciones del gobierno argentino que obstaculizaron su capacidad para mantener y apalancar recursos en monedas duras, impulsaron a la compañía para que se movilizara rápidamente a fin de encontrar un comprador que le permitiera refinanciar su estructura financiera. Petrobrás sacó ventaja de la oportunidad. La propiedad de Pecom se dividió entre la familia que era dueña y la fundación (58.6%), y la flotación pública (el 41.4% restante). Petrobrás había comprado la participación contro-

---

FIGURA 1   Petrobrás resiente la existencia de un costo de capital poco competitivo

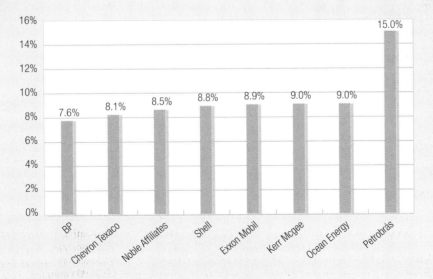

Fuente: MorganStanley Research, 18 de enero de 2002, p. 5.

ladora —la totalidad de la participación de 58.6%— directa-mente a la familia.

Durante los tres años siguientes, Petrobrás se concentró en la reestructuración de gran parte de sus deudas (y de la deuda que había adquirido a través de la adquisición de Pecom) y a invertir en su propio crecimiento. Pero el pro-greso en la revitalización de su estructura financiera había sido muy lento, y en 2005 hubo una renovada discusión de una nueva emisión de instrumentos de capital contable para incrementar su capital.[1] Pero, ¿a qué costo? ¿Cuál era el costo de capital de la compañía?

El costo de capital y el riesgo nacional

La figura 1 presenta el costo de capital de un número de com-pañías mayores de petróleo y de gas alrededor del mundo, in-cluyendo a Petrobrás en 2002. Esta comparación podría ocu-rrir tan sólo si todos los costos de capital se calcularan en una moneda común: en este caso, el dólar estadounidense. Los mercados globales de petróleo y de gas se habían considerado por mucho tiempo como "dominados por el dólar", y se consi-deraba que cualquier compañía que operara en estos merca-dos (indistintamente de en qué parte del mundo operara en realidad), tenía al dólar como su moneda funcional. Una vez que esa compañía inscribía sus acciones en un mercado de capital contable estadounidense como la NYSE, la dolariza-ción de sus costos de capital se volvía incluso más aceptada.

Pero, ¿cuál era el costo de capital —en términos de dóla-res— para un negocio brasileño? Brasil tiene una larga historia de periodos con una alta inflación, inestabilidad económica y devaluaciones y revaluaciones monetarias (dependiendo del régimen en vigor). Uno de los principales indicadores de la opinión del mercado global en relación con el riesgo nacio-nal de Brasil era el *diferencial soberano*, el rendimiento o el costo adicional de los fondos en dólares que el gobierno bra-sileño tenía que pagar sobre los mercados globales por arriba del que pagaba la Tesorería de Estados Unidos al solicitar en préstamo fondos en dólares. Como se ilustra en la figura 2, el diferencial soberano brasileño había sido tan alto como inestable a lo largo de la última década.[2] Algunas veces era tan bajo como de 400 puntos básicos (4.0%), como en años recientes, o tan alto como de 2,400 puntos básicos (24%), como durante la crisis financiera de 2002 en la cual el real fue

| FIGURA 2 | El diferencial soberano de Brasil (diciembre de 1997-agosto de 2005) |

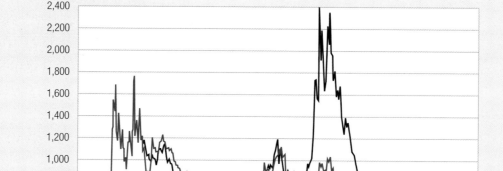

Fuente: JPMorgans EMBI + Diferencial, como lo cotizó Latin Focus, http://www.latin-focus.com/latinfocus/countries/brazilbisprd.htm, agosto de 2005.

[1]En 2005, la estrategia financiera de la compañía estaba mostrando una diversificación significativa. El financiamiento total corpora-tivo (y no las deudas, en tanto que el financiamiento del proyecto carecía de recurso para la compañía después del inicio operativo) estaba bien equilibrado: bonos, US$4,000 millones; BNDES (bonos emitidos bajo el auspicio de una agencia brasileña de desarrollo económico), US$3,000 millones; financiamiento del proyecto, US$5,000 millones; otros, US$4,000 millones.

[2]La medida del diferencial soberano que se presentó en la figura 2 es la que fue calculada por JPMorgan en su índice denominado Emerging Market Bond Index Plus (EMBI+). Ésta es la medida del riesgo nacional de un país que usan los practicantes con mayor frecuencia.

devaluado por primera vez y después puesto a flotar. Y ese era meramente el costo de la deuda para el gobierno de Brasil. ¿Cómo se reflejaba este diferencial soberano en el costo de la deuda y del capital contable para una compañía brasileña como Petrobrás?

Un enfoque para la estimación del costo de la deuda de Petrobrás en términos de dólares estadounidenses, $k_d^\$$, fue construirlo —el costo de los fondos en dólares del gobierno de Brasil ajustado por un diferencial de crédito corporativo privado.

$k_d^\$$ = Tasa libre de riesgo de la Tesorería de Estados Unidos + Diferencial soberano del Brasil + Diferencial de crédito de Petrobrás

$k_d^\$ = 4.000\% + 4.000\% + 1.000\% = 9.000\%$

Si la tasa libre de riesgo de la Tesorería de Estados Unidos se estimara usando la tasa de bonos de la Tesorería a 10 años (rendimiento), una tasa de base en agosto de 2005 podría ser de 4.0%. El diferencial soberano de Brasil, como se muestra en la figura 2, parecía ser de 400 puntos básicos, o un 4.0% adicional. Aún si el diferencial de crédito de Petrobrás fuera entonces de tan sólo 1.0%, el costo actual en dólares de la deuda de la compañía sería de 9%. Este costo fue claramente más alto que el costo de las deudas para la mayoría de los principales petroleros del mundo, quienes probablemente estaban pagando tan sólo un promedio de 5% por las deudas a finales de 2005.

El costo del capital contable de Petrobrás se vería afectado de forma similar por la tasa de interés libre de riesgo del país después de ajustarla. Utilizando una expresión sencilla del Modelo de Fijación de Precios de Activos de Capital (CAPM, *Capital Asset Pricing Model*) para estimar el costo del capital contable de la compañía en términos de dólares ($k_e^\$$):

$k_e^\$$ = Tasa libre de riesgo + ($\beta_{Petrobrás}$ × Prima de riesgo del mercado)
= 8.000% + (1.10 × 5.500%)
= 14.05%

Este cálculo supuso la misma tasa libre de riesgo que la que se usó en el costo de la deuda en forma anterior, con una beta (NYSE de base) de 1.10 y una prima de riesgo de mercado de 5.500%. Aún con estos supuestos relativamente conservadores (muchos argumentarían que la beta de la compañía era en realidad más alta o más baja, y siendo la prima de riesgo de mercado de 6.0% o más alta), el costo del capital contable de la compañía fue de 14%.

Finalmente, el costo de capital corporativo, WACC, se podría calcular como sigue:

WACC = (Deudas/capital) × $k_d^\$$ × (1 – Tasa fiscal) + (Capital contable/capital × $k_e^\$$)

Suponiendo una estructura de capital a largo plazo fijada como meta de un tercio de deudas y de dos tercios de capital contable, y una tasa fiscal efectiva a nivel corporativo de 28% (después de concesiones fiscales especiales, sobrecargos e incentivos para la industria de petróleo y de gas de Brasil), el WACC de Petrobrás se estimó un poco por arriba de 11.5%:

WACC = (0.333 × 9.000% × 0.72) + (0.667 × 14.050%) = 11.529%

Por tanto, después de todos los esfuerzos para diversificar a la empresa a nivel internacional y para internacionalizar a su costo de capital, ¿por qué el costo de capital de Petrobrás era todavía mucho más alto que el de sus contrapartes globales? No solamente se comparó el alto WACC de la compañía con el de otros jugadores mayores globales, sino que éste fue el mismo alto costo de capital que se usó como la tasa básica de descuento al evaluar muchas inversiones y adquisiciones potenciales.

Un número de firmas de banca de inversión que cubrían a Petrobrás hicieron notar que el precio de las acciones de la compañía había mostrado una correlación muy alta con el EMBI + el diferencial soberano de Brasil (como se muestra en la figura 2), oscilando alrededor de 0.84 durante un número determinado de años. De manera similar, el precio de las acciones de Petrobrás también estuvo históricamente correlacionado —en forma inversa— con el tipo de cambio reales brasileños/dólares estadounidenses. Esta correlación había tenido un promedio de −0.88 durante el periodo 2000-2004. Finalmente, la pregunta de si Petrobrás se consideraba como una compañía petrolera o como una compañía brasileña también estuvo sujeta a cierto debate:

El desempeño de las acciones de Petrobrás parece estar más altamente correlacionado con el mercado de capital contable de Brasil y con los diferenciales de crédito con base en los patrones históricos de negociaciones, indicando que la perspectiva de uno en la dirección del amplio mercado brasileño es importante para tomar una decisión de inversión sobre la compañía. Si la tendencia histórica se fuera a mantener, un mejoramiento en la percepción del riesgo de Brasil debería proporcionar un estímulo para el desempeño en el precio de las acciones de Petrobrás.

—"Petrobrás: A Diamond in the Rough",
JPMorgan Latin American Equity Research,
18 de junio de 2004, pp. 26-27.

Preguntas del caso

1. ¿Por qué considera que el costo de capital de Petrobrás es tan alto? ¿Existen algunas formas mejores, u otras formas, de calcular el promedio ponderado del costo de capital?

2. ¿También compensa este método de uso del diferencial soberano el riesgo monetario?

3. La cita final de que "La perspectiva de uno en la dirección del amplio mercado brasileño" indica que los inversionistas potenciales consideren real la relativa atracción de Brasil en sus decisiones de inversión. ¿Cómo aparece esta percepción en el cálculo del costo de capital de la compañía?

4. ¿Es el costo de capital realmente un factor relevante en la competitividad y en la estrategia de una compañía como Petrobrás? ¿En realidad afecta el costo de capital a la competitividad?

PREGUNTAS

1. **Diseño de una estrategia para obtener capital contable a nivel global.** La figura 15.1 ilustra las rutas alternativas para la globalización del costo y la disponibilidad del capital. Identifique en la figura 15.1 los pasos específicos que tomó Novo Industri (capítulo 14) en orden cronológico para obtener un costo y una disponibilidad de capital a nivel internacional.

2. **Definiciones de recibos de depositario.** Defina los siguientes términos:
   a. ADRs
   b. GDRs
   c. Recibos de depositario con patrocinio
   d. Recibos de depositario sin patrocinio

3. **ADR.** Distinga entre los tres niveles de compromiso para los ADR que se negocian en Estados Unidos.

4. **Inscripción y emisión de capital contable extranjero.** Proporcione cinco razones por las cuales una empresa podría inscribir en forma cruzada y vender sus acciones en una bolsa de valores muy líquida.

5. **Inscripciones cruzadas en el extranjero.** ¿Cuáles son las principales razones que ocasionan que las empresas estadounidenses realicen inscripciones cruzadas en el extranjero?

6. **Debate sobre revelación.** Los mercados de capital contable de Estados Unidos se consideran en general los más exigentes del mundo en términos de revelación financiera. ¿Cuáles son los pros y los contras de este extremismo?

7. **Barreras para las inscripciones cruzadas.** ¿Cuáles son las principales barreras para las inscripciones cruzadas en el extranjero?

8. **Instrumentos alternativos.** ¿Cuáles son los cinco instrumentos alternativos que se pueden usar para obtener capital contable en los mercados globales?

9. **Emisión de acciones públicas dirigida.**
   a. Defina qué es lo que se quiere decir con una "emisión de acciones públicas dirigida".
   b. ¿Por qué razón optó Novo por hacer una emisión de acciones públicas dirigida de US$61 millones en 1981?

10. **Emisión de acciones públicas de eurocapital contable.** Defina qué es lo que se quiere decir con una "emisión de acciones públicas de eurocapital contable".

11. **Colocación privada bajo la Regla l44A de la SEC.**
    a. ¿Qué es la Regla 144A de la SEC?
    b. ¿Por qué podría una empresa extranjera optar por vender su capital contable en Estados Unidos bajo la Regla 144A de la SEC?

12. **Fondos privados de capital contable.**
    a. ¿Qué es un fondo privado de capital contable?
    b. ¿Cómo difieren de las empresas tradicionales de negocios?

    c. ¿Cómo obtienen los fondos privados de capital contable su propio capital, y cómo les proporciona esta acción una ventaja competitiva sobre los bancos locales y los fondos de inversión?

13. **Alianzas estratégicas.**
    a. ¿Por qué forman las empresas alianzas estratégicas internacionales?
    b. ¿Por qué razón puede una alianza estratégica internacional disminuir el costo de capital de una empresa?

PROBLEMAS

Una diferencia de opinión: el WACC de Petrobrás

Petrobrás de Brasil, el tema del minicaso de este capítulo, es una compañía petrolera brasileña con acciones inscritas en Nueva York. Un número de firmas mayores de banca de inversión cubren a Petrobrás, y como resultado de ello, parece haber una gran diferencia de opinión en relación con cómo calcular el promedio ponderado de su costo de capital.

*1. **JPMorgan.** El departamento de investigación de capitales contables latinoamericanos de JPMorgan produjo el siguiente cálculo del WACC para Petrobrás de Brasil *versus* Lukoil de Rusia en su reporte del 18 de junio de 2001. Evalúe la metodología y los supuestos usados en el cálculo. Suponga una tasa fiscal de 28% para ambas compañías.

	Petrobrás	Lukoil
Tasa libre de riesgo	4.8%	4.8%
Riesgo soberano	7.0%	3.0%
Prima de riesgo del capital contable	4.5%	5.7%
Costo de mercado del capital contable	16.3%	13.5%
Beta (reapalancada)	0.87	1.04
Costo de la deuda	8.4%	6.8%
Razón deudas/capital	0.333	0.475
WACC	14.7%	12.3%

2. **UNIBANCO.** UNIBANCO estimó el promedio ponderado del costo de capital de Petrobrás en 13.2% en reales brasileños en su reporte del 12 de agosto de 2004. Evalúe la metodología y los supuestos usados en el cálculo.

Tasa libre de riesgo	4.5%	Costo de la deuda (después de impuestos)	5.7%
Beta	0.99	Tasa fiscal	34%
Prima de mercado	6.0%	Deudas/capital total	40%
Prima de riesgo nacional	5.5%	WACC (R$)	13.2%
Costo del capital contable (US$)	15.9%		
Tipo de cambio	2.0%		
Costo del capital contable (R$)	18.3%		

3. **Citigroup SmithBarney (dólares).** Citigroup ejecuta con regularidad una valuación por flujo de efectivo descontado (DCF) basada en dólares de Petrobrás y su cobertura. El análisis DCF requiere el uso de una tasa de descuento que ellos basan en el promedio ponderado del costo de capital de la compañía. Evalúe la metodología y los supuestos de las secciones de 2003 Real (2003A) y 2004 Estimaciones (2004E) del WACC de Petrobrás.

| | Reporte al 30 de julio de 2005 | | | Reporte al 30 de julio de 2005 | |
	2003A	2004E		2003A	2004E
Tasa libre de riesgo	9.4%	9.4%	Tasa libre de riesgo	9.0%	9.0%
Beta apalancada	1.07	1.09	Beta apalancada	1.08	1.10
Prima de riesgo	5.5%	5.5%	Prima de riesgo	5.5%	5.5%
Costo del capital contable	15.2%	15.3%	Costo del capital contable	14.9%	15.0%
Costo de la deuda	8.4%	8.4%	Costo de la deuda	9.0%	9.0%
Tasa fiscal	28.5%	27.1%	Tasa fiscal	28.5%	27.1%
Razón deudas/ capital	32.7%	32.4%	Razón deudas/ capital	33.4%	33.3%
WACC	12.2%	12.3%	WACC	12.1%	12.3%

4. **Citigroup SmithBarney (reales).** En un reporte fechado al 17 de junio de 2003, Citigroup SmithBarney calculó un WACC para Petrobrás denominado en reales brasileños (R$). Evalúe la metodología y los supuestos de este cálculo de costo de capital.

Tasa libre de riesgo (bonos C brasileños)	9.9%
Beta apalancada de Petrobrás	1.40
Prima de riesgo de mercado	5.5%
Costo del capital contable	17.6%
Costo de las deudas	10.0%
Tasa fiscal corporativa	34.0%
Razón de deudas a largo plazo	50.6%
WACC (R$)	12.0%

5. **BBVA Investment Bank.** BBVA utiliza un enfoque más bien innovador para tratar con el riesgo nacional y el riesgo monetario en su reporte al 20 de diciembre de 2004, sobre Petrobrás. Use la figura que se presenta en la parte superior de la siguiente columna para evaluar la metodología y los supuestos usados en este cálculo del costo de capital.

6. **Comparación del WACC de Petrobrás.** Varias estimaciones del costo de capital para Petrobrás de Brasil parecen diferir ampliamente, ¿pero realmente es así? Reorganice sus respuestas a los cinco problemas anteriores con base en aquellos costos de capital que sean en dólares estadounidenses *versus* reales brasileños. Use las estimaciones para 2004 como una base de comparación.

Banco de inversión BBVA	2003	2004
Tasa libre de riesgo a 10 años en Estados Unidos (en US$)	4.1%	4.4%
Prima de riesgo nacional (en US$)	6.0%	4.0%
Prima de Petrobrás (en US$)	−1.0%	−1.0%
Tasa libre de riesgo de Brasil (en US$)	9.1%	7.4%
Prima de riesgo de mercado (en US$)	6.0%	6.0%
Beta de Petrobrás	0.80	0.80
Costo del capital contable (en US$)	13.9%	12.2%
Devaluación monetaria a 10 años (2004-2015)	2.50%	2.50%
Costo del capital contable (en R$)	16.75%	14.44%
Costo de las deudas después de impuestos al 35% (en R$)	5.5%	5.5%
Razón de capital contable a largo plazo	69%	72%
Razón de deudas a largo plazo	31%	28%
WACC (en R$)	13.3%	12.0%

EJERCICIOS DE INTERNET

1. **Novo Industri.** Novo Industri se fusionó con su principal competidor europeo, Nordisk Gentofte, en 1989 para formar Novo Nordisk. Actualmente es el productor líder de insulina a nivel mundial. En la actualidad su principal competidor global es Eli Lilly (Estados Unidos). Usando información estándar del inversionista como las razones P/E, los precios de las acciones, las razones de endeudamiento y las betas extraídas de varios sitios Web de la compañía, compare el costo de capital de estas dos importantes compañías en la actualidad.

   Novo Nordisk   www.novonordisk.com
   Eli Lilly and Company www.lilly.com
   BigCharts.com   bigcharts.com

2. **The Data Page.** Aswath Damodaran, un profesor distinguido de the NYU Stern School of Business, mantiene una detallada página de datos financieros acerca de una variedad de tópicos —uno de los cuales es el costo de capital—. Visite el siguiente sitio Web para encontrar estimaciones para los cálculos más recientes sobre el costo de capital a través de las industrias.

   Aswath Damodaran   pages.stern.nyu.edu/~adamodar/

3. **Calculadora del promedio ponderado del costo de capital.** *The Financial Times* tiene una sencilla forma en línea de usar una calculadora para el promedio ponderado del costo de capital. Utilice el siguiente vínculo para explorar los impactos de las estructuras de capital cambiantes sobre el costo de capital de la empresa. ¿Se beneficiaría del apalancamiento una empresa totalmente financiada con capital contable?

   Financial Times   www.ft.com/lex/tools/
   Cost of Capital   costofcapital

CAPÍTULO 16

Fuentes de financiamiento mediante deudas a nivel global

No ignoramos la teoría que explica la manera en la que un incremento en el apalancamiento financiero da como resultado una maximización de los rendimientos. Habiendo dicho esto, a lo largo de los años, hemos visto ejemplos repetidos de otras entidades en esta industria que han caído bajo el hechizo de consultores y banqueros de inversiones eruditos, todos ellos usando las palabras de moda correctas en apoyo de los beneficios de alguna transacción financiera, reforzadas por teorías financieras que en realidad tan sólo han apoyado lo que denominamos "la regla clandestina de las finanzas". (La versión de Expeditors en relación con la Regla Clandestina de las Finanzas ha sido parafraseada como "Para cada idea transaccional 'brillante' que se presenta a la administración bajo el disfraz de la maximización de los rendimientos de los accionistas, existe un enorme honorario que es inversamente proporcional al rendimiento real realizado cuando ocurre la transacción".)

—"Investigaciones selectas recibidas hasta el 9 de noviembre de 2006", Expeditors International.

Debemos modificar la teoría de la estructura financiera óptima en forma considerable para abarcar a la empresa multinacional. Este capítulo inicia con una breve revisión de la teoría nacional de la estructura financiera óptima. Continuamos esto con un análisis de las complejidades involucradas para la obtención de una estructura financiera óptima para una empresa multinacional. La siguiente sección pone de relieve las complejidades únicas que influyen en la estructura financiera óptima de las subsidiarias extranjeras de las empresas multinacionales. El capítulo continúa con un análisis de los instrumentos alternativos de deudas que una empresa multinacional puede utilizar para lograr una estructura financiera óptima.

Estructura financiera óptima

Después de muchos años de debates, la mayoría de los teóricos de finanzas están actualmente de acuerdo en relación con el hecho de si existe una estructura financiera óptima para la empresa, y en caso de ser así, cómo puede determinarse. El gran debate entre los llamados tradicionalistas y la escuela de pensamiento de Modigiani y Millar ha terminado aparentemente en un acuerdo. Cuando se consideran los impuestos y los costos de quiebras, una empresa tiene una estructura financiera óptima que está determinada por aquella mezcla particular de deudas y de capital contable que minimice el costo de capital de la empresa para un nivel dado de riesgo de negocios. Si el riesgo de negocios de los nuevos proyectos difiere del riesgo de los proyectos existentes, la mezcla óptima de deudas y de capital contable cambiaría para reconocer las intercompensaciones entre el riesgo de negocios y el riesgo financiero.

La figura 16.1 ilustra la manera en la que varía el costo de capital con la cuantía de las deudas que se utilicen. A medida que aumenta la razón de endeudamiento (la cual se define como las deudas totales divididas entre los activos totales a valores de mercado), el costo general de capital (k_{WACC}) disminuye debido al peso más intenso de la deuda de costo bajo [$k_d(1 - t)$] en comparación con el alto costo del capital contable (k_e). Desde luego, el bajo costo de la deuda se debe a la deducibilidad fiscal de los intereses que muestra el término $(1 - t)$.

Un aspecto que compensa en forma parcial el efecto favorable de una mayor cantidad de deudas es un incremento en el costo del capital contable (k_e), dado que los inversionistas perciben una mayor cantidad de riesgo financiero. Sin embargo, el promedio ponderado general del costo de capital después de impuestos (k_{WACC}) continúa disminuyendo a medida que aumenta la razón de endeudamiento, hasta que el riesgo financiero del WACC se vuelve tan serio que los inversionistas y la administración perciben por igual un peligro real de insolvencia. Este resultado causa un agudo incremento en el costo de las nuevas deudas y capital contable, incrementando con ello el promedio ponderado del costo de capital. El punto bajo en la curva resultante de costo de capital en forma de U, el cual ocurre al 14% en la figura 16.1, define el ámbito de la razón de endeudamiento en el cual se minimiza el costo del capital.

La mayoría de los teóricos consideran que el punto bajo es en realidad un área plana más bien amplia que incluye un amplio rango de razones de endeudamiento, de 30 a 60% en la figura 16.1, donde existe poca diferencia en el costo de capital. Ellos también consideran que, por lo menos en Estados Unidos, el ámbito del área plana y la localización de la razón de endeudamiento de una empresa en particular dentro de ese ámbito están determinadas por variables tales como 1) la industria en la cual compite, 2) la inestabilidad de sus ventas y de su ingreso en operación y 3) el valor colateral de sus activos.

La estructura financiera óptima y la empresa multinacional

La teoría nacional de las estructuras financieras óptimas necesita ser modificada por cuatro variables más para dar cabida al caso de la empresa multinacional. Dichas variables, en orden de aparición, son: 1) la disponibilidad de capital, 2) la diversificación de los flujos de efectivo, 3) el riesgo cambiario y 4) las expectativas de las inversionistas de portafolios internacionales.

FIGURA 16.1 El costo de capital y la estructura financiera

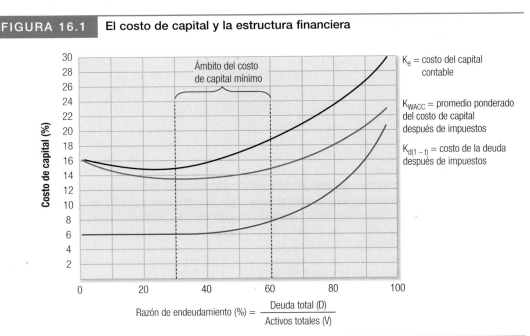

Disponibilidad del capital

En el capítulo 14 se demostró que el acceso al capital en los mercados globales permite a una empresa multinacional disminuir su costo del capital contable y de deudas en comparación con la mayoría de las empresas nacionales. También permite a una empresa multinacional mantener su razón de endeudamiento deseada, aun cuando se deban obtener cantidades significativas de fondos nuevos. En otras palabras, el costo marginal de capital de una empresa multinacional es constante a lo largo de ámbitos considerables de su presupuesto de capital. Esta afirmación no es verdadera en el caso de la mayoría de las empresas multinacionales pequeñas porque no tienen acceso a los mercados nacionales de deudas o de capital contable. Deben basarse ya sea en fondos internamente generados o solicitar fondos en préstamo a corto o mediano plazo a los bancos comerciales.

Las empresas multinacionales domiciliadas en países que tienen mercados de capitales ilíquidos están casi en la misma situación que las empresas nacionales pequeñas a menos de que hayan obtenido un costo y una disponibilidad global de capital. Deben basarse en fondos internamente generados y en préstamos bancarios. Si necesitan obtener cantidades significativas de fondos nuevos para financiar las oportunidades de crecimiento, quizá necesiten solicitar fondos en préstamo más allá de lo que sería óptimo desde el punto de vista de la minimización de su costo de capital. Esto es equivalente a decir que *su costo marginal de capital está aumentado a niveles de presupuesto más altos*.

Reducciones de riesgo a través de la diversificación internacional de los flujos de efectivo

Como se explicó en el capítulo 14, existe la posibilidad teórica de que las empresas multinacionales estén en una mejor posición que las empresas nacionales para dar apoyo a razones de endeudamiento más altas, porque sus flujos de efectivo están diversificados a nivel internacional. La probabilidad de que una empresa cubra los cargos fijos bajo condiciones variantes en los mercados de productos, financieros y cambiarios debe aumentar si la variabilidad de sus flujos de efectivo se minimiza.

Al diversificar los flujos de efectivo a nivel internacional, una empresa multinacional podría ser capaz de lograr el mismo tipo de reducción en la variabilidad del flujo de efectivo que el que reciben los inversionistas del portafolio al diversificar sus tenencias de valores a nivel internacional. Los rendimientos no están correlacionados en forma perfecta entre los países.

En contraste, una empresa alemana nacional no disfrutaría del beneficio de una diversificación internacional del flujo de efectivo sino que tendría que basarse totalmente en sus propios flujos netos de entrada de efectivo provenientes de las operaciones nacionales. El riesgo financiero percibido para la empresa alemana sería mayor que el de una empresa multinacional debido a que la variabilidad de sus flujos de efectivo nacionales alemanes no podría ser compensada por flujos de efectivo positivos en cualquier otra parte del mundo.

Del mismo modo, como se mencionó en el capítulo 14, el argumento de la diversificación ha sido desafiado por los descubrimientos de la investigación empírica en el sentido de que las empresas multinacionales de Estados Unidos tienen en realidad razones de endeudamiento más bajas que sus contrapartes nacionales. Los costos de agencia (representación de accionistas por sus agentes: los administradores) de las deudas fueron más altos para las empresas multinacionales, como lo fueron los riesgos políticos, los riesgos cambiarios y la información asimétrica.

Los riesgos cambiarios y el costo de las deudas

Cuando una empresa emite deudas denominadas en moneda extranjera, su costo efectivo es igual al costo después de impuestos resultante del reembolso del principal y de los intereses en términos de la propia moneda de la empresa. Esta cantidad incluye al costo nominal del principal y de los intereses en términos de moneda extranjera, ajustado por cualesquiera ganancias o pérdidas cambiarias.

Por ejemplo, si una empresa con base en Estados Unidos solicita en préstamo Sfr1,500,000 durante un año al 5.00% de interés, y si durante el año el franco se revalúa de una tasa inicial de Sfr1.5000/US$ a Sfr1.4400/US$, ¿cuál será el costo en dólares de esta deuda ($k_d^\$$)? Los fondos en dólares de los préstamos iniciales se calculan como la tasa actual al contado de Sfr1.5000/US$:

$$\frac{\text{Sfr}1,500,000}{\text{Sfr}1.5000/\text{US}\$} = \text{US}\$1,000,000$$

Al final de un año, la empresa con base en Estados Unidos es responsable por el reembolso del principal de Sfr1,500,000 más 5.00% de intereses, o un total de Sfr1,575,000. Sin embargo, este reembolso debe hacerse a la tasa final al contado de Sfr1.4400/US$:

$$\frac{\text{Sfr}1,500,000 \times 1.05}{\text{Sfr}1.4400/\text{US\$}} = \text{US\$}1,093,750$$

El costo real en dólares del reembolso del préstamo no es el 5.00% nominal pagado en intereses con francos suizos, sino 9.375%:

$$\frac{\text{US\$}1,093,750}{\text{US\$}1,000,000} = 1.09375$$

El costo en dólares es más alto que lo esperado debido a una revaluación del franco suizo contra el dólar estadounidense.

Este costo total de la moneda nacional es en realidad el resultado del porcentaje combinado del costo de la deuda y del cambio porcentual en el valor de la moneda extranjera. Podemos encontrar el costo total de solicitar en préstamo francos suizos para una empresa basada en dólares estadounidenses, $k_d^\$$, al multiplicar 1 más el gasto de intereses en francos suizos, k_d^{Sfr}, por 1 más el cambio porcentual en el tipo de cambio Sfr/US$, s:

$$k_d^\$ = \left[\left(1 + k_d^{\text{Sfr}}\right) \times \left(1 + s\right)\right] - 1$$

donde $k_d^{\text{Sfr}} = 5.00\%$ y $S = 4.1667\%$. El cambio porcentual en el valor del franco suizo *versus* el dólar estadounidense, cuando la moneda nacional es el dólar estadounidense, es

$$\frac{S_1 - S_2}{S_2} \times 100 = \frac{\text{Sfr}1.500/\text{US\$} - \text{Sfr}1.4400/\text{US\$}}{\text{Sfr}1.4400/\text{US\$}} \times 100 = +4.1667\%$$

El gasto total, después de combinar la tasa nominal de intereses y el cambio porcentual en el tipo de cambio, es

$$k_d^\$ = \left[\left(1 + .0500\right) \times \left(1 + .041667\right)\right] - 1 = .09375, \text{ o } 9.375\%$$

El porcentaje total del costo de capital es de 9.375%, y no simplemente el pago de intereses en moneda extranjera de 5%. El costo después de impuestos de esta deuda denominada en francos suizos, cuando la tasa de impuestos sobre ingresos de Estados Unidos es de 34%, es

$$k_d^\$\left(1 - t\right) = 9.375\% \times 0.66 = 6.1875\%$$

La empresa reportaría el costo adicional de 4.1667% de esta deuda en términos de dólares estadounidenses como una pérdida por transacciones cambiarias, y sería deducible para propósitos fiscales.

Expectativas de los inversionistas de portafolios internacionales

Los dos últimos capítulos pusieron de relieve que la clave para obtener un costo y una disponibilidad de capital a nivel global es atraer y retener a los inversionistas de los portafolios internacionales. Sus expectativas en cuanto a la razón de endeudamiento de una empresa y en cuanto a las estructuras financieras generales se basan en las normas globales que se han desarrollado a lo largo de los 30 últimos años. Ya que una proporción grande de los inversionistas de los portafolios internacionales están basados en los mercados de capitales más líquidos y no segmentados, como Estados Unidos y el Reino Unido, sus expectativas tienden a predominar y a anular las normas nacionales individuales. Por tanto, indistintamente de otros factores, si una empresa desea obtener capital en los mercados globales, debe adoptar aquellas normas globales que estén cercanas a las normas estadounidenses y a las del Reino Unido. Las razones de endeudamiento hasta del 60% parecen ser aceptables. Cualquier razón de endeudamiento más alta es más difícil de vender a los inversionistas de los portafolios internacionales.

Estructura financiera de las subsidiarias extranjeras

Si aceptamos la teoría de que la minimización del costo de capital para un nivel dado de riesgo de negocios y de presupuesto de capital es un objetivo que debe implantarse a partir de la perspectiva de una empresa multinacional consolidada, entonces la estructura financiera de cada subsidiaria es relevante tan sólo en la medida en la que afecte a esta meta general. En otras palabras, una subsidiaria individual no tiene en realidad un costo de capital independiente. Por tanto, su estructura financiera no debe basarse en el objetivo de minimizarla.

Las normas de la estructura financiera para las empresas varían ampliamente de un país a otro pero se concentran en el caso de las empresas que están domiciliadas en un mismo país. Esta afirmación es la conclusión de una larga línea de estudios empíricos, que han investigado la cuestión desde 1969 hasta el presente. La mayoría de dichos estudios internacionales concluyeron que las variables ambientales específicas de un país son los determinantes clave de las razones de endeudamiento. Entre estas variables se encuentra el desarrollo histórico, los gravámenes fiscales, el gobierno corporativo, la influencia bancaria, la existencia de un mercado viable de bonos corporativos, la actitud hacia el riesgo, la regulación del gobierno, la disponibilidad de capital y los costos de agencia (representación de los accionistas por los administradores).

Existen muchas otras diferencias institucionales que también influyen sobre las razones de endeudamiento en los mercados de capital nacionales, pero las empresas que están tratando de atraer a los inversionistas de portafolios internacionales deben prestar atención a las normas de las razones de endeudamiento que esperan esos inversionistas. Ya que muchos inversionistas de portafolios internacionales están influidos por las razones de endeudamiento que existen en los mercados angloamericanos, existe una tendencia hacia una conformidad más global. Las empresas multinacionales y otras empresas grandes que dependen de la atracción de los inversionistas de portafolios internacionales están empezando a adoptar normas similares de razones de endeudamiento, aun si las empresas nacionales continúan usando las normas nacionales.

Normas locales y estructura financiera de las subsidiarias locales

Dentro de la restricción de la minimización de su costo de capital consolidado a través del mundo, ¿debe una empresa multinacional tomar en consideración las diferentes normas de las razones de endeudamiento de su propio país cuando determine su razón deseada de endeudamiento para las subsidiarias extranjeras? Para propósitos de definiciones, la deuda que se considera aquí debe ser tan sólo aquella que se haya tomado en préstamo a partir de fuentes externas a la empresa multinacional. Esta deuda incluiría a los préstamos locales y en moneda extranjera así como a los préstamos en euromonedas. La razón para esta definición es que tanto los países anfitriones como las firmas de inversión con frecuencia consideran que los préstamos de la empresa matriz hechos a las subsidiarias extranjeras son equivalentes a las inversiones en capital. Un préstamo de este tipo está de ordinario subordinado a otra deuda y no crea la misma amenaza de insolvencia que un préstamo externo. Además, la elección de deudas o de inversión de capital contable es a menudo arbitraria y está sujeta a negociaciones entre el país anfitrión y la empresa matriz.

Principales ventajas de la localización. Las principales ventajas de una estructura financiera para una subsidiaria extranjera que se ajuste a las normas locales de endeudamiento son las siguientes:

- Una estructura financiera localizada reduce las críticas sobre las subsidiarias extranjeras que han operado con una proporción demasiado alta de deudas (a juzgar por las normas nacionales), lo cual con frecuencia da como resultado la acusación de que no están aportando una proporción justa de capital en riesgo al país anfitrión. En el otro extremo del espectro, una estructura financiera localizada mejoraría la imagen de las subsidiarias extranjeras que han operado con una cantidad muy pequeña de deudas y que por tanto parecen ser insensibles a la política monetaria local.

- Una estructura financiera localizada ayuda a la administración a evaluar el rendimiento sobre la inversión de capital contable en relación con los competidores locales en la misma industria. En las economías donde las tasas de interés son relativamente altas como una compensación de la inflación, la sanción que se paga le recuerda a la administración la necesidad de considerar los cambios en los niveles de precios cuando se evalúa el desempeño de la inversión.

■ En las economías donde las tasas de interés son relativamente altas debido a una escasez de capital, y los recursos reales se utilizan en una forma total (empleo total), la sanción que se paga por solicitar fondos locales en préstamo le recuerda a la administración que a menos que el rendimiento sobre los activos sea mayor que el precio local del capital —es decir, un apalancamiento negativo— probablemente se están asignando de manera indebida los recursos reales nacionales como la tierra y la mano de obra. Este factor puede no parecer relevante para las decisiones de la administración, pero ciertamente lo considerará el país anfitrión al tomar decisiones con respecto a la empresa.

Principales desventajas de la localización.   Las principales desventajas de las estructuras financieras localizadas son las siguientes:

■ Se espera que una empresa multinacional tenga una ventaja comparativa sobre las empresas locales en cuanto a la superación de las imperfecciones en los mercados de capitales nacionales a través de una mejor disponibilidad de capital y la capacidad para diversificar el riesgo. ¿Por qué debería deshacerse de estas importantes ventajas competitivas para conformarse a las normas locales establecidas en respuesta a mercados de capital locales e imperfectos, a los precedentes históricos y a restricciones institucionales que no se aplican a una empresa multinacional?

■ Si cada subsidiaria extranjera de una empresa multinacional localiza su estructura financiera, el balance general resultante consolidado podría mostrar una estructura financiera que no se conforme a ninguna norma de un país en particular. La razón de endeudamiento sería un promedio ponderado simple de la razón correspondiente de cada país en el cual opera la empresa. Esta característica podría incrementar el riesgo financiero percibido y por tanto el costo de capital para la empresa matriz, pero tan sólo si están presentes dos condiciones adicionales:

1. La razón de la deuda consolidada es impulsada completamente hacia afuera del ámbito discrecional de razones de endeudamiento aceptables en el área plana de la curva de costo de capital, como se mostró anteriormente en la figura 16.1.

2. La empresa multinacional es incapaz de compensar las altas deudas de una subsidiaria extranjera con deudas bajas en otras subsidiarias extranjeras o nacionales al mismo costo. Si está funcionando el efecto Fisher internacional, el reemplazo de la deuda debe ser posible a un costo igual después de impuestos y después de ajustar el riesgo cambiario. Por otra parte, si las imperfecciones de mercado descartan este tipo de reemplazo, existe la posibilidad de que el costo general de la deuda, y por tanto el costo de capital, puedan aumentar si la empresa multinacional se ajusta a las normas locales.

■ La razón de endeudamiento de una subsidiaria extranjera es tan sólo una cuestión de estética, porque los prestamistas contemplan en última instancia a la empresa matriz y a su flujo de efectivo consolidado en todo el mundo como la fuente del reembolso. En muchos casos, la deuda de las subsidiarias debe estar garantizada por la empresa matriz. Aún si no existe una garantía formal, de ordinario existe una garantía implícita porque casi ninguna empresa matriz se atrevería a permitirle a una subsidiaria que dejara de cumplir con un préstamo. Si lo hiciera, de seguro se sentirían repercusiones con respecto a la propia posición financiera de la empresa matriz, con un incremento resultante en su costo de capital.

Una solución equilibrada.   En nuestra opinión, es posible lograr una posición equilibrada. Tanto las empresas multinacionales como las nacionales deben tratar de minimizar el promedio ponderado general del costo de capital para un nivel dado de riesgo de negocios y de presupuesto de capital, como lo indica la teoría financiera. Sin embargo, si hay deudas disponibles para una subsidiaria extranjera a un costo igual al que podría obtenerse en cualquier otra parte, después de hacer ajustes por el riesgo cambiario, entonces la localización de la estructura financiera de la subsidiaria extranjera no debe incurrir en ninguna sanción de costos y aún debe poder disfrutar también las ventajas que se han presentado arriba.

Financiamiento de una subsidiaria extranjera

Además de elegir una estructura financiera apropiada para las subsidiarias extranjeras, los administradores financieros de las empresas multinacionales necesitan elegir entre fuentes alternativas de fondos para financiarlas. Las fuentes de fondos disponibles para las subsidiarias extranjeras se pueden clasificar como *internas a una empresa multinacional* y como *externas a una empresa multinacional*.

De modo ideal, la elección entre las fuentes de fondos debe minimizar el costo de los fondos externos después de ajustar el riesgo cambiario. La empresa debe elegir fuentes internas para minimizar los impuestos y los riesgos políticos mundiales. De manera simultánea, la empresa debe asegurarse de que la motivación administrativa de las subsidiarias extranjeras esté dirigida hacia la minimización del costo de capital consolidado de la empresa a nivel mundial, en lugar del costo de capital de la empresa subsidiaria. Como es obvio, esta tarea es difícil si no imposible, y la tendencia es hacer más énfasis en una variable a expensas de otras.

Fuentes internas de fondos. La figura 16.2 proporciona un panorama general de las fuentes *internas* de financiamiento para las subsidiarias extranjeras. En general, aunque se requiere el capital contable proporcionado por la empresa matriz, con frecuencia se mantiene a mínimos legales y operacionales para reducir el riesgo del capital invertido. La inversión de capital contable puede tomar la forma ya sea de *efectivo* o de *bienes reales* (maquinaria, equipo, inventario y similares).

Las deudas son la forma preferible de financiamiento de las subsidiarias, pero el acceso a las deudas del país anfitrión local está limitado a las primeras etapas de la vida de una subsidiaria extranjera. Sin una historia de capacidad operacional demostrada y capacidad de servicio de deudas, la subsidiaria extranjera debe adquirir su deuda a partir de la empresa matriz o de las subsi-

---

FIGURA 16.2   Financiamiento interno de la subsidiaria extranjera

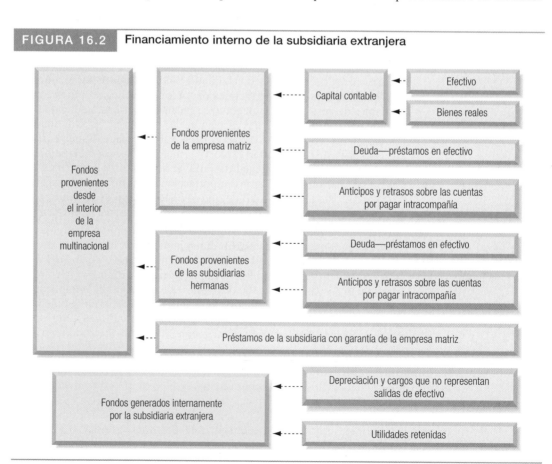

diarias hermanas (inicialmente) y de las partes no relacionadas con una garantía de la empresa matriz (después de que han iniciado las operaciones).

Una vez que se han establecido las capacidades operacionales y financieras de la subsidiaria extranjera, su capacidad para generar fondos internamente puede volverse fundamental para su crecimiento futuro. En aquellos casos especiales en los que la subsidiaria opera en un mercado altamente segmentado —tal como una nación con un mercado emergente que se considere como riesgosa por la comunidad internacional de inversiones y de banca—, la capacidad de la subsidiaria para generar sus propios fondos a partir de fuentes internas es importante. Estas fuentes combinan las utilidades retenidas, la depreciación y otros gastos que no son en efectivo. (Un gasto que *no es en efectivo* es una partida deducible, tal como la depreciación, pero el "gasto", como flujo de efectivo, nunca sale de la empresa.)

Fuentes externas de financiamiento. La figura 16.3 proporciona un panorama general de las fuentes de financiamiento *externo* de las subsidiarias extranjeras para la empresa multinacional. Las fuentes se descomponen primero en tres categorías: deudas provenientes del país de la empresa matriz, deudas provenientes de países que se encuentran fuera del país de la empresa matriz y capital contable local. Las deudas adquiridas a partir de partes externas en el país de la empresa matriz reflejan la familiaridad de los prestamistas con ésta y la confianza en ella, aunque en este caso la empresa matriz no está proporcionando garantías explícitas para el reembolso de la deuda.

Las deudas en moneda local, es decir, las deudas adquiridas en el país anfitrión donde reside una subsidiaria extranjera, son particularmente valiosas para aquellas subsidiarias extranjeras que tienen flujos de entrada de efectivo sustanciales en moneda local provenientes de sus actividades de negocios. La deuda en moneda local proporciona una cobertura monetaria de tipo financiero, acoplando la moneda de los flujos de entrada con la moneda de los flujos de salida. Obtener acceso a las deudas en moneda local con frecuencia requiere tiempo y paciencia por parte de la administración de la subsidiaria extranjera tanto para el establecimiento de las operaciones como para el desarrollo de un perfil de crédito en el mercado local. Y en el caso de muchos mercados emergentes, las deudas en moneda local están sujetas a una oferta muy escasa para todos los prestatarios, tanto locales como extranjeros.

FIGURA 16.3   Financiamiento externo de la subsidiaria extranjera

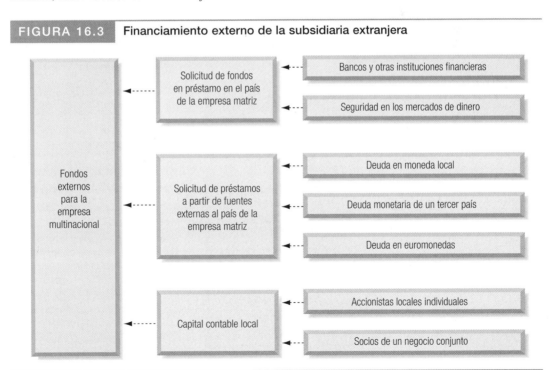

Mercados internacionales de deudas

Los mercados internacionales de deudas ofrecen al prestatario una variedad de diferentes vencimientos, estructuras de reembolso y monedas de denominación. Los mercados y sus distintos instrumentos varían por fuente de financiamiento, por estructura de fijación de precio, por vencimiento y por subordinación o vinculación con otras deudas e instrumentos de capital contable. La figura 16.4 proporciona un panorama general de las tres categorías básicas que se describen en las siguientes secciones, junto con sus componentes primarios tal y como son emitidos o negociados en los mercados internacionales de deudas en la actualidad. Las tres principales fuentes de financiamiento por medio de deudas en los mercados internacionales son los *préstamos bancarios internacionales* y los *créditos sindicados*, el *mercado de europagarés* y el *mercado de bonos internacionales*.

De ordinario, una empresa multinacional necesitará deudas con una variedad de vencimientos, estructuras de pago y monedas, y usará por lo tanto con frecuencia la totalidad de los tres mercados además de su base tradicional de financiamiento nacional. Las siguientes secciones describen los atributos básicos de estos mercados e instrumentos, así como de sus ventajas y desventajas relativas para satisfacer las necesidades de financiamiento de una empresa multinacional a nivel individual.

Préstamos bancarios y créditos sindicados

Préstamos bancarios internacionales. Los préstamos bancarios internacionales generalmente se originan en los mercados de euromonedas. Los préstamos bancarios en eurodólares también se denominan *créditos en eurodólares* o simplemente *eurocréditos*. Este último título es más amplio porque abarca a los préstamos que no son en dólares en el mercado de euromonedas. El factor clave que atrae tanto a los depositarios como a los prestatarios al mercado de préstamos en euromonedas es el estrecho diferencial de la tasa de interés dentro de ese mercado. La diferencia entre las tasas de los depósitos y las tasas de los préstamos es con frecuencia de menos de 1%.

Eurocréditos. Los eurocréditos son préstamos bancarios que se hacen a empresas multinacionales, a gobiernos soberanos, a instituciones internacionales y a bancos. Estos préstamos se denominan en euromonedas y son extendidos por bancos que se encuentran en países distintos al país en cuya moneda está denominado el préstamo. La tasa de interés básica para los préstamos en eurodólares ha estado vinculada durante mucho tiempo con la tasa conocida como London Interbank

FIGURA 16.4   Mercados e instrumentos de deudas internacionales

Offered Rate (LIBOR), que es la tasa de depósito aplicable a los préstamos interbancarios en Londres. Los eurodólares se prestan tanto a un vencimiento corto como mediano, y las transacciones a seis meses o menos se consideran como rutinarias. La mayoría de los préstamos en eurodólares son por un plazo fijo y no incluyen una cláusula de reembolso anticipado.

Préstamos sindicados. La sindicación de los préstamos ha capacitado a los bancos para repartir el riesgo de los préstamos muy grandes entre un número determinado de bancos. La sindicación es particularmente importante porque muchas empresas transnacionales de gran tamaño necesitan crédito en exceso del límite de préstamo permitido a un solo banco. Un *crédito bancario sindicado* se estructura por un banco líder en representación de su cliente. Antes de finalizar el contrato de préstamo, el banco líder busca la participación de un grupo de bancos, y cada participante proporciona una porción de los fondos totales necesarios. El banco administrador líder trabaja con el prestatario para determinar el monto del crédito total, la base de la tasa flotante y el diferencial sobre la tasa base, el vencimiento y la estructura de los honorarios por la administración de los bancos participantes. Los gastos periódicos del crédito sindicado se componen de dos elementos:

1. El gasto real de intereses del préstamo, los cuales se estipulan de ordinario como un diferencial en puntos básicos sobre una base a tasa variable como la LIBOR.

2. Los honorarios por compromiso que se pagarán sobre cualesquiera porciones no usadas del crédito. El diferencial que paga el prestatario sobre la LIBOR se considera como la *prima de riesgo*, la cual refleja el riesgo general de negocios y el riesgo financiero aplicable a la capacidad de reembolso del prestatario.

La sección *Finanzas globales en la práctica 16.1* ilustra la valuación común para los mercados de préstamos sindicados, incluyendo los gastos de intereses y los honorarios bancarios por compromiso de fondos y por inversión.

FINANZAS GLOBALES EN LA PRÁCTICA 16.1

Valuación y estructura de un eurocrédito sindicado

Prestatario: Irish Aerospace, GPA Airbus, GPA Fokker, GPA Jetprop, GPA Rolls

Monto: US$1,250 millones; préstamos revolventes (renovables)/garantías/cartas de crédito

Términos: Ocho años a 93.75 puntos básicos sobre la LIBOR, con un margen de 7/8% para los planos de GPA Airbus

Arreglista o líder: Citicorp Investment Bank

Administradores líderes y aseguradores: Citibank, Chase Investment Bank, Toronto-Dominion Bank, Citibank (Channel Islands) para un sindicato de compañías japonesas arrendadoras, Credit Suisse, Societe Generale (Londres), Amsterdam-Rotterdam Bank, Bank of Nova Scotia, Bank of Tokyo International, Daiwa Bank, IBJ, Irish Intercontinental

Un típico préstamo sindicado de este tipo tendría honorarios iniciales que alcanzarían un total de 1.5% del principal. Los honorarios se dividirían entre tres grupos: 1) el (los) banco(s) líder que hacen los arreglos del préstamo, los cuales organizan al préstamo y a los participantes; 2) el banco líder y el banco asegurador, los cuales ayudan a la sindicación del préstamo, y 3) los bancos participantes, los cuales proporcionan realmente el capital.

Si el honorario total de 1.5% se subdividiera de manera igual entre los tres grupos, los fondos del préstamo después de los gastos de la emisión y del arreglo sería como sigue:

$$US\$1,250,000,000 - [(0.005 + 0.005 + 0.005) \times US\$1,250,000,000] = US\$1,231,250,000$$

Los pagos de servicio de la deuda sobre el periodo de ocho años antes del reembolso del principal son de LIBOR + 93.75 puntos básicos; suponiendo una tasa LIBOR inicial de 9.00% (reestablecida cada seis meses para los pagos semestrales del servicio de la deuda):

$$\left[\frac{0.0900 + 0.009375}{2} \right] \times US\$1,250,000,000 + US\$62,109,375$$

El costo anual efectivo sería por lo tanto de:

$$\left[\frac{US\$62,109,375}{US\$1,231,250,000} \right] \times 2 \times 100 + 10.09\%$$

El crédito sindicado le costará a Irish Aerospace 10.09% a la tasa actual LIBOR de 9.000%.

Mercado de europagarés

El mercado de europagarés es el término que se usa para describir los instrumentos de deudas a corto y a mediano plazo que se obtienen en los mercados de euromonedas. Aunque existe una gran cantidad de productos financieros diferenciados, se pueden dividir en dos grupos principales: *centros asegurados* y *centros no asegurados*. Los primeros se usan para la venta de europagarés en un número de formas distintas. Los segundos se usan para la venta y la distribución de *papel euro-comercial* (ECP) y de *europagarés a mediano plazo* (EMTN).

Centros de europagarés. Un desarrollo mayor en los mercados de dinero internacionales es el establecimiento de centros para las ventas de europagarés a corto plazo, negociables —los *euro-pagarés*—. Entre los centros para su emisión se encuentran los centros revolventes de asegura-miento (rufs), los centros de emisión de pagarés (nifs) y los centros de emisión de pagarés en estado de alerta (snifs). Estos centros son proporcionados por bancos internacionales de inversión y de tipo comercial. El europagaré es una fuente de fondos a corto plazo sustancialmente más económica que los préstamos sindicados porque los pagarés se colocan directamente con el público inversionista, y la forma asegurada y titularizada permite el fácil establecimiento de los mercados secundarios líquidos. El banco recibe inicialmente honorarios sustanciales por sus servicios de aseguramiento y de colocación.

Papel eurocomercial. El papel eurocomercial (ECP, Euro-Commercial Paper), al igual que el papel comercial emitido en los mercados nacionales alrededor del mundo, es una obligación de endeudamiento a corto plazo de una corporación o un banco. Los vencimientos son de ordinario de uno, tres y seis meses. El papel se vende de ordinario a un descuento u ocasionalmente con un cupón estipulado. Aunque el mercado es capaz de apoyar emisiones en cualquier moneda mayor, más de 90% de las emisiones en circulación están denominadas en dólares estadounidenses.

Europagarés a mediano plazo. El euro pagaré a mediano plazo (EMTN, Euro Medium-Term Notes) es el instrumento mayor que ha ingresado en fechas recientes a los mercados de deudas del mundo. Cubre con eficacia la brecha de vencimiento entre el ECP y el bono internacional el cual es menos flexible y a un plazo más largo. Aunque muchos de los pagarés se aseguraron en forma inicial, la mayoría de los EMTN son ahora de tipo no asegurado.

El rápido crecimiento inicial del mercado de EMTN fue seguido en forma directa y muy de cerca del mismo instrumento básico que empezó en el mercado nacional estadounidense cuando la Securities and Exchange Commission (SEC) de Estados Unidos instituyó la Regla 415, y ello permitió a las compañías obtener un *registro de estante* (o *inactivo*) para las emisiones de deudas. Esto significa que una vez que se obtiene dicho registro, la corporación puede emitir pagarés en forma continua sin tener que obtener nuevos registros para cada emisión adicional. Esto permite a la vez a la empresa vender pagarés a corto y a mediano plazos a través de un centro de emisiones mucho más económico y más flexible que los bonos ordinarios.

Las características básicas del ETMN son similares a las de un bono, con principal, vencimiento y estructuras de cupones y tasas comprables. Los vencimientos típicos de los EMTN van desde una cantidad tan pequeña como nueve meses hasta un máximo de 10 años. Los cupones se pagan de ordinario en forma semestral, y sus tasas son comparables a las emisiones de bonos similares. Sin embargo, el EMTN tiene tres características únicas. Primero, el EMTN es un centro con instalaciones, lo cual permite una emisión continua a lo largo de un periodo, a diferencia de una emisión de bonos la cual se vende esencialmente en una sola ocasión. Segundo, ya que los EMTN se venden en forma continua, con la finalidad de hacer manejable el servicio de la deuda (redención de cupones), los cupones se pagan en fechas de calendario establecidas indistintamente de la fecha de emisión. Finalmente, los EMTN se emiten en denominaciones relativamente pequeñas, desde US$2 millones hasta US$5 millones, haciendo la adquisición de deudas a mediano plazo mucho más flexible que las cuantiosas cantidades mínimas que se necesitan de ordinario en los mercados internacionales de bonos.

Mercado de bonos internacionales

El mercado de bonos internacionales da apoyo a un vasto arreglo de instrumentos innovadores creados por banqueros de inversión imaginativos, quienes no están restringidos por los controles y las regulaciones usuales que gobiernan a los mercados de capitales nacionales. En efecto, el mercado de bonos internacionales rivaliza con el mercado de la banca internacional en términos de la cantidad y del costo de los fondos proporcionados para los prestatarios internacionales. Todos los bonos internacionales caen dentro de dos clasificaciones genéricas, *eurobonos* y *bonos extranjeros*. La distinción entre estas categorías se basa en el hecho de si el prestatario es un residente nacional o un residente extranjero, y si la emisión está denominada en la moneda local o en una moneda extranjera.

Eurobonos. Un *eurobono* está asegurado por un sindicato internacional de bancos y otras firmas de valores, y se vende exclusivamente en países distintos del país en cuya moneda está denominada la emisión. Por ejemplo, un bono emitido por una empresa que reside en Estados Unidos, denominado en dólares estadounidenses, pero vendido a inversionistas en Europa y Japón (y no a inversionistas en Estados Unidos), sería un eurobono.

Los eurobonos son emitidos por las corporaciones multinacionales, por las corporaciones nacionales grandes, por los gobiernos soberanos, por las empresas gubernamentales y por las instituciones internacionales. Se ofrecen de manera simultánea en un número de diferentes mercados de capitales nacionales, pero no en el mercado de capitales en cuya moneda está denominado el bono o para los residentes de ese país. Casi todos los eurobonos son en forma al portador con cláusulas de reembolso y fondos de amortización.

El sindicato que ofrece una nueva emisión de eurobonos podría estar formado de aseguradores provenientes de un número de países, incluyendo a los bancos europeos, a las sucursales extranjeras de bancos estadounidenses, a los bancos de centros financieros del extranjero, a los bancos de inversión y mercantiles y a las firmas de valores de tipo no bancario.

- **La emisión de tasa fija directa.** La emisión de tasa fija directa está estructurada al igual que la mayoría de los bonos nacionales, con un cupón fijo, con una fecha de vencimiento establecida y con el reembolso total del principal al vencimiento final. Los cupones se pagan de ordinario en forma anual, en lugar de semestral, principalmente porque los bonos son al portador y la redención anual del cupón es más conveniente para los tenedores.
- **El pagaré a tasa flotante.** El pagaré a tasa flotante (FRN, Floating-Rate Note) fue el nuevo instrumento de moda en la escena de los bonos internacionales en la primera parte de la década de 1980. El FRN de ordinario paga un cupón semestral, el cual se determina usando una base de tasa variable. Un cupón típico se establecería a algún diferencial fijo sobre la LIBOR. Esta estructura, al igual que la mayoría de los instrumentos a tasa variable y que causan intereses, se ha diseñado para permitirle a los inversionistas transferir una mayor cantidad del riesgo de la tasa de interés de una inversión financiera al prestatario. Fue un instrumento popular a principios de la década de 1980 cuando los mercados mundiales se caracterizaron por tasas de interés relativamente altas e impredecibles. Aunque muchos FRN tienen vencimientos fijos, un número de emisiones mayores desde 1985 son perpetuidades. El principal nunca será reembolsado. Por tanto, proporcionan muchas de las mismas funciones financieras que el capital contable.
- **La emisión relacionada con el capital contable.** Un bono internacional relacionado con el capital contable se asemeja a una emisión de tasa fija directa en prácticamente todas las características de precio y de pago, con el rasgo adicional de que es convertible en acciones antes del vencimiento a un precio por acción especificado (o alternativamente, un número de acciones por bono). El prestatario es capaz de emitir deudas con pagos de cupones más bajos debido al valor añadido de las características de conversión del capital contable.

Bonos extranjeros. Un *bono extranjero* está asegurado por un sindicato que se encuentra compuesto de miembros provenientes de un solo país, el cual se vende principalmente en dicho país y está denominado en la moneda de ese país. Sin embargo, el emisor proviene de otro país. Un bono emitido por una empresa residente en Suecia, denominado en dólares y vendido en Estados Unidos a inversionistas estadounidenses por banqueros de inversión americanos, sería un bono extranjero. Los bonos extranjeros tienen apodos: los bonos extranjeros que se venden en Estados Unidos son "bonos yanquis"; los bonos extranjeros que se venden en Japón son "bonos samurai"; los bonos extranjeros que se venden en el Reino Unido son "bulldogs".

Características únicas de los mercados de eurobonos

Aunque el mercado de eurobonos evolucionó aproximadamente en la misma época que el mercado de eurodólares, los dos mercados existen por diferentes razones, y cada uno de ellos podría existir independientemente del otro. El mercado de eurobonos le debe su existencia a varios factores únicos, algunos de los cuales han cambiado en fechas recientes. Tres de los factores originales que todavía son de importancia son: la ausencia de interferencias reguladoras, la existencia de prácticas de revelaciones menos rigurosas y un tratamiento fiscal favorable.

Ausencia de interferencias reguladoras. Los gobiernos nacionales imponen con frecuencia controles rigurosos sobre los emisores extranjeros de valores denominados en la moneda local y que se venden dentro de sus fronteras nacionales. Sin embargo, en general los gobiernos tienen limitaciones menos rigurosas para los valores denominados en monedas extranjeras y que se venden dentro de sus mercados a los tenedores de esas monedas extranjeras. En efecto, las ventas de eurobonos caen fuera del dominio regulador de cualquier nación individual.

Revelaciones menos rigurosas. Los requisitos de revelación en el mercado de eurobonos son mucho menos rigurosos que los de la Securities and Exchange Commission (SEC) para las ventas en Estados Unidos. Las empresas estadounidenses encuentran con frecuencia que los costos de registro de una oferta de eurobonos son menores que los de una emisión nacional y que se necesita menos tiempo para llevar una nueva emisión al mercado. Las empresas no estadounidenses prefieren con frecuencia bonos en eurodólares sobre bonos que se venden en Estados Unidos porque no desean sujetarse a los costos, y a la revelación, que se requieren para registrarse ante la SEC. Sin embargo, ésta ha relajado los requisitos de revelación para ciertas colocaciones privadas (Regla 144A), lo cual ha mejorado el atractivo de los mercados estadounidenses nacionales de bonos y de capital contable.

Estatus fiscal favorable. Los eurobonos ofrecen un anonimato fiscal y flexibilidad. Los intereses que se pagan en eurobonos por lo general no están sujetos a una retención de impuestos sobre ingresos. Como podría esperarse, los intereses de los eurobonos no siempre se reportan a las autoridades fiscales. Los eurobonos se emiten por lo general en una forma al portador, lo cual significa que el nombre y el país de residencia del propietario no aparecen en el certificado. Para recibir intereses, el tenedor desprende un cupón de intereses del bono y lo deposita en una institución bancaria listada en la emisión como un agente de pago. Los inversionistas europeos están acostumbrados a la privacidad que proporcionan los bonos al portador y son muy renuentes a comprar bonos registrados (nominativos), los cuales requieren que los tenedores revelen sus nombres antes de que reciban los intereses. El estatus de los bonos al portador, desde luego, también está vinculado con la evasión fiscal.

Evaluación de eurobonos y de otras emisiones internacionales

Los compradores de eurobonos no se basan únicamente en los servicios de clasificación de bonos o en un análisis detallado de los estados financieros. La reputación general de la corporación emisora y de sus aseguradores ha sido un factor fundamental en la obtención de términos favorables. Por esa razón, las empresas multinacionales más grandes y mejor conocidas, las empresas estatales y los gobiernos soberanos pueden obtener las tasas de interés más bajas. Con frecuencia se cree que las empresas cuyos nombres son mejor conocidos para el público en general, posiblemente porque manufacturan bienes de consumo popular, tienen una ventaja sobre las empresas con una calificación igual cuyos productos son conocidos con menos amplitud.

Las agencias de evaluación, como Moody's and Standard & Poor's (S&P), proporcionan evaluaciones para bonos selectos internacionales a cambio de una cuota. Las evaluaciones de Moody's para los bonos internacionales implican la misma dignidad de crédito que para los bonos nacionales de los emisores estadounidenses. Moody's limita su evaluación a la capacidad del emisor para obtener la moneda necesaria para el reembolso de la emisión de acuerdo con los términos originales del bono. La agencia excluye cualquier evaluación de riesgo para el inversionista como resultado de tasas de interés cambiantes.

Moody's evalúa los bonos internacionales por petición del emisor. Con base en los estados financieros de apoyo y otro material obtenido del emisor, realiza una evaluación preliminar y posteriormente le informa al emisor, quien tiene entonces la oportunidad de comentar. Después de que Moody's determina su evaluación final, el emisor puede decidir que no se publique la evaluación. En consecuencia, un número desproporcionadamente grande de evaluaciones internacionales publicadas caen dentro de categorías más altas, ya que los emisores que están a punto de recibir una evaluación más baja no permiten la publicación.

La revisión política del riesgo por parte de Moody's incluye el estudio del sistema de gobierno, el medio ambiente social y las relaciones externas de la nación. Su revisión del riesgo económico contempla la carga de las deudas, la liquidez internacional, la flexibilidad de la balanza de pagos, la estructura económica, el desempeño del crecimiento, la administración económica y la perspectiva económica. Moody's también evalúa los bonos de entidades apoyadas por la soberanía contemplando primero su dignidad de crédito sobre una base individual y posteriormente en la medida en la cual el apoyo soberano mejora o disminuye la fuerza financiera del prestatario. Las evaluaciones de crédito son de importancia fundamental para los prestatarios y para los inversionistas por igual. La evaluación de crédito de una empresa multinacional determina el costo de sus fondos.

Sin embargo, el acceso al capital en deuda es todavía una función de las normas sociales básicas. La revisión en sí misma puede desempeñar una parte en el uso y en la disponibilidad de capital en deuda. La sección *Finanzas globales en la práctica 16.2* ilustra un área que rara vez es vista por los occidentales: Las finanzas islámicas.

FINANZAS GLOBALES EN LA PRÁCTICA 16.2

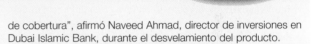

Finanzas islámicas—No lo llame intereses

¿Cómo financia un pozo de gas un musulmán que teme a Dios? Con un acuerdo del tipo de venta-rearrendamiento.

Si una persona es un musulmán devoto, no puede invertir en una compañía que produce alcohol o carne de puerco. El Corán prohíbe la obtención de intereses, y por lo tanto una hipoteca convencional sobre una vivienda está vedada. Lo mismo sucedería con un activo de negocios financiado por medio de deudas. Uno no puede usar instrumentos derivativos o hacer compras dentro de fondos de cobertura convencionales.

Es un negocio muy complicado participar en una economía moderna sin alejarse del "sharia", o la ley islámica. Sin embargo, ello se puede hacer. Mediante honorarios uno puede encontrar a un consultor que arregle transacciones financieras que aprobarían una inspección de Alá. Puede haber pasos extra o papeleo adicional, pero algunas veces el resultado es el mismo que usted obtendría sin la ley islámica.

Una gran cantidad de dinero está en juego. Moody's (nyse: personal de noticias de MCO) afirma que se dispone de US$800,000 millones para invertir en activos que cumplen con la ley islámica. UBS (nyse: personal de noticias de UBS), HSBC (nyse: personal de noticias de HBC), Barclays (nyse: personal de noticias de BCS), Deutsche Bank (nyse: personal de noticias de DB), Standard Chartered, AIG, Lloyds TSB (nyse: personal de noticias de LYG), Morgan Stanley (nyse: personal de noticias de MS) y Swiss Re son algunas de las instituciones financieras de Occidente que están lanzando productos financieros al mercado que cumplen con la ley islámica.

¿Cómo se pone a trabajar ese tipo de dinero sin romper la regla de la usura, dado lo muy ubicuo que es el interés? Aquí ayuda un poco de creatividad. Casi cualquier fondo de cobertura se encuentra prohibido, debido al género que habla de "cualquier cosa que sea del estilo de una inversión". Por lo tanto no se compra un fondo de cobertura, sino que se compra un "pagaré estructurado", cuyo rendimiento está vinculado con un índice de fondos de cobertura. Tal producto fue introducido en junio por Dubai Islamic Bank, Deutsche Bank and Goldman Sachs (nyse: personal de noticias de GS) Asset Management (inversión mínima US$10,000). "Los pagarés reflejarán el desempeño del índice, y por lo tanto el dinero del cliente nunca va al fondo real

de cobertura", afirmó Naveed Ahmad, director de inversiones en Dubai Islamic Bank, durante el desvelamiento del producto.

Tales instituciones financieras de primer orden se basan principalmente en cerca de 20 eruditos en la ley islámica a cargo de certificar que sus productos financieros están de acuerdo con el Corán y con las enseñanzas del Profeta. Esta élite de eruditos islámicos puede ocupar un asiento en 40 o 50 juntas de la ley islámica, y cada asiento se cotiza entre US$20,000 y US$30,000 en forma anual.

En el mes de junio el Príncipe Mishaal bin Abdullah bin Turki al-Saud de Saudí Arabia unió fuerzas con Bear Stearns (nyse: personal de noticias de BSG) para crear una firma de administración de activos que guíe a las familias saudís acaudaladas. Como lo explica Eric Meyer, un ejecutivo de fondos de cobertura de Connecticut y fundador de Capital Shariah, las instituciones financieras de Occidente están impacientes por aliviar el "estreñimiento de liquidez" del Golfo.

Mahmoud Amin El-Gamal, quien mantiene la Silla de Finanzas Islámicas en Rice University en Houston, alega que la industria de las finanzas acorde con la ley islámica está vendiendo productos sobrevaluados a personas religiosamente ingenuas. En efecto, algunas de las especificaciones del producto parecen excesivamente minuciosas. "Tanto los inversionistas sofisticados como los ultra puritanos podrán ver a través de esto", afirma El-Gamal. "Por lo tanto uno se queda con los crédulos que en realidad no entienden la estructura. ¿Se siente uno bien al pagar US$500 a firmas legales de alto prestigio y a eruditos 'religiosos'? Considero que eso está fuera de lugar. Los musulmanes alrededor del mundo se encuentran entre las peores tasas de alfabetismo y mortalidad. Tome ese mismo dinero y déselo a instituciones caritativas".

Sheikh Yusuf no está de acuerdo. "La mayor parte de las finanzas islámicas han sido arregladas para inversionistas institucionales y de alto capital contable, todos los cuales representan a un inversionista mejor informado".

Fuente: Abstraído de "Don't Call It Interest: *Forbes*. 23 de julio de 2007.www.forbes.com/forbes/2007/0723/122.html.

RESUMEN

■ La teoría nacional de las estructuras financieras óptimas necesita ser modificada por cuatro variables para dar cabida al caso de una empresa multinacional. Estas variables son 1) la disponibilidad de capital, 2) la diversificación de los flujos de efectivo, 3) el riesgo cambiario y 4) las expectativas de los inversionistas de portafolios internacionales.

■ El costo marginal de capital de una empresa multinacional es constante a lo largo de ámbitos considerables de su presupuesto de capital. Esta afirmación no es cierta para la mayoría de las empresas nacionales pequeñas porque no tienen acceso al capital contable nacional o a los mercados de deudas.

■ Al diversificar los flujos de efectivo en forma internacional, una empresa multinacional puede ser capaz de lograr el tipo de reducción en la variabilidad de los flujos de efectivo que reciben los inversionistas de un portafolio con motivo de la diversificación de sus tenencias de valores a nivel internacional.

■ Cuando una empresa emite deudas denominadas en moneda extranjera, su costo efectivo es igual al costo después de impuestos de reembolsar el principal y los intereses en términos de la propia moneda de la empresa. Esa cantidad incluye el costo nominal del principal y de los intereses en términos de moneda extranjera, ajustado por las ganancias o pérdidas cambiarias.

■ Con independencia de otros factores, si una empresa desea obtener capital en los mercados globales, debe adoptar normas globales que estén cercanas a las normas de Estados Unidos y del Reino Unido. Las razones de endeudamiento hasta del 60% parecen ser aceptables. Cualquier razón de endeudamiento más alta es más difícil de vender a los inversionistas de carteras internacionales.

■ Es posible lograr una posición de equilibrio entre la minimización del costo global del capital y ajustarse a las normas locales del capital (localización) al determinar la estructura financiera de una subsidiaria extranjera. Tanto las empresas multinacionales como nacionales deben tratar de minimizar el promedio ponderado general de su costo del capital para un nivel determinado de riesgo de negocio y de presupuesto de capital, como lo indica la teoría de las finanzas.

■ La razón de endeudamiento de una subsidiaria extranjera es en realidad tan sólo un maquillaje, porque en última instancia los prestamistas contemplan el flujo de efectivo de la empresa matriz y de sus compañías consolidadas en todo el mundo como la fuente del reembolso. En muchos casos, la deuda de las subsidiarias debe estar garantizada por la empresa matriz.

■ Los mercados internacionales de deudas ofrecen al prestatario una variedad de distintos vencimientos, de estructuras de reembolso y de monedas de denominación. Los mercados y sus muchos instrumentos distintos varían por fuentes de financiamiento, estructura de fijación de precios, vencimiento y subordinación o vinculación con otras deudas e instrumentos de capital contable.

■ Las tres principales fuentes de financiamiento por medio de deudas en los mercados internacionales son los *préstamos bancarios internacionales* y los *créditos sindicados*, el *mercado de europagarés* y el *mercado internacional de bonos*.

■ Los mercados euromonetarios sirven a dos valiosos propósitos: 1) los depósitos en euromonedas son un mecanismo eficaz y conveniente del mercado de dinero para el mantenimiento de un exceso de liquidez corporativa y 2) el mercado de euromonedas es una fuente mayor de préstamos bancarios a corto plazo para financiar las necesidades de capital de trabajo corporativo, incluyendo el financiamiento de las importaciones y de las exportaciones.

■ Tres factores originales en la evolución de los mercados de eurobonos aún son de importancia: la ausencia de interferencia reguladora, la existencia de prácticas de revelación menos rigurosas y un tratamiento fiscal favorable.

MINICASO

Tirstrup BioMechanics (Dinamarca): obtención de deudas en dólares

Aunque todavía era el mes de agosto, Julie Harbjerg se inclinó un poco a causa del primer enfriamiento del otoño y se apresuró a lo largo de Copenhagen Stroget, una calle empedrada para peatones que empieza en el Ayuntamiento y se extiende a través del centro de la antigua ciudad. Trató de mantener su mente clara de modo que pudiera evaluar correctamente las diversas propuestas de financiamiento que se habían discutido en semanas anteriores con muchos banqueros de inversiones que habían visitado Copenhague. Como subtesorero (internacional) de Tirstrup BioMechanics of Denmark, Julie, era responsable por la evaluación inicial de las propuestas de financiamiento de las inversiones internacionales de Tirstrup.

En 2003, los productos de Tirstrup Group incluían un amplio arreglo de instrumentos médicos electromecánicos. La línea de productos incluía dispositivos de ritmo cardiaco, sistemas de marcapasos y desfibriladores susceptibles de ser implantados. Un objetivo corporativo mayor era reducir la dependencia de Tirstrup sobre los productos cardiacos. En 2003, 60% de sus ventas estimadas de US$2,100 millones (kr6.6044/US$) se realizaron fuera de Dinamarca, aunque 85% de los US$2,400 millones del Grupo invertidos en activos permaneció en el país.

Tirstrup estaba considerando una adquisición de US$410 millones en Estados Unidos, y Julie Harbjerg era responsable de la construcción de un paquete de financiamiento. Tirstrup tenía cerca de US$30 millones disponibles en efectivo, y el vendedor había ofrecido asumir un pagaré por US$75 millones del total. El pagaré sería a cinco años a una tasa de 7.50% por año. El jefe de Julie, Knut Wicksell, director de finanzas, consideraba que el financiamiento debería ser tal que el reembolso se difiriera durante por lo menos siete años. Ya que Tirstrup se había visto muy afectada durante el último aumento en las tasas a corto plazo, en general se entendía que la meta de la administración era aumentar la proporción de la deuda a tasa fija. Wicksell ya le había dicho a Julie que cualquier emisión de capital contable estaba fuera de duda.

De regreso en la oficina, Julie contempló las tres alternativas de dólares que había considerado en forma anterior y volvió a revisar sus cálculos generales de costos (AIC, all-in-cost).

■ **Bonos en eurodólares.** Es probable que la alternativa más obvia para financiar una adquisición estadounidense fuera un bono en eurodólares. Los banqueros consideraban que el nombre de Tirstrup era lo suficientemente bien conocido en Europa como para poner a flotar $100 millones de eurobonos a una tasa fija de 5.60% (vencimiento a 12 años). Los honorarios harían probablemente un total de 2%.

■ **Colocación privada en Estados Unidos.** Varios banqueros habían recomendado una colocación privada de deudas con un inversionista institucional en Estados Unidos. Nordeabank consideraba que sus especialistas de Nueva York colocarían tanto como US$200 millones del papel de Tirstrup de esta manera. El costo inmediato sería de cerca de 5.3%, un poco más alto que una emisión pública en Estados Unidos (un *bono yanqui*), pero los honorarios eran significativamente más bajos, cerca de 7/8% del principal.

■ **Bono yanqui.** Como se hizo notar, Tirstrup podría emitir un bono en Estados Unidos. El problema era que la compañía actualmente no tenía operaciones reales en Estados Unidos y tenía muy poco reconocimiento de nombre como prestatario. Los banqueros esperaban que la compañía pagara cerca de 5.75% por una emisión a siete años, con 1.5% adicional en honorarios iniciales.

Además de darle consideración a las emisiones denominadas en dólares, Julie estaba considerando también dos emisiones denominadas en una moneda distinta del dólar, una en euros y la otra en coronas danesas.

■ **Eurobono denominado en €.** Dresdner Bank (Alemania) había recomendado un eurobono denominado en euros por €100 millones, US$112 millones al tipo de cambio

FIGURA 1

Año	Colocación privada	Eurobono en dólares estadounidenses	Bono yanqui	Eurobono en euros	Corona danesa
Principal (millones)	US$200,000	US$100,000	US$100,000	€ 100,000	kr 650,000
Vencimiento (años)	10	12	7	7	7
Tasa fija (por año)	6.500%	5.600%	5.750%	4.800%	4.650%
Honorarios (del principal)	0.875%	2.000%	1.500%	2.000%	1.500%
Año	**Flujo de efectivo**	**Flujo de efectivo**	**Flujo de efectivo**	**Flujo de efectivo**	**Flujo de efectivo**
0	US$198.250	US$98.000	US$98.500	€ 98.000	kr 640.250
1	(US$11.000)	(US$5.600)	(US$5.750)	– € 4.800	(kr 30.225)
2	(US$11.000)	(US$5.600)	(US$5.750)	– € 4.800	(kr 30.225)
3	(US$11.000)	(US$5.600)	(US$5.750)	– € 4.800	(kr 30.225)
4	(US$11.000)	(US$5.600)	(US$5.750)	– € 4.800	(kr 30.225)
5	(US$11.000)	(US$5.600)	(US$5.750)	– € 4.800	(kr 30.225)
6	(US$11.000)	(US$5.600)	(US$5.750)	– € 4.800	(kr 30.225)
7	(US$11.000)	(US$5.600)	(US$105.750)	– € 104.800	(kr 680.225)
8	(US$11.000)	(US$5.600)			
9	(US$11.000)	(US$5.600)			
10	(US$211.000)	(US$5.600)			
11		(US$5.600)			
12		(US$105.600)			
Costo general (AIC)	5.617%	5.836%	6.019%	5.147%	4.908%

Nota: Los costos generales se calculan como la tasa interna de rendimiento de la serie completa de flujos de efectivo asociados con la emisión, incluyendo los fondos netos de honorarios y el reembolso total del principal y de los intereses.

de ese día de US$1.1160/€. El monto sería más alto si el euro se reforzaba, y muchos economistas esperaban que esto pasaría pronto. Tirstrup tendría que pagar 4.80%, probablemente cerca de 5% en general por los fondos en euros a siete años después de que se pagaran los honorarios de 2%.

■ **Banco de coronas danesas.** El banco primario de Tirstrup en Copenhague le aseguró que podría poner a flotar una emisión de kr650 millones (aproximadamente US$98.4 millones al tipo de cambio actual de kr6.6044/US$). La emisión estaría limitada a cerca de siete años, y sus banqueros le aseguraron que los honorarios serían "tan bajos como de 1.5%".

Julie empezó a organizar sus pensamientos y sus hojas electrónicas. Ella quería poder recomendar un paquete de financiamiento que satisficiere las necesidades de la compañía y que minimizara el costo y el riesgo. Empezó entonces a esbozar una matriz de financiamiento que combinara todos los elementos en una forma, una que se concentraría, después de todos los honorarios y los diferenciales, en el costo general de capital (AIC). La figura 1 resume los cálculos.

Preguntas del caso

1. ¿Cuál de las muchas características de las deudas —moneda, vencimiento, costo, tasa flotante *versus* fija— considera usted que tenga la prioridad más alta para Julie y para Tirstrup?

2. ¿Depende la moneda de denominación de la moneda de la empresa matriz o de la moneda de la unidad de negocios que será responsable por servir la deuda?

3. La figura 1 es el análisis de la hoja electrónica de Julie en relación con lo que ella considera como alternativas relevantes. Usando esta información, ¿qué recomendaría usted como paquete de financiamiento?

PREGUNTAS

1. **Objetivo.** ¿Cuál es, en palabras simples, el objetivo que se persigue al tratar de encontrar una estructura de capital óptima?

2. **Proporciones variantes de deudas.** A medida que se aumentan las deudas en la estructura de capital de una empresa desde la ausencia de deudas hasta una proporción significativa de las mismas (digamos, 60%), ¿qué tiende a sucederle al costo de la deuda, al costo del capital contable y al promedio ponderado generales del costo de capital?

3. **Disponibilidad de capital.** ¿Cómo influye la disponibilidad de capital en la teoría de la estructura de capital óptima para una empresa multinacional?

4. **Flujos de efectivos diversificados.** Si una empresa multinacional es capaz de diversificar sus fuentes de flujos de entrada de efectivo con la finalidad de recibir esos flujos a partir de varios países y en varias monedas, ¿considera usted que ello tiende a aumentar o a disminuir el promedio ponderado del costo de capital?

5. **Costo de préstamos *a posteriori*.** Una gran cantidad de empresas de muchos países solicitan fondos en préstamo a costos muy bajos que más tarde resultan ser muy diferentes. Por ejemplo, Deutsche Bank recientemente solicitó fondos en préstamo a un costo nominal de 9.59% por año, pero posteriormente la deuda se estaba vendiendo para reditar 7.24%. Al mismo tiempo, el Reino de Tailandia solicitó fondos en préstamo a un costo nominal de 8.70%, pero posteriormente encontró que la deuda se estaba vendiendo en el mercado con un rédito de 11.87%. ¿Qué causó estos cambios, y qué podría hacer la administración para beneficiarse (como lo hizo el Deutsche Bank) en lugar de salir perjudicada (como fue el caso del Reino de Tailandia)?

6. **Normas locales.** ¿Deberían las subsidiarias extranjeras de las empresas multinacionales conformarse a las normas de estructura de capital del país de origen o a las normas del país de su empresa matriz? Discuta su respuesta.

7. **Argentina.** En enero de 2002, el gobierno de Argentina se alejó de su sistema de junta monetaria que había vinculado al peso con el dólar estadounidense y que había devaluado el peso de APs1.0000/US$ a APs1.40000US$. Esto ocasionó que algunas empresas argentinas con deudas denominadas en dólares cayeran en quiebra. ¿Debería una empresa matriz estadounidense o europea con buena salud financiera "rescatar" a su subsidiaria argentina, la cual de lo contrario caería en quiebra debido a la administración política y económica de Argentina en los cuatro o cinco años anteriores a enero de 2002? Suponga que la empresa matriz ha realizado un contrato formal para garantizar la deuda de su subsidiaria argentina.

8. **Financiamiento interno.** ¿Cuál es la diferencia entre un financiamiento "interno" y un financiamiento "externo" para una subsidiaria? Liste tres tipos de financiamiento interno y de financiamiento externo disponibles para una subsidiaria extranjera.

9. **Eurodólares.** ¿Cuáles de los siguientes conceptos son eurodólares y cuáles no lo son?
   a. Un depósito en dólares estadounidenses que posee una corporación alemana y mantenido en Barclay's Bank de Londres.
   b. Un depósito en dólares estadounidenses que posee una corporación alemana y mantenido en las oficinas del Bank of America.

c. Un depósito en dólares estadounidenses que posee una corporación alemana y mantenido en Sumitomo Bank de Tokio

d. Un depósito en dólares estadounidenses que posee una corporación alemana y mantenido en Citibank de Nueva York

e. Un depósito en dólares estadounidenses que posee una corporación alemana y mantenido en la sucursal de Nueva York de Deutsche Bank

f. Un depósito en dólares estadounidenses que posee un residente de Estados Unidos y mantenido en Overseas Banking Corporation de Singapur

g. Un depósito en dólares estadounidenses que posee un residente de Estados Unidos y mantenido en la sucursal de Nueva York de Deutsche Bank

h. Un depósito en euros en el Paribas Bank de París

i. Un depósito en euros en Citibank de Nueva York

j. Un depósito de dólares australianos en el Paribas Bank de París

10. **Depósitos en eurodólares.** ¿Por qué razón querría alguien, ya sea un individuo o una corporación, depositar dólares estadounidenses en un banco fuera de Estados Unidos cuando la localidad natural de tales depósitos sería un banco en Estados Unidos?

11. **Defina los siguientes términos:**
    a. LIBOR
    b. Euro LIBOR
    c. Eurocréditos
    d. Créditos bancarios sindicados

12. **Instrumentos internacionales de deudas.** Los préstamos bancarios han sido durante mucho tiempo la manera en la cual las corporaciones y los gobiernos solicitan fondos en préstamo por periodos cortos. ¿Cuál es, entonces, la ventaja sobre los préstamos bancarios de cada una de las siguientes alternativas:
    a. Préstamos sindicados
    b. Europagarés
    c. Euro papel comercial
    d. Europagarés a mediano plazo
    e. Bonos internacionales

13. **Eurobonos _versus_ bonos extranjeros.** ¿Cuál es la diferencia entre un eurobono y un bono extranjero, y por qué existen dos tipos de bonos internacionales?

14. **Separación.** En el financiamiento de proyectos, un proyecto es una entidad legal separada de las corporaciones que son los propietarios del capital contable. ¿Por qué?

15. **Proyecto singular.** En el contexto del financiamiento de proyectos, ¿qué es un proyecto "singular, de vida muy larga, y que hace un uso intenso del capital?

16. **Posibilidad de hacer predicciones.** La posibilidad de poder predecir los flujos futuros de efectivo es esencial para inducir a los acreedores a participar en el financiamiento de proyectos. ¿Cómo aumenta el apalancamiento financiero el riesgo en los proyectos altamente apalancados, y cómo se las arreglan los creadores de las inversiones auspiciadas mediante el financiamiento de proyectos para reducir la inestabilidad de los flujos futuros de efectivo?

17. **Vidas infinitas.** ¿Por qué razón los proyectos con vidas infinitas y los proyectos con un crecimiento grandioso no atraen a los acreedores que participarían en el financiamiento de proyectos, mientras que esos atributos son de ordinario muy deseables en una inversión corporativa?

18. **Maximización del valor presente.** ¿Tratan los inversionistas del capital contable en inversiones basadas en un financiamiento de proyectos de maximizar el valor presente de su inversión, o son compensados de alguna otra manera?

PROBLEMAS

*1. **Window Rock Manufacturing, Inc.** Window Rock Manufacturing, Inc., una compañía multinacional estadounidense, tiene los siguientes componentes de deudas en su sección de capital consolidado:

Bonos americanos denominados en dólares estadounidenses a 25 años al 6.00%	US$10,000,000
Europagarés americanos denominados en dólares estadounidenses a 5 años al 4.00%	US$4,000,000
Bonos denominados en euros a 10 años al 5.00%	€ 6,000,000
Bonos denominados en euros a 20 años al 2%	¥750,000,000
Capital común	US$35,000,000
Utilidades retenidas	US$15,000,000

El personal de finanzas de Rock estima que el costo de su capital contable es de 20%. Los tipos de cambio actuales son:

Euros:	US$1.24/€
Libras esterlinas:	US$1.86/£
Yenes:	¥109/US$

Los impuestos sobre ingresos son de 30% alrededor de todo el mundo después de considerar los créditos. Calcule el promedio ponderado del costo de capital de Window Rock. ¿Hay algunos supuestos implícitos en su cálculo?

2. **The Flatiron Group (USA).** The Flatiron Group, una firma privada de capital contable con oficinas centrales en Boulder, Colorado, solicita en préstamo £5,000,000 durante un año al 7.375% de interés.
    a. ¿Cuál es el costo en dólares de esta deuda si la libra se deprecia de US$2.0625/£ a US$1.9460/£ a lo largo del año?

b. ¿Cuál es el costo en dólares de esta deuda si la libra se revalúa de US$2.0625/£ a US$2.1640/£ a lo largo del año?

3. **Argosy Associates (USA).** Argosy Associates, una asociación de inversiones con base en Estados Unidos, solicita en préstamo €80,000,000 en una época en la que el tipo de cambio es de US$1.3460/€. La totalidad del principal se debe reembolsar en tres años, y los intereses son de 6.250% por año, pagaderos semestralmente en euros. Se espera que el euro se devalúe *vis à vis* el dólar al 3% por año. ¿Cuál es el costo efectivo de este préstamo para Argosy?

4. **Quatrefoil Construction Company.** Quatrefoil Construction Company consiste en una empresa matriz estadounidense y subsidiarias totalmente instaladas en Malasia (Q-Malasia) y México (Q-México). Más abajo se muestran algunas porciones selectas de sus balances generales no consolidados, traducidos a dólares estadounidenses.

Q-Malasia (cuentas en ringgits)		Q-México (cuentas en pesos)	
Deuda a largo plazo	RM 11,400,000	Deuda a largo plazo	Ps 20,000,000
Capital contable de los accionistas	RM 15,200,000	Capital contable de los accionistas	Ps 60,000,000

Quatrefoil Construction Company
(Balance general no consolidado–Únicamente partidas selectas)

Inversión en subsidiarias		Deuda a largo plazo de la empresa matriz	US$12,000,000
En Q-Malasia	US$4,000,000	Capital común	5,000,000
En Q-México	6,000,000	Utilidades retenidas	20,000,000
Los tipos de cambio actuales son:		Malasia:	RM3.80/US$
		México:	Ps 10/US$

¿Cuáles son las proporciones de deudas y de capital contable en el balance general consolidado de Quatrefoil?

*5. **Grupo Bimbo de México.** Grupo Bimbo, aunque es mexicana por incorporación, evalúa todos los resultados del negocio, incluyendo los costos de financiamiento, en dólares estadounidenses. La compañía necesita solicitar en préstamo US$10,000,000 o el equivalente en moneda extranjera de cuatro años. Se dispone de las siguientes alternativas:

a. Vender yenes japoneses a la par con un rédito de 3% por año. El tipo de cambio actual es de ¥106/US$, y se espera que el yen se refuerce contra el dólar en 2% por año.

b. Vender bonos denominados en euros a la par con un rédito de 7% por año. El tipo de cambio actual es de US$1.1960/€, y se espera que el euro se debilite contra el dólar en 2% por año.

c. Vender bonos en dólares estadounidenses a la par con un rédito de 5% por año.

¿Qué curso de acción recomendaría usted que tome Grupo Bimbo y por qué?

6. **Zermatte Air (Suiza).** Zermatte Air of Switzerland retiene US$12,000,000 de los boletos que se venden a tenedores en dólares estadounidenses, después de pagar los costos de combustible y de aterrizaje asociados con sus frecuentes vuelos entre Dulles Airport en Estados Unidos y Ginebra. Estos fondos se depositan actualmente en Mid-Manhattan Bank en la ciudad de Nueva York donde ganan 5.00% por año. Docklands Bank de Londres paga 5.50% de intereses en depósitos en eurodólares y Zermatte Air decide movilizar sus fondos de Nueva York a Londres.

a. Muestre asientos de diario (cargos y abonos) en los libros de Zermatte Air, Mid-Manhattan Bank y Docklands Bank para reflejar esta transferencia.

b. ¿En cuánto han cambiado los depósitos de los bancos estadounidenses?

c. ¿Qué sucede si Docklands Bank invierte los dólares en bonos del gobierno de Estados Unidos a largo plazo?

7. **Gas du Ancy.** Gas du Ancy, una compañía de gas europea, está solicitando en préstamo US$650,000,000 a través de un eurocrédito sindicado por seis años a 82 puntos base sobre la LIBOR. La LIBOR del préstamo se volverá a establecer cada seis meses. Los fondos serán proporcionados por un sindicato de ocho banqueros de inversiones líderes, los cuales cargarán honorarios iniciales que harán un total de 1.2% del monto del principal. ¿Cuál es el costo efectivo de intereses para el primer año si la LIBOR es de 4.00% para los seis meses primeros y de 4.20% para los segundos seis meses?

8. **River Thames Insurance Company.** River Thames Insurance Company planea vender US$2,000,000 de europapel comercial con un vencimiento a 60 días y descontados para reditar 4.60% por año. ¿Cuáles serán los fondos inmediatos para River Thames Insurance?

9. **Sicilian Capital, S.A.** Sicilian Capital, S.A., está obteniendo fondos a través de un europagaré a mediano plazo con las siguientes características:

Tasa de cupón: 8.00% semestralmente pagadera al 30 de junio y al 31 de diciembre
Fecha de emisión: 28 de febrero de 2003
Vencimiento: 31 de agosto de 2005

¿Qué cantidad de dólares recibirá Sicilian Capital por cada pagaré de US$1,000 que venda?

10. **AireAsia.** AireAsia, con oficinas centrales en Kunming, China, necesita US$25,000,000 por un año para financiar el capital de trabajo. La aerolínea tiene dos alternativas para la solicitud de préstamos:

1. Solicitar en préstamo US$25,000,000 en Londres a 7.250% por año.
2. Solicitar en préstamo HK$39,000,000 en Hong Kong al 7.00% por año, e intercambiar estos dólares de Hong Kong al tipo de cambio actual de HK$7.8/US$ por dólares estadounidenses.

¿A qué tipo de cambio final sería AireAsia indiferente entre solicitar en préstamo dólares estadounidenses y solicitar en préstamo dólares de Hong Kong?

EJERCICIOS DE INTERNET

1. **Historia de las evaluaciones de crédito nacionales.** Fitch, una empresa con base en Estados Unidos que proporciona análisis y evaluaciones detalladas de países y compañías mantiene una línea de tiempo histórica acerca de cómo han cambiado las evaluaciones de crédito de los países a través del tiempo. Use la base de datos de evaluaciones soberanas de Fitch para encontrar la evolución de las historias de crédito para los siguientes países con mercados emergentes: Argentina, Brasil, China, India, Indonesia, Malasia, Rumania, Rusia, Eslovaquia, Eslovenia, Tailandia, Turquía y Venezuela.

Fitch	www.fitchratings.com/web_content/ratings/ sovereign_ratings_history.p

2. **Criterios de evaluaciones de crédito soberanas.** La evaluación del riesgo de crédito y de todos los demás riesgos relevantes asociados con la gran cantidad de prestatarios en los mercados de deudas mundiales requiere de un enfoque estructurado para las evaluaciones internacionales de riesgo. Verifique los criterios tanto de Standard & Poor's como de Moody's que se describen a profundidad en sus páginas Web para diferenciar los diversos riesgos (riesgo de moneda nacional, riesgo de incumplimiento, riesgo monetario, riesgo de transferencia y así sucesivamente) con las principales evaluaciones soberanas alrededor del mundo.

Standard & Poor's	Go to www.standardandpoors.com, and click "Ratings" under "Products & Services".
Moody's	www.moodys.com/

3. **Curva dinámica de rendimiento.** Este sitio de Internet proporciona datos en tiempo real sobre los mercados de valores de renta fija en dólares estadounidenses. La curva dinámica de rendimiento que se presenta permite al lector ver las estructuras y las tasas cambiantes a lo largo de la estructura de vencimiento de 30 años del mercado de valores del gobierno en dólares estadounidenses.

Stockcharts.com	stockcharts.com/charts/ YieldCurve.html

4. **Bonos Brady y mercados emergentes.** Los mercados emergentes han sido repetidamente derribados con cada crisis financiera internacional mayor, ya sea que se trate del peso mexicano (1994), del baht tailandés (1997), del rublo ruso (1998) o del real brasileño (1999). Use los siguientes sitios Web para preparar un análisis de las razones por las cuales estos mercados se sujetan a una presión tan severa cuando ocurre una crisis en alguna otra parte del mundo.

Brady Network	www.bradynet.com/
Brady Bond Primer	www.emgmkts.com/research/ bradydef.htm

PARTE V

Decisiones de inversión extranjera

CAPÍTULO 17
Teoría de los portafolios internacionales y diversificación

CAPÍTULO 18
Teoría de la inversión extranjera directa y riesgo político

CAPÍTULO 19
Presupuesto de capital a nivel multinacional

CAPÍTULO 17

Teoría de los portafolios internacionales y diversificación

No se trata de elegir aquellos que, en el mejor juicio de uno mismo, sean en realidad los más hermosos, ni tampoco aquellos que la opinión promedio considere en forma genuina que sean los más hermosos. Hemos alcanzado el tercer grado en el que dedicamos nuestras inteligencias a la anticipación de lo que la opinión promedio espera que sea justamente la opinión general.

—John Maynard Keynes, *The General Theory of Employment, Interest, and Money*, 1936.

Este capítulo explora la manera en que la aplicación de la teoría del portafolio puede reducir los riesgos de los portafolios de activos que mantienen las empresas multinacionales o los individuos y los riesgos en los que incurren las empresas multinacionales en general a partir de actividades diversificadas a nivel internacional. En la primera parte del capítulo ampliamos la teoría de los portafolios desde el ambiente nacional hasta el internacional. Posteriormente mostramos la manera en la que el riesgo de un portafolio, ya sea que se trate de un portafolio de valores o del portafolio general de actividades de una empresa multinacional, se reduce a través de una diversificación internacional. La segunda parte del capítulo expone con detalle la teoría y la aplicación de la teoría de los portafolios internacionales y presenta los resultados empíricos recientes de las intercompensaciones entre el riesgo y el rendimiento de portafolios internacionalmente diversificados. La sección tercera y final explora el impacto de la diversificación internacional sobre el costo de capital para una empresa multinacional.

Diversificación internacional y riesgo

El argumento de la diversificación internacional de los portafolios se puede descomponer en dos elementos: los beneficios potenciales de reducción de riesgo como resultado de mantener valores internacionales y el potencial del riesgo cambiario adicional.

Reducción del riesgo del portafolio

En primer lugar nos concentramos tan sólo en el riesgo. El riesgo de un portafolio se mide a través de la razón de la varianza del rendimiento del portafolio en relación con la varianza del rendimiento de mercado. Ésta es la *beta* del portafolio. A medida que un inversionista aumenta el número de valores en un portafolio, el riesgo de éste disminuye rápidamente al principio, y después se acerca asintóticamente al nivel de *riesgo sistemático* del mercado. Un portafolio nacional totalmente diversificado tendría una beta de 1.0, como se ilustra en la figura 17.1.

| FIGURA 17.1 | Reducción del riesgo del portafolio a través de diversificación |

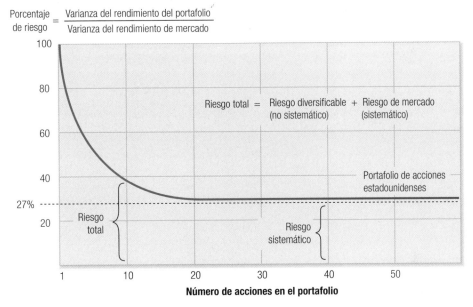

$$\begin{array}{c} \text{Porcentaje} \\ \text{de riesgo} \end{array} = \frac{\text{Varianza del rendimiento del portafolio}}{\text{Varianza del rendimiento de mercado}}$$

Riesgo total = Riesgo diversificable + Riesgo de mercado
(no sistemático)   (sistemático)

Portafolio de acciones estadounidenses

Riesgo total

Riesgo sistemático

Número de acciones en el portafolio

Cuando el portafolio está diversificado, la varianza del rendimiento del portafolio en relación con la varianza del rendimiento de mercado (beta) se reduce al nivel del riesgo sistemático —el riesgo del mercado en sí mismo.

La figura 17.1 presenta la reducción del riesgo del portafolio para la economía estadounidense. Muestra que un portafolio estadounidense totalmente diversificado es tan sólo 27% tan riesgoso como una acción típica individual. Esta relación implica que cerca de 73% del riesgo asociado con el hecho de invertir en una sola acción es diversificable en un portafolio estadounidense totalmente diversificado. Aunque podemos reducir el riesgo en forma sustancial a través de una diversificación del portafolio, no es posible eliminarlo de manera total porque los rendimientos de los valores están afectados por un conjunto común de factores, un conjunto que caracterizamos como el mercado.

El riesgo total de cualquier portafolio está por tanto compuesto de *riesgo sistemático* (el mercado) y de *riesgo no sistemático* (los valores individuales). El incremento del número de valores en el portafolio reduce el componente del riesgo no sistemático lo cual deja al componente del riesgo sistemático sin cambio alguno.

La figura 17.2 ilustra las ganancias adicionales que resultan de la diversificación tanto a nivel nacional como a nivel internacional. La línea más baja de la figura 17.2 (portafolio de acciones internacionales) representa uno al cual se han añadido los valores extranjeros. Tiene la misma forma de riesgo general que el portafolio de acciones estadounidenses, pero tiene una beta de portafolio más baja. Esto significa que el riesgo de mercado del portafolio internacional es más bajo que el de uno nacional. Esta situación se presenta porque los rendimientos de las acciones extranjeras están estrechamente correlacionados con los rendimientos sobre las acciones estadounidenses, pero más bien con una beta global. Posteriormente en este capítulo regresaremos al concepto de una beta global.

Riesgo cambiario

Los riesgos cambiarios de un portafolio, ya sea que se trate de un portafolio de valores o del portafolio general de actividades de una empresa multinacional, se reducen a través de una diversificación internacional. La construcción de portafolios internacionalmente diversificados es tanto igual como diferente de la creación de un portafolio tradicional de valores nacionales. Los portafolios

FIGURA 17.2   Reducción de riesgo de cartera a través de una diversificación internacional

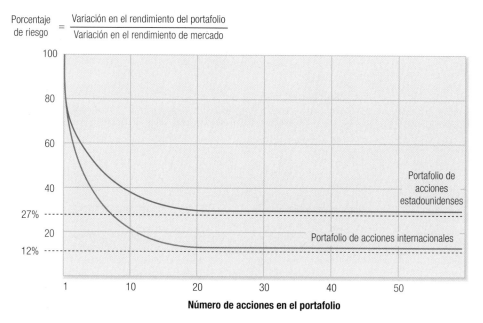

Cuando el portafolio está diversificado internacionalmente, la beta del mismo —el nivel de riesgos sistemático que no se puede diversificar— se disminuye.

internacionalmente diversificados son los mismos en principio porque el inversionista está tratando de combinar activos que estén menos que perfectamente correlacionados, reduciendo el riesgo total del portafolio. Además, al añadir activos fuera del mercado nacional —activos que anteriormente no estaban disponibles para ser promediados dentro de los rendimientos y riesgos esperados del portafolio— el inversionista está aprovechando una fuente más grande de inversiones potenciales.

Pero la construcción del portafolio internacional también es diferente en que cuando el inversionista adquiere activos o valores fuera del mercado de su país de origen, puede estar adquiriendo también un activo denominado en moneda extranjera. Este no siempre es el caso. Por ejemplo, muchos inversionistas con base en Estados Unidos compran y mantienen de manera rutinaria bonos en eurodólares (o en el mercado secundario únicamente; ello es ilegal durante la primera emisión), lo cual no implicaría un riesgo monetario para el inversionista con base en Estados Unidos porque están denominados en su propia moneda nacional. Por tanto, el inversionista ha adquirido en realidad dos activos adicionales —la moneda de denominación y el activo subsecuentemente comprado con la moneda— un activo en principio, pero que implica dos situaciones en cuanto a rendimientos esperados y riesgos.

Ejemplo de capital contable japonés. Un ejemplo numérico puede ilustrar las dificultades asociadas con la diversificación de portafolios internacionales y el riesgo monetario. Un inversionista con base en Estados Unidos toma US$1,000,000 el 1 de enero de 2002 y los invierte en acciones que se negocian en la Bolsa de Valores de Tokio (TSE, Tokyo Stock Exchange). El 1 de enero de 2002, la tasa del tipo de cambio es de ¥130.00/US$. Por tanto, el millón de dólares estadounidenses reditúa ¥130,000,000. El inversionista usa ¥130,000,000 para adquirir acciones en la Bolsa de Valores de Tokio a ¥20,000 por acción, adquiriendo 6,500 acciones y mantiene las acciones durante un año.

Al final de 1 año el inversionista vende 6,500 acciones al precio de mercado, el cual es ahora de ¥25,000 por acción; las acciones han aumentado ¥5,000 por acción en precio. Las 6,500 acciones a ¥25,000 por acción reditúan fondos de ¥162,500,000.

Los yenes japoneses se vuelven a cambiar ahora a la moneda del país del inversionista, el dólar estadounidense, al tipo de cambio al contado de ¥125.00/US$ en vigor al 1 de enero de 2003. Esto da como resultado fondos totales en dólares de US$1,300,000.00. El rendimiento total sobre la inversión es entonces

$$\frac{\text{US\$1,300,000} - \text{US\$1,000,000}}{\text{US\$1,000,000}} = 30.00\%$$

El rendimiento total en dólares es en realidad una combinación del rendimiento sobre los yenes japoneses (que en este caso es positivo) y el rendimiento sobre las acciones inscritas en la Bolsa de Valores de Tokio (el cual es también positivo). Este valor se expresa aislando el cambio porcentual en el precio de las acciones (r^{acciones}) en combinación con el cambio porcentual en el valor monetario ($r^{\text{¥/US\$}}$):

$$R^{\text{US\$}} = [(1 + r^{\text{¥/US\$}})(1 + r^{\text{acciones, ¥}})] - 1$$

En este caso, el valor del yen japonés, a los ojos de un inversionista con base en Estados Unidos, aumentó 4.00% (de ¥130/US$ a ¥125/US$), mientras que las acciones negociadas en la Bolsa de Valores de Tokio aumentaron 25.00%. El rendimiento total de la inversión en dólares estadounidenses es por tanto como sigue:

$$R^{\text{US\$}} = [(1 + .0400)(1 + .2500)] - 1 = .3000 \text{ o } 30.00\%$$

Obviamente, el riesgo asociado con la diversificación internacional, cuando incluye un riesgo monetario, es inherentemente más complejo que el de las inversiones nacionales. Sin embargo, debería notarse que la presencia del riesgo monetario puede alterar las correlaciones asociadas con los valores en diferentes países y monedas, proporcionando una composición de portafolios y posibilidades de diversificación que las inversiones nacionales y la construcción de portafolios no pueden proporcionar. El apartado *Finanzas globales en la práctica 17.1* detalla el debate relacionado con el riesgo cambiario.

En conclusión:

■ Los beneficios internacionales de la diversificación inducen a los inversionistas a demandar valores extranjeros (el así llamado *lado de la compra*).

■ Si la adición de un valor extranjero al portafolio del inversionista ayuda a la reducción de riesgo para un nivel dado de rendimiento, o si aumenta el rendimiento esperado para un nivel dado de riesgo, entonces el valor añade una cierta cantidad al portafolio.

■ Un valor que añade una cierta cantidad a un portafolio será demandado por los inversionistas. Dados los límites de la oferta potencial de valores, un aumento en la demanda impulsará hacia arriba al precio de ese valor, dando como resultado un costo de capital más bajo para la empresa emisora. La empresa emisora del valor, el *lado de la venta*, es por tanto capaz de obtener capital a un costo más bajo.

Internacionalización del portafolio nacional

Primero, revisamos los principios básicos de la teoría del portafolio tradicional nacional, para ayudar a nuestra identificación de los cambios adicionales introducidos a través de la diversificación internacional. Posteriormente, ilustramos la manera en la que la diversificación del portafolio a nivel internacional altera el conjunto potencial de portafolios disponibles para el inversionista.

El portafolio óptimo nacional

La teoría clásica del portafolio supone que un inversionista típico siente aversión hacia el riesgo. Esto significa que un inversionista está dispuesto a aceptar algo de riesgo pero no está dispuesto a correr un riesgo innecesario. *El inversionista típico está por tanto en busca de un portafolio que maximice el rendimiento esperado del portafolio por unidad de riesgo esperado del mismo portafolio.*

FINANZAS GLOBALES EN LA PRÁCTICA 17.1

¿Deberían los administradores del fondo cubrir el riesgo monetario?

En 2000, el impacto de la disminución del euro sobre portafolios globalmente diversificados volvió a despertar el debate entre los administradores de portafolios acerca de si los componentes monetarios y sus riesgos dentro de los portafolios deberían sujetarse a una cobertura monetaria. La disminución en el euro a lo largo del año 2000, una caída de 19.6%, dañó severamente los rendimientos de muchos portafolios internacionales.

El principal índice internacional de acciones que usa la mayoría de los administradores de portafolios para establecer comparaciones de desempeño es el índice Morgan Stanley Capital International European, Australian, and Far Eastern (EAFE). Dicho índice disminuyó 14.17% en 2000. Si se elimina el componente monetario del índice (con una cobertura eficaz), disminuyó únicamente 4.38%.

Por ejemplo, en principio el Artisan Fund no practica las coberturas monetarias. Considera que el componente del riesgo monetario de un portafolio internacional es parte integral del principio de diversificación internacional. Sin embargo, el problema es que el fondo estuvo expuesto al desliz del euro a través de todo el año 2000 y sus inversionistas se vieron afectados. Los administradores del fondo que argumentan contra las coberturas están dispuestos a señalar que muchas de las monedas más fuertes del mundo experimentan fuertes variaciones, las cuales

con frecuencia se desplazan en la dirección opuesta, algunas veces rápidamente, en periodos subsiguientes.

Otros fondos, como el Janus Worldwide, usaron contratos a plazo y opciones para cubrir completamente sus portafolios contra las fluctuaciones monetarias. Argumentan que la eliminación de los movimientos monetarios de los rendimientos del portafolio permite al fondo concentrarse únicamente en la selección de las acciones, lo cual es la competencia tradicional del administrador del fondo. Por ejemplo, el Tweedy, Browne Company's Global Fund aumentó 12.4% en 2000, superando con ello el 95% de los fondos internacionales similares vendidos a inversionistas con base en Estados Unidos. De acuerdo con el administrador del fondo, las coberturas monetarias añadieron cerca de 10 puntos porcentuales al desempeño del fondo.

Sin embargo, otros fondos practican una cobertura selectiva, eliminando el riesgo asociado con las monedas que los administradores del fondo y sus analistas monetarios consideran que tienen el mayor riesgo en el periodo actual. Al final, es una cuestión de gusto. De manera similar a la pregunta acerca de si los administradores financieros deben cubrir o no sus exposiciones por transacciones, el debate sobre la cobertura de los componentes monetarios de los portafolios internacionales continuará.

El inversionista nacional puede elegir entre un conjunto de valores individuales en el mercado nacional. El casi infinito conjunto de combinaciones de portafolios de valores nacionales forman el conjunto de *oportunidad del portafolio nacional* que se muestra en la figura 17.3. El conjunto de portafolios que se forma a lo largo del extremo izquierdo del conjunto de oportunidad de portafolios nacionales se denomina *frontera eficiente* y representa los portafolios óptimos de valores que poseen el riesgo mínimo esperado para cada nivel de rendimiento esperado del portafolio. El portafolio con el riesgo mínimo entre todos los que son posibles, es el *portafolio con el riesgo mínimo nacional* (MR_{DP}).

El inversionista individual buscará el portafolio nacional óptimo (DP) que combine el activo libre de riesgo y un portafolio de valores nacionales que se encontrará en la frontera eficiente. El portafolio empieza con el activo libre de riesgo que tenga el rendimiento de R_f (y un riesgo esperado de cero), y se desplaza hacia afuera a lo largo de la línea del mercado de valores hasta que alcance el portafolio DP. Este portafolio se define como el portafolio nacional óptimo porque se desplaza hacia fuera y hacia el espacio riesgoso en la pendiente más inclinada —maximizando la pendiente de rendimiento esperado del portafolio sobre el riesgo esperado— y tocando todavía el conjunto de oportunidad de portafolios nacionales. Esta línea se define como la *línea del mercado de capitales*, y la teoría del portafolio supone que un inversionista que puede solicitar fondos en préstamo e invertir a la tasa libre de riesgo se puede desplazar hacia cualquier punto a lo largo de esta línea.

Observe que el portafolio óptimo nacional no es el portafolio con un riesgo mínimo (MR_{DP}). Una línea que se extiende desde el activo libre de riesgo hasta el portafolio nacional de riesgo mínimo tendría una pendiente más baja que la línea del mercado de capitales, y el inversionista no estaría recibiendo un rendimiento esperado tan grandioso (distancia vertical) por unidad de riesgo esperado (distancia horizontal) que el que se encontró en DP.

Diversificación internacional

La figura 17.4 ilustra el impacto de permitirle al inversionista elegir entre un conjunto internacionalmente diversificado de portafolios potenciales. El *conjunto de oportunidad del portafolio internacionalmente diversificado* cambia hacia la izquierda del conjunto de oportunidad exclusi-

FIGURA 17.3   Construcción del portafolio nacional óptimo

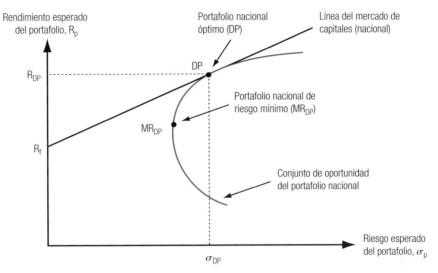

Un inversionista puede elegir un portafolio de activos circundado por el conjunto de oportunidades de portafolios nacionales. El portafolio nacional óptimo se encuentra en DP, donde la línea del mercado de capitales es tangente al conjunto de oportunidades de portafolios nacionales. El portafolio nacional que tiene el riesgo mínimo se designa como MR_{DP}.

FIGURA 17.4   El conjunto de oportunidad del portafolio internacionalmente diversificado

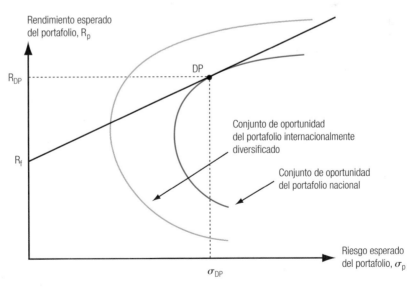

La adición de portafolios internacionalmente diversificados al conjunto total de oportunidad disponible para el inversionista cambia el conjunto total de oportunidad del portafolio hacia la izquierda, proporcionando portafolios con un riesgo esperado más bajo para cada nivel de rendimiento esperado del portafolio.

vamente nacional. En cualquier punto sobre la frontera eficiente del conjunto de oportunidad del portafolio internacionalmente diversificado, el inversionista puede encontrar un portafolio con un riesgo esperado más bajo para cada nivel de rendimiento esperado.

Es fundamental ser claro en cuanto a la razón exacta de por qué el conjunto de oportunidad de portafolios internacionalmente diversificados tiene un riesgo esperado más bajo que los portafolios nacionales comparables. Las ganancias surgen directamente de la introducción de valores adicionales y/o portafolios adicionales que tienen una correlación menos que perfecta con los valores y portafolios dentro del conjunto de oportunidad nacional.

Por ejemplo, Sony Corporation está inscrita en la Bolsa de Valores de Tokio. El precio de las acciones de Sony deriva su valor tanto de los resultados de los negocios individuales de la empresa como del mercado en el cual negocia. Si uno de éstos o ambos no están correlacionados de una manera perfectamente positiva con los valores y los mercados disponibles para un inversionista con base en Estados Unidos, entonces ese inversionista observaría el cambio en el conjunto de oportunidad de que se muestra en la figura 17.4.

El portafolio internacional óptimo

El inversionista puede ahora elegir un portafolio óptimo que combine el mismo activo libre de riesgo como antes con un portafolio proveniente de la frontera eficiente del conjunto de oportunidad del portafolio internacionalmente diversificado. El *portafolio internacional óptimo*, IP, se encuentra de nuevo localizando ese punto en la línea del mercado de capitales (internacionalmente diversificada) que se extiende desde el activo libre de riesgo de R_f hasta un punto tangencial a lo largo de la frontera eficiente internacionalmente diversificada. Ilustramos esto en la figura 17.5.

Los beneficios de una diversificación internacional son ahora obvios. El portafolio óptimo del inversionista IP posee tanto un rendimiento de portafolio esperado más alto ($R_{IP} > R_{DP}$), como un riesgo más bajo esperado del portafolio ($\sigma_{IP} < \sigma_{DP}$), a comparación del portafolio óptimo exclusivamente nacional. El portafolio internacional óptimo es superior al portafolio nacional óptimo.

FIGURA 17.5   Ganancias provenientes de la diversificación de un portafolio internacional

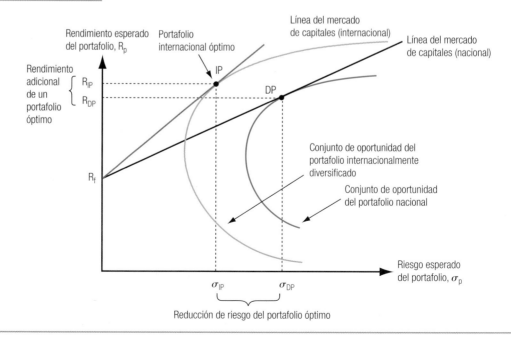

Cálculo del riesgo y del rendimiento del portafolio

Un inversionista puede reducir el riesgo de la inversión manteniendo activos riesgosos en un portafolio. En tanto que los rendimientos de los activos no estén correlacionados de una manera perfectamente positiva, el inversionista puede reducir el riesgo porque algunas fluctuaciones de los rendimientos de los activos se compensarán entre sí.

El modelo de dos activos. Supongamos que el director financiero de Trident, Maria Gonzalez está considerando invertir en los valores negociables de Trident Corporation con base en dos diferentes activos riesgosos: un índice de los mercados de capital contable de Estados Unidos y un índice de los mercados de capital contable de Alemania. Los dos instrumentos de capital contable se caracterizan por los siguientes rendimientos esperados (la media de los rendimientos recientes) y rendimientos esperados (la desviación estándar de los rendimientos recientes):

	Rendimiento esperado	Riesgo esperado (σ)
Índice de capital contable de Estados Unidos (US)	14%	15%
Índice de capital contable de Alemania (GER)	18%	20%
Coeficiente de correlación ($\rho_{US\text{-}GER}$)	0.34	

Si los pesos de la inversión en los dos activos son w_{US} y w_{GER} respectivamente, y si $w_{US} + w_{GER} = 1$, el riesgo del portafolio (σ_P), la figura se expresa de ordinario en términos de la desviación estándar de rendimiento esperado del portafolio, está dado por la siguiente ecuación:

$$\sigma_P = \sqrt{w_{US}^2 \sigma_{US}^2 + w_{GER}^2 \sigma_{GER}^2 + 2 w_{US} w_{GER} \rho_{US-GER} \sigma_{US} \sigma_{GER}}$$

donde σ_{US}^2 y σ_{GER}^2 son las desviaciones estándar al cuadrado de los rendimientos esperados de activos riesgosos en Estados Unidos y Alemania (las varianzas), respectivamente. La letra griega *rho*, $\rho_{US\text{-}GER}$, es el coeficiente de correlación entre los dos rendimientos de mercado a través del tiempo.

Ahora insertamos los valores de las desviaciones estándar de Estados Unidos (15%) y Alemania (20%), y el coeficiente de correlación de 0.34. Suponiendo que Maria desea invertir inicialmente 40% de sus fondos en Estados Unidos (0.40), y 60% de sus fondos en instrumentos de capital contable alemanes (0.60), el riesgo esperado de su portafolio será:

$$\sigma_P = \sqrt{(0.40)^2 (0.15)^2 + (0.60)^2 (0.20)^2 + 2(0.40)(0.60)(0.34)(0.15)(0.20)}$$

el cual, cuando se reduce que es

$$\sqrt{0.0036 + 0.0144 + 0.0049} = 0.151 \approx 15.1\%$$

Observe que el riesgo del portafolio no es el promedio ponderado de los riesgos de los activos individuales. En tanto como el coeficiente de correlación (ρ) sea más pequeño que 1.0, algunas de las fluctuaciones de los rendimientos del activo se compensarán entre sí, dando como resultado una reducción de riesgo. Cuanto más bajo sea el coeficiente de correlación, mayor será la oportunidad de diversificación del riesgo.

Obtenemos el rendimiento esperado del portafolio con

$$E(R_P) = w_{US}\, E(R_{US}) + w_{GER}\, E(R_{GER})$$

donde $E(R_P)$, $E(R_{US})$ y $E(R_{GER})$ son los rendimientos esperados del portafolio, el índice de capital contable de Estados Unidos, y el índice de capital contable de Alemania, respectivamente. Usando los rendimientos esperados para los índices de capital contable de Estados Unidos (14%) y de Alemania (18%), encontramos que el rendimiento esperado del portafolio es

$$E(R_P) = (0.4)(0.14) + (0.6)(0.18) = 0.164 \approx 16.4\%$$

Alteración de los pesos. Antes de que Maria termine el portafolio deseado, ella desea evaluar el impacto de cambiar los pesos entre los dos índices de capital contable sobre el riesgo esperado y los rendimientos esperados del portafolio. Usando incrementos de peso de 0.5, ella grafica los portafolios alternativos en la gráfica acostumbrada de riesgo-rendimientos del portafolio. La figura 17.6 ilustra el resultado.

Los diferentes portafolios posibles usando distintos pesos con los dos activos de capital contable le proporcionan a Maria algunas opciones interesantes. Los dos extremos, el rendimiento esperado más alto y los riesgos esperados mínimos, requieren de muy distintas estructuras de peso. El rendimiento esperado más grande es, como lo esperaríamos a partir de las expectativas del activo original, 100% alemán en cuanto a composición. El portafolio con el riesgo esperado mínimo, con cerca de 15.2% de riesgo esperado, está formado de cerca de 70% con valores de Estados Unidos y 30% con valores de Alemania.

Modelo de activos múltiples. Podemos generalizar las ecuaciones anteriores a un portafolio que consiste de activos múltiples. El riesgo del portafolio es

$$\sigma_P = \sqrt{\sum_{i=1}^{N} w_i^2 \sigma_j^2 + \sum_{i=1}^{N-1} \sum_{j=i+1}^{N} w_i w_j \rho_{ij} \sigma_i \sigma_j}$$

y el rendimiento esperado del portafolio es

$$E(R_P) = \sum_{i=1}^{N} w_i E(R_i)$$

donde N representa el número total de activos incluidos en el portafolio.

Al permitirle a los inversionistas mantener activos extranjeros, agrandamos de manera sustancial del conjunto factible de inversiones; se puede obtener un rendimiento más alto a un nivel dado el riesgo, o se puede lograr un riesgo más bajo al mismo nivel de rendimiento.

FIGURA 17.6   Perfiles alternativos de portafolios usando pesos de activos variantes

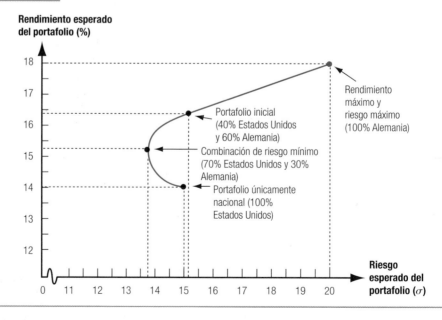

Mercados nacionales y desempeño de los activos

Como se analizó en la sección anterior, los portafolios de activos se construyen de manera tradicional tanto con activos libres de riesgo que llevan intereses como con activos riesgosos. La figura 17.7 presenta el desempeño de los mercados nacionales mayores individuales por categoría de activos —certificados, bonos y valores de renta variable— para el siglo XX (1900-2000). Los riesgos y los rendimientos se presentan sobre una base real.

La figura 17.7 demuestra que, por lo menos para el periodo de 100 años que terminó en 2000, el riesgo de invertir en activos con valores de renta variable ha sido recompensado con rendimientos sustanciales. Los valores de renta variable estadounidenses entregaron un rendimiento medio ajustado por la inflación de 8.7%, *versus* rendimientos medios de 2.1% sobre bonos y 1.0% sobre certificados de la Tesorería. Pero el mercado estadounidense tampoco es excepcional, y de hecho, los mercados de valores de renta variable en Australia, Alemania, Japón, Sudáfrica y Suecia mostraron todos rendimientos medios más altos durante el siglo. También es interesante hacer notar que los rendimientos de los valores de renta variable para los 16 países inscritos demostraron rendimientos medios positivos, siendo el más bajo de 4.8% en Bélgica y el más alto de 9.9% en Suecia.

Sin embargo, como lo demuestra la sección *Finanzas globales en la práctica 17.2*, los desempeños promedio a lo largo de periodos extendidos pueden ser engañosos, ya que tienen la tendencia a uniformar los rendimientos que durante el tiempo de la crisis agotarían por completo el aliento de un inversionista.

Sin embargo, los verdaderos beneficios de la diversificación global surgen del hecho de que los rendimientos de diferentes mercados de acciones alrededor del mundo no están perfectamente correlacionados en forma positiva. Ya que existen diferentes estructuras industriales en

---

FIGURA 17.7   Rendimientos y riesgos reales sobre tres clases mayores de activos, en forma global, 1900-2000

País	Valores de renta variable (%)		Bonos (%)		Certificados (%)	
	Media	Desviación estándar	Media	Desviación estándar	Media	Desviación estándar
Australia	9.0	17.7	1.9	13.0	0.6	5.6
Bélgica	4.8	22.8	0.3	12.1	0.0	8.2
Canadá	7.7	16.8	2.4	10.6	1.8	5.1
Dinamarca	6.2	20.1	3.3	12.5	3.0	6.4
Francia	6.3	23.1	0.1	14.4	−2.6	11.4
Alemania	8.8	32.3	0.3	15.9	0.1	10.6
Irlanda	7.0	22.2	2.4	13.3	1.4	6.0
Italia	6.8	29.4	−0.8	14.4	−2.9	12.0
Japón	9.3	30.3	1.3	20.9	−0.3	14.5
Países Bajos	7.7	21.0	1.5	9.4	0.8	5.2
Sudáfrica	9.1	22.8	1.9	10.6	1.0	6.4
España	5.8	22.0	1.9	12.0	0.6	6.1
Suecia	9.9	22.8	3.1	12.7	2.2	6.8
Suiza	6.9	20.4	3.1	8.0	1.2	6.2
Reino Unido	7.6	20.0	2.3	14.5	1.2	6.6
Estados Unidos	8.7	20.2	2.1	10.0	1.0	4.7

Fuente: Abstraído de Elroy Dimson, Paul Marsh y Mike Staunton. *Triumph of the Optimists. 101 Years of Global Investment Returns.* Princeton University Press. 2002. p. 60. "Media" es la media aritmética; "Desviación estándar" es la desviación estándar de los rendimientos medios. Las estadísticas de bonos y de certificados para Alemania excluyen a los años 1922-1923; Las valores suizos de renta variable empiezan en 1911.

FINANZAS GLOBALES EN LA PRÁCTICA 17.2

Crisis de mercados de valores de renta variable en el siglo xx

Las pérdidas más grandes en el mercado de valores de renta variable del siglo pasado se relacionaron con la guerra y el terrorismo, y su devastación económica asociada.

País	Evento	Pérdidas del mercado de valores de renta variable (rendimientos reales, %)
Estados Unidos	Ataques terroristas, 11 de septiembre de 2001	−14%
Estados Unidos	Derrumbe del mercado de valores de octubre de 1987	−23%
Estados Unidos	Mercado bajista, 2000-2001	−37%
Estados Unidos	Derrumbe de Wall Street de 1929	−60%
Reino Unido	Mercado bajista, 1973-1974	−71%
Alemania	Segunda Guerra Mundial, 1945-1948	−91%
Japón	Segunda Guerra Mundial, 1944-1947	−97%

Fuente: Elroy Dimson, Paul Marsh y Mike Staunton, *Triumph of the Optimists, 101 Years of Global Investment Return*, Princeton University Press, 2002, p. 58.

diferentes países y ya que diversas economías no siguen exactamente el mismo ciclo de negocios, esperamos correlaciones de rendimiento más pequeñas entre inversiones en diferentes países que entre inversiones dentro de un país determinado.

La figura 17.8 reporta los coeficientes de correlación entre los mercados mundiales de valores de renta variable para 1900-2000. Los coeficientes de correlación en el extremo izquierdo inferior de la figura son para la totalidad del periodo, 1900-2000, mientras que los del extremo superior derecho de la figura son para el periodo 1996-2000. Los coeficientes de correlación relativamente bajos entre los rendimientos de los 16 países para cualquier periodo indican un mayor potencial para la diversificación internacional. Los rendimientos, para propósitos comparativos, se han convertido todos a la misma base monetaria (en este caso el dólar estadounidense) y han sido corregidos por la inflación.

Como lo hicieron notar los autores del estudio, las correlaciones parecen ser "plausibles y estar vinculadas con la geografía y la distancia" ya que los mercados nacionales que están contiguos o casi contiguos aparentemente demuestran los coeficientes de correlación más altos para el siglo. Por ejemplo, entre los coeficientes de correlación del extremo inferior izquierdo, las correlaciones más altas son aquellas que existen entre Estados Unidos y Canadá (0.80) e Irlanda y el Reino Unido (0.73).

Los coeficientes de correlación entre los mercados nacionales de instrumentos de renta variable en la parte superior derecha de la figura 17.8, las correlaciones para el periodo 1996-2000, son notablemente más altos que las de todo el siglo. El coeficiente de correlación promedio para todo el siglo fue de 0.36, mientras que el del periodo 1996-2000 fue de 0.50. Aunque tan sólo para el segmento de tiempo más reciente, y aquél en el cual el desempeño del mercado global de capital contable podría haber sido atípico dada la burbuja dot-com en mercados industriales selectos, los coeficientes ciertamente indican un grado más alto de integración en el desempeño del mercado.[1]

Algunos estudios adicionales de regresión múltiple emprendidos por los autores de la investigación encontraron que el siglo xx estaba dividido por mitades y que "no había una relación discernible entre las dos mitades del siglo". Ellos continuaron para determinar que "no hubiera sido

---

[1] Elroy Dimson, Paul Marsh y Mike Staunton, *Triumph of the Optimists, 101 Years of Global Investment Returns*, Princeton University Press, 2002, pp. 115-116.

| FIGURA 17.8 | Coeficientes de correlación entre los mercados mundiales de capital contable, 1900-2000 |

Extremo superior derecho: correlaciones basadas en 60 meses de rendimientos reales en dólares, 1996-2000. Tomado de FTSE World (Irlanda y Sudáfrica) y MSCI (todos los demás).

Extremo inferior izquierdo: correlación basada en 101 años de rendimientos reales en dólares, 1900-2000.

	Mundo	Estados Unidos	Reino Unido	Suiza	Suecia	España	Sudáfrica	Países bajos	Japón	Italia	Irlanda	Alemania	Francia	Dinamarca	Canadá	Bélgica	Australia
Mundo		.93	.77	.59	.62	.67	.54	.73	.68	.52	.69	.69	.73	.57	.82	.54	.69
Estados Unidos	.85		.67	.44	.46	.53	.46	.57	.49	.40	.66	.56	.56	.46	.78	.45	.57
Reino Unido	.70	.55		.58	.44	.63	.31	.71	.42	.39	.73	.58	.59	.57	.57	.59	.56
Suiza	.68	.50	.62		.39	.60	.19	.72	.36	.45	.57	.53	.64	.58	.35	.63	.37
Suecia	.62	.44	.42	.54		.63	.38	.63	.34	.49	.27	.76	.76	.44	.61	.29	.44
España	.41	.25	.25	.36	.37		.35	.63	.32	.64	.50	.64	.75	.56	.51	.55	.54
Sudáfrica	.55	.43	.49	.39	.34	.26		.30	.44	.24	.31	.42	.37	.25	.62	.10	.66
Países Bajos	.57	.39	.42	.51	.43	.28	.29		.39	.59	.63	.74	.77	.64	.55	.70	.46
Japón	.45	.21	.33	.29	.39	.40	.31	.25		.18	.33	.25	.36	.24	.50	.17	.59
Italia	.54	.37	.43	.52	.39	.41	.41	.32	.34		.33	.55	.71	.50	.40	.51	.38
Irlanda	.58	.38	.73	.70	.42	.35	.42	.46	.29	.43		.42	.45	.49	.54	.57	.50
Alemania	.30	.12	−.01	.22	.09	−.03	.05	.27	.06	.016	.03		.83	.61	.57	.59	.46
Francia	.62	.36	.45	.54	.44	.47	.38	.48	.25	.52	.53	.19		.63	.60	.66	.48
Dinamarca	.57	.38	.40	.51	.56	.34	.31	.50	.46	.38	.55	.22	.45		.55	.54	.30
Canadá	.80	.80	.55	.48	.53	.27	.54	.34	.30	.37	.41	.13	.35	.46		.30	.65
Bélgica	.58	.38	.40	.57	.43	.40	.29	.60	.25	.47	.49	.26	.68	.42	.35		.30
Australia	.66	.47	.66	.51	.50	.28	.56	.41	.28	.43	.62	.04	.47	.42	.62	.35	

Fuente: Elroy Dimson, Paul Marsh y Mike Staunton, *Triumph of the Optimists, 101 Years of Global Investment Returns,* Princeton University Press, 2002, p. 115. Reimpreso con permiso de Princeton University Press.

posible predecir las correlaciones para 1950-2000 a partir de esos datos anuales estimados a lo largo de la primera mitad del siglo".[2]

Desempeño de mercado ajustado por el riesgo: las medidas de desempeño de Sharpe y Treynor

Aunque la figura 17.7 y la figura 17.8 proporcionaron algunos indicios en relación con el desempeño histórico a largo plazo de los mercados nacionales individuales y de los activos clave, no proporcionan un panorama completo de la manera en la que los rendimientos y los riesgos se deben considerar en forma combinada. La figura 17.9 presenta estadísticas sumarias para los rendimientos mensuales a través de 18 mercados mayores de capital contable para el periodo 1977-1996. Además de las medidas tradicionales del desempeño individual de mercado del rendimiento medio y de la desviación estándar (para el riesgo), se reporta la beta del mercado nacional individual para el portafolio global así como dos medidas de rendimientos ajustados por el riesgo, las medidas de Sharpe y Treynor.

Los inversionistas deben examinar los rendimientos por el monto del rendimiento por unidad de riesgo aceptado, en lugar de hacerlo en forma aislada (como tomar simplemente promedios de riesgos y de rendimientos). Por ejemplo, en la figura 17.9, el mercado de Hong Kong tenía el rendimiento promedio mensual más alto al nivel de 1.50%, pero también el riesgo más alto, una desviación estándar de 9.61%. (Un factor mayor de contribución a su alta inestabilidad fue, tal vez, la incertidumbre política acerca del futuro de la colonia británica después de 1997.)

[2]*Ibid.,* p. 116.

| FIGURA 17.9 | Resumen de estadísticas de los rendimientos mensuales para 18 mercados mayores de acciones, 1977-1996 (todos los rendimientos han sido convertidos a dólares estadounidenses e incluyen los dividendos pagados) |

	Rendimiento medio (%)	Desviación estándar (%)	Beta (β_i)	Sharpe M. (SHP$_i$)	Treynor M. (TRN$_i$)
Australia	1.00	7.44	1.02	0.078	0.0057
Austria	0.77	6.52	0.54	0.055	0.0066
Bélgica	1.19	5.53	0.86	0.141	0.0091
Canadá	0.82	5.34	0.93	0.076	0.0044
Dinamarca	0.99	6.25	0.68	0.092	0.0085
Francia	1.18	6.76	1.08	0.113	0.0071
Alemania	0.97	6.17	0.84	0.089	0.0065
Hong Kong	1.50	9.61	1.09	0.113	0.0100
Italia	0.96	7.57	0.89	0.071	0.0061
Japón	1.08	6.66	1.21	0.099	0.0055
Países Bajos	1.39	4.93	0.89	0.197	0.0109
Noruega	1.00	7.94	1.02	0.073	0.0057
Singapur	1.09	7.50	1.01	0.090	0.0057
España	0.83	6.81	0.94	0.060	0.0044
Suecia	1.37	6.67	0.97	0.143	0.0099
Suiza	1.10	5.39	0.86	0.127	0.0080
Reino Unido	1.35	5.79	1.06	0.162	0.0089
Estados Unidos	1.01	4.16	0.82	0.143	0.0072
Promedio	1.09	6.51	0.93	0.107	0.0073

Los resultados se calculan con datos del mercado de acciones tomados de Morgan Stanley's *Capital International Perspectives*, publicación mensual.

Para considerar tanto el riesgo como el rendimiento al evaluar el desempeño de un portafolio, en la figura 17.9 se introducen dos medidas, la *medida de Sharpe* (SHP) y la *medida de Treynor* (TRN). La medida de Sharpe calcula el rendimiento promedio por arriba de la tasa de rendimiento líder de riesgo por unidad de riesgo de portafolio:

$$\text{Medida de Sharpe} = \text{SHP}_i = \frac{\overline{R}_i - R_f}{\sigma_i}$$

donde R_i es el rendimiento promedio para el portafolio i durante un periodo especificado, R_f es la tasa de rendimiento promedio libre de riesgo, y σ_i es el riesgo del portafolio i. La medida de Treynor es muy similar, pero en lugar de usar la desviación estándar del rendimiento total del portafolio como la medida de riesgo, utiliza la beta del portafolio, β_i, el riesgo sistemático del portafolio, como se mide contra el portafolio del mercado mundial:

$$\text{Medida de Treynor} = \text{TRN}_i = \frac{\overline{R}_i - R_f}{\beta_i}.$$

La medida de Sharpe indica en promedio qué cantidad de exceso de rendimiento (por arriba de la tasa libre de riesgo) recibe como recompensa un inversionista por cada unidad de riesgo del portafolio que corre dicho inversionista.

Aunque las ecuaciones de las medidas de Sharpe y de Treynor parecen similares, la diferencia entre ellas es importante. Si un portafolio está perfectamente diversificado (sin ningún riesgo no sistemático), las dos medidas proporcionan evaluaciones similares porque el riesgo total del portafolio es equivalente al riesgo sistemático. Si un portafolio está deficientemente diversificado, es posible que muestre un alto rango sobre la base de la medida de Treynor, pero un rango más bajo sobre la base de la medida de Sharpe. La diferencia es atribuible al bajo nivel de diversificación del portafolio. Por lo tanto, las dos medidas proporcionan información complementaria pero distinta.

Ejemplo de Hong Kong. El rendimiento medio para Hong Kong en la figura 17.9 era de 1.5%. Si suponemos que el promedio de la tasa libre de riesgo fue de 5% por año durante este periodo (o 0.42% por mes), la medida de Sharpe se calcularía como

$$ SHP_{HKG} = \frac{\overline{R}_i - R_f}{\sigma_i} = \frac{0.015 - 0.0042}{0.0961} = 0.113 $$

Por cada unidad (%) de riesgo total del portafolio que corrió un inversionista, el mercado de Hong Kong recompensó al inversionista con un rendimiento mensual excesivo de 0.113% en el periodo 1977-1996.

Alternativamente, la medida de Treynor fue

$$ TRN_{HKG} = \frac{\overline{R}_i - R_f}{\beta_i} = \frac{0.015 - 0.0042}{1.09} = 0.0100 $$

Aunque el mercado de Hong Kong tenía la segunda medida más alta de Treynor, su medida de Sharpe se clasificó en el octavo nivel, indicando con ello que el portafolio del mercado de Hong Kong no estaba muy bien diversificado desde la perspectiva del mercado mundial. En lugar de ello, el rango más alto pertenecía al mercado de los Países Bajos, el cual tuvo la medida más alta de Sharpe (0.197) y de Treynor (0.0109).

¿Significa esto que un inversionista estadounidense hubiera estado mejor recompensado al invertir en el mercado de los Países Bajos a lo largo de este periodo? La respuesta es sí siempre y cuando al inversionista se le permitiera invertir en únicamente uno de estos mercados. Definitivamente hubiera estado en una mejor posición que si hubiera permanecido en casa en el mercado estadounidense, el cual tuvo una medida de Sharpe de 0.143 para el periodo. Sin embargo, si el inversionista estuviera dispuesto a combinar estos mercados en un portafolio, el desempeño hubiera sido incluso mejor. Ya que estos rendimientos del mercado no estaban correlacionados de una manera perfectamente positiva, una reducción adicional de riesgo era posible por medio de la diversificación a través de los mercados.

¿Se están integrando progresivamente los mercados?

Con frecuencia se dice que a medida que los mercados de capitales alrededor del mundo se vuelvan más integrados, los beneficios de la diversificación se reducirán. Para examinar esta pregunta, dividimos el periodo de muestra de 20 años de 1977-1996 en mitades: 1977-1986 y 1987-1996. El movimiento oficial hacia una sola Europa coincide con 1986. En esta época la mayoría de los países de la Unión Europea liberaron sus mercados de valores —por lo menos empezaron el proceso de eliminar las restricciones restantes en el flujo libre del capital a través de las fronteras.

La figura 17.10 reporta coeficientes de correlación selectos acerca de los mercados de acciones con Estados Unidos para subperiodo. Tan sólo la correlación entre el mercado danés y el mercado estadounidense realmente decayó desde el primero hasta el segundo periodo. La correlación Canadá-Estados Unidos aumentó de un nivel de por sí alto de 0.66 a 0.77 en el último periodo. De manera similar, las correlaciones entre Estados Unidos y tanto Singapur como el Reino Unido aumentaron a 0.66 y 0.67, respectivamente.

El panorama general es que las correlaciones han aumentado a lo largo del tiempo. La respuesta a la pregunta, "¿Están los mercados cada vez más integrados?" es probablemente sí. Sin embargo, aunque la integración del mercado de capitales ha disminuido algunos de los beneficios de la diversificación de portafolios internacionales, los coeficientes de correlación entre los mercados todavía están lejanos de 1.0. Aún existe una gran cantidad de oportunidades de reducción de riesgos para la diversificación internacional de un portafolio.

| FIGURA 17.10 | Comparación de coeficientes de correlación seleccionados entre mercados de acciones para dos periodos (rendimientos en dólares) |

Correlación con Estados Unidos	1977-1986	1987-1996	Cambio
Canadá	0.66	0.77	+0.11
Dinamarca	0.26	0.18	−0.08
Francia	0.37	0.55	+0.18
Alemania	0.24	0.42	+0.18
Hong Kong	0.13	0.61	+0.48
Japón	0.16	0.26	+0.10
Singapur	0.31	0.66	+0.35
Suiza	0.38	0.47	+0.09
Reino Unido	0.40	0.67	+0.27

Coeficientes de correlación calculados a partir de los datos de Morgan Stanley's *Capital International Perspectives*.

RESUMEN

■ El riesgo total de cualquier cartera está compuesto de riesgo *sistemático* (el mercado) y riesgo *no sistemático* (los valores individuales). El incremento del número de valores en el portafolio reduce el componente del riesgo no sistemático.

■ Un portafolio internacionalmente diversificado tiene una beta de portafolio más baja. Esto significa que el riesgo de mercado del portafolio es más bajo que el del mercado nacional. Esta situación surge porque los rendimientos sobre las acciones extranjeras están estrechamente correlacionados con los rendimientos de las acciones estadounidenses, pero más bien con una beta global.

■ Los inversionistas construyen portafolios internacionalmente diversificados en un intento por combinar los activos que estén menos que perfectamente correlacionados, reduciendo así el riesgo total del portafolio. Además, al añadir activos fuera del mercado nacional, el inversionista está ahora aprovechando una fuente más amplia de inversiones potenciales.

■ La construcción de un portafolio internacional también es diferente en que cuando el inversionista adquiere activos o valores fuera del mercado de su país de origen, dicho inversionista también puede estar adquiriendo un activo denominado en moneda extranjera.

■ El inversionista realmente ha adquirido dos activos adicionales —la moneda de denominación y el activo subsecuentemente comprado con la moneda— un activo en principio, pero dos en cuanto a rendimientos y riesgos esperados.

■ Los riesgos cambiarios de un portafolio, ya sea que se trate de un portafolio de valores o del portafolio general de actividades de una empresa multinacional, se reducen a través de una diversificación internacional.

■ El inversionista individual buscará el *portafolio óptimo nacional* (DP), el cual combina el activo libre de riesgo y un portafolio de valores nacionales que se encuentran en la frontera eficiente. El inversionista empieza con el activo libre de riesgo con el rendimiento de R_f (y un riesgo esperado de cero) y se mueve a lo largo de la línea del mercado de capitales hasta que alcance el portafolio DP.

■ Este portafolio se denomina *portafolio nacional óptimo* porque se desplaza hacia fuera hasta llegar al espacio riesgoso a la pendiente más inclinada —maximizando la pendiente del rendimiento esperado del portafolio sobre el riesgo esperado— pero tocando todavía el conjunto de oportunidad de los portafolios nacionales.

■ El *portafolio internacional óptimo*, IP, se obtiene encontrando aquel punto sobre la línea del mercado de capitales (internacionalmente diversificada) que se extiende desde el rendimiento del activo libre de riesgo de R_f hasta un punto tangencial a lo largo de la frontera eficiente internacionalmente diversificada.

■ El portafolio óptimo del inversionista IP implica tanto un rendimiento esperado del portafolio más alto ($R_{IP} > R_{DP}$), como un riesgo esperado del portafolio más bajo ($\sigma_{IP} < \sigma_{DP}$), que el portafolio óptimo puramente nacional. El portafolio internacional óptimo es superior al portafolio nacional óptimo.

■ La reducción de riesgo es posible a través de una diversificación internacional porque los rendimientos de diferentes mercados de acciones alrededor del mundo no están correlacionados de una manera perfectamente positiva.

■ Ya que existen diferentes estructuras individuales en distintos países y ya que distintas economías no siguen de manera exacta el mismo ciclo de negocios, esperamos correlaciones de rendimiento más pequeñas entre inversiones en diferentes países que entre las inversiones dentro de un país dado.

■ Los relativamente bajos coeficientes de correlación entre los rendimientos de 18 mercados mayores de acciones alrededor del mundo en el periodo de 20 años desde 1977 hasta 1996, indican un gran potencial para la diversificación internacional.

■ El panorama general es que las correlaciones han aumentado a lo largo del tiempo.

■ Sin embargo, 91 de las 153 correlaciones (59%) y la media general (0.46) estuvieron aún bajo 0.5 en 1987-1996. La respuesta a la pregunta, "¿se están integrando los mercados en forma creciente?" es sí.

■ Sin embargo, aunque la integración de los mercados de capitales ha disminuido, algunos de los beneficios de la diversificación del portafolio internacional, los coeficientes de correlación entre los mercados aún están lejos de 1.0. Aún hay una gran cantidad de oportunidades de reducción de riesgos para la diversificación del portafolio internacional.

MINICASO

¿Está pasada de moda la teoría moderna de los portafolios?[1]

¿Quién sabía? Los prestatarios del mercado inferior al de la tasa *prime* no tenían idea de que el mercado de la vivienda estaba a punto de deprimirse, evitando con ello que refinanciaran aquellas tasas tan difíciles de pagar. Los corredores de las hipotecas no preguntaban acerca de los trabajos y de cosas similares, porque nadie solicitaba esa información. Las agencias evaluadoras no sabían que esta confluencia de crédito fácil, incentivos mal colocados y bienes raíces "sobrecalentados" alterarían las tasas históricas de incumplimiento, tanto más porque la mayoría de las decisiones de la vivienda desde la Gran Depresión han tenido un alcance regional. Y las personas que empaquetaron todas esas hipotecas en valores tan sólo se han recuperado de la desazón de cuán fácil era vender todos esos papeles a inversionistas avaros, tan sólo para ser engañados por la realidad que nadie sabe cuánto de cualquiera de sus partes vale todavía.

En una búsqueda de respuestas en lugar de excusas, llamé a Niels Clemen Jensen, un ejecutivo senior anterior en Lehman Brothers quien administra ahora Absolute Return Partners, un fondo líder de US$400 millones en Londres. Jensen es un profesional muy bien versado en los elementos básicos de la teoría moderna del portafolio y de la administración de riesgos. Estoy aquí para atestiguar que, en este caso, el conocimiento no es una dicha, al menos no más que un gran salto hacia lo incomprensible.

"Todo lo que tiene que ver con la teoría moderna del portafolio, desde las herramientas más simples como la desviación estándar hasta las herramientas más complicadas como el valor-al-riesgo, se basan en el muy sencillo supuesto de que el mercado está siguiendo la forma de la curva de la campana.

Y estimo que se podría hacer el argumento de que si se retrocede probablemente no más de 15 o 20 años se podría hacer la demostración de que la vasta mayoría de los mercados de tiempo —los mercados de satisfactores, los mercados de capital contable y los mercados de renta fija— estaban en realidad siguiendo la forma de la curva de la campana. En otras palabras, los rendimientos estaban distribuidos normalmente. Pero un cierto número de cosas han cambiado en los últimos 20 años. Primero que nada, tenemos acceso a instrumentos mucho más sofisticados. Segundo, usamos posiciones largas y cortas de modo que con el surgimiento de la industria de fondos de cobertura los distintos inversionistas del mercado se han vuelto mucho más sofisticados. Por tanto, no solamente estamos usando instrumentos que no existían hace 20 años, también estamos mezclando esos instrumentos en una forma que hace las cosas mucho más complicadas. Y por todas estas razones en la actualidad los rendimientos se están comportando de una manera distinta de como se comportaban hace 20 años."

Yo ya sabía acerca del argumento de Jensen que basado en patrones "normales" de distribución de la curva de la campana, los 10 terremotos del mercado que han ocurrido a lo largo de los últimos 20 años —desde el derrumbe de 1987 hasta la derrota de las acciones en agosto— tan sólo podría haberse esperado que ocurrieran una vez cada varios miles de millones de años. Bajo el modelo de la curva de la campana, el cual funciona mejor para sistemas relativamente estáticos, el derrumbe de 1987 era tan absolutamente improbable que no debería haber ocurrido todavía, dada la edad de este universo. Ciertamente parece que tenemos un problema de datos en nuestras manos.

[1]Extraído del artículo de Igor Greenwald: "Modern Portfolio Theory Looks Very Outdated" el cual apareció en *Smart Money* el 20 de noviembre de 2007.

Jensen recita de un tirón las recientes improbabilidades: la caída del mercado de octubre de 1997, el fracaso de la administración del capital a largo plazo el año siguiente, justamente a través de la burbuja dot-com y la reorganización de China en febrero. "De manera aislada, ninguno de estos eventos debería suceder en más de tres, cuatro, cinco, seis o siete miles de millones de años", afirma él. "Pero si se tienen eventos del tipo de 1 en cada 3 mil millones de años que ocurren cada dos años, entonces algo anda mal con las reglas. Como una industria, necesitamos crear nuevas herramientas porque las antiguas ya no funcionan."

De acuerdo con Jensen, una parte del problema se puede encontrar en las limitaciones de los datos de mercado sobre los cuales se construyen comúnmente modelos de riesgo, ya que las estadísticas tan sólo se remontan a 1970 o una fecha similar. Pero ese es difícilmente el único defecto. Una cantidad no suficiente de instituciones, afirma él, asumen el enfoque de sentido común de preguntar que podría suceder si lo improbable llega a pasar en la forma en que ha sucedido una y otra vez en años recientes. ¿Qué sucede si el mercado para sus activos se seca? ¿Qué si uno no puede satisfacer los requerimientos de margen?

"No estoy diciendo que todo mundo esté en ese bote", afirma Jensen. "Solía trabajar en Goldman Sachs y sabía que Goldman tiene algunos modelos muy sofisticados en sus manos, de modo que no todo mundo es culpable de esto, pero existe un número sorprendente de instituciones financieras que usan herramientas relativamente sofisticadas. Usted debería estar sorprendido de saber cuántas instituciones del mundo tienen en la actualidad un modelo de riesgo muy unidimensional. Y la mayoría de los casos se basa en el valor al riesgo." Y desde luego, el valor al riesgo se calcula con base en una curva de campana con un buen comportamiento. Estoy empezando a desear que debería haber programado esta entrevista para un día más tranquilo.

Jensen afirma que la siguiente generación de modelos de valor al riesgo —disponibles en un año o dos— incorporará las simulaciones Monte Carlo que ya son usadas por muchos individuos y planificadores financieros personales. Y es muy buen tiempo también para que Citigroup adopte una metodología que ha estado disponible durante mucho tiempo para todo mundo. Pero ello todavía dejará el problema de que, en esencia, Citigroup y todos los demás están usando el mismo enfoque para medir el riesgo, asegurando virtualmente una crisis eventual. "Parte del problema es que cuando todos usan las mismas herramientas para administrar sus riesgos las cosas están destinadas a salir mal en algún momento", afirma Jensen. "Usted está reaccionando de la misma manera que todos los demás. No solamente se basa en un supuesto que en realidad no es razonable, también es el modelo estándar en la industria, lo cual significa que todo mundo lo está usando y que amplificará el problema cuando se presenten las consecuencias."

Los inversionistas a largo plazo que disponen de una gran cantidad de tiempo pueden ser capaces de sobrellevar la inestabilidad. Aquellos que tienen horizontes de tiempo más cortos o menos valor para el riesgo pueden dedicar una modesta fracción del portafolio para hacer frente a los seguros, ya sea como opciones de venta a largo plazo, fondos bajistas negociados en bolsa o incluso a través de un fondo de cobertura de alta inestabilidad, afirma Jensen. "Pero cómprelos cuando todo es color de rosa y en realidad nadie piensa en ninguna necesidad de comprar opciones de venta", añade él. En otras palabras, no los compre ahora.

Desde luego, no todas las sacudidas recientes del mercado han sido negativas. Jensen apunta al Internet y al desarrollo de Asia como dos trastornos altamente positivos de años recientes. Pero las sacudidas positivas son más fáciles de absorber, ya que tienden a producir mercados a la alza extendidos en lugar de derrumbes y pánico financiero. Por nuestro bien, sería mejor que reconociéramos que de hecho estamos viviendo en tiempos extraordinarios, porque Jensen considera que los rendimientos de mercado superiores al promedio de las dos últimas décadas pueden necesitar una nueva prueba de la línea de tendencia de rendimientos a largo plazo alrededor de un 10% anual. Y ello podría causar que los precios de los activos de Estados Unidos declinaran tanto como 25% con respecto a los niveles actuales.

Obviamente, ese es un problema para los siguientes tres miles de millones de años o una cantidad similar —a menos de que suceda en la siguiente década—. En el plazo más corto, hasta finales de 2007, Jensen tiene muchas esperanzas de que el mercado de acciones sobrevendido pueda rebotar. Del mismo modo que el tiene la esperanza de que aparezcan pronto mejores modelos de riesgo. "No soy un amante de predecir fatalidades", afirma él. "En realidad, soy una persona muy optimista por naturaleza. No creo que éste sea el fin del mundo pero considero que hay más malas noticias que aparecerán en la primavera." Desde luego que las hay. Nosotros los optimistas, necesitamos reunirnos.

Preguntas del caso

1. ¿Por qué podría no ser útil la curva de la campana cuando se tratara de construir y administrar portafolios financieros modernos?

2. ¿Qué riesgos se crean si la mayoría de los agentes de mercado más importantes están usando los mismos modelos a la vez?

3. Desde el momento de ese artículo, la economía del mundo ha sufrido una crisis significativa. ¿Qué elementos del artículo pueden haber resultado ser correctos?

PREGUNTAS

1. **Beneficios por diversificación.** ¿Cómo cambia la diversificación de un portafolio sus rendimientos y sus riesgos esperados? ¿Es esto en principio distinto de alguna manera para los portafolios internacionalmente diversificados?

2. **Reducción de riesgo.** ¿Qué tipos de riesgos están presentes en un portafolio diversificado? ¿Qué tipo de riesgo permanece después de que el portafolio se ha diversificado?

3. **Medición del riesgo.** ¿Cómo, de acuerdo con la teoría del portafolio, se mide con exactitud el riesgo de un portafolio?

4. **Riesgo de mercado.** Si todos los mercados nacionales tienen un riesgo de mercado, ¿es todo el riesgo de mercado el mismo?

5. **Riesgo monetario.** El riesgo monetario asociado con la diversificación internacional es una seria preocupación para los administradores de los portafolios. ¿Es posible que el riesgo monetario se beneficie alguna vez del rendimiento del portafolio?

6. **Portafolio nacional óptimo.** Defina con palabras (sin gráficas) cómo se construye el portafolio nacional óptimo.

7. **Portafolios de riesgo mínimo.** Si el beneficio primario de la diversificación del portafolio es una reducción de riesgo, ¿está el inversionista siempre en una mejor posición al elegir el portafolio con el riesgo esperado más bajo?

8. **Riesgo internacional.** Cuando se pregunta la razón por la cual no diversifican sus portafolios a nivel internacional, muchos administradores de portafolios responden que "los riesgos no valen los rendimientos esperados". Usando la teoría de la diversificación internacional, ¿cómo evaluaría usted esta afirmación?

9. **Coeficientes de correlación.** Los beneficios de la construcción del portafolio, a nivel nacional o internacional, surgen de la falta de correlación entre los activos y los mercados. Se espera que la creciente globalización de los negocios cambie estas correlaciones a través del tiempo. ¿Cómo considera usted que cambiarán y por qué?

10. **Riesgo y rendimiento relativo.** Conceptualmente, ¿cómo definen las medidas del desempeño de Sharpe y Treynor al riesgo de una manera diferente? ¿Cuál de ellas considera usted que sea una medida más útil en un portafolio internacionalmente diversificado?

11. **Valores de renta variable internacionales y monedas.** Como el miembro más novedoso del equipo de asignación de activos de su empresa, usted se encuentra a sí mismo constantemente interrogado por los compañeros de su grupo. El tópico es la diversificación internacional. Un analista le hace la siguiente pregunta:

    Los precios de los valores son impulsados por una variedad de factores, pero las utilidades corporativas son claramente uno de los principales mecanismos de impulsión. Cualquier utilidad corporativa —en promedio— sigue a los ciclos de los negocios. Los tipos de cambio, como son enseñados en la universidad, reflejan la evaluación de mercado de los prospectos de crecimiento para la economía apoyados por la moneda. Por tanto, si los valores ascienden con el ciclo de negocios, y las monedas ascienden con los ciclos de los negocios, ¿por qué no vemos a las monedas y a los precios de los valores en todo el mundo subir y bajar en forma conjunta?

    ¿Cual es la respuesta?

12. **¿Son las empresas multinacionales inversiones globales?** Las empresas con operaciones y activos a través de todo el mundo, las cuales son verdaderas empresas multinacionales, son de muchas maneras tan internacionales en su composición como el portafolio más internacionalmente diversificado de valores no relacionados. ¿Por qué razón los inversionistas no invierten simplemente en empresas multinacionales que se negocian en sus bolsas locales y abandonan la complejidad de comprar valores que se negocian en bolsas extranjeras?

13. **ADR *versus* tenencias directas.** Cuando usted está construyendo su apropio portafolio, sabe que desea incluir a Cementos de México (México), pero usted no puede decidir si desea manejarlo bajo la forma de ADR que se negocien en la NYSE o directamente a través de compras en la Bolsa de la ciudad de México.
    a. ¿Implica ello alguna diferencia con respecto al riesgo monetario?
    b. Liste los pros y los contras de los ADR y de las compras directas.
    c. ¿Qué recomendaría usted si fuera un inversionista de activos para una corporación sin operaciones internacionales o tenencias internacionalmente diversificadas?

PROBLEMAS

1. **Pacific Wietz.** Giri Iyer es un analista europeo y un estratega para Tristar Funds, una compañía de fondos de inversión con base en Nueva York. Giri está evaluando actualmente el desempeño reciente de las acciones de Pacific Wietz, una compañía de química de especialidad que se negocia en forma pública en Alemania e inscrita en Frankfurt DAX. El monto de la inversión de base que usa Tristar es de US$200,000. Ha recopilado las siguientes cotizaciones:

Elemento	Compra al 1 de enero	Venta al 31 de diciembre	Distribuciones
Precio de la acción	€135.00	€157.60	€15.00
Tipo de cambio	US$1.3460/€	US$1.4250/€	

   a. ¿Cuál fue el rendimiento sobre el valor en términos de la moneda local?
   b. ¿Cuál fue el rendimiento sobre el valor en términos de dólares estadounidenses?
   c. ¿Significa esto que fue una buena inversión para un inversionista local, para un inversionista con base en Estados Unidos o para ambos?

*2. **Boeing y Unilever.** Un inversionista está evaluando un portafolio de dos activos para los siguientes valores:

Valor	Rendimiento esperado (porcentaje)	Desviación estándar (porcentaje)
Boeing (Estados Unidos)	18.6	22.8
Unilever (UK)	16.0	24.0

a. Si los dos valores tienen una correlación de +.6, ¿cuál es el riesgo y el rendimiento esperado de una cartera que está igualmente ponderada?

b. Si los dos valores tienen una correlación de +.6, ¿cuál es el riesgo y el rendimiento esperado para una cartera que se compone 70% de Boeing y 30% de Unilever?

c. Si los dos valores tienen una correlación de +.6, ¿cuál es el riesgo y el rendimiento esperado de una cartera que está ponderada de una manera óptima? Determine los pesos que minimizan el riesgo combinado.

3. **Rendimientos del Báltico.** Suponga los rendimientos en dólares estadounidenses (promedios mensuales) que se muestran más abajo para las tres repúblicas del Báltico. Calcule las medidas de Sharpe y Treynor para el desempeño del mercado.

País	Rendimiento medio	Desviación estándar	Tasa libre de riesgo	Beta
Estonia	1.12%	16.00%	0.42%	1.65
Letonia	0.75%	22.80%	0.42%	1.53
Lituania	1.60%	13.50%	0.42%	1.20

4. **Fondo de capital contable anglo-americano.** Un inversionista está evaluando un portafolio de dos activos con los dos siguientes valores:

Valor	Rendimiento esperado (porcentaje)	Desviación estándar (porcentaje)
Valores de renta variables anglos	12.5	26.4
Valores de renta variable americanos	10.8	22.5

a. Si los dos fondos de capital contable tienen una correlación de +.72, ¿cuál es el riesgo y el rendimiento esperado para los tres siguientes pesos del portafolio?

Portafolio A:	75% anglo, 25% americano
Portafolio B:	50% anglo, 50% americano
Portafolio C:	25% anglo, 75% americano

b. ¿Cuál de los portafolios es preferible? ¿Sobre qué base?

Lancaster Technology
(Bolsa de Valores de Londres)

Lancaster Technology es un proveedor de servicios de tecnología de la información. En el momento actual opera principalmente dentro del ámbito de mercado europeo, y por tanto no está activo ni es negociado en ninguna bolsa de valores norteamericana. El precio de las acciones de la compañía y las distribuciones de dividendos han sido como sigue en años recientes:

	6/30/04	6/30/05	6/30/06	6/30/07
Precio de la acción (£)	37.40	42.88	40.15	44.60
Dividendo (£)	1.50	1.60	1.70	1.80
Tipo de cambio al contado (US$/£)	1.8160	1.7855	1.8482	2.0164
Tipo de cambio al contado (€/£)	1.4844	1.4812	1.4472	1.4845

*5. **Lancaster Technology: inversionistas basados en libras esterlinas.** Usando los datos anteriores, calcule la tasa anual promedio de revaluación de capital sobre las acciones de Lancaster, así como el rendimiento total promedio (incluyendo los dividendos) para un inversionista basado en libras esterlinas que mantenga las acciones para la totalidad del periodo que se muestra.

6. **Lancaster Technology: inversionistas basados en dólares estadounidenses (A).** Usando los datos anteriores, calcule el rendimiento promedio total anual (incluyendo dividendos) para un inversionista con base en Estados Unidos que mantenga las acciones para la totalidad del periodo que se muestra. Suponga una inversión de US$100,000.

7. **Lancaster Technology: inversionistas basados en dólares estadounidenses (B).** Usando los datos anteriores, suponga ahora que la libra se revalúa de manera consistente *versus* el dólar a razón de 3.0% por año. Empiece con la tasa de US$1.8160/£ en junio 2004. Calcule el rendimiento total promedio total anual (incluyendo dividendos) para un inversionista con base en Estados Unidos que mantenga las acciones para la totalidad del periodo que se muestra.

8. **Lancaster Technology: inversionistas basados en euros (A).** Usando los datos anteriores, calcule el rendimiento total anual promedio (incluyendo dividendos) para un inversionista basado en euros que mantenga las acciones para la totalidad del periodo que se muestra. Suponga una inversión de €100,000.

9. **Lancaster Technology: inversionistas basados en euros (B).** Usando los datos anteriores, suponga ahora que la libra se revalúa de manera consistente *versus* el euro a razón de 1.5% por año. Empiece con el tipo de cambio de €1.4844/£ en junio de 2004. Calcule el rendimiento total promedio anual (incluyendo dividendos) para un inversionista basado en euros que mantenga las acciones por la totalidad del periodo que se muestra.

10. **Los inversionistas brasileños se diversifican.** En 2001 y 2002 la economía brasileña había subido y bajado. El real brasileño (R$) también había estado disminuyendo desde 1999 (cuando estaba sujeto a flotación). Los inversionistas deseaban diversificarse internacionalmente —hacia dólares estadounidenses en su mayor parte— para protegerse a sí mismos contra la economía y la moneda

nacional. En abril de 2002, un inversionista privado de gran tamaño había invertido R$500,000 en los índices de Standard & Poor's, los cuales se negocian en la American Stock Exchange (AMSE: SPY). Los índices de precios iniciales y finales y los tipos de cambio entre los reales y el dólar fueron como sigue:

	4/10/2002	4/10/2003
Precio de las acciones de SPY (US$)	112.60	87.50
Tipo de cambio (R$/US$)	2.27	3.22

a. ¿Cuál fue el rendimiento del fondo del índice durante el año para un inversionista basado en dólares estadounidenses?

b. ¿Cuál fue el rendimiento para un inversionista brasileño en relación con un periodo de tenencia de un año? Si el inversionista brasileño pudiera haber invertido localmente en Brasil en una cuenta con intereses que garantizara 12%, ¿hubiera sido eso mejor que la estrategia americana de diversificación?

11. **Portafolio de capital contable Rusia-Estados Unidos. Portafolio de capital contable (A).** Un inversionista está evaluando un portafolio de dos activos que combina un fondo de capital contable estadounidense con un fondo de capital contable ruso. Los rendimientos, riesgos y coeficientes de correlación esperados para el periodo siguiente de un año son como sigue:

Valor	Rendimiento esperado (porcentaje)	Riesgo esperado (porcentaje)
Fondo de capital contable estadounidense	10.50	18.60
Fondo de capital contable ruso	16.80	36.00

Suponiendo que el coeficiente de correlación esperado es de 0.52 para el año siguiente, ¿cuáles pesos (use incrementos de 5% tales como 95/5, 90/10) dan como resultado la mejor intercompensación entre el riesgo esperado y el rendimiento esperado?

12. **Portafolio de capital contable ruso-estadounidense (B).** Vuelva a resolver el problema 11, pero suponga que ha reducido el coeficiente de correlación esperado de 0.52 a

0.38. ¿Qué pesos (use incrementos de 5% tales como 95/5, 90/10) dan como resultado la mejor intercompensación entre el riesgo esperado y el rendimiento esperado?

EJERCICIOS DE INTERNET

1. **Teoría moderna del portafolio.** Use el sitio de Internet MoneyOnLine para revisar las teorías, supuestos y herramientas estadísticas fundamentales que componen a la teoría moderna del portafolio.

MoneyOnLine Limited   www.moneyonline.co.nz/
                          calculator/theory.htm

2. **Diversificación internacional a través de sociedades de inversión.** Todas las compañías más grandes de sociedades de inversión ofrecen ahora una variedad de fondos mutuos internacionalmente diversificados. Sin embargo, el grado de composición internacional a través de los fondos difiere de manera significativa. Use los sitios Web de cualquiera de los principales proveedores de fondos mutuos (Fidelity, Scudder, Merrill Lynch, Kemper y similares) y cualquier otro de interés, para hacer lo siguiente:

a. Distinga entre los fondos internacionales, los fondos globales, los fondos mundiales y los fondos en ultramar.

b. Determine la manera en la que los fondos internacionales se han desempeñado, en términos de dólares estadounidenses, en relación con los fondos mutuos que ofrecen portafolios puramente nacionales.

c. Use el sitio Web de the Security and Exchange Commission, www.sec.gov/pdf/ininvest.pdf, para revisar los puntos de disputa riesgo-rendimiento relacionados con las inversiones internacionales.

3. **Yahoo! Finance Investment Learning Center.** Yahoo! Finance proporciona material detallado actual a nivel básico y de investigación y lectura avanzada en relación con todos los aspectos de las inversiones, incluyendo a la administración de portafolios. Use su sitio Web para refrescar su memoria en relación con los beneficios y a los riesgos de los portafolios.

Yahoo! Finance Learning   biz.yahoo.com/edu/
                              ed_begin.html

CAPÍTULO 18

Teoría de la inversión extranjera directa y riesgo político

Las personas no desean una perforadora de un cuarto de pulgada. Desean un hoyo de un cuarto de pulgada.

—Theodore Levitt, Harvard Business School.

La decisión estratégica de emprender una inversión extranjera directa (FDI, *foreign direction investment*), y por tanto de convertirse en una empresa multinacional, empieza con una autoevaluación. ¿Tiene la empresa una ventaja competitiva sostenible? A continuación, ¿debe la empresa ingresar a los mercados extranjeros a través de una inversión extranjera directa o a través de algún modo alternativo como la concesión de licencias, los negocios conjuntos, las alianzas estratégicas, los contratos de administración o tan sólo exportaciones puras? Si el método que se elije es la inversión extranjera directa, ¿dónde debería invertir la empresa? ¿Debería hacerlo a través de una inversión que empiece desde cero o una adquisición? ¿Es la inversión extranjera directa exclusivamente del dominio de las empresas multinacionales grandes y que residen en los países más avanzados o pueden las EMN originarse en países menos desarrollados?

Sostenimiento y transferencia de la ventaja competitiva

Antes de decidir invertir en el extranjero, la administración debe determinar primero si la empresa tiene una ventaja competitiva sostenible que la capacite para competir con eficacia en el mercado nacional. La ventaja competitiva debe ser específica para la empresa, transferible y lo suficientemente poderosa para compensar a la compañía por las desventajas potenciales de operar en el extranjero (riesgos cambiarios, riesgos políticos y un incremento en los costos de representación de los accionistas por parte de los administradores (sus agentes).

Con base en las observaciones de las empresas que han invertido con éxito en el extranjero, podemos concluir que algunas de las ventajas competitivas de las que disfrutan las EMN son: 1) economías de escala y de alcance que surgen de su mayor tamaño; 2) experiencia administrativa y de mercadotecnia; 3) una tecnología superior como resultado de su fuerte énfasis sobre la investigación; 4) fuerza financiera; 5) productos diferenciados, y algunas veces 6) competitividad de sus mercados nacionales.

Economías de escala y de alcance

Se pueden desarrollar economías de escala y de alcance en producción, mercadotecnia, finanzas, investigación y desarrollo, transporte y compras. Todas estas áreas tienen las ventajas competitivas significativas de ser grandes, ya sea que el tamaño se deba a las operaciones internacionales o nacionales. Las economías de producción pueden provenir del uso de una planta y equipo automatizado a gran escala o de la capacidad de racionalizar la producción a través de una espe-

452

cialización mundial. Por ejemplo, algunos productores de automóviles, como Ford, racionalizan la manufactura al producir motores en un país, transmisiones en otro y carrocerías en uno distinto y ensamblados en cualquier otra parte, y la localización frecuentemente queda dictada por la ventaja comparativa.

Las economías de comercialización ocurren cuando las empresas son los suficientemente grandes para usar los medios de publicidad más eficientes que les permitan crear una identificación de marca mundial, así como para establecer una distribución, almacenamiento y sistemas de servicio a nivel internacional. Las economías financieras se derivan del acceso a la totalidad de la variedad de instrumentos financieros y fuentes de fondos, como los mercados de euromonedas, de eurocapital contable y de eurobonos. Los programas internos de investigación y desarrollo están generalmente restringidos a las empresas grandes debido al requisito de un tamaño mínimo para el establecimiento de un laboratorio y de personal científico. Las economías de transporte se crean para las empresas que pueden hacer sus embarques con vagones llenos o lotes de cargamentos. La economización en las compras provienen de los descuentos por cantidad y del poder de mercado.

Talento administrativo y de comercialización

El talento administrativo incluye la habilidad para el manejo de organizaciones industriales grandes tanto desde el punto de vista humano como del técnico. También incluye al conocimiento de las técnicas analíticas modernas y de su aplicación en las áreas funcionales de negocios. El talento administrativo se puede desarrollar a través de una experiencia anterior en mercados extranjeros. En la mayoría de los estudios se ha observado que las empresas multinacionales exportan a un mercado antes de establecer un centro de producción allí. Del mismo modo, tienen una experiencia anterior en la obtención de materia prima y de capital humano en otros países extranjeros ya sea a través de importaciones, concesión de licencias o una inversión extranjera directa. De este modo, las empresas multinacionales pueden superar de forma parcial el supuesto conocimiento local superior de las empresas del país anfitrión.

Tecnología avanzada

Una tecnología avanzada incluye tanto las habilidades científicas como las de ingeniería. No está limitada a las empresas multinacionales, pero las empresas de la mayoría de los países industrializados han tenido una ventaja en términos de un acceso a productos derivados continuos de nuevas tecnologías provenientes de los programas militares y espaciales. Los estudios empíricos han apoyado la importancia de la tecnología como una característica de las empresas multinacionales.

Fuerza financiera

Como se expuso en el capítulo 14, las compañías demuestran su fuerza financiera mediante el logro y el mantenimiento de un costo y una disponibilidad global de capital. Ésta es una variable de costos competitivos fundamental que capacita a la empresa a financiar la inversión extranjera directa y otras actividades en el extranjero. Las empresas multinacionales que residen en mercados de capitales líquidos y no segmentados normalmente disfrutan de este atributo. Sin embargo, las empresas multinacionales que residen en países industriales pequeños o países con mercados emergentes, todavía pueden seguir la estrategia proactiva de buscar portafolios extranjeros e inversionistas corporativos.

Las empresas pequeñas y medianas con frecuencia carecen de las características que atraen a los inversionistas extranjeros (y tal vez nacionales). Son demasiado pequeñas o poco atractivas para lograr un costo de capital global. Esto limita su capacidad para financiar la inversión extranjera directa, y su más alto costo marginal de capital reduce el número de proyectos extranjeros que pueden generar tasa requerida de rendimiento más alta.

Productos diferenciados

Las empresas crean sus propias ventajas específicas mediante la producción y la comercialización de productos diferenciados. Tales productos se originan a partir de innovaciones basadas en la investigación o de fuertes gastos de mercadotecnia para obtener una mejor identificación de marca. Además, el proceso de investigación y desarrollo continúa produciendo una corriente uniforme de nuevos productos diferenciados. Es difícil y costoso que los competidores copien tales productos, y siempre se enfrentan a un retraso de tiempo si lo intentan. Habiendo desarrollado productos diferenciados para el mercado nacional, la empresa puede decidir comercializarlos en todo el mundo, una decisión consistente con el deseo de maximizar el rendimiento sobre sus fuertes gastos de investigación y mercadotecnia.

Competitividad del mercado nacional

Un mercado nacional fuertemente competitivo puede hacer más aguda la ventaja competitiva de una empresa en relación con las empresas que se localizan en mercados nacionales menos competitivos. Este fenómeno se conoce como "diamante de la ventaja nacional". El diamante tiene cuatro componentes, como se ilustra en la figura 18.1.[1]

El éxito de una empresa al competir en una industria en particular depende en parte de la disponibilidad de los factores de producción (tierra, mano de obra, capital y tecnología) apropiados para esa industria. Los países que están dotados de forma natural de los factores apropiados o que son capaces de crearlos, probablemente generarán empresas que sean tanto competitivas a nivel nacional como potencialmente competitivas en el extranjero. Por ejemplo, una fuerza de trabajo bien educada en el mercado nacional crea una ventaja competitiva para las empresas en ciertas industrias de alta tecnología. Las empresas que se enfrentan a clientes sofisticados y exigentes en el mercado nacional son capaces de poner a punto sus habilidades de mercadotecnia, de producción y de control de calidad. Japón es tal mercado.

Las empresas que se encuentran en industrias que están rodeadas de una masa crítica de industrias y proveedores relacionados, serán más competitivas debido a esta distribución de apoyo. Por ejemplo, las empresas electrónicas que se localizan en centros de excelencia, como en el área de la Bahía de San Francisco, están rodeadas de proveedores eficaces y creativos y disfrutan de un acceso a las instituciones educacionales que se encuentran a la vanguardia del conocimiento.

Un mercado nacional competitivo obliga a las empresas a afinar sus estrategias operacionales y de control para su industria específica y para el ambiente de su país. Las empresas japonesas aprendieron cómo organizarse para implantar su famoso sistema de control de inventarios *justo a tiempo*. Una clave fue el uso de numerosos subcontratistas y proveedores que fueron motivados para situarse cerca de las plantas finales de ensamblado.

FIGURA 18.1   **Determinantes de la ventaja nacional competitiva: el Diamante de Porter**

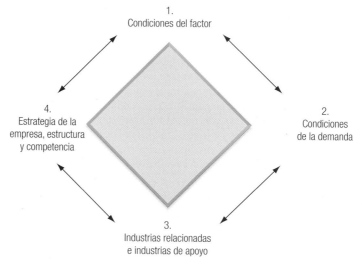

---

[1]Michael Porter, *The Competitive Advantage of Nations*, Londres: Macmillan Press, 1990.

En algunos casos, los mercados del país de origen no han sido grandes ni competitivos, pero las empresas multinacionales que se han localizado ahí han desarrollado nichos de mercados globales atendidos por subsidiarias extranjeras. La competencia global en las industrias oligopolistas sustituye a la competencia nacional. Por ejemplo, un número de empresas multinacionales residentes en la península escandinava, Suiza y los Países Bajos caen en esta categoría. Algunas de éstas son Novo Nordisk (Dinamarca), Norske Hydro (Noruega), Nokia (Finlandia), L.M. Ericsson (Suecia), Astra (Suecia), ABB (Suecia/Suiza), Roche Holding (Suiza), Royal Dutch Shell (Países Bajos), Unilever (Países Bajos) y Philips (Países Bajos).

Los países con mercados emergentes también han generado empresas multinacionales que aspiran a ser globales en ciertos nichos de mercado aun cuando carecen de mercados competitivos en el país de origen. Algunos de ellos son exportadores tradicionales en campos de recursos naturales tales como petróleo, agricultura y minerales, pero están en transición en su camino hacia la conversión en empresas multinacionales. Generalmente empiezan con subsidiarias con ventas extranjeras, negocios conjuntos y alianzas estratégicas. Algunos ejemplos son Petrobrás (Brasil), YPF (Argentina) y Cemex (México). Otra categoría de empresas son aquellas que se han privatizado en fechas recientes en la industria de las telecomunicaciones. Algunos ejemplos son Teléfonos de México y Telebras (Brasil). Incluso otras empezaron como productores de componentes electrónicos pero están haciendo su transición hacia la manufactura en el extranjero. Algunos ejemplos son Samsung Electronics (Corea) y Acer Computer (Taiwán).

El paradigma OLI y la internacionalización

El paradigma OLI (Buckley y Casson, 1976; Dunning, 1977) es un intento para crear un marco conceptual general para explicar la razón por la cual las empresas multinacionales optan por la inversión extranjera directa en lugar de servir a mercados extranjeros a través de modos alternativos como la concesión de licencias, los negocios conjuntos, las alianzas estratégicas, los contratos administrativos y las exportaciones.[2]

El *paradigma OLI* afirma que una empresa primero debe tener alguna ventaja competitiva en su mercado nacional —"O" o *específico para el propietario*— que puede ser transferido hacia el extranjero si la empresa ha de tener éxito en la inversión extranjera directa. Segundo, la empresa debe ser atraída por características específicas del mercado extranjero —"L" o *específico para la localidad*— que le permitirá explotar sus ventajas competitivas en ese mercado. Tercero, la empresa mantendrá su posición competitiva tratando de controlar la totalidad de la cadena de valor en su industria —"I" o *interiorización*—. Esto la conduce a una inversión extranjera directa en lugar de proceder a la concesión de licencias o a las subcontrataciones.

Definiciones

La "O" en OLI representa las ventajas específicas para el propietario. Como se describió anteriormente, una empresa debe tener ventajas competitivas en su mercado nacional. Éstas deben ser específicas para la empresa, no deben ser fáciles de copiar y estar estructuradas de forma que permitan que sean transferidas a las subsidiarias extranjeras. Por ejemplo, las economías de escala y la fuerza financiera no son necesariamente específicas para la compañía porque se pueden lograr a través de muchas otras empresas. Por ejemplo, se pueden comprar ciertos tipos de tecnologías, obtener por medio de licencias o se pueden copiar. Incluso los productos diferenciados pueden perder su ventaja en términos de versiones ligeramente afectadas, dado un suficiente esfuerzo de mercadotecnia y el precio correcto.

La "L" de OLI representa ventajas específicas para la localidad. Estos factores son generalmente imperfecciones de mercado o ventajas comparativas genuinas que atraen la inversión extranjera directa hacia localidades particulares. Dichos factores podrían incluir una fuerza laboral de bajo

---

[2]Peter J. Buckley y Mark Casson, *The Future of the Multinational Enterprise*, Londres: McMillan, 1976; y John H. Dunning, "Trade Location of Economic Activity and the MNE: A Search for an Eclectic Approach", en *The International Allocation of Economic Activity*, Bertil Ohlin, Per-Ove Hesselborn y Per Magnus Wijkman, eds., Nueva York: Holmes y Meier, 1977, pp. 395-418.

costo pero productiva, fuentes únicas de materias primas, un mercado nacional grande, inversiones defensivas para contrarrestar la fuerza de otros competidores o centros de excelencia tecnológica.

La "I" de OLI representa la interiorización. De acuerdo con la teoría, el ingrediente básico para el mantenimiento de una ventaja competitiva específica para la empresa es la posesión de la información de una patente o marca registrada y el control del capital humano que pueda generar nueva información a través del talento en la investigación. De más está decirlo, una vez más las empresas grandes que hacen investigaciones profundas tienen mayores probabilidades de ajustarse a esta descripción.

La minimización de los costos de las transacciones es el factor fundamental en la determinación del éxito de una estrategia de interiorización. Una inversión extranjera directa de propiedad total reduce los costos de representación de los accionistas por parte de los administradores (sus agentes) que surgen de la información asimétrica, de una falta de confianza y de la necesidad de vigilar a los socios, a los proveedores y a las instituciones financieras extranjeras. El autofinanciamiento elimina la necesidad de observar convenios específicos de deudas sobre subsidiarias extranjeras que sean financiadas en forma local o mediante socios de negocios conjuntos. Si una empresa multinacional tiene un bajo costo global y una alta inestabilidad de capital, ¿por qué se debe compartir esta situación con los socios de negocios conjuntos, distribuidores, titulares de licencias y bancos locales, todos los cuales tendrán probablemente un costo de capital más alto?

La estrategia financiera

Las estrategias financieras están directamente relacionadas con el paradigma OLI para la explicación de la inversión extranjera directa, como se muestra en la figura 18.2. Los administradores financieros de las empresas multinacionales pueden controlar en forma anticipada las estrategias financieras proactivas. Éstas incluyen las estrategias necesarias para obtener una ventaja a partir de un costo global más bajo y una mayor disponibilidad de capital y se explicaron con detalle en el capítulo 14. Otras estrategias financieras proactivas son la negociación de los subsidios financieros y/o una reducción en los gravámenes para incrementar los flujos de efectivo libres de costo, reduciendo los costos financieros de los agentes administrativos, la exposición operativa y la exposición por transacciones a través de la inversión extranjera directa.

FIGURA 18.2   **Los factores específicos de las finanzas y el paradigma OLI ("X" indica una conexión entre la inversión extranjera directa y las estrategias específicas de las finanzas)**

	Ventajas de propiedad	Ventajas de localización	Ventajas de interiorización
Estrategias financieras proactivas			
1. Obtener y mantener un costo y una disponibilidad de capital a nivel global.			
■ Abastecimiento competitivo de capital a nivel global	X	X	
■ Inscripciones cruzadas preparatorias y estratégicas	X		
■ Suministro de transparencia en la contabilidad y en la revelación	X		
■ Mantenimiento de relaciones competitivas a nivel comercial y de banca financiera	X		
■ Mantenimiento de una evaluación de crédito competitiva	X	X	X
2. Negociación de subsidios financieros y/o de una reducción en los impuestos para incrementar el flujo de efectivo libre de costo.	X	X	
3. Reducción del costo financiero de los agentes administrativos a través de la inversión extranjera directa.			X
4. Reducción de la exposición operativa y de la exposición por transacciones a través de la inversión extranjera directa.	X		
Estrategias financieras reactivas			
1. Explotación de tipos de cambio subvaluados o sobrevaluados.		X	
2. Explotación de precios de acciones subvaluadas o sobrevaluadas.		X	
3. Reacción a un control de capitales que prevenga el movimiento libre de fondos.		X	
4. Minimización de los impuestos.		X	X

Fuente: International Business Review, volumen 10. Lars Oxelheim, Arthur Stonehill y Trond Randoy, "On the Treatment of Finance Specific Factors Within the OLI Paradigm", pp. 381-398. © 2001, con permiso de Elsevier Science.

Como se ilustra en la figura 18.2, las estrategias financieras reactivas dependen del descubrimiento de las imperfecciones de mercado. Por ejemplo, la empresa multinacional podría explotar tipos de cambio y precios de acciones mal alineados. También necesita reaccionar a los controles de capital que evitan el movimiento libre de fondos y reaccionar a oportunidades para minimizar los impuestos a nivel mundial.

La decisión de dónde invertir

La decisión acerca de dónde invertir en el extranjero se ve influida por factores de comportamiento. La decisión de dónde invertir en el extranjero por primera vez no es equivalente a la decisión de dónde reinvertir en el extranjero. Una empresa aprende a partir de sus primeras inversiones en el extranjero y lo que aprende influye sobre las inversiones subsiguientes.

En teoría, una empresa debe identificar sus ventajas competitivas. Posteriormente debe buscar en todo el mundo imperfecciones de mercado y una ventaja comparativa hasta que encuentre un país donde espere disfrutar de una ventaja competitiva lo suficientemente grande para generar un rendimiento ajustado por el riesgo por arriba de la tasa objetiva de la empresa.

En la práctica, se ha observado que las empresas siguen un patrón secuencial de búsqueda como se describe en la teoría del comportamiento de la empresa. La racionalidad humana está limitada de forma tal por la capacidad de una persona para recopilar y procesar toda la información, que se necesitaría para tomar una decisión perfectamente racional basándose en todos los hechos. Esta observación yace por detrás de dos teorías conductistas relacionadas con respecto a la inversión extranjera directa. Se describen a continuación el *enfoque de comportamiento* y la *teoría de la red internacional*.

Enfoque de comportamiento para la inversión extranjera directa

El enfoque de comportamiento para el análisis de la decisión de la inversión extranjera directa está tipificado por la así llamada Escuela Sueca de Economistas.[3] La Escuela Sueca ha explicado con éxito no sólo la decisión inicial de invertir en el extranjero sino también las decisiones posteriores de reinvertir en cualquier otra parte y de cambiar la estructura del compromiso de internacionalizarse a través del tiempo. Con base en el proceso de internacionalización de una muestra de empresas multinacionales suecas, los economistas observaron que dichas empresas tendían a invertir primero en países que no estaban muy distantes en términos físicos. Una *distancia física cercana* definía a los países con un ambiente cultural, legal e institucional similar al de Suecia, como Noruega, Dinamarca, Finlandia, Alemania y el Reino Unido. Los montos de las inversiones iniciales eran modestos para minimizar el riesgo de un ambiente extranjero incierto. A medida que las empresas suecas aprendieron a partir de sus inversiones iniciales, estuvieron dispuestas a correr riesgos más grandes con respecto tanto a la distancia física de los países como al tamaño de las inversiones.

Empresas multinacionales en una perspectiva de red

A medida que las empresas multinacionales suecas crecieron y maduraron, sucedió lo mismo con la naturaleza de su participación internacional. Actualmente, toda empresa multinacional se percibe como miembro de una red internacional, con nódulos basados en cada una de las subsidiarias extranjeras, así como la empresa matriz misma. El control centralizado (jerárquico) ha dado lugar a un control descentralizado (heterojerárquico). Las subsidiarias extranjeras compiten entre sí y con la empresa matriz por compromisos de recursos expandidos, influyendo de este modo en la estrategia y en las decisiones de reconversión. Muchas de estas empresas multinacionales se han convertido en coaliciones políticas con redes internas y externas en competencia. Cada subsidiaria (y la empresa matriz) está incorporada en la red de proveedores y clientes de su país anfitrión. También es un miembro de una red mundial basada en su industria. Finalmente, es un miembro de una red organizacional bajo el control nominal de la empresa matriz. Un aspecto que complica

[3]John Johansen y F. Wiedersheim-Paul, "The Internationalization of the Firm: Four Swedish Case Studies", *Journal of Management Studies*, volumen 12, número 3, 1975; y John Johansen y Jan Erik Vahlne, "The Internationalization of the Firm: A Model of Knowledge Development and Increasing Foreign Market Commitments", *Journal of International Business Studies*, volumen 8, número 1, 1977.

las cosas aún más es la posibilidad de que la empresa matriz misma pueda haber evolucionado hacia una *empresa transnacional*, una que es propiedad de una coalición de inversionistas que se localizan en diferentes países.[4]

Asea Brown Boveri (ABB) es un ejemplo de una empresa sueca que ha pasado a través de un proceso evolutivo internacional hasta convertirse en una empresa transnacional. ABB se constituyó a través de una fusión de la empresa ASEA (con base en Suecia) y Brown Boveri (con base en Suiza) en 1991. Ambas empresas ya eran jugadores dominantes a nivel internacional en la industria electrotécnica y de ingeniería. ABB tiene en forma literal cientos de subsidiarias extranjeras, las cuales son administradas sobre una base muy descentralizada. La estructura organizacional "plana" de ABB y la propiedad transnacional han motivado una iniciativa local, una respuesta rápida y decisiones descentralizadas de inversión extranjera directa. Aunque la decisión estratégica general es la responsabilidad legal de la empresa matriz, las subsidiarias extranjeras desempeñan un papel fundamental en la toma de decisiones total. A la vez, su insumo se ve fuertemente influido por su propia membresía en sus redes industriales locales y mundiales.

Cómo invertir en el extranjero: modos de participación extranjera

El proceso de globalización incluye una secuencia de decisiones relacionadas con el área geográfica en la que la producción ha de ocurrir, quién ha de poseer o controlar la propiedad intelectual y quién ha de poseer las instalaciones reales de producción. La figura 18.3 proporciona un mapa que permite explicar esta secuencia de la inversión extranjera directa.

FIGURA 18.3   La secuencia de la inversión extranjera directa: presencia extranjera e inversión extranjera

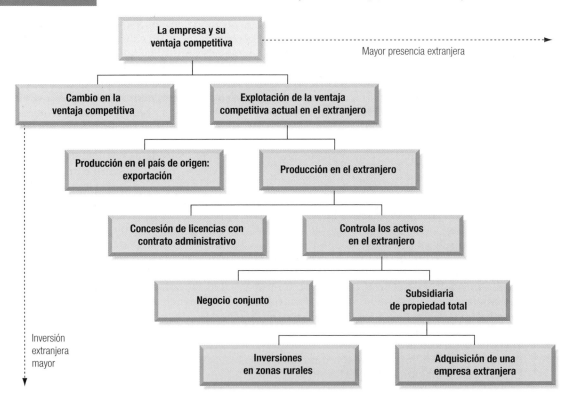

Fuente: Adaptado de Gunter Duley y R. Mirus, "Foreign Direct Investment: Theory and Strategic Considerations", inédito. University of Michigan, 1985, Reimpreso con permiso de los autores. Todos los derechos reservados.

[4]Mats Forsgren, *Managing the Internationalization Process: The Swedish Case,* Londres: Routledge, 1989.

Exportaciones *versus* producción en el extranjero

Hay varias ventajas al limitar las actividades de una empresa a las *exportaciones*, ya que éstas no tienen ninguno de los riesgos únicos a los que se enfrenta la inversión extranjera directa, los negocios conjuntos, las alianzas estratégicas y la concesión de licencias. Los riesgos políticos son mínimos. Los costos de los agentes o representantes de los accionistas, como la vigilancia y la evaluación de las unidades extranjeras, se evitan. El monto de las inversiones iniciales es generalmente más bajo que en otros modos de participación extranjera. Sin embargo, los riesgos cambiarios prevalecen. El hecho de que una participación significativa de exportaciones (e importaciones) se ejecuten entre las empresas multinacionales y sus subsidiarias y afiliadas extranjeras reduce aún más el riesgo de las exportaciones en comparación con otros modos de participación.

También existen algunas desventajas. Una empresa no es capaz de asimilar y explotar los resultados de su investigación y desarrollo de una manera tan eficaz como si realizara una inversión en forma directa. La empresa también corre el riesgo de perder mercados a favor de los imitadores y competidores globales que desde el punto de vista de los costos pudieran ser más eficientes en la producción y distribución en el extranjero. A medida que dichas empresas capturan mercados extranjeros, pueden tornarse tan fuertes que puedan volver a exportar al propio mercado nacional del exportador. Recuerde que la inversión extranjera directa de tipo defensivo es con frecuencia motivada por la necesidad de prevenir este tipo de comportamiento depredador así como por el ímpetu de apoderarse de los mercados extranjeros antes de que los competidores puedan empezar.

Concesión de licencias y contratos de administración *versus* control de activos en el extranjero

La *concesión de licencias* es un método popular para que las empresas nacionales aprovechen los mercados extranjeros sin la necesidad de comprometer fondos cuantiosos. Ya que el productor extranjero por lo general se presenta totalmente en forma local, el riesgo político se minimiza. En años recientes, un número de países anfitriones ha requerido que las empresas multinacionales vendan sus servicios "por separado" en lugar de tan sólo a través de inversión extranjera directa. A tales países les gustaría que sus empresas locales compraran talento administrativo y conocimientos del producto y mercados del factor a través de los contratos de administración, y que compraran tecnología a través de los contratos de concesión de licencias.

La desventaja principal de la concesión de licencias es que los honorarios correspondientes probablemente sean más bajos que las utilidades de una inversión extranjera directa, aunque el rendimiento sobre la inversión marginal podría ser más alto. Otras desventajas incluyen lo siguiente:

- Posible pérdida de control de calidad.
- Establecimiento de un competidor potencial en países del tercer mundo.
- Posible mejoramiento de la tecnología por parte del titular de la licencia a nivel local, el cual ingresa entonces al mercado de origen de la empresa.
- Posible pérdida de la oportunidad para ingresar en una fecha posterior al mercado del titular de la licencia con una inversión extranjera directa.
- Riesgo de que la tecnología sea robada.
- Altos costos de los agentes administrativos.

En general, las empresas multinacionales no han usado la concesión de licencias por parte de empresas independientes. Al contrario, la mayoría de los acuerdos de concesión de licencias se han efectuado con sus propias subsidiarias extranjeras o negocios conjuntos. Los honorarios de las licencias son una forma de repartir el costo de la investigación y desarrollo corporativo entre todas las unidades operativas y un medio de repatriar las utilidades en una forma más aceptable que los dividendos para algunos países anfitriones.

Los *contratos administrativos* son similares a la concesión de licencias en tanto que prevén algún flujo de efectivo proveniente de una fuente extranjera sin una inversión extranjera o exposición significativa. Es probable que los contratos administrativos reduzcan el riesgo político porque la repatriación de los administradores es fácil. Las empresas internacionales de consultoría y de ingeniería por lo general conducen en su negocio extranjero sobre la base de un contrato administrativo.

Que los contratos de concesión de licencias y de administración sean eficaces desde el punto de vista de los costos (en comparación con una inversión extranjera directa) dependerá del precio que pagarán los países anfitriones por los servicios en forma separada. Si el precio es lo suficientemente alto, muchas empresas preferirán tomar ventaja de las imperfecciones de mercado en una forma separada, particular-mente en vista de los más bajos riesgos políticos, cambiarios y de negocios. Ya que hemos observado que las empresas multinacionales continúan prefiriendo la inversión extranjera directa, debemos suponer que el precio para la venta de servicios por separado es todavía demasiado bajo.

¿Por qué el precio de los servicios en forma separada es demasiado bajo? La respuesta puede ser la sinergia que se crea cuando los servicios están aglomerados como en una inversión extranjera directa en primer lugar. El talento administrativo depende con frecuencia de una mezcla delicada de factores orga-nizacionales de apoyo que no pueden ser transferidos al exterior con eficacia. La tecnología es un proceso continuo, pero la concesión de licencias generalmente captura tan sólo la tecnología en un momento en particular en el tiempo. Sin embargo, lo que es más importante de todo: las economías de escala no pue-den venderse o transferirse con base en pequeños paquetes. Por definición, requieren de operaciones a gran escala. Una operación relativamente grande en un mercado pequeño difícilmente puede lograr las mismas economías de escala que una operación grande en un mercado voluminoso.

Aún a pesar de estos problemas, algunas empresas multinacionales han vendido en forma exitosa ser-vicios por separado. Un ejemplo es la venta de talento y tecnología administrativa a los países de la OPEC (Organization of the Petroleum Exporting Countries). Sin embargo, en este caso, los países de la OPEC es-tán dispuestos y tienen la capacidad de pagar un precio lo suficientemente alto para aproximar los rendi-mientos sobre la inversión extranjera directa (servicios empaquetados) recibiendo al mismo tiempo única-mente los beneficios menores de los servicios no empaquetados.

Negocio conjunto *versus* subsidiaria de propiedad total

Un *negocio conjunto* se define aquí como una propiedad compartida en una empresa extranjera. Una unidad de un negocio extranjero que es de propiedad parcial de la empresa matriz generalmente se deno-mina como *afiliada extranjera*. Una unidad de un negocio extranjero que sea de propiedad 50% o más (y por lo tanto controlada) por la empresa matriz, normalmente se designa como una *subsidiaria extran-jera*. Por lo tanto, un negocio conjunto caería en la categorización de ser una afiliada extranjera pero no una subsidiaria extranjera

Un negocio conjunto entre una empresa multinacional y un socio del país anfitrión es una estrategia factible si, y tan sólo si, la empresa multinacional encuentra el socio local correcto. Algunas desventajas obvias de tener un socio local compatible son las siguientes:

- El socio local entiende las costumbres, los hábitos y las instituciones del medio ambiente local. Una empresa multinacional podría necesitar varios años para adquirir tal conocimiento por sí misma con una subsidiaria que hubiera empezado desde cero y que fuera de propiedad total.
- El socio local puede proporcionar una administración competente, no solamente a los niveles más altos sino también a los niveles intermedios de la administración.
- Si el país anfitrión requiere que las empresas extranjeras compartan la propiedad con las firmas o inversionistas locales, una propiedad extranjera al 100% no es una alternativa realista para un negocio conjunto.
- Los contactos y la reputación del socio local mejoran el acceso a los mercados de capitales del país anfitrión.
- El socio local puede poseer una tecnología que sea apropiada para el medio ambiente local o que tal vez se pueda usar en todo el mundo.
- La imagen pública de una empresa que sea de propiedad parcial a nivel local puede mejorar sus posibilidades de venta si el propósito de la inversión es atender al mercado local.

Aún a pesar de esta impresionante lista de ventajas, los negocios conjuntos no son tan comunes como las subsidiarias extranjeras de propiedad total porque las empresas multinacionales temen la interferen-cia por parte del socio local en ciertas áreas críticas de decisión. En efecto, lo que es óptimo desde el punto de vista del negocio local puede ser subóptimo para una operación multinacional como un todo. A conti-nuación se presentan los conflictos o dificultades potenciales más importantes:

- El riesgo político aumenta en lugar de reducirse si se elige un socio incorrecto. Imagine la situa-ción de los negocios conjuntos emprendidos con la familia o los asociados de Suharto en Indonesia o de Slobodan Milosevic en Serbia justo antes de su derrocamiento. El socio local debe ser creíble y ético o la empresa se encontrará en una peor posición al ser un negocio conjunto.

■ Los socios locales y extranjeros pueden tener perspectivas divergentes en relación con la necesidad de dividendos en efectivo, o acerca de la conveniencia de un crecimiento financiado a partir de las utilidades retenidas *versus* un nuevo financiamiento.

■ La fijación de precios de transferencia sobre productos o componentes comprados de, o vendidos a, compañías relacionadas, crea un potencial para un conflicto de intereses.

■ El control del financiamiento es otra área problemática. Una empresa multinacional no puede justificar el uso de fondos baratos o disponibles obtenidos en un país para financiar las operaciones de un negocio conjunto en otro país.

■ La capacidad de una empresa para racionalizar la producción sobre una base mundial puede ponerse en peligro si tal racionalización llegara a actuar para la desventaja de los socios locales de un negocio conjunto.

■ La revelación financiera de los resultados locales podría ser necesaria con acciones localmente negociadas, mientras que si la empresa es totalmente controlada desde el extranjero tal revelación no es necesaria. La revelación le proporciona a los competidores que carecen de ella una ventaja en la fijación de la estrategia.

La valuación de las acciones de capital contable es difícil. ¿Cuánto deberían pagar los socios locales por sus acciones? ¿Cuál es el valor de la tecnología aportada, o del terreno aportado en un país como China donde toda la tierra es propiedad del Estado? Es altamente improbable que los socios de los países extranjeros y anfitriones tengan costos de oportunidad de capital similares, expectativas semejantes acerca de la tasa requerida de rendimiento, o percepciones similares de las primas apropiadas para el negocio, los tipos cambiarios y los riesgos políticos. En tanto como el negocio sea un componente del portafolio de cada inversionista, su contribución al rendimiento y a la variación de dicho portafolio puede ser muy distinta para cada uno.

Inversión que empieza desde cero *versus* adquisiciones

Una *inversión que empieza desde cero* se define como el establecimiento de un centro de producción o de servicio que empieza desde la base hasta la cima, es decir, en forma figurada, desde un terreno verde. En contraste, una adquisición a través de la frontera se define como la compra de una empresa o fábrica existente con base en el extranjero.

Alianzas estratégicas

El término *alianza estratégica* transmite distintos significados a diferentes observadores. En una forma de alianza estratégica a través de las fronteras, dos empresas intercambian una participación de propiedad entre sí. Una alianza estratégica puede ser una defensa contra una adquisición empresarial externa si el propósito fundamental es que la compañía coloque algunas de sus acciones en manos estables y amigables. Si eso es todo lo que ocurre, es tan sólo otra forma de inversión de portafolio

En una alianza estratégica más amplia, además del intercambio de acciones, los socios establecen un negocio conjunto separado para desarrollar y manufacturar un producto o servicio. Se pueden encontrar numerosos ejemplos de tales alianzas estratégicas en la industria automotriz, electrónica, de telecomunicaciones y de aeronaves. Tales alianzas son en particular convenientes para las industrias de alta tecnología donde el costo de la investigación y desarrollo es alto y la introducción oportuna de los mejoramientos es importante.

Un tercer nivel de cooperación podría incluir acuerdos conjuntos de mercadotecnia y de servicio en los cuales cada socio representa a otro en ciertos mercados. Algunos observadores consideran que tales acuerdos empiezan a parecerse a los cárteles que prevalecieron en las décadas de 1920 y 1930. Ya que reducen la competencia, los cárteles han sido prohibidos por los acuerdos internacionales y por muchas leyes nacionales.

Inversión extranjera directa originada en países en vías de desarrollo

En años recientes, los países en vías de desarrollo con grandes mercados nacionales y algún talento empresarial han generado un elevado número de empresas multinacionales rentables y de rápido crecimiento. Dichas empresas multinacionales no solamente han capturado importantes porciones de sus mercados nacionales, sino que también han explotado los mercados globales en las áreas donde son crecientemente competitivos.

La figura 18.4 identifica 25 de las empresas multinacionales más exitosas, sus países de origen, su industria y su estrategia. Observe que los países de origen están dominados por aquellos que tienen los mercados nacionales más grandes. De las 25 empresas multinacionales inscritas, ocho se originan en China, seis en India, cuatro en Brasil y tres en Rusia. China e India también se benefician de una subcontratación que crea la infraestructura para dar apoyo a sus capacidades nacionales y de exportación en cuanto a mercadotecnia.

| FIGURA 18.4 | Empresas multinacionales en mercados emergentes y sus estrategias globales |

Compañía	País	Industria	Ingresos (miles de millones de dólares estadounidenses)	Estrategia corporativa
América Móvil	México	Servicios de telecomunicaciones	US$17.0	Modelo de exportación de negocios
Cemex	México	Materiales para la construcción	15.3	Modelo de exportación de negocios
China Mobile	China	Servicios de telecomunicaciones	30.1	Modelo de exportación de negocios
CNOOC	China	Petróleo y gas	8.7	Adquisición de activos del extranjero
CVRD	Brasil	Minería	15.1	Apalancamiento de recursos naturales
Embraer	Brasil	Aeroespacio	3.8	Ingeniería para la innovación
Gazprom	Rusia	Petróleo y gas	48.9	Apalancamiento de recursos naturales
Haier	China	Utensilios para el hogar	12.8	Conversión a marcas globales
Hisense	China	Electrónica, aparatos	4.2	Conversión a marcas globales
Huawei Technologies	China	Equipos de telecomunicaciones	5.9	Ingeniería para la innovación
Infosys Technologies	India	Servicios de tecnología de la información	2.0	Ingeniería para la innovación
Koc Holding	Turquía	Industrias diversificadas	18.0	Conversión a marcas globales
Lenovo Group	China	Computadoras, componentes de tecnología de la información	13.4	Conversión a marcas globales
MMC Norilsk Nickel	Rusia	Metales no ferrosos	7.2	Apalancamiento de recursos naturales
Mahindra & Mahindra	India	Tractores, automóviles	2.9	Conversión a marcas globales
Orascom Telecom	Egipto	Servicios de telecomunicaciones	3.3	Modelo de exportación de negocios
Petrobrás	Brasil	Petróleo y gas	56.3	Adquisición de activos del extranjero
Ranbaxy Laboratories	India	Productos farmacéuticos	1.2	Ingeniería para la innovación
Sadia	Brasil	Alimentos y bebidas	3.6	Apalancamiento de recursos naturales
Severstal	Rusia	Acero	4.9	Apalancamiento de recursos naturales
Shanghai Baosteel	China	Acero	15.8	Adquisición de activos del extranjero
Tata Consultancy	India	Servicios de tecnología de la información	2.8	Conversión a marcas globales
Tata Motors	India	Automóviles	5.8	Ingeniería para la innovación
Techtronic Industries	Hong Kong	Herramientas de poder	3.0	Fijación de un nicho de mercado como blanco de ataque
Wipro	India	Servicios de tecnología de la información	2.3	Ingeniería para la innovación

Fuente: "Emerging Giants", *Business Week*, 31 de julio de 2006. Esta figura se basa en el trabajo de the Boston Consulting Group, el cual ha denominado a este conjunto como "los nuevos aspirantes".

En la figura 18.4, the Boston Consulting Group ha identificado seis estrategias corporativas principales que son utilizadas por estas empresas multinacionales en mercados emergentes:

1. La *conversión de las marcas en globales* significa establecer la primacía en el país nacional, expandirse hacia las naciones vecinas y posteriormente desplazarse hacia el oeste.

2. La *ingeniería para la innovación* significa la explotación del talento de bajo costo a nivel nacional, y posteriormente el desarrollo de productos innovadores. La sección *Finanzas globales en la práctica 18.1* ilustra la manera en la que Embraer (Brasil) ha sido capaz de innovarse para competir con gigantes como Airbus y Boeing.

3. El *apalancamiento de recursos naturales* significa tomar ventaja de los recursos nacionales del petróleo, minerales o madera para obtener una ventaja en costos, y para convertirse después en una empresa global.

4. El *modelo de exportación de negocios* significa tener un sistema administrativo, y posteriormente replicarlo en forma global a través de las adquisiciones.

FINANZAS GLOBALES EN LA PRÁCTICA 18.1

Embraer de Brasil

Media docena de aviones jet recién pintados llenan un hangar gigantesco. Uno de ellos, estampado con el logo de JetBlue (JBLU), está siendo acondicionado con 100 asientos de piel y pantallas individuales de televisión así como 28 millas de alambre eléctrico. Alineados a lo largo de la pasarela se ven aviones para Delta Connection, Panama's Copa Airlines, United Express (UAL) y Republic Airways. Esto se ve como una planta de ensamble para el Boeing (BA) o el Airbus. Pero en realidad es Sao José dos Campos, Brasil, lugar de origen de Embraer, el tercer productor más grande del mundo de aeronaves.

Desde 1969, Embraer ha sido la única compañía —y Brasil ha sido el único país— que ha realizado un ingreso exitoso al mercado de jets comerciales. Actualmente vuelan por todo el mundo, incluyendo una nueva generación de 118 sofás de cuatro plazas que están mordisqueando al mercado atendido por los aviones más grandes de Boeing Co. (BA) y de Airbus. Embraer entregó US$446 millones en utilidades sobre US$3,830 millones en ingresos el año pasado, y 93% de esas ventas se realizaron fuera de Brasil.

¿Cómo tuvo éxito Brasil en una empresa de alta tecnología que hace un uso intenso del capital? De manera sorprendente, los sueldos, siendo inferiores a la tercera parte de los de Boeing, no son el factor fundamental. Embraer supo aprovechar una larga tradición de ingeniería encabezada por el programa aeroespacial de la Fuerza Aérea de Brasil creado después de la Segunda Guerra Mundial. Durante los seis años anteriores, Embraer ha reinvertido 6% de los ingresos en investigación y desarrollo. Capacita a los ingenieros recién contratados no sólo en aeronáutica sino también en investigación de mercados y finanzas. Los clientes se refieren a los aviones de la compañía como bien diseñados, confiables y más económicos de operar que los aviones de la competencia.

En segundo lugar, los brasileños que consiguen empleos en Embraer saben que están entre las pocas personas afortunadas en un país con un número limitado de posiciones de alta tecnología. Los clientes experimentan orgullo, ha afirmado Dave Barger, director operativo de JetBlue Airways Corp. "Si trabaja en Embraer en Brasil, usted es alguien especial", afirma. "Es una cultura muy agradable. Se ajusta muy bien con JetBlue." Cada vez que JetBlue emprende la entrega de un nuevo avión Embraer, la aerolínea dona US$10,000 a un programa Embraer que envía estudiantes talentosos y pobres a la universidad. JetBlue ha ordenado 101 aviones, con un valor de US$3,000 millones.

Finalmente, Embraer tiene un poder de permanencia. Ha crecido en forma uniforme desde que la anterior compañía, administrada por el Estado se privatizó en 1994. Sus aviones regionales jet de alto desempeño, con 50 asientos, ponen a Embraer en el mapa, con más de 850 de ellos aún en vuelo. Su actual ola de éxito proviene de una decisión tomada a finales de la década de 1990 de invertir US$1,000 millones para diseñar un avión nuevo y más grande con capacidad para sentar entre 70 y 118 pasajeros para aerolíneas de bajo costo y de rápido crecimiento.

Los ingenieros de Embraer presentaron un nuevo diseño del fuselaje al cual llamaron "doble burbuja" y el cual permite una gran cantidad de espacio en la cabecera, espacio para las piernas y espacio de equipaje, y elimina el asiento intermedio. Más de 40 aerolíneas proporcionaron el insumo. Esa innovación ha colocado a Embraer por arriba del gran competidor Bombardier of Canada y ha establecido el escenario para un desplazamiento ambicioso hacia los jets ejecutivos. "Hace algunos años nuestros competidores dijeron: ¿Cómo se atreven esos espantosos patitos de América del Sur a tratar de vender un jet en el Hemisferio Norte?, afirma Satoshi Yokota, vicepresidente ejecutivo de Embraer para las áreas de ingeniería y desarrollo. "Afortunadamente, ellos nos subestimaron."

Fuente: "An Ugly Duckling Finds Its Wings", *Business Week*, 31 de julio de 2006, p. 44.

5. La *adquisición de activos en el extranjero* significa convertirse en un jugador global mediante la compra de petróleo y de recursos minerales o mediante la asociación con otras compañías nacionales en vías de desarrollo.

6. La *fijación de un nicho de mercado* como blanco significa concentrar la atención en una industria, lograr calidad y competencia y enseguida expandirse globalmente mediante la adquisición de jugadores más pequeños.

Inversión extranjera directa y riesgo político

Además del riesgo de negocios y del riesgo cambiario, la inversión extranjera directa se enfrenta a riesgos políticos.

Definición del riesgo político

Para que una empresa multinacional pueda identificar, medir y administrar sus riesgos políticos, debe definirlos y clasificarlos. La figura 18.5 clasifica los riesgos políticos a los que se enfrentan las empresas multinacionales como riesgos específicos para la empresa, específicos para el país o específicos a nivel global.

■ Los *riesgos específicos para la empresa*, también conocidos como *microrriesgos*, son aquellos riesgos potenciales que afectan a una empresa multinacional a nivel de proyecto o a nivel corporativo. El *riesgo de gobierno*, debido a un conflicto de metas entre una empresa multinacional y su gobierno anfitrión, es el principal riesgo político específico para la empresa. (Una empresa multinacional también se enfrenta a riesgos de negocios y a riesgos cambiarios, los cuales se cubren ampliamente en otras secciones de este libro.)

■ Los *riesgos específicos para el país*, también conocidos como *macrorriesgos*, son aquellos riesgos políticos que también afectan a una empresa multinacional a nivel de proyecto o a nivel corporativo pero que se originan al nivel de país. Las dos principales categorías de riesgo político a nivel de país son el *riesgo de transferencia* y los *riesgos culturales e institucionales*. Los riesgos de transferencia se relacionan principalmente con el problema de fondos bloqueados, pero también de manera periférica con el riesgo del crédito soberano. El riesgo cultural y el institucional provienen de la estructura de la propiedad, de las normas de recursos humanos, de la herencia religiosa, del nepotismo y la corrupción, de los derechos de propiedad intelectual y del proteccionismo.

■ Los *riesgos específicos a nivel global* son aquellos riesgos políticos que afectan a una empresa multinacional a nivel de proyecto o a nivel corporativo pero que se originan a nivel global. Algunos ejemplos son el terrorismo, el movimiento contra la globalización, las preocupaciones ambientales, la pobreza y los ciberataques.

FIGURA 18.5 Clasificación de riesgos políticos

Este método de clasificación difiere mucho del método tradicional que clasifica a los riesgos de acuerdo con las disciplinas de la economía, las finanzas, las ciencias políticas, la sociología y las leyes. Preferimos nuestro sistema de clasificación porque es más fácil relacionar los riesgos políticos identificados con las estrategias actuales y recomendadas para el manejo de estos riesgos.

Evaluación del riesgo político

¿Cómo pueden las empresas multinacionales anticipar regulaciones del gobierno que, desde la perspectiva de la empresa, sean discriminatorias o privativas de la riqueza? Generalmente, se utiliza un enfoque de dos facetas.

A un macronivel, antes de emprender una inversión extranjera directa, las empresas tratan de evaluar la estabilidad política de un país anfitrión y la actitud hacia los inversionistas extranjeros. A un micronivel, las empresas analizan si sus actividades específicas para la empresa tienen probabilidades de estar en conflicto con las metas del país anfitrión como lo evidencian las regulaciones actuales. Sin embargo, la tarea más difícil es anticipar los cambios en las prioridades de las metas del país anfitrión, las nuevas regulaciones para implantar prioridades reordenadas y el probable impacto de tales cambios sobre las operaciones de la empresa.

Forma de predecir el riesgo específico de la empresa (microrriesgo)

Desde el punto de vista de una empresa multinacional, la evaluación de la estabilidad política de un país anfitrión es únicamente el primer paso, ya que el objetivo real es anticipar el efecto de los cambios políticos sobre las actividades de una empresa específica. En efecto, distintas empresas extranjeras que operen dentro del mismo país pueden tener grados muy distintos de vulnerabilidad a los cambios en la política o en las regulaciones del país anfitrión. Uno no espera que una franquicia de Kentucky Fried Chicken experimente el mismo riesgo que una planta manufacturera de Ford.

La necesidad de un análisis específico para la empresa como resultado del riesgo político ha conducido a una demanda por estudios personalizados emprendidos internamente por analistas profesionales de riesgos políticos. Dicha demanda se ha visto incrementada por la observación de que los analistas profesionales de riesgo externos rara vez están de acuerdo en el riesgo macropolítico que existe en cualquier conjunto de países.

Los analistas internos de riesgo político relacionan los macroatributos del riesgo de países específicos con las características particulares y las vulnerabilidades de sus empresas clientes. Las empresas de extracción de minerales, las empresas de manufactura, los bancos multinacionales, los portadores de seguros privados y las cadenas mundiales de hoteles están expuestos en formas fundamentalmente distintas a restricciones políticamente inspiradas. Aun con los mejores analistas posibles específicos para la empresa, las EMN no pueden estar seguras de que la situación política o económica no cambiará. Por lo tanto, es necesario plantear medidas de protección en forma anticipada para minimizar el riesgo de un daño proveniente de cambios no anticipados.

Predicción del riesgo específico de país (macrorriesgo)

El análisis de riesgo político a nivel macro todavía es un campo de estudio en surgimiento. Los científicos políticos en las academias, la industria y el gobierno estudian el riesgo de país para beneficio de las empresas multinacionales, los tomadores de decisiones de política externa del gobierno y los planificadores de la defensa.

Los estudios de riesgo político incluyen por lo general un análisis de la estabilidad histórica del país en cuestión, la evidencia de una agitación política o insatisfacción actual, las indicaciones de estabilidad económica y las tendencias en las actividades culturales y religiosas. Los datos se reúnen por lo general mediante la lectura de periódicos locales, el seguimiento de noticiarios de radio y televisión, la lectura de publicaciones provenientes de fuentes diplomáticas, el aprovechamiento del conocimiento de consultores externos sobresalientes, estableciendo contacto con otras personas de negocios que hayan tenido una experiencia reciente en el país anfitrión, y finalmente con la conducción de visitas a sitios en línea.

Aun a pesar de esta impresionante lista de actividades, el récord de predicción de las empresas de negocios, de servicios diplomáticos y de los militares ha sido —en el mejor de los casos— irregular. Cuando uno analiza tendencias, ya sea en la política o en la economía, la preferencia es predecir una extensión de las mismas hacia el futuro. Es muy raro encontrar una persona que pueda predecir un cambio catastrófico que se avecina. ¿Quién predijo el derrocamiento de Ferdinand Marcos en Filipinas? En realidad, ¿quién predijo el derrumbe del comunismo en la Unión Soviética y en los países satélites de Europa Oriental? ¿Quién la caída del presidente Suharto en Indonesia en 1998 o de Saddam Hussein en 2004?

Aún a pesar de la dificultad para predecir el riesgo de país (o nacional), la empresa multinacional debe tratar de predecirlo para prepararse a sí misma para lo desconocido. Un número de servicios institucionales proporcionan evaluaciones actualizadas del riesgo de país sobre una base regular.

Predicción del riesgo global específico

La predicción del riesgo global específico es incluso más difícil que la predicción de los otros dos tipos de riesgo político. Nadie predijo los ataques sorpresivos sobre el World Trade Center y el Pentágono de Estados Unidos el 11 de septiembre de 2001. Por otra parte, las consecuencias de este ataque —la guerra sobre el terrorismo local, un aumento en la seguridad de la patria estadounidense y la destrucción de una parte de la red terrorista de Afganistán— eran predecibles. Sin embargo, hemos llegado a esperar ataques terroristas futuros de tipo sorpresivo. Las empresas multinacionales con base en Estados Unidos están particularmente expuestas no sólo a Al Qaeda sino también a otros grupos impredecibles que están dispuestos a usar el terror o a movilizar una acción para promover causas tan diversas como la antiglobalización, la protección ambiental e incluso la anarquía.

Ya que hay una gran necesidad de predecir el terrorismo, podemos esperar ver un número de nuevos índices, similares a los índices específicos para un país, pero dedicados a la catalogación de distintos tipos de amenazas terroristas, sus localidades y sus blancos de ataque potenciales.

Riesgos específicos de la empresa

Los riesgos específicos de la empresa a los que se enfrentan las compañías multinacionales incluyen los riesgos cambiarios y los riesgos de gobierno. Los diversos riesgos de negocios y riesgos cambiarios se detallaron en los capítulo 11 a 13. Aquí concentramos nuestra exposición en los riesgos de gobierno.

Riesgos de gobierno

Como se mencionó en el capítulo 2, los *riesgos de gobierno* son la capacidad para ejercer un control eficaz sobre las operaciones de una empresa multinacional dentro del ambiente legal y político de un país. Sin embargo, para una empresa multinacional, el gobierno es un tema similar en cuanto a estructura a la rentabilidad consolidada —debe tratarse para la unidad individual del negocio y la subsidiaria, así como para una empresa multinacional como un todo.

El tipo más importante de riesgo de gobierno para una empresa multinacional al nivel de la subsidiaria surge de un conflicto de metas entre los objetivos legítimos de los gobiernos anfitriones y las empresas privadas que operan dentro de sus esferas de influencia. Los gobiernos son generalmente receptivos a la circunscripción de sus ciudadanos. Las empresas son receptivas a una circunscripción de sus propietarios y de otros participantes empresariales. Las necesidades válidas de estos conjuntos de constituyentes no necesitan ser las mismas, pero los gobiernos establecen las reglas. En consecuencia, los gobiernos imponen restricciones sobre las actividades de las empresas privadas como parte de su funcionamiento normal a nivel administrativo y legislativo.

Históricamente, los conflictos entre los objetivos de las empresas multinacionales y los gobiernos anfitriones han surgido sobre aspectos tales como el impacto de la empresa sobre el desarrollo económico, la percepción de violaciones sobre la soberanía nacional, el control extranjero de las industrias clave, el compartimiento o el no compartimiento de la propiedad y el control con los intereses locales, el impacto sobre la balanza de pagos del país anfitrión, la influencia sobre el valor cambiario de su moneda, el control sobre los mercados de exportaciones, el uso de ejecutivos y trabajadores nacionales *versus* extranjeros y la explotación de los recursos nacionales. Las actitudes acerca de los conflictos con frecuencia son coloreadas por las perspectivas acerca de la libre empresa *versus* el socialismo de Estado, el grado de nacionalismo o internacionalismo presente o la postura de las perspectivas religiosas en la determinación del comportamiento económico y financiero apropiado.

El mejor enfoque para la administración de los conflictos de las metas es anticipar los problemas y negociar el entendimiento en forma anticipada. Diferentes culturas aplican distintas éticas a la cuestión referente al cumplimiento de los contratos anteriores, especialmente cuando fueron negociados con una administración previa. Sin embargo, la prenegociación de todas las áreas concebibles de conflicto proporciona una mejor base para un futuro exitoso para ambas partes, que el pasar por alto la posibilidad de que a través del tiempo evolucionen diferentes objetivos. La preparación incluye con frecuencia la negociación de contratos de inversión, la compra de seguros y garantías sobre inversiones y el diseño de estrategias operativas de reducción de riesgo que se usen después de que se haya tomado la decisión de inversión extranjera.

Negociación de contratos de inversión

Un *contrato de inversión* describe los derechos y responsabilidades específicas tanto de la empresa extranjera como del gobierno anfitrión. Con frecuencia, la presencia de las empresas multinacionales es buscada por los gobiernos anfitriones que buscan el desarrollo, del mismo modo que una localidad extranjera es buscada por una empresa multinacional. Todas las partes tienen alternativas y por lo tanto las negociaciones son apropiadas.

Un contrato de inversión debe definir las políticas sobre los problemas financieros y administrativos, incluyendo lo siguiente:

- Las bases sobre las cuales se pueden remitir los flujos de fondos, tales como dividendos, honorarios de la administración, regalías, honorarios por patentes y reembolsos de préstamos.
- Las bases para la fijación de los precios de transferencia.
- El derecho a exportar a mercados de países terceros.
- Las obligaciones de construir, o financiar proyectos sociales y económicos, como escuelas, hospitales y sistemas de retiro.
- Los métodos de gravámenes fiscales, incluyendo la tasa, el tipo y los medios a través de los cuales se determina la base de la tasa.
- Acceso a mercados de capitales de países anfitriones, particularmente para préstamos a largo plazo.
- Permiso para una propiedad extranjera al 100% *versus* la participación requerida en la propiedad local (negocio conjunto).
- Controles de precio, si es que hay alguno, aplicables a las ventas en los mercados del país anfitrión.
- Requisitos para un abastecimiento local *versus* importaciones de materia prima y componentes.
- Permiso de usar personal administrativo y técnico expatriado, y de llevarlos a ellos y a sus posiciones personales al país en cuestión, libres de cargos exorbitantes o de derechos de importación.
- Previsión para el arbitraje de disputas.
- Previsión para las ventas empresariales planeadas, en caso de que se requieran, indicando la manera en la que el negocio en marcha se valuará y a quien se le venderá.

Seguros y garantías sobre las inversiones: OPIC

Las empresas multinacionales algunas veces pueden transferir el riesgo político a una agencia pública del país de origen a través de un programa de seguros y garantías sobre las inversiones. Muchos países desarrollados tienen tales programas para proteger las inversiones realizadas por sus empresas nacionales en los países en vías de desarrollo.

El programa de seguros y garantías sobre inversiones de Estados Unidos es administrado por la institución denominada Overseas Private Investment Corporation (OPIC), la cual es propiedad del gobierno. El propósito fundamental de OPIC es movilizar y facilitar la participación del capital privado estadounidense y las habilidades en el progreso social y económico de países amigables y áreas con un menor desarrollo, complementando con ello la asistencia en el desarrollo de Estados Unidos. OPIC ofrece una cobertura de seguros para cuatro tipos separados de riesgo político, los cuales tienen sus propias definiciones para propósitos de seguros:

1. La *inconvertibilidad* es el riesgo de que el inversionista no pueda convertir utilidades, regalías, honorarios u otros ingresos, así como capital original invertido, en dólares.

2. La *expropiación* es el riesgo de que el gobierno anfitrión tome un paso específico que impida que durante un año el inversionista o la subsidiaria extranjera ejerza control efectivo sobre el uso de la propiedad.

3. La cobertura de *guerra, revolución, insurrección y luchas civiles* se aplica principalmente al daño de la propiedad física del asegurado, aunque en algunos casos la incapacidad de una subsidiaria extranjera para reembolsar un préstamo debido a una guerra también puede quedar cubierta.

4. La cobertura del *ingreso de la empresa* proporciona una compensación por la pérdida de ingresos del negocio como resultado de eventos de violencia política que de una manera directa causen daños a los activos de una empresa extranjera.

Estrategias operativas después de la decisión de una inversión extranjera directa

Aunque un contrato de inversión crea obligaciones por parte tanto del inversionista extranjero como del gobierno anfitrión, las condiciones cambian y los acuerdos se revisan con frecuencia a la luz de tales cambios. Las condiciones que han cambiado pueden ser económicas o pueden ser el resultado de cambios políticos dentro del gobierno anfitrión. La empresa que se adhiere rígidamente a la interpretación legal de su contrato original bien puede encontrar que el gobierno anfitrión aplica primero presiones en áreas no cubiertas por el contrato y posteriormente quizá reinterpreta el contrato para ajustarse a la realidad política de ese país. La mayoría de las empresas multinacionales, en su propio autointerés, siguen la política de adaptarse a prioridades cambiantes en el país anfitrión siempre que ello sea posible.

La esencia de tal adaptación es la posibilidad de anticipar las prioridades del país anfitrión y de hacer que las actividades de la empresa tengan un valor continuo para dicho país. Tal enfoque supone que el gobierno anfitrión actúa de manera racional al buscar el autointerés de su país y se basa en la idea de que la empresa debe iniciar reducciones en el conflicto de metas. Las posiciones futuras de negociaciones pueden ser mejoradas a través de una cuidadosa consideración de las políticas de producción, la logística, la mercadotecnia, las finanzas, la organización y el personal.

Abastecimiento local. Los gobiernos anfitriones pueden requerir que las empresas extranjeras compren las materias primas y los componentes en forma local como una manera de maximizar los beneficios del valor añadido y de aumentar el empleo local. Desde el punto de vista de una empresa extranjera que esté tratando de adaptarse a las metas del país anfitrión, el abastecimiento local reduce el riesgo político, aunque con una intercompensación respecto de otros factores. Las huelgas locales u otras agitaciones pueden cerrar las operaciones y entonces los aspectos tales como el control de calidad, la presencia de altos precios locales debido a falta de economías de escala y la existencia de programas de entrega no confiables se vuelven importantes. Con frecuencia, una empresa multinacional disminuye el riesgo político tan sólo mediante el incremento de su riesgo financiero y de su riesgo comercial.

Ubicación de las instalaciones. Las instalaciones de producción se pueden localizar de tal modo que se minimice el riesgo. La ubicación natural de las diferentes etapas de producción puede estar orientada hacia los recursos, puede ser libre y sin compromisos o puede estar orientada hacia el mercado. El petróleo, por ejemplo, es perforado en el interior y en los alrededores del Golfo Pérsico, Rusia, Venezuela e Indonesia. No existe una elección para el sitio en el que esta actividad se lleva a cabo. La refinación del petróleo, por otra parte, es libre y sin compromisos: un centro de refinación se puede desplazar con facilidad a otra localidad o país. Siempre que ha sido posible, las compañías petroleras han construido refinerías en países políticamente seguros, tales como Europa Occidental, o islas pequeñas (como Singapur o Curasao), aun cuando los costos se podrían reducir al realizar la refinación cerca de los campos petroleros. Han intercambiado una reducción en el riesgo político y en la exposición financiera por costos de transporte y de refinado posiblemente más altos.

Control del transporte. El control del transporte ha sido un medio importante para reducir el riesgo político. Los acueductos del petróleo que atraviesan las fronteras nacionales, los barcos petroleros, los transportadores de minerales, los barcos refrigerados y las carreteras, han estado controlados siempre para influir en el poder de negociación de las naciones y de las compañías.

Control de la tecnología. El control de las patentes y de los procesos fundamentales es una forma factible de reducir el riesgo político. Si un país anfitrión no puede operar una planta porque no tiene técnicos capaces de administrar el proceso, o porque no puede mantenerse al día con los cambios en la tecnología, la abrogación de un contrato de inversión con una empresa extranjera es improbable. El control de la tecnología funciona mejor cuando una empresa extranjera mejora uniformemente su tecnología.

Control de los mercados. El control de los mercados es una estrategia común para mejorar la posición de negociaciones de una empresa. A pesar de la eficacia que tuvo el cártel de la OPEC para aumentar el precio que recibieron sus países miembros por el petróleo crudo en la década de 1970, la mercadotecnia aún estaba controlada por las compañías internacionales de petróleo. La necesidad de la OPEC por compañías petroleras limitó el grado en el cual sus miembros podrían dictar los términos. En años más recientes, los miembros de la OPEC han establecido algunos canales de mercadotecnia para ellos mismos, como la extensa cadena de Kuwait de estaciones de gases Q8 en Europa.

El control de los mercados de exportación para bienes manufacturados también es una fuente de apalancamiento en las negociaciones entre las empresas multinacionales y los gobiernos anfitriones. Una empresa multinacional preferiría atender mercados mundiales a partir de fuentes de su propia elección, basando la decisión en consideraciones de costos de producción, transporte, barreras de tarifas, exposición al riesgo político y competencia. El patrón de ventas que maximiza las utilidades a largo plazo desde el punto de vista de una empresa mundial rara vez maximiza las exportaciones, o el valor añadido, desde la perspectiva de los países anfitriones. Algunos argumentarán que si las mismas plantas fueran propiedad de empresas nacionales locales y no fueran parte de un sistema mundial integrado, el país anfitrión exportaría más bienes. El argumento opuesto es que las empresas locales autocontenidas podrían no obtener nunca una participación en el mercado extranjero porque carecen de economías de escala en el lado de la producción y son incapaces de comercializar en países extranjeros.

Control del nombre de marca y de la marca registrada. El control de un nombre de marca o de una marca registrada puede tener un efecto casi idéntico al de una tecnología controladora. Le proporciona a una empresa multinacional un monopolio sobre algo que puede o no tener un valor sustantivo pero que con toda probabilidad representa un valor a los ojos de los consumidores. La capacidad para comercializar bajo un nombre de marca mundial es valiosa para las empresas locales y por lo tanto representa un importante atributo de negociación para el mantenimiento de una posición de inversión.

Una base estrecha de capital contable. Las subsidiarias extranjeras pueden ser financiadas con una base muy escasa de capital contable y una alta proporción de deudas locales. Si las deudas se solicitan a partir de bancos de propiedad local, las acciones del gobierno anfitrión que debiliten la factibilidad financiera de la empresa también pueden poner en peligro a los acreedores locales.

Solicitudes de préstamos a partir de fuentes múltiples. Si la empresa se debe financiar con fuentes extranjeras de deudas, puede solicitar préstamos a bancos de un número de países en lugar de recurrir únicamente a bancos del país de origen. Por ejemplo, si se tiene una deuda con varios bancos de Tokio, Frankfurt, Londres y Nueva York, las empresas nacionales ubicadas en países extranjeros tienen un interés legítimo en mantener financieramente fuerte a las subsidiarias que ha tomado los préstamos. Si la empresa multinacional es una compañía de propiedad estadounidense, una acción precipitada entre Estados Unidos y el gobierno anfitrión tiene menos probabilidades de ocasionar que el gobierno local se movilice contra la empresa si también le debe dinero a esos otros países.

Riesgos específicos de país: riesgo de transferencia

Los riesgos específicos de un país afectan a todas las empresas, tanto nacionales como extranjeras, que residen en un país anfitrión. La figura 18.6 presenta una taxonomía de la mayoría de los riesgos políticos contemporáneos y las estrategias de las empresas que emanan a partir de una ubicación específica en un país. Los principales riesgos políticos específicos para un país son el *riesgo de transferencia* y los *riesgos culturales e institucionales*.

Fondos bloqueados

El *riesgo de transferencia* se define como las limitaciones en la capacidad de una empresa multinacional para transferir fondos hacia adentro y hacia afuera de un país anfitrión sin restricciones. Cuando un gobierno sufre de una escasez de divisas y no puede obtener fondos adicionales a través de préstamos o de la capacidad para atraer nuevas inversiones extranjeras, generalmente limita las transferencias de divisas hacia fuera del país, una restricción conocida como *fondos bloqueados* (control cambiario). En teoría,

FIGURA 18.6   Estrategias de la administración para riesgos específicos de país

Riesgo de transferencia

Riesgo cultural e institucional

Fondos bloqueados

- Estrategia de preinversión para anticipar los fondos bloqueados.
- Préstamos sustitutos.
- Creación de exportaciones no relacionadas.
- Obtención de una exención especial.
- Reinversión forzosa.

Estructura de la propiedad

- Negocio conjunto.

Herencia religiosa

- Entender y respetar la herencia religiosa del país anfitrión.

Nepotismo y corrupción

- Revelar la política de soborno tanto a los empleados como a los clientes.
- Contratar un asesor legal local.

Normas de recursos humanos

- Administración e integración local.

Propiedad intelectual

- Acción legal en las cortes del país anfitrión.
- Apoyo de tratados mundiales para proteger los derechos de propiedad intelectual.

Proteccionismo

- Apoyar las acciones del gobierno para crear mercados regionales.

esto no discrimina contra las empresas de propiedad extranjera porque se aplica a todo mundo; en la práctica, las empresas extranjeras corren más riesgo precisamente debido a su propiedad extranjera. Dependiendo de la magnitud de la escasez de monedas extranjeras, el gobierno anfitrión podría simplemente requerir la aprobación de todas las transferencias de fondos al extranjero, reservándose de este modo el derecho a establecer una prioridad sobre el uso de monedas extranjeras escasas a favor de las necesidades en lugar de los lujos. En los casos severos, el gobierno podría hacer que su moneda no fuera convertible en otras monedas, bloqueando totalmente con ello las transferencias de fondos al extranjero. Entre estas posiciones se encuentran las políticas que restringen la magnitud y la periodicidad de los dividendos, la amortización de las deudas, las regalías y los honorarios por servicios.

Las empresas multinacionales pueden reaccionar al potencial de fondos bloqueados en tres etapas:

1. Antes de hacer una inversión, una empresa puede analizar el efecto de los fondos bloqueados sobre el rendimiento esperado de la inversión, la estructura financiera local deseada y los vínculos óptimos con las subsidiarias.
2. Durante las operaciones, una empresa puede tratar de movilizar los fondos a través de una variedad de técnicas de reposicionamiento.
3. Los fondos que no pueden ser desplazados se deben reinvertir en el país local de una manera tal que se evite el deterioro en su valor real debido a la inflación o a la depreciación cambiaria.

Estrategias de preinversión para anticipar el bloqueo de fondos

La administración puede considerar los fondos bloqueados en su análisis del presupuesto de capital. El bloqueo temporal de fondos generalmente reduce el valor neto presente esperado y la tasa interna de rendimiento sobre una inversión propuesta. Decidir si la inversión debe emprenderse depende de si la tasa esperada de rendimiento, aún bajo fondos bloqueados, excede a la tasa requerida de rendimiento sobre inversiones de la misma clase de riesgo. El análisis previo a la inversión también incluye el potencial para minimizar el efecto de los fondos bloqueados mediante el financiamiento con préstamos locales en lugar de recurrir a capital contable de la empresa matriz, acuerdos de intercambios (*swaps*), y otras técnicas para reducir la exposición monetaria local y por lo tanto la necesidad de repatriar los fondos. El abastecimiento y los vínculos de ventas con las subsidiarias se pueden predeterminar de modo que se maximice el potencial para la movilización de los fondos bloqueados.

Movilización de fondos bloqueados

¿Qué puede hacer una empresa multinacional para transferir los fondos hacia afuera de países que tengan restricciones cambiarias o de remesas? Se pueden usar cuando menos seis estrategias populares:

1. Suministro de conductos alternativos para la repatriación de fondos (los cuales se analizan en el capítulo 21).
2. La transferencia de la fijación de precios de bienes y servicios entre unidades relacionadas de la empresa multinacional (se analizan también en el capítulo 21).
3. Anticipación y retraso de pagos (se describen en el capítulo 12).
4. Usó de préstamos sustitutos.
5. Creación de exportaciones no relacionadas.
6. Obtención de exenciones especiales.

Préstamos sustitutos. Un *préstamos sustituto* es un préstamo de una empresa matriz a una subsidiaria, el cual se canaliza a través de un intermediario financiero, generalmente un banco internacional grande. Los préstamos sustitutos difieren de los préstamos paralelos o de los préstamos de apoyo mutuo. Estos últimos son préstamos compensadores entre negocios comerciales los cuales se convienen fuera del sistema bancario. Los préstamos sustitutos algunas veces se denominan como *financiamiento de vínculos.*

En un préstamo directo intracompañía, una empresa matriz o una subsidiaria hermana le presta directamente a la subsidiaria que solicita el préstamo, y en una fecha posterior dicha subsidiaria reembolsa el principal y los intereses. En un préstamos sustituto, en contraste, la empresa matriz o subsidiaria "prestamista" deposita los fondos en, digamos, un banco de Londres, y dicho banco le presta la misma cantidad a la subsidiaria que solicita el préstamo en el país anfitrión. Desde el punto de vista del banco de Londres el préstamo se encuentra libre de riesgo, porque el banco tiene una garantía colateral al 100% bajo la forma del depósito de la empresa matriz. En realidad, el banco representa o sustituye a la empresa matriz, de ahí el nombre de *préstamo sustituto*. Los intereses pagados por la subsidiaria que solicita el préstamo al banco son por lo general ligeramente más altos que la tasa pagada por el banco a la empresa matriz, permitiéndole al banco un margen para los gastos y las utilidades.

El banco elegido para el préstamo sustituto casi siempre se encuentra en un país neutral, alejado de la jurisdicción legal tanto del prestamista como del prestatario. El uso de los préstamos sustitutos aumenta las oportunidades de reembolso en caso de que ocurran desórdenes políticos entre el país de origen y el país anfitrión. Las autoridades gubernamentales tienen más probabilidades de permitir que una subsidiaria local reembolse un préstamo a un banco internacional grande en un país neutral que permitir que la misma subsidiaria reembolse un préstamo directamente a su empresa matriz. Detener el reembolso al banco internacional perjudicaría la imagen de crédito internacional del país, mientras que detener el pago a la empresa matriz tendría un impacto mínimo sobre esa imagen y podría incluso proporcionar alguna ventaja política a nivel nacional.

Creación de exportaciones no relacionadas. Otro enfoque para los fondos bloqueados que beneficia tanto a la subsidiaria como al país anfitrión es la creación de exportaciones no relacionadas. Ya que la razón principal para la existencia de controles de cambios rigurosos es por lo general una persistente incapacidad de un país anfitrión para obtener monedas duras, cualquier cosa que pueda hacer una empresa multinacional para crear nuevas exportaciones a partir del país anfitrión mejora la situación y proporciona un medio potencial para transferir los fondos hacia el exterior.

Con frecuencia se pueden crear algunas exportaciones nuevas a partir de la capacidad productiva actual con una inversión muy pequeña o sin ninguna inversión adicional, en especial si se encuentran en líneas de productos relacionadas con las operaciones actuales. Otras exportaciones nuevas pueden requerir de una reinversión o de fondos nuevos, aunque si los fondos reinvertidos consisten en aquellos que ya están bloqueados, se pierde poco en términos de costos de oportunidad.

Exenciones especiales. Si todo lo demás falla y la empresa multinacional está invirtiendo en una industria que sea importante para el desarrollo económico del país anfitrión, la empresa puede negociar una exención especial para repatriar alguna porción de los fondos que de otra manera estarían bloqueados. Las empresas en industrias "deseables" como las telecomunicaciones, la manufactura de semiconductores, la instrumentación, los productos farmacéuticos u otras industrias de investigación y de alta tecnología, pueden recibir preferencias sobre las empresas que se encuentran en industrias maduras. La cantidad de preferencia que se reciba depende de las negociaciones entre las partes informadas, el gobierno y la empresa de negocios, cualquiera de los cuales tienen la libertad de retirarse de la inversión propuesta si están insatisfechos con los términos.

Profecías de autocumplimiento. Al buscar rutas de escape para los fondos bloqueados —o en realidad al tratar de posicionar los fondos a través de cualquiera de las técnicas que se han expuesto en este capítulo— la empresa multinacional puede aumentar el riesgo político y ocasionar un cambio de un bloqueo parcial a un bloqueo total. La posibilidad de tal ciclo de autocumplimiento existe en cualquier momento que una empresa tome una acción que, sin importar lo ilegal que sea, obstaculice el propósito fundamental de los controles políticamente motivados. En los edificios de las legislaturas del mundo, así como en las oficinas editoriales de la prensa local y la televisión, las empresas multinacionales y sus subsidiarias son siempre un chivo expiatorio en potencia.

Reinversión forzosa. Si los fondos están realmente bloqueados para ser transferidos a una moneda extranjera, por definición se reinvierten. Bajo tal situación la empresa puede encontrar oportunidades locales que maximizarán la tasa de rendimiento para un nivel aceptable de riesgo.

Si se espera que el bloqueo sea temporal, la alternativa más obvia es invertir en instrumentos locales del mercado de dinero. Desafortunadamente, en muchos países tales instrumentos no están disponibles en una cantidad suficiente o con una liquidez adecuada. En algunos casos, los certificados de la tesorería del gobierno, los depósitos bancarios y otros instrumentos a corto plazo tienen rendimientos que se mantienen artificialmente bajos en relación con las tasas locales de inflación o con las variaciones probables en los tipos de cambio. Por lo tanto, con frecuencia la empresa pierde valor real durante el periodo del bloqueo.

Si las inversiones de portafolio a corto o a mediano plazo, tales como bonos, depósitos bancarios a plazo o préstamos directos a otras compañías no son posibles, la inversión en instalaciones adicionales de producción puede ser la única alternativa. Con frecuencia esta inversión es lo que está buscando el país anfitrión por medio de sus controles cambiarios, aún si la existencia de los controles cambiarios es por sí misma contraproducente para la idea de una inversión extranjera adicional. Se pueden citar algunos ejemplos de reinversión directa forzosa para Perú, donde una aerolínea invirtió en hoteles y en instalaciones de mantenimiento para las otras aerolíneas; para Turquía, donde una compañía de enlatado de pescado construyó una planta para manufacturar las latas que se necesitaba para empacar la pesca; y para Argentina, donde una compañía de automóviles se integró verticalmente mediante la adquisición de una planta de manufactura de transmisiones que anteriormente era propiedad de un proveedor.

Si no se dispone de oportunidades de inversión en instalaciones de producción adicionales, los fondos se pueden usar simplemente para adquirir otros activos que se espera que aumenten de valor con la inflación local. Las compras típicas podrían ser terrenos, edificios de oficinas o satisfactores que se exporten a mercados globales. Incluso el acopio del inventario podría ser una inversión razonable, dado el bajo costo de oportunidad de los fondos bloqueados.

Riesgos específicos para el país: riesgos culturales e institucionales

Cuando se invierte en alguno de los mercados emergentes, las empresas multinacionales que residen en la mayoría de los países industrializados se enfrentan a serios riesgos debido a diferencias culturales e institucionales. Entre muchas de tales diferencias están las siguientes:

- Diferencias en las estructuras de propiedad permisibles.
- Diferencias en las normas de recursos humanos.
- Diferencias en la herencia religiosa.
- Nepotismo y corrupción en el país anfitrión.
- Protección de los derechos de propiedad intelectual.
- Proteccionismo.

Estructura de la propiedad

Históricamente, muchos países han requerido que las empresas multinacionales compartan la propiedad de sus subsidiarias extranjeras con empresas o ciudadanos locales. Por lo tanto, los negocios conjuntos eran la única forma en la que una empresa multinacional podría operar en algunos países anfitriones. Los países prominentes que solían requerir una mayoría de propiedad local eran Japón, México, Chile, India y Corea. Este requisito ha sido eliminado o modificado en años más recientes por estos países y por la mayoría del resto de ellos. Sin embargo, las empresas de ciertas industrias todavía son excluidas de la propiedad en forma completa o bien deben aceptar el hecho de ser un propietario de tipo minoritario. Estas industrias están generalmente relacionadas con la defensa nacional, la agricultura, la banca y otros sectores que el país anfitrión considera fundamentales. Incluso Estados Unidos no le daría la bienvenida a la propiedad extranjera de empresas fundamentales grandes relacionadas con la defensa como Boeing Aircraft.

Normas de recursos humanos

Los países anfitriones requieren a menudo que las empresas multinacionales utilicen una cierta proporción de ciudadanos del país anfitrión en lugar de integrar su personal principalmente con expatriados extranjeros. A veces es muy difícil despedir a los empleados locales debido a las leyes laborales del país anfitrión y a los contratos sindicales. Esta falta de flexibilidad para hacer un recorte de personal en respuesta a los ciclos de los negocios afecta tanto a las empresas multinacionales como a sus competidores locales. También califica como un riesgo específico del país.

Las diferencias culturales también pueden inhibir las políticas de integración de personal de una empresa multinacional. Por ejemplo, es un tanto difícil que una mujer administradora sea aceptada por los empleados y administradores locales en muchos países de Oriente Medio. El ejemplo más extremo de discriminación contra las mujeres fue puesto de relieve en Afganistán durante el régimen del Talibán. Tras la caída del Talibán a finales de 2000, varias mujeres han sido sugeridas para el desempeño de importantes cargos en el gobierno.

Herencia religiosa

El ambiente actual de hostilidad para las empresas multinacionales en algunos países de Oriente Medio tales como Irán, Irak y Siria está siendo alimentado por algunos clérigos musulmanes extremistas quienes están furiosos por la violencia continua en Israel y en los territorios árabes ocupados. Sin embargo, la causa fundamental de dichos conflictos es una mezcla de un fervor religioso para algunos individuos y la política para otros. Aunque es muy común culpar a la religión musulmana por su parte en el fomento del conflicto, un número de países de Oriente Medio, como Egipto, Saudí Arabia y Jordán, son relativamente pasivos cuando se trata de los *jihads*: la convocatoria de los musulmanes para atacar a los infieles (judíos y cristianos). La llamada de Osama bin Laden para la guerra santa islámica contra Estados Unidos no ha generado algún interés de importancia en los musulmanes moderados. En efecto, Turquía, un país musulmán, ha tenido un gobierno secular durante muchas décadas y apoyó fuertemente los esfuerzos para que el mundo quedara liberado de bin Laden.

Aún a pesar de las diferencias religiosas, las empresas multinacionales han operado de una manera exitosa en los mercados emergentes, en especiales en las industrias de extracción y de recursos naturales, tales como petróleo, gas natural, minerales y otros productos forestales. La estrategia principal de una empresa multinacional es entender y respetar las tradiciones religiosas del país anfitrión.

Nepotismo y corrupción

Las empresas multinacionales deben tratar con un nepotismo y una corrupción de orden endémico en un determinado número de países. Indonesia era famosa por el nepotismo y la corrupción bajo el ahora depuesto gobierno de Suharto. Un cierto número de países africanos han tenido una historia de nepotismo y de corrupción después de que derrocaron a sus gobiernos coloniales tras la Segunda Guerra Mundial. China y Rusia han lanzado medidas enérgicas bien difundidas sobre estas prácticas. Actualmente, uno de los peores casos es el de Zimbabwe (anteriormente Rodesia del Sur). La figura de *Finanzas globales en la práctica 18.2* ilustra la manera en la que se ha deteriorado la moneda de ese país, reflejando con ello la influencia destructiva del nepotismo y de la corrupción.

FINANZAS GLOBALES EN LA PRÁCTICA 18.2

La moneda desechable de Zimbabwe

Habiendo sido alguna vez uno de los países más prósperos en África, Zimbabwe parece estar acercándose al derrumbe económico.

¿Qué se siente tener en las manos algunos millones de dólares? Si usted se encuentra en Zimbabwe, y su sueldo es en dólares de Zimbabwe, la sensación no es muy agradable. Con una hiperinflación que avanza a 4,500% sobre una base anual, todo este efectivo vale menos de US$100. El desempleo se ha estimado en 80%. La electricidad se ha racionado tan sólo a algunas horas al día. Un mendrugo de pan tiene un costo de 44,000 dólares de Zimbabwe (aproximadamente 18 centavos a los tipos de cambio del mercado negro) o US$176 al tipo de cambio oficial.

Para conseguir el apoyo del público antes en las elecciones programadas para marzo, el presidente Robert Mugabe, quien ha estado en el poder desde 1980, impuso controles de precios que han sido ignorados en gran parte. También propuso una legislación para transferir 51% de las empresas de propiedad

extranjera a propiedad local y establecer un fondo del gobierno para ayudar a los ciudadanos a comprar acciones en compañías públicas.

El gobierno podría rechazar cualquier fusión, adquisición o inversión nueva en la cual los indígenas de Zimbabwe no mantengan una participación mayoritaria. Para muchos esto es un eco del embargo de Mugabe sobre miles de granjas en propiedad de blancos, principalmente sin compensación, en lo que él ha llamado una redistribución de la tierra entre los negros pobres. Más bien, las granjas elegidas fueron entregadas a funcionarios del gobierno, y la producción alimenticia se desplomó, conduciendo a una crisis humanitaria. Además de un poder de compra en continua reducción, los indígenas de Zimbabwe tienen ahora la expectativa de vida más baja en el mundo: bajo el mandato de Mugabe ha disminuido de 60 a 37 años para los hombres y de 65 a 34 años para las mujeres.

Fuente: "Zimbabwe's Disposable Currency", Fortune, 6 de agosto de 2007.

Los sobornos no están limitados a los mercados emergentes. También son un problema incluso en los países más industrializados, incluyendo a Estados Unidos y Japón. De hecho, el primero tiene una ley antisobornos que mandaría a la cárcel a cualquier ejecutivo de negocios estadounidense que fuera encontrado culpable al sobornar a un funcionario de un gobierno extranjero. Esta ley fue promulgada como reacción a un intento de Lockheed Aircraft para sobornar a un primer ministro de Japón.

Manejo del soborno. Las empresas multinacionales se encuentran atrapadas en un dilema: ¿deben emplear el soborno si sus competidores locales usan dicha estrategia? A continuación se presentan varias alternativas:

- Rechace el soborno de inmediato, de lo contrario las demandas se multiplicarán con rapidez.
- Contrate a un asesor legal para difundir las demandas hechas por funcionarios locales, agentes aduanales y otros socios de negocios.
- No cuente con el sistema de justicia en muchos mercados emergentes, porque las leyes contractuales orientadas hacia Occidente pueden no coincidir con las normas locales.
- Eduque tanto a la administración como a los empleados locales en relación con cualquier política de soborno que la empresa pretenda seguir.

Derechos de propiedad intelectual

Históricamente, los negocios pillos en algunos países anfitriones han violado los *derechos de propiedad intelectual* tanto de las empresas multinacionales como de los individuos. Los *derechos de propiedad intelectual* conceden el uso exclusivo de una tecnología patentada y de material creativo con propiedad intelectual. Algunos ejemplos de una tecnología patentada son los productos manufacturados únicos, las técnicas de procesamiento y las drogas farmacéuticas sujetas a prescripción. Algunos ejemplos de materiales creativos con propiedad intelectual son los programas de cómputo, los materiales educativos (libros de texto) y los productos de entretenimiento (música, películas y arte).

Las empresas multinacionales y los individuos necesitan proteger sus derechos de propiedad intelectual a través de un proceso legal. Sin embargo, históricamente, las cortes de algunos países no han hecho un trabajo justo para proteger los derechos de propiedad intelectual de las personas, mucho menos los de las empresas multinacionales extranjeras. En esos países el proceso legal es costoso y está sujeto a sobornos.

El acuerdo de Aspectos Relacionados con el Comercio de los Derechos de Propiedad Intelectual (TRIPS, Trade-Related Aspects of Intellectual Property Rights) para la protección de dichos derechos, ha sido recientemente ratificado por la mayoría de los países más importantes. China firmó el tratado como una de las condiciones que necesitaba satisfacer para unirse al World Trade Organization (WTO) en 2001. Aún falta por ver si los países anfitriones son lo suficientemente fuertes para hacer obligatorios sus esfuerzos oficiales para aplastar la piratería intelectual. Un aspecto que complica esta tarea es la delgada línea que existe entre el artículo real que está siendo protegido y las versiones imitadas o genéricas del mismo artículo.

Proteccionismo

El *proteccionismo* se define como un intento por parte de un gobierno nacional por proteger algunas de sus industrias designadas contra la competencia extranjera. Las industrias que están protegidas generalmente se relacionan con la defensa, la agricultura y las industrias "infantes".

Defensa. Aun cuando Estados Unidos es un proponente vocal de los mercados abiertos, una empresa extranjera que proponga comprar a la empresa Lockheed Missile Division o algún otro proveedor fundamental de la defensa no sería bienvenida. Existe la misma actitud en muchos otros países, como Francia, que ha querido siempre mantener la capacidad de una defensa independiente.

Agricultura. La agricultura es otra industria sensible. Ninguna empresa multinacional sería lo suficientemente ingenua como para tratar de comprar propiedades agrícolas, como operaciones de arroz, en Japón. Dicho país ha tratado desesperadamente de mantener su capacidad independiente para alimentar a su población. La agricultura es la industria de la "Madre Tierra", que la mayoría de los países quieren para proteger a sus propios ciudadanos.

Industrias infantes. El argumento del proteccionismo tradicional es que las industrias de surgimiento reciente necesitan protección contra la competencia extranjera hasta que se puedan establecer con firmeza. El argumento de las industrias infantes está casi siempre dirigido a la limitación de las importaciones pero no necesariamente a las empresas multinacionales. De hecho, la mayoría de los países anfitriones motivan a las EMN a establecer operaciones en industrias que no existen en el momento actual en el país anfitrión. Algunas veces el país anfitrión le ofrece a las empresas multinacionales extranjeras un estatus de industrias infantes durante un determinado número de años. Dicho estatus podría conducir a los subsidios fiscales, a la construcción de infraestructura, a la capacitación de los empleados y a otros apoyos para el arranque de la empresa multinacional. Los países anfitriones están interesados en especial en atraer a EMN que prometan exportar, ya sea a sus propias subsidiarias extranjeras ubicadas en algún otro sitio o a sitios no relacionados.

Barreras de tarifas. Los métodos tradicionales para que los países implanten barreras de proteccionismo han sido a través de regulaciones de tarifas o de la ausencia de ellas. Las negociaciones en virtud del Acuerdo General sobre Aranceles Aduaneros y Comercio (GATT, General Agreements on Tariffs and Trade) han reducido de forma muy importante el nivel general de las tarifas a lo largo de las décadas anteriores. Este proceso continúa en la actualidad bajo el auspicio del WTO. Sin embargo, aún permanecen muchas barreras con ausencia de tarifas.

Barreras de ausencia de tarifas. Las barreras de ausencia de tarifas, las cuales restringen las importaciones en algo distinto de un costo financiero, con frecuencia son difíciles de identificar porque se promulgan como requisitos de salud, seguridad o servicios sanitarios.

Estrategias para el manejo del proteccionismo. Las empresas multinacionales tienen una capacidad muy limitada para superar el proteccionismo del país anfitrión. Sin embargo, ciertamente apoyan con entusiasmo los esfuerzos para reducir el proteccionismo al unirse en los mercados regionales. Los mejores ejemplos de mercados regionales son la Unión Europea (UE), el Tratado de Libre Comercio de América del Norte (TLCAN, TLC o NAFTA, de North American Free Trade Agreement) y la Latin American Free Trade Association [(LAFTA), Asociacion Latinoamericana de Libre Comercio (ALALC)]. Entre los objetivos de los mercados regionales están la eliminación de las barreras comerciales internas, como las barreras de tarifas y de ausencia de tarifas, así como el movimiento libre de ciudadanos con propósitos de empleo. Aún existen las barreras comerciales externas.

La Unión Europea está tratando de convertirse en una especie de "Estados Unidos de Europa", con un sólo mercado interno sin barreras. Todavía no lo consigue del todo, aunque la unión monetaria europea y el euro han casi eliminado las diferencias de política monetaria. La Unión Europea todavía tolera diferencias en las políticas fiscales, en los sistemas legales y en las identidades culturales. En cualquier caso, el movimiento hacia los mercados regionales es muy favorable para las empresas multinacionales que atienden esos mercados con subsidiarias extranjeras.

Riesgos globales específicos

Los riesgos globales específicos a los que se enfrentan las empresas multinacionales han ido a la vanguardia en años recientes. La figura 18.7 resume algunos de estos riesgos y las estrategias que pueden usarse para administrarlos. El riesgo reciente más visible fue, desde luego, el ataque de los terroristas sobre las Torres Gemelas del World Trade Center en Nueva York el 11 de septiembre de 2001. Muchas empresas multinacionales tenían operaciones mayores en el World Trade Center y sufrieron bajas importantes entre sus empleados. Además del terrorismo, otros riesgos globales específicos incluyen el movimiento contra la globalización, las preocupaciones ambientales, la pobreza en los mercados emergentes y los ciberataques sobre sistemas computarizados de información.

Terrorismo y guerra

Aunque el ataque en el World Trade Center y sus consecuencias, la guerra en Afganistán, y la guerra en Irak afectaron a casi cualquier persona del mundo, en años recientes se han cometido muchos otros actos de terrorismo. Se espera que en el futuro ocurran más actos de este tipo. Las subsidiarias extranjeras de las empresas multinacionales y sus empleados están particularmente expuestos a estos hechos. Como se mencionó con anterioridad, las subsidiarias extranjeras están expuestas en especial a guerras, conflictos étnicos y terrorismo porque son símbolos de sus respectivos países de origen.

Ninguna empresa multinacional tiene las herramientas necesarias para evitar el terrorismo. Las coberturas cambiarias, la diversificación, los seguros y otros aspectos similares no son convenientes para esta tarea. Por lo tanto, las empresas multinacionales deben apoyar a los gobiernos para combatir el terrorismo y para proteger a sus subsidiarias extranjeras (y actualmente incluso a la empresa matriz). A cambio de ello, los gobiernos esperan un apoyo financiero, material y verbal de las empresas multinacionales para el apoyo de la legislación contra el terrorismo y de las iniciativas proactivas para destruir a los grupos de terrorismo dondequiera que existan.

Planeación de las crisis

Las empresas multinacionales pueden estar sujetas a daños, dado que se encuentran en el camino del perjuicio que se pretende. Casi cada año, uno o más países anfitriones experimentan alguna forma de conflicto étnico, una guerra directa con otros países o terrorismo. Parece ser que las empresas multi-

---

FIGURA 18.7   Estrategias de la administración para los riesgos globales específicos

Terrorismo y guerra
- Apoyo de los esfuerzos del gobierno para combatir el terrorismo y la guerra
- Planeación de las crisis
- Integración de la cadena de suministro a través de las fronteras

Pobreza
- Proporcionar empleo estable y relativamente bien pagado
- Establecer las normas más estrictas de seguridad ocupacional

Antiglobalización
- Apoyo de los esfuerzos del gobierno para reducir las barreras comerciales
- Reconocer que las empresas multinacionales son los blancos de ataque

Ciberataques
- Ninguna estrategia es eficaz con excepción de los esfuerzos de seguridad de Internet
- Apoyar los esfuerzos del gobierno contra los ciberataques

Preocupaciones ambientales
- Mostrar sensibilidad hacia las preocupaciones ambientales
- Apoyar los esfuerzos del gobierno para mantener un campo plano del juego para los controles de contaminación

Responsabilidad social corporativa
- Sostenibilidad corporativa

Movimiento de las empresas multinacionales hacia objetivos primarios múltiples: rentabilidad, desarrollo sostenible, responsabilidad social corporativa

nacionales extranjeras con frecuencia son destacadas como símbolos de opresión porque representan a su país de origen, en especial si éste es Estados Unidos.

La resolución de la guerra y de los conflictos étnicos va más allá de la capacidad de las empresas multinacionales. En lugar de ello, necesitan tomar pasos defensivos para limitar los daños. La *planeación de las crisis* se ha convertido en una actividad mayor de las empresas multinacionales tanto al nivel de la subsidiaria extranjera como al nivel de la empresa matriz. La planeación de las crisis significa educar a la administración y a los empleados acerca de cómo reaccionar ante los diversos escenarios de violencia. Por ejemplo, las unidades de una empresa multinacional deben saber cómo mantenerse en comunicación entre sí; cómo proteger la propiedad de una empresa multinacional; cómo escapar del país, y cómo protegerse a sí mismas tratando de no llamar la atención.

Integración de la cadena de suministro a través de las fronteras

El impulso hacia el incremento de la eficiencia en la manufactura ha motivado a muchas empresas multinacionales a adoptar sistemas justo a tiempo (JIT) con inventarios que son casi de cero. Al concentrarse en la *velocidad de rotación del inventario*, es decir, la velocidad a la cual los inventarios se mueven a través de un proceso de manufactura —llegando tan sólo cuando se necesitan y no antes—, ha permitido a estas empresas multinacionales generar utilidades y flujos de efectivo crecientes con una menor cantidad de capital congelado en el ciclo de producción. Sin embargo, este sistema de cadena de suministro afinado con gran precisión está sujeto a un riesgo político significativo si la cadena de mando se extiende a través de las fronteras.

Interrupciones en la cadena de suministro. Considere los casos de Dell Computer, Ford Motor Company, Dairy Queen, Apple Computer, Herman Miller y The Limited en los días que siguieron a los ataques terroristas del 11 de septiembre de 2001. Un resultado inmediato del evento fue la puesta en tierra de todas las aeronaves dentro o fuera de Estados Unidos. De manera similar, las fronteras terrestres (México y Canadá) y marítimas de Estados Unidos también se cerraron y no reabrieron durante varios días en algunos sitios específicos. Ford Motor Company cerró cinco de sus plantas manufactureras en los días que siguieron al 11 de septiembre debido a inventarios inadecuados de insumos fundamentales de automóviles que eran proporcionados desde Canadá. Dairy Queen experimentó demoras tan significativas en algunos de sus ingredientes de confitería que muchas de sus tiendas también se cerraron de manera temporal.

Dell Computer, con una de las cadenas de mando virtualmente integradas más altamente aclamada y admirada, depende de partes de computadoras y de proveedores y compañías manufactureras de subensambles con sede en México y en Canadá para satisfacer sus necesidades diarias de ensambles y de ventas. En años recientes, Dell ha sostenido menos de tres días totales de ventas como inventario total —en términos del valor al costo de ventas—. Los proveedores están integrados electrónicamente con el sistema de cumplimiento de pedidos de Dell, y entregan los componentes y los subensambles requeridos según lo requieran las demandas de ventas. Pero con el cierre de las fronteras y la puesta en tierra de los fletes aéreos, la compañía fue llevada casi a un punto muerto, debido a que su cadena de suministro depende de la capacidad para tratar a las unidades de negocios y a los proveedores de diferentes países como si todos ellos fueran parte de una sola unidad perfecta.

Como resultado de estas lecciones recientemente aprendidas, muchas empresas multinacionales están ahora evaluando el grado de exposición que poseen sus cadenas de suministro con respecto a detenciones a través de las fronteras o a otros eventos políticos a través de ellas. Sin embargo, estas compañías no están a punto de abandonar los sistemas justo a tiempo. Se ha estimado que las compañías estadounidenses han ahorrado más de US$1,000 millones al año en costo de mantenimiento del inventario mediante el uso de métodos JIT a lo largo de la última década. Este beneficio sustancial está siendo ahora ponderado contra los costos y los riesgos asociados con las interrupciones en la cadena de mando posteriores al 11 de septiembre.

Para evitar la posibilidad de sujetarse a un destino similar en el futuro, los productores, los minoristas y los proveedores están empleando ahora una variedad de tácticas.

■ **Administración del inventario.** Las compañías de manufactura y las ensambladoras están considerando la posibilidad de sostener una mayor cantidad de inventarios de seguridad ("colchones" de inventarios) para cubrirse contra las interrupciones y trastornos en la oferta y en las líneas de producción. Mientas tanto, los minoristas deben pensar en la época y en la frecuencia de sus reabastecimientos. En lugar de almacenar mercancías a través de la frontera, las compañías se están concentrando en las partes más críticas del producto o servicio, y en aquellos componentes que estén disponibles de manera única tan sólo a partir de fuentes internacionales.

- **Abastecimiento.** Las compañías manufactureras están siendo ahora más selectivas en relación con el punto de origen de sus insumos fundamentales para sus productos. Aunque las estrategias de abastecimiento tendrán que variar por localidad, las empresas están tratando de trabajar de manera más estrecha con los proveedores actuales para minimizar las exposiciones a través de las fronteras y para reducir los costos potenciales de los paros futuros.
- **Transporte.** Los minoristas y las compañías manufactureras están volviendo a evaluar por igual sus acuerdos de embarques a través de las fronteras. Por ejemplo, muchos insumos que actualmente están incluidos en los vuelos de pasajeros pueden quedar excluidos de estos vuelos en el futuro. Aunque el modo de transporte que se emplee es una función del valor, del volumen y del peso, muchas empresas están volviendo a evaluar ahora si los costos más altos por un embarque más rápido se compensan con una entrega más débil a causa de los paros en las líneas aéreas provenientes de desórdenes laborales, terroristas o incluso quiebras en el futuro.

Movimiento contra la globalización

Durante la década anterior, ha habido una creciente reacción negativa por parte de algunos grupos hacia la reducción de las barreras comerciales y hacia los esfuerzos para crear mercados regionales, en particular el NAFTA y la Unión Europea. El NAFTA ha sido vigorosamente rechazado por aquellos sectores del movimiento laboral que pudieran perder trabajos para México. La oposición dentro de la Unión Europea se centra en la pérdida de identidad cultural, la dilución del control nacional individual a medida que se admiten nuevos miembros, la sobrecentralización del poder en una gran burocracia ubicada en Bruselas y en fecha más reciente, la desaparición de las monedas nacionales individuales a mediados de 2002, cuando el euro se convirtió en la única moneda de 12 de las 15 naciones que la conforman.

El movimiento contra la globalización se ha vuelto más visible después de los disturbios de Seattle durante la reunión anual de 2001 de The World Trade Organization. Las fuerzas contra la globalización no solamente fueron responsables de estos desórdenes, o de desórdenes subsecuentes en Quebec y Praga en 2001. Otros grupos de oposición, como los ambientalistas e incluso los anarquistas, se unieron para hacer sus causas más visibles.

Las empresas multinacionales no tienen las herramientas necesarias para combatir el movimiento contra la globalización. En realidad, son culpadas de motivar el problema en primer lugar. Una vez más, las empresas multinacionales se deben basar en los gobiernos y en la planeación de las crisis para manejar estos riesgos.

Preocupaciones ambientales

Las empresas multinacionales han sido acusadas de exportar sus problemas ambientales a otros países. Ello se debe a que las empresas multinacionales, frustradas por los controles de la contaminación en su país de origen, han relocalizado estas actividades en países que tienen controles más débiles contra la contaminación. Otra acusación es que las empresas multinacionales contribuyen al problema del calentamiento global. Sin embargo, la acusación aplica a todas las em-presas en todos los países. Se basa en los métodos de manufactura empleados por industrias espe-cíficas y en el deseo de los consumidores por ciertos productos como automóviles grandes y vehículos deportivos los cuales no son eficientes en el consumo de combustible.

Una vez más, la solución de los problemas ambientales depende de que los gobiernos promulguen legislaciones e implanten las normas para el control de la contaminación. En 2001, el Tratado de Kyoto, el cual intentó reducir el calentamiento del planeta, fue ratificado por la mayoría de las naciones, con la notable excepción de Estados Unidos. Sin embargo, dicho país ha prometido combatir el calentamiento global con el uso de sus propias estrategias. Estados Unidos se opuso a las disposiciones del tratado mundial que permitía a las naciones seguir normas me-nos restrictivas, mientras que la carga económica caería en los países más industrializados, en particular Estados Unidos.

Pobreza

Las empresas multinacionales han ubicado subsidiarias extranjeras en países que se encuentran plagados de una distribución del ingreso extremadamente desigual. Al final del espectro se encuentra una clase elitista de personas bien educadas, bien relacionadas y productivas. En el otro extremo se encuentra una clase muy grande de personas que viven al nivel de la pobreza o por debajo de él. Carecen de educación, de infraestructura social y económica y del poder político.

Las empresas multinacionales podrían estar contribuyendo a esta disparidad al emplear a las clases elitistas para la administración de sus operaciones. Por otra parte, las empresas multinacionales están creando trabajos relativamente estables y bien remunerados para aquellos que de otra manera se encontrarían sin empleo y viviendo por debajo del nivel de la pobreza. Aún a pesar de ser acusadas de apoyar condiciones de explotación de los trabajadores, las empresas multinacionales generalmente se comparan de una manera favorable con sus competidores locales. Por ejemplo, Nike, una de las empresas multinacionales fijada como blanco de ataque, generalmente paga mejor, proporciona más prestaciones al personal, mantiene normas de seguridad más altas y educa a su fuerza de trabajo de modo que se permita al personal avanzar en forma ascendente por la escalera profesional. Desde luego, Nike no puede manejar los problemas de pobreza de un país en primer lugar, pero puede mejorar las condiciones para algunas personas.

Ciberataques

El rápido crecimiento de Internet ha motivado una generación totalmente nueva de artistas del fraude y maniáticos que trastornan la utilidad de la World Wide Web. Éste es un problema tanto nacional como internacional. Las empresas multinacionales se pueden enfrentar a costosos ciberataques debido a su visibilidad y a la complejidad de sus sistemas internos de información.

En este momento, no conocemos alguna estrategia internacional única que puedan usar las empresas multinacionales para combatir los ciberataques. Las EMN están usando las mismas estrategias para manejar los ciberataques extranjeros que las que usan para los ataques nacionales. Una vez más, deben confiar en los gobiernos para el control de éstos.

Responsabilidad social corporativa

Los primeros años del siglo XXI han visto un renacimiento en cuanto a las reflexiones de la sociedad sobre las empresas de negocios. Uno de los debates más audibles ha sido el que se refiere a un desarrollo sostenible, el principio de que el desarrollo económico de la actualidad no debería comprometer la capacidad de las generaciones futuras para lograr y disfrutar de estándares de vida similares. Aunque el desarrollo sostenible se concentró inicialmente en las preocupaciones ambientales, ha evolucionado para incluir preocupaciones iguales que "incorporan la ambición de una sociedad justa y humanitaria".[5] Aunque estos debates han permanecido por lo general dentro de las áreas del desarrollo económico, el debate en los círculos de negocios se ha centrado en la responsabilidad social corporativa.

RESUMEN

■ Para invertir en el extranjero, una empresa debe tener una ventaja competitiva sostenible en el mercado del país de origen. Esto debe ser lo suficientemente fuerte y transferible para superar las desventajas de una operación en el extranjero.

■ Las ventajas competitivas provienen de las economías de escala y de alcance que resultan de un tamaño más grande; del talento administrativo y comercial; de una tecnología superior; de la fuerza financiera; de productos diferenciados, y de la competitividad del mercado del país de origen.

■ El paradigma OLI es un intento por crear un marco conceptual genérico capaz de explicar la razón por la cual las empresas multinacionales eligen una inversión extranjera directa en lugar de atender los mercados a través de modos alternativos, como la concesión de licencias, los negocios conjuntos, las alianzas estratégicas, los contratos de administración y las exportaciones.

■ Las estrategias específicas de las finanzas están directamente relacionadas con el Paradigma OLI, incluyendo estrategias financieras tanto proactivas como reactivas.

■ La decisión acerca de dónde invertir está influida por factores económicos y de comportamiento, así como por la etapa del desarrollo histórico de una empresa.

■ La distancia física desempeña un papel en la determinación de la secuencia de la inversión extranjera directa y en una reinversión posterior. A medida que las empresas aprenden a partir de sus primeras inversiones, aceptan aventuras en lugares más lejanos y están dispuestas a arriesgar compromisos mayores.

■ Las empresas más internacionalizadas se pueden visualizar a partir de una perspectiva en red. La empresa matriz y cada una de las subsidiarias extranjeras son miembros de redes. Dichas redes están compuestas de relaciones dentro de una industria mundial, dentro de los países anfitriones con proveedores y clientes y dentro de la empresa multinacional misma.

■ Las exportaciones evitan el riesgo político pero no el riesgo cambiario. Requieren de una inversión inicial mínima pero finalmente podrían perder mercados a favor de imi-

[5]Dickson, Tim, "The Financial Case for Behaving Responsibly", *Financial Times*, 19 de agosto de 2002, p. 5.

tadores y competidores globales quienes podrían ser más eficientes en costos para la producción y distribución en el extranjero.

■ Existen modos alternativos (para las subsidiarias totalmente de propiedad extranjera) de participación extranjera. Éstos incluyen los negocios conjuntos, las alianzas estratégicas, la concesión de licencias, los contratos de administración y las exportaciones tradicionales.

■ La concesión de licencias capacita a una empresa para beneficiarse de los mercados extranjeros sin una inversión inicial mayor. Sin embargo, las desventajas incluyen rendimientos limitados, la posible pérdida del control de calidad y el potencial del establecimiento de un competidor futuro.

■ El éxito de un negocio conjunto depende principalmente de la correcta elección de un socio. Por esa razón y por un número de problemas relacionados con posibles conflictos en la toma de decisiones entre un negocio conjunto y una empresa matriz multinacional, el enfoque de la subsidiaria de propiedad totalmente extranjera es más común.

■ La finalización del mercado interno europeo a finales de 1992 condujo a un incremento vertiginoso en el ingreso a través de las fronteras mediante alianzas estratégicas. Aunque algunas formas de éstas comparten las mismas características que los negocios conjuntos, con frecuencia también incluyen un intercambio de acciones.

■ Existen seis estrategias mayores que son empleadas por las empresas multinacionales que se encuentran en mercados emergentes: hacer que las marcas se vuelvan globales; la ingeniería para la innovación; el apalancamiento de los recursos naturales; el desarrollo de un modelo de exportación de negocios; la adquisición de activos en ultramar, y la fijación de un nicho de mercado como blanco de ataque.

■ Los riesgos políticos se pueden definir clasificándolos en tres niveles: *específicos para la empresa, específicos para el país* y *específicos a nivel global.*

■ Los *riesgos específicos para la empresa*, también conocidos como *microrriesgos*, afectan a la empresa multinacional al nivel de proyecto o a nivel corporativo.

■ Los *riesgos específicos para el país*, también conocidos como *macrorriesgos*, afectan a la empresa multinacional al nivel de proyecto o a nivel corporativo pero se originan al nivel de país.

■ Los *riesgos específicos a nivel global* afectan a la empresa multinacional al nivel de proyecto o a nivel corporativo pero se originan al nivel global.

■ El principal riesgo específico para la empresa es el *riesgo de gobierno*, el cual consiste en la capacidad para ejercer

el control sobre la empresa multinacional como un todo, en forma global y dentro del ambiente legal y político específico del país al nivel individual de la subsidiaria.

■ El tipo más importante de riesgo de gobierno surge de un conflicto de metas entre los objetivos legítimos de los gobiernos y las empresas privadas.

■ Las principales herramientas que se usan para administrar el conflicto de las metas consisten en negociar un contrato de inversión; comprar seguros y garantías de inversión, y modificar las estrategias operativas en la producción, la logística, la mercadotecnia, las finanzas, la organización y el personal.

■ Los principales *riesgos específicos para el país* son el *riesgo de transferencia*, el cual se conoce como *fondos bloqueados*, y ciertos riesgos culturales e institucionales.

■ Los fondos bloqueados se pueden manejar a través de cualquiera de cinco estrategias: 1) mediante la inclusión de los fondos bloqueados en el análisis original de presupuesto de capital; 2) mediante la realización de préstamos sustitutos; 3) mediante la creación de exportaciones no relacionadas; 4) mediante la obtención de una exención especial, y 5) mediante la planeación para una reinversión forzosa.

■ Los riesgos culturales e institucionales emanan de las políticas del país anfitrión con respecto a la estructura de la propiedad, las normas de recursos humanos, la herencia religiosa, el nepotismo y la corrupción, los derechos de propiedad intelectual y el proteccionismo.

■ El manejo de los riesgos culturales e institucionales requiere que una empresa multinacional entienda las diferencias, tome acciones legales en las cortes del país anfitrión, apoye los tratados mundiales para proteger los derechos de propiedad intelectual y que apoye los esfuerzos del gobierno para crear mercados regionales.

■ Los principales riesgos específicos a nivel global actualmente son productos del terrorismo y de la guerra, del movimiento contra la globalización, de las preocupaciones ambientales, de la pobreza y de los ciberataques.

■ Para manejar los riesgos específicos a nivel global, una empresa multinacional debe adoptar un plan de crisis para proteger a sus empleados y a sus propiedades y para asegurar la integridad de su cadena de suministro. Sin embargo, una empresa multinacional se basa predominantemente en el gobierno para proteger a sus ciudadanos y a sus empresas contra las amenazas del riesgo específico a nivel global.

 **MINICASO**   # La crisis del abastecimiento chino de Mattel en 2007

El viernes, Mattel se vio obligado a expresar una humillante apología pública al 'pueblo chino' con respecto a la dañina sucesión de retiros del mercado de juguetes hechos en China *que el productor de juguetes estadounidense había anunciado en meses recientes. En una reunión cuidadosamente manejada por etapas en Beijing con un funcionario chino*

senior, el cual por lo general estaba abierto a los medios de comunicación, Thomas Debrowski, el vicepresidente ejecutivo de Mattel para las operaciones mundiales, leyó un texto preparado que minimizaba el papel de las fábricas chinas en los retiros de juguetes del mercado.

"Mattel asume una responsabilidad total por el retiro de estos productos y se disculpa personalmente ante ustedes, el pueblo chino, y todos nuestros clientes que recibieron los juguetes", dijo el señor Debrowski. La apología mantenía un contraste muy severo con los recientes comentarios provenientes de Robert Eckert, el director ejecutivo de Mattel. En testimonio ante el Senado de Estados Unidos la semana pasada, indicó que la responsabilidad de los recientes retiros del producto del grupo es de los contratistas externos. "Ellos nos fallaron, y por lo tanto nosotros les fallamos a ustedes", dijo.

—*"Mattel in Apology to Chinese", Financial Times,*
22 de septiembre de 2007, p. 15.

Bob Eckert, director ejecutivo de Mattel (Estados Unidos), tenía un problema, un gran problema en verdad: el 30 de julio Mattel había descubierto que un determinado número de sus juguetes manufacturados en China contenían pintura con plomo. El siguiente mes había atestiguado una serie de retiros del mercado, dando lugar a tensiones políticas entre el gobierno de Estados Unidos y el de China, y un suicidio. Pero ninguna compañía ha estado en China más tiempo que Mattel; la muñeca original Barbie se había creado allí en 1959. Mattel tenía una gran experiencia y una longevidad de relaciones que deberían haberlo evitado. Al final fueron esas relaciones y esa longevidad lo que pudo haber contribuido a las fallas en la seguridad del producto.

Fuentes de abastecimiento de Mattel

Mattel conoció durante mucho tiempo los riesgos asociados con la corriente de valor de los juguetes en la calidad de los productos. Los juguetes se basaban en una cadena global de suministro que era altamente sensible a los petroquímicos (los plásticos) y a los costos de los insumos de mano de obra, a las sensibilidades de los derechos ambientales y humanos a las prácticas de negocios socialmente responsables y sostenibles, a los trastornos en el transporte y la logística, a los cruces a través de las fronteras, y al costo y al tiempo para la comercialización, todos los cuales contribuían a un mayor riesgo.

La existencia de preocupaciones y controversias crecientes sobre las prácticas de mano de obra había conducido a Mattel a establecer sus *Principios Globales de Manufactura* (GMP, *Global Manufacturing Principles*) en 1997, en los cuales se establecían principios y prácticas para todas las compañías y sitios que manufacturaban los productos de Mattel, ya sea que fueran propiedad de la compañía o que disfrutaran de la manufactura con una licencia. Los GMP se establecieron para confirmar el compromiso de la compañía hacia las prácticas responsables de manufactura alrededor del mundo. Para apoyar las normas de los GMP, la compañía creó el Consejo Independiente de Vigilancia de Mattel (MIMCO, Mattel Independet Monitoring Council). Mattel era altamente considerada como la primera compañía global de productos de consumo que aplicaría el sistema tanto a sus propias insta-

laciones como a los contratistas esenciales sobre una base mundial. Pero los problemas de todos modos habían sucedido.

La crisis había empezado realmente en junio, cuando el productor de juguetes estadounidense RC2 retiró 1.5 millones de productos denominados *Thomas the Tank Engine* fabricados en Guangdong, la provincia china adyacente a Hong Kong y durante mucho tiempo el centro de manufactura por contrato de las empresas occidentales. Mattel había entonces continuado con una molesta serie de tres retiros de productos en menos de un mes.

■ El primer retiro de 1.5 millones de juguetes de 83 modelos diferentes se hizo el 2 de agosto, la mayoría de los cuales habían sido producidos por Lee Der Industrial, proveedor de Mattel durante 15 años. Se descubrió que los juguetes contenían altos niveles del pintura con plomo, un químico que se había prohibido desde hacía muchos años, pero que todavía se usaba secretamente por muchos productores alrededor del mundo en un esfuerzo para reducir los costos (la pintura con plomo se secaba de una manera más brillante y con mayor rapidez). Lee Der Industrial había usado de modo consciente pintura que no había sido aprobada por Mattel.

■ El segundo retiro, el cual ascendió a más de 18 millones de juguetes alrededor del mundo, se anunció el 14 de agosto, tan sólo dos semanas después del primero. Estos productos fueron principalmente de Early Light Industrial en China, un socio de Mattel durante 20 años. El retiro incluyó justamente 436,000 carritos de juguete Pixar debido a las preocupaciones de la pintura con plomo, pero casi 18 millones con motivo de la preocupación de que ciertos magnetos pequeños de algunos productos pudieran ser ingeridos. Early Light había subcontratado algunos componentes de los carritos Pixar con la empresa Hong Li Da, otra compañía China que usaba pintura con plomo. El segundo anuncio dio como resultado una disminución inmediata del 6% en el precio de las acciones de Mattel en la Bolsa de Valores de Nueva York.

■ El tercer retiro, el cual fue anunciado el 4 de septiembre, fue de 800,000 juguetes, la mayoría de los cuales eran accesorios para las muñecas Barbie. Mattel explicó que una serie de pruebas más profundas del producto habían indicado que poseían "niveles intolerables" de pintura con plomo. Los productos se habían originado a partir de siete fábricas chinas distintas. Este tercer anuncio había impulsado a la Unión Europea a anunciar una revisión de dos meses de la seguridad de los productos de juguetes que se vendían dentro de la Unión Europea, indistintamente de las fuentes de su manufactura.

Las compañías productoras chinas eran la fuente de 65% de los juguetes de Mattel. De éstos, aproximadamente la mitad estaba en posesión de Mattel, y la otra mitad eran productos manufacturados para la compañía bajo una variedad de contratos de manufactura sujetos a licencia. Mattel aún posee 12 fábricas que elaboran la mayoría de sus productos básicos como Barbie y Hot Wheels. Pero para el otro aproximadamente 50% de sus líneas de productos depende de un conjunto de proveedores, los cuales habían incluido a Lee Der Industrial y a First Light. En vista de la larga duración de las relaciones como las que tenía con Lee Der y First Light, Mattel permitía a las compañías hacer la mayor parte de las pruebas de su propio producto como resultado de la prolongada confianza entre las dos partes. Pero indistintamente de quien poseyera las instalaciones reales de manufactura, muchos de los proveedores que no eran de Mattel habían a la vez subcontratado varios componentes y partes a otras empresas. Todas las compañías que figuraban dentro de la compleja cadena de suministro se estaban enfrentando a las mismas presiones competitivas de costos en China —tasas salariales crecientes, escasez de mano de obra capacitada en las provincias de la costa, escalamiento en los precios de los materiales y los satisfactores—, algunos de los cuales pudieron haber sido la motivación para que los proveedores hicieran ahorros y redujeran al máximo posible los costos.

Por lo tanto, no estaba claro que la manufactura subcontratada fuera realmente el culpable en este caso, o simplemente el hecho de que gran parte de las industrias de manufactura y de materiales que operaban a través de toda China se encontraban relativamente fragmentadas, con un desarrollo muy reciente, bajo fuertes presiones de costos y generalmente desordenadas. Mattel había mantenido durante mucho tiempo una reputación muy alta como una de las mejores empresas en el aseguramiento de una manufactura de productos saludables y seguros, y había trabajado diligentemente con sus proveedores para asegurar su conformidad con las especificaciones de manufactura y la seguridad de los productos. El problema resultante fue que un cierto número de proveedores de China había usado pintura con plomo en lugar de la pintura que Mattel había especificado y aprobado. Lo habían hecho pues, para reducir los costos.

El 5 de septiembre, Mattel dijo al comité American Congressional que su retiro de 17.4 millones de juguetes que contenían un pequeño magneto que podía ser tragado por los niños, se debía a un defecto en el diseño del juguete, más que a un defecto de producción en China. Respecto a algunos otros juguetes retirados debido a supuestos niveles peligrosos de plomo en la pintura, Mattel admitió que había sido excesivamente celosa y que probablemente había retirado juguetes que no se contraponían a las regulaciones estadounidenses en cuanto al contenido de plomo.

China absorbe el costo de desarrollo

A medida que Beijing ejerce medidas enérgicas sobre las exportaciones de juguetes inseguros y exige más pruebas, muchos productores pequeños de juguetes de China están sintiendo un estrangulamiento financiero. El incremento en las pruebas "ha creado un verdadero lío para algunos… productores" en China, según ha afirmado Ron Rycek, vicepresidente de ventas de juguetes en Hilco Corp., la cual vende juguetes como Sonic Skillball a Toys 'R' Us y a Amazon.com.

Incluso algunas compañías que han podido seguir operando sienten la presión. Generalmente, no se les paga a los productores hasta que embarcan sus productos, por lo que casi siempre adquieren préstamos para comprar materiales, para pagar sueldos y cubrir otros gastos hasta que los clientes transfieren los fondos. Ya que los juguetes ahora esperan en los almacenes mientras que se envían muestras a los laboratorios, los productores no pueden pagar esos préstamos con la rapidez que habrían esperado. Las pruebas

están "reteniendo nuestro capital y nuestro espacio de almacenamiento", afirma Leona Lam, directora ejecutiva de Leconcepts Holdings, un subcontratista con base en Hong Kong que suministra partes a fábricas que elaboran juguetes de plástico parecidos a los de Mattel Inc. y de Fisher-Price.
— "Bottlenecks in Toyland", *Business Week*, 15 de octubre de 2007, p. 52.

Pero indistintamente de cómo se haya presentado en la prensa, una gran cantidad de empresas extranjeras que venden todo, desde dentríficos hasta alimentos para mascotas y teléfonos móviles, han descubierto una variedad de defectos de los productos y riesgos de salud y seguridad en sus bases de manufactura y proveedores con sede en China. Sin embargo, aún queda la pregunta de qué cantidad de este riesgo fue inherentemente "chino" y qué cantidad tuvo como origen "el abastecimiento de países con costos bajos".

Las crecientes ansiedades sobre los productos chinos, sus riesgos asociados y sus devoluciones en 2007 reflejaron una gran cantidad de diversas dificultades políticas, económicas y de negocios. El rápido crecimiento de la economía China ya era bien conocido y estaba bien documentado: cerca de 5% de todos los bienes manufacturados en el mundo eran ahora chinos; 25% de todos los productos que se vendían en Estados Unidos tenían un contenido chino significativo; los precios de los satisfactores globales de petróleo, cobre, molibdeno, acero y otros más estaban observando niveles récord a medida que la tasa de infraestructura y el desarrollo de los negocios en China ocasionaba faltantes globales y presiones de mercado. Pero los costos de un desarrollo económico tan rápido estaban ahora tan sólo empezando a volverse dolorosamente aparentes.

La tasa del crecimiento en la manufactura había sobrepasado por mucho la capacidad del gobierno chino a todos los niveles para manejar el crecimiento. Las deficiencias reguladoras —salud, seguridad y medio ambiente— eran ahora obvias. Aunque Mattel y otras compañías estaba confesando su propia culpabilidad y aceptando la responsabilidad por el manejo de los riesgos de sus propios productos, el gobierno chino se estaba apresurando para cerrar los vacíos reguladores y para proteger a los clientes de exportaciones que no se estaban protegiendo a sí mismos. Al mismo tiempo, trataba de preservar la reputación de la manufactura china y de evitar restricciones o barreras comerciales crecientes para sus productos en los mercados extranjeros.

Los costos humanos ya eran de por sí altos. Zheng Xiaoyu, un jefe anterior de the Chinese State Food and Drug Administration (SFDA), había sido ejecutado a principios del año por haber aceptado sobornos para aprobar drogas inferiores y certificados que reclamaban que la pintura que habían usado los proveedores de Mattel se encontraba libre de plomo. El señor Zhang Shuhong, director ejecutivo de Lee Der Industrial, y proveedor de muchos de los productos incluidos en el primer retiro de productos de Mattel, se había suicidado el 14 de agosto. Las presiones políticas continuaban acumulándose entre el gobierno chino y el de Estados Unidos en tanto que la lista de productos que habían sido prohibidos por the Consumer Protection Council de Estados Unidos continuaba aumentado (vea la figura 1).

FIGURA 1	Productos manufacturados en China que fueron retirados del mercado por the U.S. Consumer Products Safety Commission entre el 3 de agosto y 6 de septiembre de 2007	
Compañía	**Producto**	**Número de unidades afectadas**
Fisher-Price	Sesame Street, Geotrax y otros juguetes	1 millón
Mattel	Accesorios Barbie, juguetes Sarge	925,000
Springs Windows Fashions	Basic Blindz (ciegos de ventanas)	140,000
Wal-Mart (Sam's Club)	Antorchas para exteriores	138,000
Hayes	Candeleros para exteriores	83,000
Jo-Ann Stores	Latas de riego para niños	6,000
Raleigh America	Bicicletas	1,200
Life Is Good	Camisetas encapuchadas para bicicletas de niños	400

Fuente: "Supply Chain: Thomas and His Washington Friends", *CFO*, octubre de 2007, p. 18; y the Consumer Products Safety Commission (CPSC).

El costo del incremento en las regulaciones estaba aumentando. Una encuesta de consumidores del Reino Unido que se realizó en septiembre, por ejemplo, encontró que 37% de las personas encuestadas hicieron notar que la crisis había afectado su percepción de los productos chinos en general. Como resultado de ello, muchos afirmaron que existían muchas menos probabilidades de comprar productos hechos en China. La secuela que se derivó de la crisis en realidad no fue la culpa de una compañía individual, agencia reguladora o gobierno. Pero el daño fue significativo y duradero.

Preguntas del caso

1. El abastecimiento global de Mattel en China, al igual que todos los demás productores de juguetes, se basó en una manufactura y una mano de obra de bajo costo y una creciente masa fundamental de fábricas que luchaban de manera competitiva por operaciones de manufactura bajo contrato. ¿Considera usted que los retiros de productos del mercado y los problemas de calidad de los productos sean separados de, o parte integral de, buscar una estrategia de un país con costos bajos?

2. Indistintamente de que se trate de una pintura con plomo sobre los juguetes o la existencia de partes laterales defectuosas en las cunas de los bebés, ¿de quién considera usted que sea la responsabilidad de la seguridad: de la compañía, como Mattel, o del país, en este caso China?

3. Muchos expertos internacionales en el comercio y en el desarrollo argumentan que China está apenas ahora descubriendo la diferencia entre ser un jugador económico mayor en un negocio global y su papel periférico anterior como un sitio de manufactura de bajo costo sobre la periferia de la economía mundial. ¿Qué piensa usted?

PREGUNTAS

1. **Evolución hacia el multinacionalismo.** A medida que una empresa evoluciona desde ser una compañía puramente nacional hasta convertirse en una empresa verdaderamente multinacional, debe considerar: a) sus ventajas competitivas, b) la ubicación de su producción, c) el tipo de control que desea tener sobre cualquier operación extranjera y d) la cantidad de capital monetario que debe invertir en el extranjero. Explique la manera en la que cada una de estas consideraciones es importante para el éxito de las operaciones extranjeras.

2. **Teoría de la ventaja comparativa.** ¿Cuál es la esencia de la teoría de la ventaja comparativa?

3. **Imperfecciones de mercado.** Las empresas multinacionales se esfuerzan por tomar ventaja de las imperfecciones de mercado en los mercados nacionales para los productos, los factores de producción y los activos financieros. Las empresas internacionales grandes se encuentran en una mejor posición para explotar tales imperfecciones. ¿Cuáles son sus principales ventajas competitivas?

4. **Motivos estratégicos para la inversión extranjera directa (FDI).**

   a. Resuma los cinco principales motivos que impulsan la decisión de iniciar una inversión extranjera directa.

   b. Identifique estos motivos en las siguientes empresas multinacionales:

   General Motors (Estados Unidos)
   Royal Dutch Shell (Países Bajos/Reino Unido)
   Kentucky Fried Chicken (Estados Unidos)
   Jardine Matheson (Hong Kong)
   Apple Computer (Estados Unidos)
   NEC (Japón)

5. **Ventaja competitiva.** Al decidir si se debe invertir en el extranjero, la administración debe determinar primero si la empresa tiene una ventaja competitiva sostenible que la capacite para competir con eficacia en el mercado nacional. ¿Cuáles son las características necesarias de esta ventaja competitiva?

6. **Economías de escala y de alcance.** Explique brevemente la manera en la que se pueden desarrollar economías de escala y de alcance en las áreas de producción, mercadotecnia, finanzas, investigación y desarrollo, transporte y compras.

7. **Competitividad del mercado nacional.** Un mercado nacional fuertemente competitivo puede agudizar la ventaja competitiva de una empresa en relación con las empresas que se localizan en mercados menos competitivos. Este fenómeno se conoce como el "diamante de la ventaja nacional" de Porter. Explique qué se quiere decir con la expresión "diamante de la ventaja nacional".

8. **Paradigma OLI.** El paradigma OLI es un intento por crear un marco conceptual general para explicar la razón por la cual las empresas multinacionales escogen la inversión extranjera directa en lugar de atender a los mercados extranjeros a través de modos alternativos.
   a. Explique qué se quiere decir con la "O" en la expresión Paradigma OLI.
   b. Explique qué se quiere decir con la "L" en la expresión Paradigma OLI.
   c. Explique que se quiere decir con la "I" en la expresión Paradigma OLI.

9. **Vínculos financieros con el OLI.** Las estrategias financieras están directamente relacionadas con el Paradigma OLI.
   a. Explique la manera en la que las estrategias *proactivas* están relacionadas con el OLI.
   b. Explique la manera en la que las estrategias *reactivas* están relacionadas con el OLI.

10. **Dónde invertir.** La decisión acerca de dónde invertir en el extranjero está influida por factores de comportamiento.
    a. Explique el *enfoque del comportamiento* para la inversión extranjera directa.
    b. Exponga la explicación que proporciona la *teoría de la red internacional* en relación con la inversión extranjera directa.

11. **Exportaciones *versus* producción en el extranjero.** ¿Cuáles son las ventajas y las desventajas de limitar las actividades de una empresa a las exportaciones en comparación con producir en el extranjero?

12. **Concesión de licencias y contratos administrativos *versus* producción en el extranjero.** ¿Cuáles son las ventajas y las desventajas de la concesión de licencias y de los contratos de administración en comparación con producir en el extranjero?

13. **Negocio conjunto *versus* subsidiaria de producción de propiedad total.** ¿Cuáles son las ventajas y las desventajas de formar un negocio conjunto para atender a un mercado extranjero en comparación con atender a ese mercado con una subsidiaria de producción de propiedad total?

14. **Inversiones que empiezan desde cero *versus* adquisiciones.** ¿Cuáles son las ventajas y las desventajas de atender a un mercado extranjero a través de una inversión extranjera directa que empiece desde cero en comparación con una adquisición de una empresa local en el mercado fijado como objetivo?

15. **Alianza estratégica a través de la frontera.** El término "alianza estratégica a través de la frontera" transmite distintos significados a diferentes observadores. ¿Cuáles son estos significados?

16. **Riesgo de gobierno.**
    a. ¿Qué se quiere decir con el término *riesgo de gobierno*?
    b. ¿Cuál es el tipo más importante de riesgo de gobierno?

17. **Contrato de inversión.** Un contrato de inversión expone los derechos y las responsabilidades específicas de una empresa extranjera y de su gobierno anfitrión. ¿Cuáles son las principales políticas financieras que deben incluirse en un acuerdo de inversión?

18. **Seguros y garantías sobre la inversión (OPIC).**
    a. ¿Qué es la OPIC?
    b. ¿Contra qué tipos de riesgos políticos puede extender un seguro la OPIC?

19. **Estrategias operativas después de la decisión de la inversión extranjera directa.** Se espera que las siguientes estrategias operativas, entre otras, reduzcan los daños provenientes del riesgo político. Explique cada una de ellas y la manera en la que reduce los daños.
    a. Abastecimiento local
    b. Localización de las instalaciones
    c. Control de la tecnología
    d. Una base estrecha de capital contable
    e. Préstamos a partir de fuentes múltiples

20. **Riesgo específico de país.** Defina los siguientes términos:
    a. Riesgo de transferencia
    b. Fondos bloqueados
    c. Riesgo soberano de crédito

21. **Fondos bloqueados.** Explique las estrategias que usa una empresa multinacional para contrarrestar los fondos bloqueados.

22. **Riesgos culturales e institucionales.** Identifique y explique los principales tipos de riesgos culturales e institucionales, excepto el proteccionismo.

23. Estrategias para el manejo de los riesgos culturales e institucionales. Explique las estrategias que usa una empresa multinacional para administrar cada uno de los riesgos culturales e institucionales que usted identificó en la pregunta 9, excepto el proteccionismo.

24. Definición de proteccionismo.
   a. Defina el proteccionismo e identifique las industrias que son generalmente protegidas.
   b. Explique el argumento de la "industria infante" para el proteccionismo.

25. Manejo del proteccionismo.
   a. ¿Cuáles son los métodos tradicionales para que los países implanten el proteccionismo?
   b. ¿Cuáles son algunas barreras típicas sin tarifas para el comercio?
   c. ¿Cómo pueden las empresas multinacionales superar el proteccionismo del país anfitrión?

26. Riesgos específicos a nivel global. ¿Cuáles son los principales tipos de riesgos políticos que son de origen global?

27. Manejo de riesgos específicos a nivel global. ¿Cuáles son las principales estrategias que usan las empresas multinacionales para administrar los riesgos globales específicos que usted identificó en la pregunta 13?

28. Ley antisobornos de Estados Unidos. Estados Unidos tiene una ley que prohíbe que las empresas estadounidenses sobornen a los funcionarios extranjeros y a las personas de negocios, incluso en los países en donde el soborno es una práctica normal. Algunas empresas estadounidenses alegan que esto las pone en desventaja en comparación con las empresas del país anfitrión que no están limitadas por tal ley. Discuta la ética y la validez práctica de la ley antisobornos de Estados Unidos.

29. Cool Cola Company. Cool Cola Company, uno de los principales productores de bebidas refrescantes del mundo, está considerando el establecimiento de una planta embotelladora muy grande en India. Cool Cola espera vender la mitad de su producto en India y exportar la otra mitad a los países del sureste de Asia. Si se pudiera resolver el conflicto de Cachemira, Pakistán e incluso Afganistán podrían volverse mercados importantes.
   a. Prepare un análisis de todas las áreas potenciales del conflicto de metas entre Cool Cola e India.
   b. Considerando sus respuestas al inciso anterior, prepare un pronóstico del riesgo político para la planta embotelladora de Cool Cola en India. Considere el potencial del descontento político en India o de la guerra en Pakistán, así como el hecho de si una planta de bebidas refrescantes de propiedad extranjera se vería afectada por tal malestar. Use revistas y periódicos recientes para recopilar sus datos.

   c. Suponga que Cool Cola Company decide construir una planta embotelladora muy grande en India. Recomiende las estrategias operativas para Cool Cola Company que reducirían su riesgo político. Incluya las estrategias para la mercadotecnia, la producción, las finanzas y la organización.
   d. Prepare un plan de crisis para Cool Cola en India en caso de que las condiciones políticas se deterioren.

30. Reorganización: China. Suponga que Cool Cola Company también tiene una red de plantas embotelladoras de bebidas refrescantes a través de China, pero que el estrés político entre Estados Unidos y China aumenta al grado en el que a Cool Cola le gustaría reorganizarse. ¿Qué debería considerar Cool Cola al desarrollar un plan que la capacite para reorganizar su inversión en las plantas embotelladoras y en sistemas de distribución en China con pérdidas mínimas?

EJERCICIOS DE INTERNET

1. The World Bank. The World Bank proporciona un conjunto creciente de recursos informativos y analíticos para ayudar en la evaluación y en la administración del riesgo a través de las fronteras. The Risk Management Support Group tiene una variedad de herramientas de evaluación de riesgos políticos, las cuales están bajo un desarrollo constante. Visite el siguiente sitio y prepare un reporte ejecutivo (de una página o menos) de lo que cubrirá y lo que no cubrirá el seguro de riesgo político que proporciona el World Bank.

World Bank Risk   www.worldbank.org/business/
Management   01risk_manage.html

2. Reporte de corrupción global. Transparency International (TI) ha sido considerada en la actualidad por muchas personas como la organización líder no gubernamental contra la corrupción en el mundo. Recientemente introdujo su propia encuesta anual donde analiza los desarrollos recientes, identificando los desafíos continuos y ofreciendo soluciones potenciales para los individuos y las organizaciones. Una dimensión de este análisis es el Bribe Payers Index. Visite el sitio Web de TI para visualizar la edición más reciente del Bribe Payers Index.

Transparency   www.transparency.org/surveys/
International   index.html#bpi

3. Criterios de evaluación del crédito soberano. La evaluación del riesgo de crédito y de todos los demás riesgos relevantes asociados con la multitud de prestatarios en los mercados mundiales de deudas requiere de un enfoque estructurado para la evaluación del riesgo internacional. Use los criterios de Standard & Poor's que se describen a profundidad en su sitio Web, para diferenciar los diversos riesgos (riesgo de la moneda local, riesgo de incumplimiento, riesgo monetario, riesgo de transferencia y similares) contenidos en las principales evaluaciones soberanas en todo el mundo.

Standard & Poor's   Acuda a www.standardandpoors.com y haga clic en "Ratings" bajo "Products & Services".

4. **Milken Capital Access Index.** The Milken Institute's Capital Access Index (CAI) es uno de los más novedosos índices informativos que evalúa qué tan accesibles son los mercados de capitales mundiales para las empresas multinacionales y para los gobiernos de muchos países con mercados emergentes. De acuerdo con el CAI, ¿qué países han visto el mayor deterioro en su acceso al capital en los dos últimos años?

Milken Institute   www.milkeninstitute.org/

5. **Overseas Private Investment Corporation.** The Overseas Private Investment Corporation (OPIC) proporciona un seguro de riesgos políticos a largo plazo y un financiamiento limitado para proyectos de empresas con base en Estados Unidos que invierten en el extranjero. Usando el sitio Web de la organización, responda las siguientes preguntas:

a. ¿Exactamente contra qué tipos de riesgos proporcionará OPIC un seguro?

b. ¿Qué límites y restricciones financieras existen en esta protección de seguros?

c. ¿Cómo debería estructurarse un proyecto para ayudar en su aprobación para una cobertura por parte de OPIC?

Overseas Private Investment Corp.   www.opic.gov/

CAPÍTULO 19

Presupuesto de capital a nivel multinacional

Las ballenas solamente pueden ser atacadas con un arpón cuando salen a la superficie, y las tortugas sólo pueden avanzar cuando asoman la cabeza, pero los inversionistas tienen que enfrentarse al riesgo indistintamente de lo que hagan.

—Charles A. Jaffe.

Este capítulo describe con detalle los problemas prácticos y los principios relacionados con la inversión en activos productivos reales en países extranjeros, los cuales se denominan por lo general como *presupuesto de capital a nivel multinacional*.

Aunque la decisión original de emprender una inversión en un país extranjero en particular, puede estar determinada por una mezcla de decisiones estratégicas, de comportamiento y económicas, el proyecto específico, así como las decisiones de reinversión, deben estar justificados por analistas financieros tradicionales. Por ejemplo, puede existir una oportunidad de eficiencia en la producción para que una empresa estadounidense invierta en el extranjero, pero el tipo de planta, la mezcla de mano de obra y de capital, los tipos de equipo, los métodos de financiamiento y otras variables del proyecto se deben analizar dentro del marco financiero tradicional de los flujos de efectivos descontados. También se debe considerar el impacto del proyecto extranjero propuesto sobre las utilidades netas consolidadas, sobre los flujos de efectivos provenientes de las subsidiarias ubicadas en otros países y sobre el valor de mercado de la empresa matriz. El presupuesto de capital a nivel multinacional, al igual que el presupuesto de capital nacional de tipo tradicional, se concentra en los flujos de entrada y de salida de efectivo asociados con los proyectos de inversión a largo plazo en prospecto..

En un análisis tradicional, en una inversión extranjera directa se usan técnicas de presupuesto de capital a nivel multinacional, como en el caso de la construcción de una planta de manufactura en otro país. Dichas técnicas también se usan en el campo creciente de las fusiones y adquisiciones internacionales.

El presupuesto de capital de un proyecto extranjero usa el mismo marco teórico que el presupuesto de capital nacional, con un número muy pequeño de diferencias de importancia. Los pasos básicos son los siguientes:

1. Identificar el capital inicial invertido o puesto en riesgo.
2. Estimar los flujos de efectivo que se derivarán del proyecto a través del tiempo, incluyendo una estimación del valor terminal o del salvamento de la inversión.
3. Identificar la tasa de descuento apropiada para determinar el valor presente de los flujos de efectivo esperados.
4. Aplicar los criterios de decisión tradicionales de presupuesto de capital como el valor presente neto (NPV) y la tasa interna del rendimiento (IRR) para determinar la aceptabilidad o el nivel de prioridad de los proyectos potenciales.

En primer lugar, este capítulo describe las complejidades del presupuesto de capital de un proyecto extranjero. En segundo, describimos los indicios que se obtienen al evaluar un proyecto tanto desde el punto de vista del proyecto mismo como desde el punto de vista de la empresa matriz. A continuación, utilizamos una inversión hipotética realizada por Cemex de México en Indonesia para detallar el proceso del presupuesto de capital multinacional en la práctica. Posteriormente, introduciremos el concepto del análisis real de las opciones, un método alternativo para evaluar los rendimientos potenciales de un proyecto o de una inversión. Concluimos con un análisis de las finanzas del proyecto.

Complejidades en los presupuestos de un proyecto extranjero

El presupuesto de capital de un proyecto extranjero es considerablemente más complejo que en el caso nacional. Existen varios factores que contribuyen a esta mayor complejidad:

■ Los flujos de efectivo en la empresa matriz se deben distinguir de los flujos de efectivo del proyecto. Cada uno de estos dos tipos de flujo contribuye a una perspectiva distinta del valor.
■ Los flujos de efectivo de la empresa matriz con frecuencia dependen de la forma de financiamiento. Por lo tanto, no podemos separar claramente los flujos de efectivo provenientes de las decisiones de financiamiento, como podemos hacerlo en el presupuesto de capital nacional.
■ Los flujos de efectivo adicionales generados por una nueva inversión en una subsidiaria extranjera pueden ser separados en forma parcial o total de otra subsidiaria, con el resultado neto de que el proyecto es favorable desde el punto de vista de una sola subsidiaria pero no aporta nada a los flujos de efectivo mundiales.
■ La empresa matriz debe reconocer en forma explícita la remesa de fondos debido a las diferencias en los sistemas fiscales, a las restricciones legales y políticas sobre el movimiento de los fondos, a las normas locales de los negocios y a las diferencias en la forma en la que funcionan los mercados e instituciones financieras.
■ Un arreglo de pagos de tipo no financiero puede generar flujos de efectivo provenientes de las subsidiarias a la empresa matriz, incluyendo el pago de los honorarios por licencias y los pagos por las importaciones provenientes de la empresa matriz.
■ Los administradores deben anticipar tasas distintas de inflación nacional debido a su potencial para producir cambios en la posición competitiva, y por lo tanto cambios en los flujos de efectivo a lo largo de un periodo.
■ Los administradores deben mantener en mente la posibilidad de variaciones no anticipadas en el tipo de cambio debido a los posibles efectos directos sobre el valor de los flujos de efectivo locales, así como a los efectos indirectos sobre la posición competitiva de la subsidiaria extranjera.
■ El uso de mercados de capitales nacionales de tipo segmentado puede crear una oportunidad para la obtención de ganancias financieras o puede conducir a costos financieros adicionales.
■ El uso de préstamos subsidiados del gobierno anfitrión complica, tanto la estructura de capital, como la capacidad de la empresa matriz para determinar un promedio ponderado del costo de capital adecuado para propósitos de descuento.
■ Los administradores deben evaluar el riesgo político porque los eventos de ese tipo pueden reducir de manera espectacular el valor o la disponibilidad de los flujos de efectivo esperados.
■ El valor terminal es más difícil de estimar porque los compradores potenciales provenientes del país anfitrión, del país de la empresa matriz, de países terceros o del sector privado o público, pueden tener perspectivas ampliamente distintas sobre el valor que tiene para ellos la adquisición del proyecto.

Ya que se usa el mismo marco teórico de presupuesto de capital para elegir entre proyectos competitivos nacionales y extranjeros, es de gran importancia que tengamos una norma común. Por lo tanto, todas las complejidades extranjeras se deben cuantificar como modificaciones, ya sea al flujo de efectivo esperado o a la tasa de descuento. Aunque en la práctica muchas empresas hacen tales modificaciones de manera arbitraria, la información que está rápidamente disponible, las deducciones lógicas, o simplemente el sentido común, pueden usarse para hacer elecciones menos arbitrarias y más razonables.

Proyecto *versus* valoración de la empresa matriz

Existe un fuerte argumento teórico a favor del análisis de cualquier proyecto extranjero desde el punto de vista de la empresa matriz. Los flujos de efectivo para ésta son en última instancia la base para los dividendos a los accionistas, para la reinversión en cualquier otra parte del mundo, para el reembolso de las deudas de toda la corporación y para otros propósitos que afectan a los muchos grupos de intereses de la empresa. Sin embargo, ya que la mayoría de los flujos de efectivo de un proyecto para su empresa matriz, o para las subsidiarias hermanas, son flujos de efectivo financieros en lugar de flujos de efectivo operativos, el punto de vista de la empresa matriz generalmente viola un concepto cardinal del presupuesto de capital, específicamente, que los flujos de efectivo financieros no deben mezclarse con los flujos de efectivo operativos. Con frecuencia, la diferencia no es importante porque los dos son casi idénticos, pero en algunas situaciones existe una aguda divergencia en estos flujos de efectivo. Por ejemplo, los fondos que se encuentran permanentemente bloqueados para su repatriación, o que deben ser "forzosamente reinvertidos", no están disponibles como dividendos para los accionistas o para el reembolso de la deuda corporativa principal. Por lo tanto, los accionistas no percibirán las utilidades bloqueadas como algo que contribuye al valor de la empresa, y los acreedores no contarán con ellas para calcular las razones de cobertura del interés y otras evidencias de capacidad para el servicio de las deudas.

La evaluación de un proyecto desde el punto de vista local sirve a algunos propósitos de utilidad, pero debe estar subordinada a la evaluación proveniente del punto de vista de la empresa matriz. Al evaluar el desempeño de un proyecto extranjero en relación con potencial de un proyecto competitivo en el mismo país anfitrión, debemos prestar atención al rendimiento del proyecto local. Casi cualquier proyecto debe cuando menos ser capaz de obtener un rendimiento en efectivo igual al rendimiento disponible sobre los bonos del gobierno anfitrión —con un vencimiento igual a la vida económica del proyecto, si existe un mercado libre para tales bonos—. Los bonos del gobierno anfitrión generalmente reflejan la tasa de rendimiento local libre de riesgo, incluyendo una prima igual a la tasa de inflación esperada. Si un proyecto no puede ganar más que el rédito de tales bonos, la empresa matriz debe comprar bonos del gobierno anfitrión en lugar de invertir en un proyecto más riesgoso —o, mejor aún, ¡debe invertir en cualquier otra parte!

Las empresas multinacionales deben invertir únicamente si pueden ganar un rendimiento ajustado por el riesgo mayor al que pueden ganar los competidores basados localmente sobre el mismo proyecto. Si son incapaces de obtener rendimientos superiores sobre proyectos extranjeros, sus accionistas se encontrarían en una mejor posición al comprar acciones de empresas locales, siempre que sea posible, y al permitir que dichas compañías lleven a cabo los proyectos locales. Aparte de estos argumentos teóricos, las encuestas realizadas durante los 35 últimos años muestran que en la práctica, las empresas multinacionales continúan evaluando las inversiones extranjeras tanto desde el punto de vista de la empresa matriz como desde el punto de vista del proyecto.

La atención que se ha prestado a los rendimientos de un proyecto en varias encuestas probablemente refleja el énfasis sobre la maximización de las utilidades netas consolidadas reportadas por acción como una meta financiera de la corporación. En tanto las utilidades extranjeras no estén bloqueadas, se pueden consolidar con las utilidades provenientes tanto de las subsidiarias restantes como de la empresa matriz. Como se mencionó anteriormente, las empresas estadounidenses deben consolidar a las *subsidiarias* extranjeras de las cuales poseen más del 50%. Si una empresa matriz posee a una empresa entre 20 y 49%, se denomina *afiliada*. Las afiliadas se consolidan con la propietaria matriz sobre una base de prorrateo. Las subsidiarias de las cuales se tiene una posesión inferior al 20% normalmente se registran como inversiones no consolidadas. Incluso en el caso de fondos temporalmente bloqueados, algunas de las empresas multinacionales más maduras no necesariamente eliminan un proyecto de consideración financiera. Toman una perspectiva a un plazo muy largo en relación con las oportunidades mundiales de negocios.

Si las oportunidades de reinversión en el país donde los fondos están bloqueados son por lo menos iguales a la tasa requerida de rendimiento de la empresa matriz (después de hacer ajustes por las variaciones anticipadas en los tipos de cambio), el bloqueo temporal de la transferencia puede tener un pequeño efecto práctico sobre el resultado del presupuesto de capital, porque los flujos futuros de efectivo del proyecto aumentarán con base en los rendimientos de la reinversión forzosa. Ya que las empresas multinacionales grandes mantienen un portafolio de proyectos nacionales y extranjeros, la liquidez corporativa no se ve deteriorada si un número reducido de proyectos tienen sus fondos bloqueados; se dispone de fuentes alternativas de fondos para satisfacer todos los usos de fondos planeados. Además, una perspectiva histórica a largo plazo sobre los fondos bloqueados realmente apoya la creencia de que los fondos casi nunca están bloqueados de manera permanente. Sin embargo, esperar la liberación de tales fondos puede ser algo frustrante, y algunas veces los fondos bloqueados pierden valor mientras lo están, debido a la inflación o a un deterioro inesperado en el tipo de cambio, aun cuando hayan sido reinvertidos en el país anfitrión para proteger por lo menos una parte de su valor en términos reales.

En conclusión, la mayoría de las empresas parece evaluar los proyectos extranjeros tanto desde el punto de vista de la empresa matriz como desde el punto de vista del proyecto. El punto de vista de la empresa matriz proporciona resultados más cercanos al significado tradicional del valor presente neto en el presupuesto de capital. La valuación de proyectos proporciona una aproximación más cercana del efecto sobre las utilidades consolidadas por acción, el cual, como lo indican todas las encuestas, es un punto de interés mayor para los administradores prácticos. Para ilustrar las complejidades extranjeras del presupuesto de capital a nivel multinacional, analizamos un mercado hipotético —a búsqueda de una inversión extranjera directa por parte de Cemex en Indonesia.

Caso ilustrativo: Cemex ingresa a Indonesia[1]

Es el inicio del año 1998. Cementos Mexicanos, Cemex, está considerando la construcción de un centro para la manufactura de cemento en la isla de Sumatra, Indonesia. El proyecto, Semen Indonesia (la palabra indonesia para "cemento" es *semen*), sería una inversión de propiedad total, que empezaría desde cero con una capacidad total instalada de 20 millones de toneladas métricas por año (mmt/y). Aunque tal cantidad es alta en términos de las normas de producción de Asia, Cemex considera que su novedosa tecnología para la manufactura del cemento se utilizaría con mayor eficacia en un centro de producción de esta escala.

Cemex tiene tres razones que la han impulsado a emprender el proyecto: 1) la empresa desea iniciar una presencia productiva en el sureste de Asia, un mercado relativamente nuevo para esta empresa; 2) los prospectos a largo plazo para el desarrollo y el crecimiento de la infraestructura financiera parecen ser muy buenos en el largo plazo, y 3) existen prospectos positivos para que Indonesia actúe como un sitio que produce para la exportación, como resultado de la depreciación de la rupia indonesia.

Cemex, el tercer productor más grande de cemento del mundo, es una empresa multinacional que tiene sus oficinas centrales en un mercado emergente pero que está compitiendo en la arena global. La empresa compite en un ámbito de mercado global tanto en lo que se refiere a la participación de mercado como al capital. El mercado internacional del cemento, al igual que los mercados de otros satisfactores como el petróleo, es un mercado basado en dólares. Por esta razón, y para propósitos de comparaciones contra sus principales competidores tanto en Alemania como en Suiza, Cemex considera que el dólar estadounidense es su moneda funcional.

Las acciones de Cemex se encuentran inscritas tanto en la ciudad de México como en Nueva York (OTC: CMXSY). La empresa ha obtenido con éxito capital —tanto deudas, como capital contable— fuera de México en dólares estadounidenses. Su base de inversionistas es cada vez más global, y la rotación de acciones estadounidenses ha aumentado rápidamente como un porcentaje de las negociaciones totales. Como resultado de ello, su costo y disponibilidad de capital se han internacionalizado y están dominados por inversionistas en dólares estadounidenses. En última instancia, el proyecto Semen Indonesia será evaluado —tanto en flujos de efectivo como en costo de capital— en dólares estadounidenses.

Panorama general

En la figura 19.1 se presenta un mapa del análisis completo del presupuesto de capital a nivel multinacional de Cemex en Indonesia. El principio básico es que, empezando en la parte superior izquierda, la empresa matriz invierte un capital denominado en dólares estadounidenses, cuyos flujos de efectivo se desplazan en dirección de las manecillas del reloj a través de la creación y operación de una subsidiaria indonesia, la cual genera entonces flujos de efectivo que finalmente son devueltos en una variedad de formas a la empresa matriz en dólares estadounidenses. El primer paso es construir un conjunto de estados financieros *proforma* para Semen Indonesia, todos ellos en rupias indonesias (Rp). El siguiente paso es crear dos presupuestos de capital, el *punto de vista del proyecto* y el *punto de vista de la empresa matriz*.

---

[1]Cemex es una compañía real; la inversión que deberá empezar desde cero y que se describe aquí, es hipotética.

FIGURA 19.1	Mapa de la construcción del presupuesto de capital de Semen Indonesia

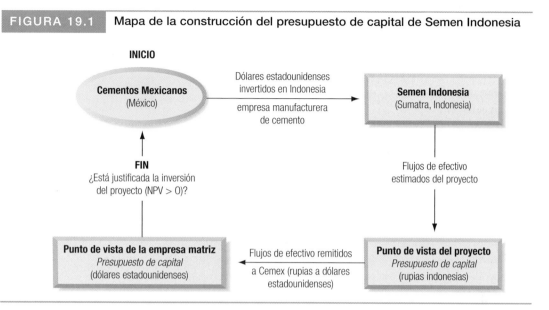

Semen Indonesia necesitará tan sólo un año para construir la planta, y las operaciones reales empezarán en el año 1. El gobierno de Indonesia ha liberado en fechas recientes a las industrias más pesadas para permitir una propiedad extranjera. Se hace el siguiente análisis suponiendo que la paridad del poder de compra (PPP, *purchasing power parity*) se mantiene para el tipo de cambio Rp/US$ durante la vida del proyecto de Indonesia. Éste es un supuesto financiero estándar hecho por Cemex para sus inversiones extranjeras. Las tasas de inflación proyectadas para Indonesia y Estados Unidos son de 30% por año y de 3% por año, respectivamente.

Si suponemos una tasa inicial al contado de Rp10,000/US$, y tasas de inflación de Indonesia y de Estados Unidos de 30 y 3% por año, respectivamente, durante la vida del proyecto, los tipos de cambio al contado pronosticados siguen el cálculo usual PPP. Por ejemplo, el tipo de cambio pronosticado para el año 1 del proyecto sería de

$$\text{Tasa al contado (año 1)} = \text{Rp10,000/US\$} \times \frac{1 + .30}{1 + .03} = \text{Rp12,621/US\$}$$

Supuestos financieros

La siguiente serie de estados financieros se basan en estos supuestos.

Inversión de capital. Aunque el costo de construir una nueva capacidad de manufactura de cemento en los países industriales se estimó en aproximadamente US$150/tonelada de la capacidad instalada, Cemex consideró que podría construirse un moderno centro de producción y de embarques en Sumatra con aproximadamente US$110/tonelada (vea figura 19.2). Suponiendo una capacidad de 20 millones de toneladas métricas por año y un tipo promedio de cambio en el año 0 de Rp10,000/US$, este costo constituirá una inversión de Rp22 billones (US$2.2 miles de millones). Esto incluye una inversión de RP17.6 billones en planta y equipo, dando lugar a un cargo anual de depreciación de Rp1.76 billones si suponemos un programa de depreciación en línea recta a 10 años. El relativamente corto programa de depreciación es una de las políticas de las autoridades fiscales de Indonesia que tiene como finalidad atraer la inversión extranjera.

Financiamiento. Esta inversión masiva se financiaría con 50% de capital contable, todo él proveniente de Cemex, y 50% con deudas, 75% proveniente de Cemex y 25% proveniente de un consorcio bancario convenido con el gobierno de Indonesia. El promedio ponderado del costo de capital de Cemex basado en dólares (WACC) se estimó en 11.98%. El WACC a un nivel local de Indonesia y en términos de rupias para el proyecto mismo se estimó en 33.257%. Los detalles de este cálculo se exponen posteriormente en este capítulo.

| FIGURA 19.2 | Inversión y financiamiento del proyecto de Semen Indonesia (todos los valores están expresados en millares, salvo especificación contraria) |

Inversión		Financiamiento	
Tipo de cambio promedio, Rp/US$	10,000	Capital contable	Rp 11,000,000,000
Costo de la capacidad instalada, US$/tonelada	US$110	Deudas	
Capacidad instalada	20,000	Deudas en rupias	2,750,000,000
Inversión en US$	US$2,200,000	Deudas en dólares estadounidenses, Rp	8,250,000,000
Inversión en rupias	22,000,000,000	Total	Rp 22,000,000,000
Planta y equipo, Rp	17,600,000,000		
Depreciación anual, Rp	1,760,000,000		
Costo de capital: Cemex			
Tasa libre de riesgo	6.000%	Beta de Cemex	1.500
Prima de crédito	2.000%	Prima de riesgo del capital contable	7.000%
Costo de la deuda	8.000%	Costo del capital contable	16.500%
Costo de la deuda, después de impuestos	5.200%	Porcentaje de capital contable	60%
Porcentaje de la deuda	40%	WACC	11.980%
Costos de capital: Semen Indonesia			
Tasa libre de riesgo	33.000%	Beta de Semen Indonesia	1.000
Prima de crédito	2.000%	Prima de riesgo del capital contable	6.000%
Costo de la deuda en rupias	35.000%	Costo del capital contable	40.000%
Costo de la deuda en dólares estadounidenses, antes de impuestos	5.200%	Porcentaje de capital contable	50%
Costo de la deuda en dólares estadounidenses (equivalente en rupias)	38.835%		
Costo de la deuda en dólares estadounidenses, después de impuestos (equivalente en rupias)	27.184%		
Porcentaje de la deuda	50%	WACC	33.257%

Supone tasas de impuestos sobre ingresos corporativos de 35 y 30% en México y en Indonesia, respectivamente. El costo del préstamo en dólares estadounidenses está expresado en términos de rupias suponiendo una paridad del poder de compra y tasas de inflación del dólar estadounidense y de la rupia indonesia de 3 y 30%, respectivamente, a través del periodo en cuestión.

Las estructuras explícitas de las deudas, con inclusión de los programas de reembolso, se presentan en la figura 19.3. El préstamo acordado por el gobierno de Indonesia, siendo parte del programa de incentivos para el desarrollo económico del gobierno, es un préstamo a ocho años, en rupias, al 35% anual de intereses, 100% amortizable. Los pagos de intereses son totalmente deducibles contra los pasivos por impuestos corporativos.

Sin embargo, la mayor parte de las deudas está siendo proporcionada por la empresa matriz, Cemex. Después de obtener el capital de su subsidiaria de financiamiento, Cemex le volverá a prestar el capital a Semen Indonesia. El préstamo está denominado en dólares estadounidenses, con cinco años al vencimiento, con una tasa anual de interés del 10%. Ya que la deuda tendrá que ser impulsada a partir de las utilidades en rupias de la empresa indonesia, los estados financieros *proforma* se construyen de tal modo que los costos esperados del servicio de la deuda en dólares se incluyan en el estado de resultados *proforma* de la empresa. El préstamo en dólares, si la rupia sigue el pronóstico de la paridad del poder de compra, tendrá un gasto efectivo de intereses en términos de rupias de 38.835%. Encontramos esta tasa mediante la determinación de la tasa interna de rendimiento resultante del reembolso del préstamo en dólares totalmente en rupias (vea figura 19.3).

Ingresos. Ya que actualmente la manufactura de cemento en Indonesia está deprimida, todas las ventas se basan en exportaciones. Se espera que el centro de producción de 20 mmt/y opere tan sólo al 40% de su capacidad (produciendo 8 millones de toneladas métricas). El cemento que se produzca se venderá en

FIGURA 19.3 Programas de servicio de la deuda de Semen Indonesia y de ganancias/pérdidas cambiarias

Tasa al contado (Rp/US$)	10,000	12,621	15,930	20,106	25,376	32,028
Año del proyecto	**0**	**1**	**2**	**3**	**4**	**5**
Préstamo indonesio @ 35% durante ocho años (millones de rupias):						
Principal del préstamo	2,750,000					
Pagos de intereses		(962,500)	(928,921)	(883,590)	(822,393)	(739,777)
Pagos de principal		(95,939)	(129,518)	(174,849)	(236,046)	(318,662)
Pago total		(1,058,439)	(1,058,439)	(1,058,439)	(1,058,439)	(1,058,439)
Préstamo de Cemex @ 10% durante cinco años (millones de dólares estadounidenses):						
Principal	825					
Pagos de intereses		(82.5)	(69.0)	(54.1)	(37.8)	(19.8)
Pagos de principal		(135.1)	(148.6)	(163.5)	(179.9)	(197.8)
Pago total		(217.6)	(217.6)	(217.6)	(217.6)	(217.6)
Préstamo de Cemex convertido a rupias a los tipos de cambio programados y actuales (millones de rupias):						
Programado a Rp10,000/US$:						
Pagos de intereses		(825,000)	(689,867)	(541,221)	(377,710)	(197,848)
Pagos de principal		(1,351,329)	(1,486,462)	(1,635,108)	(1,798,619)	(1,978,481)
Pago total		(2,176,329)	(2,176,329)	(2,176,329)	(2,176,329)	(2,176,329)
Real (al tipo de cambio actual):						
Pagos de intereses		(1,041,262)	(1,098,949)	(1,088,160)	(958,480)	(633,669)
Pagos de principal		(1,705,561)	(2,367,915)	(3,287,494)	(4,564,190)	(6,336,691)
Pago total		(2,746,823)	(3,466,864)	(4,375,654)	(5,522,670)	(6,970,360)
Flujos de efectivo en rupias sobre el préstamo de Cemex (millones de rupias):						
Total de flujos de efectivo reales	8,250,000	(2,746,823)	(3,466,864)	(4,375,654)	(5,522,670)	(6,970,360)
IRR de los flujos de efectivo	38.835%					
Pérdidas cambiarias sobre el préstamo de Cemex (millones de rupias):						
Pérdidas cambiarias sobre intereses		(216,262)	(409,082)	(546,940)	(580,770)	(435,821)
Pérdidas cambiarias sobre el principal		(354,232)	(881,453)	(1,652,385)	(2,765,571)	(4,358,210)
Total pérdidas cambiarias sobre la deuda		(570,494)	(1,290,535)	(2,199,325)	(3,346,341)	(4,794,031)

El préstamo concedido por *Cemex a la subsidiaria indonesia* está denominado en dólares estadounidenses. Por lo tanto, el préstamo tendrá que ser reembolsado en dólares estadounidenses, y no en rupias. En el momento del contrato, el tipo de cambio al contado es de Rp10,000/US$. Éste es el supuesto que se usa al calcular el reembolso "programado" del principal y de los intereses en rupias. Sin embargo, se espera que las rupias se devalúen en línea con la paridad del poder de compra. A medida que se haga el reembolso, el tipo de cambio "real" dará por lo tanto lugar a una pérdida cambiaria a medida que requieran cada vez más rupias para adquirir dólares estadounidenses para el servicio de la deuda, tanto para el principal como para los intereses. Las pérdidas cambiarias sobre este servicio de la deuda se reconocerán en el estado de resultados indonesio.

el mercado de exportaciones a US$58/tonelada (entregada). Observe también que, por lo menos para el análisis de una línea de base conservadora, no suponemos ningún incremento en el precio que se recibe a lo largo del tiempo.

Costos. Los costos en efectivo provenientes de la manufactura del cemento (mano de obra, materiales, energía y similares) se han estimado en Rp115,000 por tonelada para el año 1 del proyecto, aumentando aproximadamente a la tasa de inflación, 30% por año. Se ha supuesto que los costos adicionales de producción de Rp20,000 por tonelada para el año 1 aumentan a la tasa de inflación. Como consecuencia de que toda la producción se está exportando, también se deben incluir costos de acarreos de US$2.00/tonelada y costos de embarques de US$10.00/tonelada. Observe que estos costos se han expresado originalmente en dólares estadounidenses, y que para propósitos del estado de resultados de Semen Indonesia, se deben convertir en rupias. Éste es el caso porque tanto los costos de acarreos como los de embarques son servicios internacionales que están gobernados por contratos denominados en dólares. Como resultado de ello, se espera que aumenten a lo largo del tiempo tan sólo a la tasa de inflación del dólar estadounidense (3%).

En la figura 19.4 se ilustra el estado de resultados *proforma* de Semen Indonesia. Éste es el estado financiero típico que mide la rentabilidad de cualquier empresa, ya sea nacional o internacional. El análisis de la línea de base supone una tasa de utilización de la capacidad de tan sólo 40% (año 1), 50% (año 2) y 60% en los siguientes años. La administración considera que esto es necesario dado que los productores actuales de cemento nacionales están alcanzando un promedio de tan sólo 40% de la capacidad en este momento.

Los gastos adicionales en el análisis financiero *proforma* incluyen los honorarios de licencias pagados por la subsidiaria a la empresa matriz de 2.0% de las ventas, y gastos generales y de administración para las operaciones indonesias de 8.0% por año (y los cuales crecen en 1% adicional por año). Las ganancias y las pérdidas cambiarias son aquellas que están relacionadas con el servicio de la deuda denominada en dólares estadounidenses proporcionada por la empresa matriz y se extraen de la parte inferior de la figura 19.3.

FIGURA 19.4 Estado de resultados *proforma* de Semen Indonesia (millones de rupias)

Tipo de cambio (Rp/US$)	10,000	12,621	15,930	20,106	25,376	32,038
Año del proyecto	**0**	**1**	**2**	**3**	**4**	**5**
Volumen de ventas		8,000	10,000	12,000	12,000	12,000
Precio de venta (US$)		58.00	58.00	58.00	58.00	58.00
Precio de venta (Rp)		732,039	923,933	1,166,128	1,471,808	1,857,627
Ingreso total		5,856,311	9,239,325	13,993,541	17,661,751	22,291,530
Menos costos en efectivo		(920,000)	(1,495,000)	(2,332,200)	(3,031,860)	(3,941,418)
Menos otros costos de producción		(160,000)	(260,000)	(405,600)	(527,280)	(685,464)
Menos costos de acarreos		(201,942)	(328,155)	(511,922)	(665,499)	(865,149)
Menos costos de embarque		(1,009,709)	(1,640,777)	(2,559,612)	(3,327,495)	(4,325,744)
Total costos de producción		(2,291,650)	(3,723,932)	(5,809,334)	(7,552,134)	(9,817,774)
Utilidad bruta		3,564,660	5,515,393	8,184,207	10,109,617	12,473,756
Margen bruto		61%	60%	58%	57%	56%
Menos honorarios por licencias		(117,126)	(184,787)	(279,871)	(353,235)	(445,831)
Menos gastos generales y de administración		(468,505)	(831,539)	(1,399,354)	(1,942,792)	(2,674,984)
EBITDA		2,979,029	4,499,067	6,504,982	7,813,589	9,352,941
Menos depreciación y amortización		(1,760,000)	(1,760,000)	(1,760,000)	(1,760,000)	(1,760,000)
EBIT		1,219,029	2,739,067	4,744,982	6,053,589	7,592,941
Menos intereses sobre la deuda de Cemex		(825,000)	(689,867)	(541,221)	(377,710)	(197,848)
Pérdidas cambiarias sobre la deuda		(570,494)	(1,290,535)	(2,199,325)	(3,346,341)	(4,794,031)
Menos intereses sobre la deuda local		(962,500)	(928,921)	(883,590)	(822,393)	(739,777)
EBT		(1,138,965)	(170,256)	1,120,846	1,507,145	1,861,285
Menos impuestos sobre ingresos (30%)		—	—	—	(395,631)	(558,386)
Utilidad neta		(1,138,965)	(170,256)	1,120,846	1,111,514	1,302,900
Utilidad neta (millones de dólares estadounidenses)		(90)	(11)	56	44	41
Rendimiento sobre ventas		−19%	−2%	8%	6%	6%

EBITDA = utilidades antes de intereses, impuestos, depreciación y amortización; EBIT = utilidades antes de intereses y de impuestos; EBT = utilidades antes de impuestos. Los créditos fiscales provenientes de las pérdidas de periodos actuales se traspasan hacia los pasivos fiscales del año siguiente. Los dividendos no se distribuyen en el primer año de operaciones como resultado de las pérdidas, y se distribuyen a la tasa del 50% en los años 2000-2003. Todos los cálculos son exactos, pero puede parecer que no cuadren debido a los lugares decimales reportados y al redondeo. El pago de impuestos para el año 3 es de 0, y en el año 4 es de menos de 30%, como resultado de las proactivaciones de las pérdidas fiscales provenientes de años anteriores.

En resumen, se espera que la operación subsidiaria empiece a mostrar una utilidad contable en su cuarto año de operaciones (2000), y que las utilidades aumenten a medida que se incremente la utilización de la capacidad a lo largo del tiempo.

El punto de vista del proyecto en el presupuesto de capital

El presupuesto de capital para el plan de manufactura de Semen Indonesia desde el punto de vista del proyecto se muestra en la figura 19.5. Encontramos el flujo neto de efectivo, o el flujo de *efectivo libre de costo* (FCF, *free cash flow*), como se llama con frecuencia, añadiendo el EBIT (utilidades antes de intereses e impuestos), los impuestos recalculados, la depreciación y los cambios en el capital de trabajo neto (la suma de las adiciones netas a las cuentas por cobrar, los inventarios y las cuentas por pagar necesarias para dar apoyo al crecimiento en ventas).

Observe que se usa el EBIT, y no el EBT, en el presupuesto de capital. La depreciación y la amortización son gastos de la empresa que no representan efectivo (no ha habido un flujo real de salida de efectivo, sino tan sólo un asiento contable) y por lo tanto se deben volver a añadir para capturar la totalidad del flujo de efectivo disponible. Ya que el presupuesto de capital crea flujos de efectivo que se descontarán al valor presente con una tasa de descuento, y la tasa de descuento incluye el costo de la deuda —intereses— no deseamos sustraer dos veces el interés. Por lo tanto, los impuestos se vuelven a calcular sobre la base del EBIT. (Esto pone de relieve la distinción entre un estado de resultados y un presupuesto de capital. El estado de resultados del proyecto muestra pérdidas los dos primeros años de operaciones como resultado de los gastos de intereses y pronostica pérdidas cambiarias, por lo tanto no se espera pagar impuestos. Pero el presupuesto de capital, construido sobre la base del EBIT, antes de los gastos del financiamiento y los gastos cambiarios, calcula un pago de impuestos positivo.) El costo de capital de la empresa que se usa para el descuento también incluye la deducibilidad de los intereses de la deuda en su cálculo.

La inversión inicial de Rp22 billones es el capital total invertido para dar apoyo a estas utilidades. Aunque las cuentas por cobrar tienen un promedio de 50 a 55 días de ventas pendientes de cobro (DSO, *days sales outstanding*) y los inventarios muestran una cifra de 65 a 70 DSO, las cuentas por pagar y el crédito comercial también son relativamente largos a un nivel de 114 DSO en la industria del cemento de Indonesia. Semen Indonesia espera añadir aproximadamente una cifra neta de 15 DSO a su inversión con el crecimiento en ventas. Los elementos restantes para concretar el punto de vista del proyecto en el presupuesto de capital son el valor terminal (el cual se expone más abajo) y la tasa de descuento de 33.257% (el WACC de la empresa).

Valor terminal. El valor terminal (TV, *terminal value*) del proyecto representa el valor continuo del centro de manufactura de cemento en los años posteriores al año 5, el último año del detallado en el análisis finan-

---

FIGURA 19.5   Presupuesto de capital de Semen Indonesia: punto de vista del proyecto (millones de rupias)

	0	1	2	3	4	5
Tipo de cambio (Rp/US$)	10,000	12,621	15,930	20,106	25,376	32,038
Año del proyecto	**0**	**1**	**2**	**3**	**4**	**5**
EBIT		1,219,029	2,739,067	4,744,982	6,053,589	7,592,941
Menos impuestos recalculados al 30%		(365,709)	(821,720)	(1,423,495)	(1,816,077)	(2,277,882)
Adición de la depreciación		1,760,000	1,760,000	1,760,000	1,760,000	1,760,000
Flujo de efectivo neto en operación		2,613,320	3,677,347	5,081,487	5,997,512	7,075,059
Menos cambios al capital de trabajo neto		(240,670)	(139,028)	(436,049)	(289,776)	(626,314)
Inversión inicial	(22,000,000)					
Valor terminal						21,274,102
Flujos de efectivo libre de costo (FCF)	(22,000,000)	2,372,650	3,538,319	4,645,438	5,707,736	27,722,847
NPV @ 33.257%	(7,855,886)					
IRR	18.6 %					

NWC = capital de trabajo neto. NPV = valor presente neto. La tasa de descuento es el WACC de Semen Indonesia de 33.257%. IRR = tasa interna de rendimiento, la tasa de descuento produjo un NPV exactamente de cero. Los valores que se presentan en la figura son exactos y han sido redondeados al millón más cercano.

ciero *proforma* que se muestra aquí. Este valor, al igual que todos los valores de los activos de acuerdo con la teoría financiera, es el valor presente de todos los flujos futuros de efectivo que se espera que reditúe el activo. Calculamos el valor terminal como el valor presente de un flujo de efectivo neto en operación a perpetuidad (NOCF, *net operating cash flow*) generado en el quinto año por Semen Indonesia, la tasa de crecimiento supuesta para ese flujo neto de efectivo en operación (g), y el promedio ponderado del costo de capital de la empresa (k_{WACC}):

$$\text{Valor terminal} = \frac{\text{NOCF}_5(1+g)}{k_{WACC} - g} = \frac{7{,}075{,}059(1+0)}{.33257 - 0} = RP21{,}274{,}102$$

o Rp21.274 billones. El supuesto de que g = 0, es decir, que los NOCF no crecerán más allá del año 5, probablemente no es verdad, pero es un supuesto prudente que Cemex debe hacer al estimar los flujos futuros de efectivo a una fecha tan lejana.

Los resultados del presupuesto de capital desde el punto de vista del proyecto indican un valor presente neto *negativo* (NPV) de Rp7,885,886 millones (o de aproximadamente −Rp7.9 billones) y una tasa interna de rendimiento (IRR) de tan sólo 18.6% a comparación del costo de capital de 33.257%. Éstos son los rendimientos que el proyecto produciría para un inversionista local o indonesio en rupias indonesias. El proyecto, desde este punto de vista, no es aceptable.

Repatriación de flujos de efectivo para Cemex

La figura 19.6 recopila ahora todas las utilidades adicionales para Cemex provenientes del proyecto de inversión en Indonesia que está en prospecto. Como se describió en la sección que antecede al caso, la evaluación de un inversionista extranjero sobre los rendimientos de un proyecto depende de los flujos reales de efectivo que sean retornados, en su propia moneda. Para Cemex, esto significa que la inversión debe ser analizada en términos de los flujos de entrada y de salida de efectivo en dólares estadounidenses asociados con la inversión a lo largo de la vida del proyecto, después de impuestos, descontados a su costo de capital apropiado.

Construimos este *presupuesto de capital desde el punto de vista de la empresa matriz* en dos pasos:

1. Aislamos los flujos de efectivo individuales, ajustados por cualquier retención de impuestos requerida por el gobierno de Indonesia y convertida a dólares estadounidenses. (Las retenciones de impuestos obligatorios sobre las transferencias internacionales se establecen mediante tratados bilaterales de impuestos, pero las empresas individuales pueden negociar tasas más bajas con las autoridades fiscales del gobierno. En el caso de Semen Indonesia, los dividendos irán acompañados de una retención de impuestos de 15%, 10% en los pagos de intereses y 5% en los honorarios por licencia.) México no grava las utilidades repatriadas puesto que ya han sido gravadas en Indonesia.

2. El presupuesto real de capital desde el punto de vista de la empresa matriz combina estos flujos de efectivo, después de impuestos en dólares estadounidenses, con la inversión inicial para determinar el valor presente neto de la subsidiaria Semen Indonesia propuesta a los ojos de (y a la luz de la cartera de) Cemex. Esto se muestra en la figura 19.6, el cual presenta todas las utilidades adicionales para Cemex provenientes del proyecto de inversión en prospecto. Una peculiaridad específica de este presupuesto de capital desde el punto de vista de la empresa matriz es que tan sólo el capital invertido en el proyecto por Cemex, US$1,925 millones, está incluido en la inversión inicial (los US$1,100 millones en capital contable y el préstamo de US$825 millones). La deuda indonesia de Rp2.75 miles de millones (US$275 millones) no está incluida en el presupuesto de capital de Cemex desde el punto de vista de la empresa matriz.

Presupuesto de capital desde el punto de vista de la empresa matriz

Finalmente, todas las estimaciones del flujo de efectivo se construyen ahora para formar el presupuesto de capital desde el punto de vista de la empresa matriz, el cual se expone con detalle en la figura 19.6. Los flujos de efectivo generados por Semen Indonesia a partir de sus operaciones, dividendos, honorarios de licencias, pagos de servicios de las deudas y valores terminales en Indonesia se valúan ahora en términos de dólares estadounidenses después de impuestos.

Con la finalidad de evaluar los flujos de efectivo del proyecto que hayan de ser retornados a la empresa matriz, Cemex debe descontarlos al costo de capital corporativo. Recordando que Cemex consi-

FIGURA 19.6	Remesas de Semen Indonesia y presupuesto de capital: punto de vista de la empresa matriz (millones de rupias y de dólares estadounidenses)

Tipo de cambio (Rp/US$)	10,000	12,621	15,930	20,106	25,376	32,038
Año del proyecto	**0**	**1**	**2**	**3**	**4**	**5**
Remesa de dividendos						
Dividendos pagados (Rp)		—	—	560,423	555,757	651,450
Menos impuestos retenidos		—	—	(84,063)	(83,364)	(97,717)
Dividendo neto remitido (Rp)		—	—	476,360	472,393	553,732
Dividendo neto remitido (US$)				23.7	18.6	17.3
Remesa de honorarios por licencia						
Honorarios por licencia remitidos (Rp)		117,126	184,787	279,871	353,235	445,831
Menos impuestos retenidos		(5,856)	(9,239)	(13,994)	(17,662)	(22,292)
Dividendo neto remitido (Rp)		111,270	175,547	265,877	335,573	423,539
Honorarios netos por licencia remitidos (US$)		8.8	11.0	13.2	13.2	13.2
Remesa por servicio de la deuda						
Intereses prometidos pagados (US$)		82.5	69.0	54.1	37.8	19.8
Menos impuestos retenidos @ 10%		(8.25)	(6.90)	(5.41)	(3.78)	(1.98)
Interés neto remitido (US$)		74.25	62.09	48.71	33.99	17.81
Pagos de principal remitidos (US$)		135.1	148.6	163.5	179.9	197.8
Presupuesto de capital: punto de vista de la empresa matriz (millones de dólares estadounidenses)						
Dividendos		—	—	23.7	18.6	17.3
Honorarios por licencias		8.8	11.0	13.2	13.2	13.2
Servicio de la deuda		209.4	210.7	212.2	213.9	215.7
Total utilidades		218.2	221.8	249.1	245.7	246.2
Inversión inicial	(1,925.0)					
Valor terminal						614.7
Flujo de efectivo libre del costo (FCF)	(1,925.0)	218.2	221.8	249.1	245.7	860.8
NPV @ 17.98%	(925.6)					
IRR	−1.84 %					

NEl NPV se calculó usando una tasa de descuento determinada por la compañía de WACC + prima por inversión extranjera, u 11.98% + 6.00% = 17.98%.

dera que su moneda nacional es el dólar estadounidense, calcula su costo de capital en dólares estadounidenses. Como se describió en el capítulo 14, la fórmula acostumbrada del promedio ponderado del costo de capital es como sigue:

$$k_{WACC} = k_e \frac{E}{V} + k_d(1-t)\frac{D}{V}$$

donde

k_e = costo del capital contable ajustado por el riesgo
k_d = costo de la deuda antes de impuestos
t = tasa marginal de impuestos
E = valor de mercado del capital contable en la empresa
D = valor de mercado de la deuda de la empresa
V = valor total de mercado de los valores de la empresa $(E + D)$

El costo del capital contable de Cemex se calcula usando el modelo de fijación de precios de los activos de capital (CAPM):

$$k_e = k_{rf} + (k_m - k_{rf}) \beta_{Cemex} = 6.00\% + (13.00\% - 6.00\%)1.5 = 16.50\%$$

donde

k_e = costo del capital contable ajustado por el riesgo

k_{rf} = tasa de interés libre de riesgo (rendimiento intermedio de bonos de la Tesorería de Estados Unidos)

k_m = tasa esperada de rendimiento en los mercados de capital contable estadounidenses (capitales grandes)

β_{Cemex} = medida de riesgo individual de Cemex en relación con mercado

El cálculo supone que la tasa actual libre de riesgo es de 6.00%, que el rendimiento esperado sobre los valores de renta variable estadounidenses es de 13.00%, y que la beta de Cemex es de 1.5. El resultado es un costo de capital contable —tasa requerida de rendimiento sobre la inversión en capital contable de Cemex— de 16.50%.

La inversión será financiada en forma interna por la empresa matriz, aproximadamente en las mismas proporciones deudas/capital contable que la empresa consolidada, 40% deudas (DN) y 60% capital contable (EN). El costo actual de deudas para Cemex es de 8.00%, y la tasa fiscal efectiva es de 35%. El costo del capital contable, cuando se combina con los otros componentes, da como resultado un promedio ponderado del costo del capital para Cemex de

$$k_{WACC} = k_e \frac{E}{V} + k_d(1-t)\frac{D}{V} = (16.50\%)(.60) + (8.00\%)(1-.35)(.40) = 11.98\%$$

Como costumbre, Cemex usa este promedio ponderado del costo de capital de 11.98% para descontar los flujos de efectivo de la inversión en prospecto para propósitos de la clasificación de un proyecto. Sin embargo, la inversión indonesia implica una variedad de riesgos, los cuales no están presentes en el caso de una inversión nacional típica.

Si Cemex estuviera emprendiendo una inversión del mismo grado relativo de riesgo que la empresa misma, una tasa de descuento simple de 11.980% podría ser adecuada. Sin embargo, Cemex requiere por lo general que las nuevas inversiones reditúen un 3% adicional sobre el costo de capital para las inversiones nacionales, y un 6% más para los proyectos internacionales. La ta-sa de descuento de los flujos de efectivo de Semen Indonesia repatriados a Cemex se descontarán por lo tanto al 11.98% + 6.00%, o 17.98%. El análisis de la línea de base del proyecto implica un NPV negativo de $925.6 millones (IRR de −1.84%), lo cual significa que es una inversión inaceptable desde el punto de vista de la empresa matriz.

La mayoría de las corporaciones requieren que las nuevas inversiones superen el costo del capital utilizado para llevarlas a cabo. Por lo tanto, no es extraño que una empresa requiera una tasa de valla de 3 a 6% por arriba de su costo de capital para identificar las inversiones potenciales que literalmente añadirán valor a la riqueza de los accionistas. Un valor presente neto de 0 significa que la inversión es "aceptable", pero los valores del NPV arriba de cero son literalmente el valor presente de la riqueza que se espera que se añada al valor de la empresa y al de sus accionistas. En el caso de los proyectos extranjeros, como se expuso con anterioridad, debemos ajustar los costos de los agentes administrativos y los riesgos y los costos cambiarios.

Análisis de sensibilidad: medición desde el punto de vista del proyecto

Hasta este momento, el equipo de investigación del proyecto ha usado un conjunto de supuestos "más probables" para pronosticar las tasas de rendimiento. Ahora es el momento de sujetar el resultado más probable al análisis de sensibilidad. Se dispone de las mismas técnicas probabilísticas para probar la sensibilidad de los resultados a los riesgos políticos y cambiarios que las que se usan para probar la sensibilidad al riesgo de negocios y al riesgo financiero. Muchos tomadores de decisiones se sienten más incómodos en relación con la necesidad de estimar las probabilidades para eventos políticos y cambiarios poco comunes en comparación de cómo se sienten al estimar sus propios riesgos de negocios y financieros, con los cuales están familiarizados. Por lo tanto es más común probar la sensibilidad al riesgo político y cambiario mediante la simulación de lo que le sucedería al valor presente neto y a las utilidades bajo una variedad de escenarios del tipo "¿Qué sucedería si…?".

Riesgo político. ¿Qué sucedería si Indonesia tuviera que imponer controles sobre el pago de los dividendos o de los honorarios por licencias a Cemex? El impacto de los fondos bloqueados sobre la tasa de rendimiento desde la perspectiva de Cemex dependería del momento en el que ocurra el bloqueo, de qué oportunidades de reinversión que existan para los fondos bloqueados en Indonesia y de la fecha en la que los fondos bloqueados finalmente quedarían liberados para Cemex. Podríamos simular los diversos escenarios de los fondos bloqueados y volver a correr el análisis de flujos de efectivo en la figura 19.6 para estimar el efecto sobre la tasa de rendimiento de Cemex.

¿Qué sucedería si Indonesia llegara a expropiar a Semen Indonesia? El efecto de la exportación dependería de los siguientes factores:

- La fecha en la que ocurra la expropiación, en términos del número de años después de que el negocio haya empezado sus operaciones.
- La cantidad de compensación que pagará el gobierno de Indonesia, y la cantidad de tiempo que deberá transcurrir después de la expropiación hasta que se haga el pago.
- La cantidad de deudas que aún están pendientes de pago para los prestamistas indonesios, y el hecho de si la empresa matriz, Cemex, tenga que pagar estas deudas debido a su garantía como empresa matriz.
- Las consecuencias fiscales de la expropiación.
- El que se haya renunciado a los flujos futuros de efectivo.

Muchas expropiaciones finalmente dan como resultado alguna forma de compensación para los propietarios anteriores. Esa compensación puede provenir de un acuerdo negociado con el gobierno anfitrión o del pago de un seguro de riesgo político por parte del gobierno de la empresa matriz. La negociación de un acuerdo de liquidación toma tiempo, y la compensación final algunas veces se paga en abonos a lo largo de un periodo más prolongado. Por lo tanto, el valor presente de la compensación es con frecuencia mucho más bajo que su valor nominal. Además, la mayoría de los acuerdos de liquidación se basan en el valor en libros de la empresa en el momento de la expropiación en lugar del valor del mercado de la empresa.

El reembolso de la deuda local garantizada por la empresa matriz generalmente tiene un primer derecho sobre cualquier compensación de fondos que se pague. Si Cemex hubiera garantizado la deuda Semen Indonesia ante los prestamistas indonesios, ellos recibirían su pago antes de que Cemex pudiera recibir cualquier liquidación de fondos. De hecho, es probable que el acuerdo de liquidación prevea esta situación. De manera alternativa, Cemex podría haberse rehusado a garantizar la deuda de Semen Indonesia, protegiéndose a sí misma en el caso de una expropiación pero causando probablemente que Semen Indonesia pagara una tasa de interés más alta y ha-ciendo a la subsidiaria menos rentable para su empresa matriz.

Si no se negocia ningún acuerdo de compensación de fondos, Semen Indonesia, como una subsidiaria de Cemex independientemente incorporada, podría dejar de cumplir su deuda. Cemex no estaría comprometida por la deuda de Semen Indonesia, pues no habría una garantía de la empresa matriz. Como regla práctica, es probable que esto ocurra únicamente cuando la deuda de la subsidiaria resulte de un préstamo local, como en el caso de Semen Indonesia. Si ésta hubiera solicitado fondos en préstamo a partir de, por ejemplo, bancos en Singapur, la empresa matriz Cemex sentiría la obligación de reembolsar la deuda incluso si no estuviera técnicamente obligada a ello.

Las consecuencias fiscales de la expropiación dependerían de la época y del monto de la pérdida de capital reconocida por México. Esta pérdida se basaría generalmente en el valor en libros no compensado de la inversión indonesia. El problema es que con frecuencia hay algunas dudas en cuanto a la fecha en la que la eliminación es apropiada para propósitos fiscales, en particular si las negociaciones para una liquidación se tardan demasiado. En algunas formas, una expropiación clara y directa sin esperanza de compensación, como la que ocurrió en Cuba a principios de la década de 1960, es preferible a una "muerte lenta" como resultado de negociaciones prolongadas. Lo primero conduce a un uso anticipado de la protección fiscal y a la eliminación de una sola vez, y por todas, de las utilidades, mientras que lo último tiende a deprimir las utilidades durante años, a medida que los costos legales y de otra naturaleza continúan y no se logra ninguna protección fiscal.

Riesgo cambiario. El equipo del proyecto supuso que la rupia indonesia no se devaluaría contra el dólar estadounidense a la "tasa" de la paridad del poder de compra (aproximadamente 20.767% por año en el análisis de la línea de base). ¿Qué sucedería si la tasa de la devaluación de la rupia fuera mayor? Aunque este evento haría que los flujos de efectivo supuestos para Cemex valieran menos en dólares, se necesitaría un análisis de la exposición operativa para determinar si esta rupia más barata hizo a Semen Indonesia más competitiva. Por ejemplo, ya que las exportaciones de Semen Indonesia a Taiwán están denominadas en dólares estadounidenses, un debilitamien-to de la rupia frente al dólar podría dar como resultado mayores utilidades en rupias provenientes de esas ventas de exportación. Esto sirve para compensar un tanto los componentes importados que Semen Indonesia compra a la empresa matriz y que también están denominados en dólares estadounidenses. Semen Indonesia es representativa de las empresas de la actualidad que tienen tanto flujos de entrada como de salida de efectivo denominados en monedas extranjeras, lo cual proporciona una cobertura natural de tipo parcial contra los movimientos monetarios.

¿Qué sucedería si la rupia se *revaluara* contra el dólar? Se necesita el mismo tipo de análisis de la exposición económica. En este caso en particular podríamos estimar que el efecto sería positivo tanto sobre las ventas locales de Indonesia como sobre el valor en dólares de los dividendos y los honorarios por licencias pagados a Cemex por Semen Indonesia. Sin embargo, observe que una revaluación de la rupia podría conducir a una mayor competencia dentro de Indonesia a partir de empresas ubicadas en otros países con estructuras que tuvieran ahora costos más bajos, reduciendo con ello las ventas de Semen Indonesia.

Otras variables de sensibilidad del proyecto. La tasa de rendimiento del proyecto para Cemex también sería sensible a un cambio en el valor terminal supuesto, en la tasa de utilización de la capacidad, en la magnitud de los honorarios por licencias pagados por Semen Indonesia, en la magnitud del costo del proyecto inicial, en el monto del capital de trabajo financiado localmente y en las tasas fiscales en Indonesia y México. Ya que algunas de estas variables están dentro del control de Cemex, todavía es posible que el proyecto de Semen Indonesia pudiera mejorar su valor para la empresa y volverse aceptable.

Análisis de sensibilidad: medición desde el punto de vista de la empresa matriz

Cuando se analiza un proyecto extranjero desde el punto de vista de la empresa matriz, el riesgo adicional que se origina a partir de su ubicación "extranjera" se puede medir por lo menos en dos formas: *ajustando la tasa de descuento* o *ajustando los flujos de efectivo*.

Ajuste de las tasas de descuento. El primer método es tratar a la totalidad del riesgo extranjero como un solo problema, ajustando las tasas de descuento aplicables a los proyectos extranjeros en relación con la tasa usada para que los proyectos nacionales reflejen el mayor riesgo cambiario, riesgo político, costos de agentes administrativos, información asimétrica y otras incertidumbres percibidas en las operaciones extranjeras. Sin embargo, el ajuste de la tasa de descuento aplicada a los flujos de efectivo de un proyecto extranjero para reflejar estas incertidumbres no penaliza el valor presente neto en proporción ya sea al monto real que está en riesgo o a las variaciones posibles en la naturaleza de dicho riesgo a lo largo del tiempo. Por lo tanto, la combinación de todos los riesgos en una sola tasa de descuento puede ocasionar que descartemos mucha información acerca de las incertidumbres del futuro.

En el caso del riesgo cambiario, las variaciones en los tipos de cambio tienen un efecto potencial sobre los flujos futuros de efectivo debido a la exposición operativa. Sin embargo, la dirección del efecto puede disminuir o aumentar los flujos netos de entrada de efectivo, dependiendo de dónde se vendan los productos y de dónde se obtengan los insumos. El aumentar la tasa de descuento aplicable a un proyecto extranjero, sobre el supuesto de que la moneda extranjera pudiera devaluarse más de lo esperado, ignora el posible efecto favorable de una devaluación de una moneda extranjera sobre la posición competitiva del proyecto. El incremento en el volumen de ventas podría compensar en exceso un valor más bajo de la moneda local. Tal incremento en la tasa de descuento también ignora la posibilidad de que la moneda extranjera pudiera devaluarse (riesgo de los dos lados).

Ajustes de flujos de efectivo. En el segundo método, incorporamos los riesgos extranjeros en los ajustes a los flujos de efectivo pronosticados para el proyecto. La tasa de descuento del proyecto extranjero se ajusta por el riesgo tan sólo en términos del riesgo general de negocios y financiero, del mismo modo que se hace para los proyectos nacionales. Una evaluación basada en simulaciones utiliza un desarrollo de escenarios para estimar los flujos de efectivo para la empresa matriz que surgen del proyecto a lo largo del tiempo bajo diferentes futuros económicos alternativos.

La certeza relacionada con la cantidad y la época de los flujos de efectivo en una inversión extranjera en prospecto son, como lo cita *The Maltese Falcon*, "el material del cual están hechos los sueños". Debido a la complejidad de las fuerzas económicas que intervienen en los proyectos de inversión mayores, es de gran importancia que el analista comprenda la subjetividad del pronóstico de los flujos de efectivo. La humildad en el análisis es un rasgo muy valioso.

Limitaciones de cada caso. Sin embargo, en muchos casos, ni el ajuste de la tasa de descuento ni el ajuste de los flujos de efectivo es óptimo. Por ejemplo, las incertidumbres políticas son una amenaza para la totalidad de la inversión, y no tan sólo para los flujos de efectivo anuales. Una pérdida potencial depende parcialmente del valor terminal de la inversión no recuperada por la empresa matriz, la cual variará dependiendo de la manera en la que haya sido financiado el proyecto, de si se haya obtenido un seguro de riesgo político y de cuál sea el horizonte de inversión que se esté contemplando. Además, si se esperara que el clima político fuera desfavorable en el futuro cercano, cualquier inversión sería probablemente inaceptable. La incertidumbre política generalmente se relaciona con los posibles eventos adversos que pudieran ocurrir en un futuro más distante, pero ello no puede ser previsto en el momento actual. Ajustar la tasa de descuento por el riesgo político penaliza por lo tanto los primeros flujos de efectivo con demasiada fuerza y a la vez no penaliza lo suficiente los flujos de efectivo distantes.

Repercusiones para el inversionista. Aparte de los riesgos anticipados tanto a nivel político como a nivel cambiario, las empresas multinacionales algunas veces se preocupan de que el hecho de emprender proyectos extranjeros pueda incrementar el costo general de capital de la empresa debido a las percepciones del riesgo cambiario por parte de los inversionistas. Esta preocupación parecía razonable cuando una empresa tenía una inversión significativa en Irak, Irán, Serbia o Afganistán en la década de 1990. Sin embargo, el argumento pierde capacidad persuasiva cuando se aplica a inversiones extranjeras diversificadas con un fuerte equilibrio entre los países industriales de Canadá, Europa occidental, Australia, Latinoamérica y Asia donde, de hecho, se localiza la mayor parte de la inversión extranjera directa. Estos países tienen la reputación de tratar a las inversiones extranjeras a través de normas consistentes, y la evidencia empírica confirma que una presencia extranjera en estos países puede no aumentar el costo de capital. De hecho, algunos estudios indican que los rendimientos requeridos sobre los proyectos extranjeros pueden incluso ser más bajos que los de los proyectos nacionales.

Prácticas de las empresas multinacionales. Las encuestas de las empresas multinacionales a lo largo de los 35 últimos años han mostrado que cerca de la mitad de ellas ajustan la tasa de descuento y la otra mitad ajusta los flujos de efectivo. Una encuesta reciente indicó un uso creciente de los ajustes de las tasas de descuento sobre los ajustes de los flujos de efectivo. Sin embargo, la encuesta también indicó un uso creciente de los métodos de factores múltiples —ajuste de la tasa de descuento, ajuste de los flujos de efectivo, análisis de opciones reales y criterios cualitativos— al evaluar las inversiones extranjeras.[2]

Medición del riesgo de portafolio

Como se expuso en el capítulo 17, el campo de las finanzas ha distinguido dos definiciones de riesgo: 1) el riesgo de un valor individual (desviación estándar del rendimiento esperado) y 2) el riesgo del valor individual como un componente de un portafolio (*beta*). Una inversión extranjera emprendida con la finalidad de ingresar a un mercado local o regional —búsqueda de mercado— tendrá rendimientos que estarán correlacionados en mayor o menor medida con los del mercado local. Una evaluación del prospecto de inversión basada en un portafolio parecería entonces apropiada. Una inversión extranjera emprendida con *propósitos de búsqueda de recursos* o *de búsqueda de producción puede* tener rendimientos relacionados con los de la empresa matriz o con los de las unidades localizadas en alguna otra parte del mundo y puede tener poco que ver con los mercados locales. La inversión en Semen Indonesia propuesta por Cemex implica tanto una *búsqueda de mercado* como una *búsqueda de producción* (para exportaciones). La decisión acerca de qué enfoque haya de ser usado por la empresa multinacional al evaluar las inversiones

---

[2]Keck, Tom, Eric Levengood y Al Longield, "Using Discounted Cash Flow Analysis in an International Setting: A Survey of Issues in Modeling the Cost of Capital", *Journal of Applied Corporate Finance*, volumen 11, número 3, otoño de 1998, pp. 82-99.

extranjeras en prospecto puede ser la decisión analítica individual más importante que tome. La aceptabilidad de una inversión puede cambiar espectacularmente de un criterio a otro.

Para propósitos de comparaciones dentro del país local anfitrión, debemos pasar por alto el financiamiento real de un proyecto o la capacidad de endeudamiento influida por la empresa matriz, ya que éstos serían probablemente diferentes para los inversionistas locales en comparación con lo que son para un propietario multinacional. Además, los riesgos del proyecto para los inversionistas locales podrían diferir de los riesgos percibidos por el propietario de una multinacional extranjera debido a las oportunidades que tiene esta última para sacar ventaja de las imperfecciones del mercado. Además, el proyecto local puede ser tan sólo un proyecto que esté fuera de un portafolio de proyectos internacionalmente diversificado para un propietario multinacional; si es emprendido por los inversionistas locales podría tener que permanecer solo y sin una diversificación internacional. Ya que la diversificación reduce el riesgo, la empresa multinacional puede requerir una tasa de rendimiento más baja que la que requieren los inversionistas locales.

Por lo tanto, la tasa de descuento que se use a nivel local debe ser una tasa hipotética basada en un juicio en cuanto a lo que los inversionistas locales independientes probablemente pedirían en caso de que ellos fueran los dueños del negocio. En consecuencia, la aplicación de la tasa de descuento local para los flujos de efectivo locales proporciona tan sólo una medida aproximada del valor del proyecto como un negocio local aislado, en lugar de una valuación absoluta.

Análisis de opciones reales

El enfoque de flujos de efectivo descontado (DCF, *discounted cash flow*) que se ha usado en la valuación de Semen Indonesia —y en el presupuesto de capital y en la valuación en general— ha tenido sus críticos durante mucho tiempo. Las inversiones que tienen vidas prolongadas, rendimientos de flujos de efectivo en años distantes o niveles de riesgo más altos que los que son típicos de las actividades actuales de negocios de la empresa, con frecuencia son rechazados por el análisis financiero tradicional DCF. Lo que es más importante, cuando las empresas multinacionales evalúan proyectos competitivos, el análisis tradicional de flujos de efectivo descontados es por lo común incapaz de capturar las *opciones estratégicas* que puede ofrecer una opción individual de inversión. Esto ha conducido al desarrollo de un *análisis de opciones reales*. El análisis de las opciones reales es la aplicación de la teoría de las opciones a las decisiones de presupuesto de capital.

Las opciones reales son una forma muy diferente de pensar con respecto a los valores de la inversión. En su parte fundamental, es un punto de cruce entre el análisis de árboles de decisión y la valuación pura basada en las opciones. Es particularmente útil para analizar proyectos de inversión que habrán de seguir rutas del valor muy diferentes en puntos de decisión en el tiempo donde se toman decisiones administrativas en relación con el desarrollo del proyecto. Esta amplia variedad de resultados potenciales es la parte central de la teoría de las opciones reales. Estas amplias *variaciones* de valor están dadas por las inestabilidades, el elemento básico de la teoría de la valuación de las opciones que se describió en el capítulo 8.

La valuación de las opciones reales también nos permite analizar un número de decisiones administrativas que en la práctica caracterizan a muchos proyectos mayores de inversión de capital:

- La opción de diferir.
- La opción de abandonar.
- La opción de alterar la capacidad.
- La opción de empezar o cerrar (alternativas de cambio).

El análisis de las opciones reales trata a los flujos de efectivo en términos del valor futuro en un sentido positivo, mientras que el DCF trata a los flujos futuros de efectivo de una manera negativa (sobre una base descontada). El análisis de las opciones reales es un mecanismo en particular poderoso cuando se trata con proyectos potenciales de inversión con amplitudes de vida extremadamente largas, o inversiones que no empiezan hasta fechas futuras. El análisis de las opciones reales reconoce la manera en la que se recopila la información a través del tiempo para dar apoyo a la toma de decisiones. La administración aprende de una recopilación de conocimientos activos (buscándolos) y pasivos (observando las condiciones de mercado) y posteriormente usa estos conocimientos para tomar mejores decisiones. El minicaso de este capítulo ilustra una aplicación del análisis de las opciones reales.

Financiamiento de proyectos

En la actualidad, uno de los tópicos más fervientes de las finanzas internacionales es el financiamiento de los proyectos. El *financiamiento de los proyectos* es el arreglo de una financiación para proyectos de capital a largo plazo, a gran escala, con una vida larga y que generalmente tienen un alto nivel de riesgo. Sin embargo, ésta es una definición muy general, porque muchas formas y estructuras caen dentro de este encabezado genérico.

El financiamiento de los proyectos no es algo nuevo. Los ejemplos se pueden remontar a varios siglos e incluyen a muchos de los primeros negocios internacionales famosos como Dutch East India Company y British East India Company. Estos importadores empresariales financiaban sus negocios comerciales a Asia sobre la base de viaje por viaje, y el financiamiento de cada viaje era como un capital de negocios; los inversionistas eran reembolsados cuando el exportador regresaba y los frutos del ámbito de mercado asiático se vendían en los muelles a mercaderes del mediterráneo y de Europa. Si todo salía bien, los accionistas individuales del viaje recibían su pago total.

En la actualidad, el financiamiento de los proyectos es usado con gran amplitud por las empresas multinacionales para el desarrollo de proyectos de infraestructura a gran escala en China, India, Oriente Medio y muchos otros mercados emergentes. Aunque cada proyecto individual tiene características únicas, la mayoría son transacciones altamente apalancadas, donde las deudas constituyen más de 60% del financiamiento total. El capital contable es un componente pequeño del financiamiento del proyecto por dos razones: 1) la escala simple del proyecto de inversión con frecuencia impide que un solo inversionista o incluso a una colectividad de inversionistas privados puedan financiarlo y 2) muchos de estos proyectos se relacionan con temas que han sido tradicionalmente financiados por los gobiernos —como la generación de energía eléctrica, la construcción de presas, la construcción de carreteras, la exploración de energía, la producción y la distribución.

Sin embargo, este nivel de deudas implica una enorme carga sobre el flujo de efectivo para el servicio de las deudas. Por tanto, el financiamiento de los proyectos requiere generalmente de un número de niveles adicionales de reducción de riesgo. Los prestamistas que participan en estas inversiones deben tener la seguridad de que serán reembolsados; los banqueros no son, por naturaleza, empresarios, y no disfrutan de rendimientos empresariales provenientes del financiamiento de los proyectos.

Las cuatro propiedades de estructura siguientes son fundamentales para el éxito del financiamiento de un proyecto:

1. **La separación entre el proyecto y sus inversionistas.** El proyecto se establece como una entidad legal individual, separada de las responsabilidades legales y financieras de sus inversionistas individuales. Esto no solamente protege a los activos de los inversionistas del capital contable; sino que también proporciona una plataforma controlada sobre la cual los acreedores pueden evaluar los riesgos asociados con el proyecto en particular. La capacidad de los flujos de efectivo del proyecto para servir todas las deudas asegura que los pagos de servicio de las deudas serán automáticamente asignados en y por el proyecto mismo (y no como resultado de una decisión de la administración dentro de una empresa multinacional).

2. **Proyectos singulares con una larga vida y que hacen un uso intenso de capital.** El proyecto individual no solamente debe ser separable y grande en proporción a los recursos financieros de sus propietarios, su línea de negocios debe ser singular en su construcción, operación y tamaño (capacidad). El tamaño se establece al inicio y rara vez, si es que alguna, se cambia a lo largo de la vida del proyecto.

3. **Posibilidad de predecir el flujo de efectivo a partir de compromisos de terceras partes.** Un campo petrolero o una planta de energía eléctrica elabora un producto homogéneo que puede proporcionar flujos de efectivo susceptibles de predecirse si se pueden establecer compromisos de terceras partes para tomar o pagar dichos productos. Los costos de producción de tipo no financiero necesitan controlarse a través del tiempo, por lo general mediante contratos de proveedores a largo plazo con cláusulas de ajustes de precio basadas en la inflación. La posibilidad de predecir los flujos netos de entrada de efectivo de los contratos a largo plazo elimina gran parte del riesgo individual de negocios del proyecto, permitiendo que la estructura financiera esté fuertemente financiada con deudas y que todavía se encuentre segura contra dificultades financieras.

   La posibilidad de predecir la corriente de ingresos del proyecto es esencial para asegurar el financiamiento del proyecto. Las cláusulas típicas de un contrato que tienen como finalidad asegurar un flujo de efectivo adecuado, generalmente incluyen las siguientes disposiciones: cantidad y calidad del producto final del proyecto; una fórmula de fijación de precio que mejore la posibilidad de predecir un margen adecuado para cubrir los costos operativos y los pagos de servicio de la deuda, y una clara declaración de las circunstancias que habrán de permitir variaciones significativas en el contrato, como las causas de fuerza mayor o las condiciones adversas en los negocios.

4. **Proyectos finitos con vidas finitas.** Aún con una inversión a un plazo más largo, es fundamental que el proyecto tenga un punto final definido en el que todas las deudas y el capital contable habrán sido reembolsados. Ya que el proyecto es una inversión individual cuyos flujos de efectivo van directamente al servicio de su estructura de capital, y no a la reinversión para el crecimiento o para otras alternativas de inversión, los inversionistas de todo tipo necesitan asegurarse de que los rendimientos del proyecto se logren en un periodo finito. No hay una revaluación de capital, sino tan sólo un flujo de efectivo.

Algunos ejemplos de financiamiento de proyectos incluyen algunas de las inversiones individuales más grandes emprendidas en las últimas tres décadas, como el financiamiento del British Petroleum sobre su participación en el Mar del Norte y el Trans-Alaska Pipeline. Trans-Alaska

FINANZAS GLOBALES EN LA PRÁCTICA 19.1

El auge en el financiamiento de proyectos

Los ingresos crecientes del petróleo han traído consigo épocas de auge para Medio Oriente y con ello, una demanda sin precedentes por el financiamiento de proyectos. Los banqueros afirman que el Golfo se ha convertido en el mercado más grande del mundo para el financiamiento de proyectos. De acuerdo con HSBC, US$33,000 millones de los US$98,500 millones de financiamiento de proyectos obtenidos en forma global en la primera mitad de este año fueron para Medio Oriente. Esto se compara con una cifra de US$7,000 millones hace cinco años.

Otras personas también están de acuerdo. Simon Elliston, director regional de financiamiento de infraestructura y de energía para Europa, Medio Oriente y África en Citigroup, afirma lo siguiente: "Las transacciones de financiamiento de proyectos para nuevas construcciones en Medio Oriente rebasan a las nuevas construcciones en cualquier otra parte del mundo". Los estados del Golfo están muy bien dotados de dinero como resultado del incremento en el precio del petróleo. Las compañías regionales de energía están invirtiendo fuertemente para aumentar la capacidad desde la producción de petróleo y gas hasta la petroquímica y la generación de electricidad. Pero los gobiernos también están tratando de diversificar las economías —que dependen principalmente de los hidrocarburos— modernizando las infraestructuras, con inclusión de extraordinarios desarrollos de propiedad y extensiones de aeropuertos y puertos.

Florence Eid, economista senior para Medio Oriente y África del Norte en JPMorgan, afirma que el auge de la región ha estado impulsada por la construcción, las propiedades, la infraestructura y los petroquímicos. Declan Hegarty, director administrativo del consejo consultor para financiamientos con deudas para Medio Oriente en HSBC, ha afirmado que existe una enorme cantidad de actividades. Pero que hay una diferencia entre los mercados. "Los mercados más activos en los últimos años han sido Qatar, Abu Ohabi y Oman", afirma. "Pero la balanza de actividades ha estado cambiando en los últimos 12 meses a favor de Saudí Arabia, quien ha sido siempre el mercado del mañana. Por ejemplo, en el momento en el que el programa de energía privada de Saudí Arabia esté completamente activo, tendrá una capacidad de energía más privada que el resto de la región del Golfo en su conjunto. Dubai no ha sido un mercado para el financiamiento de proyectos aunque esto puede cambiar, dados los extensos planes en infraestructura."

Los bancos, que proporcionan la mayor parte del financiamiento, están entre aquellos que se benefician más por el auge en las actividades. Pero mientras que ha emergido una variedad de fuertes bancos regionales y locales, los bancos internacionales como HSBC y Citigroup han aumentado su presencia. Por ejemplo, el gobierno de Qatar anunció recientemente proyectos que tenían un valor de por lo menos US$130,000 millones y afirmó que quería financiar por lo menos la mitad de dichos proyectos a partir de bancos extranjeros, algunos de los cuales, incluyendo a Barclays Capital, Credit Suisse y JPMorgan, están estableciendo un centro financiero en Doha, la capital.

Existen tanto ventajas como desventajas al contemplar el financiamiento más allá de los bancos. Éstas son importantes, en particular en las primeras etapas de un proyecto, porque entienden que podría haber demoras en la construcción. "En general pueden reaccionar porque de costumbre tienen relaciones cercanas con el cliente", afirma el Sr. Hegarty. Sin embargo, a medida que un proyecto madura, otras fuentes de financiamiento, incluyendo el mercado de los bonos, los mercados de titularización y el mercado financiero islámico, se vuelven crecientemente relevantes. El señor Hegarty afirma lo siguiente: "El modelo más clásico de financiamiento se está derrumbando porque algunos de los proyectos se están volviendo demasiados grandes. Tenemos que contemplar con mayor firmeza la diversificación de las fuentes de financiamiento".

Fuente: Tomado de "Project Finance: Boom Brings Strong Demand". *Financial Times*, 28 de noviembre de 2006.

Pipeline era un negocio conjunto entre Standard Oil of Ohio, Atlantic Richfield, Exxon, British Petroleum, Mobil Oil, Philips Petroleum, Union Oil y Amerada Hess. Cada uno de estos proyectos había tenido un costo de US$1,000 millones o más, que representaba un gasto de capital que ninguna empresa quisiera o hubiera podido financiar. Sin embargo, a través de un acuerdo de un negocio conjunto, el riesgo más alto de lo normal absorbido por el capital utilizado pudo ser manejado. La sección *Finanzas globales en la práctica 19.1* pone de relieve la ferviente plataforma actual de financiamientos de proyectos: Medio Oriente.

RESUMEN

- La inversión propuesta para Cemex sujeta a empezar desde una base cero en Indonesia, se analizó dentro del marco tradicional del presupuesto de capital (caso base).
- Las complicaciones extranjeras, incluyendo el riesgo cambiario y el riesgo político, se introdujeron en el análisis.
- Los flujos de efectivo de la empresa matriz se deben distinguir de los flujos de efectivo del proyecto. Cada uno de estos dos tipos de flujos contribuye a una perspectiva diferente del valor.
- Los flujos de efectivo de la empresa matriz dependen de la forma de financiamiento. Por lo tanto, los flujos de efectivo no pueden separarse claramente de las decisiones de financiamiento, como se hace en el presupuesto de capital nacional.
- Los flujos de efectivo adicionales generados por una nueva inversión en una subsidiaria extranjera pueden ser parcial o totalmente alejados de otra subsidiaria, con el resultado neto de que el proyecto es favorable desde el punto de vista de una sola subsidiaria, pero no aportan nada a los flujos de efectivo a nivel mundial.
- La remesa de fondos a la empresa matriz debe reconocerse en forma explícita debido a la existencia de distintos sistemas fiscales, a las restricciones legales y políticas sobre el movimiento de los fondos, a las normas locales de los negocios y a las diferencias en la manera en la que funcionan los mercados y las instituciones.
- Los flujos de efectivo provenientes de las subsidiarias y dirigidos a la empresa matriz pueden generarse mediante un arreglo de pagos no financieros, incluyendo el de los honorarios por licencia y los pagos por las importaciones provenientes de la empresa matriz.
- Se deben anticipar las distintas tasas de inflación nacional debido a su importancia para causar cambios en la posición competitiva y por lo tanto en los flujos de efectivo a lo largo de un periodo.
- El análisis del presupuesto de capital de un proyecto extranjero debe ajustarse por los riesgos potenciales cambiarios y/o políticos asociados con la inversión.
- Se usa un número de métodos alternativos para ajustar el riesgo, incluyendo la adición de una prima extra de riesgo al factor de descuento usado, el decremento de los flujos de efectivo esperados y la conducción de un análisis detallado de sensibilidad y de escenarios sobre los resultados esperados del proyecto.
- Las opciones reales son una forma diferente de pensar acerca de los valores de la inversión. En esencia, son un punto intermedio entre el análisis de árboles de decisión y la valuación pura basada en las opciones.
- La valuación de las opciones reales también nos permite evaluar la opción de diferir, la opción de abandonar, la opción de alterar la capacidad y la opción de empezar o cerrar un proyecto.

MINICASO | **El ingreso de Trident al mercado chino. Una aplicación del análisis de opciones reales**

Trident está evaluando la posibilidad de ingresar al mercado chino. El equipo de administración senior, encabezado por el director ejecutivo Charles Darwin, ha concluido, a partir de un número de estudios preliminares (un código denominado *Beagle*) realizados por un consultor, que dentro de tres a cinco años este mercado bien podría determinar quiénes habrán de ser los jugadores mayores en la industria de telecomunicaciones de Trident. El equipo de finanzas corporativas, encabezado por el director financiero Maria González, ha concluido un análisis financiero preliminar por su propia cuenta sobre la base de las cifras presentadas por los consultores.

Sin embargo, los resultados del análisis del valor esperado del grupo corporativo de finanzas no fueron alentadores. Como se ilustra en la figura 1, las utilidades brutas esperadas del negocio se estimaron tan sólo en US$10 millones.

- Se esperaba que los ingresos siguieran una de dos rutas, ya sea alta (aproximadamente US$130 millones con una probabilidad de 50%), o baja (US$50 millones con una probabilidad de 50%). Por lo tanto, al usar el análisis del valor esperado, los ingresos se estimaron en US$90 millones.

FIGURA 1	Análisis del ingreso de Trident al mercado chino		
Ingresos	**Valor (en millones)**	**Probabilidad**	**Valor esperado (en millones)**
Alto	US$130	0.50	US$65.00
Bajo	50	0.50	25.00
Valor esperado	US$90.00		
Costos			
Altos	US$120	0.33	US$40.00
Medianos	80	0.33	26.67
Bajos	40	0.33	13.33
Valor esperado			US$80.00

Utilidad bruta esperada del proyecto = ingresos − costos = US$90 − US$80 = US$10.

■ Se esperaba que los costos fueran ya sea altos (US$120 millones), medianos (US$80 millones) o bajos (US$40 millones); todos ellos con una probabilidad esperada de ocurrencia de 33.3%. El valor esperado de los costos fue de US$80 millones.

Lo que hizo a esta utilidad bruta de US$10 millones un tanto menos atractiva fue que el grupo de desarrollo del mercado estaba requiriendo US$15 millones adicionales para la investigación y desarrollo inicial (R&D). Este gasto de capital no pudo ser justificado. El rendimiento total esperado sobre el proyecto sería entonces una cifra negativa de US$5 millones: (US$15) + US$10 = (US$5). El equipo corporativo de finanzas concluyó que el proyecto no era una inversión aceptable en su forma presente.

Charles se mostró claramente frustrado con el equipo de finanzas corporativas durante la presentación de sus resultados. Después de un debate acalorado sobre los valores individuales, Charles preguntó qué se aprendería específicamente si los US$15 millones añadidos en la investigación y desarrollo del mercado realmente se gastaran. ¿Mejoraría ello la rentabilidad esperada del proyecto?

Después de algunos análisis adicionales, el equipo de finanzas corporativas concluyó que no se aprendería nada significativo acerca del mercado que pudiera cambiar ya fueran las probabilidades o los valores esperados de los ingresos. Sin embargo, después del gasto adicional de R&D, el equipo se sentía seguro de que el costo de las operaciones se conocería mejor.

Charles le preguntó entonces al equipo de finanzas corporativas acerca de un enfoque alternativo para visualizar el proyecto.

"¿Qué sucedería si el gasto de US$15 millones se contemplara como la compra de una opción de compra sobre el proyecto? Lo que quiero decir es, si gastamos los US$15 millones, tendríamos la capacidad de identificar el costo real asociado con el emprendimiento del proyecto. Aun cuando todavía no conoceríamos realmente los ingresos —aún existiría un riesgo de negocio—, podríamos decidir de una manera más inteligente si debemos detener o proceder con el proyecto en ese punto en el tiempo."

Como se muestra en la figura 2, después de la inversión (o gasto) de los US$15 millones en investigación y desarrollo de mercado, la empresa sabría en cuál de las tres rutas de costos estaría —alta, mediana o baja—. Indistintamente del ingreso esperado, el cual aún se supone es de US$90 millones, la empresa podría hacer una elección inteligente ya fuera de detener o de proceder en este punto. Ésta era, en la opinión de Charles, una forma mucho más lógica de realizar el análisis.

Sin embargo, Maria Gonzalez y su equipo de finanzas aún no estaban convencidos. Maria dijo, "Sin embargo, todavía estaríamos gastando los US$15 millones en forma inicial y contemplando los mismos resultados esperados. No veo cómo pueda su enfoque cambiar algo".

Charles continuó, "Ello cambia una gran cantidad de cosas. Después de gastar los US$15 millones, nosotros sabríamos —con mayor certeza— cuál sería el resultado posible. Si se trata de la ruta de costos medianos o de costos bajos, procederíamos y terminaríamos con una utilidad en operación ya fuera de US$10 o de US$50 millones, dependiendo de los ingresos. Si es la ruta de costos altos, nosotros detendríamos el trabajo de inmediato, antes de incurrir en costos operativos adicionales. El valor esperado, de acuerdo con mis cálculos, es una cifra positiva de US$20 millones":

$$\text{Valor esperado} = (\text{US}\$15) - [(0.333 \times \text{US}\$0) + (0.333 \times \text{US}\$10) + (0.333 \times \text{US}\$50)] = \text{US}\$20$$

Fue entonces cuando Maria cayó en la cuenta de lo que estaba diciendo Charles. La adquisición de la opción de compra, el gasto de los US$15 millones, permitiría a Trident evitar la opción de pérdida de mercado (la ruta del costo alto con un resultado esperado de US$30 millones negativos), y por tanto la ruta de los costos altos ingresaría el cálculo del valor esperado como cero. La adquisición de la opción de compra realmente permitiría a Trident emprender la inversión, si así lo deseara, tan sólo después de obtener tiempo y conocimientos adicionales.

FIGURA 2	Análisis de opciones de Trident para el ingreso al mercado chino

La inversión en la investigación y desarrollo del mercado es equivalente a la adquisición
de una opción de compra. Los montos son en millones.

Charles y el equipo de la administración senior concluyeron entonces que habían ganado el argumento (como siempre sucede con la administración senior) y el proyecto fue aprobado.

El potencial del análisis de opciones reales

El análisis de las opciones reales, al igual que el flujo de efectivo descontado y otras técnicas de análisis de inversiones, no es más que una herramienta. Las dos técnicas son complementarias. La administración debe ampliar ambos métodos en el análisis de las inversiones potenciales y recopilar información de ambos.

A diferencia de nuestro ejemplo, el análisis de las opciones reales no es generalmente una técnica sencilla. Para implantar la técnica de una manera correcta, el analista requiere una enorme cantidad de "facilidad" técnica. Al igual que la mayoría de las técnicas derivadas de la teoría financiera, se puede abusar fácilmente de ella. Aquellos que utilizan la información proporcionada por el análisis de las opciones reales deben estar capacitados en la interpretación adecuada de sus resultados.

Pero el análisis de las opciones reales está mejorando en cuanto a su uso y popularidad. De manera consistente con el ejemplo de Trident, con frecuencia es favorecido en primer término por la administración senior porque tiene dos característi-

ticas que son de su agrado. Su estructura reconoce la secuencia de tiempo de un proyecto, describiendo los flujos de entrada y de salida de efectivo a diferentes puntos en el tiempo. Esto es más consistente con la manera en la cual la administración ve con frecuencia el desenvolvimiento de un proyecto. El análisis de las opciones reales también parece valorar a la "administración" por su misma naturaleza; acredita la capacidad de la administración para obtener nueva información y para tomar buenas decisiones de negocios en los puntos en el tiempo en el que deben tomarse dichas decisiones.

Preguntas del caso

1. ¿Cómo difiere el análisis de las opciones reales del análisis tradicional del valor esperado?

2. ¿Cómo difiere la recopilación de información entre el análisis de las opciones reales y el análisis del flujo de efectivo descontado?

3. Vuelva a calcular tanto el análisis del rendimiento esperado como el análisis de las opciones reales para el ingreso al mercado chino suponiendo que las probabilidades de ingresos fueran de 25% al nivel alto y de 75% al nivel bajo. ¿Es el proyecto aceptable bajo cualquiera de las metodologías de la toma de decisiones?

PREGUNTAS

1. **Marco teórico del presupuesto de capital.** El presupuesto de capital de un proyecto extranjero usa el mismo marco teórico que el presupuesto de capital nacional. ¿Cuáles son los pasos básicos en el presupuesto de capital nacional?

2. **Complejidades extranjeras.** El presupuesto de capital de un proyecto extranjero es considerablemente más complejo que el de un proyecto nacional. ¿Cuáles son los factores que añaden complejidad?

3. **Valuación desde el punto de vista del proyecto y desde el punto de vista de la empresa matriz.**
   a. ¿Por qué debe evaluarse un proyecto extranjero tanto desde el punto de vista del proyecto como desde el punto de vista de la empresa matriz?
   b. ¿Qué punto de vista, el del proyecto o el de la empresa matriz, proporciona resultados más cercanos al significado tradicional del valor presente neto en el presupuesto de capital?
   c. ¿Qué punto de vista proporciona resultados más cercanos a los efectos sobre las utilidades consolidadas por acción?

4. **Flujo de efectivo.** Los proyectos de capital proporcionan flujos de efectivo tanto operativos como financieros. ¿Por qué razón se prefieren los flujos de efectivo operativos para el presupuesto de capital nacional pero se da mayor consideración a los flujos de efectivo financieros en los proyectos internacionales?

5. **Rendimiento ajustado por el riesgo.** ¿Debería la tasa interna del rendimiento anticipada (IRR) para un proyecto extranjero propuesto compararse con a) las propuestas alternativas del país de origen, b) los rendimientos ganados por compañías locales en la misma industria y/o clases de riesgo, o c) los dos criterios anteriores? Justifique su respuesta.

6. **Flujo de efectivo bloqueado.** En el contexto de la evaluación de las propuestas de inversiones extranjeras, ¿cómo debería evaluar una empresa multinacional los flujos de efectivo en un país extranjero anfitrión que estén bloqueados para ser repatriados al país de origen de la empresa?

7. **Inflación del país de origen.** ¿Cómo debería una empresa multinacional considerar la inflación del país anfitrión en su evaluación de una propuesta de inversión?

8. **Costo del capital contable.** Una subsidiaria extranjera no tiene un costo de capital independiente. Sin embargo, para estimar la tasa de descuento de una empresa en un país anfitrión comparable, el analista debe tratar de calcular un costo de capital hipotético. Como parte de este proceso, el analista puede estimar el costo de capital aproximado de las subsidiarias con el uso de la ecuación tradicional $k_e = k_{rf} + \beta(k_m - k_{rf})$. Defina cada una de las variables de esta ecuación y explique la manera en la que dicha variable podría ser diferente para una empresa representativa en un país anfitrión en comparación con la empresa multinacional de la empresa matriz.

9. **Puntos de vista.** ¿Cuáles son las diferencias en los flujos de efectivo que se usan en un análisis desde el punto de vista del proyecto y un análisis desde el punto de vista de la empresa matriz?

10. **Riesgo cambiario.** ¿Cómo se incluye la sensibilidad al riesgo cambiario en el análisis del presupuesto de capital de un proyecto extranjero?

11. **Riesgo de expropiación.** ¿Como se considera el riesgo de expropiación dentro del análisis del presupuesto de capital de un proyecto extranjero?

12. **Análisis de opciones reales.** ¿Qué es el análisis de las opciones reales? ¿Por qué es un mejor método para tomar decisiones de inversión en comparación con el análisis tradicional del presupuesto de capital?

PROBLEMAS

*1. **Trefica de Honduras.** Texas Pacific, una firma de capital contable privado con base en Estados Unidos, está tratando de determinar lo que debería pagar por una empresa de manufactura de herramientas —ubicada en Honduras— y cuyo nombre es Trefica. Texas Pacific estima que Trefica generará un flujo libre de efectivo de 13 millones de lempiras hondureñas (Lp) el año siguiente (2003), y que este flujo de efectivo libre de costo continuará creciendo a una tasa constante de 8.0% por año indefinidamente.

   Sin embargo, una empresa de capital contable privado como Texas Pacific no está interesada en poseer una compañía durante mucho tiempo, y planea vender a Trefica después de tres años en aproximadamente 10 veces el flujo de efectivo libre de costo de Trefica en ese año. El tipo de cambio al contado actual es de Lp14.80/US$, pero se espera que la tasa de inflación hondureña permanezca a una tasa relativamente alta de 16.0% por año, en comparación con la tasa de inflación del dólar estadounidense de tan sólo 2.0% por año. Texas Pacific espera ganar por lo menos una tasa de rendimiento de 20% anual sobre inversiones internacionales como la de Trefica.
   a. ¿Cuál es el valor de Trefica si la lempira hondureña permaneciera fija a lo largo del periodo de inversión de tres años?
   b. ¿Cuál es el valor de Trefica si la lempira hondureña fuera a cambiar de valor a lo largo del tiempo de acuerdo con la paridad del poder de compra?

2. **Philadelphia Composite.** Philadelphia Composite Company (Estados Unidos) está considerando la posibilidad de invertir Rs50,000,000 en India para crear una planta manufacturera de azulejos de propiedad total para exportar al mercado europeo. Después de cinco años, las subsidiaria se vendería a inversionistas de la India en Rs100,000,000. Un estado de resultados proforma para la operación de la India, ha pronosticado la generación de Rs7,000,000 de flujos anuales de efectivo, como se describe a continuación:

Ingreso anual por ventas	Rs 30,000,000
Menos en gastos operativos en efectivo	17,000,000
Menos depreciación	1,000,000
Utilidades antes de intereses e impuestos	Rs 12,000,000
Menos impuestos de la India al 50%	6,000,000
Utilidad neta	Rs 6,000,000
Adición de la depreciación	+1,000,000
Flujo de efectivo anual	Rs 7,000,000

La inversión inicial se realizará el 31 de diciembre de 2002, y los flujos de efectivo ocurrirán el 31 de diciembre de cada año subsiguiente. Los dividendos anuales en efectivo para Philadelphia Composite provenientes de India serán iguales a 75% del ingreso contable.

La tasa fiscal corporativa de Estados Unidos es de 40% y la tasa fiscal corporativa de India es de 50%. Ya que la tasa de impuestos de India es mayor que la tasa fiscal de Estados Unidos, los dividendos anuales que se paguen a Philadelphia Composite no estarán sujetos a impuestos adicionales en Estados Unidos. No hay impuestos sobre ganancias de capital sobre la venta final. Philadelphia Composite usa un promedio ponderado del costo de capital de 14% sobre inversiones nacionales, pero añadirá seis puntos porcentuales para la inversión de la India debido a la percepción de riesgos mayores. Philadelphia Composite ha pronosticado el tipo de cambio rupia/dólar al 31 de diciembre de los seis años siguientes como sigue:

Año	Tipo de cambio	Año	Tipo de cambio
2002	Rs 50.00/US$	2005	Rs 62.00/US$
2003	Rs 54.00/US$	2006	Rs 66.00/US$
2004	Rs 58.00/US$	2007	Rs 70.00/US$

¿Cuál es el valor presente neto y la tasa interna de rendimiento sobre esta inversión?

3. **Atlantic Properties.** Atlantic Properties (Estados Unidos) espera recibir dividendos en efectivo de un negocio conjunto francés a lo largo de los tres años siguientes. Se espera que el primer dividendo, el cual deberá pagarse el 31 de diciembre de 2002, sea de €720,000. Posteriormente, se espera que el dividendo crezca al 10% por año a lo largo de los dos años siguientes. El tipo de cambio actual (30 de diciembre de 2001) es de US$0.9180/€. El promedio ponderado del costo de capital de Atlantic es de 12%.

a. ¿Cuál es el valor presente de la corriente esperada de dividendos en euros si se espera que el euro se revalúe 4.00% por año contra el dólar?

b. ¿Cuál es el valor presente de la corriente esperada de dividendos si el euro se devaluara 3.00% por año contra el dólar?

4. **Berkeley Devices.** Berkeley Devices, Inc. se dedica al diseño de componentes para computadoras personales.

Hasta hoy, la manufactura se ha subcontratado con otras compañías, pero por razones de control de calidad, Berkeley Devices ha tomado la decisión de manufacturar componentes por sí misma en Asia. El análisis ha reducido la elección a dos posibilidades: Penang, Malasia y Manila, Filipinas. Actualmente, tan sólo se dispone del siguiente resumen de flujos de efectivo esperados después de impuestos. Aunque la mayoría de los flujos de salida en operación serían en ringgits de Malasia o en pesos de Filipinas, serían necesarios algunos flujos adicionales de salidas de efectivo en dólares estadounidenses, como se muestra en la figura que aparece la parte final de esta página.

Actualmente, el ringgit de Malasia se negocia a RM3.80/US$ y el peso de Filipinas se negocia a Ps50.00/US$. Berkeley espera que el ringgit de Malasia se revalúe a razón de 2.0% por año contra el dólar, y que el peso de Filipinas se devalúe a razón de 5% por año contra el dólar. Si el promedio ponderado del costo de capital de Berkeley Devices es de 14.0%, ¿qué proyecto se ve más prometedor?

*5. **Koch Refining Company.** La empresa Koch Refining Company, la cual es propiedad privada, está considerando la posibilidad de invertir en la República de Checoslovaquia para tener una fuente de refinación más cercana a sus clientes europeos. La inversión original en coronas checoslovacas (K) ascendería a K250 millones o US$5 millones al tipo de cambio actual de K32.50/US$, todo ello en activos fijos, los cuales se depreciarán a lo largo de 10 años por el método de depreciación en línea recta. Se necesitará una cantidad adicional de K100,000,000 para el capital de trabajo.

Para propósitos del presupuesto de capital, Koch ha supuesto la venta de la empresa como negocio en marcha al final del tercer año a un precio, después de todos los impuestos, igual al valor neto en libros de los activos fijos únicamente (sin incluir el capital de trabajo). Todos los flujos de efectivo libres de costo serán repatriados a Estados Unidos tan pronto como sea posible. Los resultados operacionales y financieros calculados para este proyecto se presentan más abajo en dólares estadounidenses.

Se espera que los costos variables de manufactura sean del 50% de las ventas. No se necesitan invertir fondos adicionales en la subsidiaria estadounidense durante el periodo bajo consideración. La República de Checoslovaquia no impone restricciones sobre la repatriación

Berkeley en Penang	2002	2003	2004	2005	2006	2007
Flujos netos de efectivo en ringgits	(26,000)	8,000	6,800	7,400	9,200	10,000
Flujos netos de efectivo en dólares	—	(100)	(120)	(150)	(150)	—
Berkeley en Manila						
Flujos netos de efectivo en pesos	(560,000)	190,000	180,000	200,000	210,000	200,000
Flujos netos de salidas de efectivo en dólares	—	(100)	(200)	(300)	(400)	—

Fin del año	Demanda de unidades	Precio de venta por unidad	Tipo de cambio (coronas/US$)	Gastos fijos en operación en efectivo	Depreciación
0			32.5		
1	700,000	US$10.00	30.0	US$1,000,000	US$500,000
2	900,000	10.30	27.5	1,030,000	500,000
3	1,000,000	10.60	25.0	1,060,000	500,000

de ningún tipo de fondos. La tasa fiscal corporativa de Checoslovaquia es de 25% y la tasa de Estados Unidos es de 40%. Ambos países permiten un crédito fiscal para los impuestos pagados en otros países. Koch usa el 18% como el promedio ponderado de su costo de capital, y su objetivo es maximizar el valor presente. ¿Será la inversión atractiva para Koch Refining?

6. **Tostadas de Baja, S.A.** Tostadas de Baja, S.A., la cual se localiza en el estado de Baja California, México, se dedica a la manufactura de alimentos mexicanos congelados, los cuales disfrutan de una gran popularidad en California y en Arizona. Para estar más cerca de su mercado estadounidense, Tostadas de Baja está considerando trasladar algunas de sus operaciones de manufactura a la parte sur de California. Las operaciones de California empezarían en el año 1 y tendrían los siguientes atributos:

a. El precio de venta del año 1 en Estados Unidos tendría un promedio de US$5 por paquete, y los precios aumentarían 3% por año.

b. La producción y las ventas del año 1 hacen un total de un millón de paquetes. Las ventas en unidades crecerían 10% por año.

c. Los costos de producción de California estimados en US$4 por paquete en el año 1 aumentarían 4% por año. Los gastos generales y de administración serían de US$100,000 por año. Los gastos de depreciación serían de US$80,000 por año.

d. Tostadas de Baja usa un promedio ponderado del costo de capital de 16%.

e. Tostadas de Baja asignará un valor después de impuestos a su planta de California al final del año 3 igual a una corriente infinita de dividendos del año 3, descontados al 20% por año. Esta tasa de descuento más alta se debe a que la compañía está preocupada por el riesgo político de una empresa mexicana dedicada a la manufactura en California.

f. Toda la producción es para la venta; por lo tanto, el volumen de producción es igual al volumen de ventas. Todas las ventas son en efectivo.

g. La tasa fiscal combinada —tanto federal como estatal— es de 30% en Estados Unidos y de 25% en México.

h. Los tipos de cambio reales y esperados, por año, son como sigue:

Año 0: Ps8.00/US$.   Año 2: Ps10.00/US$
Año 1: Ps9.00/US$.   Año 3: Ps11.00/US$

La planta manufacturera de California pagará 80% de su utilidad contable a Tostadas de Baja como un dividendo anual en efectivo. Los impuestos mexicanos se calculan sobre los dividendos brutos antes de retenciones provenientes de países extranjeros, con un crédito para los impuestos del país anfitrión que ya se hayan pagado. ¿Cuál es el precio máximo en dólares estadounidenses que Tostadas de Baja debería ofrecer en el año 1 para la inversión?

Santa Clara Electronics

Use el siguiente problema y supuestos para responder los problemas 7 a 10.

Santa Clara Electronics, Inc. de California, exporta 24,000 juegos de focos de baja densidad por año a Argentina bajo una licencia de importaciones que expirará dentro de cinco años. En Argentina, los focos se venden al equivalente en pesos argentinos de US$60 por juego. Los costos directos de manufactura en Estados Unidos y los costos de embarque en forma conjunta ascienden a US$40 por juego. El mercado para este tipo de focos en Argentina es estable, y no está creciendo ni reduciéndose de tamaño y Santa Clara mantiene la principal porción del mercado.

El gobierno argentino ha invitado a Santa Clara a abrir una planta de manufactura para que los focos importados puedan ser reemplazados por la producción local. Si Santa Clara hace la inversión, operará la planta durante cinco años y posteriormente venderá el edificio y el equipo a los inversionistas argentinos al valor neto en libros en el momento de la venta, más el valor de cualquier capital de trabajo neto. (El capital de trabajo neto es el monto de los activos circulantes menos cualquier porción financiada con deudas locales.) Santa Clara tendrá la posibilidad de repatriar la totalidad de los fondos de la utilidad neta y la depreciación a Estados Unidos cada año. La empresa evalúa en forma tradicional todas las inversiones extranjeras en términos de dólares estadounidenses.

■ **Inversión.** El desembolso anticipado en efectivo de Santa Clara en dólares estadounidenses en 2010 sería como sigue:

Edificio y equipo	US$1,000,000
Capital de trabajo neto	1,000,000
Inversión total	US$2,000,000

Todos los desembolsos de la inversión se realizarán en 2010, y todos los flujos de efectivo en operación ocurrirán al final de los años 2011 a 2015.

■ **Depreciación y recuperación de la inversión.** El edificio y el equipo se depreciarán durante cinco años sobre la base de línea recta. Al final del quinto año, el millón del capital de trabajo neto también puede ser repatriado a Estados Unidos, al igual que la parte restante del valor neto en libros de la planta.

■ **Precio de venta de los focos.** Los focos localmente manufacturados se venderán al equivalente en pesos argentinos de US$60 por juego.

■ **Los gastos operativos por juego de focos.** Las compras de materiales son como sigue:

Materiales comprados en Argentina (equivalente en dólares estadounidenses)	US$20 por juego
Materiales importados de Santa Clara (Estados Unidos)	US$10 por juego
Total costos variables	US$30 por juego

■ **Precios de transferencia.** El precio de transferencia de US$10 por juego de focos para la materia prima vendida por la empresa matriz consiste en US$5 de los costos directos e indirectos incurridos en Estados Unidos sobre su manufactura, creando con ello una utilidad antes de impuestos de US$5 para Santa Clara.

■ **Impuestos.** La tasa de impuestos sobre ingresos corporativos es de 40% tanto en Argentina como en Estados Unidos (en forma combinada federal y estatal/provincia). No hay impuestos sobre ganancias del capital sobre la venta futura de la subsidiaria Argentina, ya sea en Argentina o en Estados Unidos.

■ **Tasa de descuento.** Santa Clara Electronics usa una tasa de descuento de 15% para evaluar todos los proyectos tanto nacionales como extranjeros.

7. **Santa Clara Electronics: análisis de la línea de base.** Evalúe la inversión propuesta en Argentina por Santa Clara Electronics (Estados Unidos). La administración de Santa Clara desea que el análisis de la línea de base se realice en dólares estadounidenses (y también supone de manera implícita que el tipo de cambio permanecerá fijo a través de toda la vida del proyecto). Cree un presupuesto del capital desde el punto de vista del proyecto y un presupuesto de capital desde el punto de vista de la empresa matriz. ¿Qué concluye usted de su análisis?

8. **Santa Clara Electronics: escenario de crecimiento en los ingresos.** Como resultado de su análisis en el problemas 7, Santa Clara desea explorar las implicaciones de poder aumentar el volumen de ventas en 4% por año. Se espera que la inflación de Argentina tenga un promedio de 5% por año y, por lo tanto, se considera que los aumentos de 7 y 6% por año en el precio de venta y el costo del material son razonables. Aunque se espera que los costos de los materiales de Argentina aumenten, no se espera que los costos en Estados Unidos cambien en un periodo de cinco años. Evalúe este escenario tanto desde el punto de vista del proyecto como desde el punto de vista de la empresa matriz. ¿Es aceptable el proyecto bajo este escenario de crecimiento en los ingresos?

9. **Santa Clara Electronics: escenario de crecimiento en los ingresos y en el precio de ventas.** Además de los supuestos que se emplearon en el problema 8, Santa Clara desea ahora evaluar el prospecto de poder vender la subsidiaria Argentina al final del año cinco a un múltiplo de las utilidades del negocio en ese año. Santa Clara considera que un múltiplo de seis es una estimación conservadora del valor de mercado de la empresa en ese momento. Evalúe los presupuestos de capital desde el punto de vista del proyecto y desde el punto de vista de la empresa matriz.

10. **Santa Clara Electronics: escenario de crecimiento en los ingresos, en el precio de venta y en el riesgo monetario.** Uno de los nuevos analistas de Santa Clara, un recién graduado en la maestría de administración de empresas, considera que es un error fundamental evaluar las utilidades en prospecto del proyecto argentino y sus flujos de efectivo en dólares, y que más bien se debe estimar primero su valor en pesos argentinos (Ps) y posteriormente convertir los resultados del flujo de efectivo a dólares estadounidenses. Considera que el método correcto es usar la tasa al contado de fin de año en 2003 de Ps3.50/US$ y suponer que cambiará en relación con poder adquisitivo. (Está suponiendo que la inflación en Estados Unidos es de 1% por año y que la inflación en Argentina es de 5% por año.) También considera que Santa Clara debe usar una tasa de descuento ajustada por el riesgo en Argentina que refleje los costos de capital argentinos (su estimación es de 20%) y una tasa de descuento ajustada por el riesgo para el presupuesto de capital desde el punto de vista de la empresa matriz (18%) sobre el supuesto de que los proyectos internacionales en un ambiente monetario riesgoso deben requerir de un rendimiento esperado más alto que otros proyectos con un riesgo más bajo. ¿Cómo alteran estos supuestos y cambios la perspectiva de Santa Clara sobre la inversión propuesta?

EJERCICIOS DE INTERNET

1. **Los proyectos de capital y el EBRD.** The European Bank for Reconstruction and Development (EBRD) se estableció para "fomentar la transición de las economías orientadas hacia mercados abiertos y para promover la iniciativa privada y empresarial en los países de Europa central y oriental y el Commonwealth of Independent States (CIS) se ha comprometido con la aplicación de los principios de una democracia multipartidista, el pluralismo y una economía de mercado". Use el sitio Web de EBRD para determinar qué proyectos y compañías está apoyando actualmente el EBRD.

European Bank for
Reconstruction and
Development   www.ebrd.org

2. **Mercados emergentes: China.** Los proyectos de inversión a largo plazo como la generación de energía eléc-

trica requieren de una profunda comprensión de todos los atributos de la realización de operaciones de negocios en ese país, incluyendo las restricciones importaciones/exportaciones, las relaciones laborales, el financiamiento de los proveedores, las reglas fiscales, los programas de depreciación, las propiedades y restricciones monetarias, las fuentes de deudas a corto y a largo plazo, por nombrar tan sólo algunos. China es actualmente el foco de atención de las estrategias de inversión y de penetración de mercados de las empresas multinacionales en todo el mundo. Use Internet (podría empezar con los sitios Web que aparecen a continuación), construya una base de datos acerca de la realización de operaciones de negocios en China, y prepare una actualización de muchos de los factores como el promedio de cuentas por cobrar pendientes de cobro y la convertibilidad monetaria que se expuso en este capítulo.

Ministry of Foreign Trade
and Economic
Cooperation, PRC   www.chinamarket.com.cn/

China Investment Trust
& Investment Corporation   www.citic.com/

PARTE VI

Administración de operaciones multinacionales

CAPÍTULO 20
Administración de impuestos a nivel global

CAPÍTULO 21
Administración del capital de trabajo

CAPÍTULO 22
Finanzas del comercio internacional

CAPÍTULO 20

Administración de impuestos a nivel global

En repetidas ocasiones, las cortes han afirmado que no hay nada de siniestro cuando uno arregla sus negocios con miras a mantener los impuestos al nivel más bajo posible. Todo mundo lo hace así, ricos y pobres, y hacen bien, ya que nadie está comprometido con un deber público de pagar más de lo que requiere la ley: los impuestos son extracciones obligatorias, y no contribuciones voluntarias. Pedir más en el nombre de la moral es meramente un canto.

—Judge Learned Hand, Commissioner v. Newman, 159 F.2d 848 (CA-2, 1947).

La planeación fiscal de las operaciones multinacionales es un aspecto extremadamente complejo, pero es un tema de importancia vital en los negocios internacionales. Para planear con eficacia, las empresas multinacionales deben entender no solamente las complicaciones de sus operaciones en todo el mundo, sino también las diferentes estructuras e interpretaciones de los pasivos fiscales a través de los países. *El principal objetivo de la planeación fiscal multinacional es la minimización de la carga fiscal de la empresa en todo el mundo.* Sin embargo, este objetivo no debe perseguirse sin el total reconocimiento de que la toma de decisiones dentro de la empresa siempre debe basarse en los fundamentos económicos de la línea de negocios de la compañía, y no sobre intrincadas políticas emprendidas puramente para la reducción del pasivo fiscal. Como es evidente a partir de los capítulos anteriores, los impuestos tienen un impacto mayor sobre la utilidad neta corporativa y sobre el flujo de efectivo corporativo a través de su influencia sobre las decisiones de inversión extranjera, estructura financiera, determinación del costo de capital, administración de moneda extranjera, administración de capital de trabajo y control financiero.

El propósito de este capítulo es proporcionar un panorama general acerca de la manera en la que los impuestos se aplican a una empresa multinacional a un nivel global. Hacemos esto en tres partes. La primera sección lo familiariza a usted con el medio ambiente general e internacional de los impuestos. Esto incluye un breve panorama de los ambientes fiscales que probablemente habrá de encontrar una empresa multinacional a nivel global y los fundamentos básicos de la mayoría de los tratados fiscales entre países. La segunda sección examina la fijación de los precios de transferencia. Aunque usamos los impuestos estadounidenses como ilustraciones, nuestra intención no es hacer de este capítulo o de este libro un material centrado en Estados Unidos. La mayoría de las prácticas estadounidenses que describimos mantienen un estrecho paralelismo con otros países, aunque un tanto modificadas para ajustarse a su sistema fiscal nacional general específico. La sección tercera y final del capítulo examina el uso de las subsidiarias en paraísos fiscales y los centros financieros internacionales en el extranjero.

Principios fiscales

Las siguientes secciones explican los aspectos más importantes de los ambientes fiscales internacionales y de las características específicas que afectan a las empresas multinacionales. Sin embargo, antes de que expliquemos los aspectos específicos de los gravámenes multinacionales en la práctica, es necesario introducir dos áreas de importancia fundamental: la *moralidad* y la *neutralidad* de los *impuestos*.

514

Moralidad de los impuestos

Una empresa multinacional no solamente se enfrenta a una gran cantidad de impuestos extranjeros sino también a una cuestión ética. En muchos países, los contribuyentes de impuestos —corporativos o individuales— no cumplen de manera voluntaria las leyes fiscales. Las empresas nacionales más pequeñas y los individuos son los principales violadores. Las empresas multinacionales deben decidir si habrán de seguir una práctica de revelación total ante las autoridades fiscales o adoptar la filosofía de "a donde fueres, haz lo que vieres". Dada la prominencia local de la mayoría de las subsidiarias extranjeras y la sensibilidad política de su posición, la mayoría de las empresas multinacionales siguen la práctica de revelación total. Sin embargo, algunas empresas consideran que su posición competitiva se vería erosionada si no evitaran los impuestos en la misma medida que sus competidores nacionales. Obviamente, no hay una respuesta perceptiva al problema, ya que la ética del negocio es en parte una función de la herencia cultural y el desarrollo histórico.

Algunos países han impuesto lo que parecen ser sanciones fiscales punitivas de tipo arbitrario sobre las empresas multinacionales por presuntas violaciones de las leyes fiscales a nivel local. Los avalúos fiscales de propiedades o de la riqueza algunas veces son percibidos por una empresa extranjera como excesivamente grandes cuando se comparan con aquellos que se gravan sobre empresas de propiedad local. El problema es entonces cómo responder a las sanciones fiscales que sean punitivas o discriminatorias.

Neutralidad fiscal

Cuando un gobierno toma la decisión de establecer un impuesto, no solamente debe considerar el ingreso potencial proveniente de dicho impuesto, o la eficacia con la que puede ser cobrado, sino también el efecto que el impuesto propuesto puede tener sobre el comportamiento económico privado. Por ejemplo, la política del gobierno de Estados Unidos sobre los impuestos aplicables a ingresos provenientes de fuentes extranjeras no tiene como único objetivo la obtención de ingresos. Más bien, tiene objetivos múltiples, incluyendo los siguientes:

- La neutralización de los incentivos fiscales que pudieran aprobar (o desaprobar) la inversión privada estadounidense en los países desarrollados.
- El suministro de un incentivo para la inversión privada estadounidense en los países en vías de desarrollo.
- El mejoramiento de la balanza de pagos estadounidense mediante la eliminación de las ventajas de los paraísos fiscales artificiales y el fomento de la repatriación de los fondos.
- El incremento de los ingresos.

Los impuestos ideales no solamente deberían aumentar los ingresos con eficacia sino también tener el menor número posible de efectos negativos sobre el comportamiento económico. Algunos teóricos argumentan que los impuestos ideales deberían ser completamente *neutrales* en su efecto sobre las decisiones privadas y completamente *equitativos* entre los contribuyentes. Sin embargo, otros teóricos alegan que los objetivos de la política nacional como la balanza de pagos o las inversiones en países en vías de desarrollo deben fomentarse a través de una política activa de *incentivos fiscales*. La mayoría de los sistemas fiscales sostienen un compromiso entre estos dos puntos de vista.

Una forma de visualizar la neutralidad es requerir que la carga de los impuestos sobre cada dólar, euro, libra o yen de utilidad obtenida en las operaciones del país de origen por una empresa multinacional, sea igual a la carga de los gravámenes sobre cada moneda, es decir, el equivalente de la utilidad obtenida por la misma empresa en sus operaciones extranjeras. Esto se denomina *neutralidad nacional*. Una segunda forma de ver la neutralidad es requerir que la carga fiscal sobre cada subsidiaria extranjera de la empresa sea igual a la carga fiscal sobre sus competidores en el mismo país. Esto se denomina *neutralidad extranjera*. Esta última interpretación es con frecuencia soportada por las empresas multinacionales porque concentra más la atención sobre la competitividad de una empresa individual en los mercados nacionales individuales.

El aspecto referente a la *equidad fiscal* también es difícil de definir y de medir. En teoría, un impuesto equitativo es aquél que impone la misma carga fiscal total sobre todos los contribuyentes que estén situados en forma similar y localizados en la misma jurisdicción fiscal. En el caso de los ingresos provenientes de inversiones extranjeras, la Tesorería de Estados Unidos argumenta que ya que la Unión Americana usa el principio de la nacionalidad para el establecimiento de una jurisdicción fiscal, las subsidiarias extranjeras propiedad de Estados Unidos se encuentran en la misma jurisdicción fiscal que las subsidiarias estadounidenses nacionales. Por lo tanto, un dólar ganado en una operación extranjera debe gravarse a la misma tasa y pagarse en el mismo momento que un dólar obtenido en una operación nacional.

Ambientes fiscales nacionales

A pesar de los objetivos fundamentales de las autoridades fiscales nacionales, se ha convenido ampliamente que los impuestos afectan a las decisiones económicas tomadas por las empresas multinacionales. Los tratados fiscales entre las naciones, y las estructuras, tasas y prácticas fiscales diferenciales dan como resultado un campo de juego con niveles muy desiguales para las empresas multinacionales que compiten en los mercados mundiales.

La figura 20.1 proporciona un panorama general de las tasas fiscales corporativas aplicables a Japón, Alemania y Estados Unidos. Las clasificaciones del ingreso (por ejemplo, utilidades distribuidas *versus* utilidades no distribuidas), las diferencias en las tasas fiscales y la discriminación en las tasas de impuestos aplicables al ingreso ganado en países específicos, sirven para introducir las dimensiones fundamentales de la planeación fiscal para una empresa multinacional.

Generalmente, las naciones estructuran sus sistemas fiscales a lo largo de uno de dos enfoques básicos: el *enfoque mundial* o el *enfoque territorial*. Ambos son intentos para determinar qué empresas —extranjeras o nacionales por incorporación—, o qué ingresos —de origen extranjero o nacional—, están sujetos a los impuestos de las autoridades del país anfitrión.

Enfoque mundial. El *enfoque mundial*, al cual también se hace referencia como enfoque *residencial* o *nacional*, fija impuestos sobre los ingresos obtenidos por las empresas que están incorporadas en el país anfitrión, indistintamente de dónde se haya obtenido el ingreso (de forma nacional o en el extranjero). Una empresa multinacional que obtenga ingresos tanto de forma nacional como en el extranjero, encontraría por lo tanto que su ingreso mundial estaría gravado por las autoridades fiscales del país de origen. Por ejemplo, un país como Estados Unidos grava los ingresos obtenido por las empresas cuya base se encuentra en dicho

---

FIGURA 20.1 Comparación de las tasas fiscales corporativas: Japón, Alemania y Estados Unidos

Categoría de ingreso gravable	Japón	Alemania	Estados Unidos
Tasas fiscales sobre ingresos corporativos:	41%	29.5%	40%
Retención de impuestos sobre dividendos (portafolio):			
con Japón	—	15%	5%
con Alemania	15%	—	5%
con Estados Unidos	10%	0/5/15%	—
Retención de impuestos sobre dividendos (tenencias sustanciales):			
con Japón	—	15%	5%
con Alemania	10%	—	5%
con Estados Unidos	0/5%	0/5/15%	—
Retención de impuestos sobre intereses:			
con Japón	—	10%	10%
con Alemania	10%	—	0%
con Estados Unidos	10%	25%	—
Retención de impuestos sobre regalías:			
con Japón	—	10%	0%
con Alemania	10%	—	0%
con Estados Unidos	0%	0%	—

Fuente: Tasas de impuestos sobre ingresos tomadas de "KPMG's Corporate and Indirect Tax Rate Survey, 2008", KPMG.com. Tasas fiscales al 1 de abril de 2008. Tasas de retenciones sobre impuestos extraídas de Price Waterhouse Coopers, *Corporate Taxes: A Worldwide Summary, 2009*. Las "tenencias sustanciales" para Estados Unidos se aplican tan sólo a los pagos de dividendos intercorporativos. En Alemania y Japón, "tenencias sustanciales" se aplica los accionistas corporativos con una participación mayor a 25%.

país, indistintamente de si el ingreso obtenido tiene una fuente nacional o una extranjera. En el caso de Estados Unidos, el ingreso ordinario proveniente de una fuente extranjera se grava tan sólo cuando es remitido a la empresa matriz. Sin embargo, como sucede con todas las cuestiones fiscales, existen numerosas condiciones y excepciones. El problema principal es que esto no trata el ingreso obtenido por las empresas extranjeras que operan en Estados Unidos. Los países como Estados Unidos aplican entonces el principio de *imposición territorial* a las empresas extranjeras dentro de su jurisdicción legal, gravando también todos los ingresos obtenidos por las empresas extranjeras dentro de sus fronteras.

Enfoque territorial. El *enfoque territorial*, también denominado *enfoque fuente*, se concentra en el ingreso obtenido por las empresas dentro de la jurisdicción legal del país anfitrión, y no en el país de la incorporación de la empresa. Los países como Alemania que siguen el enfoque territorial aplican los impuestos por igual a las empresas extranjeras y nacionales sobre el ingreso obtenido dentro del país, pero no sobre el ingreso ganado fuera del país. El enfoque territorial, al igual que el enfoque mundial, da como resultado una brecha mayor en la cobertura si las empresas residentes obtienen ingresos fuera del país pero no están gravadas por el país en el cual se ganan las utilidades. En este caso, las autoridades fiscales extienden la cobertura fiscal al ingreso obtenido en el extranjero si éste no está cubierto por las jurisdicciones fiscales extranjeras. Una vez más, se necesita una mezcla de los dos enfoques para la cobertura total del ingreso.

Diferimiento de impuestos. Si se sigue al pie de la letra el enfoque mundial para los gravámenes internacionales, ello pondría fin al privilegio del *diferimiento de impuestos* para muchas empresas multinacionales. Las subsidiarias extranjeras de las empresas multinacionales pagan los impuestos sobre ingresos corporativos del país anfitrión, pero muchos países paternos difieren la reclamación de impuestos adicionales sobre los ingresos aplicables a ese ingreso proveniente de una fuente extranjera *hasta que es remitido a la empresa matriz*. Por ejemplo, los impuestos sobre ingresos corporativos de Estados Unidos sobre algunos tipos de ingresos de fuentes extranjeras provenientes de subsidiarias poseídas por Estados Unidos, incorporadas en el extranjero, se difieren hasta que las ganancias se remiten a la empresa matriz estadounidense. Sin embargo, en octubre de 2004, las leyes fiscales de Estados Unidos se modificaron para motivar que el ingreso de fuentes extranjeras fiscalmente diferido y ganado antes de 2003 fuera repatriado a Estados Unidos a una tasa fiscal tan baja como 5.25%. Para calificar para la nueva tasa baja, este dinero tenía que ser repatriado antes de finales de 2005 y usado para estimular la creación de empleos en Estados Unidos.

Tratados fiscales

Una red de tratados fiscales de tipo bilateral, muchos de los cuales han sido configurados a partir del que propuso la Organización para la Cooperación y el Desarrollo Económico (OCDE), proporciona un medio para la reducción del doble gravamen. Los tratados fiscales definen generalmente si los impuestos deben imponerse sobre los ingresos obtenidos en un país por las empresas nacionales de otro país, y en caso de ser así, cómo hacerlo. Los tratados fiscales son bilaterales, y los dos signatarios especifican qué tasas son aplicables a qué tipos de ingresos entre ellos. La especificación de la figura 20.1 acerca de la retención de impuestos sobre pagos de dividendos, intereses y regalías entre las corporaciones residentes de Japón, Alemania y Estados Unidos es un ejemplo clásico de la estructura de los tratados fiscales. Observe que Alemania, por ejemplo, impone una retención fiscal de 10% sobre los pagos de regalías a los inversionistas japoneses, mientras que los pagos de regalías a los inversionistas estadounidenses se retienen a la tasa de 0%.

Las jurisdicciones fiscales de tipo bilateral a nivel individual, como se especifican a través de los tratados de impuestos, son particularmente importantes para las empresas que están haciendo exportaciones primarias a otro país en lugar de hacer operaciones de negocios allí a través de un "establecimiento permanente". Esto último sería el caso para las operaciones de manufactura. Una empresa que tan sólo hace exportaciones no desearía que ninguno de sus otros ingresos mundiales estuviera gravado por el país importador. Los tratados fiscales definen el concepto de "establecimiento permanente" y lo que constituye una presencia limitada para propósitos fiscales.

Los tratados fiscales también resultan por lo general en una reducción de las tasas fiscales de retención entre los dos países signatarios, y la negociación del tratado mismo sirve como un foro para la apertura y la expansión de relaciones de negocios entre los dos países. Esta práctica es importante tanto para las empresas multinacionales que operan a través de subsidiarias extranjeras, que ganen un *ingreso activo*, como para los inversionistas de portafolios individuales que simplemente reciben un *ingreso pasivo* bajo la forma de dividendos, intereses o regalías.

Tipos de impuestos

Los impuestos se clasifican de diversos modos: si se aplican de forma directa a los ingresos, se denominan *impuestos directos*, pero si se aplican sobre la base de alguna otra característica de desempeño mensurable de la empresa, se denominan *impuestos indirectos*. La figura 20.2 ilustra la amplia variedad de impuestos sobre ingresos corporativos que existen actualmente en el mundo.

FIGURA 20.2	Tasas de impuestos sobre ingresos corporativos para países selectos, 2008				
País	**2008**	**País**	**2008**	**País**	**2008**
Afganistán	20%	Filipinas	35%	Países Bajos Antillas	35%
Albania	10%	Finlandia	26%	Pakistán	35%
Alemania	29.51%	Francia	33.33%	Palestina	16%
Angola	35%	Grecia	25%	Panamá	30%
Arabia Saudita	20%	Guatemala	31%	Papúa-Nueva Guinea	30%
Argentina	35%	Honduras	30%	Paraguay	10%
Aruba	28%	Hong Kong	17%	Perú	30%
Australia	30%	Hungría	16%	Polonia	19%
Austria	25%	India	34%	Portugal	25%
Bahrein	0%	Indonesia	30%	Qatar	35%
Bangladesh	30%	Irán	25%	Reino Unido	28%
Barbados	25%	Irlanda	13%	República Checa	21%
Bélgica	34%	Islandia	15%	República Dominicana	25%
Bielorrusia	24%	Islas Caimán	0%	República Eslovaca	19%
Bolivia	25%	Israel	27%	Rumania	16%
Bosnia y Herzegovina	14%	Italia	31%	Rusia	24%
Botswana	25%	Jamaica	33%	Serbia	10%
Brasil	34%	Japón	41%	Singapur	18%
Bulgaria	10%	Jordania	35%	Siria	28%
Canadá	33.5%	Kazajistán	30%	Sri Lanka	35%
Chile	17%	Kuwait	55%	Sudáfrica	35%
China	25%	Letonia	15%	Sudán	35%
Chipre	10%	Libia	40%	Suecia	28%
Colombia	33%	Lituania	15%	Suiza	19%
Corea, República de	28%	Luxemburgo	30%	Tailandia	30%
Costa Rica	30%	Macau	12%	Taiwán	25%
Croacia	20%	Malasia	26%	Túnez	30%
Dinamarca	25%	Malta	35%	Turquía	20%
Ecuador	25%	Mauricio	15%	Ucrania	25%
Egipto	20%	México	28%	Uruguay	25%
Emiratos Árabes Unidos	55%	Montenegro	9%	Venezuela	34%
Eslovenia	22%	Mozambique	32%	Vietnam	28%
España	30%	Noruega	28%	Yemen	35%
Estados Unidos	40%	Nueva Zelanda	30%	Zambia	35%
Estonia	21%	Omán	12%		
Fiji	31%	Países Bajos	26%		

Fuente: "KPMG's Corporate and Indirect Tax Rate Survey, 2008", KPMG.com. Tasas fiscales al 1 de abril de 2008.

En Estados Unidos la tasa fiscal efectiva sobre ingresos corporativos es de 40% (figura 20.2). Esto es relativamente alto en comparación con algunos competidores importantes como China (25%), Japón (41%), Alemania (29.51%), la Federación Rusa (24%), Suecia (28%) y el Reino Unido (28%). La sección *Finanzas globales en la práctica 20.1* presenta una interrogante fundamental: ¿debería Estados Unidos reducir los impuestos sobre ingresos corporativos?

Impuestos sobre ingresos. Muchos gobiernos se basan en los impuestos sobre ingresos personales y corporativos como sus principales fuentes de ingresos. Los impuestos sobre ingresos corporativos son ampliamente usados en la actualidad. Algunos países imponen distintas tasas de impuestos corporativos sobre los ingresos distribuidos *versus* los no distribuidos. Las tasas de impuestos sobre ingresos corporativos varían a lo largo de un ámbito relativamente amplio, llegando a un nivel tan alto como de 45% en Guyana y disminuyendo a un nivel tan bajo como de 17% en Hong Kong, 15% en las Islas Vírgenes Británicas, 10% en Chipre y una tasa efectiva de 0% en un número de paraísos fiscales en ultramar (los cuales se exponen posteriormente en este capítulo).

FINANZAS GLOBALES EN LA PRÁCTICA 20.1

Gravamen fiscal al máximo

A medida que los empleos se desvanecen y Washington reflexiona sobre una amplia variedad de opciones de política económica, una que está notoriamente ausente es la reforma fiscal corporativa. Ello es motivo de alarma para muchos abogados de los negocios, quienes temen que la política fiscal actual sea anticuada y paralice a las compañías estadounidenses si el crecimiento global se reanuda más tarde en este año o a principios del año siguiente. "En este momento fundamental de la historia", advierte David Lewis, director ejecutivo de impuestos de Eli Lilly and Co., "Estados Unidos debe adoptar un sistema fiscal corporativo internacionalmente competitivo".

Exactamente qué tanto perjudicial la existencia de tasas fiscales más altas a las compañías estadounidenses es difícil de medir y durante mucho tiempo ha sido un punto de discusión porque la brecha entre las tasas nominales y las tasas efectivas puede ser sustancial. Pero los críticos afirman que la rápida globalización hace a la reforma más urgente. Han pasado más de dos décadas desde que el Congreso revisó las tasas corporativas. Durante ese tiempo la competencia global se ha disparado y Estados Unidos ha visto un incremento de cuatro veces en las importaciones e incluso un salto más grande en las exportaciones, dos signos vitales de un mundo mucho más interconectado.

Canadá, Alemania, Nueva Zelanda, España, Italia, Suiza, el Reino Unido, la República de Checoslovaquia e Islandia redujeron sus tasas fiscales corporativas el año pasado. El sector de los negocios de Estados Unidos está lidiando ahora con tasas obligatorias de impuestos sobre ingresos que ocupan el segundo lugar más alto entre las 30 naciones industrializadas de la Organización para la Cooperación y el Desarrollo Económico (OCDE). Tan sólo las compañías japonesas se enfrentan a tasas más altas, en un margen muy reducido.

El fracaso para alinear la política fiscal de Estados Unidos con la realidad pone en peligro nuestra base industrial, han advertido los expertos. "En última instancia, significa que las empresas multinacionales estadounidenses probablemente perderán una participación de mercado a favor de las multinacionales extranjeras", afirma Peter Merrill, director de National Economics and Statistics Group en la firma de contabilidad Pricewater-

Cuidado con una falla

Las compañías estadounidenses sufren a medida que las tasas fiscales nacionales permanecen a un nivel alto mientras que las tasas de ultramar disminuyen.

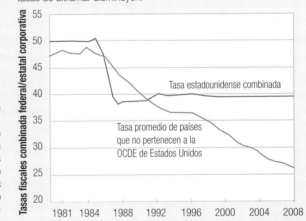

Fuente: Taxfoundation.org

houseCoopers. "Y se pueden convertir en blancos de adquisiciones empresariales por parte de empresas multinacionales extranjeras."

Los partidarios de una reforma fiscal corporativa total insisten en que las matemáticas deberían poner el final de cualquier debate. La Unión Americana grava los ingresos corporativos estadounidenses a la tasa más alta de 35%, mientras que los estados, en promedio, añaden 4.3 puntos porcentuales. El promedio entre los países del OCDE es de 26.6%. Por lo tanto, por cada dólar ganado en el ámbito de mercado global, las compañías estadounidenses parecen entregar casi 13 centavos más que un miembro típico del de OCDE.

Fuente: "Taxed to the Max", Randy Myers, *CFO Magazine*, 1 de marzo de 2009.

Retenciones de impuestos. Los ingresos pasivos (dividendos, intereses, regalías) ganados por un residente de un país dentro de la jurisdicción fiscal de un segundo país generalmente están sujetos a una retención de impuestos en el segundo país. La razón para la institución de la retención de impuestos es en realidad muy sencilla: los gobiernos reconocen que la mayoría de los inversionistas institucionales no presentarán una declaración de impuestos en cada uno de los países en los que inviertan, y por lo tanto el gobierno desea asegurar que se reciba un pago de impuestos mínimo. Como lo implica el término *retención*, los impuestos son retenidos del pago hecho al inversionista por la corporación, y los impuestos retenidos se entregan entonces a las autoridades gubernamentales. La retención de impuestos es un tema fundamental de los tratados fiscales de tipo bilateral, y generalmente oscila entre 0 y 25%.

Impuesto al valor agregado. El *impuesto al valor agregado* ha logrado una gran prominencia. Es un tipo de impuesto nacional sobre ventas que se cobra en cada etapa de producción o de venta de bienes de consumo en proporción al valor agregado durante esa etapa. En general, los bienes de producción como la planta y el equipo no han estado sujetos al impuesto al valor agregado. Ciertas necesidades básicas como las medicinas y otros gastos relacionados con la salud, educación y actividades religiosas y el servicio postal generalmente están exentos de impuestos o se gravan a tasas más bajas. El impuesto al valor agregado ha sido adoptado como la principal fuente de ingresos por concepto de impuestos indirectos por todos los miembros de la Unión Europea, la mayoría de los países de Europa Occidental, un número de países latinoamericanos, Canadá y otros países dispersos. En la figura 20.3 se presenta un ejemplo numérico de un cálculo del impuesto al valor agregado.

Otros impuestos nacionales. Existe una variedad de otros impuestos nacionales, los cuales varían de importancia de país a país. El *impuesto a la rotación* (impuesto sobre la compra o venta de valores en algunos mercados regionales de valores) y el *impuesto sobre las utilidades no distribuidas* se mencionaron anteriormente. Los impuestos sobre la *propiedad* y la *herencia*, también denominados *impuestos de transferencia*, se imponen en una variedad de formas para lograr la redistribución social deseada del ingreso y de la riqueza así como para aumentar el ingreso. Existe un número de cargos por trámites en conexión con ciertos servicios públicos que en realidad son impuestos del usuario. Algunas veces las compras o ventas

---

FIGURA 20.3	Impuesto al valor agregado aplicado a la venta de un poste para una valla de madera

Éste es un ejemplo acerca de la manera en la que se evaluaría un poste para una valla de madera para propósitos del valor agregado en el curso de su producción y venta subsiguiente. Se ha supuesto un impuesto al valor agregado de 10%.

1. **Paso 1.** El propietario original del árbol le vende a la fábrica de madera, en US$0.20, aquella parte de un árbol que en última instancia se volverá el poste de la valla. El cultivador ha añadido US$0.20 al valor hasta este momento al haber plantado y cultivado el árbol. Al cobrar US$0.20 a la fábrica de madera, el cultivador debe separar US$0.20 para pagar el impuesto al valor agregado al gobierno.

2. **Paso 2.** La fábrica de madera procesa el árbol para convertirlo en postes para vallas y vende cada poste en US$0.40 al mayorista de madera. La fábrica de madera ha añadido US$0.20 al valor (US$0.40 menos US$0.20) a través de sus actividades de procesamiento. Por lo tanto, el propietario de la fábrica de madera debe separar US$0.02 para pagar el impuesto al valor agregado de la fábrica al gobierno. En la práctica, el propietario probablemente calcularía el pasivo fiscal de la fábrica como 10% de US$0.40, o US$0.04, con un crédito fiscal de US$0.02 para el impuesto al valor agregado ya pagado por el propietario del árbol.

3. **Pasos 3 y 4.** El mayorista y el minorista de madera también añaden valor al poste de la valla a través de sus actividades de venta y de distribución. Éstas se evalúan como de US$0.01 y US$0.03 respectivamente, haciendo que el impuesto al valor agregado acumulativo cobrado por el gobierno sea de US$0.08, o 10% del precio final de venta.

Etapa de producción	Precio de venta	Valor agregado	Impuesto al valor agregado de 10%	Impuesto acumulativo al valor agregado
Propietario del árbol	US$0.20	US$0.20	US$0.02	US$0.02
Fábrica de madera	US$0.40	US$0.20	US$0.02	US$0.04
Mayorista de madera	US$0.50	US$0.10	US$0.01	US$0.05
Minorista de madera	US$0.80	US$0.30	US$0.03	US$0.08

de moneda extranjera son en efecto impuestos ocultos, en tanto que el gobierno gana un ingreso en lugar de regular simplemente las importaciones y exportaciones por razones de la balanza de pagos.

Créditos fiscales extranjeros

Para prevenir un doble gravamen del mismo impuesto, la mayoría de los países conceden un *crédito fiscal extranjero* para los impuestos sobre ingresos pagados al país anfitrión. Los países difieren con respecto a cómo calcular el crédito fiscal extranjero y en cuanto a los tipos de limitaciones que imponen sobre el monto total reclamado. De lo normal, los créditos fiscales extranjeros también están disponibles para las retenciones de impuestos pagadas a otros países sobre dividendos, regalías, intereses y otros ingresos remitidos a la empresa matriz. El impuesto al valor agregado y otros impuestos sobre ventas no son elegibles para un crédito fiscal extranjero sino que son generalmente deducibles del ingreso antes de impuestos como un gasto.

Un *crédito fiscal* es una reducción directa de impuestos que de otra manera se adeudarían y serían pagaderos. Difiere de un *gasto deducible*, el cual es un gasto que se usa para reducir el ingreso gravable antes de que se aplique la tasa fiscal. Un crédito fiscal de US$100 reduce los impuestos por pagar en la totalidad de los US$100, mientras que un gasto deducible de US$100 reduce el ingreso gravable en US$100 y los impuestos por pagar en US$100 $\times$ t, donde t es la tasa fiscal. Los créditos fiscales son más valiosos sobre una base de dólar por dólar que los gastos deducibles.

Si no hubiera créditos por los impuestos extranjeros pagados, los gravámenes secuenciales por parte del gobierno anfitrión y posteriormente por parte del gobierno del país de origen darían como resultado una tasa fiscal acumulativa muy alta. Como ejemplo, suponga que una subsidiaria extranjera totalmente poseída por una empresa multinacional gana US$10,000 antes de impuestos sobre ingresos locales y paga un dividendo igual a la totalidad de su ingreso después de impuestos. La tasa de impuesto sobre ingresos del país anfitrión es de 30%, y la tasas fiscal del país de origen de la empresa matriz es de 35%. Con propósitos de simplificación, no supondremos retenciones de impuestos. Los gravámenes totales con y sin provisiones para créditos fiscales se muestran en la figura 20.4.

Si no se conceden créditos fiscales, el gravamen secuencial de un 30% del impuesto del país anfitrión y posteriormente un 35% del impuesto del país de origen sobre el ingreso que quede da como resultado una tasa efectiva de 54.5%, una tasa acumulativa que haría a muchas empresas multinacionales poco competitivas con las empresas locales de un solo país. El efecto de permitir créditos fiscales es limitar el gravamen total sobre el ingreso *original* antes de impuestos a una cantidad no mayor a la tasa individual más alta entre las jurisdicciones. En el caso que se muestra en la figura 20.4, la tasa fiscal efectiva general de 35% con créditos fiscales extranjeros es equivalente a la tasa fiscal más alta del país de origen (y es la tasa fiscal que se deberá pagar si el ingreso se hubiera obtenido en el país de origen).

Los US$500 de impuestos adicionales del país de origen bajo el sistema de créditos fiscales de la figura 20.4 son el monto que se necesita para llevar el gravamen total (los US$3,000 ya pagados más los US$500 adicionales) hasta una cantidad que no exceda 35% de los US$10,000 originales de ingresos extranjeros antes de impuestos.

FIGURA 20.4   Créditos fiscales extranjeros

Créditos fiscales extranjeros	Sin créditos fiscales extranjeros	Con créditos fiscales extranjeros
Ingresos extranjeros antes de impuestos	US$10,000	US$10,000
Menos impuestos extranjeros al 30%	3,000	3,000
Disponible para la empresa matriz y pagado como dividendo	US$7,000	US$7,000
Menos impuesto adicional del país de la empresa matriz al 35%	2,450	
Menos impuesto adicional (después de créditos)	—	500
Utilidades después de todos los impuestos	US$4,550	US$6,500
Total impuestos, ambas jurisdicciones	US$5,450	US$3,500
Tasa fiscal efectiva general (total impuestos pagados/ingreso del extranjero)	54.5%	35.0%

Precios de transferencia

La *fijación de precios de transferencia*, la cual se refiere a la valuación de los bienes, servicios y tecnologías transferidas a una subsidiaria extranjera desde una compañía afiliada, es el método más importante para transferir fondos desde una subsidiaria extranjera. Estos costos ingresan directamente en el componente del costo de los bienes vendidos del estado de resultados de la subsidiaria. Éste es un problema particularmente sensible para las empresas multinacionales. Incluso las empresas puramente nacionales encuentran difícil llegar a un acuerdo en relación con el mejor método para la fijación de precios sobre las transacciones entre unidades relacionadas. En el caso de las empresas multinacionales, los administradores deben equilibrar las consideraciones en conflicto como el posicionamiento de los fondos y los impuestos sobre ingresos.

Efecto del posicionamiento de los fondos

Una empresa matriz que desee transferir fondos hacia el exterior de un país en particular puede cargar precios más altos sobre los bienes vendidos a su subsidiaria en ese país, hasta el grado en el que lo permitan las regulaciones del gobierno. Una subsidiaria extranjera puede ser financiada por la técnica inversa, esto es, una reducción de los precios de transferencia. Los pagos hechos por la subsidiaria para las importaciones desde su empresa matriz o su subsidiaria hermana transfieren los fondos hacia el exterior de la subsidiaria. Un precio de transferencia más alto permite que los fondos se acumulen en el país vendedor. La fijación de precios de transferencia también se puede usar para transferir fondos entre subsidiarias hermanas. El abastecimiento múltiple de partes componentes sobre una base mundial permite hacer cambios entre proveedores desde el interior de la familia corporativa a efecto de que funcionen como un mecanismo para la transferencia de fondos.

Efecto del impuesto sobre ingresos

Una consideración fundamental en la fijación de precios de transferencia es el *efecto del impuesto sobre ingresos*. Las utilidades corporativas mundiales se pueden ver influidas por la fijación de precios de transferencia para minimizar el impuesto sobre ingresos en un país con una alta tasa sobre dicho tipo de impuestos y maximizar el ingreso en un país con una baja tasa de impuesto sobre ingresos. Una empresa matriz que desee reducir las utilidades gravables de una subsidiaria en un ambiente de altos impuestos puede establecer el precio de transferencia a una tasa más alta para incrementar los costos de la subsidiaria y reducir con ello los impuestos sobre ingresos.

El efecto del impuesto sobre ingresos se ilustra en la figura 20.5. Trident Europa está operando en un ambiente de impuestos relativamente altos (los impuestos sobre ingresos corporativos alemanes son de 45%). Trident Estados Unidos se encuentra en un ambiente fiscal significativamente más bajo (las tasas de impuestos sobre ingresos corporativos de Estados Unidos son de 35%), motivando que Trident le cargue a Trident Europa un precio de transferencia más alto sobre los bienes producidos en Estados Unidos y vendidos a Trident Europa.

Si Trident Corporation adopta una política de un alto margen de ganancia al "vender" su mercancía a un precio de venta intracompañía de US$1,700,000, los mismos US$800,000 de ingresos consolidados antes de impuestos se asignan con mayor intensidad a Trident Estados Unidos con bajos impuestos y con menor intensidad a Trident Europa con altos impuestos. (Observe que Trident Corporation, la empresa matriz corporativa, debe adoptar una política de fijación de precios de transferencia que altere directamente la rentabilidad de cada una de las subsidiarias individuales.) Como consecuencia, los impuestos totales disminuyen en US$30,000 y la utilidad neta consolidada aumenta en US$30,000 hasta US$500,000 —todo ello mientras las ventas totales permanecen constantes.

Como es natural, Trident preferiría la política de alto margen de ganancia para las ventas de Estados Unidos hacia Europa (en este caso, Alemania). Ciertamente, las autoridades fiscales del gobierno están enteradas de la distorsión potencial del ingreso proveniente de la manipulación de los precios de transferencia. Existe una variedad de regulaciones y de casos de la Corte acerca de la razonabilidad de los precios de transferencia, incluyendo los honorarios y las regalías, así como los precios establecidos para la mercancía. Si una autoridad gubernamental impositiva no acepta un precio de transferencia, el ingreso gravable se considerará más grande que lo que fue calculado por la empresa y los impuestos aumentarán.

La sección 482 del U.S. Internal Revenue Code es típica de las leyes que circunscriben la libertad para la fijación de precios de transferencia. Bajo esta autoridad, el Internal Revenue Service (IRS) puede reasignar el ingreso bruto, las deducciones, los créditos o las provisiones entre corporaciones relacionadas para

FIGURA 20.5	Efecto de un precio de transferencia bajo *versus* alto sobre la utilidad neta de Trident Europa (millares de dólares estadounidenses)

Política de bajo margen de utilidad	Trident Estados Unidos (Subsidiaria)	Trident Europa (Subsidiaria)	Trident (Combinada)
Ventas	US$1,400	US$2,000	US$2,000
Menos costo de los bienes vendidos	(1,000)	(1,400)	(1,000)
Utilidad bruta	US$ 400	US$ 600	US$1,000
Menos gastos operativos	(100)	(100)	(200)
Ingreso gravable	US$ 300	US$ 500	US$ 800
Menos impuestos sobre ingresos	% (105)	45% (225)	(330)
Utilidad neta	US$ 195	US$ 275	US$ 470
Política de alto margen de utilidad			
Ventas	US$1,700	US$2,000	US$2,000
Menos costo de los bienes vendidos	(1,000)	(1,700)	(1,000)
Utilidad bruta	US$ 700	US$ 300	US$ 1,000
Menos gastos operativos	(100)	(100)	(200)
Ingreso gravable	US$ 600	US$ 200	US$ 800
Menos impuestos sobre ingresos	35% (210)	45% (90)	(300)
Utilidad neta	US$ 390	US$ 110	US$ 500

*El precio de ventas de Trident Estados Unidos se convierte en costo de los bienes vendidos para Trident Europa.

prevenir la evasión fiscal o para reflejar más claramente una asignación adecuada del ingreso. Bajo los lineamientos del IRS y la interpretación judicial subsiguiente, la carga de la prueba es sobre la empresa contribuyente. Este enfoque de "culpable hasta que se demuestre la inocencia" significa que las empresas multinacionales deben mantener buena documentación de la lógica y los costos en los que se apoyan sus precios de transferencia. De acuerdo con los lineamientos, el "precio correcto" es aquél que refleja un *precio normal de mercado*; es decir una venta de los mismos bienes o servicios a un cliente comparable no relacionado.

Las regulaciones del IRS proporcionan tres métodos para el establecimiento de los precios normales de mercado: precios comparables no controlados, precios de reventa y cálculos con adición del costo. Se recomienda que todos estos métodos se usen en los países miembros del Comité OCDE sobre Asuntos Fiscales. En algunos casos, que se usen combinaciones de estos tres métodos.

Incentivos administrativos y evaluación

Cuando una empresa se organiza con base en centros de utilidades descentralizados, la fijación del precio de transferencia entre los centros puede perturbar la evaluación del desempeño administrativo. Este problema no es único para las empresas multinacionales, pero es un punto de disputa controversial en el debate de "centralización *versus* descentralización" en los círculos nacionales. Sin embargo, en el caso nacional un mínimo de coordinación a nivel corporativo puede remediar algo de la distorsión que ocurre cuando cualquier centro de utilidades optimiza sus ganancias por el bien de la corporación. También, en los casos nacionales, la compañía puede presentar una sola declaración de impuestos consolidada (para ese país), y por lo tanto el problema de la asignación de costos entre compañías relacionadas no es crítico desde el punto de vista del pago de impuestos.

En el caso multinacional, con frecuencia la coordinación queda obstaculizada como resultado de canales de comunicación más largos y menos eficaces, de la necesidad de considerar las variables únicas que influyen en la fijación de precios internacionales y de los gravámenes separados. Aún con la mejor de las intenciones, un administrador de un país puede encontrar difícil saber qué es mejor para la empresa como un todo cuando hace compras a un precio negociado proveniente de compañías relacionadas en otro país. Sin embargo, si las oficinas corporativas establecen precios de transferencia y alternativas de suministro, una de las principales ventajas de los sistemas de centros de utilidades descentralizados desaparece: la administración local pierde el incentivo para actuar en su propio beneficio.

Como ejemplo, refiérase a la figura 20.5, donde un incremento en el precio de transferencia condujo a un incremento en el ingreso a nivel mundial: el ingreso de Trident Corporation aumentó en US$195,000 (desde US$195,000 hasta US$390,000) mientras que el ingreso de Trident Europa disminuyó tan sólo en US$165,000 (desde US$275,000 hasta US$110,000), dando lugar a una ganancia neta de US$30,000. ¿Deberían los administradores de la subsidiaria europea perder sus bonos (o incluso sus empleos) debido a su desempeño "inferior a la par"? Generalmente los bonos se determinan mediante una fórmula extensiva a toda la compañía que se basa en parte en la rentabilidad de las subsidiarias individuales, pero en este caso Trident Europa "se sacrificó" en aras del bien general. Cambiar de forma arbitraria los precios de transferencia puede crear problemas de medición.

Específicamente, la transferencia de utilidades desde Trident Europa con altos impuestos hasta Trident Estados Unidos con bajos impuestos cambia lo siguiente para una o para ambas compañías:

- Las tarifas de importación pagadas (únicamente el importador) y por tanto los niveles de utilidades.
- Las mediciones de la exposición cambiaria, como el momento de los activos netos expuestos, debido a las variaciones en los montos de efectivo y cuentas por cobrar.
- Pruebas de liquidez, como la razón circulante, la rotación de las cuentas por cobrar y la rotación del inventario.
- La eficiencia en operación, como se mide por la razón de la utilidad bruta ya sea a las ventas o a los activos totales.
- Los pagos de impuestos sobre ingresos.
- La rentabilidad, como se mide por la razón de la utilidad neta ya sea a las ventas o al capital invertido.
- La razón de pago de dividendos, en tanto que un dividendo constante mostrará una razón alterada de pago de dividendos a medida que también la utilidad neta; de manera alternativa, si la razón de pago de dividendos se mantiene constante, el monto de los dividendos se ve alterado por el cambio en el precio de transferencia.
- Tasa interna de crecimiento, como se mide por la razón de utilidades retenidas al capital contable actual de los propietarios.

Efecto sobre los socios de un negocio conjunto

Los negocios conjuntos implican un problema especial en la fijación de precios de transferencia, porque el servicio de los intereses de los accionistas locales mediante la maximización de la utilidad bruta puede ser subóptimo desde el punto de vista general de una empresa multinacional. Con frecuencia, los intereses en conflicto son irreconciliables. En verdad, un socio de un negocio conjunto local puede visualizarse como un caballo de Troya en potencia si se quejan con las autoridades locales acerca de la política de fijación de precios de transferencia de la empresa multinacional.

Administración de impuestos en Trident

La figura 20.6 resume el problema de la administración clave de impuestos para Trident cuando vuelve a remitir el ingreso por dividendos, a Estados Unidos desde Trident Europa y Trident Brasil como sigue:

- Ya que las tasas de impuestos sobre ingresos corporativos en Alemania (40%) son más altas que las de Estados Unidos (35%), los dividendos remitidos a la empresa matriz estadounidense dan como resultado créditos fiscales del extranjero excesivos. Cualquier retención de impuestos aplicable sobre los dividendos entre Alemania y Estados Unidos tan sólo aumenta la cantidad de crédito fiscal extranjero excesivo.
- Ya que las tasas de impuestos sobre ingresos corporativos de Brasil (25%) son más bajas que las de Estados Unidos (35%), los dividendos remitidos a la empresa matriz estadounidense dan como resultado un *déficit* de créditos fiscales del extranjero. Si hay retenciones de impuestos que se apliquen a los dividendos de Brasil sobre remesas a Estados Unidos, esto reduciría la magnitud del déficit, pero no lo eliminará.

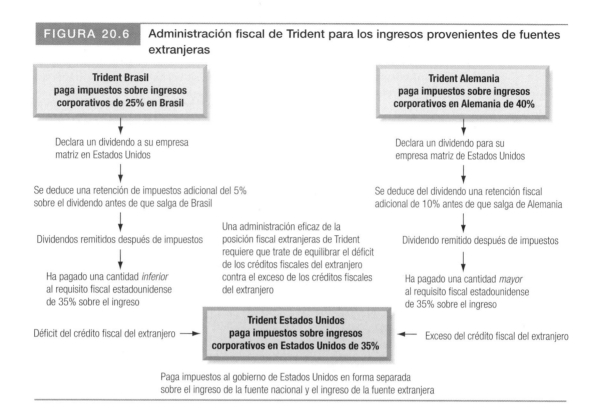

FIGURA 20.6   Administración fiscal de Trident para los ingresos provenientes de fuentes extranjeras

A la administración de Trident le gustaría administrar las dos remesas de dividendos para acoplar los déficit con los créditos. El método más directo para hacer esto consiste en ajustar el monto del dividendos distribuido a partir de cada subsidiaria extranjera de modo que, después de que se hayan aplicado todos los ingresos y retenciones de impuestos aplicables, el exceso de créditos fiscales del extranjero de Trident Europa (Alemania) se acople en forma exacta con el exceso de déficit de impuestos extranjeros provenientes de Trident Brasil. Existe un número de otros métodos para el manejo de los pasivos fiscales globales de Trident, los cuales se denominan como *reposicionamiento de fondos*, que se examinan con detalle en el capítulo 21.

Subsidiarias en paraísos fiscales y centros financieros internacionales en ultramar

Muchas empresas multinacionales tienen subsidiarias extranjeras que actúan como paraísos fiscales para los fondos corporativos que aguardan la reinversión o la repatriación. Las subsidiarias en paraísos fiscales, a las cuales se denomina en forma categórica como *centros financieros internacionales en ultramar*, son parcialmente el resultado de las características de diferimiento de impuestos sobre el ingreso extranjero obtenido y que permiten algunos de los países de la empresa matriz. Las subsidiarias en paraísos fiscales se establecen generalmente en un país que puede satisfacer los siguientes requisitos:

- Un impuesto bajo sobre la inversión extranjera o sobre el ingreso por ventas obtenido por corporaciones residentes y una baja retención de impuestos sobre dividendos para los dividendos pagados a la empresa matriz.
- Una moneda estable para permitir la fácil conversión de los fondos a la moneda local o de la moneda local a otra moneda; este requisito puede satisfacerse al permitir y al facilitar el uso de euromonedas.
- Los centros para el apoyo de servicios financieros como buenas comunicaciones, trabajadores de oficinas profesionalmente capacitados y servicios bancarios acreditados.

■   Un gobierno estable que fomente el establecimiento de centros financieros y de servicios poseídos por el extranjero pero dentro de sus fronteras.

La figura 20.7 proporciona un mapa de la mayoría de los principales centros financieros mundiales en ultramar. Una subsidiaria típica en un paraíso fiscal posee las acciones comunes de sus subsidiarias operativas extranjeras relacionadas. Podría haber varias subsidiarias en paraísos fiscales esparcidas por todo el mundo. El capital contable de una subsidiaria en un paraíso fiscal es típicamente 100% poseído por la empresa matriz. Todas las transferencias de fondos podrían pasar a través de las subsidiarias en un paraíso fiscal, incluyendo los dividendos y el financiamiento del capital contable. De este modo, el impuesto del país de la empresa matriz sobre el ingreso proveniente de una fuente extranjera, el cual podría normalmente pagarse cuando una subsidiaria extranjera declara el dividendo, podría continuar siendo diferido hasta que la subsidiaria misma en el paraíso fiscal pague un dividendo a la empresa matriz. Este evento se puede posponer indefinidamente si las operaciones extranjeras continúan creciendo y requieren de un financiamiento interno nuevo proveniente de las subsidiarias en el paraíso fiscal. De este modo, las empresas multinacionales son capaces de operar una fuente corporativa de fondos para las operaciones extranjeras sin tener que repatriar las utilidades extranjeras a través de la máquina fiscal del país de la empresa matriz.

En el caso de las empresas multinacionales de Estados Unidos, el privilegio del diferimiento de impuestos al operar a través de una subsidiaria extranjera no era originalmente una laguna fiscal. Al contrario, fue concedido por el gobierno de Estados Unidos para permitir a las empresas estadounidenses expandirse hacia ultramar y colocarse a la par con los competidores extranjeros, los cuales también disfrutan de tipos similares de diferimiento de impuestos y de subsidios de exportación.

Desafortunadamente, algunas empresas estadounidenses distorsionaron la intención original del diferimiento de impuestos para convertirlo en evasión fiscal. Los precios de transferencia sobre los bienes y servicios traídos a partir de, o vendidos a, subsidiarias relacionadas eran artificialmente amañados para dejar todos los ingresos provenientes de la transacción en la subsidiaria del paraíso fiscal. Esta manipulación podía hacerse desviando el título de propiedad sobre los bienes o servicios a través de la subsidiaria en el paraíso fiscal, aun cuando los bienes o servicios nunca ingresaran físicamente al país del paraíso fiscal. Esa maniobra no dejaba a ninguna base residual de impuestos para las subsidiarias exportadoras o importadores localizadas fuera del país del paraíso fiscal. Ciertamente, las autoridades fiscales de los países tanto exportadores como importadores se sintieron abatidas por la falta de un ingreso gravable en tales transacciones.

Un propósito de la Ley de Ingresos Internos de Estados Unidos de 1962 fue eliminar las ventajas fiscales de estas corporaciones extranjeras "de papel" sin destruir el privilegio del diferimiento de impues-

---

FIGURA 20.7   Centros financieros internacionales en ultramar

tos para aquellas subsidiarias extranjeras de manufactura y de ventas que se establecieron para motivos de negocios y económicos en lugar de motivos fiscales. Aunque el motivo fiscal ha sido eliminado, algunas empresas han encontrado que estas subsidiarias son útiles como centros de control financiero para operaciones extranjeras.

RESUMEN

- Las naciones estructuran generalmente sus sistemas fiscales a lo largo de uno o dos enfoques básicos: el *enfoque mundial* o el *enfoque territorial*.

- Ambos enfoques son intentos para determinar qué empresas, extranjeras o nacionales por incorporación, o qué ingresos, de origen extranjero o nacional, están sujetos al gravamen de las autoridades fiscales del país anfitrión.

- El *enfoque mundial*, también denominado como *enfoque residencial* o *nacional*, grava los impuestos sobre los ingresos obtenidos por las empresas que están incorporadas en el país anfitrión, indistintamente de dónde se haya obtenido el ingreso (en forma nacional o en el extranjero).

- El *enfoque territorial*, también denominado *enfoque fuente* se concentra en el ingreso obtenido por las empresas dentro de la jurisdicción legal del país anfitrión, y no en el país de la incorporación de la empresa.

- Una red de tratados fiscales de tipo bilateral, muchos de los cuales han sido modelados a partir del que propuso la OCDE, proporciona un medio para reducir el doble gravamen.

- Los tratados fiscales definen generalmente si los impuestos habrán de gravarse sobre el ingreso obtenido en un país por las empresas nacionales de otro, y en caso de ser así, cómo. Los tratados fiscales son de tipo bilateral, y los dos signatarios especifican qué tasas son aplicables a qué tipos de ingresos entre ellas.

- El *impuesto al valor agregado* es un tipo de impuesto nacional sobre ventas que se cobra en cada etapa de producción o de venta de los bienes de consumo en proporción al valor agregado durante esa etapa.

- La fijación de precios de transferencia es la valuación de los bienes, servicios y tecnologías entre compañías relacionadas.

- Los precios de transferencia altos o bajos tienen un efecto sobre los impuestos sobre ingresos, el posicionamiento de los fondos, los incentivos y la evaluación administrativa y los socios de negocios conjuntos.

- Para el establecimiento del precio normal del mercado generalmente se cursan tres métodos: 1) el precio comparable no controlado, 2) los precios de reventa y 3) adición del costo (costo más margen de ganancia).

- Las subsidiarias extranjeras multinacionales actúan como paraísos fiscales para los fondos corporativos que aguardan a ser reinvertidos o repatriados.

- Los paraísos fiscales se localizan generalmente en aquellos países que tienen una baja tasa de impuestos corporativos, una moneda estable, centros para el apoyo de servicios financieros y un gobierno estable.

 **MINICASO**   ## Stanley Works y Corporate Inversion[1]

Esta iniciativa estratégica reforzará nuestra compañía en el largo plazo. Una porción importante de nuestros ingresos y utilidades se derivan fuera de Estados Unidos, donde reside casi 50% de nuestra gente. Además, una proporción creciente de nuestros materiales está siendo comprada a partir de fuentes globales. Este cambio habrá de crear una mayor flexibilidad operacional, nos habrá de dar una mejor posición para administrar los flujos de efectivo internacionales y nos ayudará a tratar con nuestra compleja estructura fiscal internacional. Como resultado de ello, nuestra competitividad, uno de los tres puntos de apoyo de nuestra visión para convertirnos en una Marca Grande, mejorará. Se espera que el negocio y los ambientes reguladores y fiscales de Bermudas creen un valor considerable para los propietarios de las acciones. Además de la flexibilidad operacional, del mejoramiento en la administración mundial del efectivo y las ventajas competitivas, la nueva estructura corporativa mejorará nuestra capacidad para el acceso a los mercados de capital internacionales, lo cual es favorable para el crecimiento orgánico, las alianzas y adquisiciones estratégicas futuras. Finalmente, el mejoramiento en la flexibilidad para el manejo de los pasivos fiscales mundiales debe reducir nuestra tasa fiscal global efectiva de su 32% actual hasta alguna cifra dentro del ámbito comprendido entre 23 y 25%.

—Stanley Works, Form 14A, Securities and Exchange Commission, 8 de febrero de 2002.

[1]Este minicaso se derivó de *Stanley Works and Corporate Inversion*, Thunderbird Case Series, Copyright © 2003 Thunderbird, The American Graduate School of International Management, preparado por los profesores Dale Davison y Michael H. Moffett. Reimpreso con permiso.

El 8 de febrero de 2002, Stanley Works (Estados Unidos) anunció que realizaría una *inversión corporativa*, a través de la cual la compañía se reincorporaría a sí misma como una corporación con base en Bermudas. Esto se denominó como una *inversión externa*, ya que la reincorporación era para desplazar a la incorporación de la compañía más allá de las fronteras de Estados Unidos en busca de algún otro país. Actualmente, una corporación con base en Estados Unidos con oficinas centrales en Nueva Bretaña, Connecticut, Stanley, haría a todas las operaciones estadounidenses una subsidiaria totalmente poseída de una nueva empresa matriz con base en Bermudas —Stanley Tools. Ltd—. Las oficinas corporativas, de hecho, todas las oficinas de la compañía y los centros operativos, permanecerían en Connecticut. El razonamiento era sencillo: Stanley esperaba ahorrar una cantidad cercana a US$30 millones anuales en impuestos sobre ingresos corporativos al cambiar su ciudadanía. En la fecha del anuncio el valor de mercado de Stanley aumentó en US$199 millones.

Pero el anuncio fue recibido una con fuerte oposición de los empleados, accionistas y autoridades locales, estatales y federales. El cambio requería la aprobación de las dos terceras partes de los accionistas. En mayo de 2002 Stanley tuvo que enfrentarse a un voto controversial sobre el desplazamiento. Debido a confusos comunicados corporativos para los accionistas, se tuvo que programar un segundo voto. En agosto de 2002 Stanley se convirtió en un blanco incandescente para el debate público acerca de las responsabilidades de un ciudadano corporativo y la ética de la reducción fiscal y del patriotismo. Muchos reguladores estaban ahora acusando a la compañía de haber procedido a la compra del tratado. El equipo de la administración senior deseaba ahora revaluar su decisión de inversión.

Inversión corporativa

El propósito de una *inversión corporativa* era —para todo propósito— reducir el pasivo fiscal. Estados Unidos gravaba a las compañías multinacionales con base en Estados Unidos sobre sus ingresos provenientes de todo el mundo. Como una compañía basada en Estados Unidos, Stanley pagaba impuestos sobre ingresos corporativos que gravaban todos los ingresos generados en Estados Unidos (*fuentes nacionales de ingresos*) y los ingresos obtenidos en el extranjero y repatriados o que se consideraran repatriados a la compañía matriz de Estados Unidos (*fuentes extranjeras de ingresos*). Fue este último impuesto sobre las fuentes extranjeras de ingresos lo que ocupó la parte central del dilema para las compañías como Stanley.

Otros países, por ejemplo Alemania, gravaban únicamente el ingreso que se consideraba obtenido *dentro* del país, el cual se denominaba como *gravamen territorial*. Las compañías multinacionales con empresa matriz localizada en países como Alemania tenían cargas fiscales efectivas más bajas las cuales les eran impuestas por las estructuras fiscales de su país de origen. Los paraísos fiscales en ultramar —los países como Bermudas, las Islas Caimán y las Islas Vírgenes Británicas— no imponían impuestos sobre los ingresos proveniente de fuentes extranjeras y tan sólo algunos impuestos o impuesto insignificantes sobre el ingreso nacional de las compañías multina cionales incorporadas ahí. Esto proporcionaba en forma literal u paraíso fiscal para una compañía multinacional incorporada en es país aunque tuviera una pequeña presencia estructural o una pre sencia parcial.

Historia de las inversiones

Las inversiones corporativas no eran una nueva estrategia fiscal. L primera inversión extranjera que se hizo notar fue la que empren dió McDermott Company en 1983. McDermott intercambió la acciones que mantenían sus accionistas estadounidenses por las ac ciones de McDermott International, una subsidiaria panameña de l compañía antes de la reestructuración. El IRS había dispuesto qu el intercambio de acciones era un evento gravable, gravando a todo los accionistas estadounidenses sobre la venta de sus acciones com ganancias de capital. Se consideró que esta consecuencia inesperad era un diluyente significativo para las inversiones futuras, y el Con greso estadounidense pronto prosiguió con la nueva legislación, l Sección 1248(i) del Código Fiscal, la cual hacía más sencillo que e IRS interpretara algunas inversiones como eventos gravables par los accionistas estadounidenses.

La siguiente inversión mayor notoria fue la que emprendi Helen of Troy en 1993, una compañía de suministro de product de belleza localizada en Texas. Ésta fue la primera así llamad *inversión pura* en tanto que la compañía estableció una empres completamente nueva en ultramar como sus oficinas corporativa (en lugar de vender las acciones de la compañía a una compañí actual o subsidiaria). La administración esperaba que esta estrate gia fuera regulada como una *reorganización*, en lugar de una vent gravable. Sin embargo, una vez más, el IRS reguló la transacció como un evento gravable: "si quienes hacían la transferencia desd Estados Unidos poseían, en forma agregada, 50% o más sobre e voto de valor de la corporación extranjera que recibiera la transfe rencia inmediatamente después del intercambio". Aunque se cons deró que las disposiciones fiscales de McDermott y Helen of Tro constituían disuasores significativos para las inversiones corporat vas externas, cada vez más compañías han considerado y, en algu nos casos, han completado una reorganización encaminada a la i corporación en el extranjero. El ritmo se aceleró a finales de l década de 1990, y las compañías como Tyco e Ingersoll-Rand s desplazaron al exterior para reducir los pasivos fiscales.

Una consideración adicional fue la respuesta del mercado d capital contable a las inversiones. En promedio, el mercado recon pensaba el anuncio de una inversión extranjera con una revaluació de 1.7% en el precio de las acciones de la compañía.[2] Se conside que esta reacción en el precio de las acciones representaba el va lor presente de los ahorros en el flujo de efectivo resultantes d reducción en impuestos con motivo de un ingreso proveniente d una fuente extranjera y la reducción de los ahorros fiscales naciona les (Estados Unidos) sobre el ingreso nacional como resultado de reestructuración de la inversión posterior a las operaciones.

[2]Mihir A. Desai y James R. Hines, Jr., "Expectations and Expatriations: Tracing the Causes and Consequence of Corporate Inversions", *NBER Working Paper 9057*, julio de 2002, www.nber.org/es papers/w9057.

Estrategia fiscal

Stanley, al igual que muchas otras compañías multinacionales con base en Estados Unidos, se sintió crecientemente sobrecargada por la estructura fiscal de los impuestos sobre ingresos de Estados Unidos. Las utilidades de Stanley Estados Unidos estaban gravadas a la tasa fiscal de impuestos sobre ingresos corporativos estadounidenses de 35%. Esta tasa corporativa estadounidense, la cual había tan sólo variado en forma ascendente o descendente en cerca de 1% en un periodo de 15 años, se había vuelto crecientemente alta en relación con las tasas fiscales corporativas a nivel global, en tanto que muchos países redujeron las tasas fiscales corporativas de manera consistente y significativa a lo largo de la década de 1990.

El problema al que se enfrentó Stanley y muchas otras multinacionales fue que una cantidad cada vez mayor de sus utilidades se estaba generando fuera de Estados Unidos, y las autoridades fiscales estadounidenses gravaban esas utilidades cuando se volvían a remitir a la empresa matriz en Estados Unidos. Como se ilustra en la figura 1, si las operaciones europeas de Stanley generaban una utilidad, primeramente pagaban impuestos locales al gobierno anfitrión en, digamos, Francia o Alemania y posteriormente pagaban impuestos adicionales sobre esas utilidades cuando las utilidades se volvían a remitir a Estados Unidos.

Sin embargo, bajo la Subparte F del Código Fiscal del U.S. Internal Revenue Service, Secciones 951-964, una empresa matriz estadounidense está sujeta a los impuestos actuales de Estados Unidos sobre ciertos ingresos ganados por una subsidiaria extranjera, sin consideración de si el ingreso se remita o no a la corporación estadounidense.[3] Este ingreso, el cual se denomina por lo general ingreso de la Subparte F, era el ingreso generado por una corporación extranjera controlada y ganado principalmente a través de la propiedad de activos, y no a través de la producción activa de bienes o servicios. Las autoridades fiscales de Estados Unidos gravaban a este ingreso como ganado, en lugar de esperar a gravarlo cuando (o si) era remitido a la empresa matriz estadounidense. Esta disposición de la Subparte F había sido específicamente diseñada para prevenir que el ingreso de una fuente extranjera se quedara estacionado en forma permanente en paraísos fiscales de ultramar, como las Bermudas, las cuales no tasaban los impuestos sobre ingresos corporativos.

El código fiscal estadounidense ciertamente tenía un número de características para eliminar el potencial de un doble gravamen (impuestos pagados tanto en Europa como en Estados Unidos, por ejemplo) o por lo menos para aminorar la carga fiscal. Muchos de los impuestos corporativos que se pagaban a los gobiernos anfitriones se acreditaban contra los pasivos fiscales potenciales de Estados Unidos. Esto había resultado ser del todo eficaz cuando las tasas fiscales corporativas del extranjero eran más altas que en Estados Unidos, pero a medida que muchos países disminuyeron sus tasas por debajo de las de Estados Unidos, las utilidades que regresaron a la Unión Americana resultaron tener impuestos adicionales adeudados.

Como se muestra en la figura 2, las metas fiscales específicas de la inversión corporativa en el exterior fueron como sigue:[4]

- ■ Primero, las Bermudas, como es típico de la mayoría de los centros financieros en el extranjero, no gravan el ingreso proveniente de fuentes extranjeras. (De hecho, las Bermudas no tienen un impuesto sobre ingresos corporativos.) Las utilidades de Stanley generadas a través del todo el mundo se podrían redistribuir libremente a través del negocio global, incluyendo a la empresa matriz, sin crear pasivos fiscales adicionales

---

FIGURA 1   **Pasivos fiscales de Stanley Works Estados Unidos antes de la inversión corporativa extranjera**

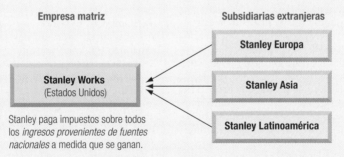

Empresa matriz

Subsidiarias extranjeras

Stanley Works (Estados Unidos)

Stanley Europa

Stanley Asia

Stanley Latinoamérica

Stanley paga impuestos sobre todos los *ingresos provenientes de fuentes nacionales* a medida que se ganan.

Stanley paga impuestos sobre los ingresos *provenientes de fuentes extranjeras* como sigue:

1. Las ganancias activas de las subsidiarias extranjeras tan sólo cuando dichas ganancias se remiten a la empresa matriz
2. Las ganancias pasivas de las subsidiarias extranjeras (corporaciones extranjeras controladas) a medida que se gana el ingreso, indistintamente de la remesa

---

[3]Esto se aplica de manera específica a las *corporaciones extranjeras controladas* o *CFC*. Una CFC se definió como cualquier corporación extranjera con más del 50% de sus acciones votantes poseídas en forma directa o indirecta por los accionistas estadounidenses. Por lo tanto, la mayoría de las subsidiarias extranjeras de las empresas multinacionales con base en Estados Unidos se clasificaron como CFC.

[4]"Special Report: Outbound Inversion Transactions", *Tax Notes*, New York State Bar Association Tax Section, 1 de julio de 2002, pp. 127-149.

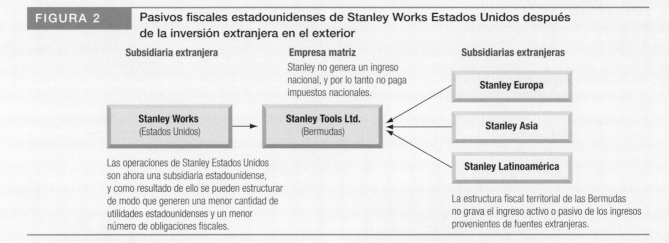

FIGURA 2   Pasivos fiscales estadounidenses de Stanley Works Estados Unidos después de la inversión extranjera en el exterior

en el país de ésta (actualmente las Bermudas en vez de Estados Unidos).

■ Segundo, las corporaciones estadounidenses de Stanley se conducirían ahora como la subsidiaria estadounidense de una corporación extranjera. Con la mayor probabilidad, esto daría lugar a posibilidades de reestructuración a través de las cuales la subsidiaria estadounidense tendría obligaciones crecientes para con la empresa matriz de las Bermudas como regalías, servicios de deudas y honorarios por concesión de licencias, los cuales habían sido gastos legítimamente deducibles en Estados Unidos pero un ingreso para la empresa matriz en las Bermudas. El resultado sería una reducción neta en los pasivos fiscales de Estados Unidos a partir de los negocios de Stanley conducidos en la Unión Americana.

Esta segunda dimensión de los beneficios fiscales de una inversión corporativa se denomina con frecuencia *depuración de las utilidades*. El término se refiere a la práctica de estructurar las operaciones dentro de Estados Unidos para posicionar tantos costos corporativos como sea legalmente posible a efecto de reducir las utilidades gravables dentro del más alto ambiente fiscal de la Unión Americana.

Sin embargo, hubo un considerable debate en cuanto a los beneficios fiscales reales a ser ganados *versus* los crecientes costos de las relaciones públicas de las inversiones. Los beneficios de las utilidades por acción (EPS) habían sido promovidos por Stanley como una simple reducción en la tasa fiscal efectiva para la organización en general. Por ejemplo, al utilizar las estimaciones *proforma* de las utilidades para 2003, se esperaba que Stanley pagara US$74 millones en impuestos en 2003 o US$420 millones en utilidades antes de impuestos, como muestra en la figura 3. Esto suponía una tasa fiscal efectiva de 32%. Si Stanley tuviera la intención de reincorporarse en las Bermudas, estimaría que la tasa fiscal efectiva disminuiría a 24%, dando como resultado US$33 millones de ahorros para Stanley y para sus accionistas.[5]

Patriotismo e inversión

¿Qué le parecería a usted seguir viviendo en su país actual, pero decirle al Internal Revenue Service que pisara la arena de las Bermudas, porque usted es un residente legal de esa hermosa isla? Esto no es posible, pero el productor de herramientas Stanley Works planea ahorrar US$60 millones al año al mudarse a otra parte. ¿Qué pasaría si su país estuviera teniendo una guerra contra el terrorismo y estuviera gastando miles de millones adicionales para la defensa y la seguridad territorial? Ese es nuestro problema, y no los evasores fiscales. Su problema es aumentar las utilidades para que el precio de las acciones sea más alto. Lo que podría ser más importante, dado que un buen mercado de acciones es bueno para Estados Unidos, ¿verdad?

—Allan Sloan, "The Tax-Free Bermuda Getaway",
Newsweek, 15 de abril de 2002.

Las demás preocupaciones de John Trani rodeaban la imagen de Stanley. El traslado para reincorporarse en el extranjero era visualizado por muchas personas como un acto poco patriótico y que no apoyaba a Estados Unidos durante una época de recesión y de amenazas continuas de terrorismo en el mundo, posterior al 11 de septiembre. Además del debate creciente en el Congreso en relación con el uso creciente de las inversiones corporativas, había una fuerte oposición al traslado al extranjero por parte de los trabajadores de Stanley Works y de sus sindicatos. Aunque Stanley no estaba haciendo nada ilegal, y estaba pagando sus impuestos de acuerdo con las leyes actuales, la empresa era vista como una institución que "trabajaba muy duro" para evitar las obligaciones futuras de impuestos sobre ingresos.

John Trani y su equipo de administradores senior regresaron al cuarto de conferencias. El tiempo estaba agotándose. Stanley necesitaría volver a programar el voto de los accionistas ahora, si había de continuar buscando una inversión corporativa. Aún prevalecía la pregunta en cuanto a si los beneficios excedían a los costos de mudarse al extranjero.

[5]En sus discusiones públicas, Stanley había seguido en forma consistente una estimación conservadora de US$30 millones de ahorros en impuestos, en oposición al cálculo de US$33 millones que se muestra aquí.

FIGURA 3	Cambios prospectivos en las utilidades de Stanley Works después de la inversión		
	Utilidades proforma 2003		
	Antes	**Después**	**Ahorros**
Utilidades antes de impuestos	US$420	US$420	
Pasivo fiscal (32%/24%)	(134)	(101)	
Utilidades después de impuestos	US$286	US$319	+ US$33
Acciones en circulación (millones)	88.0	88.0	
Utilidades por acción (EPS)	US$3.250	US$3.625	+ US$0.375 u 11.5%

Preguntas del caso

1. Si Stanley realmente se reincorporara en el extranjero, ¿cómo considera usted que la compañía reestructuraría sus operaciones, tanto dentro como fuera de Estados Unidos?

2. ¿Considera usted que el gobierno de Estados Unidos debería permitirle a una compañía como Stanley reincorporarse fuera del país para pagar impuestos más bajos?

3. Si usted fuera John Trani, ¿continuaría buscando la inversión extranjera o elegiría quedarse como está?

PREGUNTAS

1. **Moralidad fiscal.**
   a. ¿Qué se quiere decir con el término *moralidad fiscal*?
   b. Su empresa tiene una subsidiaria en Rusia, donde la evasión fiscal es una de las bellas artes. Discuta si usted debería cumplir en forma total con las leyes fiscales de Rusia, si debería violar las legislaciones, como lo hacen los competidores locales.

2. **Neutralidad fiscal.**
   a. Defina el término *neutralidad fiscal*.
   b. ¿Cuál es la diferencia entre la *neutralidad nacional* y la *neutralidad extranjera*?
   c. ¿Cuáles son los objetivos de un país al determinar la política fiscal sobre los ingresos provenientes de fuentes extranjeras?

3. **Enfoque mundial *versus* territorial.** Generalmente las naciones estructuran sus sistemas fiscales a lo largo de uno de dos enfoques básicos: el *enfoque mundial* o el *enfoque territorial*. Explique estos dos enfoques y cómo difieren.

4. **Diferimiento de impuestos.**
   a. ¿Qué se quiere decir con el término *diferimiento de impuestos*?
   b. ¿Por qué razón permiten los países el diferimiento de impuestos sobre los ingresos provenientes de fuentes extranjeras?

5. **Tratados fiscales.**
   a. ¿Qué es un tratado fiscal bilateral?
   b. ¿Cuál es el propósito de un tratado fiscal bilateral?
   c. ¿Qué políticas cubren la mayoría de los tratados fiscales?

6. **Tipo de impuestos.** Los impuestos se clasifican sobre la base de si se apliquen directamente a los ingresos, los cuales se denominan *impuestos directos*, o a algún otro desempeño mensurable característico de la empresa, denominado *impuestos indirectos*. Clasifique cada uno de los siguientes tipos de impuestos como directos o indirectos o como alguna otra cosa.
   a. Impuesto sobre ingresos corporativos pagado por una subsidiaria japonesa sobre su ingreso en operación.
   b. Regalías pagadas a Saudi Arabia por petróleo extraído y embarcado a los mercados mundiales.
   c. Intereses recibidos por una empresa matriz estadounidense sobre depósitos bancarios que se mantienen en Londres.
   d. Intereses recibidos por una empresa matriz estadounidense sobre un préstamo concedido a una subsidiaria en México.
   e. Reembolso del principal recibido por una empresa matriz estadounidense desde Bélgica sobre un préstamo concedido a una subsidiaria belga totalmente poseída.
   f. Impuestos indirectos pagados sobre cigarrillos manufacturados y vendidos dentro de Estados Unidos.
   g. Impuestos prediales pagados sobre el edificio de las oficinas centrales corporativas de Seattle.
   h. Una contribución directa al Comité Internacional de la Cruz Roja para una ayuda a refugiados.
   i. Impuestos sobre ingresos diferidos, los cuales se muestran como una reducción del impuesto sobre ingresos consolidado de la empresa matriz.
   j. Impuestos retenidos por Alemania sobre dividendos pagados a una empresa matriz en el Reino Unido.

7. **Crédito fiscal extranjero.** ¿Qué es un crédito fiscal extranjero? ¿Por qué razón dan crédito los países a los impuestos pagados sobre los ingresos provenientes de fuentes extranjeras?

8. **Impuesto al valor agregado.**
   a. ¿Qué es un impuesto al valor agregado?
   b. ¿Cuáles son las ventajas y desventajas del impuesto al valor agregado?
   c. Aunque el impuesto al valor agregado se ha propuesto en numerosas ocasiones, Estados Unidos nunca ha adoptado uno. ¿Por qué considera usted que la actitud hacia este impuesto sea negativa en Estados Unidos cuando se usa ampliamente en el resto del mundo?

9. **Motivación de la fijación de precios de transferencia.** ¿Qué es un precio de transferencia y puede regularlo un gobierno? ¿A qué dificultades y motivos se enfrenta una empresa multinacional al fijar precios de transferencia?

10. **Subsidiarias hermanas.** Las subsidiaria Alpha en el país Able se enfrenta a una tasa de impuestos sobre ingresos de 40%. Las subsidiarias Beta en el país Baker se enfrenta a una tasa de impuestos sobre ingresos de tan sólo 20%. Actualmente, cada subsidiaria importa de la otra una cantidad de bienes y servicios con un valor monetario exactamente igual a lo que cada una exporta para la otra. Este método para el equilibrio del comercio intracompañía fue impuesto por una administración que pretendía fervientemente reducir todos los costos, incluyendo los de las transacciones extranjeras (el diferencial entre la oferta y la demanda). Ambas subsidiarias son rentables, y las dos podrían comprar todos los componentes a nivel nacional a aproximadamente los mismos precios que están pagando a su subsidiaria hermana extranjera. ¿Parece ser esto una situación óptima?

11. **Fijación correcta de precios.** La Sección 482 del Código Fiscal de Estados Unidos especifica el uso de un precio de transferencia "correcto", y la carga de la prueba de que el precio de transferencia sea "correcto" recae en la compañía. ¿Qué lineamientos existen para la determinación del precio de transferencia adecuado?

12. **Subsidiarias en un paraíso fiscal.**
   a. ¿Qué se quiere decir con el término *paraíso fiscal*?
   b. ¿Cuáles son las características deseadas para un país si espera ser usado como paraíso fiscal?
   c. Identifique cinco paraísos fiscales.
   d. ¿Cuáles son las ventajas que conducen a una empresa multinacional a usar una subsidiaria en un paraíso fiscal?
   e. ¿Cuáles son las distorsiones potenciales del ingreso gravable de una empresa multinacional a las que se oponen las autoridades fiscales en países que no son paraísos fiscales?

13. **Tratados fiscales.** ¿Qué es lo que cubren la mayoría de los tratados fiscales de tipo bilateral? ¿Cómo afectan a las operaciones y a la estructura de las empresas multinacionales?

PROBLEMAS

*1. **Ingresos provenientes de fuentes extranjeras de Pfizer.** Pfizer es un productor y distribuidor global con base en Estados Unidos el cual elabora una amplia variedad de productos farmacéuticos. Como parte de la capacitación en sus oficinas corporativas de la tesorería, ha hecho que sus internos construyan un análisis en una hoja electrónica en relación con el siguiente cuadro hipotético de utilidades/distribución de una subsidiaria. Use la hoja electrónica que se presenta en la figura 20.6 para su estructura básica.

Una subsidiaria extranjera tiene US$3,400,000 en utilidad bruta, las tasas estadounidenses y extranjeras de impuestos sobre ingresos corporativos son de 35 y 28%, respectivamente, y las retenciones de impuestos del extranjero son de 15%.
   a. ¿Cuál es el pago total de los impuestos extranjeros y nacionales, en forma combinada, para este ingreso?
   b. ¿Cuál es la tasa efectiva que ha pagado sobre este ingreso la empresa matriz con base en Estados Unidos?
   c. ¿Cuál será el pago total de impuestos y la tasa fiscal efectiva si la tasa fiscal corporativa extranjera fuera de 45% y no hubiera retenciones de impuestos sobre los dividendos?
   d. ¿Cuál sería el pago total de impuestos y la tasa fiscal efectiva si el ingreso fuera obtenido por una sucursal de una corporación estadounidense?

2. **Discovery Bay Airlines (Hong Kong).** Discovery Bay Airlines es una compañía de fletes aéreos con base en Estados Unidos con una subsidiaria totalmente poseída en Hong Kong. Las subsidiaria, DBay-Hong Kong, acaba de terminar un reporte de planeación a largo plazo para la empresa matriz en San Francisco, en el cual ha estimado las siguientes utilidades esperadas y tasas de pagos de dividendos para los años 2004-2007.

Discovery Bay-Hong Kong

(Millones de dólares estadounidenses)	2004	2005	2006	2007
Utilidades antes de intereses e impuestos (EBIT)	8,000	10,000	12,000	14,000
Menos gastos de intereses	(800)	(1,000)	(1,200)	(1,400)
Utilidades antes de impuestos (EBT)	7,200	9,000	10,800	12,600

La tasa fiscal corporativa actual de Hong Kong sobre esta categoría de ingresos es de 16.5%. Hong Kong no impone retenciones de impuestos sobre los dividendos remitidos a los inversionistas estadounidenses (por el tratado fiscal bilateral Hong Kong-Estados Unidos). La tasa de impuestos sobre ingresos corporativos de Estados Unidos es de 35%. La empresa matriz desea repatriar 75% de la utilidad neta como dividendos anualmente.
   a. Calcule la utilidad neta disponible para distribución aplicable a la subsidiaria de Hong Kong para los años 2004-2007.
   b. ¿Cuál es el monto del dividendo que se espera que se remita a la empresa matriz estadounidense cada año?

c. Después del cálculo bruto para propósitos del pasivo fiscal estadounidense, ¿cuál es el dividendo total después de impuestos (incluyendo al total de impuestos de Hong Kong y de Estados Unidos) que se espera para cada año?

d. ¿Cuál es la tasa fiscal efectiva por año sobre este ingreso proveniente de una fuente extranjera?

3. **Jurgen-Strut of Germany.** Jurgen-Strut (JS) es una compañía con base en Alemania la cual manufactura ensambles electrónicos para carburadores de inyección total para varias compañías de Alemania, incluyendo a Mercedes, BMW y Opel. La empresa, al igual que muchas empresas de Alemania en la actualidad, está revisando sus políticas financieras en conformidad con el grado creciente de revelación requerida para las empresas que deseen inscribir sus acciones en forma pública o fuera de Alemania.

El problema principal de JS es que el código alemán de impuestos sobre ingresos corporativos aplica una diferente tasa de impuestos a los ingresos dependiendo de si se retengan (45%) o se distribuyan entre los accionistas (30%).

a. Si Jurgen-Strut planeara distribuir 50% de su utilidad neta, ¿cuál sería su utilidad neta total y el total del pasivo fiscal total corporativo?

b. Si Jurgen-Strut estuviera tratando de elegir entre 40 y 60% como tasa de pago para los accionistas, ¿qué argumentos y valores usaría la administración para convencer a los accionistas de cuál de las dos razones de pagos es en el mejor interés de cada uno de ellos?

Wuzhou Blade Company.

Use el siguiente caso empresarial para responder los problemas 4 a 6. Wuzhou Blade Company (Hong Kong) exporta navajas para rastrillos a su empresa matriz la cual mantiene una posesión total, Cranfield Eversharp (Gran Bretaña). Las tasas de impuestos de Hong Kong son de 16% y las tasas de impuestos británicas son de 30%. Wuzhou calcula su utilidad por contenedor como se muestra en la figura (todos los valores son en libras esterlinas).

Precio de construcción	Wuzhou Blade	Cranfield Eversharp
Costos directos	£10,000	£16,100
Gastos indirectos	4,000	1,000
Costos totales	£14,000	£17,100
Margen de ganancia deseado (15%)	2,100	2,565
Precio de transferencia (precio de venta)	£16,100	£19,665

Estados de resultados (supone un volumen de 1,000 unidades)

	Wuzhou Blade		Cranfield Eversharp
Ingreso por ventas	£16,100,000		£19,665,000
Menos costos totales	(14,000,000)		(17,100,000)
Ingreso gravable	£2,100,000		£2,565,000
Menos impuestos	(16%) (336,000)	(30%)	(769,500)
Utilidad después de impuestos	£1,764,000		£1,795,500
Utilidad consolidada	£3,559,500		

4. **Wuzhou Blade (A).** La administración corporativa de Cranfield Eversharp está considerando el reposicionamiento de las utilidades dentro de una compañía multinacional. ¿Qué le sucederá a las utilidades de Wuzhou Blade y de Cranfield Eversharp, y a los resultados consolidados de ambas si el margen de ganancia de Wuzhou aumentara a 20% y el margen de ganancia de Cranfield se redujera a 10%? ¿Cuál es el impacto de este reposicionamiento sobre los pagos de impuestos consolidados?

5. **Wuzhou Blade (B).** Motivada por los resultados del análisis del problema 4, la administración corporativa de Cranfield Eversharp desea continuar reposicionando las utilidades en Hong Kong. Sin embargo, se está enfrentando a dos restricciones. Primero, el precio final de venta de Gran Bretaña debe ser de £20,000 o menos para permanecer competitivo. Segundo, las autoridades fiscales británicas —al trabajar con el personal de contabilidad de costos de Cranfield Eversharp— ha establecido un precio máximo de transferencia permitido (desde Hong Kong) de £17,800. ¿Qué combinación de márgenes de ganancias recomienda usted que instituya Cranfield Eversharp? ¿Cuál es el impacto de este reposicionamiento sobre las utilidades consolidadas después de impuestos y los pagos totales de impuestos?

6. **Wuzhou Blade (C).** Para no dejar sin explorar ninguna oportunidad potencial de reposicionamiento de impuestos, Cranfield Eversharp desea combinar los componentes del problema 4 con una redistribución de los costos derivados de los gastos indirectos. Si los costos de los gastos indirectos se pudieran reasignar entre las dos unidades, pero aún totalizar £5,000 por unidad, y mantener un mínimo de £1,750 por unidad en Hong Kong, ¿cuál será el impacto de este reposicionamiento sobre las utilidades consolidadas después de impuestos y los pagos totales de impuestos?

EJERCICIOS DE INTERNET

1. **Gravámenes internacionales y Bulgaria.** El siguiente sitio Web es un buen recurso para encontrar una multitud de reglas, regulaciones y tasas fiscales y contables a nivel global. Úselo para encontrar los aspectos fiscales específicos a los que se enfrentará una organización multinacional que desee realizar operaciones de negocios en Bulgaria en la actualidad.

Taxsites.com   www.taxsites.com/international.html

2. **Impuestos globales.** Los sitios como TaxWorld proporcionan indicios detallados hacia la conducción de los negocios y los requisitos fiscales y contables asociados para la realización de operaciones de negocios en una variedad de países.

International Tax Resources   www.taxworld.org/OtherSites/International/international.htm

3. **Contribuyente internacional.** El Internal Revenue Service (IRS) de Estados Unidos proporciona los requisitos detallados de apoyo y de documentos para los contribuyentes internacionales. Use el sitio del IRS para investigar cuáles son las reglas, regulaciones y definiciones para los pasivos fiscales de los residentes internacionales cuando obtienen ingresos y utilidades en Estados Unidos.

USIRS Taxpayer   www.irs.gov/businesses/small/
                        international/index.html

4. **Autoridades fiscales gubernamentales de tipo oficial.** Las leyes fiscales están cambiando constantemente, y por lo tanto los procesos de planeación y de administración fiscal de una empresa multinacional deben incluir una actualización continua de las prácticas fiscales por país. Usaremos los siguientes sitios Web fiscales del gobierno para tratar los aspectos específicos relacionados con los países respectivos:

Cambio de la propiedad
de Hong Kong a China: www.info.gov.hk/eindex.htm

Centro de servicios
financieros internacionales
de Irlanda: www.revenue.ie/

Incentivos fiscales para   www.capitaltaxconsulting.com/
inversión de la República   international-tax/
de Checoslovaquia: czech-republic/

5. **Prácticas fiscales para los negocios internacionales.** Muchas de las principales firmas de contabilidad proporcionan información y servicios de asesoría en línea para las actividades internacionales de negocios y sus relaciones con las prácticas contables y fiscales. Use los siguientes sitios Web para obtener información actualizada sobre los cambios o prácticas en las leyes fiscales. De acuerdo con este sitio Web, ¿qué cinco países tienen las tasas fiscales más bajas de impuestos sobre ingresos corporativos en la actualidad?

Ernst and Young   www.ey.com/tax/
Deloitte & Touche   www.dttus.com/
PriceWaterhouseCoopers   www.pwcglobal.com/

CAPÍTULO 21

Administración del capital de trabajo

La moralidad está bien, pero ¿qué se puede decir acerca de los dividendos?

—Kaiser Wilhelm II.

En una empresa multinacional la *administración del capital de trabajo* requiere del reposicionamiento de los flujos de efectivo, así como de la administración de los activos y de los pasivos circulantes, cuando se enfrenta a restricciones políticas, cambiarias, impositivas y de liquidez. La meta general es reducir los fondos comprometidos en el capital de trabajo a la vez que suministrar simultáneamente el financiamiento y la liquidez suficientes para la conducción de las operaciones de negocios globales. Esto debe mejorar el rendimiento sobre los activos y el rendimiento sobre el capital contable. También debe mejorar las razones de eficiencia y otros parámetros de evaluación del desempeño.

La primera sección de este capítulo describe el ciclo operativo de Trident. La segunda sección analiza las decisiones de reposicionamiento de fondos. La tercera sección examina las restricciones que afectan al reposicionamiento de los fondos de dicha empresa. La cuarta sección identifica los conductos alternativos para el desplazamiento de fondos. La quinta sección introduce la administración del capital de trabajo neto, incluyendo las cuentas por cobrar, los inventarios y el efectivo. La sexta sección es la final y examina la manera en la que se financia el capital de trabajo, con inclusión de los diversos tipos de servicios bancarios disponibles.

Ciclo operativo de Trident Brasil

El *ciclo operativo* y el *ciclo de conversión de efectivo* de Trident Brasil se ilustran en la figura 21.1. El ciclo operativo se puede descomponer en cinco periodos, cada uno con implicaciones de negocios, contables y de flujos de efectivo potenciales.

Periodo de cotización

En el capítulo 11 se introdujo por primera vez la exposición por transacciones, el periodo de cotización se extiende desde el momento de la cotización del precio, t_0, hasta el punto en el que el cliente coloca una orden, t_1. Si el cliente está requiriendo una cotización de precio en términos de una moneda extranjera, por ejemplo, pesos chilenos, Trident Brasil tendría una exposición por transacciones cambiarias incierta pero potencial. La cotización misma no se lista en ninguno de los estados financieros tradicionales de la empresa, aunque una empresa como Trident Brasil mantendría una hoja de trabajo de las cotizaciones extendidas y de sus periodos.

Periodo de abastecimiento de los insumos

Una vez que un cliente ha aceptado una cotización, la orden se coloca en el momento t_1. El comprador y el vendedor firman un contrato que describe el producto a ser entregado, el tiempo de entrega probable, las condiciones de entrega y los términos de precio y de financiamiento.

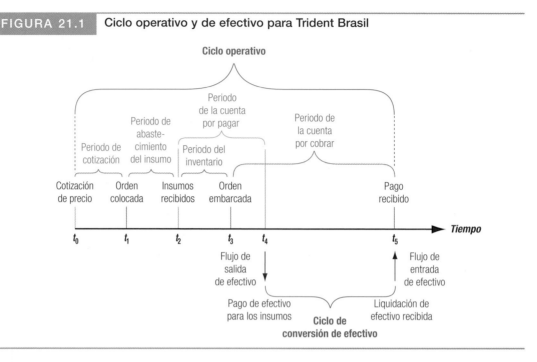

FIGURA 21.1   Ciclo operativo y de efectivo para Trident Brasil

En este momento Trident Brasil ordenaría los insumos de materiales que requiere para manufacturar un producto que actualmente no mantiene en el inventario. Dependiendo de la venta individual, el comprador puede hacer un depósito en efectivo o un pago de enganche. Esto constituiría el primer flujo de efectivo real asociado con la orden, un flujo de entrada de efectivo para Trident Brasil, y ello iniciaría el ciclo de conversión de efectivo para esta transacción.

Periodo del inventario

A medida que recibe insumos, Trident Brasil ensambla y manufactura los bienes. La duración de este periodo de manufactura del inventario, desde t_1 hasta t_2, depende del tipo de producto (tomado directamente del estante *versus* construido a especificación del cliente), de la integración de la cadena de suministro de Trident Brasil con sus diversos proveedores internos y externos y de la tecnología empleada por Trident.

Periodo de la cuenta por pagar

A medida que llegan los insumos, Trident los lista como inventarios de materiales y de componentes en el lado izquierdo del balance general de Trident Brasil, con los correspondientes asientos de cuentas por pagar en el lado derecho del balance general. Si los insumos se facturan en monedas extranjeras, ya sea a partir de Trident Estados Unidos, una subsidiaria hermana, o a partir de proveedores externos, constituyen exposiciones por transacciones en moneda extranjera para Trident Brasil.

Observe que el periodo de la cuenta por pagar que se muestra en la figura 21.1 empieza en el mismo momento que el periodo del inventario, t_2, pero se puede extender en el tiempo hasta t_3, después de que termine el periodo del inventario. Si los proveedores de Trident Brasil extienden crédito comercial, ésta podría posponer el pago del inventario durante un periodo extendido. Desde luego, si Trident Brasil opta por no aceptar el crédito comercial, puede pagar los insumos a medida que se entregan. En este caso, el periodo de cuentas por pagar terminaría antes de que el periodo del inventario —el periodo de manufactura— termine en el tiempo t_3. En cualquier punto en el tiempo en el que Trident Brasil opte por liquidar sus cuentas por pagar pendientes de pago, incurre en un flujo de salida de efectivo.

Periodo de la cuenta por pagar

Cuando los bienes se terminan y se embarcan, Trident Brasil registra la transacción como una venta en su estado de resultados y como una cuenta por cobrar en su balance general. Si se trata de una factura denominada en moneda extranjera, el tipo de cambio al contado en esa fecha, t_4, se usa para registrar el valor de la venta en moneda local. El tipo de cambio en vigor a la fecha de la liquidación en efectivo, t_5, se usaría entonces en el cálculo de cualquier ganancia y pérdida en moneda extranjera asociadas con la transacción —la exposición por transacciones.

La duración del periodo de las cuentas por cobrar depende de los términos de crédito ofrecidos por Trident Brasil, de la elección tomada por el comprador ya sea de aceptar crédito comercial o de pagar en efectivo y de las prácticas de pago específicas para el país y específicas para la industria. En el momento de la liquidación en efectivo Trident Brasil recibe un flujo de entrada de efectivo (finalmente) como pago por los bienes entregados. En el momento t_5 la transacción concluye y todos los asientos contables —partidas de inventarios, cuentas por pagar, cuentas por cobrar— se eliminan.

Decisiones de reposicionamiento de Trident

A continuación, describimos la variedad de metas y restricciones sobre el reposicionamiento de los fondos dentro de Trident Corporation. La figura 21.2 ilustra a Trident, sus subsidiarias totalmente de propiedad total, la moneda y las tasas de impuestos aplicables a cada unidad y las conclusiones actuales de la administración acerca de los prospectos de crecimiento de cada subsidiaria. Las tres subsidiarias extranjeras de Trident presentan cada una un conjunto único de aspectos.

■ *Trident Europa*, la más antigua de las tres, está operando en un ambiente de impuestos relativamente altos. Está operando con una moneda relativamente estable —el euro— y tiene la libertad de movilizar capital hacia adentro y hacia afuera del país con pocas restricciones. El negocio en sí mismo es maduro, con pocos prospectos de crecimiento significativos en el futuro cercano.

FIGURA 21.2   Subsidiarias extranjeras de Trident

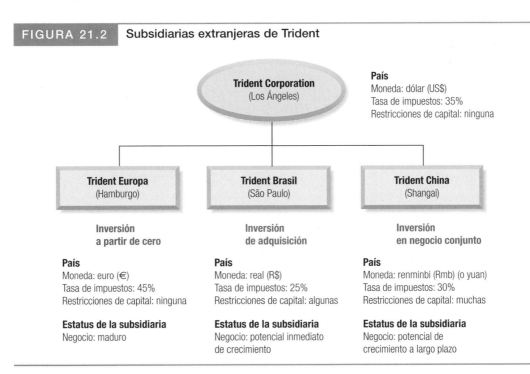

Trident Corporation
(Los Ángeles)

País
Moneda: dólar (US$)
Tasa de impuestos: 35%
Restricciones de capital: ninguna

Trident Europa
(Hamburgo)

**Inversión
a partir de cero**

País
Moneda: euro (€)
Tasa de impuestos: 45%
Restricciones de capital: ninguna

Estatus de la subsidiaria
Negocio: maduro

Trident Brasil
(São Paulo)

**Inversión
de adquisición**

País
Moneda: real (R$)
Tasa de impuestos: 25%
Restricciones de capital: algunas

Estatus de la subsidiaria
Negocio: potencial inmediato
de crecimiento

Trident China
(Shangai)

**Inversión
en negocio conjunto**

País
Moneda: renminbi (Rmb) (o yuan)
Tasa de impuestos: 30%
Restricciones de capital: muchas

Estatus de la subsidiaria
Negocio: potencial de
crecimiento a largo plazo

- *Trident Brasil*, el resultado de una adquisición reciente, está operando en un ambiente de impuestos bajos, pero históricamente un ambiente monetario inestable. Tan sólo está sujeta a unas cuantas restricciones de capital. Trident considera que la empresa tendrá muy buenos prospectos de crecimiento en un plazo de corto a mediano si es capaz de inyectar capital adicional y talento administrativo al negocio.

- *Trident China*, un nuevo negocio conjunto con un socio interno que es una unidad anterior del gobierno chino, está operando en un ambiente impositivo relativamente bajo, con un tipo de cambio fijo (el renminbi es administrado dentro de una banda muy estrecha en relación con el dólar estadounidense). Está sujeto a un número de restricciones sobre el capital. Se considera que el negocio tiene el mayor potencial —en el largo plazo.

En la práctica, la administración senior de Trident de la empresa matriz (corporativo) determinará primero sus objetivos estratégicos en relación con los desarrollos del negocio en cada subsidiaria, y posteriormente diseñará un plan de administración financiera para el reposicionamiento de las utilidades, del flujo de efectivo y del capital para cada subsidiaria. Como resultado del proceso, Trident tratará ahora de buscar los siguientes objetivos de reposicionamiento por subsidiaria:

- **Trident Europa:** Reposicionar las utilidades desde Alemania hasta Estados Unidos manteniendo a la vez el valor del vencimiento del mercado europeo para Trident Corporation.

- **Trident Brasil:** Reposicionar o de alguna manera administrar el capital en riesgo de Brasil sujeto al riesgo del tipo de cambio proporcionando a la vez un capital adecuado para los prospectos de crecimiento inmediato.

- **Trident China:** Reposicionar la cantidad de fondos hacia adentro y hacia afuera de China para protegerse contra los fondos bloqueados (riesgo de transferencia), equilibrando a la vez las necesidades del socio del negocio conjunto. Y al final, no solamente se verá afectada Trident. La sección *Finanzas globales en la práctica 21.1* ilustra un problema reciente que P&G tuvo en India en relación con los términos de pago.

FINANZAS GLOBALES EN LA PRÁCTICA 21.1

Adquisición y administración financiera de P&G

Las dificultades que experimentaron P&G y Gillette en India en 2006 pusieron de relieve el grado de influencia que tienen las políticas financieras y la administración financiera en las operaciones de negocios. Después de que P&G adquirió a Gillette en 2005, el complicado proceso de integración posterior a la adquisición empezó a nivel global. Tanto P&G como Gillette habían operado con éxito en India durante décadas. Después de la adquisición, P&G decidió mantener los dos negocios ampliamente separados en Mumbai, India, pero consideraba que se podrían derivar beneficios significativos al combinar las compras y la distribución.

En el primer trimestre de 2006 los productos de Gillette se fusionaron al sistema de distribución de P&G. Los problemas empezaron casi de inmediato dado que los inventarios y las ventas de los productos de Gillette disminuyeron en forma espectacular. Las ventas netas de Gillette para el primer trimestre de 2006 disminuyeron a Rs37.95 *crore*, lo cual implica una disminución en relación con una cifra Rs107.55 *crore* en el primer trimestre de 2005 —cerca de una tercera parte de las ventas del año anterior. (Rs es la abreviatura de la rupia de la India; *crore* significa 1 millón de rupias, y *lakh* representa 100,000 rupias.) Al tipo de cambio actual de Rs33/US$, esto constituía una pérdida en ventas de US$2.3 millones.

Mientras que la distribución de Gillette en India siempre había proporcionado términos de crédito —términos de pago— de 30 días, la política en vigor de P&G era de pago al contado o de pago dentro de siete días calendario, dependiendo de la magnitud y de la naturaleza del minorista. Muchos minoristas más pequeños de Gillette, principalmente químicos, dejaron de llevar los productos de Gillette como los cartuchos de rasurar y los rastrillos Mach 3 después de que se instituyeron los términos de pagos más cortos. Los términos de crédito al menudeo menos amistosos combinados con aumentos de precio significativos (los cartuchos de las rasuradotas cuestan ahora más de Rs700 por paquete de ocho, mientras que los rastrillos tenían un precio de más de Rs300) dieron como resultado la perdida masiva de las ventas.

El mundo de una integración posterior a la adquisición incluye la comprensión de los impactos de la administración financiera y de las políticas de términos de crédito sobre las categorías de productos y los canales de distribución, en todas partes del mundo.

Fuente: Basado en "Shift in Distribution Network Hits Gillette Stocks", *The Business Standard*, Hyderabad, India, Lunes 15 de mayo de 2006, p. 1.

Restricciones sobre el reposicionamiento de los fondos

Los flujos de fondos entre las unidades de una empresa nacional generalmente están libres de obstáculos, pero ese no es el caso de una empresa multinacional. Una empresa que opere globalmente se enfrenta a una variedad de consideraciones políticas, impositivas, cambiarias y de liquidez que limitan su capacidad para movilizar los fondos con facilidad y sin costo de un país o moneda a otro. Estas restricciones son las razones por las cuales los administradores de las empresas multinacionales deben planear hacia el futuro para el reposicionamiento de los fondos dentro de una empresa multinacional. La planeación anticipada es esencial aun cuando no existan restricciones, dado que en alguna fecha futura los eventos políticos pueden conducir a restricciones inesperadas.

Restricciones políticas

Las restricciones políticas pueden bloquear la transferencia de fondos ya sea en forma abierta o encubierta. El bloqueo abierto ocurre cuando una moneda se vuelve inconvertible o está sujeta a controles cambiarios del gobierno que impide su transferencia a tipos de cambio razonables. El bloqueo cubierto ocurre cuando los dividendos u otras formas de remesas de fondos están severamente limitados, fuertemente gravados, o cuando son excesivamente demorados por un proceso burocrático de aprobación.

Restricciones fiscales

Las restricciones fiscales surgen debido a las complejas y posiblemente contradictorias estructuras fiscales de los diversos gobiernos nacionales a través de cuyas jurisdicciones los fondos podrían pasar. Una empresa no desea que los fondos en tránsito sean erosionados por una secuencia de voraces recolectores de impuestos en cada una de las jurisdicciones a través de las cuales pudieran fluir tales fondos.

Costos de las transacciones

Los costos de las transacciones cambiarias se incurren cuando una moneda es intercambiada por otra. Estos costos, bajo la forma de honorarios y/o la diferencia entre las cotizaciones de la oferta y de la demanda, son ingresos para los bancos comerciales y para los negociantes que operen el mercado cambiario. Aunque generalmente son un pequeño porcentaje del monto del dinero intercambiado, tales costos se vuelven significativos para las transferencias grandes y frecuentes. Los costos de las transacciones son lo suficientemente grandes para justificar la planeación a efecto de evitar transferencias innecesarias hacia el interior y hacia el exterior como ocurriría si una subsidiaria remitiera un dividendo en efectivo a su empresa matriz aproximadamente en el mismo momento que ésta le pagara a la subsidiaria los bienes comprados. El envío simultáneo de moneda extranjera en dos direcciones es obviamente un gran desperdicio de recursos corporativos, pero algunas veces ocurre cuando una parte de una empresa no está coordinada con otra.

Necesidades de liquidez

A pesar de la ventaja general del manejo del efectivo a nivel mundial, las necesidades de liquidez en cada localidad individual deben quedar satisfechas y se deben mantener buenas relaciones bancarias a nivel local. La magnitud de los saldos apropiados es en parte una decisión de juicio que no debe medirse con facilidad. Sin embargo, tales necesidades restringen un enfoque de optimización pura para el posicionamiento mundial del efectivo.

Conductos para la movilización de fondos mediante su separación

Las empresas multinacionales con frecuencia *separan* sus transferencias de fondos en flujos separados para propósitos específicos. Los países anfitriones tienen entonces más probabilidades de percibir que una porción de lo que de otra manera podría llamarse una *remesa de utilidades* constituye una compra esencial de beneficios específicos que imponen valores mundiales y que benefician al país anfitrión. La separación permite a una empresa multinacional recuperar los fondos provenientes de las subsidiarias sin resentimiento de las sensibilidades del país anfitrión a lo largo de cuantiosas fugas de dividendos. Por ejemplo, Trident podría transferir fondos de sus subsidiarias extranjeras a la empresa matriz, Trident Corporation, por medio de cualquiera de los conductos que se muestran en la figura 21.3.

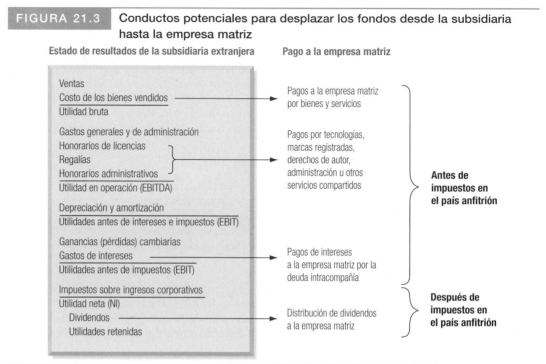

FIGURA 21.3 Conductos potenciales para desplazar los fondos desde la subsidiaria hasta la empresa matriz

Los conductos son separables en aquellos que son *antes de impuestos* y *después de impuestos* en el país anfitrión. Aunque no siempre son el foco de atención del movimiento de fondos intraunidad, las metas fiscales con frecuencia hacen de esto una distinción crítica para las estructuras financieras de una subsidiaria extranjera. Un incremento en el flujo de fondos (cargos) en cualquiera de las categorías antes de impuestos reduce las utilidades gravables de la subsidiaria extranjera *si* las autoridades fiscales del país anfitrión reconocen el cargo como un gasto legítimo. La distinción antes de impuestos/después de impuestos también es del todo significativa para una empresa matriz que pretenda repatriar fondos en el método fiscalmente más eficiente cuando está tratando de administrar sus propios créditos/déficits fiscales entre unidades extranjeras.

Un acoplamiento de partida por partida de las remesas para los insumos, como las regalías por la propiedad intelectual y los honorarios por patentes y asesorías, es equitativo para el país anfitrión y para el inversionista extranjero por igual. Permite a cada parte ver la razón para cada remesa y juzgar su aceptación de modo independiente. Si todos los insumos de la inversión están *separados*, una parte de lo que podría haberse clasificado como utilidades residuales puede resultar ser un gasto deducible relacionado con un beneficio específico comprado. La separación también facilita la asignación de los gastos indirectos a partir de la división internacional de una empresa matriz, los así llamados *servicios compartidos*, para cada subsidiaria en operación de acuerdo con una fórmula predeterminada. La predeterminación del método de asignación significa que un país anfitrión tiene menos probabilidades de visualizar una remesa determinada como caprichosa y por lo tanto inapropiada. Finalmente, la separación facilita el ingreso del capital local en proyectos de negocios conjuntos, ya que la remuneración total para los diferentes propietarios puede ser en proporción al valor de las diversas contribuciones de cada una de ellas, en lugar de ser tan sólo en proporción al monto del capital monetario que hayan invertido.

Remesas de dividendos internacionales

El pago de dividendos es el método clásico a través del cual las empresas vuelven a transferir las utilidades a los propietarios, ya sea que estos propietarios sean accionistas individuales o empresas matriz. La política internacional de dividendos incorpora ahora consideraciones fiscales, riesgo político y riesgo cambiario, así como un rendimiento para la orientación y tecnología del negocio.

Implicaciones fiscales

Las leyes fiscales del país anfitrión influyen en la decisión de dividendos. Los países como Alemania gravan las utilidades retenidas a una tasa y las utilidades distribuidas a una tasa más baja. La mayoría de los países establecen retenciones de impuestos sobre los dividendos pagados a las empresas matriz extranjeras y a los inversionistas. Una vez más, la mayoría (pero no todos) los países matriz imponen un impuesto sobre los dividendos extranjeros recibidos, pero permiten un *crédito fiscal* para los impuestos extranjeros que ya se hayan pagado en esa corriente de ingresos. Dicho esto, los dividendos siguen siendo el método fiscal más ineficiente para repatriar los fondos porque se distribuyen sobre una base después de impuestos. Esto significa que la empresa matriz con frecuencia se enfrenta a la generación de un exceso de créditos fiscales extranjeros sobre un dividendo. Las remesas de licencias o los honorarios sobre regalías son sobre una base antes de impuestos en la subsidiaria extranjera; el único impuesto que se aplica generalmente es el de la retención, una tasa considerablemente inferior a la de los impuestos sobre ingresos corporativos.

Riesgo político

El riesgo político puede motivar a las empresas matriz a requerirle a las subsidiarias extranjeras que remitan todos los fondos localmente generados por arriba de los que se requieran para financiar internamente el crecimiento en ventas (requisitos de capital de trabajo) y las expansiones de capital planeadas (gastos de capital). Sin embargo, tales políticas no son universales.

Una estrategia que utilizan las empresas multinacionales en respuesta a las restricciones potenciales del gobierno puede ser mantener una razón constante de pago de dividendos para demostrar que una política establecida se está llevando a cabo en forma consistente. Esto establece un precedente para una remesa de dividendos y elimina la percepción de algunos gobiernos de los países anfitriones en el sentido de que las distribuciones de dividendos son por elección administrativa. (Observe que incluso la terminología, *declaración de un dividendo,* implica una discreción administrativa.)

Riesgo cambiario

Cuando se anticipa una pérdida cambiaria, una empresa multinacional puede acelerar la transferencia de fondos hacia fuera del país por medio de dividendos. Esta "anticipación" es por lo general parte de una estrategia mayor que consiste en desplazarse desde monedas débiles hasta monedas fuertes, y puede incluir el aceleramiento de pagos intracompañías sobre las cuentas por cobrar y las cuentas por pagar. Sin embargo, las decisiones de acelerar los pagos de dividendos más allá de lo que podría ser normal deben tomar en cuenta las diferencias en las tasas de interés y el impacto negativo sobre las relaciones con el país anfitrión.

Distribuciones y flujo de efectivo

Los dividendos son un pago en efectivo para los propietarios igual a la totalidad o a una porción de las utilidades de un periodo anterior. Para pagar dividendos, una subsidiaria necesita tanto utilidades anteriores como efectivo disponible. Algunas veces las subsidiarias tienen utilidades sin efectivo porque las ganancias se miden en el momento de una venta pero el efectivo se recibe después, cuando se efectúa la cuenta por cobrar (una distinción típica entre las utilidades contables y el flujo de efectivo). Las utilidades de subsidiarias sujetas a un crecimiento rápido están con frecuencia comprometidas en cuentas por cobrar e inventarios sujetos a un crecimiento permanente (capital de trabajo). Por lo tanto, las subsidiarias extranjeras de rápido crecimiento pueden carecer del efectivo necesario para remitir un dividendo igual a incluso una porción de las utilidades.

Lo opuesto también puede ser verdad; las empresas pueden estar recibiendo efectivo de la cristalización de las cuentas por cobrar antiguas incluso cuando las utilidades estén bajas debido a que las ventas actuales hayan decaído o los gastos corrientes hayan aumentado en relación con los precios de las ventas actuales. Tales empresas pueden querer declarar un dividendo para eliminar una oferta pródiga de efectivo proveniente de un país, pero carecer de las utilidades contra las cuales se puedan cargar tales pagos. Por cualquiera de estas razones una empresa debe contemplar tanto las utilidades medidas como el efectivo disponible antes de establecer una política de dividendos en efectivo.

Factores de negocios conjuntos

La existencia de socios de negocios conjuntos o de accionistas locales también influye en la política de dividendos. El posicionamiento óptimo de los fondos a nivel internacional no puede dominar las reclamaciones válidas de los socios independientes o de los accionistas locales para los dividendos. Estos últimos no se benefician del éxito mundial de una empresa matriz multinacional, sino tan sólo del éxito del negocio conjunto en particular en el cual ellos poseen una participación. Las empresas podrían dudar de la conveniencia de reducir los dividendos cuando las utilidades se tambalean. También podrían dudar en incrementar los dividendos después de un auge en las ganancias debido a una posible reacción adversa a la reducción de los dividendos más tarde en caso de que disminuyan las ganancias. Muchas empresas multinacionales insisten en una propiedad de las subsidiarias al 100% para evitar posibles conflictos de intereses con los accionistas externos.

Capital de trabajo neto

Si el negocio de Trident Brasil continúa expandiéndose, continuamente aumentará sus inventarios y sus cuentas por pagar (A/P) para satisfacer el incremento en ventas bajo la forma de cuentas por cobrar (A/R). Estos tres componentes constituyen el *capital de trabajo neto* (NWC). La combinación es "neta" como resultado de la capacidad espontánea de financiamiento de las cuentas por pagar; las cuentas por pagar proporcionan una parte del financiamiento por los niveles adicionales de inventarios y de cuentas por cobrar:

$$\text{Capital de trabajo neto (NWC)} = (\text{A/R} + \text{Inventario}) - (\text{A/P}).$$

Ya que tanto las cuentas por cobrar como los inventarios son componentes de los activos circulantes en el lado izquierdo del balance general, a medida que crecen debe ser financiados de alguna forma por pasivos adicionales en el lado derecho del balance general. Las cuentas por pagar pueden proporcionar una parte del financiamiento. La figura 21.4 ilustra el capital de trabajo neto de Trident Brasil. Observe que no incluimos el efectivo o la deuda a corto plazo como parte del capital de trabajo neto. Aunque son parte de los activos circulantes y de los pasivos circulantes, respectivamente, son el resultado de la discreción de la administración, y no cambian de manera espontánea con las operaciones. Sus factores determinantes se exponen posteriormente en este capítulo.

FIGURA 21.4   Requisitos de capital de trabajo de Trident Brasil

El capital de trabajo neto (NWC) es la inversión neta que se requiere a la empresa para dar apoyo a la continuidad en las ventas. Los componentes del capital de trabajo neto crecen generalmente a medida que la empresa adquiere insumos, elabora productos y vende productos terminados.

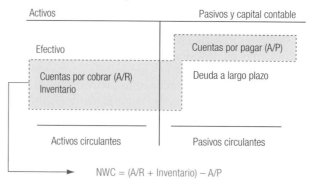

Balance general de Trident Brasil

Observe que el NWC no es lo mismo que los activos circulantes y los pasivos circulantes.

En principio, Trident trata de minimizar el saldo de su capital de trabajo neto. Reduce las cuentas por cobrar si las cobranzas se aceleran. Reduce los inventarios al llevar niveles más bajos de productos no terminados y terminados, y al acelerar la tasa a la cual se manufacturan los bienes —reduciendo el así llamado *ciclo de tiempo*—. Todas estas medidas se deben equilibrar con los costos de sus clientes. Las ventas se podrían reducir si los inventarios no están disponibles, o si las ventas a crédito se reducen. En el otro lado del balance general, el capital de trabajo neto se puede reducir estirando el plazo de las cuentas por pagar. Una vez más, si no se hace de manera cuidadosa, esto podría dañar potencialmente la relación de la compañía con sus proveedores clave, reduciendo con ello la confiabilidad y las asociaciones de la cadena de suministro.

Cuentas por pagar *versus* deudas a corto plazo

La figura 21.4 también ilustra una de las decisiones administrativas clave para cualquier subsidiaria: ¿deberían las cuentas por pagar liquidarse en forma anticipada, aprovechando los descuentos en caso de que sean ofrecidos por los proveedores? El financiamiento alternativo para los saldos de capital de trabajo neto es una deuda a corto plazo.

Por ejemplo, en Brasil los términos de pago son del todo prolongados en conformidad con las normas globales, y con frecuencia se extienden de 60 a 90 días. Paraña Electronics es uno de los principales proveedores de Trident Brasil. Entrega un embarque de componentes electrónicos y factura a Trident Brasil por R$180,000. Paraña Electronics ofrece términos de crédito de 5/10 neto 60. Esto significa que la totalidad del monto de las cuentas por pagar, R$180,000, se deberá pagar en 60 días. De manera alternativa, si Trident Brasil desea pagar dentro de los 10 primeros días, se otorga un descuento del 5%:

$$R\$180,000 \times (1 - 0.05) = R\$171,000$$

El administrador financiero de Trident Brasil, Maria Gonzalez, debe decidir cuál es el método de financiamiento con el costo más bajo para el capital de trabajo neto. La deuda a corto plazo en reales brasileños, debido a las condiciones inflacionarias relativamente más altas en Brasil, tiene un costo de 24% por año.

¿Cuál es el costo anual del descuento ofrecido por Paraña Electronics? A Trident Brasil se le hace un pago efectivo de 5% al conceder 50 días del financiamiento (60 días menos el periodo de 10 días para los descuentos). Suponiendo un conteo de 365 días para los cálculos de intereses,

$$\frac{365 \text{ días}}{50 \text{ días}} = 7.30$$

Para calcular el costo anual efectivo de intereses del financiamiento del proveedor, debemos capitalizar el descuento de 5% durante 50 días 7.30 veces, lo cual da un *costo de mantenimiento* proporcionado por Paraña Electronics de

$$(1 + 0.05)^{7.3} = 1.428, \text{ o } 42.8\% \text{ por año.}$$

Por lo tanto, Paraña Electronics le está cargando a Trident Brasil 42.8% por año por el financiamiento. De manera alternativa, Trident Brasil podría solicitar en préstamo reales a los bancos locales en São Paulo al 24% por año, usar los fondos para pagarle a Paraña Electronics en forma anticipada, y tomar los descuentos ofrecidos. Esto último es la elección obvia en este caso.

La elección entre la adopción del financiamiento proporcionado por los proveedores y una deuda a corto plazo no siempre es puramente una cuestión de comparación de costos de intereses. En muchos países, las subsidiarias extranjeras de las empresas multinacionales extranjeras tienen un acceso limitado a una deuda en moneda local. En otros casos, a la subsidiaria se le pueden ofrecer fondos a partir de la empresa matriz a tasas competitivas. Regresaremos a este tópico, la *banca interna*, en la última sección de este capítulo.

Días del capital de trabajo

Un método común para comparar la práctica de la administración del capital de trabajo consiste en calcular el capital de trabajo neto de una empresa sobre la base de los "días de ventas". Si el valor de las cuentas por cobrar, de los inventarios, y de las cuentas por pagar del balance general se dividen entre las ventas diarias anuales (ventas anuales/365 días), podemos resumir el capital de trabajo neto de la empresa en el número de días de ventas que representa el capital de trabajo neto. La figura 21.5 proporciona los resultados de una encuesta realizada por *CFO Magazine* tanto en Estados Unidos como en Europa en 2001 para el segmento de equipos y sistemas de cómputo tecnológicos.

Debemos tener cuidado al visualizar los resultados de la encuesta. Primero, los valores de las ventas expresados en días son para las compañías consolidadas, y no para las subsidiarias a nivel de país específico. Por lo tanto, los promedios podrían reflejar estructuras muy distintas de capital de trabajo para las subsidiarias individuales de las empresas que se listan. Segundo, sin conocer las áreas del negocio y del país específico incluidas, tenemos problemas para evaluar las decisiones del financiamiento a corto plazo que se expusieron en la sección anterior como tomadas por la administración de las empresas listadas.

Aun a pesar de estas reservas, existen algunas diferencias claras entre el promedio de Estados Unidos y el de Europa, así como entre las empresas individuales. El promedio de los días del capital de trabajo para las empresas estadounidenses seleccionadas de 29 días es inferior a la mitad de los 75 días para la muestra europea. Una revisión más cercana de las subcategorías indica una actitud radicalmente escasa hacia el inventario entre las empresas estadounidenses, mostrando un promedio de 19 días de ventas. Los días de ventas que se mantienen en las cuentas por cobrar a 53 días en promedio son casi de 20 días menos que el promedio europeo de 70. Las cuentas por pagar son en esencia idénticas entre los dos grupos. Como es claro, las empresas de equipos de cómputo tecnológico con base en Europa están llevando un nivel significativamente más alto de capital de trabajo neto en sus estructuras financieras que las empresas comparables con base en Estados Unidos para dar apoyo al mismo nivel de ventas.

Entre las empresas individuales, Dell vive al día de sus facturas como uno de los administradores de capital de trabajo más agresivos a través de todas las industrias. El nivel de capital de trabajo neto de Dell de dos días negativos indica exactamente lo que dice: un nivel de cuentas por pagar que excede de la suma de las cuentas por cobrar y el inventario. Aún con ese logro, sus seis días de inventario son todavía del triple del de los dos días de inventario de Apple Computer.

FIGURA 21.5 Días de capital de trabajo para empresas estadounidenses y europeas de sistemas y equipos de cómputo tecnológico

Compañía	País	Capital de trabajo expresado en días	Días de cuentas por cobrar	Días de inventarios	Días de cuentas por pagar
Intel Corporation	Estados Unidos	48	47	21	20
Cisco Systems	Estados Unidos	54	46	20	12
Dell Computer	Estados Unidos	(2)	41	6	49
Texas Instruments	Estados Unidos	34	65	32	63
Applied Materials	Estados Unidos	41	82	52	93
Apple Computer	Estados Unidos	2	48	2	48
Sun Microsystems	Estados Unidos	58	67	12	21
Gateway Inc.	Estados Unidos	0	25	8	33
Promedio	Estados Unidos	29	53	19	42
ST Microelectronics	Francia-Italia	58	65	52	59
Nokia	Finlandia	66	72	31	37
Philips Electronics	Países Bajos	71	59	51	39
GN Store Nord	Dinamarca	100	92	40	32
Spirent	Reino Unido	107	66	63	22
Getronics	Países Bajos	51	80	20	49
Infinecon Tech	Alemania	75	57	69	51
Promedio	Europa	75	70	47	41

Fuente: CFO Magazine, "2001 Working Capital Survey", 2 de julio de 2001, y CFO Europe Magazine, "2001 Working Capital Survey", julio/agosto de 2001. Días de capital de trabajo = días de cuentas por cobrar + días de inventarios – días de cuentas por pagar.

Capital de trabajo intracompañía

Una empresa multinacional en sí misma representa algunos desafíos únicos en la administración del capital de trabajo. Muchas empresas multinacionales manufacturan bienes en un número reducido de países específicos y posteriormente embarcan en forma global los productos intermedios a otros centros para la competencia y la distribución. Las cuentas por pagar, las cuentas por cobrar y los niveles de inventarios de las diversas unidades son una combinación de intracompañía e intercompañías. Las diversas prácticas de negocios que se observan a nivel global en relación con los términos del pago —tanto en días como en descuentos— crean varias situaciones desiguales en algunos casos.

Por ejemplo, la figura 21.6 ilustra los desafíos en la administración de capital de trabajo a los que se ha enfrentado Trident Brasil. Ya que Trident Brasil compra insumos a Trident Estados Unidos y posteriormente utiliza insumos adicionales de materiales locales para terminar los productos para una distribución local, debe administrar dos diferentes conjuntos de cuentas por pagar. Trident Estados Unidos hace ventas intracompañía sobre términos comunes del pago en Estados Unidos, 30 días neto. Sin embargo, los proveedores locales de Brasil usan términos de pago más cercanos a las normas brasileñas de 60 días neto (aunque en muchos casos esto es todavía muy corto para las prácticas brasileñas, las cuales se ha sabido que se extienden hasta 180 días). De manera similar, ya que los clientes de Trident Brasil son brasileños, esperan los mismos términos comunes de pago de 60 días. Trident Brasil se ve entonces "estrangulada", y le tiene que pagar a Trident Estados Unidos mucho más rápido de lo que le paga a otros proveedores locales y mucho tiempo antes de que reciba una liquidación en efectivo de sus clientes.

Además de la necesidad de Trident de determinar las prácticas de pago intracompañía que no impliquen cargas indebidas sobre sus subsidiarias extranjeras, la cuestión de la moneda de la factura también será extremadamente importante. Si Trident Brasil vende únicamente a nivel nacional, no tiende flujos naturales de entrada de dólares estadounidenses o de otras monedas duras —tan sólo gana reales brasileños—. Si Trident Estados Unidos factura entonces los insumos en dólares estadounidenses, Trident Brasil estará constantemente con un faltante de dólares e incurrirá en costos continuos de administración monetaria. Trident Estados Unidos debería facturar en reales brasileños y manejar la exposición monetaria de manera central (posiblemente a través de un centro de refacturación, como se expone en el capítulo 12).

FIGURA 21.6   Secuencia de capital de trabajo multinacional de Trident

Los flujos de entrada de efectivo de Trident Brasil surgen de las ventas del mercado local. Estos flujos de efectivo se utilizan para reembolsar tanto las cuentas por pagar intracompañía (a Trident Estados Unidos) como las deudas con los proveedores locales.

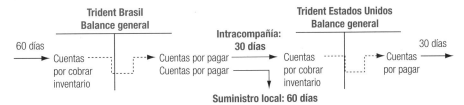

Prácticas de negocios brasileñas

Los términos de pago en Brasil son más prolongados que los términos de pago típicos de Norteamérica. Trident Brasil debe ofrecer términos de 60 días a los clientes locales para ser competitiva con otras empresas en el mercado local.

Prácticas de negocios estadounidenses

Los términos de pago usados por Trident Estados Unidos son típicos de Norteamérica, 30 días. Los clientes locales de Trident Estados Unidos esperarán que se les pague dentro de 30 días. Trident Estados Unidos puede considerar la extensión de términos más prolongados para Brasil para reducir el estrangulamiento.

Resultado: Trident Brasil está estrangulada en términos de flujos de efectivo. Recibe flujos de entrada de fondos en 60 días pero le debe pagar a Trident Estados Unidos en 30 días.

Administración de las cuentas por cobrar

Los flujos de entrada de efectivo en operación de una empresa se derivan principalmente del cobro de sus cuentas por cobrar. Las cuentas por cobrar a nivel multinacional se crean con motivo de dos tipos separados de transacciones: las ventas hechas a subsidiarias relacionadas y las ventas hechas a compradores independientes o no relacionados.

Clientes independientes. La administración de las cuentas por cobrar provenientes de clientes independientes involucran dos tipos de decisiones: ¿en qué moneda debería denominarse la transacción?, y ¿cuáles deberían ser los términos de pago? Las ventas nacionales casi siempre están denominadas en la moneda local. Un punto en disputa es si las ventas de exportación deberían denominarse en la moneda del exportador, en la moneda del comprador o en la moneda de un tercer país. La competencia o el cliente con frecuencia dictarán la respuesta, pero si hay espacio para la negociación, el vendedor prefiere establecer el precio y facturar en la moneda más fuerte, mientras que un comprador informado prefiere pagar en la moneda más débil.

Términos de pago. Los términos de pago son otro factor de negociación. Consideradas por sí mismas, las cuentas por cobrar provenientes de ventas en monedas débiles deben cobrarse tan pronto como sea posible para minimizar la pérdida en el valor cambiario entre la fecha de la venta y la fecha de cobro. Se puede permitir que las cuentas por cobrar provenientes de ventas en monedas duras permanezcan más tiempo pendientes de cobro. De hecho, si el vendedor está esperando una devaluación inminente de su moneda nacional, podría querer motivar un pago lento de sus cuentas por cobrar en una moneda dura, especialmente cuando el gobierno del país de origen requiere una conversión inmediata de las entradas en moneda extranjera a la moneda del país de origen. Una alternativa, si es legal, sería que el vendedor aceptara los fondos del extranjero y los mantuviera en depósito también en el extranjero en lugar de regresarlos al país de origen.

En las economías inflacionarias, la demanda de crédito generalmente excede a la oferta. Sin embargo, con frecuencia, una empresa grande (ya sea una empresa multinacional o un negocio local grande) tiene un mejor acceso al crédito limitado y barato que está disponible a nivel local que los negocios nacionales más pequeños, como los distribuidores locales, los mercaderes minoristas o los productores más pequeños.

Cuentas que se liquidan por sí mismas. Algunos sistemas bancarios, con frecuencia por razones de tradición, tienen predilección hacia las cuentas descontables que se liquidan por sí mismas. En muchos países europeos, es más sencillo solicitar fondos en préstamo a un banco con la garantía de las cuentas (cuentas por cobrar en forma negociable) generadas por las ventas que sobre la garantía de un inventario físico. Se dice que Napoleón tenía la filosofía de que a ningún mercader francés bueno se le debería pedir que esperara por los fondos cuando ha vendido buena mercancía a buenas personas, siempre y cuando que exista un documento que muestre la venta de los artículos. El documento debe tener la firma del comprador y la aprobación del vendedor y del banco que hace el redescuento. Por lo tanto, en Francia es a menudo posible reducir la inversión neta en cuentas por cobrar a cero mediante una venta basada en aceptaciones comerciales que puedan descontarse en el banco.

El uso europeo de las cuentas descontables se basa en un fundamento muy real. De acuerdo con las leyes comerciales europeas, con base en el Código de Napoleón, el derecho certificado por la firma del comprador sobre una cuenta está separado del derecho en que se basa la transacción de base. Por ejemplo, una cuenta es fácilmente negociable porque las objeciones acerca de la calidad de la mercancía por parte del comprador no afectan al derecho del tenedor de la cuenta. Además, las cuentas incumplidas se pueden cobrar a través de un proceso judicial particularmente rápido que es más veloz que la cobranza de las cuentas por cobrar normales.

Otros términos. En muchos países, los cuerpos gubernamentales facilitan el financiamiento del inventario bajo la forma de un financiamiento por cuentas por cobrar al extender crédito para la exportación o al garantizar el crédito a la exportación proveniente de bancos a tasas de interés ventajosas. Cuando el término del financiamiento especial a las exportaciones se puede extender de tal modo que iguale al pago del comprador extranjero, este último es en efecto capaz de financiar su inventario a través de la cortesía del gobierno del país del exportador.

En algunos ambientes, los términos de crédito extendidos por los productores a los minoristas son de vencimientos tan largos que constituyen una "compra" del minoristas, siendo tal "compra" necesaria para construir un sistema de distribución operacional entre el productor y el cliente final. En Japón, por ejemplo, los términos de pago del cliente de 120 días son muy comunes, y el esfuerzo de ventas del productor no es competitivo a menos de que se proporcione una ayuda financiera suficiente a los minoristas para hacer posible o beneficioso para ellos comprar el producto del productor. Se ha indicado que la ayuda financiera puede tomar la forma de una compra directa del capital social del minorista, un préstamo de capital de trabajo, compras de equipos, un subsidio o préstamo y la consideración de los términos de pago. Tal financiamiento proporcionado por el productor es una forma normal de realizar operaciones de negocios en Japón y contribuye a la falta de una competencia nacional prevaleciente en ese país.

Administración del inventario

Las operaciones que ocurren en economías inflacionarias y propensas a la devaluación, algunas veces obligan a la administración a modificar su enfoque normal para la administración de los inventarios. En algunos casos, la administración puede optar por mantener el inventario y los niveles de reorden muy por arriba de lo que se requeriría en un modelo de la cantidad económica de la orden.

Bajo condiciones en las que la devaluación de la moneda local es probable, la administración debe decidir si acumula un inventario de artículos importados en anticipación de la devaluación esperada. Después de la devaluación, el inventario importado tendrá un mayor costo en términos de moneda local. Un punto de intercompensación es un costo de mantenimiento más alto debido al nivel inflado del inventario y las altas tasas de interés locales que normalmente reflejan la devaluación esperada. Una intercompensación menos obvia es la posibilidad de que el gobierno local se obligue a una congelación de precios después de una devaluación. Esta congelación evitaría que el inventario importado se vendiera en un margen de ganancia apropiado por arriba de su valor de reemplazo ahora más alto. Lo que es peor, la devaluación puede no ocurrir como se anticipó dejando a la administración con el mantenimiento de un nivel excesivo de inventarios hasta que pueda ser reducido. La disposición de un inventario excesivo será particularmente problemática si los competidores han seguido la misma estrategia de especulación sobre el inventario importado.

Zonas de libre comercio y zonas industriales libres

Una *zona de libre comercio* combina la antigua idea de los puertos libres de derechos con la legislación que reduce o elimina los derechos aduanales para los minoristas o productores que estructuran sus operaciones para beneficiarse de la técnica. En una zona de libre comercio los impuestos sobre ingresos también se pueden reducir para las operaciones. Los antiguos puertos libres de derechos, típicamente localizados en las áreas de los muelles de los principales puertos marítimos, eran el punto en el que se mantenían los bienes, libres de derechos, hasta que el propietario estaba listo para entregarlos dentro del país. Las modernas zonas de libre comercio, en comparación, con frecuencia se localizan lejos del área de un puerto. Por ejemplo, la firma italiana Olivetti tiene tal zona en Harrisburg, Pennsylvania.

Las zonas de libre comercio funcionan de varias maneras. Como se mencionó, pueden ser un lugar para descargar la mercancía para una venta subsiguiente dentro del país donde se localiza dicha zona. Un ejemplo de tal zona sería un área de almacenamiento para los automóviles importados Toyota en el puerto de Los Ángeles. Se puede mantener una fuerte cantidad de modelos diferenciados vendidos por un negociante, en cuyo momento los automóviles se "importan" a Estados Unidos desde la zona de libre comercio. La ventaja de tal arreglo es que se puede mantener una variedad de modelos cerca del punto de venta para una rápida entrega, pero los derechos de importación se deben pagar únicamente cuando la mercancía pasa de dicha zona a California.

Un segundo tipo de zona se relaciona con el ensamblado de componentes para una venta subsiguiente dentro del país donde se localiza la zona. Un ejemplo es la línea de ensamble de Mercedes en Alabama. Los componentes se importan hacia la zona de libre comercio donde se termina el trabajo de ensamblado. Los derechos de importación se pagan únicamente cuando el automóvil terminado es removido de la zona. Además, el derecho es más bajo de lo que sería para un automóvil terminado porque los cargos sobre los componentes son inferiores al cargo sobre un vehículo terminado.

Un tercer tipo de zona es un centro de manufactura a todo lujo en el que una porción mayor de su producción es reexportada hacia el exterior del país. Los ejemplos son Penang, Malasia y Madagascar, donde tales zonas han sido oficialmente designadas como "zonas industriales libres". En Penang, las compañías tan diversas como Dell, National Semiconductor, Sony, Bosch y Trane Air Conditioning manufacturan los productos finales. Una porción mayor de la producción es reexportada, evitando la aduana de Malasia pero proporcionando empleos para los trabajadores e ingenieros de ese país. La porción de la producción vendida en Malasia queda sujeta a derechos tan sólo sobre los componentes que se hayan importado originalmente. Sin embargo, la variedad de empresas permite a una comprar de la otra; Dell compra circuitos Pentium a Intel y dispositivos de disco a Seagate, ambos de los cuales se localizan a menos de una milla de la planta de Dell.

Administración internacional del efectivo

La *administración internacional del efectivo* es el conjunto de actividades que determinan los niveles de los saldos que se mantienen a través de una empresa multinacional, y la facilitación de su desplazamiento a través de las fronteras. Estas actividades son generalmente manejadas por la tesorería internacional de una empresa multinacional.

Motivos para el mantenimiento de efectivo

El nivel de efectivo que mantiene una subsidiaria individual se determina en forma independiente de las decisiones de administración de capital de trabajo que se expusieron anteriormente. Los saldos en efectivo, incluyendo a los valores negociables, se mantienen parcialmente para capacitar los desembolsos diarios de efectivo y parcialmente para protegerse contra variaciones no anticipadas provenientes de los flujos de efectivo presupuestados. Estos motivos se denominan *motivo transaccional* y *motivo preventivo*.

El efectivo que se desembolsa para las operaciones se repone a partir de dos fuentes: 1) rotación de capital de trabajo interno y 2) abastecimiento externo, tradicionalmente la solicitud préstamos a corto plazo. Los préstamos a corto plazo también pueden ser "negativos", como cuando se usa un exceso de efectivo para reembolsar los préstamos a corto plazo pendientes de pago. En general, las subsidiarias individuales de las empresas multinacionales mantienen generalmente tan sólo los saldos mínimos de efectivo para satisfacer los propósitos de una transacción. Una administración eficiente de efectivo tiene como finalidad reducir los fondos comprometidos de manera innecesaria en el sistema, sin disminuir las utilidades o sin incrementar los riesgos, a efecto de incrementar la tasa de rendimiento sobre los activos invertidos.

Liquidaciones y procesamiento internacional del efectivo

La naturaleza de los negocios multinacionales aumenta la complejidad al hacer pagos y liquidaciones de flujos de efectivo entre empresas relacionadas y no relacionadas. A lo largo del tiempo, un número de técnicas y servicios han evolucionado y han sido capaces de simplificar y reducir los costos de hacer estos pagos a través de las fronteras. Aquí nos concentramos en cuatro técnicas: las transferencias telegráficas, la mancomunación del efectivo, las interconexiones de pagos y las transferencias electrónicas de fondos.

Transferencias telegráficas

Aunque existe una variedad de redes basadas en computadoras que se usan para dar efecto a las transacciones y liquidaciones internacionales, dos de ellas han llegado a dominar el sector financiero internacional, a saber: CHIPS y SWIFT. La principal distinción entre los sistemas es si son únicamente para comunicaciones seguras, o para transferencias y liquidaciones reales.

Chips. The Clearing House Interbank Payment System (CHIPS) es una red computarizada que conecta en forma global a los principales bancos. CHIPS es poseída y operada por sus bancos miembro, haciéndolo el sistema individual operado en forma privada para pagos finales más grande del mundo. Habiendo sido desarrollado en 1970 cuando las transacciones monetarias internacionales estaban dominadas por el dólar estadounidense, CHIPS ha continuado dominando la transferencia y la liquidación de transacciones en dólares estadounidenses durante más de 34 años.

CHIPS es en realidad una subsidiaria de The New York Clearing House, el procesador de pagos más antiguo y más grande de transacciones bancarias. The New York Clearing House se estableció por primera vez en 1853 para proporcionar un lugar central —una casa de compensaciones— donde diariamente, todos los bancos de la ciudad de Nueva York pudiera liquidar las transacciones, tales como los muchos cheques personales escritos por individuos y corporaciones privadas, entre ellos mismos. CHIPS en sí misma es simplemente un resultado evolutivo de esta necesidad basado en computadoras. Ya que los bancos son todavía el principal proveedor de servicios financieros para las empresas multinacionales, la transferencia de pagos de negocios a nivel global tanto intercompañías como intracompañía usan a los bancos para dar efecto a los pagos y los bancos a la vez utilizan CHIPS.

Swift. La Society for Worldwide Interbank Financial Telecommunications (SWIFT) también facilita el proceso de liquidaciones por transferencias telegráficas a nivel global. Mientras que CHIPS realmente compensa las transacciones financieras, SWIFT es puramente un sistema de comunicaciones. Al proporcionar un proceso de transferencia seguro y estandarizado, SWIFT ha reducido grandemente los errores y los costos asociados con la realización de transferencias internacionales de efectivo.

En años recientes, SWIFT ha ampliado sus servicios de mensajería más allá de los bancos hacia los corredores/negociantes y los administradores de inversiones. En la parte media de la década de 1990, sus servicios alcanzaron una mayor amplitud a medida que SWIFT amplió la infraestructura de mercado a los pagos en los certificados de tesorería, instrumentos derivados y servicios de valores y del tipo comercial. Actualmente se encuentra a la vanguardia de la evolución de los productos y servicios basados en Internet para pagos electrónicos, ampliándose más allá de los bancos hacia los clientes del sector no financiero que conducen un comercio electrónico de negocio a negocio.

Mancomunación de efectivo y depositarios centralizados

Cualquier negocio con subsidiarias operativas ampliamente dispersas puede obtener beneficios operativos mediante la centralización de la administración del efectivo. Internacionalmente, el procedimiento requiere que cada subsidiaria mantenga un saldo mínimo de efectivo para sus propias transacciones sin la necesidad de mantener el efectivo para propósitos de precaución. Sin embargo, la fuente central de mancomunación tiene autoridad para invalidar esta regla en general. Todos los fondos excesivos se remiten a un depositario central de efectivo, donde una sola autoridad invierte los fondos en aquellas monedas e instrumentos del mercado de dinero que mejor convengan a la empresa internacional.

Un depositario central le proporciona a una empresa multinacional por lo menos cuatro ventajas:

1. Obtención de información.
2. Mantenimiento de saldos de efectivo por precaución.
3. Reducción de los costos de la tasa de interés.
4. Localización del costo en centros financieros deseables.

Ventaja de información. El tamaño de un depositario central le proporciona una ventaja en la obtención de información. Debe localizarse en uno de los principales centros financieros del mundo de tal modo que la información necesaria para las opiniones acerca de los puntos fuertes y débiles relativos de las diversas monedas se pueda obtener fácilmente. La tasa de rendimiento y la información de riesgos sobre inversiones alternativas en cada moneda y los centros para la ejecución de las órdenes también deben estar disponibles. La lógica de la información de la centralización es que una oficina que se especializa y opera con sumas de dinero más grandes puede obtener mejor información de los bancos, corredores y otras instituciones financieras así como un mejor servicio para la ejecución de las órdenes.

Ventaja de los saldos preventivos. Una segunda razón para el mantenimiento de todos los saldos preventivos en un fondo central mancomunado es que el total de dicho fondo, si está centralizado, se puede reducir el tamaño sin una pérdida en el nivel de protección. Trident Estados Unidos, por ejemplo, tiene subsidiarias en Europa, Brasil y China. Suponga que cada una de estas subsidiarias mantiene su propio saldo de efectivo preventivo como igual a sus necesidades esperadas de efectivo más un margen de seguridad de tres desviaciones estándar de variabilidad histórica sobre los requisitos reales de efectivo. Se supone que las necesidades de efectivo están normalmente distribuidas en cada país, y las necesidades son independientes de un país a otro. La existencia de tres desviaciones estándar significa que existe un 99.87% de probabilidad de que se satisfagan las necesidades reales de efectivo; es decir, tan sólo una probabilidad de 0.13% de que cualquier subsidiaria europea se quede sin efectivo.

Las necesidades de efectivo de las subsidiarias individuales y los saldos totales preventivos de efectivo que se mantienen se muestran en la figura 21.7. El total de saldos de efectivo preventivos que mantiene Trident Europa, Brasil y China, asciende a US$46 millones, los cuales consisten en US$28 millones en necesidades de efectivo esperadas, y US$18 millones en saldos de efectivo ociosos (la suma de las tres desviaciones estándar de los saldos esperados de efectivo individuales) mantenidos como un margen de seguridad.

¿Qué sucedería si las tres subsidiarias de Trident mantuvieran todas ellas sus saldos preventivos en una sola cuenta con Trident Estados Unidos? Ya que las variaciones son aditivas cuando las distribuciones de probabilidad son independientes (vea nota de pie b de la figura 21.7), el efectivo necesario disminuiría desde US$46,000,000 hasta US$39,224,972, y se calcularía como sigue:

Saldo de efectivo centralizado	=	Suma de las necesidades esperadas de efectivo	+	Tres desviaciones estándar de la suma esperada
	=	US$28,000,000	+	$(3 \times US\$3{,}741{,}657)$
	=	US$28,000,000	+	US$11,224,972
	=	US$39,224,972		

Un saldo de efectivo presupuestado con tres desviaciones estándar por arriba de las necesidades de efectivo esperadas en forma agregada requiere únicamente de US$11,224,972 en efectivo potencialmente ocioso, en oposición al saldo anterior de efectivo de US$18,000,000. Trident ahorra US$6,755,028 en saldos de efectivo sin reducir su seguridad.

FIGURA 21.7   Depositarios de efectivo descentralizados *versus* centralizados

Depositarios de efectivo descentralizados

Subsidiaria	Necesidades de efectivo esperadas (A)	Una desviación estándar (B)	Saldo de efectivo presupuestado para protección adecuada (A + 3B)
Trident Europa	US$10,000,000	US$1,000,000	US$13,000,000
Trident Brasil	6,000,000	2,000,000	12,000,000
Trident China	12,000,000	3,000,000	21,000,000
Total	US$28,000,000	US$6,000,000	US$46,000,000

Depositario central de efectivo

Subsidiaria	Necesidades de efectivo esperadas (A)	Una desviación estándar (B)	Saldo de efectivo presupuestado para protección adecuada[a] (A + 3B)
Trident Europa	US$10,000,000		
Trident Brasil	6,000,000		
Trident China	12,000,000		
Total	US$28,000,000	US$3,741,657[b]	US$39,224,972

[a] La protección adecuada se define como el saldo de efectivo esperado más tres desviaciones estándar, suponiendo que los flujos de efectivo de las tres unidades individuales se distribuyen normalmente.

[b] La desviación estándar del saldo de efectivo esperado del depositario centralizado se calcula como sigue:

$$\text{Desviación estándar} = \sqrt{(1{,}000{,}000)^2 + (2{,}000{,}000)^2 + (3{,}000{,}000)^2} = US\$3{,}741{,}657.$$

Ventaja de la tasa de interés. Una tercera ventaja de la administración centralizada de efectivo es que una subsidiaria no solicitará fondos en préstamo a altas tasas al mismo tiempo que otra mantenga fondos excesivos ociosos o los invierta a tasas bajas. Los administradores del fondo central mancomunado pueden localizar las localidades menos costosas para solicitar fondos en préstamo y los rendimientos más ventajosos que se ganarán sobre los excesos de fondos. Cuando se necesite efectivo adicional, el administrador del fondo mancomunado central determina la ubicación de tales préstamos. El administrador de una subsidiaria local puede evitar solicitar fondos en préstamo a una tasa superior al mínimo disponible para el administrador del fondo mancomunado. Si la empresa tiene un exceso de efectivo a nivel mundial, el administrador del fondo central mancomunado puede evaluar las tasas comparativas de rendimiento en varios mercados, los costos de las transacciones, los riesgos cambiarios y los efectos fiscales.

Ubicación. Los fondos mancomunados de dinero de tipo central generalmente se mantienen en centros monetarios mayores tales como Londres, Nueva York, Zurich, Singapur y Tokio. Las localidades adicionales de tipo popular para los fondos mancomunados de dinero incluyen a Liechtenstein, Luxemburgo, las Bahamas y las Bermudas. Aunque estos países no tienen economías diversificadas fuertes, ofrecen la mayor parte de los prerrequisitos para un centro financiero corporativo: una moneda libremente convertible, estabilidad política y económica, acceso a las comunicaciones internacionales y procedimientos legales claramente definidos. Su ventaja adicional como un así llamado paraíso fiscal también es deseable.

La necesidad de un sistema centralizado de depositarios significa que los bancos multinacionales tienen una ventaja sobre los bancos de un solo país al diseñar y al ofrecer servicios competitivos. Sin embargo, los bancos de un solo país se pueden incorporar dentro del sistema si los resultados deseados aún se pueden lograr, dado que la esencia de la operación está dada por información y decisiones de tipo centralizado. Las empresas multinacionales pueden colocar fondos reales en tantos bancos como deseen.

Interconexiones multilaterales

Una *conexión multilateral* se define como el proceso que cancela, por vía de una compensación, la totalidad o parte de la deuda contraída por una entidad con otra entidad relacionada. Las interconexiones multilaterales de pagos son de utilidad principalmente cuando un alto número de transacciones cambiarias separadas ocurren entre subsidiarias en el curso normal de los negocios. La interconexión reduce el costo de liquidación de lo que de otra manera sería un alto número de transacciones al contado de tipo cruzado.

Las interconexiones multilaterales son una extensión de una interconexión bilateral. Suponga que Trident Brasil le debe a Trident China US$5 millones, y que Trident China le debe simultáneamente a Trident Brasil US$3 millones. Una liquidación bilateral requiere de un solo pago de US$2 millones de Brasil a China y de la cancelación, por vía de la compensación, de la parte restante de la deuda.

Un sistema multilateral es una versión ampliada de este sencillo concepto bilateral. Suponga que se adeudan pagos entre las operaciones de Trident al final de cada mes. Cada obligación refleja las transacciones acumuladas del mes anterior. Estas obligaciones para un mes en particular podrían ser como se muestra en la figura 21.8.

En la ausencia de estas interconexiones, Trident Brasil hace tres pagos separados y recibe tres entradas de fondos separadas al final del mes. Si Trident Brasil pagara sus obligaciones intracompañía en forma diaria, o incluso semanal, en lugar de acumular un saldo a ser liquidado al final del mes, generaría una multitud de costosas transacciones bancarias pequeñas. Los totales diarios ascenderían a los saldos mensuales acumulados que se muestran en el diagrama.

Con la finalidad de reducir los costos que las transacciones bancarias, como el diferencial entre las cotizaciones de la oferta y la demanda cambiaria y los honorarios de transferencia, las empresas multinacionales como Trident establecen centros multilaterales de interconexión internos. Otras empresas contratan con bancos para que administren su sistema de interconexión. Suponga que las obligaciones netas intracompañía de Trident para un mes determinado se pueden resumir como se muestra en la figura 21.9.

Observe que las obligaciones de pago y las entradas de fondos esperadas ascienden a US$43,000,000 debido a que las deudas de una subsidiaria son las cuentas por cobrar de otra. Si el costo de las transacciones cambiarias y los honorarios de transferencia fueran de 0.5%, el costo total de la liquidación sería de US$205,000. Usando la información proveniente de la matriz de interconexiones que se muestra en la figura 21.9, el

| FIGURA 21.8 | Matriz multilateral antes de la interconexión |

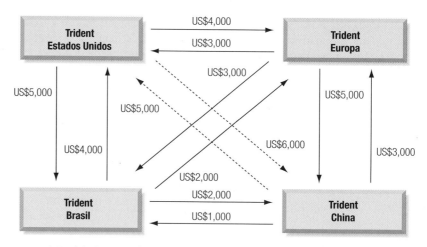

Antes de las interconexión, las cuatro compañías hermanas de Trident tienen numerosos pagos intracompañía entre ellas. Cada pago da como resultado cargos por transferencias.

| FIGURA 21.9 | Cálculo de las obligaciones netas de Trident intrasubsidiaria (millares de dólares estadounidenses) |

Subsidiaria que hace la recepción	Subsidiaria que hace el pago				Total recepciones	Recepciones netas
	Estados Unidos	Brasil	Europa	China		
Estados Unidos	—	US$4,000	US$3,000	US$5,000	US$12,000	(US$3,000)
Brasil	5,000	—	3,000	1,000	9,000	US$1,000
Europa	4,000	2,000	—	3,000	9,000	(US$2,000)
China	6,000	2,000	5,000	—	13,000	US$4,000
Total pagos	US$15,000	US$8,000	US$11,000	US$9,000	US$43,000	—

centro de interconexiones de Trident Estados Unidos puede ordenar tres pagos para liquidar el conjunto total de obligaciones. Trident Estados Unidos remitirá por sí misma US$3,000,000 a China, y Europa recibirá instrucciones de enviar US$1 millón a Brasil y US$1 millón a China. Las transferencias totales cambiarias se reducen a US$5,000,000, y los costos al 0.5% se reducen a US$25,000. Esto se muestra en la figura 21.10.

Algunos países prohíben o limitan las interconexiones, mientras que otros las permiten únicamente sobre la base de "pagos brutos". Para un solo periodo de liquidaciones todos los pagos se pueden combinar en uno solo, y todas las entradas se recibirán como una sola transferencia. Sin embargo, éstos dos no se pueden interconectar y por tanto deben pasar a través del sistema bancario local.

Financiamiento del capital de trabajo

Una empresa multinacional disfruta de una mayor variedad de fuentes bancarias para financiar sus necesidades de capital de trabajo en comparación con las empresas nacionales. Las fuentes bancarias disponibles para las empresas multinacionales incluyen a los bancos internos financiados a través de capitales repatriados, a los bancos internacionales y a los bancos locales donde se

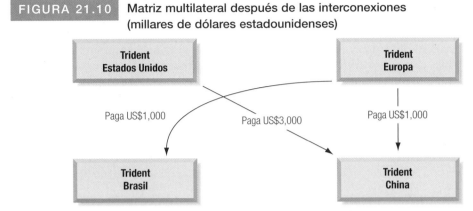

FIGURA 21.10   Matriz multilateral después de las interconexiones
(millares de dólares estadounidenses)

Después de las interconexiones, las cuatro compañías hermanas de Trident tan sólo tienen tres pagos netos que deberán hacer entre ellas mismas para liquidar todas las obligaciones intracompañía.

localizan las subsidiarias. Los bancos internos y los diversos tipos de oficinas bancarias comerciales externas se describen en la parte restante de este capítulo.

Bancos internos

Algunas empresas multinacionales han encontrado que sus recursos y necesidades financieras son demasiado grandes o demasiado sofisticados para los servicios financieros disponibles en muchas localidades donde operan. Una solución para esto ha sido el establecimiento de un *banco interno* dentro de la empresa. Un banco interno no es una corporación separada; más bien, es un conjunto de funciones ejecutadas por el departamento actual de la tesorería. Al actuar como una entidad independiente, la tesorería central de la empresa realiza transacciones con las diversas unidades del negocio de la empresa sobre bases independientes. El propósito del banco interno es proporcionar servicios similares a los bancarios a las diversas unidades de la empresa. El banco interno puede ser capaz de proporcionar servicios que no están disponibles en muchos países, y hacerlo al costo más bajo cuando estén disponibles. Además de las actividades tradicionales bancarias, el banco interno puede ser capaz de ofrecer servicios a las unidades de la empresa, las cuales ayudan a la administración a las exposiciones por transacciones continuas. Finalmente, ya que es interno, el análisis de crédito no es una parte de la toma de decisiones del banco.

Por ejemplo, el banco interno de Trident Corporation podría trabajar con Trident Europa y con Trident Brasil. Este último vende todas sus cuentas por cobrar al banco interno a medida que surgen, reduciendo así algunas de sus necesidades de capital de trabajo a nivel nacional. Las necesidades adicionales de este tipo son atendidas por el banco interno directamente a favor de Trident Brasil. Ya que el banco interno es parte de la misma compañía, las tasas de interés que carga pueden ser significativamente más bajas que lo que podría obtener Trident Brasil por sí misma. La fuente de fondos para el banco interno puede surgir de los depósitos de saldos excesivos de efectivo provenientes de Trident Europa. Si el banco interno le puede pagar a Trident Europa una tasa de depósito más alta que la que podría obtener por sí misma, y si el banco interno puede prestar estos fondos a Trident Brasil a una tasa de interés más baja que la que podría obtener por sí misma en Brasil, entonces ambas unidades operativas se benefician. Suponiendo que la tasa de préstamos es mayor que la tasa de depósitos, el banco interno se beneficia por el margen entre los dos, pero este margen o diferencial debe ser más pequeño que el que estaría disponible a partir de un banco comercial.

¿Cómo puede el banco interno operar con un diferencial más pequeño que un banco comercial ordinario? Primero, sus costos son más bajos porque no tiene que adecuarse a los exigentes requisitos de capital impuestos sobre los bancos comerciales en todo el mundo. Segundo, los bancos internos no tienen los costos indirectos que son causados por el apoyo de las salas grandes de negociaciones, de las redes de sucursales, de los "frentes comerciales" al menudeo y otros servicios requeridos para la competitividad de un banco comercial. Tercero, no necesitan evaluar la dignidad de crédito de las unidades corporativas con las cuales hacen tratos, ya que dichas unidades están todas ellas dentro de la misma familia, ni tampoco necesitan prever las pérdidas por créditos.

Además de proporcionar beneficios de financiamiento, los bancos internos permiten una administración más eficaz del riesgo monetario. En el caso de Trident Brasil, la venta de las cuentas por cobrar en moneda extranjera al banco interno transfiere la exposición por transacciones al banco. El banco interno está mejor capacitado para tratar con las exposiciones monetarias y tiene un mayor volumen de flujos de efectivo internacionales que permiten a Trident Estados Unidos aprovechar un uso más efectivo de las interconexiones y del acoplamiento. Esto libera a las unidades de la empresa de tener que luchar para administrar las exposiciones por transacciones y les permite concentrarse en sus actividades fundamentales de negocios.

Oficinas de la banca comercial

Las empresas multinacionales dependen de sus bancos comerciales para el manejo de la mayoría de sus necesidades de financiamiento comercial, como cartas de crédito, pero también para la obtención de asesorías sobre el apoyo del gobierno, la evaluación de riesgo del país, las introducciones a empresas extranjeras y bancos y la disponibilidad general del financiamiento. Las empresas multinacionales funcionan en conjunto con sus bancos a través de una variedad de tipos de oficinas bancarias, muchas de las cuales ejecutan funciones especializadas. Por lo tanto, es importante que los administradores financieros entiendan qué oficinas bancarias proporcionan cuáles tipos de actividades. Los principales puntos del contacto bancario son con los bancos corresponsales, con las oficinas de representación, con los bancos-sucursales y con las subsidiarias. En Estados Unidos, se dispone de un centro bancario más especializado: la Corporación Edge Act.

Bancos corresponsales. La mayoría de los principales bancos del mundo mantienen relaciones bancarias a nivel de corresponsales con los bancos locales de cada una de las principales ciudades extranjeras del mundo. El vínculo bidireccional entre los bancos es esencialmente para la correspondencia por medio de faxes, cable y correo, y una relación de depósitos mutuos. Por ejemplo, un banco estadounidense puede tener un banco corresponsal en Kuala Lumpur, Malasia, y el banco estadounidense será a la vez el banco corresponsal del banco de Malasia. Cada uno de ellos mantendrá un depósito en el otro en la moneda local.

Los servicios de correspondencia incluyen la aceptación de giros, el cumplimiento de las cartas de crédito y el suministro de información de crédito. Los servicios se centran en la cobranza o en el pago de fondos extranjeros, con frecuencia debido a transacciones de importación o de exportación. Sin embargo, una persona que haga visitas a los negocios puede usar la presentación del banco del país de origen para reunirse con los banqueros locales. Bajo una relación de banca de corresponsales, ninguno de los bancos mantiene a su propio personal en el otro país. El contacto directo entre los bancos está generalmente limitado a visitas periódicas entre los miembros de la administración de los bancos.

Para un hombre de negocios, la ventaja principal de un servicio bancario local —con un banco que disponga de una gran cantidad de relaciones con corresponsales extranjeros—, está en la capacidad para manejar diversos aspectos financieros en un alto número de países, a través de banqueros cuyo conocimiento de los clientes locales sea amplio. Las desventajas son la falta de capacidad para hacer depósitos, para solicitar fondos en préstamo, o para hacer desembolsos a partir de la sucursal de un banco nacional. Existe la posibilidad de que los corresponsales confieran una prioridad más baja al servicio de los clientes de los bancos extranjeros que al servicio de sus propios clientes permanentes.

Oficinas de representación. Un banco establece una oficina de representación en un país extranjero principalmente para ayudar a los clientes del banco matriz cuando está realizando operaciones de negocios en ese país o en los países vecinos. También funciona como una localidad geográficamente conveniente desde la cual se pueden visitar los bancos corresponsales en su región, en lugar de enviar banqueros desde el banco matriz a un costo financiero y físico mayor. Una oficina de representación no es una oficina bancaria. No puede aceptar depósitos, hacer préstamos, comprometer al banco matriz con un préstamo, o negociar giros, cartas de crédito u operaciones del mercado euro monetario. En efecto, un turista no puede siquiera cobrar un cheque de viajero del banco matriz en las oficinas de representación.

Si el banco matriz decide finalmente abrir una oficina bancaria general de tipo local, la existencia de una oficina de representación para algún periodo anterior generalmente proporciona una base valiosa de contacto y de habilidad para facilitar el cambio. Sin embargo, las oficinas de representación no son necesariamente un preludio para una oficina bancaria general, ni viceversa.

Bancos-sucursales. Una sucursal bancaria extranjera es una parte legal y operacional del banco matriz, y los recursos totales de dicho banco matriz respaldan a la oficina local. Una sucursal bancaria no tiende su propia escritura corporativa, su propia junta de directores o acciones de capital en circulación. Aunque para propósitos administrativos y reguladores mantendrá su propio conjunto de libros, sus activos y pasivos son de hecho los del banco matriz. Sin embargo, los depósitos de las sucursales no están sujetos a los requisitos de reserva o al seguro FDIC, en el caso de los bancos estadounidenses, a menos que los depósitos se vuelvan a prestar al banco matriz estadounidense.

Las sucursales bancarias están sujetas a dos conjuntos de regulaciones bancarias. Como parte del banco matriz, están sujetas a regulaciones del país de origen. Sin embargo, también están sujetas a las regulaciones del país anfitrión, el cual puede imponer alguna de una variedad de restricciones sobre sus operaciones.

La ventaja principal que tiene un negocio al usar una sucursal bancaria es que dicha sucursal prestará una amplia variedad de servicios bancarios bajo el nombre y la obligación legal del banco matriz. Un depósito en una sucursal es una obligación legal del banco matriz. Los servicios para los clientes se basan en el valor mundial de la relación con el cliente en lugar de basarse tan sólo en la relación para la oficina local. Los límites legales del préstamo son una función del tamaño del banco matriz, y no de la sucursal.

Desde el punto de vista de un banquero, las utilidades de una sucursal extranjera están sujetas a un gravamen inmediato en el país de origen, y las pérdidas de una sucursal extranjera son deducibles contra los ingresos gravables en el país de origen. Cuando se espera que una oficina nueva tenga pérdidas en sus primeros años ello crea una ventaja fiscal si está inicialmente organizada como una sucursal, y si finalmente la intención es cambiarla a una subsidiaria incorporada de manera separada. Desde el punto de vista organizacional, una sucursal extranjera es generalmente más fácil de crear y de integrar que una subsidiaria incorporada en forma separada.

La desventaja principal de una sucursal bancaria es aquella que se genera para el banco en lugar de sus clientes. El banco matriz (y no solamente la sucursal) puede ser demandado a nivel local por deudas u otras actividades de la sucursal.

Subsidiarias bancarias. Una subsidiaria bancaria es un banco incorporado en forma separada, poseído en su totalidad o en su mayor parte por un banco matriz extranjero, el cual conduce un negocio bancario general. Como corporación separada, las subsidiarias bancarias deben cumplir con todas las leyes del país anfitrión. Su límite de préstamo se basa en su propio capital contable en lugar del capital del banco matriz. Esto limita su capacidad para atender a los prestatarios grandes, pero la incorporación local también limita la responsabilidad del banco matriz a su inversión en el capital contable de la subsidiaria.

Una subsidiaria bancaria extranjera aparece con frecuencia como un banco local a los ojos de los clientes potenciales en los países anfitriones y por lo tanto con frecuencia es capaz de atraer depósitos locales adicionales. Esto será especialmente cierto si el banco era independiente antes de ser comprado por el banco matriz extranjero. La administración bien puede ser local, dándole al banco un mayor acceso a la comunidad local de negocios. Una subsidiaria bancaria de propiedad extranjera tiene más probabilidades de estar involucrada en negocios tanto nacionales como internacionales que una sucursal extranjera, la cual tiene más probabilidades de atraer a la comunidad extranjera de negocios pero bien puede encontrar dificultades para atraer a los negocios bancarios provenientes de firmas locales.

Corporaciones Edge Act. Las corporaciones Edge Act son subsidiarias de los bancos estadounidenses, incorporadas en Estados Unidos bajo la Sección 25 de la Ley de la Reserva Federal como se reformó, para participar en las operaciones internacionales de banca y financiamiento. Tales subsidiarias no solamente pueden participar en la banca internacional general, sino que también pueden financiar proyectos comerciales, industriales o financieros en países extranjeros a través de préstamos a largo plazo o de una participación en el capital contable. Sin embargo, tal participación está sujeta a las prácticas y políticas diarias del Sistema de la Reserva Federal.

Las corporaciones Edge Act generalmente participan en dos tipos de actividades: la banca internacional directa, incluyendo la actuación como una compañía tenedora para las acciones de una o más subsidiarias bancarias extranjeras, y las actividades de desarrollo del financiamiento no estrechamente relacionadas con las operaciones tradicionales de la banca.

RESUMEN

■ El *ciclo operativo* de una empresa genera necesidades de fondos, flujos de entrada y de salida de efectivo —el ciclo de conversión del efectivo— y riesgos potenciales en el tipo de cambio así como riesgos de crédito.

■ Las necesidades de financiamiento generadas por el *ciclo operativo* de una empresa constituyen el *capital de trabajo*. El ciclo operativo de una empresa se extiende a lo largo de una línea de tiempo desde el punto en el cual un cliente requiere una cotización de precio hasta el momento en el cual se recibe el pago del cliente por los bienes entregados.

■ El *ciclo de conversión del efectivo*, un subcomponente del ciclo operativo, es aquel periodo que se extiende entre los flujos de salida de efectivo ocasionados por las compras de insumos y materiales y la fecha en la que se recibe un flujo de entrada de efectivo como resultado de una liquidación en efectivo.

■ Una empresa multinacional se esfuerza constantemente en la creación de valor para los accionistas mediante la maximización de la rentabilidad después de impuestos de la empresa. Una dimensión de esta tarea consiste en *reposicionar las utilidades de la empresa*, hasta donde sea legal y prácticamente posible, en ambientes de impuestos bajos.

■ El reposicionamiento de las utilidades permite a la empresa aumentar sus utilidades después de impuestos mediante la reducción de sus pasivos fiscales con la misma cantidad de ventas.

■ Además de la administración de impuestos, el reposicionamiento es de utilidad cuando una empresa multinacional desea movilizar los flujos de efectivo o los fondos en general del punto en el que se encuentran y no son necesarios a otro punto en el que pueden ser reubicados en actividades que crean más valor, o para minimizar la exposición a un derrumbe monetario potencial o a una crisis política o económica en potencia.

■ Los *pagos por regalías* son una compensación por el uso de una propiedad intelectual que pertenece a alguna otra parte. Los pagos por regalías son generalmente un porcentaje estipulado del ingreso por ventas (precio × volumen) de modo que el propietario sea compensado en proporción al volumen de las ventas.

■ Los *honorarios por licencias* son la remuneración que se paga a los propietarios de tecnologías, patentes, nombres comerciales y material registrado ante el derecho de autor (incluyendo las películas, las videocintas, los discos compactos, los programas de cómputo y los libros).

■ Los honorarios por licencias se basan generalmente en un porcentaje del valor del producto o en el volumen de pro-

ducción. Como tales, se calculan con independencia del monto de las ventas.

■ La política internacional de dividendos incorpora ahora las consideraciones fiscales, el riesgo político y el riesgo cambiario, así como un rendimiento por la orientación y la tecnología de la empresa.

■ Los dividendos son el método fiscal más ineficiente para la repatriación de fondos porque se distribuyen sobre una base después de impuestos. Esto significa que la empresa matriz con frecuencia se enfrentará a la generación de un exceso de créditos fiscales extranjeros sobre un dividendo.

■ La remesa de pagos por licencias o por regalías es sobre una base antes de impuestos en la subsidiaria extranjera, y el único impuesto que se aplica generalmente es la retención fiscal, a una tasa considerablemente inferior a la de los impuestos sobre ingresos corporativos.

■ En principio, las empresas tratan de minimizar el saldo de su capital de trabajo neto. Las cuentas por cobrar se reducen si las cobranzas se aceleran. Los inventarios que mantiene una empresa se reducen al llevar niveles más bajos tanto de productos no terminados como terminados, y mediante la aceleración de la tasa a la cual es manufacturan los bienes, reduciendo el así llamado *tiempo del ciclo*.

■ Las empresas deben determinar si las cuentas por pagar se deben liquidar en forma anticipada, si deben tomar descuentos cuando son ofrecidos por los proveedores y si deben financiar estos pagos con deudas a corto plazo. Observe que las deudas a corto plazo no están incluidas dentro del capital de trabajo neto porque no aumentan de manera espontánea con las operaciones, pero se deben adquirir como parte de las opciones de financiamiento de la administración.

■ A lo largo del tiempo, ha evolucionado un número de técnicas y servicios que simplifican y reducen los costos de la realización de pagos a través de las fronteras. Esto incluye transferencias telegráficas, mancomunaciones de fondos, redes de interconexiones de pago y transferencias electrónicas de fondos.

■ Las empresas multinacionales pueden financiar las necesidades de capital de trabajo a través de bancos internos, de bancos internacionales y de bancos locales donde se localizan las subsidiarias.

■ Los bancos internacionales financian a las empresas multinacionales y atienden a estas cuentas a través de oficinas de representación, relaciones de banca de corresponsales, sucursales bancarias, subsidiarias bancarias, afiliadas y corporaciones Edge Act (únicamente Estados Unidos).

MINICASO   Honeywell y Pakistan International Airways

The Space and Avionics Control Group (SAC) de Honeywell, Incorporated (Estados Unidos) se encontraba frustrada en junio de 1997. La propuesta de una cabina de retro ajuste con Pakistan International Airlines había estado en negociación durante varios meses, y durante el fin de semana previo se había recibido una nueva petición —aceptar el pago en rupias de Pakistán—. Esto era en contra de las políticas corporativas de Honeywell, pero si no se hacía una excepción, la negociación —con un valor de US$23.7 millones— muy probablemente quedaría eliminada.

Pakistan International Airlines (PIA)

Pakistan International Airlines Corporation (PIA) era el transportista nacional de la República Islámica de Pakistán. Habiéndose fundado en 1954, PIA operaba servicios programados de pasajeros y de carga. La empresa era poseída por el Estado al 57%, y el 43% restante era mantenido por inversionistas privados internos en Pakistán.

La flota de aviones de PIA estaba envejeciendo. Aunque la aerolínea había planeado un programa significativo de modernización, las restricciones recientes puestas sobre los gastos del gobierno por el International Monetary Fund (IMF) habían eliminado al programa. Con la cancelación del programa de modernización de la flotilla, PIA se tenía que mover ahora rápido para asegurar el cumplimiento con los mandatos de seguridad del U.S. Federal Aviation Administration (FAA). Si no cumplía con los mandatos del FAA acerca de motores más silenciosos y actualización aviónica el 30 de junio de 1998, PIA quedaría sujeta a un paro patronal en sus muy rentables portones estadounidenses. PIA retro ajustaría primeramente los aviones utilizados en los vuelos de largas distancias a Estados Unidos, principalmente el Boeing 747 clásico. Debido a la amplia experiencia de SAC con una variedad de sistemas de control para el Boeing y su reciente trabajo sobre el retro ajuste de la cabina para el avión Mc-Donnell Douglas, SAC consideraba que era el proveedor preferido de PIA. Sin embargo, SAC no había emprendido los retro ajustes de la cabina del Boeing a la fecha (nadie lo había hecho), y tampoco había contemplado el trato de PIA como una oportunidad para construir una nueva base competitiva. La insistencia de PIA sobre el pago en términos de moneda local se consideraba ahora como una táctica para extraer mejores concesiones del SAC y su agente Makran.

Ibrahim Makran Pvt. Ltd.

En países como Pakistán, el uso de un agente se considera con frecuencia un mal necesario. Éste puede a menudo ayudar a unir dos culturas de negocios y a proporcionar información invaluable, pero con algún costo. El agente de Honeywell, Ibrahim Makran Pvt. Ltd., con sede en Hyderabad, se consideraba como uno de los más confiables y mejor conectados en Pakistán. Makran atribuyó sus raíces a una larga aso-

ciación con Sperry Aerospace and Marine Group, el precursor de la unidad de SAC (Sperry fue adquirida en 1986). Makran había sido también una de las casas comerciales de importaciones y exportaciones más grandes en Pakistán. Era poseída y administrada al 100% por una familia.

La práctica estándar en la industria aeronáutica era proporcionarle al agente una comisión de 10%, aunque esto era negociable. El 10% se basaba en las ventas finales y era pagado después de que se recibían todos los pagos. Generalmente, era el agente quien señalaba la oportunidad de negocios y quien presentaba una propuesta al área de Mercadotecnia de SAC.

Cuando PIA se puso en contacto con Makran en relación con su última petición, Makran sabía que SAC estaría interesado en mantener la negociación en dólares estadounidenses. Por lo tanto, Makran había investigado la disponibilidad de los fondos en dólares para una negociación de esta magnitud a partir de su propio departamento de finanzas. Dicho departamento confirmó que tenía los fondos necesarios en dólares estadounidenses para pagarle a SAC, pero advirtió que la política era cargar 5% por los servicios prestados y por los riesgos monetarios.

Makran le avisó a SAC que estaría dispuesto a adquirir la cuenta por cobrar a cambio de un 5% adicional (además de la comisión del 10%). La subsidiaria estadounidense de Makran en Los Ángeles acreditaría a SAC dentro de 30 días después de que SAC le facturara a Makran. PIA le notificó a Makran que si SAC aceptaba el pago en rupias de Pakistán, entonces los términos locales de pago (Pakistán) se aplicarían. Esto significaba 180 días en principio, pero en la práctica con frecuencia era mucho más largo. El agente también le notificó a SAC que la rupia de Pakistán estaba sujeta a otra devaluación. Cuando se le presionó para que proporcionara más información, Makran simplemente replicó que el presidente de la compañía, el antiguo Ibrahim Makran, tenía "buenas conexiones".

Rupia de Pakistán

Una parte central del programa de austeridad del IMF era una devaluación de la rupia de Pakistán de 7.86% contra el dólar estadounidense el 22 de octubre de 1996. Ahora, aproximadamente seis meses después, había una especulación renovada de que otra devaluación era inminente para limitar las importaciones y para ayudar al sector de exportaciones a obtener la muy necesaria moneda dura. Otro contratiempo económico reciente había sido la resolución de la Unión Europea de que Pakistán era culpable de un *dumping* en el algodón, y había impuesto multas *antidumping* sobre el algodón de Pakistán. Esto fue un golpe muy doloroso para el sector de exportaciones. El tipo de cambio actual de 40.4795 rupias de Pakistán (Rp) por dólar era mantenido por el Banco Central de Pakistán. La tasa de mercado en paralelo

—*la tasa de mercado negro*— se estaba aproximando a Rp50/US$. Actualmente, no había un mercado a plazo para la rupia de Pakistán.

Capital de trabajo de Honeywell

El departamento de finanzas de Honeywell estaba tratando de reducir su capital de trabajo neto y acaba de concluir una profunda revisión de los términos de pago actuales y de las tasas mundiales de días de ventas en cuentas por cobrar (DSR). La meta del departamento era reducir las tasas mundiales de DSR de 55 a 45 días en el año fiscal actual. El *bono* (*pago*) *por la meta* de desempeño para el año actual (el sistema anual de desempeño en Honeywell) incluía a las metas del capital de trabajo neto. Había una preocupación en la organización en el sentido de que la meta del capital de trabajo neto pudiera resultar ser un obstáculo para el logro de un bono a pesar de un excelente crecimiento en ventas. A continuación se presenta el último reporte DSR:

Promedio de días de los sistemas de control de SAC
Cuentas por cobrar en ventas por región

Región	Real	Meta	Monto
Norteamérica	44	40	US$31.0 millones
Sudamérica	129	70	US$2.1 millones
Europa	55	45	US$5.7 millones
Medio Oriente	93	60	US$3.2 millones
Asia	75	55	US$11.0 millones
PIA	264	180	US$0.7 millones
Boeing	39	30	US$41.0 millones
McDonnell Douglas	35	30	US$18.0 millones
Airbus Industries	70	45	US$13.0 millones

Notas:

A. Las compañías comerciales de aerolíneas con base en Estados Unidos distorsionan los términos reales de pago a nivel local.

B. El diferencial entre los clientes individuales dentro de la región puede ser extremadamente grande.

C. Se supone que habrá algunas actividades de cobranzas. Los clientes específicos se seleccionan de manera periódica.

D. Se incluyen las facturas disputadas. El monto es para todos los productos, servicios e intercambios.

E. Uno de los criterios para la concesión de precios "preferenciales" es un OSA de 30 días. La reducción de 10% puede ser sustancial pero generalmente tan sólo motiva a los clientes más grandes.

Los términos de pago de Honeywell habían sido de neto 30 a partir de la fecha de facturación. Sin embargo, los términos y las prácticas de pago variaban de manera espectacular entre los países y las regiones. En general, los términos de pago no se publicaban, con la excepción de algunos reportes privados por parte de las agencias de evaluación de crédito.

En el pasado, Honeywell no había impuesto términos de crédito exigentes sobre muchos clientes. Por ejemplo, ni los contratos de las facturas estipulaban sanción alguna por pagos extemporáneos. Ciertamente, muchas aerolíneas pagaban a tiempo, pero otras aprovechaban el barato financiamiento de Honeywell.

Una revisión de la historia de las cuentas por cobrar de PIA indicó que de manera consistente pagaban sus facturas en forma extemporánea. El promedio actual de DSR era de 264 días. En repetidas ocasiones, PIA había sido puesta en suspenso por el departamento de cobranzas, obligando a los representantes del personal de mercadotecnia a presionar al agente quien a la vez presionaba a PIA por el pago. Honeywell estaba muy preocupada acerca de esta situación. De hecho, había pedido garantías de que PIA pagara rápidamente. La preocupación de Honeywell también se reflejaba en la cláusula del pago anticipado de 20% del contrato. Aunque el departamento de mercadotecnia tomó la tasa alta de DSR con PIA y el agente, se esperaba que el trato actualmente propuesto fuera el mismo si no es que peor.

Un atributo positivo del contrato propuesto era que la entrega no ocurriría sino hasta un año después de que se firmara el contrato. La factura por el monto total pendiente de pago se emitiría en ese momento. Si mientras tanto se hacían los mejoramientos esperados al DSR, probablemente la alta tasa de DSR sobre el trato de PIA podría ser promediada con el resto de Asia. Se usaría el pago anticipado de 20% para financiar los trabajos iniciales de ingeniería.

La tesorería global de Honeywell tenía sus oficinas centrales junto con las corporativas en Minneapolis, Minnesota. La tesorería corporativa era un centro de utilidades y cargaba una comisión de 1% sobre todas las ventas. Sin embargo, la tesorería transmitía el riesgo monetario a la unidad de negocios. Si una subsidiaria local requería moneda local, la tesorería trataba de acoplar esas necesidades mediante la aceptación de la cuenta por cobrar en la moneda local. Ellos le habían informado a SAC que para muchos países en vías de desarrollo donde Honeywell tenía pocas actividades o ninguna actividad, como el Pakistán, esto se hacía sobre una base de excepción. La tesorería global también evaluaba todas las negociaciones en términos del valor presente dados los periodos de pago extendidos, y el costo corporativo del capital se había fijado al 12%.

Negociaciones

Honeywell había especulado ahora que la petición de moneda local era el resultado de una cláusula de pago anticipado de 20%. El proyecto se consideraba como uno de los más riesgosos que había emprendido SAC, y el pago anticipado de 20% ayudaría a alcanzar las metas DSR del grupo. Los DSR estaban siendo vigilados sobre una base diaria por la administración de la división. Este proyecto ya había sido sometido a una aprobación segura a nivel del grupo porque había caído por debajo de la meta del rendimiento sobre las ventas. La administración de SAC había contado con el trato para lograr sus metas anuales de ventas, y ahora eso parecía estar en riesgo. Tenía que actuar rápidamente si deseaba lograr sus metas.

Preguntas del caso

1. Estime qué flujos de efectivo probablemente produciría la propuesta y en qué monedas. ¿Cuál es el valor esperado en dólares estadounidenses que se recibiría al final?

2. ¿Considera usted que los servicios que está ofreciendo Makran valen el costo?

3. ¿Qué haría usted si estuviera dirigiendo al grupo SAC de Honeywell que está negociando el trato?

PREGUNTAS

1. **Restricciones sobre el posicionamiento de los fondos.** Cada uno de los siguientes factores es algunas veces una restricción sobre el libre movimiento de los fondos a nivel internacional. ¿Por qué impondría un gobierno tal restricción? ¿Cómo podría argumentar la administración de una empresa multinacional que tal restricción no es en el mejor de los intereses del gobierno que la ha impuesto?
   a. Restricciones impuestas por el gobierno sobre el desplazamiento de fondos hacia fuera del país.
   b. Retenciones de impuestos sobre las distribuciones de dividendos a propietarios extranjeros.
   c. Regímenes de monedas duales, con una tasa para las importaciones y otra para las exportaciones.
   d. Negativa para permitirle a las empresas extranjeras en el país obtener una cifra neta de los flujos de entrada y de salida de efectivo dentro de un solo pago.

2. **Separación.** ¿Qué significa este término? ¿Por qué sería necesaria la separación para los flujos de efectivo internacionales provenientes de subsidiarias extranjeras, pero no para los flujos de efectivo nacionales entre subsidiarias nacionales relacionadas y su empresa matriz?

3. **Conductos.** En el contexto de la separación de los flujos de efectivo que van desde la subsidiaria hasta la empresa matriz, explique la manera en la que cada uno de los siguientes aspectos crea un conducto. ¿Cuáles son las consecuencias fiscales de cada uno de ellos?
   a. Importaciones de componentes a partir de la empresa matriz.
   b. Pago para cubrir los gastos indirectos de los administradores de la empresa matriz temporalmente asignados a la subsidiaria.
   c. Pago de regalías por el uso de tecnologías con marca registrada.
   d. Préstamos de fondos de la subsidiaria con un vencimiento intermedio o a largo plazo provenientes de la empresa matriz.
   e. Pago de dividendos a la empresa matriz.

4. **Subsidiarias hermanas.** La subsidiaria Alpha en el país Able ha pronosticado una tasa de impuestos sobre ingresos de 40%. La subsidiaria Beta en el país Baker se enfrenta tan sólo a una tasa de impuestos sobre ingresos de 20%. Actualmente, cada subsidiaria importa de la otra una cantidad de bienes o servicios que es exactamente igual en valor monetario a lo que cada una exporta a la otra. Este método de equilibrio intracompañía fue impuesto por una administración ávida de reducir todos los costos, incluyendo los costos (el diferencial entre la oferta y la demanda) de las transacciones en moneda extranjera. Ambas subsidiarias son rentables, y ambas podrían comprar todos los componentes a nivel nacional aproximadamente a los mismos precios que le están pagando a su subsidiaria hermana extranjera. ¿Se ve esto como una situación óptima?

5. **Honorarios asignados–A.** ¿Cuál es la diferencia entre el honorario de una licencia y el pago de una regalía? ¿Considera usted que los pagos por licencias y por regalías deberían estar cubiertos por las disposiciones fiscales que regulen la fijación de precios de transferencia? ¿Por qué?

6. **Honorarios asignados–B.** ¿Cuáles son las diferencias entre un honorario administrativo, un honorario de asistencia técnica y un honorario por licencia por el uso de una patente? ¿Deberían tratarse de manera distinta para propósitos de impuestos sobre ingresos?

7. **Distribución de gastos indirectos.** ¿Qué métodos podría usar el U.S. Internal Revenue Service para determinar si las asignaciones de los gastos indirectos distribuidos están siendo justamente asignadas a las subsidiarias extranjeras?

8. **Tratamiento de los honorarios.** En el contexto de la separación de los flujos de efectivo que van de la subsidiaria a la empresa matriz, ¿por qué podría un gobierno anfitrión ser más indulgente en su tratamiento de los honorarios que en su tratamiento de los dividendos? ¿Qué diferencia implica ello para la subsidiaria y para la empresa matriz?

9. **El ciclo.** El ciclo operativo de una empresa, nacional o multinacional, consiste en los siguientes periodos:
   a. Periodo de cotización.
   b. Periodo de suministro de los insumos.
   c. Periodo del inventario.
   d. Periodo de las cuentas por cobrar.

   Para cada uno de estos periodos, explique si un flujo de salida de efectivo o un flujo de entrada de efectivo está asociado con el principio y el final del periodo.

10. **Periodo de las cuentas por pagar.** La figura 21.1 muestra que el periodo de las cuentas por pagar es más largo que el del inventario. ¿Podría esto ser de otra manera, y cuáles serían las implicaciones en el efectivo?

11. **Cuentas por pagar y cuentas por cobrar.** Como administrador financiero, ¿preferiría usted que el periodo de las cuentas por pagar terminara antes, al mismo tiempo o

después del inicio del periodo de las cuentas por cobrar? Explique su respuesta.

12. **Exposición por transacciones.** Suponiendo el flujo que se ilustra en la figura 21.1, ¿dónde empieza la exposición por transacciones y dónde termina si los insumos se compran con una moneda en t_1 y los fondos provenientes de la venta se reciben en t_5? ¿Existe más que un solo intervalo de exposición por transacciones?

13. **Exposición operativa.** ¿Existe alguna exposición operativa que se cree durante el curso del ciclo operativo de una empresa?

14. **Exposición contable.** ¿Existe alguna exposición contable que se cree durante el curso del ciclo operativo de una empresa?

15. **Reducción del capital de trabajo neto.** Suponga que una empresa compra inventarios en una moneda extranjera y los vende en otra, y que ninguna de esas monedas que es la moneda nacional de la empresa matriz o de la subsidiaria donde ocurre el proceso de manufactura. ¿Qué puede hacer la empresa para reducir el monto del capital de trabajo neto?

16. **Términos comerciales.** Roberts and Sons, Inc., de Gran Bretaña acaba de comprar artículos de inventario con un costo de 1,000,000 de coronas a partir de un proveedor sueco. El proveedor ha cotizado términos de 3/15, neto 45. ¿Bajo qué condiciones podría Roberts and Sons tomar razonablemente el descuento, y cuándo podría ser una idea razonable esperar la totalidad de los 45 días para el pago?

17. **Rotación del inventario.** La industria japonesa es con frecuencia felicitada por su práctica de inventarios justo a tiempo entre los compradores industriales y los vendedores industriales. En el contexto de la rotación de los "días de cuentas por cobrar" de la figura 21.5, ¿cuál es el impacto comparativo del sistema justo a tiempo en Japón? ¿Existen algunos riesgos asociados con este sistema? ¿Considera usted que esto se aplica por igual a las empresas manufactureras japonesas que tienen materias primas y componentes en Japón y las que obtienen artículos similares de Tailandia y Malasia?

18. **Rotación de las cuentas por cobrar.** ¿Por qué podría diferir sustancialmente el intervalo de tiempo para las cuentas por cobrar y por pagar intracompañía a nivel multinacional (es decir, todo lo que se haya recibido o pagado a una empresa matriz o a una subsidiaria hermana) a comparación de los intervalos de tiempo que se reportan para las transacciones con compañías no afiliadas?

19. **Riesgo de devaluación.** Merlin Corporation de Estados Unidos importa materia prima de Indonesia sobre términos 2/10, neto 30. Merlin espera una devaluación de 36% sobre la rupia indonesia en cualquier momento.

¿Debería Merlin tomar el descuento? Discuta los aspectos de este problema.

20. **Zonas de libre comercio.** ¿Cuáles son las ventajas de una zona de libre comercio?

21. **Motivos.** Explique la diferencia entre el motivo para las transacciones y el motivo preventivo para el mantenimiento del efectivo.

22. **Ciclo de efectivo.** El ciclo operativo de efectivo de una empresa multinacional va de la cobranza a los clientes, el mantenimiento de efectivo para las necesidades por transacciones anticipadas (el motivo transaccional para el mantenimiento del efectivo), el posible reposicionamiento del efectivo en otra moneda y los desembolsos eventuales de efectivo para el pago de los gastos en operación. Suponiendo que el cobro inicial del efectivo es en una moneda y el desembolso final de efectivo es en otra, ¿qué puede hacer una empresa multinacional para acortar su ciclo de efectivo y qué riesgos están involucrados?

23. **Electro-Beam Company.** Electro-Beam Company genera y desembolsa efectivo en las monedas de cuatro países: Singapur, Malasia, Tailandia y Vietnam. ¿Cuáles serían las características que usted podría considerar si estuviera a cargo del diseño de un sistema centralizado de depositario de efectivo para las subsidiarias del sureste de Asia de Electro-Beam Company?

24. **Francia.** Durante la edad del franco francés, Francia impuso una disposición sobre sus bancos y sus subsidiarias de compañías internacionales que operan en Francia la cual impedía a esas subsidiarias obtener una cifra neta de las obligaciones de flujo de efectivo entre Francia y las entidades no francesas. ¿Por qué supone usted que el gobierno francés haya impuesto tal regla, y qué podrían haber hecho las subsidiarias de Francia al respecto, si es que realmente hubiera podido hacer alguna cosa?

25. **Oficina bancaria extranjera.** ¿Cuál es la diferencia entre una sucursal extranjera y una subsidiaria extranjera de un banco nacional?

PROBLEMAS

*1. **Asahi-Do, K.K.** Asahi-Do, K.K., la subsidiaria japonesa de una compañía estadounidense tiene ¥100,000,000 en cuentas por cobrar por ventas facturadas a clientes sobre términos de 2/30 n/60. Los clientes pagan generalmente en 30 días. Super-Do también tiene ¥60,000,000 de cuentas por pagar facturadas a ella misma sobre términos de 3/10 n/60. Super-Do demora el pago hasta el último minuto porque generalmente tiene faltantes de efectivo. De costumbre, Super-Do, K.K. lleva un saldo promedio de efectivo para las transacciones de ¥30,000,000. ¿Qué cantidad de efectivo podría ahorrar Super-Do, K.K. al tomar el descuento?

2. **Extreme Ski.** Extreme Ski de Grenoble, Francia, manufactura y vende en Francia, Suiza e Italia, y también mantiene una cuenta corporativa en Frankfurt, Alemania. Extreme ha estado estableciendo saldos separados de efectivo operativo en cada país a un nivel igual a las necesidades esperadas de efectivo más dos desviaciones estándar por arriba de esas necesidades, con base en un análisis estadístico de la inestabilidad del flujo de efectivo. Las necesidades esperadas de efectivo en operación y una desviación estándar de esas necesidades son como sigue:

	Necesidades de efectivo esperadas	Una desviación estándar
Suiza	€5,000,000	€1,000,000
Italia	3,000,000	400,000
Francia	2,000,000	300,000
Alemania	800,000	40,000
	€10,800,000	€1,740,000

El banco de Extreme en Frankfurt ha indicado que se podría mantener el mismo nivel de seguridad si todos los saldos preventivos se combinaran en una cuenta central en las oficinas centrales de Frankfurt.

a. ¿Qué tanto más bajos serían los saldos totales de efectivo de Extreme Ski Company si se combinaran todos los saldos preventivos? Suponga que las necesidades de efectivo de cada país están normalmente distribuidas y son independientes entre sí.

b. ¿Qué otras ventajas se podrían crear para Extreme Ski Company al centralizar sus saldos de efectivo? ¿Son realistas estas ventajas?

3. **Futebal do Brasil, S.A.** Futebal do Brasil, S.A. compra pelotas nuevas a partir de productores paquistanos y las distribuye en Argentina, Brasil y Chile. Todas las operaciones se realizan a través de subsidiarias de las cuales se tiene una posesión total. Las tres subsidiarias han presentado los siguientes reportes diarios de efectivo, con todas las cantidades en dólares estadounidenses, las cuales usa la compañía brasileña para propósitos de la administración del efectivo. A cada una de las dos subsidiarias se les permite llevar un saldo nocturno en efectivo de US$1,000,000, y la parte restante se remite a una cuenta en dólares estadounidenses la cual se mantiene en São Paulo a menos de que el personal financiero de Brasil le indique otra cosa. Como regla general, el costo del desplazamiento de los fondos es tal que los fondos no deberían movilizarse durante un día y regresarse el siguiente, pero un movimiento de dos días que es revertido posteriormente es financieramente ventajoso. Las oficinas centrales de Brasil invierten los saldos excesivos de efectivo por arriba de US$5,000,000 en instrumentos del mercado de dinero estadounidense los cuales se compran a través del banco corresponsal de Miami del banco brasileño de la empresa. Los flujos de efectivo anticipados, en miles de dólares estadounidenses, son como sigue:

	Compañía Futebal do Brasil	Compañía Fútbal de Argentina	Compañía Fútbal de Chile
Saldo de efectivo al final del día	US$6,000	US$5,000	US$5,000
Saldo operativo mínimo requerido	US$5,000	US$1,000	US$1,000
Entradas de fondos (+) o salidas de fondos (–):			
+1 día	+3,000	2,000	+5,000
+2 días	0	+1,000	3,000
+3 días	5,000	3,000	+2,000

Diseñe un plan ventajoso de movimiento de efectivo que cumpla las políticas generales de Futebal do Brasil.

4. **GeoTech Agriculture.** GeoTech Agriculture, Inc. (Estados Unidos) manufactura equipos agrícolas básicos en China, España e Iowa en Estados Unidos. Cada subsidiaria tiene saldos mensuales pendientes adeudados a otras subsidiarias o provenientes de ellas. Al final de diciembre, las deudas intracompañía pendientes en dólares estadounidenses eran como sigue:

GeoTech, China:	Adeuda US$8 millones a la subsidiaria española
	Adeuda US$9 millones a la empresa matriz de Iowa
GeoTech, España	Adeuda US$5 millones a la subsidiaria china
	Adeuda US$6 millones a la empresa matriz de Iowa
GeoTech, Iowa:	Adeuda US$4 millones a la subsidiaria china
	Adeuda US$10 millones a la subsidiaria española

Los diferenciales de las transacciones cambiarias hacen un promedio de 0.4% de los fondos transferidos.

a. ¿Cómo podría GeoTech expresar en términos netos estas deudas intracompañía? ¿Cuánto se ahorraría en los gastos transaccionales sobre la alternativa que no implica la obtención de saldos netos?

b. Antes de liquidar las cuentas anteriores, GeoTech decide invertir US$6,000,000 de fondos de la empresa matriz en una nueva planta de manufactura de equipos en la nueva Zona Industrial Libre de Subic Bay, Filipinas. ¿Cómo puede incorporarse esta decisión en el proceso de liquidación? ¿Cuál sería el total de cargos bancarios? Explique.

5. **Crystal Publishing Company.** Crystal Publishing Company publica libros en Europa a través de subsidiarias separadas en varios países. Sobre una base extensiva a toda Europa, Cristal Publishing experimenta flujos de efectivo desiguales. Cualquier libro determinado crea un flujo de salida de efectivo durante el periodo de escritura y de publicación, seguido por un flujo de entrada de efectivo en los meses y años subsiguientes en tanto que

se vende el libro. Para manejar estos desequilibrios, Cristal decidió crear un banco interno.

Al inicio de abril, el banco interno de Crystal mantenía depósitos, sobre los cuales pagaba 4.8% de intereses, como sigue:

Provenientes de Crystal Alemania	€20,000,000
Provenientes de Crystal España	€5,000,000
Provenientes de Cristal Bretaña	£12,000,000

Al inicio de abril, el banco interno de Crystal anticipó fondos a una tasa anual de 5.4% como sigue:

Para Crystal Francia	€12,000,000
Para Crystal Italia	€8,000,000
Para Crystal Grecia	€6,000,000

El tipo de cambio entre las libras esterlinas y el euro es de €1.6000/f.

a. ¿Cuáles serían las ganancias netas por intereses (intereses ganados menos intereses pagados, antes de los gastos de administración), del banco interno de Cristal para el mes de abril?

b. Si Crystal Publishing matriz subsidiaria al banco interno en todos sus gastos operativos, ¿qué cantidad adicional podría solicitar en préstamo el banco interno al inicio de abril?

6. **Balanced Tire Company (A).** Balanced Tire Company manufactura llantas para automóviles para venderlas en tiendas al menudeo en Estados Unidos y, a través de una subsidiaría de distribución la cual posee en forma total, en la zona limítrofe con Canadá. La capacidad anual de la fábrica de Estados Unidos es de 700,000 llantas por año, pero la producción anual es tan sólo de 450,000, de las cuales 300,000 se veden en Estados Unidos y 150,000 se exportan a Canadá. Las tasas de impuestos sobre ingresos tanto a nivel federal como estatal en ambos países ascienden a 40%.

Dentro de Estados Unidos, Balance Tire vende a tiendas al menudeo por el equivalente en dólares estadounidenses de C$80 por llanta. La utilidad después de impuestos equivale a C$10.80 por llanta la cual se calcula como se muestra en el siguiente figura, todos los precios se expresan al equivalente en dólares estadounidenses de los dólares canadienses.

Cálculo de la utilidad de Balanced Tire Estados Unidos, Expresado en dólares canadienses:

Balanced Tire U.S., precio de venta por llanta	C$80.00
Menos mano de obra directa en Estados Unidos	20.00
Menos materiales directos en Estados Unidos	20.00
Menos gastos indirectos de manufactura en Estados Unidos	12.00
Costos totales de manufactura	52.00
Margen de la fábrica de Estados Unidos	28.00
Menos costos de venta y de administración	10.00
Utilidad antes de impuestos por llanta	18.00
Menos 40% de impuestos sobre ingresos en Estados Unidos	7.20
Utilidad por llanta después de impuestos en Estados Unidos	C$10.80

La mano de obra directa consiste en los costos de la nómina por hora para los trabajadores de la fábrica, y los materiales directos son para las materias primas compradas en Estados Unidos. Los gastos indirectos de manufactura son un costo fijo que incluye la supervisión y la depreciación. Los costos de administración y de venta son gastos fijos para los salarios administrativos, los gastos de oficinas y la renta.

En relación con sus exportaciones a Canadá, Balanced Tire vende conjuntos a sus subsidiaria canadiense a un precio de transferencia en dólares estadounidenses igual a C$56 por llanta, siendo éste un costo de manufactura en Estados Unidos de C$52 más una utilidad de C$4.00. Los costos de transporte y de distribución implican C$2.00 adicionales por llanta, y las llantas se revenden a las tiendas minoristas canadienses en C$80, el mismo precio equivalente que el de Estados Unidos. Se llegó a este precio de manera independiente, basándose en el análisis de elasticidad de la demanda en Canadá que se muestra en la figura que aparece más abajo.

La utilidad máxima es a un precio de venta de $C80.00.

Al hacer este cálculo, Balanced Tire determinó que la demanda unitaria en Canadá era únicamente una función del precio de venta. Por tanto, parecía autoevidente

Ventas en Canadá

Precio unitario de venta a Canadá	85.00	80.00	75.00	70.00	65.00
Menos importaciones	56.00	56.00	56.00	56.00	56.00
Menos embarques	2.00	2.00	2.00	2.00	2.00
Utilidad por unidad antes de impuestos	27.00	22.00	17.00	12.00	7.00
Menos 40% de impuestos canadienses	10.80	8.80	6.80	4.80	5.40
Utilidad por unidad después de impuestos	16.20	13.20	10.20	7.20	4.20
Volumen esperado en unidades	110,000	150,000	180,000	250,000	400,000
Utilidad total (000)	1,782	1,980	1,836	1,800	1,680

para la administración de Balanced Tire que el precio de venta a Canadá de C$80.00 por llanta maximizaba la aportación de Canadá a las utilidades a una cifra total de C$1,980,000. ¿Es correcta la estrategia actual de fijación de precio de Balanced Tire?

7. **Balanced TIre Company (B).** Suponga que Balanced Tire (problema anterior) decidiera fijar el precio canadiense a C$65. Sin embargo, ambos países han disminuido sus tasas de impuestos sobre ingresos corporativos: Estados Unidos a 35% y Canadá a 38%.

   a. Dado el cambio en las tasas fiscales, ¿qué precio final en dólares canadienses maximizaría las utilidades consolidadas de la compañía?

   b. ¿Aumentaría o reduciría las utilidades consolidadas el hecho de reducir el precio de transferencia de C$56 a C$54?

*8. **Surgical Tools, Inc.** Surgical Tools, Inc. de Illinois desea implantar un procedimiento regular para transferir fondos de su recientemente abierta subsidiaría de manufactura en Corea a Estados Unidos. El precedente establecido por el método o métodos de transferencia probablemente prevalecerá sobre cualquier objeción del gobierno que de otra manera pudiera surgir en años futuros. Las subsidiaria de Corea manufactura herramientas quirúrgicas para exportarlas a todos los países de Asia. La información financiera *proforma* que se muestra en la figura que se presenta más abajo ilustra los resultados que se esperan en el primer año de operaciones.

Ventas	Won2,684,000,000
Gastos de manufactura en efectivo	1,342,000,000
Depreciación	335,500,000
Utilidad antes de impuestos	1,006,500,000
Impuestos coreanos al 28%	281,820,000
Utilidad después de impuestos	Won724,680,000
Tipo de cambio	Won1342/US$
Tasa de impuestos sobre ingresos coreanos	28%
Tasa de impuestos sobre ingresos en Estados Unidos	34%

El director financiero de Surgical Tool está ponderando los siguientes enfoques:

   a. Declaración de un dividendo de Won362,340,000, igual al 50% de la utilidad después de impuestos. El dividendo sería gravable en Estados Unidos después de su cálculo en bruto para los impuestos coreanos que ya se han pagado.

   b. Añadir un honorario por licencias de Won362,340,000 a los gastos anteriores, y remitir ese monto en forma anual. El honorario por licencias sería totalmente gravable en Estados Unidos.

9. **Adams Corporation (A).** Adams Corporation (Estados Unidos), una unidad de Pfizer recientemente reorgani-

zada y propietaria de una serie de marcas valiosas para el consumidor como Listerine y Halls, posee el 100% de Adams Brazil, S.A. Este año Adams Brazil, S.A. obtuvo R$52,000,000, lo cual es igual a US$20,000,000 al tipo de cambio de R$2.60/US$. No se espera que haya variaciones en el tipo de cambio.

Adams Corporation desea transferir la mitad de las utilidades de Brasil a Estados Unidos y se pregunta si esta cantidad debería remitirse 1) a través de un dividendo en efectivo de US$10,000,000 o 2) a través de un dividendo en efectivo de US$5,000,000 y una regalía de US$5,000,000. Los impuestos sobre ingresos de Brasil son de 15% y los impuestos sobre ingresos de Estados Unidos son de 30%. ¿Cuál recomienda usted y por qué?

10. **Adams Corporation (B).** El gobierno de Brasil bajo el presidente Lula ha instituido una nueva política fiscal encaminada a motivar a las empresas multinacionales extranjeras a ir a Brasil y a reinvertir sus utilidades en el país, en lugar de enviarlas al exterior. Suponga que existen las mismas condiciones que en el problema anterior, pero ahora suponga que Brasil ha instituido las siguientes retenciones de impuestos sobre las remesas de dividendos, regalías y honorarios por licencias:

Tipo de remesa	Tasa de retención de impuestos
Dividendos	30%
Pagos un regalías	5%
Honorarios por licencias	5%

Ahora bien, ¿cuál de las alternativas recomienda usted que use Adams al remitir los US$10 millones a Adams (Estados Unidos)?

11. **Quinlan Company (Francia).** Suponga que ocurren los siguientes eventos:

1 de marzo: Quinlan Company busca una venta a un precio de €10,000,000 por artículos que habrán de venderse a un cliente de mucho tiempo en Polonia. Para lograr el pedido, Quinlan ofreció denominar la orden en zlotys (Z), la moneda de Polonia, en Z20,000,000. Se llegó a este precio multiplicando el precio del euro por Z2.00/€, el tipo de cambio al día de la cotización. Se espera que el zloty disminuya de valor en 0.5% por mes *versus* el euro.

1 de abril: Quinlan recibe una orden con un valor de Z20,000,000 de ese cliente. El mismo día, Quinlan coloca órdenes con sus proveedores por €4,000,000 incluyendo los componentes necesarios para completar la venta.

1 de mayo: Quinlan recibe los componentes y recibe una factura de €4,000,000 proveniente del proveedor sobre términos de 2/20, neto 60. Durante los dos meses siguientes, Quinlan asigna mano de obra directa para trabajar sobre el proyecto. El gasto de la mano de obra directa fue de €5,000,000.

1 de julio: Quinlan embarca la orden del cliente y representa una factura por Z20,000,000. En sus libros corporativos, Quinlan hace un cargo a las cuentas por cobrar y a las ventas a crédito.

1 de septiembre: El cliente de Quinlan le paga Z20,000,000 a Quinlan.

a. Dibuje el diagrama de flujo de efectivo para esta transacción con el estilo de la figura 21.1 y explique los pasos involucrados.

b. ¿Qué técnicas de administración de capital de trabajo podría usar Quinlan para mejorar su posición *vis-a-vis* este cliente en particular?

EJERCICIOS DE INTERNET

1. **Conversión a nivel global con el director financiero.** Uno de los sitios más útiles de Internet con un análisis y una filosofía actual sobre una variedad de aspectos financieros corporativos es la versión en línea de CFO magazine. Use los siguientes tres diferentes sitios regionalmente concentrados para explorar la creciente integración de la administración de efectivo, de la administración monetaria, del control de operaciones y los servicios de tecnología de la información.

CFO.com	www.cfo.com
CFOEurope.com	www.cfo.com/europe
CFOAsia.com	www.cfoasia.com

2. **Administración de capital de trabajo (A).** Un gran número de bancos multinacionales mayores proporcionan una variedad de servicios de capital de trabajo y de administración de efectivo a nivel multinacionales como se han descrito en este capítulo. Usando los sitios Web de una variedad de estos bancos a través de las fronteras, busque qué bancos ofrecen servicios multinacionales de administración del efectivo que combinen a la banca con la administración cambiaria. ¿Qué bancos proporcionan servicios específicos a través de los centros de servicios regionales o geográficos?

Bank of America	www.bankamerica.com/corporate/
Bank of Montreal	www.bmo.com/cebssite/

3. **Administración de capital de trabajo (B).** Use la definición y el análisis del capital de trabajo del gobierno de Nueva Zelanda que se presentó en este capítulo. ¿Cómo es que la definición del capital de trabajo de Nueva Zelanda da como resultado diferentes prácticas administrativas?

New Zealand Government Working Capital	www.treasury.govt.nz/publicsector/workingcapital/chap2.asp

4. **Asociaciones de casas de compensaciones.** Las asociaciones como The New York Clearinghouse Association han desempeñado papeles fundamentales en el sistema financiero internacional durante siglos. Use los siguientes sitios Web para preparar un reporte ejecutivo de dos páginas acerca del papel de las casas de compensación en la historia y en las finanzas contemporáneas. Use el sitio Web para The Clearing House Interbank Payments System (CHIPS) a efecto de estimar el volumen de las transacciones financieras internacionales.

New York Clearinghouse Association	www.theclearinghouse.org/
Clearing House Interbank Payments System	www.chips.org/

CAPÍTULO 22

Finanzas del comercio internacional

Los estados financieros son como un perfume de primera calidad: es para olerse pero no para ingerirse.

—Abraham Brilloff.

El propósito de este capítulo es explicar la manera en la que se financia el comercio internacional —las exportaciones y las importaciones—. El contenido es de relevancia práctica directa para las empresas nacionales que tan sólo importan y exportan y para las empresas multinacionales que negocian con entidades relacionadas y no relacionadas.

El capítulo empieza con una explicación de los tipos de relaciones comerciales. A continuación, se explica el dilema comercial: los exportadores quieren que se les pague más antes de que exporten y los importadores no quieren pagar hasta que reciban los bienes. La siguiente sección explica los beneficios de los protocolos actuales del comercio internacional. Esto va seguido de una sección que describe los elementos de una transacción comercial y los diversos documentos que se usan para facilitar la realización y el financiamiento del comercio. La siguiente sección identifica los riesgos del comercio internacional, a saber, el riesgo monetario y el riesgo de incumplimiento. Las que siguen describen los documentos comerciales clave, incluyendo a la carta de crédito, el giro y el conocimiento de embarque. La sección que se presenta después resume la documentación de una transacción comercial típica. Esto va seguido por una descripción de los programas del gobierno para ayudar a financiar las exportaciones, incluyendo los seguros del crédito para la exportación y los bancos especializados como el Export-Import Bank de Estados Unidos. En seguida, comparamos los diversos tipos de financiamiento de cuentas por cobrar a corto plazo y el uso de la renuncia de derechos (*forfaiting*) para las cuentas por cobrar a un plazo más largo. El minicaso que se presenta al final del capítulo, *Pañales ultradelgados "Precious" de Crosswell International*, ilustra la manera en la que una exportación requiere de la integración de la administración, la mercadotecnia y las finanzas.

La relación comercial

Como lo expusimos en el capítulo 1, la primera actividad global significativa de una empresa nacional es la importación y la exportación de bienes y servicios. El propósito de este capítulo es analizar la *fase del comercio internacional* de una empresa nacional que empiece a importar bienes y servicios de los proveedores extranjeros y a exportar a compradores extranjeros. En el caso de Trident, esta fase comercial empezó con los proveedores de México y los compradores de Canadá.

El financiamiento comercial comparte un número de características comunes con las actividades tradicionales de la cadena de valor que realizan todas las empresas. Todas las compañías deben buscar proveedores para los muchos bienes y servicios que se requieren como insumos para la producción de sus propios bienes o para los procesos de prestación de servicios. El departamento de compras y adquisiciones de Trident debe determinar si cada proveedor potencial es capaz de elaborar el producto con las especificaciones de calidad requeridas, de producir y entregar de manera oportuna y confiable y de continuar trabajando con Trident en el proceso continuo de mejoramiento de los productos y de los procesos para una competitividad continua. Todos ellos deben estar sujetos a condiciones de precio y de pago aceptables. Como se muestra en la figura 22.1, estos aspectos también se aplican a los clientes potenciales, dado que la continuidad de sus operaciones de negocios es igualmente importante para las operaciones y el éxito de Trident.

La comprensión de la naturaleza de la relación entre el exportador y el importador es fundamental para el entendimiento de los métodos de financiamiento de las importaciones y exportaciones que se usan en la industria. La figura 22.2 proporciona un panorama general de las tres categorías de relaciones: *no afiliada desconocida, no afiliada conocida* y *afiliada.*

- Un importador extranjero con el cual Trident no haya realizado operaciones de negocios en forma anterior se consideraría como una *no afiliada desconocida.* En este caso, las dos partes necesitarían realizar un contrato de ventas detallado, describiendo las responsabilidades y las expectativas específicas del acuerdo de negocios. Trident también necesitaría buscar protección contra la posibilidad de que el importador no hiciera el pago total de manera oportuna.

- Un importador extranjero con el cual Trident haya realizado con éxito operaciones de negocios con anterioridad se consideraría como una *no afiliada conocida.* En este caso, las dos partes aún pueden realizar un contrato de ventas detallado, pero los términos específicos y los embarques o prestaciones de servicios pueden estar sujetos a una definición más amplia. Dependiendo de la profundidad de la relación, Trident puede buscar alguna protección de terceras partes contra el incumplimiento o realizar las operaciones de negocios sobre la base de una cuenta abierta.

- Un importador extranjero que sea una unidad de negocios subsidiaria de Trident, como Trident Brasil, sería una *parte afiliada* (algunas veces denominada como *comercio intraempresa*). Ya que ambos negocios son parte de la misma empresa multinacional, la práctica más común sería realizar la transacción comercial sin un contrato o protección contra la falta de pago. Sin embargo, éste no es siempre el caso. En una variedad de situaciones internacionales de negocios, aun puede ser en el mejor de los intereses de Trident, detallar las condiciones de la transacción de negocios, y posiblemente protegerse contra cualquier interrupción política o con base en el país para la realización de la transacción comercial.

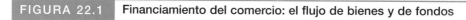

FIGURA 22.1   Financiamiento del comercio: el flujo de bienes y de fondos

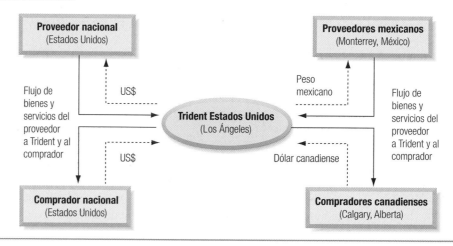

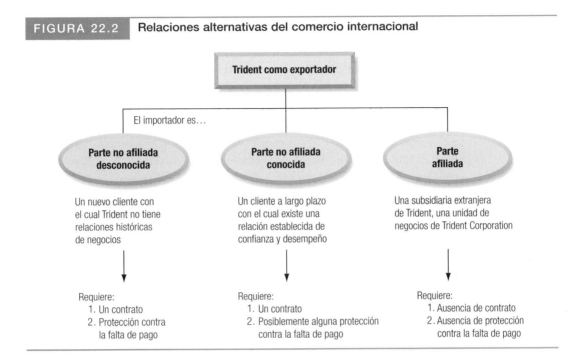

FIGURA 22.2   Relaciones alternativas del comercio internacional

El dilema comercial

El comercio internacional debe funcionar en torno de un dilema fundamental. Imagine a un importador y a un exportador a quienes les gustaría hacer operaciones de negocios entre sí. Debido a la distancia entre los dos, no es posible entregar los bienes con una mano y en forma simultánea aceptar el pago con la otra. El importador preferiría el acuerdo que se muestra en la parte superior de la figura 22.3, mientras que el exportador preferiría el acuerdo que se muestra en la parte inferior.

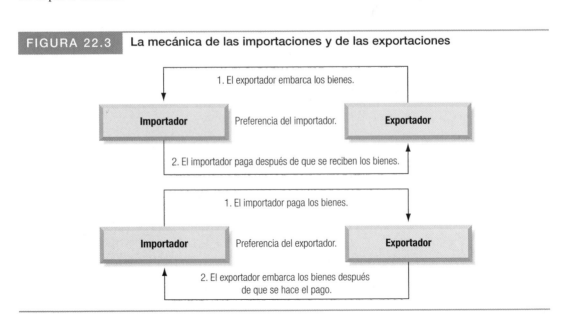

FIGURA 22.3   La mecánica de las importaciones y de las exportaciones

El dilema fundamental de estar indispuesto a confiar en un extraño en un país extranjero se resuelve mediante el uso de un banco altamente respetado como intermediario. En la figura 22.4 se describe una perspectiva altamente simplificada. En este ejemplo, el importador obtiene la promesa del banco de pagar a su favor, sabiendo que el exportador confiará en el banco. La promesa de pago del banco se denomina *carta de crédito*.

El exportador embarca la mercancía al país del importador. El título de propiedad de la mercancía se da al banco sobre la base de un documento denominado *orden de conocimiento de embarque*. El exportador le pide al banco que pague los bienes, y el banco lo hace así. El documento para requerir el pago es un *giro a la vista*. El banco, habiendo pagado los bienes, transfiere ahora el título de propiedad al importador, en el cual confía el banco. En ese momento o más tarde, dependiendo del acuerdo, el importador le reembolsa al banco.

Los administradores financieros de las empresas multinacionales deben entender tres documentos básicos. Sus empresas con frecuencia realizarán operaciones de comercio con partes no afiliadas, y el sistema de documentación proporciona una fuente de capital a corto plazo que puede ser girado aun cuando los embarques se hagan a subsidiarias extranjeras.

Beneficios del sistema

Los tres documentos clave y su interacción se describen más tarde en este capítulo. Constituyen un sistema desarrollado y modificado a lo largo de los siglos para proteger tanto al importador como al exportador contra el riesgo de incumplimiento y contra el riesgo cambiario, así como para proporcionar un medio de financiamiento.

Protección contra el riesgo de incumplimiento

Como se afirmó anteriormente, una vez que el importador y el exportador convienen sobre los términos, el vendedor generalmente prefiere mantener el título de propiedad de los bienes hasta que se paguen, o por lo menos hasta que se tenga la seguridad del pago. Sin embargo, el comprador será renuente a pagar antes de que se reciban los bienes, o por lo menos antes de que se reciba el título de propiedad sobre ellos. Cada uno quiere tener la seguridad de que la otra parte completará su porción de la transacción. La carta de crédito, el giro a la vista y el conocimiento de embarque son partes de un sistema cuidadosamente construido para determinar quién sufrirá la pérdida financiera si una de las partes deja de cumplir en cualquier momento.

FIGURA 22.4   El banco como un intermediario entre importaciones y exportaciones

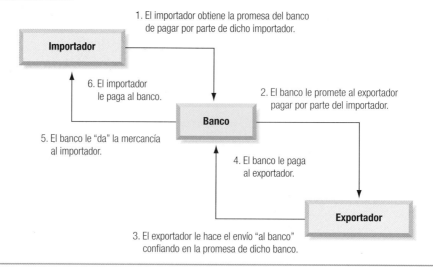

1. El importador obtiene la promesa del banco de pagar por parte de dicho importador.

Importador

6. El importador le paga al banco.

2. El banco le promete al exportador pagar por parte del importador.

Banco

5. El banco le "da" la mercancía al importador.

4. El banco le paga al exportador.

Exportador

3. El exportador le hace el envío "al banco" confiando en la promesa de dicho banco.

Protección contra los riesgos cambiarios

En el comercio internacional, el riesgo cambiario surge de la *exposición por transacciones*. Si una transacción requiere de un pago en la moneda del exportador, el importador es quien corre el riesgo cambiario. Si la transacción implica el pago en la moneda del importador, el exportador es quien corre el riesgo cambiario.

La exposición por transacciones puede ser protegida por las técnicas que se describieron en el capítulo 11, pero para poder protegerse, la parte expuesta debe estar segura de que se hará el pago de una cantidad especificada y en una fecha particular o cerca de esa fecha. Los tres documentos clave que se han descrito en este capítulo aseguran tanto el monto como la época de pago y por tanto ponen las bases para una cobertura eficaz.

El riesgo de incumplimiento y el riesgo cambiario son de gran importancia cuando el comercio internacional es episódico, sin un contrato en vigor para embarques recurrentes y sin una relación sustancial entre el comprador y el vendedor. Cuando la relación de importación-exportación es de naturaleza recurrente, como es el caso de los bienes manufacturados en forma semanal o mensual a una línea final de ensamble o a un distribuidor al detalle en otro país, y cuando ocurre entre países cuyas monedas se consideran fuertes, el exportador bien puede facturar al importador sobre una cuenta abierta después de una verificación normal del crédito. Los bancos proporcionan información de crédito y servicios de cobranza fuera del sistema de procesamiento de giros librados contra cartas de crédito.

Financiamiento del comercio

La mayor parte del comercio internacional implica un periodo durante el cual los fondos están inmovilizados mientras que la mercancía está en tránsito. Una vez que se han eliminado de los riesgos de incumplimiento y los riesgos cambiarios, los bancos están dispuestos a financiar los bienes en tránsito. Un banco puede financiar los bienes en tránsito, así como los bienes que se mantengan para la venta, basándose en los documentos clave, sin exponerse a preguntas acerca de la calidad de la mercancía u otros aspectos físicos del embarque.

Comercio internacional: cronología y estructura

Para comprender los riesgos asociados con las transacciones del comercio internacional, es útil entender la secuencia de eventos en cualquiera de tales transacciones. La figura 22.5 ilustra, en principio, la serie de eventos asociados con una sola transacción de exportación.

FIGURA 22.5   Cronología y estructura de las transacciones comerciales

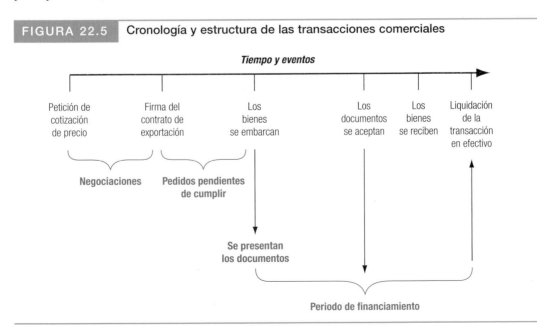

Desde la perspectiva de la administración financiera, los dos principales riesgos asociados con una transacción del comercio internacional son el *riesgo monetario* y el *riesgo de incumplimiento*. La figura 22.5 ilustra el problema tradicional de los negocios referente a la administración del crédito: el exportador cotiza un precio, finaliza el contrato y embarca los bienes, perdiendo el control físico sobre los bienes con base en la confianza del comprador o la promesa de que un banco pague sobre la base de los documentos presentados. El riesgo de incumplimiento por parte del importador está presente tan pronto como empiece el periodo de financiamiento, como se ilustra en la figura 22.5.

En muchos casos, la tarea inicial de analizar el valor de crédito de los clientes extranjeros es similar a los procedimientos para analizar a los clientes nacionales. Si Trident no ha tenido experiencia con un cliente extranjero pero dicho cliente es una empresa grande y bien conocida en su país de origen, Trident puede simplemente solicitar un reporte de crédito bancario sobre esa compañía. Trident también puede hablar con otras empresas que hayan tenido tratos con el cliente extranjero. Si estas investigaciones muestran que el cliente extranjero (y el país) son completamente dignos de confianza, Trident probablemente les embarcaría la mercancía sobre una cuenta abierta, con un límite de crédito, justamente como lo harían en el caso de un cliente nacional. Éste es el método menos costoso para el manejo de las exportaciones porque no hay una documentación pesada ni cargos bancarios. Sin embargo, antes de que se haya establecido una relación comercial regular con una empresa nueva o desconocida, Trident debe enfrentarse a la posibilidad de falta de pago para sus exportaciones o de falta de cumplimiento para sus importaciones. El riesgo de falta de pago se puede eliminar a través del uso de una carta de crédito emitida por un banco digno de confianza.

Carta de crédito (L/C)

Una *carta de crédito* (L/C) es una promesa de pago emitida por un banco por petición de un importador (el solicitante/comprador), en la cual el banco le promete pagar a un exportador (el beneficiario de la carta) a la presentación de los documentos especificados en la carta de crédito. Una carta de crédito reduce el riesgo de incumplimiento porque el banco conviene en pagar contra los documentos en lugar de hacerlo contra la mercancía real. La relación entre las tres partes se ilustra en la figura 22.6.

Un importador (comprador) y un exportador (vendedor) convienen en una transacción, y el importador le solicita entonces a su banco local la emisión de una carta de crédito. El banco del importador emite una carta de crédito y realiza un contrato de venta con base en la evaluación de la dignidad de crédito del importador, o el banco podría requerir un depósito de efectivo o alguna otra forma de colateral del importador por adelantado. El banco del importador querrá conocer el tipo de transacción, la cantidad de dinero involucrada y qué documentos deberán acompañar al giro que se librará contra la carta de crédito.

FIGURA 22.6   Partes de una carta de crédito (L/C)

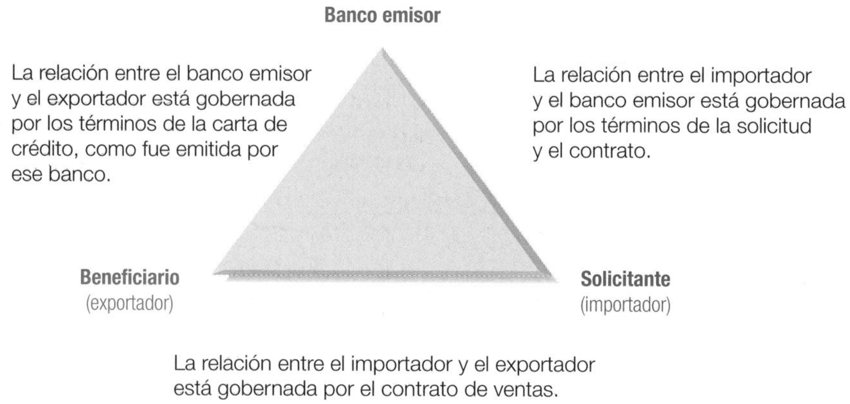

Banco emisor

La relación entre el banco emisor y el exportador está gobernada por los términos de la carta de crédito, como fue emitida por ese banco.

La relación entre el importador y el banco emisor está gobernada por los términos de la solicitud y el contrato.

Beneficiario
(exportador)

Solicitante
(importador)

La relación entre el importador y el exportador está gobernada por el contrato de ventas.

Si el banco del importador está satisfecho con la reputación de crédito del solicitante, emitirá una carta de crédito garantizando el pago de la mercancía si se embarca de acuerdo con las instrucciones y condiciones contenidas en la carta de crédito.

La esencia de una carta de crédito es la promesa del banco emisor de hacer el pago *contra los documentos especificados*, los cuales deben acompañar a cualquier giro librado contra el crédito. La carta de crédito no es una garantía contra la transacción comercial fundamental. En efecto, la carta de crédito es una transacción separada de cualquier venta u otros contratos sobre los cuales pudiera basarse.

Irrevocable *versus* revocable. Una carta de crédito irrevocable obliga al banco emisor a honrar los giros librados en cumplimiento con el crédito y no puede ser cancelada ni modificada sin el consentimiento de todas las partes, incluyendo en particular al beneficiario (exportador). Una carta de crédito revocable puede ser cancelada o reformada en cualquier momento antes del pago; tiene como propósito servir como un medio para el arreglo del pago pero no como una garantía de pago.

Confirmada *versus* no confirmada. Una carta de crédito emitida por un banco puede ser confirmada por otro, en cuyo caso el banco confirmador se compromete a honrar los giros librados en cumplimiento con el crédito. Una carta de crédito no confirmada es únicamente la obligación del banco emisor. Es probable que un exportador quiera que una carta de crédito de un banco extranjero sea confirmada por un banco nacional cuando el exportador tiene dudas acerca de la capacidad de pago del banco extranjero. Tales dudas pueden surgir cuando el exportador no está seguro de la reputación financiera del banco extranjero, o cuando las condiciones políticas o económicas del país extranjero son inestables. La esencia de una carta de crédito se muestra en la figura 22.7.

La mayoría de las cartas de crédito comerciales son *documentales*, lo cual significa que se deben incluir ciertos documentos con cualquier giro librado bajo sus términos. Los documentos que se requieren incluyen generalmente una orden de conocimiento de embarque (la cual se expone con más detalle posteriormente en el capítulo), una factura comercial, y cualquiera de los siguientes: una factura consular, un certificado o póliza de seguro y una lista de empaque.

| FIGURA 22.7 | Esencia de una carta de crédito (L/C) |

Bank of the East, Ltd.
[*Nombre del banco emisor*]

Fecha: 18 de septiembre de 2009
L/C Número 123456

Por este medio Bank of the East, Ltd. expide esta carta de crédito documental irrevocable a favor de Jones Company [*nombre del exportador*] por US$500,000, pagaderos en 90 días después de la presentación a la vista de un giro librado contra Bank of the East, Ltd., de acuerdo con la Carta de Crédito número 123456.

El giro deberá ir acompañado de los siguientes documentos:
1. Factura comercial por triplicado
2. Lista de empaque
3. Conocimiento de embarque sin reservas a bordo
4. Documentos de seguros, pagados por el comprador

Al vencimiento, Bank of the East, Ltd. pagará el valor de carátula del giro al portador del mismo.

Firma autorizada

Ventajas y desventajas de las cartas de crédito

La ventaja principal de una carta de crédito es que reduce el riesgo —el exportador puede vender contra la promesa de pago de un banco en lugar de hacerlo contra la promesa de una empresa comercial—. El exportador también está en una posición más segura en cuanto a la disponibilidad de la moneda extranjera para pagar la venta, ya que los bancos tienen más probabilidades de estar enterados de las condiciones y reglas cambiarias a comparación de la empresa importadora en sí misma. Si el país importador tuviera que modificar sus reglas cambiarias durante el curso de una transacción, probablemente el gobierno permitirá que las cartas de crédito bancarias que ya están en circulación sean honradas por temor de causar una mala reputación internacional a sus propios bancos nacionales. Desde luego, si la carta de crédito es confirmada por un banco en el país del exportador, dicho exportador evita cualquier problema relacionado con un bloqueo cambiario.

Un exportador puede encontrar que una orden respaldada por una carta de crédito irrevocable facilitará la obtención de un financiamiento previo a la exportación en el país de origen. Si la reputación del exportador en cuanto a la entrega es buena, un banco local puede prestar fondos para procesar y preparar la mercancía para el embarque. Una vez que la mercancía es embarcada en cumplimiento con los términos y condiciones del crédito, se hace el pago por la transacción de negocios y se generarán fondos para reembolsar el préstamo previo a la exportación.

La principal ventaja de una carta de crédito para el importador es que éste no necesita pagar los fondos hasta que los documentos hayan llegado a un puerto o campo aéreo local y a menos de que se hayan cumplido todas las condiciones estipuladas en el crédito. Las principales desventajas son los honorarios cargados por el banco del importador para la emisión de su carta de crédito y la posibilidad de que dicha carta de crédito reduzca la línea de préstamo de crédito del importador con su banco. De hecho, para el exportador puede ser una desventaja competitiva exigir en forma automática una carta de crédito de un importador, especialmente si dicho importador tiene un buen récord de crédito y si no hay preocupaciones en relación con las condiciones económicas o políticas del país del importador.

Giro

Un *giro*, algunas veces denominado *letra de cambio* (B/E), es el instrumento que se usa generalmente en el comercio internacional para darle efecto al pago. Un giro es simplemente una orden escrita por un exportador (vendedor) dando instrucciones al importador (comprador) o a su agente de pagar una cantidad de dinero que especifica en un momento preciso. Por tanto, es la petición formal de pago del exportador dirigida al importador.

La persona o el negocio que inicia el giro se conoce como *librador*, *girador* o *generador*. Normalmente es el exportador quien vende y embarca la mercancía. La parte a la cual está dirigido el giro que es el *girado*. Se pide al girado que *honre* el giro, es decir, que pague la cantidad requerida de acuerdo con los términos estipulados. En las transacciones comerciales, el girado es ya sea el comprador, en cuyo caso el giro recibe el nombre de *giro comercial*, o el banco del comprador, en cuyo caso el giro recibe el nombre de *giro bancario*. Los giros bancarios generalmente se libran de acuerdo con los términos de una carta de crédito. Un giro puede ser librado como un instrumento al portador, o puede designar a una persona a quien se debiera hacer el pago. Esa persona, la cual se conoce como *beneficiario del pago*, puede ser el girador mismo o puede ser alguna otra parte como el banco del girador.

Instrumentos negociables

Cuando los giros se libran de manera adecuada, se pueden convertir en *instrumentos negociables*. Como tales, proporcionan un instrumento conveniente para el financiamiento del movimiento internacional de la mercancía. Para convertirse en un instrumento negociable, un giro debe conformarse a los siguientes requisitos (Código comercial uniforme, Sección 3104(1)):

- Debe estar puesto por escrito y ser firmado por el librador o girador.
- Debe contener una promesa u orden incondicional para pagar una suma de dinero definida.

- Debe ser pagadero a la vista o en una fecha futura fija o determinable.

- Debe ser pagadero a la orden o al portador.

Si un giro se libra en conformidad con los requisitos anteriores, una persona que lo reciba con los endosos adecuados se convierte en un "tenedor en curso debido". Éste es un estatus legal privilegiado que capacita al tenedor a recibir el pago aun a pesar de cualquier desacuerdo personal entre el girado y el girador resultante de una controversia sobre la transacción de base. Si el girado deja de cumplir con el giro, cualquier endosante previo o el girador deberá hacer el pago a cualquier tenedor en curso debido. Esta clara definición de los derechos de las partes que mantienen un instrumento negociable en calidad de un tenedor en curso debido ha contribuido de manera significativa a la amplia aceptación de las diversas formas de giros, incluyendo los cheques personales.

Tipos de giros

Los giros son de dos tipos: los *giros a la vista* y los *giros a plazo*. Un giro a la vista es pagadero a su presentación ante el girado; el girado debe pagar todo de una vez o dejar de cumplir con el giro. Un giro a plazo, también denominado como *giro de uso*, permite una demora en el pago. Se presenta al girado, quien lo acepta escribiendo o aceptando una notificación de aceptación en su carátula. Una vez aceptado, el giro a plazo se convierte en una promesa de pago por parte de la parte aceptante (el comprador). Cuando se libra un giro a plazo y es aceptado por un banco, se convierte en una *aceptación de banquero*; cuando es girado y es aceptado por una empresa de negocios, se convierte en una *aceptación comercial*.

El periodo de un giro se denomina como su *tenor*. Para calificar como un instrumento negociable, y para ser atractivo ante un tenedor en curso debido, un giro debe ser pagadero en una fecha futura fija o determinable. Por ejemplo, "60 días después de la presentación" es una fecha fija, la cual se establece precisamente en el momento en el que se acepta el giro. Sin embargo, el pago "a la llegada de los bienes" no es determinable dado que la fecha de llegada no puede conocerse por adelantado. En efecto, no hay seguridad de que los bienes lleguen del todo.

Aceptación de banquero

Cuando un giro es aceptado por un banco se convierte en una aceptación de banquero. Como tal, es la promesa incondicional de ese banco de hacer el pago sobre el giro cuando venza. En cuanto a calidad, la aceptación de banquero es prácticamente idéntica a un certificado de depósito bancario negociable (CD). El tenedor de una aceptación de banquero no necesita esperar hasta el vencimiento para liquidar la inversión, sino que puede vender la aceptación en el mercado de dinero, donde ocurren negociaciones constantes en tales instrumentos. El monto del descuento depende totalmente de la evaluación de crédito del banco que haya firmado la aceptación, o de otro banco que haya reconfirmado la aceptación del banquero, a cambio de un honorario. El costo general del uso de una aceptación de banquero comparado con otros instrumentos de financiamiento a corto plazo se analiza posteriormente en este es capítulo.

Conocimiento de embarque (B/L)

El tercer documento clave para el financiamiento del comercio internacional es el *conocimiento de embarque* (B/L). El conocimiento de embarque es emitido a favor del exportador a través de un transportista común quien hace el traslado de la mercancía. Sirve para tres propósitos: como una recepción, como un contrato y como un documento de título de propiedad.

Como una recepción, el conocimiento de embarque indica que el transportista ha recibido la mercancía que se describe en la carátula del documento. El transportista no es responsable por la determinación de que los recipientes contengan lo que se afirma ser su contenido, y por lo tanto las descripciones de mercancía de los conocimientos de embarque son generalmente cortas y sencillas. Si los cargos del embarque se pagan de manera anticipada, el conocimiento de embarque generalmente llevará un sello que dirá "flete pagado" o "flete pagado por adelantado". Si la mercancía se embarca por cobrar —un procedimiento menos común a nivel internacional que a nivel nacional— el transportista mantiene un gravamen sobre los bienes hasta que el flete se pague.

Como un contrato, el conocimiento de embarque indica la obligación del transportista de proporcionar un cierto traslado a cambio de ciertos cargos. Los transportistas comunes no pueden desconocer una responsabilidad por negligencia a través de la inserción de cláusulas especiales en un conocimiento de embarque. El conocimiento de embarque puede especificar puertos alternativos en caso de que la entrega no se pueda hacer al puesto designado, o puede especificar que los bienes le serán devueltos al exportador bajo su propio gasto.

Como un documento de título de propiedad, el conocimiento de embarque se usa para obtener el pago o una promesa de pago escrita antes de que la mercancía sea liberada al importador. El conocimiento de embarque también puede funcionar como una garantía colateral contra la cual los fondos pueden ser entregados por adelantado al exportador por su banco local antes del embarque, o durante él, y antes del pago final por parte del importador.

Características del conocimiento de embarque

El conocimiento de embarque es generalmente pagadero a la orden del exportador, quien de este modo retiene el título de propiedad de los bienes después de que han sido entregados al transportista. El título de propiedad sobre la mercancía permanece con el exportador hasta que se reciba el pago, en cuyo momento el exportador aprueba y endosa la orden del conocimiento de embarque (la cual es negociable) en blanco o la endosa a la parte que haga el pago, generalmente un banco. El procedimiento más común sería que el pago se entregara por adelantado contra un giro documental acompañado por la orden de conocimiento de embarque endosada. Después del pago del giro, el banco del exportador envía los documentos a través de canales de compensación bancaria al banco del importador. El banco del importador, a la vez, libera los documentos a favor del importador después del pago (giros a la vista); después de la aceptación (giros a plazo dirigidos al importador y marcados como D/A); o después de que los términos de pago se han convenido (giros librados sobre el banco del importador bajo las cláusulas de una carta de crédito).

Ejemplo: documentación de una transacción comercial típica

Aunque una transacción podría concebiblemente manejarse de muchas maneras, nos dirigiremos ahora a un ejemplo hipotético, el cual ilustra la interacción de los diversos documentos. Suponga que Trident Estados Unidos recibe una orden de un comprador canadiense. Para Trident, esta será una exportación financiada bajo una carta de crédito que requiere de un conocimiento de embarque, y el exportador hará el cobro a través de un giro a plazo aceptado por el banco del comprador canadiense. Tal transacción se ilustra en la figura 22.8.

1. El comprador canadiense coloca una orden con Trident, preguntando si ésta está dispuesta a hacer el embarque bajo una carta de crédito.
2. Trident conviene en hacer el embarque bajo una carta de crédito y especifica información relevante como los precios y los términos.
3. El comprador canadiense solicita a su banco, Northland Bank (Banco 1), que se emita una carta de crédito a favor de Trident por la mercancía que desea comprar.
4. Northland Bank emite la carta de crédito a favor de Trident y la envía al Southland Bank (Banco X [El banco de Trident]).
5. Southland Bank le notifica a Trident acerca de la apertura de una carta de crédito a su favor. Southland Bank puede o no confirmar la carta de crédito para añadirle su propia garantía al documento.
6. Trident le embarca los bienes al comprador canadiense.
7. Trident prepara un giro a plazo y lo presenta a Southland Bank. El giro es librado a (dirigido a) Northland Bank de acuerdo con la carta de crédito de Northland Bank y acompañado por otros documentos a medida que se requieren, incluyendo la carta de embarque. Trident endosa la carta de embarque en blanco (convirtiéndola en un instrumento al portador) de modo que el título de propiedad sobre los bienes permanezca con el tenedor de los documentos (Southland Bank) en este punto de la transacción.

| FIGURA 22.8 | Pasos en una transacción comercial típica |

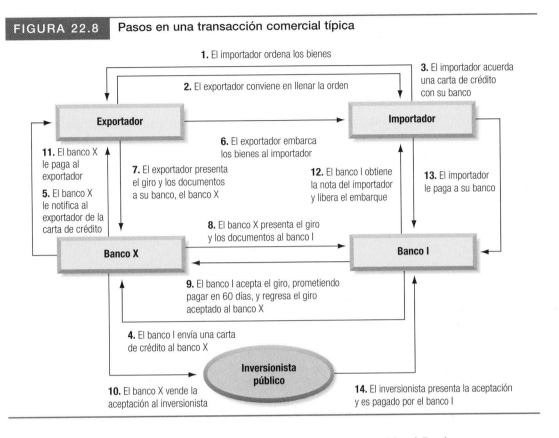

1. El importador ordena los bienes

2. El exportador conviene en llenar la orden

3. El importador acuerda una carta de crédito con su banco

Exportador

Importador

6. El exportador embarca los bienes al importador

11. El banco X le paga al exportador

5. El banco X le notifica al exportador de la carta de crédito

7. El exportador presenta el giro y los documentos a su banco, el banco X

12. El banco I obtiene la nota del importador y libera el embarque

13. El importador le paga a su banco

8. El banco X presenta el giro y los documentos al banco I

Banco X

Banco I

9. El banco I acepta el giro, prometiendo pagar en 60 días, y regresa el giro aceptado al banco X

4. El banco I envía una carta de crédito al banco X

Inversionista público

10. El banco X vende la aceptación al inversionista

14. El inversionista presenta la aceptación y es pagado por el banco I

8. Southland Bank presenta el giro y los documentos a Northland Bank para su aceptación. Northland Bank acepta el giro sellándolo y firmándolo y convirtiéndolo así en una aceptación de banquero, toma posesión de los documentos y promete pagar el giro ahora aceptado al vencimiento (digamos, 60 días).

9. Northland Bank regresa el giro aceptado a Southland Bank. De manera alternativa, Southland Bank le podría solicitar a Northland Bank que aceptara y descontara el giro. En caso de que esto ocurriera, Northland Bank remitiría el efectivo menos un honorario por descuento en lugar de regresar el giro aceptado a Southland Bank.

10. Southland Bank, habiendo recibido el giro aceptado, ahora una *aceptación de banquero*, puede elegir entre varias alternativas. Southland Bank puede vender la aceptación en el mercado abierto a un descuento a un inversionista de cartera. El inversionista será generalmente una corporación a una institución financiera con un exceso de efectivo que desee invertir durante un periodo corto. Southland Bank también puede mantener la aceptación dentro de su propio portafolio.

11. Si Southland Bank descontara la aceptación con Northland Bank (el cual se menciona en el paso 9) o la descontara en el mercado local de dinero, Southland Bank transferirá los fondos menos cualesquiera honorarios y los descontará para Trident. Otra posibilidad sería que Trident en sí misma tomara posesión de la aceptación, la mantuviera durante 60 días, y la presentara para el cobro. Sin embargo, por lo general los exportadores prefieren recibir el valor en efectivo descontado de la aceptación de inmediato en lugar de esperar hasta que la aceptación venza y se reciba una cantidad de efectivo ligeramente mayor en una fecha posterior.

12. Northland Bank le notifica al comprador canadiense acerca de la llegada de los documentos. El comprador canadiense firma un pagaré o hace algún otro plan convenido para pagarle a Northland Bank la mercancía en 60 días. Northland Bank libera los docu-

mentos de apoyo de modo que el comprador canadiense pueda obtener una posesión física del embarque de inmediato.

13. Después de 60 días, Northland Bank recibe los fondos al comprador canadiense para pagar la aceptación que está venciendo.

14. El mismo día, el décimo sexto día después de la aceptación, el tenedor de la aceptación vencida la presenta para su pago y recibe su valor de carátula. El tenedor puede presentarla directamente a Northland Bank, como se muestra en la figura 22.8, o regresarla a Southland Bank y hacer que Southland Bank la cobre a través de canales bancarios normales.

Aunque esta es una transacción típica que involucra a una carta de crédito, pocas transacciones comerciales de tipo internacional son verdaderamente típicas. Los negocios, y más específicamente los internacionales, requieren de flexibilidad y de creatividad por parte de la administración en todo momento como lo ilustra la sección *Finanzas globales en la práctica 22.1*. El minicaso que se presenta al final de este capítulo muestra una aplicación de la mecánica de una situación real de negocios. El resultado es un desafío clásico para la administración: ¿cuándo y sobre qué bases compromete usted un procedimiento típico para lograr las metas estratégicas?

Programas del gobierno para ayudar a financiar las exportaciones

Los gobiernos de la mayoría de los países industrializados orientados hacia las exportaciones tienen instituciones financieras especiales que proporcionan alguna forma de un crédito subsidiado a sus propios exportadores nacionales. Estas instituciones de financiamiento de las exportaciones ofrecen términos que son mejores que aquellos que están generalmente disponibles a partir del sector privado competitivo. De este modo, los contribuyentes nacionales están subsidiando costos financieros más bajos para los compradores extranjeros con la finalidad de crear empleo y mantener una superioridad tecnológica. Las instituciones más importantes generalmente ofrecen un seguro de crédito para las exportaciones y un banco apoyado por el gobierno para el financiamiento de las exportaciones.

FINANZAS GLOBALES EN LA PRÁCTICA 22.1

El resurgimiento de la banca de transacciones y las cartas de crédito

¿Por qué se ha presentado un resurgimiento repentino del interés en lo que es probablemente el segmento más antiguo de la industria bancaria? Ashish Bajaj, director administrativo (banca de transacciones) en Citibank, afirma lo siguiente: "La banca de transacciones es un negocio de anualidades, y tiene flujos de ingresos estables y previsibles". En las épocas inestables, eso es una enorme atracción. De este modo, la industria está creciendo a más de 40-50% anualmente. No es de extrañar que todo banquero tenga un gran interés en este segmento.

Un cliente de administración del efectivo también aporta negocios comerciales a un banco. A lo largo de los años, los bancos han estado manejando remesas y abriendo cartas de crédito (LCS) para sus clientes. En la actualidad, la tendencia es que los clientes cambien del sistema tradicional de una carta de crédito a los canales electrónicos ya que esto es más eficiente. "Existe la oportunidad de que los bancos hagan más operaciones de financiamiento sobre cuentas abiertas a medida que entiendan mejor el riesgo", afirma Ramesh Ganesan, jefe (banca de transacciones) en el Banco ABN AMRO. Esto es una nueva tendencia; los bancos están asumiendo exposiciones a través de cuentas abiertas

cuando no hay garantías bancarias; las cartas de crédito tradicionales están respaldadas por una garantía. Todo esto requiere de un alto nivel de tecnología integrado desde el principio hasta el final, tanto dentro de la India como a través del mundo.

La fuerte competencia que hay en el espacio de la banca-T está dando como resultado una caída en los márgenes (todavía altos). Resultado: el ingreso por "flotación" de los bancos ha descendido y muchos de ellos están ahora presentando un fuerte argumento por un sistema de "honorarios". En la actualidad, cerca de 70% de las utilidades de los bancos provienen de lo anterior y tan sólo el 30%, de honorarios. "Las compañías no pagan ningún honorario por los servicios de administración del efectivo debido a la ventaja de flotación de la que disfrutan los bancos", afirma un banquero. "No hay necesidad de que se valúe la transacción científicamente", afirma Natasha Patel, director (pagos globales y administración del efectivo) en HSBC India. Sin embargo, esto no siempre sucede.

Fuente: "The Return of T-Banking", *Business Today-New Delhi,* 7 de octubre de 2007.

Seguros de crédito a la exportación

El exportador que insista en un pago en efectivo o en un pago con una carta de crédito para los embarques extranjeros probablemente perderá pedidos a favor de los competidores provenientes de otros países que proporcionen términos de crédito más favorables. Con frecuencia, se pueden ofrecer mejores términos de crédito a través de un seguro del crédito a la exportación, el cual proporciona la seguridad al exportador o al banco del exportador de que, en caso de que el cliente extranjero deje de cumplir con el pago, la compañía aseguradora pagará una porción mayor de la pérdida. Debido a la disponibilidad del seguro del crédito a la exportación, los bancos comerciales están dispuestos a proporcionar un financiamiento de un plazo mediano a un plazo largo (de cinco a siete años) por las exportaciones. Los importadores prefieren que el exportador compre un seguro de crédito a la exportación para el pago del riesgo de falta de cumplimiento por parte del importador. De esta manera, el importador no necesita pagar por la emisión de una carta de crédito y no reduce su línea de crédito.

La competencia entre las naciones hacia el incremento de las exportaciones mediante el agrandamiento del periodo durante el cual se pueden asegurar las transacciones de crédito puede conducir a una guerra del crédito o a decisiones de crédito no sólidas. Para evitar un desarrollo tan insano, un número de naciones comerciales líderes se unió en 1934 para crear Berne Union (oficialmente Union d' Assureurs des Credits Internationaux) con el propósito de establecer una comprensión internacional voluntaria sobre los términos de crédito a la exportación. Berne Union recomienda términos máximos de crédito para muchos aspectos, incluyendo los gastos de capital fuertes (cinco años), los bienes de capital ligeros (tres años) y los bienes durables para el consumo (un año).

Seguro de crédito a la exportación en Estados Unidos

En Estados Unidos, el Foreign Credit Insurance Association (FCIA) es quien proporciona el seguro de crédito a la exportación. Ésta es una asociación no incorporada de compañías privadas de seguros comerciales que operan en cooperación con el Export-Import Bank.

El FCIA proporciona políticas que protegen a los exportadores estadounidenses contra el riesgo de falta de pago por parte de deudores extranjeros como resultado de los riesgos comerciales y políticos. Las pérdidas ocasionadas por el riesgo comercial son aquellas que resultan de la insolvencia o de un pago muy prolongado por parte del comprador. Las pérdidas políticas surgen de las acciones de los gobiernos más allá del control del comprador o vendedor.

Export-Import Bank y financiamiento de las exportaciones

El Export-Import Bank de Estados Unidos (Ex-Im Bank) es otra agencia independiente del gobierno estadounidense, establecida en 1934 para estimular y facilitar el comercio exterior de Estados Unidos. De manera interesante, el Ex-Im Bank fue creado originalmente con la intención fundamental de facilitar las exportaciones a la Unión Soviética. En 1945 fue reorganizado "para ayudar en el financiamiento y para facilitar las exportaciones y las importaciones y el intercambio de satisfactores entre Estados Unidos y cualquier país extranjero o las agencias o los nacionales de él".

El Ex-Im Bank facilita el financiamiento de las exportaciones de Estados Unidos a través de varios programas de garantías de préstamos y de seguros. El Ex-Im Bank garantiza el reembolso de los préstamos para la exportación a mediano plazo (181 días a 5 años) y al largo plazo (5 a 10 años) extendidos por los bancos de Estados Unidos a prestatarios extranjeros. Las operaciones de préstamos directos a mediano plazo y a largo plazo del Ex-Im Bank se basan en una participación con las fuentes privadas de fondos. En esencia, el Ex-Im Bank le presta dólares a los prestatarios fuera de Estados Unidos para la compra de bienes y servicios estadounidense. Los fondos de tales préstamos se pagan a proveedores de Estados Unidos. Los préstamos mismos son reembolsados con intereses en dólares al Ex-Im Bank. Éste requiere de una participación privada en estos préstamos directos para 1) asegurar que complemente en lugar de que compita con las fuentes privadas de financiamiento para las exportaciones; 2) distribuya sus recursos de una manera más amplia, y 3) asegure que las instituciones financieras privadas seguirán proporcionando crédito a la exportación.

El Ex-Im Bank también garantiza las transacciones de arrendamiento; financia los costos involucrados cuando las empresas estadounidenses se encargan de la preparación para estudios de ingeniería, estudios de planeación y estudios de factibilidad para clientes no americanos sobre proyectos grandes de capital; y proporciona asesorías para exportadores, bancos u otras instituciones que necesitan ayuda para obtener financiamientos relacionados con bienes americanos.

Alternativas de financiamiento comercial

Para financiar las cuentas por cobrar del comercio internacional, las empresas usan los mismos instrumentos de financiamiento que los que utilizan para las cuentas por cobrar comerciales de tipo nacional, más algunos instrumentos especializados que únicamente están disponibles para el financiamiento del comercio internacional. La figura 22.9 identifica los principales instrumentos del financiamiento a corto plazo y sus costos típicos aproximados. La última sección describe un instrumento a un plazo más largo denominado *renuncia de derechos*.

Aceptaciones de banqueros

Las aceptaciones de banqueros, las cuales se describieron anteriormente en este capítulo, se pueden usar para financiar las cuentas por cobrar comerciales tanto nacionales como internacionales. La figura 22.9 muestra que las aceptaciones de banqueros ganan generalmente un rendimiento comparable con otros instrumentos del mercado de dinero, especialmente los certificados bancarios de depósito de tipo comercializable. Sin embargo, el costo general de una empresa, resultante de la creación y el descuento de una aceptación de banquero, también depende de la comisión que cargue el banco que acepte el giro de la empresa.

El primer propietario de una aceptación de banquero creada a partir de una transacción del comercio internacional será el exportador, quien recibe de nuevo el giro aceptado después de que el banco le ha puesto el sello que así lo confirma. El exportador puede mantener la aceptación hasta el vencimiento y posteriormente hacer el cobro. En el caso de una aceptación de, digamos, US$100,000 por tres meses, el exportador recibiría el valor de carátula menos la comisión de la aceptación del banco de 1.5% por año:

Valor de carátula de la aceptación	US$100,000	
Menos una comisión de 1.5% por año durante tres meses	−375	(.015 × 3/12 × US$100,000)
Monto recibido por el exportador dentro de tres meses	US$99,625	

De manera alternativa, el exportador puede "descontar" —es decir, vender a un precio reducido— la aceptación en su banco a objeto de recibir los fondos inmediatamente. El exportador recibirá el valor de carátula de la aceptación menos que el honorario de dicha aceptación y la tasa actual de mercado de descuento para las aceptaciones de banqueros. Si la tasa de descuento fueran de 1.14% por año como se muestra en la figura 22.9, el exportador recibiría lo siguiente:

Valor de carátula de la aceptación	US$100,000	
Menos 1.5% por año como comisión por tres meses	−375	(.015 × 3/12 × US$100,000)
Menos 1.4% por año como tasas de descuento por tres meses	−285	(.0114 × 3/12 × US$100,000)
Monto recibido por el exportador de inmediato	US$99,340	

FIGURA 22.9 **Instrumentos para el financiamiento de cuentas por cobrar nacionales e internacionales a corto plazo**

Instrumento	Costo o rendimiento típico para un vencimiento de tres meses
Aceptaciones de banquero*	Rendimiento anualizado de 1.14%
Aceptaciones comerciales*	Rendimiento anualizado de 1.17%
Factoraje	Tasa variable pero con un costo mucho más alto que el de las líneas de crédito bancarias
Titularización	Tasa variable pero competitiva con las líneas de crédito
Bancarias	4.25% más algunos puntos (el número de puntos será más pequeño cuando queda cubierto por el seguro del crédito a la exportación)
Papel comercial*	Rendimiento anualizado de 1.15%

*Estos instrumentos compiten con los certificados de depósito bancarios a plazo de tipo comercializable a tres meses.

Por lo tanto, el costo total anualizado de financiamiento de esta aceptación de banquero es como sigue:

$$\frac{\text{Comisión} + \text{descuento}}{\text{Fondos}} \times \frac{360}{90} = \frac{\text{US\$375} + \text{US\$285}}{\text{US\$99,340}} \times \frac{360}{90} = .0266 \text{ o } 2.66\%$$

El banco que hace el descuento puede mantener la aceptación en su portafolio, ganando para sí mismo la tasa de descuento por año de 1.14%, o la aceptación puede ser revendida en el mercado de aceptaciones a inversionistas de portafolios. Los inversionistas que compran las aceptaciones de banqueros proporcionan los fondos que financian la transacción.

Aceptaciones comerciales

Las *aceptaciones comerciales* son similares a las aceptaciones de banqueros excepto porque la entidad aceptante es una empresa comercial, como General Motors Acceptance Corporation (GMAC), en lugar de un banco. El costo de una aceptación de banquero depende de la evaluación de crédito de la empresa aceptante más la comisión que cargue. Al igual que las aceptaciones de banqueros, las aceptaciones comerciales se venden a un descuento a los bancos y a otros inversionistas a una tasa que es competitiva con otros instrumentos del mercado de dinero (vea la figura 22.9).

Factoraje

Ciertas empresas especializadas, conocidas como *factores*, compran cuentas por cobrar a un descuento ya sea sobre una base *sin recurso* o *con recurso*. La ausencia de recurso significa que el factor asume el riesgo de crédito, el riesgo político y el riesgo cambiario de las cuentas por cobrar que compre. El recurso significa que el factor puede devolver las cuentas que no sean cobrables. Ya que el factor debe cubrir el costo y el riesgo de evaluar el valor de crédito de cada cuenta por cobrar, el costo del factoraje es por lo general del todo alto. Es superior al costo de solicitar fondos en préstamo a la tasa preferencial más algunos puntos.

El costo general que resulta del factoraje de las cuentas por cobrar sin recurso tiene una estructura similar a la de las aceptaciones. El factor carga una comisión para cubrir el riesgo de la ausencia de recurso, típicamente de 1.5 a 2.5%, más un interés deducido como un descuento a partir de los fondos iniciales. Por otra parte, la empresa que vende las cuentas por cobrar con ausencia de recurso evita el costo de determinar el valor de crédito de sus clientes. No tiene que mostrar en su balance general las deudas solicitadas en préstamo para financiar estas cuentas por cobrar. Además, la empresa evita tanto el riesgo cambiario como el riesgo político sobre las cuentas por cobrar sin recurso. La sección *Finanzas globales en la práctica 22.2* ilustra las actividades actuales de factoraje en África.

FINANZAS GLOBALES EN LA PRÁCTICA 22.2

Capital contable privado y factoraje tunecino

En una entrevista, Aziz Mebarek, socio fundador, Tuninvest, habló acerca del segundo fondo del grupo de capital contable privado y de sus inversiones. The AfricInvest Financial Sector Fund invertirá en instituciones financieras en África y en general en actividades financieras relacionadas con los servicios: banca, arrendamiento, factoraje, crédito al consumidor, corretaje, buró de crédito, evaluaciones, administración de activos y seguros. En particular, se concentrará en las instituciones de financiamiento nuevas o existentes en países con sectores financieros nacientes, en países de la posguerra y en países menos desarrollados. The Nether-

lands Development Finance Co., FMO, es por el momento el único accionista del fondo. Tuninvest llevará empresas al mercado de acciones e invertirá en las compañías inscritas en tanto tenga asientos en la junta, que sean capaces de influir en el crecimiento y en la estrategia de la compañía. Pero no se encuentra en la industria de comprar y vender acciones, que es lo que hacen los administradores de los activos.

Fuente: "Tuninvest Sustainable Profits", *African Business*, octubre de 2007, Emisión 335, p. S42.

Titularización

La *titularización* de las cuentas por cobrar de exportación para el financiamiento comercial es un suplemento atractivo para la financiación por medio de aceptaciones de banqueros y el factoraje. Una empresa puede *titularizar* sus cuentas por cobrar de exportación vendiéndolas a una entidad legal que se haya establecido para crear valores negociables basados en un paquete de cuentas por cobrar individuales para la exportación. Una ventaja de esta técnica es que elimina las cuentas por cobrar de exportación del balance general para el exportador porque se han vendido sin recurso.

Las cuentas por cobrar generalmente se venden a un descuento. La magnitud del descuento depende de cuatro factores:

1. El riesgo histórico de cobro del exportador
2. El costo del seguro de crédito
3. El costo del aseguramiento de la corriente de flujo de efectivo deseable para los inversionistas
4. La magnitud del financiamiento y de los honorarios por servicios

La titularización es más efectiva desde el punto de vista de los costos cuando existe un alto volumen de transacciones con una historia de crédito conocida y con una probabilidad de incumplimiento. Un exportador de gran tamaño podría establecer su propia entidad de titularización. Aunque el costo inicial de establecimiento es alto, la entidad se puede usar sobre una base continua. Como alternativa, los exportadores más pequeños podrían usar una entidad común de titularización proporcionada por una institución financiera, ahorrando con ello los altos costos de establecimiento.

Línea bancaria de crédito cubierta por un seguro de crédito a la exportación

Una línea bancaria de crédito se puede usar generalmente para financiar hasta un cierto límite superior fijo, digamos 80%, de las cuentas por cobrar. Las cuentas por cobrar de exportaciones pueden ser elegibles para incluirse en el financiamiento de las líneas bancarias de crédito. Sin embargo, la información de crédito sobre los clientes extranjeros puede ser más difícil de cobrar y de evaluar. Si una empresa cubre sus cuentas por cobrar de exportación con un seguro de crédito, puede reducir grandemente el riesgo de crédito de esas cuentas por cobrar. El seguro capacita a la línea bancaria de crédito para cubrir más cuentas por cobrar de exportación y para disminuir la tasa de interés para esa cobertura. Desde luego, cualquier riesgo cambiario debe ser manejado por las técnicas de exposición por transacciones que se describen en el capítulo 11.

El costo del uso de una línea bancaria de crédito es generalmente igual a la tasa prima de interés más varios *puntos* para reflejar el riesgo de crédito de una empresa en particular. Como de costumbre, 100 puntos son iguales a 1%. En Estados Unidos, también se espera que los prestatarios mantengan un saldo compensador de depósito en la institución prestamista. En Europa y en muchos otros lugares, la concesión de préstamos se hace sobre una base de *sobregiros*. Un contrato de sobregiros permite a una empresa sobregirar su cuenta bancaria hasta el límite de su línea de crédito. El interés a la tasa prima más varios puntos se basa únicamente en el monto del sobregiro tomado en préstamo. En cualquier caso, el costo general de los préstamos bancarios usando una línea de crédito es más alto que el financiamiento por aceptaciones como se muestra en la figura 22.9.

Papel comercial

Una empresa puede emitir *papel comercial* —pagarés no garantizados— para satisfacer sus necesidades de financiamiento a corto plazo, incluyendo tanto las cuentas por cobrar nacionales como las de exportación. Sin embargo, tan sólo las empresas grandes y bien conocidas con evaluaciones favorables de crédito tienen acceso al mercado de papel comercial nacional y europeo. Como se muestra en la figura 22.9, la tasa de interés del papel comercial se encuentra en el extremo inferior de la curva de rendimiento y compite de manera directa con los certificados de depósito bancarios a plazo de tipo comercializable.

Renuncia de derechos: financiamiento a mediano plazo y a largo plazo

La *renuncia de derechos* (*forfaiting*) es una técnica especializada para eliminar el riesgo de la falta de pago por parte de los importadores en aquellos casos en los que la empresa importadora y/o su gobierno es percibido por el exportador como demasiado riesgoso para un crédito en cuenta abierta.

El nombre de esta técnica proviene del francés *forfait*, un término que implica "la renuncia o el abandono de un derecho".

Papel del *forfaiter*

La esencia de la renuncia de derechos está dada por la venta sin recurso que realiza un exportador respecto de pagarés garantizados por un banco, letras de cambio o documentos similares recibidos de un importador ubicado en otro país. El exportador recibe efectivo en el momento de la transacción mediante la venta de los pagarés o letras de cambio a un descuento con respecto a su valor nominal a favor de una firma financiera especializada denominada *forfaiter*. El *forfaiter* arregla la totalidad de la operación antes de que ocurra la transacción real. Aunque la empresa exportadora es responsable por la calidad de los bienes entregados, recibe un pago en efectivo claro e incondicional en el momento de la transacción. Todo el riesgo político y el riesgo comercial de la falta de pago por parte del importador es asumido por el banco que extiende la garantía. Los exportadores pequeños que confían en el pago de sus clientes encuentran que la técnica de renuncia de derechos es invaluable porque alivia los problemas de flujo de efectivo.

Una transacción típica de renuncia de derechos

Una transacción típica de renuncia de derechos incluye cinco partes, como se muestra en la figura 22.10. Los pasos del proceso son comos sigue:

Paso 1: acuerdo. El importador y el exportador convienen en una serie de importaciones que deberán pagarse a lo largo de un periodo, generalmente de 3 a 5 años. Sin embargo, con esta técnica se han financiado periodos tan largos como 10 años o tan cortos como 180 días. El importador conviene en hacer pagos periódicos, con frecuencia contra el progreso en la entrega o la terminación de un proyecto.

Paso 2: compromiso. El *forfaiter* promete financiar la transacción con una tasa de descuento fija, y el pago deberá hacerse cuando el exportador le entregue al *forfaiter* los pagarés apropiados u otros documentos especificados. La tasa de descuento convenida se basa en el costo de los fondos en el Euromercado, generalmente la LIBOR aplicable a la vida promedio de la transacción, más un margen sobre la LIBOR para reflejar el riesgo percibido de la operación. La prima de riesgo se ve influida por el tamaño y el desarrollo del acuerdo, el riesgo del país y la calidad de la institución que actúa como garante. En una operación a 5 años, por ejemplo, con 10 pagos semestrales, la tasa usada se basaría en la tasa LIBOR a 2.25 años. Esta tasa de descuento se añade generalmente al valor de la factura de la transacción de tal modo que el costo del financiamiento sea afrontado finalmente por el importador. El *forfaiter* carga un honorario adicional por compromiso de fondos que va desde 0.5% por año hasta un nivel tan alto como 6.0% por año a partir de

---

FIGURA 22.10   Transacción típica de renuncia de derechos (*forfaiting*)

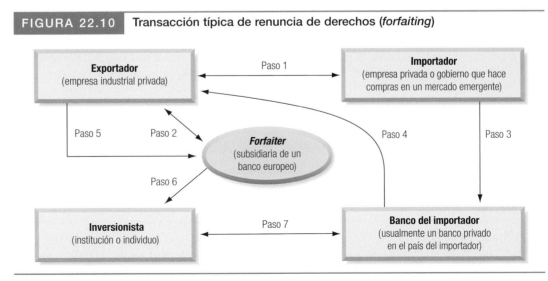

la fecha de su compromiso para el financiamiento hasta la recepción del papel descontado real emitido de acuerdo con el contrato de financiamiento. El honorario también se añade generalmente al costo de la factura y se transmite al importador.

Paso 3: *aval* o garantía. El importador se obliga a sí mismo a pagar sus compras mediante la emisión de una serie de pagarés, los cuales vencen generalmente cada 6 o 12 meses, contra el progreso en la entrega o en la terminación del proyecto. Estos pagarés se entregan primero al banco del importador donde son endosados (es decir, garantizados) por ese banco. En Europa, esta garantía incondicional se denomina *aval*, el cual se traduce al inglés como "respaldo". En este momento, el banco del importador se convierte en el obligado primario a los ojos de todos los tenedores subsiguientes de los pagarés. El aval o la garantía del banco debe ser irrevocable, incondicional, divisible y susceptible de cederse. Ya que los bancos estadounidenses no emiten avales, las transacciones estadounidenses están garantizadas por una carta de crédito en reserva (L/C), la cual es funcionalmente similar a un aval pero más complicada. Por ejemplo, generalmente, las cartas de crédito se transfieren tan sólo una vez.

Paso 4: entrega de los pagarés. Los pagarés ahora endosados se entregan al exportador.

Paso 5: descuento. El exportador endosa los documentos "sin recurso" y los cuenta con el *forfaiter*, recibiendo entonces los fondos convenidos. Los fondos se reciben generalmente dos días después del que se presentan los documentos. Al endosar los documentos "sin recurso", el exportador se libera a sí mismo de cualquier responsabilidad por pago futuro y de este modo recibe los fondos descontados sin tener que preocuparse de cualquier dificultad de pago adicional.

Paso 6: inversión. El banco que opera la renuncia de derechos o bien mantiene los documentos hasta el vencimiento total como una inversión o los endosa o los redescuenta en el mercado de dinero internacional. Tal venta subsiguiente por parte del *forfaiter* es generalmente sin recurso. Los principales mercados de redescuento están en Londres y Suiza, más Nueva York para los documentos emitidos en conjunción con empresas latinoamericanas.

Paso 7: vencimiento. Al vencimiento el inversionista que mantiene los pagarés los presenta para su cobro al importador o al banco del importador. La promesa del banco del importador es lo que le da a los documentos su valor.

En efecto, el *forfaiter* funciona tanto como una firma del mercado de dinero como un especialista en el empaquetamiento de tratos financieros que involucren al riesgo del país. Como una firma del mercado de dinero, el *forfaiter* divide los documentos descontados en paquetes con un tamaño apropiado y los vuelve a vender a los diversos inversionistas que tienen distintas preferencias de vencimiento. Como un especialista en el riesgo del país, el *forfaiter* evalúa el riesgo de que los pagarés sean finalmente pagados por el importador o por el banco del importador y entonces integra una negociación que satisfaga las necesidades tanto del exportador como del importador.

El éxito de la técnica de renuncia de derechos es producto de la creencia de que el aval o la garantía de un banco comercial puede ser confiable. Aunque los bancos comerciales son los garantes normales y preferidos, las garantías por parte de los bancos del gobierno o de los ministerios gubernamentales de finanzas se aceptan en algunos casos. En ocasiones, se han aceptado grandes empresas comerciales como deudores sin una garantía bancaria. Un aspecto adicional de esta técnica es que el aval del banco que hace el endoso se percibe como una obligación "fuera del balance general" y presumiblemente la deuda no es considerada por otros al evaluar la estructura financiera de los bancos comerciales.

RESUMEN

■ El comercio internacional ocurre entre tres categorías de relaciones: *partes no afiliadas desconocidas*, *partes no afiliadas conocidas* y *partes afiliadas*.

■ Las transacciones del comercio internacional entre las partes afiliadas generalmente no requieren de arreglos contractuales o de un financiamiento externo. Las transacciones comerciales entre partes no afiliadas requieren generalmente de contratos y de algún tipo de financiamiento externo, como el que está disponible a través de las cartas de crédito.

■ A lo largo de muchos años, han surgido procedimientos establecidos para financiar el comercio internacional. El procedimiento básico descansa en la interrelación entre tres documentos clave: la carta de crédito, el giro y el conocimiento de embarque.

■ Las variaciones en cada uno de los tres documentos clave: la carta de crédito, el giro y el conocimiento de embarque, proporcionan una variedad de formas para dar curso a cualquier tipo de transacción.

■ En la transacción más sencilla, en la cual se usan los tres documentos y en la cual el financiamiento es deseable, un importador solicita y recibe una carta de crédito de su banco.

■ En la carta de crédito, el banco sustituye su crédito por el del importador y promete pagar si se presentan ciertos documentos al banco. El exportador puede ahora confiar en la promesa del banco en lugar de la promesa del importador.

■ Generalmente, el exportador embarca con base en un conocimiento de embarque, anexa la orden de ese tipo a una orden de pago de un giro proveniente del banco del importador y presenta estos documentos, más una cierta cantidad de documentos adicionales, a través de su propio banco al banco del importador.

■ Si los documentos están en orden, el banco del importador paga el giro (un giro a la vista), o bien acepta el giro (un giro a plazo). En el último caso, el banco promete pagar en el futuro. En este paso el banco del importador adquiere del título de propiedad de la mercancía a través del conocimiento de embarque; posteriormente libera la mercancía al importador contra el pago o la promesa de un pago futuro.

■ Si se usa un giro a la vista, el exportador recibe su pago de inmediato. Si se usa un giro a plazo, el exportador recibe el giro aceptado del banco, ahora una aceptación de un banquero. El exportador puede mantener la aceptación del banquero hasta el vencimiento o venderla a un descuento en el mercado de dinero.

■ Los costos totales de un exportador que ingrese a un mercado extranjero incluyen los costos de las transacciones del financiamiento comercial, a los derechos y las tarifas de importaciones y exportaciones que aplican las naciones exportadoras e importadoras, y a los costos de la penetración al mercado extranjero, los cuales incluyen los gastos de distribución, a los costos de los inventarios y a los gastos de transporte.

■ Los seguros del crédito a la exportación proporcionan una seguridad para los exportadores (o los bancos de los exportadores) ya que en caso de que el cliente extranjero deje de cumplir con el pago, la compañía aseguradora pagará una porción mayor de la pérdida.

■ En Estados Unidos, el seguro del crédito a la exportación es proporcionado por la Foreign Credit Insurance Association (FCIA), una asociación no incorporada de compañías privadas de seguros comerciales que funcionan en cooperación con el Export-Import Bank de Estados Unidos.

■ El Export-Import Bank (Ex-Im Bank) es una agencia independiente que ha sido establecida para estimular y facilitar el comercio exterior en Estados Unidos.

■ El financiamiento comercial usa los mismos instrumentos de financiamiento que el financiamiento nacional de las cuentas por cobrar, más algunos instrumentos especializados que tan sólo están disponibles para el financiamiento del comercio internacional.

■ Un instrumento popular para el financiamiento a corto plazo es una aceptación de banquero. Su costo general es comprable con otros instrumentos del mercado de dinero, como los certificados de depósito bancarios comercializables.

■ Otros instrumentos de financiamiento a corto plazo con una contraparte nacional son las aceptaciones de banqueros, el factoraje, la titularización, las líneas bancarias de crédito (generalmente cubiertas por un seguro de crédito a la exportación) y el papel comercial.

■ La renuncia de derechos es una técnica de comercio internacional que puede proporcionar un financiamiento a mediano y largo plazos.

MINICASO

Pañales ultradelgados "Precious" de Crosswell International

Crosswell International es un productor y distribuidor con base en Estados Unidos de productos para el cuidado de la salud, incluyendo pañales para niños. Crosswell ha sido contactada por Leonardo Sousa, el presidente de Material Hospitalar, un distribuidor de productos para el cuidado de la salud a través de todo Brasil. Sousa está interesado en distribuir los principales productos de pañales de Crosswell, Precious, pero tan sólo si se puede alcanzar un acuerdo aceptable en relación con la fijación de precio y a los términos de pago.

Exportaciones a Brasil

El administrador de Crosswell para las operaciones de exportación, Geoff Mathieux, siguió las discusiones preliminares mediante la integración de una estimación de los costos de las exportaciones y de la fijación de precio para propósitos de discusiones con Sousa. Crosswell necesita conocer la totalidad de los supuestos de costos y de precios para la totalidad de la cadena de suministro y de valor a medida que llegue al consumidor. Mathieux considera que es fundamental que cualquier convenio que celebre Crosswell dé como resultado un precio para los consumidores del ámbito de mercado brasileño que sea, tanto justo, como competitivo para todas las partes involucradas, dado el nicho de mercado en el que espera penetrar Crosswell. Esta primera reducción en el precio de ingreso de los pañales de Precious al Brasil se presenta en la figura 1.

Crosswell propone vender la línea de pañales básicos al distribuidor brasileño en US$34.00 por caja, *FAS* (libre embarque lateral) en los muelles de Miami. Esto significa que el vendedor, Crosswell, está de acuerdo en cubrir todos los costos

asociados con el transporte de los pañales a los muelles de Miami. El costo de cargar los pañales en un embarque al extranjero, el costo real del embarque (flete), y los documentos asociados es de US$4.32 por caja. El subtotal operativo, US$38.32 por caja, se denomina *CFR* (costo y flete). Finalmente, los gastos de seguros relacionados con la pérdida potencial de los bienes mientras están en tránsito hasta el puerto final de destino, el seguro de exportación, son de US$0.86 por caja. El *CIF* total (costo, seguro y flete) es de US$39.18 por caja, o 97.95 reales brasileños por caja, suponiendo un tipo de cambio de

FIGURA 1	Fijación del precio de exportación para la línea de pañales Precious a Brasil

Los pañales Precious ultradelgados serán embarcados por medio de contenedores. Cada contenedor alojará 968 cajas de pañales. Los costos y los precios que se presentan más abajo se calculan sobre una base por caja, aunque algunos costos y honorarios se evalúan por contenedor.

Costos y fijación de precio de exportación a Brasil	Por caja	Tasas y cálculos
Precio FAS por caja, Miami	US$34.00	
Fletes, acarreos y documentación	4.32	US$4,180 por contenedor/968 = US$4.32
Precio CFR por caja, puerto brasileño (Santos)	US$38.32	
Seguro de exportación	0.86	2.25% de CIF
CIF al puerto brasileño	US$39.18	
CIF al puerto brasileño, en reales brasileños	R$97.95	2.50 Reales/US$ × US$39.18
Costos de importación de Brasil		
Derechos de importación	1.96	2.00% de CIF
Cuotas para la renovación de la marina mercante	2.70	25.00% de flete
Cuotas de almacenamiento portuario	1.27	1.30% de CIF
Cuotas de manejos portuarios	0.01	R$12 por contenedor
Cuotas adicionales de manejo	0.26	20.00% de almacenamientos y manejo
Cuotas de corretajes aduanales	1.96	2.00% de CIF
Honorarios por licencias de importación	0.05	R$50 por contenedor
Cargos por transportes locales	1.47	1.50% de CIF
Costo total para el distribuidor en reales	R$107.63	
Costos y fijación de precio del distribuidor		
Costo de almacenamiento	1.47	1.50% de CIF × meses
Costo del financiamiento del inventario de pañales	6.86	7.00% de CIF x meses
Margen de distribución	23.19	20.00% de precio + almacenamiento + financiamiento
Precio para el minorista en reales	R$139.15	
Costos y fijación de precio para los minoristas brasileños		
Impuestos sobre productos industriales (IPT)	20.87	15.00% del precio al minorista
Impuestos sobre servicios de circulación mercantil (MCS)	28.80	18.00% de precio + IPT
Costos y margen de ganancia del minorista	56.65	30.00% de precio + IPT + MCS
Precio para el consumidor en reales	R$245.48	

Precios de los pañales para los consumidores	Precio por caja	Precio por pañal
Tamaño pequeño	352	R$0.70
Tamaño mediano	256	R$0.96
Tamaño grande	192	R$1.28

2.50 reales brasileños (R$) por dólar estadounidense (US$). En resumen, el costo *CIF* de R$97.95 es el precio que carga el exportador al importador a la llegada a Brasil, y se calcula como sigue:

$$CIF = FAS + \text{fletes} + \text{seguros a la exportación}$$
$$= (US\$34.00 + US\$4.32 + US\$0.86) \times R\$2.50/US\$$$
$$= R\$97.95.$$

El costo real para el distribuidor resultante del traslado de los pañales a través del puerto y de los almacenes de la aduana también se deben calcular en términos de lo que son los costos de Leonardo Sousa en la realidad. Las diversas cuotas e impuestos que se presentan en la figura 1 proporcionan el costo total en tierra de los pañales Precious en R$107.63 por caja. El distribuidor enfrentaría ahora costos de almacenamiento y de inventario que ascenderían a un total de R$8.33 por caja, lo cual llevaría los costos a R$115.96. Posteriormente el distribuidor añade un margen por los servicios de distribución de 20% (R$23.19), lo cual aumenta el precio cuando se vende al minorista final a R$139.15 por caja.

Finalmente, el minorista (un supermercado o algún otro minorista de productos de consumo para el cuidado de la salud) incluiría sus gastos, impuestos y margen de ganancia lo cual daría lugar a un precio final en el estante de ventas de R$245.48 por caja. Esta estimación final del precio al detalle permite ahora tanto a Crosswell como a Material Hospitalar evaluar la competitividad de precio del pañal ultradelgado Precious en el mercado brasileño, y proporciona una base para mayores negociaciones entre las dos partes.

Mathieux proporciona la cotización anterior del precio de exportación, lo cual es un bosquejo de un contrato potencial de representación (para que Sousa represente a las líneas de productos de Crosswell en el mercado brasileño), y los términos de pago y de crédito para Leonardo Sousa. Los términos de pago y de crédito de Crosswell son que Sousa deberá pagar la totalidad en efectivo y por adelantado, o con una carta de crédito documental, confirmada e irrevocable con un giro a plazo que especifique un periodo de 60 días.

Crosswell también requiere los estados financieros de Sousa, referencias bancarias, referencias comerciales del extranjero, descripciones de las fuerzas de ventas regionales y pronósticos de venta para la línea de pañales Precious. Estas últimas peticiones son muy importantes para que Crosswell pueda evaluar la capacidad de Material Hospitalar para convertirse en un socio confiable, digno de crédito y capaz a largo plazo así como un representante de la empresa en el mercado brasileño. Las discusiones que se presentan a continuación se concentran en la obtención de bases comunes y aceptables entre las dos partes y la manera de trabajar para aumentar la competitividad de los pañales Precious en el mercado brasileño.

Propuesta de Crosswell

La venta propuesta por Crosswell a favor de Material Hospitalar, por lo menos en el embarque inicial, es de 10 contenedores de 968 cajas de pañales a US$39.18 por caja, CIF Brasil, pagaderos en dólares estadounidenses. Esto da un monto total de factura de $379,262.40. Los términos de pago son que se requerirá una carta de crédito confirmada de Material Hospitalar sobre un banco estadounidense. El pago se basará en un giro a plazo de 60 días, y la presentación al banco para la aceptación con otros documentos en la fecha de embarque. Tanto el exportador como su banco esperarán el pago del importador o de su banco después de 60 días a partir de la fecha de este embarque.

¿Qué debería esperar Crosswell? Suponiendo que Material Hospitalar adquiere la carta de crédito y que es confirmada por el banco de Crosswell en Estados Unidos, Crosswell embarcará los bienes después del acuerdo inicial, digamos 15 días, como se ilustra en la figura 2.

De manera simultánea con el embarque, en el cual Crosswell ha perdido un control físico sobre los bienes, Crosswell presentará el conocimiento de embarque adquirido en el momento del embarque con los demás documentos necesarios a su banco cuando éste requiera el pago. Ya que la exportación se realiza bajo una carta de crédito confirmada, suponiendo que todos los documentos están en orden, el banco de Crosswell le proporcionará dos opciones:

1. Esperar la totalidad del periodo del giro a plazo (60 días) y recibir la totalidad del pago (US$379,262.40).
2. Recibir el valor descontado de este monto el día de hoy.

El monto descontado, suponiendo una tasa de interés sobre dólares estadounidenses de 6.00% por año (1.00% por 60 días), es como sigue:

$$\frac{US\$379{,}262.40}{(1+0.01)} = \frac{US\$379{,}262.40}{1.01} = US\$375{,}507.33$$

Ya que la factura está denominada en dólares estadounidenses, Crosswell no necesita preocuparse acerca de las modificaciones en el valor monetario (riesgo monetario). Y, ya que su banco ha confirmado la carta de crédito, está protegido contra cambios o deterioros en la capacidad de Material Hospitalar para pagar en una fecha futura.

¿Qué debería esperar Material Hospitalar? Material Hospitalar recibirá los bienes dentro de 60 días o antes de ese plazo. Desplazará los bienes a través de su sistema de distribución hasta los minoristas. Dependiendo de los términos de pago entre Material Hospitalar y sus compradores (minoristas), podría recibir ya sea efectivo o términos específicos para el pago de los bienes. Ya que Material Hospitalar compró los bienes a través del giro a plazo a 60 días y una carta de crédito de su banco brasileño, el pago total de US$379,262.40 vencerá el día 90 (el embarque y la presentación de los documentos fue en el día 30 más el plazo de 60 días del giro a plazo) a favor del banco brasileño. Material Hospitalar, dado que es una compañía con base en Brasil y que ha convenido en hacer el pago en dólares estadounidenses (moneda extranjera), asume el riesgo monetario de la transacción.

Preocupaciones de Crosswell y Material Hospitalar

Sin embargo, la preocupación que tienen las dos compañías es que el precio total para el consumidor de Brasil, R$245.48 por

FIGURA 2	Términos de pago sobre las exportaciones de Crosswell a Brasil

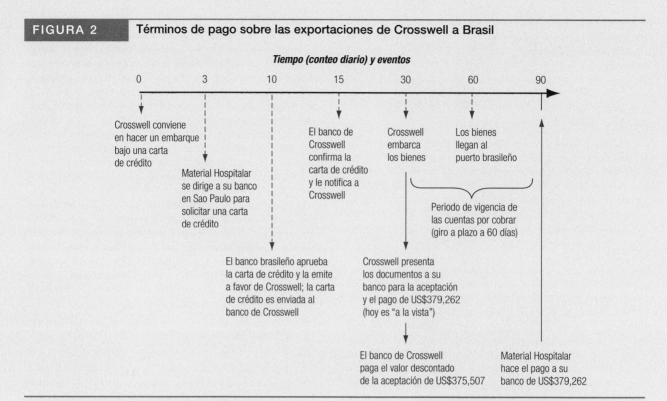

caja, o R$0.70/pañal (tamaño pequeño), es demasiado alto. Los principales competidores del mercado brasileño por pañales de calidad superior Kenko do Brasil (Japón), Johnson & Johnson (Estados Unidos) y Procter & Gamble (Estados Unidos), ofrecen pañales a un precio más barato (vea la figura 3). Todos los competidores manufacturan dentro del país, evitando de esta manera la serie de derechos y tarifas de importación, los cuales han contribuido de manera significativa a los precios finales en tierra de Crosswell en el mercado brasileño.

Preguntas del caso

1. ¿Cómo se relacionan entre sí la fijación de precios, la moneda de dominación y el financiamiento en la cadena de valor para la penetración de Crosswell al mercado brasileño? Resúmelos utilizando el cuadro 2.

2. ¿Qué tan importante es Sousa para la cadena de valor de Crosswell? ¿Qué preocupaciones podría tener Crosswell en relación con la capacidad de Sousa para el cumplimiento de sus obligaciones?

3. Si Crosswell tiene la intención de penetrar al mercado, se requerirá alguna forma de reducir sus precios. ¿Qué sugiere usted?

FIGURA 3	Precios competitivos de los pañales en el mercado brasileño (en reales brasileños)

		Precio por pañal según el tamaño		
Compañía (país)	Marca	Pequeño	Mediano	Grande
Kenko (Japón)	Monica Plus	0.68	0.85	1.18
Procter & Gamble (Estados Unidos)	Pampers Uni	0.65	0.80	1.08
Johnson & Johnson (Estados Unidos)	Sempre Seca Plus	0.65	0.80	1.08
Crosswell (Estados Unidos)	Precious	0.70	0.96	1.40

PREGUNTAS

1. **Compradores no afiliados.** ¿Por qué podría usarse una documentación distinta para una exportación a un comprador extranjero no afiliado que sea un cliente nuevo, a comparación de una exportación a un comprador extranjero no afiliado a quien el exportador le haya vendido durante muchos años?

2. **Compradores afiliados.** ¿Por qué razón podría un exportador usar la documentación estándar del comercio internacional (carta de crédito, giro, orden de conocimiento de embarque) sobre una exportación intraempresa dirigida a su empresa matriz o a su subsidiaria hermana?

3. **Comercio de partes relacionadas.** ¿Qué razones podría usted proporcionar para la observación de que el comercio intraempresa es actualmente mayor que el comercio entre los exportadores e importadores no afiliados?

4. **Documentos.** Explique la diferencia entre una carta de crédito (L/C) y un giro. ¿Cómo están vinculados?

5. **Riesgos.** ¿Cuál es la principal diferencia entre el riesgo monetario y el riesgo de falta de cumplimiento? ¿Cómo se manejan estos riesgos en una transacción típica del comercio internacional?

6. **Carta de crédito.** Identifique cada una de las partes de una carta de crédito (L/C) e indique su responsabilidad.

7. **Confirmación de una carta de crédito.** ¿Por qué insistiría un exportador en una carta de crédito confirmada?

8. **Documentación de una exportación de discos duros.** Liste los pasos que intervienen en la exportación de discos duros de computadora provenientes de Penang, Malasia a San José, California, utilizando una carta de crédito no confirmada que autorice el pago a la vista.

9. **Documentación de una exportación de madera desde Portland hasta Yokohama.** Liste los pasos que intervienen en la exportación de madera desde Portland, Oregon, hasta Yokohama, Japón, usando una carta de crédito confirmada, con un pago que deberá hacerse dentro de 120 días.

10. **Inca Breweries de Perú.** Inca Breweries de Lima, Perú, ha recibido una orden de 10,000 cartones de cerveza de Alicante Importers de Alicante, España. La cerveza se exportará a España bajo los términos de una carta de crédito emitida por un banco de Madrid a favor de Alicante Importers. La carta de crédito especifica que el valor nominal del embarque, US$720,000, se pagará 90 días después de que el banco de Madrid acepte un giro librado por Inca Breweries en conformidad con los términos de la carta de crédito.

    La tasa actual de descuento sobre las aceptaciones de banquero a tres meses es de 8% por año, e Inca Breweries estima que el promedio ponderado del costo de capital será de 20% por año. La comisión por la venta de una aceptación de banquero en el mercado de descuento es de 1.2% del valor nominal.

    ¿Qué cantidad de efectivo recibirá Inca Breweries de la venta si mantiene la aceptación hasta el vencimiento? ¿Recomienda usted que Inca Breweries mantenga la aceptación hasta el vencimiento o la descuente de inmediato en el mercado de aceptaciones de banqueros de Estados Unidos?

11. **Swishing Shoe Company.** Swishing Shoe Company de Durham, Carolina del Norte, ha recibido una orden de 50,000 cajas de zapatos atléticos de Southampton Foot-ware, Ltd., de Gran Bretaña, y el pago se deberá hacer en libras esterlinas británicas. Los zapatos se embarcarán a Southampton Footware bajo los términos de una carta de crédito emitida por un banco de Londres a favor de Southampton Footware. La carta de crédito especifica que el valor nominal del embarque, £400,000, se pagará 120 días después de que el banco de Londres acepte un giro librado por Southampton Footware de acuerdo con los términos de la carta de crédito.

    La tasa actual de descuento en Londres sobre las aceptaciones de banquero a 120 días es de 12% por año, y Southampton Footware estima que el promedio ponderado de su costo de capital es de 18% por año. La comisión por la venta de una aceptación de banquero en el mercado de descuento es de 2.0% del valor nominal.

    a. ¿Ganaría Swishing Shoe Company al mantener la aceptación hasta el vencimiento, a comparación de la alternativa de descontar de inmediato la aceptación de banquero?

    b. ¿Incurre Swishing Shoe Company en algunos otros riesgos en esta transacción?

12. **Traslado al extranjero.** Suponga que Gran Bretaña carga un derecho de 10% sobre los zapatos importados del Reino Unido. Swishing Shoe Company, la cual se presentó en la pregunta 11, descubre que puede manufacturar zapatos en Irlanda e importarlos a Gran Bretaña libre de cualquier derecho de importación.

    ¿Qué factores debería considerar Swishing Shoe Company al decidir continuar con las exportaciones de zapatos provenientes de Carolina del Norte *versus* la alternativa de manufacturarlos en Irlanda?

13. **Crédito proporcionado por el gobierno.** Varios gobiernos han establecido agencias para asegurarse contra la falta de pago de las exportaciones y/o para proporcionar un crédito a la exportación. Esto aleja el riesgo de crédito de los bancos privados y lo transfiere a los contribuyentes del país cuyo gobierno ha creado y respalda la agencia. ¿Por qué sería tal acuerdo beneficioso para los ciudadanos de ese país?

PROBLEMAS

*1. Indian Motorcycles (A). Indian Motorcycles exporta motocicletas con motores grandes (mayores de 700cc) a Australia y factura a sus clientes en dólares estadounidenses. Sydney Wholesale Imports ha comprado US$3 millones de mercancía a Indian Motorcycles, y el pago vencerá dentro de seis meses. El pago se hará con una aceptación de banquero emitida por Charter Bank of Sydney con un horario de 1.75% por año. Indian Motorcycles tiene un promedio ponderado del costo de capital de 10%. Si Indian Motorcycles mantiene esta aceptación hasta el vencimiento, ¿cuál será su costo porcentual general anualizado?

2. Indian Motorcycles (B). Suponiendo los hechos del problema 1, Bank of America está ahora dispuesta a comprar la aceptación de banquero de Indian Motorcycles a un descuento de 6% por año. ¿Cuál sería el costo general porcentual anual de Indian para el financiamiento de su cuenta por cobrar a la australiana de US$1,000,000?

*3. Takagi Toyota. Takagi Toyota compra sus automóviles a Toyota Motors Estados Unidos, y los embarca a clientes estadounidenses. Uno de sus clientes es Green Transport, una empresa de renta de automóviles que compra autos a Takagi Toyota a precios al mayoreo. El pago final vencerá a favor de Takagi Toyota dentro de seis meses. Green Transport ha comprado US$200,000 de automóviles a Takagi, con un pago inicial de US$40,000 y el saldo se deberá pagar dentro de seis meses sin ningún interés cargado como un incentivo de ventas. Takagi Toyota hará que la cuenta por cobrar de Green Transport sea aceptada por Alliance Acceptance con honorario de 2% y posteriormente la venderá a un descuento de 3% por año a Wells Fargo Bank.

   a. ¿Cuál es el porcentaje general anualizado para Takagi Toyota?

   b. ¿Cuáles son los fondos netos en efectivo de Takagi Transport, incluyendo el pago inicial?

4. Sun Microsystems (A). Suponga que Sun Microsystems ha vendido servidores de Internet a Telecom Italia en €700,000. El pago vencerá dentro de tres meses y se hará con una aceptación comercial proveniente de Telecom Italia Acceptance. El honorario de la aceptación es de 1.0% por año del valor nominal del documento. Esta aceptación se venderá a un descuento de 4% por año. ¿Cuál es el costo general porcentual anualizado en euros de este método de financiamiento comercial?

5. Sun Microsystems (B). Suponga que Sun Microsystems prefiere recibir dólares estadounidenses en lugar de euros para la transacción comercial que se describió en el problema 4. Está considerando dos alternativas: 1) Puede vender la aceptación en euros de inmediato y convertir los euros inmediatamente a dólares estadounidenses al tipo de cambio al contado de US$1.00/€ o 2) Puede mantener la aceptación en euros hasta el vencimiento pero vender al inicio a plazo los fondos esperados en euros por dólares al tipo de cambio a plazo a tres meses de US$1.02/€.

   a. ¿Cuáles son los fondos netos en dólares estadounidenses que se recibirán de inmediato de la aceptación comercial descontada en la alternativa 1?

   b. ¿Cuáles son los fondos netos en dólares estadounidenses que se recibirán dentro de tres meses en la alternativa 2?

   c. ¿Cuál es la tasa del punto de equilibrio de la inversión que igualará los fondos netos en dólares estadounidenses provenientes de las dos alternativas?

   d. ¿Qué alternativa debería elegir Sun Microsystems?

6. Hollywood Entertainment (A). Hollywood Entertainment ha vendido una combinación de películas y de DVD a Hong Kong Media Incorporated en US$100,000, y el pago vencerá dentro de seis meses. Hollywood Entertainment tiene las siguientes alternativas para el financiamiento de esta cuenta por cobrar: 1) usar su línea bancaria de crédito. El interés sería a una tasa prima de 5% más 150 puntos básicos por año. Hollywood Enterprises necesitaría mantener un saldo compensador de 20% del monto nominal del préstamo. El banco no pagará ningún interés sobre el saldo compensador o 2) usar su línea bancaria de crédito pero comprar un seguro de crédito a la exportación con un costo de 1%. Debido a la reducción del riesgo, la tasa de interés bancaria se reduciría a 5% por año sin ningún punto adicional.

   a. ¿Cuáles son los costos generales porcentuales anualizados de cada alternativa?

   b. ¿Cuáles son las ventajas y las desventajas de cada alternativa?

   c. ¿Qué alternativa recomendaría usted?

7. Hollywood Entertainment (B). Hollywood Entertainment ha sido contactada por un factor que ofrece comprar la cuenta por cobrar de Hong Kong Media Imports a un descuento de 16% por año más un cargo de 2% con motivo de una cláusula de ausencia del recurso.

   a. ¿Cuál es el costo general porcentual anualizado de esta alternativa de factoraje?

   b. ¿Cuáles son las ventajas y desventajas de la alternativa de factoraje a comparación con las alternativas de Hollywood Entertainment (A)?

8. Renuncias de derechos (*forfaiting*) en Kaduna Oil (Nigeria). Kaduna Oil de Nigeria ha comprado US$1,000,000 de equipos para perforaciones de petróleo a Unicorn Drilling de Houston, Texas. Kaduna Oil debe pagar esta compra a lo largo de los cinco años siguientes a una tasa de US$200,000 por año pagadera el 1 de marzo de cada año.

Bank of Zurich, un *forfaiter* suizo, ha convenido en comprar los cinco pagarés de US$200,000, cada uno de ellos con descuento. La tasa de descuento sería de aproximadamente 8% por año basada en la tasa LIBOR esperada a tres meses más 200 puntos básicos, pagada por Kaduna Oil. Bank of Zurich también le cargaría a Kaduna Oil un honorario adicional por compromiso de fondos de 2% por año desde la fecha de su compromiso para el financiamiento hasta la recepción de los documentos reales descontados y emitidos de acuerdo con el contrato de financiamiento. Los pagarés de US$200,000 vencerán el 1 de marzo de los años subsiguientes.

Los pagarés emitidos por Kaduna Oil serán endosados por su banco, Lagos City Bank, con un honorario de 1% y serán entregados a Unicorn Drilling. En este punto Unicorn Drilling endosará los documentos sin recurso y los descontará con el *forfaiter*, Bank of Zurich, recibiendo la totalidad del monto principal de US$200,000. Bank of Zurich venderá los pagarés redescontándolos para los inversionistas en el mercado internacional de dinero sin recurso. Al vencimiento, los inversionistas que mantengan los pagarés los presentarán para su cobro en Lagos City Bank. Si éste deja de cumplir con el pago, los inversionistas cobrarán los documentos a partir del Bank of Zurich.

a. ¿Cuál es el costo general porcentual anualizado para Kaduna Oil proveniente del financiamiento del primer pagaré de US$200,000 que vencerá el 1 de marzo de 2004?

b. ¿Qué podría motivar a Kaduna Oil a usar esta alternativa de financiamiento relativamente costosa?

9. **Andersen Sports (A).** Andersen Sports (Andersen) está considerando la realización de una oferta para vender US$100,000 en equipos para esquiar a Kim Family Enterprises de Seúl, Corea. El pago vencería dentro de seis meses. Toda vez que Andersen no puede encontrar buena información de crédito aceptable acerca de Kim, Andersen desea proteger su riesgo de crédito. Está considerando la siguiente solución de financiamiento:

El banco de Kim emite una carta de crédito a favor de Kim y conviene en aceptar el giro de Andersen por US$100,000 pagadero dentro de seis meses. El honorario de la aceptación le costaría a Andersen US$500, y reduciría además la línea de crédito disponible para Kim en US$100,000. El pagaré de la aceptación de banqueros de US$100,000 se vendería a descuento de 2% por año en el mercado de dinero. ¿Cuál es el costo general porcentual anualizado para Andersen como resultado de este financiamiento a través de una aceptación de banquero?

10. **Andersen Sports (B): línea bancaria de crédito con seguro de crédito para la exportación.** Andersen también podría comprar un seguro de crédito a la exportación a FCIA con una prima de 1.5%. Financia la cuenta por cobrar de US$100,000 de Kim proveniente de su línea de crédito a un interés de 6% por año. No se requeriría ningún saldo bancario compensador.

a. ¿Cuál es el costo general porcentual anualizado del financiamiento para Andersen?

b. ¿Cuáles son los costos de Kim?

c. ¿Cuáles son las ventajas y las desventajas de esta alternativa a comparación del financiamiento por medio de aceptaciones de banquero que se describe en Andersen (A)? ¿Qué alternativa recomendaría usted?

EJERCICIOS DE INTERNET

1. **Conversión del director financiero a nivel global.** Uno de los sitios más útiles de Internet para el análisis y el pensamiento actual sobre una variedad de aspectos financieros corporativos es la versión en línea de CFO magazine. Use los tres diferentes sitios regionalmente concentrados para explorar la creciente integración de la administración del efectivo, de la administración monetaria, del control de operaciones y de los servicios de tecnología de la información.

CFO.com	www.cfo.com
CFO Europe.com	www.cfo.com/europe
CFO Asia.com	www.cfoasia.com

2. **Servicios de cartas de crédito.** Los bancos comerciales de todo el mundo proporcionan una variedad de servicios para ayudar al financiamiento del comercio internacional. Contacte algunos de los muchos bancos multinacionales mayores (a continuación se listan algunos de ellos) y determine qué tipos de servicios de cartas de crédito y otros servicios de financiamiento comercial proporcionan.

Bank of America	www.bankofamerica.com/index.jsp
Citibank	www.citibank.com/us/index.htm
Barclays	www.barclays.com
Deutsche Bank	www.db.com
Union Bank of Switzerland	www.ubs.com

3. **Export-Import Bank de Estados Unidos.** El EXIM Bank de Estados Unidos proporciona financiamiento para exportadores con base en Estados Unidos. Al igual que la mayoría de las principales organizaciones industriales nacionales para el financiamiento del comercio, tiene como propósito ayudar en las ventas de exportación de productos en las cuales el comprador necesita términos atractivos de financiamiento. Use el sitio Web del EXIM Bank para determinar los límites actuales a nivel nacional, los honorarios y otras restricciones que se apliquen actualmente. (*Nota:* La página Web del Export-Import Bank proporciona algunos de los mejores vínculos de sitios Web acerca de los negocios y estadísticas internacionales.)

Export-Import Bank of the United States	www.exim.gov

Respuestas a problemas seleccionados

Capítulo 1: Globalización y la empresa multinacional

6. a. US$14.77
   b. Estados Unidos: 30.5%, Brasil: 27.1%, Alemania: 40.1%, China: 2.4%
   c. 69.5%

9. Caso de revaluación: las utilidades por acción consolidadas aumentan en 13.9%.
   Caso de devaluación: las utilidades por acción consolidadas disminuyen en 13.9%.

Capítulo 2: Metas financieras y gobierno corporativo

1. a. 12.500%
   b. 18.750%
   c. El rendimiento en dividendos es de 6.250%; las ganancias de capital son de 12.500%.

3. a. 28.00%
   b. 16.57%
   c. 49.21%

Capítulo 3: El sistema monetario internacional

2. –41.82%

7. C$1.2601/US$

13. US$629,644.07

Capítulo 4: La balanza de pagos

Australia	1998	1999	2000	2001	2002	2003	2004	2005	2006
1. Balanza sobre bienes	–5,331	–9,761	–4,813	1,786	–5,431	–15,369	–18,031	–13,403	–9,596
2. Balanza sobre servicios	–1,091	–931	289	–259	–201	–433	–678	–918	869
3. Balanza sobre bienes y servicios	–6,422	–10,692	–4,524	1,527	–5,632	–15,802	–18,709	–14,321	–8,727
4. Saldo en cuenta corriente	–18,014	–22,295	–15,103	–8,721	–17,385	–30,674	–40,066	–41,461	–41,504

Capítulo 5: Retos financieros multinacionales contemporáneos: la crisis de crédito de 2007-2009

	3 meses	6 meses
1. a. Descuento sobre ventas	US$6.07	US$23.26
b. Rendimiento simple	0.0607%	0.2331%
c. Rendimiento anualizado	0.2432%	0.4668%

Capítulo 6: El mercado cambiario

1. a. 35.29
   b. 352,935

2. a.	Oferta	Demanda	Diferencial
1 mes	1.2585	1.2600	.0015
3 meses	1.2589	1.2607	.0018
6 meses	1.2595	1.2615	.0020

   b. Se vuelve más amplio, con la mayor probabilidad como resultado de un volumen de negociaciones progresivamente más reducido.

Capítulo 7: Condiciones de la paridad internacional

6. a. 1.17
   b. –63.307%
   c. Inflación y crisis de la balanza de pagos

10. a. US$28,211.81
    b. ¥112.72/US$
    c. US$28,832.47
    d. US$28,677.30

15. Sí, Luis debería tomar la utilidad de arbitraje. Él obtendrá US$5,238.13 sobre cada US$1 millón que invierta.

Capítulo 8: Instrumentos derivados en moneda extranjera

1. a. Él debería adquirir una opción de compra sobre dólares de Singapur
   b. US$0.65046
   c. Utilidad bruta = US$0.05000; utilidad neta = US$0.04954.
   d. Utilidad bruta = US$0.15000; utilidad neta = US$0.14954.

Capítulo 9: Tasa de interés y *swaps* de divisas

1. Nueva York = US$77,777.78
   Gran Bretaña = US$76,712.33
   Suiza = US$83,333.33

4. Si la LIBOR disminuye 50 puntos básicos por año = 7.092%.
   Si la LIBOR aumenta 50 puntos básicos por año = 7.458%.
   No es una buena transacción.

Capítulo 10: Determinación y pronósticos del tipo de cambio de las divisas

2. –15.38%

5. –40.00%

Capítulo 11: Exposición por transacción

3. 1. US$107,158.89
   2. US$111,755.82

11. 1. La falta de cobertura es incierta; US$209,580.84 a la tasa actual; US$216,049.38 si se toma la tasa a plazo a 3 meses.
    2. La operación a plazo es de US$216,049.38 y es cierta.
    3. La cobertura del mercado de dinero es de US$212,973.80.
    Discusión: El contrato a plazo es probablemente la alternativa más aceptable, si el banco la permite.

Capítulo 12: Exposición operativa

2. Caso 1: El mismo precio en yuanes reditúa US$33,913,043.
   Caso 2: El mismo precio en dólares reditúa US$54,000,000, lo cual es mejor.

Capítulo 13: Exposición por traslación

5. Una exposición neta de $U420,000 o US$21,000.

Capítulo 14: El costo y la disponibilidad del capital a nivel global

1. a. El nuevo costo del capital contable es de 10.500%.
   b. El nuevo costo de la deuda, después de impuestos, es de 4.900%.
   c. El nuevo promedio ponderado del capital es de 7.700%.

	Goldman Sachs	*Bank of New York*
4. Beta estimada	1.20	1.16
Costo del capital contable estimado	10.200%	13.432%
Costo de la deuda estimado	4.875%	5.070%
WACC estimado	8.336%	10.087%

Capítulo 15: Fuentes de instrumentos de capital contable a nivel global

	Petrobrás	*Lukoil*
1. WACC calculado	14.674%	12.286%
WACC del reporte bancario I	14.700%	12.300%

Capítulo 16: Fuentes de financiamiento mediante deudas a nivel global

1. 13.9027%

5. La IRR del bono japonés es 5.060%.
    La IRR del eurobono es 4.860%.
    La IRR del bono en dólares es 5.000%.

Capítulo 17: Teoría de los portafolios internacionales y diversificación

	Rendimiento esperado	*Riesgo esperado*
2. a. Portafolio igualmente ponderado	17.30%	20.93%
b. 70% Boeing, 30% Unilever	17.82%	21.08%
c. El riesgo mínimo es 55% Boeing, 45% Unilever	17.43%	20.89%

5. Revaluación del precio de las acciones = 6.456%.
    Rendimiento anual, incluyendo dividendos = 10.698%.

Capítulo 19: Presupuesto de capital a nivel multinacional

1. a. US$7,912,725
    b. US$5,587,094

5. Punto de vista del proyecto = US$265,073.
    Punto de vista de la institución matriz = (US$2,249,812).

Capítulo 20: Administración de impuestos a nivel global

1. Caso 1: 38.8%
    Caso 2: 45.0%

Capítulo 21: Administración del capital de trabajo

1. a. 19.41%
    b. 1,800,000

8. Únicamente dividendos: rendimiento total, después de impuestos = US$247,500.
    Únicamente honorarios por licencia: rendimiento total, después de impuestos = US$178,200.

Capítulo 22: Finanzas del comercio internacional

1. 11.765%

3. a. 5.128%
    b. US$196,000

Glosario

A/P. Aceptación comercial. Término de comercio internacional.

Acciones globales registradas. De manera similar a las acciones comunes, las acciones globales registradas ofrecen el beneficio adicional de ser negociables en los mercados accionarios de todo el mundo en una variedad de monedas.

Aceptación bancaria. La promesa incondicional de un banco de efectuar un pago sobre un giro o letra de cambio al vencimiento del documento. La aceptación se da en la forma de endoso bancario (aceptación) de la letra de cambio girada contra ese banco de acuerdo con los términos de la carta de crédito emitida por el banco.

Activos o pasivos monetarios. Activos en la forma de efectivo o reclamos de efectivo (como las cuentas por cobrar), o pasivos pagaderos en efectivo. Los activos monetarios menos los pasivos monetarios se llaman activos monetarios netos.

Acuerdo de concesión. Un entendimiento o contrato entre una empresa extranjera y un gobierno anfitrión en el que se definen las reglas bajo las cuales la empresa puede operar en ese país.

Acuerdo General sobre Aranceles y Comercio (GATT, General Agreement on Tariffs and Trade). Marco normativo para que las naciones administren sus políticas comerciales, negocien la reducción de barreras arancelarias internacionales y arreglen controversias comerciales.

Acuerdo para compartir el riesgo. Acuerdo contractual en el que el comprador y el vendedor se comprometen a compartir o dividir los impactos de los movimientos cambiarios en los pagos que habrán de efectuarse entre ellos.

Adelanto. En el contexto de adelantos y retrasos, pago de una obligación financiera antes de lo que se espera o requiere.

Administración de la cadena de suministro. Estrategia que se centra en la reducción de costos mediante importaciones de otros países más baratos donde se pagan salarios bajos.

Adquisición internacional. Compra por la cual una empresa adquiere a otra localizada en otro país.

ADR. *Véase* American Depositary Receipt.

Agencia para el Desarrollo Internacional (AID, Agency for International Development). Unidad del gobierno estadounidense que maneja la ayuda exterior.

Ajustado al mercado. La condición en que el valor de un contrato de futuros se asigna al valor de mercado todos los días, y todos los cambios en el valor se pagan al contado diariamente. El valor del contrato se reaprecia usando el precio de cierre del día. La cantidad por pagar se llama margen de variación.

Ajustes fiscales fronterizos. La práctica fiscal, en el Acuerdo General sobre Aranceles y Comercio, según la cual los bienes importados están sujetos a algunos o a todos los impuestos cobrados por el país importador, y los bienes que se vuel-ven a exportar están exentos de algunos o de todos los impuestos cobrados en el país exportador.

Alianza estratégica. Una relación formal, sin llegar a ser una fusión o una adquisición, entre dos compañías, formada con el propósito de aumentar las sinergias, ya que en algunos aspectos, las dos compañías se complementan entre sí.

American Depositary Receipt (ADR). Certificado de propiedad, emitido por un banco estadounidense, que representa un derecho sobre valores extranjeros subyacentes. Los ADR pueden negociarse en lugar de operar con las acciones subyacentes reales.

Análisis de opciones reales. La aplicación de la teoría de opciones a las decisiones de presupuesto de los proyectos de capital.

Análisis técnico. El enfoque en datos de precios y volúmenes para determinar las tendencias pasadas que se espera que continúen en el futuro. Los analistas creen que los tipos de cambio futuros se basan en el tipo de cambio corriente.

Apreciación. En el contexto de las variaciones del tipo de cambio, un aumento en el valor cambiario de una moneda que está fijada a otras monedas o al oro. También se conoce como revaluación.

Arancel. Impuesto o gravamen sobre las importaciones que puede recaudarse como un porcentaje del costo, o como una cantidad específica por unidad de importación.

Arbitraje. Una estrategia comercial que se basa en la compra de una mercancía, incluidas las divisas, en un mercado a cierto precio, mientras que al mismo tiempo se vende en otro mercado a un precio más ventajoso, para lograr una utilidad libre de riesgo por el diferencial en el precio.

Arbitraje de interés cubierto. El proceso mediante el cual un inversionista obtiene una utilidad libre de riesgos, que consiste en: 1) pedir fondos prestados en una moneda, 2) cambiar esos fondos en el mercado *spot* por divisas, 3) invertir las divisas a tasas de interés en un país en el extranjero, 4) vender a plazo (*forward*), en el momento de la inversión original, los beneficios de la inversión que se recibirán al vencimiento, 5) usar los beneficios de la venta a plazo para pagar el préstamo original y 6) retener un saldo restante de utilidades.

Arbitraje de interés descubierto. El proceso por el cual los inversionistas piden préstamos en países y monedas que tienen tasas de interés relativamente bajas y convierten los beneficios en divisas que ofrecen tasas de interés mucho más altas. La transacción es "descubierta" porque el inversionista no vende a plazo los beneficios de la divisa con mayor rendimiento.

Árbitro. Persona o empresa que practica el arbitraje.

Asociación Europea de Libre Comercio (AELC). Países europeos que no forman parte de la Unión Europea, pero que tampoco tienen aranceles internos.

BAD. Banco Asiático de Desarrollo.

Balanza básica. En la balanza de pagos de un país, el neto entre las exportaciones y las importaciones de los bienes y servicios, transferencias unilaterales y flujos de capital a largo plazo.

Balanza comercial. Asiento en la balanza de pagos que mide la diferencia entre el valor monetario de las exportaciones y las importaciones de mercancías.

Balanza de pagos. Estado financiero que resume el flujo de bienes, servicios y fondos de inversión entre los residentes de un país determinado y los residentes del resto del mundo.

Banco Central Europeo (BCE). Establece la política monetaria de la Unión Monetaria Europea. Su meta es salvaguardar la estabilidad del euro y reducir la inflación al mínimo.

Banco corresponsal. Un banco que mantiene depósitos de otro banco localizado en otra zona geográfica, al que le proporciona servicios, en forma recíproca.

Banco de Pagos Internacionales (BPI). Banco situado en Basilea, Suiza, que funciona como banco de los bancos centrales europeos.

Banco Internacional de Reconstrucción y Fomento (BIRF, o Banco Mundial). Banco internacional de desarrollo, propiedad de los países miembros, que hace préstamos a países miembros.

Banco interno. Banco establecido dentro de una empresa multinacional si sus necesidades son demasiado grandes o demasiado complejas para los bancos locales. El banco interno no es una corporación independiente, sino que realiza una serie de funciones por medio del departamento de tesorería existente. Actuando como entidad independiente, el banco interno realiza transacciones con diversas unidades de negocios internas de la empresa en condiciones de libre competencia.

Banco mercantil. Banco que se especializa en ayudar a empresas y gobiernos a financiarse mediante alguna de las diversas técnicas de mercado o tradicionales. Los bancos mercantiles europeos se diferencian en ocasiones de los bancos de compensaciones, que se centran en los depósitos bancarios y los saldos compensatorios de la mayoría de la población.

Banco Mundial. *Véase* Banco Internacional de Reconstrucción y Fomento.

Barrera no arancelaria. Prácticas restrictivas del comercio, diferentes a los aranceles aduanales, como las cuotas de importación, las restricciones voluntarias, los gravámenes variables y las normas sanitarias especiales.

BDAf. Banco de Desarrollo Africano.

Beta. Segunda letra del alfabeto griego, utilizada como medida estadística de riesgo en el modelo de fijación de precios de activos de capital. Beta es la covarianza entre el rendimiento de un activo determinado y el rendimiento del portafolio de mercado, dividido entre la varianza del rendimiento del portafolio (o cartera) de mercado.

Bono al portador. Deuda gubernamental o de una empresa en forma de bonos que no está registrada a nombre de ningún propietario. La posesión del bono implica su propiedad y los intereses se obtienen recortando un cupón que aparece adjunto al bono. La ventaja de la forma al portador es que es fácil de transferir en el momento de vender, fácil de usar como garantía de una deuda, y para lo que algunos cínicos llaman "anonimato del causante", lo que significa que a los gobiernos se les dificulta seguir los pagos de los intereses para cobrar impuestos sobre la renta. Los bonos al portador son comunes en Europa, pero ya casi no se emiten en Estados Unidos. La forma alternativa de un bono al portador es un bono registrado.

Bono convertible. Bono u otro valor de renta fija que puede intercambiarse por varias acciones comunes.

Bono de cupón cero. Bono que no paga intereses periódicos, sino que devuelve una cierta cantidad del principal en una fecha de vencimiento establecida. Los bonos de cupón cero se venden con descuento sobre su importe al vencimiento para ofrecer al tenedor una tasa de rendimiento compuesta por el periodo de espera.

Bono dragón. Bono denominado en dólares estadounidenses que se vende en las llamadas economías dragones de Asia, como Hong Kong, Taiwán y Singapur.

Bono extranjero. Bono emitido por una empresa o gobierno extranjero para ser vendido en los mercados domésticos de capital de otros países, denominado en la moneda de esos países.

Bono registrado. Deuda corporativa o gubernamental en forma de bonos en la que el nombre del propietario aparece en el bono y en los registros del emisor, y los pagos de intereses se efectúan a nombre del propietario.

Bonos Bulldogs. Bonos denominados en libras esterlinas, emitidos dentro del Reino Unido por un prestatario extranjero.

Bonos canguro. Bonos denominados en dólares australianos emitidos dentro de Australia por un prestatario extranjero.

Bonos samurai. Bonos denominados en yenes, emitidos dentro de Japón por un prestatario extranjero.

Bonos segregable. Bonos que emiten los bancos de inversión contra los cupones o el vencimiento (cuerpo) de los bonos originales al portador, donde los bonos originales se mantienen en fideicomiso en el banco de inversión. Mientras que los bonos originales tienen cupones que prometen intereses en cada fecha de pago establecida (por ejemplo, junio y diciembre de los próximos 20 años), un bono segregable representa un reclamo de todos los pagos de intereses a partir de la emisión original hasta una fecha de pago de intereses específica. Un bono segregable es de hecho un bono de cupón cero fabricado por el banco de inversión.

Bonos shogun. Bonos denominados en moneda extranjera, emitidos dentro de Japón, por corporaciones japonesas.

Bonos sushi. Bonos en eurodólares, o en otra denominación que no sean yenes, emitidos por una corporación japonesa para venta a inversionistas japoneses.

Bonos *yanquis*. Bonos denominados en dólares estadounidenses emitidos dentro de Estados Unidos por un prestatario extranjero.

Bursatilización. La sustitución de préstamos no negociables (como los préstamos bancarios directos) por valores negociables (como los pagarés y bonos negociables que pueden comprarse y venderse en bolsa), para que el riesgo se distribuya entre muchos inversionistas, cada uno de cuales puede sumar o restar la cantidad de riesgo tolerado mediante la compra o venta del valor negociable.

C/A. Cuenta abierta. Acuerdo mediante el cual el importador (u otro comprador) paga los bienes después de haberlos recibido e inspeccionado. Se factura directamente al importador después del embarque, y el pago no está ligado a pagarés o a otros documentos similares.

C/P. En la documentación de comercio internacional, abreviatura de autoridad para comprar o autoridad para pagar. En contabilidad, abreviatura en inglés de cuentas por pagar.

Cable. El tipo cruzado del dólar estadounidense por libra esterlina.

CAD. Cash against documents. Pago al contado contra documentos. Término de comercio internacional.

Cálculo del valor bruto. *Véase* Impuesto que se considera pagado.

Cámara de compensación. Institución a través de la cual se compensan las obligaciones financieras mediante el proceso de liquidación de las obligaciones de varios miembros.

Canasta de monedas. El valor de un portafolio con cantidades específicas de monedas individuales, que se usa como base para fijar el valor en el mercado de otra moneda. También se conoce como coctel de monedas.

Capitalismo de los grupos de interés. Otro nombre de maximización de la riqueza corporativa.

Carta de crédito (C/C). Instrumento emitido por un banco, en el que el banco promete pagar a un beneficiario a la presentación de los documentos especificados en la carta.

Centro de refacturación. Subsidiaria financiera central que emplea una empresa multinacional para reducir la exposición por transacción mediante lo siguiente: todas las exportaciones del país de origen se facturan en moneda local y luego se vuelven a facturar a cada subsidiaria en operación en la moneda local de ésta.

Certificado de depósito (CD). Un recibo negociable emitido por un banco por los fondos depositados durante un cierto periodo. Los CD se pueden comprar y vender antes de su vencimiento en un mercado secundario, lo que los convierte en un valor negociable que genera intereses.

CIF. *Véase* Costo, seguro y flete.

Cobertura. Transacción en el mercado cambiario a plazo o en el mercado de dinero que protege el valor de los flujos de efectivo futuros. La cobertura es una forma de protección. *Véase* Cubrir.

Cobertura del balance general. Estrategia contable que requiere una cantidad igual de activos y pasivos descubiertos en moneda extranjera en el balance general consolidado de una empresa.

Cobertura del mercado de dinero. El uso de préstamos en moneda extranjera para reducir el riesgo cambiario de transacción o contable.

Colocación privada. Venta de una emisión de valores a un pequeño grupo de compradores institucionales calificados.

COMECON. Consejo de Ayuda Económica Mutua (Council for Mutual Economic Assistance). Una asociación de los gobiernos de la ex Unión Soviética y los países de Europa Oriental formada para facilitar el comercio internacional entre los países comunistas europeos. COMECON dejó de existir después de la desintegración de la Unión Soviética.

Comercio compensatorio. Tipo de comercio internacional en el que las partes intercambian bienes directamente en lugar de hacerlo por dinero; una especie de trueque.

Compensación de saldos netos. Compensación mutua de cantidades adeudadas entre dos o más entidades comerciales.

Completamente desarmados (CKD, completely knocked down). Término del comercio internacional para los componentes enviados a un país para ser ensamblados allí. Se usa con frecuencia en la industria automotriz.

Comprador institucional calificado. Entidad (salvo un banco o una institución de ahorro y préstamo) que tiene e invierte de manera discrecional un mínimo de 100 millones de dólares en valores de empresas no filiales.

Comunidad Económica Europea (CEE). El mercado común europeo compuesto por Austria, Bélgica, Dinamarca, Finlandia, Francia, Alemania, Grecia, Irlanda, Italia, Luxemburgo, los Países Bajos, Portugal, España y el Reino Unido. Cambió oficialmente de nombre al de Unión Europea (UE), el 1 de enero de 1994.

Condiciones de paridad. En el contexto de finanzas internacionales, un conjunto de relaciones económicas básicas que proporcionan el equilibrio entre los tipos de cambio al contado y a plazo de las divisas, las tasas de interés y las tasas de inflación.

Conferencia de Bretton Woods. Conferencia internacional de 1944 en la que se estableció el sistema monetario internacional en vigor desde 1945 hasta 1971. La conferencia se celebró en Bretton Woods, New Hampshire, Estados Unidos.

Conocimiento de embarque (C/E). Contrato entre un transportista común y un embarcador para transportar bienes a un destino establecido. El conocimiento de embarque también es un recibo de los bienes. Los conocimientos de embarque son negociables por lo general, lo que significa que se emiten a la orden de una parte en particular y pueden endosarse para transferir los derechos a otra parte.

Conocimiento de embarque negociable. Documento de embarque mediante el cual la posesión y los derechos de la carga residen en el propietario del conocimiento de embarque.

Consolidación. En el contexto de contabilidad de las empresas multinacionales, el proceso de preparar estados financieros en una moneda única de informe, que combinan los estados financieros de las subsidiarias que de hecho se miden en diferentes monedas.

Contabilidad de cobertura. Procedimiento contable que especifica que las pérdidas y ganancias de los instrumentos de cobertura sean reconocidas en las utilidades al mismo tiempo que se reconocen los efectos de las variaciones en el valor de las partidas cubiertas.

Contagio. La propagación de una crisis en un país a los países vecinos y a otros con características similares, por lo menos a los ojos de los inversionistas internacionales.

Contraparte. La otra parte en una transacción doble; es decir, una transacción que requiere el intercambio de instrumentos u obligaciones financieras ahora y lo contrario de esa misma transacción en una fecha posterior acordada.

Contrato a plazo (*forward*). Acuerdo para cambiar monedas de diferentes países en una fecha futura específica a un tipo de cambio a plazo específico.

Contrato de inversión. Acuerdo que explica detalladamente los derechos y responsabilidades específicos tanto de la empresa extranjera inversionista como del gobierno anfitrión.

Contrato de tasa a plazo. Contrato que se negocia entre bancos para comprar o vender pagos de tasas de interés sobre un principal hipotético.

Contratos a plazo sintéticos. Posición compleja de opciones que combina la compra de una opción de venta y la venta de una opción de compra, o viceversa, ambas al tipo de cambio a plazo.

Corporación de posesiones. Corporación estadounidense, subsidiaria de otra corporación de Estados Unidos, situada en una posesión de dicho país, como Puerto Rico, la cual, para efectos fiscales, se trata como si fuera una corporación extranjera.

Corporación de ventas en el extranjero (FSC). En el código fiscal estadounidense, un tipo de corporación en el extranjero que genera ingreso exento de impuestos o con pago de impuestos diferido para personas o empresas estadounidenses que tienen actividades orientadas a la exportación.

Corporación extranjera controlada (CFC, controlled foreign corporation). Una corporación extranjera en la que los accionistas estadounidenses tienen más de 50% del poder de voto combinado o del valor total. De acuerdo con las leyes fiscales estadounidenses, los accionistas deben pagar impuestos sobre las utilidades no distribuidas de la corporación extranjera controlada.

Corporación nacional de ventas internacionales (DISC, Domestic International Sales Corporation). En el código fiscal estadounidense, tipo de subsidiaria formada para reducir los impuestos sobre los bienes producidos en Estados Unidos que se exportan. La Organización Mundial de Comercio ha determinado que esta práctica es ilegal.

Corporación por contrato regida por la ley Edge. Subsidiaria de un banco estadounidense, constituida de acuerdo con las leyes federales de ese país para efectuar diferentes operaciones bancarias y financieras, incluidas las participaciones sociales, que no se permiten a los bancos nacionales normales. La subsidiaria regida por la ley Edge (Ley de Organizaciones Bancarias Extranjeras) puede localizarse en un estado diferente al del banco matriz.

Corredor de divisas. Un particular o una empresa que arregla transacciones en divisas entre dos partes, pero que no participa en la operación. Los corredores de divisas ganan una comisión por su trabajo.

Costo y flete (C&F, cost & freight). Precio, cotizado por un exportador, que incluye el costo del transporte hasta el puerto de destino establecido.

Costo, seguro y flete (CIF, cost, insurance and freight). El precio cotizado por el exportador, que incluye el costo del empaque, el flete o envío, la prima del seguro y otros cargos pagados con respecto a las mercancías desde el momento de la carga en el país de exportación hasta su llegada al puerto de destino o lugar de reembarco designado.

Cotización. En las transacciones de compraventa de divisas, el par de precios (compra y venta) a los que un operador está dispuesto a comprar o vender divisas.

Cotización de puntos. Cotización a plazo expresada únicamente como el número de puntos decimales (normalmente cuatro) por los que difiere de la cotización al contado.

Cotización directa. El precio de una unidad de moneda extranjera expresado en la moneda del país de origen. El término sólo tiene sentido cuando se especifica el país de origen.

Cotización directa. El precio total, en una moneda, de una unidad de otra divisa. *Véase* Cotización de puntos.

Cotización indirecta. El precio de una unidad de la moneda de un país expresado en términos de la moneda de otro país.

Crédito fiscal extranjero. El monto en el que una empresa nacional reduce (acredita) el impuesto sobre ingresos nacionales por los pagos del impuesto sobre la renta efectuados a un gobierno extranjero.

Cubrir. La compra de un contrato (incluidos los de divisas a plazo) o de un bien tangible cuyo valor aumentará y cubrirá la caída en el valor de otro contrato o de otro bien tangible. Las coberturas se contratan para reducir el riesgo y proteger a un propietario contra pérdidas.

Cuenta corriente. En la balanza de pagos, el flujo neto de bienes, servicios y transferencias unilaterales (como los regalos) entre un país y todos los demás países.

Cuenta de ajuste acumulado por traslación (AAT). Asiento en el balance general convertido en el que las ganancias o pérdidas por la traslación se han acumulado durante varios años.

Cuenta de capital. Sección de las cuentas de la balanza de pagos. En el formato revisado del Fondo Monetario Internacional, la cuenta de capital mide las transferencias de capital y la adquisición y eliminación de activos no financieros, no producidos. En las definiciones tradicionales, todavía usadas por muchos países, la cuenta de capital mide los préstamos y las inversiones internacionales públicas y privadas. La mayor parte de la definición tradicional de la cuenta de capital se incorpora ahora en los estados del FMI como cuenta financiera.

Cuenta de reservas oficiales. Reservas totales mantenidas por las autoridades monetarias oficiales dentro del país, como oro, DEG y divisas importantes.

Cuenta financiera. Sección de las cuentas de la balanza de pagos. En el formato revisado del Fondo Monetario Internacional, la cuenta financiera mide los flujos financieros a largo plazo, que incluyen la inversión extranjera directa, inversiones en portafolio y otros movimientos a largo plazo. Según la definición tradicional, que todavía se usa en muchos países, las partidas de la cuenta financiera se incluyen en la cuenta de capital.

Cuota. Un límite, obligatorio o voluntario, impuesto a las importaciones de un producto.

D/A. Documentos contra aceptación. Término de comercio internacional.

D/P. Documentos contra pago. Término de comercio internacional.

D/V. Días después de vista. Término de comercio internacional.

Delta. El cambio en el precio de una opción dividido entre el cambio en el precio del instrumento fundamental. Las estrategias de cobertura se basan en las razones delta.

Depósitos a la vista. Un depósito bancario que puede retirarse o transferirse en cualquier momento sin previo aviso, a diferencia de los depósitos a plazo en los que (en teoría) el banco exige un periodo de espera antes de que el depósito se pueda retirar. Los depósitos a la vista pueden generar o no intereses. Un depósito a plazo es el opuesto a un depósito a la vista.

Depreciar. En el contexto de los tipos de cambio, una caída en el tipo de cambio *spot* de una moneda flotante, es decir, una moneda cuyo valor queda determinado por las transacciones en el mercado abierto.

Derechos de propiedad intelectual. Legislación que otorga el uso exclusivo de tecnología patentada y materiales creativos protegidos por derechos de autor. Casi todos los países importantes, incluso China en fechas recientes, han ratificado un tratado mundial para proteger los derechos de propiedad intelectual.

Derechos especiales de giro (DEG). Activo de reserva internacional, definido por el Fondo Monetario Internacional como el valor de una canasta ponderada de cinco divisas.

Desagregación. Dividir los flujos de efectivo de una subsidiaria a la matriz en cada uno de sus numerosos componentes, como regalías, pagos de arrendamiento, dividendos, etc., con el fin de aumentar la probabilidad de que algunos flujos de fondos se permitan en épocas económicamente difíciles.

Descuento. En el mercado cambiario, el monto por el cual una moneda es más barata para entrega futura que para entrega *spot* (inmediata). Lo contrario de descuento es prima.

Descuento o prima a plazo. Lo mismo que diferencial a plazo.

Descuento sin recurso. Técnica que consiste en otorgar financiamiento a la exportación sin recurso y a mediano plazo, que se usa con mayor frecuencia para financiar importaciones de Europa Oriental. Un tercero, por lo general una institución financiera especializada garantiza el financiamiento.

Devaluación. La decisión de un gobierno o autoridad del banco central de reducir el valor del tipo de cambio *spot* de una moneda que está fijada a otra divisa o al oro.

Diferencial a plazo. La diferencia entre los tipos de cambio al contado (*spot*) y a plazo (*forward*), expresada como porcentaje anual.

Diferencial entre oferta y demanda. La diferencia entre una cotización de compra y una de venta.

Dinero caliente. Dinero que se mueve internacionalmente de una moneda o país a otro como respuesta a las diferencias en las tasas de interés, y se retira de inmediato cuando la ventaja de la tasa de interés desaparece.

Distancia psíquica. Las empresas tienden a invertir primero en países que tienen un entorno parecido en los aspectos cultural, legal e institucional.

Divisa débil. Moneda cuyo valor se espera que disminuya en relación con otras monedas. A menudo, las autoridades monetarias del país emisor restringen el libre comercio de una moneda que se considera débil.

Divisa fuerte. Moneda de libre conversión cuyo valor no se espera que se deprecie en un futuro previsible.

Dolarización. El uso del dólar estadounidense como moneda oficial de un país.

Dumping. La práctica de ofrecer bienes a la venta en un mercado extranjero a un precio inferior al del mismo producto en el mercado de origen o en un tercer país. De acuerdo con el Acuerdo General de Aranceles y Comercio (GATT), un caso especial de precio diferenciado.

Efecto Fisher Internacional. Teoría según la cual el tipo de cambio *spot* debe variar por un monto igual a la diferencia en las tasas de interés entre dos países.

Efecto Fisher. Teoría según la cual las tasas nominales de interés en dos o más países deben ser iguales a la tasa de rendimiento real requerida por los inversionistas más una compensación por la inflación esperada en cada país.

Efecto tequila. Término utilizado para describir cómo la crisis del peso mexicano en diciembre de 1994 se propagó con rapidez a otras monedas y mercados accionarios latinoamericanos por el efecto de contagio.

Emisión pública de acciones dirigida. Emisión que está dirigida a los inversionistas de un solo país, y que suscriben en parte o en su totalidad las instituciones de inversión de dicho país.

Emisión pública de acciones europeas. Una nueva emisión de acciones que se suscribe y distribuye en varios mercados accionarios extranjeros; a veces, simultáneamente con la distribución en el mercado nacional.

Empresa conjunta. Empresa comercial propiedad de dos o más entidades, a menudo de diferentes países.

Empresa multinacional (EMN). Empresa que opera subsidiarias, sucursales o filiales localizadas en otros países.

Empresa transnacional. Empresa que es propiedad de una coalición de inversionistas localizados en diferentes países.

En el dinero. Circunstancia en la que una opción es rentable, excluyendo el costo de la prima, si se ejerció de inmediato.

En el precio. Opción cuyo precio de ejercicio es el mismo que el precio *spot* de la moneda subyacente.

Entidad extranjera autosustentable. La que opera en el entorno económico local, independiente de la empresa matriz.

Entidad extranjera integrada. Entidad que opera como una extensión de la empresa matriz, con flujos de efectivo y líneas de negocios generales que tienen una estrecha relación con las de la matriz.

EOM. Fin de mes (end of month). Término de comercio internacional.

Equiparar los flujos de divisas en efectivo. La estrategia de compensar la exposición larga, continua y prevista a una divisa específica mediante la adquisición de deuda denominada en esa moneda.

Especulación. Intento por lucrar con transacciones basadas en las expectativas sobre los precios futuros.

Estados financieros consolidados. Estado financiero corporativo en el que las cuentas de la empresa matriz y sus subsidiarias se unen para generar un estado que registra la posición de la empresa a nivel mundial como si fuera una sola corporación. Las obligaciones internas se eliminan en los estados consolidados.

Euro. Nueva unidad monetaria que reemplazó a las monedas individuales de 12 países europeos que pertenecen a la Unión Europea.

Eurobanco. Un banco, o departamento de un banco, que compra depósitos a plazo y otorga préstamos en monedas distintas a la del país donde se localiza el banco.

Eurobono. Bono ofrecido originalmente fuera del país en cuya moneda se denomina. Por ejemplo, un bono denominado en dólares que se ofrece originalmente para su venta a inversionistas fuera de Estados Unidos.

Eurocrédito. Préstamos bancarios a empresa multinacional, gobiernos soberanos, instituciones internacionales y bancos, denominados en eurodivisas y otorgados por bancos situados en países diferentes al país en cuya moneda se denomina el préstamo.

Eurodivisa. Moneda depositada en un banco localizado en un país diferente al país que emite la moneda.

Eurodólar. Dólar estadounidense depositado en un banco fuera de Estados Unidos. El eurodólar es un tipo de eurodivisa.

Europagaré. Instrumentos de deuda a corto y mediano plazo que se venden en el mercado de eurodivisas.

Ex dock. Seguido por el nombre de un puerto de importación, es un término de comercio internacional en el que el vendedor se compromete a pagar los costos (embarque, seguros, derechos aduanales, etc.) de colocar los bienes en el muelle del puerto mencionado.

Export-Import Bank (Eximbank). Dependencia del gobierno de Estados Unidos creada para financiar y facilitar las importaciones y exportaciones.

Exposición competitiva. *Véase* Exposición operativa.

Exposición contable. Otro nombre del riesgo de traslación. *Véase* Exposición por traslación.

Exposición económica. Otro nombre de la exposición operativa. *Véase* Exposición operativa.

Exposición operativa. El potencial de cambio en los flujos de efectivo esperados, y en consecuencia en el valor, de una subsidiaria extranjera como resultado de una variación inesperada en los tipos de cambio. También se conoce como exposición económica.

Exposición por impuestos. La posible carga impositiva sobre un flujo de ingreso determinado o sobre el valor de un activo. Por lo general se usa en el contexto que una empresa multinacional pueda reducir al mínimo su carga impositiva mediante el traslado de una parte de sus operaciones en un país donde la carga impositiva sea menor.

Exposición por transacción. El potencial de un cambio en el valor de las obligaciones financieras en circulación pactadas antes de la variación en los tipos de cambio, pero cuya fecha de liquidación no es sino hasta después de que los tipos de cambio varían.

Exposición por traslación. El potencial de un cambio de origen contable en el valor de las acciones de los propietarios, a causa de las variaciones en el tipo de cambio y la necesidad de volver a elaborar los estados financieros de las subsidiarias extranjeras en la moneda única de la empresa matriz. *Véase también* Exposición contable.

Expropiación. La toma de control oficial de propiedad privada por parte del gobierno de un país, reconocida por las leyes internacionales como el derecho de cualquier Estado soberano, siempre que a los dueños expropiados se les indemnice con prontitud a valor de mercado justo en monedas convertibles.

Factoraje. Empresas especializadas, conocidas como factores, compran cuentas por cobrar con descuento ya sea con o sin recurso.

FAF. Libre para emprender el vuelo (*fly away free*). Término de comercio internacional.

FAQ. Libre en el muelle (*free at quay*). Término de comercio internacional.

FAS. Libre al costado del buque (*free alongside ship*). Se trata de un término de comercio internacional que denota que el precio de las mercancías cotizado por el vendedor incluye todos los costos de entrega de los productos puestos al costado de la nave en el puerto de embarcación.

FASB 52. Norma del Financial Accounting Standards Board que exige que las compañías estadounidenses traduzcan los estados financieros de las subsidiarias extranjeras mediante el método del tipo de cambio actual (tipo al cierre). FASB 52 entró en vigor en 1981.

FASB 8. Norma del Financial Accounting Standards Board que exige que las compañías estadounidenses traduzcan los estados financieros de las filiales en el extranjero por el método temporal. FASB 8 estuvo en vigor de 1976 a 1981. Todavía se usa en circunstancias específicas.

Fecha valor. La fecha en la que se da el valor (es decir, la fecha en la que se depositan los fondos) para las transacciones en divisas entre los bancos.

FI. Libre (*free in*). Término de comercio internacional que significa que todos los gastos que hacen llegar la mercancía al compartimiento de carga del barco van por cuenta del consignatario.

Filial extranjera. Unidad de negocios en el extranjero de la cual la empresa matriz es dueña de 50%.

Filial. Empresa extranjera en la que la empresa matriz es dueña de una participación minoritaria.

Financiamiento de proyectos. Acuerdo de financiamiento de proyectos de capital a largo plazo, a gran escala, duraderos y por lo general con riesgo elevado.

Financiamiento puente. Financiamiento a corto plazo de un banco, que se usa mientras el prestatario obtiene un financiamiento a tasa fija a mediano o largo plazo en los mercados de capital.

Financiamiento vinculado. *Véase* Préstamo de respaldo mutuo (*back-to-back*), o Préstamo de fachada (*fronting*).

Flotación administrada. Cuando el país permite que su moneda se compre y se venda dentro de una banda determinada de tipos de cambio.

Flotación sucia. Sistema de tipos de cambio flotantes (es decir, determinados por el mercado) en el que el gobierno interviene de vez en cuando para influir en el valor del tipo de cambio de su moneda.

FOB. Libre a bordo (*free on board*). Término de comercio internacional que denota que el precio cotizado del exportador incluye el costo de cargar los bienes en los vehículos de transporte en un punto designado.

Fondo Monetario Internacional (FMI). Organización internacional creada en 1944 para promover la estabilidad en los tipos de cambio y proporcionar financiamiento temporal a los países que tienen problemas con la balanza de pagos.

Fondos bloqueados. Fondos en la moneda de un país que no pueden cambiarse libremente por monedas extranjeras debido a controles de cambio.

Fondos de reposicionamiento. El movimiento de fondos de una moneda o país a otro. Una empresa multinacional enfrenta una variedad de restricciones políticas, fiscales, cambiarias y de liquidez que limitan su capacidad de mover fondos con facilidad y sin costo.

Foreign Credit Insurance Association (FCIA). Asociación no incorporada de compañías privadas de seguros comerciales, en cooperación con el Export-Import Bank de Estados Unidos, que ofrecen seguro de crédito a la exportación a las empresas estadounidenses.

Franquicia bancaria internacional (IBF, International Banking Facility). Departamento dentro de un banco estadounidense que puede aceptar depósitos en moneda extranjera y hacer préstamos a prestatarios extranjeros como si fuera una subsidiaria extranjera. Los IBF están exentos de los requisitos estadounidenses de reserva, seguro de depósito y regulación de las tasas de interés.

Fuera del dinero. Opción que no sería rentable, excluyendo el costo de la prima, si se ejercitara de inmediato.

Fuga de capitales. Movimiento de salida de fondos de un país debido al riesgo político.

Futuros de tasas de interés. *Véase* Futuros, o contratos de futuros.

Futuros, o contratos de futuros. Contratos negociados en bolsa que requieren la entrega a futuro de una cantidad estándar de cualquier bien, por ejemplo, divisas, en una fecha, lugar y precio fijos.

Gamma. Medida de la sensibilidad de la razón delta de una opción a pequeños cambios unitarios en el precio del valor subyacente.

Giro. Orden escrita incondicional que ordena a una parte (como un importador) que pague una cantidad específica de dinero en una fecha especificada a la orden del librador del giro. También se llama letra de cambio. Los cheques personales son un tipo de giro.

Gobierno corporativo. La relación entre los grupos de interés de la empresa que se usa para determinar y controlar la dirección estratégica y el desempeño de una organización.

Gran Explosión. La liberalización en octubre de 1986 de los mercados de capital de Londres.

Hipoteca alt-A. Tipo de hipoteca que, aunque no es preferencial, se considera un préstamo con riesgo relativamente bajo a un prestatario solvente; sin embargo, no reúne algunos requisitos técnicos para clasificarse como "conforme".

Hipoteca de primera calidad (*prime*). Hipoteca que se clasifica como "conforme" (también conocida como préstamo convencional), lo que significa que satisface los requisitos de garantía para reventa a las empresas patrocinadas por el gobierno (GSE, Government-Sponsored Enterprises) Fannie Mae y Freddie Mac.

Hipoteca *subprime*. Los prestatarios de las hipotecas *subprime* tienen un riesgo percibido de incumplimiento mucho más alto, por lo general a causa de elementos en su historial crediticio que pueden incluir quiebra, morosidad en el pago de préstamos, incumplimiento de pago o simplemente un prestatario con experiencia o historial de crédito limitados. Se trata casi en exclusiva de estructuras de tasa flotante que conllevan márgenes de tasa de interés considerablemente más altos que las bases de tasa variable como LIBOR.

Impuesto ad valórem. Impuesto aduanal recaudado como porcentaje del valor de las mercancías que entran en un país.

Impuesto al valor agregado. Tipo de impuesto nacional sobre las ventas que se cobra en cada etapa de la producción o venta de los bienes de consumo, y que se impone en proporción con el valor agregado durante esa etapa.

Impuesto compensatorio. Impuesto de importación que se carga para compensar un subsidio a la exportación en otro país.

Impuesto diferido. Las subsidiarias extranjeras de las EMN pagan el impuesto sobre la renta de las sociedades mercantiles al país anfitrión, pero muchos países de origen, como Estados Unidos, posponen el reclamo del pago de impuestos adicionales sobre esa fuente de ingresos del extranjero hasta que el dinero se remite a la empresa matriz.

Impuesto que se considera pagado. Parte de los impuestos pagados a un gobierno extranjero que se permite como crédito (reducción) en los impuestos que se adeudan al gobierno nacional.

Incertidumbre macroeconómica. Sensibilidad de la exposición operativa a las principales variables macroeconómicas, como los tipos de cambio, las tasas de interés y las tasas de inflación.

Ingeniería financiera. Los componentes básicos, como las posiciones *spot*, contratos a plazo y opciones, que se usan para construir las posturas que dan al usuario las características deseadas de riesgo y rendimiento.

Institución emisora de pagarés (NIF, note inssurance facility). Acuerdo mediante el cual un sindicato de bancos indica la disponibilidad de aceptar pagarés a corto plazo de prestatarios y revender esos pagarés en los mercados de eurodivisas. La tasa de descuento con frecuencia se relaciona con la LIBOR.

Instrumento financiero derivado. Instrumento financiero, como un contrato de futuros u opción, cuyo valor se deriva de un activo fundamental, como una acción o divisa.

Instrumento negociable. Letra de cambio o pagaré por escrito, firmado por el librador, que contiene la promesa u orden incondicional de pagar una cantidad de dinero definida a la vista, o en una fecha futura determinable, y que es pagadero a la orden del portador. El tenedor de un instrumento negociable tiene derecho al pago a pesar de cualquier desacuerdo personal que pudiera haber entre el librador y el librado.

Internalización. Teoría según la cual, el elemento fundamental para mantener una ventaja competitiva específica de la empresa en la competencia internacional es la posesión de información de propiedad exclusiva y control del capital humano capaces de generar nueva información por medio de la pericia en investigación, administración, marketing o tecnología.

Inversión a partir de cero. Inversión inicial en una subsidiaria nueva en el extranjero sin ninguna operación precedente en esa plaza. Esto difiere de una subsidiaria nueva creada por la compra de una operación ya existente. Por tanto, una inversión a partir de cero comienza, en términos conceptuales, si no literarios, en un "campo verde" sin desarrollar.

Inversión en portafolio. Compra de acciones y bonos extranjeros, a diferencia de la inversión extranjera directa.

Inversión extranjera directa (IED). Compra de activos físicos (fijos), como planta y equipo, en otro país, para ser administrados por la empresa matriz. La IED es diferente a la inversión en portafolios extranjeros.

Lambda. Medida de la sensibilidad de la prima de una opción a un cambio unitario en la volatilidad.

Letra a la vista. Letra de cambio (L/C) pagadera a la vista; es decir, cuando se presenta al banco. *Véase también* Letra de cambio.

Letra a plazo. Letra de cambio que permite una demora en el pago. Se presenta al librado, que la acepta anotando un aviso de aceptación en el anverso del documento. Una vez aceptada, la letra a plazo se convierte en una promesa de pago por la parte aceptante. *Véase también* Aceptación bancaria.

Letra de cambio (L/C). Orden escrita que exige a una parte (como un importador) que pague una cantidad específica de dinero en una fecha especificada al librador de la letra de cambio. También se conoce como giro. *Véase* Letra a la vista.

Ley de un precio. El concepto que si se puede vender un producto o servicio idéntico en dos mercados diferentes, y no existen restricciones para la venta ni costos de transporte para llevar el producto de un mercado a otro, el precio del producto debe ser el mismo en los dos mercados.

Ley Sarbanes-Oxley. Ley aprobada en 2002 para regular el gobierno corporativo en Estados Unidos.

Ley sobre Prácticas Corruptas en el Extranjero, de 1977. Ley estadounidense que castiga a las empresas y a sus ejecutivos si pagan sobornos o efectúan pagos inapropiados a extranjeros.

Liquidez del mercado. El grado hasta el cual una empresa puede emitir un nuevo valor sin deprimir el precio de mercado existente, así como el grado hasta el cual un cambio en el precio de los valores de la empresa suscita un flujo sustancial de pedidos.

Listas cruzadas. Las listas de acciones comunes que se negocian en dos o más bolsas de valores.

Macrorriesgo. *Véase* Riesgo específico del país.

Margen. Depósito realizado como garantía de una transacción financiera que por lo demás se financia con crédito. La diferencia entre la cotización de compra (bid) y la cotización de venta (ask).

Margen TED. Margen Tesoro-Eurodólares. La diferencia, en puntos base, entre el índice *swap* de tasas de interés a tres meses o la tasa de interés LIBOR a tres meses y la tasa del pagaré del Tesoro de Estados Unidos a 90 días. A veces se usa como indicador de crisis de crédito o de temor por la calidad crediticia de un banco.

Maximización de la riqueza corporativa. La meta corporativa de maximizar la riqueza total de la empresa misma, en vez de únicamente la riqueza de los accionistas. La definición de riqueza incluye no sólo la riqueza financiera, sino también los recursos técnicos, de marketing y humanos de la corporación.

Maximización de la riqueza de los accionistas. La meta de las empresas de aumentar al máximo el valor total de la inversión de los accionistas en la compañía.

Mecanismo de tipos de cambio. El medio por el cual los miembros del SME mantenían anteriormente los tipos de cambio de sus monedas dentro de un rango acordado con respecto a otras monedas de los países miembros.

Medida Sharpe. Calcula el rendimiento promedio por encima de la tasa libre de riesgo por unidad de riesgo del portafolio. Usa la desviación estándar del rendimiento total de un portafolio como medida del riesgo.

Medida Treynor. Cálculo del rendimiento promedio por encima de la tasa de rendimiento libre de riesgo por unidad de riesgo del portafolio. Usa la beta del portafolio como medida del riesgo.

Mercado común. Asociación mediante un tratado entre dos o más países que acuerdan eliminar todas las barreras comerciales entre ellos. El más conocido es el Mercado Común Europeo, llamado ahora Unión Europea.

Mercado eficiente. Mercado en el que toda la información pertinente ya está reflejada en los precios de mercado. El término se aplica más comúnmente a los mercados cambiarios y a los mercados de valores.

Mercado extrabursátil (OTC, over the counter). Mercado de acciones, opciones (incluidas las opciones de divisas), u otros contratos financieros, en el que las transacciones se realizan por medio de conexiones electrónicas entre los operadores. El mercado extrabursátil no tiene localización física ni domicilio social y, en consecuencia, se diferencia de las bolsas de valores organizadas, que tienen una ubicación física donde se llevan a cabo las operaciones de compraventa.

Mercado Monetario Internacional (MMI). Una división de la Bolsa Mercantil de Chicago que se especializa en la compraventa de divisas y contratos de futuros financieros.

Mercado negro. Mercado ilegal de divisas.

Mercado paralelo. Un mercado de divisas no oficial tolerado por el gobierno, pero no sancionado oficialmente. El límite exacto entre el mercado paralelo y el mercado negro no es muy claro, pero la tolerancia oficial de lo que de otra manera sería un mercado negro conduce a usar el término mercado paralelo.

Mercados de capital. Los mercados financieros de varios países en los que se compran y venden diferentes tipos de deuda a largo plazo y la propiedad de valores, o los derechos sobre ellos.

Mercados de dinero. Los mercados financieros de los diferentes países en los que se compran y se venden varios tipos de instrumentos de deuda a corto plazo, incluidos los préstamos bancarios.

Método de mercado de activos. Estrategia que determina si los extranjeros estarán dispuestos a hacer reclamaciones en forma monetaria, dependiendo de un conjunto extenso de consideraciones o directrices de inversión.

Método del tipo de cambio actual. Método para convertir los estados financieros de las subsidiarias extranjeras a la moneda de informe de la empresa matriz. Todos los activos y pasivos se convierten al tipo de cambio vigente en ese momento.

Método del tipo de cambio corriente/no corriente. Método para convertir los estados financieros de las subsidiarias extranjeras a la moneda informe de la empresa matriz. Todos los activos y pasivos circulantes se convierten al tipo de cambio corriente, y todas las cuentas no circulantes a los tipos de cambio históricos.

Método monetario/no monetario. Método para convertir los estados financieros de las subsidiarias extranjeras en la moneda de informe de la empresa matriz. Todas las cuentas monetarias se convierten al tipo de cambio corriente, y todas las cuentas no monetarias se convierten al tipo de cambio histórico. Este método se conoce en ocasiones como método temporal en Estados Unidos.

Método mundial de tributación. El principio de recaudar impuestos sobre los ingresos obtenidos por las empresas que están incorporadas en el país anfitrión, independientemente de dónde se ganaron dichos ingresos.

Método temporal. En Estados Unidos, término que denota la codificación de un método de traslación que, en esencia, es similar al método monetario/no monetario.

Método territorial de tributación. Cobro de impuestos sobre el ingreso ganado por las empresas dentro de la jurisdicción legal del país anfitrión, y no en el país de constitución de la empresa.

Microrriesgo. *Véase* Riesgo específico de la empresa.

MMI (IMM, International Monetary Market). Mercado Monetario Internacional. Una división de la Bolsa Mercantil de Chicago.

Modelo de fijación de precios de los activos de capital (CAPM, Capital Asset Pricing Model). Un modelo teórico que relaciona el rendimiento de un activo con su riesgo, donde el riesgo es la contribución del activo a la volatilidad de un portafolio. Se supone que el riesgo y el rendimiento se determinan en mercados financieros competitivos y eficaces.

Modelo internacional de fijación de precios de activos de capital. Estrategia en la que la distinción principal en la estimación del costo de capital para una empresa usando una versión internacionalizada del modelo nacional de fijación de precios de activos de capital es la definición del "mercado" y la necesidad de recalcular la beta de la empresa para ese mercado.

Moneda convertible. Moneda que se puede cambiar libremente por cualquier otra moneda sin restricciones gubernamentales.

Moneda de informe. En el contexto de conversión de los estados financieros, la moneda que la empresa matriz usa para preparar sus propios estados financieros. Generalmente es la moneda local de la matriz.

Moneda funcional. En el contexto de la conversión de los estados financieros, la moneda del entorno económico primario en el que opera la subsidiaria extranjera y donde genera los flujos de efectivo.

Moneda sobrevaluada. Moneda cuyo tipo de cambio corriente (es decir, el precio actual en el mercado cambiario) tiene un valor superior a lo que vale en realidad esa moneda. Debido a que "valor" es un concepto subjetivo, la sobrevaluación es cuestión de opiniones. Si el euro tiene un valor de mercado actual de US$1.20 (es decir, el tipo de cambio corriente es de US$1.20/€) en un momento en que se considera que su "verdadero" valor, derivado de la paridad del poder adquisitivo o de acuerdo con algún otro método, es de US$1.10, el euro está sobrevaluado. Lo contrario de sobrevaluado es subvaluado.

Moralidad fiscal. La consideración de conducta de una empresa multinacional para decidir si debe seguir la práctica de revelación total a las autoridades fiscales locales o adoptar la filosofía "A donde fueres, haz lo que vieres".

Movilidad de capital. El grado en que el capital privado se mueve libremente de país en país en busca de las oportunidades de inversión más promisorias.

Nepotismo. La práctica de preferir parientes a otras personas calificadas al conferir beneficios como la adjudicación de contratos, el otorgamiento de precios especiales, ascensos a varios niveles, etcétera.

Neutralidad fiscal. En el impuesto nacional, el requisito que la carga impositiva sobre las ganancias de las operaciones de una empresa multinacional en su país de origen sea igual a la carga impositiva sobre cada equivalente monetario de utilidad ganada por la misma empresa en sus operaciones en el extranjero. La neutralidad del impuesto extranjero requiere que la carga impositiva de cada subsidiaria extranjera de la empresa sea igual a la carga impositiva de sus competidores en el mismo país.

Obligación con garantía hipotecaria (MBS, Mortgage Backed Security). Un instrumento derivado compuesto de hipotecas de inmuebles residenciales o comerciales.

Obligación de deuda con colateral (CDO, collateralized debt obligation). Portafolio de instrumentos de deuda de diversas calidades de crédito, creado y preparado para reventa como un valor respaldado por un activo. La garantía en la CDO es el bien inmueble, aeronave, equipo industrial u otros bienes cuya compra se haya realizado con el préstamo.

Oferta. El precio al que el operador está dispuesto a vender divisas, valores o mercancías. También llamado precio de venta (ask).

Oficina de representación. Oficina de representación establecida por un banco en otro país para ayudar a sus clientes a hacer transacciones en aquel país. También funciona como emplazamiento en un lugar cómodo desde el cual visitar a los bancos corresponsales de la región, en lugar de enviar a funcionarios de la casa matriz del banco a un costo mayor tanto en el aspecto financiero como físico.

Opción. En el mercado cambiario, un contrato que da al comprador el derecho, pero no la obligación, de comprar o vender un monto dado de divisas a un precio fijo por unidad en un periodo específico. Hay opciones de compra y opciones de venta.

Opción americana. Opción que se puede ejercer en cualquier momento hasta la fecha de vencimiento inclusive.

Opción collar. La compra simultánea de una opción de venta y la venta de una opción de compra, o viceversa, que da por resultado una forma de opción híbrida.

Opción de compra. El derecho, pero no la obligación, de comprar divisas u otros contratos financieros a un precio específico dentro de un plazo determinado. *Véase* Opción.

Opción de venta. Opción para vender divisas o contratos financieros. *Véase* Opción.

Opción europea. Opción que se puede ejercer únicamente el día de su vencimiento.

Opciones híbridas de moneda extranjera. La compra de una opción de venta y la venta simultánea de una opción de compra (o viceversa), de tal manera que el costo total sea menor que el costo de una opción directa.

Operador (o negociante) de divisas. Un particular o una empresa que compra divisas a una parte (al precio de compra) y luego las vende a otra parte (al precio de venta). El operador es parte de las dos transacciones y obtiene utilidades gracias al margen entre los precios de compra y venta.

Organización de Países Exportadores de Petróleo (OPEP). Alianza entre la mayoría de los principales países productores de petróleo crudo, formada con el propósito de asignar y controlar las cuotas de producción para influir en el precio del mercado crudo en los mercados mundiales.

Originar para distribuir (OTD, originate-to-distribute). Práctica común en el mercado inmobiliario de Estados Unidos durante el auge de los bienes raíces de 2001-2007, en que el prestamista inmobiliario, u originador, otorga los préstamos con el propósito expreso de revenderlos de inmediato.

Outsourcing. *Véase* Administración de la cadena de suministro.

Overseas Private Investment Corporation (OPIC). Compañía de seguros, propiedad del gobierno estadounidense, que asegura a las empresas de ese país contra varios riesgos políticos.

Pagaré de tasa variable (PTV). Valores a mediano plazo con tasas de interés vinculada a la tasa LIBOR y ajustadas trimestral o semestralmente.

Países con hiperinflación. Países que tienen un índice de inflación muy alto. En la norma FASB 52 de Estados Unidos, se definen como países en los que la inflación acumulada en tres años llega a 100% o más.

Papel comercial en eurodivisas. Pagarés a corto plazo (30, 60, 90, 120, 180, 270 y 360 días) vendidos en los mercados de dinero internacionales.

Paradigma OLI. Intento por crear un marco general para explicar por qué las EMN prefieren la inversión extranjera directa a atender los mercados extranjeros por otros medios, como las licencias, empresas conjuntas, alianzas estratégicas, contratos de administración y exportaciones.

Paraíso fiscal. País que no tiene impuestos, o éstos son muy bajos, que usa su estructura fiscal para atraer inversión extranjera o transacciones financieras internacionales.

Paridad de las tasas de interés. Teoría según la cual las diferencias entre las tasas de interés nacionales de valores de riesgo y vencimiento similares deben ser iguales pero con signo opuesto (positivo o negativo) al descuento o prima del tipo de cambio a plazo de la moneda extranjera.

Paridad del poder adquisitivo. Teoría según la cual el precio de las mercancías que se comercian a nivel internacional debe ser el mismo en todos los países y, por tanto, el tipo de cambio entre las dos monedas debe ser la razón de los precios en los dos países.

Paridad móvil. Un sistema cambiario en el que el tipo de cambio se ajusta con mucha frecuencia para reflejar el índice de inflación prevaleciente.

Paridad relativa del poder adquisitivo. Teoría según la cual si el tipo de cambio *spot* entre los dos países comienza en equilibrio, cualquier cambio en la tasa diferencial de inflación entre ellos tiende a compensarse a la larga por un cambio igual, pero en sentido inverso, en el tipo de cambio *spot*.

Participación a plazo. Posición compleja en opciones que combina una opción de venta comprada y una opción de compra vendida al mismo precio de ejercicio para crear una posición neta de cero. También se conoce como opción de costo cero y contrato de participación a plazo.

Patrón oro. Sistema monetario en el que las monedas se definen en términos de su contenido de oro, y los desequilibrios en los pagos entre los países se liquidan en oro.

Phi. El cambio esperado en la prima de una opción ocasionado por una pequeña variación en la tasa de interés extranjera (tasa de interés para la moneda extranjera).

Planeación para crisis. El proceso de enseñar a la gerencia y a otros empleados cómo reaccionar ante varias situaciones de violencia u otros sucesos negativos.

Posición corta. *Véase* Posición larga.

Posición larga. Posición en la que los activos en moneda extranjera son superiores a los pasivos en moneda extranjera. Lo contrario de una posición larga es una posición corta.

Precio de compra (bid). El precio que un operador está dispuesto a pagar para comprar divisas o valores.

Precio de libre competencia. El precio que un comprador dispuesto y un vendedor dispuesto no relacionados entre sí acuerdan libremente para efectuar una transacción. De hecho, un precio de libre mercado. Aplicado por las autoridades fiscales para juzgar la idoneidad de los precios de transferencia entre empresas relacionadas.

Precio de transferencia. La fijación de precios que se deben cobrar por unidad (como una subsidiaria extranjera) de una compañía con muchas unidades a otra unidad (como la empresa matriz) por los bienes o servicios vendidos entre estas unidades relacionadas.

Precio de venta (ask). El precio al que un operador está dispuesto a vender divisas, valores o mercancías. También conocido como precio de oferta.

Precio de venta americano (ASP, American selling price). Para efectos aduanales, el uso del precio nacional de la mercancía competidora en Estados Unidos como base impositiva para determinar los impuestos de importación. El ASP generalmente es más alto que el precio extranjero real, por lo que su uso es una técnica proteccionista.

Préstamo de fachada (*fronting*). Préstamo de matriz a subsidiaria que se canaliza a través de un intermediario financiero, como un banco internacional grande, para reducir el riesgo político. Se supone que es menos probable que las autoridades gubernamentales impidan que una subsidiaria extranjera pague a un banco establecido a que pague a la matriz corporativa.

Préstamo de respaldo mutuo (*back-to-back*). Préstamo en el que dos compañías de países diferentes piden prestada moneda del otro por un periodo específico, y pagan la moneda del otro al vencimiento acordado. En ocasiones, los dos préstamos se canalizan a través de un banco intermediario. El financiamiento de respaldo mutuo también se conoce como financiamiento vinculado.

Préstamo paralelo. Otro nombre del préstamo de respaldo mutuo (*back-to-back*), en el que dos compañías en países distintos piden préstamos en la moneda del otro país durante un periodo específico, y pagan la moneda del otro a un vencimiento acordado.

Préstamo sindicado. Préstamo cuantioso hecho por un grupo de bancos a una empresa multinacional grande o a un gobierno. Los préstamos sindicados permiten a los bancos participantes mantener la diversificación porque evitan que el banco preste demasiado dinero a un solo prestatario.

Préstamos jumbo. Préstamos de mil millones de dólares o más.

Presupuesto de capital. Método analítico empleado para determinar si la inversión en activos o proyectos de larga duración es viable.

Presupuesto de efectivo. La planeación de recibos y desembolsos futuros de efectivo.

Prima. En el mercado cambiario, la cantidad por la cual una moneda es más cara para entrega a futuro que para entrega inmediata (*spot*). Lo contrario de prima es descuento.

Prima del riesgo de las acciones comunes. El rendimiento promedio anual del mercado que esperan los inversionistas por encima del que ofrecen los instrumentos de deuda libres de riesgo.

Primeras entradas, primeras salidas (FIFO, *fist in, first out*). Método de valoración del inventario en el que el costo de las primeras compras de inventario se carga a las ventas corrientes. Lo contrario es LIFO, acrónimo del inglés *last in, first out*, últimas entradas, primeras salidas.

Principal teórico. El tamaño del contrato de un instrumento derivado, en valor monetario total, como se usa en los contratos de futuros, a plazo, opciones o *swaps*.

Principios de contabilidad generalmente aceptados (PCGA – GAAP, Generally Accepted Accounting Principles). Principios de contabilidad aprobados para las empresas estadounidenses, según los definió el Financial Accounting Standards Board (FASB).

Promedio ponderado del costo del capital (WACC, weighted average cost of capital). La suma de los costos ponderados proporcionalmente de las diferentes fuentes de capital, que se usa como el rendimiento mínimo aceptable que se desea para las nuevas inversiones.

Pronóstico (o indicador) insesgado. La teoría que los precios *spot* en alguna fecha futura serán iguales a los tipos a plazo de hoy.

Proteccionismo. Actitud o norma política que trata de inhibir o prohibir la importación de bienes o servicios. Es lo contrario de las políticas de libre comercio.

Puntos. Las unidades más pequeñas de cambio en el precio cotizado, dado el número convencional de dígitos en el que se establece una cotización.

Puntos base. Una centésima parte de un punto porcentual, que se usa con frecuencia en las cotizaciones de los márgenes entre las tasas de interés o para describir los cambios en los rendimientos de los valores.

Rango a plazo. Posición compleja en opciones que combina la compra de una opción de venta y la venta de una opción de compra con precios de ejercicio equidistantes del tipo de cambio a plazo. También se conoce como tipo flexible a plazo, opción de cilindro, valla de opción, mini-max y túnel de costo cero.

Recibo de depósito. *Véase* American Depositary Receipt.

Régimen de caja de conversión. Existe un régimen de caja de conversión cuando el banco central de un país se compromete a respaldar toda la oferta de dinero con sus reservas en moneda extranjera en todo momento.

Regla 144A de la SEC. Permite que los compradores institucionales calificados realicen transacciones de compraventa de valores colocados de manera privada sin requerir registro ante la SEC.

Reglas del juego. La base de la determinación del tipo de cambio bajo el patrón internacional del oro durante la mayor parte del siglo XIX y principios del XX. Todos los países estuvieron de acuerdo informalmente en seguir la regla de comprar y vender sus monedas a un precio fijo y predeterminado contra el oro.

Rendimiento al vencimiento. La tasa de interés (descuento) que iguala los flujos de efectivo futuros de un bono, tanto en intereses como en capital, con el precio presente del mercado. El rendimiento al vencimiento es, por lo tanto, una tasa de rendimiento ajustada por el tiempo que gana un inversionista en bonos.

Rendimiento aritmético. Cálculo en el que la media es igual al promedio de los cambios porcentuales anuales en la apreciación del capital más las distribuciones de los dividendos.

Rendimiento de la inversión en términos de flujos de efectivo (CFROI, cash flow return on investment). Medida del desempeño empresarial en la que el numerador es igual a la utilidad de las operaciones continuas menos los impuestos pagados en efectivo y la depreciación. Esto se divide entre la inversión en efectivo, que se toma como el costo de reposición del capital empleado.

Rendimiento geométrico. Cálculo que usa los rendimientos iniciales y finales para calcular la tasa promedio anual de crecimiento compuesto, semejante a la tasa interna de rendimiento.

Rendimiento total de los accionistas (RTA). Medida del desempeño corporativo que se basa en la suma de la revaluación del precio de las acciones y los dividendos actuales.

Repercusión del tipo de cambio. El grado en que los precios de los bienes importados y exportados varían como consecuencia de las variaciones del tipo de cambio.

Retraso. En el contexto de adelantos y retrasos, pago de una obligación financiera después de lo que se espera o requiere.

Revaluación. Incremento en el valor del tipo de cambio de una moneda que está fijada a otras monedas o al oro. También se llama apreciación.

Rho. El cambio esperado en la prima de una opción ocasionado por una variación pequeña en la tasa de interés nacional (tasa de interés para la moneda local).

Riesgo. La probabilidad de que un resultado real difiera de lo que se espera. El resultado real puede ser mejor o peor de lo esperado (riesgo doble), aunque en la práctica común la palabra riesgo se usa más en el contexto de un resultado negativo (riesgo único). El riesgo puede existir en muchas situaciones de incertidumbre, entre ellas las tasas *spot* futuras o las repercusiones de acontecimientos políticos.

Riesgo cambiario. La probabilidad de que una variación inesperada en los tipos de cambio altere el valor en moneda nacional de los pagos en efectivo con divisas que se esperan de una fuente en el extranjero. También, la probabilidad de que una variación inesperada en los tipos de cambio

altere la cantidad de moneda nacional necesaria para pagar una deuda denominada en moneda extranjera.

Riesgo comercial. En la banca, la probabilidad de que un deudor extranjero no pueda pagar sus deudas debido a sucesos comerciales (diferente de los sucesos políticos).

Riesgo crediticio. La posibilidad de que la solvencia del prestatario, en el momento de renovar un crédito, sea reclasificada por el prestamista.

Riesgo de base. Tipo de riesgo de tasa de interés en el que hay discrepancias con la base de la tasa de interés.

Riesgo de brecha. Tipo de riesgo de tasa de interés en el que los tiempos y los vencimientos no coinciden.

Riesgo de la contraparte. El riesgo en potencia que toda empresa corre que la otra parte de un contrato financiero no pueda cumplir con las obligaciones que le marcan las especificaciones del contrato.

Riesgo de reajuste de precios. El riesgo de cambios en las tasas de interés cobradas o devengadas en el momento en que se restablece la tasa de un contrato financiero.

Riesgo específico del país. Riesgos políticos que afectan a la empresa multinacional a nivel de país, como el riesgo de transferencia (fondos bloqueados) y los riesgos culturales e institucionales.

Riesgo no sistemático. En un portafolio, la cantidad de riesgo que puede eliminarse con la diversificación.

Riesgo país. En la banca, la probabilidad de que sucesos inesperados dentro de un país anfitrión influyan en la capacidad de pago de una deuda de un cliente o de un gobierno. El riesgo país se divide en riesgo soberano (político) y riesgo cambiario (monetario).

Riesgo político. La posibilidad de que sucesos políticos en un país determinado influyan en el bienestar económico de las empresas de ese país. *Véase también* Riesgo soberano.

Riesgo sistemático. En la teoría de portafolios, el riesgo del mercado mismo, es decir, el riesgo que no puede eliminarse con la diversificación.

Riesgo soberano. El riesgo que un gobierno anfitrión repudie en forma unilateral sus obligaciones en el exterior, o que evite que las empresas locales cumplan sus obligaciones en el extranjero. El riesgo soberano se considera a menudo un subconjunto del riesgo político.

Riesgos específicos de la empresa. Riesgos políticos que afectan a la empresa multinacional a nivel de proyecto o corporativo. El riesgo de administración, debido a un conflicto de objetivo entre la empresa multinacional y el gobierno anfitrión, es el principal riesgo político específico de una empresa.

Riesgos específicos de la globalización. Riesgos políticos que se originan a nivel global, como el terrorismo, el movimiento contra la globalización, las preocupaciones ecológicas, la pobreza y los ciberataques.

s.f.s. Sin fondos suficientes. Término empleado por los bancos cuando se libra un giro o cheque sobre una cuenta que no tiene saldo a favor suficiente.

Sección 482. El conjunto de normas del Departamento del Tesoro de Estados Unidos que rige los precios de transferencia.

Segmentación de mercado. La divergencia dentro de un mercado nacional de las tasas de rendimiento requeridas. Si todos los mercados de capital estuvieran plenamente integrados, los valores que tienen rendimiento requerido y riesgos comparables deberían tener la misma tasa de rendimiento requerida en cada mercado nacional después de hacer los ajustes por el riesgo cambiario y el riesgo político.

Seguro de crédito a la exportación. Proporciona la seguridad al exportador o al banco del exportador que en caso de insolvencia del cliente extranjero, la compañía de seguros pagará una parte importante de la pérdida. *Véase también* Foreign Credit Insurance Association (FCIA).

Servicios compartidos. Cargo para compensar a la empresa matriz por los costos incurridos en la administración general de las operaciones internacionales y por otros servicios corporativos que proporciona a las subsidiarias extranjeras que la empresa matriz debe recuperar.

SIBOR. Tasa interbancaria ofrecida en Singapur.

SIMEX. Acrónimo de Singapore International Monetary Exchange. Bolsa Monetaria Internacional de Singapur.

Sistema de Pagos Interbancarios por Cámara de Compensación (CHIPS, Clearinghouse Interbank Payments System). Sistema computarizado de cámara de compensación, con sede en Nueva York, utilizado por los bancos para liquidar las obligaciones interbancarias en divisas (en su mayoría, dólares estadounidenses) entre los miembros.

Sistema monetario europeo (SME). Alianza monetaria de 15 países europeos (los mismos miembros de la Unión Europea).

Sistema monetario internacional. La estructura dentro de la cual se determinan los tipos de cambio de las divisas, se da cabida al comercio internacional y los flujos de capital y se realizan ajustes a la balanza de pagos.

Society for Worldwide Interbank Financial Telecommunications (SWIFT). Red informática especializada que transmite mensajes de transferencia de fondos entre los bancos miembros de todo el mundo.

Subparte F. Tipo de ingreso extranjero, según se define en el código fiscal estadounidense, que en ciertas circunstancias se grava de inmediato en Estados Unidos, a pesar de que no se haya repatriado a ese país. Este tipo de ingreso se puede trasladar con facilidad a cuentas *offshore* para evadir los impuestos actuales.

Subsidiaria. Operación en el extranjero incorporada en el país anfitrión, donde la empresa matriz tiene 50% o más participación. Las operaciones en el extranjero que no están incorporadas se llaman sucursales.

Subsidiaria financiera *offshore*. Subsidiaria financiera en el extranjero que pertenece a una corporación de otro país. Las subsidiarias financieras *offshore* generalmente se localizan en jurisdicciones libres de impuestos, o con regímenes tributarios muy bajos, lo que permite a la empresa matriz multinacional financiar operaciones internacionales sin estar sujeta a los impuestos o normativa de su país de origen.

Subvaluada. Estado de una moneda cuyo tipo de cambio corriente (es decir, el precio actual en el mercado cambiario) tiene un valor inferior a lo que vale en realidad esa moneda. Debido a que "valor" es un concepto subjetivo, la subvaluación es cuestión de opiniones. Si el euro tiene un valor de mercado actual de US$1.20 (es decir, el tipo de cambio corriente es de US$1.20/€) en un momento en que se considera que su "verdadero" valor, derivado de la paridad del poder adquisitivo o de acuerdo con algún otro método, es de US$1.30, el euro está subvaluado. Lo contrario de subvaluado es sobrevaluado.

Sucursal. Operación en el extranjero que no está incorporada en el país anfitrión, a diferencia de una subsidiaria.

Swap. Este término se usa en muchos contextos. En general, es la compra y venta simultáneas de divisas o valores, donde la compra se ejecuta de inmediato y la venta a la misma parte se realiza a un precio previamente acordado, pero se concreta en una fecha futura especificada. Los *swaps* incluyen *swaps* de tasas de interés, *swaps* de divisas y *swaps* de crédito. Un tipo de cambio *swap* es una cotización de divisas a plazo expresada en términos del número de puntos por los que el tipo de cambio a plazo difiere del tipo de cambio *spot*.

Swap de divisas. Transacción en la que dos partes intercambian cantidades específicas de dos monedas diferentes al principio, y una vez transcurrido el plazo establecido las pagan de acuerdo con un contrato concertado que refleja los pagos de intereses y posiblemente la amortización del capital. En un *swap* de divisas, los flujos de efectivo son similares a los que se registran en una transacción cambiaria al contado (*spot*) y a plazo (*forward*). *Véase también* Swap.

Swap de incumplimiento de pago (CDS, credit default swap). Contrato derivado que deriva su valor de la calidad del crédito y el desempeño de cualquier activo especificado. Un equipo de JPMorgan inventó el CDS en 1997, con el propósito de trasladar el riesgo de incumplimiento de pago a un tercero. Es una forma de apostar a si una hipoteca o título específico no se pagará a tiempo, o no se pagará en absoluto.

Swap de monedas. *Véase* Swap de divisas.

Swap de tasas de interés. Transacción en la que dos contrapartes intercambian flujos de pagos de intereses de diferente carácter (por ejemplo, tasa variable por fija), con base en un monto principal teórico subyacente. Acuerdos contractuales para intercambiar o canjear una serie de flujos de efectivo de intereses.

SWIFT. *Véase* Society for Worldwide Interbank Financial Telecommunications.

Tasa bancaria. La tasa de intereses a la que los bancos centrales de diferentes países prestan a sus propias instituciones monetarias.

Tasa de descuento del capital propio. Tasa de descuento empleado en los proyectos de inversión de capital que serían apropiados para descontar los flujos de efectivo de la operación si el proyecto se financiara por completo con capital propio.

Tasa de interés interbancaria de Londres (London Inter-Bank Offered Rate – LIBOR). La tasa de depósito aplicable a los préstamos interbancarios en Londres. La tasa LIBOR se usa como tasa de referencia en muchas transacciones internacionales con tasas de interés.

Tasa de referencia. La tasa de interés que se usa en una cotización estandarizada, contrato de préstamo o valuación de un instrumento financiero derivado.

Tasa interna de rendimiento (TIR). Método para presupuestar proyectos de capital en el que se obtiene una tasa de descuento que iguala el valor presente de las entradas de efectivo esperadas a futuro con el valor presente de los flujos de salida.

Términos americanos. Las cotizaciones en divisas para el dólar estadounidense, expresadas como el número de dólares estadounidenses por unidad de moneda extranjera.

Términos de comercio. La razón del intercambio promedio ponderado entre los precios de exportación y los precios de importación de un país, que se emplea para medir las ganancias del comercio. Por ganancias del comercio se entiende el aumento en el consumo total resultante de la especialización de la producción y el comercio internacional.

Términos europeos. Cotizaciones del tipo de cambio del dólar estadounidense, expresado como el número de unidades de la moneda extranjera por dólar estadounidense.

Theta. El cambio esperado en la prima de una opción, ocasionado por una pequeña variación en el tiempo que falta para el vencimiento.

Tipo de cambio. El precio de una unidad de moneda de un país expresado en términos de la moneda de otro país.

Tipo de cambio a plazo. Tipo de cambio cotizado hoy para ser liquidado en una fecha futura. El tipo de cambio usado en una transacción a plazo.

Tipo de cambio cruzado. Tipo de cambio entre dos divisas que se obtiene dividiendo el tipo de cambio de cada divisa entre una tercera divisa. Por ejemplo, si ¥/US$ es 108 y DKr/US$ es 6.80, el tipo de cambio de cruzado entre ¥ y DKr es ¥108 ÷ DKr6.80 = ¥15.88/DKr.

Tipo de cambio de divisas. El precio de la moneda de un país en términos de otra moneda, o en términos de una mercancía como el oro o la plata. *Véase también* Tipo de cambio.

Tipo de cambio efectivo. Índice que mide las variaciones en el valor de una divisa, que se determina calculando el promedio ponderado de los tipos de cambio bilaterales. La ponderación refleja la importancia de las operaciones de cada país con el país de origen.

Tipo de cambio histórico. En contabilidad, el tipo de cambio que estaba en vigor cuando se adquirió un activo o pasivo.

Tipo de cambio nominal. La cotización presente del tipo de cambio, a diferencia del tipo de cambio real, que se ajusta según las variaciones en el poder adquisitivo.

Tipo de cambio real. Índice de tipos de cambio de divisas, ajustados por los cambios relativos en el nivel de precio con respecto a una fecha determinada, típicamente un mes o un año. A veces se le llama tipo de cambio efectivo real y se usa para medir las variaciones en los tipos de cambio, ajustadas por el poder adquisitivo.

Tipo de cambio *spot*. El precio al que se pueden comprar (bid) o vender (ask) las divisas en una transacción *spot* (al contado). *Véase* Transacción *spot*.

Tipos de cambio de flotación libre. Tipos de cambio determinados en un mercado libre sin interferencia gubernamental, a diferencia de la flotación sucia.

Tipos de cambio fijos. Tipos de cambio vinculados a la moneda de un país importante (como Estados Unidos), al oro o a una canasta de monedas, como los derechos especiales de giro.

Tipos de cambio flexibles. Lo contrario de los tipos de cambio fijos. Las autoridades monetarias del país ajustan periódicamente el tipo de cambio de la divisa de acuerdo con su criterio o con base en un conjunto externo de indicadores económicos.

Tipos de cambio flotantes. Tipos de cambio de las divisas determinados por la oferta y la demanda en un mercado abierto que supuestamente está exento de interferencia gubernamental.

Título respaldado por un activo. Un instrumento derivado que típicamente incluye segundas hipotecas y préstamos garantizados por el valor líquido de la vivienda basados en hipotecas, además de cuentas por cobrar de tarjetas de crédito y préstamos para la adquisición de automóvil.

Tramo. Asignación de acciones, típicamente a suscriptores que se espera que las vendan a inversionistas en sus mercados geográficos designados.

Transacción a plazo. Transacción en divisas acordada hoy para ser liquidada en alguna fecha futura especificada, con frecuencia uno, dos o tres meses después de la fecha de la transacción.

Transacción *spot*. Transacción con divisas que debe liquidarse (pagarse) al segundo día hábil después de realizarse.

Transparencia. El grado hasta el cual un inversionista puede discernir las verdaderas actividades y directrices del valor de una empresa con base en las declaraciones y resultados financieros informados.

Traslación de moneda extranjera. El proceso de replantear las cuentas en moneda extranjera de las subsidiarias en la moneda de informe de la empresa matriz para preparar los estados financieros consolidados.

Tratado de Libre Comercio de América del Norte (TLCAN). Tratado que permite el libre comercio e inversión entre Canadá, Estados Unidos y México.

Tratado de Maastricht. Tratado suscrito por 12 países de la Unión Europea en el que se especificó un plan y un calendario para la introducción de la moneda europea única, que se llamaría euro.

Tratados fiscales. Red de tratados bilaterales que proporciona un medio para reducir la doble imposición.

Tratamiento de nación más favorecida (NMF). La aplicación en un país de aranceles de importación sobre la misma base, o más favorable, a todos los países incluidos en ese tratado. Toda reducción en aranceles otorgada en una negociación bilateral se extenderá a todas las demás naciones que a las que se les haya otorgado el estado de nación más favorecida.

Trinidad imposible. Una moneda ideal tendría estabilidad del tipo de cambio, plena integración financiera e independencia monetaria.

Trueque. Comercio internacional realizado por el intercambio directo de bienes físicos, en lugar de compras y ventas por separado a precios y tipos de cambio fijados por el libre mercado.

Últimas entradas, primeras salidas (LIFO, *last in, first out*). Método de valoración del inventario en el que el costo de las últimas compras de inventario se carga a las ventas corrientes. Lo contrario es FIFO, acrónimo del inglés *first in, first out,* primeras entradas, primeras salidas.

Unidad de moneda asiática. Departamento comercial dentro de un banco de Singapur que maneja depósitos y préstamos en moneda extranjera (que no es de Singapur).

Unidad monetaria europea (ECU, *european currency unit*). Moneda compuesta creada por el Sistema Monetario Europeo antes del euro, que tenía el propósito de funcionar como numerario de reserva monetaria. La ECU se utilizó como unidad de cuenta para denominar una serie de instrumentos y obligaciones financieros.

Unión Europea (UE). El nombre oficial de la ex Comunidad Económica Europea (CEE) a partir del 1 de enero de 1994.

Valor económico agregado (EVA, *Economic Value Added*). Medida de uso muy común para evaluar el desempeño financiero corporativo. Se calcula como la diferencia entre las utilidades netas de operación después de impuestos para la empresa y el costo del capital invertido (tanto de deuda como propio). EVA es una marca registrada de Stern Stewart & Company.

Valor hoy. Transacción *spot* en divisas en la que la entrega y el pago se efectúan el mismo día que el contrato. La entrega normal es dos días hábiles después del contrato.

Valor intrínseco. Ganancia financiera si la opción se ejerce de inmediato.

Valor mañana. Transacción *spot* en divisas en la que la entrega y el pago se efectúan el día hábil siguiente después del contrato. La entrega normal es dos días hábiles después del contrato.

Valor presente ajustado. Tipo de análisis del valor presente en los proyectos de inversión de capital en el que los flujos de efectivo provenientes de la operación se descuentan por separado de 1) los diferentes escudos fiscales proporcionados por la deductibilidad de los intereses y otros cargos financieros, y 2) los beneficios del financiamiento de concesión específico para el proyecto. Cada flujo de efectivo componente se descuenta a una tasa apropiada para el riesgo implicado.

Valor presente neto. Método para presupuestar proyectos de capital en el que el valor presente de los flujos de entrada que se espera recibir en el futuro se resta del valor presente de los flujos de salida.

Vehículo de inversión estructurada (SIV, *structure investment vehicle*). El SIV es una entidad fuera del balance general creada por primera vez por Citigroup en 1988. Se diseñó para permitir al banco crear una entidad de inversión que invertiría en activos de largo plazo y alto rendimiento, como los bonos de grado especulativo, las obligaciones con garantía hipotecaria (MBS) y obligaciones de deuda con colateral, financiándose por medio de emisiones de papel comercial (PC).

Ventaja comparativa. Teoría según la cual todo el mundo gana si cada país se especializa en la producción de los bienes que produce con mayor eficiencia relativa e importa los bienes que otros países producen con mayor eficiencia relativa. La teoría apoya los argumentos del libre comercio.

Ventaja específica de la localización. Imperfecciones del mercado o ventajas comparativas auténticas que atraen la inversión extranjera directa a lugares específicos.

Ventaja específica del propietario. La empresa debe tener ventajas competitivas en el mercado de su país. Estas ventajas deben ser específicas de la empresa y es importante que no puedan copiarse con facilidad y que puedan transferirse a las subsidiarias extranjeras.

Volatilidad. En relación con las opciones, la desviación estándar del movimiento diario del precio *spot*.

VPN. *Véase* Valor presente neto.

Zona de libre comercio. Área dentro de un país a la que se pueden introducir productos extranjeros sin pagar impuestos, a menudo para efectos de manufactura adicional, almacenamiento en inventario o empaque. Estos productos están sujetos a impuestos sólo cuando salen de la zona exenta de impuestos para entrar en otras partes del país.

Índice

Números

1876-1913 (patrón oro durante), 50-51

1914-1944 (años entre guerras y Segunda Guerra Mundial), 51

1944 (Bretton Woods), 51-53

1945-1973 (tipos de cambio fijos durante), 56

1973-presente (acuerdos monetarios durante), 56

2001-2002 (crisis de Argentina), 266-268

2007-2009 (crisis de crédito). *Véase* crisis de crédito de 2007-2009

2007 (crisis de abastecimiento de Mattel), 480-483

2009 (crisis de crédito), 300

A

AAT (ajuste acumulado por traslación), 251, 345

abastecimiento local, 468

ABB (Asea Brown Boveri), 458

ABS (títulos respaldados por activos), 110

acciones

  comunes, 14

  globales registradas (GRS), 395-396

  preferentes, 14

acciones de capital

  activos y, 403

  base, 469

  costos, 368-369

  emisión, 397-399

  emisión de bonos y, 421

  euro, 401-402

  financiamiento global. *Véase* financiamiento de capital global

  fondos privados, 402-403

  mercados. *Véase* mercados accionarios

  primas de riesgo, 371-373

  registro en bolsa, 395-397

  tramos, 114

  ventas en el extranjero, 399-400

Accounting for Derivative Instruments and Hedging Activities, 251

aceptaciones

  bancarias, 573, 578-579

  comerciales, 573, 579

activos

  en el extranjero, 459-460

  expuestos, 353, 356

  expuestos netos, 360

  offshore, 464

acuerdos

  de inversión, 467

  monetarios eclécticos, 56

adelantos

  en transferencias de fondos, 334

  y retrasos intercompañía, 334-335

  y retrasos intracompañía, 334-335

administración

  contratos, 459-461

  de impuestos, multinacional. *Véase* administración de impuestos multinacionales

  de inventarios, 477, 547

  de riesgos financieros, 284

  del riesgo cambiario, 284

  estratégica, 3-4, 326-329

  evaluación de, 523-524

  incentivos para, 523-524

  internacional de efectivo. *Véase* administración de efectivo, internacional

  metas de, 24

  pericia en, 453

  proactiva, 329

  propiedad frente a, 23-24

administración de efectivo, internacional, 548-552

  administración del capital de trabajo en, 548-552

  centralización de tesorería en, 549-551

  compensación de saldos netos multilaterales, 551-552

  depósitos centralizados en, 549-551

  liquidaciones de efectivo en, 548

  mantener efectivo, motivos para, 548

  transferencias electrónicas, 548-549

administración de impuestos multinacionales, 514-534. *Véase también* principios fiscales

  centros financieros *offshore*, 525-527

  créditos fiscales extranjeros en, 521

  efecto de posicionamiento de fondos, 522

  efecto del impuesto sobre la renta, 522-523

  en Trident, 524-525

  entornos fiscales nacionales y, 516-517

  incentivos y evaluación de la gerencia en, 523-524

  introducción a, 514

  inversión corporativa en, 527-531

  moralidad fiscal, 515

  neutralidad fiscal, 515-516

  precios de transferencia, 522

  principios fiscales, 514-521

  repaso, ejercicios de Internet, 533-534

  repaso, preguntas, 531-532

  repaso, problemas, 532-533

  repaso, puntos de resumen, 527

  socios de empresas conjuntas, efecto en, 524

  subsidiarias en paraísos fiscales, 525-527

  tipos de impuestos, 518-521

  tratados fiscales, 517

administración del capital de trabajo, 535-564

  administración internacional del efectivo, 548-552

  bancos internos, 553-554

  capital de trabajo neto, 542-548

  centralización de tesorería, 549-551

  compensación de saldos netos multilaterales, 551-552

  costos de transacción, 539

  depósitos centralizados, 549-551

  ejemplo del ciclo de operación de Trident Brasil, 535-537

  estudio de caso, 557-559

financiamiento, 552-556
fondos desagregados, 539-540
liquidaciones en efectivo, 548
mantenimiento de efectivo, 548
necesidades de liquidez, 539
oficinas de banca comercial en,
   554-556
periodo de abastecimiento de
   insumos, 535-536
periodo de cotización, 535
periodo de cuentas por cobrar, 537
periodo de cuentas por pagar, 536
periodo de inventario, 535-536
remesas internacionales de
   dividendos, 540-542
repaso, ejercicios de Internet, 564
repaso, preguntas, 559-560
repaso, problemas, 560-564
repaso, puntos de resumen, 556
reposicionamiento de fondos, 537,
   539
restricciones fiscales, 539
restricciones políticas, 539
transferencias electrónicas,
   548-549
adquisiciones en IED, 461
ADR (American Depositary
   Receipt), 393-394
Against the Gods, 320
agentes, 30
agricultura, 475
Ahmad, Naveed, 423
AIC (costos todo incluido) de
   préstamos, 240
AIM (Alternative Investment
   Market), 396
ajuste acumulado por traslación
   (AAT), 251, 345
alcance, economías de, 452-453
Alemania, 13-14
álgebra
   costos todo incluido (AIC) de los
      préstamos, 240, 425
   de la opción europea de compra
      de acciones, 231-232
   de probabilidad normal
      acumulativa, 232
   para arbitraje de interés cubierto,
      194
   para el efecto Fisher
      internacional, 195-196
   para la ley de un precio, 193
   para la paridad del poder
      adquisitivo, 193-194

para paridad de tasas de interés,
   194-195
para tasas a plazo (*forward*), 194
alianzas estratégicas
   en financiamiento de capital, 404
   en inversión extranjera directa, 461
   para disponibilidad de capital,
      378-379
Alternative Investment Market
   (AIM), 396
American Depositary Receipt
   (ADR), 393-394
   con patrocinio, 394
   sin patrocinio, 396
Amin El-Gamal, Mamoud, 423
análisis
   de opciones reales, 502
   técnico, 270
Andrews, Edmund L., 134
años entre guerras y Segunda
   Guerra Mundial, 1914-1944, 51
arbitraje
   de interés cubierto (CIA), 176-178,
      194-195
   de interés no cubierto (UIA),
      178-179
   entre mercados, 153-155
   triangular, 153-155
árbitros, 141
Argentina
   2001 en, 266-268
   2002 crisis en, 265-269
   balanza de pagos, 104
   caja de conversión en, 62,265-266
   devaluación en, 268-269
   repercusiones sociales de la crisis
      en, 268
   tipos de cambio y, 262
ARO (opción de tipo de cambio
   promedio), 319
Arthur Andersen, 34
Asea Brown Boveri (ABB), 458
asesores jurídicos, 31-33, 42
asistencia financiera gubernamental
   para exportaciones, 576-577
ASO (opción de precio de ejercicio
   promedio), 319
Aspectos relacionados con el
   comercio de los derechos de
   propiedad intelectual (TRIPS),
   475
atributos de la moneda ideal, 60-61
auditoría
   desempeño de auditores, 31

en gobierno corporativo, 38-39
   Enron, 42
aumentos
   de volumen, 324
   en los precios de venta, 324-326
Aussie, 149
Australia, 102-103
aval, 582

B

Bajaj, Ashish, 576
balanza
   básica, 88
   comercial (BC), 81
   de pagos oficiales, 88
   totales, 88
balanza de pagos (BP), 78-105
   balanza comercial y, 93
   comercio de bienes y, 82-83
   como estados de flujos, 80
   contabilidad, 80-81
   crisis de Turquía, 99-101
   cuentas corrientes de, 81-82
   cuentas de capital y, 83-87
   cuentas financieras y, 83-87
   devaluación y, 94-96
   en transacciones económicas
      internacionales, 80
   fuga de capitales y, 98
   introducción a, 78-79
   método, 258
   movilidad del capital y, 96-98
   PIB y, 91
   preguntas de repaso, 101
   repaso, ejercicios de Internet, 105
   repaso, problemas, 102-105
   repaso, puntos de resumen, 99
   reservas de divisas y, 88-89
   subcuentas de, 81-83
   tasas de inflación y, 93
   tasas de interés y, 93
   tipos de cambio y, 91-93
   total de, 88-91
   transacciones típicas de, 79
   trayectoria de ajuste de la balanza
      comercial y, 96
   trayectoria de ajuste de la curva J
      y, 94-96
   variables macroeconómicas y,
      91-93
balanzas comerciales
   devaluación y, 94-96
   tipos de cambio y, 93
   trayectoria de ajuste, 96

banca interna, 543, 553
banco(s). *Véase también* bancos
  específicos
  Central Europeo (BCE), 65-67
  centrales, 141
  comerciales, 554-556
  corresponsales, 554
  cotizaciones interbancarias, 148-149
  de China Popular, 73-74
  de Pagos Internacionales (BPI),
    128, 145-146
  giros de, 572
  interno, 543, 553-554
  líneas de crédito de, 580
  liquidez de, 128,264
  Mundial, 51-52
  operadores cambiarios no
    bancarios frente a, 140
  préstamos de, 418-419
  regímenes basados en, 32
  subsidiarias de, 555
  sucursales de, 555
  transacciones, 576
  transacciones interbancarias,
    142-147
Bang & Olufsen, 378
*Bank for International Settlements
  Quarterly Review*, 128
barreras
  arancelarias, 475
  no arancelarias, 475
Bastiat, Frederic, 78
BBA (British Bankers Association).
  Véase British Bankers
  Association (BBA)
BC (balanza comercial), 81
BCE (Banco Central Europeo),
  65-67
beneficiario de giros, 572
Berkshire Hathaway Annual Report,
  197, 223
Bernstein, Peter, 221, 320
beta del portafolios, 432, 501
BIS Quarterly Review, 239
Bolsa de Valores de Londres (LSE),
  396-397
Bolsa de Valores de Nueva York
  (NYSE), 396
Bolsa Mercantil de Chicago (CME),
  396
bolsas de valores, 396
  de valores organizadas, 202
bonos extranjeros, 421
Boston Consulting Group, 463

Boxster, 14
BP (balanza de pagos), 91-93
BPI (Banco de Pagos
  Internacionales), 128, 145-146
Brasil
  Embraer de, 463
  Petrobrás en, 404
  Plan Real de, 267
Bretton Woods, 51-53
Brilloff, Abraham, 557
British Bankers Association (BBA)
  introducción, 54-55
  LIBOR y, 125
  tasas de referencia y, 235
*Brookings Papers on Economic
  Activity*, 258
bucket shops, 117
Buffet, Warren
  capitalismo paciente de, 26
  sobre coberturas, 197
  sobre instrumentos derivados,
    223-225
  sobre la crisis de crédito, 106,
    131-132
  sobre la propiedad de
    obligaciones de deuda con
    colateral, 115
burbuja de empresas punto com,
  106
Burke, Edmund, 234
bursatilización
  economía mundial y, 130
  en financiamiento del comercio
    internacional, 580
  introducción a, 109-112
  mejoría del crédito y, 119-120
  obligaciones de deuda con
    colateral en, 113-116
  swaps de incumplimiento de pago
    en, 116-119
  vehículos de inversión
    estructurada en, 112-113
buscadores
  de conocimiento, 9
  de eficiencia de los productos, 9
  de materias primas, 9
  de seguridad política, 9
Business Week, 63, 482

C

C/C (cuentas por cobrar), 537, 542
C/P (cuentas por pagar). *Véase*
  cuentas por pagar (C/P)
cable, 148-149

cadena de suministro
  administración, 91
  interrupciones en, 477
  outsourcing, 6-7
CADIVI (Comisión de
  Administración de Divisas),
  157-160
calificación de bonos, 422-423
cámaras de compensación, 198
cambios esperados e inesperados de
  los flujos de efectivo, 321-322
canastas conceptuales, 72
capital
  acceso, 4
  costo de. *Véase* costo de capital
  costo global de. *Véase* costo global
    y disponibilidad de capital
  cuentas, 79, 83-87
  de trabajo. *Véase* administración
    del capital de trabajo
  de trabajo intraempresa, 545
  de trabajo neto. *Véase* capital de
    trabajo neto (NWC)
  días de capital de trabajo, 543-544
  erogaciones, 541
  fuga, 96, 98
  ganancias, 27
  inversiones, 491-492
  movilidad, 96-98, 130-131
  presupuestos, multinacionales.
    Véase preparación de
    presupuestos de capital
    multinacional
  promedio ponderado del costo de.
    Véase promedio ponderado del
    costo de capital (WACC)
  recta de mercado, 436
capital de trabajo neto (NWC)
  administración de inventarios y, 547
  C/P frente a deuda a corto plazo,
    543
  capital de trabajo intracompañía,
    545
  cuentas por cobrar y, 546-547
  días de capital de trabajo, 543-544
  introducción a, 542-543
  zonas de libre comercio, 547-548
  zonas industriales libres, 547-548
capitalismo
  impaciente, 26
  paciente, 26
CAPM (modelo de fijación de
  precios de los activos
  de capital), 367-371

carga impositiva equitativa, 515-516
carry trade, 147
carta de crédito (C/C)
　confirmadas, 571
　definición, 568
　documentales, 571 ,
　en transacciones típicas, 576
　irrevocable, 571
　perspectiva general, 570-572
　revocables, 571
　sin confirmar, 571
Cayenne, 14-15
CBOT (Chicago Board of Trade), 396
CD (certificado de depósito), 573
CDO (obligaciones de deuda con
　colateral), 125
CDO sintéticos, 115
Cemex
　introducción a, 4
　medida del riesgo del portafolio
　　de, 501-502
　medida desde el punto de vista de
　　la empresa matriz, 500-501
　medida desde el punto de vista
　　del proyecto, 498-500
　presupuesto de capital desde el
　　punto de vista de la empresa
　　matriz, 496-498
　presupuesto de capital desde el
　　punto de vista del proyecto en,
　　495-496
　presupuesto de proyectos de
　　capital de, en general, 490-491
　repatriación de flujos de efectivo,
　　496
　supuestos financieros de, 491-495
centralización de tesorería, 549-551
centros de refacturación, 335-336
centros financieros *offshore*,
　525-527
certificado de depósito (CD), 573
CFO Magazine, 544
CFR (costo y flete), 584
CFTC (Commodity Futures Trading
　Commission), 142
chartistas, 270
Chávez, Hugo, presidente, 157-160
Chicago, 241, 396
Chicago Board of Trade (CBOT),
　396
China
　balanza de pagos en, 103
　cobertura contra exposición al
　　tipo de cambio, 144-145

crisis de abastecimiento de
　Mattel, 480-483
empresas multinacionales en, 4
entrada de Trident Corporation,
　505
reforma del gobierno corporativo
　en, 39
reservas de divisas de, 88-89
revaluación del yuan, 71-74
Xian-Janssen Pharmaceutical de,
　301-303
CHIPS (Sistema de Pagos
　Interbancarios por Cámara de
　Compensación), 142, 548-549
CIA (arbitraje de interés cubierto),
　176-178, 194-195
ciberataques, 479
ciclos de conversión de efectivo,
　535-536
cierre de *swaps* de divisas, 249
CIF (costo, seguro y flete), 584-585
cláusula de firma, 37
clientes independientes, 546
CME (Bolsa Mercantil de Chicago),
　396
cobertura(s)
　abiertas, 290
　administración de riesgos, 299-300
　alternativas, 295-296
　beneficios, 286
　contra la exposición cambiaria,
　　144-145
　contra la exposición de traslación,
　　358
　contra la exposición operativa,
　　336-337
　cuadradas, 290
　cuentas por pagar, 297-298
　de ingresos de negocios, 468
　de operación, 289
　definición, 197, 284-285
　en transacciones con divisas, 140
　financieras, 289
　mercado a plazo, 290-291
　mercado de dinero, 291-294
　mercado de opciones, 294-295
　naturales, 289, 330
　no cubiertas, 290
　perfectas, 290
　por administradores de fondos, 436
　por contrato, 289
　proporcionales, 299
　razones para evitarla, 285-286
　selectivas, 286

coberturas del balance general
　en el mercado de dinero, 292
　en exposición por traslación,
　　356-358
　introducción a, 355-356
colateral, 198
colocaciones privadas según la regla
　144A de la SEC, 402
comercio
　de bienes, 81-83
　de servicios, 81
　intraempresa, 566
Comisión de Administración de
　Divisas (CADIVI), 157-160
Comisionado contra Newman, 514
comisiones, 198
Commodity Futures Trading
　Commission (CFTC), 142
compañía de pañales, 583-586
compensación de saldos netos
　multilaterales, 551-552
competitividad del mercado
　nacional, 454-455
complejidades causales, 264-265
compra(s)
　con recurso, 579
　especulativa, 108
　sin recurso, 579
compradores
　de opciones de compra, 206-207
　de opciones de venta, 207-209
　de protección, 117-118
　institucionales calificados (QIB),
　　402
comunicaciones en mercados
　interbancarios, 142
condiciones de pago, 546
condiciones de paridad,
　internacionales, 164-196
　arbitraje de interés cubierto en,
　　176-178
　arbitraje de interés no cubierto
　　en, 178-179
　carry trade del yen en, 179-180
　efecto Fisher internacional en, 173
　equilibrio entre precios, tasas de
　　interés y tipos de cambio,
　　183-184
　índices de tipos de cambio en,
　　168-170
　introducción a, 164
　ley de un solo precio en, 164-167
　paridad de las tasas de interés en,
　　174-176

paridad del poder adquisitivo en, 165-168
paridad relativa del poder adquisitivo en, 167-168
precios en, 164-165
preguntas de repaso, 186
repaso, ejercicios de Internet, 191-192
repaso, problemas, 186-191
repaso, puntos de resumen, 184
tasas de interés y tipos de cambio en, 172-181
tipo a plazo que pronostica el tipo *spot*, 181
tipo de cambio a plazo, 173-174
tipos de cambio en general, 164-165
transferencia de divisas en Porsche y, 185
transferencia de tipos de cambio en, 171-172
conductos
antes de impuestos, 540
después de impuestos, 540
para desplazar fondos, 539-540
conocimiento
de embarque (C/E), 573-574
de embarque negociable, 568
consejo
de administración, 30, 38
de Asesores Económicos del Presidente, 269
contabilidad
balanza de pagos, 80-81
de ajuste al mercado (MTM), 124
en el gobierno corporativo, 38-39
exposición. *Véase* exposición por traslación
MTM (de ajuste al mercado), 124
contagio global, 122-124, 260-263
contrapartes, 331
contratación global de deuda, 410-429. *Véase también* mercados de deuda, internacionales
bonos extranjeros y, 421
calificación de, 422-423
costos de la deuda en, 412-413
créditos sindicados, 418-419
disponibilidad de capital en, 412
estructuras financieras, de subsidiarias en el extranjero, 414-417
estructuras financieras, óptimas en general, 410-411

estructuras financieras, óptimas para las EMN, 411-414
eurobonos y, 421-422
eurocréditos y, 418-419
financiamiento de subsidiarias en el extranjero, 416-417
finanzas islámicas, 423
introducción a, 410
inversionistas en portafolios internacionales, 413-414
mercado de, 422
mercado de europagarés en, 420
mercados de bonos en, 420-421
mercados de deuda en, 418
préstamos bancarios en, 418-419
reducción del riesgo mediante la diversificación de los flujos de efectivo, 412
repaso, ejercicios de Internet, 429
repaso, preguntas, 426-427
repaso, problemas, 427-428
repaso, puntos de resumen, 424
riesgo cambiario en, 412-413
subsidiarias y normas locales en, 414-415
Tirstrup BioMechanics, 424-426
contrato(s)
a plazo, 200
a plazos flexibles, 316
a plazo mini-max, 316
a plazo sintéticos, 316
de licencia, 459-460
de participación a plazo, 316-317
de tasa a plazo (FRA), 240-241
forward no entregables (NDF), 143-145
cooperación frente a independencia, 69
corporaciones regidas por la ley Edge, 555-556
corrupción, 473-474
costo(s)
de la deuda, 369, 412-413
de transacción, 539
global y disponibilidad de capital, 366-390. *Véase también* costo y flete (CFR), 584
presupuesto, 493
seguro y flete (CIF), 584-585
costo del capital
financiamiento de capital global y, 404-407

global. *Véase* costo global y disponibilidad de capital
gobierno corporativo y, 377-378
costo del capital
acciones, costo de, 368-369
alianzas estratégicas y, 378-379
costos en, 379-380
deuda, costo de la, 369
disponibilidad de capital, 379
ejemplo de Novo Industri A/S, 383-386
EMN frente a empresas nacionales y, 379-380
estructuras financieras y, 379-380
globalización de mercados y, 377-378
introducción a, 4, 366-368
liquidez del mercado y, 375-377
modelo internacional de fijación de precios de activos de capital en, 370
prima de riesgo de las acciones en, 371-373
promedio ponderado del costo del capital, 368-373, 380-382
repaso, ejercicios de Internet, 390
repaso, preguntas, 387
repaso, problemas, 388-390
repaso, puntos de resumen, 382
riesgo sistemático en, 379-380
segmentación del mercado y, 374-377
Trident y, 369-370
valores extranjeros en, 373-379
vínculos entre, 374
costo marginal del capital (MCC)
aumentos en, 412
en liquidez del mercado, 376
en promedio ponderado del costo del capital, 380-382
cotizaciones
a plazo (forward), 150-151
de compra y venta (*bid* y *ask*), 149-150
de opciones en moneda extranjera, 202-203
directas, 149-151, 155-156
en mercados cambiarios, 148-152
en términos de la moneda nacional, 151, 155-156
en términos de moneda extranjera, 151, 156
indirectas, 149-151, 155-156

interbancarias, 148-149
creación de valor, 3-4
creador de giros, 572
crédito(s)
a la exportación, 546-547
crisis de. *Véase* crisis de crédito de 2007-2009
fiscales, 541
fiscales extranjeros, 521
fiscales extranjeros deficitarios, 524
mejoría de, 119-120
primas, 128
riesgo, 11, 235-237
sindicados, 418-419
swaps, 331
volatilidad de opciones y, 300
crisis asiática, 262-265
colapso monetario en, 263-264
complejidades causales en, 264-265
introducción a, 262-263
tipos de cambio y, 262
crisis de crédito de 2007-2009, 106-136
bursatilización en, 109-112
contabilidad de ajuste al mercado en, 124
contagio global durante, 122-124
deuda subprime en, 106-109
estallido en 2007-2008, 120-122
Glass-Steagall, revocación de la ley, 107
introducción a, 106
LIBOR en, 125-129
mejoría del crédito en, 119-120
obligaciones de deuda con colateral en, 113-116
oportunidades de refinanciamiento y, 130
preguntas de repaso, 134
préstamos hipotecarios en, 107-109
recursos para, 129
repaso, actividades en Internet, 136
repaso, problemas, 134-136
repaso, puntos de resumen, 131
swaps de incumplimiento de pago en, 116-119
vehículos de inversión estructurada en, 112-113
cronograma del comercio internacional, 569-570
Croswell International, 583-586

cuenta(s)
corrientes, 79, 81-82
de errores y omisiones netos, 81, 86
de inversión directa, 83-84
de inversión en portafolio, 85-86
de reservas oficiales, 81,87
en eurodólares, 62
financieras, 79, 83-87
por cobrar (C/C), 537,542
por cobrar, administración, 546-547
cuentas por pagar (C/P)
capital de trabajo neto y, 542
deuda a corto plazo frente a, 543
periodo de, 536

D

Darwin, Charles, 505-507
Daytona Manufacturing
contrato a plazo sintético de, 313-314
márgenes de relación de, 315-316
opción al tipo promedio de, 319
opción de participación a plazo de, 316-319
opciones complejas de, 312-313
productos de administración de riesgo de segunda generación y, 314
productos de opciones con prima cero y, 315
rango a plazo de, 316
debilidades de infraestructura, 256
Debrowski, Thomas, 481
declaraciones
de dividendos, 541
gobierno corporativo y, 33
relaciones con los inversionistas y, 399-400
requisitos de, 29
DEG (derecho especial de giro), 53
delta (sensibilidad del tipo de cambio *spot*), 213-214
depósitos centralizados, 549-551
depreciación, 268
derecho
civil codificado, 33
común inglés, 33
de los accionistas minoritarios, 39
de propiedad intelectual, 474-475
especiales de giro (DEG), 53
desarrollo del mercado financiero, 32
desbordamiento, 273-274
descuento sin recurso, 578, 580-582

desempeño de los mercados ajustado por riesgo, 443-445
desequilibrio, 262
desmutualización, 396
despojo de utilidades, 530
desregulación, 130, 373
determinación del tipo de cambio de las divisas, 256-279
análisis técnico en, 260
desequilibrio y, 262
en la crisis asiática, 262-265
en la crisis de Argentina, 265-269
en mercados emergentes, 262
introducción a, 256-257
método del mercado de activos, 259
métodos de flujos, 258
métodos de la balanza de pagos, 258
métodos de paridad del poder adquisitivo, 258
métodos del precio relativo de los bonos, 259
métodos monetarios, 259
pronósticos y. *Véase* pronósticos
repaso, ejercicios de Internet, 278-279
repaso, preguntas, 276
repaso, problemas, 276-278
repaso, puntos de resumen, 274
teoría de, 257-260
Detroit, 328
deuda
cobertura de servicio, 107
contratación global. *Véase* contratación global de deuda
costo de, 369, 412-413
economía mundial y, 129
mercados internacionales. *Véase* mercados de deuda, mercados internacionales. *Véase* mercados de deuda
subprime, 106-109
devaluación
balanza de pagos y, 94-96
en exposición operativa, 324
en la crisis de Argentina de 2002, 268-269
día de trabajo de los operadores cambiarios, 141
Diamante de Porter, 454
días de capital de trabajo, 543-544
diferencial *subprime*, 108
diferenciales netos de interés, 151
dificultades financieras, 286

dilemas comerciales, 567-568
Dinamarca, 424-426
Dinova, Veselina, 274-276
disponibilidad de capital, 379, 412
distancia psíquica corta, 457
distribuciones, 541
diversificación
    de operaciones, 326-329
    del financiamiento, 326, 329
    del flujo de efectivo, 412
    liquidez y, 396
diversificación de flujos de efectivo
    internacionales, 412
    inversiones en, 257
    inversionistas en, 373-374, 413-414
diversificación del portafolio
    internacional, 432-451
    actualización de la teoría de
        portafolios para, 447-448
    desempeño del mercado ajustado
        por riesgo en, 443-445
    integración de mercados para,
        445-446
    mercados nacionales y, 441-446
    portafolio internacional óptimo
        en, 438
    portafolio nacional y, 435-440
    portafolio nacional óptimo para,
        435-436
    reducción del riesgo en, 432-433
    repaso, ejercicios de Internet, 451
    repaso, preguntas, 448-449
    repaso, problemas, 449-451
    repaso, puntos de resumen, 446-447
    riesgo cambiario en, 433-435
    riesgo en, 432-435
    riesgo y rendimiento, cálculo,
        439-440
divisa comprada a plazo, 173
documentación, 574-576
dólar Sing, 149
dolarización, 62-64
Dornbusch, Rudiger, 258
Dubai, 397
Dufey, Gunter, 300
Duhalde, Eduardo, presidente, 268

E
Eastman Kodak, 320-321, 337
EBIT (utilidades antes de intereses
    e impuestos), 495
EBS (Sistema de Corretaje
    Electrónico), 141
Eckert, Bob, 481

economías de escala y alcance,
    452-453
ecuaciones para las trayectorias de
    ajuste de la balanza comercial, 96
Ecuador, 63-64
efecto
    de posicionamiento de fondos, 522
    del impuesto sobre la renta, 519,
        522-523
    tequila, 263
efecto Fisher internacional
    álgebra para, 195-196
    en condiciones de paridad
        internacionales, 172-173
    equilibrio y, 183-184
Eid, Florence, 504
Einhorn, David, 132
El halcón maltés, 501
elasticidad precio de la demanda,
    172
Elena de Troya, 528
Elliston, Simon, 504
Embraer, 463
emisión(es)
    directa de bonos a tasa fija, 421
    dirigida de acciones públicas,
        400-401
    públicas de euroacciones, 401-402
    y registro en bolsa de acciones
        extranjeras, 395-397
empresa(s)
    conjunta frente a subsidiaria de
        propiedad entera, 460-461
    de propiedad estatal (SOE), 39
    global, definición, 3
    nacionales (EN), 375
    sin nacionalidad, 5
empresas multinacionales (EMN)
    administración de impuestos.
        Véase administración de
        impuestos multinacionales
    empresas nacionales frente a,
        379-380
    estructuras financieras. Véase
        estructuras financieras, de las
        EMN
    globalización y. Véase
        globalización y empresas
        multinacionales (EMN)
    perspectiva de red, 457-458
    preparación de presupuestos de
        capital. Véase preparación
        de presupuestos de capital
        multinacional

Enron Corporation
    asesoría jurídica de, 42
    auditores de, 42
    colapso de, 41-42
    error humano en, 44-45
    falta de control en, 43-44
    fracaso del gobierno corporativo
        en, 41
    mercados accionarios y, 42
    mercados de deuda y, 42-43
    preguntas acerca del caso, 45
    reguladores de, 42
entidades
    extranjeras autosustentables, 345,
        350-351
    extranjeras integradas, 345, 350-351
    para propósitos especiales (SPE),
        43-44
entornos fiscales nacionales, 516-517
EPC (europapel comercial), 420
EPMP (europagarés a mediano
    plazo), 420
equilibrio, 180-184
error humano, 44-45
escala, economías de, 452-453
especificaciones contractuales, 198
especulación
    definición, 197
    en mercados cambiarios, 141
    moneda extranjera. Véase
        especulación con divisas
    tipos de cambio y, 256-257
especulación con divisas
    comercio de kiwi como, 205
    compradores de opciones de
        compra en, 206-207
    compradores de opciones de
        venta en, 207-209
    en los mercados a plazo, 204-205
    en mercados de opciones, 205
    en mercados spot, 203-204
    instrumentos derivados en, 203-210
    vendedores de opciones de
        compra en, 207
    vendedores de opciones de venta
        en, 209-210
estados de flujo, 80
Estados Unidos
    como el deudor más grande del
        mundo, 94
    empresas multinacionales de, 4
    primas de riesgo de las acciones, 373
    procedimientos de traslación,
        348-349

estándar de cerveza, 190
estrategias de proteccionismo, 475-476
estructuras financieras
  de empresas multinacionales. *Véase* estructuras financieras, de EMN
  de empresas nacionales y multinacionales, 379-380
  de subsidiarias en el extranjero. *Véase* estructuras financieras, de subsidiarias en el extranjero
  en contratación global de deuda, 410-411
estructuras financieras, de EMN
  disponibilidad de capital y, 412
  diversificación de flujos de efectivo en, 412
  en contratación global de deuda, 411-414
  inversionistas en portafolios internacionales y, 413-414
  riesgo cambiario y, 412-413
estructuras financieras, de subsidiarias en el extranjero
  en contratación global de deuda, 414-417
  financiamiento en, 416
  fuentes externas de financiamiento en, 417
  fuentes internas de financiamiento en, 416-417
  subsidiarias y normas locales en, 414-415
etapa de comercio
  internacional, 10, 565
  internacional a multinacional, 11-12
  nacional a internacional, 9-11
euro
  eurobancos, 54
  eurocréditos, 418-419
  eurodivisas, 53-54
  europagarés a mediano plazo (EPMP), 420
  eurozona, 66, 104
eurobonos, 420-423
  bonos extranjeros frente a, 421
  calificación de, 422-423
  emisión de, relacionados con acciones, 421
  emisión directa de tasa fija, 421
  en contratación global de deuda, 421-422

interferencia regulatoria, 422
  pagarés de tasa variable y, 421
  requisitos de declaraciones de, 422
  situación fiscal de, 422
europapel comercial (EPC), 420
  cobertura, 359
  intercambio, 301-302
  introducción a, 64
  lanzamiento de, 66
  logro de la unificación monetaria con, 66-69
  Tratado de Maastricht, 64-66
  Xian-Janssen Pharmaceutical y, 301-303
excepciones, 471-472
  especiales, 471-472
expansiones de capital planeadas (gastos de capital), 541
expectativas de estabilización, 272
Expeditors International, 410
exportaciones
  creación de exportaciones no relacionadas, 471
  financiamiento. *Véase* financiamiento del comercio internacional
  modelo de negocios de, 463
  producción en el extranjero frente a, 459
Export-Import Bank (Ex-Im Bank), 577
exposición
  anticipada, 284, 320
  competitiva, 282-283, 336-337. *Véase también* exposición operativa
  de cotización, 287
  económica, 282-283. *Véase también* exposición operativa
  estratégica, 282-283, 336-337. *Véase también* exposición operativa
  no contable, 284
  por cartera de pedidos, 287
  por facturación, 287
exposición cambiaria
  definición, 282
  exposición operativa y, 335-336
  Porsche y, 15-17
exposición de traslación, 282-319
  administración de riesgo en, 284, 299
  cobertura contra, 284-286

coberturas contractuales y, 289, 299-300
contratos a plazo sintéticos y, 313-314
contratos de divisas a plazo y, 288
cuentas por pagar en, 297-298
de Trident Corporation, 289-296
definición, 282
en adquisición de préstamos de fondos, 288
en compras en cuentas abiertas, 287-288
en la venta de cuentas abiertas, 287-288
en otorgamiento de préstamos de fondos, 288
exposición de traslación y, 283, 358
exposición fiscal como, 283-284
exposición operativa y, 282-283, 320
márgenes de relación y, 315-316
medida, 287-289
opción al tipo promedio y, 319
opción de participación a plazo y, 316-319
opciones complejas y, 312
opciones, en general, 312-313
productos de administración de riesgo de segunda generación, 314-319
productos de opción de prima cero y, 315
rango a plazos y, 316
repaso, ejercicios de Internet, 310-311
repaso, preguntas, 303-304
repaso, problemas, 304-310
repaso, puntos de resumen, 300
saldos de efectivo en moneda extranjera, 288-289
tipos de, 282-284
Xian-Janssen Pharmaceutical, 301-303
exposición de traslación, 344-364
  administración, 355
  caracterización de subsidiarias en, 345
  cobertura de euros y, 358
  coberturas del balance general en, 356-358
  ejemplo de LaJolla Engineering Services, 360-362
  exposición de transacción frente a, 358

exposición operativa frente a, 355
método de traslación del tipo
    corriente en, 347
método de traslación temporal en,
    348
métodos en, 347-350
moneda funcional en, 345-346
países con hiperinflación y,
    349-350
perspectiva general, 344-346
prácticas de traslación
    internacionales en, 350
procedimientos de traslación
    estadounidenses, 348-349
repaso, ejercicios de Internet, 364
repaso, preguntas, 362
repaso, problemas, 363-364
repaso, puntos de resumen,
    359-360
Trident Europe, 350-355
exposición operativa, 320-343
administración estratégica,
    326-329
administración proactiva, 329
atributos, 320-343
aumentos de los precios de venta,
    324-326
aumentos de volumen, 324
cambio de políticas, 326
centros de refacturación, 335-336
cobertura y, 336-337
compartir riesgos en, 331
de Toyota Motor Europe
    Manufacturing, 338-340
de Trident Europe, 322-326
devaluación, 324
diversificación y, 326-329
Eastman Kodak, 337
exposición cambiaria y, 335-336
exposición de traslación, 355
financiamiento de flujos de
    efectivo, 321
flujos de efectivo de operación, 321
flujos de efectivo intrasubsidiaria,
    336
garantía de tipos de cambio y, 336
igualación de flujos de efectivo de
    divisas, 329-330
materias primas importadas, 326
medida de pérdida, 326
préstamos de respaldo mutuo
    (*back-to-back*), 331-333
swaps de divisas, 333-334
tipos de cambio de divisas, 326

transferencias de fondos y, 334
variaciones en los flujos de
    efectivo, 321-322
expropiación, 468
extensión geográfica de los
    mercados, 138-139

F
factoraje, 579
factores de empresas conjuntas en
    remesas de dividendos, 542
Faiola, Anthony, 265
Fannie Mae, 121
FAS# 52 (*Statement of Financial
    Accounting Standards Number
    52*), 345, 349-350
FASB (Financial Accounting
    Standards Board), 345
Fastow, Andrew, 43-44
FCIA (Foreign Credit Insurance
    Association), 577
FDIC (Federal Deposit Insurance
    Corporation). *Véase* Federal
    Deposit Insurance Corporation
    (FDIC)
fechas de vencimiento, 198
FED (flujo de efectivo descontado),
    502
Federal Deposit Insurance
    Corporation (FDIC)
    en el fracaso de Lehman
        Brothers, 133
    en mercados de eurodivisas, 55
    formación de, 107
Feldstein, Martin, 269
Fiedler, Edgar, 256
fijación de precios de opciones de
    divisas
    deterioro del valor en, 215-216
    diferenciales de tasa de interés en,
        218-219
    instrumentos derivados en
        moneda extranjera y, 213-221
    precios de ejercicio alternativos y,
        220-221
    primas en, 220-221
    sensibilidad a la volatilidad y,
        216-218
    sensibilidad de la tasa a plazo en,
        213
    sensibilidad de tipo de cambio
        spot y, 213-214
    tiempo restante para el
        vencimiento y, 215-216

filiales extranjeras, 460, 489
Financial Accounting Standards
    Board (FASB), 345
Financial Times
    índice suizo, 370
    sobre los mercados cambiarios, 152
    sobre Mattel, 481
    sobre Porsche, 18
financiamiento
    comercio internacional. *Véase*
        financiamiento del comercio
        internacional
    de capital en mercados globales,
        399-400
    de importaciones y exportaciones.
        Véase financiamiento del
        comercio internacional
    del comercio. *Véase*
        financiamiento del comercio
        internacional
    en administración del capital de
        trabajo, 552-556
    flujos de efectivo, 321
    inversiones, 491-492
    proyectos, 503-505
    subsidiarias en el extranjero,
        416-417
financiamiento de capital global,
    391-409
    acciones globales registradas en,
        395-396
    aceptación política en, 399
    alianzas estratégicas, 404
    bolsas de valores y, 396
    caminos alternativos de, 392-393
    colocaciones privadas en, 402
    declaraciones y, 399-400
    diseño de estrategias, 392-394
    emisión de acciones de capital
        que afectan el precio de las
        acciones, 397-399
    emisiones dirigidas de acciones
        públicas en, 400-401
    emisiones públicas de
        euroacciones, 401-402
    empresas y activos de inversión
        en acciones, 403
    fondos de acciones privadas,
        402-403
    instrumentos alternativos, 400-404
    instrumentos derivados globales y,
        396
    introducción a, 391-409
    liquidez, mejoría, 395

listas cruzadas, barreras, 399-400
listas cruzadas, que afectan los
    precios de las acciones, 397-399
perspectiva de, 397
Petrobrás, 404
precios de acciones en, 397-399
recibos de depósito en, 393-394
registro en bolsa y emisión de
    acciones extranjeras, 395-397
relaciones con los inversionistas
    en, 399-400
remuneración de la gerencia y los
    empleados, 399
repaso, ejercicios de Internet, 409
repaso, preguntas, 408
repaso, problemas, 408-409
repaso, puntos de resumen, 404
swaps con adquisiciones en, 399
tamaño del mercado y liquidez
    en, 396
ventas de acciones en el
    extranjero, barreras, 399-400
visibilidad en, 399
financiamiento del comercio
    internacional, 565-589
aceptaciones bancarias, 573,
    578-579
aceptaciones comerciales, 579
alternativas, 578-580
beneficios, 568-570
bursatilización, 580
cartas de crédito, 570-572, 576
conocimiento de embarque, 573-574
cronograma, 569-570
descuento sin recurso, 580-582
dilemas comerciales, 567-568
documentación, 574-576
estructura, 569-570
exportaciones, asistencia
    financiera gubernamental para,
    576-577
Export-Import Bank, 577
factoraje en, 579
giros, 572-573
instrumentos negociables, 572-573
introducción a, 569
líneas de crédito bancarias, 580
papel comercial, 580
relaciones comerciales, 565-567
repaso, ejercicios de Internet, 589
repaso, preguntas, 587
repaso, problemas, 588-589
repaso, puntos de resumen,
    582-583

riesgo cambiario, 569
riesgo de no finalización, 568
seguro de crédito a la
    exportación, 577, 580
transacciones bancarias, 576
finanzas islámicas, 423
Fisher, Irving, 172
FLE (flujo libre de efectivo), 495
flotación administrada, 72, 92-93
flujo
    de efectivo de operación, 321
    de efectivo intrasubsidiaria, 336
    hacia la patria, 124
    libre de efectivo (FLE), 495
    neto de efectivo, 282
flujo de efectivo
    acoplamiento, 329-330, 333
    ajustes, 500-501
    cambios esperados e inesperados
        en, 321-322
    coberturas, 330
    descontado (FED), 502
    distribuciones y, 541
    diversificación de, 412
    estados, 80
    financiamiento, 321
    intrasubsidiarias, 336
    libre, 495
    neto, 282
    neto de operación, 496
    repatriación, 496
Fondo Monetario Internacional
    (FMI), 51-53, 56-60
fondos
    de capital privado, 402-403
    desagregados, 539-540
fondos bloqueados
    estrategia de preinversión para
        anticiparse a, 470-471
    movimiento, 471
    perspectiva general, 469-470
Forbes, 22
Ford Motor Company, 331
Foreign Credit Insurance
    Association (FCIA), 577
fortaleza financiera, 453
FRA (contratos de tasa a plazo),
    240-241
Francia, 24
francos suizos, 202-210, 247-249
Frankel, Jeffrey A., 259
fraude, 142
Freddie Mac, 121
fronteras eficientes, 436

fuentes
    de abastecimiento, 478
    externas de financiamiento, 417
    internas de financiamiento,
        416-417
fuerzas
    externas en el gobierno
        corporativo, 29-30
    internas en el gobierno
        corporativo, 29-30
Fuld, Jr., Robert, 133
funcionarios y gerentes en el
    gobierno corporativo, 30
futuros
    comisión por transacción, 142
    divisas, 198-200
    tasa de interés, 241-242
futuros de divisas
    contratos a plazo (*forward*) frente
        a, 200
    especificaciones de los contratos,
        198
    instrumentos derivados y, 198-200
    uso, 198-200

G
GAAP (principios de contabilidad
    generalmente aceptados), 31,
    348-349
Ganesan, Ramesh, 576
garantía de los tipos de cambio, 336
gastos deducibles, 521
GDR (global depositary receipts),
    393
Gemex (Grupo Embotellador de
    México), 288
General Electric, 4
Gillette, 538
giro(s), 572-573
    a plazo, 573
    bancarios, 572
    comerciales, 572
Glancey, Jonathan, 344
global depositary receipts (GDR),
    393
globalización
    de marcas, 463
    de mercados, 377-378
    de portafolio, 370
    empresas multinacionales y. *Véase*
        globalización y empresas
        multinacionales (EMN)
    financiera, 12-13
    proceso de, 9-13

riesgos de. *Véase* riesgos globales
    específicos
globalización y empresas
    multinacionales (EMN), 2-21
administración estratégica en, 3-4
administración financiera en, 7-8
creación de valor en, 3-4
definición, 7-8
estudio de caso de Porsche, 13-19
etapa de comercio internacional a
    multinacional, 11-12
etapa de comercio nacional a
    internacional de, 9-ll
imperfecciones del mercado y, 8-9
introducción a, 2
límites de, 12-13
mercados abiertos en, 3
outsourcing de la cadena de
    suministro en, 6-7
preguntas de repaso, 19
proceso de, 9-13
repaso, ejercicios de Internet,
    20-21
repaso, problemas, 19-20
repaso, puntos de resumen, 13
teoría de la ventaja competitiva
    en, 4-7
GMI (Governance Metrics
    International), 34
gobierno corporativo
costo del capital y, 377-378
en China, 39
en Enron, 41-45
estructuras de, 29-31
fracasos de, 34, 41
introducción a, 28
metas del, 29
metas financieras del. *Véase* metas
    financieras
métodos comparativos de, 32-33
propiedad familiar y, 33-34
reforma del, 35-40
reputación y, 34-35
tipos de cambio y, 265
Gonzalez, Maria
administración del portafolio
    internacional, 439
análisis de opciones reales, 505-507
capital de trabajo neto y, 543
coberturas alternativas de, 295-296
coberturas del mercado a plazo,
    291
coberturas del mercado de dinero,
    291-294

coberturas del mercado de
    opciones, 294
exposición por transacción,
    289-290
sobre el promedio ponderado del
    costo del capital, 369-370
sobre el riesgo de tasa de interés,
    240-242
swaps de divisas de, 245-246
Goodman. Peter S., 71
Goodyear, 327
Gopi, Anka, 251-252
Governance Metrics International
    (GMI), 34
Grupo Embotellador de México
    (Gemex), 288
guerra, 468, 476
Guillermo II, káiser, 535
guión, 268
Gyrus, 356

H

Haier Group, 4
Hand, Leonard, juez, 514
Harbjerg, Julie, 424-426
Harvard Business Review, 221
Harvard University, 269, 452
Hegarty, Declan, 504
herencia religiosa, 473
hipotecas
alt-A, 107-108
conformes, 107
de primera calidad (prime), 107
subprime, 107-108
Honeywell, 557-559
Hong Kong, 445
horizontes de inversión, 26

I

IASC (International Accounting
    Standards Committee), 350
Ibrahim Makran Pvt. Ltd., 557
igualación
cobertura de flujos de efectivo,
    333
definición, 291
flujos de efectivo de divisas, 330
implicaciones fiscales de las remesas
    de dividendos, 541
impuesto
al valor agregado, 520
de sucesión, 520
de transferencia, 520
directos, 518

indirectos, 518
predial, 520
sobre el volumen de
    transacciones, 520
sobre utilidades sin distribuir, 520
inconvertibilidad, 467
India, 103, 538
índice
Big Mac, 165-167, 186-187
de tipos de cambio efectivos
    reales, 169
de tipos de cambio nominales,
    168-170
de tipos de cambio reales, 168-170
Indonesia, 490
industrias incipientes, 475
información en tiempo real, 152
ingeniería para innovación, 463
ingreso
corriente, 81
de origen extranjero, 528
de origen nacional, 528
en preparación de presupuestos de
    capital multinacional, 492-493
pasivo, 517
instrumentos
alternativos, 400-404
derivados globales, 396
negociables, 572-573
instrumentos derivados
de deuda bursatilizada. *Véase*
    bursatilización
economía mundial e, 130
globales, 396
moneda extranjera. *Véase*
    instrumentos derivados en
    moneda extranjera
tasa de interés, 238
instrumentos derivados en moneda
    extranjera, 197-233
Buffet habla sobre, 223-225
desastres en la administración de,
    222
en especulación, 203-210
fijación de precios de opciones de
    divisas e, 213-221, 230-233
futuros e, 198-200
introducción a, 197-233
opciones e, 201-203, 210-212
preguntas de repaso, 226
prudencia en las prácticas de, 221
repaso, ejercicios de Internet,
    229
repaso, problemas, 226-229

repaso, puntos de resumen, 222-223
insurrección, 468
integración
de mercados, 445-446
internacional de la cadena de suministro, 477-478
Internal Revenue Service (IRS)
efecto del impuesto sobre la renta e, 522-523
sobre la inversión corporativa, 528-529
sobre las corporaciones extranjeras de "papel", 526-527
internalización, 455-456
International Accounting Standards Committee (IASC), 350
inventarios en tránsito, 140
inversión
a partir de cero y adquisiciones, 461
defensivas, 9
proactivas, 9
pura, 528
saliente, 528
inversión corporativa, 527-531
saliente, 528-530
inversión extranjera directa (IED)
adquisiciones en, 461
alianzas estratégicas, 461
competitividad del mercado nacional en, 454-455
contratos de licencia y administración para, 459-460
control de activos en el extranjero en, 459-460
economías de escala y alcance en, 452-453
Embraer, 463
empresas conjuntas en, 460-461
evaluación de, 456-458
exportaciones frente a producción en el extranjero, 459
fortaleza financiera en, 453
inversiones a partir de cero en, 461
método conductual de análisis de, 457
modos de, 458-461
países en vías de desarrollo e, 462-464
Paradigma OLI en, 455-457
pericia administrativa y de marketing en, 453
perspectiva de red e, 457-458

productos diferenciados en, 453
riesgos políticos en. Véase secuencia de riesgos políticos, 11-12
subsidiarias de propiedad entera, 460-461
tecnología avanzada en, 453
transfronteriza, 257
ventaja competitiva en, 452-455
IRS (Internal Revenue Service). Véase Internal Revenue Service (IRS)
Ishiyama, Nakako, 179

J
Jaffe, Charles A., 487
Japón, 179-180, 434-435
Jensen, Niels Clemen, 447-448
JetBlue, 463
Jickling, Mark, 113
Journal of Accounting, Auditing, and Finance, 350
JPMC (JPMorgan Chase), 274-276, 407
JPMorgan Chase (JPMC), 274-276, 407
justo a tiempo (JIT), sistemas de inventario casi cero, 477

K
Key, primer ministro John, 205
Keynes, John Maynard
sobre el sistema monetario internacional, 52
sobre la opinión típica, 243
sobre moneda, 138
kiwi, 149, 205
Kodak, 320-321, 337
Krieger, Andrew, 205
kriz, 99-101
Krugman, Paul, 257

L
La riqueza de las naciones, 4
lado de la compra, 435
LaJolla Engineering Services, 360-362
Lam, Leona, 482
lambda (sensibilidad a la volatilidad), 216-218
Latin Finance, 25, 366
Lehman Brothers, 132-134
letra
a la vista, 573

a plazo, 573
de cambio (L/C), 572
Levitt, Theodore, 452
Lewis, David, 519
Lewis, Michael, 132
ley de un solo precio, 164-167, 193
Ley Glass-Steagall de 1933, 107
Ley Sarbanes-Oxley (SOX), 37-38
LIBOR (tasa de interés interbancaria de Londres)
en la crisis de crédito de 2007-2009, 125-129
introducción a, 54-55
tasas de referencia y, 235
librador de letras de cambio, 572
libras esterlinas, 211-219, 251-252
liquidaciones de efectivo, 548
liquidez
de activos, 110
de mercados, 396
en financiamiento de capital global, 395
en reposicionamiento de fondos, 539
liquidez del mercado
costo global y disponibilidad de capital, 375-377
definición, 128
en financiamiento de capital global, 396
listas cruzadas, 397-400
localización
de fondos comunes de dinero, 551
de instalaciones, 468
loonie, 149
LSE (Bolsa de Valores de Londres), 396-397
Luzon Industries, 20

M
macrorriesgo. Véase riesgos específicos del país
mantenimiento de efectivo, 548
Mantoloking CDO, 115
marcas registradas, 469
margen
de calendario, 316
de mantenimiento, 198
de operación, 16-17
de relación, 315-316
soberano, 406
TED, 126-127
Marshall, Alfred, 50
Material Hospitalar, 585-586

materias primas importadas, 326
Mathieux, Geoff, 583-586
Mattel, 480-483
maximización
    del valor a corto plazo, 26
    del valor a largo plazo, 26
    del valor de los accionistas, 25-26
Mazda, 331
MBS (obligaciones con garantía
    hipotecaria), 110-111
MCC (costo marginal del capital).
    Véase costo marginal del capital
    (MCC)
McClain, Amber, 199-200
McDermott International, 528
McDonald's Corporation, 251-252
Mebarek, Aziz, 579
medida
    de desempeño Sharpe (SHP),
        443-445
    de desempeño Treynor (TRN),
        443-445
    de pérdida, 326
    de riesgo del portafolio, 501-502
Medio Oriente, 504
mercado(s)
    a plazo, 204-205
    abiertos, 3
    al mayoreo, 55
    búsqueda, 9, 501
    control de riesgos relacionados
        con, 469
    creadores, 140
    de bonos, 420-421
    de capital pequeños, 367
    de capital segmentados, 367
    de europagarés, 420
    eficiencia, 26
    eficientes, 375
    emergentes, 62, 262
    en contratación global de deuda,
        422
    extrabursátiles (OTC), 201-202,
        238
    gris, 158-160
    imperfecciones, 8-9
    internacional de bonos, 420-421
    internacionales de deuda. *Véase*
        mercados de deuda,
        internacionales
    liquidez. *Véase* liquidez del
        mercado
    movimientos, 273-274
    nacionales, 441-446

negro, 157
no líquidos, 131, 366
opciones en moneda extranjera y,
    201-202
OTC (extrabursátiles), 201-202
perturbación, 125
segmentación, 374-377
spot, 203-204
tamaño, 396
mercado negro del bolívar
    venezolano
    acciones CANTV frente a, 158
    alternativas de Santiago a, 158
    caos político y, 157
    controles de capital y CADIVI,
        157-158, 160
    en la primavera de 2004, 159-160
    introducción a, 157
    mercado gris, 158-160
    moneda fuerte y, 158-159
    y mercados cambiarios, 157-160
mercados accionarios
    crisis en, 442-443
    Enron y, 42
    gobierno corporativo y, 31
mercados cambiarios, 138-163
    arbitraje entre mercados en,
        153-155
    árbitros en, 141
    bancos centrales en, 141
    cobertura contra la exposición en,
        144-145
    Continuous Linked Settlements
        en, 142
    cotizaciones a plazo en, 150-151
    cotizaciones de compra y venta
        (bid y ask) en, 149-150
    cotizaciones directas en, 149
    cotizaciones en, 148-152
    cotizaciones indirectas en, 149
    cotizaciones interbancarias en,
        148-149
    día de trabajo de los operadores
        en, 141
    especuladores en, 141
    extensión geográfica de, 138-139
    fraude en, 142
    funciones de, 139-140
    información en tiempo real acerca
        de, 152
    introducción a, 138
    operadores bancarios y no
        bancarios, 140
    participantes en, 140-142

preguntas de repaso, 160
repaso, ejercicios de Internet, 163
repaso, problemas, 160-163
repaso, puntos de resumen, 156
tamaño de, 145-147
tesorerías en, 141-142
tipos de cambio cruzados en,
    152-153
tipos en, 148
transacciones comerciales en, 140
transacciones de inversión en, 140
transacciones de *swap* en, 143
transacciones del mercado
    interbancario en, 142-147
transacciones directas a plazo en,
    143
transacciones *spot* en, 142
variaciones en el tipo de cambio
    spot en, 155-156
mercados de deuda
    créditos sindicados en, 418-419
    Enron y, 42-43
    gobierno corporativo y, 31
    internacionales. *Véase* mercados
        de deuda, internacionales
    préstamos bancarios en, 418
mercados de deuda, internacionales.
    Véase también contratación
        global de deuda
    bonos extranjeros en, 421
    calificación de bonos en, 422-423
    emisión de bonos relacionados
        con acciones, 421
    emisiones directas de bonos de
        tasa fija, 421
    eurobonos en, 420-423
    eurocréditos en, 418
    europagarés a mediano plazo en,
        420
    europapel comercial en, 420
    interferencia regulatoria, 422
    mercado de bonos, 420-421
    mercado de europagarés en, 420
    pagarés de tasa variable en, 421
    requisitos de declaraciones de, 422
    situación fiscal de, 422
mercantilismo financiero, 123
Merck, 337
Merrill, Peter, 519
metas de operación, 27-28
metas financieras, 22-49
    administración frente a
        propiedad, 23-24
    de China, 39

de Enron, 41-45
en el modelo de capitalismo de los grupos de interés, 26-27
en el modelo de maximización de la riqueza de los accionistas, 25-26
fracasos de, 34
gobierno corporativo en. *Véase* gobierno corporativo
introducción a, 22
metas de la administración para, 24
metas de operación en, 27-28
preguntas de repaso, 45-46
propiedad de las empresas en, 22-24
propiedad familiar, 33-34
reformas y, 35-40
repaso, ejercicios de Internet, 48-49
repaso, problemas, 46-48
repaso, puntos de resumen, 40-41
reputación y, 34-35
método
conductual de análisis de la inversión extranjera directa (IED), 457
de balance de portafolio, 259
de flujos, 258
de términos americanos, 148, 198
de términos europeos, 148
de traslación del tipo de cambio actual, 347
de traslación temporal, 348-350
del precio relativo de los bonos, 259
del tipo de cambio actual, 349-350, 357-358
del tipo de cambio de cierre, 350
monetario para la determinación de tipos de cambio, 259
monetario/no monetario en traslación de tipos de cambio, 348
mundial de tributación, 516-517
método de mercado de activos
definición, 256
empresas multinacionales en, 4
Goodyear en, 327
México
para determinación del tipo de cambio de las divisas, 259
para pronósticos, en general, 260

para pronósticos, en países muy desarrollados, 260-262
pesos de, 199-200
Meyer, Eric, 423
microprimas, 128
microrriesgos. *Véase* riesgos políticos específicos de la empresa
Mills, Steve, 5
modelo
de capitalismo de grupos de interés (SCM), 26-27
de fijación de precios de los activos de capital (CAPM), 367-371
de maximización de la riqueza de los accionistas (SWM), 25-26
de portafolio de activos múltiples, 440
de portafolios de dos activos, 436
internacional de fijación de precios de activos de capital, 370
originar para distribuir (OTD), 111
OTD (originar para distribuir), 111
SWM (maximización de la riqueza de los accionistas), 25-26
moneda
acuerdo ecléctico de, 56
cambio, 330
cláusulas, 330
colapso de, 263-264
expectativas, 312
exposición, 339
funcional, 345-346
periodo contractual, 94-95
precios de opciones. *Véase* fijación de precios de opciones de divisas
régimen de caja de conversión, 62, 265-266
regímenes monetarios, 56-61
riesgo, 285
sustituciones, 259
swaps. *Véase swaps* de divisas
tipos de cambio de. *Véase* tipos de cambio
transferencias, 185
vendida a plazo, 173-174
Moody's, 422-423
moralidad fiscal, 515
Morgan Stanley, 404-405, 436
Morgenthau, Jr., Henry, 52

Motivos
de transacción, 548
precautorios, 548
movimiento antiglobalización, 478
MRC (rendimiento marginal del capital), 376
Mugabe, Robert, presidente, 474
Murthy, Narayana, 2

N
Naboa, Gustavo, presidente, 64
NBER Working Paper, 259
NCOF (flujo neto de efectivo de operación), 496
NDF (contratos a plazo no entregables), 143-145
negociación de acuerdos de inversión, 467
nepotismo, 473-474
Nestlé, 370-371
neutralidad
doméstica, 515
extranjera, 515
fiscal, 515-516
New York Times, 132, 134
nichos de mercado, 464
Nixon, Richard Milhaus, presidente, 56
Nocera, Joe, 134
nombres de marcas, 469
normas de recursos humanos, 473
Novo Industri A/S, 383-386
NWC (capital de trabajo neto). *Véase* capital de trabajo neto (NWC)
Nycomed, 400-401
NYSE (Bolsa de Valores de Nueva York), 396-397

O
O'Connor, Meaghan, 360-362
Obligaciones
con garantía hipotecaria (MBS), 110-111
de deuda con colateral (CDO), 113-116
de incumplimiento de pago (CDO), 125
OCDE. *Véase* Organización para la Cooperación y el Desarrollo Económicos
OCI (otros ingresos integrales), 251-252

Oficinas
  de banca comercial, 554-556
  de representación, 554-555
OIS (*swaps* de tasas de interés de un
    día para otro), 128
Okuda, Hiroshi, 338-339
OMC (Organización Mundial de
    Comercio), 475
opción(es)
  americana, 201
  ATM (at-the-money), 201, 295
  collar a plazo, 316
  complejas, 315
  con relación de costo cero, 316
  contrato a plazo sintético, 313-314
  de cilindro, 316
  de compra, 201
  de participación a plazo, 315
  de precio de ejercicio promedio
      (ASO), 319
  de tipo de cambio promedio
      (ARO), 319
  de venta, 201
  en el precio (at-the-money-ATM),
      201, 295
  estratégicas, 502
  europea. *Véase* fijación de precios
      de opciones de divisas
  europeas de compra de acciones,
      231-232
  fuera del dinero (out-of-the-
      money-OTM), 201
  instrumentos derivados en
      moneda extranjera y, 210-212
  introducción a, 312-313
  márgenes de relación y, 315-316
  mercados, 205
  moneda extranjera. *Véase*
      opciones en moneda extranjera
  opción de participación a plazo,
      316-319
  primas, 220-221
  productos de administración de
      riesgo de segunda generación,
      314
  productos de opciones con prima
      cero, 315
  rango a plazos, 316
  retroactiva (*lookback*), 319
  tasa promedio, 319
opciones en moneda extranjera
  cotizaciones y precios de, 202-203
  en bolsas de valores organizadas,
      202

en mercados extrabursátiles, 202
instrumentos derivados y, 201-203
mercados, 201-202
OPIC (Overseas Private Investment
    Corporation), 467-468
oportunidades de refinanciamiento,
    130
Organización Mundial de Comercio
    (OMC), 475
Organización para la Cooperación
    y el Desarrollo Económicos
    (OCDE)
  gobierno corporativo y, 29
  sobre los mercados de valores, 376
  tasas tributarias en, 519
  tratados fiscales y, 517
originador de giros, 572
otorgantes, 201
otros ingresos integrales (OCI),
    251-252
outsourcing de la ventaja
    comparativa, 6-7
Overseas Private Investment
    Corporation (OPIC), 467-468

P
P&G, 538
pagar los giros, 572
pagarés
  de liquidación automática, 546
  de tasa flotante (PTF), 421
pago
  diferido de impuestos, 517
  balanza. *Véase* balanza de pagos
países
  con hiperinflación, 349-350
  en vías de desarrollo, 462-464
Pakistan International Airways,
    557-559
Panamera, 14-17
papel comercial (PC)
  en finanzas de comercio
      internacional, 580
  en la crisis de crédito de 2007-2009,
      126
  euro, 580
Paradigma OLI
  definiciones, 455-456
  estrategia financiera y, 456-457
  internalización y, 455-457
paridad de las tasas de interés (PTI)
  álgebra para, 194-195
  en condiciones de paridad
      internacionales, 174-176

equilibrio y, 184
móvil, 57
relativa del poder adquisitivo,
    167-168
paridad del poder adquisitivo (PPA)
  álgebra para, 193-194
  desviaciones de, 170
  en la determinación de los tipos
      de cambio de las divisas, 258
  en transacciones en moneda
      extranjera, 139-140
  equilibrio y, 183
  índices de tipos de cambio, 168-
      169
  ley de un solo precio y, 164-167
  pruebas empíricas de, 168
  relativa, 167-168
París, 149
partes afiliadas, 566
participantes en los mercados
    cambiarios, 140-142
Patel, Natasha, 576
patrón oro, 50-53
Paulson, Hank, secretario del
    Tesoro, 133-134
PC (papel comercial). *Véase* papel
    comercial (PC)
pérdidas y ganancias realizadas, 283
perfil de terminación, 108
pericia de marketing, 453
periodo
  de abastecimiento de insumos,
      535-536
  de ajuste de cantidad, 94, 96
  de cotización, 535
  de inventario, 535-536
  de transferencia, 94-95
perspectiva de red, 457-458
pesos
  argentinos, 266-269
  mexicanos, 199-200, 327
Petrobrás, 404
phi (cambio en la sensibilidad de los
    diferenciales de tasas de
    interés), 218-219
Philips N.V., 378
PIB (producto interno bruto), 91, 266
pirámide Pan-Pacífico, 279-280
Plan Real, 267
planeación para crisis, 476-477
pobreza, 478-479
políticas, 237
  de incentivos fiscales, 515
ponderaciones de portafolios, 440

Porsche, 13-19
  cambio de divisas y, 15-17
  cambios por, 17-18
  división AG, 14
  introducción a, 13-14
  Panamera de, 15
  portafolio creciente de, 14-15
  preguntas sobre el caso, 18-19
  rendimiento del capital invertido
    de, 16-17
  transferencia de divisas en, 185
  utilidades de, 15
portafolio
  internacional óptimo, 438
  nacional, 435-440
  nacional óptimo, 435-436
  nacionales de riesgo mínimo, 436
posición(es)
  cortas, 117, 199, 241
  cubiertas, 290
  larga, 199
  sin cobertura, 290
PPA (paridad del poder
    adquisitivo). Véase paridad del
    poder adquisitivo (PPA)
prácticas internacionales de
    traslación, 350
precios
  de acciones, 397-399
  de ejercicio, 201, 203
  de ejercicio alternativos, 220-221
  de equilibrio, 207
  de libre competencia, 523
  de liquidación, 198-199, 241
  de oferta, 140
  de opciones en moneda
    extranjera, 202-203
  de préstamos, 238
  de salida, 124
  de venta (ask), 140
  en condiciones de paridad
    internacionales, 164-165
  tasas de interés y tipos de cambio,
    183-184
precios de transferencia
  efecto del impuesto sobre la
    renta, 522-523
  efecto del posicionamiento de
    fondos, 522
  en administración de impuestos
    multinacionales, 522
  incentivos para la gerencia y,
    523-524
  socios de empresas conjuntas y, 524

preocupaciones ambientales, 478
preparación de presupuestos de
    capital multinacional, 487-512
  análisis de opciones reales, 502,
    505-507
  complejidades, 488
  financiamiento de proyectos,
    503-505
  medidas del riesgo del portafolio,
    501-502
  medidas desde el punto de vista
    de la empresa matriz, 500-501
  medidas desde el punto de vista
    del proyecto, 498-500
  perspectiva general del ejemplo
    de Cemex, 490-491
  punto de vista de la empresa
    matriz, 489-490, 496-498
  punto de vista del proyecto,
    489-490, 495-496
  repaso, ejercicios de Internet,
    511-512
  repaso, preguntas, 507-508
  repaso, problemas, 508-511
  repaso, puntos de resumen, 505
  repatriación de flujos de efectivo,
    496
  supuestos financieros, 491-495
prestamista de último recurso, 133
préstamos
  bancarios internacionales, 418
  convencionales, 107
  de fachada (fronting), 471
  de múltiples fuentes, 469
  de respaldo mutuo (back-to-back),
    331-333
  hipotecarios, 107-109
  invertidos permanentemente,
    251
  paralelos, 331
presupuestos, capital multinacional.
    Véase preparación de
    presupuestos de capital
    multinacional
previsibilidad, 337
primas a plazo, 128, 174
primas en opciones de divisas
  cotizaciones y precios de, 203
  introducción a, 201
  sensibilidad de los precios y, 213
principal teórico, 198, 243
principios
  de contabilidad generalmente
    aceptados (GAAP), 31, 348-349

de economía política e impuestos,
    5, 164
  globales de fabricación, 481
principios fiscales, 514-521
  de entornos fiscales nacionales,
    516-517
  de tratados, 517
  en créditos fiscales extranjeros,
    521-524
  en tipos de impuestos, 518-521
  moralidad, 515
  neutralidad, 515-516
problema de agencia, 23
producción en el extranjero, 459
producto(s)
  de opciones con prima cero,
    314-315
  de opciones exóticas, 314
  diferenciados, 453
  interno bruto (PIB). Véase PIB
    (producto interno bruto)
profecías que se autorrealizan, 472
promedio ponderado del costo del
    capital (WACC)
  de Trident Corporation, 369-370
  ejemplo de Novo Industri A/S,
    386
  en EMN frente a empresas
    nacionales, 380-382
  en preparación de presupuestos
    de capital multinacional, 491
  perspectiva general de, 368-373
pronósticos
  análisis técnico en, 270
  consistencia de tasa cruzada en,
    271-272
  en la pirámide Pan-Pacífico,
    279-280
  insesgados, 181-183
  método de mercado de activos
    para, 260-262
  movimientos del mercado,
    273-274
  precisión en, 274-276
  repaso, ejercicios de Internet,
    278-279
  repaso, preguntas, 276
  repaso, problemas, 276-278
  repaso, puntos de resumen, 274
  servicios de, 270-271
  síntesis de, 272-273
  tipos de cambio. Véase
    determinación del tipo de
    cambio de las divisas

propiedad
pública y privada, 22-24
estructuras de, 473
administración frente a, 32
propósitos de búsqueda
de producción, 501
de recursos, 501
proteccionismo como riesgo, 475-476
proveedores de defensa, 475
prudencia en las prácticas, 221
PTF (pagarés de tasa flotante),
421
PTI (paridad de las tasas de interés)
álgebra para, 194-195
en condiciones de paridad
internacionales, 174-176
equilibrio y, 184
Pudd'nhead Wilson's New Calendar,
282
punta vendedora, 435
puntos, 150
Putnam, Samuel, juez, 391

Q
QIB (compradores institucionales
calificados), 402

R
rango a plazos, 315
recibos de depósito, 393-394
recursos naturales, 463
regímenes
basados en el gobierno, 32
basados en el mercado, 32
regímenes cambiarios
clasificaciones de, 56-60
futuros, 69-70
reformas, 73-74
registro permanente, 420
reglas, 69, 237
144A de la SEC, 402
del hombre prudente, 391
reguladores, 31, 42
reinversiones forzadas, 472
relación(es)
comerciales, 565-567
conocidas no afiliadas, 566
desconocidas no afiliadas, 566
inversa de las cuentas corrientes
y financieras, 86-87
remedida, 349
remesa de utilidades, 539
remesas de dividendos,
internacionales, 540-542

distribuciones y flujos de efectivo
en, 541
factores de empresas conjuntas
en, 542
implicaciones fiscales de, 541
riesgo cambiario de, 541
riesgos políticos de, 541
remuneración, 399
rendimiento
de dividendos, 27
del capital invertido (ROIC),
16-17, 439-440
marginal del capital (MRC), 376
renminbi (RMB)
en reservas de divisas, 88-89
euro, intercambio, 301-302
revaluación de, 71-74
rentabilidad, 282
repatriación de flujos de efectivo,
496
repercusiones sociales, 268
reposicionamiento de fondos,
537-539
reservas de divisas, 88-89
responsabilidad social corporativa,
479
restricciones
fiscales, 539
políticas para el
reposicionamiento de fondos,
539
retención de impuestos, 520
retrasos en transferencias de fondos,
334
revolución, 468
rho (cambios en la sensibilidad de
los diferenciales de tasas de
interés), 218-219
Ricardo, David, 5, 164
riesgo(s)
administración, 26
cálculo, 439-440
cambio de divisas. *Véase* riesgo
cambiario
compartir, 331
culturales, 464, 471
de administración, 464-467
de no finalización, 568
de reajuste de precios, 235-237
de refinanciamiento, 235
desempeño del mercado ajustado
por, 443-445
diversificación de flujos de
efectivo para reducirlo, 412

en diversificación internacional
del portafolio, 432-435
institucionales, 464
no sistemático, 25,432-433
políticos extranjeros. *Véase*
riesgos políticos
reducción de, 432-433
sistemático. *Véase* riesgo
sistemático
tasa de interés. *Véase* riesgo de
tasa de interés
tolerancia, 296
riesgo cambiario
costo de la deuda y, 412-413
de remesas internacionales de
dividendos, 541
en diversificación del portafolio,
433-435
en etapa de comercio
internacional, 10-11
medida desde el punto de vista
del proyecto, 499-500
protección de, 569
riesgo de la contraparte
en opciones en moneda
extranjera, 202
en *swaps* de divisas, 249-250
tasas de interés y, 249-250
riesgo de la tasa de interés
contratos de tasa a plazo, 240-241
crédito y, 235-237
de las tasas flotantes, 238-240
definición, 234-237
futuros y, 241-242
instrumentos derivados y, 238
reajuste de precios, 235-237
swaps y, 242-245
tasas de interés en, 237-245
tasas fijas, 239
ventaja comparativa en, 243-244
riesgo sistemático
de las EMN frente a las empresas
nacionales, 379-380
en el modelo de maximización de
la riqueza de los accionistas,
25
en la diversificación del
portafolio, 432-433
promedio ponderado del costo del
capital y, 368-369
riesgos de transferencia
control, 469
definición, 464
fondos bloqueados y, 469-470

riesgos específicos del país
corrupción en, 473-474
definición, 464
derechos de propiedad intelectual en, 474-475
ejemplo de la moneda de Zimbabwe, 474
estructuras de propiedad en, 473
evaluación, 465-466
fondos bloqueados, en general, 469-470
fondos bloqueados, estrategia de preinversión para anticiparse a, 470-471
fondos bloqueados, movimiento, 471
herencia religiosa en, 473
nepotismo en, 473-474
normas de recursos humanos en, 473
proteccionismo en, 475-476
riesgos culturales e institucionales, 471
riesgos globales específicos. *Véase también* globalización
ciberataques, 479
definición, 464
evaluación, 466
integración internacional de la cadena de suministro, 477-478
movimiento antiglobalización, 478
planeación para crisis, 476-477
pobreza, 478-479
preocupaciones ambientales, 478
responsabilidad social corporativa en, 479
terrorismo y guerra, 476
riesgos políticos específicos de la empresa
definición, 464
estrategias de operación de, 468-469
evaluación, 465
negociación de acuerdos de inversión y, 467
Overseas Private Investment Corporation, 467-468
riesgos de administración, 466-467
riesgos políticos
ciberataques, 479
como riesgo global específico, 476-479
crisis de abastecimiento de Mattel y, 480-483
de remesas internacionales de dividendos, 541

definición, 464, 464-465
derechos de propiedad intelectual en, 474-475
ejemplo de la moneda de Zimbabwe, 474
estrategias de operación y, 468-469
estructuras de propiedad en, 473
evaluación, 465-466
fondos bloqueados, en general, 469-470
fondos bloqueados, estrategia de preinversión para anticiparse a, 470-471
fondos bloqueados, movimiento, 471
guerra, 476
herencia religiosa en, 473
integración internacional de la cadena de suministro, 477-478
medida desde el punto de vista del proyecto, 499
movimiento antiglobalización, 478
negociación de acuerdos de inversión, 467
nepotismo y corrupción en, 473-474
normas de recursos humanos en, 473
Overseas Private Investment Corporation y, 467-468
planeación para crisis, 476-477
pobreza, 478-479
preocupaciones ambientales, 478
proteccionismo en, 475-476
repaso, ejercicios de Internet, 485-486
repaso, preguntas, 483-485
repaso, puntos de resumen, 479-480
responsabilidad social corporativa, 479
riesgos culturales e institucionales, 471
riesgos de administración, 466-467
riesgos específicos del país en, 469-476
riesgos políticos específicos de la empresa en, 466-469
terrorismo, 476
tipos de cambio y, 257
RMB (renminbi). *Véase* renminbi (RMB)
ROIC (rendimiento del capital invertido), 16-17, 439-440

Rose, Andrew K., 259
rupia
en el presupuesto de capital de Cemex, 490-496
en la preparación de presupuesto de capital desde el punto de vista de la empresa matriz, 496-498
en medidas desde el punto de vista del proyecto, 498-500
rupia, Pakistán, 557-558
Rycek, Ron, 482

S

S&P (Standard & Poor's), 422
SAC (Space and Avionics Control Group), 557
saldos monetarios, 356
SCM (modelo de capitalismo de los grupos de interés), 26-27
sector vivienda, 107-109
Segunda Guerra Mundial, 51
seguro de crédito a la exportación, 577, 580
Semen Indonesia
Cemex y, 490-495
flujo de efectivo de, 500-501
medida del riesgo del portafolio de, 501
medida desde el punto de vista de la empresa matriz, 500-501
medida desde el punto de vista del proyecto, 498-500
presupuesto de capital desde el punto de vista de la empresa matriz de, 496-498
tasas de descuento y, 500-501
señoreaje, 63
Serie 911, Porsche, 14, 185
Servicios
cambiarios, 270-271
compartidos, 540
Shaw, Simon, 356
Shuhei, Toyoda, 338-339
Shuhong, Zhang, 482
Singer, Isaas Merritt, 5
sistema(s)
basados en la familia, 32
CLS (liquidación vinculada continua), 142
Continuous Linked Settlement (CLS), 142
de Corretaje Electrónico (EBS), 141

de liquidación bruta en tiempo
real (RTGS), 142
de Pagos Interbancarios por
Cámara de Compensación
(CHIPS), 142, 548-549
monetario. *Véase* sistema
monetario internacional
RTGS (liquidación bruta en
tiempo real), 142
sistema monetario internacional,
50-77
acuerdos monetarios eclécticos
en, 56
años entre guerras y Segunda
Guerra Mundial, 1914-1944, 51
atributos de la moneda ideal,
60-61
Bretton Woods y, 51-53
dolarización en, 62-64
euro, en general, 64
euro, lanzamiento, 66
euro, logro de la unificación
monetaria con, 66-69
euro, razones de la unificación
monetaria y, 66
euro, Tratado de Maastricht y, 64-66
eurodivisas, 53-54
historia, 50-56
introducción a, 50
mercados emergentes y, 62
opciones de regímenes, 62
patrón oro, 1876-1913, 50-51
preguntas de repaso, 74-75
regímenes cambiarios,
clasificaciones, 56-60
regímenes cambiarios, futuro de,
69-70
regímenes cambiarios, reformas,
73-74
regímenes de caja de conversión
en, 62
regímenes monetarios
contemporáneos en, 56-61
repaso, ejercicios de Internet, 76-77
repaso, problemas, 75-76
repaso, puntos de resumen, 70-71
revaluación del yuan, 71-74
tasas de interés de las eurodivisas,
54
tipos de cambio fijos y flexibles
en, 60
tipos de cambio fijos, 56
SIV (vehículos de inversión
estructurada), 112-113

Skilling, Jeffrey, 41-44
Sloan, Allan, 530
Smith, Adam, 4
Smith, Andy, 356
soborno, 474
sobregiro, 580
socialismo corporativo, 264
Society for Worldwide Interbank
Financial Telecommunications
(SWIFT), 549
socios de empresas conjuntas, 524
SOE (empresas de propiedad
estatal), 39
soluciones para crisis de crédito, 129
SOX (Ley Sarbanes-Oxley), 37-38
Space and Avionics Control Group
(SAC), 557
SPE (entidades para propósitos
especiales), 43-44
SPV (vehículos para propósitos
especiales), 114
Standard & Poor's (S&P), 422
Stanley Works, 527-531
*Statement of Financial Accounting
Standards Number (FAS#) 52*,
345, 349-350
Storch, Gerald L., 22
subcuentas, 81-83
subordinación, 119
subsidiarias
de bancos, 555
de propiedad entera, 460-461
en exposición de traslación, 345
en paraísos fiscales, 525-527
y normas locales, 414-415
subsidiarias en el extranjero
empresas conjuntas frente a, 460
estructuras financieras de. *Véase*
estructuras financieras, de
filiales frente a, 489
sucursales bancarias, 555
Sumatra, 490
supuestos financieros, 491-495
suscriptores
de opciones, 201
de opciones de compra, 207
de opciones de venta, 209-210
swap(s)
a plazo de futuros, 143
con adquisiciones, 399
de cupones, 243
de incumplimiento de pago
(CDS), 116-119
de monedas, 333-334

de pago a tasa fija/recibo a tasa
variable, 243, 245
de pago a tasa variable/recibo a
tasa fija, 243
de recibo de tasa fija/pago de tasa
flotante, 244-246
de tasas de interés de un día para
otro (OIS), 128
no amortizables, 249
vainilla sencillo, 242
swaps de divisas, 234-255
cierre, 249
dólares a tasa variable por francos
suizos a tasa fija, 247-249
en exposición operativa, 333-334
exposición de la libra británica en,
251-252
introducción a, 246-247
preguntas de repaso, 252
repaso, ejercicios de Internet,
254-255
repaso, problemas, 252-254
repaso, puntos de resumen, 250
riesgo de la contraparte en, 249-
250
tasas de interés y. *Véase* tasas de
interés
swaps de tasas de intereses
beneficios, 245
implementación, 244
introducción a, 242-243
SWIFT (Society for Worldwide
Interbank Financial
Telecommunications), 549
Swissie, 149

T
tabla de probabilidad normal
acumulada, 232-233
Tailandia, 262-263
tamaño de los mercados, 145-147,
396
tasa
de crédito flotantes, 238-240
de descuento, 500
de inflación, 93
de interés fijas, 239, 245-246
de interés flotantes, 239-240
de referencia, 235
interna de rendimiento (TIR),
487, 496
presupuestarias, 316
tasa de interés. *Véase también* tasas
de interés

diferenciales, 218-219
exposición, 237
futuros, 241-242
instrumentos derivados, 238
interbancaria de Londres,
  (LIBOR). *Véase* LIBOR (tasa
  de interés interbancaria de
  Londres)
paridad. *Véase* paridad de las
  tasas de interés (PTI)
riesgo. *Véase* riesgo de la tasa de
  interés
swaps, 242-245
ventaja, 551
tasas de interés, 234-255. *Véase
  también* tasa de interés
contratos de tasa a plazo, 240-241
en condiciones de paridad
  internacionales, 172-181
en la balanza de pagos, 93
exposición de la libra británica y,
  251-252
fijas, 239-240
flotantes, 238-240
introducción a, 234
precios y, 183-184
repaso, ejercicios de Internet,
  254-255
repaso, preguntas, 250
repaso, problemas, 252-254
repaso, puntos de resumen, 250
riesgo de la contraparte y, 249-250
swaps de divisas y, 245-246
tipos de cambio y, 172-181,
  183-184
ventaja comparativa, 243-244
Taussig, Russell A., 350
tecnología, 468-469
avanzada, 453
Teknekron, 274-276
tenedores, 201
tenor de los giros, 573
teorías
complementarias y competidoras,
  256
de agencia, 25, 286
de determinación del tipo de
  cambio de las divisas, 257-260
de inversión extranjera directa.
  Véase inversión extranjera
  directa (IED)
de portafolios internacionales.
  Véase diversificación
  internacional de portafolios

de ventaja comparativa, 12
de ventaja competitiva, 4-7
teoría de fijación de precios de
  opciones de divisas
ejemplo de opción europea de
  compra, 231-232
instrumentos derivados en
  moneda extranjera, 230-233
introducción a, 230-231
tabla de probabilidad normal
  acumulada, 232-233
términos porcentuales, 151
terrorismo, 476
tesorerías, 141-142, 237
The Economist
sobre cerveza, 190
sobre el Índice Big Mac, 165-167
sobre JPMorgan Chase, 274
sobre la economía mundial, 129
sobre la escasez de crédito, 125
sobre las bolsas de valores, 396
sobre los *swaps* de
  incumplimiento de pago, 116
sobre Porsche, 18
sobre Turquía, 99
sobre Venezuela, 157
*The General Theory of Employment,
  Interest, and Money*, 432
The World, 118
theta (tiempo restante para el
  vencimiento y deterioro
  del valor), 215-216
tiempo restante para el vencimiento
  y deterioro del valor (theta),
  215-216
tipo(s). *Véase también*
  determinación de los tipos de
  cambio de las divisas
de cambio. *Véase* tipos de cambio
de impuestos, 518-521
de paridad, 87
de participación, 317-319
en mercados cambiarios, 148
medios, 217
swap, 150-151
y tasas de interés. *Véase* tasas de
  interés
tipos de cambio
al contado, 150
compuestos, 57
cruzados, 152-153, 271-272
de divisas *de facto*, 57
de divisas de flotación
  independiente, 59

implícito de la paridad del poder
  adquisitivo, 165
tipos de cambio a plazo
álgebra para, 194
en condiciones de paridad
  internacionales, 173-174
en la sensibilidad de fijación de
  precios de opciones de divisas,
  213
predicción de tipos *spot*, 181
tipos de cambio fijos
1945-1973, 56
cuenta de reservas oficiales y, 87
intercambio y, 245-246
países con, 92
tipos flexibles y, 60
tipos de cambio flotantes
cambio a tipos fijos, 247-249
cuenta de reservas oficiales y, 87
independientes, 59
introducción a, 57-59
países con, 92
tipos de cambio *spot*
cambios en, 155-156
del franco suizo, 203
sensibilidad a, 213-214
tipos de cambio vinculados a otra
  moneda, 57
balanza comercial y, 93
balanza de pagos, 91-93
de divisas. *Véase* determinación
  del tipo de cambio de las
  divisas
dinámica de, 273-274
en condiciones de paridad
  internacionales, 164-165
expectativas de, 326
fijos. *Véase* tipos de cambio fijos
flotantes. *Véase* tipos de cambio
  flotantes
garantía, 336
índices de, 168-170
ligados a una moneda, 57
nominales, 168-170
precios y, 183-184
pronósticos. *Véase* pronósticos
reales, 168-170
regímenes. *Véase* regímenes
  cambiarios
spot, 155-156
tasas de interés y, 172-181, 183-184
transferencias, 171-172
TIR (tasa interna de rendimiento),
  487, 496

Tirstrup BioMechanics, 424-426
títulos respaldados por activos
    (ABS), 110
Toyota Motor Europe
    Manufacturing (TMEM),
    338-340
tramos, 401
    de mezanine, 114
    superiores, 114
Trani, John, 530
transacciones
    a plazo, 143
    bancarias, 576
    comerciales y de inversión, partes
        que realizan, 140
    de divisas, 138
    del mercado interbancario,
        142-147
    directas a plazo, 143
    económicas internacionales, 80
    sobre la marcha, 125
    spot y *forward*, 143
    spot, 142
    swap, 143
transferencias, 171-172
    corrientes, 81
    de moneda, 185
    del poder adquisitivo, 139
    electrónicas, 548-549
transmisión de deuda. *Véase*
    bursatilización
transparencia
    declaraciones y, 33
    en gobierno corporativo, 29, 38
transporte, 468, 478
tratados fiscales, 517
trayectoria
    de ajuste de la curva *J*, 94-96
    del equilibrio fundamental, 272
tributación territorial, 517, 528
Tricks, Henry, 118
Trident Brasil
    capital de trabajo intracompañía,
        545
    capital de trabajo neto, 542-543
    periodo de abastecimiento de
        insumos, 535-536
    periodo de cotización, 535
    periodo de cuentas por cobrar, 537
    periodo de cuentas por pagar,
        536
    periodo de inventario, 535-536
    reposicionamiento, 538
Trident China, 538

Trident Corporation
    administración de impuestos,
        524-525
    análisis de opciones reales, 505
    cierre de *swaps* de divisas, 249
    coberturas alternativas, 295-296
    coberturas del mercado a plazo,
        290-291
    coberturas del mercado de dinero,
        291-294
    coberturas del mercado de
        opciones, 294-295
    comparación de alternativas,
        295-296
    cuentas por cobrar, 297-298
    dólares a tasa variable por francos
        suizos a tasa fija, *swap*, 247-249
    efecto del impuesto sobre la renta
        y, 522
    estrategias de, 296
    exposición de transacción, 289-296
    posición sin cobertura de, 290
    precios de transferencia y,
        524
    promedio ponderado del costo del
        capital, 369-370
    tasas de crédito flotantes y, 238-240
    tipos de cambio fijos, cambio a,
        245-246
    transacción comercial, 574-576
Trident Europe
    coberturas del balance general,
        356-358
    exposición de traslación, 350-352
    exposición operativa, 322-326
    método del tipo de cambio actual,
        352-353
    método temporal, 353-354
    reposicionamiento, 537-538
    traslación, 354-355
TRIPS (Aspectos relacionados con
    el comercio de los derechos de
    propiedad intelectual), 475
túneles de costo cero, 316
Túnez, 579
Turki al-Saud, príncipe Mishaal bin
    Abdullah bin, 423
Turquía, 99-101
Twain, Mark, 282

U

UE (Unión Europea), 64-68
UEM (Unión Europea Económica y
    Monetaria), 64-65

UIA (arbitraje de interés no
    cubierto), 178-179
Unión Europea (UE), 64-68
    Económica y Monetaria (UEM),
        64-65
UPA (utilidades por acción), 348
Utilidades
    antes de intereses e impuestos
        (EBIT), 495
    consolidadas, 28
    por acción (UPA), 348

V

valla de opción a plazo, 316
vallas de opciones, 316
valor(es)
    de activos, 108-109
    de mercado, 282
    del tiempo, 212
    intrínseco, 212
    presente neto (VPN), 487
    presente neto (VPN) negativo,
        496
    terminal (VT), 495
    total, 212
valor de los accionistas
    creación, 25
    de Porsche, 14
    de Trident Corporation, 10
    gobierno corporativo y, 29
valores extranjeros, 373-379
    alianzas estratégicas y, 378-379
    globalización de mercados y,
        377-378
    introducción a, 373-374
    liquidez del mercado y, 375-377
    segmentación del mercado y,
        374-377
valuación de la empresa matriz
    medida de, 500-501
    perspectiva general de, 489-490
    presupuesto de capital en, 489-490
valuación de proyectos
    medida de, 498-500
    perspectiva general, 489-490
    presupuesto de capital en, 495-496
variables macroeconómicas, 91-93
vehículos
    de inversión estructurada (SIV),
        112-113
    para propósitos especiales (SPV),
        114
Velmer, Christian, 301
velocidad de inventario, 477

vendedores de protección, 117-118
venta de futuros, 241
ventaja(s)
  absoluta, 4, 7
  comparativa relativa, 244
  de información, 549
  de saldos precautorios, 549-550
  específicas de la localización, 455
  específicas del propietario, 455
ventaja competitiva, 452-455
  competitividad del mercado
    nacional en, 454-455
  economías de escala y alcance en,
    452-453
  fortaleza financiera en, 453
  pericia administrativa y de
    marketing en, 453
  productos diferenciados en, 453
  tecnología avanzada en, 453
ventas
  al descubierto, 51
  de subasta, 301
visibilidad, 399
visión direccional de los
  movimientos de las tasas de
  interés, 237, 312

volatilidad
  a futuro, 217
  definición, 502
  histórica, 217
  implícita, 217
  punto de vista de los movimientos
    de las tasas de interés, 237
  sensibilidad a, 216-218
Volkswagen, 17-18
VPN (valor presente neto), 487
  negativo, 496
VT (valor terminal), 495-496

W

WACC (Costo de capital promedio
  ponderado). *Véase* promedio
  ponderado del costo del capital
  (WACC)
Wall Street Journal
  sobre el peso, 199
  sobre el sistema monetario
    internacional, 71
  sobre la revaluación del yuan, 72
  sobre mercados cambiarios, 152-153
  sobre opciones de divisas, 202-203
  sobre Venezuela, 160

Washington Post, 71, 265
White, Harry D., 52
Wiedeking, Dr. Wendelin, 13-14
Winston, Edgar, 10
Winston, James, 10

X

Xiaoyu, Zheng, 482

Y

yarda, 149
yen
  carry trade, 179-180
  Detroit y, 328
  Ford y, 331
  JPMorgan Chase y, 275-276
  Toyota y, 339
Young, Paul, 301
yuan, 71-74, 88-89
Yusuf, Shelkh, 423

Z

Zimbabwe, 474
zonas
  de libre comercio, 547-548
  industriales libres, 547-548

Créditos

Capítulo 1

Finanzas globales en la práctica 1.1	De "US Companies Choose: National Multinational or 'A-National'?", Francesco Guerrera, *Financial Times*, 16 de agosto de 2007, p. 7. ©2007 *Financial Times*. Se reproduce con autorización.
Minicaso del capítulo 1	©2007 Thunderbird School of Global Management. Se reproduce con autorización del autor.

Capítulo 2

Finanzas globales en la práctica 2.1	©Junio de 2007, *Le Figaro*. Se reproduce con autorización.
Figura 2.4	Clasificaciones de gobierno corporativo por país al 23 de septiembre de 2008, de www.gmiratings.com. Se reproduce con autorización de Governance Metrics International.
Figuras 2.5 y 2.6	Harbula, Peter. "The Ownership Structure, Governance, and Performance of French Companies", de *Journal of Applied Corporate Finance*, volumen 19, número 1, invierno de 2007. Se reproduce con autorización de Wiley-Blackwell Publishing.
Finanzas globales en la práctica 2.2	De "Shortcomings in China's Corporate Governance Regime", Johnny K. W. Cheung, *China Law & Practice*, febrero de 2007. ©2007 China Law & Practice. Se reproduce con autorización.

Capítulo 3

Figura 3.2	De *International Financial Statistics*, www.imfstatistics.org. Se reproduce con autorización del Fondo Monetario Internacional.
Figura 3.4	Adaptado de Lars Oxelheim, *International Financial Integration*, Springer-Verlag, 1990, p. 10. Se reproduce con la amable autorización de Springer Science+Business Media.
Figuras 3.5 y 3.7	©2001 Pacific Exchange Rate Service (fx.sauder.ubc.ca). Se reproduce con autorización de Werner Antweiler.
Minicaso del capítulo 3	©2005 Thunderbird School of Global Management. Se reproduce con autorización del autor.
Minicaso del capítulo 3, Figura 1	©2005 Pacific Exchange Rate Service (fx.sauder.ubc.ca). Se reproduce con autorización de Werner Antweiler.

Capítulo 4

Figuras 4.2–4.7	De *Balance of Payments Statistics Yearbook*, 2008. Se reproduce con autorización del Fondo Monetario Internacional.
Finanzas globales en la práctica 4.2	©2003 The Economist Newspaper Limited, Londres. Se reproduce con autorización.
Figura 4.9	Obstfeld, M. y A. M. Taylor, "A Stylized View of Capital Mobility in Modern History", de M. D. Bordo, A. M. Taylor y J. G. Williamson, eds., *Globalization in Historical Perspective*, Chicago, University of Chicago Press, 2001. Se reproduce con autorización de University of Chicago Press.
Minicaso del capítulo 4, Figuras 2 y 3	De *Balance of Payments Statistics Yearbook*, 2001. Se reproduce con autorización del Fondo Monetario Internacional.

Capítulo 5

Figura 5.10	British Bankers Association (BBA), Overnight Lending Rates. Se reproduce con autorización.
Finanzas globales en la práctica 5.2	*Berkshire Hathaway Annual Report,* 2008. Carta a los accionistas, pp. 14-15. Se reproduce con autorización.

Capítulo 6

Figura 6.1	©2001. Se reproduce con autorización del Federal Reserve Bank of New York.
Finanzas globales en la práctica 6.1	Cambio de divisas y transacciones de mercado de dinero, UBS Investment Bank, primavera de 2004. ©2004 UBS. Todos los derechos reservados. Se reproduce con autorización.
Finanzas globales en la práctica 6.2	"A Hedge Against Forex Exposure", *Financial Times*, 2 de agosto de 2005. ©2005 *Financial Times*. Se reproduce con autorización.
Minicaso del capítulo 6	©2004 Thunderbird School of Global Management. Se reproduce con autorización del autor.

Capítulo 7

Figura 7.1	©2008 The Economist Newspaper Limited, Londres. Se reproduce con autorización.
Figura 7.3	De *International Financial Statistics*, diciembre de 2008, anual, series REU. Se reproduce con autorización del Fondo Monetario Internacional.
Finanzas globales en la práctica 7.1	Dimson, Elroy, *Triumph of the Optimists*. ©2002 Elroy Dimson, Paul Marsh y Mike Staunton. Publicado por Princeton University Press. Se reproduce con autorización de Princeton University Press.
Finanzas globales en la práctica 7.2	"Shopping, Cooking, Cleaning... Playing the Yen Carry Trade; Stories—Inquiry; Why Japanese housewives added international finance to their list of daily chores". *Financial Times*, 21 de febrero de 2009. ©2009 *Financial Times*. Se reproduce con autorización.
Tabla, p. 190	Copyright ©1999 The Economist Newspaper Limited, Londres. Se reproduce con autorización.

Capítulo 8

Extracto, p. 221	De "The New Religion of Risk Management", de Peter L. Bernstein, marzo-abril de 1996. ©1996 Harvard Business School Publishing Corporation; todos los derechos reservados. Se reproduce con autorización de *Harvard Business Review*.
Minicaso del capítulo 8	*Berkshire Hathaway Annual Report*, 2008, carta a los accionistas, pp. 14-15. Se reproduce con autorización.
Figura 8A.1	De Stoll, Hans R. y Robert E. Whaley, *Futures and Options*, 1E. ©1993 South-Western, parte de Cengage Learning, Inc. www.cengage.com/permissions. Se reproduce con autorización.

Capítulo 9

Figura 9.1	*Hedging Instruments for Foreign Exchange, Monday Market, and Precious Metals*. ©UBS. Todos los derechos reservados. Se reproduce con autorización.

Capítulo 10

Extracto, p. 261	Solnik, International Investments, ©2000 Pearson Education, Inc. Se reproduce con autorización de Pearson Education, Inc.
Figura 10.2	De *International Financial Statistics*, octubre-noviembre de 1997. Se reproduce con autorización del Fondo Monetario Internacional.
Figura 10.3	©1999 Pacific Exchange Rate Service (fx.sauder.ubc.ca). Se reproduce con autorización de Werner Antweiler.
Figuras 10.4 y 10.5	De *Political Risk Services*, Agencia de Desarrollo Económico de Argentina. Se reproduce con autorización del Fondo Monetario Internacional.
Figura 10.6	©2002 Pacific Exchange Rate Service (fx.sauder.ubc.ca). Se reproduce con autorización de Werner Antweiler.
Problemas 1, 4 y 9, gráficos, pp. 277 y 278	©2007 Pacific Exchange Rate Service (fx.sauder.ubc.ca). Se reproduce con autorización de Werner Antweiler.

Capítulo 12

Finanzas globales en la práctica 12.2	"Detroit Winners", *Financial Times*, miércoles 5 de septiembre de 2007, p. 12. ©2007 *Financial Times*. Se reproduce con autorización.

Capítulo 13

Figura 13.1	De la Declaración FASB Núm. 52, Foreign Currency Translation. Se reproduce con autorización del FASB.
Finanzas globales en la práctica 13.1	"Gyrus Hurt by Dollar Weakness", *Financial Times*, 18 de septiembre de 2007. ©2007 *Financial Times*. Se reproduce con autorización.
Finanzas globales en la práctica 13.2,	©2000 The McGraw-Hill Companies, Inc. Se reproduce del número del 4 de diciembre de 2000 de *BusinessWeek* con autorización especial.
Minicaso del capítulo 13, diagramas	©2004 Pacific Exchange Rate Service (fx.sauder.ubc.ca). Se reproduce con autorización de Werner Antweiler.

Capítulo 14

Figura 14.4	Elroy Dimson, Paul Marsh y Mike Staunton, "Global Evidence on the Equity Risk Premium", *Journal of Applied Corporate Finance*, 2003, volumen 15, número 4, p. 31. Se reproduce con autorización de Wiley-Blackwell Publishing.
Minicaso de capítulo 14	Stonehill, Arthur I. y Kare B. Dullum, *Internationalizing the Cost of Capital in Theory and Practice: The Novo Experience and National Policy Implications.* ©1982 John Wiley & Sons, Ltd. Se reproduce con autorización de John Wiley & Sons Ltd.

Capítulo 15

Figura 15.1	Oxelheim, Stonehill, Randoy, Vikkula, Dullum y Moden, *Corporate Strategies in Internationalizing the Cost of Capital.* ©1998 Copenhagen Business School Press. Se reproduce con autorización.
Figura 15.3	©The Bank of New York Mellon. Se reproduce con autorización.

Capítulo 16

Finanzas globales en la práctica 16.2	Resumido de Morais, Richard C., "Islamic Finance—'Don't Call It Interest'", *Forbes*, 23 de julio de 2007. Se reproduce con autorización de *Forbes Magazine*. ©2009 Forbes LLC.

Capítulo 17

Figuras 17.7 y 17.8	Dimson, Elroy, *Triumph of the Optimists.* ©2002 Elroy Dimson, Paul Marsh y Mike Staunton. Publicado por Princeton University Press. Se reproduce con autorización de Princeton University Press.
Finanzas globales en la práctica 17.2	Dimson, Elroy, *Triumph of the Optimists.* ©2002 Elroy Dimson, Paul Marsh y Mike Staunton. Publicado por Princeton University Press. Se reproduce con autorización de Princeton University Press.
Minicaso del capítulo 17	©2007 SmartMoney. Todos los derechos reservados. SmartMoney es una marca registrada de SmartMoney, una empresa conjunta de Dow Jones & Co., Inc & Hearst SM Partnership. Se reproduce con autorización de SmartMoney.

Capítulo 18

Figura 18.1	De "The Competitive Advantage of Nations", por Michael Porter, marzo-abril de 1990. ©1990 Harvard Business School Publishing Corporation. Todos los derechos reservados. Se reproduce con autorización de *Harvard Business Review*.
Figura 18.2	De *International Business Review*, volumen 10, Lars Oxelheim, Arthur Stonehill y Trond Randoy, "On the Treatment of Finance Specific Factors Within the OLI Paradigm", pp. 381-398, ©2001. Se reproduce con autorización de Elsevier Science.
Figura 18.3	Adaptado de Dufey, Gunter y R. Mirus, "Foreign Direct Investment: Theory and Strategic Considerations", sin publicar, University of Michigan, 1985. Todos los derechos reservados. Se reproduce con autorización de los autores.
Figura 18.4	©2006 The McGraw-Hill Companies, Inc. Se reproduce del número del 31 de julio de 2006 de *BusinessWeek* con autorización especial.
Finanzas globales en la práctica 18.2	Prasso, Sheridan, "Zimbabwe's Disposable Currency", de *Fortune*, 6 de agosto de 2007. ©2007 Time Inc. Todos los derechos reservados. Se reproduce con autorización.

Capítulo 19

Finanzas globales en la práctica 19.1	Resumido de "Project Finance: Boom Brings Strong Demand", *Financial Times*, 28 de noviembre de 2006. ©2006 *Financial Times*. Se reproduce con autorización.

Capítulo 20

Figura 20.1	©2009 PricewaterhouseCoopers. Todos los derechos reservados. Se reproduce con autorización.
Figura 20.2	©2008 KPMG. Se reproduce con autorización.
Finanzas globales en la práctica 20.1	Myers, Randy, "Taxed to the Max", *CFO Magazine*, 1 de marzo de 2009. ©2009 CFO Publishing Corporation. Todos los derechos reservados. Se reproduce con autorización.
Finanzas globales en la práctica 20.1, gráfico	De Taxfoundation.org. Se reproduce con autorización.

Capítulo 21

Finanzas globales en la práctica 21.1   Basado en "Shift in Distribution Network Hits Gillette Stocks", *The Business Standard*, Hyderabad, India, lunes 15 de mayo de 2006. ©2006 Business Standard Limited. Se reproduce con autorización.

Capítulo 22

Finanzas globales en la práctica 22.1   ©2009 The India Today Group.

Finanzas globales en la práctica 22.2   De Yedder, Omar Ben, "Tuninvest Sustainable Profits", *African Business*, octubre de 2007. Se reproduce con autorización de IC Publications Ltd.

NOTAS